MMPI-2
해설서

Psychological Assessment
with the MMPI-2/MMPI-2-RF (3rd ed.)

Alan F. Friedman · P. Kevin Bolinskey
Richard W. Levak · David S. Nichols 공저
유성진 · 안도연 · 하승수 공역

학지사

역자 서문

S. R. Hathaway와 J. C. McKinley가 1942년에 경험적 문항선정방식으로 제작한 미네소타 다면적 인성검사(The Minnesota Multiphasic Personality Inventory)는 상당한 세월이 흘렀음에도 불구하고 전 세계적으로 가장 많이 사용되고 있는 표준화된 심리검사입니다. 미국에서는 1989년에 성인용 다면적 인성검사 개정판(MMPI-2)이 출간되었고, 1992년에 청소년용 다면적 인성검사(MMPI-A)가 출간되었습니다. 한국에서는 2005년에 ㈜마음사랑이 MMPI-2와 MMPI-A를 동시에 출시하였고, 2020년 현재 시점에서 성인용 다면적 인성검사 재구성판(MMPI-2-RF)과 청소년용 다면적 인성검사 재구성판(MMPI-A-RF)까지 모두 네 가지 버전의 다면적 인성검사가 사용되고 있습니다.

이 책은 MMPI-2와 MMPI-2-RF를 활용하여 성인의 성격특성과 정신병리를 평가하는 방법을 체계적으로 소개하고 있습니다. MMPI-2는 567개의 문항, MMPI-2-RF는 338개의 문항으로 구성되어 있습니다. MMPI-2에는 수검태도를 측정하는 10개의 타당도척도, 성격특성과 정신병리를 측정하는 10개의 임상척도, 정상범위와 이상범위를 모두 아우르는 5개의 성격병리 5요인 척도, 새로운 내용영역을 측정하는 15개의 내용척도, 다양한 관련영역을 측정하는 15개의 보충척도, 임상척도의 한계점을 극복하기 위해서 제작된 9개의 재구성 임상척도 그리고 임상척도와 내용척도를 더 세밀하게 해석하는 용도로 사용되는 임상소척도와 내용소척도가 존재합니다.

심리검사에 포함된 척도의 개수와 종류가 많다는 것은 검사결과를 정확하게 해석하기가 어렵다는 뜻으로 풀이될 수 있습니다. 모든 심리검사가 그렇지만, 특히 MMPI-2는 임상면접과 행동관찰의 뒷받침 없이는 정확하게 해석할 수 없습니다. 또한 임상가는 특정한 척도의 상승 혹은 하강이 시사하는 임상적 의미를 해석할 때 풍성한 가설을 도출해야 하고 그것을 체계적으로 검토해야 합니다. 예컨대, 임상척도 2가 T점수 65점 이상으로 상승한 까닭을 우울증만으로는 설명할 수 없습니다. 임상척도 2가 상승한 까닭을 온전하게 이해하려면 재구성 임상척도의 RC2, 내용척도의 DEP, 보충척도의 Es, 성격병리 5요인 척도의 INTR, 타당도척도의 K, 임상소척도와 내용소척도 그리고 코드타입의 유형 및 프로파일의 형태를 종합적으로 고려해야 할 것입니다. 더 나아가 임상면접과 행동관찰과 심리검사를 종합한 심리평가의 결과를 내담자에게 혹은 의뢰자에게 전달하는 과정도 매우 중요합니다.

이 책은 MMPI-2와 MMPI-2-RF를 구성하는 주요한 척도들의 제작과정과 구성내용부터 연구자료와 해석지침까지 상세하게 해설하고 있으며, 다면적 인성검사의 임상적 적용과 이론적 연구에서 숙지해야 하는 주요사항을 망라하고 있습니다. 만만치 않은 두께에서 짐작할 수 있듯이, 이 책은 기존의 교과서 혹은 소개서에서 비중 있게 다루었던 척도뿐만 아니라 비중 있게 다루지 않았던 척도까지 이해하고 사용하여 임상역량을 확충하는 데 분명히 도움이 될 것입니다. 또한 진단적 관점을 넘어서서 치료적 관점으로 MMPI-2를 활용하는 방법을 소개하고, 심리평가 보고서의 작성방법 및 자동해석 보고서에 대한 의견까지 제시하기 때문에 심리치료자에게도 유용하게 여겨질 것입니다.

이 책을 번역하는 과정은 쉽지 않았습니다. 저희들도 이 책에서 처음 알게 된 사실과 낯선 개념이 많았습니다. 수많은 개념과 자료를 온전하게 번역하지 못한 것은 모두 역자들의 책임입니다. 독자들께서 예리하게 비평해 주시면 앞으로 성실하게 반영하고 보완하겠습니다. 모든 척도의 명칭은 ㈜마음사랑이 출간한 매뉴얼과 일치시켜서 혼선을 방지하였습니다. 그러나 매뉴얼에 포함되지 않은 척도의 명칭은 역자들이 원어에 가깝게 명명하였습니다. 이 책의 출간에 각별한 도움을 주신 학지사 김진환 사장님, 김순호 편집이사님, 정은혜 과장님께 감사드립니다. 이 책이 초심자에게는 든든한 지침서가 되고 전문가에게는 참신한 해설서가 되기를 소망합니다.

2020년 2월
역자 대표 유성진

『Psychological Assessment with the MMPI-2/MMPI-2-RF』 3판에 대한 소개

이번 3판에서는 사용자들에게 역동적인 성격/정신병리 측정 도구이면서 다양한 장면에서 유용성이 증가하고 있는 MMPI-2(다면적 인성검사 II)/MMPI-2-Restructured Form(다면적 인성검사 II 재구성판)의 변화무쌍한 상황을 소개한다. 개정된 내용에는 재구성 임상척도와 MMPI-2-RF를 소개하는 새로운 2개의 장, 실제 임상장면 및 법정 적용(forensic application)에서 수집되고 정리된 450개 이상의 새로운 참고문헌이 추가되었다. 코드타입의 해석 부분은 치료적 제언을 위한 개념화를 촉진하거나 내담자와의 치료적 관계를 강화하려는 임상가를 돕기 위해 심도 깊은 피드백 정보와 치료적 고려점을 더 많이 포함시켜 확대하였다. 임상 및 법정 적용에 사용되는 많은 척도도 이번 개정판에서 다루었다. 더불어 MMPI와 자살을 다루는 중요한 부분도 첨가하였다.

일상적인 임상업무에서 MMPI-2와 MMPI-2-RF를 사용할 때 이번 개정판이 정보와 지침을 제공하는 데 꼭 필요한 자료가 될 것이다. 또한 이 도구를 구성하는 다양한 척도와 지표 간의 조작적 특성(operating characteristics)이나 형태적(configural) 관계를 개념화하는 연구자들에게도 도움이 될 것이다. 이 책은 모든 수준의 검사 사용자를 위해 간단한 하나의 척도 해석부터 복잡한 형태적 관계에 이르기까지 광범위한 해석적 정보를 제공한다.

Alan F. Friedman 박사는 일리노이주 시카고에서 전임으로 임상업무를 하고 있는 개업 임상심리전문가이자 시카고 노스웨스턴 대학교 파인버그 의과대학의 정신과학 및 행동과학 임상 부교수이다.

P. Kevin Bolinskey 박사는 인디애나주 테러호트의 인디애나 주립대학교 심리학과 부교수이다.

Richard W. Levak 박사는 캘리포니아의 델 마에서 임상업무를 하고 있는 임상심리전문가이자 미국평가심리학회(American Board of Assessment Psychology)의 자격을 취득한 전문가이다.

David S. Nichols 박사는 27년간 오리건주 병원에서 임상심리학자로 근무하다가 1999년에 은퇴하였다. 또한 포레스트 그로브의 퍼시픽 대학교 심리전문대학의 겸임교수로 재직하였다.

추천의 글

James N. Butcher

변화는 불가피하지만, 모든 변화가 긍정적인 결과를 가져오는 것은 아니다. 변화를 위한 변화는 성공으로 향하는 직접적인 통로가 될 수 없다. 과거에 개발되어 현재까지도 유용하게 사용되는 방법들의 활용이나 이해도 변화만큼이나 중요하다. Alan Friedman, Kevin Bolinskey, Richard Levak과 Dave Nichols가 쓴 MMPI-2에 대한 이 세 번째 개정판은 2014년과 그 이후의 MMPI-2 사용을 둘러싼 이슈들을 명확하게 검토한다. MMPI-2 사용자들은 2001년 이후 업데이트된 연구들을 발견하게 될 것이다. 더불어 이 책은 근본적으로 다른 방법론을 통해 2008년에 '새롭고 개선된' MMPI-2-Restructured Form(RF)이 만들어졌다는 주장에 대해 중요한 검증을 제공한다. 또한 MMPI-2-RF 척도들의 개발과 해석에 대해서도 정확하게 설명한다. MMPI-2는 객관적인 성격 측정치로 여전히 가장 광범위하게 사용되고 있으며, 이 책은 그 이유를 설명하는 데 도움이 된다.

저자들은 MMPI-2-RF를 '성인 성격평가의 새로운 규준'으로 소개하려는 중에 발생한 논쟁적인 주장을 객관적으로 다룬다. Friedman 등은 새로운 검사인 MMPI-2-RF와 그 핵심적인 측정치인 재구성 임상척도들이 MMPI-2와 공통점이 적은 이유를 명확하게 설명하기 위해 2개의 장을 할애하였다. 그들은 완전히 다른 방법론을 적용하여 만든 MMPI-2-RF가 MMPI-2에 비해 새롭고 차별적인 측정 도구라는 결론을 내렸으며 나도 그에 동의한다. 인사평가나 법정 적용 분야 등을 포함한 영역에서 MMPI-2-RF에 대한 경험적 근거는 아직 부족하다. 실제로 MMPI-2-RF가 소개된 지 6년이 지났으나, 임상가들은 MMPI-2에 더 의존하고 있다. 이는 2013년 10월에 내가 받은 공식적 기록에 따른 것이다(즉, 미네소타 대학교는

MMPI-2-RF보다 MMPI-2에서 여전히 더 큰 저작권료를 거두고 있다).

Alan Friedman과 동료들이 나에게 MMPI-2 교과서 개정판의 추천의 글을 요청하여 매우 기쁘고 영광스럽다. 나는 이 개정판의 중요성을 강조하고 싶다. 그들의 접근법은 MMPI-2를 처음 배우기 시작한 사람이나 광범위한 연구 문헌들의 심도 깊은 리뷰를 통해 보유한 지식을 업데이트하려는 전문가들에게 가장 좋은 방법이다. 이는 평가 도구에 대한 이해 및 해석을 위한 풍부한 자료가 될 것이다.

나는 Friedman과 동료들이 상당한 양의 새로운 정보와 관점을 바로 이 뛰어난 MMPI-2 교과서의 가장 최신 버전에 담았다고 믿는다. 4명의 저자 모두 이 포괄적인 MMPI-2의 교과서를 출판하는 데 더할 나위 없이 충분한 자격이 있다. 그들은 자신들의 학문적 업적 대부분을 MMPI와 MMPI-2를 연구하는 데 쏟아부었으며, 이 검사가 임상 현장에서 어떻게 적용되는지를 가르쳐 왔다. 이 책에는 임상, 인사, 법정 및 다양한 장면에서의 검사 적용에 관한 포괄적인 내용이 많이 추가될 것이며, 점점 늘어나는 이 분야의 심리학자들에게 호응을 받을 것이다.

MMPI-2 연구자들은 Friedman과 동료들의 이 최신 개정판에서 좋은 자료를 많이 발견할 수 있을 것이다. 이 책에는 최근 연구들로부터 얻은 MMPI-2 척도와 코드타입 및 MMPI-2-RF 척도들의 상관물(correlates)에 대한 새로운 경험적 정보의 소중한 요약이 들어 있다. 저자들은 전산화된 해석을 포함하여 실시, 응답태도의 평가, MMPI-2 증상 측정치의 광범위한 의미 및 해석 전략 등 검사의 기본을 설명하는 데 정통한 접근을 제시하여 왔다. 그들의 폭넓은 임상경험은 임상가들에게 이 검사가 개별 평가, 치료계획 및 다른 많은 영역에서 어떻게 사용되는지에 대한 통찰을 제공한다.

Friedman과 동료들은 지난 10여 년간 있었던 MMPI-2를 둘러싼 논쟁을 피하지 않고 다루었다. 이 문제에 대한 저자들의 객관적이고 포괄적인 보고는 주목할 만하다. 증상타당도 척도로도 알려진, 논란이 많은 부정 가장 척도(Fake Bad Scale: FBS)는 검사 출판사에 의해 2007년 MMPI-2 채점에 추가되었다. Friedman과 동료들은 전문가 감정인이 제외된 다중 소송의 설명을 포함하여 이 '꾀병(malingering)' 척도를 사용하는 데 있어서의 문제점을 지적하였다. 그들은 실제 신체적 문제가 있을 때뿐 아니라, 많은 경우 실제가 아닌데도 '왜곡'을 한다고 나타나거나 여성에게는 더 편향되어 나타나는 FBS의 약점을 강조하였다.

이 책의 저자 중 한 명인 Dave Nichols는 최근 꼼꼼한 연구를 통해 FBS 척도 문항들이 나타내는 증상들이 척도 개발 3년 전인 1998년에 FBS의 대표 저자가 소송에서 원고가 되는 것과 관련된 스트레스 요소라고 한 증상과 비슷함을 밝혔다. 그는 이와 또 다른 증상들을 함께 모아서 소송반응증상(Litigation Response Syndrome: LRS)이라고 지칭하였다. 따라서 FBS와 LRS 척도는 같은 증상들을 기반으로 하지만 차별적인 결론을 내리게 되기 때문에, FBS의 타당도에 대해 더 의구심을 일으키게 되었다. 이 책에서는 MMPI-2의 최근 변화들을 철저히 고찰하고 있는데, LRS-FBS 관계에 대한 발견은 이러한 특성을 보여 준다. 이는 우리 대부분이 FBS 사용에 반대하는 이유를 독자들에게 이해시키는 데 도움이 될 것이다.

이 3판에서 또 눈에 띄는 점은 각 코드타입의 치료적인 피드백 부분이다. 이는 임상가가 수검자와 MMPI-2 결과를 더 잘 공유하도록 돕는다. 또한 독자들은 'MMPI와 자살'이라는 제목으로 새로 첨가된 부분을 통해 중요한 주제에 대해 알 수 있다. 제12장에서는 세부적인 조언이 들어간 컴퓨터 자동해석 보고서와 구조적 요약표를 포함한 유용한 척도 비교표를 제시한다. 독자들은 다양한 점수 배열이 조직화된 구조적 요약표를 통해 서술적 보고서의 검사 데이터를 통합하고 보고서를 용이하게 작성할 수 있다. 또한 소송 중 법정평가에 도움이 될 만한 참고자료도 많다. 450개의 새로운 참고문헌이 포함됨으로써 이 책은 '개정판'이라는 이름에 합당하게 되었고, 지난 판만큼 권위 있는 책이 될 것이 틀림없다.

이 책은 성격평가 교육에 있어 매우 중요한 위치를 차지한다. 특히 MMPI-2 연구결과들에 대한 지식을 업데이트하길 원하는 객관적 성격평가법 강사들과 임상가들에게 중요할 것이다. 나는 또한 Friedman과 동료들의 이번 3판이 이전 판만큼이나 학술적 장면에서도 중요한 역할을 할 것이라고 확신한다.

저자 서문

이번 3판에서는 사용자들에게 역동적인 성격/정신병리 측정 도구의 변화무쌍한 모습과 다양한 장면에서 유용성이 증가하고 있는 MMPI-2/MMPI-2-Restructured Form(RF)을 소개한다. 이 책의 2판이 출간된 2001년 이후 몇몇 중대한 발전이 있어 검사의 새로운 사용자나 숙련된 사용자 모두를 위해 개정이 필요해졌다. 2008년에 MMPI-2-RF가 MMPI-2 원판의 대안으로 소개되었다. MMPI-2-RF는 MMPI-2의 축약판이며 재구성판이다. MMPI-2와 상당히 차별적인 방식으로 구성된 MMPI-2-RF는 원 검사를 대체하려는 것은 아니며, 평가시간을 줄이는 새로운 측정 양식을 제공한다. 연구자와 임상가들 사이에서 활기찬 관심이 일어나 MMPI-2-RF에 대한 연구와 논쟁 및 새롭고 다양한 척도가 생겨 왔다. 그러나 여전히 임상가와 연구자들 사이에서 MMPI-2에 대한 강력하고도 중요한 관심이 지속되고 있다. MMPI는 1940년대 초 Hathaway와 McKinley에 의해 본판이 개발된 이후 1989년 재표준화와 2003년 재구성 임상척도의 개발 등 수년간 중요한 발견들을 통해 계속 개정되어 왔다.

이전 판의 사명(mission)을 유지하는 것에 더해, 연구결과나 임상적 적용의 흐름에서 얻어진 자료들을 갱신하기 위해 우리는 재구성 임상척도와 MMPI-2-RF를 소개하는 새로운 2개의 장을 추가하였다. 우리는 Kevin Bolinskey가 이번 개정 작업 시작부터 공저자로 참여한 것을 매우 기쁘게 생각한다. 그가 참여함으로써 이 책에 귀중하고 새로운 자료들이 첨가되었다. 또한 실제 임상 및 법정 적용에서 수집된 정보들을 비롯한 450개 이상의 새로운 참고문헌이 포함되었다. 코드타입의 해석 부분은 치료적 제언을 위한 개념화를 촉진하거나 내담자와의 치료적 관계를 강화하려는 임상가를 돕기 위해 심도 깊은 피드백 정보와 치료적 고려점을 더 많이 포함시켜 확대하였다. 임상가들이 최대한 효과가 있는 치료 요소를 선택하는 데 있어 새롭게 첨가된 부분들이 도움이 되길 바란다. 읽기에 편하도록 각 장의 순서를 다시 배열했으며, MMPI와 자살에 대해 소개하는 부분을 첨가하였다.

우리는 일상적인 임상업무에서 MMPI-2와 MMPI-2-RF를 사용할 때 이번 개정판이 정보와 지침을 제공하는 데 꼭 필요한 자료가 되었으면 한다. 또한 이 도구를 구성하는 다양한 척도와 지표 간의 조작적 특성(operating characteristics)이나 형태적(configural) 관계를 개념화하는 연구자들에게 도움이 되기를 바란다. 이 책은 모든 수준의 검사 사용자를 위해 간단한 하나의 척도 해석부터 복잡한 형태적 관계에 이르기까지 광범위한 해석적 정보를 제공한다.

감사의 글

　우리는 MMPI-2-RF에 대한 그의 데이터, 시간 및 통찰에 대해 항상 넓은 도량을 보여 준 Roger Greene에게 감사를 표하고 싶다. Roger의 뛰어난 학식(學識)에 필적할 만한 사람은 드물며, 그의 우정은 우리에게 영감을 불러일으킨다. 이 검사의 효용성을 이해하기 위한 임상적 이론들을 개발하는 선구자 중 한 명인 Alex Caldwell은 감사하게도 그의 임상적 데이터와 Caldwell 보고서를 이 책에 사용할 수 있도록 허락해 주었다. 성격 및 MMPI/MMPI-2/MMPI-A에 대해 풍부한 연구를 하고 이를 중점적으로 가르치는 Jim Butcher는 MMPI-2를 싹트게 한 재표준화 작업을 이끌었는데, 이번 개정판의 수많은 복잡한 논의에 대한 그의 연구결과와 데이터 및 해석을 가치 있게 사용할 수 있도록 허락해 주었다. Roger와 마찬가지로 Jim은 심리학자들의 심리학자이다. 이번 개정판에서 그의 지도를 받은 것은 우리에게 큰 행운이다. Carolyn Williams는 다양한 특별 척도에 대한 우리의 해석에 상당한 기여를 하였고, 우리는 그녀의 통찰력에 깊이 감사한다. Deborah DeLucia에게도 특별히 감사하고 싶다. 그녀는 다양한 문단을 전부 모아 원고를 마련하였고, 이 개정판 작업에서 시종일관 상당히 성실하게 임해 주었다. 그녀의 도움이 없었다면 이 작업은 결실을 맺지 못했을 것이다. Linda Rock 또한 예리한 편집적 조언과 다양한 장의 편집을 하였다. 그녀의 노력으로 이 책이 더 향상되었다. 그녀에게 진심으로 감사한다.

　평소에는 잘하지 않지만, 마지막으로 공저자에게 특별한 말을 전하고 싶다. David Nichols는 이 책의 2판부터 나의 공저자였다. Dave는 이 책의 모든 페이지를 편집하였고, 그의 세심한 노력으로 임상적 정보가 되길 바라는 수많은 내용이 더욱 풍부해졌다. 개정판을 쓰는 동안

Dave는 단 한 번도 다시 쓰거나 다시 논의하자는 요청을 거절한 적이 없다. 나는 그보다 더 헌신적인 공동 연구자를 상상할 수 없다. 더 대단한 것은 Dave가 그의 지적인 엄격함을 절대 편의에 맞춰 타협하지 않았다는 것이다. 그의 협력으로 이 책을 쓰는 일에 겁이 덜 났으며, 오히려 정말 즐기게 되었다. 그는 나와 공저자들이 표현할 수 있는 모든 감사의 마음을 받기에 충분하다.

Alan F. Friedman 박사
시카고 노스웨스턴 대학교 파인버그 의과대학
개업 임상심리전문가

차례

chapter

01

MMPI와 MMPI-2의 개발

🗣 MMPI 및 MMPI-2 소개

미네소타 다면적 인성검사(Minnesota Multiphasic Personality Inventory: MMPI)는 지구상에서 가장 많이 사용되는 객관적 심리검사이다(Archer, 2005; Butcher, 2010; Friedman, Lewak, Nichols, & Webb, 2001; Greene, 2011; Lubin, Larsen, & Matarazzo, 1984; Lubin, Larsen, Matarazzo, & Seever, 1985). 현재까지 원판 MMPI, 개정판 MMPI-2(Butcher, Graham, Ben-Porath, Tellegen, Dahlstrom, & Kaemmer, 2001), 청소년용 MMPI-A(Butcher, Williams, Graham, Archer, Tellegen, Ben-Porath, & Kaemmer, 1992), 재구성판 MMPI-2-RF(Ben-Porath & Tellegen, 2008)가 개발되었다. 원판 시절부터 인기를 누렸던 MMPI는 여전히 대표적인 심리검사로 주목받고 있다(Archer, 1997, 2005; Butcher, 2010; Friedman, Webb, & Lewak, 1989). 거의 모든 임상심리학 수련 과정에서 MMPI를 가르치기 때문에(Dahlstrom & Moreland, 1983; Friedman, Webb, Smeltzer, & Lewak, 1989; Watkins, 1991), 임상 및 상담 장면에서 실무에 종사하는 대부분의 심리학자는 MMPI를 활용하여 심리평가를 실시한다(Archer et al., 2006; Dahlstrom, 1992b; Moreland & Dahlstrom, 1983; Watkins, Campbell, Nieberding, & Hallmark, 1995). 또한 수많은 심리학자가 MMPI의 원판과 개정판에 관한 연구를 진행하였다. Butcher(2010)는 MMPI, MMPI-2, MMPI-A에 관한 참고문헌이 19,000편에 달한다고 추산하였다. Greene(2011)은 2010년 1월에

'MMPI'라는 검색어로 심리학 데이터베이스를 검색했더니 24,171편의 참고문헌이 산출되었고, 'MMPI-2'라는 검색어를 입력했을 때 4,216편의 참고문헌이 산출되었다고 보고하였다.

MMPI-2가 광범위하게 그리고 지속적으로 사용되는 데는 몇 가지 이유가 있다. 실시와 채점이 간편하고, 응답방식이 연구 설계에 적합하고, 문항의 개수가 많고, 척도의 개수가 많고 (800개 이상), 다양한 장면에 적용할 수 있고, 수검태도를 측정하는 타당도척도가 존재하고, 여러 언어로 번역되어 있고, 수많은 경험적 자료가 축적되어 있기 때문이다. 사실 심리평가 및 심리치료 장면에서 MMPI-2를 사용하지 않는 임상가를 찾아보기 힘들다. 입원환자와 외래환자를 치료하는 정신건강기관에서 진단적 평가 및 치료적 판단을 수행하는 심리학자는 MMPI-2, MMPI-A, MMPI-2-RF를 포함시켜서 심리평가 배터리를 구성한다. 물론 MMPI-2만 실시하는 경우도 많다. 임상가는 MMPI-2를 실시하여 내담자의 정신병리를 파악하고 치료계획을 수립한다. 이혼소송에서 양육권을 심사하는 심리학자도 MMPI-2를 시행한다(Alan Jaffe, 개인적 교신, 2013. 5. 31.). 신체적 질병 때문에 병원에 내원한 환자에게 MMPI-2를 실시하면 신체적 질병에 영향을 미치는 심리적 요인을 파악할 수 있다. 치료절차의 예후를 평가할 때도 MMPI-2를 실시한다(Osborne, 1979).

기업에서 일하는 조직심리학자와 임상심리학자는 채용예정자를 어떤 업무에 배치할지 결정할 때 또는 취업지원자가 심리적으로 건강한지 판정할 때 MMPI-2를 실시한다. 예컨대, 인사선발 과정에서 각별한 주의를 기울여야 하는 고위험 직종의 종사자를 선발할 때 흔히 MMPI-2를 실시하는데, 이는 MMPI-2가 정신병리와 정서적 부적응을 민감하게 탐지하기 때문이다(Butcher, Ones, & Cullen, 2006; Davis & Rostow, 2004; Davis, Rostow, Pinkston, Combs, & Dixon, 2004). MMPI-2는 특히 공공의 신뢰가 요구되는 직종(예: 항공기 승무원, 경찰관, 소방관, 구급대원, 간호사, 공직후보자, 원자력 발전소 근무자)의 인사선발 및 직무적합성 평가에 활용된다. 또한 MMPI-2 자체를 연구하는 심리학자도 있고, MMPI-2의 몇몇 척도를 종속변인으로 설정하여 자료를 수집하는 심리학자도 있다. 어떤 심리학자는 MMPI-2의 응답 패턴이 국가마다 다른지 비교하는 연구를 수행하고, 어떤 심리학자는 MMPI-2를 사용해서 치료효과를 분석하며, 어떤 심리학자는 법률적 의사결정을 위해 MMPI-2를 참조한다(Friedman, Lewak, Nichols, & Webb, 2001; Rothke & Friedman, 1994; Rothke, Friedman, Dahlstrom, Greene, Arrendondo, & Mann, 1994; Rothke, Friedman, Jaffe, Greene, Wetter, Cole, & Baker, 2000). 범죄자의 정신감정을 하거나 법의학적 소견서를 작성하는 심리학자도 MMPI-2를 실시한다. 법원에서 MMPI-2 프로파일을 증거로 채택하는 경우가 종종 있다(Pope, Butcher, & Seelen, 2006).

원판 MMPI는 566개의 문항으로 구성되어 있다. 피검자는 검사지의 문항을 읽고 답안지에 '그렇다' 혹은 '아니다' 중에서 한 가지로 응답한다. 원판 MMPI는 카드 형태로 제작되기도 했는데, 피검자는 카드의 문항을 읽고 '그렇다' 혹은 '아니다' 혹은 '모른다' 중에서 한 범주로 분류한다. 피검자가 '그렇다'와 '아니다'에 모두 응답한 경우 혹은 어느 쪽에도 응답하지 않은 경우, 그 문항은 무응답으로 간주한다. 피검자가 응답을 완료하면 채점을 진행하는데, 수기식 혹은 기계식 채점이 가능하다. 컴퓨터에 피검자의 응답을 입력하면 프로파일을 산출할 수 있다. 피검자가 자신의 응답을 컴퓨터에 직접 입력하는 방법도 가능하다.

원판 MMPI 프로파일의 경우, 13개의 표준척도(standard scale)가 채점된다. 어떤 채점방식을 사용해도 프로파일은 동일하다. 표준척도는 3개의 타당도척도와 10개의 임상척도로 구성되어 있다. 전통적으로, 임상척도 1, 2, 3, 4, 6, 7, 8, 9를 기본 임상척도 혹은 기본 척도라고 부른다. 임상척도 5와 임상척도 0까지 포함시킨 전체를 표준 임상척도라고 부른다. 표준척도의 명칭은 다음과 같다.

원판 MMPI의 타당도척도

• L 척도(부인, Lie)

• F 척도(비전형, Infrequency)

• K 척도(교정, Correction)

원판 MMPI의 임상척도

• 척도 1(건강염려증, Hypochondriasis: Hs)

• 척도 2(우울증, Depression: D)

• 척도 3(히스테리, Hysteria: Hy)

• 척도 4(반사회성, Psychopathic Deviate: Pd)

• 척도 5(남성성-여성성, Masculinity-Femininity: Mf)

• 척도 6(편집증, Paranoia: Pa)

• 척도 7(강박증, Psychasthenia: Pt)

• 척도 8(정신분열증, Schizophrenia: Sc)

• 척도 9(경조증, Hypomania: Ma)

• 척도 0(사회적 내향성, Social Introversion: Si)

타당도척도는 수검태도에 문제가 있는 프로파일을 탐지한다. 피검자가 불성실하게, 기만적으로, 부정왜곡하여, 긍정왜곡하여 응답한 프로파일은 신뢰할 수 없다. 독해력과 이해력이 부족한 피검자의 프로파일도 신뢰할 수 없다. 임상척도는 주로 정신병리의 유형과 심각성을 측정한다. 또한 임상척도는 치료의 진행에 따른 치료효과 및 시간의 흐름에 따른 상태 변화를 객관적으로 추정할 때 활용된다(Dahlstrom, Welsh, & Dahlstrom, 1972). 타당도척도 및 임상척도의 원점수는 상호 비교가 가능한 T점수로 환산되고, T점수에 근거하여 꺾은선 그래프 형태의 프로파일을 작성한다. 일반적으로, 임상가는 각 척도의 T점수가 시사하는 의미를 해석한다. 임상가는 피검자의 T점수를 다양한 자료와 비교하여 해석하는데, 특히 정상적인 성인으로 구성된 규준집단의 자료와 비교하는 작업이 중요하다. 이 장의 후반부에서 T점수에 대해 자세하게 설명하겠다. 초기에는 각각의 척도를 개별적으로 해석해서 진단평가에 반영했는데, 지금은 여러 척도를 조합하여 형태적으로 해석하는 방식으로 발전되었다. 여러 척도의 상승-하강 패턴을 분석하는 형태해석을 시도하면 피검자의 성격특성을 더 잘 유추할 수 있다. 프로파일(profile)은 8개의 기본 임상척도에 주목하는 용어이고, 코드타입(code type)은 형태해석을 시도할 때 사용하는 용어이다.

🗣 MMPI의 개발

Dahlstrom(1992b)은 MMPI의 역사를 개관하면서 1930년대 뉴욕주립 정신의학연구소에서 진행된 일련의 연구(Landis & Katz, 1934; Landis, Zubin, & Katz, 1935; Page, Landis, & Katz, 1934)를 정리하였다(Greene, 2011). 연구자들은 임상가가 내담자의 성격을 평가하고 장애를 진단할 때 타당도를 입증할 수 없는 성격검사에 지나치게 의존한다고 비판하면서 상당히 회의적인 견해를 제시하였다. 당시의 객관적 성격검사는 피검자의 자기보고에 전적으로 의지하고 있었다. 즉, 피검자가 자신의 감정과 경험을 정확하게 보고할 수 있는 능력과 의지를 지니고 있다고 전제하였고, 피검자의 독해력과 이해력이 성격검사에 미치는 영향을 간과하였다. 이런 까닭에 여러 임상가도 객관적 성격검사의 타당도를 향상시켜야 한다는 의견에 동조하였다.

이런 회의적인 시각에도 불구하고 혹은 아마도 이런 회의적인 견해 때문에, 미네소타 대학교 의과대학 신경정신과에 근무하던 Starke Rosencrans Hathaway와 J. Charnley McKinley는 기존의 성격검사에 내재된 한계점을 개선할 수 있는 새로운 형태의 성격검사를 제작하기로 합의하였다. Hathaway는 임상경험이 풍부한 생리심리학자였고, McKinley는 신경정신과 의사였다. 나중에 Paul E. Meehl이 연구진에 합류하였다. 애초에 Hathaway와 McKinley는 심리적 부적응을 겪고 있는 환자를 효율적으로 진단할 수 있는 심리검사를 제작할 생각이었다(Hathaway, 1939, p. 117). 또한 "신체적 문제 혹은 의학적 질병과 관련이 있는 심리적 요인을 측정"하는 심리검사(McKinley & Hathaway, 1943, p. 161), 1930년대 후반에 정신분열증(조현병)

환자에게 실시하던 "인슐린치료의 효과를 측정"하는 심리검사(Hathaway, 1964, p. 204)를 제작하고 싶었다. 아울러 정신병리의 심각성을 판단할 수 있고, 시간의 흐름에 따른 상태 변화를 파악할 수 있으며, 심리치료의 효과를 객관적으로 측정할 수 있는 심리검사를 개발하려고 노력하였다(Dahlstrom et al., 1972).

1930년대 후반부터 연구를 시작하여 1942년에 원판 MMPI를 발표하였다(Nichols, 2011). 원판 MMPI가 판매되면서 상당한 매출이 발생하자 Psychological Corporation이라는 회사가 판권을 획득하고 본격적으로 보급하기 시작하였다. 그것이 1943년 4월 말의 일이다. 이후 Drake(1946)가 제작한 사회적 내향성 척도를 추가하여 10개의 임상척도가 완성되었다. 이것이 1951년에 발표된 원판 MMPI의 최종본이다(Butcher, 2000). 원판 MMPI의 매뉴얼은 1983년까지 몇 차례 개정된 바 있다.

Hathaway와 McKinley는 1940년에 원판 MMPI의 개발 과정을 소개한 최초의 논문인 「다면적 인성검사(미네소타): I. 검사의 개발[A Multiphasic Personality Schedule(Minnesota): I. Construction of the Schedule]」을 발표하였다. 그들은 기존의 성격검사를 거의 모두 검토하였고, 성격검사의 효율성을 저해하는 요인을 개선하기 위해 노력하였다. 기존의 성격검사는 내용타당도에 주목하는 합리적 문항선정방식으로 개발되었고, 피검자의 수검태도(예: 축소보고, 과대보고)를 측정할 수 없었다. 예컨대, Woodworth(1920)가 제작한 '개인 자료 질문지(Personal Data Sheet)'가 그러했다. 제1차 세계대전이 벌어지자 심리적 부적응을 겪고 있는 사람을 징병검사에서 배제할 필요성이 부각되었다. Woodworth는 116개 문항으로 자기보고식 질문지를 제작하여 신경증 증상을 평가하였다. 모든 문항은 Woodworth가 생각하기에 신경증 증상을 반영한다고 여겨지는 문항으로 구성되었다. 만약 피검자가 신경증 증상을 측정하는 문항에 채점되는 쪽으로 응답하면 정신과적 면접을 진행하였다. 이 검사의 첫 번째 문제점은 문항이 정확히 무엇을 측정하고 있는지 모른다는 것이다. 이 검사의 문항은 오직 Woodworth가 측정한다고 생각하는 것을 측정하고 있을 뿐이었다. Woodworth는 합리적 문항선정방식을 채택하였다. 즉, 어떤 문항이 신경증 증상과 내용적으로 연관되어 있다고 여겨지면 그 문항을 질문지에 포함시킨 것이다. 시간이 흐르자 합리적 방식으로 선정된 문항들이 Woodworth가 예상한 이상행동을 항상 정확하게 반영하지는 못한다는 사실이 밝혀졌다. 이 검사의 두 번째 문제점은 수검태도를 고려하지 않았다는 것이다. 피검자가 자신을 솔직하고 정확하게 묘사할 것이고, 묘사할 수 있을 것이라는 가정은 근거가 부족하다. 현실은 가정을 배반한다. 피검자는 얼마든지 자기와 타인을 기만할 수 있고, 사회적 바람직성과 같은 요인도 반응에 지대한 영향을 미친다. Hathaway(1965)와 Nichols(2011)에 따르면, 전쟁터에 나가는 것을 두려워하는 병사들이 이 검사에서 자신의 취약성을 과도하게 보고하였다. 미처 예상하지 못한 응답이 관찰되면서 이 검사의 한계점이 노출된 것이다. 이 검사의 문항은 투명할 정도로 명백하다. 따라서 문항이 신경증 증상을 평가한다는 것을 누구든지 알아차릴 수 있다. 비록 Woodworth가 질문지를 완성하기 이전에 전쟁이 끝났지만, 그의 작업은 제1차 세계 대전 이후에 제작되고 사용되었던 유사한 심리검사의 토대가 되었다(Anastasi, 1982).

Bell(1934)이 제작한 '적응 질문지(Adjustment Inventory)'와 Bernreuter(1933)가 개발한 '성격 질문지(Personality Inventory)'는 기존의 합리적 문항선정방식을 답습한 것이다. 즉, 문항의 안면타당도에 지나치게 초점을 맞추는 근본적 한계에서 벗어나지 못하였다(Colligan et al., 1989). Landis와 Katz(1934)는 Bernreuter가 개발한 성격 질문지의 변별타당도에 심각한 문제가 있으므로 폐기해야 마땅하다고 지적하였다. 이 질문지로는 임상집단을 효과적으로 변별할 수 없었는데, 신경증 환자뿐만 아니라 정신증 환자도 높은 점수를 보여서 오류가 속출하였다(Greene, 2011).

Humm과 Wadsworth(1935)는 '기질 질문지(Temperament Survey)'를 개발했는데, Hathaway(1939)는 「심리적 부적응 환자의 진단에 유익한 성격검사(The Personality Inventory as an Aid in the Diagnosis of Psychopathic Inferiors)」라는 논문에서 이들이 사용한 방법론을 계승하여 MMPI를 제작했다고 소개하였다. 이들은 정신과 환자집단에서 관찰된 응답을 실제로 활용하여 문항을 선정한 최초의 연구자이다. 즉, 문항을 어떤 방향으로 채점해야 하는지, 문항을 어떤 척도에 배치해야 하는지를 결정할 때 선험적 가정이 아닌 경험적 자료를 활용하였다(Nichols, 2011). 이 질문지는 318개 문항으로 구성되어 있고, 7개 척도의 점수를 제공한다. 원판 MMPI의 550개 문항 중에서 적어도 27%에 해당하는 문항이 이 질문지의 문항과 상당히 비슷하다(D. S. Nichols, 개인적 교신, 1999. 4. 1.). Meehl(1989)은 원판 MMPI를 제작할 때 이 질문지에서 상당수의 문항을 추출했다고 언급하였다. 이 질문지를 실시하면 다음의 일곱 가지 기질유형을 확인할 수 있다. 정상성향, 반사회성향, 조증성향, 우울성향, 분열성향, 편집성향, 간질성향이 그것이다. Greene(2011)은 이 질문지를 논평하면서 1950년대 초반까지 총 14편의 연구가 발표되었다고 보고하였다. 논평의 핵심은 문제가 있는 사람과 정상적인 사람의 프로파일이 유사하다는 점, 새로운 자료를 수집해서 통계분석을 했더니 애초에 보고된 자료와 불일치한다는 점에 모였다. Greene(2011)이 지적했듯이 비록 1950년대 중반 이후로는 관심이 사라졌지만, Humm과 Wadsworth의 혁신적 작업은 MMPI의 개발에 크게 공헌하였다.

Hathaway는 합리적 문항선정방식에 회의를 품고 경험적 문항선정방식(기준집단 채점방식)을 채택하여 MMPI를 제작하였다. Nichols(2011)는 Hathaway의 선택에 찬사를 보내면서, 그를 선험적 이론을 불신하고 경험적 실제를 숭상하는 '철저한 실용주의자'라고 평가하였다.

Hathaway는 선험적 이론을 배제하기 위해서, 기존의 합리적 혹은 직관적 방식을 탈피하기 위해서 여러 기준집단의 응답을 정상집단과 대조하여 문항을 선정하는 경험적 방식을 채택하였다. 그는 서로 다른 유형의 환자들이 자신이 개발한 문항에 어떻게 응답할지 이미 알고 있는 사람처럼 행세하지 않았다. 여러 기준집단의 응답을 정상집단과 대조하면 집단마다 차이를 보이는 문항을 파악할 수 있다. 질문을 던지면 만족스러운 대답을 얻을 수 있다(Nichols, 2011, p. 2).

Anastasi(1982)가 언급했듯이, MMPI는 경험적 문항선정방식의 훌륭한 모범이다. 구체적으로 살펴보자. 문항을 2개 이상의 집단(기준집단 및 정상집단)에 실시하여 집단별로 응답빈도를 파악한다. 기준집단은 동질성에 기반하여 구성한다. 예컨대, 진단이 동일하고, 군집이 유사하고, 성격특질과 성격특성이 비슷한 사람들을 기준집단으로 설정한다. 기준집단과 대조하는 정상집단을 구성한다. 정상집단은 기준집단의 특성을 공유하면 안 되고, 공유하더라도 기저율을 넘어서면 안 된다. 기준집단과 정상집단의 응답빈도를 대조하여, 두 집단에서 응답빈도가 통계적으로 유의미하게 다른 문항들을 추출한다. 만약 어떤 문항의 응답빈도가 정상집단과 기준집단(예: 정신분열증)에서 통계적으로 유의미하게 다르다면, 그 문항을 기준집단을 반영하는 임상척도(예: 척도 8)에 배치한다. 그래서 임상척도의 명칭이 기준집단의 명칭과 동일한 것이다. Butcher(2010)가 언급했듯이, 정상집단과 기준집단의 응답빈도를 대조해서 문항을 선정했기 때문에 임상척도의 문항들은 내용상 서로 이질적이다. 임상척도의 채점방식은 다음과 같다. 만약 피검자가 어떤 문항에 기준집단이 빈번하게 응답한 쪽으로 응답하면 그 문항에 원점수 1점을 부여한다. 예컨대, 히스테리 기준집단이 빈번하게 '그렇다'라고 응답한 문항이 있는데, 만약 피검자가 그 문항에 '그렇다'라고 응답하면 히스테리 척도에 원점수 1점을 부여한다. 그러나 피검자가 그 문항에 '아니다'라고 응답하면 히스테리 척도에 원점수 0점을 부여한다. 임상척도의 원점수가 높을수록 피검자가 기준집단이 빈번하게 응답한 쪽으로 더 많이 응답했다는 뜻이다.

먼저, Hathaway와 McKinley는 정신병력 조사지, 정신의학 교과서, 기존의 태도검사 및 성격검사, 임상 보고서, 사례발표 자료, 자신들의 임상경험을 기반으로 1,000개 이상의 예비문항을 수집하였다. 이 중에서 504개의 문항을 채택하였고, 피검자가 문항을 읽고 '그렇다' 혹은 '아니다'라고 응답할 수 있는 형태로 편집하였다. 이후에 McKinley와 Hathaway(1943)는 남성성-여성성을 측정하는 55개의 문항을 추가했다가 9개의 문항을 삭제하였다. 결과적으로 550개의 문항을 확보하였다. 이 중에서 16개의 문항은 스캐너를 이용해서 채점하기 편하도록 두 번씩 제시하였다. 최종적으로 출판된 원판 MMPI에는 566개의 문항이 수록되어 있다. 두 번씩 제시한 16개 문항은 모두 임상척도 6, 7, 8, 0에 배치되었고, 첫 번째 응답을 기준으로 한 번만 채점하였다. 550개의 문항은 스물여섯 가지 내용영역으로 구분된다. 예컨대, 공포증, 종교적 태도, 일반의학적 증상, 신경학적 증상, 정치적 태도, 사회적 태도, 가족문제, 교육경험, 직장경험, 자신에 대한 호의적 묘사 등을 측정한다(Dahlstrom et al., 1972). 모든 문항은 1인칭 시점으로 기술하였고, 가독성을 평정하였으며, 동시대의 단어 사용 빈도에 맞추어 간단하게 제작하였다. "문법적 정확성보다 문장의 간결성, 명확성, 단순성을 우선하여 문항을 제작하였다. 상식적 수준의 속담과 은어를 사용하였고, 희귀단어와 전문용어는 배제하였다."(Nichols, 2011, p. 3) 이렇게 제작된 550개 문항에 정상집단과 기준집단이 어떤 응답빈도를 보이는지 조사한 뒤, 두 집단의 응답빈도가 통계적으로 유의미하게 차이 나는 문항을 추출하여 척도를 제작하였다.

정상집단은 미네소타 대학병원 외래환자의 친구와 친척 중에서 연구에 기꺼이 협조한 724명으로 구성하였다. 정상집단은 모두 백인이었다. 그 당시 미네소타에는 인디언 원주민 이외의 소수인종이 많지 않았기 때문이다. 정상집단은 미네소타 전역에 거주하고 있었고, 사회경제적으로 이른바 '혜택을 받지 못한 계층'에 속하였다(Dahlstrom, Welsh, & Dahlstrom, 1972; McKinley & Hathaway, 1940). Dahlstrom과 Welsh(1960, p. 44)에 따르면, "대학병원 중심부와 대기실에 있는 사람에게 접근하여 연구에 참여해 달라고 부탁하는" 방법으로 정상집단의 자료를 수집하였다. 또한 미네소타 대학교 예비대학생(265명), 미네소타 대학병원 일반환자(254명), 공공사업촉진국 종사자(265명), 다양한 진단을 받은 미네소타 대학병원 정신과 입원환자(221명)로부터 자료를 수집하여 정상집단 및 기준집단을 보완하였다. 다만 병원에서 치료를 받고 있는 사람은 정상집단에서 배제하였다. Dahlstrom 등(1972, pp. 7-8)은 정상집단의 중요성을 다음과 같이 강조하였다.

정상집단에 포함된 남성과 여성의 응답이 MMPI의 규준(norm)이다. 규준은 전형적인 응답이 무엇인지 판정하는 기준이다. 피검자의 응답을 규준과 비교하면 그가 전형적인 사람인지 혹은 비전형적인 사람인지 판정할 수 있다. 1940년 당시 미네소타 정상집단은 35세의 기혼자였고, 소도시 혹은 농촌에 거주하였고, 8년간 교육을 받았으며, 숙련직 혹은 준숙련직에 종사하였다. 또는 그런 직업을 가진 남성과 결혼한 상태였다.

Hathaway와 McKinley는 1930년대의 미네소타 인구조사 통계와 연령, 성별, 결혼상태가 일치하는 사람을 정상집단(즉, 규준집단)에 포함시켰다(Dahlstrom et al., 1972). 그러나 지금은 "원판 MMPI의 규준집단은 교육수준과 직업수준이 낮은 사람을 과잉대표"한다는 견해가 일반적이다(Dahlstrom, 1993, p. 9). Hathaway와 Briggs(1957)는 처음에 724명으로 정상집단을 구성했다가 중간에 몇 개의 척도를 추가하면서 불완전한 자료를 대체하여 정상집단이 변경되었다고 보고하였다. 결과적으로, 원판 MMPI 프로파일의 T점수는 540명(남자 225명, 여자 315명)의 규준자료를 바탕으로 산출되었다. 하지만 『MMPI 핸드북』(Dahlstrom et al., 1972, 1975)과 여러 참고문헌에 제시되어 있는 T점수가 '불순물을 걸러 낸' 규준자료와 항상 정확하게 일치하는 것은 아니다. 『MMPI-2 매뉴얼(개정판)』(Butcher et al., 2001)에 정확한 규준자료가 제시되어 있다.

기준집단은 다양한 정신과 환자로 구성하였다. 먼저, 8개의 기준집단(건강염려증, 우울증, 히스테리, 반사회성, 편집증, 강박증, 정신분열증, 경조증)을 구성하였고, 나중에 임상척도를 추가하면서 2개의 기준집단을 더 확보하였다. 척도 0을 제작할 때는 여자 대학생(Drake, 1946), 척도 5를 제작할 때는 남자 동성애자(Hathaway, 1980, p. 10)를 기준집단으로 설정하였다.

원판 MMPI가 출판되자마자 규준집단이 협소해서 대표성이 빈약하다는 비판이 제기되었다. 724명 모두 미네소타 대학병원 외래환자의 친구와 친척이었고 백인이었기 때문이다. 출신지역의 불균형도 문제가 되었는데, 대부분 스칸디나비아계, 독일계, 아일랜드계 후손이었다. 또한 대부분 미네소타, 노스다코타, 사우스다코타, 아이오와, 위스콘신에 거주하고 있었다. Nichols(1992b, p. 562)에 따르면, "스칸디나비아계 후손으로, 교육수준과 직업수준이 낮고, 미국 중서부의 농촌에 거주하는 '미네소타 농부집단'이라는 맹비난"이 쏟아졌다. 과연 MMPI 규준집단이 전형적인 미국 성인을 대표하는지 의문을 품었던 것이다. Pancoast와 Archer(1989)는 MMPI 규준집단의 한계를 잘 정리하였다. 원판 MMPI 규준집단의 점수는 평균보다 약 0.5표준편차(T점수 5점)가 높았다. 따라서 일반인을 평가하는 임상가는 점수를 하향조정해야 했다. 자칫하면 심각한 정신병리를 지니고 있는 것으로 확대해석할 우려가 있었기 때문이다. Pancoast와 Archer(1989)는 원판의 규준집단이 부적절하게 구성되었다는 것을 입증하기 위해서 50년 동안 다양한 경로를 통해 수집한 일반인의 자료를 조합하였다. 분석 결과, 조합집단의 평균 점수가 규준집단의 평균 점수보다 상대적으로 높았다. 이것은 원판의 규준집단이 전형적인 미국인을 대표하지 못한다는 사실을 입증하는 자료인 동시에 지난 50년 동안 규준집단의 평균 점수가 크게 달라지지 않았다는 사실을 시사하는 결과였다.

Pancoast와 Archer(1989)가 원판 규준집단의 부적절성을 입증하자, Greene(1990b)은 정신과 환자로 구성된 원판 기준집단의 적절성에도 의문을 품었다. 그는 40년 동안 수집한 자료를 활용하여 시간의 흐름에 따라 기준집단의 응답빈도가 유의미하게 달라졌는지 조사하였다. 빈번하게 관찰되는 네 종류의 코드타입(척도 4 단독상승, 24/42 코드타입, 27/72 코드타입, 68/86 코드타입)의 평균값과 중앙값을 네 가지 시점(1950년, 1960년, 1970년, 1980년)에서 비교한 결과, 각 코드타입의 시점별 평균값과 중앙값이 거의 비슷하였다. 이것은 정상집단의 MMPI 프로파일이 시간적 측면에서 상당히 안정되어 있다는 Pancoast와 Archer(1989)의 보고와 일치하였다. 비록 Greene(1990b)이 조사한 것은 정상집단이 아닌 기준집단이지만, 이 결과는 "MMPI가 많은 사람이 생각하는 것처럼 그렇게 낡아빠진 심리검사가 아니"라는 사실을 역설적으로 보여 준다(Greene, 1991a, p. 12).

미네소타 로체스터 지역의 메이요 클리닉(Mayo Clinic)에 근무하던 Colligan과 동료들(Colligan, Osborne, Swenson, & Offord, 1983; Colligan et al., 1989)은 원판의 규준을 대체할 수 있는 동시대의 정확한 규준을 제시하려고 노력하였다. Colligan 등(1983)은 미네소타 농촌 지역에 거주하는 동시대 일반인의 자료를 수집하여 원판 규준집단의 자료와 비교하였다. Greene(1985)은 이들의 연구를 논평하면서 원판 규준집단과 동시대 정상집단에서 산출된 MMPI 표준척도의 평균 점수가 상당히 다르다고 지적하였다. 두 집단 사이에서 T점수 1~6점의 차이가 있었기 때문이다. 그런데 서로 다른 측정단위를 사용했기 때문에 집단 간 차이가 발생했을 가능성이 있다. Greene(1985)이 지적했듯이 Colligan, Osborne과 Offord(1983)는 전통적으로 사용하던 선형 T점수가 아니라 정상 T점수를 사용하였다. Colligan 등(1980, 1983, 1989)이 정상 T점수를 사용한 까닭은 원판 MMPI의 규준집단에서 거의 모든 척도의 T점수가 정적으로 편포되어 있었기 때문이다. 정적으로 편포되어 있으면서 편포의 정도까지 서로 다르면 척도별로 T점수의 의미가 달라져서 정확하게 비교할 수 없다(Miller & Streiner, 1986). 그러나 정상 T점수를 사용하면 척도끼리 비교할 수 있다. 하지만 Miller와 Streiner(1986)는 원판 규준집단과 동시대 규준집단에서 빈번하게 관찰되는 코드타입이 서로 불일치한다는 사실을 발견하였다. 선형 T점수를 사용하든 정상 T점수를 사용하든 마찬가지였다. 그들은 이러한 불일치의 문제를 임상적으로 해결할 수 있을 때까지는 원판의 규준과 새로운 규준을 함께 사용하라고 권고하였다. 이어서 Greene(1991a)이 규준에 따라서 코드타입의 불일치가 발생하는 문제를 지적하였다. 하지만 그는 원판의 규준과 동시대의 규준 중에서 어떤 규준이 피검자의 성격특성을 비롯한 연구 자료를 더 정확하게 반영하는지 판단하는 것이 훨씬 중요하다고 언급하였다. 즉, 공존타당도를 확보하고 있는 규준을 선택하는 것이 중요하다는 것이다. Colligan 등(1989)에 따르면, 동시대 규준집단의 점수가 원판 규준집단의 점수보다 통계적으로 유의미하게 높았다. 이것은 동시대 규준집단이 원판 규준집단보다 심리적 불편감과 신체적 불편감을 더 많이 보고했다는 뜻이다. "이러한 차이는 1930~1940년대 이후로 사회적 태도와 지각이 현저하게 달라졌기 때문에 발생했을 것이다. 따라서 MMPI에 포함된 문항의 의미와 이에 대한 응답도 상당히 달라졌을 것이다."(Colligan et al., 1989, p. 47)

Colligan과 동료들은 표준척도에 포함되지 않는 척도들의 동시대 규준도 제시하였다. 예컨대, Wiggins(1966)가 제작한 내용척도(Colligan & Offord, 1988a), Barron(1953)이 개발한 자아강도(Es) 보충척도(Colligan & Offord, 1987b), MacAndrew(1965)가 제작한 알코올중독 보충척도(Colligan & Offord, 1987a)의 동시대 규준을 제시하였다. 비록 그들이 제시한 동시대 규준을 받아들인 임상가는 많지 않았지만, 그들의 노력 덕분에 동시대 규준의 필요성을 절감한 것만은 사실이다. 관심이 있는 독자는 원판의 규준과 동시대의 규준을 비교하는 각종 변환표가 제시되어 있는 자료(Colligan et al., 1989)를 참고하기 바란다. 아울러 그들이 메이요 클리닉에서 5만 개 이상의 프로파일을 수집했다는 사실도 기억하기 바란다. 그들은 역사상 가장 큰 규모의 연구를 수행하였다(Swenson, Pearson, & Osborne, 1973). 그러나 그들이 제시한 동시대의 규준도 전형적인 미국 성인을 대표하지는 못한다. 최근에 Colligan 등(2008)은 가정의학과 외래환자의 자료와 동시대 규준집단의 자료를 비교하는 후속연구를 진행하였다. 또한 동형 T점수라는 새로운 측정단위를 고안하였다. 연구 결과, 가정의학과 외래환자의 자료와 MMPI-2 규준집단의 자료 사이에서 통계적으로 유의미한 차이가 발견되었다. 전형적인 미국 성인을 잘 대표하는 MMPI-2 규준집단에 대해서는 잠시 후에 설명하겠다.

MMPI가 대학병원 정신과 이외의 여러 장면(예: 일반병원, 법원, 심리치료, 장애등급 판정, 인사선발)에서 사용되기 시작하자 부적절한 규준이 초래하는 문제가 더 부각되었다. 원판 규준집단은 진정한 정상집단이 아니라 수집된 참고자료에 불과한 것 같다. 따라서 임상가는 부적절한 규준이 실질적으로 어떤 문제를 야기하는지 유념해야 한다. 예컨대, 정상적인 사람의 점수가 약간 높기 때문에(Pancoast & Archer, 1989), 인사선발 과정에서 엄격한 분할점을 적용하면 정상적인 사람이 오히려 탈락하는 현상이 발생할 우려가 있다. 특히 항공기 승무원, 경찰관, 소방관, 원자력 발전소 근무자와 같은 민감한 직종의 인사선발에 악영향을 미칠 수 있다. 원판 규준집단이 두 가지 기능을 담당했다는 것도 심각한 문제이다. 즉, 임상척도를 개발할 때 정상집단과 기준집단을 대조하여 문항을 추출하는 첫 번째 기능만 담당했다면 문제가 되지 않았을 텐데, 정상집단의 자료를 바탕으로 전형적인 규준집단을 작성하는 두 번째 기능까지 담당했기 때문에 문제가 된다.

> 미네소타 정상집단의 자료를 기준집단의 자료와 대조한 것까지는 좋았으나, 미네소타 정상집단이 미국 성인을 대표하는 전형적인 규준집단이라고 섣불리 가정한 것은 심각한 문제였다. 정상집단에게 두 가지 임무를 부여하는 과정에서 지극히 자연스러운 수준의 비정상성마저 배제하는 오류를 범하였다(Nichols, 1992b, p. 562; Pancoast & Archer, 1989).

현실적으로 Hathaway와 McKinley에게는 적절한 규준집단을 확보하고 추가로 교차타당화 연구를 수행할 만한 연구비가 없었다. 당시의 경제공황 때문이었다(Butcher, Dahlstrom, Graham, Tellegen, Dahlstrom, & Kaemmer, 2001). 그럼에도 불구하고 별도의 정상집단을 구성해서 전형적인 규준집단을 확보하는 교차타당화 연구를 진행하지 않았기 때문에, Hathaway와 McKinley가 제작한 심리검사는 구성타당도의 측면에서 심각한 결함을 내포하고 있다. 교차타당화 연구가 무엇보다 중요한데, 그들은 문항의 채점방향이 과연 정확한지를 별도의 정상집단에서 확인하지 않았다(Helmes & Reddon, 1993). 그 결과, 원판 MMPI의 기본적 측정단위가 과연 적절한지에 대해서도 논란이 벌어졌다. Dahlstrom과 Tellegen(1993, p. 3)은 다음과 같이 언급하였다.

> 교차타당화 연구를 생략했기 때문에 기본 척도에서 T점수의 기준이 '너무 낮게' 설정되었고 T점수의 간격도 '너무 좁게' 설정되었다. 원판 규준집단에서 산출된 표준편차가 비현실적인 수준으로 작았기 때문이다. 기본 척도에서 T점수의 기준과 간격을 부적절하게 설정한 결과, 오류긍정(false positive) 프로파일의 비율이 너무 많아졌다. 즉, 정신병리를 지니고 있지 않음에도 불구하고 1개 혹은 그 이상의 임상척도가 유의미하게 상승하는 오류가 발생한 것이다.

정상집단의 자료에 포함된 불순물(무응답 빈도가 높은 프로파일)이 규준의 적절성을 약화시킨 측면도 있다. Dahlstrom과 Welsh(1960)가 제시한 응답비율을 분석한 Pancoast와 Archer(1989)에 따르면, 정상집단 자료의 무응답비율이 상당히 높았다(남성의 경우 평균 14개 문항, 여성의 경우 평균 15개 문항에 무응답). 처음에는 무응답을 허용하다가 나중에야 무응답을 금지하였기 때문이다. 실제로 연구의 후반부에 수집된 정상집단의 자료는 무응답비율이 낮았다(예: Clopton & Neuringer, 1977). 예컨대, Colligan 등(2008)은 가정의학과 외래환자 1,243명 중에서 여성의 47%와 남성의 55%가 무응답이 전혀 없는 자료를 제출했다고 보고하였다. 또한 여성의 35%와 남성의 35%가 5개 이하의 문항에 무응답한 것으로 확인되었다. 무응답으로 인해 원판 정상집단의 T점수가 약 1점 정도 하강한 것으로 추정된다(Pancoast & Archer, 1989). 따라서 전반부 정상집단과 후반부 정상집단의 T점수는 약 4점 정도 상이한 것으로 추정된다. 이것도 원판 정상집단은 전형적인 규준집단이 아니라는 견해를 지지하는 결과이다.

개정판 MMPI-2 규준집단의 원점수 분포는 원판 MMPI 규준집단의 원점수 분포와 전혀 다르다. 척도마다 차이가 있기는 하지만, MMPI-2 임상척도의 평균 원점수가 MMPI 임상척도의 평균 원점수보다 전반적으로 더 높다. Tellegen과 Ben-Porath(1993, p. 490)가 지적했듯이, "T점수로 환산하면, MMPI-2 임상척도가 MMPI 임상척도보다 전반적으로 낮아진다. 또한 프로파일의 양상과 형태의 측면에서도 원판과 개정판이 상당히 다르다." Dahlstrom과

Tellegen(1993, p. 3)은 다음과 같이 언급하였다.

MMPI-2 재표준화 연구에 참여한 사람들이 원판 정상집단에 포함된 사람들보다 훨씬 단호하게 응답한 것 같다. 그래서 MMPI-2 규준집단의 원점수가 상승하고 T점수가 하강한 것으로 보인다.

새로운 규준집단과 새로운 측정단위(동형 T점수)가 MMPI-2 프로파일과 코드타입에 미친 영향은 이후에 자세히 설명하겠다.

원판 MMPI의 정상집단을 구성하는 과정에서 '병원에서 치료를 받고 있는 사람'을 모두 배제했기 때문에 규준의 적절성이 약화되었다는 점도 지적하고 싶다. Nichols(1992b)가 언급했듯이, MMPI-2 규준집단을 구성할 때는 이런 배제기준을 적용하지 않았다. 정상적인 사람 중에는 일반병원에서 치료를 받고 있는 사람이 당연히 있을 수밖에 없기 때문이다. 그런데 원판의 정상집단에서는 이들을 모두 배제하였다. 그 결과, 규준집단의 전형성이 훼손되는 현상이 발생하였다.

규준집단 자체가 부적절하므로 원판 MMPI는 더 이상 사용할 수 없다. 아울러 현재 시점에서 원판 MMPI를 사용할 수 없는 이유가 더 있다. 시대에 뒤떨어지는 낡은 문항, 가독성이 떨어지는 난해한 문항, 불쾌감을 유발하는 문항이 상당수 존재하기 때문이다. 예컨대, 신체기능과 성기능을 측정하는 일부 문항은 공격적이거나 혹은 사생활을 침해한다는 인상을 준다. 종교적 태도를 평가하는 문항에 거부감을 표현하는 피검자도 있다. 성차별적 표현이 들어 있는 문항도 문제가 된다. 그래서 문장을 가다듬고 문법을 개선하자는 주장이 꾸준히 제기되어 왔다. 두 번씩 제시되는 16개 문항의 문제점을 지적하는 사람도 있다(Gallucci, 1986). 피검자의 입장에서는 마치 자신을 함정에 빠뜨리기 위해 고안한 것처럼 받아들여서 짜증스러워할 소지가 있다. 채점의 편의를 위해 문항을 반복한 것인데, 이것을 곡해하는 피검자가 있는 것이다.

피검자는 모르지만 임상가가 당면하는 문제도 있다. 백분위 동등성이 확보되지 못했기 때문이다. 척도마다 선형 T점수의 분포가 다르므로 백분위 점수의 의미도 당연히 척도마다 다르다. 그래서 선형 T점수로는 백분위 점수를 정확하게 추정하기가 어렵다(Caldwell, 1991; Tellegen & Ben-Porath, 1992; Ward, 1991). 여러 표준척도의 T점수를 직접적으로 비교할 수 있는 수단이 필요한데, 원판 MMPI에서는 그것이 불가능하였다. 이 문제에 대해서는 뒤에서 '동형 T점수'를 소개할 때 더 자세히 논의하겠다.

마지막으로, 원판 MMPI의 문항과 척도를 쇄신하기 위해서 새로운 문항을 추가하고 새로운 척도를 도입할 필요가 있었다. 임상가의 진단적 및 치료적 관심사가 과거와 사뭇 달라졌기 때문이다(Duckworth, 1991a). 예컨대, 약물남용, 가족관계, 치료와 재활의 예후, 직장복귀 가능성 등을 측정하는 문항이 필요하였다. 또한 신뢰성과 타당성이 부족한 응답을 더 민감하게 탐지하기 위해서 기존의 타당도척도를 보강할 필요가 있었다. 이러한 문제점을 개선하기 위해서 MMPI-2 재표준화 작업이 시작되었다.

🗣 MMPI의 재표준화: MMPI-2

1982년에 결성된 MMPI-2 재표준화위원회가 개정 작업을 주도하였다. James N. Butcher, W. Grant Dahlstrom, John R. Graham, Auke Tellegen과 Beverly Kaemmer가 위원으로 참여하였다. 1989년에 개정판 MMPI-2가 발표되었고, 일체의 검사 도구(검사지, 답안지, 수기식 채점판, 기계식 채점법, 프로파일 작성법)를 새롭게 제작하였다. 모두 제2장에서 자세히 설명하겠다. 『MMPI-2 매뉴얼(개정판)』도 출판되었다(Butcher et al., 1989, 2001). 매뉴얼에 따르면, "MMPI-2는 주요한 성격특성 및 심리장애를 평가하는 종합검사"이다. 이 검사의 저작권은 미네소타 대학교 출판부가 가지고 있고, 보급권은 Pearson Assessments사(PearsonClinical.com)가 가지고 있다. 원판 MMPI의 출판은 1999년에 종료되었고, 더 이상 사용하지 않는다. 1942년에 원판 MMPI가 발표된 이후 처음으로 개정된 MMPI-2는 18세 이상의 성인에게 실시한다.

청소년에게는 MMPI-2를 실시하지 않는다. MMPI-2 재표준화위원회는 청소년에게는 성인용 규준을 적용할 수 없다고 공표하였다(Archer, 1984, 1987, 1988, 1997). MMPI-2를 청소년에게 적합하도록 변형하는 작업을 별도로 진행하여, 1992년에 청소년용 MMPI-A를 출간하였다(Butcher et al., 1992). 여기에는 James N. Butcher, Caroline L. Williams, John R. Graham, Robert P. Archer, Auke Tellegen과 Yossef S. Ben-Porath가 관여하였다. MMPI-A를 표준화하는 과정에서 일반적인 10대 청소년을 대표하는 규준집단을 구성하기 위해 노력하였다. 또한 기본적인 타당도척도와 임상척도를 훼손하지 않는 범위 내에서 단축형 MMPI-A를 제작하는 방안도 신중하게 논의하였다. 자세한 사항은 『MMPI-A 매뉴얼』(Butcher et al., 1992), Robert Archer(2005)가 저술한 『MMPI-A: 청소년 정신병리평가(3판)(MMPI-A: Assessing Adolescent Psychopathology, 3rd ed.)』, Butcher와 Williams(2000)가 저술한 『MMPI-2 및 MMPI-A 해석의 핵심(2판)(Essentials of MMPI-2 and MMPI-A Interpretation, 2nd ed.)』을 참고하기 바란다.

478개 문항으로 구성된 MMPI-A는 14~18세 청소년에게 실시한다. 만약 14세 미만의 청소년이 충분한 독해력과 이해력을 지니고 있고, 상당한 시간이 걸리는 검사를 수행할 만한 주의력과 의지력을 지니고 있다면 MMPI-A를 실시할 수 있다. MMPI-A 실시지침은 Archer(2005)의 저서를 참고하기 바란다. 18세 피검자의 규준은 성인 및 청소년 규준집단에 모두 포함되어 있다. 따라서 18세의 피검자를 평가하는 임상가는 MMPI-2 혹은 MMPI-A를 취사선택할 수 있다. 일반적으로, 피검자의 독해력과 이해력을 기준으로 선택하고, 피검자가 보호자와 함께 살고 있는지 여부를 고려한다. 만약 18세의 피검자가 대학생 혹은 직장인이고, 보호자와 함께 살지 않는다면 성인용 MMPI-2를 선택하는 것이 바람직하다. 그러나 피검자가 보호자와 함께 살고 있다면 청소년용 MMPI-A를 선택해야 한다.

MMPI-2 재표준화위원회는 원판과 개정판의 연속성을 확보하려고 노력하였다. 그래서 원판 시절부터 존재하던 타당도척도와 임상척도는 가급적 손대지 않은 것이다. K-교정은 개정판에서도 여전히 실시한다. 새롭게 제작한 척도와 개정된 척도의 공존타당도를 확인하기 위해서 정상집단과 임상집단의 자료를 다시 수집하였고, 원판 규준집단을 개정판 규준집단으로 대체하였다. 내용적으로 부적절한 문항과 시대에 뒤떨어지는 낡은 문항을 교체하거나 수정하였다. 또한 현재 시점에서 주목받고 있는 임상적 문제를 측정하기 위해서 새로운 척도를 제작하였다. 같은 이유로, 거의 채점되지 않는 문항과 더 이상 쓸모없는 문항을 새로운 문항으로 교체하였다. 아울러 선형 T점수의 문제점을 개선하기 위해서 동형 T점수를 도입하였다. 이제 임상가는 여러 척도의 점수를 직접적으로 비교할 수 있고, 더 정확한 백분위 점수를 추정할 수 있다.

MMPI-2 재표준화위원회는 원판과 개정판의 연속성을 성공적으로 확보하였다. MMPI-2 재표준화 작업을 시작할 즈음에 일부에서 우려를 제기하였으나(예: Adler, 1990), 실무에 종사하는 대부분의 임상가는 개정판 MMPI-2를 받아들였다. 성격평가학회 회원 전체에 설문을 실시한 결과, 대부분의 회원이 MMPI-2를 사용하고 있었다. 거의 모든 임상가가 최근 6개월 이내에 이 검사를 실시한 적이 있다고 응답하였다(Webb, Levitt, & Rojdev, 1993). MMPI의 변화를 반기는 사람이 많은 것 같다(Ben-Porath, 1993; Beverly Kaemmer, 개인적 교신, 2013. 5. 25.).

🗣 연구용 질문지 및 MMPI-2 질문지

새로운 정상집단을 구성하고 MMPI-2의 문항을 확정하기 위해서 먼저 연구용 질문지(AX형)를 제작하였다. AX형 질문지에는 원판 MMPI의 550개 문항 및 새롭게 개발한 154개의 예비문항이 포함되었다. 문항의 순서는 일부 변경되었다. 다만 기존 척도의 채점방향을 유지하기 위해서 16개의 반복문항을 삭제한 자리에 일부 예비문항을 배치하였다(W. G. Dahlstrom, 개인적 교신, 1994. 10. 29.). 따라서 원판에 비해 문항의 순서가 약간 변경되었으나, 그 영향은 미미하다고 할 수 있겠다.

재표준화위원회는 상당수 문항의 명확성을 향상시키기로 결정하였다. 원판 MMPI의 문항 중에서 82개 문항을 수정하여 용어와 표현을 개선하였다. 아울러 문항의 수정이 문항의 심리측정적 속성에 미치는 영향을 경험적으로 분석하였다(Ben-Porath & Butcher, 1989). 대학생들에게 일주일 간격으로 AX형 질문지와 원판 MMPI를 실시하였고, 순서효과를 상쇄하기 위해서 실시 순서를 교차하였다. 또한 별도의 대학생들에게 일주일 간격으로 원판 MMPI를 거듭 실시하여 앞에서 확보한 자료와 비교하였다. 비교 결과, 9개 문항의 응답빈도가 미세하게 변화되었으나 "기존의 문항과 수정된 문항 사이에서 통계적으로 유의미한 차이는 관찰되지 않았다. 성차별적 표현의 완화, 문법적 오류의 수정, 용어와 표현의 변화, 모호한 문항의 명료화, 종교적 색채의 보완은 문항의 심리측정적 속성에 거의 영향을 미치지 않았다."(Ben-Porath & Butcher, 1989, p. 50) 아울러 수정된 문항의 문항-척도 간 상관계수도 통계적으로 유의미한 차이를 보이지 않았다. 결과적으로, 척도의 핵심적 속성에 거의 영향을 미치지 않으면서 문항의 안면타당도를 상당히 개선한 것으로 이해되었다. 수정된 82개 문항 중에서 14개 문항을 삭제하였고, 최종적으로 68개의 수정된 문항이 MMPI-2에 수록되었다. 또한 AX형 질문지에 포함되었던 154개 예비문항 중에서 47개 예비문항을 삭제하였다(Nichols, 1992b).

MMPI-2에서는 16개의 문항을 두 번씩 제시했던 기존의 방법을 폐기하였다. 과거에는 16개의 반복문항을 이용해서 반응의 일관성 여부를 측정하는 TR(검사-재검사) 지표를 산출하기도 하였다(Buechley & Ball, 1952). 그러나 MMPI-2에서는 비일관적 응답을 측정하는 VRIN(무선반응 비일관성) 척도가 이 기능을 대체하였다. VRIN 척도는 제3장에서 소개하겠다.

표준척도에서 13개의 문항이 삭제되었다. F 척도에서 4개 문항, 척도 1에서 1개 문항, 척도 2에서 3개 문항, 척도 5에서 4개 문항, 척도 0에서 1개 문항이 삭제되었다. 그러나 문항의 삭제가 타당도척도와 임상척도에 미치는 영향은 거의 없었다. 〈표 1-1〉에 수정된 문항과 삭제된 문항 및 그것이 표준척도에 미치는 영향이 정리되어 있다.

재표준화위원회는 원판 MMPI의 문항 중에서 타당도척도와 임상척도에서 전혀 채점되지 않는 다수의 문항을 삭제하고, 그 자리를 새롭게 제작한 척도의 문항으로 대체하기로 결정하였다. 원판 MMPI의 마지막에 배치되었던 167개 문항 중에서 77개 문항을 삭제하였고, 89개의 새로운 문항을 투입하였다(Greene, 1991a). 결과적으로, MMPI-2는 567개의 문항으로 구성되었다. 원판에 비해 1개 문항이 많다. 이 중에서 21개의 문항은 어떤 척도에서도 채점되지

〈표 1-1〉 수정된 문항과 삭제된 문항 및 그것이 표준척도에 미치는 영향

척도	문항수			수정유형			
	삭제	최종	수정	A	B	C	D
L		15	2	1	1		
F	4	60	12	1	5	6	
K		30	1		1		
Hs	1	32	5		1	3	1
D	3	57	2	1	1		
Hy		60	9		4	2	3
Pd		50	4		2	1	1
Mf	4	56	6	1	2	1	2
Pa		40	2	1			1
Pt		48	2			1	1
Sc		78	13		1	7	5
Ma		46	7	4	2	1	
Si	1	69	6		3	2	1
기타			16	3	7	3	3

주: A=성차별적 표현의 완화, B=낡은 용어와 속담의 수정, C=문법적 개선(시제, 어조, 미세한 표현의 추가 및 삭제),
　　D=단순화
출처: Butcher et al. (2001).

않는 소위 비활성화 문항이다. 즉, 『MMPI-2 매뉴얼』(Butcher et al., 1989)의 어떤 척도에도 해당되지 않는다. 여분의 비활성화 문항은 "혹시라도 문제가 있는 문항을 대체하기 위해서 또는 기존의 문항을 개선하기 위해서" 남겨 두었다(Dahlstrom, 1993, p. 3).

　기억하겠지만, 재표준화 연구를 위해 제작된 AX형 질문지에는 704개의 문항이 존재하였다. 대부분의 임상가가 MMPI-2의 문항이 현저하게 개선되었다고 언급했지만, 비판적 견해도 피력되었다. Nichols(1992b, p. 563)는 다음과 같이 지적하였다.

　　약물남용, 부부관계, 자살사고 등을 측정하는 새로운 문항을 추가하여 내용적 측면에서 개선되었고 임상적 활용성도 향상되었지만, 모든 문항이 일상용어처럼 부드럽고 자연스럽게 읽히지는 않는다. 예컨대, 자살사고를 평가하는 3개의 새로운 문항은 너무 경직되어 있다. '자신을 살해한다'는 표현 대신에 '죽고 싶다' '모두 끝내고 싶다' '자살을 생각하고 있다' '포기하고 싶다' 등 상대적으로 폭력성이 약한 표현을 다양하게 구사하는 것이 바람직하다. 원판 MMPI의

문항군집을 사용해서 제작된 수많은 척도는 여전히 유익하다. 종교적 색채가 짙은 문항 혹은 원판 MMPI의 마지막에 배치된 200개 문항만 아니라면 말이다. 그런데 이런 척도들을 채점하려면 MMPI-2의 문항번호와 원판의 문항번호 및 채점방향을 모두 일일이 맞춰 봐야 한다. 비록 매뉴얼의 부록에서 도움을 받을 수 있기는 하지만 말이다.

Nichols(1992a, 1992b)가 지적했듯이, 개정판을 제작하는 과정에서 일부 문항이 삭제되면서 원판 MMPI 시절에 사용하던 몇몇 특수 척도가 영향을 받았다. 제8장에서 보충척도를 소개할 때 조금 더 논의하겠다. MMPI-2 문항군집의 심리측정적 속성에 관심이 있는 독자는 Dahlstrom과 Tellegen(1993)의 『MMPI-2 매뉴얼(증보판)』을 참고하기 바란다.

새로운 규준집단

MMPI-2의 가장 중요한 변화는 기존의 규준집단을 새로운 규준집단으로 대체한 것이다. 새로운 규준집단은 18~85세의 성인 2,600명(남자 1,138명, 여자 1,462명)으로 구성되었다. 이들은 자발적으로 연구에 참여하였고, 소정의 수당을 지급받았다. 재표준화위원회는 신문에 광고를 내었고, 주소록과 광고물에서 무선적으로 주소를 추출하여 연구에 참여해 달라는 편지를 보냈다(Butcher et al., 1989). 약 2,900명의 자발적 참여자에게 연구용 질문지(AX형)를 실시하였고, 다음의 배제기준에 해당하는 참여자의 자료를 삭제하였다. 704개의 문항 중에서 40개 이상의 문항에 무응답한 경우, F 척도 혹은 F(B) 척도의 원점수가 매우 높은(20점 이상) 경우, 인적사항을 보고하지 않은 경우, 기타 요청사항에 응답하지 않은 경우이다. F(B) 척도는 제3장에서 소개하겠다. 최종적으로, 미국의 7개 주(캘리포니아, 미네소타, 노스캐롤라이나, 오하이오, 펜실베이니아, 버지니아, 워싱턴)에 거주하는 2,600명의 규준집단을 확보하였다. 여기에는 현역군인과 인디언 원주민도 소수 포함되었다. 또한 823쌍의 이성애 커플을 규준집단에 포함시켰다. 모든 참여자에게 별도의 질문지를 실시하여 최근에 유의미한 생활변화가 있었는지 조사하였고, 이성애 커플에게는 배우자(파트너)를 어떻게 생각하는지와 커플관계에 만족하는지를 측정하는 별도의 질문지를 추가하였다(Butcher et al., 1989). 새로운 규준집단에는 기존의 규준집단보다 다양한 인종의 사람이 포함되었다. 아프리카계 및 라틴계 미국인과 인디언 원주민의 자료를 수집하였다. 하지만 『MMPI-2 매뉴얼』에 보고된 1990년의 인구조사 통계와 비교하면, 아시아계 및 라틴계 미국인이 과소대표되었다. 연령의 측면에서는 18~19세의 남성과 여성이 과소대표되었고, 70~84세의 노인도 과소대표되었다. Friedman

등(2001)이 지적했듯이, 새로운 규준집단에 85세의 노인이 포함되어 있기는 하지만, 80~85세 노인의 비율은 규준집단의 0.8%에 불과하였다. 그러나 1990년의 인구조사 통계에 의하면, 전체 인구 중에서 80~85세 노인의 비율은 1.6%(남성)와 2.7%(여성)였다. 새로운 규준집단은 노년층을 전반적으로 과소대표하는 것으로 보인다. 특히 1980년 인구조사 통계와 비교하면 70세 이상의 노년층이 과소대표된 것이 분명하다. 연령은 MMPI 및 MMPI-2 프로파일에 상당한 영향을 미친다. 노년기에 접어들면 신체적 건강에 자연스럽게 관심을 기울이게 되므로 노년층에서는 신체증상의 기저율이 높다. 반면에 청년기에는 충동통제의 문제와 정체감 혼란의 문제가 흔히 발생하므로 청년층에서는 행동 문제의 기저율이 높다.

청년층에서는 척도 1과 척도 2의 단독상승이 상대적으로 드물고, 노년층에서는 상대적으로 흔하다. 청년층에서는 척도 4와 척도 8의 단독상승이 상대적으로 흔하고, 노년층에서는 상대적으로 드물다. 연령과 코드타입 사이의 관계에 관심이 있는 독자는 Greene(2011)의 저서를 참고하기 바란다. 일반적으로 노년층에서는 신체증상을 측정하는 척도의 점수가 상승하는 경향이 있으므로 척도 1과 척도 2가 중간 수준 이상으로 상승했을 때 지나치게 병리적인 방향으로 해석하지 않도록 주의를 기울여야 한다. 그러나 청년층에서 유사한 프로파일이 관찰되면 더 병리적인 방향으로 해석해야 할 것이다. Colligan과 동료들(Colligan et al., 1989; Colligan & Offord, 1992)도 비슷한 우려를 피력했으니 그들의 연구를 참고하기 바란다. 그들은 1980년의 인구조사 통계에 더 부합하는 동시대 규준자료를 제시하고 있다. 특히 노년층의 경우에 그렇다.

MMPI-2 규준집단과 1990년의 인구조사 통계 사이의 결정적 차이점은 교육수준 및 사회경제적 지위에서 발견되었다. 새로운 규준집단의 사회경제적 지위가 전반적으로 더 높았다. 2001년에 출간된 『MMPI-2 매뉴얼』의 표 3을 살펴보면, 1998년의 인구조사 통계와 비교했을 때 새로운 규준집단은 교육수준이 높은 사람을 과잉대표하고 교육수준이 낮은 사람(고졸 이하)을 과소대표한다. 예컨대, 1998년의 인구조사 통계에서는 전체 인구에서 대학교 졸업자의 비율이 남녀 각각 15.6%와 14.9%로 집계되었는데, MMPI-2 규준집단에서 대학교 졸업자의 비율은 남녀 각각 27.2%와 26.7%에 해당한다. 이것은 원판 MMPI 규준집단과 비교할 때 엄청나게 높은 수치이다. 원판 MMPI 규준집단은 오히려 교육수준과 직업수준이 낮은 사람을 과잉대표하였기 때문이다(Dahlstrom, 1993). MMPI-2 규준집단의 교육수준은 24세 이상 성인의 평균 교육수준보다 2년 이상 높은 것으로 밝혀졌다(Schinka & LaLone, 1997). 많은 연구자와 임상가는 MMPI-2 규준집단이 사회경제적 상류계층에 편포되어 있다는 사실을 정확히 인식하고 있다. 그런데 2001년에 개정된 『MMPI-2 매뉴얼』에는 규준집단의 직업수준 및 소득수준에 관한 자료가 누락되어 있다. 이 부분을 지적하지 않을 수가 없다. 새로운 규준집단이 사회경제적으로 편포된 것 자체도 문제지만, 『MMPI-2 매뉴얼』(Butcher, Dahlstrom, Graham, Tellegen, & Kaemmer, 1989)에서 편포의 문제가 별로 중요하지 않은 것처럼 기술한 것이 더 심각한 오류이다. 그들은 "규준집단의 분포를 살펴보면, 사회경제적 지위를 측정하는 다양한 지표는 미국의 여러 지역에서 연구에 자원한 '전형적인' 참여자의 자료와 거의 비슷한 것으로 보인다."(p. 5)라고 기술하였다. 하지만 '전형적인' 참여자가 정확히 누구인지 매뉴얼에 소개하지 않았다. 그래서 그들이 누구인지 정확하게 아는 사람은 아무도 없다. 사회보장연금 신청자, 부가수입보장제도 수혜자, 각급 공공상담기관 내담자, 주립정신병원 환자는 사회경제적으로 하류계층에 속하는 사람들이다. 당연히 그 사람들에게도 MMPI-2를 실시할 것이다. 하지만 새로운 규준집단은 이들을 충분히 대표하지 못한다(Caldwell, 1991; Duckworth, 1991a, 1991b).

Duckworth(1991a, 1991b)와 Caldwell(1991)은 새로운 규준집단의 교육수준과 직업수준이 상대적으로 높다는 점을 지적하면서, 사회경제적 하류계층에서는 MMPI-2의 유용성이 저하될 것이라고 우려하였다. Friedman과 Jaffe(1993)는 장애연금 신청자 291명의 자료를 분석하였다. 그들의 평균 교육수준은 남자가 10.5년이었고 여자가 11.0년이었다. MMPI-2에서 F 척도의 평균 선형 T점수는 남자가 110점이고 여자가 96점이다. 그러나 『MMPI-2 매뉴얼』(Butcher et al., 1989)의 변환표 K를 적용해서 MMPI-2 점수를 원판 MMPI 점수로 변환하면, F 척도의 평균 선형 T점수는 남자가 97점, 여자가 84점으로 감소된다. 임상가가 이 변환표를 사용하면 장애연금 신청자의 F 척도의 T점수를 상당히 감소시킬 수 있다. 사회경제적 지위와 F 척도의 T점수는 부적 상관관계를 보인다. Dahlstrom과 Tellegen(1993)은 교육수준과 직업수준이 MMPI-2 프로파일에 미치는 영향을 분석한 『MMPI-2 매뉴얼(증보판)』을 출간했는데, 거기에도 사회경제적 지위와 F 척도의 T점수 사이에 부적 상관관계가 있다고 보고되어 있다. 사회경제적으로 하류계층에 속하는 사람을 평가할 때, 임상가는 MMPI-2 규준집단이 상류계층에 편포되어 있다는 사실과 그래서 자칫하면 하류계층에 속하는 사람의 정신병리를 부풀려서 해석할 위험성이 있다는 진실을 각별히 유의해야 한다. Dahlstrom과 Tellegen(1993)의 분석에 의하면, 정상적인 사람을 사회경제적 지위를 기준으로 구분해서 비교하면 명백한 집단 간 차이가 발생한다. 그들은 다변량분석 기법을 적용하여 연령, 성별, 인종, 교육수준, 직업수준의 차이가 MMPI-2의 표준척도(타당도척도 및 임상척도)에 미치는 영향을 조사하였다. 분석 결과, 13개의 표준척도 중 6개의 척도(F 척도, K 척도, 척도 1, 척도 7, 척도 8, 척도 0)에서 관찰된 변량을 가장 많이 설명하는 요인은 교육수준의 차이였다. 예컨대, 교육수준이 낮은 남녀는 L 척도와 F 척도에서 높은 점수를 얻었고, K 척도에서 낮은 점수를 얻었다. 또한 교육수준이 낮은 남녀는 척도 1, 7, 8, 0에서 통계적으로 유의미하게 높은 점수를 얻었다. 척

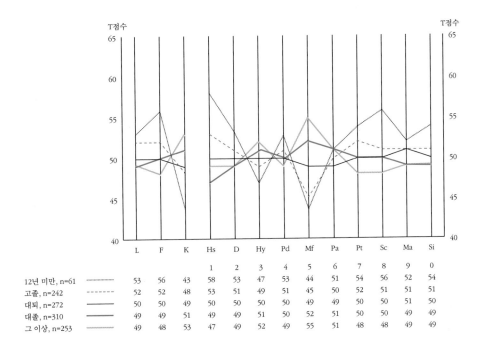

	L	F	K	Hs	D	Hy	Pd	Mf	Pa	Pt	Sc	Ma	Si
				1	2	3	4	5	6	7	8	9	0
12년 미만, n=61	53	56	43	58	53	47	53	44	51	54	56	52	54
고졸, n=242	52	52	48	53	51	49	51	45	50	52	51	51	51
대퇴, n=272	50	50	49	50	50	50	50	49	49	50	50	51	50
대졸, n=310	49	49	51	49	49	51	50	52	51	50	50	49	49
그 이상, n=253	49	48	53	47	49	52	49	55	51	48	48	49	49

그림 1-1   교육수준별 MMPI-2 평균 프로파일(남성)

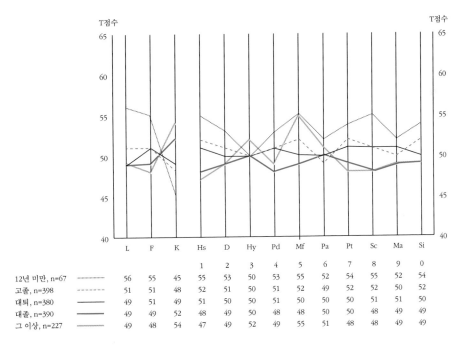

	L	F	K	Hs	D	Hy	Pd	Mf	Pa	Pt	Sc	Ma	Si
				1	2	3	4	5	6	7	8	9	0
12년 미만, n=67	56	55	45	55	53	50	53	55	52	54	55	52	54
고졸, n=398	51	51	48	52	51	50	51	52	49	52	52	50	52
대퇴, n=380	49	51	49	51	50	50	51	50	50	50	51	51	50
대졸, n=390	49	49	52	48	49	50	48	48	50	50	48	49	49
그 이상, n=227	49	48	54	47	49	52	49	55	51	48	48	49	49

그림 1-2   교육수준별 MMPI-2 평균 프로파일(여성)

[그림 1-1]과 [그림 1-2]의 출처: Dahlstrom & Tellegen (1993).

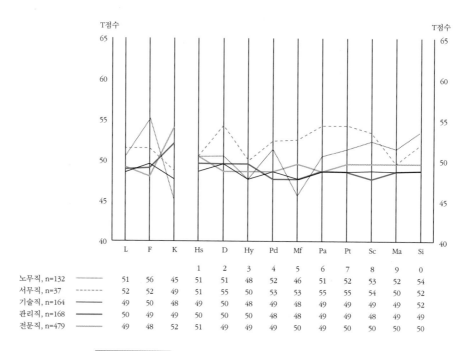

		L	F	K	Hs	D	Hy	Pd	Mf	Pa	Pt	Sc	Ma	Si
					1	2	3	4	5	6	7	8	9	0
노무직, n=132	·········	51	56	45	51	51	48	52	46	51	52	53	52	54
서무직, n=37	- - - -	52	52	49	51	55	50	53	53	55	55	54	50	52
기술직, n=164	——	49	50	48	49	50	48	49	48	49	49	49	49	52
관리직, n=168	——	50	49	49	50	50	50	48	48	49	49	48	49	49
전문직, n=479	——	49	48	52	51	49	49	49	50	49	50	50	50	50

그림 1-3 직업수준별 MMPI-2 평균 프로파일(남성)

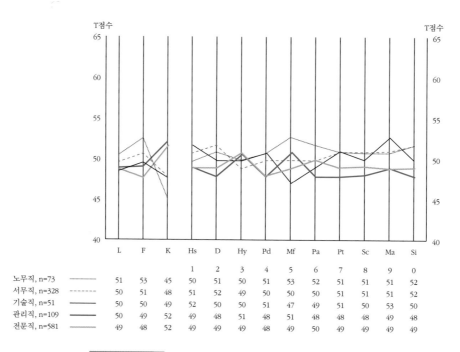

		L	F	K	Hs	D	Hy	Pd	Mf	Pa	Pt	Sc	Ma	Si
					1	2	3	4	5	6	7	8	9	0
노무직, n=73	·········	51	53	45	50	51	50	51	53	52	51	51	51	52
서무직, n=328	- - - -	50	51	48	51	52	49	50	50	50	51	51	51	52
기술직, n=51	——	50	50	49	52	50	50	51	47	49	51	50	53	50
관리직, n=109	——	50	49	52	49	48	51	48	51	48	48	48	49	48
전문직, n=581	——	49	48	52	49	49	49	48	49	50	49	49	49	49

그림 1-4 직업수준별 MMPI-2 평균 프로파일(여성)

[그림 1-3]과 [그림 1-4]의 출처: Dahlstrom & Tellegen (1993).

도 5의 점수는 (남녀 모두에서) 교육수준 및 직업수준의 차이에 명백한 영향을 받았다. 상류계층에 속하는 남성과 교육수준이 낮은 여성이 척도 5에서 높은 점수를 얻었다. Dahlstrom과 Tellegen(1993)의 허락을 받아 그들의 자료를 [그림 1-1]부터 [그림 1-4]까지 제시하였으니 참고하기 바란다. 그림을 살펴보면, 교육수준 및 직업수준에 따라서 상당히 다른 프로파일이 관찰된다는 사실을 확인할 수 있다.

엄연한 집단 간 차이가 존재하는 것도 사실이고, 인구통계학적 요인이 프로파일에 영향을 미치는 것도 사실이다. 그렇기는 하지만, MMPI-2 프로파일에서 개인차가 발생하는 더 근본적인 원인은 사람마다 성격특성이 다르기 때문이다.

Schinka와 LaLone(1997)은 통계청에서 발표한 1993년의 인구조사 통계와 교육수준비율이 일치하도록 재표준화집단으로부터 부분집단을 추출하여 두 집단의 척도 점수를 비교하였다. 교육수준비율이 일치하는 부분집단이 현재 시점의 미국인을 더 정확하게 반영하고 있었다.

🗣 동형 T점수

선형 T점수

MMPI 및 MMPI-2에는 여러 개의 척도가 있다. 척도마다 원점수의 범위, 평균, 표준편차가 다르다. 원점수는 피검자가 채점되는 쪽으로 응답한 문항의 개수인데, 척도마다 문항수와 응답빈도가 다르다. 피검자의 원점수가 시사하는 의미를 임상적으로 해석하려면 규준집단의 원점수 평균과 비교해야 하는데, 이때 규준집단의 표준편차를 감안하여 피검자의 원점수가 규준집단의 원점수 평균과 얼마나 다른지 판정해야 한다. 만약 서로 다른 척도의 원점수를 직접적으로 비교하고 싶다면, 공통의 측정단위를 사용하는 것이 바람직하다. 전통적으로, MMPI는 각 척도의 원점수를 표준화된 T점수(평균 50, 표준편차 10인 정상분포)로 변환하는 방법으로 이 문제를 해결하였다. 이를 선형(linear) T점수라고 부른다. 선형 T점수는 다음의 공식에 의해 산출된다. 여기서 X는 피검자의 원점수이고, M은 규준집단의 원점수 평균이며, SD는 규준집단의 표준편차를 뜻한다.

$$T = 50 + \frac{10(X - M)}{SD}$$

규준집단의 심리측정적 속성이 선형 T점수의 상승 여부 및 선형 T점수의 분산 정도를 결정한다. 만약 규준집단이 부적절하게 구성되었다면, 선형 T점수 역시 부적절하게 산출될 것이다. 앞서 언급했듯이, 원판의 규준집단과 개정판의 규준집단은 인구통계학적으로 서로 다른 속성을 지니고 있으며, 당연하게도 평균과 표준편차가 서로 다르다.

선형 T점수는 몇 가지 장점을 지니고 있다. 첫째, 계산이 편리하고, 규준집단에서 피검자의 대략적 위치를 신속하게 파악할 수 있다. 둘째, 원점수의 차이가 선형 T점수의 차이로 동등하게 반영된다. 셋째, 평균과 표준편차를 사용하므로 모든 척도를 서로 어느 정도 비교할 수 있다. 넷째, 외삽법을 활용하면 흔히 관찰되지 않는 범위의 극단적인 점수까지 추정할 수 있다. 임상집단을 평가하는 MMPI와 같은 검사에서는 정상집단에서 흔히 관찰되지 않는 범위의 극단적인 점수를 추정하는 외삽법이 매우 중요하다. 임상집단의 원점수가 정상집단의 원점수보다 훨씬 높을 것으로 기대되기 때문이다.

그러나 선형 T점수는 두 가지 주요한 단점을 지니고 있다. 첫째, 표준화된 T점수의 분포가 모든 척도에서 완전히 동등한 것은 아니다. 척도마다 원점수의 분포 자체가 다르므로 표준화를 실시해도 왜도와 첨도는 그대로 유지된다. 둘째, 정상분포의 가정에 따르면 T점수 70점 이상인 자료는 전체의 약 2.5%에 불과한데, MMPI 및 MMPI-2의 기본 척도는 정상분포를 이루고 있지 않으므로 그 가정에 부합하지 않는다. 또한 척도마다 왜도(편포된 정도)가 다르므로 T점수 70점 이상인 자료의 비율도 척도마다 다르다. 다시 말해, 두 척도의 선형 T점수가 동일하더라도 두 척도의 백분위 점수는 다르다. 선형 T점수로는 척도 간 백분위 동등성이 확보되지 않으므로 여러 척도의 점수를 정확하게 비교할 수 없다.

정상 T점수

Colligan 등(1980)은 MMPI 임상척도의 점수를 정상화하면 선형 T점수의 단점을 개선할 수 있다는 점에 착안하고, 미국 중서부 지역에 거주하는 일반적인 남녀 1,408명의 자료를 수집하여 정상(normalized) T점수를 개발하였다(Colligan et al., 1983). 수집한 자료의 개별 원점수를 강제적으로 정상분포로 전환한 뒤, 각 원점수를 평균 50점과 표준편차 10을 따르는 정상 T점수로 변환하였다. 이들은 정상집단에서 흔히 관찰되지 않는 범위의 극단적인 점수를 추정하기 위해서 Box와 Cox(1964)가 제안한 특별한 공식을 사용하였다.

하지만 일반분포를 강제적으로 정상분포로 전환하면 분포의 왜곡이 발생한다. 특히 MMPI의 임상척도는 정적 방향으로 편포되어 있다. 원점수가 낮은 자료는 드물고, 원점수가 높은 자료는 흔하다. 따라서 임상집단에서 흔히 관찰되는 높은 원점수를 민감하게 변별하는 능력이 저하될 수밖에 없다.

동형 T점수

MMPI-2 재표준화위원회(Butcher et al., 1989)는 측정단위를 정상 T점수로 변경하는 것보다는 선형 T점수를 유지하는 것이 좋겠다고 결의하였다. 그러나 척도 간 백분위 동등성을 향상시키기 위해서 선형 T점수를 다소 수정하기로 결정하였다. 정상 T점수로 측정단위를 변경하면 너무 급격한 변화가 초래되어 "T점수의 상승 빈도가 달라지고, T점수의 임상적 해석이 달라지고, T점수 프로파일 자체가 달라질 우려가 있었다"(Tellegen & Ben-Porath, 1992, p. 147).

이런 이유로, 재표준화위원회는 동형(uniform) T점수라는 새로운 표준점수를 채택하였다. 동형 T점수를 사용하면 8개 임상척도(척도 1, 2, 3, 4, 6, 7, 8, 9)의 백분위 점수가 거의 동등해진다. 따라서 각 임상척도의 T점수를 직접 비교할 수 있고, 남자의 T점수와 여자의 T점수도 직접 비교할 수 있다. 그러나 동일한 원점수를 동형 T점수와 선형 T점수로 모두 변환해 보면, 두 T점수의 값은 약간 다르다. 척도 5와 척도 0은 정신병리를 직접적으로 측정하는 임상척도가 아니므로 선형 T점수 체계를 그대로 따른다. Tellegen과 Ben-Porath(1992, p. 46)는 척도 5와 척도 0에는 임상적 구성개념이 반영되지 않는다고 언급하였다. 또한 두 척도는 8개의 임상척도와 상당히 다른 방식으로 제작되었고, 편포의 정도가 그리 심하지 않다. 결론적으로, 척도 5와 척도 0 및 전통적인 타당도척도(L 척도, F 척도, K 척도)는 선형 T점수 체계를 그대로 따른다. 선형 T점수와 동형 T점수가 섞여 있어도 문제가 되지 않는다(Tellegen & Ben-Porath, 1992).

동형 T점수는 세 단계를 거쳐 개발되었다.

1. 남성과 여성의 자료를 분리하였다. 임상척도 8개의 원점수를 성별로 구분하여 총 16벌의 원점수 분포를 확보하고, 전통적인 선형 T점수로 변환하였다. 이어서 16개의 분포별로 101개의 백분위 점수(0.5, 1.0, 2.0, 3.0 …… 97.0, 98.0, 99.0, 99.5)에 상응하는 선형 T점수를 내삽법으로 확인하였다. 이어서 각각의 백분위 점수에 상응하는 16개 T점수의 평균을 계산하여 합성점수를 제작하였다. 이렇게 제작된 101개의 평균 T점수를 선형 T분포의 원형이라고 정의하였다. 이것은 동형 T점수에 근사하는 것으로 가정하였다.

2. 그러나 1단계에서 제작한 합성점수는 본질적으로 부적절하였다. 선형 T점수에 상응하는 원점수를 확인했어야 했는데, 그렇게 하지 못하였다. 따라서 내삽법을 사용하여 정수인 모든 T점수에 상응하는 원점수를 각각 추정하였다. 8개의 임상척도별로 정수인 52개의

합성점수(31~82점)에 상응하는 원점수를 각각 추정한 것이다.

3. 만약 정상집단에서 흔히 관찰되는 원점수만 동형 T점수로 변환해도 된다면, 정수인 원점수를 모두 내삽하여 각각의 T점수를 확인하고 마무리해도 무방하였다. 그러나 임상집단에서는 정상집단에서 흔히 관찰되지 않는 범위의 점수(예: T>90)가 흔히 관찰되므로 내삽법으로는 해결할 수 없었다. 가능한 모든 원점수를 T점수로 변환하기 위해서 각 임상척도의 회귀방정식을 작성하였다. 회귀방정식은 2단계에서 확보한 52개의 합성점수와 적합도를 지녀야 했고, 극단적인 원점수를 추정할 수 있도록 외삽법을 사용할 수 있어야 했다. 이를 위해 X의 값에 의해 선형적으로 결정되는 다항회귀방정식을 제작하였다.

$$Uniform\ T = B_0 + B_1 X + B_2 D^2 + B_3 D^3$$

여기서 X는 피검자의 원점수이고, B_0은 절편이고, B_1과 B_2 및 B_3은 회귀계수이다. D는 (C-X)의 값이다. 만약 X가 C보다 작으면 값을 그대로 유지하고, X가 C보다 크거나 같으면 0으로 통일한다. C는 각 임상척도에서 합성점수 60점에 상응하는 원점수이다. 다시 말해, 합성점수 60점이 넘는 경우는 회귀방정식의 2차항과 3차항이 동형 T점수에 영향을 미치지 못한다. 동형 T점수는 원점수와 선형적으로 연관되어 있다.

16벌의 회귀방정식에 각 임상척도의 원점수를 대입했더니, 2단계에서 확보한 동형 T점수의 원형에 해당하는 각 52개의 합성점수와 우수한 적합도를 보였다. 두 점수 사이의 다중상관계수는 .998 이상이었다. K-교정을 생략하고 동형 T점수를 산출하는 공식은 『MMPI-2 매뉴얼』에 제시하였다. K-교정을 실시하는 임상척도와 K-교정을 생략하는 내용척도는 동일한 공식을 사용한다.

8개 임상척도의 동형 T점수 분포는 선형 T점수 분포와 마찬가지로 정적으로 편포되어 있다. 그러나 선형 T점수 분포와 다르게 동형 T점수 분포의 왜도는 8개 임상척도에서 거의 동등하다. 동형 T점수 분포가 어느 정도 편포되어 있는 것은 자연스러운 현상이다. 역기능적이고 부적응적인 특징을 측정하기 위해서 제작된 임상척도는 어느 정도 편포되는 것이 당연하기 때문이다(Tellegen & Ben-Porath, 1992, pp. 150-154).

〈표 1-2〉에서 분포의 극단 지점을 살펴보면, 백분위 동등성이 상당히 향상된 것을 확인할 수 있다. 예컨대, 백분위 점수가 95인 경우, 척도 3의 선형 T점수는 66점이고 척도 8의 선형 T점수는 70점(남성) 또는 71점(여성)으로 범위가 넓다(66~71점). 즉, 백분위 동등성이 확보되지 않는다. 그러나 동형 T점수는 67~69점이라는 상대적으로 좁은 범위에서 결정된다. Tellegen

과 Ben-Porath(1992, p. 154)가 지적했듯이, "정상 T점수로는 목표를 달성하지 못했을 텐데, 전통적인 선형 T점수를 약간 수정하는 방식으로" 백분위 동등성을 확보한 것이다. 다시 말해, 서로 다른 척도의 점수를 직접 비교할 수 있게 되었다.

〈표 1-2〉 백분위 점수에 상응하는 선형 T점수 및 동형 T점수의 범위

백분위 점수	선형 T점수 범위	동형 T점수 범위
10	37~40	38~39
20	41~42	41~42
30	43~45	44
40	45~48	46~47
50	48~50	48~50
60	50~52	51~52
70	53~55	54~55
80	57~59	57~59
90	62~64	62~64
95	66~71	67~69
99	73~83	77~80

주: MMPI-2 규준집단 자료에서 K-교정을 생략한 8개 임상척도의 점수 범위임.
출처: Tellegen & Ben-Porath (1992).

　동형 T점수 70점에 상응하는 백분위 점수는 96점이고, 동형 T점수 65점에 상응하는 백분위 점수는 92점이라는 사실을 꼭 기억하기 바란다. 〈표 1-3〉에 각각의 동형 T점수에 상응하는 백분위 점수를 제시하였다. Butcher와 Williams(1992)는 임상척도의 동형 T점수 65점을 높은 점수의 기준선으로 간주하라고 권고하였다. 임상척도의 동형 T점수가 65점 이상인 사람은 100명 중에서 8명밖에 없다. 그러므로 정상적 범위에서 벗어난 '임상적 범위'에 속하는 사람으로 간주하고 반드시 해석해야 한다. 이렇게 권고하는 까닭은 MMPI-2의 재표준화집단과 임상집단을 변별하는 적절한 기준점이 동형 T점수 65점이었다는 연구결과가 있기 때문이다.

　비록 동형 T점수의 개발 과정이 복잡하기는 하지만, 동형 T점수는 본질적으로 선형 T점수의 합성점수가 가지는 분포를 따른다. MMPI-2의 자료를 선형 T점수와 동형 T점수로 모두 변환하여 비교했더니, 두 가지 T점수 사이에 큰 차이가 없다는 사실이 확인되었다. 정상집단에서도 큰 차이가 없었고(Dahlstrom & Tellegen, 1993), 임상집단에서도 큰 차이가 없었다(Edwards, Morrison, & Weissman, 1993). 물론 의도적으로 그렇게 제작한 것이다. 그러나 원

〈표 1-3〉 동형 T점수에 상응하는 백분위 점수

동형 T점수	백분위 점수
30	<1
35	4
40	15
45	34
50	55
55	73
60	85
65	92
70	96
75	98
80	>99

출처: Tellegen & Ben-Porath (1992).

판 MMPI의 규준으로 산출된 선형 T점수는 개정판 MMPI-2의 규준으로 산출된 선형 및 동형 T점수와 훨씬 큰 차이를 보인다.

chapter 02

MMPI-2의 실시와 채점

🗣 MMPI-2와 MMPI-2-RF

검사지 형태로 제작된 MMPI-2가 가장 많이 사용된다. 표지가 얇은 검사지와 두꺼운 검사지가 있는데, 모두 567개의 문항으로 구성되었다. 개인용 혹은 집단용으로 실시하기 적합하고, 재사용할 수 있다. 책상이나 딱딱한 표면에 검사지를 펼쳐 놓기 어려울 때는 무릎에 올려놓고 실시할 수 있는 표지가 두꺼운 검사지가 편리하다. 표지가 얇은 검사지는 별도의 답안지에 응답하고, 표지가 두꺼운 검사지는 뒤쪽에 삽입된 답안지에 응답한다. 검사지와 답안지는 문항의 순서에 따라 위쪽에서 아래쪽 방향으로 배열하였다. 검사지의 페이지가 바뀌면 답안지의 답란도 새롭게 시작된다. 검사지의 페이지와 답안지의 답란을 일치시키려고 부분적으로 음영을 넣어 구분하였다. 답안지의 답란을 위쪽에서 아래쪽 방향으로 배열하면, 한 문항에 1개의 답란이 제시되므로 피검자가 엉뚱한 곳에 응답하는 실수를 줄일 수 있다. 이는 혼란스러워하는 피검자나 심리검사에 익숙하지 않은 피검자에게 특히 도움이 된다. 검사지의 종류에 상관없이 문항의 순서는 동일하다. 그러나 수기식 채점판은 검사지마다 다르므로 서로 호환해서 사용할 수 없다. 채점방식은 추후에 자세히 설명하겠다. MMPI-2의 567개 문항에 모두 응답하는 데는 약 90~120분이 소요된다. 독해력이 부족한 사람 혹은 검사에 협조하지 않는 사람은 더 많은 시간이 소요된다.

시각장애, 읽기장애, 신체장애를 지니고 있는 피검자는 CD 형태로 제작된 MMPI-2를 실시할 수 있다. 도움이 필요한 경우, 감독자가 답안지를 대신 작성할 수 있다. CD 형태로 MMPI-2를 실시하면 2시간 15분이 소요된다. 각 문항을 두 번씩 들려준다. 집단으로 실시하는 경우, 헤드폰을 지급하거나 별도의 재생장치를 사용하는 것이 좋다. 소음으로 인해 산만해지는 현상을 방지할 수 있고, 무응답한 문항을 다시 듣고 응답할 수 있기 때문이다. 감독자는 재생장치 사용법, 잠시 멈추는 방법, 앞 문항으로 돌아가는 방법 등을 안내해야 한다. 또한 감독자가 소음을 발생시키지 않도록 주의해야 한다. 이런 사례가 있었다. 사회보장연금을 신청한 피검자에게 CD 형태로 검사를 실시했는데, 감독자의 실수로 음악이 담긴 CD를 제공한 적이 있다. 피검자는 흥겨웠을 것이다.

제11장에서 자세히 소개할 MMPI-2-RF는 338개의 문항으로 구성되었다. MMPI-2보다 229개의 문항이 적다. 표지가 얇은 검사지와 스프링으로 제본한 검사지가 있다. 표지가 두꺼운 검사지는 없다. 따라서 딱딱한 표면에 검사지를 펼쳐 놓기 어려울 때는 딱딱한 받침대를 제공해야 한다. 미국의 경우, MMPI-2-RF는 영어로만 제작되어 있다. 인지기능과 독해능력이 정상적인 사람이 검사를 마치는 데 약 35~50분이 소요된다. 컴퓨터로 검사를 실시하면 약 25~35분이 소요되고, CD 형태로 검사를 실시하면 약 80분이 소요된다(Ben-Porath & Tellegen, 2008, 2011). 각 문항을 두 번씩 들려준다. MMPI-2에는 부분형 및 축약형이 있지만, MMPI-2-RF에는 축약형이 없다. 문항수가 적기 때문이다.

요즘은 흔히 컴퓨터로 검사를 실시한다. 컴퓨터로 MMPI-2를 실시하면 약 60~90분이 소요된다. 컴퓨터로 검사를 실시하면 효율적이고 채점도 편리하다. 그러나 모든 피검자가 컴퓨터에 익숙한 것은 아니다. Spinhoven, Labbe와 Rombouts(1993)는 대부분의 내담자가 임상장면에서 컴퓨터를 사용하는 데 호의적이기는 하지만, 컴퓨터 방식이 피검자의 응답에 잠재적으로 어떤 영향을 미치는지에 대해서는 거의 연구된 바 없다고 지적하였다. 아울러 임상면접을 할 때 컴퓨터로 검사를 실시한 경험이 어떠했는지 질문할 필요가 있다고 제안하였다. 망상이나 피해의식을 지니고 있는 정신증 환자의 경우에 특히 그렇다.

비록 컴퓨터 방식과 검사지 방식의 동등성에 의문이 제기되기는 하지만, 컴퓨터 방식을 선호하는 임상가가 많다(Spielberger & Piotrowski, 1990). 어떤 방식을 선택해도 피검자의 응답은 달라지지 않는다는 연구결과가 더 많다(Butcher, 2009).

최근에는 검사시간을 단축할 수 있는 컴퓨터 조응형 검사(computerized adaptive testing)에 대한 관심이 고조되고 있다. 피검자의 응답을 실시간으로 분석하다가 일정한 수준에 도달하면 검사를 중단하는 방식이다. 피검자의 응답을 실시간으로 분석하면 특정한 척도가 상승할 것인지 혹은 하강할 것인지 예측이 가능하므로, 채점되는 쪽으로 응답한 문항수를 실시간으로 계산하여 검사를 지속할지 또는 중단할지 판단할 수 있다. 아직은 초보적인 단계지만 조응형 검사가 앞으로 유망할 것이라고 관측하는 연구자도 있다(Ben-Porath, Slutske, & Butcher, 1989; Butcher, Keller, & Bacon, 1985; Clavelle & Butcher, 1977; Forbey & Ben-Porath, 2007; Forbey, Ben-Porath, & Gartland, 2009; Roper, Ben-Porath, & Butcher, 1991). 물론 기대에 미치지 못한다는 연구결과도 있다(Butcher, Perry, & Dean, 2009). 이에 대한 대안으로 문항반응이론(Item Response Theory: IRT)을 적용한 컴퓨터 조응형 검사가 거론되고 있다. Forbey, Ben-Porath와 Gartland(2009)는 문항반응이론을 MMPI-2에 적용하는 것은 무리라고 주장하였다. MMPI-2의 임상척도가 본질적으로 단수의 차원이 아닌 복수의 차원, 즉 다차원으로 구성되어 있기 때문이다. 그러나 MMPI-2-RF는 동질적인 척도로 구성되어 있으므로, 문항반응이론을 적용하면 효율성이 향상될 가능성이 있다. 제12장에서 이 주제에 대해 자세히 논의하겠다.

🗣️ MMPI-2 부분형 및 축약형

MMPI-2의 검사시간이 상당히 길기 때문에 일부 임상가는 이 검사를 실무에서 활용하는 데 어려움을 겪는다. 특히 신체장애를 지니고 있는 피검자 혹은 쉽게 피로감을 느끼는 피검자에게는 이 검사를 실시하기가 곤란하다. MMPI-2 부분형(abbreviated form)은 전반부에 배치된 370번 문항까지만 검사를 실시하는 방식을 뜻한다. 370번 문항까지만 응답해도 표준적인 타당도척도와 임상척도를 모두 채점할 수 있다. 부분형을 사용하면 검사시간이 20~40분 정도 줄어든다. MMPI-2 부분형은 연로한 피검자 혹은 쇠약한 피검자가 오래 앉아 있기 힘들어할 때, 피검자의 수검태도가 비협조적인 방향으로 변화될 때, 독해력이 부족한 피검자가 모든 문항에 응답하기 버거워할 때 선택할 수 있다. 그러나 전반부에 배치된 370번 문항까지만 실시하고 중단하면 후반부에 배치된 문항을 채점할 수 없고, 결과적으로 내용척도, 보충척도, 성격병리 5요인 척도(PSY-5), 재구성 임상척도(RC), 새롭게 도입된 타당도척도의 점수를 확보할 수 없다. 따라서 검사를 중단해야 할 명백한 이유가 없는 한 가급적이면 모든 문항을 실시하는 것이 바람직하다. 차라리 중간에 잠깐씩 휴식시간을 갖는 편이 낫다.

MMPI-2 축약형(short form)은 각 척도의 문항수 자체를 줄이는 방식을 뜻한다. 모든 문항이 포함된 완성 척도의 타당도를 훼손하지 않는다고 여겨지는 수준까지 문항수를 줄여서 축약 척도를 제작한 사람들이 있다. 대부분의 축약형은 MMPI-2가 아니라 MMPI를 기반으로 제작되었다. 하지만 재표준화위원회는 어떤 종류의 MMPI 축약형도 용인하지 않았다(Butcher et al., 1989). Butcher와 Hostetler(1990)는 MMPI-2를 축약형으로 제작하는 것은 부적절하다고 결론지었다. 축약 척도는 완성 척도가 측정하는 구성개념을 충분히 반영하지 못하기 때문이다. 우리는 임상가와 연구자 모두 축약형을 사용하지 말아야 한다고 생각한다. 축약형을 지지하는 어떤 논리도 타당하지 않기 때문이다. 예컨대, 축약형의 코드타입과 MMPI-2의 코드타입 사이의 일치도가 상당히 저조하다. 또한 축약형을 사용하면 내용척도, 보충척도, Harris-Lingoes의 임상소척도, 기타 특수 척도를 채점할 수 없다.

Alker(1978, p. 934)는 "MMPI 축약형이 임상적 의사결정에 도움이 된다는 어떤 증거도 발견할 수 없고, 축약 척도가 완성 척도보다 통계적으로 우수하다는 어떤 증거 역시 발견할 수 없다."라고 지적했는데, 여러 종류의 축약형 검사를 조사해 보면 그의 말이 옳다는 것을 알 수 있다. 다른 축약형 검사보다 더 우월한 축약형 검사가 있는 것도 아니다.

Dahlstrom과 Archer(2000)는 MMPI-2 재표준화집단 및 정신과 환자집단의 자료를 기반으로 180개 문항으로 구성된 축약형을 제작하였다. 그들의 보고에 따르면, 축약형에서 상승한 척도와 MMPI-2에서 상승한 척도 사이의 일치도는 50%에 불과하였고, 코드타입의 일치도는 33%에 불과하였다. McGrath, Terranova, Pogge와 Kravic(2003)은 정신과 입원환자의 자료를 기반으로 축약형-216과 축약형-297을 제작하였다. MMPI-2 자료와 비교한 결과, 축약형-216은 점수가 가장 높은 임상척도 및 코드타입을 예측하지 못하였다. 축약형-297은 Dahstrom과 Archer(2000)가 제작한 축약형-180에 비해 코드타입 일치도가 양호하였다. 그러나 축약형-297은 축약형-180보다 채점방식이 더 복잡하였다. Cox, Weed와 Butcher(2009)는 다음과 같이 언급하였다.

> MMPI-297을 실시하면 MMPI-2 프로파일과 본질적으로 다른 T점수가 산출된다. 또한 여러 내용영역에서 MMPI-297의 수렴타당도가 빈약한 것으로 확인되었다. 아울러 MMPI-297은 F(p) 척도 및 재구성 임상척도와 같은 중요한 척도의 점수를 제공하지 못한다.

모든 축약형 검사의 공통적인 문제점은 제대로 실시한 MMPI 및 MMPI-2의 프로파일과 전혀 다른 프로파일이 산출된다는 것이다(McLaughlin, Helmes, & Howe, 1983). 축약형 검사를 제작할 때마다 신뢰도의 문제가 제기된다. Streiner와 Miller(1986)는 어떤 축약형 검사도 호의적인 평가를 받지 못할 것이라고 결론지었다. Greene(1982)은 축약형 검사를 완전히 새로운 검사로 간주해야 하고, 반드시 개별적인 타당화 연구를 진행해야 한다고 주장하였다.

축약형 검사의 신뢰도와 타당도에 분명한 문제점이 있다는 사실을 인정하면서 첨언하겠다. MMPI-180(Dahlstrom & Archer, 2000)으로는 피검자가 어떤 정신병리를 지니고 있는지 정확하게 확인할 수 없지만, 정신병리를 지니고 있을 가능성이 높은 피검자를 거칠게나마 선별할 때 사용할 수 있을 것이다. 향후 연구를 통해 MMPI-180의 운명이 결정될 텐데, 특히 그것을 특수집단에서 사용할 수 있는지 탐색할 필요가 있다(Friedman et al., 2001; Gass & Gonzalez, 2003).

🗣 MMPI-2 번역판

원판 MMPI는 65개 이상의 국가에서 사용되었고, 115개 이상의 언어로 번역되었다(Butcher & Graham, 1989). 최초로 MMPI를 번역한 나라는 이탈리아와 일본인데, 1948년부터 사용하였다. 개정판 MMPI-2가 발표된 1989년부터 지금까지 수많은 번역판이 제작되었다. MMPI-2는 영어, 불가리아어, 중국어, 크로아티아어, 체코어, 덴마크어, 네덜란드어(플레망어), 프랑스어, 프랑스-캐나다어, 독일어, 그리스어, 히브리어, 흐몽어, 헝가리어, 이탈리아어, 한국어, 노르웨이어, 폴란드어, 스웨덴어로 제작되었고, 스페인, 멕시코, 중앙아메리카, 남아메리카에 거주하는 사람을 위해 스페인어로 제작되었다. 스페인어로 번역된 MMPI-2는 표지가 얇은 검사지만 존재한다. MMPI-2-RF는 영어, 이탈리아어, 한국어, 스페인어로 출판되었다. 미네소타 대학교 출판부 홈페이지(www.upress.umn.edu/tests)에 접속하면 번역판에 대한 정보를 얻을 수 있다.

Lucio와 Reyes-Lagunes(1994)는 멕시코 문자로 음역한 MMPI-2의 규준자료를 작성하였다(Whitworth & McBlaine, 1993). 음역할 때는 문자적 동등성보다 의미적 동등성을 확보하는 것이 더 중요하다. 이 검사의 번역에 관심이 있는 독자는 Butcher와 Pancheri(1976)를 참고하기 바란다. Butcher(1996)는 『MMPI-2의 국제적 적용(International Adaptations of MMPI-2)』이라는 편저에서 MMPI-2의 외국어 번역 및 다문화 적용과 관련된 방법론적 문제를 소개하였고, 일부 번역 사례를 제시하였다.

MMPI-2를 수화로 제작하면 독해력이 부족한 청각장애인에게도 검사를 실시할 수 있다. 이것은 실무적으로 중요한 주제이다. Brauer(1992, p. 381)는 "수화에는 공간성과 운동성이 반영되기 때문에 글자로 옮기기 어렵다. 따라서 수화는 영상으로 제시하는 것이 바람직하다."라고 제안하였다. MMPI-2 수화판의 유용성을 조사한 자료를 살펴보면 청각장애인에게 장차 유익하게 활용될 것으로 사료된다(Brauer, 1988, 1992, 1993). Cross(1945)는 'Braille판'이라고 부르는 시각장애인용 MMPI를 개발하였다. 그러나 청각장애인과 시각장애인을 위한 MMPI-2를 공식적으로 출간한 것은 아니다. 『MMPI-2 매뉴얼』(Butcher et al., 2001, p. 10)에 다음과 같은 유의사항이 소개되어 있다.

시각장애인에게 검사를 실시할 때는 응답을 기록하고 사생활을 보호하기 위해 특별한 조치를 취해야 한다. Braille식 타자기나 컴퓨터를 사용하는 것이 바람직하다. 만약 이런 장비를 구비하지 못했다면, 시각장애인의 응답을 답안지에 기록할 도우미가 필요할 것이다.

🗣 검사자의 자격요건 및 실시지침

MMPI-2와 MMPI-2-RF의 실시절차는 비교적 간단하다. 그래서 역설적으로 검사자가 피검자의 수검태도에 영향을 미치는 중요한 요인을 간과할 우려가 있다. 수검태도에 문제가 있는 자료는 신뢰할 수 없고 해석할 수 없다. 검사자는 MMPI-2와 MMPI-2-RF의 매뉴얼을 충분히 숙지한 이후에 검사를 실시하고 채점하고 해석해야 한다. 또한 검사자는 '교육검사 및 심리검사 실시자격'을 획득해야 한다(American Educational Research Association, 1999). 아울러 전문적인 연구 자료를 이해할 수 있는 능력을 갖추어야 한다. 『MMPI-2 매뉴얼』과 『MMPI-2-RF 매뉴얼』(Ben-Porath & Tellegen, 2008, 2011; Butcher et al., 2001)에 유능한 검사자의 자격요건이 상세히 안내되어 있다. 이 검사를 실시하고 채점하고 해석하려면 임상경험, 교육훈련, 수퍼비전이 필요하다. 대학원에서 성격, 정신병리, 심리평가에 관한 교육훈련을 받은 사람만 검사를 실시할 수 있다. 검사자는 신뢰도, 타당도, 분류오차 등의 통계적 개념에 익숙해야 하고, 규준이 어떻게 구성되었는지 그리고 표준점수가 어떻게 산출되었는지 숙지해야 한다.

사무원이나 비서를 훈련시켜서 이 검사를 실시하고 채점하는 임상가가 흔히 있다. 『MMPI-2 매뉴얼』(Butcher et al., 2001, p. 8)에 따르면, "이 검사를 일상적으로 실시하는 책임자는 충분한 훈련을 받아야 하고, 타당하고 신뢰로운 프로파일을 확보하려면 어떤 실시지침을 따라야 하는지 정확하게 알고 있어야 한다." 이것은 매우 중요한 문제이다. 특히 임상가를 대리하여 검사를 실시하고 채점하는 사람이 학위를 취득하지 않았거나 심리측정에 대한 지식을 갖추지 못했다면 더 중요하다. MMPI-2의 보급권자인 Pearson Assessments사는 C등급을 획득한 전문가에게만 이 검사를 판매한다. C등급을 획득하려면 주지사가 발행한 면허 혹은 자격증이 있어야 한다. 또는 심리학, 교육학, 인접 분야의 박사학위를 취득하고, 표준화된 심리검사의 실시, 채점, 해석에 관한 교육훈련과 윤리교육을 이수하고, 심리측정에 관한 지식을 보유해야 한다.

검사자는 진지한 태도로 피검자를 대해야 한다. 별로 중요한 검사가 아니라고 소개하면 피검자의 수행불안이 완화될 것이라고 생각하는 검사자가 상당히 많은데, 그렇게 언급하면 피검자도 검사가 별로 중요하지 않다고 인식한다. 결과적으로, 수검태도의 문제가 발생할 가능성이 높아진다. 예컨대, 문항을 꼼꼼하게 읽지 않고, 성급하고 부주의하게 응답하고, 어떤 문항에는 응답하지 않는 현상이 벌어진다. 피검자가 검사에 협조하지 않거나 심리적인 노력을 기울이지 않으면 타당한 프로파일을 확보하기 어렵다. 오히려 검사를 실시하는 이유를 설명하고 결과를 어떻게 활용할 것인지 안내하면 피검자의 협조를 이끌어 낼 수 있다. 검사의 특징과 목적을 피검자에게 설명하는 것은 심리학자의 윤리적 책임이다. 서면동의서를 제시하고 서명하는 것이 바람직하다. 심리검사에 협조하면 피검자에게 어떤 이익과 불이익이 발생하는지 설명하고, 피검자의 개인 정보가 어떻게 사용될 것인지, 치료장면 혹은 특수 상황에서 누구와 정보를 공유할 것인지 안내해야 한다(Nichols, 2011). 심리학자와 피검자의 관계를 명확하게 설정하는 작업도 중요하다. 심리학자는 피검자의 대리인이 아니라는 점을 명시해야 혼란과 오해를 피할 수 있다. 심리학자는 평가 과정에서 자신이 담당하는 역할을 피검자에게 분명하게 설명해야 한다.

Levak, Siegel, Nichols와 Stolberg(2011) 및 Finn(1996)은 피검자가 심리평가 과정에 적극적으로 참여하고 협조하도록 유도하는 방법을 소개하였다. 피검자가 궁금히 여기는 것을 검사자에게 질문하도록 격려하고, 검사자와 피검자가 심리검사를 통해 파악하려는 공통의 관심영역을 파악하는 것이 바람직하다. Levak 등(2011)이 언급했듯이, 미국심리학회(American Psychological Association)가 제정한 「심리학자 윤리규정」(2002)에는 "심리학자는 모든 내담자에게 그가 이해할 수 있는 방식으로 심리검사 결과를 설명해 주어야 한다."라고 명시되어 있다. 검사자가 피검자를 심리평가 과정의 협력자로 대우하면, 피검자는 더 정확한 정보와 유익한 자료를 제공할 것이다.

전문적인 평가지침에 관심이 있는 독자는 다음의 자료를 참고하기 바란다. 「심리학자 윤리규정 및 수행지침(Ethical Principles of Psychologists and Code of Conduct)」(American Psychological Association, 2002), 「심리학적 서비스 제공자 지침서: 인종, 언어, 문화의 다양성(Guidelines for Providers of Psychological Services to Ethnic, Linguistic, and Culturally Diverse Populations)」(American Psychological Association, 1993), 「이혼소송에서 자녀 양육권 평가지침(Guidelines for Child Custody Evaluations in Divorce Proceedings)」(American Psychological Association, 1994), 「심리학적 서비스 제공자 자격규정(Standards for Providers of Psychological Services)」(American Psychological Association, 1977), 「교육검사 및 심리검사 실시자격(Standards for Educational and Psychological Testing)」(American Educational Research Association, 1999), 「컴퓨터형 심리검사의 실시 및 해석 지침(Guidelines for Users of Computer-Based Tests and Interpretations)」(American Psychological Association, 1986).

피검자는 MMPI-2 및 MMPI-2-RF 검사지에 인쇄되어 있는 지시문을 숙독하고 검사를 시작한다. CD 형태의 검사에서는 지시문을 음성으로 녹음하여 전달한다. 피검자는 문항의 내용과 자신의 경험을 비교하여 '그렇다'에 가까운지 혹은 '아니다'에 가까운지 결정하고 응답한다. 피검자는 가급적 모든 문항에 응답하려고 노력해야 한다. 피검자가 "현재 시점을 기준으로 응답합니까?"라고 질문하면, 검사자는 그렇게 응답하라고 답변한다. 그러나 일부 특수한 상황에는 미래 시점을 기준으로 응답하라고 지시할 수도 있다. 예컨대, 입원치료를 마치고 퇴원하는 시점 혹은 심리치료를 종결하는 시점을 기준으로 응답하게 하면, 피검자가 어떤 상태로 개선되기를 희망하는지 파악할 수 있다. 이런 경우, 피검자는 특정한 미래의 시점에 본인이 어떤 상태일지 예상하여 응답한다. 검사자는 과거를 반영하는 프로파일(예: 입원 당시, 치료 초기)과 미래를 예상하는 프로파일을 비교할 수 있다. 만약 피검자가 과거의 프로파일보다 미래의 프로파일에서 더 개선된 모습을 보인다면, 치료의 예후가 양호할 것이라고 기대할 수 있다(Marks et al., 1974).

일부 검사자와 연구자는 검사지에 인쇄되어 있는 표준적인 지시사항에 덧붙여 보완적인 지시사항을 활용하기도 한다. 보완적인 지시사항을 활용하면 피검자의 질문에 답변할 수 있고, 피검자의 수행불안을 완화할 수 있고, 피검자의 과대보고 혹은 축소보고를 방지할 수 있으며, 결과적으로 타당한 프로파일을 확보할 수 있다. 예컨대, Butcher, Morfitt, Rouse와 Holden(1997)은 항공기 조종사 취업지원자(남성) 집단이 MMPI-2에 방어적으로 응답한다는 사실을 확인하였다. 이들에게 '방어적으로 응답하면 검사결과를 무효로 처리할 수 있다.'라는 정보를 포함한 새로운 지시사항을 제시하고 재검사를 실시했더니 방어적인 응답이 현저하게 감소하였다. 흥미롭게도, 임상척도는 더 상승하지 않았고 내용척도가 더 상승하였다. 이러한 결과가 시사하듯이, 인사선발과 같은 특수한 장면에서는 지시사항을 적절하게 변형하여 방어반응과 축소보고를 미연에 방지할 수 있다. 아울러 과대보고와 가장반응의 기저율이 높은 집단의 반응도 연구해야 한다. 예컨대, 피검자에게 심리적 문제가 있다는 주장과 문제가 없다는 주장이 충돌하는 법정장면, 산업재해를 당했으니 보험금을 지급하라는 주장과 보험금을 지급할 수 없다는 주장이 격돌하는 심사장면에서 자료를 수집할 필요가 있다.

Caldwell(1977)이 소개한 보완적 지시사항을 참고하기 바란다.

1. 모든 문항에 솔직하게 응답하십시오. 정확하게 응답해야 검사결과를 신뢰할 수 있습니다.
2. 검사지 문항의 번호와 답안지 답란의 번호가 일치하는지 확인하십시오. '그렇다'와 '아니다'에 모두 응답하면 무응답 혹은 복수응답으로 간주됩니다. 반드시 한 군데만 응답하십시오.

3. 의미가 모호한 문항 혹은 사람마다 다르게 해석할 수 있는 문항에는 당신의 생각을 기준으로 응답하십시오.

4. '자주' '가끔' '거의' 등의 부사가 포함되어 있는 문항에는 당신의 느낌을 기준으로 응답하십시오. 이런 표현에 대한 당신의 느낌이 중요합니다.

5. 검사를 종료하기 전에 답안지를 검토하십시오. 응답하지 않은 문항, 응답을 수정했는데 확실하게 지워지지 않은 문항, 중복으로 응답한 문항이 없는지 확인하십시오.

6. 무엇보다도 긴장하지 말고 편안하게 응답하십시오. 여러 사람에게 MMPI-2를 실시했는데, 모두 순조롭게 검사를 마쳤습니다.

Lewak 등(1990), Levak 등(2011), Caldwell(1977)은 임상장면에서 흔히 관찰되는 피검자의 질문과 이에 대한 검사자의 답변을 다음과 같이 정리하였다.

질문: MMPI-2가 무엇입니까?

답변: MMPI-2는 '미네소타 다면적 인성검사'의 줄임말입니다. 이것은 약 70년 전부터 사용하고 있는 성격검사입니다. 심리학 분야에서 가장 많이 연구된 검사입니다.

질문: 검사하는 데 시간이 얼마나 걸립니까?

답변: 대체로 90~120분 정도 걸립니다. 어떤 분은 시간이 조금 더 걸리기도 하고, 어떤 분은 60~75분 사이에 마치기도 합니다.

질문: 몸이 피곤하고 기분이 좋지 않은데, 검사를 실시해도 괜찮을까요?

답변: 아마도 괜찮을 것입니다. 다만 대부분의 경우에 당신이 어떻게 느끼는지 응답하십시오. 몸이 피곤하기 때문에 검사시간이 조금 길어질 수 있습니다. 그러나 솔직하게 응답하시면 검사결과는 크게 달라지지 않을 것입니다.

질문: 어떻게 응답하면 됩니까?

답변: 현재 시점을 기준으로 응답하십시오. 너무 깊이 생각하지 말고 가급적 빨리 응답하십시오. 한 개의 문항에 어떻게 응답했는지는 중요하지 않습니다. 여러 개의 문항에 어떻게 응답했는지를 살펴볼 것입니다.

질문: 응답하기 어려운 문항도 있는데, 모든 문항에 응답해야 합니까?

답변: 모든 문항에 응답하십시오. 만약 모든 문항에 응답하기 어렵다면, 몇 문항 정도는 응답하지 않아도 됩니다. 어떤 문항에 응답하기 어렵다면, 이런 기준을 적용하십시오. 만약 조금이라도 '그렇다'에 가깝다면 '그렇다'라고 응답하십시오. 만약 조금이라도 '아니다'에 가깝다면 '아니다'라고 응답하십시오. 예컨대, '머리가 자주 아프다.'라는 문항이 있다고 가정합시다. 만약 머리가 아프기는 하지만 자주 아프지는 않다면 '아니다'라고 응답하십시오.

질문: 응답하기 힘든 문항을 일단 남겨 두었다가 나중에 다시 응답해도 됩니까?
답변: 신중하게 응답한다면 그렇게 해도 괜찮습니다. 하지만 답안지를 작성할 때 실수할 우려가 있습니다. 그러면 검사결과에 영향을 미칩니다. 따라서 가급적 순서대로 응답하는 편이 더 낫습니다.

질문: 지금은 모든 문항에 응답할 시간이 부족한데 어떻게 하지요?
답변: 괜찮습니다. 그래도 가급적 모든 문항에 응답하려고 노력하십시오. 잠깐 쉬었다가 하셔도 검사결과는 달라지지 않습니다.

질문: 모든 문항에 응답할 수 없으면 어떻게 하지요?
답변: 모든 문항에 응답하려고 노력하십시오. 몇 문항 정도는 응답하지 않아도 괜찮지만, 그래도 모든 문항에 응답해 주시면 좋겠습니다.

질문: 나에게 해당되지 않는 문항이 너무 많은데요? 어떤 문항은 멍청하고 어리석게 느껴지는데요?
답변: 그런 문항도 있을 것입니다. 하지만 문항의 표현과 당신의 응답은 별로 상관이 없습니다. 우리는 당신의 응답을 동일한 문항에 응답한 다른 사람의 반응과 비교할 것입니다.

질문: 내가 왜 이 검사를 받아야 하지요? 나에게 무슨 문제가 있다는 것입니까?
답변: 당신을 더 잘 이해하고 싶어서 검사를 실시하는 것입니다. 이 검사를 실시하면 비교적 짧은 시간에 당신을 더 잘 이해할 수 있기 때문에 효율적입니다. 그래서 상담실에 방문하신 분들께 이 검사를 권유하는 것입니다.

질문: 하지만 나에게는 아무런 문제가 없어요. 아이에게 문제가 있어서 상담실에 방문했는데, 내가 왜 이 검사를 받아야 하지요?

답변: 당신의 자녀가 어떤 심리적 환경에서 성장하고 있는지 알고 싶어서 검사를 실시하는 것입니다. 예컨대, 당신의 자녀는 매우 적극적이고 엄청난 에너지를 가지고 있는데, 부모인 당신은 보통 수준의 에너지를 가지고 있을 수 있습니다. 당신과 자녀의 상호작용이 당신과 자녀에게 어떤 영향을 미치는지 파악하면 도움이 됩니다. 당신에게도 도움이 될 것입니다.

질문: 아내와 내가 검사를 받았을 때, 당신이 우리 가운데 한 사람을 비난할까 봐 두렵습니다. 그러면 상황이 더 나빠질 것 같은데요?

답변: 무엇을 걱정하시는지 충분히 이해합니다. 하지만 누구에게 더 문제가 있는지 파악하려고 검사를 실시하는 것은 아닙니다. 각자에게 민감한 부분이 무엇인지 그리고 서로 상대방이 민감하게 여기는 부분을 무심코 건드리기 때문에 의사소통이 어려운 것은 아닌지 파악하려고 검사를 실시하는 것입니다. 누구도 판단하지 않을 것이고 비난하지 않을 것입니다.

질문: 내가 이 검사보다 한 수 위인 것 같은데요? 이 검사의 목적이 뻔히 보입니다.

답변: 심리학자는 당신이 한 문항에 어떻게 응답했는지가 아니라 여러 문항에 어떻게 응답했는지를 중요하게 생각합니다. 반복되는 패턴이 중요합니다. 가급적 솔직하게 응답하시면 타당한 결과를 얻을 수 있고, 그것을 당신에게 유익한 방향으로 사용할 수 있습니다. 물론 저에게도 도움이 됩니다. 문항의 내용이 뻔해 보일 수 있지만, 사실은 당신이 생각하고 있는 것과는 상당히 다른 영역을 측정하는 문항이 많습니다. 당신이 이 검사보다 한 수 위라고 생각하신다면, 타당하지 않은 결과를 얻을 가능성이 높습니다. 그러나 이 검사의 목적과 당신의 생각은 다를 수 있습니다. 솔직하게 응답해 주시면 좋겠습니다.

질문: 나에게 해당되지 않는 문항이 너무 많습니다. 꼭 응답해야 합니까?

답변: 이것은 일반적인 성격검사입니다. 그래서 당신에게 해당되지 않는 문항도 포함되어 있습니다. 당신에게 해당되지 않는다면 '그렇다' 혹은 '아니다' 중에서 조금이라도 가까운 쪽으로 응답하십시오.

질문: 도대체 어떻게 이런 검사로 나에 대해서 파악한다는 건가요?

답변: 당신이 모든 문항에 응답하면 그것을 채점해서 그래프를 그릴 것입니다. 여러 성격 차원에 당신이 어떻게 응답했는지 파악하고, 다른 사람의 응답과 비교할 것입니다. 이 검사에는 수검태도를 측정하는 척도가 포함되어 있습니다. 예컨대, 신중하게 응답했는지, 솔직하게 응답했는지, 심리적 문제를 부인했는지 또는 과장했는지 파악할 수 있습니다. 제 입장에서는 프로파일의 형태와 패턴이 중요합니다.

질문: 검사결과를 알 수 있습니까?

답변: 검사지와 답안지 및 프로파일을 제공하지는 않을 것입니다. 이 검사의 보안을 유지할 필요가 있기 때문입니다. 하지만 검사결과는 자세하게 설명해 드리겠습니다.

질문: 만약 내가 검사결과에 동의할 수 없으면 어떻게 합니까?

답변: 검사결과가 당신을 정확하게 묘사하지 못한다면, 당신이 스스로 정확하게 말씀하실 기회를 드리겠습니다. 검사자와 피검자가 협력하는 것이 중요합니다. 당신의 견해를 말씀해 주시면 경청하겠습니다. 검사결과를 설명해 드릴 때 녹음기를 갖고 오셔서 녹음하셔도 괜찮습니다. 검사결과를 다시 청취하실 수도 있고, 궁금한 부분이 있으면 치료자에게 질문하실 수도 있습니다. 당신을 위해서 심리검사를 실시하는 것입니다.

질문: 검사비용은 얼마입니까?

답변: 상담실에 문의하십시오. 검사비용에는 실시 및 채점에 필요한 비용이 포함되어 있습니다. 당신의 치료자가 검사결과를 해석해 드릴 텐데, 해석비용은 일반적인 상담비용에 포함되어 있습니다.

검사환경

편안한 환경에서 검사를 실시해야 한다. 피검자가 산만해지지 않도록 주변의 소음을 관리해야 하고, 타인의 방해를 받지 않는 별도의 공간에서 검사를 실시해야 한다. 개인적이고 비밀스러운 질문을 던지는 것이므로 피검자의 사생활을 보호하려고 노력해야 한다. 검사환경을 일관적으로 유지하기 위해서 그리고 피검자의 응답을 무심코 유출하는 것을 방지하기 위해서, 오직 검사자와 피검자만 문항 및 응답을 열람해야 한다. 적절한 조명, 편안한 의자, 적합한 책상, 여분의 연필이 필요하다. 생수와 음료를 제공하는 것도 좋다(Nichols, 2011). 만약 피검자가 침대에 누워 있는 상태라면 표지가 두꺼운 검사지를 사용하는 것이 바람직하다. 컴퓨터를 사용하여 검사를 실시할 때는 미국심리학회의 실시지침(1986)을 준용하고, 이와 관련된 법적인 문제는 Bersoff와 Hofer(1995)의 논문을 참고하기 바란다. 모니터의 위치를 조정하여 눈부심 현상을 방지하고, 피검자의 응답이 창문에 반사되는 현상을 예방한다. 시력에 문제가 있는 피검자는 안경 혹은 돋보기를 지참하도록 안내한다.

　어떤 형태로 검사를 실시하든지 간에 검사자는 피검자의 응답 과정을 감독해야 하고, 피검자가 요청하면 적절하게 도와줘야 한다. 검사자는 피검자의 질문에 답변할 수 있도록 충분히 훈련되어 있어야 한다. 집단으로 검사를 실시할 때는 감독자의 역할이 특히 중요하다. 감독자는 피검자의 사생활을 보호하고, 정확한 응답을 유도하며, 불필요한 잡담을 금지해야 한다. 감독자가 특정한 피검자 주변에 너무 오래 머무르면, 피검자는 감독자가 자신의 응답을 검열한다고 생각해서 위축될 우려가 있으니 주의해야 한다. 피검자가 특정한 문항의 의미 혹은 단어의 뜻을 질문하면, 감독자는 중립적인 범위 내에서 답변해야 한다. 구체적으로, 피검자가 흔히 오해하는 단어(예: 변비, 구토, 기자, 반추, 인상적)의 사전적 의미를 설명해야 한다 (Dahlstrom et al., 1972). 피검자가 문항의 의미 자체를 질문하는 경우, "당신이 생각하는 대로 응답하십시오."라고 답변하는 것이 가장 바람직하다. 비록 MMPI-2와 MMPI-2-RF가 객관적 심리검사이기는 하지만, 피검자마다 특정한 문항의 의미를 서로 다르게 해석하고 서로 다르게 응답한다는 사실을 유념해야 한다. 임상가는 동일한 문항에 대한 피검자의 응답과 규준집단의 응답을 비교해서 해석한다.

　개인치료 및 심리평가 장면에서 "검사를 집에 가지고 가서 실시해도 됩니까?"라고 질문하는 피검자가 흔히 있다. 그것을 허용하면 편리하겠지만, 가급적이면 허용하지 말기를 권고한다. 심리학자는 검사의 보안을 유지할 책임과 진실한 응답을 유도할 의무가 있기 때문이다. 「심리학자 윤리규정 및 수행지침」(American Psychological Association, 2002)을 참고하기 바란다. 심리검사를 전문기관 외부로 유출하면, 심리학자는 검사환경을 통제할 수 없고 검사결과를 신뢰할 수 없다. 지정된 피검자 본인이 정말로 검사를 수행했는지 보증할 방법이 없기 때문이다. 특히 검사결과를 법정에 제출할 때 심각한 문제가 발생할 가능성이 크다. 사실상 감독자 없이 실시된 검사결과는 법정에서 받아들여지지 않을 것이다. 지정된 피검자 본인이 정말로 검사를 수행했는지 보증할 수 없다면, 그 검사결과를 증거로 채택할 수 없기 때문이다. 표준적인 실시지침에 따르면, 반드시 감독자가 있는 상태에서 검사를 실시해야 한다(Pope, Butcher, & Seelen, 2006). 규준집단을 구성할 때 표준적인 실시지침을 따랐으므로 검사를 실시할 때도 표준적인 실시지침을 따라야 한다. 그렇게 하지 않으면 피검자의 자료를 규준집단의 자료와 타당하게 비교할 수 없게 된다.

🗣 피검자의 필수요건

MMPI-2와 MMPI-2-RF를 실시하여 타당한 프로파일을 얻으려면 여러 요인을 종합적으로 고려해야 한다. 특히 피검자의 자발적 협조를 이끌어 내는 것이 중요하다. 아울러 검사를 실시하기 전에 피검자의 독해력 수준을 평가해야 한다. Hathaway와 McKinley(1983)는 5학년 수준의 독해력을 지니고 있으면 누구나 응답할 수 있도록 원판 MMPI의 문항을 제작하였다. 그러나 후속연구에서는 적어도 6학년 수준 또는 그 이상의 독해력을 지니고 있어야 모든 문항을 이해할 수 있는 것으로 밝혀졌다(Butcher et al., 2001). 예컨대, MMPI와 MMPI-2의 문항을 분석한 Ward와 Ward(1980)는 적어도 7학년 수준 이상의 독해력을 지니고 있어야 문장과 단어를 이해할 수 있다고 결론지었다. Blanchard(1981)는 난이도 공식을 적용하여 MMPI의 문항을 분석하고, 적어도 10학년 수준 이상의 독해력을 지니고 있어야 전체 문항의 90~100%를 이해할 수 있다고 보고하였다. 몇몇 문항의 난이도가 상당히 높았기 때문이다. 따라서 10학년 수준 이하의 독해력을 지니고 있는 피검자에게 검사를 실시할 때는 적절한 대안을 고려할 필요가 있다. 원판 MMPI의 경우, 한 문항은 평균적으로 11개의 단어와 1개의 다음절 어로 구성되었다(Blanchard, 1981).

『MMPI-2 매뉴얼』(Butcher et al., 2001)에 따르면, 적어도 6학년 수준의 독해력을 지니고 있는 피검자에게만 검사를 실시해야 한다. 여러 연구에서 유사한 결론이 도출되었다(Paolo et al., 1991; Schinka & Borum, 1993). 다양한 독해력 지수를 사용하여 MMPI-2의 문항을 세밀하게 분석한 Dahlstrom 등(1994)에 따르면, MMPI와 MMPI-2 및 MMPI-A의 평균 난이도는 6학년 수준이었다. 또한 MMPI-2 검사지에 인쇄되어 있는 지시문의 난이도가 일반적인 문항의 난이도보다 약간 높았다. 그러므로 검사자는 피검자가 지시문을 충분히 이해했는지 확인해야 한다. 예컨대, 피검자에게 지시문을 큰 소리로 읽어 달라고 부탁하거나 지시문의 의미를 설명해 달라고 요청할 수 있다. 또는 검사자가 지시문을 큰 소리로 읽어 주고 피검자는 눈으로 따라서 읽게 하는 방법도 가능하다.

피검자의 교육수준이 10학년 미만인 경우, 검사자는 MMPI-2의 114번, 226번, 445번 문항으로 독해력을 간편하게 평가할 수 있다(Schinka & Borum, 1993). 문장이 상당히 길고 복문이기 때문이다. Nichols(2011)는 교육수준과 독해력을 기준으로 MMPI-2의 예시문항을 선정하였다. 난이도가 낮은 문항(2~6학년 수준)은 8번, 14번, 20번, 51번, 91번 문항이다. 난이도가 보통인 문항(7~9학년 수준)은 106번, 122번, 297번 문항이다. 난이도가 높은 문항(10~11학년 수준)은 263번, 425번 문항이다. 난이도가 높은 이중부정 문항은 114번, 226번, 445번 문항이다. Dahlstrom 등(1994, 표 D.5)은 난이도가 제일 높은 MMPI-2 문항 목록을 제시하였다. 타당도척도 혹은 임상척도에 소속된 문항 중에서 난이도가 제일 높은 문항은 114번, 212번, 262번, 283번 문항이다. 만약 피검자의 독해력이 의문스럽다면 검사를 실시하기 전에 몇몇 예시문항을 피검자에게 제시하여 독해력을 평가하기 바란다.

MMPI-2-RF의 문항은 5~7학년 수준에 맞추어 제작되었다(Ben-Porath & Tellegen, 2008, 2011). 그러나 MMPI-2와 마찬가지로 MMPI-2-RF의 일부 문항은 더 높은 수준의 독해력을 요구한다. 따라서 최소기준(MMPI-2는 6학년 수준, MMPI-2-RF는 5~7학년 수준)을 충족시켰다고 해서 피검자가 모든 문항을 이해할 수 있을 것이라고 단정하기는 어렵다. 여러 연구자가 MMPI-2의 가독성을 조사하였다(Paolo, Ryan, & Smith, 1991; Dahlstrom, Archer, Hopkins, Jackson, & Dahlstrom, 1993; Schinka & Borum, 1993). Paolo 등(1991)에 따르면, 61개의 특수 척도와 하위척도에 소속된 문항의 상당수는 적어도 8학년 수준의 독해력을 지니고 있어야 이해할 수 있다. 즉,『MMPI-2 매뉴얼』이 요구하는 최소기준(6학년 수준)만 간신히 충족하는 피검자는 상당수의 문항을 이해하기 어렵다는 것이다. 적어도 8학년 수준 이상의 독해력을 지니고 있어야 이해할 수 있는 문항이 전체의 25% 이상을 차지하는 척도는 다음의 9개 척도이다. 내용척도 중에서 ASP 척도, TPA 척도 및 임상소척도 중에서 Hy2 척도, Pa3 척도, Sc5 척도, Sc6 척도, Ma1 척도, Ma3 척도, Ma4 척도이다. 만약 피검자의 교육수준이 8~9학년 미만이라면, 척도 9(경조증)를 해석할 때 주의를 기울여야 한다. 적어도 8학년 수준 이상의 독해력을 지니고 있어야 Ma1 척도 문항의 66.7%, Ma3 척도 문항의 37.5%, Ma4 척도 문항의 33.3%를 이해할 수 있다. Ma1 임상소척도에 소속된 250번, 263번, 269번 문항을 읽어 보면 난이도가 상당하다는 것을 알 수 있다.

MMPI-2에서는 최소기준을 6학년 수준으로 설정했지만, Greene(2011)은 단순히 교육연한만 가지고 독해력을 추정해서는 안 된다고 지적하였다. 교육연한만 고려하면 피검자의 독해력을 과다추정할 우려가 있기 때문이다. Dahlstrom 등(1994)도 피검자의 독해력을 추정할 때 교육연한만 고려해서는 안 된다고 주장하였다. 피검자가 자신의 교육연한을 부풀려서 보고할 수도 있고, 자신의 교육경험, 학업성취도, 학교 성적, 출결 상황 등을 거짓으로 보고할 수도 있기 때문이다. 따라서 단순히 피검자의 교육연한만 고려하는 것은 바람직하지 않다. 교육연한이 6년 미만인 피검자 중에도 충분한 독해력을 지니고 있는 사람이 얼마든지 있을 수 있다.

독해력이 부족한 피검자에게 검사를 실시하면 F 척도, F(B) 척도, VRIN 척도, TRIN 척도에서 이상반응이 탐지되기는 하지만, 검사를 실시하기 전에 독해력을 평가해서 최소기준에 미달하는 피검자를 걸러 내는 것이 바람직하다.

6학년 수준 이상의 독해력을 지니고 있는 피검자에게 검사를 실시해야 타당한 프로파일이 관찰될 확률이 높아진다. Schinka와 Borum(1993)은 교육연한이 8년 이상이고 학업성적이 평균 이상인 피검자만 MMPI-2의 문항을 이해할 수 있다고 제안하였다. 만약 피검자의 교육연한이 8년 미만이고, 영어를 유창하게 구사하지 못하거나 혹은 영어를 사용하는 데 어려움이 있다면 독해력검사를 먼저 실시할 수 있다. 독해력검사는 'Gray Oral Reading Test'(Wiederholt & Bryant, 1986), 'Woodcock-Johnson Test-Revised, Passage Comprehension', 'Wechsler Individual Achievement Test, Reading Comprehension'(1992), 'California Achievement Test, Reading Battery A'(1993) 등을 참고하기 바란다. 대안으로 검사자가 MMPI-2 검사지에서 몇 문항을 임의로 선택해서 피검자에게 큰 소리로 읽어 달라고 부탁하거나 문항의 의미를 설명해 달라고 요청할 수 있다. 이때 검사지의 초반부에 배치된 몇 문항만 선택하면 안 된다. 초반부에 배치된 문항의 난이도가 상대적으로 낮기 때문이다. 또한 단순히 피검자에게 큰 소리로 읽어 달라고 부탁하는 것만으로는 부족하다. 발음하는 것과 이해하는 것은 다르기 때문이다. 피검자의 독해력을 평가하려면 앞에서 소개한 상대적으로 어려운 문항을 선택해야 한다.

문맹인 피검자에게 CD 형태로 검사를 실시하는 경우, 검사자가 어려운 문항을 선택해서 읽어 주는 방식으로 피검자의 이해력을 평가할 수 있다. 이 경우에도 초반부에 배치된 쉬운 문항만 선택하면 안 된다. 다만 CD에서 어려운 문항을 선택하고 재생하는 과정이 번거로우므로 검사자가 문항을 녹음한 성우의 목소리와 비슷하게 읽어 주면 피검자의 이해력을 충분히 가늠할 수 있다. 피검자가 CD를 재생해서 문항을 청취하고 적절하게 응답하는지 확인하고 싶다면 초반부의 몇 문항에 어떻게 응답하는지 살펴보기 바란다.

검사자는 CD 형태의 검사를 버거워하는 피검자가 상당히 많다는 사실을 유념할 필요가 있다. 같은 문항을 두 번씩 들려주는데, 피검자는 평균적으로 4~6초 이내에 응답해야 한다. 진행 속도가 빠르므로 강박성향이나 우울성향을 지니고 있는 피검자는 상당한 부담을 느낄 수 있다. 주의집중이 어려운 피검자, 이중부정 문장을 이해하기 힘든 피검자도 어려움을 겪을 수 있다. 따라서 피검자가 CD 재생장치를 잠시 중지할 수 있는 조작능력을 가지고 있는지 확인해야 한다.

대개의 경우 검사자가 직접 문항을 읽어 주는 것보다는 CD 형태로 검사를 실시하는 것이 바람직하다. 검사자가 문항을 읽어 주면 음색이 달라지거나 쉽게 피곤해질 우려가 있지만, 성우는 차분한 목소리로 균일하게 발음하기 때문이다. 또한 검사자가 직접 문항을 읽어 주는 것은 표준적인 실시지침에 어긋난다. 이 경우, 대인관계 요인 혹은 미지의 요인이 검사결과에 예상치 못한 영향을 미칠 수 있다.

검사자가 문항을 읽어 주면 안 된다는 견해(Ben-Porath & Tellegen, 2008, 2011)와 달리 검사자가 분명한 발음으로 천천히 문항을 읽어 주면 괜찮다는 주장도 있다. 문항을 직접 읽어 주는 경우, 임상가는 피검자의 행동을 실시간으로 관찰하여 심리적 부적응의 증후를 탐지할 수 있다. 예컨대, 피검자가 주저하고 망설이는지, 정서적으로 동요되는지, 심리적으로 혼란스러워하는지, 우유부단하게 꾸물대는지 파악할 수 있다(Edwards, Holmes, & Carvajal, 1998). Kendrick과 Hatzenbuehler(1982)는 원판 MMPI를 반분하여 표준적 실시지침에 따라서 실시한 자료와 검사자가 직접 문항을 읽어 준 자료를 비교했는데, 두 조건 사이에 유의미한 차이가 관찰되지 않았다. Edwards 등(1998)은 남녀 대학생에게 MMPI-2를 두 번 연속으로 실시하였다. 한 번은 표준적 실시지침에 따라서 실시하였고, 다른 한 번은 검사자가 직접 문항을 읽어 주고 응답도 대신 기록하는 방식으로 실시하였다. 두 조건을 비교한 결과, 부분적으로 유의미한 차이가 관찰되었다. 검사자가 개입한 조건에서 척도 6(편집증)과 척도 8(정신분열증)의 T점수가 5~7점 정도 낮았다. 이 결과는 검사자의 존재가 피검자의 응답에 영향을 미친다는 것을 시사했는데, 특히 상대적으로 심각한 정신병리를 보고하지 않으려고 주저한다는 뜻이었다. 검사자가 직접 문항을 읽어 줘도 심각한 문제가 발생하지는 않는 것 같다. 그러나 결론을 내리려면 후속연구가 더 필요하다. 예컨대, 검사자가 대신 응답을 기록하는 경우와 피검자가 직접 응답을 기록하는 경우에 유의미한 차이가 있는지 살펴볼 필요가 있다.

검사에 협조할 수 없을 정도로 혼란스러운 상태 혹은 안절부절못하는 상태만 아니라면, 피검자의 심리장애 때문에 MMPI-2와 MMPI-2-RF를 실시하기 어려운 경우는 드물다. 그렇기는 하지만 『MMPI-2 매뉴얼』(Butcher et al., 2001, p. 8)에는 다음과 같은 신체적 및 정서적 상태에 있는 피검자는 검사를 실시하기 힘들다고 명시되어 있다.

시력 문제, 난독증, 수용성 실어증, 특수학습장애, 약물중독, 금단상태, 감염상태, 섬망상태, 두뇌손상 혹은 정신혼란에 기인한 지남력장애, 간질발작, 장기간의 다종약물남용에 기인한 신경장애, 긴장성 정신분열증의 혼돈상태 및 환각상태, 주요우울장애의 현저한 정신운동지체, 극단적 주의산만을 보이는 조증삽화.

우울장애 혹은 인지장애를 지니고 있는 환자의 경우, 검사시간이 상당히 길어질 수 있다(예: 3~5시간). 따라서 검사를 시작하고 종료하는 시간을 확인하는 것이 중요하다. 검사시간이 지나치게 줄어들거나 지나치게 늘어난다면, 진단적 증후로 간주하는 것이 바람직하다. 예컨대, 검사시간이 지나치게 줄어든 경우에는 피검자의 충동성향 혹은 비협조성을 의심할 수 있다. 검사시간이 지나치게 늘어난 경우에는 피검자의 강박성향, 정신운동지체, 동기 부족을 의심할 수 있다. 정신과 입원환자에게 검사를 실시할 때는 여러 차례 중단될 수 있다는 사실을 유념해야 한다. 주의가 산만해지거나 피로감을 느껴서 중단될 수도 있고, 정신병동에서 수행하는 치료, 투약, 식사, 면회 등의 절차 때문에 잠시 중단될 수도 있다. 심지어는 며칠에 걸쳐서 검사를 실시하는 정신과 입원환자도 있다. 그러나 검사시간이 지나치게 길어지면 검사결과를 신뢰하기 어려워진다. 며칠 사이에 입원환자의 증상 및 상태가 변화될 수 있기 때문이다. Nichols(2011, p. 26)는 본질적으로 검사시간보다 더 중요한 것은 검사결과의 정확성이라고 지적하였다.

> 환자의 정서적 상태와 태도는 끊임없이 달라진다. 따라서 몇 시간 만에 실시한 검사결과와 일주일에 걸쳐 실시한 검사결과가 동일하지는 않을 것이다. 그럼에도 불구하고 타당한 프로파일을 확보하려면 환자에게 충분한 시간적 여유를 주어야 한다. 그렇게 유연성을 발휘하면 임상가가 환자의 증상과 상태를 정확하게 파악하기 원한다는 메시지를 전달할 수 있기 때문이다.

MMPI-2를 실시하려면, 피검자가 Wechsler 성인용 지능검사(Wechsler Adult Intelligence Scale-IV: WAIS-IV)와 같은 표준화된 지능검사에서 적어도 평균 이하 범위(전체지능 80~89점)에 해당하는 지능수준을 지니고 있어야 한다. 만약 피검자의 지능수준이 경계선 범위(전체지능 70~79점)에 해당한다면, 검사자는 동기를 부여하고 응답을 감독해야 한다. 아울러 먼저 독해력과 이해력을 평가하고 나서 검사를 실시해야 한다. 일반적으로, 피검자의 지능수준만 고려하면 안 되고 지능수준과 관련된 여러 변인을 종합적으로 고려해야 한다(예: 교육수준, 동기수준, 주의력, 집중력, 독해력). 예컨대, 중추신경계통의 병변 혹은 두뇌손상의 과거력이 없는 피검자의 전체지능이 75점이라면, 그는 발달장애를 지니고 있을 것이고 검사를 실시하기 어려울 것이다. 특히 독해력이 부족하다면 더욱 그렇다. 그러나 교육수준, 직업수준, 과거 기록에 비추어 볼 때 병전 지능이 훨씬 높았을 것으로 추정되는 피검자의 전체지능이 75점이라면, 그는 여전히 독해력을 보유하고 있을 가능성이 크므로 MMPI-2를 실시할 수 있다. 전체지능이 65점 정도이고 3학년 수준의 독해력을 지니고 있는 피검자는 CD 형태의 검사를 실시할 수 있다(Dahlstrom et al., 1972; Greene, 2011). 앞서 언급했듯이, 특별한 방법을 강구하면 시각장애, 청각장애, 마비장애를 지니고 있는 피검자에게도 검사를 실시할 수 있다.

검사의 채점 및 프로파일 작성

MMPI-2와 MMPI-2-RF는 수기식 및 기계식으로 채점할 수 있다. 기계식으로 채점할 때는 스캐너 혹은 컴퓨터를 이용한다. 미네소타 다면적 인성검사의 보급자인 Pearson Assessments사(www.pearsonassessments.com)에서 수기식 채점판과 컴퓨터 소프트웨어를 구입할 수 있다. 우편을 주고받는 채점방법도 사용할 수 있다. 자세한 정보는 보급자에게 문의하기 바란다. 캘리포니아 쿨버시티의 Caldwell Report사(877-667-4248)와 캘리포니아 쿠퍼티노의 Behaviordata사(800-627-2673)도 채점 및 해석 서비스를 제공한다. 앞서 언급했듯이, 표지가 얇은 검사지와 표지가 두꺼운 검사지의 채점판은 서로 다르다. 각자에게 적합한 채점판을 사용하기 바란다. CD 형태로 검사를 실시할 때는 표지가 얇은 검사지의 답안지를 사용해야 한다. 검사자는 MMPI-2의 척도 5(남성성-여성성)를 채점할 때 주의를 기울여야 한다. 성별에 따라서 채점판이 다르기 때문이다. MMPI-2-RF는 성별 규준을 적용하지 않으므로 성별과 무관하게 채점판을 사용할 수 있다.

채점판을 답안지 위에 올려놓을 때 채점판의 표식과 답안지의 표식을 일치시켜야 한다. 채점판에는 여러 개의 구멍이 뚫려 있다. 채점판을 답안지 위에 올려놓고, 채점판의 구멍으로 들여다보이는 문항의 개수를 헤아려서 그것을 프로파일 서식의 원점수란에 적절하게 기입한다. 척도별로 같은 작업을 되풀이한다. 검사자는 답안지를 검토하여 무응답 문항의 개수를 헤아리고, 그것을 프로파일 서식의 무응답 원점수(? 점수)란에 기입한다. 이때 '그렇다'와 '아니다'에 모두 응답한 이중응답도 무응답으로 간주해야 한다. 채점판을 답안지 위에 올려놓으면 이중응답 여부를 파악할 수 없으므로 이중응답은 양쪽에 미리 실선을 그어서 표시해야 한다. 그렇게 표시하지 않으면 다른 척도에서 잘못 채점할 위험성이 있다. 지우개를 사용한 흔적이 많은 경우, 피검자가 무선반응을 시도했을 가능성은 낮다. 지우개를 사용해서 자주 수정했다면 피검자가 문항을 신중하게 읽고 응답했을 가능성이 높다.

검사자는 피검자가 검사 장소를 떠나기 전에 답안지를 검토해야 한다. 고의가 있었든 없었든 간에 무응답 문항이 많은 자료는 신뢰할 수 없기 때문이다. 무응답 문항이 있는 경우, 한 문항도 빠짐없이 응답하면 더 타당한 프로파일을 얻을 수 있으니 가급적 모든 문항에 응답해 달라고 다시 한번 요청한다. 피검자가 이미 검사 장소를 떠났는데 5~30개의 문항에 무응답 혹은 이중응답을 한 것이 뒤늦게 발견되면, 무응답 개수만큼 원점수를 보강하여 더 정확한 프로파일로 보정할 수 있다. 비록 경험적 연구를 통해 검증된 것은 아니지만, Greene(2011)이 제안한 보강절차를 사용하면 프로파일 해석의 임상적 유용성을 향상시킬 수 있다. 기본적으로, 무응답 혹은 이중응답은 피검자가 고의적으로 응답을 회피한 것으로 간주한다. 또한 피검자가 그 문항에 응답했다면 채점되는 방향(즉, 규준집단의 평범반응과 반대되는 일탈방향)으로 응답했을 것이라고 가정한다. 검사자는 원점수를 보강하기 전에 피검자가 무응답 혹은 이중응답을 한 문항의 내용을 면밀하게 검토해야 한다. 특정한 내용을 측정하는 문항에 선택적으로 무응답 혹은 이중응답을 했을 가능성이 있기 때문이다. 무응답 개수만큼 원점수를 보강하려면, 무응답한 문항이 어떤 척도에서 채점되는지를 먼저 확인해야 한다. 이때 일부 문항은 여러 척도에서 중복으로 채점된다는 사실과 어떤 척도에서는 반대방향으로 채점된다는 사실을 유념해야 한다. 『MMPI-2 매뉴얼』(Butcher et al., 2001)의 부록 B를 살펴보면 모든 문항의 소속 척도와 채점방향을 확인할 수 있고, 부록 C를 살펴보면 모든 척도의 소속 문항과 채점방향을 확인할 수 있다. 무응답 문항이 관찰될 때마다 그 문항이 소속된 모든 척도의 원점수에 1점씩 가산하여 프로파일을 보강한다. 만약 피검자가 K 척도에 소속된 문항에 무응답해서 검사자가 K 척도의 원점수를 보강했다면, K-교정을 실시하는 모든 임상척도의 원점수도 이에 근거해서 보강해야 한다(Greene, 2011). 보강절차가 완료되면 최종적인 프로파일을 작성한다. 무응답 개수만큼 원점수를 보강하면 프로파일의 형태가 달라질 가능성이 있으므로 최종적인 프로파일이 보강한 프로파일인지 아니면 보강하지 않은 프로파일인지 분명히 밝혀야 한다. 앞서 언급했듯이, MMPI-2의 일부 문항은 여러 척도에서 중복으로 채점되고, 어떤 척도에서는 반대방향으로 채점된다. Greene(2001, p. 46)은 다음과 같이 지적하였다.

> 피검자가 여러 척도에서 중복으로 채점되는 문항에 무응답하면, 그 문항이 소속된 모든 척도를 중복으로 보강한다. 혹자는 여기에 논리적 오류가 있다고 지적할지 모르겠다. 그러나 만약 피검자가 고의적으로 응답을 회피했다면, 그 문항이 소속된 모든 척도를 보강해야 더 정확한 임상 자료를 확보할 수 있다는 주장이 더 논리적이다.

Greene(2011)은 새로운 보강절차도 소개하였다. 기존의 보강절차는 무응답의 개수만큼 보강하는데, 새로운 보강절차는 일탈반응의 비율만큼 보강한다. 무응답이 관찰되면 그 문항이 소속된 척도의 문항에 피검자가 일탈방향으로 응답한 비율을 계산하여 원점수를 보강하는 것이다. 예컨대, 피검자가 F 척도에서 10개 문항에 무응답했다고 가정하자. 또한 피검자가 F 척도의 60개 문항 중에서 20개 문항에 일탈방향으로 응답했다고 가정하자. 이 경우, F 척도의 일탈반응비율은 33%(60개 문항 중 20개 문항)이다. 기존의 보강절차는 무응답한 10개 문항의 개수만큼 원점수 10점을 가산하지만, 새로운 보강절차는 10개 문항에 일탈반응비율(33%)을 적용하여 원점수 3점을 가산한다. 이 경우에도 최종적인 프로파일이 보강한 프로파일인지 아니면 보강하지 않은 프로파일인지 분명히 밝혀야 한다. MMPI-2-RF에도 동일한 보강절차를 적용할 수 있다. Ben-Porath와 Tellegen(2008, 2011)의 부록 C에 모든 문항의 소속 척도와 채점 방향이 제시되어 있다.

　채점판을 이용하여 타당도척도와 임상척도의 원점수를 계산하면, 그것을 프로파일 서식에 기록하고 좌우에 위치한 세로축의 눈금을 사용하여 T점수로 환산한다([그림 1-1]~[그림 1-4] 참조). 제1장에서 소개했듯이, MMPI-2의 T점수는 평균이 50이고 표준편차가 10인 표준점수이다. 예컨대, 남성 피검자가 척도 0에서 원점수 39점을 얻었다면, 척도 0의 T점수는 65점으로 환산된다. 이것은 피검자의 T점수가 규준집단의 평균보다 1.5표준편차 더 높다는 뜻이다. MMPI-2의 T점수는 성별에 따라서 다르게 환산되므로 반드시 피검자의 성별을 고려해야 한다([그림 2-1] 및 [그림 2-2] 참조). K-교정을 실시하는 임상척도의 경우, 임상척도의 원점수에 K-교정 가중치를 합산한 다음에 T점수로 환산해야 한다. 프로파일 서식에 K 척도의 원점수-가중치 변환표가 제시되어 있으니 참고하기 바란다. 프로파일 서식에서 K 척도의 원점수에 밑줄을 그어 두면 K-교정 과정에서 실수하지 않을 것이다. K-교정을 실시하는 임상척도의

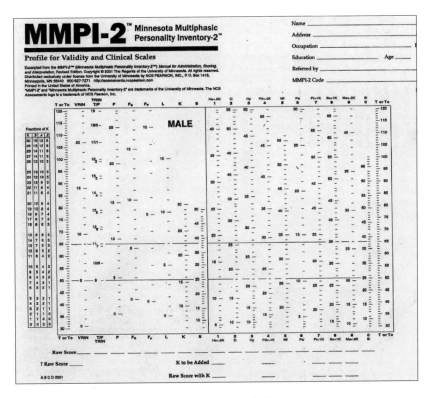

그림 2-1 　MMPI-2의 타당도척도 및 임상척도(남성)

출처: Butcher et al. (2001)에서 발췌함.

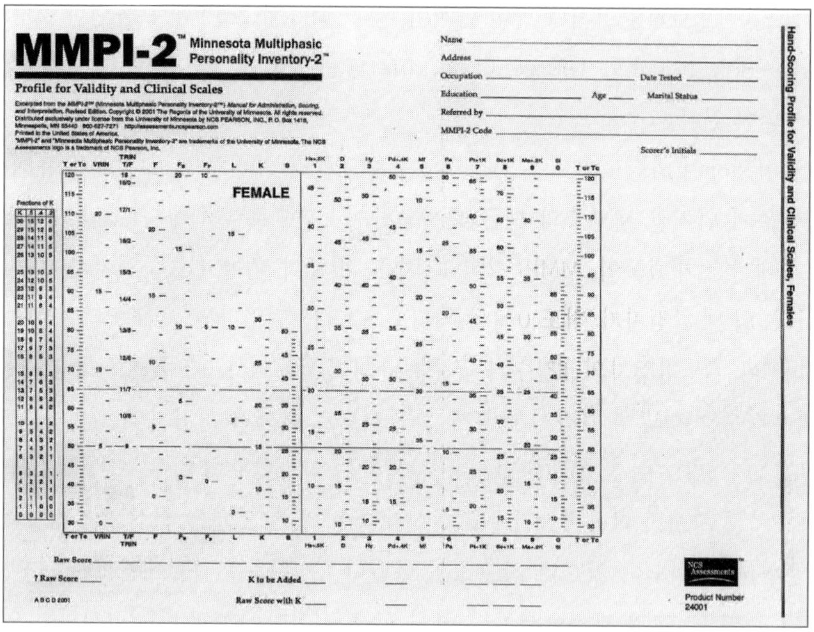

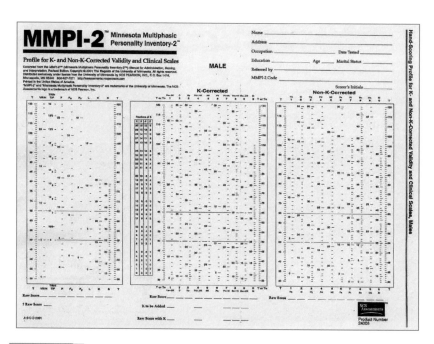

그림 2-2   MMPI-2의 타당도척도 및 임상척도(여성)

출처: Butcher et al. (2001)에서 발췌함.

그림 2-3   MMPI-2 프로파일(남성): K-교정을 실시한 경우 및 실시하지 않은 경우

출처: Butcher et al. (2001)에서 발췌함.

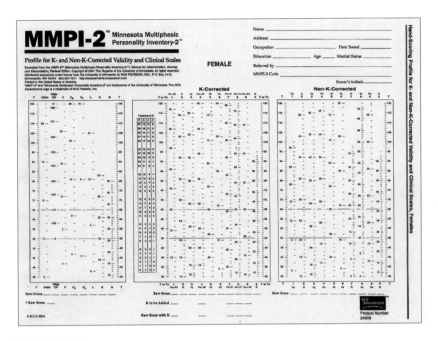

그림 2-4   MMPI-2 프로파일(여성): K-교정을 실시한 경우 및 실시하지 않은 경우

출처: Butcher et al. (2001)에서 발췌함.

경우, 반드시 K-교정 가중치를 합산한 원점수를 T점수로 환산해야 한다. 만약 검사자가 K-교정을 원하지 않는다면, 임상척도의 원점수에 가중치를 합산하지 않고 T점수로 환산할 수 있다. Pearson Assessments사가 제공하는 프로파일 서식을 사용하면 K-교정 여부와 무관하게 모든 프로파일을 작성할 수 있다([그림 2-3] 및 [그림 2-4] 참조). MMPI-2-RF에서는 K-교정을 실시하지 않는다.

프로파일 서식을 살펴보면, 타당도척도와 임상척도의 원점수가 세로축을 따라 눈금(-)으로 표시되어 있다. 각 눈금은 원점수 1점을 의미한다. 각 눈금의 간격은 척도마다 다르다. 척도 5를 제외한 모든 척도에서 원점수가 상승하면 T점수도 상승한다. 검사자는 각 임상척도의 원점수에 해당하는 눈금에 점(·)을 찍어 표시하고, 10개의 점을 실선으로 이어서 꺾은선 그래프를 작성한다. 타당도척도 역시 마찬가지 방법으로 꺾은선 그래프를 작성한다. 전통적으로, 타당도척도와 임상척도의 꺾은선 그래프는 서로 연결하지 않는다.

MMPI-2 프로파일 서식을 살펴보면, T점수 65점을 기준으로 굵은 실선이 표시되어 있다. 굵은 실선은 규준집단의 평균보다 1.5표준편차 높은 지점임을 뜻한다. 따라서 굵은 실선 이상의 T점수는 피검자가 규준집단의 평범반응과 상당히 다른 방향으로 응답했음을 의미하고, 결과적으로 정신병리를 시사할 가능성이 높다. T점수 환산공식은 제1장에서 설명하였고, 프로파일 서식에서 원점수를 T점수로 직접 환산하는 방법도 앞에서 설명하였다.

컴퓨터로 검사를 실시하는 경우, 피검자는 모니터에 제시된 문항을 읽고 키보드를 이용해서 응답을 입력한다. 컴퓨터 방식을 사용하면 검사시간이 단축되고, 무응답 문항이 감소하며, 신속하고 정확하게 채점할 수 있다. Nichols(2011, p. 26)는 다음과 같이 언급하였다.

> 일단 검사를 시작하면 굳이 검사방식(예: 검사지, CD, 컴퓨터)을 변경할 필요는 없을 것이다. 그러나 검사방식을 변경할 수 있다는 사실을 알아 두는 것이 좋다. 피검자에게 검사결과를 해석해 줄 임상가가 직접 MMPI-2를 실시하고 채점해야 하는 것은 아니다. 적절한 교육훈련과 수퍼비전을 받는다면, 임상가의 비서 혹은 직원이 검사를 실시하고 채점할 수 있다.

프로파일 코딩

원판 MMPI가 발표되자마자 프로파일에 담겨 있는 정보를 요약하는 코딩방법이 개발되었다. 먼저 Hathaway(1947)가 첫 번째 코딩방법을 개발했는데, 자세한 내용은 Dahlstrom 등(1972)의 저서에 소개되어 있다. 상승척도를 중심으로 임상 사례를 분류한 Hathaway와 Meehl(1951)의 저서에도 예시되어 있다. 이어서 Welsh(1948)가 개발한 두 번째 코딩방법을 많은 임상가가 받아들였다. MMPI-2에서는 T점수 65점이 분할점이라는 사실을 강조하기 위해서 약간 변형하였고, 이것을 표준적인 코딩방법으로 사용하고 있다.

프로파일을 코딩하면 프로파일의 핵심특징(형태, 상승, 분산)을 편리하게 파악할 수 있다. 각각의 임상척도가 얼마나 상승했는지 분석하고 해석하는 작업도 중요하지만, 프로파일의 전반적인 양상을 분석하고 해석하는 작업이 임상적으로 더 중요하다. 임상가는 여러 임상척도의 상대적인 상승-하강 패턴을 종합하여 형태해석(configural interpretation)을 시도한다. 프로파일을 코딩한다는 것은 프로파일의 핵심특징을 임상가 및 연구자의 구미에 맞추어 일목요연하게 요약한다는 뜻이다. 심리학자는 코딩된 프로파일에서 임상척도의 상승-하강 패턴(형태), 임상척도의 전반적 상승수준(상승), 임상척도의 T점수 범위 및 T점수 차이(분산), 가장 높이 상승한 임상척도와 가장 낮게 하강한 임상척도, 표준적인 타당도척도의 형태 등을 파악할 수 있어야 한다. Welsh(1948)는 10개의 임상척도에 각각 1부터 0까지의 번호를 부여하였다.

Hs(건강염려증) = 1
D(우울증)   = 2

Hy(히스테리)　　　= 3

Pd(반사회성)　　　= 4

Mf(남성성-여성성) = 5

Pa(편집증)　　　　= 6

Pt(강박증)　　　　= 7

Sc(정신분열증)　　= 8

Ma(경조증)　　　　= 9

Si(사회적 내향성)　= 0

구체적인 프로파일 코딩방법은 다음과 같다. 먼저, T점수가 제일 높은 임상척도의 번호를 기록한다. 이어서 T점수가 높은 순서대로 임상척도의 번호를 나열한다. 만약 2개 혹은 그 이상의 임상척도의 T점수가 동일하면, 프로파일 서식의 좌측(척도 1)을 우선하고 우측(척도 0)을 차선하여 임상척도의 순서를 결정한다. 이어서 〈표 2-1〉을 참고하여 모든 임상척도의 상승 수준을 표기한다. 이때 T점수 범위에 따라서 별도의 기호가 부여된다(Butcher et al., 1989).

〈표 2-1〉 T점수 범위에 해당하는 Welsh 기호

T점수	기호
>120	!!
110~119	!
100~109	**
90~99	*
80~89	"
70~79	'
65~69	+
60~64	−
50~59	/
40~49	:
30~39	#
≤29	(#의 우측에 기록)

예컨대, T점수가 120점 이상인 모든 임상척도의 우측에 2개의 느낌표(!!)를 기입하고, T점수가 110~119점 범위인 모든 임상척도의 우측에 1개의 느낌표(!)를 기입한다. T점수가 100~

109점 범위인 모든 임상척도의 우측에 해당 기호(**)를 기입하고, T점수가 90~99점 범위인 모든 임상척도의 우측에 해당 기호(*)를 기입한다. 동일한 방식으로, 임상척도의 T점수가 80~89점 범위일 때는 2개의 프라임(″)으로, T점수가 70~79점 범위일 때는 1개의 프라임(′)으로 구분한다. 새롭게 도입된 플러스(+) 기호는 임상척도의 T점수가 65~69점 범위에 있음을 시사하고, 마이너스(-) 기호는 임상척도의 T점수가 60~64점 범위에 있음을 시사한다. T점수가 50~59점 사이인 모든 임상척도의 우측에 사선(/)을 기입하고, T점수가 40~49점 사이인 모든 임상척도의 우측에 콜론(:)을 표기하고, T점수가 30~39점 범위인 모든 임상척도의 우측에 샤프(#)를 기입한다. 임상척도의 T점수가 29점 이하인 경우, 그 임상척도의 번호를 샤프(#)의 우측에 순서대로 기입한다. 마지막으로, 타당도척도의 T점수를 동일한 방식으로 코딩한다. 전통적으로, 임상척도 코딩 자료와 타당도척도 코딩 자료 사이에는 한두 칸의 공백을 둔다. T점수의 차이가 0~1점에 불과한 척도에는 모두 밑줄을 긋는다. 어떤 T점수 구간에는 해당하는 척도가 전혀 없을 수 있다. 그렇더라도 그 범위의 해당 기호를 모두 기입해야 한다. 어떤 척도들은 서로 다른 구간에 포함되지만 T점수의 차이가 1점에 불과할 수 있다. 이런 경우, 임상척도의 번호 및 해당 기호에 모두 밑줄을 긋는다. T점수가 가장 높은 척도의 좌측에는 여분의 기호를 기입하지 않고, T점수가 가장 낮은 구간을 의미하는 기호의 우측에도 여분의 기호를 기입하지 않는다. Welsh(1948)의 프로파일 코딩방법을 예시하면 다음과 같다.

예시 1.

	L	F	K	1	2	3	4	5	6	7	8	9	0
T점수	40	60	46	34	56	56	90	63	50	90	73	91	43

Welsh 코딩= 947*″8′+5-236/0:1# F-/KL:

예시 2.

	L	F	K	1	2	3	4	5	6	7	8	9	0
T점수	44	61	49	50	89	62	51	60	62	79	63	38	70

Welsh 코딩= 2″70′+8365-41/:9# F-/KL:

Welsh(1948)의 프로파일 코딩방법을 선택하면 MMPI-2의 타당도척도 및 임상척도를 전반적으로 요약할 수 있지만, 더 간단한 코딩방법을 선택하는 임상가도 있다. Dahlstrom(1992a)은 다음과 같이 더 간단한 코딩방법을 제안하였다.

- 최고 상승한 1개의 임상척도로 요약하는 방법(예: 2)
- 최고 상승한 2개의 임상척도로 요약하는 방법(예: 12, 87)
- 최고 상승한 3개의 임상척도로 요약하는 방법(예: 678, 213)
- 최고 상승한 임상척도 및 최저 하강한 임상척도로 요약하는 방법(예: 2-9)

이렇게 코딩한 코드패턴과 Welsh(1948)의 기호를 조합하면, 어떤 임상척도의 T점수가 가장 높게 상승했는지 그리고 그 임상척도의 T점수가 얼마나 높게 상승했는지를 파악할 수 있다는 장점이 있다(예: 2″, 1′2+, 6+78-). 그러나 코드패턴에 포함되지 않은 임상척도 및 타당도척도의 정보가 유실되기 때문에 이와 관련된 피검자의 증상, 호소, 진단, 성격특성을 분석하고 해석하기 어려워지는 단점이 있다. 복잡한 코딩방법은 풍성한 정보를 제공하지만, 간단한 코딩방법은 단순한 정보를 제공하는 데 그친다. 유사한 코드패턴을 조합하여 더 큰 범주로 군집화하는 방법도 고려할 수 있다. 예컨대, Lachar(1974)는 신경증 군집, 정신증 군집, 성격장애 군집을 사용하자고 제안하였다.

🧠 MMPI와 MMPI-2의 코드패턴 일치도

MMPI-2는 간단하게 실시하고 채점하고 코딩할 수 있다. 그러나 임상가는 원판 MMPI의 코드패턴과 개정판 MMPI-2의 코드패턴이 때때로 불일치한다는 사실을 유념해야 한다. 1989년에 MMPI-2가 발표되자마자 기존의 규준과 새로운 규준이 불일치한다는 우려가 제기되었다. 1990년부터 지금까지 MMPI와 MMPI-2의 코드패턴 일치도를 조사한 연구가 40편이상 발표되었고, 중요한 임상적 시사점이 확인되었다(Greene, 2011; Greene, Gwin, & Staal, 1997). 구체적으로, MMPI-2 자료를 기존의 규준 및 새로운 규준에 비추어 각각 채점하면 서로 다른 형태의 프로파일이 산출될 가능성이 있다. 프로파일의 핵심특징(형태, 상승, 분산)이 달라지면 프로파일의 해석도 당연히 달라지기 때문에, 임상가는 어떤 프로파일을 해석해야 마땅한지 실질적인 고민에 빠지게 된다. MMPI 프로파일과 MMPI-2 프로파일의 일치도를 평가하는 두 가지 방법에 관심이 있는 임상가는 Greene(1991a, p. 246)을 참고하기 바란다.

기존의 규준과 새로운 규준이 불일치하는 코드패턴을 산출한다는 사실 및 규준의 변경 방향이 코드패턴의 일치도에 영향을 미친다는 사실에 주목하면, MMPI와 MMPI-2의 코드패턴이 완벽하게 일치하지 않을 것이라고 쉽게 예상할 수 있다. Greene(2011, p. 164)에 따르면, "MMPI와 MMPI-2의 코드타입 동등성에 관해서는 여러 가지 견해가 공존한다. 분명한 코드타입만 비교하면 50~90%가 일치하고, 모든 코드타입을 비교하면 40~70%가 일치한다." 또한 Greene(2011)은 구체적인 코드타입을 특정해서 일치도를 조사한 연구가 거의 없다고 지적하였다. 예컨대, 가장 높이 상승한 2개의 임상척도만 추려내서 비교하면 편리하겠지만, 다른 임상척도를 전혀 고려하지 않았기 때문에 문제가 될 수 있다. 아울러 Greene(1991a, p. 249)은 규준의 변경방향이 코드패턴 일치도에 영향을 미친다는 사실을 경험적으로 입증하였다.

예컨대, MMPI에서 산출된 48/84 코드타입을 MMPI-2 규준으로 채점하면 남녀의 35%가 일치하는 반면, MMPI-2에서 산출된 48/84 코드타입을 MMPI 규준으로 채점하면 남녀의 90% 이상이 일치한다. 즉, MMPI-2의 48/84 코드타입은 MMPI의 48/84 코드타입의 매우 동질적인 부분집합이다. 따라서 MMPI-2의 48/84 코드타입은 더 강력하게 해석할 수 있다. 매우 동질적인 코드타입이기 때문이다. 하지만 정반대의 사례도 존재한다. 예컨대, MMPI에서 산출된 13/31 코드타입을 MMPI-2 규준으로 채점하면 남녀의 90% 이상이 일치하는 반면, MMPI-2에서 산출된 13/31 코드타입을 MMPI 규준으로 채점하면 남녀의 50%가 일치한다. 즉, MMPI-2의 13/31 코드타입은 MMPI의 13/31 코드타입의 매우 이질적인 부분집합이다. 따라서 MMPI-2의 13/31 코드타입은 강력하게 해석하기 어렵다. 매우 이질적인 코드타입이기 때문이다.

Dahlstrom(1992a)은 MMPI-2 프로파일을 MMPI의 규준으로 채점하면 남성과 여성 모두에서 유의미한 차이가 발견된다고 주장하였다. 예컨대, 남성의 경우 MMPI-2 규준으로 채점하면 MMPI 규준으로 채점할 때보다 척도 1, 3, 6, 7이 첫 번째 혹은 두 번째로 높게 상승하는 빈도가 더 많았고, 척도 2, 4, 8, 9가 첫 번째 혹은 두 번째로 높게 상승하는 빈도는 더 적었다. 척도 5의 점수는 급격하게 하강하였다. 여성의 경우에도 유사한 경향이 관찰되었다. MMPI-2 규준으로 채점하면 MMPI 규준으로 채점할 때보다 척도 1, 3, 5, 7, 0이 첫 번째 혹은 두 번째로 높게 상승하는 빈도가 더 많았고, 척도 2, 4, 6, 8, 9가 첫 번째 혹은 두 번째로 높게 상승하는 빈도는 더 적었다. 척도 5의 점수는 급격하게 상승하였다.
Dahlstrom(1992a)에 따르면, 본질적으로 달라지는 코드패턴도 있었고 본질적으로 달라지지 않는 코드패턴도 있었다. 남성의 경우, 가장 불안정한 코드패턴은 24/42, 25/52, 27/72, 28/82, 34/43, 45/54, 48/84, 57/75, 58/85, 59/95, 89/98이었다. 여성의 경우, 가장 불안정한 코드패턴은 34/43, 38/83, 30/03, 46/64, 48/84, 49/94, 40/04, 68/86, 69/96이었다. 남성집단에서 가장 안정적인 코드패턴은 12/21, 13/31, 20/02, 39/93, 69/96이었고, 여성집단에서 가장 안정적인 코드패턴은 13/31, 26/62, 27/72, 36/63, 59/95, 70/07, 89/98이었다.

Dahlstrom(1992a, p. 159)은 다음과 같이 지적하였다.

> 기존의 규준에서 새로운 규준으로 변경했더니 13/31 코드타입의 출현 빈도가 가장 많이 증가하였다. 28회(2.5%)에서 61회(5.4%)로 증가하였다. 내용적으로 상응하게 기존의 규준에서 새로운 규준으로 변경했더니 59/95 코드타입의 출현 빈도가 가장 많이 감소하였다. 122회(10.7%)에서 42회(3.7%)로 감소하였다.

Dahlstrom(1992a)이 분석한 지역사회 자료에는 T점수가 심각하게 상승한 프로파일 또는 T점수가 척도마다 상이한 프로파일이 거의 없다는 사실에 주목해야 한다. 즉, 상승과 분산의 측면에서 비교적 동질적인 정상집단의 자료라는 뜻이다. 따라서 "정상집단의 경우, 규준을 변경하면 프로파일의 안정성이 훼손될 가능성이 더 높다. 그러나 임상집단의 경우, 규준을 변경해도 프로파일의 안정성이 훼손될 가능성은 더 낮다. 임상집단에서는 T점수의 상승과 분산이 더 현저하기 때문이다."(p. 161)라고 논의하였다. 정신과 환자를 비롯한 임상집단은 더 일탈된 점수와 더 분산된 점수를 얻기 때문에, 규준을 변경해도 코드패턴이 안정적으로 유지된다. 『MMPI-2 매뉴얼』(Butcher et al., 1989)에 따르면, 기존의 규준에서 새로운 규준으로 변경해도 정신과 환자집단의 2/3에서 동일한 코드타입(T점수가 가장 높은 2개의 임상척도)이 산출되었다.

Greene(1991a)은 정신과 입원환자 및 외래환자에게 MMPI와 MMPI-2를 모두 실시하여 특정한 코드패턴의 일치도를 조사하였다. T점수가 가장 높은 2개의 임상척도의 번호 및 순서가 정확하게 일치하는 비율은 약 50%였고, T점수가 가장 높은 2개의 임상척도의 번호가 정확하게 일치하는 비율은 약 65%였다. 남성의 경우, 24/42, 28/82, 48/84, 49/94 코드패턴의 일치도가 상대적으로 높았다. 여성의 경우, 단독상승 2, 단독상승 3, 단독상승 4, 단독상승 7, 단독상승 0, 48/84, 49/94 코드패턴의 일치도가 상대적으로 높았다. 남녀 모두에서 일치도가 가장 낮은 코드패턴은 16/61, 26/62였다. 남성의 경우, 20/02, 40/04, 69/96 코드패턴의 일치도가 상대적으로 낮았다. Greene(1991a)의 자료는 코드패턴마다 원판과 개정판의 일치도가 현저하게 다르다는 사실을 잘 보여 준다. 이러한 차이는 적용한 규준의 차이 및 코드패턴에 포함된 임상척도의 순서 때문에 발생했을 것이다.

Humphrey와 Dahlstrom(1995)은 MMPI와 MMPI-2를 며칠 간격으로 실시하여 원점수 및 T점수 패턴의 안정성을 조사하였다. 조사 결과, 원점수를 기준으로 할 때와 T점수를 기준으로 할 때 높은 점수와 낮은 점수 모두에서 상당한 차이가 관찰되었다. Tellegen과 Ben-Porath(1996)는 이 연구에 방법론적 문제가 있다고 지적하면서, 채점규준의 차이 때문에 발생한 차이가 아니라고 논박하였다. 그럼에도 불구하고 MMPI-2의 T점수가 MMPI의 T점수보다 전반적으로 더 낮다는 것은 명백한 사실이다(Blake et al., 1992; Friedman, 1990; Greene, 2011; Harrel, Honaker, & Parnell, 1992; Humphrey & Dahlstrom, 1995; Ward, 1991). Dahlstrom(1992a)은 기존의 규준과 새로운 규준이 서로 불일치하는 이유를 세 가지로 요약하였다. 첫째, 개정 과정에서 수정된 문항 혹은 삭제된 문항 때문일 수 있지만, 그렇게 심각한 영향을 미치지는 않은 것 같다. 둘째, 8개 임상척도의 측정단위를 선형 T점수에서 동형 T점수로 변경했기 때문이다. 셋째, 각 임상척도의 평균과 표준편차가 변화되었기 때문이다. Dahlstrom(1992a, p. 156)은 "측정단위를 동형 T점수로 변경해서 임상척도에 영향을 미쳤지만 전반적인 영향력은 미미하였다. 주로 영향을 받은 것은 T점수 분포의 양극단에 있는 일탈된 점수들이었다." 라고 지적하였다. 하지만 원판 규준집단의 응답 빈도와 개정판 규준집단의 응답 빈도는 분명히 다르다. 이러한 응답 빈도의 차이가 T점수 분포의 차이에 영향을 미쳤을 것이다. 본질적으로, MMPI 규준집단과 MMPI-2 규준집단의 원점수 평균이 다르다. MMPI-2 규준집단의 원점수 평균이 더 높다. 따라서 MMPI-2 규준집단의 T점수 분포가 달라졌을 것이다. 또한 MMPI-2 규준집단이 더 이질적으로 구성되어 있으므로 원점수의 분산, 즉 표준편차가 달라졌을 것이다.

코드패턴 일치도 연구에서 촉발된 중요한 논쟁이 있다. MMPI 시절의 해석 자료를 MMPI-2에서도 계속 사용하려면 어떤 T점수 조합을 기준으로 설정해야 하느냐의 문제이다. 이것은 상당히 심각한 논란을 불러일으켰다. 어떤 연구자(Caldwell, 1997; Humphrey & Dahlstrom, 1995)는 기존의 규준 및 새로운 규준으로 2개의 원점수를 산출하여 해석 가설을 조율하든지 혹은 기존의 규준으로 1개의 원점수를 산출하여 MMPI-2를 해석해야 한다고 주장하였다. 코드패턴 불일치의 문제를 개선하고 싶었던 다른 연구자는 분명한 코드타입만 사용해서 MMPI-2 프로파일을 형태적으로 해석해야 한다고 주장하였다. 분명한 코드타입은 원판과 개정판의 일치도가 상당히 높으므로 분명한 코드타입만 해석하면 임상적 해석의 신뢰도와 타당도가 향상될 것이기 때문이다(Graham, 1990; Graham, Timbrook, Ben-Porath, & Butcher, 1991; Munley, 2002; Munley et al., 2004; Tellegen & Ben-Porath, 1993, 1996). 여기서 '분명한(well-defined)' 코드타입의 의미를 설명하겠다. 예컨대, 임상척도 2개로 구성된 코드타입의 경우, T점수가 두 번째로 높아서 코드타입에 포함된 임상척도와 T점수가 세 번째로 높아서 코드타입에 불포함된 임상척도가 적어도 T점수 5점 이상의 차이를 보일 때 분명한 코드타입으로 간주한다. 분명한 코드타입을 옹호하는 임상가와 연구자에 따르면, 두 번째로 높은 임상척도와 세 번째로 높은 임상척도의 T점수 차이가 5점 미만이면 코드타입으로 분류하지도 말고 해석하지도 말아야 한다. 대안으로 불분명한 코드타입은 상승한 임상척도를 개별적으로 해석하자고 제안하였다. Dahlstrom(1992a, p. 155)은 이러한 주장을 다음과 같이 논박하였다.

> 그렇게 제한적인 방법으로 MMPI의 해석 자료를 연구하는 사람은 거의 찾아보기 힘들다. 물론 존재하지만 소수에 불과하다. 대다수의 코드패턴 연구자는 가장 높이 상승한 임상척도 또는 가장 높이 상승한 임상척도쌍을 중심으로 연구하고 있고, 대다수의 임상가가 그 연구 자료에 근거하여 프로파일의 코드패턴을 해석하고 있다. 세 번째로 높은 임상척도까지 고려해서 제한해야 한다는 주장은 온당하지 않다.

Dahlstrom(1992a, p. 155)은 "첫 번째로 높은 척도와 두 번째로 높은 척도의 차이에 주목하자는 임의적 주장은 경험적 근거가 빈약하다. 두 번째로 높은 척도와 세 번째로 높은 척도, 세 번째로 높은 척도와 네 번째로 높은 척도의 차이를 임의적으로 설정하는 주장도 마찬가지이다."라고 거듭 반박하였다. 분명한 코드타입만 해석하는 경우, 임상가가 해석할 수 있는 코드타입의 개수가 급격하게 감소한다. 즉, MMPI-2의 임상적 실용성이 현저하게 줄어드는 문제가 발생한다. Edwards, Weissman과 Morrison(1993)은 분명한 코드타입만 해석하면 임상가가 분류할 수 있는 프로파일이 75%에서 36%로 감소한다고 보고하였다. 이러한 주장에 대해서 Tellegen과 Ben-Porath(1993, p. 492)는 분명한 코드타입을 해석하자고 주장하는 것이지 대부분의 프로파일을 해석하지 말자고 주장하는 것이 아니라고 반격하였다.

> Graham, Timbrook, Ben-Porath와 Butcher(1991)는 2개의 정신과 환자집단의 자료를 분석했는데, 5점의 차이라는 제한기준을 도입하더라도 MMPI-2 프로파일의 83%가 1개 혹은 2개 혹은 3개짜리 코드타입으로 분류되었다. 2개의 정상집단의 자료를 추가로 분석했는데, 코드타입의 일치도 평균이 71%였다. Graham 등(1991)은 모든 임상척도가 정상범위(즉, T점수 65점 미만)에 속하는 자료는 제외하고 분석하였다. 이런 자료까지 포함하여 분석하면 정신과 환자집단의 87%가 코드타입으로 분류되고, 정상집단의 92%가 코드타입으로 분류된다. 이 중에서 59%가 정상범위의 프로파일이었다.

Graham 등(1991)이 대부분의 프로파일을 배제하려고 분명한 코드타입을 해석하자고 주장한 것은 결코 아니다. McGrath, Rashid, Hayman과 Pogge(2002)는 네 가지의 분류 규칙을 각각 적용하여 정신과 성인 입원환자의 MMPI-2 프로파일을 분석하였다. T점수 65점 이상인 임상척도만 코드타입으로 분류하는 '최소기준'을 적용해서 분석한 연구 및 분명한 코드타입만 코드타입으로 분류하는 '제한기준'을 적용해서 분석하는 연구를 별도로 수행하였다. 후자의 경우, 코드타입에 포함된 임상척도의 T점수가 코드타입에 불포함된 다른 모든 임상척도의 T점수보다 적어도 5점 이상 높은 분명한 코드타입만 분석하였다. 그들의 지적에 따르면, 지금까지 가장 높은 임상척도를 해석하는 경우(T점수 65점 미만이어도 높은 점수를 해석)와 가장 높이 상승한 임상척도를 해석하는 경우(T점수 65점 이상이어야 높은 점수를 해석)를 직접적으로 비교한 연구는 없었다. 즉, 최소기준을 적용하여 연구한 경험이 없었던 것이다. McGrath 등(2002)에 따르면, T점수 65점 이상인 임상척도만 코드타입으로 분류하는 최소기준을 적용하는 것이 바람직하였다. 그러나 분명한 코드타입만 코드타입으로 분류하는 제한기준을 적용했을 때는 애매한 결과가 도출되었다.

최근에 출판된 MMPI-2 교과서와 참고문헌은 분명한 코드타입을 해석하자는 주장을 지지하고 있다. 즉, 코드타입에 포함된 임상척도의 T점수가 코드타입에 불포함된 모든 임상척도의 T점수보다 적어도 5점 이상 높은 분명한 코드타입을 해석하자는 것이다(Butcher & Williams, 2000; Friedman et al., 2001; Graham, 2011; Greene, 2011; Nichols, 2011). Munley 등(2004, p. 180)은 다음과 같이 언급하였다.

최소 5점 이상의 분명한 차이를 보이는 프로파일만 코드타입으로 분류하면 측정오차가 확실하게 줄어든다. 그러나 '최소 5점 이상의 차이'라는 제한기준을 모든 코드타입과 임상척도에 동일하게 적용해도 되는지에 대해서는 확답하기 어렵다.

Munley 등(2004)은 T점수의 상승수준을 체계적으로 변경하면서 2개의 임상척도로 구성된 코드타입들의 안정성을 조사하고, 최소 5점 이상의 차이라는 제한기준을 모든 코드타입에 동일하게 적용하는 것은 무리라고 결론지었다. 제한기준을 엄격하게 강화할수록 코드타입의 안정성이 향상되었기 때문이다. Munley 등(2004)은 MMPI-2를 짧은 간격으로 연속해서 실시하고 검사-재검사의 코드타입이 동일한지 확인하였다. 분석 결과, 약한 제한기준(최소 5~7점 차이) 조건보다 강한 제한기준(최소 10~13점 차이) 조건에서 검사-재검사의 코드타입 일치도가 더 높았다. 이것은 제한기준을 엄격하게 적용하면 시간적 간격 때문에 발생하는 코드타입 불일치가 감소된다는 것을 시사하는 결과였다. 아울러 약한 제한기준(최소 7점 이상 차이)을 적용한 조건의 검사-재검사 코드타입 일치도는 50% 이상이었고, 강한 제한기준(최소 13점 이상 차이)을 적용한 조건의 검사-재검사 코드타입 일치도는 75% 이상이었다(Greene, 2011; Munley et al., 2004). 이 결과는 정신건강기관에서 활동하는 임상가에게 특히 중요한 시사점을 제공한다. 정신건강기관에서 치료받는 환자는 MMPI-2를 거듭해서 실시하기 때문이다. 짧은 간격으로 연속해서 검사를 실시하는 경우, 엄격한 제한기준을 적용하면 코드타입의 안정성을 확보할 수 있다. 다양한 임상집단에서 확인된 분명한 코드타입의 비율은 Greene(2011)의 자료를 참고하기 바란다.

제한기준과 관련된 논란을 해소하려면 경험적 연구를 수행해야 한다. 제한기준을 적용한 코드패턴과 제한기준을 적용하지 않은 코드패턴이 정말로 다른지 그리고 어떻게 다른지 확인해야 한다(Greene et al., 1997; Staal & Greene, 1998). McNulty, Ben-Porath와 Graham(1998)은 임상장면에서 흔히 관찰되는 MMPI-2 코드패턴(13/31, 24/42, 27/72, 46/64)과 경험적 해석 자료(정신병리 및 성격특성에 대한 임상적 묘사)의 상관관계가 제한기준에 따라서 달라지는지 분석하였다. 지역사회 정신건강센터에서 배경과 진단이 다양한 외래환자 301명의 자료를 수집한 결과, 제한기준을 엄격하게 적용할수록 코드타입을 경험적으로 타당하게 해석할 수 있었다. 엄격한 제한기준을 적용하지 않은 코드타입도 개념적으로 타당하게 해석할 수 있으나, 코드타입과 해석 자료 사이의 경험적 상관관계가 명백하지 않다는 사실을 유념해야 한다. McNulty 등(1998, p. 407)은 다음과 같이 언급하였다.

> 분명한 코드타입이 아닌 경우, 임상가가 고려해야 하는 개념적 해석 자료가 너무 많아서 코드타입을 정확하게 해석하기가 어렵다. 코드타입이 분명하지 않을수록 코드타입 해석의 정확성도 감소한다. 이와 달리 분명한 코드타입은 임상가가 확신을 가지고 정확하게 해석할 수 있다. 분명하지 않은 코드타입을 해석할 때는 경험적 근거가 부족하다는 점을 반드시 고려해야 한다.

Greene(2011)의 교과서에 MMPI-2 코드타입의 경험적 해석 자료가 정리되어 있다. 이것은 임상장면에서 수행된 다양한 연구결과를 요약한 것이다(Archer et al., 1995; Arbisi, Ben-Porath, & McNulty, 2003; Graham et al., 1999; Sellbom, Graham, & Schenk, 2005). Greene(2011)은 "참여자 및 방법론의 차이에도 불구하고 모든 연구자가 MMPI-2 코드타입의 해석 자료가 MMPI 코드타입의 해석 자료와 유사하다고 결론지었다."라고 소개하면서, "임상가는 MMPI의 코드타입을 해석한 것처럼 MMPI-2의 코드타입을 해석할 수 있다."라고 매듭지었다(p. 165). 우리도 그의 의견에 전적으로 동의한다. 또한 우리는 앞으로 MMPI-2의 경험적 해석 자료를 꾸준히 연구해야 한다고 생각한다. 새로운 사실이 발견되면 우리의 지식도 진일보하게 될 것이다.

🗣️ 코드타입 안정성

MMPI-2를 거듭해서 실시해도 동일한 코드타입이 관찰되는지 여부, 즉 코드타입의 시간적 안정성에 관한 경험적 자료는 거의 찾아보기 힘들다. Greene(2011, p. 166)은 다음과 같이 언급하였다.

> 시간이 흐르면 피검자의 코드타입이 달라질 수 있다. 따라서 과거의 코드타입을 근거로 현재의 코드타입을 예측할 때, 현재의 코드타입을 근거로 미래의 코드타입을 예측할 때 주의해야 한다. 처음에는 임상척도 2개로 구성된 분명한 코드타입이 관찰되었어도, 나중에는 전혀 다른 형태의 코드타입이 관찰될 가능성이 있다. 만약 1차 검사에서 분명하지 않은 코드타입이 관찰되었다면, 2차 검사에서 전혀 다른 형태의 코드타입이 관찰될 확률은 75%로 높아진다. 그러므로 임상가는 피검자가 '현재 시점에서' 문제가 되는 행동과 증상을 MMPI-2를 통해 보고했다는 사실을 유념해야 한다.

Greene(2011)에 따르면, 코드타입이 시간에 따라서 달라지는 이유는 명확하지 않다. 피검자의 상태가 실제로 변화되었기 때문일 수도 있고, MMPI-2의 코드타입이 시간적으로 불안정하기 때문일 수도 있고, 두 가지 원인이 모두 작용했을 수도 있다. 따라서 더 많은 연구가 필요하다.

측정치로 진점수를 추정할 때 발생하는 오차를 뜻하는 측정의 표준오차도 코드타입의 안정성에 영향을 미친다. 오차한계에 따라서 신뢰구간이 결정되므로 측정의 표준오차가 크면 신뢰구간이 넓다(Stanley, 1971). Munley 등(2004)은 T점수의 상승수준을 체계적으로 변경하면서 측정의 표준오차가 코드타입 안정성에 미치는 영향을 분석했는데, 제한기준이 엄격할수록 코드타입이 안정적이었다. 『MMPI-2 매뉴얼』(Butcher et al., 2001)의 규준집단 자료에 의하면, 임상척도 원점수의 평균오차는 남성이 4.70이었고 여성이 5.38이었다. Rogers와 Sewell(2006)은 비교집단마다 측정의 표준오차가 다르다고 지적하였다. 또한 그들은 95% 신뢰수준의 안정성을 확보하려면 임상척도의 T점수가 77점 이상으로 상승하거나 혹은 53점 이하로 하강해야 한다고 분석하였다. 측정의 표준오차를 고려했을 때, 임상척도가 상승했다고 표현하거나 혹은 임상척도가 정상범위에 있다고 표현하려면 상당히 엄격한 기준이 요구되는 것이다. 측정의 표준오차는 임상척도마다 다르다. 따라서 측정의 표준오차를 고려하지 않으면 임상척도를 정확하게 해석하기 어렵다. 결론적으로, 타당한 프로파일의 경우 임상척도가 상승할수록 그리고 제한기준이 엄격할수록 임상적 해석의 신뢰도와 타당도가 향상된다.

chapter

03

프로파일의 타당성 평가

🗣 전통적 측정치 및 파생된 측정치

프로파일의 타당성을 평가하는 타당도척도 중에서 ?, L, F, K 척도는 원판 MMPI 시절부터 존재했던 전통적 측정치이다. 1989년에 MMPI-2가 출간되면서 VRIN, TRIN, F(B) 척도가 도입되었고, 이후에 F(p), FBS, S 척도가 추가되었다. Hathaway와 McKinley는 피검자의 수검태도를 파악하기 위해 타당도척도를 개발하였다. 어떤 피검자는 고의적으로 반응을 왜곡한다. 자신이 지니고 있는 심리적 문제를 축소해서 보고하는 사람이 있는가 하면(긍정왜곡), 특별한 문제가 없음에도 불구하고 마치 심각한 정신병리를 지니고 있는 것처럼 꾸미거나 과장해서 보고하는 사람도 있다(부정왜곡). 어떤 내담자는 문항의 의미를 충분히 파악하지 못한 상태에서 반응한다. 예컨대, 아예 문항을 읽지도 않고 아무렇게나 반응하는 사람(무선반응) 혹은 어지간하면 '그렇다' 또는 '아니다' 쪽으로 편향되게 응답하는 사람(고정반응)이 있다. 그래서 임상척도를 해석하기 전에 반드시 수검태도를 먼저 평가해야 한다. 타당도척도는 피검자의 성격특성 및 행동특성에 관한 정보도 제공한다. 타당도척도를 개발한 본래의 목적은 자기보고의 정확성 여부를 평가하는 것이지만, 타당도척도를 잘 활용하면 피검자의 심리적 특성과 관련된 가설도 풍성하게 이끌어 낼 수 있다.

수검태도를 정확하게 평가하는 것은 여간 어려운 일이 아니다. MMPI-2뿐만 아니라 질문지형 성격검사가 모두 그렇다. 솔직하고 진실하게 응답했다고 주장하는 피검자 중에는 지나치게 긍정적인 방향으로 묘사하고, 통제감 혹은 숙달감을 느낀다고 과장하고, 비현실적인 낙관주의를 내세워서 응답을 왜곡하는 사람이 있다(Taylor & Brown, 1988). 이런 착각이 스트레스에 대처하는 데 도움이 될지는 모르지만, 심리검사에는 분명히 부정적인 영향을 미친다. Paulhus(1984)는 이런 피검자를 '자신을 기만하는 사람'이라고 불렀고, 의식적으로 타인의 평가에 신경을 쓰는 피검자를 '인상을 관리하는 사람'이라고 불렀다. 자기보고의 정확성 여부는 심리적 문제를 축소하는 과소보고부터 정신적 문제를 과장하는 과대보고까지 연속선상에서 평가해야 한다. 그런데 Lanyon, Dannebaum, Wolf와 Brown(1989)에 따르면, 과소보고와 과대보고는 서로 독립적인 차원이다. Nichols와 Greene(1997)은 기만적인 수검태도를 몇 가지 유형으로 구분하면서 구사하는 전략이 달라지면 산출되는 결과도 달라진다고 설명하였다. 그들의 논문을 꼭 읽어 보기 바란다. 임상가는 MMPI-2의 임상척도를 비롯한 여러 척도를 세밀하게 분석하기 전에 반드시 수검태도를 먼저 파악해야 한다. 반응양상과 수검태도를 측정하는 타당도척도는 필수불가결한 척도이다. 타당도척도의 해석에 관한 사항은 이어지는 제4장에서 소개하겠다.

타당도척도의 문항구성과 채점방향은 『MMPI-2 매뉴얼』(Butcher et al., 2001)의 부록 A와 부록 B를 참고하기 바란다. 기본적인 프로파일에 포함되지 않는 Ds, Mp, Sd, Ss 척도의 문항구성과 채점방향은 Friedman 등(2001, 부록 A, pp. 532-538)의 저술을 참고하기 바란다.

? 점수(무응답, Cannot Say Score)

MMPI-2는 '그렇다'와 '아니다' 중에서 하나를 선택하는 강제선택형 심리검사이다. 그런데 피검자가 어디에도 응답하지 않거나(무응답) 혹은 모두에 응답하면(이중응답) 그 문항은 채점할 수 없다. '그렇다'에 응답했는지 혹은 '아니다'에 응답했는지 확인하기 힘든 경우(모호응답)도 마찬가지이다. ? 점수는 이런 식으로 응답한 문항의 개수를 의미한다. MMPI-2 프로파일은 무응답, 이중응답, 모호응답 때문에 채점하지 못한 문항의 개수를 합산해서 ? 점수에 제시한다. 『MMPI-2 매뉴얼』(Butcher et al., 2001)에 따르면, ? 점수가 30점 이상이면 무효 프로파일로 간주한다. ? 점수가 11~29점 사이면 프로파일의 타당성에 의문이 제기된다. ? 점수가 0~10점 사이면 타당한 프로파일일 가능성이 높다. 아울러 임상가는 피검자가 무응답한 문항의 내용을 파악해야 한다. 임상척도와 타당도척도는 370번 문항 앞쪽에 배치되어 있다. 따라서 만약 대부분의 무응답이 370번 문항 뒤쪽에서 발생하면 임상척도와 타당도척도는 거의 영향을 받지 않는다(Butcher et al., 2001). 하지만 내용척도와 보충척도는 뒤쪽에 배치되어 있으므로 영향을 받을 것이다.

피검자가 무응답, 이중응답, 모호응답을 하는 까닭은 다양하다. 자기에게 해당되지 않는 문항이라고 생각해서 응답하지 않았을 수도 있고, 부주의하게 반응하다가 실수로 빠뜨렸을 수도 있다. 심리검사에 임하는 동기가 무응답에 영향을 미치는 경우도 있다. 거부적인 태도를 지닌 사람 혹은 의심하는 성향을 지닌 사람은 무응답을 많이 한다(Dahlstrom et al., 1972). '그렇다'와 '아니다' 중에서 하나를 선택하기 힘들어하는 사람도 있고, 어떻게 응답해야 할지 몰라서 그냥 응답하지 않는 사람도 있다(Fulkerson & Willage, 1980). 독해력이 부족한 사람 혹은 지능이 낮은 사람은 문항을 이해하지 못해서 무응답하기도 한다(Ball & Carroll, 1960). 대부분의 피검자가 모든 문항에 응답하지만, 일부 문항에 선택적으로 응답하지 않는 사람도 있다(Clopton & Neuringer, 1977). 예컨대, 인사선발장면에서 MMPI-2를 실시하는 경우, 피검자는 혹시라도 자신이 부적격자로 보이지 않을까 우려되는 문항에는 응답하지 않을 것이다. 무응답이 관찰되면 무응답한 까닭을 탐색하면서 가급적 한 문항도 빠뜨리지 말고 응답해 달라고 격려하는 것이 바람직하다. 부주의한 실수로 무응답하는 경우가 많지만, 문항이 애매한 경우 혹은 문항이 공격적인 경우에도 무응답이 발생한다. 청소년 중에는 문항의 의미를 혼동해서 무응답하는 피검자도 있다. 그러나 MMPI-2는 원판에 비해 문항의 질이 개선되었기 때문에 무응답 빈도가 적잖이 감소하였다. Greene(2011)은 원판에서 문제가 되었던 문항을 삭제한 이후로 인사선발장면에서 무응답 빈도가 감소했다고 보고하였다. 규준집단(Butcher et al., 1989) 및 임상집단(Caldwell, 2007b)[1]의 무응답양상을 검토한 결과, 규준집단에서 무응답 빈도가 가장 높은 문항(215번, 고민을 털어버리지 못하고 계속 집착한다)에 임상집단에서 무응답한 비율은 2.7%였다. Greene(2011, p. 42)에 따르면, 임상집단의 무응답비율이 규준집단의 무응답비율보다 더 높았지만 그 차이는 미미하였다. 무응답 빈도가 가장 높은 20개 문항의 내용을 분석한 결과, 4개 문항이 직업과 관련이 있었고 4개 문항은 결혼생활과 관련이 있었다. 무응답이 하나도 존재하지 않는 프로파일은 규준집단에서 74.6%, 임상집단에서 66.7%였다.

Archer(1992)는 켄터키주 공립학교 9학년 학생 262명의 자료를 분석한 Ball과 Carroll(1960)의 연구를 소개하였다. 무응답비율이 높은 청소년은 지능이 낮았고 성적이 평균 이하였다. 지능이 낮고 독해력이 부족한 사람은 심리검사에 거부적인 태도를 보이는 사람만큼 무응답

---

1) Greene(2011)이 언급했듯이, Caldwell(2007b)은 정신과 입원환자 및 외래환자의 원판 MMPI 프로파일을 대규모로(161,000명 이상)로 수집하였다. 이후 몇몇 척도의 응답빈도를 검토하였고, 타당도척도에서 극단적인 점수를 얻은 프로파일을 삭제하였다. 결과적으로 약 155,000명의 원판 MMPI 프로파일이 확보되었다. Caldwell(2007b)이 확보한 임상 자료의 인구통계학적 특성은 Greene(2011)의 저서에서 확인할 수 있다(〈표 11-1〉 및 〈표 11-2〉, pp. 468-469).

을 많이 하는 것이다. Archer와 Gordon(1991)은 독해력과 무응답비율 사이에 부적 상관이 있음을 발견하였다. 495명의 청소년에게 MMPI-A와 오하이오 독해력검사(Ohio Literacy Test)를 함께 실시했는데, 독해력이 부족한 청소년의 무응답비율이 더 높았다. 그런데 독해력이 부족한 청소년 가운데 상당수가 의미를 파악하지 못한 문항에도 응답하는 경향이 있었다. 이런 경우, 프로파일의 타당성에 의문을 제기할 수밖에 없다. 따라서 MMPI-2를 실시하기에 앞서 피검자의 독해력을 세심하게 평가해야 한다(제2장 참조).

10개 이하의 무응답은 프로파일의 타당성에 거의 영향을 미치지 않는다. Greene(2011)은 5~30개의 무응답이 발생하면 프로파일을 보강하라고 권고하였다. 무응답상태 그대로 채점한 프로파일과 모든 무응답 문항을 일탈된 방향, 즉 규준집단에서 응답빈도가 낮은 방향으로 채점한 프로파일을 비교하라는 것이다. 30개 이상의 무응답은 프로파일의 타당성에 상당한 영향을 미친다. 타당하지 않은 프로파일이라고 단정할 수는 없지만, 신뢰하기 어려운 프로파일인 것은 분명하다. 피검자가 어떤 문항에 응답하지 않으면, 그 문항을 포함하고 있는 척도의 T점수가 상승하지 않을 가능성이 있다. 피검자가 여러 문항에 응답하지 않으면, MMPI-2에서 T점수가 가장 높은 2개의 임상척도쌍(즉, 코드타입)의 양상도 달라질 가능성이 있다. 이런 경우, 프로파일의 해석도 상당히 달라져야 한다(Clopton & Neuringer, 1977).

Clopton과 Neuringer(1977)는 무응답이 프로파일의 형태에 미치는 영향을 2단계에 걸쳐 탐색하였다. 먼저, 재향군인병원 정신과 입원환자집단, 지역사회 정신건강센터 외래환자집단, 경찰관/소방관 취업지원자집단에서 MMPI를 실시하고 무응답양상을 분석하였다. 대부분의 연구참여자가 모든 문항에 빠짐없이 응답하였다. 0~5개의 무응답을 보인 사람의 비율은 집단별로 85.6%(입원환자), 88.9%(외래환자), 93.7%(취업지원자)였다. 평균 무응답 개수는 집단별로 4.68개(입원환자), 2.24개(외래환자), 2.45개(취업지원자)였다.

이어서 Clopton과 Neuringer(1977)는 무작위 무응답이 프로파일의 상승 및 형태에 미치는 영향을 조사하였다. 재향군인병원 정신과 입원환자 중에서 모든 문항에 빠짐없이 응답한 180명의 MMPI 자료를 무선추출한 뒤, 각 자료에서 5개, 30개, 55개, 80개, 105개, 130개씩의 문항을 무작위로 무응답 처리하여 다시 채점하였다. 그런 다음 원래의 MMPI 프로파일과 각기 다른 수준의 무작위 무응답 프로파일을 비교하였다. 그 결과, 무응답 문항이 많아질수록 프로파일이 하강하였고 프로파일의 형태도 상당히 변화되었다. 임상척도의 평균 T점수는 무작위 무응답 수준별로 각각 .45점, 2.74점, 5.61점, 7.70점, 9.09점, 11.54점 감소하였다. 30개 문항을 무작위로 무응답 처리한 경우, 25% 이상의 코드타입이 변화되었고 임상척도의 평균 T점수는 거의 3점 가까이 감소하였다. 따라서 무응답이 많아지면 프로파일의 상승 및 형태에 심각한 영향을 미친다고 결론지을 수 있었다.

지나치게 많은 문항에 무응답하는 사람은 거의 없지만, 무응답이 프로파일에 미치는 영향은 심각하다. 따라서 임상가는 프로파일을 채점하기 전에 답안지를 주의 깊게 점검해야 한다. 무응답이 지나치게 많은 상태에서 그대로 채점하면 피검자의 정신병리를 과소추정하는 오류를 범하게 된다. 앞서 언급했듯이, 무응답한 문항이 있을 때는 무응답한 까닭을 탐색하면서 가급적 한 문항도 빠뜨리지 말고 응답해 달라고 피검자를 격려하는 것이 바람직하다. 답안지를 점검하는 것이 중요한 까닭을 사례를 통해 살펴보자. 사설경비원을 선발하는 과정에서 MMPI-2를 실시하였다. 임상가는 취업지원자의 답안지를 직접 점검하지 않았고, 오로지 정상범위에 속하는 프로파일이라는 점에 근거해서 그를 채용해도 좋다는 소견을 제시하였다. 하지만 그는 MMPI-2의 전반부 370개 문항 중에서 77개 문항에 무응답하였다. 나중에 그는 총격사건에 연루되었고, 폭력을 과도하게 행사했다는 이유로 고소당했다. 임상가는 답안지를 주의 깊게 점검했어야 했고, 타당하지 않은 프로파일로 간주했어야 했으며, 혹은 모든 문항에 빠짐없이 응답하라고 요청했어야 했다. 부주의로 인해 발생하는 실수는 없어야 한다.

VRIN 척도(무선반응 비일관성, Variable Response Inconsistency Scale)

비일관적 반응 및 모순되는 반응을 탐지하는 VRIN 척도는 67개의 문항쌍(item pair)으로 구성되어 있다. VRIN 척도는 개정판 MMPI-2부터 도입되었고, 원판 MMPI에서 Greene(1978)이 개발한 부주의성(Carelessness) 척도와 비슷한 역할을 담당한다. VRIN 척도의 문항수가 부주의성 척도의 문항수보다 더 많다. 또한 VRIN 척도는 원판 MMPI의 TR 지표를 대체한다. 원판 시절에는 동일한 문항을 앞뒤로 배치하여 반응의 일관성 여부를 탐지했는데, 16개의 동일한 문항쌍 중에서 4개 쌍 이상에 비일관적 반응을 보이면 프로파일의 타당성에 의문을 제기하였다.

VRIN 척도의 문항쌍은 내용적으로 유사한 문항끼리 혹은 상이한 문항끼리 짝지어 놓은 것이다(Butcher et al., 2001). 내용적으로 유사한 문항쌍에 '그렇다'-'아니다' 또는 '아니다'-'그렇다'라고 비일관적으로 응답하는 경우 및 내용적으로 상이한 문항쌍에 '그렇다'-'그렇다' 또는 '아니다'-'아니다'라고 비일관적으로 응답하는 경우에 채점되어 VRIN 척도의 점수가 상승한다. Butcher 등(2001, p. 15)이 언급했듯이, "VRIN 척도의 원점수는 비일관적으로 응답한 문항쌍의 개수이다." 피검자가 부주의하게 응답하면 VRIN 척도의 점수가 상승할 가능성이 높아지고, 결과적으로 프로파일의 타당성에 의문이 제기된다. VRIN 척도의 채점방향은 동시대 규준집단의 응답빈도에 의해서 경험적으로 결정된다. 이런 이유로, 명백하게 모순되는 반응임에도 불구하고 채점하지 않는 18개의 문항쌍이 존재한다. 그래서 Greene(2011)은 VRIN 척도가 사실은 49개 문항쌍으로 구성되어 있다고 정리하였다. 예를 들면, 6번 문항(나의 아버지는 좋은 사람이다)에 대한 응답과 90번 문항(나는 아버지를 사랑한다)에 대한 응답을 짝지어서 채점하여 비일관성 여부를 평가하는 것이다.

VRIN 척도의 채점방식은 복잡하다. 따라서 수기식으로 채점할 때는 실수하지 않도록 주의해야 한다. Iverson과 Barton(1999)은 VRIN 척도와 TRIN 척도의 수기식 채점의 정확도를 조사하였다. 동일한 자료를 각각 수기식 및 기계식으로 채점하여 비교하는 방식으로 타당도척도와 임상척도의 채점일치도를 산출한 것이다. 그 결과, VRIN 척도와 TRIN 척도의 채점일치도는 다른 척도들의 채점일치도만큼 높았지만, 약 7%의 오류가 발견되었다. 이것은 원점수 1~2점 차이에 불과하여 임상적 해석에 영향을 미치는 수준은 아니었다(Iverson & Barton, 1999, p. 69). 그러나 다른 척도들에 비해 VRIN 척도에서 3배 정도의 오류가 관찰되므로 가급적 컴퓨터를 사용하여 기계식으로 채점할 것을 권장한다. 만약 수기식으로 채점할 수밖에 없는 상황이라면 VRIN 척도의 채점에 오류가 없는지 다시 확인하기 바란다.

MMPI-2 프로파일을 해석하려면 피검자가 내용이 유사한 문항쌍에 일관적으로 응답했는지 반드시 확인해야 한다(Nichols & Greene, 1995). 만약 내용이 유사한 문항쌍에 비일관적으로 응답했다면, 피검자가 문항을 이해하지 못했거나 혹은 심리검사에 협조하지 않았을 가능성이 크다. VRIN 척도와 TRIN 척도는 L 척도, K 척도, S 척도를 보완하기 위해 개발되었다. 『MMPI-2 매뉴얼』에는 다음과 같이 소개되어 있다.

> F 척도가 상승하고 VRIN 척도도 상승했다면, 피검자가 부주의하게 혹은 혼란스러운 상태에서 응답했을 가능성이 높으므로 프로파일을 해석하지 말아야 한다. F 척도가 상승하고 VRIN 척도가 하강했다면, 피검자가 부주의하게 응답했을 가능성은 배제할 수 있다. 이때 F 척도의 상승은 피검자가 실제로 정신병리를 겪고 있을 가능성 혹은 부정왜곡을 시도했을 가능성을 시사한다(Butcher et al., 1989, p. 28).

VRIN 척도의 높낮이를 고려하여 F 척도 상승의 의미를 차별적으로 해석하는 전략은 여러 연구를 통해 지지되었다(예: Wetter et al., 1999).

피검자의 수검태도는 언제든지 달라질 수 있다. 예컨대, 피검자가 MMPI-2를 실시하는 과정에서 피로감을 느끼면, 나머지 문항을 꼼꼼히 읽고 싶은 마음이 사라져서 아무렇게나 응답할 우려가 있다. 이런 경우 무선반응, 모두 '그렇다' 반응, 모두 '아니다' 반응이 관찰될 수 있다. 하지만 이런 경우에도 피검자가 전반부 370번 문항까지는 성실하게 응답했다면 임상척도 및 일부 타당도척도(L, F, K 척도)의 점수가 정확하게 산출된다. 그러나 370번 문항 이후에서 채점되는 내용척도와 보충척도의 점수는 신뢰하기 어려워진다. Greene(1991a)에 따르면, VRIN 척도에 속하는 문항들은 MMPI-2 전체에 고르게 분포되어 있다. 따라서 몇 개의 구역으로 나누어서 구역별로 타당도척도를 채점하는 수고를 기울이면, 피검자가 어느 구역부터 무선반응 혹은 비일관적 반응을 시작했는지 파악할 수 있다. 이런 방법은 특히 중간 정도로 상승한 VRIN 척도의 점수를 해석하는 데 도움이 된다.

『MMPI-2 매뉴얼』(Butcher et al., 2001)에 따르면, VRIN 척도의 분할점은 원점수 13점(T점수 80점)이다. 즉, 모순되는 응답이 13개 이상이면 비일관적 응답으로 간주하라는 것이다. 이런 기준은 타당도척도 분할점 연구와 일치한다(Berry, Wetter et al., 1991). 그런데 Greene(1991a, 1991b)은 VRIN 척도를 구간별로 해석하자고 제안하였다. VRIN 척도의 분할점을 원점수 16점으로 상향하고, 원점수가 8∼15점이면 다른 타당도척도의 점수를 고려해서 비일관적 반응 여부를 판정하자는 것이다. Nichols와 Greene(1995, p. 21)은 다음과 같이 언급하였다.

> VRIN 척도의 원점수가 11∼16점일 때는 상당수의 비일관적 응답을 일관적 응답으로 잘못 판정할 소지가 있고, 상당수의 일관적 응답을 비일관적 응답으로 잘못 판정할 소지도 있다. 특히 정신과 환자들의 자료가 그렇다. 또한 '그렇다' 응답과 '아니다' 응답의 비율이 많이 다를 때는 VRIN 척도의 낮은 원점수(예: 7∼12점)를 정확하게 해석하는 것이 어렵다. 이런 경우, TRIN 척도를 고려해서 비일관적 응답 여부를 판정하는 것이 더 적절하다. TRIN 척도가 편향 반응을 민감하게 탐지하기 때문이다. VRIN 척도를 보완하는 척도들을 함께 살펴보면 비일관적 응답 여부를 판정하는 데 도움이 되는데, 특히 VRIN 척도가 중간 정도로 상승(원점수 11∼16점)했을 때는 반드시 그렇게 해야 한다. VRIN 척도의 원점수가 6점 이상이면 그렇게 하기를 권장한다.

VRIN 척도를 해석할 때 어떤 척도들을 함께 살펴보는 것이 바람직한지에 대해서는 이 장의 뒷부분에서 반응양상 측정치를 추가로 소개할 때 다시 설명하겠다.

MMPI-2 규준집단에서 산출된 VRIN 척도의 평균 원점수는 약 5점(표준편차 2.5)이었다. 1주 간격의 검사-재검사 신뢰도는 남자가 .54였고 여자가 .51이었다(Butcher et al., 1989). 첫 번째 문항부터 마지막 문항까지 전체적 무선반응을 임의로 반복해서 얻은 자료를 분석한 결과, VRIN 척도의 평균 원점수는 16.75점이었다. VRIN 척도가 67개의 문항쌍으로 구성되어 있음을 감안할 때, 피검자가 전체적 무선반응을 하면 VRIN 척도의 문항쌍에 의해 네 번 중에서 한 번꼴로 탐지되는 것이다(Greene, 2011).

여러 연구에서 VRIN 척도의 타당도가 입증되었다. Berry 등(1992)은 표준적 실시지침을 안내했음에도 불구하고 MMPI-2에 무선반응한 일반인들의 자료를 분석하였다. 아울러 그들에게 얼마나 많은 문항에 무선반응했는지 수치로 보고해 달라고 요청한 뒤, 그 자기보고 수치를 VRIN 척도, F 척도, F(B) 척도 점수와 비교하였다. 그 결과, 상당수가 부분적 무선반응을 했다고 보고하였다. 또한 무선반응의 정도를 의미하는 자기보고 수치는 MMPI-2 무선반응 측정치와 통계적으로 유의미한 상관을 보였다. 이것은 VRIN 척도의 구성타당도 및 민감도를 입증하는 결과였다.

Wetter 등(1992)은 어떤 타당도척도가 무선반응과 가장반응을 민감하게 탐지하는지 조사하였다. 연구자는 대학생들에게 전체적 무선반응 또는 다양한 가장반응(정신병리를 겪고 있는 것처럼 꾸며낸 반응) 중에서 한 가지를 선택하여 MMPI-2 문항에 응답하라고 지시하였다. 그 결과, VRIN 척도는 무선반응을 했을 때만 상승하였다. F 척도와 F(B) 척도는 무선반응을 했을 때도 상승하였고, 가장반응을 했을 때도 상승하였다. 따라서 F 척도와 F(B) 척도가 상승한 까닭을 정확하게 해석하려면 반드시 VRIN 척도를 고려해야 한다는 결론이 도출되었다.

무선반응이 VRIN 척도를 상승시키는 것은 분명하지만, 중간 정도 혹은 그 이상으로 상승한 VRIN 척도의 점수가 항상 부주의성 혹은 불성실성을 시사하는 것은 아니다. Bond(1986, 1987)에 따르면, 비일관성 점수가 높은 사람은 심리적 부적응을 측정하는 문항에도 더 많이 응답하는 경향이 있다. 이것은 Greene(1991a)이 제시한 자료와도 부합한다. 그는 68/86 코드타입 중에서 43%는 비일관적 반응 때문에 관찰된다고 주장했는데, 사실상 임상척도 8이 포함되는 대부분의 코드타입은 비일관적 반응과 연관되어 있다고 지적하였다. 68/86 코드타입을 보이는 심각한 사고장애(예: 정신분열증) 환자들이 MMPI-2 문항에 일관적으로 반응하기가 매우 어렵다는 점은 쉽게 납득할 수 있다. 다른 설명도 가능하다. 부주의성 혹은 불성실성이 아닌 우유부단성 때문에 VRIN 척도가 중간 정도(원점수 7~13점)로 상승하는 경우도 있다(Bond, 1987; Fulkerson & Willage, 1980). 어떤 문항이 자신에게 해당되는지 혹은 해당되지 않는지 여부가 명백하게 판단되면, 피검자는 비교적 순조롭게 확실하고 일관적인 반응을 할 것이다. 그러나 애매하게 판단되면, 피검자는 상당히 복잡한 숙고과정을 거치게 될 것이다. 이런 경우, 반복적으로 제시되는 문항에 비일관적으로 응답할 가능성이 높아진다. Bond(1986)는 대학생 집단의 MMPI 자료를 분석한 뒤, 부주의성보다 우유부단성이 비일관적 반응을 유발하는 더 중요한 요인이라고 주장하였다. 비록 Bond(1986)는 부주의성 척도와 TR 지표를 가지고 연구했지만, 그 결과를 문항쌍을 통해 내용적 비일관성을 측정하는 VRIN 척도에 일반화시켜도 무리는 없을 것이다. Bond(1987)에 따르면, 피검자가 문항에 우유부단하게 반응하는 까닭은 세 가지이다. 첫째, 문항이 모호할수록 우유부단해진다. 둘째, 문항이 자신에게 해당될수록 우유부단해진다. 셋째, 문항이 자신에게 부정적인 측면으로 해당되어 갈등이 심해질수록 우유부단해진다. 부주의성은 VRIN 척도를 상승시키는 요인 가운데 하나이다. 심리적 부적응과 우유부단성도 VRIN 척도를 상승시키는 중요한 요인이다.

『MMPI-2 매뉴얼』(Butcher et al., 1989)에 따르면, 동시대 남녀 규준집단의 VRIN 척도 점수와 최근의 생활변화 지수 및 사회적 재적응 평정 척도(Social Readjustment Rating Scale: SRRS) 점수 사이에서 작지만 유의미한 상관관계가 관찰되었다. 또한 남녀 규준집단의 부분집단을 분석한 자료에서 VRIN 척도 점수와 파트너에 의해 SRRS로 평정된 저조감 및 적대감 점수 사이에서 작지만 유의미한 상관관계가 관찰되었다. Bond(1986, 1987)와 『MMPI-2 매뉴얼』 자료가 시사하는 함의는, 정상집단과 환자집단에서 애매한 수준으로 상승한 VRIN 척도 점수는 비일관성도 부주의성도 우유부단성도 아닌 상당히 다른 무언가를 반영하고 있다는 것이다. 애매한 수준으로 상승한 VRIN 척도를 해석하려면 이와 관련된 연구가 더 필요하다.

TRIN 척도(고정반응 비일관성, True Response Inconsistency Scale)

TRIN 척도는 전통적인 타당도 측정치를 보완하기 위해 개발되었다. TRIN 척도는 40개의 문항, 20개의 문항쌍으로 구성되어 있다. 이 중에서 특정한 문항쌍은 두 가지 반응 패턴(즉, '그렇다'-'그렇다' 혹은 '아니다'-'아니다')이 모두 비일관적 반응으로 채점된다. 결과적으로 TRIN 척도는 23개의 문항쌍에서 채점된다. VRIN 척도와 마찬가지로 TRIN 척도는 비일관적 반응 혹은 모순되는 반응을 탐지한다(Butcher et al., 2001). 그러나 VRIN 척도의 문항쌍이 내용적으로 유사한 문항끼리 혹은 상이한 문항끼리 짝지어진 것과 다르게, TRIN 척도의 문항쌍은 내용적으로 상이한 문항끼리만 짝지어져 있다. 『MMPI-2 매뉴얼』(Butcher et al., 2001, p. 6)에 소개되어 있는 TRIN 척도의 채점방법은 다음과 같다.

피검자가 내용이 상이한 문항쌍에 '그렇다'-'그렇다'라고 비일관적으로 응답했을 때는 1점을 더한다. 피검자가 내용이 상이한 문항쌍에 '아니다'-'아니다'라고 비일관적으로 응답했을 때는 1점을 뺀다. 음수가 산출되는 것을 피하기 위해 원점수에 일정한 상수를 더하여 보정한 뒤, 보정점수를 T점수로 변환한다. TRIN 척도의 T점수는 항상 50점 이상으로 산출된다. 예컨대, 보정점수가 평균보다 1표준편차 높은 경우, T점수는 60T로 산출된다. 이것은 '그렇다' 응답이 더 많다는 뜻이다. 보정점수가 평균보다 1표준편차 낮은 경우, T점수는 60F로 산출된다. 이것은 '아니다' 응답이 더 많다는 뜻이다. 숫자 옆의 첨자(즉, T 혹은 F)는 피검자의 응답이 '그렇다(True)' 쪽으로 편향되었는지 혹은 '아니다(False)' 쪽으로 편향되었는지를 의미한다. 기계식으로 채점하면 첨자가 자동으로 표기된다. 채점방향은 부록 A-1부터 A-4까지를 참고하기 바란다. 수기식으로 채점하면 치우친 방향에 맞추어 TRIN 척도의 T점수를 기입하면 된다. TRIN 척도의 T점수가 80점 이상이면, 피검자의 응답이 어느 한쪽으로 지나치게 편향되어 있어서 프로파일의 타당성에 의문이 제기된다는 뜻이다.

14개의 문항쌍은 내용이 상이함에도 불구하고 모두 '그렇다'라고 비일관적으로 응답할 때 채점된다. 예컨대, 3-39번 문항쌍이 그러하다. 이 경우는 1점씩을 더한다. 9개의 문항쌍은 내용이 상이함에도 불구하고 모두 '아니다'라고 비일관적으로 응답할 때 채점된다. 예컨대, 9-56번 문항쌍이 그러하다. 이 경우는 1점씩을 뺀다. 음수가 산출되는 것을 피하기 위해 항상 9점을 더하여 보정점수를 산출한다. 예컨대, 피검자가 TRIN 척도의 문항쌍에 모두 '아니다'-'아니다'라고 비일관적으로 응답하면 -9점으로 채점된다. 여기에 상수 9점을 더하면, 보정점수는 0점이 된다. 보정점수가 10~19점인 경우는 '그렇다' 쪽으로 편향된 반응이고, 보정점수가 0~9점인 경우는 '아니다' 쪽으로 편향된 반응이다.

VRIN 척도의 문항쌍과 마찬가지로 TRIN 척도의 문항쌍은 통계적 연관성 및 내용적 유사성을 근거로 선별되었다. TRIN 척도는 문항의 내용과 무관하게 '그렇다' 쪽으로 치우치게 응답하는 묵종반응성향 및 문항의 내용과 무관하게 '아니다' 쪽으로 치우치게 응답하는 부인반응성향에 민감하다. '그렇다' 혹은 '아니다' 응답비율의 편차를 살펴보면, 묵종반응성향과 부인반응성향을 비교적 쉽게 파악할 수 있다. "피검자가 방어적으로 반응하면 '그렇다'라는 응답의 비율이 낮아지고 '아니다'라는 응답의 비율이 높아진다. 피검자가 문제를 과장해서 반응하면 정반대의 패턴이 관찰된다."(Nichols, 2011, p. 51) 만약 '그렇다' 혹은 '아니다' 응답의 비율이 75% 이상인 경우, 피검자는 문항의 내용과 무관하게 고정된 방향으로 반응했을 가능성이 매우 높다.

MMPI-2 규준집단에서 산출된 TRIN 척도의 평균 보정점수는 약 9점이었다(Butcher et al., 1989). 이것을 T점수로 환산하면 50점이다. 1주 간격의 검사-재검사 신뢰도는 남자가 .34였고 여자가 .52였다. 『MMPI-2 매뉴얼』에 따르면, TRIN 척도의 보정점수가 5점 이하 혹은 13점 이상일 때 비일관적 반응을 의심할 수 있다. 보정점수가 낮을수록 '아니다' 쪽으로 치우치게 응답한 것이고, 보정점수가 높을수록 '그렇다' 쪽으로 치우치게 응답한 것이다. 규준집단의 반응을 참조하여 TRIN 척도의 보정점수를 T점수로 환산하였다.

TRIN 척도는 프로파일의 타당성을 명확하게 판단하는 데 도움이 된다. 예컨대, F 척도가 상승하고 TRIN 척도도 유의미하게 상승했다면, 피검자가 고정된 방향으로 무분별하게 응답했을 가능성이 높다. 반면에 F 척도가 상승하고 TRIN 척도가 중간 수준 이하로 하강했다면, F 척도의 상승은 피검자가 실제로 심각한 정신병리를 겪고 있을 가능성 혹은 증상을 과장해서 보고했을 가능성을 시사한다. MMPI-2 프로파일의 타당성을 판단할 때는 반드시 TRIN 척도와 VRIN 척도를 고려해야 한다.

F 척도(비전형, Infrequency Scale)

F 척도는 특이한 방식으로 문항에 응답하는 경향을 평가한다. 문항의 내용을 이해하지 못한 상태에서 응답하는 경우도 이에 해당한다. F 척도에는 60개 문항이 있고, 그중에서 41개 문항이 '그렇다'라고 응답할 때 채점되며, 19개 문항이 '아니다'라고 응답할 때 채점된다. F 척도는 원판 MMPI 규준집단에서 적어도 90%의 사람들이 동일한 방향('그렇다' 혹은 '아니다' 모두 가능함)으로 응답한 문항들로 구성되었다. 하지만 Greene(2011)은 8개 문항이 10% 미만의 사람들만 채점되는 쪽으로 응답한 문항이라는 선별기준을 충족하지 못했다고 지적하였다. MMPI-2 남녀 규준집단 자료를 살펴보면, 8개 문항(12번, 48번, 120번, 132번, 204번, 222번, 264번, 288번)이 선별기준을 충족하지 못하였다. 남자 규준집단 자료를 살펴보면, 선별기준에 미달하는 문항이 4개(84번, 174번, 306번, 343번) 더 있다. 여기서 적어도 90%의 사람들이 동일한 방향으로 응답한 문항이라는 사실이 중요하지, 그들이 '그렇다'라고 응답했는지 혹은 '아니다'라고 응답했는지는 중요하지 않다. Marks, Seeman과 Haller(1974, p. 12)에 따르면, "문항에 특이한 방향으로 응답할 때마다 피검자는 공동체가 강력하게 동의하는 전형적인 견해로부터 한 걸음씩 멀어진다." 그래서 F 척도를 비전형 척도라고 부른다. 직역하면 빈도(frequency) 혹은 저빈도(infrequency) 척도이다. 각 문항당 확률이 9/10이므로 정상적인 피검자는 대부분의 사람처럼 평범하게 응답한다. MMPI-2 규준집단에서 산출된 F 척도의 평균 원점수는 상당히 낮다(남자 4.5점, 여자 3.7점). 독해력에 문제가 없는 정상적인 피검자가 신중하게 응답한다면, F 척도의 원점수는 6점(T점수 55점)을 넘지 않을 것이다. 하지만 상황적 스트레스(예: 사별, 관계 상실, 직장 문제)를 겪고 있는 피검자 혹은 정신병리를 지니고 있는 피검자의 F 척도 점수는 종종 T점수 65점을 넘게 될 것이다.

F 척도의 문항 중에서 절반이 180번 문항 앞쪽에 배치되어 있고, 모든 문항이 361번 문항 앞쪽에 배치되어 있다. F 척도는 정상에서 이탈되어 있음을 시사하는 다양한 내용의 문항으로 구성되어 있다. 따라서 피검자가 증상을 감추어서 축소보고하기도 쉽고, 증상을 부풀려서 과대보고하기도 쉽다. F 척도가 집중적으로 측정하는 내용은 대부분 정신증 증상과 관련이 있다. 예컨대, 악몽에 시달리고, 악령에 사로잡히고, 이상한 소리를 듣고, 비현실감을 느끼고, 피해의식을 품고, 감정이 메마르고, 냉소적이고, 반사회적이고, 대인관계를 회피하고, 몸이 아프고, 가족에게 원한을 품는 등의 비전형적인 경험을 측정한다. MMPI-2로 개정되는 과정에서 F 척도에 상당한 변화가 있었다. 60개 문항 중에서 12개 문항이 수정되었는데, 6개 문

항은 문법에 맞게 다듬었고, 5개 문항은 구식 표현을 신식 표현으로 개선하였으며, 1개 문항은 성차별적 묘사를 삭제하였다. F 척도의 60개 문항 중에서 25개 문항이 다른 척도에서 중복으로 채점된다. F 척도 문항 중에서 1/3은 흔히 '정신증 척도'라고 부르는 임상척도 6, 7, 8, 9에서 중복으로 채점된다. 따라서 F 척도의 상승은 정신증 척도의 상승과 밀접한 관련이 있다. Greene(2011)은 F 척도의 문항 중에서 15개 문항이 척도 8(정신분열증)과, 9개 문항이 척도 6(편집증)과, 4개 문항이 척도 4(반사회성)와, 14개 문항이 F(p)(비전형-정신병리) 타당도척도와, 10개 문항이 MAC-R(알코올중독) 보충척도와, 5개 문항이 PK(외상 후 스트레스 장애) 보충척도와 중복된다는 점을 지적하였다.

F 척도는 심리적 부적응의 심각성을 가장 민감하게 측정하는 척도 가운데 하나이다. F 척도가 상승하면 임상척도 역시 전반적으로 상승한다. 따라서 심각한 정신병리 혹은 급성의 심리장애를 겪고 있는 사람은 F 척도에서 높은 점수를 보일 가능성이 크다. 또한 심리적 불편감과 문제점을 과장하여 보고하는 경우에도 F 척도의 점수가 상승한다. 내용적으로 명백하기 때문에 증상을 부풀리기가 쉽기 때문이다. 반면, 심리적 불편감을 전혀 경험하지 않는다고 방어적으로 응답하는 경우에는 F 척도의 점수가 하강한다(Rothke, Friedman, Dahlstrom, Greene, Arrendondo, & Mann, 1994). 여러 연구자가 F 척도를 활용해서 과대보고 혹은 가장반응을 탐지할 수 있는지 조사했는데, 과대보고 혹은 가장반응을 시도했을 때는 F 척도가 T점수 90점 이상으로 상승하는 것이 일반적이었다(Nichols, 2011). Greene(2011)은 Caldwell(2007a)이 수집한 임상집단 자료를 분석한 뒤, F 척도의 분할점을 원점수 16점(남자 T점수 85점, 여자 T점수 92점)으로 설정하면 정신병리를 과장하는 사람 가운데 약 10%를 탐지할 수 있었고, 분할점을 원점수 29점으로 설정하면 탐지비율이 10%에 미치지 못했다고 보고하였다. F 척도의 분할점은 장면마다 다르다. 임상장면에서 F 척도가 T점수 90점 이상으로 상승하면, 과장반응 혹은 무선반응을 탐지하는 다른 타당도척도를 함께 살펴봐야 한다. 또한 심리검사 결과에만 의존하지 말고 임상면접, 행동관찰, 과거력, 가까운 사람의 보고 등과 같은 추가 정보를 세밀하게 파악해야 한다. MMPI의 타당도척도를 집중적으로 연구하는 Berry, Baer와 Harris(1991)는 28편의 선행연구를 메타분석하여 어떤 타당도척도가 가장반응을 잘 탐지하는지 조사하였다. 가장반응 자료와 진실반응 자료를 수차례 비교한 결과, 거짓으로 증상을 꾸며 내는 가장반응을 제일 잘 탐지하는 지표는 F 척도의 원점수와 T점수였다. 특히 F 척도의 원점수가 그러하였다. 진실반응 자료에 비해 가장반응 자료의 F 척도 원점수가 2표준편차 이상 높았다. 다른 타당도척도 역시 가장반응을 탐지하는 데 도움이 되었지만, '부정왜곡(faking bad)'을 탐지하는 능력은 F 척도가 탁월하였다. 그러나 어느 1개의 척도만 가지고 피검자의 수검태도를 판정하는 것은 곤란하다. 임상적 판단과 추론을 위해서는 다른 타당도척도 그리고 임상면접과 행동

관찰을 통해서 얻어 낸 정보를 종합적으로 고려해야 한다.

 F 척도는 독해력 부족, 무선반응, 심각한 정신증, 가장반응 중에서 한 가지 요인 때문에 상승할 수도 있고, 이런 문제들의 조합 때문에 상승할 수도 있다. 그러므로 F 척도를 정확하게 해석하기 위해서는 VRIN 척도, TRIN 척도, F(B) 척도, F(p) 척도, F-K 지표 등을 참조해야 한다. F 척도와 과대보고를 측정하는 척도들 사이의 상관계수는 .80 이상이다. Nichols(2011, p. 54)는 다음과 같이 언급하였다.

 F 척도가 상승하면 대부분의 임상척도 역시 상승한다. 특히 척도 8, 7, 6, 4가 상승한다. 그러므로 F 척도는 프로파일을 전반적으로 유의미하게 상승시킨다고 말할 수 있다. F 척도가 상승하면 내용척도 역시 상승하는데, 특히 BIZ(기태적 정신상태), BIZ1(정신병적 증상), DEP(우울), WRK(직업적 곤란), LSE(낮은 자존감) 내용척도가 상승한다.

 F 척도가 담당하는 세 가지 중요한 역할은 다음과 같다(Graham, 1990). 첫째, F 척도는 피검자의 수검태도를 평가한다. 피검자가 솔직하게 응답했는지 혹은 방어적으로 감추었는지 평가할 때 고려해야 한다. 둘째, 프로파일의 타당성은 의심되지 않지만 F 척도가 상승했다면, F 척도는 피검자가 주관적으로 고통스럽고 심각한 부적응을 경험하고 있다는 사실을 대략적으로 반영한다. 셋째, F 척도는 피검자의 행동특성과 관련된 정보를 제공한다. F 척도가 상승했을 때 어떻게 해석하는 것이 바람직한지에 대해서는 여러 자료를 참고하기 바란다(Bagby, Rogers, & Buis, 1994; Bagby, Rogers, Buis, & Kalemba, 1994; Berry, Baer, & Harris, 1991; Berry, Wetter, Baer, Gass, Franzen, Youngjohn et al., 1995; Lamb, Berry, Wetter, & Baer, 1994; Rogers, Bagby, & Chakraborty, 1993; Rogers, Sewell, & Salekin, 1994; Rothke et al., 1994; Sivec, Lynn, & Garske, 1994; Wetter, Baer, Berry, Robison, & Sumpter, 1993).

 『MMPI-2 매뉴얼』(Butcher et al., 1989)에는 규준집단의 부분집단(남자 82명, 여자 111명)에서 산출된 검사-재검사 신뢰도가 제시되어 있다. 검사-재검사 간격은 평균 8.58일이었고, 중앙값은 7일이었다. 남자의 신뢰도는 .78이었고, 여자의 신뢰도는 .69였다. 임상집단 자료는 『MMPI-2 매뉴얼』에 보고되어 있지 않다. Dahlstrom 등(1975)은 원판 MMPI를 정신과 임상집단에게 실시하여 F 척도의 검사-재검사 신뢰도를 확보하였다. 1~2일 간격의 검사-재검사 신뢰도는 .80~.81이었고, 1년 간격의 검사-재검사 신뢰도는 .63~.76이었다. 1970년부터 1981년 사이에 다양한 집단을 대상으로 진행된 여러 MMPI 신뢰도 연구를 종합하여 메타분석한 Hunsley 등(1988)에 따르면, 70편의 연구에서 보고된 F 척도의 내적 일치도 평균은 .77이었다. 15편의 연구에서 보고된 1일~2년 간격의 검사-재검사 신뢰도 평균은 .70이었다.

F(B) 척도(비전형-후반부, F-Back Scale)

F(B) 척도는 F 척도와 유사하다. F(B) 척도의 40개 문항은 모두 MMPI-2의 후반부에 배치되어 있다. 그중에서 37개 문항이 '그렇다'라고 응답할 때 채점되며, 3개 문항이 '아니다'라고 응답할 때 채점된다. F 척도의 60개 문항은 모두 전반부(1~361번 문항)에 배치되어 있고, 그중에서 82%의 문항이 1~299번 문항 사이에서 채점된다. 361번 문항이 F 척도의 마지막 문항이므로 F 척도는 후반부에서 나타나는 이상반응을 탐지하지 못한다. 그래서 MMPI-2 재표준화위원회는 F(B) 척도를 후반부에 추가하기로 결정하였다. F(B) 척도는 281번 문항부터 시작된다. 표준적인 임상척도와 타당도척도(즉, L, F, K 척도)는 370번 문항 이전에서 채점되지만, 상당수의 내용척도 및 보충척도는 370번 문항 이후에서 채점된다. 그러므로 내용척도 및 보충척도에 영향을 미칠 가능성이 있는 무선반응, 부정왜곡, 긍정왜곡 등을 탐지하기 위해서는 F 척도와 비슷하지만 측정 지점이 상이한 F(B) 척도가 필요한 것이다.

F(B) 척도는 규준집단에서 10% 미만의 사람들만 채점되는 쪽으로 응답한 문항들을 선별하는 방식으로 제작되었다. F(B) 척도 문항의 대부분(95%)은 300~567번 사이에서 채점된다. 따라서 MMPI-2를 실시하는 도중에 피로감 혹은 불성실성 때문에 피검자의 수검태도에 변화가 생겼을 때 민감하게 탐지할 수 있다. 전반부의 F 척도와 마찬가지로 후반부의 F(B) 척도 역시 무선반응, 부정왜곡 그리고 심각한 정신병리를 평가한다(Berry et al., 1992). 40개 문항 중에서 37개 문항이 '그렇다'라고 응답할 때 채점되므로 피검자가 '그렇다' 쪽으로 치우치게 응답하면 F(B) 척도가 상승할 가능성이 크다. 따라서 TRIN 척도와 VRIN 척도를 함께 고려해서 해석해야 하며, 채점하기 전에 답안지를 검토하는 절차도 잊지 말아야 한다.

F(B) 척도와 F 척도의 구성방식은 유사하다. 그러나 F(B) 척도와 F 척도가 내용면에서는 상당히 다르다는 점을 유의할 필요가 있다. F 척도는 주로 정신증 증상을 평가하는 반면, F(B) 척도는 주로 급성의 스트레스, 우울감, 낮은 자존감을 평가한다. 임상가는 두 척도의 주안점이 다르다는 것을 고려해서 해석해야 한다.

F(B) 척도가 후반부에 배치되어 있기 때문에 F(B) 척도와 표준적인 임상척도 사이에 중복되는 문항은 많지 않다. F(B) 척도의 문항 중에서 2개 문항이 척도 6과, 2개 문항이 척도 7과, 10개 문항이 척도 8과, 7개 문항이 F(p) 타당도척도와 중복된다. 이에 비해 대부분의 문항이 300~567번 사이에 배치되어 있으므로, 상당수가 F(B) 척도와 내용척도에서 동시에 채점된다. 보충척도의 문항 중복은 내용척도만큼 많지 않다. 예컨대, DEP(우울)와 FRS(공포) 내용척도는 F(B) 척도와 6개씩의 문항이 중복된다. 문항이 1개씩 중복되는 내용척도는 SOD(사회적 불편감), ANX(불안), ANG(분노), HEA(건강염려)이다. F(B) 척도가 상승하면 거의 모든 임상척

도와 내용척도가 함께 상승하는 경향이 있는데, 특히 FRS(FRS1), DEP(DEP4), LSE, TRT(부정적 치료 지표) 내용척도가 상승한다. F(B) 척도의 내용을 분석한 Nichols(2011, p. 56)에 따르면, 공황/공포(9개 문항), 우울 및 낮은 자존감(8개 문항), 자살행동/자해행동(4개 문항), 가족 내 소외감(3개 문항) 등을 평가하는 문항이 많았다. 정신증 증상을 평가하는 문항은 3개에 불과하였다.

F 척도와 F(B) 척도를 정확하게 해석하기 위해서는 두 척도가 서로 다른 내용을 측정하고 있다는 점에 유의해야 한다(Nichols, 2011, p. 56).

> F 척도와 F(B) 척도가 내용면에서 다르므로 F(B) 척도를 해석할 때 주의를 기울여야 한다. 예컨대, F 척도가 상승하지 않고 F(B) 척도만 상승한 경우, 피검자가 정신증 증상보다 정서장애 혹은 자살사고를 지니고 있을 가능성을 고려할 수 있다. 또한 급성의 공황장애 혹은 우울장애를 지니고 있을 가능성도 고려할 수 있다. F 척도와 F(B) 척도가 모두 유의미하게 상승한 경우만 부정왜곡 혹은 가장반응의 가능성을 의심하는 것이 바람직하다.

앞서 언급했듯이, F(B) 척도와 F 척도는 내용면에서 상당히 다르다. 그러나 규준집단에 포함된 남녀의 파트너 평정점수를 분석했을 때 F(B) 척도와 F 척도는 모두 저조감, 적대감, 충동성, 반사회성과 정적 상관관계를 보였고, 사교성 및 동조성과 부적 상관관계를 보였다(Butcher et al., 1989).

MMPI-2 규준집단의 부분집단(남자 82명, 여자 111명)에서 산출된 F(B) 척도의 내적 일치도는 남자가 .71이었고 여자가 .75였다(Butcher et al., 1989). 검사-재검사 신뢰도는 남자가 .86이었고 여자가 .71이었다. 검사-재검사 간격은 평균 8.5일이었다.

F(B) 척도와 F 척도의 구성방식은 비슷하지만, F(B) 척도의 표준편차가 F 척도의 표준편차보다 작다. 따라서 두 척도의 동일한 원점수를 T점수로 환산하면 전혀 다른 값이 산출된다. F(B) 척도가 더 극단적인 값으로 환산된다. F(B) 척도의 문항수(40개)가 F 척도의 문항수(60개)보다 적기 때문이다. 더 중요한 까닭은, F 척도와 달리 F(B) 척도는 MMPI-2 규준집단 자료에 근거해서 채점되기 때문이다. 규준집단에서 10% 미만의 사람들만 채점되는 쪽으로 응답한 문항들을 선별했다는 점을 상기하기 바란다(Arbisi & Ben-Porath, 1995b; A. Tellegen, 개인적 교신, 1999. 3. 5).

Berry, Wetter 등(1991b)은 F(B) 척도의 원점수 9점이 VRIN 척도보다 무선반응을 더 잘 예측한다는 사실을 발견하였다. 연구자는 대학생 180명에게 표준절차에 따라서 MMPI-2에 응답하라고 지시한 뒤, 각각 100문항, 200문항, 300문항, 400문항, 500문항까지 실시하고 응답을 중지시켰다. 나머지 문항은 모두 무선반응으로 메우고 답안지를 채점하였다. 그 결과, 무선반응이 많아질수록 F(B) 척도, F 척도, VRIN 척도의 점수가 더 상승하였다. 이것은 F(B) 척도가 무선반응을 민감하게 탐지한다는 증거였다. 또한 Berry 등(1992)은 취업지원자와 자원봉사자의 자료를 분석하여 F(B) 척도가 무선반응을 민감하게 탐지한다는 증거를 추가로 확보하였다. 취업지원자와 자원봉사자의 상당수가 MMPI-2 문항에 부분적인 무선반응을 보였다. 그들에게 얼마나 많은 문항에 무선반응했는지 질문했더니 평균적으로 12~38개 문항에 무선반응했다고 보고하였다. 그 자기보고 수치를 VRIN 척도, F 척도, F(B) 척도 점수와 비교한 결과, 무선반응 정도와 F(B) 척도 사이에서 정적 상관관계가 확인되었다. 다른 타당도척도 역시 마찬가지였다. 이것은 F(B) 척도가 무선반응을 민감하게 탐지한다는 증거였다.

F(B) 척도는 가장반응도 탐지한다. Wetter, Baer, Berry, Smith와 Larsen(1992)은 4개의 대학생집단을 활용하여 무선반응과 가장반응이 MMPI-2 타당도척도에 미치는 영향을 조사하였다. 1개의 집단에는 무선반응을 하라고 지시하였고, 2개의 집단에는 중간 수준 혹은 심각한 수준의 정신병리를 지니고 있는 것처럼 가장반응을 하라고 지시하였으며, 1개의 집단에는 솔직하게 응답하라고 지시하였다. F(B) 척도의 민감도는 모든 집단에서 확인되었다. F 척도 역시 마찬가지였다. 가장반응의 심각도가 증가할수록 F(B) 척도의 점수가 더 상승하였다. F(B) 척도의 T점수는 심각한 가장반응집단에서 제일 높았고(평균 119점, 표준편차 4.2), 무선반응집단에서 두 번째로 높았다(평균 116.5점, 표준편차 6.0). F 척도 역시 유사한 패턴을 보였는데, F 척도의 점수가 F(B) 척도의 점수보다 다소 높았다. 심각한 가장반응집단의 F 척도 T점수 평균은 119.4점(표준편차 3.7)이었다.

Wetter 등(1993)은 F(B) 척도가 과대보고를 민감하게 탐지하는지 조사하였다. 연구자는 2개의 정상적인 성인집단에 외상 후 스트레스 장애 및 편집형 정신분열증의 핵심특징을 교육하고, 마치 그런 정신병리를 지니고 있는 것처럼 가장해서 MMPI-2에 응답하라고 지시하였다. 정신병리에 대한 교육이 가장반응에 영향을 미치는지 파악하기 위해, Wetter 등(1993)은 정신병리 가장집단의 자료와 실제로 외상 후 스트레스 장애 또는 편집형 정신분열증을 겪고 있는 환자집단의 자료를 비교하였다. 그 결과, 정신병리 가장집단과 환자집단은 F(B) 척도를 비롯한 타당도척도에서 상당히 다른 양상을 보였다. 외상 후 스트레스 장애 환자집단의 F(B) 척도 평균 T점수는 85점(표준편차 23.6)이었고, 외상 후 스트레스 장애 가장집단의 F(B) 척도 평균 T점수는 110점(표준편차 20.3)이었다. 편집형 정신분열증 환자집단의 F(B) 척도 평균 T점수는 74.2점(표준편차 19.0)이었고, 편집형 정신분열증 가장집단의 F(B) 척도 평균 T점수는 119.3점(표준편차 2.0)이었다. 가장집단이 환자집단보다 정신병리를 과장해서 보고하는 경향이 있었는데, 이런 결과는 일반적인 부정왜곡 연구 자료와 일치하였다. 가장집단의 F 척도 및 F(B) 척도 점수가 환자집단보다 더 높았다.

MMPI-2에서 새롭게 도입된 F(B) 척도는 많은 연구자의 주목을 받았으며, 유익하고 쓸모 있는 척도라고 인정받았다. MMPI-2의 가장반응 연구들을 메타분석한 Rogers 등(1994)은 F(B) 척도가 통제집단과 환자집단을 잘 변별한다는 점과 집단 간 차이의 효과크기가 크다는 점을 밝혔다. 그러나 연구자마다 F(B) 척도의 분할점을 상이하게 제시하고 있으므로 다른 타당도척도와 마찬가지로 주의를 기울여서 해석해야 한다. Greene(1991a)은 F(B) 척도와 F 척도의 구성방식이 유사하므로 두 척도의 해석방식도 유사하다고 제안하였다. 이것은 매우 실용적인 제안이다. 하지만 F 척도는 상승하지 않고 F(B) 척도만 상승하는 사례가 얼마든지 존재할 수 있다. 예컨대, F 척도의 T점수가 65점이고 F(B) 척도의 T점수가 110점인 사례를 살펴보자. 피검자가 검사 후반부에서 피로감, 불성실성, 무선반응을 보였기 때문에 이런 차이가 발생했을 가능성이 있다. 이런 경우, 내용척도와 보충척도의 타당성에 의문이 제기된다. 그러나 이런 차이는 피검자가 실제로 공황, 공포, 우울, 낮은 자존감 등의 문제를 지니고 있기 때문에 발생했을 가능성도 있다. 이런 경우, 피검자가 전반부에서 성실하게 응답했을 가능성이 높으므로 임상척도 역시 의미 있게 해석할 수 있다. 반대의 경우[즉, F 척도가 상승했지만 F(B) 척도는 상승하지 않은 경우]는 찾아보기 어렵다. 만약 이런 사례가 관찰되면, 내용척도와 보충척도는 해석할 수 있으나 임상척도를 해석하는 것은 어렵다.

여러 연구에서 타당도척도의 분할점이 상이하게 제시되는 까닭은 지역사회의 기저율이 다르고 연구 자료의 속성이 다르기 때문이다. 예컨대, 교육수준과 지능수준이 다르면 분할점도 달라진다. 따라서 임상가는 다양한 변수를 고려해서 프로파일을 개별적으로 해석하려고 노력해야 한다. 이때 피검자의 동기 및 수검태도(예: 타인의 동정을 받으려고 과대보고하는 경향, 상해소송장면에서 금전적 이득을 얻으려고 과대보고하는 경향), 사회경제적 수준, 독해력, 정신병리 등의 변수를 고려해야 한다. 이런 변수는 독자적으로 영향을 미칠 수도 있고 종합적으로 영향을 미칠 수도 있다. 프로파일의 타당성 여부를 판단하는 기준은 제3장과 제4장에서 기술하였다. 일반적으로, F(B) 척도는 F 척도에 준해서 해석하면 된다. Greene(2011)은 Caldwell(2007a)이 수집한 임상집단 자료를 분석한 뒤 F(B) 척도의 분할점을 원점수 13점으로 설정하면 정신병리를 과장하는 사람 가운데 약 10%를 탐지할 수 있었고, 분할점을 원점수 23점으로 설정하면 탐지비율이 10%에 미치지 못했다고 보고하였다.

반응양상 측정치

몇몇 반응양상 측정치를 함께 고려하면 타당도척도를 더 정확하게 해석할 수 있다. 반응

양상 측정치는 크게 증상을 과장해서 보고하는 자기비호의적 측정치와 증상을 축소해서 보고하는 자기호의적 측정치로 구분된다. MMPI-2에서 흔히 관찰되는 기만행동에 대해서는 Nichols와 Greene(1997)의 논문을 참고하기 바란다.

🗣 자기비호의적 측정치

F(p) 척도, FBS 척도, Ds 척도는 자신의 특질, 성격, 성향을 비호의적인 방향으로 보고하는 경향을 탐지한다. 피검자가 정신병리의 심각성을 과장할 때 그리고 정신병리를 지니고 있는 것처럼 가장할 때 자기비호의적 측정치가 상승한다.

F(p) 척도(비전형-정신병리, Infrequency-Psychopathology)

Arbisi와 Ben-Porath(1995a, 1995b)는 증상을 과장해서 보고하는 자기비호의적 태도를 측정하기 위해 F(p) 척도를 개발하였다. 특히 MMPI-2 문항에 정신병리를 시사하는 쪽으로 응답할 가능성이 높은 환자집단을 겨냥하였다. F(p) 척도는 F 척도가 상승한 까닭을 명확하게 밝히는 데 도움이 된다. F 척도가 상승하는 이유는 다양하다(무선반응, 독해력 부족, 심각한 정신병리, 부정왜곡). 앞서 언급했듯이, F 척도는 원판 MMPI 규준집단에서 10% 미만의 사람들만 채점되는 쪽으로 응답한 문항들을 추려 놓은 것이다(Hathaway & McKinley, 1943). F 척도가 정신과 환자집단에서 도출된 것이라고 오해하는 사람이 자주 있는데, 전혀 그렇지 않다. 따라서 F 척도가 상승했을 때 무선반응, 정신병리, 부정왜곡 때문이라고 기계적으로 해석하는 것은 금물이다(Friedman, Webb, & Lewak, 1989). F(p) 척도는 MMPI-2 규준집단 및 정신과 환자집단에서 20% 미만의 사람들만 채점되는 쪽으로 응답한 문항들을 선별하여 제작되었다. 규준집단에서 흔히 응답하지 않는 쪽으로 응답했을 뿐만 아니라 환자집단에서도 흔히 응답하지 않는 쪽으로 응답했다는 것은 피검자가 의도적으로 부정왜곡을 시도했다는 뜻이다.

F(p) 척도에는 27개 문항이 있고, 그중에서 18개 문항이 '그렇다'라고 응답할 때 채점되며, 9개 문항이 '아니다'라고 응답할 때 채점된다. F(p) 척도의 문항 중에서 15개 문항이 F 척도와 중복되고, 7개 문항이 F(B) 척도와 중복된다. 또한 F(p) 척도의 문항 중에서 7개가 척도 8과 중복되고, 2개가 척도 6과 중복된다. 내용척도의 경우, F(p) 척도는 BIZ1(정신병적 증상)과 3개 문항, FRS1(일반화된 공포)과 2개 문항, FAM(가정문제)과 2개 문항을 공유한다. F(p) 척도와 임상척도 사이에서 중복되는 문항수는 F 척도나 F(B) 척도만큼 많지 않다. 안타깝게도, F(p) 척

도는 L 척도와 4개 문항을 공유한다. 만약 피검자가 4개 문항 모두에 채점되는 쪽으로 응답하면, 나머지 F(p) 척도 문항에 전혀 응답하지 않더라도 T점수가 70점 이상으로 산출된다. 이것이 F(p) 척도의 치명적 약점이다. MMPI-2 규준집단의 F(p) 척도 평균 원점수는 1.1점이었고, 표준편차는 1.32였다. 1주 간격의 검사-재검사 신뢰도는 .70이었다(Ben-Porath, Graham, & Tellegen, 2009).

　Arbisi와 Ben-Porath(1995b)에 따르면, VRIN 척도와 TRIN 척도가 하강하고 F 척도와 F(p) 척도가 상승하는 경우, 임상가는 피검자가 의도적으로 부정왜곡을 시도했다고 더 확실하게 판단할 수 있다. F(p) 척도와 F 척도는 절반 이상의 문항을 공유한다. 그럼에도 불구하고 F(p) 척도는 F 척도에 비해 진단범주와 무관하게 정신병리의 영향을 덜 받는다. 또한 실제로 정신병리를 겪고 있는 환자집단과 정신병리를 겪고 있는 것처럼 속이라고 요청받은 가장집단을 변별하는 능력도 F 척도보다 F(p) 척도가 우수하였다(Arbisi & Ben-Porath, 1997; Frueh et al., 1997; Ladd, 1998; Rothke, Friedman, Greene, Wetter, Cole, & Baker, 2000). Bagby 등(1997a)은 정신분열증 환자집단과 정신분열증 가장집단을 변별하는 능력은 F(p) 척도가 더 우수하고, 주요우울장애 환자집단과 주요우울장애 가장집단을 변별하는 능력은 F 척도와 F(B) 척도가 더 우수하다고 보고하였다. 이것은 그리 놀랄 만한 결과가 아니다. F(p) 척도의 문항들이 주요우울장애보다 정신분열증의 증상을 더 많이 반영하고 있기 때문이다. Nicholson 등(1997)에 따르면, 환자집단과 가장집단을 변별하는 능력은 F(p) 척도와 F 척도가 비슷하다. 그러나 "두 척도의 부정왜곡 변별능력이 비슷하다면 F(p) 척도를 사용하는 것이 더 낫다. F 척도가 상승한 이유보다 F(p) 척도가 상승한 이유가 더 명백하기 때문이다"(p. 476). Strong, Glassmire, Frederick과 Greene(2006)은 F(p) 척도를 법정장면에서 유익하게 활용할 수 있다고 제안하였다. F(p) 척도는 법정장면에서 부정왜곡을 시도하는 범죄자와 실제로 정신병리를 지니고 있는 환자를 F 척도보다 잘 구분하였다.

　Rothke 등(2000)은 임상장면과 법정장면에서 수집한 대규모 프로파일을 분석하고 규준자료를 제시하였다. 여기에는 정신과 입원환자(경계선 성격장애, 편집형 정신분열증, 외상 후 스트레스 장애, 알코올중독), 통증관리 외래환자, 두부외상 환자, 사회보장연금 장애환자 등이 포함되었다. 이에 더해 소송에 연루되지 않은 두부외상 환자, 정신병리(경계선 성격장애, 편집형 정신분열증, 외상 후 스트레스 장애)를 가장하라고 요청받은 일반인의 자료를 추가하여 분석하였다. 그 결과, 대부분의 임상집단에서는 F(p) 척도가 상승하지 않았고, 정신병리 가장집단에서는 F(p) 척도가 상승하였다. Arbisi와 Ben-Porath(1997)의 연구와 마찬가지로 Rothke 등(2000)의 분석은 F(p) 척도가 진단범주와 무관하게 정신병리의 영향을 덜 받는다는 것을 시사한다. 즉, F(p) 척도는 F 척도나 F(B) 척도보다 특정한 정신병리에 덜 민감하다. 그러나 이 연구에서 채택한 분할점은 일종의 지침일 뿐 엄격한 기준점이 아니라는 사실을 유의할 필요가 있다. Greene(2011)은 F(p) 척도의 원점수가 6점 이상이면 부정왜곡의 가능성이 시사된다고 제안하였다. 이것도 확정된 분할점은 아니다. Nichols(2011)는 F(p) 척도의 T점수가 75~100점이면 채점되는 쪽으로 응답한 문항의 내용에 주목하는 것이 바람직하다고 주장하였고, Arbisi와 Ben-Porath(1995)는 F(p) 척도의 원점수가 8점 이상이면 부정왜곡의 가능성이 시사된다고 제안하였다. Greene(2011)은 인사선발집단, 정상집단, 통증환자집단, 임상집단, 정신과 입원집단 등 장면에 따라서 취사선택할 수 있는 점수표를 제공하였다. 예컨대, 임상집단에서는 원점수 8점이 백분위 99점에 해당하지만, 정상집단에서는 원점수 5점이 백분위 99점에 해당한다. 자세한 수치는 Greene(2011, p. 77)을 참고하기 바란다.

　F(p) 척도에 대해서는 후속연구가 필요하다. 임상가는 F(p) 척도의 한계점을 숙지해야 하고, 반드시 일련의 단계를 거쳐서 해석해야 한다. Arbisi와 Ben-Porath(1995b)는 F 척도가 상승했을 때 다음과 같은 단계를 따르라고 권유하였다. 첫째, 무선반응(VRIN>100) 혹은 고정반응(TRIN>80) 때문에 F 척도가 상승했을 가능성을 고려한다. 둘째, F 척도와 함께 F(p) 척도가 상승했다면 부정왜곡 혹은 가장반응일 가능성이 높다. 셋째, F 척도만 상승했다면 피검자가 실제로 정신병리를 지니고 있을 가능성이 높다. F(B) 척도 역시 같은 단계를 따라서 판단한다.

　F(p) 척도가 상승한 경우, 부정왜곡 혹은 가장반응으로 판단하기 전에 피검자가 어떤 문항에 채점되는 쪽으로 응답했는지 살펴보는 것이 바람직하다. 예컨대, F(p) 척도의 4개 문항(90번, 192번, 276번, 478번)은 부모에 대한 적대적 태도 및 피검자가 부모와 가족을 사랑하는지(또는 사랑했는지) 여부를 측정한다. L 척도와 중복되는 4개 문항에 대해 언급한 바 있듯이, 만약 피검자가 4개 문항 모두에 채점되는 쪽으로 응답하면 나머지 F(p) 척도문항에 전혀 응답하지 않더라도 T점수가 70점 이상으로 산출된다. 즉, 부정왜곡을 통해 2차적 이득을 얻으려고 시도해서 F(p) 척도가 상승하는 피검자도 있지만, 불행한 가정사를 솔직하게 보고해서 F(p) 척도가 상승하는 피검자도 존재한다. 다시 한번 강조하지만, 규준집단뿐만 아니라 환자집단에서도 흔히 응답하지 않는 쪽으로 응답했다고 해서 그것이 곧바로 부정왜곡을 시사하는 것은 아니다. 임상가는 F(p) 척도를 해석하기 전에 반드시 문항을 검토해야 한다. 불과 몇 개의 문항에 채점되는 쪽으로 응답하면 F(p) 척도가 상승한다는 사실을 유념해야 과잉해석의 오류를 피할 수 있다.

　F(p) 척도는 부정왜곡을 가장 민감하게 탐지하는 타당도척도이다. 그러나 L 척도와 중복되는 몇몇 문항에 채점되는 쪽으로 응답하면 F(p) 척도의 T점수가 유의미하게 상승한다는 점을 기억하기 바란다. Nichols(2011, p. 58)는 다음과 같이 설명하였다.

F(p) 척도는 다양한 내용을 측정한다. 그중에서 불과 몇 개의 문항에 채점되는 쪽으로 응답하면 F(p) 척도의 점수가 상승한다. 예컨대, 피해의식을 측정하는 문항 2개와 가정 불화를 측정하는 문항 3개에 채점되는 쪽으로 응답하면, F(p) 척도의 원점수는 5점이 된다. 이것을 환산하면 남자는 T점수 77점, 여자는 T점수 81점에 해당한다.

Nichols(2011)에 따르면, 피검자가 채점되는 쪽으로 응답한 문항들이 오직 1개 또는 2개의 내용영역에 국한되어 있을 때는 해석에 유의해야 한다. "이런 경우, F 척도가 동시에 상승하고 F-K 지표 역시 상승하지 않는 한 F(p) 척도만 가지고 부정왜곡이라고 해석해서는 안 된다."(p. 57) F(p) 척도를 내용적으로 구분하면, 가장 많은 문항이 가정 불화를 측정하고, 그다음으로 많은 문항이 피해의식을 측정한다(162번, 216번, 218번, 336번).

F 척도 및 F(B) 척도와 달리, F(p) 척도의 문항들은 MMPI-2 전역에 고르게 배치되어 있다. 555번 문항이 F(p) 척도의 마지막 문항이다. 그러므로 MMPI-2 전역에서 고르게 응답했기 때문에 F(p) 척도가 상승하는 경우도 있지만, 검사의 전반부 혹은 중반부 혹은 후반부에서 집중적으로 응답했기 때문에 F(p) 척도가 상승하는 경우도 있다. MMPI-2 재표준화위원회가 검사의 후반부에서 관찰되는 이상반응을 탐지하기 위해 F(B) 척도를 추가했다는 사실을 기억하기 바란다. 앞서 언급했듯이, 361번 문항이 F 척도의 마지막 문항이다. MMPI-2에 응답하는 도중에 피로감, 지루함, 불성실성 때문에 수검태도가 달라지는 피검자가 많다. F(B) 척도는 검사의 후반부에 배치되어 있는 내용척도 및 보충척도의 타당성을 판단하는 기준이므로 F(B) 척도가 상승하면 내용척도 및 보충척도를 해석할 때 주의해야 한다.

Arbisi와 Ben-Porath(1995a) 및 Arbisi, McNulty, Ben-Porath와 Boyd(1999)는 F(p) 척도를 F 척도 및 F(B) 척도와 비슷하게 활용할 수 있다고 제안하였다. F(p) 척도를 전반부와 후반부로 구분해서 채점하면, F(B) 척도와 F(p) 척도가 상승한 이유를 밝히는 데 도움이 된다. 전반부를 F(p)1 부분척도, 후반부를 F(p)2 부분척도라고 가정하자. F(p)1 부분척도는 51번 문항부터 252번 문항까지 제시되고, F(p)2 부분척도는 270번 문항부터 501번 문항까지 제시된다. 이렇게 구분하면 어떤 유익이 있는지 사례를 통해 살펴보자. 어떤 피검자가 VRIN 척도와 TRIN 척도에서 정상범위의 점수를 얻었다. 따라서 비일관적 응답일 가능성은 배제되었다. F 척도의 점수는 정상범위였는데, F(B) 척도의 점수가 유의미하게 상승하였다. 부정왜곡의 가능성을 판단하기 위해서 F(p) 척도를 살펴보았더니, 원점수 3~4점으로 약간 상승하였다. T점수는 유의미하게 상승하지 않았다. 그래서 F(p)1 부분척도와 F(p)2 부분척도를 구분한 결과, 채점된 3~4개 문항이 모두 F(p)2 부분척도에 속해 있었다. 결과적으로, 임상가는 피검자가 검사의 후반부에서 과대보고를 시작했을 가능성을 제기하였다. 이것은 내용척도와 보충척도를 과도하게 해석하면 안 된다는 신호였다. 다른 예로, F(B) 척도는 상승하지 않고 F 척도와 F(p) 척도만 상승하는 경우에도 부분척도를 채점하는 것이 도움이 된다. 만약 F(p)2 부분척도가 유의미하게 상승하지 않는다면, 임상가는 내용척도와 보충척도를 확실하게 해석할 수 있을 것이다.

F(p) 부분척도의 작동 원리를 밝히기 위해서는 더 많은 연구가 필요하다. 그러나 검사의 전반부 혹은 후반부에서 관찰되는 이상반응을 탐지하는 데 도움이 될 가능성은 높아 보인다.

특정한 정신병리의 기저율은 임상장면마다 다르다. 따라서 임상가는 F(p) 척도를 비롯한 여러 척도를 해석하기 전에 자신이 평가하는 집단에서 흔히 관찰되는 정신병리의 빈도와 유형을 파악해야 한다. Arbisi와 Ben-Porath(1997)는 부정왜곡을 통해 2차적 이득을 얻을 가능성이 높은 사람을 평가할 때 F(p) 척도를 고려하라고 권유하였다. Rothke 등(2000)은 법적 소송집단, 손해배상 청구집단, 정신병리 가장집단의 자료를 분석하였다. 그 결과, 모든 집단에서 F(p) 척도의 점수가 상승하였다. 이것은 F(p) 척도의 구성타당도를 입증하는 결과였다. 아울러 연구자는 정신과 환자집단 혹은 상해 환자집단을 세심하게 면접하고 관련 자료를 검토해서 그들이 소송집단, 손해배상 청구집단, 정신병리 가장집단처럼 부정왜곡을 시도하는지 그리고 F(p) 척도가 부정왜곡을 민감하게 탐지하는지 확인하는 후속연구를 제안하였다. 물론 법적으로 소송 중인 모든 사람이 부정왜곡을 시도한다는 뜻은 아니다. 임상적 판단과 함께 활용하면, F(p) 척도는 프로파일의 타당성을 판정하는 데 도움이 될 것이다.

FBS 척도(증상타당도, Symptom Validity Scale)

Lees-Haley, English와 Glenn(1991)은 상해소송을 제기한 고소인의 가장반응(꾀병)을 탐지하기 위해서 FBS(Fake Bad Scale) 척도를 개발하였다. FBS 척도는 자기비호의적 측정치 중에서 어중간한 위치를 차지한다. 문항이 신체적 상해 혹은 장애로 인해서 고통을 겪고 있다고 주장하는 내용 및 자신의 바람직하지 못한 성향과 행동을 적극적으로 부인하는 내용으로 구성되어 있기 때문이다. 자신의 바람직하지 못한 성향과 행동을 인정하면 신체적 상해 혹은 장애로 인해서 고통을 겪고 있다는 주장의 신빙성이 저하될 우려가 있으므로, 법정장면에서 가장반응을 시도하는 피검자는 일부의 문제를 부인해야 하는 모순적 상황에 처하게 되는 것이다. FBS 척도는 2007년 1월부터 MMPI-2에서 공식적으로 채점되고 있다. MMPI-2의 판권을 보유하고 있는 미네소타 대학교 출판부가 FBS 척도를 채택하기로 결정하자, FBS 척도에 대한 호평과 악평이 동시에 쏟아지면서 격렬한 논쟁이 시작되었다. FBS 척도의 타당성과 유용성에 대한 논쟁은 지금까지 계속되고 있다. FBS 척도에 대한 호평은 Ben-Porath,

Greve, Bianchini와 Kaufmann(2009), Greiffenstein 등(2007), Greve와 Bianchini(2004), Nelson, Hoelzle, Sweet, Arbisi와 Demakis(2010), Nelson, Sweet와 Demakis(2006)의 연구에서 확인할 수 있다. FBS 척도에 대한 악평은 Arbisi와 Butcher(2004), Butcher, Arbisi, Atlis와 McNulty(2003), Butcher, Gass, Cumella, Kally와 Williams(2008), Gass, Williams, Cumella, Butcher와 Kally(2010), Rogers, Sewell, Martin과 Vitacco(2003), Williams, Butcher, Gass, Cumella와 Kally(2009)의 연구에서 확인할 수 있다. 여기서 FBS 척도의 개발 과정과 연구 자료를 살펴볼 텐데, 종합적으로 평가하면 FBS 척도의 구성타당도에 심각한 의문이 제기된다. 따라서 FBS 척도를 사용하지 말 것을 권장한다.

심리학자들은 17년 동안 FBS 척도를 부정왜곡 척도라고 불렀다. 이 척도의 명칭은 MMPI-2에 공식적으로 편입된 지 1년 만인 2008년에 슬그머니 변경되었다. 새로운 명칭은 증상타당도이지만, 약자로는 여전히 FBS 척도라고 표기한다. Ben-Porath, Greve 등(2009, p. 62)은 명칭을 변경한 까닭을 다음과 같이 설명하였다.

Lees-Haley 등(1991)은 '부정왜곡'을 탐지하는 척도라는 점을 강조해서 FBS 척도라고 명명하였다. 하지만 MMPI-2의 표준적인 타당도척도에 편입된 직후 명칭을 '증상타당도'로 변경하였다. 부정왜곡이라는 표현을 흔히 사용하기는 하지만, 법정장면에서 부정왜곡이라는 용어를 사용하면 자칫 편견을 조장할 우려가 있기 때문이다.

Williams 등(2009)은 이 척도의 명칭이 변경된 까닭을 더 자세하게 설명하였다. 법원의 입장에서는 부정왜곡 가능성이 있는 증거의 효력을 인정하기 어렵기 때문이었고(Frye v. United States, 1923), 부정왜곡이라는 명칭 자체에 폄하적 의미와 경멸적 어감이 내포되어 있어서 법관의 편견을 유발하기 때문이었다(Williams v. CSX Transportation, Inc., 2007). 그러나 Williams 등(2009)이 지적했듯이, 척도의 명칭이 변경된 것은 문제의 본질이 아니다. 근본적인 문제를 파악하기 위해 이 척도의 개발 과정을 살펴보자.

Lees-Haley 등(1991)은 자신이 치료하던 상해소송 당사자 중에서 25명(남자 12명, 여자 13명, 평균 연령 38세)의 자료를 임의로 가장반응이라고 분류하고, 20명(남자 7명, 여자 13명, 평균 연령 37세)의 자료를 임의로 진실반응이라고 분류하여 비교하는 방식으로 FBS 척도를 개발하였다. 그러나 이것이 정말로 상해소송 당사자를 대표하는 자료인지 그리고 가장반응과 진실반응을 정말로 잘 구분하고 있는지는 확인할 수 없었다. 다만 이렇게 구성된 두 집단에서 관찰된 가장반응의 기저율이 56%로 상당히 높았을 뿐이다(Sharland & Gfeller, 2007 참조).

Lees-Haley 등(1991)은 43개 문항을 논리적으로 선택하여 FBS 척도를 제작하였다. 18개 문항이 '그렇다'라고 응답할 때 채점되고, 25개 문항이 '아니다'라고 응답할 때 채점된다. 각 집단의 응답빈도는 전혀 보고된 바 없다. 따라서 FBS 척도는 반복검증이 불가능할 뿐만 아니라 교차타당화 역시 불가능하다. FBS 척도의 17개 문항(40%)은 신체증상을 집중적으로 측정하는 MMPI-2 척도(Hs, Hy4, Sc6, HEA)와 한 번 또는 그 이상 중복된다. FBS 척도와 중복문항이 가장 많은 것은 HEA(건강염려) 내용척도로, 14개 문항이 동일하다. 8개 문항(19%)은 ANX(불안) 내용척도 및 PK(외상 후 스트레스 장애) 보충척도와 한 번 혹은 두 번 모두 중복된다. 9개 문항(21%)은 냉소적 태도를 측정하는 CYN(CYN1) 내용척도, 반사회적 특성을 측정하는 ASP(ASP1) 내용척도, 적대감을 측정하는 Ho 보충척도와 한 번 또는 그 이상 중복되는데, 반대방향으로 채점된다는 차이점이 있다. 그중에서 ASP(ASP1) 내용척도와 중복되는 문항수가 8개로 제일 많다. 그러므로 피검자가 신체증상, 불안감, 스트레스를 인정하고, 반사회적 특성과 냉소적 태도를 부인하면, FBS 척도는 쉽게 상승한다. 그러나 흥미롭게도 과대보고경향을 측정하는 MMPI-2 타당도척도와 FBS 척도 사이에 중복되는 문항은 소수에 불과하다. 4개 문항이 F 척도와 겹치는데, 그중에서 1개 문항은 반대방향으로 채점된다. F(B) 척도의 1개 문항, F(p) 척도의 1개 문항이 FBS 척도에서 중복으로 채점된다.

Lees-Haley 등(1991)이 처음에 제안한 FBS 척도 분할점은 원점수 20점이었다. 그러나 1년 뒤, Lees-Haley(1992)는 분할점을 상향해야 한다고 주장하였다(남자 24점, 여자 26점). 후속연구에서도 여러 수준의 분할점(예: 22점, 23점, 28점, 29점, 30점)이 제안되었다. 그러나 성별, 인종, 연령, 과거 병력, 소송 여부, 활용장면, 의뢰 사유, 혹은 이런 변수를 조합할 때 어떤 분할점을 채택하는 것이 적절한지에 대해서는 아직까지 합의된 바가 없다. Ben-Porath, Graham과 Tellegen(2009, p. 13)은 Greffenstein, Fox와 Lees-Haley(2007)의 자료를 바탕으로 가장반응 가능성을 시사하는 최소 분할점을 제안하였다(남자 23점, 여자 26점). T점수로 환산하면 남녀 모두 80점에 해당한다. 그들이 제안한 최대 분할점은 원점수 30점이었다. T점수로 환산하면 남자의 경우 100점, 여자의 경우 90점에 해당한다.

FBS 척도의 분할점 수준과 대상이 아직 합의된 바 없으므로, 임상가는 상해소송장면에서 가장반응의 기저율이 얼마나 높은지와 어떤 기준에 근거해서 가장반응이라고 판정했는지를 고려해야 한다. 가장반응의 기저율에 대해서는 Sharland와 Gfeller(2007)가 전국신경심리학회(National Academy of Neuropsychology) 회원 712명에게서 수집한 값진 자료를 참고하기 바란다. 이 자료는 회원이 검사를 실시하고, 피검자가 응답한 것이다. 188명(26%)의 자료를 분석한 결과, 지난 1년 동안 '가장반응이 확실하다.'고 판정한 사람은 전체의 1%였고, '가장반응이 의심된다.'고 판정한 사람은 전체의 3%였다. 그러나 전국신경심리학회 회원에게 "상해소송 또는 보상절차를 진행하고 있는 당신의 사례 중에서 고의적으로 신체증상을 과장하는 사례 혹은 인지장애를 가장하는 사례가 얼마나 많은지 일반적으로 추정하라."고 요청했더니, 가장반응으로 추정되는 사례의 비율이 20%나 된다고 보고하였다(p. 216). 실증 자료와 추정 자료가 상당히 다른 것이다. 그래도 이것은 미심쩍지만 신뢰할 수 있는 자료이다. 하지만 Lees-Haley 등(1991)이 FBS 척도를 개발하는 과정에서 보고한 가장반응 기저율(56%)과는 분명히 다른 수치(20%)이다.

FBS 척도의 구성타당도에도 문제가 있다. Butcher, Arbisi, Atlis와 McNulty(2003)는 정신과 입원환자(6,731명), 일반과 외래환자(5,080명), 만성통증환자(4,408명), 교정시설 수감자(2,897명), 재향군인병원 입원환자(남자 901명)에게서 수집한 대규모 자료를 분석하였다. 그 결과, FBS 척도와 과대보고를 탐지하는 타당도척도 사이의 상관계수[F 척도와 .26~.34, F(B) 척도와 .33~.39, F(p) 척도와 .02~.14의 상관]가 FBS 척도와 본질적 증상을 측정하는 척도들 사이의 상관계수(Hs 척도와 .60~.75, HEA 내용척도와 .55~.70, D 척도와 .53~.66, DEP 내용척도와 .40~.50, Hy 척도와 .59~.75의 상관)보다 일관적으로 작았다. 이런 경향은 9곳의 법정장면에서 수집한 소규모 자료(상해소송 진행 중인 157명)에서도 유사하게 확인되었다[F 척도와 .53, F(B) 척도와 .55, Hs 척도와 .81, D 척도와 .84, Hy 척도와 .85의 상관]. FBS 척도와 F(p) 척도 및 내용척도 사이의 상관계수는 보고되지 않았다. Guéz, Brännström, Nyberg, Toolanen과 Hildingsson(2005)은 FBS 척도와 F 척도 및 F-K 지표 사이에서 유의미한 상관관계가 관찰되지 않았다고 보고하였다.

FBS 척도의 구성타당도에 의문을 제기하는 연구가 더 있다. Nelson, Sweet, Berry, Bryant와 Granacher(2007)는 법정에서 보상절차를 진행하고 있는 사람들의 자료를 수집하여 신경인지 증상타당도검사(neuro-cognitive symptom validity tests: SVTs)와 MMPI-2 타당도척도의 요인 구조를 분석하였다. 분석 결과, SVTs와 MMPI-2 타당도척도가 서로 다른 요인으로 구분된다는 사실이 밝혀졌다. FBS 척도 역시 마찬가지였다. 더 나아가 전기사고 상해환자 77명의 자료를 분석한 Burandt(2006)에 따르면, SVTs를 통과한 사람과 SVTs를 통과하지 못한 사람의 FBS 척도 점수에는 유의미한 차이가 없었다.

비록 직접적인 증거는 아니지만, 최근에 새롭게 개발된 MMPI-2 타당도 측정치와 FBS 척도 사이에 중복되는 문항이 극소수에 불과하다는 점도 FBS 척도의 구성타당도에 문제가 있음을 시사한다. 최근에 RBS(Response Bias Scale; Gervais, Ben-Porath, Wygant, & Green, 2007) 척도와 Fs(Infrequent Somatic Complaints Scale; Wygant, 2008) 척도가 제작되었다. RBS 척도는 SVTs의 통과 여부를 예측하고, Fs 척도는 흔치 않은 신체적 불평을 탐지한다. 머리를 다친 상해환자도 흔히 응답하지 않는 쪽으로 응답하면 Fs 척도의 점수가 상승한다. FBS 척도의 문항 중에서 4개 문항이 RBS 척도와 중복되고, 3개 문항이 Fs 척도와 중복된다. RBS 척도와 Fs 척도 사이에 중복되는 문항수는 2개이다. 이들 세 척도의 평균 문항수는 29개인데, 세 척도 사이에 중복되는 문항수의 평균은 3개(10%)에 불과하다. FBS 척도, RBS 척도, Fs 척도가 유사한 구성개념을 측정하고 있다는 점을 고려할 때, 서로 중복되는 문항이 극소수에 불과하다는 것은 이해하기 힘든 일이다. 이에 반해 F 척도와 F(p) 척도의 평균 문항수는 43.5개이고, 15개 문항(34%)이 중복된다. K 척도와 S 척도의 평균 문항수는 40개이고, 9개 문항(23%)이 중복된다. Hs 척도와 HEA 내용척도의 평균 문항수는 34개이고, 23개 문항(68%)이 중복된다. BIZ 내용척도와 PSYC 척도의 평균 문항수는 24개이고, 13개 문항(54%)이 중복된다. F 척도, F(B) 척도, F(p) 척도가 측정하는 내용과 다르게, FBS 척도는 주로 '신체적 가장반응'을 탐지한다고 옹호하는 연구자도 있다(Larrabee, 1998). 그러나 F 척도에 이미 신체적 기능을 평가하는 문항이 9개(3개 문항은 HEA 내용척도와도 중복)나 포함되어 있으므로 FBS 척도가 신체적 가장반응을 차별적으로 탐지한다고 간주하기는 어렵다.

FBS 척도의 구성타당도를 옹호하는 연구자들이 어떤 기준에 근거해서 가장반응 여부를 판정했는지 살펴보자. 많은 연구에서는 SVTs에서 1개 이상의 검사를 통과하지 못했거나 우연수준 이하의 점수를 얻었을 때 가장반응 혹은 불신반응이라고 판정하였다(예: Burandt, 2006; Jones, Ingram, & Ben-Porath, 2012; Larrabee, 1998; Lee, Graham, Sellbom, & Gervais, 2012; Rogers, Gillard, Berry, & Granacher, 2011; Shea, 2006; Wygant, Ben-Porath, Arbisi, Berry, Freeman, & Heilbronner, 2009; Wygant, Sellbom, Ben-Porath, Stafford, Freeman, & Heilbronner, 2007). 그러나 전국신경심리학회의 입장은 전혀 다르다. SVTs를 통과하지 못한 것과 고의적인 가장반응을 동등하게 여겨서는 안 된다는 것이다. Bush, Ruff, Troster, Barth, Koffler, Pliskin 등(2005, p. 424)은 이렇게 말하고 있다. "피검자가 성격검사에서 타당하지 않은 응답을 했다고 해서 그가 신경인지검사에서도 마찬가지로 신뢰할 수 없는 반응을 할 것이라고 선험적으로 가정해서는 안 된다. 그 역의 경우도 마찬가지이다."

요컨대, SVTs의 통과 여부를 기준으로 가장반응과 진실반응을 구분하면 Meehl(1973a, pp. 240-244)이 개념화한 "불량한 기준의 오류"를 범하게 된다. 그는 심리검사를 제작할 때 기준집단을 잘못 선정하면 심각한 논리적 오류에 빠지게 된다고 우려한 바 있는데, 벌써 40년 전의 일이다. FBS 척도의 구성타당도를 옹호하는 연구자들은 Meehl(1973a)의 경고를 무시하고 있는 것이다. 부적절한 기준집단에서 도출된 자료로는 FBS 척도의 구성타당도를 입증할 수 없다.

FBS 척도의 개발자는 가장반응 여부를 판정하는 성별 분할점(원점수 및 T점수)이 다르다는 것을 1991년에 처음 발견하였고, 1992년에 이것을 다시 확인하였다. 후속연구(예: Dean, Boone, Kim, Curiel, Martin, Victor et al., 2008; Greiffenstein et al., 2007)에서도 동일한 현상이 반복되었다. 그러나 바로 이러한 현상 때문에 FBS 척도가 구조적으로 편향되어 있다는 의문이 제기된다. 즉, 원점수 분할점을 어떻게 설정하더라도 가장반응으로 분류되는 여성이 남성보다 많다는 것이다. MMPI-2 재표준화 규준집단 자료(Butcher et al., 2001, 부록 G)를 살펴보면, FBS 척도의 43개 문항 중 19개 문항에서 여성의 채점빈도가 남성의 채점빈도보다 최소 5% 이상 높았다. 또한 8개 문항에서 여성의 채점빈도가 남성의 채점빈도보다 10% 이상 높았다. 이에 반해 남성의 채점빈도가 여성의 채점빈도보다 5% 이상 높은 문항은 오직 1개뿐이었다. 최근에 Lee, Graham, Sellbom과 Gervais(2012)는 보상절차를 진행하고 있는 노동자 및 의료 분쟁을 진행하고 있는 사람의 자료를 수집하여 분석하였다. 그 결과, 여성과 남성의 채점빈도가 통계적으로 유의미하게 다른 14개 문항이 발견되었는데, 그중에서 여성의 채점빈도가 남성의 채점빈도보다 높은 문항은 11개(65%)였다. Butcher, Arbisi 등(2003)은 재표준화 규준집단에서 상해소송과 관련이 있는 자료를 배제하고 다시 분석하였다. 따라서 자료의 대부분이 가장반응과 무관하다고 용인할 수 있었다. 분석 결과, FBS 척도가 원점수 24점 이상으로 상승한 자료가 전체의 22%에 해당하였다. Lees-Haley(1992)가 제안한 가장반응 분할점(원점수 26점) 이상으로 상승한 여성은 전체의 18%에 육박하였다. 이것은 오류긍정의 비율이 5명 중에 1명꼴임을 시사한다.

이에 더해 여성의 채점빈도가 높은 문항으로 구성된 GF(여성적 성역할) 보충척도와 FBS 척도 사이에 2개 문항이 중복되고, 남성의 채점빈도가 높은 문항으로 구성된 GM(남성적 성역할) 보충척도와 FBS 척도 사이에 4개 문항이 중복된다. GM 보충척도와 중복되는 4개 문항은 모두 반대방향으로 채점되므로 여성적 선호를 의미한다. 따라서 FBS 척도와 GF 및 GM 보충척도 사이의 문항 중복양상을 고려하면, 여성은 남성보다 6개 문항(14%)에서 더 불리하게 평가된다. 더 나아가 재표준화 규준집단에서 여성의 FBS 척도 원점수가 남성의 FBS 척도 원점수보다 2점 이상 높았다. 원점수가 20~35점 사이일 때, 여성의 T점수가 남성의 T점수보다 평균적으로 7~10점 낮았다. 따라서 분할점을 어떻게 설정하더라도 가장반응으로 분류되는 여성이 남성보다 많아지는 구조적 편향의 문제가 발생한다. FBS 척도는 여성에게 가혹하다.

FBS 척도가 잠재적 가장반응을 측정하는 MMPI-2 타당도척도와 사뭇 다른 점은 또 있다. 이번에는 문항의 내용에 주목해 보자. FBS 척도의 상당수 문항(20%)은 반사회적 신념, 태도, 행동을 부인할 때 채점된다. 그런데 이런 문항은 가장반응이 아닌 방어반응과 더 밀접한 관련이 있기 때문에 문제가 된다. 자신을 호의적으로 묘사해서 타인에게 긍정적인 인상을 풍기는 것이 유리한 상황(예: 인사선발, 양육권 분쟁, 가석방 심사)에서는 피검자가 MMPI-2에 방어적으로 응답하는 경향이 있다는 사실은 충분히 입증된 바 있다. FBS 척도에 포함되어 있는 상당수 문항은 방어성향을 측정하는 타당도척도에서 중복으로 채점된다. 예컨대, 자기를 긍정적인 방향으로 과장해서 제시하는 경향을 탐지하는 S 척도와 FBS 척도 사이에 8개 문항이 중복되는데, 이것은 FBS 척도의 19%에 해당한다. 상해소송을 진행하고 있는 사람은 가석방 심사를 받고 있는 사람만큼 자신의 사소한 결점 혹은 인간적 약점을 인정하지 않으려고 할 것이다. 예컨대, 방어성향을 측정하는 L 척도의 문항(언제나 진실만을 말하지는 않는다)이 FBS 척도에도 포함되어 있는데, 여기에 '그렇다'라고 응답하지 않을 것이다. 요컨대, 소송장면에서 MMPI-2를 실시하는 피검자는 자신의 일탈적 측면과 반사회적 성향을 부인할 이유가 충분하다. 부정적 성향과 행동을 인정하면 주장의 신빙성이 저하될 우려가 있기 때문이다. 가장반응을 탐지하기 위해 FBS 척도를 제작한 것이라면 불필요한 문항을 굳이 포함시키지 말았어야 했다.

지금까지 간과했던 중요한 연구 주제가 있다. 상해소송은 그 자체로 잠재적 스트레스를 유발한다(Weissman, 1990). 소송을 제기하면, 원고는 주장의 진위 여부와 무관하게 MMPI-2에 응답하게 된다. 이때 상해소송 자체가 유발하는 스트레스가 FBS 척도, F 척도, F(B) 척도 등에 반영되어 점수가 상승할 수 있다. 실제로 Lees-Haley(1988)는 상해소송을 제기한 사람들이 불안, 우울, 스트레스, 히스테리, 건강염려 등의 반응을 보인다고 스스로 인정하면서 이것을 '소송반응 증후군'이라고 소개하였다. Tsushima와 Tsushima(2001)는 상해소송집단(120명)과 임상집단(208명)의 자료를 비교했는데, 5개의 타당도척도[F 척도, F(B) 척도, F(p) 척도, Ds 척도, FBS 척도] 중에서 오직 FBS 척도의 점수만 상해소송집단에서 유의미하게 높았다. FBS 척도에 포함된 31번(주의산만), 39번(수면곤란), 325번(주의집중곤란), 339번(압도감), 464번(피로감), 505번(스트레스), 152번(피곤함), 176번(두통), 496번(긴장감) 문항은 증상을 꾸며 내는 가장반응보다 상해소송과 연관된 스트레스 반응으로 해석해도 무방하다.

신체증상을 인정하고 일탈행동을 부인하는 문항으로 구성되어 있으므로 FBS 척도는 피검자가 소송에 연루되어 있는지 여부와 무관하게 상승할 수 있다. 즉, FBS 척도에는 개념적 및 임상적 문제점이 내재되어 있다. 임상가는 피검자가 정말로 가장반응을 한 것인지, 상황적 요인 때문에 점수가 상승한 것인지, 그 밖의 이상반응태도가 반영된 것인지 판단하기 어렵다. FBS 척도만 가지고 가장반응을 판정하는 것은 적절하지 않다. FBS 척도는 여러 가지 이유로 상승한다. 과대보고를 해도 상승하고, 축소보고를 해도 상승하며, 두 가지가 섞여도 상승한다. 신체적, 정서적, 상황적 문제를 겪어도 상승하고, 신체적 장애 혹은 신경학적 문제가 있어도 상승한다. 또한 문제가 급성인지, 만성인지, 외상성인지 판단하기도 어렵다. 그리고 MMPI-2 문항은 상해소송에 적합한 문항이 아니다. 가장반응의 오류긍정비율에 관한 연구(예: Butcher, Arbisi et al., 2003; Berry & Schipper, 2007; Clayton, 2011; Guéz et al., 2005; Iverson, Henrichs, Barton, & Allen, 2002)에 따르면, FBS 척도의 분할점을 어떻게 설정해도 가장반응이 아닌 프로파일을 가장반응이라고 잘못 판정할 위험성이 크다.

상해소송과 같은 법정장면에서 FBS 척도를 근거로 증언하면 증거의 효력 문제가 발생할 우려가 있다. Frye 대 미국 정부의 소송에서 수립된 판례(1923)를 거론하며 FBS 척도의 증거능력을 부정하는 다수의 소송 사례를 참고하기 바란다(Vandergracht v. Progressive Express et al., 2005; Davidson v. Strawberry Petroleum et al., 2007; Williams v. CSX Transportation, Inc., 2007; Nason & Nason v. Shafranski, Shafranski, & Shafranski, 2008; Stith v. State Farm Mutual, 2008; Anderson, M. et al. v. E & S International Enterprises, Inc. et al., 2008; Limbaugh-Kirker v. Decosta, 2009; Davis v. Bellsouth Short Term Disability Plan for Non-Salaried Employees, 2012). 피고가 반박 증거와 구두논평을 제시하여 FBS 척도에 근거한 최초의 증언이 자발적으로 철회된 소송 사례도 존재한다(Solomon & Solomon v. T. K. Power & Goodwin, 2008; Upchurch v. School Board of Broward Co., 2009).

지금까지 확보된 자료만으로는 가장반응의 정확한 기저율을 단정할 수 없다. 또한 오류긍정의 비율이 너무 높다는 사실이 여러 장면과 조건에서 확인되었다(Sharland & Gfeller, 2007). 따라서 FBS 척도에 근거해서 프로파일의 타당성 여부를 논하는 것은 몹시 위험하다. 특히 여성에게 가혹하고, 법정에서 취약하다. 그렇다고 향후연구를 통해 FBS 척도의 신뢰도가 향상될 것 같지도 않다. 단지 SVTs를 통과하지 못했다는 이유로 가장반응이라고 분류하거나 임의적인 기준에 따라 가장반응이라고 판정해서는 안 된다. 실제로 가장반응을 한 것으로 확인된 사람과 의학적으로 확인된 상해환자의 자료를 비교해야 한다. 또한 인상관리, 과장반응, 자기기만, 과대보고, 축소보고 등을 측정하는 더 평범하고 더 친숙한 자료를 살펴봐야 한다. FBS 척도를 개발한 Lees-Haley(1988)가 스스로 인정했듯이, 이 척도에 포함된 문항의 절반 이상은 가장반응이 아니라 '소송반응 증후군'이라는 다양한 증상과 불평을 측정하고 있다. 그러므로 FBS 척도를 근거로 법정에서 증언하면 증거의 효력을 부정당할 위험성이 있다는 점을 상기하기 바란다. 결론적으로, 우리는 FBS 척도를 사용하지 말 것을 권유한다. 심지어 제한적 목적으로 사용하는 것도 바람직하지 않다.

Ds 척도(가장, Dissimulation Scale)

Gough(1954)가 원판 MMPI 시절에 제작한 Ds 척도는 74개 문항으로 구성되어 있고, 이것을 수정한 MMPI-2의 Ds 척도는 58개 문항으로 구성되어 있다. Gough(1954)는 일반 대학생과 전문 심리학자에게 마치 신경증 환자인 것처럼 가장하여 MMPI에 응답하라고 지시하였다. 그런 다음 신경증을 위장한 가장집단의 자료와 실제로 신경증을 지니고 있는 환자집단의 자료를 비교하여 두 집단에서 차별적 응답이 관찰된 문항들을 경험적으로 추출하였다. 이후 교차타당화 연구를 진행하였다. 환자집단보다 가장집단에서 전반적으로 더 높은 점수가 관찰되었는데, 이것은 신경증에 대한 일반인의 고정관념과 MMPI에서 측정하는 신경증의 구성개념이 일치하지 않는다는 것을 시사하는 결과였다(Rapport, Todd, Lumley, & Fisicaro, 1998). Ds 척도는 여러 차례 수정되었다. 이와 관련해서는 Friedman, Lewak, Nichols와 Webb(2001, pp. 68-69)의 저서를 참고하기 바란다. 편의상 이 책에서는 MMPI-2의 58개 문항으로 이루어진 Ds 척도를 소개하겠다.

Ds 척도는 마치 심리장애를 겪고 있는 환자처럼 보이려고 시도하는 고의적 가장반응을 탐지한다. Ds 척도의 기능은 F 척도 및 F(B) 척도의 기능과 유사하다. 그러나 희귀하고 비전형적인 응답을 명백문항으로 측정하는 F 척도 및 F(B) 척도와 달리, Ds 척도는 상대적으로 애매한 모호문항으로 구성되어 있다(Caldwell, 1997, p. 17). "Ds 척도에 반영되는 정신병리는 상대적으로 경미하다. 이에 비해 F 척도, F(B) 척도, F(p) 척도는 더 심각하고, 더 강력하고, 더 일탈적인 정신병리를 노골적으로 측정한다."(Nichols, 2011, p. 59) 이러한 까닭에 Ds 척도는 심리적인 문제를 과장하고 가장하는 경향이 있지만, 정신증 수준까지 지나치게 부풀리지는 않는 양상을 민감하게 측정한다. 따라서 Ds 척도는 금전적 이득을 얻기 위해서 혹은 타인을 조종하기 위해서 다양한 증상을 과장하는 사례를 탐지하는 데 유용하다(Caldwell, 1997). Ds 척도가 상승하는 경우는 "중범죄와 관련된 법정장면보다 스트레스 및 신체상해와 관련된 고용분쟁 혹은 공익사건에서 더 자주 발견된다"(Nichols, 2011, p. 59). Ds 척도가 매우 높이 상승했는데 F 척도와 F(p) 척도는 그만큼 상승하지 않았다면, 피검자가 증상을 선택적으로 과장하고 있거나 또는 스트레스와 신체상해의 후유증을 과장하되 정신증 수준까지 부풀리지는 않고 있다고 해석할 수 있다. 하지만 Rogers 등(1994)은 Ds 척도에 신경증 수준을 넘어서는 다양한 증상이 반영되어 있다고 지적하였다. Gough(1954)에 따르면, Ds 척도의 문항은 신체적 불편감, 신체적 기능이상, 피해자라는 인식, 불평등감, 낙담, 성마름, 공포감, 불안감, 독립성 부족, 자기충족감 결여, 어린 시절에 대한 불만, 가족에 대한 불평, 성적인 갈등, 성적인 집착, 기이한 생각, 종교성 등을 측정한다. 심각한 우울증과 정신증을 반영하는 문항은 소수에 불과하다.

Ds 척도의 58개 문항 중에서 48개 문항이 '그렇다'라고 응답할 때 채점되고, 10개 문항이 '아니다'라고 응답할 때 채점된다. 이 중에서 19개 문항이 척도 8과 중복되는데, 8개 문항이 Sc1(사회적 소외)과, 4개 문항이 Sc5(자아통합결여-억제부전)와, 3개 문항이 Sc6(기태적 감각경험)과 중복된다. 또한 11개 문항이 F 척도와, 10개 문항이 PK(외상 후 스트레스 장애) 보충척도와, 9개 문항이 PS(외상 후 스트레스 장애) 보충척도와, 8개 문항이 HEA 내용척도와, 8개 문항이 FAM 내용척도와 중복된다. "과대보고를 탐지하는 일반적인 타당도척도와 달리 Ds 척도와 BIZ 내용척도 사이에 중복되는 문항은 없다. 오직 2개 문항만 PSYC 척도 및 RC8 척도에서 중복으로 채점된다."(Nichols, 2011, p. 59) MMPI-2로 개정되면서 11개 문항의 어법이 개선되었다. MMPI-2에서 전반적 부적응 및 주관적 불편감을 측정하는 척도가 상승하면, Ds 척도 역시 상승하는 것이 일반적이다.

Ds 척도가 정신병리를 꾸며 내는 가장반응을 효과적으로 탐지한다는 사실은 여러 연구에서 확인되었고, 구성타당도가 입증되었다(Anthony, 1971; Bagby et al., 1997b; Berry, Baer, & Harris, 1991; Friedman et al., 2001; Frueh, Gold, & de Arellano, 1997; Gough, 1954, 1957; Greene, 2000, 2011; Nichols, 2011; Nichols & Greene, 1997; Rogers et al., 1994; Walters, White, & Greene, 1988; Wetter et al., 1992).

Anthony(1971)는 미국 공군에 배속된 40명의 남성에게서 두 벌의 MMPI 자료를 수집하였다. 그들은 모두 정신증을 겪고 있지 않았다. 먼저 표준절차에 따라 MMPI를 실시하였고, 이어서 실제로 겪고 있는 문제보다 더 심각한 문제를 겪고 있는 것처럼 과장해서 MMPI에 반응하라고 지시하였다. 다만 누구나 알아차릴 수 있을 정도로 노골적으로 과장하지는 말라고 요청하였다. 원판 MMPI의 Ds 척도(74개 문항)를 채점한 결과, 전체 자료의 86%를 가장반응으로 정확하게 판정할 수 있었다. 이것은 F-K 지표의 적중률(81%) 및 F 척도 원점수의 적중률(81%)보다 더 높은 수치였고, Ds 척도가 가장반응을 효율적으로 변별한다는 것을 입증하는 결과였다.

Walters 등(1988)은 40개 문항으로 축약된 Ds-r 척도(Gough, 1957)가 교도소 수감자(최상위 보안등급 남성 수감자 72명)의 가장반응을 정확하게 탐지하는지 여부를 조사하였다. 먼저, Ds-r 척도와 표준적인 타당도척도 및 임상척도 사이의 관련성을 파악하기 위해 단축형 MMPI를 실시하였고, 하루가 지나기 전에 구조화된 정신과적 면접을 시행하였다. 이어서 수감자 및 관계자(예: 근로감독관)와 친숙한 2명의 심리학자가 교도소 수감자의 가장반응 가능성을 4점 척도상에서 평정하였다. 가장반응 가능성 평정은 정신과적 면접으로부터 평균 7.6개월 이내에 실시되었다. 평정점수 1점은 가장반응의 가능성이 높음을 의미하고, 평정 점수 4점은 가장반응의 가능성이 낮음을 의미한다. 교도소 수감자의 가장반응 기저율은 60%로 추정하였다. MMPI-R형의 초반 400문항으로 구성된 단축형 MMPI를 실시하였기 때문에 Ds-r 척도의 40개 문항 중에서 28개 문항만 실제로 채점되었고, T점수는 비례로 추정하였다. 분석 결과, (척도 1을 제외한) MMPI의 타당도척도와 임상척도는 가장반응과 진실반응을 정확하게 변별하지 못하였다. Ds-r 척도 역시 가장반응과 진실반응을 정확하게 변별하지 못하였다. 그러나 Ds-r 척도가 중간 수준으로 상승한 경우까지 포함시켰더니 가장반응과 진실반응을 정확하게 구분할 수 있었다. Ds-r 척도의 높은 점수는 가장반응을 예측하지 못했으나, Ds-r 척도의 낮은 점수는 진실반응을 정확하게 예측하였다.

Berry, Baer와 Harris(1991)는 원판 MMPI를 활용한 28편의 가장반응 연구를 메타분석하였다. 다양한 측정치의 가장반응-진실반응 변별력을 분석한 결과, 원판 MMPI의 Ds 척도가 제일 효율적으로 과대반응을 탐지한다는 사실 및 Ds 척도가 가장반응을 탐지하는 데 적합하다는 사실이 밝혀졌다. Ds 척도의 평균 효과크기는 약 2표준편차였고, 민감도(d)는 2.17이었다. 여러 연구에서 원판 MMPI의 Ds 척도 분할점을 원점수 35점으로 제시하였고, 적중률은 88%였다. 이것을 MMPI-2의 Ds 척도(58개 문항)로 비례추정하면, 상응하는 원점수 분할점은 27점이다. Ds 척도에 비해 Ds-r 척도의 효과크기가 상당히 낮았다. 따라서 Ds-r 척도를 사용할 때는 주의해야 한다(Berry, Baer, & Harris, 1991).

원판 MMPI를 사용한 자료를 메타분석한 Berry, Baer와 Harris(1991)와 달리 Rogers 등(1994)은 개정판 MMPI-2를 사용한 자료에 주목하였다. 안타깝게도, MMPI-2를 사용한 대부분의 자료는 34개 문항으로 구성된 단축형 Ds-r2 척도의 점수만 확보하고 있었다. Ds-r2 척도의 효과크기는 중간 수준이었다. 58개 문항으로 구성된 완성형 Ds 척도를 활용하면 가장반응을 더 잘 탐지할 수 있을 것이다. Berry 등(1995)에 따르면, Ds 척도는 폐쇄성 두부손상을 가장하도록 지시받은 비임상집단의 가장반응을 효과적으로 탐지하였고, 보상을 요구하는 폐쇄성 두부손상 환자와 보상을 요구하지 않는 폐쇄성 두부손상 환자를 정확하게 변별하였다. 그러나 Ds 척도가 상승하지 않았다고 해서 피검자가 신경심리학적인 문제를 과장하지 않는다고 단정할 수는 없었다.

Ds 척도를 추가적으로 고려하면 MMPI-2 프로파일의 타당성을 평가하는 데 도움이 된다. 하지만 더 많은 연구 자료가 필요하다. 특히 실제로 가장반응을 한 사람의 프로파일과 가장반응을 하도록 요청받은 사람의 자료를 비교해야 한다. 분할점 수준, 구성된 집단, 사용한 방법론, 자료의 크기에 따라서 연구결과도 제각각이다. 따라서 여러 임상 자료(임상면접, 행동관찰, 과거력 등)와 MMPI-2의 다양한 척도를 고려해서 프로파일의 타당성을 평가해야 한다.

🧠 자기호의적 측정치

L 척도, K 척도, S 척도, Mp 척도, Sd 척도, Ss 척도는 자신의 특질, 성격, 성향을 호의적인 방향으로 보고하는 방어성향을 탐지한다. 자기호의적 방어성향을 측정하는 척도가 더 있기는 하지만, 여기서는 핵심적인 타당도척도를 소개하겠다.

MMPI에 자기호의적으로 응답하는 경향을 분석한 연구를 종합하면, 방어성향은 단일한 차원으로 수렴되지 않는다. Wiggins(1964)는 방어성향을 알파요인과 감마요인으로 구분하였다. 알파요인(Block, 1965)은 특별한 지시를 받지 않았음에도 불구하고 스스로 긍정적인 방향으로 왜곡해서 응답하는 자발적 경향을 뜻한다(Edwards, 1957, p. 57). 감마요인은 마치 어떤 역할을 연기하라고 요청받은 것처럼 바람직한 방향으로 과장해서 응답하는 사회적 경향을 뜻한다(Wiggins, 1964, p. 555). 알파요인은 MMPI 및 MMPI-2의 제1요인(즉, 의기소침)과 밀접한 관련이 있다. 제1요인이 강할수록 주관적 고통, 불편감, 심리적 부적응을 반영하는 척도들이 상승하고(예: A 보충척도, 척도 7, Mt 보충척도, PK 보충척도), 제1요인이 약할수록 이와 반대되는 성향을 반영하는 척도들이 상승한다(예: K 척도, Es 보충척도). Wiggins(1964)와 Paulhus(1984, 1986)에 따르면, 제1요인은 K 척도 및 Edwards(1957)의 So-r(사회적 바람직성) 척도로 측정할 수 있다. 앞으로 소개할 Butcher와 Han(1995)의 S 척도 및 Nelson(1952)의 Ss 척도 역시 제1요인과 관련이 있다.

감마요인은 '부인반응'(Edwards, Diers, & Walker, 1962), '선전편향'(Damarin & Messick, 1965), '인상관리'(Paulhus, 1984, 1986)라고 불리기도 한다. 감마요인은 타인에게 호의적인 인상을 심으려고 노력하는 의도적 및 의식적 동기와 관련이 있다. Paulhus(1984, 1986)는 사회적 바람직성이 2개의 요인(자기기만 및 타인기만)으로 구성된다고 제안하였다. 자기기만은 무엇이 진실하고 정당하다는 자신만의 신념에 근거하여 편향적으로 반응하는 경향을 뜻한다. 타인기만은 타인에게 좋은 인상을 심어 주기 위해서 혹은 임상가를 속이기 위해서 지나치게 긍정적으로 응답하는 경향을 뜻한다. Nichols와 Greene(1988)에 따르면, 긍정적인 방향으로 왜곡하라고 요구하는 방식으로 제작된 척도(감마요인)끼리 서로 강한 상관을 보인 반면, K 척도 혹은 A 보충척도(알파요인)와는 약한 상관을 보였다. Cofer, Chance와 Judson(1949)이 개발한 Mp 척도 및 Wiggins(1959)가 개발한 Sd 척도는, L 척도와 마찬가지로 감마요인과 밀접한 상관을 보였다. Paulhus(1984)의 제안에 따라 방어성향을 자기기만과 타인기만(인상관리)으로 구분할 수 있다면, 뭉뚱그려서 긍정왜곡이라고 표현했던 과거의 단순한 구성개념에서 벗어날 수 있을 것이다. 이런 문제는 피검자의 수검태도가 프로파일에 영향을 미칠 가능성이 높은 임상장면, 법정장면, 인사선발장면에서 특히 중요하게 부각된다.

L 척도(부인, Lie Scale)

L 척도는 15개 문항으로 구성되어 있고, 모든 문항에 '아니다'라고 응답할 때 채점된다. L 척도는 심리적 문제나 도덕적 결점을 고의적으로 축소해서 보고하는 부인반응을 탐지하기 위해 제작되었다. 다양한 장면에서 관찰되는 축소보고경향을 흔히 긍정왜곡이라고 부르는데, 최근에는 사회적 바람직성과 관련된 자기기만 혹은 타인기만(인상관리)으로 구분하기도 한다. 인사선발 과정의 지원자, 양육권 분쟁을 벌이는 보호자, 법적인 문제에 연루된 의뢰인, 수감시설 변경을 요구하는 재소자, 강제입원의 종료를 희망하는 환자, 부부 문제 또는 가정 문제 때

문에 의뢰되었으나 심리적으로 건강한 사람처럼 보이기를 원하는 내담자 등이 긍정왜곡을 시도할 가능성이 크다(Baer, Wetter, & Berry, 1992).

L 척도의 문항은 정직성과 기만성에 대한 Hartshorne과 May(1928)의 연구에 기초하여 이성적 문항선정방식으로 추출되었다. 원판 MMPI 중에서 경험적 문항선정방식으로 구성되지 않은 유일한 척도가 L 척도이다. L 척도는 피검자가 사실일 것 같지 않은 방향으로 응답할 때 채점된다. 예컨대, 언제나 진실만을 말하지는 않고, 가끔 남에 대한 험담이나 잡담을 하고, 가끔 화를 내느냐는 질문에 '아니다'라고 부인할 때 채점된다. 즉, 사회적으로 바람직하기는 하지만 대부분의 사람이 온전하게 지키지 못하는 덕목에 대해 얼마나 솔직하게 응답하는지 평가하는 것이다. 따라서 "자신을 지나치게 긍정적으로 묘사하기 원하는 피검자는 L 척도의 미묘한 덫에 걸려들게 된다"(Meehl & Hathaway, 1946: Dahlstrom & Dahlstrom, 1980, p. 97에서 재인용). 자신의 장점을 부각시키는 것은 자연스러운 일이고, 실제로 대부분의 사람이 일부 문항에 거짓으로 응답한다. 그러나 Nichols(2011, pp. 66-67)는 다음과 같이 언급하였다.

> L 척도가 엄밀한 의미의 거짓말을 측정하는 것은 아니다. L 척도는 누구나 지니고 있을 법한 사소한 결함마저 부인하고, 비록 위반하더라도 타인에게 비난당할 가능성이 거의 없는 규칙마저 준수한다고 주장할 때 채점된다. 미국 사회에서 쉽게 수긍되는 정도의 결함과 실책까지 부인하는 것은 둔하기보다는 순진한 것이다.

규준집단의 남성과 여성은 평균적으로 3.5개 문항에 채점되는 쪽으로 응답하였다(Butcher et al., 2001). 원판 MMPI에서는 L 척도의 T점수가 임의로 설정되었고 성별의 차이가 없었다. 그러나 MMPI-2에서는 L 척도의 T점수를 재표준화 자료에서 통계적으로 산정하여 성별에 따라 제공한다.

L 척도의 상승은 부인반응경향과 밀접한 관련이 있으므로, L 척도가 상승하면 임상척도는 상승하지 않을 것이다. 피검자가 인간적인 약점마저 감추면서 좋게 보이려고 시도하면 임상척도가 상승하기 어렵기 때문이다. 그러나 L 척도의 상승이 정신병리를 시사하는 경우도 가끔 있다. 일부 신경증 환자, 특히 편집증 상태에 있는 환자의 L 척도가 상승할 수 있다(Coyle & Heap, 1965; Fjordbak, 1985). 자세한 내용은 제4장에서 소개하겠다.

L 척도의 모든 문항은 '아니다'라고 응답할 때 채점된다. 따라서 피검자가 '아니다' 쪽으로 치우치게 응답하면 L 척도가 상승한다. 척도 1, 2, 3의 문항도 대부분 '아니다'라고 응답할 때 채점된다. 이와 반대로, L 척도의 원점수가 지나치게 낮다면 '그렇다' 쪽으로 치우치게 응답했을 가능성이 있다. L 척도의 원점수가 지나치게 높거나 낮으면, 임상가는 '그렇다' 응답과 '아

니다' 응답의 비율을 살펴봐야 한다. 이때 TRIN 척도의 점수도 함께 고려해야 한다. MMPI-2로 개정되는 과정에서 L 척도의 문항수는 달라지지 않았다. 다만 몇몇 성차별적 문항을 수정하였고, 한 문항은 현대적인 용어로 기술하였다. L 척도의 대다수 문항(9개 문항)은 다른 척도와 중복되지 않는다. 2개 문항이 척도 2와 중복되고, 2개 문항이 척도 9와 중복된다.

　L 척도는 교육수준, 직업수준, 사회경제적 계층과 밀접한 관련이 있다. L 척도의 대부분이 명백문항이므로 교육수준이 높은 사람은 채점되는 쪽으로 거의 응답하지 않는다. 대학교육을 받은 사람 및 상류계층에 속하는 사람이 L 척도에서 T점수 50점 이상을 얻는 경우는 드물다. 만약 대학교육을 받은 사람의 L 척도 점수가 높다면 주의 깊게 평가해야 한다. Greene(2011)은 "대학교육을 받은 사람이 L 척도에서 높은 점수(T>65)를 얻는다면, 판단력에 결함이 있거나 통찰력이 결여되어 있을 것"(p. 80)이라고 언급하였다. Nichols(2011)에 따르면, 대부분의 사람과 대다수의 환자는 L 척도의 문항에 채점되는 쪽으로 응답하지 않는다. L 척도가 속이 훤히 들여다보이는 문항으로 구성되어 있기 때문이다. "L 척도의 점수는 교육수준, 지능수준, 교양수준과 부적 상관관계를 보인다. 따라서 지능수준이 높고, 교육수준이 높으며, 문화적으로 적응한 사람은 L 척도에서 낮은 점수를 얻는다. 심지어 심리적 문제를 의도적으로 감추려고 시도하는 경우에도 그렇다."(Nichols, 2011, p. 67) 하지만 교육수준이 높은 사람이 L 척도에서 상당히 높은 점수를 얻는 경우가 있는데, 아마도 그는 지나치게 엄격하고 경직되어 있는 사람일 것이다(Levak et al., 2011). 교육수준이 낮은 사람 및 하류계층에 속하는 사람은 L 척도에서 상대적으로 높은 점수를 얻을 가능성이 크다. L 척도가 단순한 형태의 방어성향을 측정하기 때문이다(Dahlstrom & Tellegen, 1993).

　MMPI-2에서 어떤 결과가 나올지 걱정하는 사람, 성격에 문제가 있다는 평가를 받을까 봐 두려워하는 사람, 임상가를 속이려고 시도하는 사람은 L 척도의 문항에 채점되는 쪽으로 응답할 가능성이 크다. Nichols(2011)는 Mp 척도와 Sd 척도를 추가로 고려해서 피검자의 인상관리경향을 확인하라고 권유하였다. Mp 척도와 Sd 척도가 L 척도보다 인상관리경향을 더 민감하게 측정하기 때문이다. "Mp 척도 혹은 Sd 척도가 상승(T>65)하면, 피검자가 인상을 관리하고 있을 가능성이 시사된다. 이에 비해 L 척도는 도덕적 평가를 두려워하는 경향을 더 민감하게 측정한다."(Nichols, 2011, p. 68)

　MMPI-2 프로파일의 타당성을 판정할 때는 맥락 요인도 고려해야 한다. 예컨대, 양육권 분쟁을 벌이는 보호자, 인사선발 과정의 지원자, 직무적합성 심사를 받는 노동자는 자신에게 유리하다고 여겨지는 방향으로 응답한다. 『MMPI-2 매뉴얼』(Butcher et al., 2001)에 따르면, 양육권을 획득하려는 사람과 직무적합성 심사를 받는 사람의 "L 척도는 전형적으로 상승한다. 그러나 이것이 꼭 프로파일의 타당성을 훼손하는 것은 아니다"(p. 20). Cooke(2010)는 양육권 분쟁과 타당도척도의 연관성을 조사했는데, 양육권을 획득하려는 사람의 L 척도 점수가 규준집단보다 약간 높았다. 양육권을 획득하려는 남성의 1/4과 여성의 1/3이 L 척도에서 T점수 65점 이상을 얻었다. Carr, Moretti와 Cue(2005)는 양육권을 상실할 위기에 처한 보호자의 자료를 분석하였다. 그들이 자료를 수집한 대상은 Cooke(2010)가 자료를 수집한 대상보다 사회경제적으로 더 낮은 계층에 속하였다. 분석 결과, L 척도의 T점수가 70점 이상인 사람이 전체의 약 27%였고, T점수가 65점 이상인 사람이 전체의 약 41%였다. 또한 L 척도와 K 척도의 상승이 임상척도의 상승을 억제하는 효과를 발휘한다는 사실이 확인되었다. 임상척도가 상승하지 않은 사람이 전체의 약 60%였다. 양육권 분쟁과 타당도척도의 연관성에 관심이 있는 임상가는 Caldwell(2003)의 논문을 참고하기 바란다.

인사선발 과정이나 직무적합성 심사에서는 방어성향을 측정하는 L 척도가 흔히 상승한다. 방어성향이 강할수록 프로파일의 타당성은 저하된다. 이런 맥락에서는 피검자가 자신의 장점을 부풀리고 단점을 감추려고 시도할 가능성이 농후하므로, L 척도를 비롯한 여러 MMPI-2 척도의 분할점을 유연하게 적용하여 평가하는 심리학자가 많다. 예컨대, 법을 집행하는 공무원을 선발할 때는 L 척도의 원점수를 최고 8~10점까지 허용한다. L 척도의 원점수가 8~10점 미만이면 프로파일을 무효로 간주하지 않는 것이다(Robert Davis, 개인적 교신, 2013. 9. 5.). 흥미롭게도, L 척도의 점수가 높은 공무원이 L 척도의 점수가 낮은 공무원보다 더 부진한 수행을 보인다는 자료가 있다(Weiss, Davis, Rostow, & Kinsman, 2003). 최근에 Weiss, Vivian, Weiss, Davis와 Rostow(2013)는 이미 선발된 공무원의 MMPI-2 자료를 분석했는데, L 척도의 원점수가 8점 이상인 공무원이 L 척도의 원점수가 7점 이하인 공무원보다 더 부진한 수행을 보이는 것으로 밝혀졌다. Detrick과 Chibnall(2008)은 경찰관 취업지원자의 도덕적 편향(즉, 적응성 및 우호성을 과장하는 경향)과 L 척도 점수 사이에 유의미한 상관관계가 있다고 보고하였다. 이것은 L 척도가 프로파일의 타당성에 대한 정보뿐만 아니라 피검자의 성격특성에 대한 정보까지 제공한다는 것을 의미한다. 직무적합성 심사를 받는 노동자는 MMPI-2를 비롯한 심리검사에 방어적으로 응답하는 경향이 있다. 만약 고용주가 노동자의 방어성향을 반항성향으로 인식하면 평가 과정에 협조하지 않았다는 이유로 문제를 제기할 여지가 있다. 노동자가 협조하지 않으면 임상가는 직무적합성 여부를 신뢰롭게 판정할 수 없다(Lee v. Northwestern University, 2012 참조).

L 척도는 긍정왜곡과 무관한 성격특성을 반영하기도 한다.

중간 수준(65<T<70)으로 상승한 L 척도는 도덕적 순진성 또는 경직성을 시사한다. 피검자는 자신을 제한적으로 드러내고 있는데, 도덕적 측면에서 예상되는 부정적 평가를 미연에

방지하기 위함이다. 이런 피검자는 건강에 대한 염려 및 저조하게 가라앉은 기분과 같은 문제를 지니고 있을 수 있다(Nichols, 2011, p. 68).

L 척도의 점수가 높은 사람은 자신이 타인에게 어떤 영향을 미치는지 자각하거나 통찰하지 못한다. 타인의 관점에서, L 척도의 점수가 높은 사람은 도덕적으로 고결한 사람이 아니라 자기중심적이고, 독창성이 부족하며, 익숙하지 않은 상황과 의견에 적응하는 데 상당한 시간이 걸리는 사람이다. 즉, 융통성이 떨어지는 사람이다. 따라서 대인관계 스트레스에 취약하다. 정신과 장면에서 신체화장애로 진단되는 경우가 흔히 있다. 이 경우, L 척도를 비롯해서 소위 '신경증 척도'라고 불리는 척도 1, 2, 3이 함께 상승하는 경향이 있다(Nichols, 2011).

MMPI-2 규준집단의 부분집단을 분석한 자료에서 L 척도의 1주 간격 검사-재검사 신뢰도는 남자가 .77이었고 여자가 .81이었다(Butcher et al., 1989). 정신과 환자집단의 검사-재검사 신뢰도는 『MMPI-2 매뉴얼』에 보고되어 있지 않다. 그러나 원판 MMPI 시절의 자료를 MMPI-2에 준용할 수 있을 것이다. L 척도의 구성방식이 크게 달라지지 않았기 때문이다. 원판 MMPI 시절의 자료에 의하면, 정신과 환자집단의 1~2일 간격 검사-재검사 신뢰도는 .74~.78이었고, 1년 간격 검사-재검사 신뢰도는 .35~.61이었다(Dahlstrom et al., 1975). 1970년부터 1981년까지 수집된 70종의 원판 MMPI 자료를 메타분석한 Hunsley, Hanson과 Parker(1988)에 따르면, L 척도의 내적 일치도 평균은 .77이었다. 그중 8종의 자료에서 산출된 1~2년 간격의 검사-재검사 신뢰도 평균은 .63이었다. Putnam 등(1996)은 남성 성직자집단의 4개월 간격 검사-재검사 신뢰도가 .72였다고 보고하였다.

Matz, Altepeter와 Perlman(1992)은 대학생 128명의 자료를 분석하여 MMPI-2의 시간적 안정도와 내적 일치도를 확인하였다. L 척도의 시간적 안정도는 중간 수준 이상이었고(.60~.90, 중앙값 .74), 내적 일치도는 .39~.91(중앙값 .62)이었다.

Baer 등(1992)은 솔직하게 응답한 사람의 자료와 축소보고를 시도한 사람의 자료를 비교한 25편의 연구를 메타분석하였다. 분석 결과, L 척도는 어떤 척도 또는 지표보다 축소보고경향을 더 잘 탐지하였다. 전반적으로 축소보고를 시도한 사람의 L 척도 점수가 평균보다 1표준편차 정도 더 높았다.

K 척도(교정, Correction Scale)

K 척도는 임상척도의 민감도를 개선하기 위해서 개발되었다. K 척도에 반영된 교정요인 혹은 억제요인을 임상척도에 합산하면, 임상척도의 민감도가 개선되어 정신병리 탐지능력

이 향상된다. 교정요인을 합산하지 않으면, 오류부정 프로파일이 너무 많아진다. 정신병리를 지니고 있는 정신과 환자임에도 불구하고 임상척도가 상승하지 않는 특이한 현상이 벌어지는 것이다. K 척도를 개발하면서, Meehl(1945b) 및 McKinley, Hathaway와 Meehl(1948)은 진단적 정확성(즉, 진실긍정 혹은 진실부정의 확률)을 훼손하지 않고 오류부정의 확률만 감소시킬 방법을 궁리하였다. 다년간 MMPI를 활용한 경험에 비추어 볼 때, L 척도와 F 척도는 수검태도상의 극단적 이상반응과 왜곡반응을 민감하게 탐지했지만 미묘한 방어반응과 축소반응은 민감하게 탐지하지 못하였다. Meehl과 Hathaway(1946)는 피검자의 수검태도가 척도의 상승과 하강에 지대한 영향을 미친다는 점을 파악하고, 수검태도를 두 가지 유형(부정왜곡, 긍정왜곡)으로 구분하였다. 부정왜곡은 자기에게 비판적인 반응경향 및 지나칠 정도로 자기를 공개하는 태도를 의미한다. 긍정왜곡은 자기를 방어하는 소극적인 반응경향 및 자신의 도덕성을 부풀려서 보고하는 태도를 의미한다. 부정왜곡과 긍정왜곡 여부를 판정하기 위해서는 타당도척도, 특히 K 척도를 살펴봐야 한다. 타당도척도의 기능은 연속선상에서 개념화되기도 한다. 연속선의 한쪽 극단은 문제를 공개하고 기꺼이 인정하는 태도를 측정하고, 연속선의 다른 한쪽 극단은 문제를 축소하고 의도적으로 부인하는 태도를 측정한다. 즉, 과대보고-축소보고의 연속선을 상정하는 것이다. 이런 관점에서 살펴보면, K 척도는 MMPI-2의 제1요인을 측정하는 척도들과 높은 부적 상관(-.70~-.80)을 보인다. 제1요인을 측정하는 척도는 척도 7, 보충척도인 A 척도, PK 척도, PS 척도, Mt 척도, 내용척도인 ANX 척도, OBS 척도, TRT 척도, WRK 척도, 성격병리 5요인 척도인 NEGE 척도 등이다(Nichols, 2011).

　　K 척도는 MMPI의 임상척도 점수가 모두 정상범위(T<70)에 해당하는 50명(남자 25명, 여자 25명)의 정신과 입원환자 자료를 기반으로 제작되었다. 모두 정신과에 입원하고 있는 환자임에도 불구하고 MMPI에서 정상범위의 프로파일을 보였다는 것은 방어적으로 응답했다는 것을 의미한다. 이들은 모두 L 척도에서 T점수 60점 이상을 얻었다. 이것 역시 방어적으로 응답했다는 것을 의미한다. 이들이 받은 진단은 신경증이 아니라 주로 행동장애였다(예: 알코올남용, 성격장애, 행동 문제). 이들의 자료와 원판 MMPI 표준화집단의 일부 자료를 비교하여 변별력을 갖춘 22개 문항을 추출하였다. 추출된 문항집합은 "진실부정 프로파일과 오류부정 프로파일을 변별하였고, 응답방향의 최소 30%를 예측하였다"(Dahlstrom et al., 1972, p. 124). 이 문항집합의 높은 점수는 방어성향 및 오류부정(즉, 이상범위의 프로파일이 관찰되어야 마땅한데 정상범위의 프로파일이 관찰된 경우, 환자인데 환자가 아니라고 부정하는 오류)의 확률이 높음을 시사하였다. 이 문항집합의 낮은 점수는 오류긍정(즉, 정상범위의 프로파일이 관찰되어야 마땅한데 이상범위의 프로파일이 관찰된 경우, 환자가 아닌데 환자라고 긍정하는 오류)의 확률이 높음을 시사하였다. 22개의 문항집합은 정상범위의 프로파일을 제시한 일부 우울증 환자 및 정신분열

중 환자를 민감하게 탐지하지 못하였다. 따라서 우울증 환자 및 정신분열증 환자의 자료와 원판 규준집단의 자료를 비교하여 변별력을 갖춘 8개 문항을 추가로 확보하였다. 결과적으로, 30개 문항을 K 척도에 배치하였다. K 척도는 정상집단과 환자집단(예: 우울증, 정신분열증)을 민감하게 변별할 수 있어야 했을 뿐만 아니라 피검자의 긍정왜곡 혹은 부정왜곡 시도에 거의 영향을 받지 않아야 했다. 문항이 측정하는 내용이 명백하면 긍정왜곡 혹은 부정왜곡 시도에 많은 영향을 받을 수밖에 없다. 따라서 K 척도는 모호문항으로 구성되어야 했다.

K 척도의 원점수를 5개의 임상척도 원점수에 합산하여 교정했더니(K-교정), 임상척도의 민감도가 향상되어 정상집단과 기준집단을 잘 변별할 수 있었다. K-교정비율은 임상척도마다 다르게 설정되었다. 임상가는 5개의 임상척도 T점수가 K-교정을 통해서 얻어졌다는 사실을 명심해야 한다.『MMPI-2 매뉴얼』(Butcher et al., 2001)에 K-교정 전과 후의 T점수 변환표가 제시되어 있다. 컴퓨터를 이용하여 기계식으로 채점하면 K-교정을 실시한 프로파일과 K-교정을 실시하지 않은 프로파일을 모두 산출할 수 있다. 척도 1의 경우, K 척도의 원점수에 0.5를 곱한 값을 척도 1의 원점수에 합산한다. 즉, 가중치가 .50이다. 척도 4의 경우, K 척도의 원점수에 0.4를 곱한 값을 척도 4의 원점수에 합산한다. 즉, 가중치가 .40이다. 척도 7 및 척도 8의 가중치는 1.0이다. 즉, K 척도의 원점수를 임상척도 원점수에 그대로 합산한다. 척도 9의 가중치는 .20이다. 원판 MMPI와 개정판 MMPI-2의 K-교정 가중치는 동일하다. 각 임상척도의 K-교정 가중치는 그 임상척도에 포함되어 있는 모호문항의 비율에 따라서 결정되었다(McKinley et al., 1948). 모호문항비율이 낮은 임상척도의 K-교정 가중치가 크고, 모호문항비율이 높은 임상척도의 K-교정 가중치가 작다. "K-교정은 모호문항비율이 낮은 임상척도에 모호문항을 빌려 주는 작업이다. 임상척도의 모호문항비율이 낮을수록 모호문항을 더 많이 빌려줘야 한다."(Nichols, 2011, p. 70) K-교정을 실시하는 척도 1, 4, 7, 8, 9는 K-교정을 실시하지 않는 척도 2, 3, 6에 비해 모호문항비율이 낮고 명백문항비율이 높다. 피검자의 입장에서는 명백문항비율이 높을수록 방어반응이 더 수월하므로 임상척도가 상승하지 않는다. 따라서 방어성향만큼 가산하여 임상척도를 교정하는 절차를 밟는 것이다. 최근에 제작된 MMPI-2-RF에서는 K-교정을 실시하지 않는다.

K-교정 절차는 정신과에 입원한 성인의 자료를 기반으로 개발되었다. 그러므로 성질이 다른 집단에서도 K-교정을 실시할 수 있다고 단정하기는 힘들다. Greene(2000, 2011)은 다양한 장면에서 보고된 K 척도의 유용성을 개관하고, K-교정 절차를 지지하는 연구가 충분하지 않다고 결론지었다. Greene(2011)에 따르면, MMPI-2로 정상적인 사람을 평가하는 임상가는 K-교정을 실시하지 않는 것이 바람직하다. 그러나 정신병리를 지니고 있을 가능성이 의심되는 사람을 평가하는 임상가는 반드시 K-교정을 실시해야 한다. 요컨대, K-교정을 통해 오

히려 부정확한 수치가 산출될 수 있다는 맹점을 유념하라는 것이다. 현존하는 코드타입 해석 자료는 대부분 K-교정을 실시한 프로파일에 관한 것이므로 K-교정을 생략했을 때 코드타입 의 유형과 양상이 어떻게 달라질지는 정확히 모른다. Butcher(1994c)는 항공기 조종사 취업지 원자의 MMPI-2 프로파일을 분석했는데, 대다수 자료에서 K 척도의 T점수가 65점 이상이었 다. 적응수준이 양호한 사람들이 지나치게 자기호의적으로 응답한 것이다. 그 밖의 인사선발 장면에서도 K 척도가 흔히 상승하므로, 정상적인 사람을 평가할 때 K-교정을 실시하는 것은 부적절할 여지가 있다. K 척도는 정신과 환자집단의 방어성향을 탐지하려는 목적으로 개발되 었기 때문이다. 이러한 한계에도 불구하고 대부분의 임상가와 연구자는 여전히 K-교정을 실 시하고 있다(Colby, 1989). 장차 K 척도의 활용에 대한 적절한 기준이 마련될 때까지, K-교정 은 18세 이상의 성인에게만 실시하기를 권유한다. 또한 정상적인 사람을 평가할 때는 K-교 정을 실시한 프로파일과 K-교정을 생략한 프로파일을 모두 산출하여 비교하기를 권고한다. Archer(1992, p. 84)가 언급했듯이, "청소년을 평가할 때는 K-교정을 실시하지 않는다. 원판 MMPI와 청소년용 MMPI-A 모두 마찬가지이다." 청소년의 프로파일은 K-교정을 생략해야 더 정확하다(Colligan & Offord, 1991). 구체적인 기준을 제시한 Greene(2011)에 따르면, K 척도 의 T점수가 60점 이상 혹은 40점 이하인 경우에는 K-교정을 생략한 프로파일을 해석해야 한 다. K 척도의 T점수가 60점 이상인 경우, K-교정 때문에 상승한 임상척도가 지나치게 부각될 위험성이 있다. K 척도의 T점수가 40점 이하인 경우, K-교정을 생략하더라도 상승했을 임상 척도를 지나치게 간과할 위험성이 있다.

Nichols(2011, pp. 70-71)는 K-교정 가중치를 다시 설정할 필요가 있다고 제안하였다.

> 가중치의 적합성을 다시 논의해야 한다. 가중치를 설정한 지 벌써 65년이 지났고, 그 사이 에 문항반응양상이 변화되었을 개연성이 높다. 과거에 설정한 가중치가 지금도 적합하다고 말 하기는 어렵다. 만약 K 척도의 문항반응양상이 달라졌다면, K 척도가 정상집단과 임상집단을 예전처럼 정확하게 변별하지는 못할 것이다. 따라서 K 척도를 수정하거나 다시 제작해서 현 재 시점의 문항반응양상을 반영하는 새로운 가중치를 설정하는 것이 바람직하다. 그럼에도 불 구하고 과대보고 및 축소보고가 임상척도를 왜곡시키는 효과를 방지하는 K-교정 절차는 논 리적으로 그리고 기능적으로 여전히 유효하다.

Archer, Fontaine과 McCrae(1998)는 대규모의 정신과 입원환자 자료(MMPI 및 MMPI-2)를 가지고 K-교정의 정확도를 분석하였다. K-교정을 실시한 자료 및 K-교정을 생략한 자료를 각각 외적 준거 자료와 비교했는데, K-교정을 실시한 자료가 K-교정을 생략한 자료보다 더 우수하다고 말할 수 없었다. 그럼에도 불구하고 기존의 K-교정 가중치를 지금까지 고수하고 있는 까닭이 있다. 원판 MMPI 시절부터 축적된 연구 자료의 대부분이 K-교정을 실시한 점수에 근거하고 있기 때문이다. 연구자와 임상가는 K-교정을 실시해야 하는지 또는 생략해야 하는지의 딜레마에 빠져 있다. Archer 등(1998, p. 98)은 임상가에게 이렇게 권고하였다.

K-교정을 실시한 임상가는 엄청나게 많은 연구 자료를 참고할 수 있다. K-교정을 생략한 임상가는 상대적으로 적은 연구 자료만 참고할 수 있으나, 공존타당도를 입증하는 더 강력한 연구 자료를 활용할 수 있다. 딜레마 상황에서 벗어나려면, K-교정을 실시한 프로파일뿐만 아니라 K-교정을 생략한 프로파일에 대한 연구가 더 진행되어야 한다. MMPI-2에서 K-교정을 어떻게 실시해야 하는지는 향후연구를 통해 밝혀질 것이다.

Purzke, Williams, Daniel과 Boll(1999)이 지적했듯이, K-교정의 효과성을 탐색한 연구 자료가 상대적으로 부족하다. 그래서 다양한 정신과 환자집단의 자료를 수집해야 하고, 방어성향의 유병률이 서로 다른 다양한 임상장면에서 수집한 자료를 분석해야 한다.

K 척도의 30개 문항 중에서 29개 문항이 '아니다'라고 응답할 때 채점된다. 따라서 K 척도는 심리적 문제를 부인하는 경향을 반영하며, 한쪽으로 치우치는 편향반응에 취약하다. 임상가는 피검자가 묵종반응 혹은 부인반응을 시도했을 가능성을 고려하기 위해 K 척도에 앞서 TRIN 척도를 살펴봐야 한다. 동시대 규준집단에서 K 척도의 원점수 평균은 남녀 모두 약 15점이었다. K 척도의 6개 문항은 다른 척도와 중복되지 않는 고유한 문항이다. 19개 문항은 1개 또는 그 이상의 임상척도에서 중복으로 채점된다. Nichols(2011, p. 72)는 K 척도의 문항 중복양상을 다음과 같이 정리하였다.

K 척도의 10개 문항이 S 척도와 중복되는데, 그중에서 5개 문항은 S1 하위척도와 중복된다. 9개 문항이 척도 3의 모호문항과 중복되고, 7개 문항이 척도 4의 모호문항과 중복된다. 6개 문항이 척도 2와 중복되는데, 그중에서 5개 문항이 모호문항이다. K 척도와 Hy2, Ma-S (모호), Ma3, Mp 척도는 각각 4개씩의 문항을 공유한다. K 척도와 문항을 공유하지만 반대방향으로 채점되는 척도도 있다. K 척도의 8개 문항이 척도 0과 중복되는데, 그중에서 4개 문항은 Si3 임상소척도에서 반대방향으로 채점된다. 5개 문항이 CYN 내용척도와 중복되고, 그중에서 4개 문항이 CYN1 내용소척도에서 반대방향으로 채점된다.

K 척도의 문항은 상당히 다양한 내용으로 구성되어 있다. 심리적 문제를 부인하는 경향뿐

만 아니라 자기조절, 가족관계, 대인관계 등을 측정한다. Caldwell(1999)에 따르면, K 척도의 문항은 세 가지 내용(사회경제적 지위, 인상관리, 정서적 제약)으로 분류된다(Nichols, 2011). K 척도의 모호문항은 피검자가 부정적 정서성, 정서적 불안정, 대인관계 문제, 냉소적 태도, 불신감, 사회적 내향성, 심리적 부적응 등을 부인할 때 채점된다. MMPI-2로 개정되는 과정에서 K 척도의 문항수는 달라지지 않았다. 한 문항만 현대적인 용어로 기술하였다.

MMPI-2 규준집단에서 산출된 K 척도의 1주 간격 검사-재검사 신뢰도는 남자가 .84, 여자가 .81이었다. 내적 일치도[알파(α)계수]는 남자가 .73, 여자가 .71이었다. 원판과 개정판의 K 척도 신뢰도는 유사한 수준이었다. 본질적인 변화가 없었기 때문이다. 예상했던 바와 같이, 정신과 환자집단의 신뢰도가 정상집단의 신뢰도보다 더 낮았다. 정신과 환자집단의 1~2일 간격 검사-재검사 신뢰도는 .46~.56이었고, 1년 간격 검사-재검사 신뢰도는 .42~.72였다(Dahlstrom et al., 1975). 1970년부터 1981년 사이에 수집된 71종의 원판 MMPI 자료를 메타분석한 Hunsley, Hanson과 Parker(1988)에 따르면, K 척도의 내적 일치도 평균은 .82였다. 그중 15종의 자료에서 산출된 1일~2년 간격의 검사-재검사 신뢰도 평균은 .77이었다.

K 척도에 반영되어 있는 임상양상과 성격특성은 상승 정도에 따라서 서로 다르게 해석해야 한다. 임상장면에서 K 척도의 T점수가 중간 수준(55<T<65)에 해당하면, 의도적으로 인상을 관리하려는 태도로 타인을 기만하는 것이 아니라 자기호의적인 태도로 자기를 기만하고 있다고 해석할 수 있다. 임상장면에서 K 척도의 T점수가 높은 수준(T>65)으로 상승하면, 방어적인 태도를 견지하면서 자신의 심리적 문제를 적극적으로 부인하고 있다고 해석할 수 있다. 하지만 적응적으로 기능하고 있는 사람도 K 척도에서 높은 점수를 얻을 수 있다. 이런 경우, 피검자가 순조로운 삶을 살고 있다고 해석하는 것이 바람직하다(Butcher et al., 1989). 임상장면에서 K 척도가 T점수 65점 이상으로 상승하면, 성격평가 및 임상평가의 신뢰도에 왜곡이 발생할 소지가 크다. 방어성향이 지나치므로 프로파일을 신뢰하기 어려운 것이다.

임상장면에서 K 척도가 높은 수준(T>65)으로 상승하면, 자기보고의 신뢰성이 하락한다. 적응하는 데 어려움이 없다는 피검자의 주장은 현실과 부합하지 않을 가능성이 크다. 오히려 심리적 문제와 개인적 약점을 부인하고, 자기조절을 잘하는 사람이라는 긍정적 이미지로 포장하는 것으로 해석할 수 있다. 자기보고와 임상 정보가 비록 모순되지는 않더라도 서로 불일치하기 때문이다. 대개의 경우 명백문항에 부인하는 방향으로 응답할 때 이 정도로 높은 점수가 관찰된다. 특히 F 척도의 점수가 평균 혹은 평균 이하 수준일 때 그렇다. 물론 피검자는 모호문항에도 (모두는 아니지만 거의) 부인하는 방향으로 응답하는 경향이 있다. K 척도가 상승한 까닭을 정확하게 해석하려면 L 척도, Ss 척도, S 척도, Mp 척도, Sd 척도를 참고해야 한다. 이런 척도를 참고하면 피검자가 어떤 동기를 가지고 검사에 임했는지 탐지할 수 있고, 피검자의 통찰수준까지 파악할 수 있다(Nichols, 2011, p. 74).

K 척도를 해석할 때는 가급적 많은 임상 정보를 함께 고려해야 한다. 의뢰 사유와 과거력을 비롯해서 피검자가 현재 어떤 상황에 처해 있는지도 파악해야 한다. 일반적으로, K 척도와 사회경제적 지위는 정적 상관관계를 보인다. 『MMPI-2 매뉴얼』(Butcher et al., 1989)에 따르면, 자신이 무능력하고 비효율적이고 불안정하다고 솔직하게 공개했을 때 손해가 더 큰 사람은 상류계층의 사람이다. 따라서 상류계층의 사람은 자존감을 보호하고 인상을 관리하는 방향으로 응답할 가능성이 높다. K-교정을 실시하면 이런 유형의 방어성향을 보정할 수 있다. K 척도의 매우 낮은 점수(35<T<45)는 각종의 심리적 문제와 씨름하고 있다고 고백하면서 자기를 지나치게 비판적으로 묘사하는 경향을 시사한다. 비관주의, 냉소주의, 성마름, 불안정감, 통찰의 결여, 방어의 실패와 관련이 있고, 정신증의 증상과 증후를 암시하는 것일 수도 있다. K 척도의 극단적으로 낮은 점수(T<35)는 과대보고 및 부정왜곡을 시사한다.

일반적으로, K 척도가 상승하면 임상척도는 상승하지 않는다. 특히 내용척도가 상승하지 않는다. 반대로, K 척도가 상승하지 않으면 임상척도와 내용척도가 상승하는 것이 일반적이다. 만약 K 척도가 상승하고 임상척도 역시 상승한다면, 소위 신경증 척도라고 불리는 척도 1, 2, 3이 상승할 가능성이 크다(Dahlstrom et al., 1972). 반대로, 피검자가 정신병리를 과장하고 부정왜곡을 시도하면 K 척도가 상승하지 않고, 소위 정신증 척도라고 불리는 척도 6, 7, 8, 9가 상승할 가능성이 크다(Dahlstrom et al., 1972).

K-교정을 실시한 5개의 임상척도(1, 4, 7, 8, 9)가 상승했을 때는 주의를 기울여서 해석해야 한다. 임상척도의 원점수 자체가 높았기 때문에 상승했을 수도 있고, 임상척도의 원점수에 K-교정 가중치를 가산해서 높아졌기 때문에 상승했을 수도 있고, 두 가지 이유가 합쳐져서 상승했을 수도 있다. 그러므로 임상척도의 원점수 자체를 먼저 살펴보고, K-교정 가중치를 가산한 수치와 비교해야 한다. K-교정을 실시한 임상척도가 여러 이유로 상승할 수 있기 때문이다. 예컨대, 피검자 A가 척도 7에서 T점수 68점을 얻었다. 척도 7의 원점수는 23점이었고, K-교정을 통해 12점을 가산하였다. 총점 35점을 환산하면 T점수 68점이 산출된다. 피검자 B도 척도 7에서 T점수 68점을 얻었다. 그런데 피검자 B의 척도 7의 원점수는 12점이었고, K-교정을 통해 23점을 가산하였다. 총점 35점을 환산하면 T점수 68점이 동일하게 산출된다. 피검자 B의 경우, 방어성향이 강하고 심리적 문제에 나름대로 대처할 수 있다고 해석해야 한다. 적어도 피검자 A보다는 그렇다. 만약 척도 7의 T점수(68점)만 가지고 피검자 B가 걱정이 많은 사람이라고 해석하면 오류를 범하게 된다. 척도 7의 원점수(12점)를 고려하면 피검자 B

는 걱정이나 긴장감과 거리가 있는 사람이기 때문이다.

타당도척도의 해석방법은 제4장에서 자세히 설명하겠다. 마지막으로 한 가지만 짚고 넘어가겠다. 실제로 정신병리를 겪고 있는 환자집단의 K 척도 점수가 정신병리를 가장하라고 요구받은 정상집단의 K 척도 점수보다 더 높았다(Graham, Watts, & Timbrook, 1991; Wetter et al., 1992). 환자집단의 K 척도 점수가 가장집단의 K 척도 점수보다 더 높다는 결과는 몇몇 연구에서 추가로 보고되었다. K 척도의 T점수가 매우 낮은(T<35) 경우, 임상가는 다른 타당도척도를 함께 고려하여 부정왜곡의 가능성을 반드시 확인해야 한다. Lamb 등(1994)에 따르면, 일반인에게 폐쇄성 두부손상을 허위로 가장하라고 지시하면서 K 척도를 비롯한 타당도척도를 조작하는 방법을 교육했을 때 타당도척도의 점수가 상승하지 않았다. 이것은 비윤리적 코칭이 MMPI-2 프로파일에 심각한 영향을 미친다는 사실을 보여 주는 결과이다. 임상가는 지시사항과 수검태도가 프로파일에 미치는 영향을 유의해야 한다. 지시사항의 중요성은 제2장을 참조하기 바란다.

S 척도(과장된 자기제시, Superlative Self-Presentation Scale)

MMPI-2 재표준화에 이어서 Butcher와 Han(1995)은 S 척도를 개발하였다. 항공기 조종사 취업지원자 274명의 자료와 MMPI-2 재표준화집단에 속한 1,138명의 자료를 비교했는데, 모두 남성이었다. 두 집단의 응답비율이 통계적으로 유의미하게 다른(p<.001) 50개 문항을 추출하였고, 문항분석 및 내용분석을 통해 내적 일치도를 확보하였다. S 척도의 50개 문항 중에서 6개 문항이 '그렇다'라고 응답할 때 채점되고, 44개 문항이 '아니다'라고 응답할 때 채점된다. Butcher와 Han(1995)은 S 척도가 L 척도 및 보충척도인 R 척도, Es 척도, Re 척도, O-H 척도와 정적 상관관계를 지니고, S 척도가 척도 8 및 보충척도인 A 척도, Pt 척도, Mt 척도, 내용척도인 CYN 척도, ANG 척도, ANX 척도와 부적 상관관계를 지닌다고 보고하였다. 이것은 S 척도가 (K 척도와 마찬가지로) 제1요인과 밀접하게 관련되어 있고, 제2요인과 상대적으로 덜 관련되어 있음을 시사한다.

MMPI-2 재표준화집단에 속한 남성과 여성의 자료를 가지고 S 척도의 문항을 요인분석한 결과, 다음과 같은 5개의 독립적인 하위요인이 추출되었다(Butcher & Han, 1995). 인간의 선함에 대한 믿음(S1, 15문항), 평정심(S2, 13문항), 삶에 대한 만족감(S3, 8문항), 흥분/분노에 대한 부인 및 인내심(S4, 8문항), 도덕적 결함에 대한 부인(S5, 5문항)이다. 하위요인 명칭에 S 척도가 측정하는 내용이 잘 반영되어 있는데, S 척도는 선량함, 평정심, 인내심, 자비심 등을 측정한다. S 척도와 K 척도는 내용적으로 긴밀하게 연관되어 있고, 두 척도 사이의 상관계수

는 .88이다. 그러나 K 척도와 달리 S 척도에는 모호문항이 많지 않다. S 척도는 사회적 바람
직성을 강조할 때 그리고 인간에 대한 혐오, 냉소성, 불신감, 성마름, 과민성, 불안감, 내적 갈
등, 내적 부조화를 부인할 때 상승한다. 또한 S 척도는 피검자가 타인을 선하고, 고결하고, 존
귀한 존재로 여긴다고 주장할 때, 자신의 삶에 만족하고, 화내지 않고, 평정심을 잃지 않고,
관습적 및 동조적으로 살고 있다고 묘사할 때 상승한다(Nichols, 2011). S 척도와 K 척도는 모
두 방어성향을 반영한다. 그러나 K 척도의 문항이 검사의 전반부(366번 문항 앞쪽)에 배치되
어 있는 반면, S 척도의 문항은 검사의 전역에 고르게 배치되어 있다. S 척도와 K 척도는 모든
MMPI-2 내용척도(Butcher, Graham, Williams, & Ben-Porath, 1990)와 부적 상관관계를 보인다.
다만 S 척도의 상관계수가 K 척도의 상관계수보다 전반적으로 조금 높은 편이다. S 척도의
39개 문항과 K 척도의 30개 문항으로 사회적 바람직성(Dahlstrom et al., 1975)을 측정한 결과,
S 척도가 K 척도보다 사회적 바람직성을 9~10% 정도 더 반영하고 있었다. 이것은 S 척도
가 K 척도보다 내용척도의 상승을 더 억제하는 효과를 발휘한다는 것을 시사한다. 즉, S 척도
의 점수가 높은 피검자는 내용척도와 임상척도의 명백문항에 채점되는 쪽으로 거의 응답하
지 않는다는 것이다. S 척도가 상승하면 소위 정신증 척도가 상승하지 않는 경향이 있다. 이
와 반대로 S 척도가 상승하면 K 척도, Es 보충척도, GM 보충척도 및 유사한 내용을 측정하는
척도가 상승하는 경향이 있다. 이런 양상을 종합할 때, S 척도는 양호한 구성타당도를 갖추고
있다고 판단된다.

　S 척도는 K 척도와 10개 문항을 공유한다(S1 척도 5개 문항, S2 척도 3개 문항, S3 척도 1개 문
항, S4 척도 1개 문항). 또한 S 척도의 6개 문항이 Mp 척도에서 중복으로 채점된다(S2 척도 4개
문항). S 척도와 문항을 공유하지만 반대방향으로 채점되는 척도들이 많다. S 척도의 14개 문
항이 CYN 내용척도(CYN1 척도 9개 문항, CYN2 척도 5개 문항)와, 12개 문항이 Ho 보충척도(S1
척도 10개 문항)와, 6개 문항이 Mt 보충척도와, 6개 문항이 ASP 내용척도(모두 ASP1 척도)와,
6개 문항이 TPA 내용척도(TPA1 척도 4개 문항)와, 5개 문항이 ANG 내용척도(모두 ANG2 척
도)와, 5개 문항이 WRK 내용척도와, 4개 문항이 GF 보충척도와 중복되고, 모두 반대방향으
로 채점된다. S1 하위척도와 CYN 내용척도가 상당수 문항을 공유하기 때문에 두 척도는 강
하게 혹은 완전히 연관되어 있다. S5 하위척도와 GF 보충척도 사이의 관계도 마찬가지이다
(Nichols, 2011).

　Butcher와 Han(1995)은 MMPI-2 재표준화를 진행하면서 규준집단에 포함된 사람들의 배
우자 평정 자료를 수집하였다. 배우자의 묘사에 따르면, S 척도의 점수가 높은 사람은 유쾌하
고, 편안하고, 짜증 부리지 않고, 사소한 일로 걱정하거나 조바심내지 않고, 성마르지 않고,
불평하지 않고, 감정의 기복이 심하지 않고, 배우자가 다른 사람과 어울려도 의심하거나 타박

하지 않는 사람이다. 다시 말해, S 척도의 점수가 높은 사람은 정서적 불편감과 대인관계 갈등으로부터 자유로운 사람이다. 여기서 이것이 본인의 주장에 불과한 것이 아니라 배우자 평정 자료를 통해 확인된 특성이라는 점이 중요하다.

S 척도의 경험적 제작방식에 특별한 이견을 제기하고 싶지는 않다. 다만 S 척도의 모태인 항공기 조종사 취업지원자집단이 인구통계학적으로 편중되어 있다는 사실은 감점 요인이다. 모두 남성이고, 대학교육을 받았고, 상류계층에 속하며, 대부분 백인이기 때문이다. S 척도에는 자신을 긍정적으로 제시하려는 강력한 동기와 현실적 수단이 혼합되어 있다. 동기가 있어도 수단이 부족한 사람을 상상해 보면 어떤 문제가 발생할 소지가 있는지 자명하다. 어떤 사람은 비범한 수준으로 적응하고 있다는 점을 강조했을 수도 있고, 다른 사람은 인간적 약점, 성격적 결함, 걱정, 나쁜 버릇 등을 부인했을 수도 있다. 그리고 어떤 사람은 정말로 양호한 적응상태를 유지하고 있기 때문에 굳이 과장하지 않고 그저 솔직하게 응답했을 수도 있다. 더 나아가 비범한 수준으로 적응하고 있다고 과장해서 응답한 사람 중에 일부는 자의식을 발휘해서 자기기만을 시도했겠지만, 다른 일부는 자의식을 동원하지 않고 자기기만도 시도하지 않았을 수 있다(Nichols & Greene, 1997). 이런 점에 비추어 보면, S 척도의 구성타당도는 다소 모호한 부분이 있다. 그럼에도 불구하고 S 척도는 최고의 자기기만 척도라고 판단된다.

S 척도에는 5개의 하위척도가 존재한다. 하위척도를 분석하면 피검자가 어떤 내용의 문항에 주로 응답했는지 파악할 수 있다. 그러나 하위척도 점수가 항공기 조종사 취업지원자의 반응전략과 항상 정확하게 일치한다고 보기는 어렵다. 결국 여러 문항에 상이한 전략으로 응답한 내용을 합산하여 S 척도의 점수가 결정되기 때문이다. 또한 5개의 하위척도 중에서 적어도 4개의 하위척도가 연합해야 S 척도의 T점수가 65점에 도달한다. 따라서 하위척도를 세밀하게 분석해야만 정교한 해석 자료를 확보할 수 있을 것이다.

잠재적 문제점과 해석적 유의점이 있음에도 불구하고, S 척도는 표준지침에 따라 MMPI-2를 실시한 집단과 긍정왜곡을 시도하라고 지시받은 집단을 효율적으로 변별한다는 사실이 몇몇 연구에서 확인되었다. 그중에서 축소보고를 탐지하기 위해 개발된 타당도척도 및 타당도지표의 증분타당도를 조사한 연구가 있다. Baer, Wetter, Nichols, Greene과 Berry(1995)는 위계적 회귀분석을 실시하여 11종의 타당도척도 및 타당도지표가 증분타당도를 지니는지 조사하였다. 분석 결과, L 척도와 K 척도가 이미 설명한 것 이상으로 설명력을 증가시키는 타당도 측정치는 오직 2종이었다. 바로 S 척도와 Sd 척도였다. Bagby 등(1997b)도 유사한 결과를 보고하였다. L 척도와 K 척도가 이미 설명한 것 이상으로 설명력을 증가시키는 타당도 측정치는 S 척도, Sd 척도, So-r 척도, Od 척도(Nichols & Greene, 1991)였다. 두 편의 연구에서 S 척도의 효과크기가 가장 강하였다. 양육권 분쟁을 벌이는 보호자의 자료에서 가장반응과 진실반응을 변별하는 연구를 진행한 Bagby, Nicholson, Buis, Radovanovic과 Fidler(1999)에 따르면, S 척도의 원점수와 Sd 척도의 원점수를 합산한 합성점수가 L 척도 및 K 척도의 단독 점수보다 우수한 변별력을 발휘하였다. 따라서 S 척도는 정신병리를 축소해서 보고하는 방어 성향을 정확하게 탐지하는 것으로 판단된다. 그러나 향후연구를 통해 정상집단 및 환자집단 에서 다양한 경험적 자료를 확인할 필요가 있다. 또한 S 척도가 기존의 타당도척도 및 타당도 지표와 비교하여 어떤 독특한 특징과 기능을 지니고 있는지 정밀하게 연구해야 한다.

Mp 척도(긍정적 가장, Positive Malingering Scale)

Cofer 등(1949)은 81명의 남녀 대학생을 대상으로 세 종류의 서로 다른 지시사항이 MMPI 프로파일에 어떤 영향을 미치는지 조사하였다. 첫째, 처음에는 표준지침에 따라 솔직하게 응 답하고, 나중에는 군입대를 회피할 수 있도록 심리적 문제를 가장해서 응답하라고 지시하 였다. 둘째, 처음에는 표준지침에 따라 솔직하게 응답하고, 나중에는 해군장교 후보생에 선발 될 수 있도록 최대한 긍정적으로 응답하라고 지시하였다. 셋째, 두 번 모두 표준지침에 따라 솔직하게 응답하라고 지시하였다. 순서효과를 상쇄하기 위해서 조건마다 처음과 나중의 지 시사항을 교차시켰다. 조건마다 두 번씩 MMPI에 응답하도록 연구를 설계한 까닭은 두 번째 시행에서 나타나는 평균으로 회귀하는 현상을 감소시키기 위해서였다. 분석 결과, 34개 문항 (1개는 반복문항)의 응답비율이 표준적인 자료 및 부정왜곡 자료 모두에서 안정적이었다. 그 러나 긍정왜곡 자료에서는 응답비율이 불안정하였다. 즉, 긍정왜곡을 시도한 대학생은 34개 문항에 채점되는 쪽으로 더 많이 응답한 것이다. 이렇게 추출된 33개 문항(반복문항은 삭제)으 로 원판 MMPI의 Mp 척도를 구성하였다. 오직 긍정왜곡 자료에서만 응답비율이 다르다는 점 을 고려할 때, Mp 척도의 문항은 대부분의 사람이 솔직하게 인정하는 사소한 결함을 반영하 는 문항, 지나치게 긍정적인 인상을 심으려고 시도하는 사람들만 부인하는 문항인 것으로 보 인다.

MMPI-2의 Mp 척도는 26개 문항으로 구성되어 있다. 이 중에서 11개 문항이 '그렇다'라고 응 답할 때 채점되고, 15개 문항이 '아니다'라고 응답할 때 채점된다. Mp 척도는 Sd 척도와 13개 문 항을 공유한다. Mp 척도의 6개 문항이 L 척도와, 6개 문항이 S 척도와 중복된다(S2 척도 4개 문항). K 척도에서 중복으로 채점되는 문항은 4개이다. Caldwell(2007b)의 임상 자료에 따르 면, Mp 척도는 Sd 척도(.75)와 가장 높은 정적 상관을 보인다. L 척도(.65), S 척도(.56), Ma3 척도(.47)는 Mp 척도와 중간 수준의 정적 상관을 보인다. Mp 척도와 부적 상관을 보이는 척 도는 Mf2 척도(-.66), APS 보충척도(-.59), NEGE 척도(-.58), A 보충척도(-.57), ANX 내용척도(-.56), 척도 7(-.55), WRK 내용척도(-.55), Mt 보충척도(-.55), OBS 내용척도(-.54), Pd5 척도(-.52), PS 보충척도(-.51), DEP 내용척도(-.50), LSE 내용척도(-.50), LSE1 내용소척도(-.50), PK 보충척도(-.50), MDS 보충척도(-.50)이다.

Mp 척도의 내용은 상당히 모호하고 다양하다. 지금까지 걱정, 공포, 내면적 갈등, 심경의 변화를 부인하는 문항, 성적 욕망을 지나치게 경계하는 문항, 자신감과 리더십을 과장하는 문항, 남성적 관심사를 강조하는 문항 등이 판별되었다. 남성적 관심사를 강조하는 문항 때문에 Mp 척도에는 성차가 반영된다. 실제로 여성의 원점수 평균이 남성의 원점수 평균보다 약 1.33점 낮다. 이런 문제점을 지적한 Nichols(2011)에 따르면, Mp 척도는 여성의 인상관리 시도를 민감하게 탐지하지 못할 우려가 있다. 그러나 "다른 한편으로, Caldwell(1988)이 제안했듯이 특수한 인사선발장면에서는 오히려 Mp 척도의 민감도가 향상될 수 있다. 예컨대, 경찰관을 선발할 때 그러하다"(Nichols, 2011, p. 84).

원판 MMPI의 축소보고 응답 자료를 메타분석한 Baer 등(1992)에 따르면, 11편의 연구에서 산출된 Mp 척도의 평균 효과크기는 1.42였다. Mp 척도는 10개의 타당도척도 및 타당도지표 중에서 가장 변별력이 우수하였다. L 척도(.94), K 척도(.90), F-K 지표(.71)의 평균 효과크기는 Mp 척도의 평균 효과크기보다 모두 유의미하게 작았다. 예컨대, Otto, Lang, Megargee와 Rosenblatt(1988)는 Mp 척도가 알코올중독 환자집단의 80%를 정확하게 변별한다고 보고하였다. 그들은 알코올중독 환자집단의 절반에게는 정신병리를 감추라고 지시하였고, 나머지 절반에게는 표준지침에 따라 응답하라고 지시하였다.

Mp 척도에서 높은 점수가 관찰되면, 임상가는 L 척도, K 척도, S 척도, Sd 척도, Ss 척도를 함께 고려해서 프로파일의 타당성을 판정해야 한다. Mp 척도의 T점수가 60점 이상으로 상승하면, 피검자가 고의적으로 적응수준을 과장하고 있을 가능성이 있다. 특히 Sd 척도 역시 비슷한 수준으로 상승했을 때 그렇다. Mp 척도와 Sd 척도가 모두 T점수 65점 이상으로 K 척도보다 높게 상승하면 그리고 Ss 척도의 T점수가 평균 이하이면, 피검자가 고의적으로 긍정왜곡(즉, 인상관리)을 하고 있을 가능성을 강하게 의심할 수 있다. L 척도가 상승하면 Mp 척도와 Sd 척도도 상승하는 경향이 있다. 문항의 내용이 유사하기 때문이다. 그러나 L 척도가 Mp 척도 및 Sd 척도보다 유의미하게 높을 때는 피검자가 신중하게 응답했다기보다 순진하게 응답했다고 간주할 수 있다. 즉, 피검자가 심리적 부적응과 정신병리를 감추려는 사람이 아니라 도덕적 평가를 받을까 봐 두려워서 회피하는 사람이라고 해석할 수 있다. S 척도의 상승은 L 척도와 Sd 척도에 비해 K 척도와 Mp 척도의 상승을 강력하게 유도한다. 따라서 S 척도, K 척도, Mp 척도는 상승하고 Sd 척도와 L 척도는 상승하지 않는 현상이 발생할 수 있다.

Sd 척도(사회적 바람직성, Social Desirability Scale)

스탠퍼드 대학교 학부생 178명(남자 72명, 여자 106명)에게 일반적인 사람이 더 바람직하다고 생각할 것 같은 쪽으로 MMPI에 응답하라고 지시하였다. 특히 미국 사회의 보편적 가치를 참조하여 사회적 바람직성을 판단하라고 요구하였다. 아울러 표준지침에 따라서 MMPI에 응답한 140명(남자 55명, 여자 85명)의 자료를 수집하여 서로 비교하였다. Wiggins(1959)는 두 집단을 통계적으로 유의미하게 변별(p<.001)하는 40개 문항을 확보하고, 이를 바탕으로 Sd 척도를 제작하였다. 사회적 바람직성과 관련된 6편의 연구를 메타분석한 Baer 등(1992)에 따르면, Sd 척도의 평균 효과크기는 1.60이었다. 이것은 함께 분석한 타당도척도 및 타당도지표 중에서 가장 양호한 수치였다. Baer와 Miller(2002)는 메타분석을 추가로 실시하고 Sd 척도의 축소보고 탐지능력이 우수하다고 재차 확인하였다.

MMPI-2의 Sd 척도는 33개 문항으로 구성되어 있다. 이 중에서 24개 문항이 '그렇다'라고 응답할 때 채점되고, 9개 문항이 '아니다'라고 응답할 때 채점된다. Sd 척도는 Mp 척도와 13개 문항을 공유한다. Sd 척도의 7개 문항이 L 척도와, 2개 문항이 S 척도와 중복된다(모두 S2 척도). K 척도에서 중복으로 채점되는 문항은 2개이다. Caldwell(2007b)의 임상 자료에 따르면, Sd 척도는 Mp 척도(.75), L 척도(.55), S 척도(.37), K 척도(.29)와 정적 상관관계를 지닌다.

Mp 척도는 주로 자신의 인간적 결점과 심리적 고통을 부인하는 경향을 측정하지만, Sd 척도는 주로 자신의 긍정적 속성을 강조하는 경향을 측정한다. Nichols(2011, p. 85)는 두 척도의 차이점을 통찰력 있게 묘사하였다.

Mp 척도와 Sd 척도는 피검자의 인상관리경향을 효율적으로 탐지한다. 그러나 두 척도는 세 가지 측면에서 서로 다르다. 첫째, Mp 척도는 문항의 58%가 '아니다'라고 응답할 때 채점되고, Sd 척도는 문항의 73%가 '그렇다'라고 응답할 때 채점된다. 둘째, 두 척도의 공통점은 대부분의 사람이 부인하지 않는 단점을 부인하고, 대부분의 사람이 강조하지 않는 강점을 강조하는 경향을 측정한다는 것이다. 그러나 Mp 척도는 부정적 속성을 부인하는 경향에 방점을 찍고, Sd 척도는 긍정적 속성을 강조하는 경향에 방점을 찍는다. 따라서 두 척도에 반영되는 피검자의 자기상은 서로 다르다. Mp 척도가 상승한 사람은 자신을 느긋하고, 편안하고, 차분하고, 자신감 있고, 정서적으로 안정된 사람이라고 묘사한다. Sd 척도가 상승한 사람은 자신을 강인하고, 외향적이고, 건설적이고, 적극적이고, 사회적으로 침착한 사람이라고 묘사한다. 셋째, Sd 척도의 상한선(T점수 약 100점)이 Mp 척도의 상한선(T점수 약 80점)보다 상당히 높다.

Sd 척도는 보수적이지는 않지만 관습적이고, 책임감이 있고, 도덕적 가치를 숭상하고, 욕망이 있고, 열정이 넘치고, 끈기와 결단력이 있고, 사교적이고, 외향적이고, 자의식에 사로잡히지 않고, 신체적으로 건강한 사람이라고 주장할 때 상승한다. Sd 척도를 제작하는 과정에서 일반적인 사람이 더 바람직하다고 생각할 것 같은 쪽으로 응답하라고 지시했던 점을 고려하면, Sd 척도는 이상적인 모범시민의 이미지를 측정하고 있다. Sd 척도에 투영되어 있는 이상적인 모범시민은 외향적이고, 사교적이고, 걱정하지 않고, 자기를 신뢰하고, 주장적이고, 주도적이고, 사고와 정서를 충분히 조절하고, 질서정연하고, 확신을 가지고 있고, 유능하고, 과감하고, 스트레스를 받지 않고, 성취지향적이고, 과제지향적이고, 친절하고, 자신감이 넘치고, 열정적이고, 적극적으로 살아가는 사람이다. 그러나 다른 한편으로는 자신의 관습성, 도덕성, 침착성을 비현실적인 수준으로 지나치게 강조하는 사람이다.

알파요인을 반영하는 S 척도는 피검자가 신경증과 정신증을 부인할 때, 즉 정신병리를 직접적으로 은폐할 때 상승한다. 감마요인을 반영하는 Mp 척도와 Sd 척도는 피검자가 자신을 호의적으로 묘사할 때, 즉 타인에게 비춰지는 자신의 인상을 간접적으로 관리할 때 상승한다. 그러나 알파요인과 감마요인이 확실하게 구분되는 것은 아니다. 두 요인 모두 인상관리를 시도하고 정신병리를 은폐하는 방어성향과 밀접한 관련이 있다. Mp 척도와 Sd 척도의 점수가 높은 사람은 대부분의 사람이 굳이 부인하지 않는 단점을 부인하고, 굳이 강조하지 않는 강점을 강조한다. 앞서 언급했듯이, Mp 척도가 상승한 사람은 자신을 느긋하고, 편안하고, 차분하고, 자신감 있고, 정서적으로 안정된 사람이라고 묘사하면서 자신의 성격적 강점과 정서적 안정성을 부각시킨다. Sd 척도가 상승한 사람은 자신을 강인하고, 외향적이고, 건설적이고, 적극이고, 사회적으로 침착한 사람이라고 묘사하면서 자신의 성격적 강점과 왕성한 활력을 부각시킨다.

Mp 척도의 경우와 마찬가지로 Sd 척도가 중간 수준(60<T<65)으로 상승한 피검자는 의식적으로 자신의 인상을 관리하고 있을 가능성이 높다. 사회적으로 바람직하다고 여겨지는 이상적인 이미지로 자신을 포장하고 있는 것이다. 특히 Sd 척도의 T점수가 K 척도의 T점수보다 높고 Ss 척도의 T점수가 평균 이하일 때, 피검자가 자신의 인상을 지나치게 호의적으로 관리하고 있을 가능성이 강하게 의심된다.

Ss 척도(사회경제적 지위, Socioeconomic Status Scale)

Nelson(1952)은 피검자가 획득한 사회경제적 지위를 측정하기 위해서 Ss 척도를 제작했는데, 그동안 잘 알려지지 않았던 Ss 척도를 Caldwell(1988)이 발굴하였다. Gough(1948a, 1948b)

도 피검자의 사회경제적 지위를 측정하기 위해 St 척도를 개발하였다. Ss 척도는 피검자가 획득한 지위를 측정하고, St 척도는 피검자가 선망하는 지위를 측정한다. Nelson(1952)에 따르면, 정신병리 및 문제행동은 피검자의 사회경제적 지위와 밀접한 관련이 있다. 어떤 문제행동은 상류계층보다 하류계층에서 더 빈번하게 발생하기 때문이다. 예컨대, 정신건강 전문가라면 '반사회적'이라고 쉽게 수긍할 수 있는 문제행동, 즉 배우자 폭행, 과도한 음주, 비계획적 소비, 자녀의 일탈행동 방관, 채무 회피 목적의 거주지 이전 등은 사회경제적 지위가 가장 낮은 하류계층에서 더 빈번하게 관찰된다.

Nelson(1952)은 재향군인병원에서 치료받은 적이 있는 남성 710명의 자료를 확보하고, 직업분류기준(Warner가 개발한 7단계 범주)에 따라서 그들의 교육수준과 직업수준을 평정한 뒤 상위계층과 하위계층으로 분류하였다. 상위계층으로 분류된 41명은 교육수준(13년 이상)과 직업수준(관리자, 기술자)이 가장 높았다. 하위계층으로 분류된 43명은 교육수준(8년 이하)과 직업수준(노무자, 종업원)이 가장 낮았다. 두 계층의 MMPI 프로파일을 비교한 결과, 87개 I 문항에서 통계적으로 유의미한 차이(p<.01)가 관찰되어 Ss 척도에 배치하였다. 개정판 MMPI-2의 Ss 척도는 73개 문항으로 구성되어 있는데, 13개 문항이 '그렇다'라고 응답할 때 채점되고, 60개 문항이 '아니다'라고 응답할 때 채점된다.

기준집단을 새롭게 확보하여 교차타당화 연구를 진행한 결과, Ss 척도는 교육수준(.47), 직업수준(.45), 지능수준(.41)과 정적 상관관계를 보였고, 연령수준과는 유의미한 상관관계가 없었다. Nelson(1952)의 Ss 척도 및 Gough(1948a, 1948b)의 St 척도는 피검자의 사회경제적 지위를 대부분 정확하게 분류하였다. 그러나 Ss 척도의 오류비율이 St 척도의 오류비율의 절반에 불과하였다. Jenkins(1952)는 Ss 척도의 점수가 높을수록 편집성 정신분열증의 예후가 더 양호하다고 보고하였다.

Nelson(1952)에 따르면, Ss 척도의 문항은 12개의 내용범주로 구분된다. 신체적 불평(13개 문항), 수면곤란(3개 문항), 심리적 결손(4개 문항), 공포증 및 강박성향(9개 문항), 망상 및 환각(6개 문항), 편집성향(5개 문항), 정서적 상태(5개 문항), 자기통찰(3개 문항), 도덕적 경직성(2개 문항), 지적 관심사(2개 문항), 일반 관심사(6개 문항), 기타(15개 문항)가 그것이다. Ss 척도의 문항은 피검자가 신체증상, 수면 문제, 우울감, 공포감, 냉소성향, 의심성향, 편집성향, 정신증성향, 인지기능장해, 내향성향, 충동성향을 부인할 때 채점된다. 또한 육체적 활동(직업)보다 정신적 활동(직업)에 관심이 있다고 응답할 때 채점된다. Ss 척도의 점수가 높은 사람은 자신을 민첩하고, 사회적 평판에 관심이 있고, 가끔은 실수하고, 솔직하고, 성숙하고, 신중하고, 도덕적으로 유연하고, 너그러운 사람이라고 묘사한다.

Ss 척도는 알파요인을 측정하는 K 척도 및 S 척도와 모두 정적 상관관계(.65)를 지닌다. Ss

척도와 K 척도는 2개 문항을 공유하고, Ss 척도와 S 척도 역시 2개 문항을 공유한다. 이런 상관관계를 감안할 때, Ss 척도가 상승하면 피검자가 방어적으로 응답했을 가능성이 자연스럽게 제기된다. 그러나 일반적으로 상류계층에 속하는 사람은 하류계층에 속하는 사람에 비해 스트레스를 적게 받고, 정서적으로 안정되어 있다. 상류계층에 속하는 사람이 획득한 개인적 명성, 경제적 여유, 사회적 존경은 각종 스트레스에 유연하게 대처할 수 있도록 도와주는 심리사회적 자원으로 기능한다. 심리사회적 자원이 풍부한 사람은 역경과 불행(대인관계 갈등, 상황적 스트레스, 경제적 부담)이 찾아와도 상대적으로 유연하게 대처할 수 있다. 더 나아가 상류계층에 속하는 사람은 하류계층에 속하는 사람보다 능력, 지능, 지식, 기술을 더 많이 보유하고 있다. 그래서 현재의 사회경제적 지위를 획득한 것이다. 상류계층에 속하는 사람은 다양한 인맥을 활용해서 사회적 지지 체계에 접근할 수 있고, 양호한 문제해결기술을 발휘할 수 있고, 고급정보와 전문지식을 획득할 수 있고, 경제적인 여유와 재량을 지니고 있고, 난관을 극복할 방법을 궁리하고 계획하고 실행하는 데 필요한 시간적 여유를 가지고 있다. 이렇게 유리한 조건에서 살고 있다는 사실을 감안하면, 상류계층에 속하는 사람이 부적절감과 불안정감에 사로잡힐 까닭은 별로 없다. 그들은 심리장애와 정신병리에 취약하지 않고, 스트레스에 압도될 가능성도 적다. 물론 상류계층에 속하는 사람도 심리적 어려움을 겪겠지만, 적어도 하류계층에 속하는 사람보다 더 유리하다는 점은 분명하다.

Nichols(2011)는 Ss 척도와 Es(자아강도) 보충척도 사이에 매우 높은 정적 상관관계가 있다고 보고하였다. Es 보충척도는 스트레스에 대한 심리적 감내력과 생리적 면역력을 반영한다. 또한 Ss 척도는 인상관리경향을 측정하는 Mp 척도(.17) 및 Sd 척도(.05)와 상당히 낮은 상관관계를 지니고 있다. Ss 척도의 약점은 상한선이 낮기 때문에 천장효과가 발생하기 쉽다는 것이다.

Ss 척도의 심리측정적 속성에 관한 자료는 찾아보기 힘들다. Caldwell(1988)은 Ss 척도를 고려하면 K 척도를 정확하게 해석할 수 있고, 감마요인을 반영하는 L 척도, Mp 척도, Sd 척도를 해석하는 데 도움이 된다고 제안하였다. K 척도와 Ss 척도가 함께 상승하고 감마요인을 반영하는 척도(L 척도, Mp 척도, Sd 척도)가 상승하지 않은 경우, 피검자가 임상가를 속이기 위해서 고의적으로 긍정왜곡을 시도했다고 해석해서는 안 된다. 오히려 피검자가 자신도 모르는 사이에 호의적인 방향으로 응답했다고 해석하는 것이 바람직하다(Caldwell, 1988). S 척도와 Ss 척도가 함께 상승한 경우도 동일한 논리에 따라 해석할 수 있다. 이 경우, 피검자가 고의적으로 기만적인 반응 혹은 방어적인 반응을 시도했을 가능성은 낮아진다. K 척도와 감마요인을 반영하는 척도가 함께 상승하고 Ss 척도가 평균 이하로 하강한 경우, 피검자의 인상관리경향을 더 강조해서 해석하는 것이 바람직하다(Caldwell, 1988).

역으로, K 척도와 Ss 척도가 모두 하강하고, Mp 척도와 Sd 척도 및 Ds 척도가 평균 수준이고, F 척도가 T점수 80점 미만인 경우, 피검자는 고의적으로 부정왜곡을 시도한 것이 아니라 "정말로 솔직하지 않고, 세련되지 못하고, 실제로 부정적인 특성을 지니고 있는 사람"일 가능성이 높다(Caldwell, 1988, p. 95). K 척도와 감마요인을 반영하는 척도가 모두 하강하고, F 척도와 Ds 척도가 상승하고, Ss 척도가 평균 범위에 있는 경우, 피검자는 "지나치게 자기비판적인 사람 혹은 고의적으로 부정왜곡하는 사람이다. 사회경제적 지위는 문제가 되지 않으나, K 척도의 하강이 문제가 된다"(p. 95). Caldwell(1988)에 따르면, 이미 획득한 사회경제적 지위를 측정하는 Ss 척도는 피검자가 의도적으로 인상을 관리하려고 애쓰지 않아도 자연스럽게 상승할 수 있다. 앞서 언급했듯이, Ss 척도와 감마요인 사이의 상관관계가 매우 낮다는 점을 유념하기 바란다.

Nichols(2011)는 Ss 척도가 다양한 척도와 문항을 공유하고 있다고 지적하였다. Ss 척도의 11개 문항이 Es 보충척도와, 7개 문항이 GM 보충척도와, 6개 문항이 GF 보충척도와 중복된다. 그러나 Ss 척도와 K 척도는 오직 1개 문항, Ss 척도와 S 척도는 오직 2개 문항을 공유한다. Ss 척도와 Mp 척도 및 Sd 척도 사이에 중복되는 문항은 존재하지 않는다. Ss 척도와 문항을 공유하지만 반대방향으로 채점되는 척도들은 척도 8(12개 문항, Sc5와 6개 문항, Sc1과 4개 문항), 척도 6(9개 문항, Pa1과 6개 문항), F 척도(9개 문항), PS 보충척도(9개 문항), Ds 척도(8개 문항), HEA 내용척도(8개 문항, HEA2와 4개 문항), PK 보충척도(7개 문항), BIZ 내용척도(7개 문항, BIZ2와 3개 문항), 척도 4(6개 문항, Pd-O와 4개 문항, Pd4와 4개 문항), F(B) 척도(6개 문항), FRS 내용척도(6개 문항, FRS2와 3개 문항), CYN 내용척도(6개 문항), 척도 9(5개 문항), PSYC 척도(5개 문항), Mt 보충척도(4개 문항)이다.

Ss 척도는 Es 보충척도(.83)와 매우 높은 정적 상관을 보인다. 또한 Ss 척도는 Do 보충척도(.72), GM 보충척도(.67), S 척도(.65), K 척도(.65)와 높은 정적 상관을 보인다. Ss 척도와 강한 부적 상관을 보이는 척도는 척도 8(-.83), PS 보충척도(-.81), Ds 척도(-.80), F(B) 척도(-.78), PSYC 척도(-.78), 척도 7(-.77), F 척도(-.77), HEA 내용척도(-.77), 척도 1(-.76), BIZ 내용척도(-.76)이다. Es 보충척도가 상승하면 자기충족감과 스트레스 감내력 때문에 Ss 척도가 상승할 수 있고, S 척도가 상승하면 자기기만 때문에 Ss 척도가 상승할 수 있다. 반대로, 정신증성향(척도 8, PSYC 척도, BIZ 내용척도), 심리적 부적응 및 주관적 불편감(PS 보충척도, PK 보충척도), 과대보고 및 가장반응[F 척도, F(B) 척도]은 Ss 척도를 하강시키는 요인이다.

🗣 기타 타당도지표

F-F(B) 지표

F-F(B) 지표는 F 척도의 원점수에서 F(B) 척도의 원점수를 차감한 절댓값[|F-F(B)|]을 의미한다. 타당한 프로파일의 경우, 비전형적 응답을 반영하는 F 척도와 F(B) 척도의 점수가 거의 비슷하다. Nichols와 Greene(1995)은 F 척도의 원점수와 F(B) 척도의 원점수가 현저한 차이를 보이면 피검자가 검사의 전반부와 후반부에서 사뭇 다른 태도로 응답했을 가능성이 높다고 지적하였다. 따라서 VRIN 척도와 TRIN 척도를 참조해서 비일관적 응답 여부를 판단해야 한다. F(B) 척도의 원점수가 F 척도의 원점수보다 6점 이상 높고, 내용적 측면에서 그 차이를 설명할 수 없다면, 검사의 후반부에서 피검자의 수검태도가 달라졌을 가능성이 높다. 앞서 언급했듯이, F 척도는 361번 문항에서 마감되고 F(B) 척도는 281번 문항부터 시작된다. F(B) 척도는 검사의 마지막에 집중적으로 배치되어 있는 내용척도(150개 문항)와 연동된다. 따라서 검사의 후반부에 출현하는 무선반응, 부정왜곡, 긍정왜곡은 F(B) 척도와 내용척도의 상승 또는 하강에 상당한 영향을 미친다. F-F(B) 지표를 해석할 때는 두 척도가 서로 다른 내용에 주목하고 있다는 점을 유념할 필요가 있다. F 척도의 문항은 주로 편집증 및 정신증과 관련되어 있고, F(B) 척도의 문항은 주로 공황, 공포, 우울, 자살사고와 관련되어 있다. 따라서 피검자가 정신증 증상을 지니고 있을 때는 F(B) 척도보다 F 척도가 더 상승할 가능성이 높고, 피검자가 신경증 증상을 지니고 있을 때는 F 척도보다 F(B) 척도가 더 상승할 가능성이 높다.

Nichols(2011)는 F-F(B) 지표와 VRIN 척도를 합산한 새로운 지표[VRIN+|F-F(B)|]를 사용하면 효율성이 향상된다고 주장하였다. Cramer(1995)는 F 척도와 F(B) 척도까지 합산한 새로운 지표[F+F(B)+|F-F(B)|]를 사용하자고 제안하였다. VRIN 척도가 어중간하게 상승하면 비일관적 응답 여부를 판정하기 어려운데, 이때 새로운 지표를 사용하면 도움이 된다.

Greene(2000)은 무선반응을 시도한 피검자의 VRIN 척도, F 척도, F(B) 척도 점수를 분석했는데, 무선반응 자료의 75%에서 |F-F(B)| 값이 7점 이상이었다. VRIN 척도가 어중간하게 상승한 경우(원점수 8~15점), |F-F(B)| 값이 6점 이하인 무선반응 자료는 26% 미만이었다. 즉, 피검자가 무선반응을 하면 |F-F(B)| 값이 커진다는 것이다. Greene(1991a, p. 70)에 따르면, "|F-F(B)| 값이 6점 이하이고 VRIN 척도가 어중간하게 상승했다면(원점수 8~15점), 임상가는 피검자가 일관적인 응답을 했다고 확신할 수 있다." MMPI-2 프로파일의 타당성을 판정할 때 F-F(B) 지표를 참고하기 바란다.

F-K 지표

Gough(1947, 1950)는 고의적으로 가장반응 혹은 과장반응을 시도하는 피검자를 가려내기 위해 F-K 지표를 고안하였다. F-K 지표를 활용하면 F 척도와 K 척도를 단독으로 활용할 때보다 가장반응 혹은 과장반응을 더 정확하게 탐지할 수 있다. F-K 지표는 F 척도의 원점수에서 K 척도의 원점수를 차감한 값을 의미한다. F 척도의 원점수가 K 척도의 원점수보다 크면, F-K 지표는 양수로 산출된다. K 척도의 원점수가 F 척도의 원점수보다 크면, F-K 지표는 음수로 산출된다. F-K 지표가 양수이면 과대보고의 가능성이 제기되고, F-K 지표가 음수이면 축소보고의 가능성이 제기된다. F-K 지표가 양수일 때, 임상가는 F 척도가 다양한 이유로 상승할 수 있다는 사실을 유념해야 한다. 피검자가 정신증을 겪고 있을 때, 간절히 도움을 청하고 있을 때, 전반적으로 부적응할 때, 무선반응을 시도했을 때, 가장반응 혹은 과장반응을 시도했을 때 F 척도가 상승한다. F-K 지표가 음수일 때, 즉 F 척도가 하강하고 K 척도가 상승하면 피검자는 실제로 심리적 문제를 겪지 않고 있거나 혹은 고의로 심리적 문제를 부인하고 있는 것이다. K 척도의 상승은 조심스러운 방어성향을 의미할 수도 있고 정서적 안정감을 반영할 수도 있다. K 척도의 하강은 심리적 문제를 솔직하게 인정하는 태도 및 정서적 불안정감을 시사한다(Caldwell, 1988; Lewak, Marks, & Nelson, 1990).

F-K 지표를 개발하는 과정에서 Gough(1950, p. 408)는 11명의 임상가에게 두 종류의 정신과적 증상을 가장하라고 지시하였다.

먼저 "급성의 심각한 불안신경증을 가장하되, 임상가로 활동하기는 어렵지만 정신병원에 입원할 정도는 아닌 수준으로" 가장하라고 지시하였다. 이어서 "급성의 편집성 정신분열증을 가장하되, 현실검증력이 완전히 손상되지는 않은 수준으로" 가장하라고 지시하였다. 이렇게 확보한 자료와 신경증 환자 68명의 자료를 섞은 뒤, 숙련된 임상가들에게 가장반응과 진실반응을 구분하도록 요청하였다. 숙련된 임상가들은 11개의 신경증 가장반응 중에서 8개를 정확하게 구분하였다. 같은 방법으로 정신증 환자 24명의 자료를 섞어서 제시했을 때, 숙련된 임상가들은 11개의 정신증 가장반응을 모두 정확하게 구분하였다. 이와 동시에 F-K 지표가 11개의 신경증 및 정신증 가장반응 중에서 10개씩을 정확하게 변별한다는 사실이 밝혀졌다. F-K 지표의 분할점은 신경증의 경우 +4점, 정신증의 경우 +16점이었다.

Gough(1950)는 F-K 지표의 부정왜곡 탐지능력이 9종의 타당도척도 및 타당도지표 중에서 제일 우수하다고 주장하였다. F-K 지표가 음수일 때, 피검자가 모든 심리적 문제를 부인하는 긍정왜곡을 시도했다고 해석할 수 있다. F-K 지표는 긍정왜곡보다 부정왜곡을 더 잘 탐지한다. F-K 지표의 분할점을 설정할 때는 오류긍정 및 오류부정을 최소화하기 위해 노력해야한다.

과대보고 및 축소보고 여부의 판단은 종종 임상가의 해석능력에 의해 좌우된다. 연구자마다 임상집단과 규준집단의 자료에서 산출한 F-K 지표의 분할점을 각기 다르게 제안하고 있기 때문이다. F-K 지표에 관한 대부분의 연구는 참여자에게 거짓으로 이상상태 혹은 정상상태를 가장하라고 지시하고, 그 자료를 실제로 이상상태에 있는 사람 및 실제로 정상상태에 있는 사람의 프로파일과 비교하는 방식으로 진행되었다. Dahlstrom 등(1972)은 대다수의 참여자가 대학생이라는 문제점을 지적하였다. 교육수준이 높은 사람은 교육수준이 낮은 사람보다 K 척도에서 거의 1표준편차 정도 높은 점수를 얻는다. 따라서 교육수준이 높은 사람의 F-K 지표는 긍정왜곡을 시사하는 방향(즉, 음수)으로 편향될 가능성이 크다. Greene(2011)은 F-K 지표의 분할점을 어떻게 설정해도 긍정왜곡을 지시받은 대학생의 프로파일과 표준지침에 따라서 실시한 대학생의 프로파일을 변별할 수 없었다고 논박하였다. 짐작컨대, 심리적으로 건강한 대부분의 대학생은 연구자로부터 긍정왜곡을 하라는 지시를 받았을 때 도대체 어떻게 응답해야 더 건강하게 보일 것인지 이해하기 어려울 것이다. 지금도 이미 건강하기 때문이다. Greene(2011)은 대학생을 비롯한 일반인의 긍정왜곡 프로파일을 탐지하기 어려운 까닭이 더 있다고 설명하였다. 적응수준이 양호해서 어떤 문제든지 효과적으로 대처할 수 있는 사람은 F 척도에서 낮은 점수를 얻고 K 척도에서 높은 점수를 얻을 것이다. 이 경우에 F-K 지표가 음수로 산출되는데, 이것은 의도적 긍정왜곡이 아니라 정말로 심리적 고통을 겪지 않고 있는 상태임을 시사한다. 따라서 F-K 지표에는 정상적인 프로파일을 축소보고 프로파일로 판정하는 오류를 범할 위험성이 내포되어 있다.

Greene(2011)의 논의로부터 다음과 같은 중요한 결론이 도출된다. 대학생집단에서는 F-K 지표의 부정왜곡 탐지능력이 양호하지만, 임상집단에서는 F-K 지표의 부정왜곡 탐지능력에 한계가 있다. F 척도가 상승하고 F-K 지표가 양수일 때, 임상가는 심리적으로 고통스럽다는 피검자의 자기보고가 솔직한 응답인지 혹은 과장된 응답인지 판단하기 위해서 반드시 임상면접을 실시해야 한다. F-K 지표를 가지고 정신과 환자집단의 긍정왜곡을 탐지할 때도 주의가 필요하다. 심리적으로 잘 적응하고 있는 것처럼 가장하라는 지시를 받은 정신과 외래환자와 입원환자가 정상범위의 프로파일을 제출하지 못했기 때문이다(Grayson & Olinger, 1957; Lawton & Kleban, 1965). 그러나 Bagby 등(1997b)은 증상의 일부가 호전된 잔류형 정신분열증 외래환자에게 긍정왜곡을 지시했더니 정상적인 대학생에게 긍정왜곡을 지시했을 때만큼 임상척도가 하강했다고 보고하였다. 정신과 환자들도 얼마든지 MMPI-2 임상척도를 조작할 수 있다는 것이다. Greene(2011)은 긍정왜곡을 지시받은 정신과 환자가 정상범위의 프로파일을 제시했을 때, 그것이 혹시 긍정적인 예후를 암시하는 것은 아닌지 연구할 필요가 있다고 제안하였다. 조만간 퇴원할 것으로 예상되는 정신과 입원환자의 자료를 분석한 Marks 등(1974)의 연구도 이런 주장을 뒷받침한다.

정신과 환자의 가장반응 혹은 과장반응과 정신과 환자의 진실반응을 변별하는 연구에서도 F-K 지표의 한계가 드러났다(Anthony, 1971). Osborne, Colligan과 Offord(1986)는 정신과 환자집단의 F-K 지표 평균은 거의 0점이었고, 정상집단의 F-K 지표 평균은 -10점이었다고 보고하였다. 이것은 정신병리 그 자체는 F-K 지표에 아무런 영향을 미치지 않는다는 Gough(1950)의 설명과 정면으로 반대되는 결과였다. 만약 정신병리 그 자체가 F-K 지표에 영향을 미친다면, 정신과 환자집단의 가장반응 혹은 과장반응 여부를 판단할 때 세심한 주의가 필요하다.

일반적으로, 가장반응의 정도가 심할수록 F-K 지표의 점수가 커진다(Greene, 1988a; Wetter et al., 1992). Berry, Baer와 Harris(1991)는 가장반응 혹은 과장반응의 정도를 수치화하기 위해서 원판 MMPI를 활용한 28편의 연구를 메타분석하였다. 분석 결과, 연구마다 F-K 지표의 분할점이 달라서 변산이 상당히 컸는데, F-K 지표의 분할점을 7~16점으로 설정했을 때 가장반응 탐지능력이 제일 우수하였다. 여러 타당도척도 및 타당도지표의 효율성을 비교한 결과, F-K 지표의 가장반응 탐지능력이 제일 우수하였다. 가장반응 자료의 F-K 지표 점수가 진실반응 자료의 F-K 지표 점수보다 거의 2표준편차 정도 더 높았다. MMPI-2의 부정왜곡 측정치를 메타분석한 Rogers 등(1994)도 F-K 지표의 가장반응 탐지능력이 우수하다고 보고하였다. 아울러 F-K 지표와 함께 F 척도 및 명백문항-모호문항 응답비율의 차이도 고려하라고 권고하였다.

Baer 등(1992)은 원판 MMPI를 활용한 25편의 축소보고 혹은 긍정왜곡 연구도 메타분석하였다. 어떤 타당도 측정치가 진실반응 자료와 축소보고 자료를 효율적으로 변별하는지 조사했는데, 여기에 F-K 지표도 포함되어 있었다. 분할점을 수차례 변경하면서 여러 타당도 측정치의 평균 적중률(긍정왜곡을 정확하게 탐지한 비율)을 계산한 결과, F-K 지표가 전체의 77%를 정확하게 변별하였고, Sd 척도가 전체의 84%를 제일 정확하게 변별하였다. 이미 가장반응 메타분석 결과에서 언급한 바와 같이(Berry, Baer, & Harris, 1991), 여러 타당도 측정치의 평균 적중률은 분할점에 따라서 상당히 달랐다(62~100%). F-K 지표의 분할점을 -11점으로 설정했을 때 적중률이 가장 높았는데, 전체의 95%를 정확하게 변별하였다. 축소보고 자료의 F-K 지표 점수와 진실반응 자료의 F-K 지표 점수는 단지 1표준편차 이내의 차이를 보였다(d=.71). 따라서 F-K 지표는 정신병리를 축소해서 보고하는 경향과 정신병리를 과장해서 보고하는 경향을 정확하게 변별하지는 못하는 것 같다. 이것은 Bagby 등(1997b)의 보고와도 일치한다. 축소보고와 진실반응이 상당히 중첩되기 때문에 이런 현상이 벌어지는 것 같다. 더 자세한 자료와 방법이 궁금한 독자는 Baer 등(1992), Baer, Wetter와 Berry(1995), Baer, Wetter, Nichols, Greene과 Berry(1995), Berry, Baer와 Harris(1991)를 참고하기 바란다.

F-K 지표로 피검자의 긍정왜곡경향을 제일 먼저 탐지한 사람은 Hunt(1948)였다. 그는 F-K 지표의 분할점을 −11점 이하로 설정했더니 긍정왜곡을 하라는 지시를 받은 교도소 수감자 자료의 62%를 정확하게 변별할 수 있었고, 솔직하게 응답한 심리학과 학부생 자료의 오류긍정비율이 93%에 달했다고 보고하였다. F-K 지표의 부정왜곡 탐지능력은 더 우수하였다. F-K 지표의 분할점을 +11점 이상으로 설정했더니 오류긍정비율이 12%로 상당히 감소하였다. Gough(1950)는 F-K 지표를 고려하지 않았던 몇 편의 연구 자료를 다시 분석했는데, F-K 지표는 긍정왜곡경향보다 부정왜곡경향을 더 정확하게 탐지하는 것으로 밝혀졌다. 부정왜곡 가장집단과 정상집단 및 환자집단을 변별하는 능력이 긍정왜곡 가장집단과 정상집단 및 환자집단을 변별하는 능력보다 우수했던 것이다. 또한 정상집단(대학생)과 환자집단(재향군인병원)에서 F-K 지표의 평균 점수가 동일한 것으로 밝혀졌다. 이것은 정신병리 그 자체는 F-K 지표에 거의 영향을 미치지 않는다는 사실을 보여 주는 결과였다. 아울러 F-K 지표가 정상집단과 환자집단에서 관찰되는 긍정왜곡경향 및 부정왜곡경향을 양호하게 변별할 수 있음을 시사하는 경험적 자료였다. Gough(1950)는 원판 MMPI 규준집단(남자 294명, 여자 397명)의 프로파일을 분석했는데, F-K 지표는 거의 정상분포를 이루고 있었다(평균 −8.96, 표준편차 6.97, 성별 정보는 보고되지 않았다). F-K 지표가 양수(0점 포함)인 사람은 규준집단의 11%에 불과하였다. 단, 규준집단의 자료에는 무응답이 많은 자료도 상당수 포함되어 있다는 점을 고려해야 한다. 당혹감과 불편감을 유발하는 문항에 무응답해서 F 척도의 점수가 상대적으로 낮아졌을 가능성이 있기 때문이다. Hathaway와 Briggs(1957)도 원판 MMPI 규준집단 자료에 '불순물'이 섞여 있다고 지적한 바 있다. Gough(1950)는 여러 임상집단 및 가장집단에서 수집한 자료를 병합하여 다시 분석했는데, F-K 지표의 분할점을 7점 이상으로 설정했을 때 정상집단의 95%, 부정왜곡 가장집단의 75%를 정확하게 변별할 수 있었다.

F-K 지표에 관한 연구는 주로 성인을 대상으로 진행되었다는 점을 유의해야 한다. 청소년 정신과 입원환자는 성인 정신과 입원환자보다 F 척도에서 더 높은 점수를 얻는다. 청소년 정신과 외래환자의 F 척도 점수는 성인 정신과 입원환자의 점수와 비슷하다. 청소년의 F 척도 점수가 더 높다는 사실을 감안하여, Archer(1997)는 청소년용 MMPI-A 프로파일의 F-K 지표를 신중하게 해석해야 한다고 제안하였다.

지금은 개정판 MMPI-2를 사용하고 있으므로 F-K 지표의 규준도 다시 설정해야 한다. 여기에는 몇 가지 이유가 있다. 원판 MMPI의 F 척도에서 4개 문항이 삭제되었고, 12개 문항이 수정되었다. 그중에서 6개 문항은 문법을 교정하였고, 5개 문항은 구식 표현을 신식 표현으로 정정하였으며, 1개 문항은 성차별적 표현을 완화하였다(Butcher et al., 1989; Dahlstrom, 1993). K 척도는 원판과 개정판이 거의 동일하다. 삭제된 문항은 없고, 1개 문항만 수정되었다. 또한 F 척도의 원점수가 20점 이상으로 상승한 자료는 MMPI-2 규준집단에서 원천적으로 배제하여 불순물을 여과하였다. 원판 MMPI 규준집단을 구성할 때는 이런 선별절차를 거치지 않았다. 원판 규준집단과 개정판 규준집단의 응답비율을 살펴보면 여러 문항에서 상당한 차이가 발견된다. 특히 K 척도의 응답비율이 상당히 다르다. 아마도 원판 MMPI와 개정판 MMPI-2 사이의 시간적 간격 때문에 이런 현상이 발생했을 것이다. 그동안 사회적 및 문화적으로 많은 것이 달라졌다.

개정판 MMPI-2의 F-K 지표에 관한 구체적인 정보는 여러 자료를 참고하기 바란다(예: Baer, Wetter, Nichols, Greene, & Berry, 1995; Graham, Watts et al., 1991; Larrabee, 2003; Lewis, Simcox, & Berry, 2002; Steffan, Morgan, Lee, & Sellbom, 2010; Sweet, Malina, & Ecklund-Johnson, 2006; Rothke et al., 1994). 예컨대, MMPI-2 타당도척도의 유용성을 조사한 Graham, Watts와 Timbrook(1991)에 따르면, F-K 지표는 부정왜곡 및 긍정왜곡 프로파일을 효과적으로 변별하였다. F-K 지표의 분할점을 여성의 경우 12점 이상, 남성의 경우 17점 이상으로 설정했더니 대학생집단의 부정왜곡 프로파일 중에서 90%를 정확하게 탐지할 수 있었다. 그러나 정신과 환자집단의 16%를 부정왜곡으로 잘못 분류하는 오류도 관찰되었다. F-K 지표의 긍정왜곡 탐지능력은 양호하지 않았다. 이것은 원판 MMPI 선행연구에서 보고된 결과와 일치한다(예: Baer, Wetter, & Berry, 1992; Berry, Baer, & Harris, 1991). 일부 연구에서는 F 척도와 F-K 지표가 F(B) 척도보다 과대보고를 더 정확하게 탐지한다는 사실이 밝혀졌다(Berry et al., 1995; Iverson, Franzen, & Hammond, 1993).

Rothke 등(1994)은 MMPI-2 규준집단에서 산출된 F-K 지표의 새로운 규준을 제시하였다. 아울러 정신과 환자, 소송 중인 두부손상 환자, 소송 중이지 않은 두부손상 환자, 장애수당 신청자, 경찰관 취업지원자, 성직자 취업지원자, 약물남용 환자 집단의 프로파일을 공개하였다. Rothke 등(1994)은 F-K 지표가 상위 2.5% 및 하위 2.5%에 해당하는 프로파일을 선별하여 과대보고 및 축소보고 분할점을 설정하자고 제안하였다. 즉, 정상분포를 가정할 때 평균에서 ±2표준편차 이상 이탈되어 있는 프로파일을 기준으로 분할점을 설정하는 방법을 고안한 것이다. 긍정왜곡 혹은 부정왜곡을 가장하라는 지시를 받은 사람의 반응과 고의적으로 가장한 사람의 반응이 비슷하다는 점을 고려할 때, 이렇게 산출된 분할점을 사용해도 무리가 없을 듯하다.

Wetter 등(1993)은 가장집단 연구에 다음과 같은 문제점이 있다고 지적하였다. 첫째, 참여자에게 정신병리를 가장하라고 지시할 뿐 그 정신병리의 구체적인 특징을 알려 주지는 않는다. 둘째, 가장하라는 지시를 받은 참여자는 정신병리를 전반적으로 가장하지 선택적으로 가장하지 않는다. 그 결과, 상당수의 문항에 채점되는 쪽으로 응답하여 F 척도가 상승하고, F-K 지표가 지나치게 커지며, 결과적으로 F-K 지표의 분할점이 높아지는 연쇄효과가 발생한다. 앞서 Rothke 등(1994)은 정상분포의 극단에 해당하는 자료를 기반으로 기준집단 혹은 임상집단마다 서로 다른 분할점을 설정하자고 제안했는데, 이것은 거주지역별로 서로 다른 분할점을 설정해야 개인의 특성을 더 정확하게 반영할 수 있다는 주장과 상통한다. 가장하라는 지시를 받은 사람의 반응이 아니라 고의적으로 가장한 사람의 반응을 기준으로 분할점을 설정하면 임상장면에서 가장반응 여부를 정확하게 판정할 수 있을 것이고, 소송장면 또는 법정장면에서 가장반응 여부를 판정하는 데 도움이 될 것이다. 예컨대, 심리적 문제를 지나치게 부인하는 취업지원자의 반응을 신뢰하기는 어렵다.

〈표 3-1〉에 정상집단 및 다양한 기준집단에서 확보한 F-K 지표의 상위 2.5% 및 하위 2.5%에 해당하는 극단점수를 제시하였다. 〈표 3-1〉을 활용하면 기준집단의 특성에 맞추어 F-K 지표를 해석할 수 있을 것이다.

긍정왜곡 또는 부정왜곡 프로파일을 판정할 때, 여기에 제시된 점수를 경직되게 고수해서는 안 된다. 어떤 집단은 자료의 규모가 너무 작아서 한 사람만 극단적인 반응을 해도 분할점이 달라지기 때문이다. 우리는 F-K 지표의 분할점이 기준집단마다 다르다는 사실을 강조하기 위해서 이 자료를 제시하였다. 기준집단 및 임상집단별로 후속연구를 진행할 필요가 있다(Rothke et al., 1994, p. 10).

〈표 3-1〉을 활용해서 피검자의 F-K 지표 점수를 해석할 때는 반드시 적절한 기준집단과 비교해야 한다.

예컨대, 법정장면에서 소송수행능력을 평가받고 있는 피고인은 부정왜곡을 시도하고 싶을 것이다. 이때 피고인의 F-K 지표 점수는 정상집단이 아니라 정신과 환자집단의 자료와 비교해야 한다. 특히 피고인이 과거에 정신병리를 경험했던 적이 있다면 더욱 그렇다. 오직 정상집단의 자료만 가지고 프로파일의 타당성 여부를 판정해서는 안 된다. 소송장면에서 두부손상 환자의 프로파일을 판정할 때도 마찬가지이다. 두부손상 환자는 정상집단이 아니라 두부손상 환자의 자료와 비교해야 한다(Rothke et al., 1994, p. 13).

〈표 3-1〉 MMPI-2 기준집단별 F-K 지표의 극단 점수

집단	사례수	하위 2.5% 절단점 (긍정왜곡)	상위 2.5% 절단점 (부정왜곡)
정상집단(남성)	1,138	−22	+4[a]
정상집단(여성)	1,462	−22	+3[a]
정신과 환자(남성)	215	−18	+27
정신과 환자(여성)	241	−20	+22
약물남용 환자(남성)	168	−19	+10
약물남용 환자(여성)	96	−22	+10
두부손상 환자(남성)	50	−23	+17
두부손상 환자(여성)	29	−22	−1
장애수당 신청집단(남성)	217	−11	+37
장애수당 신청집단(여성)	74	−22	+30
경찰관 취업지원자(남성)	49	−25	−11[b]
경찰관 취업지원자(여성)	12	−24	−13[b]
성직자 취업지원자(남성)	38	−25	−8[b]
성직자 취업지원자(여성)	30	−24	−7[b]

a. F 척도의 원점수가 20점 이상인 자료를 삭제하면 절단점이 상승할 수 있음.
b. F-K 지표가 음수이므로 이 집단에서는 정신병리를 가장하기보다 정신병리를 인정하는 성향을 반영할 수 있음.
출처: Rothke, Friedman, Dahlstrom, Greene, Arrendondo, & Mann (1994)에서 인용.

〈표 3-1〉에서 알 수 있듯이, 피검자가 가장반응 또는 과장반응을 시도했는지 여부를 판정할 때는 적절한 기준집단과 비교해야 한다. 정상집단에 비교해서 도출된 결론과 기준집단에 비교해서 도출된 결론이 서로 다르기 때문이다. Rothke 등(1994)은 피검자의 프로파일을 먼저 정상집단과 비교하고, 이어서 기준집단과 비교하라고 제안하였다. 이때 피검자가 처한 상황이 F-K 지표에 상당한 영향을 미친다는 사실을 유념하면서 미세하게 조정할 필요가 있다. 신경심리검사를 해석할 때도 이와 유사한 방법을 사용한다. 신경심리학자는 먼저 일반적인 분할점을 기준으로 신경학적 손상 여부를 판정하고, 이어서 피검자의 연령수준과 교육수준을 고려하면서 해석 내용을 미세하게 조정한다. 연령수준과 교육수준이 신경심리검사의 수행에 상당한 영향을 미친다는 사실이 잘 알려져 있기 때문이다(Heaton, Grant, & Matthews, 1991).

Rothke 등(1994)의 자료에 의하면, 개정판 MMPI-2의 F-K 지표는 원판 MMPI의 F-K 지표보다 음의 방향으로 더 치우쳐 있다. 정신과 환자집단의 자료를 제외하면 축소보고를 시사하는 방향으로 더 치우쳐 있는 것이다. 짐작컨대, K 척도 때문에 이런 현상이 발생한 것 같다.

원판 규준집단의 K 척도 원점수 평균은 약 13점인데, 개정판 규준집단의 K 척도 원점수 평균은 약 15점이다. 남자와 여자의 원점수 평균은 동일하다. 개정판 규준집단의 교육수준이 원판 규준집단의 교육수준보다 더 높기 때문에 K 척도의 평균 원점수가 상승한 것으로 추정된다. Rothke 등(1994)의 자료에서 한 가지 더 주목해야 할 부분은 남성과 여성의 부정왜곡 분할점이 다르다는 사실이다. 이것은 여러 연구의 결과와 일치한다.

현재까지 진행된 MMPI 및 MMPI-2의 연구를 요약하면, F-K 지표는 긍정왜곡보다 부정왜곡을 더 정확하게 탐지한다. 또한 원판을 기반으로 설정된 F-K 지표의 분할점은 개정판에 맞추어 다시 설정해야 한다. 이어지는 제4장에서 F-K 지표의 새로운 분할점을 제시하겠다.

오직 1개의 척도 또는 1개의 지표를 가지고 프로파일의 타당성 여부를 판정하는 것은 금물이다. 임상가는 지금까지 소개한 여러 타당도척도와 타당도지표를 면밀하게 분석할 필요가 있고, 임상척도의 전반적 상승 정도 역시 고려해야 한다. 또한 임상면접과 행동관찰을 통해 추가 자료를 수집해야 하고, 피검자의 과거력 및 의뢰 사유를 참조해야 한다. 더 나아가서 특정한 기준집단별로 연구를 진행해서 적절하게 비교할 수 있는 준거 자료를 확보해야 한다. 기준집단마다 부정왜곡과 긍정왜곡의 기저율이 상당히 다르기 때문이다. F-K 지표의 민감도와 특이도를 확보하기 위해서는 이런 자료가 절실하게 필요하다(Glaros & Kline, 1988). F-K 지표를 근거로 프로파일의 타당성 여부를 판정했을 때 그 결과가 어떠했는지 파악하는 작업도 중요하다. 예컨대, 치료의 효과가 있었는지, 소송에서 승소했는지 또는 패소했는지, 취업지원자를 적절하게 선발했는지 여부를 파악하면 F-K 지표의 임상적 효용성이 더 향상될 것이다.

F-K 지표의 임상적 효용성을 파악하기 위해서는 독립적인 측정치를 추가해서 연구를 진행해야 한다. 예컨대, MMPI-2 이외의 심리검사에서 가장반응, 과장반응, 방어반응, 부인반응을 평가하는 측정치까지 포함시켜서 자료를 수집해야 한다. 또한 맥락 요인(예: 상해소송, 인사선발)이 F-K 지표에 미치는 영향도 세밀하게 조사해야 한다(Rothke et al., 1994, p. 14).

'그렇다' 응답비율 지표(True Percent Index)

피검자가 MMPI-2의 문항에 '그렇다'라고 응답한 비율을 살펴보면 수검태도를 평가하는 데 부분적으로 도움이 된다. 피검자가 부정왜곡 혹은 과대보고를 시도하면, '그렇다' 응답비율이 '아니다' 응답비율보다 대체로 더 높아진다. 정신증 척도(척도 6~9)의 대다수 문항(75%)은 '그렇다'라고 응답할 때 채점되는 반면, 신경증 척도(척도 1~3)에서 '그렇다'라고 응답할 때 채점되는 문항은 30%에 불과하다. 특히 신체증상을 측정하는 문항은 대체로 '아니다'라고 응답할 때 채점된다. 따라서 "신체증상을 장황하게 보고하는 사람 및 자신을 지나치게 호의적으로 묘사하는 사람은 '아니다' 응답비율이 상대적으로 높다"(Nichols & Greene, 1995, p. 22). 정신증 척도와 마찬가지로 MMPI-2 내용척도의 대다수 문항(81%)은 '그렇다'라고 응답할 때 채점된다. 피검자가 '그렇다' 쪽으로 치우치게 응답하면 F 척도의 점수도 상승한다. 반대로, 피검자가 '아니다' 쪽으로 치우치게 응답하면 L 척도와 K 척도의 점수가 상승한다. Nichols(2011, p. 66)는 '그렇다' 응답비율 지표를 다음과 같이 활용할 수 있다고 제안하였다.

정신과 환자의 경우, '그렇다' 응답비율이 극단적일 때만 해석하는 것이 바람직하다. 즉, '그렇다' 응답비율이 25% 미만인 경우 및 60% 이상인 경우만 해석한다. 피검자가 묵종적으로 응답하면 '그렇다' 응답비율이 높아지고 TRIN 척도의 점수가 상승한다. '그렇다' 쪽으로 편향된 응답은 대체로 과장반응과 연관되어 있으므로 F 척도, F(B) 척도, F(p) 척도, Ds 척도 역시 지나치게 상승했는지 검토해야 한다. 만약 '그렇다' 응답비율만 지나치게 높고, F 척도, F(B) 척도, F(p) 척도, Ds 척도는 상승하지 않았다면, 양극성장애(조증삽화) 환자일 가능성이 높다. 신체화장애 환자집단에서는 '그렇다' 응답비율이 지나치게 낮아진다. '그렇다' 응답비율이 70% 이상인 경우 및 15% 미만인 경우, 프로파일을 해석하지 않는 것이 바람직하다. 수검태도에 문제가 있어서 프로파일의 타당성이 훼손되었을 가능성이 높기 때문이다. 이를 근거로 성격특성을 해석하면 오류를 범하게 된다.

임상가는 앞서 언급한 Nichols(2011)의 권고에 따라 '그렇다' 응답비율 지표를 사용하는 것이 바람직하다. 만약 기계식 채점 프로그램이 '그렇다' 응답비율 지표를 산출하지 않는다면, 답안지에서 '그렇다'라고 응답한 문항의 개수를 헤아린 뒤 그것을 567로 나누기 바란다. 이것이 '그렇다' 응답비율 지표이다.

타당도척도의 해석

MMPI-2 프로파일의 타당성을 평가하는 다양한 척도와 방법이 있다. 임상가는 임상척도와 보충척도를 해석하기 전에 9개의 기본적인 타당도척도를 살펴보고 프로파일의 타당성을 확인해야 한다. 9개의 기본적인 타당도척도[?, VRIN, TRIN, F, F(B), F(p), L, K, S]는 다음과 같은 정보를 제공한다. 첫째, 피검자가 문항을 이해하고 일관적으로 응답했는지 파악할 수 있다. 둘째, 피검자가 심리적 고통, 특이한 경험, 기태적 행동과 사고를 측정하는 문항에 얼마나 응답했는지 파악할 수 있다. 셋째, 피검자가 자신을 긍정적으로 묘사했는지 혹은 부정적으로 묘사했는지 파악할 수 있고, 그것이 의도적인지 혹은 우발적인지 파악할 수 있다. 즉, 임상가는 기본적인 타당도척도를 통해서 피검자가 보고한 증상, 호소, 문제의 일관성과 정확성을 판정할 수 있다. 몇몇 타당도척도는 피검자의 성격특성까지 측정한다. 따라서 타당도척도를 해석할 때는 프로파일의 타당성 및 피검자의 성격특성에 모두 주목해야 한다. 아울러 기본적인 타당도척도 외에도 Ds 척도, Mp 척도, Sd 척도, Ss 척도, F-F(B) 지표, F-K 지표, '그렇다' 응답 비율 지표를 추가로 고려하는 것이 바람직하다.

제3장에서 언급했듯이, 원판 MMPI에는 3개의 타당도척도(L 척도, F 척도, K 척도)가 있었다. VRIN 척도, TRIN 척도, F(B) 척도, F(p) 척도, S 척도는 개정판 MMPI-2에서 추가되었다. L 척도, F 척도, K 척도는 원판과 개정판이 거의 동일하다. 분할점이 다소 조정되었고, 문장을 일부 수정하였으며, F 척도에서 4개의 문항이 삭제되었다. 규준집단이 변경되면서 L 척도, F 척

도, K 척도의 T점수도 약간 변경되었다.

모든 타당도척도의 제작방법, 심리측정적 속성, 신뢰도 및 타당도는 제3장에서 자세히 소개하였다. 여기서는 다양한 반응양식(예: 모두 '그렇다' 반응, 모두 '아니다' 반응, 무선반응)과 임상장면에서 흔히 관찰되는 타당도척도의 형태까지 소개하겠다.

🗣 ? 점수(무응답)

'? 척도'라는 명칭은 부적절하다. 채점할 수 없는 문항(무응답, 이중응답, 모호응답)의 개수를 뜻하기 때문이다. 그래서 우리는 '? 점수'라고 명명한다. MMPI-2 프로파일의 좌측 하단에 ? 점수가 제시된다. ? 점수는 원점수를 그대로 사용하고, T점수로 환산하지 않는다. 원판 MMPI에서는 무응답을 부분적으로 허용하지만, 개정판 MMPI-2에서는 가급적 모든 문항에 응답하라고 지시한다. MMPI-2에서는 무응답 문항수의 평균이 감소되었고, 원판 MMPI 시절보다 ? 점수의 임상적 중요성이 증가되었다.

정상수준: 5개 이하의 무응답

5개 이하의 무응답은 프로파일의 타당성에 거의 영향을 미치지 않는다. 임상가는 무응답문항의 내용을 검토해서 임상적 가설을 수립해야 하는데, 특정한 내용을 측정하는 문항에만 제한적으로 무응답한 것이 아니라면 프로파일의 타당성이 훼손되었을 가능성은 크지 않다. 법정장면에서는 무응답문항의 내용이 중요하므로, 전문가의 입장에서 증언하는 임상가는 모든 무응답문항을 일일이 검토해야 한다. 교차검증 과정에서 상대측 변호사가 무응답문항에 대해서 질의할 것이기 때문이다. 이런 경우, 임상가는 피검자가 무응답한 4~5개의 문항에 빠짐없이 응답하도록 다시 독려해야 한다. 상대측 변호사는 "피고인이 모든 문항에 응답했습니까?"라고 질문할 것이고, 만약 무응답문항이 있다면 "어떤 문항에 응답하지 않았습니까?"라고 질의할 것이다. 따라서 피검자는 가급적 모든 문항에 응답하는 것이 바람직하고, 임상가는 그 이유를 충분히 설명해야 한다.

약간 상승: 6~29개의 무응답

6~29개의 무응답이 관찰되면 피검자의 독해력과 이해력을 먼저 검토해야 한다. 독해력과

이해력에 문제가 없는 경우, 피검자가 문항을 독특하게 해석했거나, 문항의 내용에 논쟁의 소지가 있거나, 피검자가 강박적이고 우유부단하거나, 피검자가 과도하게 주지화하기 때문에 무응답했을 가능성이 높다. 편집증상을 지니고 있는 내담자가 지나치게 조심스럽게 응답할 때, 강박성향을 지니고 있는 불안한 내담자가 우유부단하게 응답할 때, 과묵한 내담자가 개인적 경험과 사적인 감정을 탐색하는 문항에 응답하는 것을 불편해할 때, 개인적으로 특별히 민감한 경험을 굳이 공개하지 않으려고 주저할 때 이 정도의 무응답이 관찰될 수 있다. 이런 경우, 임상가는 무응답 문항의 내용 및 그 문항이 어떤 척도에서 채점되는지를 검토해야 한다.

높은 상승: 30개 이상의 무응답

피검자가 30개 이상의 문항에 무응답하면 임상척도가 상승하지 않고 프로파일의 형태가 변경된다. (예외적으로, 여성의 임상척도 5는 상승한다.) 따라서 현재의 프로파일이 피검자의 고유한 성격특성을 정확하게 반영하고 있다고 간주하기 어렵다. ? 점수는 피검자가 심각한 정서적 고통을 겪고 있을 때 극단적으로 상승한다. 심각한 우울증상과 침투사고를 지니고 있는 내담자와 문항의 정확한 의미에 과도하게 집착하는 피검자는 의사결정이 힘들어서 문항에 응답하지 못한다. 또한 강제선택형 심리검사가 자신에게 불리하게 사용될 것이라고 염려하는 피검자와 강제선택형 심리검사가 정확하지 않은 결과를 산출할 것이라고 우려하는 피검자도 상당수의 문항에 응답하지 않는다. 물론 심리검사에 협조하지 않으려는 저항적인 피검자, 독해력과 이해력이 부족한 피검자도 상당수의 문항에 응답하지 않는다.

재검사를 실시하기에 앞서 임상가는 피검자가 상당수의 문항에 응답하지 않은 까닭을 면밀하게 조사해야 한다. 피검자가 무응답 혹은 중복응답을 한 이유를 예민하게 탐색해야 하고, 심리평가는 본질적으로 협력적인 작업이라는 점을 환기해야 한다. 소송 중인 피검자, 인사선발 대상자, 직무배치 대상자는 심리평가에 협조하지 않을 가능성이 크다. 30개 이상의 무응답이 관찰되더라도 프로파일의 해석을 시도할 수는 있다. 하지만 프로파일이 정확하지 않을 가능성을 반드시 유념해야 한다. 상당수의 무응답으로 인해 임상척도가 상승하지 않았을 것이고, 코드타입이 변경되었을 것이기 때문이다. 만약 모든 혹은 거의 모든 무응답이 370번 문항 이후에서 관찰된다면, 기본적인 타당도척도와 임상척도 점수는 영향을 받지 않았을 것이다.

무응답이 지나치게 많은 경우, 임상가는 Greene(2011)이 제안한 보강절차를 통해서 프로파일을 보정할 수 있다. 보강절차에 대해서는 제2장에서 자세히 설명하였다. 일반적으로, 30개 이상의 무응답이 관찰된 자료는 타당하지 않은 프로파일일 가능성이 높다.

🗣 VRIN 척도(무선반응 비일관성, 67개 문항쌍)

MMPI-2에서 추가된 VRIN 척도는 비일관적 응답을 탐지한다. VRIN 척도를 고려하면 F 척도와 F(B) 척도가 상승한 까닭을 명확하게 밝힐 수 있다. F 척도와 F(B) 척도는 여러 이유로 상승한다. 피검자가 심각한 정신병리를 겪고 있을 수도 있고, 불성실하게 무선반응을 했을 수도 있고, 부주의하게 응답했을 수도 있고, 정신병리를 과장해서 보고했을 수도 있다. F 척도 및 F(B) 척도와 함께 VRIN 척도가 상승했다면, 피검자는 부주의하게 혹은 불성실하게 응답했을 것이다. F 척도 및 F(B) 척도가 상승했는데 VRIN 척도는 하강했다면, 피검자는 실제로 심각한 정신병리를 겪고 있거나 혹은 고의로 정신병리를 과장했을 것이다. 단정적인 분할점을 제시하기는 어렵지만, 다음의 해석지침을 참고해서 해석할 수 있다.

일관적 반응: 원점수 0~9점, T점수 30~66점

임상가는 복합적인 요소를 고려해서 프로파일의 타당성을 판정하는데, 특히 반응의 일관성 여부를 검토해야 한다. VRIN 척도의 원점수가 0~9점인 경우, 피검자는 일관적으로 응답했을 것이다. VRIN 척도의 원점수 9점을 T점수로 환산하면 남성은 65점, 여성은 66점에 해당한다. VRIN 척도의 T점수가 이 범위에 속하는 경우, 피검자가 문항의 내용을 이해하고 일관적으로 응답한 것으로 간주한다.

애매한 반응: 원점수 10~14점, T점수 69~86점

VRIN 척도의 원점수가 10~14점인 경우, 피검자는 일관적으로 응답했을 수도 있고 비일관적으로 응답했을 수도 있다. 『MMPI-2 매뉴얼』(Butcher et al., 2001)에 따르면, VRIN 척도의 원점수가 13점(T점수: 남성 80점, 여성 82점) 이상이면 비일관적으로 응답한 것으로 간주한다. 하지만 무선반응 프로파일에서 VRIN 척도의 평균 원점수는 16.75점이므로, 원점수 13점을 분할점으로 설정하는 것은 너무 느슨하다. VRIN 척도의 원점수가 11점 이상이면 비일관적 응답을 의심해야 하고, TRIN 척도, F 척도, F(B) 척도, F(p) 척도를 참조해서 프로파일의 타당성을 판정해야 한다. 또한 피검자가 검사의 전반부(370번 문항 앞쪽)에서 주로 비일관적으로 응답했는지, 검사의 후반부에서 주로 비일관적으로 응답했는지 확인해야 한다. '그렇다'라고 응답한 비율과 '아니다'라고 응답한 비율이 상당히 다른 경우에도 VRIN 척도가 애매하게 상승한다. 따라서 '그렇다' 응답비율 지표를 참조해야 한다. 심각한 부적응을 보이는 내담자와 심리검사에 협조하지 않는 피검자의 경우에도 VRIN 척도가 애매하게 상승한다. VRIN 척도의 점수가 이 범위의 상단에 해당하고, TRIN 척도, F 척도, F(B) 척도, F(p) 척도의 점수가 타당하지 않다면, MMPI-2 프로파일이 피검자의 성격특성을 안정적으로 반영하고 있다고 간주하기는 어렵다. 즉, 무효로 간주해야 할 것이다.

비일관적 반응: 원점수 15점 이상, T점수 87점 이상

VRIN 척도의 원점수가 15점(T점수: 남성 84점, 여성 86점) 이상인 경우는 프로파일의 타당성을 신뢰할 수 없다. 비일관적으로 반응했을 가능성 혹은 무선적으로 반응했을 가능성이 매우 높기 때문이다. 하지만 피검자가 부주의하게 응답했는지 혹은 혼란스러운 상태에서 응답했는지 여부를 판정하기는 어렵다. 비록 F 척도, F(B) 척도, F(p) 척도, L 척도, K 척도의 점수가 타당하더라도 VRIN 척도가 상승하면 비일관적으로 반응했을 가능성이 강하게 시사된다. 따라서 프로파일을 무효로 간주해야 한다.

🗣 TRIN 척도(고정반응 비일관성, 23개 문항쌍)

MMPI-2에서 추가된 TRIN 척도는 피검자가 문항의 내용과 무관하게 '그렇다' 혹은 '아니다' 쪽으로 치우쳐서 응답했을 가능성을 탐지한다. 어떤 피검자는 문항의 내용과 무관하게 어지간하면 '그렇다' 쪽으로 응답하는 묵종반응을 보인다. 어떤 피검자는 문항의 내용과 무관하게 어지간하면 '아니다' 쪽으로 응답하는 부인반응을 보이는데, 심리검사에 저항하는 피검자 혹은 정신병리를 방어하는 피검자일 가능성이 높다.

MMPI-2의 대다수 문항은 '그렇다'라고 응답할 때 병리적인 방향으로 채점된다. 따라서 심각한 정신병리를 지니고 있는 내담자 및 정신병리를 방어하지 못하는 피검자는 F 척도, 임상척도 6, 임상척도 8이 상승하고, '그렇다' 응답비율도 상승한다. 예외적으로, 신체화경향을 측정하는 척도(예: 123/321 코드타입, 13/31 코드타입)는 '아니다'라고 응답할 때 병리적인 방향으로 채점된다. 신체화경향을 지니고 있는 내담자의 경우, 자신을 호의적으로 묘사하려고 시도하는 피검자와 마찬가지로 '아니다' 응답비율이 '그렇다' 응답비율보다 더 높다.

TRIN 척도를 참조하면 '그렇다' 반응양식과 '아니다' 반응양식을 탐지할 수 있다. 특히 '그렇다' 응답비율 혹은 '아니다' 응답비율이 지나치게 높을 때 그러하다. TRIN 척도의 원점수는 다음과 같이 산출된다. 내용이 상이한 문항쌍에 '그렇다'-'그렇다'라고 비일관적으로 응답하면 1점을 더하고, 내용이 상이한 문항쌍에 '아니다'-'아니다'라고 비일관적으로 응답하면 1점을 뺀다. 음수가 산출되는 것을 피하기 위해 원점수에 항상 9점을 더한다. 만약 TRIN 척도의 원점수가 9점이라면, 피검자는 어느 쪽으로도 치우치지 않고 균형적으로 응답한 것이다. 만약 TRIN 척도의 원점수가 13점 이상이라면, 피검자는 '그렇다' 쪽으로 치우쳐서 응답한 것이다. 만약 TRIN 척도의 원점수가 5점 이하라면, 피검자는 '아니다' 쪽으로 치우쳐서 응답한 것이다.

원점수 8~10점

TRIN 척도의 원점수가 8~10점이고 다른 타당도척도가 정상범위에 속한다면 유효한 프로파일이다. 재표준화집단에서 TRIN 척도의 평균 원점수는 약 9점이고, T점수로 환산하면 50점에 해당한다.

원점수 6~7점 및 11~12점

TRIN 척도의 원점수가 6~7점 및 11~12점인 경우, 프로파일의 타당성은 불확실하다. TRIN 척도가 VRIN 척도보다 상승하고, '그렇다' 응답비율이 25% 이하이고, TRIN 척도의 원점수가 6~7점인 경우, 피검자가 '아니다' 쪽으로 치우쳐서 응답했을 가능성이 크므로 재검사를 실시해야 한다. TRIN 척도가 VRIN 척도보다 상승하고, '그렇다' 응답비율이 60% 이상이고, TRIN 척도의 원점수가 11~12점인 경우, 피검자가 '그렇다' 쪽으로 치우쳐서 응답했을 가능성이 크므로 재검사를 실시해야 한다. 그 밖의 모든 경우, 이 정도 수준의 편향반응은 허용할 수 있다. 그러나 VRIN 척도가 TRIN 척도보다 상승하면 VRIN 척도를 중심으로 해석해야 한다(Nichols, 2011).

원점수 5점 이하 및 13점 이상

프로파일을 무효로 간주한다. '그렇다' 혹은 '아니다' 쪽으로 지나치게 편향된 응답이기 때문이다. 적절하게 지시하여 재검사를 실시하고, 반드시 검사자가 감독해야 한다.

F 척도(비전형, 60개 문항)

F 척도는 피검자의 사고와 태도 및 경험이 규준집단의 일반인과 얼마나 다른지를 측정한다. 피검자가 불성실하게 무선응답을 시도한 경우, 문항의 의미를 이해하지 못한 경우, 의도적으로 정신병리를 과장한 경우에 F 척도가 상승한다. 규준집단의 일반인보다 상승할 뿐만 아니라 실제로 정신병리를 지니고 있는 내담자보다 상승한다. 하지만 정말로 정신병리를 지니고 있는 내담자, 특이한 태도를 보이는 피검자(예: 반사회성향), 주류에서 소외되어 있는 피검자(예: 소수민족), 불행감을 느끼는 피검자도 F 척도에서 높은 점수를 얻는다. F 척도의 문항 중에서 약 1/3가량이 임상척도 6, 7, 8, 9와 중복되기 때문에 F 척도가 상승하면 연관된 임상척도가 함께 상승한다. 특히 척도 6과 척도 8이 동반상승한다. F 척도는 프로파일의 타당성 및 피검자의 임상특성을 파악하는 데 도움이 된다. 하지만 프로파일의 타당성에 일차적으로 주목해야 하고, 피검자의 임상특성은 2차적으로 고려해야 한다. 만약 F 척도가 제공하는 정보와 기본적인 임상척도가 시사하는 정보가 모순된다면, F 척도가 제공하는 피검자의 임상특성은 무시하는 것이 바람직하다. 제3장에서 언급했듯이, F 척도가 상승한 까닭을 파악하기 위해서는 반드시 다른 타당도척도를 참조해야 한다. 특히 VRIN 척도, TRIN 척도, F(B) 척도, Ds 척도, F(p) 척도, F-F(B) 지표, F-K 지표, '그렇다' 응답비율 지표를 참조해야 한다.

낮은 점수: 원점수 2점 이하, T점수 42점(남성) 및 44점(여성) 이하

F 척도의 원점수가 2점 이하인 경우, 피검자는 특이한 사고와 신념 및 행동을 거의 드러내지 않는 관습적인 사람이다. 아울러 검사 당시에 특별한 심리적 불편감을 경험하지 않는다고 보고한 것이다. 임상척도가 상승하지 않았다면, 피검자는 차분하고, 야무지고, 성실하고, 수수하고, 정직하며, 심리적으로 건강한 사람이다. 하지만 일부 피검자의 경우 정신병리를 완강히 부인했을 가능성 및 상당히 축소했을 가능성이 있고, 특이한 감정과 사고 및 심리적 고통을 측정하는 문항을 체계적으로 회피했을 가능성이 있다. 다른 타당도척도를 참조하면 F 척도가 상승하지 않은 까닭을 파악할 수 있다. F 척도와 L 척도가 하강하고 K 척도가 정상범위인 경우, 피검자는 심리적으로 건강한 사람이다. 긍정왜곡의 가능성은 낮다. F 척도가 하강하고 임상척도가 중간 수준으로 상승한 경우, 피검자는 급성의 문제가 아닌 만성의 문제를 지니고 있을 것이다. 그러나 심각한 심리적 부적응을 겪고 있는 것은 아니다.

중간 점수: 원점수 3~7점, T점수 45~61점

F 척도의 원점수가 3~7점인 경우, 피검자는 특이한 경험, 태도, 감정과 행동을 어느 정도 인정한다. 흔히 청소년과 대학생의 F 척도가 이 정도로 상승하고, 창의적인 사람 혹은 경미한 정신병리를 지니고 있는 사람도 그러하다. 종교적, 정치적, 사회적으로 주류에서 벗어나 있는 사람의 경우, F 척도가 경미하게 상승한다. 정신과 환자의 경우 이 정도로 상승한 F 척도는 경증의 정신병리를 시사하는데, 만성적인 문제에 어느 정도 적응해서 검사 당시에는 극심한 고통을 느끼지 않았던 것이다. 만성적인 문제가 봉합되어 있는 상태이고, 자아동조적인 증상을 경험한다.

높은 점수: 원점수 8~16점, T점수 61~92점

F 척도의 원점수가 8~16점인 경우, 프로파일의 타당성에는 문제가 없으나 심리적 불편감이 시사된다. F 척도의 원점수가 상단에 가까워질수록 심리적 불편감도 증가한다. 피검자는 상당히 비관습적인 사람이고, 특이한 사고와 태도를 드러내며, 심리적으로 고통스럽다. 자존감 문제와 정체감 문제를 비롯한 정신병리가 시사된다. 주변 사람들은 피검자를 우울하고, 변덕스럽고, 초조하고, 불안정하고, 불평하고, 수다스럽고, 고집스럽고, 자기를 비하하고, 심리적으로 건강하지 못한 사람이라고 묘사한다. F 척도가 이 정도로 상승하면 임상척도도 거의 항상 상승하기 때문에 임상가는 코드타입을 분석해서 피검자의 성격특성을 파악할 수 있다. 피검자는 전반적 불편감과 심리적 고통을 경험하고 있다. 정체감 문제로 고민하고 있는 청년층 피검자, 사회에 동조하지 않는 방식으로 정체감을 확보하려고 씨름하고 있는 청년층 피검자의 F 척도가 흔히 이 정도로 상승한다. 일반적으로, F 척도의 원점수가 16점에 근접할수록 정신병리가 심각해지고, 공황상태에 빠진 것처럼 전전긍긍한다. 장기간 지속되고 있는 심각한 정신병리를 지닌 내담자의 경우, F 척도의 원점수가 8~12점 정도로 상승하는 것이 전형적이다.

경계선 점수: 원점수 17~25점, T점수 88~113점(남성) 및 88~120점(여성)

F 척도의 원점수가 17~25점인 경우, 프로파일의 타당성을 판정하기가 애매하다. 여기에는 다음과 같은 가능성이 시사된다. 첫째, 피검자가 문항의 의미를 이해하지 못했을 수 있다. 둘째, 피검자가 저항했거나 혹은 협조하지 않았을 수 있다. 셋째, 망상과 혼돈을 비롯한 정신

증적 증상 때문에 무선적으로 혹은 아무렇게나 응답했을 수 있다. 넷째, 2차적 이득을 얻기 위해서 정신병리를 고의적으로 과장했거나 부정적인 방향으로 왜곡했을 수 있다. 다섯째, 정신적 공황상태에서 응답했을 수 있다. 아마도 임상가가 자신의 공포와 고통 및 불편에 관심을 기울여 주기를 기대했을 것이다. 여섯째, 심각한 정신병리를 지니고 있을 수 있다. 정신과 입원환자 혹은 교정시설 수감자일 수 있다. F 척도의 원점수가 17점에 가까우면, 피검자가 증상을 과장했을 가능성이 높으므로 다른 타당도척도를 참조해서 해석해야 한다. 임상가는 프로파일의 타당성을 의심해야 하고, 프로파일의 형태를 고려해야 하고, 피검자가 검사 상황 및 면접 상황에서 드러낸 행동에 주목해야 하며, 피검자의 현재 상황을 고려해서 증상을 과장할 만한 동기가 있는지 파악해야 한다. 정신과 환자의 경우, F 척도의 원점수가 25점까지 상승하더라도 임상적으로 해석할 수 있다. 망상적 사고와 정신증적 증상을 비롯한 심각한 정신병리가 시사되며, 때로는 간절하게 도움을 청하는 상태일 수도 있다. 대개의 경우 임상면접을 실시하면 일탈적 사고, 판단력 결함, 현실의 왜곡, 심리적 혼돈, 사회적 고립, 협조의 부재가 확인된다.

F 척도의 원점수가 22~25점까지 상승한 경우, 프로파일의 타당성에 심각한 의문이 제기된다. 법정장면에서 이런 프로파일을 해석하려면 프로파일의 타당성을 입증하는 확실한 근거를 제시해야 한다. 즉, F 척도가 지나치게 상승한 까닭을 임상면접, 과거력 조사, 다른 심리검사에서 확보한 자료를 통해서 합리적으로 설명해야 한다. 예컨대, 전문가의 입장에서 증언하는 심리학자는 "그렇습니다. F 척도의 원점수가 25점이므로 표준적인 분할점을 적용하면 타당하지 않은 프로파일로 간주해야 합니다. 그러나 다른 심리검사에서 심각한 정신증적 증상이 시사되었고, 과거력 조사에서도 동일한 병력이 확인되었습니다. 그러므로 피검자는 정신증을 지니고 있다고 판단됩니다."라고 진술할 것이다. 하지만 F 척도와 함께 무선반응, 편향반응, 왜곡반응, 가장반응을 시사하는 타당도척도[즉, VRIN 척도, TRIN 척도, F(p) 척도, Ds 척도]가 유의미하게 상승하면 프로파일을 해석하지 말아야 한다. 최근 들어 변호사가 피고와 원고의 MMPI-2 프로파일을 컴퓨터로 자동해석한 평가 보고서를 법정에 제출하는 사례가 증가하고 있다. 컴퓨터 자동해석은 상당히 보수적이기 때문에 F 척도의 원점수가 18점 이상이면 프로파일을 무효로 간주한다. 따라서 임상가는 F 척도의 원점수가 18점 이상임에도 불구하고 타당한 프로파일로 간주해야 한다는 방어 논리를 마련해야 한다. 법정에서 공방이 벌어질 경우, 컴퓨터의 자동해석이 정확하지 않다는 근거 및 임상가의 해석이 정확하다는 근거를 제시해야 한다. 결론적으로, 이런 프로파일을 타당하게 해석하려면 MMPI-2 프로파일과 함께 설득력 있는 추가 자료를 확보해야 한다.

매우 높은 점수: 원점수 26점 이상, T점수 116점 이상(남성) 및 120점 이상(여성)

F 척도의 원점수가 26점 이상으로 상승하면, 피검자가 부정왜곡을 시도했을 가능성이 매우 높으므로 프로파일을 무효로 간주한다. 그러나 정말로 심각한 정신병리를 지니고 있는 내담자, 굳이 정신병리를 과장해서 보고할 까닭이 없는 피검자의 경우에는 아주 조심스럽게 해석할 수도 있다. F 척도가 이 정도로 상승한 사람은 급성의 문제를 겪고 있을 가능성이 높으므로 프로파일이 제공하는 정보는 상당히 불안정하다. 그럼에도 불구하고 MMPI-2 프로파일은 피검자가 현재 어떤 경험을 하고 있는지 및 피검자가 자신을 어떻게 묘사하고 있는지를 알려준다. 어느 정도 안정된 이후에 재검사를 실시하면 피검자의 성격특성을 더 정확하게 평가할 수 있을 것이다.

🗣 F(B) 척도(비전형-후반부, 40개 문항)

F(B) 척도는 MMPI-2의 규준집단에서 10% 미만의 사람만 채점되는 쪽으로 응답하는 특이한 문항으로 구성되어 있다. 하지만 『MMPI-2 매뉴얼』(Butcher et al., 2001, 부록 G)에 따르면, 적어도 3개의 문항은 이 기준에 부합하지 않는다(395번 문항: 17%, 407번 문항: 11%, 525번 문항: 13%). 검사의 후반부에서 피검자의 집중력과 동기가 저하되었을 때 F(B) 척도가 상승하고, 문항의 내용과 무관하게 무선적으로 응답했을 때도 F(B) 척도가 상승한다. F(B) 척도의 문항은 모두 280번 문항 뒤쪽에 배치되어 있고, 절반은 마지막 100개 문항 사이에 배치되어 있다. F(B) 척도의 T점수는 F 척도의 T점수보다 가파르게 상승한다. 예컨대, F(B) 척도의 원점수 16점을 T점수로 환산하면 108점인데, F 척도의 원점수 16점을 T점수로 환산하면 85점이다. F(B) 척도의 대다수 문항은 급성의 스트레스 및 우울 증상과 관련된 정서적 변화를 측정하고, F 척도의 대다수 문항은 정신증적 증상을 측정한다. 그러므로 피검자가 겪고 있는 정신병리의 양상에 따라서 두 척도의 원점수가 상당한 차이를 보일 수 있다. F(B) 척도가 F 척도보다 현저하게 상승한 경우, 피검자가 검사의 후반부에서 피로감을 느꼈거나 정신병리를 과장했을 가능성이 크다. 그러나 단정하기는 어렵다. 약물 문제 혹은 알코올 문제를 지니고 있는 피검자일 수도 있고, 일상생활과 지지 체계가 붕괴된 피검자일 수도 있기 때문이다. 하지만 F(B) 척도가 F 척도보다 더 상승했으므로 피검자가 정신증적 증상을 지니고 있을 가능성은 높지 않다. Nichols(2011, p. 57)는 두 척도의 차이점을 다음과 같이 설명하였다.

F 척도와 F(B) 척도의 강조점이 다르기 때문에 F 척도는 하강하고 F(B) 척도만 상승하는 난해한 프로파일이 관찰될 수 있다. 만약 4개의 내용척도(DEP, LSE, WRK, TRT) 중에서 적어도 2개의 척도가 BIZ 척도보다 더 상승했다면 혹은 ANX 척도와 FRS 척도가 BIZ 척도보다 더 상승했다면, F(B) 척도만 상승한 까닭을 수긍할 수 있다. 그러나 이런 조건이 충족되지 않는다면, F(B) 척도는 피검자가 증상을 과장했기 때문에 혹은 검사의 후반부에서 부주의했기 때문에 상승했을 것이다. 이런 경우, 검사의 후반부에서 채점되는 내용척도 및 기타 척도를 해석할 때 각별한 주의를 기울여야 한다.

F 척도와 F(B) 척도가 모두 지나치게 상승한 경우, 피검자는 정신병리를 가장하려고 혹은 과장하려고 시도했을 것이다. 임상가는 다음에 소개한 F(B) 척도의 해석지침을 참고해서 프로파일의 타당성을 판정할 수 있다. 이것은 F 척도의 해석지침과 유사하다. 그러나 두 척도가 주로 측정하는 내용이 다르다는 점을 유념하기 바란다.

낮은 점수: 원점수 0~3점, T점수 42~55점

임상척도가 상승하지 않았고 다른 타당도척도에 문제가 없다면, 피검자는 잘 적응하고 있을 것이다. 만약 다른 타당도척도에서 축소보고가 시사된다면, 피검자가 심리적 불편감을 부인했을 가능성이 있다. 이런 경우, 피검자는 만성적으로 지속되고 있는 자아동조적 증상을 겪고 있을 것이다. 정신증적 증상이 의심되지는 않는다.

중간 점수: 원점수 4~14점, T점수 58~100점

임상척도가 상승하지 않았고 다른 타당도척도에 문제가 없다면, F(B) 척도의 원점수 4점은 정상적인 수준의 심리적 불편감을 반영한다. 예컨대, 약물남용의 문제를 고려할 수 있다. 만약 임상척도가 상승했고 F(B) 척도의 원점수가 4점에 가깝다면, 피검자는 만성적으로 지속되고 있는 자아동조적 증상을 겪고 있을 것이다. F(B) 척도의 원점수가 14점에 가깝다면, 피검자는 더 심각한 증상을 겪고 있을 것이다. 이런 경우, 다른 타당도척도를 신중하게 고려해야 한다.

높은 점수: 원점수 15~19점, T점수 101~120점

F(B) 척도의 원점수가 15~19점인 경우, 피검자가 무선반응 혹은 가장반응을 시도했을 가

능성과 피검자가 만성의 부적응 혹은 급성의 장애를 겪고 있을 가능성이 모두 시사된다. F(B) 척도의 원점수가 19점에 근접할수록 피검자가 가장반응을 시도했을 가능성이 높아진다. 특히 피검자가 2차적 이득을 추구할 만한 동기가 분명한 경우에 그러하다. 드물기는 하지만, 피검자는 경계선 성격장애, 공황장애, 약물남용, 약물중독과 같은 만성적인 정신병리를 지니고 있을 가능성도 있다. 앞서 언급했듯이 F(B) 척도에는 40개의 문항이 있는데, 이 중에서 37개의 문항이 '그렇다'라고 응답할 때 채점된다. 따라서 F(B) 척도는 묵종반응에 취약하다. 피검자가 묵종반응을 했다면, TRIN 척도의 점수도 지나치게 상승했을 것이다.

매우 높은 점수: 원점수 20점 이상, T점수 120점 이상

타당하지 않은 프로파일일 가능성이 매우 높다. 특히 소송 중인 피검자와 장애판정을 신청한 피검자처럼 명백한 2차적 이득이 예상되는 경우에 그러하다. 심각한 정신병리를 겪고 있는 정신과 환자의 경우, F(B) 척도가 지나치게 상승할 수 있다. 다만 프로파일이 시사하는 임상특성은 불안정할 것이다. 임상집단의 특징을 감안하더라도 이 정도로 지나치게 상승한 점수는 흔히 관찰되지 않는다. F(B) 척도의 원점수가 20~24점인 경우, 피검자가 부정왜곡을 시도했을 가능성이 높다. 혹은 피검자가 심리적 공황상태에 처해 있거나, 임상가의 도움을 간절하게 호소했거나, 심각한 정신병리를 지니고 있을 것이다. 다른 타당도척도를 신중하게 고려해서 프로파일의 타당성 여부를 판단해야 한다.

🗣 F(p) 척도(비전형-정신병리, 27개 문항)

F(p) 척도는 규준집단 및 임상집단 모두에서 극소수의 사람만 채점되는 쪽으로 응답하는 매우 특이한 문항으로 구성되어 있다. 따라서 F(p) 척도는 정신병리를 과장하는 부정왜곡경향을 민감하게 탐지한다.

낮은 점수: 원점수 3점 이하, T점수 65점 이하

정신병리를 과장했을 가능성은 낮다. 다른 타당도척도를 검토해서 과장반응 이외의 수검태도 문제를 파악할 필요가 있다.

중간 점수: 원점수 4~9점, T점수 71~113점

상황에 따라서 해석이 달라진다. 다른 타당도척도에서 과장반응이 의심되는 경우, F(p) 척도 역시 과장반응을 시사하는 것으로 해석해야 한다. F(p) 척도의 T점수가 71~113점인 경우, 임상가는 피검자가 채점되는 쪽으로 응답한 문항의 내용을 일일이 검토해야 한다. 다양한 내용의 문항에 채점되는 쪽으로 응답했다면 과장반응을 시도했을 가능성이 높고, 협소한 내용의 문항에 채점되는 쪽으로 응답했다면 과장반응을 시도했을 가능성이 낮다. 그러나 F 척도, F(B) 척도, F(p) 척도가 동반상승하고 F-K 지표 점수가 상당히 크다면, 과장반응을 시도했을 가능성이 높다(Nichols, 2011, p. 58).

높은 점수: 원점수 10점 이상, T점수 114점 이상

피검자가 정신병리를 과장해서 응답했을 가능성이 매우 높다. 비록 다른 타당도척도의 점수가 정상범위에 있더라도 그러하다.

🗣 Ds 척도(가장, 58개 문항)

제3장에서 언급했듯이, Ds 척도는 정신병리를 과장해서 보고하는 경향 혹은 자신을 부정적으로 묘사하는 경향을 탐지한다. Ds 척도에는 정신증적 증상을 측정하는 문항이 존재하지 않는다. 따라서 Ds 척도가 상승하면 피검자가 정신증적 증상 이외의 정신병리를 과장해서 보고한 것으로 해석해야 한다. F 척도는 피검자가 정말로 정신병리를 지니고 있는 경우에도 상승하고, 피검자가 고의로 정신병리를 과장하는 경우에도 상승한다. Ds 척도를 참조하면 F 척도가 상승한 까닭을 변별할 수 있다.

낮은 점수: 원점수 18점 이하, T점수 63점(남성) 및 65점(여성) 이하

과장반응의 가능성은 거의 없다. 일부 타당도척도에서 다소의 과장반응이 시사되더라도 (예: F 척도의 원점수 20점, K 척도의 원점수 10점) 피검자의 응답을 신뢰할 수 있다. 일반적으로, Ds 척도의 점수가 낮은 사람은 자신의 상태를 정확하게 묘사하려고 심사숙고한다(Nichols, 2011). 또한 Ds 척도의 점수가 낮은 경우, 임상척도의 상승 패턴과 피검자의 임상양상은 대체로 부합한다(Caldwell, 1988). "Ds 척도의 T점수가 45점 이하인 경우, 피검자는 정신병리를 전혀 경험하지 않는다고 보고한 것이다. 그러나 너무 조심스럽게 응답했을 가능성이 있다."(Nichols, 2011, p. 60)

중간 점수: 원점수 19~27점, T점수 65~82점

정신병리를 다소 과장했을 가능성이 있고, 자신을 상당히 부정적으로 묘사했을 가능성이 있다. Ds 척도의 원점수가 27점에 근접하더라도, 다른 타당도척도에서 과장반응이 시사되지 않는다면 프로파일을 신뢰할 수 있다. 특히 심각한 정신병리를 지니고 있는 내담자 및 정신증 환자에게서 이 정도의 점수가 관찰된다. 하지만 Ds 척도의 원점수가 27점에 근접할수록 정신병리를 다소 과장했을 가능성은 높아진다. 따라서 다른 타당도척도에서 과장반응이 시사된다면 과장반응으로 간주해야 할 것이다.

높은 점수: 원점수 28~33점, T점수 81~93점

정신병리를 과장했을 가능성이 높다. 비록 다른 타당도척도의 점수가 정상범위에 있더라도 그러하다. 피검자가 고의적으로 자신의 병적인 측면을 부각했을 가능성이 높으므로 임상가는 그 까닭이 무엇인지 파악해야 한다. 실제로 심각한 정신병리를 지니고 있는 정신과 환자의 경우, 증상을 다소 과장했을 가능성이 시사되지만 프로파일을 무효로 간주할 수 있는 정도는 아니다.

매우 높은 점수: 원점수 34~37점, T점수 92~101점

정신병리를 과장했을 것이 거의 분명하다. 다른 타당도척도에서 과장반응이 시사된다면 더욱 그러하다. 심지어 다른 타당도척도의 점수가 정상범위에 있더라도 피검자는 고의적으로 자신의 병적인 측면을 과장했을 것이다.

무효 프로파일: 원점수 38점 이상, T점수 99점 이상

정신병리를 과장했을 가능성이 강하게 시사된다. 심지어 다른 타당도척도의 점수가 정상범위에 있더라도 그러하다. 만약 다른 타당도척도에서도 과장반응이 시사된다면 명백한 과장반응이다.

L 척도(부인, 15개 문항)

　호의적 인상관리경향을 평가하는 L 척도는 피검자가 사소한 약점과 인간적 결함마저 부인할 때 상승한다. L 척도는 15개의 명백문항으로 구성되어 있으므로 피검자의 입장에서는 자신을 긍정적으로 묘사할 수 있는 절호의 기회를 포착한 것이다. L 척도가 상승한 피검자는 자신을 선량한 사람, 보수적인 사람, 양심적인 사람, 도덕적인 사람이라고 강조하는데, 이것은 속이 뻔히 보이는 순진한 주장이다. 피검자가 자신의 한계를 인정하고 솔직하게 응답하면 L 척도의 T점수가 65점 이상으로 상승하지 않기 때문이다. 하지만 문화적 규범을 중시하고 일탈을 금지하는 엄격한 환경에서 성장한 사람, 개인적 성품 및 전문적 덕성을 중시하는 직업에 종사하는 사람(예: 성직자), 최선을 다해서 자신을 긍정적으로 묘사할 필요가 있는 사람(예: 인사선발 지원자, 직무평가 대상자, 자녀양육권 신청자)에게 MMPI-2를 실시하면 L 척도가 상승한다. 그러므로 항공기 조종사 취업지원자집단의 평균 원점수가 약 5점이었다는 사실은 그리 놀랄 만한 일이 아니다(Butcher, 1994c). 정상집단 및 임상집단에서 대부분의 피검자는 L 척도의 문항에 채점되는 쪽으로 응답하지 않는다. 정상집단의 평균 원점수는 3~5점이고, 임상집단의 평균 원점수는 그보다 약간 높다.

　L 척도가 상승한 피검자는 자신의 긍정적인 측면을 고의적으로 부각시키는 순진한 사람, 단순한 사람이다. 심리적으로 세련된 피검자, 특히 대학교육을 받은 피검자는 L 척도의 명백문항을 꿰뚫어 볼 수 있기 때문에 채점되는 쪽으로 응답하지 않는다. 심리적으로 세련된 피검자는 자신의 도덕적 결점을 순순히 인정하고, 그것을 부인하면 오히려 정직하지 않은 사람으로 의심받을 우려가 있음을 간파한다. 물론 MMPI-2의 다른 척도에서 자신을 지나치게 긍정적으로 묘사할 가능성은 여전히 존재하지만, L 척도가 상승하는 경우는 드물다.

　L 척도를 해석할 때는 반드시 연령수준과 교육수준을 고려해야 한다. 지능수준이 낮은 피검자 혹은 고등학교를 졸업하지 못한 피검자의 경우, L 척도가 T점수 50점 이상으로 상승하는 경향이 있다. 교육수준이 높은 사람에 비해 T점수로 5점 이상이 더 상승한다. "L 척도의 점수는 교육수준 및 지능수준과 반비례한다. 총명하고, 세련되고, 교육을 받고, 문화적으로 적응한 피검자는 L 척도에서 낮은 점수를 얻는다. 심지어 자신의 인상을 호의적으로 관리할 필요성이 높은 상황에서도 그러하다."(Nichols, 2011, p. 87) 연령수준은 L 척도와 정비례한다. 50세 이상의 피검자는 L 척도의 문항에 채점되는 쪽으로 응답하는 경향이 있는데, 아마도 연령이

증가하면 보수성향도 증가하기 때문일 것이다. 교육수준이 높음에도 불구하고 L 척도의 원점수가 8점 이상으로 상승한 경우, 프로파일을 해석하는 것이 어려워진다. 아마도 교육적으로는 세련되었으나 도덕적으로는 경직되어 있는 사람 혹은 심리적으로는 판단적인 사람일 가능성이 있다. 다음의 사례를 살펴보자.

경영학 석사학위를 취득한 L씨는 성공한 변호사이다. 그녀는 최근에 남편과 고통스럽게 이혼하였다. 임상가는 치료계획을 세우려고 MMPI-2를 실시하였다. 남편은 자신이 사업상 어려움에 처했을 때 아내가 전혀 배려하지 않았다면서, 그녀를 판단적인 사람이라고 묘사하였다. 그녀도 인정하였다. 그녀는 실패를 결함의 증거로 간주하였고, 똑바로 살지 못하는 사람을 용납할 수 없다고 주장하였다. MMPI-2를 실시한 결과, 임상척도는 모두 정상범위에 해당했으나 L 척도가 원점수 10점(T점수 81점)으로 상승하였다. 그녀는 실수를 인정하지 못하는 경직된 사람이었고, 완벽주의 성향을 지니고 있었다. 그녀는 자신도 치료자에게 판단당할 것이라고 확신하고 있었다. 심리치료를 받는 것은 자신이 취약한 사람이라는 증거였기 때문이다. 이것이 교육수준이 높음에도 불구하고 L 척도가 상승한 사람의 특징이다. 단, 인사선발 지원자 혹은 자녀양육권 신청자의 경우는 예외이다. 교육수준이 높음에도 불구하고 L 척도가 상승한 사람은 자신의 문제를 통찰하지 못하며 심리적으로 고지식하다. 그들은 대개 특정한 문제에 대한 조언을 구하려고 심리치료자를 방문한다. 이런 경우, 통찰치료는 내담자에게 위협적일 수 있다. 치료자가 탐색적인 질문을 던지면 자신의 잘못이 탄로날까 봐 두려워할 것이기 때문이다. 흥미롭게도, L 척도가 상승한 교육수준이 높은 피검자는 불안감을 느끼지 않는다(Matarazzo, 1955). 이러한 내면적 평화는 아마도 도덕적 확신과 관련이 있을 것이다.

낮은 점수: 원점수 0~2점, T점수 33~43점

피검자는 자신의 인간적 약점과 사소한 결점을 솔직하게 인정하고 있다. 만약 다른 타당도 척도에서 정신병리를 과장하는 경향이 시사된다면, 자신을 부정적으로 혹은 부도덕하게 묘사하는 과정에서 L 척도의 점수가 하강했을 것이다. 정신병리를 과장하는 경우, 병리적인 문항에 응답하고(예: F 척도의 상승), 심리적 고통을 방어하지 않으며(예: K 척도의 하강), 인간적 약점을 시인하기 때문에 L 척도가 상승하지 않는다.

중간 점수: 원점수 3~5점, T점수 47~57점

임상장면에서 검사를 실시한 경우, 정상범위에 해당한다. 법정장면 혹은 선발장면에서 검사를 실시하면 L 척도의 원점수가 더 높이 상승한다. L 척도의 T점수가 55점인 경우, 피검자는 자신의 긍정적인 측면을 부각시켰을 것이다. 단, 심리적으로 세련되지 못한 환경에서 성장한 피검자일 수도 있다. 교육수준이 높은 피검자가 T점수 55점을 얻는다면 조심스럽게 방어했을 가능성이 있고 도덕적인 사람일 수 있다. 사회경제적으로 하류계층에 해당하는 피검자의 경우, 이 정도로 L 척도가 상승하는 것이 전형적이다. 단, 심리적으로 세련되지 못한 사람일 가능성이 있다.

약간 높은 점수: 원점수 6~7점, T점수 61~67점

피검자는 동조적이고 관습적인 사람이다. 자기통제 및 도덕기준에 대해서 염려하고 있고, 다소 경직되어 있다. 지나치게 엄격하고 규범적인 사람이 아니라면, 타인에게 받아들여지지 못할까 봐 두려워서 도덕기준에 집착하는 것이다. 심리적 문제를 부인하는 방어기제를 특징적으로 구사한다. 이 정도로 L 척도가 상승한 경우, 피검자는 흔히 자신의 문제를 인식하고 통찰하지 못한다. 교육수준이 높은 피검자, 자녀양육권 신청자, 인사선발 지원자의 경우, 자신의 인간적 약점을 부인하면서 긍정적인 인상을 심어 주기 위해 노력한 것이다. L 척도의 원점수가 7점에 근접할수록 프로파일의 타당성에 다소의 의심이 제기된다. 항공기 조종사 취업지원자는 원점수 6점에 가까운 점수를 보인다.

높은 점수: 원점수 8~10점, T점수 70~81점

흔히 관찰되지 않는 점수이다. 채점자가 오류를 범했을 수도 있고, 피검자가 '아니다' 쪽으로 치우쳐서 응답했을 수도 있다. 피검자는 대부분의 사람이 인정하는 사소한 약점과 인간적 결함마저 부인하고 있다. 자신을 긍정적으로 묘사하려는 강력한 동기를 지니고 있으며, 경직된 방식으로 문제를 부인하고 억압하고 있다. 지나치게 도덕적이고 양심적이며, 일상생활 전반에서 시시비비를 가리려고 노력하고, 윤리적인 문제가 발생하면 쉽게 타협하지 않는다. 피검자의 자기지각과 생활방식은 경직된 도덕기준과 밀접한 관련이 있고, 사회적으로 인정받지 못할까 봐 예민하게 반응한다. 심리적 불편감과 도덕적 취약성을 동일시하고, 일상생활에서 도덕기준을 위반할까 봐 걱정하며, 타인의 판단이 두려워서 순진하고 단순하게 방어한다. 자신의 부정적인 측면을 철저하게 감추고, 자연스러운 욕구와 충동마저 용납하지 못하며, 자신의 행동과 동기에 대해 통찰하지 못한다. 어떤 피검자의 경우, 문화적으로 과도하게 엄격한 환경에서 성장했기 때문에 L 척도가 상승한다. 다른 피검자의 경우, 고의적으로 긍정왜곡을 시도했기 때문에 L 척도가 상승한다. 어떤 경우든지 피검자는 통찰을 지향하는 심리치료에 적합하지 않다. 체계적 혹은 지시적 심리치료가 더 유익할 것이다. 법정장면에서 L 척도가 이 정도로 상승하면, 피검자의 진실성 및 프로파일의 타당성이 의심된다. 전문가의 입장에서 증언하는 임상가는 추가 자료를 확보하여 프로파일의 타당성을 검증해야 한다. 예컨대, 자녀양육권 신청자의 경우에는 L 척도의 원점수가 10점이어도 타당한 프로파일로 간주할 수 있다는 연구 자료를 참고할 수 있다. 만약 타당한 프로파일이라면, 피검자는 도덕적으로 경직되어 있는 사람이고 심리적으로 세련되지 못한 사람일 것이다.

무효 프로파일: 원점수 11~15점, T점수 83~105점

매우 드문 점수이다. 만약 프로파일이 타당하다면, L 척도가 극단적으로 상승한 까닭을 확인해야 한다. 여기에는 몇 가지 가능성이 있다. 첫째, 지나치게 통제하고 억압하는 경직된 사람이며, 자신의 문제를 통찰하지 못한다. 둘째, 종교적 혹은 도덕적 주제와 관련하여 이분법적으로 사고한다. 신앙적으로 독실한 모든 사람의 L 척도 점수가 극단적으로 높은 것은 아니지만, 현실성을 무시한 채 지나치게 경직된 기준을 고수하는 세련되지 못한 사람일 가능성이 높다. 셋째, 타인의 부정적 평가를 몹시 두려워하기 때문에 과민반응을 했을 가능성이 있다. 이는 법정장면이나 선발장면에서 종종 관찰된다. 넷째, 임상척도가 명백하게 상승하지 않은 정신증 환자일 수 있다. 대개의 경우 임상척도가 T점수 65점에 근접한다. 이때 극단적으로 상승한 L 척도는 편집적인 수준의 방어성향과 조심성향을 시사한다. 타인에게 비판받을까 봐 전전긍긍하고 있는 상태인 것이다. BIZ 척도가 상승했을 것이고, 관련된 임상소척도 및 결정적 문항에도 채점되는 쪽으로 응답했을 것이다.

🗣 K 척도(교정, 30개 문항)

K 척도는 원판과 개정판이 거의 동일하다. 개정판에서 몇 개의 문항을 수정하였다. K 척도는 방어성향, 조심성향, 수검태도를 반영하며, 기본적으로 프로파일의 타당성에 관한 정보를 제공한다. 그러나 임상가는 K 척도를 통해서 피검자의 임상특성(예: 자아강도, 현실 접촉, 대처능력)까지 파악할 수 있다. K 척도는 임상척도 1, 4, 7, 8, 9의 진단적 정확성을 향상시키기 위해서 경험적으로 제작된 교정척도이다. L 척도의 문항이 K 척도의 문항보다 더 명백하다.

K-교정을 통해서 임상척도를 보정하더라도 K 척도가 상승하면 (방어성향이 강하기 때문에)

임상척도가 상승하지 않는 경향이 있다. 이에 반해 K 척도가 하강하면 임상척도가 상승하는 경향이 있다. K 척도가 상승한 사람은 성격적으로 침착하고, 정서적으로 세련되고, 심리적으로 편안하며, 역경이 닥쳐도 평정심을 잃지 않는다고 보고한다. 또한 정신병리를 측정하는 문항에 상당히 조심스럽게 응답한다. 척도 7과 척도 8이 상승한 경우, 임상가는 K 척도가 두 임상척도의 상승에 얼마나 영향을 미쳤는지 검토해야 한다. K-교정을 실시하면서 K 척도의 원점수를 두 임상척도의 원점수에 그대로 합산했기 때문이다. 즉, K 척도가 상승해서 결과적으로 척도 8이 상승한 프로파일과 K 척도와 무관하게 독립적으로 척도 8이 상승한 프로파일을 변별해야 한다. K 척도가 상승한 사람은 조절능력을 발휘하기 때문에, 실제로 정신병리를 지니고 있더라도 겉으로는 그것을 위장할 수 있다. 특히 구조화된 상황에서 그러하다.

K 척도는 정서적 통제능력 및 심리적 대처능력을 반영한다. 하지만 K 척도의 극단적 상승은 정서적 위축성향을 시사한다. K 척도가 지나치게 상승한 사람은 강렬한 정서경험 및 정서조절의 어려움을 부인하는 조심스러운 사람이고, 부정적 정서뿐만 아니라 긍정적 정서까지 통제하려고 노력한다. 또한 인간적 충동을 부정하고, 타인의 비판에 과민하며, 마음이 불편하지 않다고 주장한다. K 척도의 점수는 피검자의 사회경제적 지위와 정비례한다. 정서조절능력을 발휘하는 것은 사회적으로 바람직하다고 인식되기 때문이고, 정서를 조절하지 못해서 요란하게 감정을 드러내는 것은 사회적으로 부적절하다고 간주되기 때문이다. 그러나 사회경제적으로 상류계층에 속하는 모든 사람이 K 척도에서 높은 점수를 얻는 것은 아니다. 법정장면에서 K 척도가 상승한 경우, 상류계층에 속하기 때문에 K 척도가 상승한 사람(즉, 정서를 조절하는 침착한 사람)과 긍정적인 방향으로 왜곡했기 때문에 K 척도가 상승한 사람(즉, 정서적 안정과 심리적 건강을 주장하는 사람)을 구분하기가 상당히 어렵다.

매우 낮은 점수: 원점수 7점 이하, T점수 35점 이하

심리장애가 피검자에게 2차적 이득을 제공하는 경우, K 척도가 하강하고 임상척도가 상승한다. 다른 타당도척도에서도 부정왜곡이 시사되면, 피검자는 고의적으로 정신병리를 과장한 것이다. 이런 경우, F 척도와 F(B) 척도도 지나치게 상승한다. 하지만 타당한 프로파일에서도 K 척도가 하강하고 임상척도가 상승하는 경우가 있다. 아마도 감정과 행동을 조절하지 못할 정도로 심각한 정신병리를 겪고 있는 사람일 것이다. 이런 사람에게는 지지적 심리치료와 적극적 위기개입이 필요하며, 자해와 타해의 위험성을 신중하게 고려해야 한다. K 척도의 원점수가 지나치게 하강한 사람은 자신의 증상에 압도되고, 공황상태에 빠지거나 통제력을 상실할까 봐 전전긍긍하며, 자신에 대해서 상당히 비판적이다. 임상가는 지지적 및 지시적으로 개입해서 피검자의 자존감을 향상시킬 필요가 있다.

낮은 점수: 원점수 8~13점, T점수 35~45점(남성) 및 35~46점(여성)

K 척도가 하강한 사람은 대처능력을 제대로 발휘하지 못하고, 미성숙한 방어기제를 구사하고, 정서적으로 고통스럽고 불안정하며, 감정과 행동을 조절하지 못한다. K 척도가 하강하고 임상척도가 상승한 경우, 상승한 임상척도가 시사하는 정신병리가 겉으로 드러날 가능성이 높다. 따라서 피검자도 자신의 증상과 고통을 순순히 인정할 것이다. 이들은 자신을 비판하고, 자존감이 취약하며, 당면한 문제를 해결하지 못한다. K 척도의 하강은 방어의 실패 및 가혹한 비판을 시사하는데, 통찰치료를 받고 있는 내담자에게서 종종 관찰된다. K 척도가 하강하고 임상척도도 하강한 경우, 피검자는 솔직하고 무난하게 자신의 상태를 공개한 것이다. 하지만 자신의 감정을 숨기려고 시도했을 수도 있다.

중간 점수: 원점수 14~18점, T점수 47~56점

정상범위에 해당한다. 감정과 행동을 적절히 조절하면서 정서적 균형상태를 유지한다. 감정을 자유롭게 표현할 때도 있고 신중하게 억제할 때도 있다. 또한 자신이 정서적으로 건강한 사람이라고 생각한다. 비록 임상척도가 상승했더라도 K 척도의 T점수가 55~56점에 근접하면 적절한 대처능력을 발휘할 것이다. 즉, 상승한 임상척도와 관련된 정신병리를 의식적으로 조절할 수 있는 상태이다. 일반적으로, K 척도의 T점수가 50점 이상인 사람은 방어기제와 대처능력을 적절하게 발휘한다. K 척도의 T점수가 55~56점 이상으로 상승한 경우, 심리치료의 예후가 상대적으로 양호하다. 하지만 K 척도의 T점수가 65점 이상으로 상승하면, 감정을 지나치게 통제하고 증상을 과도하게 방어하기 때문에 심리치료의 통찰효과가 제한된다.

약간 높은 점수: 원점수 19~22점, T점수 58~65점

임상척도가 상승하지 않은 경우, K 척도가 약간 상승한 사람은 독립적이고, 진취적이고, 독창적이고, 수단이 좋고, 흥미가 많으며, 다양한 사람과 교류하는, 심리적으로 건강한 사람이다. 이들은 일상생활이 정돈되어 있고, 문제를 통제할 수 있다. 비록 임상척도가 상승하더라도 감정과 행동을 조절하지 못할 가능성은 크지 않다. 또한 K 척도가 하강한 사람(T<45)이나

K 척도가 상승한 사람(T>65)보다 치료적 통찰 및 변화의 예후가 양호하다. K 척도의 T점수가 40~45점으로 하강하면, 피검자는 상승한 임상척도와 연관된 정서적 고통과 병리적 증상에 압도된다. K 척도의 T점수가 65점 이상으로 상승하면, 피검자는 감정을 지나치게 통제해서 정서적으로 위축되며 치료적 통찰을 거부한다. 그러나 K 척도가 약간 상승한 사람은, 비록 임상척도에서 정신병리가 시사되더라도 문제에 적절히 대처할 수 있다. 타인에게 의존하지 않고 스스로 문제를 해결하며, 비교적 양호한 적응기능을 발휘한다. 예컨대, K 척도의 T점수가 64점이고, 척도 2와 척도 7 및 척도 8이 상승한 피검자는 속으로는 우울감, 불안감, 죄책감을 경험하는 자존감이 낮은 사람이지만, 겉으로는 고통과 증상을 드러내지 않으면서 무난한 직장생활을 유지할 것이다. 즉, K 척도가 약간 상승한 사람은 정신병리를 지니고 있더라도 상당한 기간 동안 효율적으로 기능할 수 있다. 흥미를 상실해도 생활을 영위하고, 불안에 시달려도 과제를 수행하며, 불행감을 경험해도 표정을 관리하는 것이다.

높은 점수: 원점수 23점 이상, T점수 66점 이상

임상장면에서 K 척도가 상승한 경우, 자신에게 심리적 문제가 있다는 사실을 강력하게 부인하는 방어성향이 시사된다. 타인의 심리적 문제는 빈번히 지적하지만, 자신은 정서적 고통을 충분히 통제할 수 있다고 주장한다. K 척도가 상승한 사람은 타인의 비관습적 행동을 혐오하고 비동조적 행동을 배척하는 상당히 판단적인 사람이다. 이들은 사회적으로 적절하게 행동하려고 노력한다. 그러나 자신의 행동이 타인의 감정을 상하게 만든다는 사실은 통찰하지 못한다. K 척도가 상승한 사람은 자신의 세계를 통제하려고 철저하게 노력한다. 마치 경직된 관리자처럼, 통제에 실패하면 엉망진창이 될까 봐 두려워한다. 심리치료가 필요한 내담자로 인식되는 것을 주저하고, 감정과 행동을 이해하고 관리하기 위해 도움을 받으라고 권유해도 거부한다. 또한 자신이 합리적이고, 정상적이며, 균형적인 사람이라고 인식하기 때문에 문제영역을 탐색하는 것조차 회피한다. 심리치료를 진행하고 과거경험을 탐색하면 감정의 소용돌이가 밀려오기 마련인데, K 척도가 상승한 사람은 감당하기 어려운 감정과 충동을 불편해한다. 심리치료를 받더라도 정신분석치료처럼 지성적인 치료방법을 선호한다. 지성적인 치료자는 감정을 발산하라고 요구하지 않을 것이라고 생각하기 때문이다. 법정장면 및 선발장면에서 K 척도의 T점수가 65~66점 이상으로 상승한 경우, 상황적으로 충분히 예상되는 방어성향이 시사된다. 피검자는 정신병리를 상당히 축소해서 보고했을 것이다. 따라서 현재의 프로파일로 미래의 기능수준을 예측하는 것은 부정확하다.

심리적으로 건강하기 때문에 K 척도가 상승하고 임상척도가 하강하는 경우도 있다. 사회경제적 상류계층에서 이런 프로파일이 자주 관찰된다. 이때 K 척도의 상승은 불굴의 의지를 반영한다. 피검자는 기본적으로 건강하고, 감정을 조절하지 못하면 인상을 찌푸리는 환경 및 일상생활을 질서정연하게 관리하라고 강조하는 분위기에서 성장했을 것이다. K 척도는 교육수준 및 생활수준과 정비례한다. 사회경제적 상류계층은 감정을 충동적으로 표출하는 것을 혐오하고, 감정을 통제하는 것과 예의범절을 준수하는 것을 중시한다. 앞서 언급했듯이, 상류계층에 속하기 때문에 K 척도가 상승한 사람(즉, 비의도적 방어성향)과 심리적 문제를 부인하기 때문에 K 척도가 상승한 사람(즉, 의도적 방어성향)을 변별하기가 상당히 어렵다. 이어서 소개할 Mp 척도, Ss 척도, Sd 척도, S 척도를 참조할 필요가 있다.

🗣 S 척도(과장된 자기제시, 50개 문항)

Butcher와 Han(1995)은 항공기 조종사 취업지원자 274명의 자료와 MMPI-2 재표준화집단에 속한 1,138명의 자료를 대조하여 S 척도를 제작하였다. 대상자는 모두 남성이었다. S 척도의 외적 타당도는 양호하며, 정신건강, 일상생활 만족감, 원만한 대인관계를 측정한다. 심리적으로 건강한 사람이 이러한 특징을 보이지만, 모든 특징을 강하게 지니고 있는 사람은 많지 않을 것이다. 결과적으로, S 척도의 유의미한 상승(원점수 38점 이상, T점수 65점 이상)은 긍정적인 방향으로 과장해서 응답했을 가능성을 시사한다.

Butcher와 Han(1995)에 따르면, S 척도는 F 척도와 비슷하게 작동한다. 예컨대, F 척도가 적당하게 상승하면 정신병리를 솔직하게 보고했을 가능성이 시사되고, F 척도가 지나치게 상승하면 정신병리를 과장해서 보고했을 가능성이 시사된다. 마찬가지로 S 척도가 적당하게 상승한 피검자는 실제로 건강하게 적응하는 사람이고(50<T<60), S 척도가 지나치게 상승한 피검자는 자신의 적응능력을 과장해서 보고하는 사람이다(T>60). S 척도가 상승하면 L 척도, Ss 척도, Mp 척도, Sd 척도를 참조해야 한다. S 척도가 하강하면 F 척도, F(B) 척도, F(p) 척도, Ds 척도, F-K 지표, Es 척도를 참조해야 한다. S 척도의 해석지침은 K 척도의 해석지침을 따른다. S 척도, K 척도, Mp 척도는 동반상승하는 경향이 있다. Nichols(2011, p. 78)는 다음과 같이 제안하였다.

S 척도, K 척도, Mp 척도, Sd 척도가 동반상승한 경우, Sd 척도의 해석이 중요하다. Sd 척도의 T점수가 60점 이상으로 상승했다면, Mp 척도에서 시사되는 인상관리경향이 두드러진다. 그러나 Sd 척도의 T점수가 55점 이하로 하강했다면, 특히 50점 이하로 하강했다면 S 척

도 및 K 척도와 공유하는 변량 때문에 Mp 척도가 상승했을 것이다. 후자의 경우, 자기기만경
향으로 해석하는 것이 바람직하다.

Butcher와 Han(1995)은 S 척도에 포함된 문항을 요인분석하여 5개의 소척도를 제작하였다.
각 소척도의 해석지침은 다음과 같다.

S1 척도(인간의 선함에 대한 믿음, 15개 문항)

S1 척도는 인간의 선함에 대한 믿음을 측정한다. S1 척도가 상승한 사람은 인간의 친절성,
호의성, 충직성, 공정성을 신뢰한다. S1 척도는 냉소적 태도를 반영하는 CYN 척도와 정반대
의 성향을 측정한다. S1 척도의 T점수가 65점인 경우, 남성의 원점수는 13점이고 여성의 원
점수는 14점이다. S1 척도의 모든 문항(15개 문항)에 채점되는 쪽으로 응답하면, T점수 70점
이 산출된다. 따라서 S1 척도의 T점수가 60점 이상일 때 (원점수가 11점 이상일 때) 높은 점수
로 간주하고, T점수가 40점 이하일 때 낮은 점수로 간주한다. S1 척도가 하강한 사람은 타인
의 행동과 동기를 냉소하고 의심한다. 그러나 적대적인 수준은 아니다.

S2 척도(평정심, 13개 문항)

S2 척도는 내면의 평화, 내부적 갈등의 부재, 사회적 편안함, 통합성을 측정한다. S2 척도의
원점수 10점을 T점수로 환산하면, 남성은 64점이고 여성은 67점이다. S2 척도의 원점수 13점
을 T점수로 환산하면, 남성은 75점이고 여성은 79점이다. 따라서 S2 척도의 T점수가 64~79점
일 때 높은 점수로 간주한다. S2 척도가 T점수 40점 이하로 하강한 사람은 내부적으로 갈등하
고 동요하며, 걱정이 많고, 우유부단하고, 자신감이 부족하며, 지나치게 성급하다.

S3 척도(삶에 대한 만족감, 8개 문항)

S3 척도는 자신의 선택, 가족, 성취에 대한 만족감을 측정한다. S3 척도의 원점수 7점을 T점
수로 환산하면, 남성은 65점이고 여성은 68점이다. 문항수가 적어서 천장효과가 발생하므로,
S3 척도의 T점수가 60점 이상일 때 높은 점수로 간주한다. S3 척도가 T점수 40점 이하로 하강
한 사람은 삶에 대한 불만족감과 팽팽한 긴장감을 느낀다.

S4 척도(흥분/분노에 대한 부인 및 인내심, 8개 문항)

S4 척도가 상승한 사람은 인내심이 있고, 분노감을 부인하고, 불평하지 않고, 까다로운 사람과 싸우지 않고, 서두르지 않으며, 시간이 늦어져도 기다리는 사람이다. S4 척도의 원점수 7점을 T점수로 환산하면 남녀 모두 63점이다. S4 척도의 모든 문항(8개 문항)에 채점되는 쪽으로 응답하면, T점수 68점이 산출된다. 따라서 S4 척도의 T점수가 60점 이상일 때 높은 점수로 간주한다. S4 척도가 T점수 40점 이하로 하강한 사람은 쉽게 분노하고, 참을성이 없으며, 복수심을 품는다.

S5 척도(도덕적 결함에 대한 부인, 5개 문항)

S5 척도는 주로 알코올남용, 마리화나남용, 일탈적 성경험을 부인할 때 채점된다. 또한 수치심을 느낄 만한 비밀이 없다고 주장할 때 채점된다. S5 척도의 원점수 4점을 T점수로 환산하면, 남성은 58점이고 여성은 53점이다. S5 척도의 원점수 5점을 T점수로 환산하면, 남성은 65점이고 여성은 61점이다. S5 척도의 T점수가 40점 이하로 하강한 사람은 알코올남용, 마리화나남용, 일탈적 성경험을 인정하며, 위험을 추구한다.

K 척도, Mp 척도, Sd 척도가 상승해서 긍정왜곡이 시사되는 경우, S 척도의 일부 소척도가 상승하면 축소보고 및 긍정왜곡이 확인된다. 향후연구에서는 집단별로 그리고 장면별로 S 척도의 분할점을 제시해야 한다. 그때까지 임상가는 S 척도의 소척도 점수를 신중하게 해석해야 할 것이다.

🗣 Mp 척도(긍정적 가장, 26개 문항)

Cofer 등(1949)이 제작한 Mp 척도를 참조하면 K 척도가 상승한 까닭을 변별할 수 있다. K 척도는 심리적 문제를 부인하는 의도적 방어성향 때문에 상승할 수도 있고, 상류계층의 모습을 반영하는 비의도적 자기기만 때문에 상승할 수도 있다. MMPI-2에서는 Mp 척도를 기본적인 타당도척도에 포함시키지 않지만, Caldwell의 자동해석 보고서에는 Mp 척도의 점수가 항상 제시된다. Mp 척도의 분할점에 관한 연구 자료는 충분하지 않으므로 다음의 해석지침을 참고하기 바란다(Caldwell, 1988).

1. K 척도와 Mp 척도가 T점수 60점 이상으로 동반상승한 경우, 자신을 긍정적으로 묘사하는 의도적 방어성향이 시사된다. 사회적 선량함을 강조하려고 정신병리를 축소해서 보고했을 것이다.
2. K 척도의 T점수가 60점 이상이고 Mp 척도의 T점수가 60점 미만인 경우, 내면적 성찰과 자각이 부족한 상태 혹은 사회경제적 상류계층에서 관찰되는 불굴의 의지를 반영한다. Mp 척도가 K 척도보다 상대적으로 하강한 경우, K 척도의 상승은 비의도적 자기기만을 시사한다.

🗣 Sd 척도(사회적 바람직성, 33개 문항)

Sd 척도를 제작한 Wiggins(1959)는 스탠퍼드 대학교 학부생에게 "일반적인 사람이 더 바람직하다고 생각할 것 같은 쪽으로 MMPI에 응답하라."고 지시하였다(Caldwell, 1988, p. 92). Sd 척도는 Mp 척도와 비슷하게 작동하며, 두 척도는 .75 수준의 높은 상관을 보인다.

Mp 척도와 마찬가지로, Sd 척도를 정확하게 해석하려면 L 척도, K 척도, S 척도, Ss 척도를 참조해야 한다. Sd 척도와 Mp 척도가 동반상승하면, 특히 두 척도가 K 척도 및 S 척도보다 더 상승하고 Ss 척도의 T점수가 55점 미만이면 Sd 척도를 더 확실하게 해석할 수 있다.

피검자가 '그렇다'라는 응답을 지나치게 많이 하면 Sd 척도가 부적절하게 상승한다. 따라서 '그렇다' 응답비율이 50% 이상인 경우에는 Sd 척도를 해석하지 않는다. 이런 프로파일은 조증상태의 환자에게서 흔히 관찰된다. 조증상태의 환자는 '그렇다'라는 응답을 많이 하는데, 긍정적인 인상을 심어 주려고 응답한 것이 아니라 과대망상과 정신운동항진 때문에 Sd 척도의 문항에 응답한 것이다(Nichols, 2011, p. 86).

Caldwell(1988)은 다음과 같이 구분하였다. K 척도가 하강하고 Sd 척도가 상승하면(원점수 18~20점, T점수 73~86점) 의도적 방어성향이 시사된다. 사회경제적 지위가 낮은 피검자가 긍정적인 인상을 심어 주려고 노력했을 것이다. 이에 반해 K 척도가 상승하고 Sd 척도가 하강하면 비의도적 자기기만이 시사된다. 사회경제적 지위가 높은 피검자가 수월하게 적응하고 있다고 보고했을 것이다. K 척도가 상승하고 Mp 척도와 Sd 척도가 모두 하강하면(T점수 55점 미만) 비의도적 방어성향이 시사된다. 피검자는 교육수준이 높고, 사회적으로 침착한 사람일 것이다. 이에 반해 K 척도가 상승하고 Mp 척도와 Sd 척도가 모두 상승하면(T점수 60점 이상) 고의적 방어성향이 시사된다. Mp 척도와 Sd 척도가 상승할수록 피검자는 긍정적인 인상을 심어 주려고 의식적으로 노력했을 것이다. Nichols(2011, p. 86)에 따르면, "Sd 척도가 상승한 경우(T점수 65점 이상)에는 긍정적 인상관리경향이 강하게 시사된다. 특히 Mp 척도가 동등한 수준 혹은 그 이상으로 상승한 경우, Sd 척도와 Mp 척도가 K 척도보다 더 상승한 경우에 그러하다. 따라서 프로파일을 신중하게 해석해야 한다."

🗣 Ss 척도(사회경제적 지위, 73개 문항)

Ss 척도는 Nelson(1952)이 제작하였다. Ss 척도를 발굴한 Caldwell(1988, p. 94)에 따르면, 이 척도는 피검자가 획득한 현재의 사회경제적 지위를 반영한다. 제12장에서 소개할 Caldwell의 자동해석 보고서에는 Ss 척도, Mp 척도, Sd 척도의 T점수가 모두 제시되는데, 이러한 타당도 척도를 추가로 고려하면 K 척도가 상승한 까닭을 변별할 수 있다. 즉, K 척도가 상승한 까닭이 사회경제적 지위 때문인지, 의도적 방어성향 때문인지, 혹은 비의도적 방어성향 때문인지 파악할 수 있다. Caldwell(1988)에 따르면, Ss 척도는 별도의 사회경제적 지위 측정치와 .50 수준의 상관을 보였고, 지능지수와 .40 수준의 상관을 보였다.

Ss 척도에 관한 경험적 연구 자료는 부족하다. 하지만 Caldwell(1988)은 Ss 척도를 참조하면 K 척도가 의도적 방어성향 때문에 상승했는지 혹은 사회경제적 상류계층의 정서적 통제성향 때문에 상승했는지 파악할 수 있다고 확신하였다. 예컨대, K 척도가 상승하고 Ss 척도가 상승하면, 피검자의 사회경제적 지위에 방점을 찍어야 한다. K 척도가 상승하고 Mp 척도와 Sd 척도가 하강하면, 비의도적 자기기만이 시사된다. 즉, K 척도의 상승은 사회경제적 상류계층의 정서적 통제성향 및 사회적 침착성을 반영한다. 이에 반해 K 척도, Mp 척도와 Sd 척도가 상승하고 Ss 척도가 하강하면, K 척도의 상승은 의도적 방어성향, 긍정적 자기제시, 정신병리 축소보고를 시사한다.

🗣 F-F(B) 지표

타당한 프로파일의 경우, F 척도와 F(B) 척도의 T점수는 거의 동등하다. 두 척도가 모두 정신병리, 심리적 고통, 특이한 반응을 측정하기 때문이다. 하지만 F 척도와 F(B) 척도의 T점수가 상당한 차이를 보이는 사례도 자주 관찰된다. F(B) 척도가 F 척도보다 상승한 경우, 피검자는 심각한 우울증 및 이와 관련된 심리적 고통을 경험한다. 그러나 F(B) 척도의 원점수가 15~19점이고 F 척도의 원점수보다 8점 이상 높은 경우, 두 척도의 내용적 차이만으로는 설명할 수 없다. 즉, 알코올남용 혹은 급성의 공황상태 때문에 F(B) 척도가 상승한 것이 아니고, 검사의 후반부에서 수검태도가 변화되었기 때문에 F(B) 척도가 상승한 것이다. 따라서 검사의 전반부에 배치되어 있는 임상척도는 해석할 수 있지만, 검사의 후반부에 배치되어 있는 내용척도는 해석할 수 없다.

🗣 F-K 지표

프로파일의 타당성을 판정할 때는 F-K 지표를 추가로 고려하는 것이 바람직하다. F 척도는 정신병리의 수준을 측정하고, K 척도는 방어성향의 정도를 측정한다. 정신병리를 지니고 있는 대부분의 피검자는 그것을 어느 정도는 방어하려고 시도한다. F 척도가 지나치게 상승하고 K 척도가 지나치게 하강하면, 심각한 정신병리 및 결핍된 방어능력이 시사된다. 그러나 프로파일을 신뢰하기는 어렵다. 실제로 정신분열증을 겪고 있는 환자의 경우, F 척도의 원점수가 10~18점으로 상승하고 K 척도의 원점수도 다소 상승하기 때문이다. 실제로 심각한 정신병리를 겪고 있는 환자마저도 그것을 어느 정도는 방어하려고 노력한다는 사실을 감안할 때, F-K 지표는 부정왜곡을 탐지하는 데 도움이 된다. 즉, 심각한 정신병리(F 척도의 상승)와 결핍된 방어능력(K 척도의 하강)을 주장하는 피검자는 의도적으로 부정왜곡을 시도하는 것이다. F-K 지표의 분할점은 검사장면에 따라서 달라진다. 다음의 해석지침을 참고하기 바란다.

낮은 점수

제3장에서 언급했듯이, F-K 지표의 긍정왜곡 탐지능력은 상대적으로 부정확하다. MMPI-2 재표준화집단에서 F-K 지표의 평균 원점수는 남성이 −10.77점이었고 여성이 −11.37점이었다. 재표준화집단에서 하위 2.5%에 속하는 남녀의 평균 원점수는 −22점이었다. 〈표 3-1〉에 다양한 기준집단에서 제안된 긍정왜곡 및 부정왜곡 절단점을 제시했으니 참고하기 바란다. 경험적 연구결과에 따르면, F-K 지표는 긍정왜곡보다 부정왜곡을 더 정확하게 탐지한다. 그러므로 임상가는 긍정왜곡보다 부정왜곡을 판정할 때 F-K 지표를 사용하는 것이 바람직하다. 긍정왜곡을 판정할 때는 S 척도, Mp 척도, Sd 척도, Ss 척도를 참조하기 바란다.

정상 점수: 원점수 0~11점

다른 타당도척도에서 문제가 시사되지 않는다면 타당한 프로파일로 간주한다. 다른 타당도척도에서 과대보고가 시사되더라도, F-K 지표의 원점수가 11점 이하이면 프로파일의 타당성을 의심하기는 어렵다. 다만 피검자는 상당한 정신병리를 지니고 있을 것이다.

높은 점수: 원점수 12~16점

과장반응 혹은 가장반응이 시사된다. 예외적으로, 정신과 환자의 경우에는 F-K 지표의 원점수가 16점에 근접하는 사례가 흔하다. 정신병리를 호소해서 2차적 이득을 추구하는 상황이 아니라면, 피검자는 심각한 정신병리와 관련된 심리적 고통과 자원의 결핍을 경험하고 있을 것이다. 정신병리를 호소해서 2차적 이득을 추구하는 상황이라면 부정왜곡을 의심해야 한다. 피검자는 증상과 고통의 심각성을 과장하고 있을 것이다.

매우 높은 점수: 원점수 17점 이상

타당하지 않은 프로파일이다. 특히 정신병리를 호소해서 2차적 이득을 추구하는 상황에서 그러하다. 다른 타당도척도에서 과대보고가 시사된다면 부정왜곡으로 해석한다.

🗣 '그렇다' 응답비율 지표

MMPI-2의 문항에 '그렇다'라고 응답한 비율은 피검자의 수검태도와 관련이 있다. 피검자가 자신을 부정적인 방향으로 묘사하면, '그렇다' 응답비율이 '아니다' 응답비율보다 높아진다. 임상척도와 '그렇다' 응답비율의 관계는 제3장에서 자세하게 설명하였다. 전반적으로 정신증 척도(척도 6~9)의 대다수 문항(75%)은 '그렇다'라고 응답할 때 채점되는 반면, 신경증 척도(척도 1~3)에서 '그렇다'라고 응답할 때 채점되는 문항은 30%에 불과하다.

정신과 환자의 경우, '그렇다' 응답비율이 25% 이하인 프로파일 혹은 60% 이상인 프로파일은 편향반응을 시사한다. 이런 경우, TRIN 척도가 상승할 것이다. 또한 F 척도, F(B) 척도, F(p) 척도, Ds 척도가 상승했는지 검토해야 한다. 정신과 환자의 경우, '아니다' 응답비율이 높은 사람은 신체화장애를 지니고 있거나 혹은 긍정왜곡을 시도했을 것이다. 정신과 환자가 아닌 경우, '그렇다' 응답비율은 약 25~50%이며, 평균범위는 35~40%이다(Nichols & Greene, 1995). 대부분의 자동해석 보고서에 '그렇다' 응답비율이 제시된다. MMPI-2 프로파일에 '그렇다' 응답비율이 제시되어 있지 않다면 '그렇다' 쪽으로 응답한 문항의 개수를 567로 나누어 응답비율 지표를 산출하기 바란다.

프로파일의 타당성 판정지침

프로파일의 타당성을 판정하는 것은 임상경험이 부족한 초심자뿐만 아니라 임상경험이 풍부한 숙련자에게도 상당히 어려운 과제이다. 주요한 MMPI-2 교과서에 정확한 분할점이 제시되어 있지 않고, 설령 분할점이 제시되어 있더라도 검사장면과 평가 사유에 따라서 그것이 현저하게 달라지기 때문이다. 현재 MMPI-2는 전통적인 평가장면 및 치료장면을 넘어서 광범위한 법정장면 및 선발장면에서 사용되고 있다. 이것은 기본적 타당도척도와 추가된 타당도척도가 다양한 장면에서 관찰되는 수검태도를 비교적 정확하게 측정하고 있음을 방증한다. 그럼에도 불구하고 여러 타당도척도의 공통 요인, 장면 요인, 동기 요인을 고려해야 하므로 프로파일의 타당성을 판정하는 작업은 여전히 복합한 과제이다. 피검자의 수검태도를 평가하는 임상가는 다음의 판정지침을 유념하기 바란다.

1. 전통적인 심리평가 및 심리치료 장면에서 MMPI-2를 실시한 피검자는 자신의 적응상태를 왜곡해서 보고할 까닭이 거의 없다. 그러므로 기본적 타당도척도인 VRIN 척도, TRIN 척도, F 척도, F(B) 척도, F(p) 척도, L 척도, K 척도, S 척도를 고려하면 충분하다. 전통적인 치료장면의 경우, 분할점을 유연하게 적용해서 프로파일의 타당성을 판정할 수 있다. 예컨대, 치료효과를 파악하려고 자발적으로 MMPI-2를 실시했다면, F 척도(T=43), L 척도(T=64), K 척도(T=65)가 모두 정상범위에 해당하고, VRIN 척도와 TRIN 척도도 정상범위에 해당할 것이다. 하지만 법정장면에서 동일한 프로파일이 관찰되면 축소보고의 가능성이 제기된다. 즉, 긍정왜곡의 동기가 약한 치료장면에서는 '심리적 통찰과 자각이 부족하고 감정을 지나치게 통제하는 사람'이라고 해석해야 하고, 긍정왜곡의 동기가 강한 법정장면에서는 '고의적으로 증상을 축소해서 보고하는 방어적인 사람'이라고 해석해야 한다. 또한 치료장면에서는 과대보고 혹은 축소보고와 무관하게 검사결과를 피검자에게 전달하여 진단 과정과 치료 과정을 촉진할 수 있다. 다시 말해, 치료장면에서는 분할점을 엄격하게 적용하지 않아도 무방하다.

2. 검사장면 및 평가 사유를 고려할 때 심각한 정신병리가 예상되는 경우(예: 정신과 입원환자), 타당도척도의 분할점을 상향조정할 필요가 있다. 예컨대, 정신과 입원환자에게 MMPI-2를 실시하면 F 척도의 원점수가 흔히 28점에 육박하고, VRIN 척도와 TRIN 척도 및 Ds 척도가 상승한다. 이것은 정신적 혼란상태, 심리적 공황상태, 정신병리를 인정하는 묵종반응을 시사한다. 비록 프로파일이 피검자의 상태를 안정적으로 반영하지는 못하지만, 피검자가 의도적으로 정신병리를 과장해서 보고했을 가능성은 희박하다. 정신과 입원환자의 경우, 실제로 심각한 정신병리(예: 공황상태, 혼란상태, 자기비난)를 겪고 있을 것이다. 만약 의도적으로 정신병리를 과장했다면 임상가에게 간절히 도움을 청하려고 그렇게 응답했을 것이다. 법정장면에서는 분할점을 엄격하게 적용할 필요가 있지만, 치료장면에서는 분할점을 유연하게 적용할 필요가 있다.

3. 법정장면에서 MMPI-2를 실시하는 피검자는 정신병리를 과장해서 혹은 축소해서 보고하는 경향이 있다. 부정왜곡과 긍정왜곡이 사회적 및 도덕적 문제를 야기할 가능성이 크므로 임상가는 분할점을 엄격하게 적용해야 한다. 아울러 기본적 타당도척도뿐만 아니라 추가된 타당도척도까지 고려해야 한다. 예컨대, Ds 척도, Mp 척도, Sd 척도, Ss 척도, S 척도, '그렇다' 응답비율 지표를 추가적으로 참조하는 것이 바람직하다. 또한 MMPI-2 자료만으로는 프로파일의 타당성을 판정하기 어려우므로 임상면접과 행동관찰을 실시하여 근거 자료를 확보해야 한다.

4. 직업장면(예: 인사선발, 직무적합성 평가, 산업재해 보상금 산정)에서 MMPI-2를 실시하는 피검자는 자신의 적응상태를 과장해서 보고하는 경향이 있다. 왜곡반응이 도덕적 문제를 야기할 가능성이 크므로 임상가는 타당도척도의 분할점을 엄격하게 적용해야 한다. 또한 피검자의 반응양식을 측정하는 다양한 타당도척도를 고려해야 한다. 하지만 안타깝게도 모든 장면에서 정확한 분할점을 제시하는 것은 불가능하다. 어떤 장면에서는 의도적 방어성향을 시사하는 부정확한 프로파일이 다른 장면에서는 피검자의 사회경제적 지위 및 감정의 조절과 통제를 강조하는 문화적 배경을 반영하는 정확한 프로파일 혹은 정서적 위기에 대한 대처능력을 반영하는 정확한 프로파일로 해석되기 때문이다. 예컨대, K 척도가 상승하고, L 척도가 약간 상승하고, 임상척도가 하강한 경우가 그러하다. 또한 Mp 척도와 Sd 척도가 하강하고, Ss 척도가 상승하고, S 척도가 중간 수준일 때 그러하다. 임상가는 특정한 프로파일의 타당성 여부를 판정할 때 반드시 임상면접, 행동관찰, 다른 심리검사에서 확보한 자료를 교차검증해야 한다. 물론 프로파일의 타당성을 수월하게 판정할 수 있는 사례도 많다. 법정장면에서 타당도척도가 애매하게 상승했을 때 프로파일의 타당성 여부를 판정하기가 제일 어렵다. 이런 경우, 임상가는 전통

적 타당도척도 및 추가된 타당도척도를 모두 검토해야 하고, 피검자의 평가 사유 및 수검태도를 조사해야 하고, 어떤 임상척도가 상승했는지 파악해야 하며, 어떤 결정적 문항에 응답했는지 분석해야 한다. 이것이 프로파일의 타당성 여부를 판정하는 기본 원칙이다. 다행스럽게도, 프로파일의 타당성이 의심스러운 사례에서는 여러 타당도척도 및 타당도지표에서 동시다발적으로 문제가 관찰된다. 대개의 경우 유사한 구성개념을 측정하는 여러 타당도척도가 함께 상승하고 함께 하강하기 때문이다. 예컨대, 피검자가 문항의 내용과 무관하게 '그렇다' 쪽으로 치우쳐서 응답하면 정신병리를 측정하는 문항에도 '그렇다'라고 응답하게 된다. 그 결과, 임상척도가 상승하고, '그렇다' 응답비율이 상승하고, TRIN 척도가 상승하고, 비일관적 응답으로 인해서 VRIN 척도가 상승하고, F 척도와 F(B) 척도가 상승할 것이다. 아울러 Ds 척도가 상승하고, 결정적 문항에 채점되는 쪽으로 응답할 것이다. 이런 경우, 프로파일의 타당성과 정확성을 의심할 근거가 충분하므로 별로 어렵지 않게 프로파일의 타당성 여부를 판정할 수 있다.

무선반응 및 편향반응

프로파일의 타당성 여부를 판정할 때, 임상가는 무선반응 및 편향반응의 가능성을 유념해야 한다. 원판 MMPI의 초창기에는 무선반응 및 편향반응의 탐지 여부가 타당도척도의 효용성을 가늠하는 기준이었다. 피검자가 무선반응 및 편향반응을 시도하면, 타당도척도와 임상척도에서 특징적인 패턴이 관찰된다.

무선반응

문항의 내용과 무관하게 무선적으로 응답하면 [그림 4-1] 및 [그림 4-2]와 같은 특징적인 패턴이 관찰된다. 하지만 실제로 정신병리를 겪고 있는 경우에도 유사한 패턴이 관찰될 수 있으므로 프로파일의 타당성을 판정하기 전에 각 타당도척도의 원점수와 T점수를 철저하게 검토해야 한다. 피검자가 무선반응을 시도하면 임상척도와 F 척도가 상승한다. 이것은 거의 모든 문제를 시인하는 인정반응에서 관찰되는 패턴과 유사하다. 하지만 무선반응 프로파일에서는 L 척도와 F 척도가 훨씬 높이 상승한다.

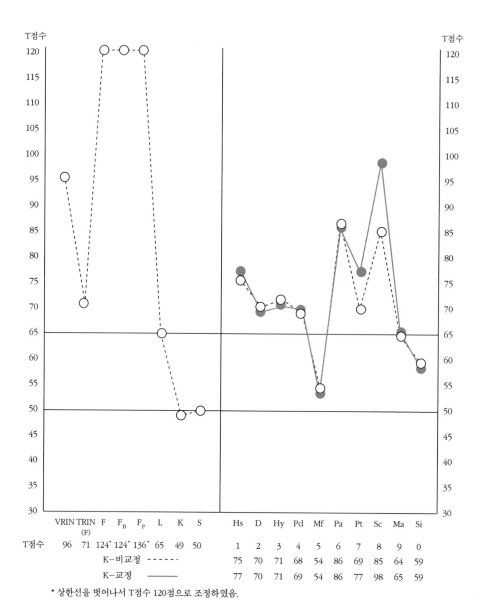

T점수	VRIN	TRIN (F)	F	F_B	F_P	L	K	S		Hs	D	Hy	Pd	Mf	Pa	Pt	Sc	Ma	Si
	96	71	124*	124*	136*	65	49	50		1	2	3	4	5	6	7	8	9	0
K-비교정 ------										75	70	71	68	54	86	69	85	64	59
K-교정 ────										77	70	71	69	54	86	77	98	65	59

* 상한선을 벗어나서 T점수 120점으로 조정하였음.

그림 4-1   무선반응 프로파일(남성)

출처: Dahlstrom (1994)에서 인용.

특징

성인 남성 및 여성 피검자가 무선반응을 시도하면 F 척도의 T점수가 120점 이상으로 지나치게 상승하고, L 척도의 T점수는 65~66점까지 상승하고, K 척도의 T점수는 50점까지 상승한다. 또한 전반적인 임상척도가 T점수 65점 이상으로 상승한다. 예외적으로, 척도 0은 상승하지 않고, 척도 5는 T점수 54점(남성) 혹은 69점(여성) 수준에 머무른다. 척도 6과 척도 8

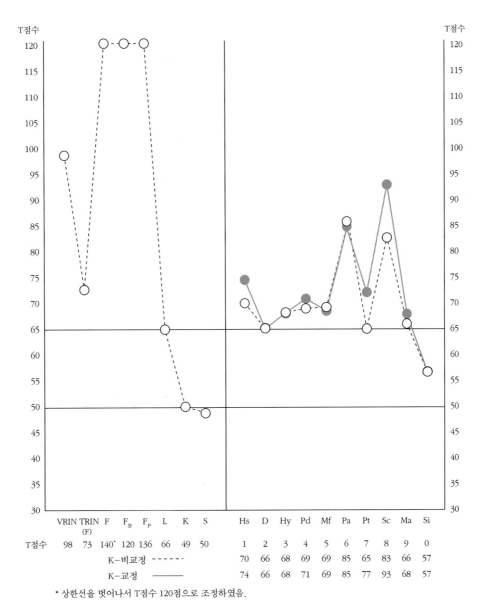

	VRIN	TRIN	F	F_B	F_P	L	K	S		Hs	D	Hy	Pd	Mf	Pa	Pt	Sc	Ma	Si
		(F)																	
T점수	98	73	140*	120	136	66	49	50		1	2	3	4	5	6	7	8	9	0
K-비교정 ------										70	66	68	69	69	85	65	83	66	57
K-교정 ————										74	66	68	71	69	85	77	93	68	57

* 상한선을 벗어나서 T점수 120점으로 조정하였음.

그림 4-2 **무선반응 프로파일(여성)**

출처: Dahlstrom (1994)에서 인용.

의 극단적인 상승을 중심으로 정신증 척도가 신경증 척도보다 상대적으로 더 상승하는 우상
향의 프로파일이 관찰된다. 문항의 내용과 무관하게 무선적으로 응답하는 경우, 4~5개의 문
항에 연속으로 '그렇다'라고 응답하고 4~5개의 문항에 연속으로 '아니다'라고 응답하는 독특
한 반응양식이 관찰된다. 물론 아무렇게나 문항에 응답해서 독특한 반응양식이 드러나지 않
기도 한다. 무선반응에 가장 민감한 척도는 VRIN 척도이다. 무선반응을 시도한 남성의 경우,

F(B) 척도(T = 124), VRIN 척도(T = 96), TRIN 척도(T = 71)에서 특징적인 패턴이 관찰된다. 무선반응을 시도한 여성의 경우, F(B) 척도(T = 120), VRIN 척도(T = 98), TRIN 척도(T = 73)에서 특징적인 패턴이 관찰된다.

해석

프로파일을 무효로 간주한다. 문항의 내용과 무관하게 무선적으로 응답했기 때문이다. 또한 심리적 혼란상태 혹은 정서적 분노상태에서 검사를 실시했거나 검사에 협조하지 않으려고 저항하는 피검자일 가능성이 있다. 피검자가 무선반응을 시도한 까닭을 파악해야 하고, 필요하다면 재검사를 실시해야 한다.

편향반응: 모두 '그렇다' 응답

모든 문항에 '그렇다'라고 응답하면 [그림 4-3] 및 [그림 4-4]와 같은 프로파일이 산출된다. F 척도와 F(B) 척도가 극단적으로 상승하고, L 척도와 K 척도는 평균 이하로 하강한다. 대개의 경우 L 척도와 K 척도는 T점수 35점 이하로 하강한다.

특징

F 척도와 F(B) 척도가 극단적으로 상승하는데, 각 척도의 상한선까지 상승한다. L 척도와 K 척도는 T점수 50점 이하로 하강한다. 임상척도의 경우, 척도 6과 척도 8의 극단적인 상승을 중심으로 우상향의 프로파일이 관찰된다. 임상척도 1, 2, 3, 4는 임상척도 6, 7, 8, 9에 비해 상대적으로 하강한다. 남녀 모두에서 VRIN 척도의 T점수는 50점이다. 남성의 경우, F(B) 척도의 T점수는 192점, TRIN 척도의 T점수는 149점이다. 여성의 경우, F(B) 척도의 T점수는 180점, TRIN 척도의 T점수는 156점이다. 모든 문항에 '그렇다'라고 응답한 경우, 답안지와 '그렇다' 응답비율 지표를 확인하면 쉽게 파악할 수 있다.

해석

프로파일을 무효로 간주한다. 거의 모든 문항에 '그렇다'라고 응답했기 때문이다. 심리적 혼란상태 혹은 정서적 분노상태에서 검사를 실시했거나 검사결과를 두려워하는 피검자일 가능성이 있다. 피검자가 편향반응을 시도한 까닭을 파악해야 하고, 필요하다면 재검사를 실시해야 한다.

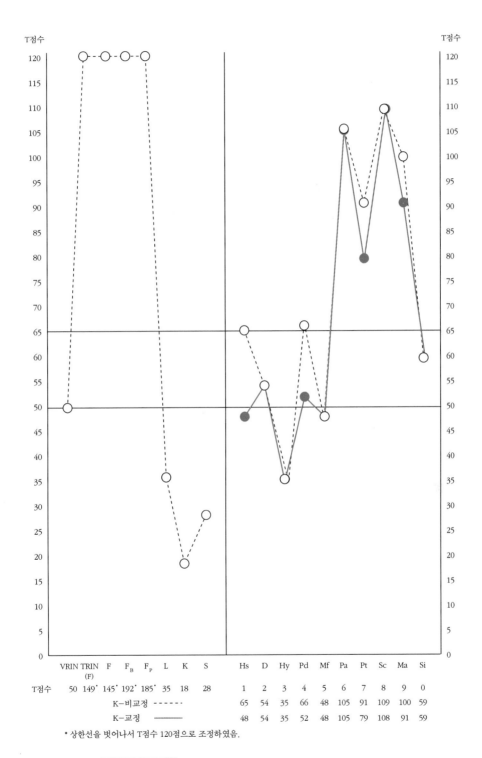

	VRIN	TRIN (F)	F	F_B	F_P	L	K	S		Hs	D	Hy	Pd	Mf	Pa	Pt	Sc	Ma	Si
										1	2	3	4	5	6	7	8	9	0
T점수	50	149*	145*	192*	185*	35	18	28											
K-비교정 -----										65	54	35	66	48	105	91	109	100	59
K-교정 ———										48	54	35	52	48	105	79	108	91	59

* 상한선을 벗어나서 T점수 120점으로 조정하였음.

그림 4-3 편향반응(모두 '그렇다' 응답) 프로파일(남성)

출처: Dahlstrom (1994)에서 인용.

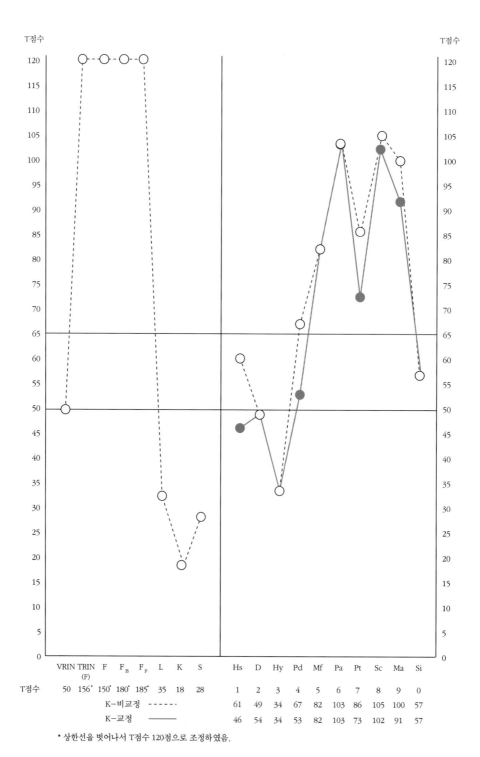

T점수

	VRIN	TRIN	F	F_B	F_P	L	K	S		Hs	D	Hy	Pd	Mf	Pa	Pt	Sc	Ma	Si
		(F)																	
T점수	50	156*	150*	180*	185*	35	18	28		1	2	3	4	5	6	7	8	9	0
K-비교정 -----										61	49	34	67	82	103	86	105	100	57
K-교정 ———										46	54	34	53	82	103	73	102	91	57

* 상한선을 벗어나서 T점수 120점으로 조정하였음.

그림 4-4　편향반응(모두 '그렇다' 응답) 프로파일(여성)

출처: Dahlstrom (1994)에서 인용.

편향반응: 모두 '아니다' 응답

모든 문항에 '아니다'라고 응답하면 [그림 4-5] 및 [그림 4-6]과 같은 특징적인 프로파일이 산출된다.

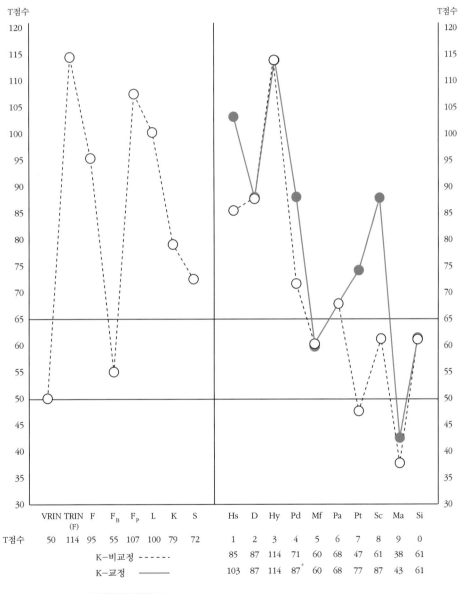

	VRIN	TRIN (F)	F	F_B	F_P	L	K	S		Hs	D	Hy	Pd	Mf	Pa	Pt	Sc	Ma	Si
T점수	50	114	95	55	107	100	79	72		1	2	3	4	5	6	7	8	9	0
K-비교정 -----										85	87	114	71	60	68	47	61	38	61
K-교정 ———										103	87	114	87	60	68	77	87	43	61

그림 4-5 편향반응(모두 '아니다' 응답) 프로파일(남성)

출처: Dahlstrom (1994)에서 인용.

특징

 L 척도, F 척도, K 척도가 모두 상승한다. L 척도가 가장 높이 상승하고, F 척도와 K 척도가 순서대로 그 뒤를 잇는다. L 척도의 모든 문항은 '아니다'라고 응답할 때 채점되므로 '아니다' 쪽으로 편향반응하면 L 척도가 극단적으로 상승하는 것이 당연하다. 임상척도의 경우, 신경

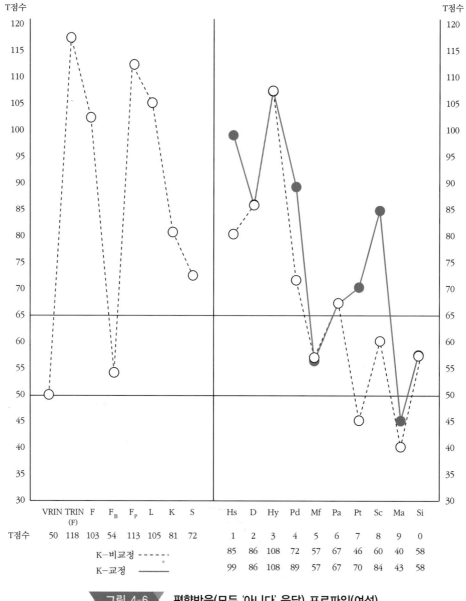

	VRIN	TRIN (F)	F	F_B	F_P	L	K	S		Hs	D	Hy	Pd	Mf	Pa	Pt	Sc	Ma	Si
T점수	50	118	103	54	113	105	81	72		1	2	3	4	5	6	7	8	9	0
										85	86	108	72	57	67	46	60	40	58
										99	86	108	89	57	67	70	84	43	58

K-비교정 - - - - -
K-교정 ─────

그림 4-6 편향반응(모두 '아니다' 응답) 프로파일(여성)

출처: Dahlstrom (1994)에서 인용.

중 척도(척도 1, 2, 3)가 정신증 척도(척도 6, 7, 8, 9)보다 더 상승하는 좌상향의 프로파일이 관찰된다. 남녀 모두에서 VRIN 척도의 T점수는 50점이다. F(B) 척도의 T점수는 55점(남성) 및 54점(여성)이다. F(B) 척도의 T점수가 하강한 까닭은 40개의 문항 중에서 37개의 문항이 '그렇다'라고 응답할 때 채점되기 때문이다. TRIN 척도의 T점수는 114점(남성) 및 118점(여성)으로 상승한다.

해석

프로파일을 무효로 간주한다. 거의 모든 문항에 '아니다'라고 응답했기 때문이다. 심리적 혼란상태 혹은 정서적 분노상태에서 검사를 실시했거나 검사에 협조하지 않으려고 저항하는 피검자일 가능성이 있다. 피검자가 편향반응을 시도한 까닭을 파악해야 하고, 필요하다면 재검사를 실시해야 한다.

자주 관찰되는 타당도척도 패턴

MMPI-2의 문항은 개인의 내밀한 경험을 탐색하는데, 이에 대한 반응은 사람마다 상당히 다르다. 몇몇 TV 프로그램에서 입증했듯이, 어떤 사람은 내밀한 개인적 경험을 지나치다 싶을 정도까지 공개하고, 또 어떤 사람은 사소한 습관과 약점 및 행동마저 숨기거나 방어한다. MMPI-2의 타당도척도를 해석할 때, 임상가는 인정반응(즉, 정상적 혹은 과장된 자기공개)부터 부인반응(즉, 방어적 혹은 거부적 자기은닉)까지 일련의 연속선을 상정하는 것이 바람직하다. [그림 4-7]에 인정반응 및 부인반응에서 관찰되는 타당도척도의 패턴을 제시하였다. 다음의 설명은 정서적 문제, 심리적 곤란, 인간적 약점을 인정하고 부인하는 개인차와 관련이 있으며, 남녀 모두에게 적용된다. 타당도척도의 기본 패턴 및 변형 패턴을 고려하면 MMPI-2 프로파일을 임상적으로 해석하는 데 도움이 될 것이다. 자주 관찰되는 타당도척도 패턴이기 때문이다.

인정반응

정서적 문제, 심리적 곤란, 인간적 약점을 대부분 시인하는 인정반응은 피검자의 자기공개적 태도 및 자기비판적 태도와 관련이 있고, 주관적인 고통을 호소해서 임상가의 도움을 받으려는 시도와 관련이 있다. [그림 4-7]에서 보듯이 F 척도가 T점수 65점 이상으로 상승하고,

L 척도와 K 척도는 T점수 50점 이하로 하강한다. 이들은 자신에게 심리적 문제가 있다는 사실을 솔직하게 인정하고, 자신의 스트레스 대처능력에 회의감을 가지며, 임상가에게 전문적인 도움을 요청한다.

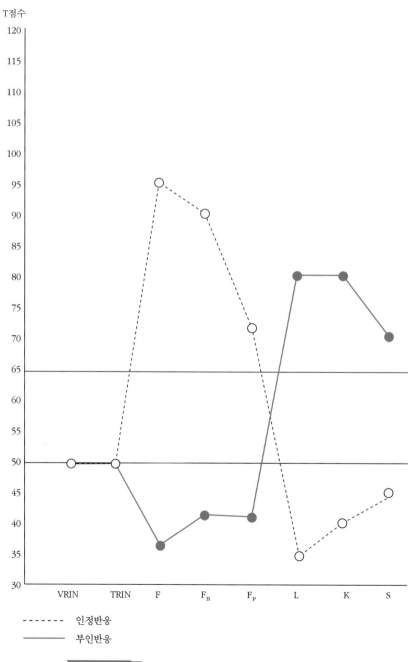

그림 4-7 인정반응 및 부인반응의 타당도척도 패턴

피검자가 급성의 문제, 만연된 고통, 대처능력의 결여를 호소하면 F 척도가 상승하고 (T>80), K 척도가 하강한다(T<45). 극심한 혼란상태에 놓여 있으므로 통찰치료에 앞서 위기 개입을 실시하여 심리적으로 안정시키고 급성의 스트레스를 감소시켜야 한다. 하지만 F 척도가 상승했기 때문에 과장반응의 가능성을 반드시 고려해야 한다. 심리적 갈등, 개인적 문제, 사회적 압박을 과장해서 보고했을 가능성이 있고, 때로는 임상가에게 즉각적으로 주목받기 위해서 증상을 과장했을 가능성도 있다. 또한 정신병리를 거짓으로 꾸며 내는 가장반응을 시도했을 가능성도 있다. 각 타당도척도의 분할점은 앞서 소개한 자료를 참고하기 바란다.

인정반응에는 몇 가지의 하위유형이 있다(Greene, 1991a).

하위유형 1

[그림 4-8]에서 보듯이 L 척도와 K 척도의 T점수가 50~65점이고, F 척도는 T점수 65점 이상으로 상승한다. 자신의 문제를 순순히 인정하면서도 자존감을 보호하려고 방어적으로 부인하고 억압하는 사람이다. 대개의 경우 L 척도의 상승에서 시사되듯이, 교육수준이 낮고 심리적 통찰력이 부족하다. 방어기제를 구사하지만 그것의 효과는 상당히 제한적이고, 비교적 안정된 것처럼 보이지만 만성적인 부적응상태에서 생활한다. Mp 척도와 Sd 척도 및 S 척도가 동반상승한 경우, L 척도와 K 척도가 상승한 까닭은 심각한 정신병리가 탄로날까 봐 두려워서 의도적으로 증상을 축소했기 때문일 것이다.

하위유형 2

상당한 심리적 문제를 겪고 있지만, 자아강도를 양호하게 유지하는 사람이다. [그림 4-9]에서 보듯이 K 척도가 T점수 55점 이상으로 상승하고, F 척도가 적어도 K 척도만큼 상승하며, L 척도가 T점수 50점 미만으로 하강한다. 적절한 대처능력을 발휘하는 사람으로, 상당한 정신병리를 겪고 있지만(중간 수준의 F 척도) 양호한 정서조절능력을 발휘하고 있다(중간 수준의 K 척도). 상당히 오래된 문제를 지니고 있으나, 그 문제에 만성적으로 적응했기 때문에 극심한 불편감을 경험하지는 않는 것으로 여겨진다. 심지어 F 척도가 T점수 65~70점으로 상승하더라도 K 척도가 상승했기 때문에 방어기제는 적절하게 유지된다. 그러나 심각한 정신병리를 지니고 있을 것이다. F 척도가 높이 상승하고 K 척도가 중간 이상으로 상승한 경우, 자아강도를 측정하는 Es 척도를 고려할 필요가 있다. Es 척도를 참조하면 피검자가 구사하고 있는 대처방식의 안정성과 취약성을 판단할 수 있다. 예컨대, K 척도의 T점수가 60점이고 Es 척도의 T점수가 35점인 경우, 겉으로는 침착하게 통제하는 것처럼 보이지만(K 척도의 상승) 속으로는 다분히 취약하고 불안정한 상태일 것이다(Es 척도의 하강).

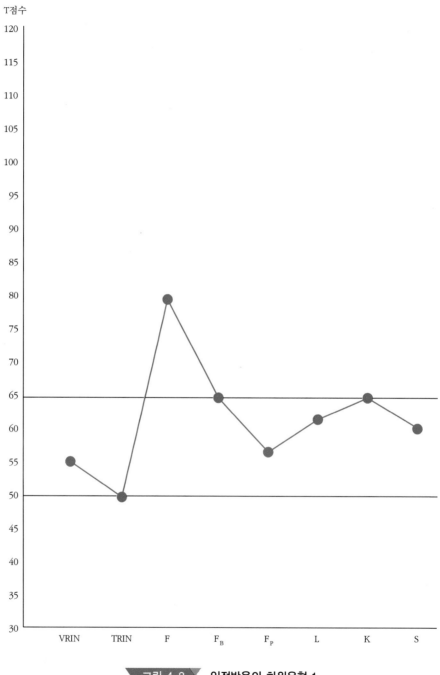

그림 4-8   인정반응의 하위유형 1

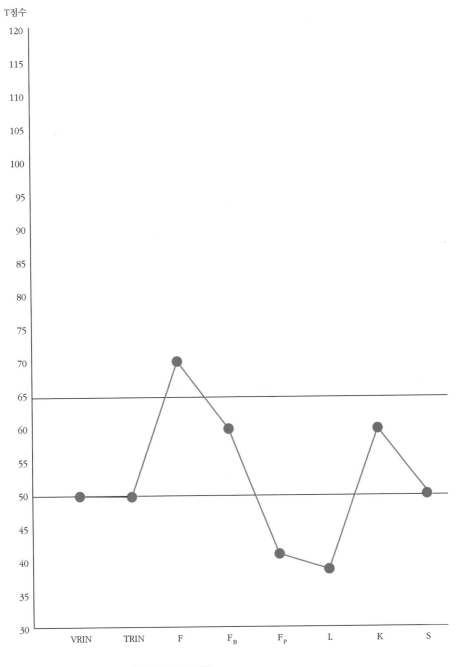

T점수

그림 4-9   인정반응의 하위유형 2

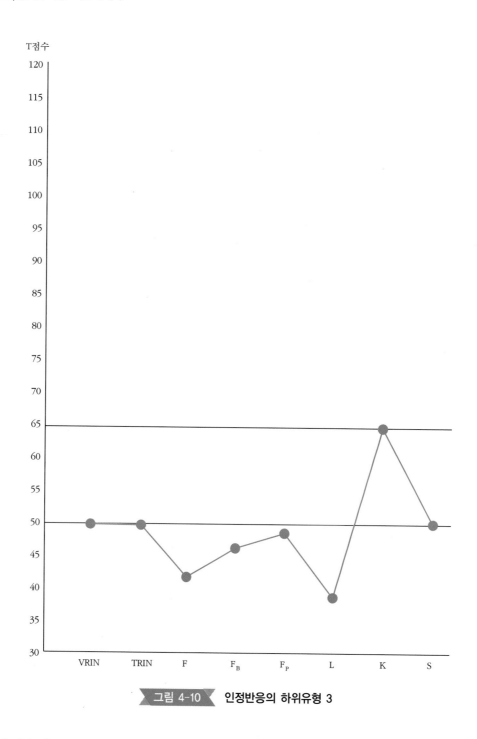

그림 4-10 ▶ 인정반응의 하위유형 3

하위유형 3

[그림 4-10]에서 보듯이, K 척도가 F 척도, F(B) 척도, L 척도보다 훨씬 더 상승한 프로파일을 'A' 패턴이라고 부른다. 일반적으로 K 척도의 T점수는 60∼65점이고, F 척도와 F(B) 척도

의 T점수는 50~55점이며, L 척도의 T점수는 40~45점이다. A 패턴을 보이는 사람은 심리적 고통을 경험하지 않으며, 적절한 자원을 동원해서 현재의 스트레스에 대처할 수 있다. 비록 심리적 고통을 경험하더라도 그 문제에 압도되지는 않는다. 아마도 대학교육을 받았거나 인

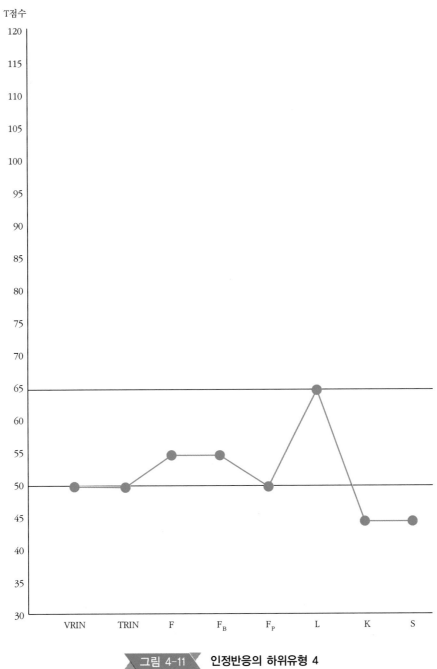

그림 4-11 인정반응의 하위유형 4

생경험이 풍부해서 적절한 대처능력을 발휘하는 사람일 것이다. 취업지원자 혹은 부부갈등을 보고하는 일반인에게서 비슷한 프로파일이 관찰될 수 있으나, 자신을 긍정적으로 묘사했을 가능성이 있다.

하위유형 4

심리적 문제를 순진하게 공개하는 유형이다. [그림 4-11]에서 보듯이 L 척도가 제일 높고, F 척도와 K 척도가 순서대로 그 뒤를 잇는다. 일반적으로 L 척도의 T점수가 60~65점이고, F 척도의 T점수가 약 55점이며, K 척도의 T점수가 약 45점이다. 이들은 경미한 수준의 상황적, 정서적, 관계적 불편감을 순진하고 세련되지 못한 방식으로 공개한다. 교육수준이 낮고, 정서조절능력이 빈약하다. 따라서 감정과 충동에 휘둘리기 쉽고, 상황적 스트레스에 취약하다. 심리적 통찰력이 부족하므로 통찰을 지향하는 심리치료보다 해결을 지향하는 심리치료가 적합하다.

부인반응

대부분의 심리적 문제를 부인하면, 앞의 [그림 4-7]에서 보듯이 L 척도와 K 척도가 T점수 65점 이상으로 상승하고, F 척도는 T점수 50점 미만으로 하강한다. L 척도와 K 척도가 더 상승할수록 프로파일의 타당성이 더 의심된다. 자신을 지나치게 긍정적으로 묘사하고, 심리적 문제 및 용납하기 힘든 감정과 충동을 부인하고 축소하기 때문이다. 부인반응은 자신의 적응상태를 과시할 필요가 있는 상황(예: 인사선발, 양육권 소송)에서 흔히 관찰된다. 하지만 정신과 입원환자 중에도 유사한 패턴을 보이는 사람이 있다. 정신증 환자가 증상을 강하게 부인하고 억압할 때, 자기를 통제하려고 지나치게 노력할 때 비슷한 패턴이 관찰된다. 또한 문제의 부인과 통찰의 결여를 특징적으로 드러내는 정신과 환자(예: 히스테리, 질병불안장애, 알코올남용, 약물남용)에게서도 비슷한 패턴이 관찰된다.

정상인 혹은 정신과 외래환자 중에도 유사한 패턴을 보이는 사람이 있다. 정서적 고통에 둔감한 사람, 정서적 통제를 강조하는 사람, 억압과 억제가 심한 사람일 것이다. 하지만 전반적인 점수는 다소 낮을 것이다. 예컨대, 부부 문제 때문에 심리치료를 받는 사람 중에서 심리적 통찰력이 부족한 사람, 심리적으로 세련되지 못한 사람, 도덕적인 기준이 높고 판단적인 사람이 심리적 문제를 부인한다. 부부 문제 때문에 자발적으로 심리치료자를 찾아온 사람의 경우, 전문직에 종사하는 지능수준이 높은 사람이 부인반응을 보인다면 프로파일의 타당성 여부를 판정하기가 상당히 어렵다. 사회적으로 포장된 모습을 드러내지만 심리적으로 통찰하는 능력은 부족한 경직된 사람, 감정과 행동을 억제하는 고지식한 사람일 가능성이 크다. 하지만 법정장면(예: 양육권 소송)에서 부인반응이 관찰되면 프로파일의 타당성을 의심해야 한다.

　타당도척도에서 부인반응이 시사되는 경우, 임상척도가 유의미하게 상승하지 않았을 것이다. 강력한 방어성향이 예상되는 상황(예: 취업지원자)에서는 검사장면의 특성을 감안하여 규준집단을 조정하는 것이 가능하다(Pope, Butcher, & Seelen, 2006). MMPI-2에서 방어적인 프로파일이 관찰되는 경우, 섣불리 무효로 판정하지 않고 조심스럽게 임상적 해석을 시도할 수 있다. 단, 임상가의 오류가 치명적 손해를 초래하지 않는 경우 및 임상가의 해석이 심각한 논란을 야기하지 않는 경우에만 그렇게 해야 한다. 방어적인 프로파일을 해석하는 임상가는 피검자의 과거력을 비롯한 추가 자료를 수집해서 의도적 방어성향과 비의도적 방어성향을 변별해야 하고, 성격특성이 반영되어 있는 것은 아닌지 파악해야 한다. 앞서 언급한 Mp 척도, Sd 척도, S 척도, Ss 척도를 두루 참조할 필요가 있다.

　대부분의 심리적 문제를 부인하는 피검자는 자기를 긍정적으로 묘사하는 경향이 있다. 다양한 상황 요인(예: 인사선발, 양육권 소송, 직무적합성 평가) 때문에 심리적 문제를 부인하는 것이 아니라면, 피검자는 정서적 통제를 강조하는 사람, 경직된 견해를 고수하는 사람, 규범과 규칙에 집착하는 사람, 주변의 세상과 타인의 행동을 이분법적으로(예: 선과 악, 강함과 약함) 판단하는 사람일 것이다.

chapter
05

MMPI-2 임상척도와 관련 소척도

임상척도의 개발과 사용

MMPI-2에는 일반적으로 10개의 표준적인 임상척도가 있다. 이 척도들은 원래의 척도구성에 사용된 진단적 기준집단(건강염려증, 우울증 등)의 이름을 따라 명명되었다. 그러나 최근에는 1부터 9 그리고 0의 번호로 지칭된다. 검사에 마지막으로 추가된 임상척도는 0번 척도로 불리는 Si(내향성) 척도이다. 해당 척도의 진단명과 관련되어 나타날 행동들이 늘 관찰되는 것은 아니기에, 진단명을 따라 부르는 척도명은 오해의 소지가 있다. 따라서 번호로 임상척도를 부르는 것은 그 척도가 측정하는 것들에 대한 오해를 줄인다. 독자들은 『MMPI-2 매뉴얼』(Butcher et al., 2001)의 부록 A, 61페이지에 언급된 T점수 변환[1]과 부록 B, 85페이지에 언급된 척도별 문항 구성 및 최근 인정된 모든 MMPI-2 척도를 위한 남녀 재표준화 규준집단에 기반한 채점방향을 참고하길 바란다.[2] 추가된 척도들에 대한 정보는 Friedman 등(2001)과 Greene(1991a)의 책에서도 찾아볼 수 있다.

임상척도는 검사문항들로부터 구성된 첫 척도들이며, MMPI 연구자들에게 지난 70여 년 이

---

1) 역자 주: 국내에서 2011년에 출간된 『다면적 인성검사 II 매뉴얼 개정판』의 170페이지.
2) 역자 주: 국내에서 2011년에 출간된 『다면적 인성검사 II 매뉴얼 개정판』의 180페이지.

상 관심의 초점이 되어 왔다. 모든 채점 체계의 기반이자(제2장 참조), MMPI-2의 모든 임상적 사용의 핵심이 되었다. 전통적으로 1번, 2번 및 3번 척도는 **신경증적 3요소(neurotic triad)**로 불리고, 6번, 7번, 8번과 9번 척도는 **정신증적 4요소(psychotic tetrad)**로 불린다. MMPI-2를 재표준화하면서 1번, 2번, 5번과 0번 척도에서 9개 문항을 삭제한 것 말고 임상척도들은 원판 그대로 남겨 두었다.

타당도척도를 분석하고 프로파일이 타당한지 확인하고 나면 임상가는 임상척도의 해석이 가능하다고 여긴다. 해석은 기본적으로 척도 상승, 배열 형태(모양) 및 척도 점수의 산포 혹은 최저에서 최고점까지의 범위 등에 초점을 두며, 이 과정에서 해당 척도의 중요한 문항들을 주목한다. 일반적으로 임상가는 척도들의 점수 조합이나 프로파일 형태를 검토하기 전 수검자의 초기 인상을 형성하기 위해 각 척도가 얼마나 상승했는지 살핀다. 임상척도와 제7장에서 설명할 '결정적' 문항들을 검토한 후, 심리학자는 주로 Harris-Lingoes 소척도 및 모호-명백 소척도(Subtle-Obvious subscales)를 포함한 내용 및 보충 소척도들을 검토한다. 이 소척도들은 개별 임상척도가 상승된 의미를 명확하게 밝히기 위해 임상척도로부터 추출되었다. 이 소척도들이 임상척도의 맥락 내에서 논의되기 때문에, 임상척도를 서술하기 전에 그것의 어원과 의미에 대해 개괄하고자 한다. 나이나 교육수준 및 사회경제적 지위 등의 조절변인들은 MMPI-2 프로파일과 관련하여 제9장에서 다룰 것이다.

임상적으로 유의미한 T점수 값은 일반적으로 65점 이상이다(원판 MMPI에서는 70점이다). 그렇다고 65점 이하를 받은 사람들이 반드시 정신병리가 없거나 관심의 대상이 아니라는 의미도 아니다. T점수 65점은 임상가가 MMPI-2 프로파일을 해석할 때 관심을 갖게 되는 경계기준선일 뿐이지 절대적 기준은 아니다. 낮게 상승한 척도를 연구하는 연구자들이 적긴 하지만, 유의미하다면 프로파일상 가장 낮은 척도에 대한 탐색도 중요하다(Friedman, Webb, & Lewak, 2001; Greene, 1991a, 2011). Keiller와 Graham(1993)은 MMPI-2 재표준화 규준집단 중 일부 집단의 파트너 평정점수와 MMPI-2 임상척도의 낮은, 중간 및 높은 점수를 비교연구하였다. 그들은 비임상집단에서는 대부분척도의 낮은 점수들이 의미 있는 정보를 제공한다고 보고하였다. 일반적으로 낮은 점수를 획득한 비임상 참여자들은 긍정적 특성을 보이며, 평균보다 더 높은 적응수준을 나타냈다. 이는 주로 높은 점수를 받았을 때의 전형적인 설명과는 반대이다. 그들은 낮은 점수가 부정적 특성이나 평균보다 더 나쁜 적응 문제를 나타내지는 않는다고 제안하였다.

Graham, Ben-Porath와 McNulty(1997)는 Keiller와 Graham의 1993년 연구결과가 MMPI-2를 주로 사용하는 임상적 장면에 일반화될 수 없다는 것을 알게 되었다. 그래서 그들은 외래환자들을 대상으로 임상척도와 보충척도의 낮은 점수에 대한 의미를 연구하였다.

낮은 점수는 41점 이하로 정의하였다. Graham 등(1997, p. 390)은 다음과 같이 밝혔다.

> MMPI-2 척도들에서 낮은 점수의 의미를 살펴본 결과, 우리는 척도들을 각각 따로 연구할
> 수 있다는 것을 알았다. 일부 척도에서는 낮은 점수가 별 의미가 없으나, 다른 척도들에서는
> 낮은 점수가 정상범위의 점수보다 증상이 적거나 부정적인 특성을 덜 나타냈다. 일부의 경우
> 이러한 특성들은 척도가 측정하려고 한 심리구성적 특성과 관련되어 있었지만, 일부는 전반적
> 인 적응 정도를 더 잘 나타내기도 하였다. 아마도 결과들 중 가장 일관성 있게 나타나는 것은
> 우리가 연구한 그 어떤 척도에서도 낮은 점수를 받은 사람들이 정상범위의 점수를 획득한 사
> 람들에 비해 더 부정적인 특성을 보이거나 전반적으로 더 낮은 적응수준을 나타내지는 않았다
> 는 것이다.

따라서 Graham 등(1997)은 외래환자들의 MMPI-2 중 낮은 점수에 대한 해석은 조심스러
워야 하며, 낮은 점수가 반드시 그 척도의 높은 점수가 의미하는 것의 반대 내용을 의미한다
고 추측하면 안 된다고 조언하였다.

임상 및 보충 척도들의 낮은 점수의 신뢰로운 상관물(correlates)을 밝히기 위해 더 다양한
집단을 대상으로 한 연구가 더 많이 필요해졌다. 모든 모집단에서 임상 및 보충 척도에서 비
일상적으로 낮은 점수를 받은 사람들을 주목하는 것이 중요하다. 이는 중요한 해석적 가설을
형성할 수 있다. 예를 들어, 만약 최근 여러 번의 상실을 겪은 정신과 환자가 우울 척도에서
매우 낮은 점수를 보인다면 임상가는 환자가 우울감을 부인하는 것은 아닌지 주의해야 하며,
자살에 대해서도 미리 경계해야 한다. 통계적으로 일정 점수를 벗어난 모든 점수는 주의할 만
하며, 그 수검자가 처한 상황의 특정한 맥락에서 이해되어야 한다.

MMPI-2 프로파일 점수 그래프에서 가장 낮은 T점수는 30점으로 제한되어 왔기에 그보
다 더 낮은 점수를 받는 것은 불가능하다. 그러나 Ward(1994)는 T점수가 30점 이하가 되
는 몇몇 척도가 있는 표를 제공하였다. 이 표는 Friedman 등(2001)에 의해서도 다시 사용
되었다. Ward(1994)는 T점수를 30점으로 제한하는 것은 임상집단에서 긍정적 특질의 분산
(distribution)을 줄인다고 지적하였다. MMPI-2가 기본적으로는 정신병리의 측정 도구이기
에 정신과적 증상이나 부적응적 성격특질에 민감하지만, 지배성(Do), 사회적 책임감(Re) 및
자아강도(Es)와 같은 몇 개의 보충척도는 긍정적인 성격적 속성을 측정한다(Butcher et al.,
2001). 게다가 남성적 성역할(GM)과 여성적 성역할(GF)의 두 척도는 성 정체성 측면을 측정
하기 위해 고안되었다. 『MMPI-2 매뉴얼』의 점수 변환표에서 낮은 점수가 제한되기 때문에,
Ward(1994)는 T점수 30점은 자동적으로 평균보다 2표준편차 아래의 원점수에 해당될 것이

라고 언급하였다. 임상척도에서는 중요할 것 같지 않으나(척도 5 제외), 앞에서 언급한 긍정적 속성을 나타내는 척도들이 매우 낮은 점수일 때는 Ward의 정확한 T점수표를 사용하여 해석하는 것이 낫다.

MMPI-2 프로파일 형태에서 임상척도 5번과 0번은 여전히 원판 MMPI의 선형 T점수 변환을 따르는 반면, 임상척도 1, 2, 3, 4, 6, 7, 8 그리고 9는 동형 T점수를 사용한다는 것을 기억하자. 척도의 다양한 상승 정도를 '높음(high)' 혹은 '매우 높음(very high)' 등으로 표현하는 것은 각각의 해석집이나 임상 상황에 따르는 주관적 과정이다. 이 책에서는 MMPI-2의 임상척도 상승도를 표현하기 위해 〈표 5-1〉에 제시된 K-교정 T점수의 범위 분류를 사용한다. 상승도에 대한 이 같은 표현은 임상척도에 대한 대략적인 근사치(approximation)이며, 모든 다른 척도에 대해서도 상대적으로 아주 대략적인 근사치이다. 분류의 경계에 있는 점수들은 때에 따라 판단하면 된다.

프로파일이 채점되고 프로파일 형태의 그래프로 나오게 되면 부호화될 수 있다. 부호화(coding)는 제2장에서 설명한 표기 체계(notation system)를 사용하여 척도들의 상승 정도와 순위를 요약하는 과정이다. 부호화는 전산화된 보고 서비스에 의해 제공되며, 손쉽게 직접 만들수도 있다. 부호화는 비슷한 형태의 프로파일을 찾는 연구나 프로파일 분류에 유용하다. 이 주제와 다른 채점 과정은 이미 제2장에서 자세히 설명하였다.

〈표 5-1〉 T점수 분류와 백분위 값

동형 T점수	분류	백분위
30	매우 낮음(very low)	<1
35		4
40	약간 낮음(moderately low)	15
45		34
50	평균(average)	55
55		73
60	약간 높음(moderately high)	85
65		92
70	높음(high)	96
75		98
80	매우 높음(very high)	>99
85		
90	극히 높음(extremely high)	

출처: Tellegen & Ben-Porath (1992).

Harris-Lingoes 소척도

모척도(parent scale)의 하위척도들을 살펴보면 특정 임상척도의 상승을 더 잘 이해할 수 있다. 이를 위해 Harris와 Lingoes(1955, 1968)는 MMPI-2 프로토콜 분석에 일상적으로 사용할 수 있는 내용 기반의 소척도들을 논리적으로 구성하였다. MMPI-2의 문항군집(item pool)은 이질적이며 다차원적으로, 이는 대부분의 임상척도가 내용적으로 다양하다는 것을 의미한다. 따라서 이 소척도들은 임상척도의 상승과 관련된 행동적/정서적 장애(disturbance)의 심도 있는 해석을 강화하기 위해 구성되었다. 특정 임상척도의 점수는 각 개인이 각기 다른 문항에 기입한 패턴을 반영할 수 있다. 예를 들어, 2명의 수검자가 2번 척도(우울증)에서 똑같이 T점수 70점을 받았다 하더라도, 그들은 우울증 문항 내에서도 매우 다른 내용들에 답했을 수 있다. 한 사람은 우울한 기분과 관련된 문항에 많이 반응한 반면, 다른 사람은 신체적(somatic)/생리적(vegetative) 증상과 관련된 문항들을 더 강조했을 수 있는데, 이 두 분야는 우울증을 설명하고 치료할 때 차별적인 임상적 함의를 가진다. 주어진 척도문항 내에서 기입 패턴이 다른 것은 특징적인 행동 패턴이나 상관물(correlates)과 관련될 수 있다. Harris와 Lingoes는 임상척도들의 문항 내용을 조사한 뒤 동질적으로 보이는 문항들을 묶어 척도 2, 3, 4, 6, 8, 9의 소척도들을 개발하였다. 즉, 단일 특질이나 속성을 반영하는 것으로 보이는 문항들을 소척도로 묶은 뒤 그 문항들의 내용에 기반하여 이름을 붙였다. 그러나 Levitt(1989)은 Harris와 Lingoes가 다른 연구자들이라면 그 척도에 다소 다른 이름을 붙였을 것이라고 확신했던 것과 몇몇 소척도가 원하는 만큼 동질적이지 않아서 결국 척도들이 하나 이상의 구성개념을 측정할 수 있다고 한 점을 상기시켰다. Childs, Dahlstrom, Kemp와 Panter(1992)도 연구를 통해 Harris-Lingoes 소척도의 대부분이 본질적으로 다차원적일 수 있다고 제안하였다. 그럼에도 불구하고 소척도들은 프로파일 해석에 유용한 보조 도구가 된다. 척도 1과 7에 대해서는 소척도를 개발하지 않았는데, 이들 척도는 하나의 구성개념으로 여겨졌기 때문이다. 척도 1은 명백하게 신체적 염려와 관련된 내용이며, 척도 7은 불안, 걱정, 긴장 및 일반적인 부적응과 주관적 불편감에 관련된 내용이다. 척도 5와 0은 다차원적이지만 Harris와 Lingoes는 이 척도들의 소척도를 개발하지 않았다. 아마도 이 척도들이 가장 늦게 검사 도구에 포함되어 원래의 임상척도에는 포함되지 않았기 때문으로 보인다. 척도 5와 0은 다른 연구자들에 의해서 소척도로 구분되었는데, 이는 이 장의 후반부에서 논하기로 한다.

이 장에서 Harris-Lingoes 소척도는 해당 임상모척도 부분에 포함해서 설명한다. 매뉴얼에서는 이 소척도들의 신뢰도 계수는 제공하지 않는다. Harris-Lingoes 소척도 문항들이 모두 검사 앞부분에 있는 370개 문항에 포함되기 때문에, 검사 축약본을 사용하고자 하는 임상가도 이 소척도들의 점수를 얻을 수 있다. 재표준화에서 오직 1개 문항(95번 문항)만이 삭제되었던바, Harris-Lingoes 소척도는 거의 영향을 받지 않았다. 특히 우울증 소척도 중 정신운동지체 소척도(D2)에서 1개 문항이 탈락되어 15문항 대신 14문항이 되었다.

대부분의 해석과 채점 서비스에서는 모든 Harris-Lingoes 소척도의 점수를 제공한다. 그러나 수기 채점의 경우 임상척도의 T점수가 60에서 80점 사이일 때만 소척도 점수를 산출하도록 권고된다. 더 높거나 낮은 점수들이 소척도에서는 전혀 유의미한 산포(scatter)가 아닐 수 있다. 독자들은 소척도 중 11개가 10개 이하의 문항으로 구성되었기 때문에, 단 한 문항의 반응이 달라져도 해당하는 소척도의 T점수가 크게 달라질 수 있다는 것을 유념해야 한다(Caldwell, 1988). Greene(2011)도 Harris-Lingoes 소척도에 대해 비슷한 언급을 하였다. "……척도의 분산이 한정적이기 때문에 T점수가 70점이 넘지 않으면 해석해선 안 된다. 일부 소척도에서는 기입문항이 하나 더 많거나 적은 것만으로도 T점수가 5~9점까지 바뀐다."(p. 115)

임상척도에서 이끌어 낸 28개의 Harris-Lingoes 소척도의 문항수는 6개에서 32개로 그 폭이 상당히 크다. 따라서 몇몇 소척도는 내적 합치도가 낮다(Krishnamurthy, Archer, & Huddleston, 1995). 그러나 대부분은 내적 합치도가 높다. 독자들은 Graham(1990)이 제시한 재표준화 남녀집단의 내적 합치도 목록을 참고할 수 있다. Graham(1990)은 또한 소척도의 재검사 신뢰도도 제시하였다. 이 자료들을 보면 일반적으로 소척도가 모척도에 비해 덜 안정적이다. Gotts와 Knudsen(2005)도 정신과 입원환자들로 구성된 집단을 대상으로 모든 Harris-Lingoes 소척도의 내적 합치도를 구하였다.

Harris와 Lingoes는 겹치는 문항을 삭제하지 않았기 때문에 몇몇 소척도는 상당한 상관을 보인다. 몇 개의 문항은 4개의 소척도에 모두 포함된다(Caldwell, 1988). 소척도들 간의 높은 상관은 이러한 구조적 중복에 기인한다고 볼 수 있다. "예를 들면, 깊은 근심 소척도 10개 문항은 주관적 우울감(D1) 소척도에도 포함되어 있으며, 둔감성(D4) 소척도 15개 문항 중 12개 문항은 주관적 우울감(D1) 소척도에 속하기도 한다."(Greene, 2011, p. 113)

McGrath, Powis와 Pogge(1998)는 소척도 점수들이 코드패턴의 함수로서 유의미하게 공변하는(co-varied) 것을 밝혔다. 483명의 정신과 입원환자의 MMPI-2 프로파일을 분석한 결과, 코드패턴이 모든 Harris-Lingoes 소척도의 예측치로 밝혀졌다. McGrath 등은 검사 사용자들이 자료를 대규모의 정신과 환자집단 자료와 비교할 수 있게 14개 코드패턴에 걸쳐 소척도 평균값 표를 제공하였다. 이 표에 제시된 평균값으로 각각의 Harris-Lingoes 소척도 점수들과 특정 코드패턴의 규준자료와 비교할 수 있기에, 소척도 점수로 전형적인(prototypic) 코드패턴인지 아닌지를 식별할 수 있다. Greene(2011, pp. 526-580)은 단일 척도 및 2개의 척도로 이루어진 코드타입 모두에 해당하는 Harris-Lingoes 소척도의 전형적 점수를 제시하였다. 그러나 3개 혹은 4개의 척도로 된 코드타입에 대해서는 더 자세한 점수 패턴을 밝히는 연구가 필요하다.

이 책을 포함하여 대부분의 해석 안내책은 T점수가 65점 이상일 경우에만 소척도들을 해석해야 한다고 제안한다. 몇몇 연구자는 T점수 70점 이상이 더 적절하다고도 한다(예: Chojnacki & Walsh, 1994; Greene, 1991a). 그러나 모든 기준점수의 권고안에는 예외가 있고 또 있어야 한다. Krishnamurthy 등(1995)은 2개의 Harris-Lingoes 소척도에 해석적 한계를 제기하는 심리측정적 문제를 논의하였다. Hy1(사회적 불안의 부인)과 Pd3(사회적 침착성) 소척도는 각각 6개 문항으로만 이루어져 있어서, 재표준화 규준집단에서 원점수 평균이 상대적으로 높았다. 이로 인해 규준표에 반영된 것처럼(『MMPI-2 매뉴얼』의 A-5와 A-6 참조; Butcher et al., 2001), 수검자(남성 혹은 여성)는 Hy1 척도에서 T점수 61점 이상을 받지 못하며, Pd3 척도에서 남성은 63점, 여성은 64점 이상의 T점수를 받는 것이 불가능하다.[3] Krishnamurthy 등(1995)은 모든 Harris-Lingoes 소척도의 해석을 위해 T점수 65점을 기준 점수로 사용하는 것은 이 2개 척도처럼 T점수가 65점 이상으로 상승하지 않는 척도들의 해석 가능성을 배제할 것이라고 결론을 내렸다.

Harris-Lingoes 소척도들이 임상척도 대신이 아니라 임상척도의 보조적 해석 도구로 사용되어 왔기 때문에, 임상가들은 MMPI/MMPI-2 프로파일 해석 시에 이 소척도들이 기본적으로 유용하다고 여겨 왔다. 그러나 타당도 및 신뢰도와 관련해서 몇 가지 고려해야 할 점이 있다. 가장 중요한 문제점은 바로 이 척도들이 구성된 방법과 관련된다. 문항들을 비슷한 내용끼리 묶어 하나의 소척도를 만드는 논리적 방법은 다양한 결과물을 낼 수 있는 주관적 과정이다. 이 결과물에는 후보 문항이 몇 개인지 혹은 선택된 내용영역의 정의가 적절하게 되었는지 등이 영향을 미친다. 그러나 Harris와 Lingoes는 그들의 소척도에 대해 외적 준거를 살피거나 교차 검증을 시도하지 않았다. 이러한 종류의 연구가 많이 이루어져야 한다. 한차례 소척도들과 행동적 상관물을 검증한 시도가 있었으나 실패하였다(Calvin, 1975). 또 다른 연구(Miller & Streiner, 1985)에서는 Harris-Lingoes 소척도를 다시 만들어 보기 위해 임상가들에게 문항들을 보여 주고 논리적으로 묶어 보라고 했는데, 1/3 이상의 소척도에서 문항들이 달라지기도 하였다. 그 연구에서 28개 중 9개 소척도만이 신뢰롭다는 결론이 내려졌는데(D3, Hy1, Hy2, Hy4, Pd1, Pa3, Sc3, Sc6, Ma1), 이는 결국 소척도의 신뢰도가 낮고, 개발만큼이나 해석에서도 주관적일 수 있다는 의미이다.

3) 역자 주: 한국판 MMPI-2의 경우, 전체 및 남성의 경우 Hy1과 Pd3에서의 가장 높은 T점수는 66점이며, 여성의 경우 Hy1는 65T, Pd3은 66T이다(『다면적 인성검사 II 매뉴얼 개정판』의 부록 표 A-7과 B-13, 14 참조).

Harris-Lingoes 소척도를 포함한 다양한 MMPI 척도에 대해 요인 구조를 분석한 연구(Foerstner, 1986)에서 설명량이 큰 요인이 10개로 나타났다. 첫 번째 요인은 '우울증'이었으며, 그중 요인 부하값이 가장 높은 척도들은 D1(주관적 우울감), D4(둔감성), D5(깊은 근심)였다. 그러나 D2(정신운동지체)와 D3(신체적 기능장애)은 이 요인에 포함되지 않았다. 이는 이 소척도들이 Harris와 Lingoes(1955, 1968)가 가정한 특정한 방법에 의한 우울증의 구성개념과 관련되지 않을 수 있다는 것이다. 예를 들어, D2와 D3은 우울증 증상에서 보면 우울한 기분보다는 생리적 측면과 관련될 수 있다. 마찬가지로 다른 소척도들이 모척도로부터 예상되는 요인에서 요인 부하값이 유의미하지 않게 나타나기도 하였다. 이 연구를 포함한 다른 연구들은 하나의 모척도 하위에 있는 소척도들이 이질적인 구성개념일지도 모른다는 것을 시사한다.

Krishnamurthy 등(1995)은 소척도의 유용성과 그 한계를 재검증하자고 제안하였다. 우리는 이러한 제안에 동의한다. 또한 소척도 해석을 위해 필수적인, 각각의 검사장면에 맞는 다양한 규준이 매우 부족하다. 다만 Harris-Lingoes 소척도가 서로 다른 장면에서 어떻게 적용되는지에 대해 우리의 이해를 넓혀 줄 3개의 연구를 찾았다. Wrobel(1992)은 외래에서 치료받는 내담자들에 대한 임상가들의 평정을 연구하여 28개 중 16개 소척도에 대한 근거를 마련하였다. 그러나 나머지 12개 척도는 지지되지 않았다. Almagor와 Koren(2001)은 소척도들의 적절성을 탐색하기 위해 우울증(D), 히스테리(Hy), 반사회성(Pd), 편집증(Pa), 정신분열증(Sc) 및 경조증(Ma) 척도들의 요인 구조에 대해 비교문화 검증을 실시하였다. 그 결과 D, Pd, Sc, Ma 척도들의 소척도는 구조적 적절성이 지지되지 않았으나, Hy와 Pa 척도의 경우에는 적절성이 지지되었다. Osberg와 Poland(2001)도 Harris-Lingoes 소척도가 입소자들의 과거 범죄와 유의미한 상관물로서 유용성이 있는지 탐색하였는데, Ma1(비도덕성), Pd2(권위 불화)와 Pd5(내적 소외) 척도가 범죄 이력과 정적 상관을 보였다. 이는 범죄자 표본(forensic sample)에서 Harris-Lingoes 소척도의 증분타당도(incremental validity)를 검증한 최초의 연구로, 관심 있는 독자들은 읽어 볼 만하다. DiLalla, Gottesman, Carey와 Bouchard(1999)는 Harris-Lingoes (및 모호-명백) 소척도의 유전 가능성에 대한 연구가 없다는 것을 알고 따로 양육된 대규모의 일란성 및 이란성 쌍생아 집단을 조사하였다. 그들은 소척도에 대한 유전적 요소와 환경적 요소의 기여도를 구했는데, 28개의 소척도 모두에서 유의미한 유전 가능성을 발견하였다. 이는 MMPI 원판을 사용한 연구였으나, MMPI와 MMPI-2의 임상척도들 간에는 높은 일관성이 있기 때문에 MMPI-2(반사회성 소척도의 예외를 포함해서)에도 적용될 수 있다고 주장하였다. DiLalla 등(1999, p. 356)에 따르면 반사회성 소척도가 예외적인 이유는 다음과 같다.

원판 MMPI에서 반사회성 Harris-Lingoes 소척도는 반사회성 척도의 14개 예비문항을 포함하는데, 이 문항들은 최종척도에는 들어가지 않았다. MMPI-2의 반사회성 Harris-Lingoes 소척도들은 이 14개의 '빠진' 문항을 포함하지 않았다.

이는 DiLalla, Carey, Gottesman과 Bouchard(1996)가 임상척도들의 유의미한 유전 가능성을 발견한 이전 연구에서 지적되었어야 했다. Harris-Lingoes 소척도를 검증한 연구에서 그들의 추정치는 전체 임상척도에 대해 이전에 보고된 것과 비슷한 정도였다.

모호-명백 소척도

임상척도에 있어 또 다른 중요한 요소는 Wiener와 Harmon(1946)에 의해 개발되고 발표된 (Wiener, 1948, 1956) 모호-명백(Subtle-Obvious: S-O) 소척도이다. Wiener와 Harmon은 명백하게 정신병리를 나타내는 카테고리에 논리적으로 문항을 묶는 중에 수검자들의 수검태도를 측정하는 데 유용한 측정치를 발견하였다. 그들은 척도 2, 3, 4, 6과 9에 각각 모호(S) 및 명백(O) 소척도를 만들었다. 이 척도들에서는 모호 원점수에서 명백 원점수까지의 합이 K-교정이 안 된 원점수와 같다. 척도 1, 7과 8은 대체로 명백한 문항들로 이루어져 있어서 모호 소척도는 빠졌다. S-O 소척도의 문항 개수는 서로 다르며 균형을 맞추려고 노력하지도 않았다. 척도에는 108개의 모호문항과 145개의 명백문항이 있다. Greene(1991a, p. 79)은 다음과 같이 설명하였다.

> 이 모호문항의 65개(59%)에 대해 경험적으로 결정된 이상반응(deviant response)이란 단지 문항 내용만을 검토해서 기대된 것의 반대방향으로 채점되는 것이다. 반면에 명백문항 중에서는 8개(5%)만이 역채점된다. 이러한 발견은 이 2개의 문항 묶음의 본질이 각각 모호하고 명백하다는 사실을 뒷받침한다.

소척도 구성의 총 목록은 Friedman 등(2001)의 부록 A의 표 A-2에 있으며, 원점수의 선형 T점수 변환은 부록 B의 표 B-6에 있다. Wiener와 Harmon(1946)의 체계에서 모호문항들은 정신병리를 측정하는 데 덜 명백한, 즉 안면타당도가 낮은 것들이다.

Wiener와 Harmon이 문항과 정신병리의 관계에 따라 문항을 명백 혹은 모호라고 정의하였음에도 불구하고 다른 연구자들은 다른 용어로 차이점을 정의하였다. 예를 들어, Jackson(1971)은 특정한 특질을 나타내려는 수검자의 능력이나 척도에 부합하는 문항을 포함하여 모호문항을 결정하였다. Christian, Burkhart와 Gynther(1978)는 대학생들에게 모든 MMPI 문항이 정신병리와 어느 정도 관련되어 있는지 1점(**매우 모호한**)에서 5점(**매우 명백한**) 까지의 5점 척도(3점, 중간)로 평정하도록 한 뒤 S-O 문항을 결정하였다. 모든 MMPI 척도의 명백도 평균값을 보았을 때 비전형(F) 척도와 8번 척도가 가장 높았는데, 이는 이 척도의 문항 들이 본질적으로 명백하다는 것이다. 모호하다는 것을 뜻하는 가장 낮은 명백도 평균값을 보 인 척도는 남성성-여성성(Mf) 척도와 교정(K) 척도였다. S-O 문항을 구분하기 위한 시도들 이 더 있었는데, Wales와 Seeman(1968)은 통계적 할당법을 사용하였다. 그들은 많은 수의 정 신과 표본보다 작은 수의 규준집단에서 답한 문항을 명백문항 혹은 X문항이라고 지칭하였다. 모호문항은 정신과 표본보다 규준집단에서 더 자주 표기된 문항들로 0(영)문항이라고 지칭하 였다. 따라서 X(명백)문항들은 규준집단 중 다수가 표기한 것의 반대로 대답할 때 정신병리적 으로 채점되었으며, 0(모호)문항들은 대부분의 정신과 표본에서 규준집단보다 표기한 경우가 많았기 때문에 그대로 정신병리적으로 채점되었다.

　각기 다른 다수의 S-O 구별법이 만들어져 왔는데, Dubinsky, Gamble과 Rogers(1985)는 S-O 문헌들에 대해 유용한 개관을 제공하였다. 사용된 문항양식과 상관없이 MMPI 점수를 조작하도록 지시받은 참가자들은 명백문항점수가 높아지거나 낮아졌고, 모호문항점수는 그 반대로 움직였다. 다시 말해, 참가자들은 모호문항보다는 명백문항에서 더 쉽게 조작할 수 있 었다. 소위 역설효과는 "확실하게 강력한(robust) 현상으로 일반군 및 정신과군(입원, 외래 및 법정)에게 부정왜곡 혹은 긍정왜곡 지시를 하면 반드시 나타난다. 이는 3개의 주요 S/O 문항 양식에서 모두 그렇다"(Hollrah, Schlottmann, Scott, & Brunetti, 1995, p. 288).

　대부분의 S-O 척도 연구자가 MMPI를 사용하였음에도 불구하고 MMPI-2에도 적용할 수 있다. S-O 소척도는 원판 검사의 13개 문항에서 3개 문항만이 제외되었기 때문이다(전부 척 도 2의 문항들이다; Hollrah et al., 1995). 척도 2에서 제외된 문항은 명백 소척도에서 1개 문항, 모호 소척도에서 2개 문항이다.

　S-O 구별법은 두 가지 중요한 목적을 위해 사용되어 왔다. 첫 번째는 수검태도를 측정하 는 것이다. 이는 일반적으로 모호와 명백 소척도 간 차이로 측정되어 왔다. 과대보고를 하거 나 혹은 자신의 증상을 최대한 부풀리고자 하는 참여자들은 모호문항점수보다는 명백문항점 수가 상당히 상승될 수 있고, 자신의 문제를 과소보고하고자 하는 경우는 그 반대로 나타난다. Greene(2000)은 5개의 명백 척도 모두에서 T점수 90점 이상을 받고 5개의 모호 척도 모두에서 40점에 가까운 T점수를 받은 경우에 심리적 문제를 과장해서 보고하려는 것일 수 있으며, 그 반대의 경우는 과소보고하려는 것일 수 있다고 주장하였다. 명백과 모호 소척도 간의 차이를 합하여 산출된 하나의 측정치는 보고방식을 결정할 때 사용할 수 있다. Greene(2000)은 다음

과 같은 간단한 방법을 소개하였다. 5개의 모호 및 명백 소척도의 T점수를 각각 뺀 값의 합을 구하는 것이다. 정상 표본에서 총 T점수 차이의 평균은 0에서 30점 사이인 반면, 정신과 표본에서는 50에서 60 사이이다. 정신과 표본에서는 환자들이 더 많은 문제를 인정하기 때문에 명백 소척도의 점수가 높아서 분산이 더 크다. [MMPI-2 문항의 대부분이 채점 가능하기 때문에(즉, 병리적이기 때문에), 표기할 경우 표기된 문항의 비율은 전체 정신병리 지표(index)를 제공하며, 이는 명백 및 모호 소척도 간 차이의 합과 일치한다.] Greene(2000)이 강조했듯이, 진짜 정신병리의 가능성을 감소시키면 안 되기 때문에 과대보고를 시사하는 높은 점수는 잘 확인해야 한다. S-O 소척도를 사용하는 두 번째 이유는 소척도 점수와 관련된 성격특성과의 상관물(correlates) 때문이다. 이를 위하여 Dahlstrom(1991)은 모호 및 명백 소척도와 파트너 평정의 상관물을 제시하였다. 파트너 평정은 재표준화집단에서 Katz(1968) 적응 척도(Adjustment Scales)를 실시한 841쌍의 보고를 사용하였다. 이 결과물 중 대부분은 이 장에서 적절한 척도 부분에 묶어 소개하겠다.

S-O 소척도의 효과성에 대한 쟁점은 수많은 논쟁의 초점이 되어 왔다. 몇몇 연구자는 모호문항들이 모척도의 유효성을 명백히 감소시키기 때문에 행동과의 유효한 상관물을 보여 주지 못한다고 강하게 주장하였다(Nelson, 1987; Nelson & Cicchetti, 1991; Weed, Ben-Porath, & Butcher, 1990). 비록 그 연구들이 실행 면에서 많은 장점이 있음에도 불구하고 불행히도 많은 연구가 이러한 근거들이 개념상 큰 결함이 있다고 주장하였다. 이러한 연구들은 전형적으로 Beck 우울증 척도(Beck Depression Inventory: BDI)나 간이정신진단검사(Symptom Checklist-90)의 우울 척도 또는 기분상태검사(Profile of Mood States: POMS)의 우울 척도와 같은 명백한 규준척도와 우울-명백 혹은 우울-모호 문항(때로는 전체 우울 척도)의 예언 성공률을 비교하는 것이다. 당연히 명백 우울문항들이 이러한 명백한 규준척도를 가장 잘 예언하며, 모호요인들은 예언도가 낮고 전체 우울 척도는 그 중간 어디쯤에 위치한다.

비록 모호 및 명백 소척도가 사회적 바람직성과 다르다고, 일부 사례에서는 매우 다르다고 여겨져 왔으나, 이 요소는 S-O 척도의 일련의 연구에서 매우 부족하게 통제되어 왔으며 훨씬 덜 다루어져 왔다. 각각의 모호 및 명백 소척도는 고유의 조작된 특성이 있고, 이런 것들을 측정해야 한다. 최근까지 S-O 연구의 대다수에 대해 객관적인 분석이 충분하지 않았다. 다행히 Hollrah 등(1995)이 실시한 S-O 소척도의 수렴 및 변별 타당도에 대한 포괄적이고 균형 잡힌 리뷰가 발표되면서 상황이 바뀌었다. 그들은 Weed 등(1990)의 논문과 같이 '부정적' 모호문항에 관한 문헌에 응답하면서 중요한 질문들을 제기하였다. Hollrah 등(1995)의 연구를 요약하면 다음과 같다.

문헌들을 철저히 리뷰한 이후에도 MMPI 모호문항의 타당도에 대해 여전히 불확실한 것들이 남아 있다. 사용된 방법론에 따라 다르게 나타나는 모호문항의 타당도를 뒷받침하기 위해 각각의 모호 소척도를 조사하였다. 상당한 임상적인 관련성에도 검사구성의 경험적 방법을 다루는 것과 모호문항이 표집 오류(sampling error)로 포함되었다는 가설(Jackson, 1971)에 답하기 위해, 모호문항들이 삭제되면 MMPI 척도들이 더 큰 임상적 타당도를 얻게 된다는 일관된 근거는 아직 없다.

모호문항의 일부가 표집 오류를 보인다는 것은 확실한 것 같다. 그러나 이 몇몇의 모호문항은 각각의 척도에 속해 있다. 변별타당도를 지지하지 않는 연구들이 있는 것처럼, 이와 비슷하게 많은 명백문항이 표집 오류로 인해 척도에 포함되었을 수 있다. 모호문항 전부가 타당한 측정치이다 혹은 전체가 다 아니다라고 주장하는 것보다 특정 문항 혹은 적어도 특정 척도의 타당도를 결정하기 위한 분석들이 더 적절해 보인다(p. 295). Hollrah 등(1995)은 모호문항이 정신과 장면에서 긍정왜곡을 탐지할 수 있다는 것도 입증하였다.

S-O 소척도의 유전 가능성에 대한 첫 번째이자 유일한 연구에서 DiLalla 등(1999)은 소척도 점수가 유전적 영향에 의한 것인지 혹은 환경적 영향에 의한 것인지 밝히기 위해 서로 떨어져서 양육된 대규모의 일란성 및 이란성 쌍생아 집단을 조사하였다. 5개의 모든 명백 소척도(.37~.56)와 5개의 모호 소척도 중 편집-모호(Pa-S)를 제외한 4개의 모호 소척도(.27~.35)에서 유의미한 유전 가능성이 나타났다. Pa-S 척도를 제외한 모든 소척도가 유의미한 유전적 영향을 보인다는 것은 4개의 모호 소척도가 적어도 무선분산(random variance) 이상이라고 주장할 수 있는 것이다. DiLalla 등(1999)은 4개의 모호 소척도 중 경조증-모호(Ma-S)문항들이 척도 9(경조증)인 원척도 구성에 유의미하게 기여한다는 원래의 목적에 가장 근접했다고 결정하였다. 그 문항들은 비전형 증상, 정신증 증상, 적대감 및 경조증과는 정적 상관을 보이며, 우울증, 사회적 부적응, 억압 및 방어와는 부적 상관을 보였다(p. 364). DiLalla 등(1999)의 연구에 대해 더 자세히 알기 원하는 독자들은 논문을 참고하기 바란다. 그들의 분석은 모호 소척도가 무시되어선 안 된다고 제안하고 있다.

중복문항 내용

MMPI-2 임상척도(척도 1~4와 6~9)의 대부분의 문항(245개, 60%)은 또 다른 척도에서도 채점된다. 특정 척도에만 속한 문항들은 '비중복문항(non-overlapping items)'으로 불리고, 1개 이상의 척도에서 채점되는 문항들은 '중복문항(overlapping items)'으로 불린다. MMPI-2의 중복문항들은 임상가나 연구자들의 주 관심사이다. 검사를 구성할 때 경험적 규준법(empirical criterion approach)을 사용하면, 총 문항군집이 다른 임상기준(criterion)집단에서 반복적으로 사용된다. 정상집단(normal group)과 기준집단을 구분하려면 한 문항은 어떤 한 척도에만 사용되도록 제한해야 한다. 이 방법을 통해 만들어진 척도의 수는 기준집단의 수에 한정된다(Stein, 1968). 이러한 구성방법에서 제기되는 고려할 점은 기본 MMPI 척도들이 정신과 집단과 정상집단을 구분할 수 있다고 해도 정신과 집단들 사이에는 현저한 차이가 있지 않다는 것이다. 따라서 기본 척도(다른 척도들도) 간에는 문항 내용들 간의 상당한 중복(공분산, co-variation)이 있다. 이러한 구조적 중복은 척도 간의 상관을 높이고, 감별진단을 위한 변별타당도를 손상시킨다(Maloney & Ward, 1976; Rosen, 1962). 기준집단을 분리하고자 하는 목표에 적합한 척도는 구조적으로 독립된 척도나 다른 척도와 상관이 낮은 척도들이다. 게다가 Rosen(1962)은 감별진단을 위해서는 정상집단에 정신과 환자들이 더해진 참조집단을 사용하는 것이 더 논리적이라고 주장하였다.

임상척도들마다 중복문항수의 상당한 차이가 있으나, 각 척도에서 비중복문항보다 중복문항이 더 많다(〈표 5-2〉 참조).

〈표 5-2〉 Caldwell(2007b)의 임상 표본에서 나타난 MMPI-2 임상척도 간의 문항반복과 상관

	1 (Hs)	2 (D)	3 (Hy)	4 (Pd)	5 (Mff)	5 (Mfm)	6 (Pa)	7 (Pt)	8 (Sc)	9 (Ma)	0 (Si)
1(Hs)	–	10(1)	20	1	0	0	1	2	4	0	1
2(D)	.82	–	13	7	2	2	2	13	10(1)	5(4)	8(1)
3(Hy)	.80	.74	–	10	4	4(1)	4	7	8	6(2)	8(7)
4(Pd)	.55	.59	.40	–	3(1)	3(2)	8	6	10	7(1)	11(6)
5(Mff)	.21	.27	.22	.32	–	56(4)	2	1	4(3)	3	9(3)
5(Mfm)	-.09	-.18	-.19	-.17	-.90	–	2	1	4(1)	3	9(4)
6(Pa)	.58	.60	.50	.66	.32	-.22	–	4	13	6(2)	5(4)
7(Pt)	.79	.81	.53	.72	.33	-.16	.69	–	17	3	9(1)
8(Sc)	.79	.76	.52	.75	.31	-.11	.73	.93	–	11	6(1)
9(Ma)	.33	.13	.10	.45	.09	.06	.37	.44	.54	–	6(5)
0(Si)	.63	.74	.34	.54	.25	-.16	.52	.80	.76	.14	–

주: 괄호 안의 숫자는 두 척도에서 서로 다른 방향으로 채점되는 문항수임. 예를 들어, 척도 1(건강염려증)과 2(우울증)는 10개 문항을 공유하며 그중 1개 문항은 반대방향으로 채점됨. 즉, 한 척도에서는 '그렇다'로, 다른 척도에서는 '아니다'로 채점됨.

출처: Greene (2011), p. 145.

축소된 혹은 비중복된 척도들은 신뢰도가 낮을 수밖에 없다. 기본 임상척도 중 66개 문항이 2개 척도에 중복되어 있으며, 35개 문항이 3개 척도에, 4개 문항이 4개 척도에 그리고 2개 문항이 5개 척도에 중복된다. 임상척도 중 가장 문항수가 많은 척도 8(정신분열증, Sc)은 전체 78개 문항 중 62개가 중복문항으로 척도들 중 중복문항의 수가 가장 많다. 척도 1(건강염려증, Hs)과 척도 3(히스테리, Hy)은 서로 20개 문항을 공유하여 제일 많은 문항을 공유한다. 척도 7(강박증, Pt)과 8(정신분열증, Sc)도 17개 문항을 공유한다. 기본 임상척도에 속한 문항들을 잘 살펴보면 전통적으로 신경증과 정신증 척도들이 상당한 수의 문항을 공유한다. 35개 문항이 적어도 하나의 신경증과 정신증 척도에 동시에 속해 있다. 신경증적 3요소 척도들에서 30개 문항이 적어도 2개 척도에 속하고, 경우에 따라서는 3개 전부에 포함되기도 한다. 정신증적 4요소 척도들에서는 18개 문항이 적어도 2개 척도에 공통으로 들어가며, 그 문항들은 신경증적 척도에는 들어 있지 않다. 1개의 문항(23번)은 4개 척도 모두에 해당된다. 많은 척도 중 오직 다음 7개의 쌍만이 공통문항이 없다. L(부인)과 Hs, Hs와 K(교정), Pd(반사회성)와 L, Hs와 Mf, Hs와 Ma, L과 Si(내향성), F(비전형)와 S(과장된 자기제시)이다.

역사적으로 문항 중복은 오랫동안 인식되어 왔다. Adams와 Horn(1965)은 원판 MMPI 척도를 위해 조작적으로 독립된 반응세트를 개발하였다. Welsh(1956)도 순수한 혹은 중복문항이 없는 척도를 개발하려고 시도하였으나 두 척도에서 서로 반대방향으로 채점되는 문항들은 남겨졌다.

Anderson과 Bashaw(1966) 및 Wakefield 등(1975)은 2개 이상의 척도에 공통으로 속해 있는 문항들은 공통 차원을 측정한다고 제안하였다. 이에 따라 Friedman 등(1983)은 신경증, 정신증 및 정상군을 감별하기 위한 3개의 새로운 척도를 개발하였다. 이 척도들은 Friedman 중복 척도(Friedman Overlap Scales: FOS)라고 불린다. 각 척도는 정신증 중복 척도(psychotic overlap scale: POS), 신경증 중복 척도(neurotic overlap scale: NOS), 부적응 중복 척도(maladjustment overlap scale: MOS)라고 명명되었다. 이 척도들은 합리적인 방법으로 만들어졌다. 전통적인 정신증 척도(척도 6, 8, 9)에 채점되는 문항들 중 적어도 2개 척도에 공통되어 있으면서 신경증 척도(척도 1, 2, 3)에 속하지 않을 경우 POS에 포함하였다. 이렇게 18개 문항이 만들어졌다. 비슷하게, NOS도 적어도 2개 이상의 신경증적 3요소 척도와 7번 척도(Pt)에 속하면서도 정신증 척도에는 속하지 않는 문항들로 구성하였다. 이에 NOS는 30개 문항으로 이루어졌다. 세 번째 MOS는 정신증 및 신경증 환자와 정상집단을 구분하기 위해 만들어졌다. 이 척도는 적어도 하나의 신경증 혹은 하나의 정신증 척도에 속한 35개 문항이 포함되었다. 중복 척도에는 총 83개 문항이 표준적인 결정적 방향으로 채점되었으며, 관련된 척도에서 같은 방향으로 채점될 때만 문항으로 선별하였다. L, F, K, Pd, Mf 및 Si 척도는 이 새로운 척도

구성에서 제외되었다. Friedman 중복 척도의 문항과 응답반응은 Friedman 등(2001)의 부록 F
와 G에 있으며, FOS의 T점수 변환도 포함된다.

　Friedman 등(1983)은 NOS와 POS가 신경증과 정신증 환자들로부터 정상군을 구분할 수 있
고, 신경증 환자군과 정신증 환자군도 서로 구분할 수 있다고 가정하고 4개 집단의 MMPI 자
료를 분석하였다. 집단 1은 오하이오 주립대학병원 정신과에 정신증 진단하에 입원한 101명
(남: 45, 여: 56)이었고, 집단 2는 신경증 진단을 받은 입원환자 85명(남: 30, 여: 55)이었다. 집단
3은 미네소타 로체스터의 메이요 클리닉에서 외래치료를 받고 있는 신체질환(비정신과) 환자
로 총 76명(남: 37, 여: 39)이었다. 마지막으로, 집단 4는 미국 중서부 대도시 공과대학에서 심
리학개론 수업을 듣는 38명의 학생(남: 12, 여: 26)으로 구성되었다. MMPI 및 FOS로 환자집단
판별분석을 실시하였다. 표준 MMPI(566개 문항)는 신경증과 정신증 환자를 62%의 정확도로
구분하였고, FOS(83개 문항)는 신경증 환자의 경우 54%, 정신증 환자의 경우 52%의 정확도
로 구분해 냈다. 정상통제집단은 MMPI와 FOS가 둘 다 88%의 정확도로 구분하여 모두 효과
적이었다. 이 연구와 다른 연구들에 의하면(Gentry, Wakefield, & Friedman, 1985; Wiederstein,
1986), Friedman의 정신증과 신경증 중복 척도는 정신증과 신경증의 일반적 구성개념을 측정
하는 것으로 나타났다.

　Gentry 등(1985)은 FOS와 새로운 MMPI 척도를 직접 비교하여 FOS로 측정된 중복문항들의
구성타당도에 대한 근거를 제공하였다. 새로운 MMPI 척도들은 Eysenck 성격 질문지(Eysenck
Personality Questionnaire: EPQ; Eysenck & Eysenck, 1975, 1985)의 하위요인인 정신증(P), 외향성
(E), 신경증(N) 및 EPQ 부인 척도(L)의 측정치로 구성되었는데, 이는 92명의 학부생을 대상으
로 널리 타당도가 입증된 Eysenck 성격 질문지의 척도 각각에 대한 MMPI 문항의 상관물 수
집을 통해 이루어졌다(예: Friedmen, 1984; Friedman, Wakefield, Boblitt, & Surman, 1976). 이 결
과는 새로운 MMPI 척도와 EPQ 요인 및 FOS 간에 상당한 상관이 있음을 보여 주었다. 그러나
FOS와 EPQ, MMPI/MMPI-2의 유사 척도들이 감별진단에 유용하게 고려되려면 임상장면에
서의 연구가 더 필요하다.

🗣 기본 임상척도

척도 1: 건강염려증(Hypochondriasis: Hs)

Hs는 MMPI에서 제일 먼저 발표된 척도인데, 기본적으로 이 진단에 해당하는 환자의 수

가 많았고 상대적으로 진단을 쉽게 확신할 수 있었기 때문이다(McKinley & Hathaway, 1940). Hs는 개인이 호소하는 몸의 이상이나 신체질환, 다시 말해 신체적 건강함을 부인하는 정도를 측정한다. 건강염려증은 신체적 징후나 감각을 비정상이라고 비현실적으로 해석하여 심각한 질환을 앓고 있다는 공포를 느끼게 되는 것과 관련된 장애이다(American Psychiatric Association, 2013). 정신증이나 다른 신체질환을 함께 지니고 있는 경우를 제외하고 오직 순수하게 건강염려증만을 보이는 입원환자 50명으로 기준집단(criterion group)을 구성하였다.

변별력이 만족스러운 수준을 보일 때까지 척도를 여러 번 개정하였다. 그다음 단계로 척도의 구성을 위해 정상집단을 모집하였다. 척도 1을 구성하는 데 사용된 정상집단을 포함한 다양한 표본(sample)은 나머지 기본 임상척도의 구성에도 사용되었다. 첫 번째 표본은 미네소타 대학병원을 방문한 26~43세 사이의 미네소타 정상집단 724명 중 109명의 남성과 153명의 여성으로 구성되었다. 앞서 밝혔듯이(제1장), 의사의 진료를 받고 있는 참여자는 제외하였다. 두 번째 정상집단 표본은 미네소타 대학교 시험 안내소에서 입학 설명회에 참석한 미혼의 대학 신입생으로 이루어진 265명(남: 151, 여: 114)이었다. 안타깝게도, 척도 1 구성 시 사용한 정상집단의 인구통계학적 정보들은 성별분포 정도이다. 여하간 McKinley와 Hathaway(1940)는 "참여자들의 나이가 너무 극단에 있거나 명백히 다른 영향을 받고 있는 경우는 제외하였다."(p. 265)라고 언급하였다.

정상군 및 신체적 질환이 있는 사람들과 건강염려증이 있는 50명의 환자를 구분하는 문항들을 식별하기 위해 경험적 방법이 사용되었다. 정상집단과 기준집단 환자들의 그렇다-아니다 반응비율에서 적어도 2배의 표준오차(standard error)를 보인 문항에 반응한 빈도로 집단이 판별된다면 그 문항을 척도에 포함하기로 하였다(Greene, 2011). 그러나 McKinley와 Hathaway(1940)는 비경험적 기반에 의해서 몇몇 문항을 제외하였다. 즉, 어떤 문항이 건강염려증이라는 개념과 너무 멀리 떨어져 있다고 여겨지면 척도에서 제외하였다.

척도 1의 처음 버전은 55개 문항으로 구성되었는데, 임상적으로 건강염려증이 관찰되지 않는데도 척도 1이 상승하는 정신과 환자들이 많아서 개선이 필요하였다. 이를 교정하기 위해 척도 1의 초기 문항들에서 높은 점수를 받았으나 건강염려증적 호소가 없는 50명의 환자와 건강염려증 기준집단을 비교하였다. 이 두 집단을 구분하는 문항들은 건강염려증 교정(Correction for Hypochondriasis: CH) 척도로 알려지게 되었다. CH 척도는 48개 문항으로 구성되었다. CH 문항들에 차별적인 가중치를 주는 실험법이 사용되었으나 척도 개선에는 실패하였다. 마침내 Hs 예비문항에서 CH를 제거하니 판별력이 최대치로 나타났다. Greene(2011)은 이를 "비(非)건강염려증 방향으로 반응한 각 교정문항당 척도 1의 총점에서 1점씩을 빼는 것"(p. 8)으로 설명하였다. CH 척도의 교차타당도가 건강염려증 환자들과 정상군을 신뢰롭게 구분하였다. 신체질병으로 입원한 환자들은 이 척도에서 유의한 점수 상승이 없었다.

척도 1의 최종 버전은 McKinley와 Hathaway가 척도 1과 3을 구분하기 위해 척도 개선을 하면서 만들어졌다. 더 많은 분석을 통해 원래의 척도 1에서 교정문항들이 많이 탈락되었다. 0.5K를 더하는 것이 Hs의 진단변별의 정확성을 향상시켰고, 통상적으로 사용 가능한 프로파일 용지에 척도 1에 0.5K를 가산하는 부분을 제공하게 되었다.

최종척도를 구성하는 33개 문항은 일반적인 아픔과 통증, 신체의 각 부위에 대한 염려 등 다양한 신체기능에 대한 내용을 포함한다. MMPI-2를 위한 재표준화에서 불쾌할 만한 표현이 있는 1개 문항을 제외하였고, 문법적 명확성을 위해 3개 문항(예: 긴장), 관용적 표현을 현대적으로 변경하기 위해 1개 문항 그리고 간결한 표현을 위해 1개 문항을 수정하였다. 신체적 건강을 부인하고자 하는 사람이 실제 그렇게 할 수 있다는 의미에서 척도의 내용들은 모호문항이 없고 모두 명백하다고 여겨진다. 안면타당도를 고려하여, Wiener와 Harmon은 Hs의 S-O 소척도는 제안하지 않았다. Harris와 Lingoes(1955)도 소척도 구성을 위해 충분히 이질적 문항들을 발견하지 못하였다. Greene(2011)은 각기 다른 집단들의 Hs를 요인분석한 결과, 나쁜 신체적 건강과 위장장애라는 2개의 주요 요인이 일관되게 발견되었음을 언급하였다. 이 척도에 있는 문항들은 일반적으로 두통이나 감각에 대한 호소, 저조한 식욕, 전반적으로 저하된 건강, 상복부 소화기의 불편감, 쇠약감, 피로감, 쉽게 피로함 및 심장 불편감에 대한 호소를 나타낸다. Nichols(2011)가 지적한 대로 구체적인 호소나 증상들이 모호한 증상 호소보다 2배 정도 더 많다.

전체 중 66%(32개 문항 중 21개 문항)의 문항이 '아니다'일 때 이상(deviant)으로 채점된다. 따라서 '아니다'라고 반응한 문항세트들이 척도를 상승시키는 경향이 있다. 척도 1의 대부분의 문항이 D나 Hy 등의 다른 신경증 척도와 중복된다. 4개 문항만이 척도 8(정신분열증)과 중복되고, 1개 문항이 척도 6(편집증)과 중복된다. 척도 1의 32개 문항 중 20개는 척도 3(Hy)에서도 채점된다. 따라서 이 척도들에서 하나의 척도가 올라가면 다른 척도도 상승하는 경향이 있다. 오직 8개의 문항만이 척도 1 고유의(비중복) 문항이다(척도 1과 다른 임상척도들의 문항 중복에 대해서는 앞의 〈표 5-2〉 참조).

Greene(2011)은 Wiggins(1966)의 나쁜 건강과 기질적 증상 내용척도(Poor Health and Organic Symptoms content scales)가 척도 1의 구성타당도를 지지한다고 언급하였다. Wiggins의 척도는 MMPI와는 12개 문항을, MMPI-2의 Hs와는 18개의 문항을 공유한다. MMPI-2의 건강염려 내용척도(Health Concerns content scale: HEA; Butcher, Graham, Williams, & Ben-Porath, 1990)는 36개 문항 중 23개 문항이 척도 1과 공유된다.

척도 1은 신체적 증상 호소가 늘어날수록 높아진다. 신체상태에 몰입되어 있는 신경증적인 사람들은 모호한 신체적 호소 문항들에 표기하는 데 비해, 심리적 장애가 없는 실제의 신체적 질병 환자들은 걱정되는 특정한 신체 부분에 대한 문항에 표기한다. Greene(2011)은 신체질환 환자들이 55~60점 정도로 약간 높은 T점수를 나타낸다고 보고하였다. 고통스러운 신체 질환 환자들은 척도 1보다는 2(우울증)가 더 높은 경향이 있다.

재표준화 정상집단에서 척도 1의 원점수 평균은 남성이 약 5점이고 여성이 약 6점이었다. 일반적인 사람들은 연령이 높아질수록 척도 1의 점수가 약간 상승하는 경향이 있는데, 일생에 걸쳐 약 2~3개 문항에 더 기입한다(Colligan et al., 1989). Alex Caldwell(2007b)의 데이터베이스에서 대규모 표본을 사용한 Greene(2011)에 따르면, 임상장면의 내담자들도 연령에 따라 T점수가 약 5~6점 정도 상승한다. Greene은 정상집단과 임상집단 모두에서 교육연수가 낮아질수록 척도 1의 T점수가 약 5~10점 정도 증가한다고 보고하였다. 척도 1은 또한 만성 통증 환자집단(척도 3도 역시 상승)에서도 상승하며, 치료 후 통증 강도가 높아져 일상생활로 돌아가기 힘들 때에도 상승한다고 알려져 있다(Prokop, 1988). 일반적으로 척도 1이 높게 상승하는 것은 부정적 치료반응의 예측 지표가 된다(Prokop, 1988). 임상가가 척도 1에서 원점수 0점처럼 매우 낮은 점수를 보면, 신체적 증상 호소나 염려가 비일상적으로 전혀 없는 것에서부터 병리적으로 무심하거나 자신의 신체적 기능에 대한 자각이 없는 것에 이르기까지 다양한 해석을 고려해야 한다. 심리적 성찰력(psychological-mindedness)이 부족할 경우 Hs 척도에서 종종 높은 점수를 받게 되며, 매우 낮은 원점수를 받는 경우는 드물다. 이렇게 낮은 점수는 공포에 대한 방어로서 모든 신체적 문제를 부인하는 것을 의미할지도 모른다.

프로파일에서 척도 1을 살필 때 K점수를 가산하는 것이 중요하다. 척도 1에 0.5 K점수가 더해지기 때문에, 낮은 K점수로 인해 척도 1의 점수가 상승하지 않았다고 하더라도 주요한 건강염려가 있을 수 있다.

몇몇 MMPI 전문가는 척도 1의 상승도가 독감이나 감기 같은 일과성 증상을 반영한다고 여기고 있음에도 불구하고(Duckworth, 1979), 정신과 환자들을 대상으로 한 검사-재검사 신뢰도 검증 결과를 보면 2주 간격에서는 .79~.86, 1년 간격에서는 .38~.65로 나타나 척도는 꽤 안정적인 것으로 보인다(Dahlstrom et al., 1975).

1970년에서 1981년 사이에 실시된, 다양한 표본에 대한 Hunsley 등(1988)의 MMPI 신뢰도 검증에 관한 대규모 메타분석 연구에서 70개 연구의 평균 내적 합치도는 .79였다. 또한 16개 연구에서 보고된, 하루에서 2년 간격으로 측정된 검사-재검사 신뢰도 평균은 .78이었다. Butcher 등(2001)은 재표준화집단 중 일부 자료에 대해 신뢰도를 검증하였다. 정상집단 중 82명의 남성과 111명의 여성이 평균 8.5일 간격(중앙값=7일)으로 실시한 재검사에서 검사-재검사 상관이 남성의 경우 .76, 여성의 경우 .74로 나타나 척도의 기본 특성과 안정성의 근거를 다시 한번 명확히 보여 주었다. 내적 합치도계수(Cronbach α계수)는 남성의 경우 .77, 여성의 경우 .80으로 보고되었다.

척도 2: 우울증(Depression: D)

척도 2(D)는 의욕 저하, 무망감이나 무가치감, 생각이나 행동이 느려짐 및 때때로 죽음이나 자살에 몰입함을 특징으로 하는 기분상태인 우울증 증상의 여부 및 증상의 심각도를 측정하기 위해 고안되었다(Dahlstrom et al., 1972). D는 기분 척도(상태 vs. 기질)로 약간의 의욕 저하나 효율 저하를 포함하여 일과성이거나 아주 잠깐의 정서상태에 민감하다. 이러한 이유로 치료 반응성을 측정하는 데도 유용하다. 척도 2는 "내담자 스스로가 그들 자신이나 주변 환경에 대해 편안하고 안전하게 느끼는 정도를 측정하기에, 높은 점수는 불만족감을 나타내는 것"으로 볼 수 있다(Greene, 2011, p. 110). 사실 이 척도는 척도 1보다 진짜 건강/질병상태에 대해 더 민감하다(Nichols, 2011).

척도 2는 MMPI-2에서 가장 흔하게 상승하는 척도이며, 성인 정신과 환자집단에서도 가장 자주 높은 점수를 나타낸다(Nichols, 1988). 청소년 환자들의 MMPI에서 척도 2는 척도 4(반사회성) 다음으로 제일 높게 상승하는 척도이다(Marks et al., 1974).

Greene(2011)은 Caldwell(2007a)의 대규모 임상집단을 사용하여 D와 가장 상관이 높은 MMPI-2 척도 15개를 찾아 다음과 같이 4개의 카테고리로 다시 구분하였다: ① 우울 및 불안 증상, ② 피로감 및 기운 부족, ③ 전반적인 주관적 불편감 및 부정적 정서, ④ 허약한 신체건강 및 여러 개의 신체적 증상. Nichols(2009)는 개정된 척도 2의 소척도 양식을 개발하였는데, 이에 대해서는 다음의 Harris-Lingoes 소척도 부분에서 설명하겠다.

5개의 집단이 D 척도를 구성하기 위해 사용되었다. 그러나 원판 척도 60개 문항 중 대부분은 정상집단(즉, 우울증이 전혀 관찰되지 않은)과의 면밀한 진단을 통해 조울정신증(manic-depressive psychosis) 중 우울한 상태에 있다고 판정된 50명의 환자집단의 비교를 통해 선택되었다(Hathaway & McKinley, 1942). 우울하지 않은 참여자 일부에서도 척도가 상승했기 때문에, 우울증 척도의 초기 버전에서 높은 점수를 보인 40명의 정상집단과 우울한 징후가 관찰되지 않았으나 높은 점수를 보인 50명 환자군의 문항 기입 패턴 비교를 통해(척도 1 구성과 마찬가지로) 교정요인을 이끌어 냈다. 두 집단은 11개의 문항에서 차이를 보였고, 이 문항들이 최종 척도에 교정문항으로 포함되었다. 또한 우울한 정상집단이 문항 추출을 위해 사용되었는데, "정상집단과 기준집단 사이의 중간값의 의미를 명확히 하기 위해서였으며, 이는 오직 2개의 극단적인 집단만 서로 대비했다면 불가능했을 것이다"(Greene, 2011, p. 109). Hathaway와

Mckinley(1940: Dahlstrom & Dahlstrom, 1980, p. 26에서 재인용)는 D 척도의 문항들을 다음과 같은 방법으로 최종 선택하였다고 밝혔다.

첫째, 우울한 정상군의 경우 기준집단보다는 낮지만 일반적인 정상집단보다는 더 높을 수 있기 때문에, 각각의 우울문항은 정상집단, 우울한 정상집단, 기준집단으로 갈수록 점점 더 상승할 수 있다. 기본적으로 우울증의 증상을 나타내는 모든 문항은 정상집단과 기준집단 간의 차이 비율에서 2.5배 이상의 표준오차를 보인다. 둘째, 비우울집단의 문항비율은 정상집단에 근접해야 한다. 504개 문항 각각의 비율을 모두 주의 깊게 분석한 뒤 60개의 문항을 최종 우울 척도 문항으로 선별하였다.

척도 2의 기준집단이 정신증을 특징으로 하는 매우 심각한 우울증으로 고통받는 사람들로 구성되어 있었음에도 불구하고, Hathaway와 McKinley는 우울증을 그들의 주요 특징으로 보았다. Dahlstrom 등(1972, p. 187)은 다음과 같이 언급하였다.

비록 그 척도가 대규모의 정신증 환자집단으로부터 만들어진 것이라고 하더라도 이전 연구들을 통해 그 문항들이 신경증적 기반에서 우울한 기분 변화를 나타낸다는 것이 명확하였다. 사실 환자의 기저에 있는 성격 구조나 적응상태에 관계없이 어떠한 우울반응이라도 나타날 수 있다.

Greene(2011)은 척도 2가 우울장애에 대해 특이도는 부족하지만 민감하다고 언급하였다. 이러한 사실은 D가 우울증이 주요 진단이 아닌 경우에도 왜 종종 상승하는지, 내담자를 이해할 때 왜 우울증이 중요한지에 대해 설명해 줄 수 있다.

원판 MMPI의 D는 60개 문항이지만, MMPI-2 개정을 위한 문항에서는 종교적 문제와 관련된 이유로 3개 문항이 탈락되었다. MMPI-2의 57개 문항에서도 하나는 성차별적 표현을 삭제하기 위해, 나머지 하나는 현대식 표현으로 바꾸기 위해 2개 문항이 수정되었다. 총 문항의 2/3 정도가 '아니다'로 표기된다(아니다 37, 그렇다 20). 모두 '아니다'라고 한 반응세트는 척도 2를 상승시키며 다른 신경증적 3요소 척도(척도 1, 2, 3)에서도 마찬가지이다. 척도 2는 57개 중 47개 문항을 다른 임상척도들과 공유한다(Dahlstrom et al., 1972). 오직 13개만이 척도의 고유 문항이다. D는 MMPI-2의 우울 내용척도(DEP)와 10개 문항을 공유한다. 이 두 척도는 우울증상의 다른 측면을 측정하기 때문에 서로 바꾸어 사용할 수 없다. 척도 2는 척도 7 및 9와 13개 문항을, 척도 1 및 8과는 8개 문항을 공유한다. Wiener와 Harmon(1946)은 D 문항의 대부분은 명백하다고 보았다. 명백한 문항세트와 모호한 문항세트 간의 상관이 .80이지만 39개 문항은 명백하고 18개 문항은 모호하다(Nichols, 2011).

82명의 정상 남성과 111명의 정상 여성에게 일주일 간격으로 측정된 척도 2의 검사-재검사 신뢰도는 남성의 경우 .79, 여성의 경우 .80으로 매뉴얼에 보고되어 있다(Butcher et al., 2001). Dahlstrom 등(1972)은 임상집단의 MMPI 척도 2의 검사-재검사에서 더 낮은 신뢰도를 보고 하였는데, 이는 임상환자들의 정서적 불안정성이 더 크기 때문인 것으로 보인다. 1970년에서 1981년 사이에 실시된 다양한 표본에 대한 Hunsley 등(1988)의 MMPI 신뢰도 검증에 대한 대 규모 메타분석 연구 중 16개 연구에서 하루부터 2년 간격으로 측정된 검사-재검사 신뢰도 평 균은 .78이었다. Hunsely 등은 또한 74개 연구를 분석하여 평균 내적 합치도가 .81이라고 보 고하였다. 재표준화 표본에서 D 척도의 내적 합치도계수는 남성의 경우 .59, 여성의 경우 .64 로 나타났다(Butcher et al., 2001).

57개의 D 척도 문항은 식욕 및 기운 저하, 주의산만, 자신감 상실, 흥미 저하, 행복감이나 자기가치감의 부인, 수면 장해나 소화기 문제와 같은 신체적 증상 등을 포함한 우울증과 관련 된 내용이다.

일반적으로 척도 2가 임상적으로 유의미한 범위로 상승할수록(T>65) 우울한 증상을 겪고 있을 가능성이 더 커진다. 종종 척도의 상승도는 심각도를 나타내지만, 또 다른 임상척도의 상승을 반영하기도 한다. 척도 2가 홀로 상승하는 경우는 드물다. 다른 임상척도를 비롯하여 소척도나 보충척도들의 상승을 분석하면 우울증의 질적인 측면을 결정하는 데 도움이 된다. 척도 2는 우울증의 여부나 다양한 증상의 정도를 반영할 뿐만 아니라 과도한 책임감, 높은 개 인적 기준, 내적 처벌 등 우울증을 경험하기 쉬운 성격특성을 나타낸다(Butcher et al., 1989; Dahlstrom et al., 1972). 매우 높은 점수를 받은 사람들(T≥91)은 심각한 철수, 의존적 상태, 심 각한 자살위험 등을 나타내는 광범위한 우울 내용에 표기하는 경향이 있다.

몇몇 연구에서 높은 점수를 받은 정신과 환자들의 상관물이 제시되어 왔으나, 매우 낮은 점 수(T<40)를 받은 정신과 환자들을 반드시 우울증의 반대적 특징을 지닌 활동적이고 열정적 이고 낙관적이며 사교적인 사람이라고 해석하면 안 된다. 매우 낮은 점수에 대한 이런 해석은 정신과 환자들보다는 정상집단에 적용될 수 있다(Keiller & Graham, 1993). 그러나 Venn(1988) 은 고용 선발의 일부로 MMPI을 실시하여 낮은 점수를 획득한 성인 남성들에게서 척도 2와 척 도 0(내향성) 사이에서 병리적 연관성을 발견하였다. 척도 2와 0에서 모두 낮은 점수를 보인 경우 병리적 특성을 나타낼 수 있다(예: 충동적 행동과 전과 기록). 이전에 언급했듯이, Keiller 와 Graham은 낮은 점수가 정신과 외래환자와 입원환자들 간에 다른 의미를 나타낼 수 있으 며, 낮은 점수는 정신과 표본의 바람직하지 않은 특성과 관련될 수 있다고 제안하였다. 그들

의 연구결과가 일반화 가능성이 있는지 알기 위해, 여러 장면의 다른 표본(예: 법정, 의료 및 고용 장면)을 대상으로 실시된 낮은 점수에 대한 더 많은 연구가 필요하다.

Harris-Lingoes 소척도

독자들은 여러 소척도가 짧다는 것에 주의해야 하고, 모든 Harris-Lingoes 소척도가 T점수 70점 이하일 경우에는 소척도 해석에서도 주의를 기울여야 한다. Harris와 Lingoes(1955)는 MMPI의 우울증 척도에 대해 5개의 소척도를 개발하였고, 이는 MMPI-2에서도 똑같다. 5개의 소척도는 주관적 우울감(D1), 정신운동지체(D2), 신체적 기능장애(D3), 둔감성(D4)과 깊은 근심(D5)이다. 이 소척도들은 대체로 중복되어 있다.

> 49개의 문항이 각 척도에 속하며, 23개 문항이 2개 이상의 척도에 속하여 총 55번의 중복이 있다. 예를 들면, D1의 경우 D2와 8개 문항, D3과 3개 문항, D4와는 12개 문항이 중복되며, D5와는 전체 10개 문항이 중복된다. D2는 D4와 5개 문항, D5와 2개 문항이 중복되고, D4와 D5는 4개 문항이 중복된다(Nichols, 2011, p. 102).

Nichols(2011)에 의하면, D 소척도는 총 55번의 중복이 있고 각 척도당 평균 11번이 중복되는데, 이는 다른 Harris-Lingoes 척도들보다 상당히 많은 수이다. 척도 2의 8개(14%) 문항은 어떤 소척도에도 속하지 않는다. Nichols(2009)는 5개의 대안적 D 소척도 세트를 만들었으며, 각각 Dr1-우울한 기분(Depressed Mood), Dr2-공격성의 억제(Inhibition of Aggression), Dr3-신체적 불편감(Somatic Malaise), Dr4-인지적 저하(Cognitive Infirmity), Dr5-사회적 취약성(Social Vulnerability)으로 명명하였다. 이 소척도들은 Harris-Lingoes 소척도에 비해 최소 두 가지의 장점이 있다.

> 첫째, 중복의 수가 6번으로 줄어들어 척도당 평균 1.2번이 중복된다. 즉, 소척도 쌍마다 평균 0.6개의 중복문항(범위: 0~3개)이 있게 되는데, 이는 평균 척도 길이의 5%이다. 둘째, 각각의 D 문항은 최소 하나의 척도에 포함된다. 고려할 수 있는 약점은 새로운 소척도 2개가 오직 8개 문항만을 가지고 있다는 것이다(vs. Harris의 D 소척도에서 최소 문항수는 10개)(Nichols, 2011, p. 104).

이 대안적 소척도를 얻고 싶은 독자들은 Nichols에게 연락하면 된다.

D1: 주관적 우울감(Subjective Depression, 32개 문항)

D1은 가장 긴 소척도로 D 문항의 반 이상을 포함한다. 17개 문항이 '아니다'로, 15개 문항이 '그렇다'로 채점된다. D1은 불행감, 비관적임, 자살, 재미없음, 걱정하는 느낌과 수면, 의욕 및 주의집중의 어려움 그리고 전반적인 무가치감과 같은 명백한 불편감을 나타낸다. 또한 비판에 쉽게 상처를 받고, 당면한 문제를 해결할 에너지의 부족으로 묘사되기도 한다(Caldwell, 1988; Nichols & Greene, 1995). 불쾌감(dysphoria)은 이 소척도에 의해 대표되는 특징이며, 우울증이나 기분부전장애로 진단되는 경우 다른 우울증 소척도와 함께 이 소척도가 자주 상승된다(Graham, Ben-Porath, & McNulty, 1999). Caldwell(1988)에 의하면, 이 소척도는 "우울증의 전반적 고통감"(p. 16)을 담아낸다. 이 척도에서 걱정되는 부분은 깊은 근심 소척도(D5)의 10개 문항이 모두 D1에 속한다는 것이다. Wrobel(1992)에 의하면, 높은 D1 점수에 해당되는 상관물에는 비관주의, 의욕 저하, 낮은 자존감, 문제해결력의 부족, 심리적 무력증 및 일상 활동에서 즐거움의 감소 등이 있다. Graham 등(1999)도 D1 척도에서 높은 점수를 받으면 스트레스에 압도되거나 대처할 수 없을 것 같은 느낌을 경험한다고 언급하였다. 전체 Harris-Lingoes 소척도와 내용 및 보충 소척도의 상관을 알고 싶으면 Nichols(2011)의 문헌을 참고하라.

이 소척도에서 낮은 점수를 받는다고 해서 흥미 저하나 전반적인 우울감을 보고하지 않는 것은 아니다.

D1의 문항들은 대체로 명백하고 우울-명백문항에 속하며 거의 같다(Nichols, 2011). 척도 2와 비슷하게 D1은 단기간의 기분 변화에 가장 민감한 MMPI-2 척도이다.

D2: 정신운동지체(Psychomotor Retardation, 14개 문항)

이 소척도의 문항들은 억제된 공격성과 기운, 에너지 및 추진력의 부족을 나타낸다(Nichols & Greene, 1995). 이 중 4개 문항은 '그렇다'로, 10개 문항은 '아니다'로 채점된다. Wrobel(1992)은 사회적 관계의 참여 부족과 낮지만 유의한 상관이 있음을 밝혔다. Harris와 Lingoes는 사회적 관계에 참여하지 않는 것과 움직이지 않는 것 또한 이 척도의 상승과 관련된다고 보았다. Nichols(2011)는 D2를 척도 2의 억제요인으로 보았으며, 대조적인 이름을 가진 척도 9, Ma와 -.15의 약한 역상관이 있었다. Nichols(2011)에 따르면, 억제는 행동보다는 정서적 측면에서 더 많이 유발된다. Graham 등(1999)의 연구에서는 정신과 여성 외래환자 표본에 대해 그다지 경쟁적이지 않다고 묘사되기도 하였다. Nichols와 Greene(1995)은 D2가 적대감이나 공격성의 표현과는 반대적인 사회적 철수나 엄격한 통제를 강조한다고 제안하였다. 본질적으로 이 소척도는 수동성과 복종성의 차원을 나타내고 있다(Friedman et al., 2001).

Caldwell(1988)은 D2의 상승이 적어도 생리적 둔화만큼의 우유부단함을 나타낼 수 있다고 주장하였다. 이는 Nichols와 Greene이 둔감성(D4)과 D2가 중간 정도의 상관이 있다고 보고한 것과 일맥상통하는 내용이다.

Levitt(1989)은 다른 우울 지표들이 높을 때 낮은 D2 점수는 자살 가능성을 가리킬 수 있다고 주장하였다. 왜냐하면 자살하고 싶은 기분을 실행할 만한 에너지를 가지고 있다고 가정할 수 있기 때문이다. 그러나 Graham 등(1999)은 또한 D2에서 높은 점수를 받은 여성들이 치료자들에 의해 자살사고를 가지고 있다고 묘사되기도 한다는 것을 밝히기도 하였다.

D3: 신체적 기능장애(Physical Malfunctioning, 11개 문항)

D3 소척도는 척도 2의 신체적 요인들을 포함하지만 Levitt(1989)은 D3의 문항이 너무 적어 임상적으로는 유용하게 사용하지 못할 것이라고 주장하였다. D3의 11개 문항 중 7개 문항이 척도 1 및 3과 중복되며, D3은 척도 1(Hs)과 높은 상관을 보인다. 11개 문항 중 4개 문항이 '그렇다'로, 7개 문항이 '아니다'로 채점된다. 내용들은 예상대로 식욕 감소, 체중 변화, 허약감이나 변비 등과 같은 우울증의 생리학적 특징을 나타낸다(Caldwell, 1988; Nichols, 2011). 높은 점수는 대체로 자신에게 몰두된 것을 반영한다(Wrobel, 1992). 지금까지 좋았던 것에 대해 아주 심한 불편감이나 비관적인 느낌을 경험할 수 있다. Caldwell(1988)은 D3 척도가 신체적인 저하가 더 일어날 것이라는 예상을 할 이유가 없음에도 불구하고 절대 건강을 회복할 수 없다는 공포를 다루고 있다고 추측하였다. 아마도 D3은 우울증의 신체화를 가장 구체적으로 나타내는 지표일 것이다(Nichols & Greene, 1995). 정신과 입원 및 외래환자 집단에서 권태-무기력 소척도(Hy3)와 D3이 높은 상관을 보인다는 것은 놀라운 일이 아니다(Nichols & Greene, 1995).

Graham 등(1999)은 정신과 여성 외래환자가 그들의 치료자들에 의해서 기력이 부족하고 성욕이 낮다고 묘사된다고 하였다. 더욱이 그들은 흥미나 열망이 부족하다고도 표현된다. D3 점수가 높은 남성과 여성은 모두 주의집중에 어려움을 보인다. 반면에 흥미롭게도 Graham 등(1999)은 둔감성(D4)에서 높은 점수를 받은 환자들은 일반적으로 주의집중에 어려움을 보이지 않는다고 보고하였다. 낮은 D3 점수는 신체적인 장애를 별로 느끼지 않거나 혹은 실은 매우 좋은 상태로 느낀다는 것을 반영한다.

D4: 둔감성(Mental Dullness, 15개 문항)

D4는 우울증의 인지적 감퇴를 반영한다. D3이 신체적 측면이라면 D4는 정신적 측면이다. 전체 중 8개 문항은 '그렇다'로, 7개 문항은 '아니다'로 채점된다. 높은 D4 점수는 흥미 상실, 정신적 감퇴나 쇠약감 및 해야 하는 정신적 작업에서 필요한 자원의 고갈 등을 의미한다

(Nichols, 2011). Caldwell(1988)은 이 척도를 우울증의 '정신적 안개(mental fog)'(p. 17)라고 불렀다. 그는 소척도를 구성하는 주요 내용을 ① '분별을 잃은 것(losing one's mind)', 즉 쉽게 주의가 산만해지고 읽은 것을 이해할 수 없으며 기억력이나 판단력 문제를 경험함(이는 높은 점수가 심리적 기능에 대한 불신이라고 한 Wrobel의 1992년 발표와 일관되나, Graham 등이 1999년에 정신과 외래환자를 대상으로 연구하여 D4가 주의집중곤란과 관련이 없음을 밝힌 것과는 다르다), ② 업무 시작 곤란, 에너지 저하 및 자신감 결여 그리고 ③ 일상생활에 대한 흥미와 관여 감소(이는 높은 D4 점수가 반응 없는 느낌이나 심리적 기능에 대한 불신과 관련되어 있다고 보고한 Wrobel의 1992년 연구결과와 일치한다)라고 언급하였다. D4와 D2는 5개 문항을 공유한다. D4는 또한 자아통합결여−인지적(Sc3) 척도와 4개 문항, 자아통합결여−동기적(Sc4) 척도와는 5개 문항을 공유하며, 이 두 척도는 모두 정신적 무력(insufficiency)을 나타낸다(Nichols & Greene, 1995). Graham 등(1999)은 높은 D4 점수를 나타낸 정신과 남녀 외래환자 모두가 신체적으로 학대받은 과거력이 있었고, 동시에 남성의 경우 성적 학대경험을 보고하였다고 밝혔다. 여성은 의심이 많고 비판에 과도하게 민감하다고 묘사되기도 하였다. Caldwell(1988)에 의하면, D4에서 낮은 점수를 받은 사람들은 자신의 판단력이 손상되었거나 다른 사람들처럼 인지적인 효율성을 발휘할 수 없다는 불평은 하지 않는다.

D5: 깊은 근심(Brooding, 10개 문항)

MMPI-2에서 D5와 우울 내용척도(DEP)에는 8개의 중복문항이 있다. 10개 문항 중 8개는 '그렇다'로, 2개는 '아니다'로 채점된다. D5는 가치가 없거나 소용이 없다는 느낌과 에너지가 부족한 느낌을 나타내는데, 척도 2도 함께 높이 상승한다면 이에 더해 우울증의 무망감(hopelessness)도 경험한다(Caldwell, 1988). 척도의 상관물로 과민성(irritability)과 반추를 잘하는 경향이 나타날 수 있다(Wrobel, 1992). Graham 등(1999)이 정신과 외래환자를 대상으로 살펴본 결과, 흥미롭게도 여성은 그렇지 않으나 남성은 걱정이 많은 사람으로 묘사되기도 하였다. 하지만 Levitt(1989)은 척도명인 '깊은 근심'이 215번 문항 하나에서 비롯된 것이라고 정확히 밝혔다. 다른 7개 문항은 척도 2 소척도들의 명백한 우울 내용을 거의 다 포함한다.

Nichols와 Greene(1995)은 D5가 전반적인 불편감을 측정하며 무쾌감증에 민감하다고 언급하였다. 또한 그들은 D5가 내적 소외 소척도(Pd5)에서도 나타나는 죄책감의 강도와 정도를 예측할 수 있다고 언급하였다. 특히 D5와 Pd5 척도가 강박성 내용척도(OBS)나 불안 보충척도(A)와 같은 다른 불편감 척도[예: 불안(ANX), 공포(FRS), 우울(DEP), 직업적 곤란(WRK), 부정적 치료 지표(TRT)]보다 더 상승하면 죄책감을 경험한다는 것이 더욱 확실해진다. Nichols와

Greene(1995)은 D5가 비참함이나 심란한 기분을 강조하는 첫 번째 요인분산(예: 전반적 부적응)에 포함된다는 사실을 강조하였다.

D5는 척도 7(.89), Hy3(.81), Pd5(.82), Sc4(.85), ANX(.84), DEP(.92), LSE(.80), NEGE(.80) 등과 높은 상관을 보인다. "쉽게 심란해지는 것에 비참해하거나 안절부절못하는 느낌이 뒤섞여 있다. 해석을 위해서, 전체 척도 2보다는 D1과 비교하는 것이 더 유용하다."(Nichols, 2011, pp. 103-104) D5의 문항 10개는 모두 D1(주관적 우울감)과 중복되는데, D5가 D1보다 분노나 처벌적인 측면을 더 많이 표현한다. Caldwell은 D 척도의 낮은 점수와 함께 D5가 낮게 나타날 때, 일상생활 스트레스에 대한 탄력성(resiliency)을 나타낸다고 하였다.

척도 2: 모호-명백 소척도(S-O Subscale)

척도 2의 57개 문항 중 2/3는 명백한 내용을 담고 있다. 우울증-명백(Depression-Obvious: D-O) 소척도는 39개 문항이며, 이 중 17개 문항은 '그렇다'로, 22개 문항은 '아니다'로 채점된다. 우울증-모호(Depression-Subtle: D-S) 소척도는 18개 문항이며, 이 중 3개 문항은 '그렇다'로, 15개 문항은 '아니다'로 채점된다. 채점방향을 포함한 S-O 소척도의 문항구성과 모든 Wiener-Harmon 소척도의 남녀 선형 T점수 변환은 Friedman 등의 문헌에서 찾아볼 수 있다(2001, 부록 A.2, pp. 539-551; 2001, 부록 B.6, pp. 506-608).

Caldwell(1988)은 D-O 문항들이 불행감, 걱정, 쓸모없는 느낌, 쉽게 울게 됨, 수면과 식욕에 문제가 있는 것과 같은 "다양한 우울증 스펙트럼"을 포괄한다고 설명하였다(p. 15). 18개의 모호문항은 분노, 공격성 및 자기주장의 억제와 관련된 부분을 포함한다. Nichols와 Greene(1995)은 이와 유사하게 D-S 소척도가 정서적으로 실제나 환상 속에서 과민성 및 가학성의 억제를 나타낸다고 덧붙였다. 후에 Nichols(2011)는 D-S 척도는 우울이 아니라 미숙한 정서의 억제 같은 것들을 측정하는 것이라고 더 구체화하였다. D-S는 수동성, 단호하지 못함, 지배성을 견딤/복종적인 것 등을 나타낸다. D-S와 낮은 공격성 척도(AGGR)는 억제된 공격성을 측정하는 데 가장 유용하다. D-S는 D2와 7개 문항을 공유하며, ANG(-.59), Re(.57), ANG1(-.57), Ma4(-.57), TPA(-.56), TPA2(-.55), ASP(-.55) 척도 등과 상관을 보인다.

다른 모호문항들은 끈기의 부족과 "고양된 감정(euphoria) 또는 유달리 좋은 감정을 절대 느껴 본 적이 없는" 것을 나타낸다(Caldwell, 1988, p. 15). W. G. Dahlstrom(개인적 교신, 1997)은 모호문항들이 모척도가 측정하는 질병이 쉽게 발병하는 경향성을 반영할 수 있다고 제안하였다. 예를 들면, D-O 점수는 낮지만 D-S 점수가 높은 사람은 우울증이 생기는 경향이 있다. 대체로 부적응수준이 높은 사람들은 더 명백한 문항에 기입하는 경향이 있는 반면, 방어적이거나 덜 병리적인 사람들은 그들의 기분을 표현하기 위해서 주로 모호한 문항에 기입하는 경향이 있다(Dahlstrom et al., 1972).

S-O 척도의 수렴타당도에 대한 연구들을 분석한 Hollrah 등(1995)은 D-S가 우울증을 측정하는 데 타당하지 않은 측정치라고 경고하였다. 그러나 그들은 D-O 척도로만 평가하는 것도 주의해야 한다고 언급하였다. 그들은 명백한 우울증상을 측정할 때 전체 D 척도에 비해 D-O 척도가 더 유용하다고 밝혔다. 또한 그들은 연구를 통해 전체 D 척도와 D-S 척도의 변별타당도가 모두 지지됨을 보이기도 하였다.

Dahlstrom(1991)은 재표준화 규준집단 중 파트너 평정 자료에서 뽑아낸 S-O 소척도와 남성 및 여성의 상관물들을 보고하였다. D-O 척도는 남녀 참가자들 모두의 수면에의 어려움, 능력에 대한 비현실적 태도, 건강에 대한 걱정, 에너지의 부족, 여러 개의 공포, 쉽게 슬퍼함, 자신감 부족 및 신체 통증 호소와 관련이 있었다. D-O 척도에서 높은 점수를 받은 여성의 경우 신경과민, 활기차지 않음, 즐거움이나 편안함이 없음, 쉽게 울게 됨, 죽음에 대한 염려, 타인과의 갈등 회피라는 특성이 있었다.

D-S 소척도의 상승은 남성과 여성 모두 남을 욕하지 않고, 희롱하는 것을 싫어하며, 협조적이고 타인을 배려하며, 즐겁고 편안하며, 종교적 활동에 참여한다는 설명과 관련되었다. 특히 여성들은 자신감이 있고, 공포나 악몽이 없고, 화가 날 때 물건을 부수지 않으며, 정서조절의 결함이 없고, 고집이 세지 않으며, 미래에 대한 걱정이 없고, 타인과 잘 지낸다고 묘사된다. 남성의 경우에는 변덕스럽거나 거만하지 않고 친절하며, 처방받지 않으면 구할 수 없는 약을 먹지 않고, 논쟁적이거나 타인을 비난하지 않으며, 쉽게 화내거나 고함을 치지 않는다.

Caldwell(1988)은 낮은 D-O 점수는 충분한 자신감이 있고 삶이 가치 있다고 느끼는 것을 반영하며, 낮은 D-S 점수는 고집스러우면서 자기주장적이고 상황에 적절하게 화내는 것을 반영한다고 설명하였다.

MMPI와 자살

척도 2가 현저하게 상승했을 때 자살위험성에 주의하는 것이 중요하다는 점은 자주 보고된다. 그러나 Greene(2011)은 대규모 임상집단에서 2번 척도가 상승한 코드타입의 환자들 중 실제 자살사고(suicidal ideation)나 자살시도를 직접 묻는 문항에 기입하는 경우는 8% 이하라고 보고하였다. 이는 대부분의 다른 코드타입보다 훨씬 적은 빈도이다. 그렇지만 2번 척도의 상승과 상관없이 자살과 관련되어 있는 150번, 303번, 506번, 520번, 524번 및 530번 문항은 항상 잘 살펴봐야 한다(Glassmire, Stolberg, Greene, & Bongar, 2001; 자살 가능성 척도). Nichols(2010)는 자살 사고와 의도 및 자살실행에 대한 강력한 예측인자인 무망감을 자살위험으로 고려하여 무망감 척도(Hopelessness: Hp)를 개발하였다. Hp 척도는 앞의 6개의 자살 관런 문항과 전체 문항 각각의 상관을 통해 뽑은 12개 문항으로 만들어졌다. 척도문항과 심리측정적 자료들을 얻고 싶은 독자들은 Nichols에게 연락해 보길 바란다. Koss와 Butcher(1973) 및 Koss, Butcher와 Hoffmann(1976)은 재향군인관리국(Veterans Administration)의 내담자 중 우울-자살사고를 경험하는 등 혼란상태에 있는 723명의 남성을 대상으로 MMPI 반응을 분석한 결과 똑같은 자살문항을 추출하였다. 그들의 78개의 결정적 문항 중 22개 문항이 우울-자살사고와 관련되어 있었고, 새로운 MMPI-2 문항들에 의해 늘어난 문항들에 포함되었다. 303번, 506번, 520번과 524번의 4개 문항은 과거나 현재의 자살 사고나 행동에 대한 자기보고이다. 척도 2로 측정되는 우울증과 자살은 서로 연관되어 있고, 미국 내에서 타살률의 2~3배에 이르는 높은 자살률(Friedman, 2008)에 대한 공적 관심의 확대가 필요하기 때문에 MMPI-2를 통한 자살의 예측에 대해 간단히 논의하는 것은 중요한 일이다. 다양한 MMPI-2 지표 및 예측요인에 대한 더 충실한 논의는 Friedman, Archer와 Handel(2005)이 실시한 자살과 MMPI 목록에 관한 논문에서 볼 수 있다. 다음에 언급한 내용들은 대부분 그 논문에서 가져온 것이다.

수십 년에 걸친 연구결과, MMPI는 자살을 예측할 수 없다고 밝혀졌다. 그러나 몇몇 연구자는 실제 자살실행의 예측보다 자살 가능성의 예측이 중요한 평가적 도전으로 남아 있다는 점을 주장해 왔다. Clopton(1979)은 "……임상적 관련성에 대한 대부분 연구의 질문은 MMPI 데이터가 이후 자살을 시도할 사람을 구별해 내는 데 충분한 자료인지가 아니라 그 사람들을 구별할 때 도움이 되는지의 여부"임을 간결하게 언급하였다(p. 162). 이러한 언급은 정신과나 법적 대상을 기반으로 위험 예측을 한 최근의 연구들과도 일맥상통한다. 위험에 대한 최신 견해에 따르면, 위험이나 폭력의 구체적 행동을 시간 제한이 없는 틀에서 예측하려는 것에서 벗어나야 한다고 가르친다. 어떤 사람이 폭력행동을 저지를 가능성을 평가할 때, 폭력적 성향에 영향을 줄 수 있는 빠르게 변하는 요소들에 기반을 두어서 짧은 기간이나 특정된 시간 내에서의 가능성을 평가해야 한다. 위험(dangerousness) 예측을 위한 위험(risk)평가 모델의 변화는 그 자체로 MMPI-2 해석에 적용될 수 있다. Friedman 등(2005, p. 65)은 다음과 같이 언급하였다.

개인의 자살(혹은 타살) 방식에 대한 생각이나 행동에 영향을 주는 수많은 요소에는 나에게 중요한 사람들에게 더 이상 지지를 받지 못하거나, 회생 불가능한 영업 손실이 있거나 혹은 통증을 동반한 고치기 어려운 신체적 질병 등이 있지만 이에 한정되지는 않는다. 명령 환각(command hallucination)이나 견디기 힘든 우울증상 혹은 알코올 및 약물중독(intoxication) 등의 심각한 정신과적 증상의 악화도 자살위험성을 높일 수 있다. 위험평가는 면담 자료, 환자 이외에 간접적인 출처로부터 취합된 정보, 실제 자살의 예측보다는 자살의 잠재적 가능성을 추정하기 위해 실시된 다른 심리측정적 자료 등 다양한 측면을 포함하는데, MMPI의 가치는 이렇게 여러 분야로 이루어진 위험평가의 한 부분을 차지한다. 이런 식으로, 검사 자료는 위기관리 전략을 돕는 정보와 지침이 된다.

자살의 예측은 하나의 변인이나 MMPI-2의 지표 몇 개 혹은 다른 심리측정적 도구만으로 신뢰롭게 측정하기에는 너무 복잡한 현상이다. 낮은 기저율 문제는 고려해야 할 중요한 요인 이지만, 자신의 감정이나 의도에 대한 자기 자각을 정확하게 보고하려는 동기와 같은 다른 요소들도 영향을 준다. 일부의 경우 알코올이나 코카인 혹은 진정제(barbiturate) 등과 같은 물질에 의해 탈억제되어 제어가 풀리면서 자살 시도(attempts)나 표현(gestures)이 충동적인 행동으로 나타나기도 한다. 흔히 정신질환과 관련 있는 자살이나 자살시도의 예방은 정신건강 치료자들의 책임영역에 속해 있다. 심리학자나 정신과 의사들이 비자발적 입원의 결정에서 핵심적 역할을 하는 것처럼, 한 개인이 처한 위험상태에 관해 어려운 결정을 내리는 것은 공적(public)으로 그리고 법적으로 주시된다. MMPI-2는 임상적으로 그리고 법의학적으로 사용되며, 병원에서 퇴원하거나 혹은 외박이나 외출이 허락된 환자가 자살을 했을 경우 종종 치료와 관련하여 임상가가 잘못된 치료(malpractice)로 고소를 당하는 것도 흔한 일이다. Friedman 등(2005, p. 66)은 다음과 같은 점을 지적하였다.

이러한 사건들 뒤에 MMPI를 비롯한 다른 검사 자료들이 일상적으로 얻어지고 검증되는데, 이는 임상가나 진단을 내리는 사람들에게 자살시도를 하거나, 자살을 실행할 위험이 높거나, 곧 그럴 것 같은 사람들에 대한 경고를 줄 수 있는 징후나 표지(markers)가 될 수 있다. 이러한 '심리적 부검'은 임상가가 그들의 의사결정 과정을 다시 검토하게 하며, 종종 그들은 자신의 판단을 정당화하기 위한 연구 논문들에 의존하게 된다.

Nichols(1988)는 지난 30년간의 많은 MMPI 연구의 리뷰를 통해 타당한 상관물이 상당히 적었고, MMPI를 사용하여 자살을 예측하는 등의 실질적인 임상적 가치는 없었다고 결론지었다. Nichols는 만약 연구자들이 이러한 영역에서 좀 더 생산적이 되려면 MMPI를 실시한 뒤 짧은 기간(예: 일주일) 내에 자살을 실행한 적절한 규모의 집단을 만드는 공동의 노력이 필요하다고 제안하였다. 그는 다음과 같이 의견을 밝혔다.

자살은 단일한 기질적 소인보다는 일련의 인구통계학적 정보, 상황 및 관상학적 요인들의 최종적인 공통 경로와 더 밀접할 수 있기 때문에 자살집단 및 비교집단의 구성에는 더 대규모의 시설들과 기존 연구들에서 나타난 허용 가능한 수준보다 더 정교한 기준 및 통제집단이 필요하다(Nichols, 1988, p. 103).

안타깝게도, Nichols의 권고에 따르는 정교한 접근을 사용한 연구는 매우 적었다. 그는 설사 이러한 연구가 이루어진다고 하더라도 그리고 "자살에 대한 타당하고 신뢰로운 MMPI 상관물이 드디어 발견된다 하더라도 그것을 위한 임상적 이익은 그것을 개발하기 위해 요구되는 연구자들의 노력을 보상하지 못할 것"이라고 비관적인 결론을 내렸다(p. 104). 그러나 비록 자살에 대해 정확한 예측을 하지 못하더라도 이러한 상관물 검증은 자살행동에 대한 이해를 늘릴 것이다.

MMPI-2를 사용한 자살 연구는 많은 분야에 걸쳐 있다. 이러한 연구들은 자살사고를 가지고 있는 사람부터 자살위협, 자살 행동 및 시도자 그리고 실제 자살한 사람들까지 이르는 다양한 대상자의 MMPI/MMPI-2의 문항, 척도 및 프로파일 형태나 코드패턴 등의 자료를 검증해 왔다. 또한 나이, 성별, 자발적 혹은 비자발적 입원상태 등의 개인특성을 포함한 중요한 개인 요인도 포함되었다(Leonard, 1977).

MMPI와 MMPI-2 및 MMPI-A 연구들을 보면, 문항, 척도 또는 프로파일 형태가 청소년이나 성인들이 자살행동에 관여할 가능성을 포함한 중요한 결정을 내리는 데 실용적으로 사용된다는 근거가 적다. 많은 연구에서 MMPI의 다양한 형태가 자살 예측에서 직접적으로 유용하지 않다는 결과를 보여 줌에도 불구하고, 많은 연구자와 저자는 자살사고가 나타나는 것과 같은 자살 현상과 관련하여 더 흔한 측면을 예측하는 데는 유용하다고 주장해 왔다. 개인의 과거력이나 기존의 자살행동, 가족력, 치명적 방법에의 접근 및 다양한 성격특성의 존재 여부와 우울증, 충동성, 소외감 및 분노 혹은 격노를 보이는 것과 같은 정신과적 증상을 포함한 다양한 요인이 MMPI-2/MMPI-2-RF(혹은 MMPI-A)의 자살사고 문항에 기입하는 정도와 실제 자살행동을 보이는 것을 매개한다. 자살사고는 많은 정신과적 집단과 심지어 MMPI-A 정상표본의 청소년들에게서 상대적으로 흔하다. MMPI-2/MMPI-2-RF(그리고 MMPI-A)는 자살행동을 정확히 예측하지 못할 수 있지만, 이러한 검사들은 청소년과 성인의 자살사고 여부를 밝히는 데 잠재적인 유용성이 있으며, 자살 위기나 자살 가능성을 전반적으로 평가하는 데 있어 중요할 수 있다. MMPI-2/MMPI-2-RF는 자살 이슈를 평가할 때 임상적 면담, 종합적인 심리사회적 과거력의 탐색, 다양한 심리측정 도구의 결과를 비롯한 다양한 자료와 항상 통합되어야 한다.

척도 3: 히스테리(Hysteria: Hy)

1930년대에는 흔했던 히스테리 진단은 확진하기가 어렵다. 왜냐하면 임상적 개념 내에서 명확한 기준이 부족하고, 히스테리 현상은 한 개인에게서 다른 신경증적 증상과 함께 일어나며, 기질적인 질병(organic disease)이 있다고 의심되는 경우에는 히스테리한 반응으로 진단하기에 불확실하기 때문이다(McKinley & Hathaway, 1944). 따라서 60개의 문항으로 이루어진 Hy 척도는 원래 히스테리 진단을 돕고, 전환증상이 나타나기 쉬운 환자를 측정하기 위해 만들어졌다. 전환증상에는 "발작[fits, 예: 기절, 의식을 잃는 것, 가성발작(pseudoseizure)]"과 복통, 스트레스성 구토, 기억상실, 둔주(fugue)와 몽유병, 마비, 근육 구축[예: 서경(書痙)[4]], 떨림(tremor), 발화 이상[예: 무성증/함구증, 말더듬(stammer, stutter), 혀짤배기 발음, 속삭이기 또는 매너리즘/가장], 경련성 움직임, 서투른 혹은 손상된 보행, 삽화성 허약 및 피로, 무감각증, 귀먹음, 실명과 흐린 시야 및 좁은 시야, 심장발증(예: 심계항진) 등이 있다. "사실 전환증상의 범위와 종류는 끝이 없다. 히스테리는 기질적 질환의 징후와 증상을 흉내 내는 그 능력으로 인해 '위대한 모방자'라고 불려 왔다."(Nichols, 2011, p. 113) 증상은 독자적으로 이해하기 어려울 수 있지만, 다음과 같을 때는 덜 모호할 수 있다.

> ① 재발되지만 일시적이며 가역적일 때, ② 증상의 시작이 중요한 정서적 스트레스와 관련되어 있거나, 어떤 의사소통 기능을 하는 데 도움이 되거나(예: 감정적인 호소) 혹은 상징적인 중요성이 있다고 판단될 때, ③ 증상이 뒤따르는 갈등을 해결하거나 설명하는 것 혹은 스트레스를 촉발시키는 것과 관련될 때, 또는 ④ 증상에 대한 의학적 진단을 하는 것이 비확정적 결과물일 때(Nichols, 2011, p. 113).

증상들은 심오한 감정적인 중요성을 지니고 있거나 환자에게 감정적으로 충격적이었던 과거 사건을 떠올리게 하는 스트레스에 반응해서 이전에 나타났던 것과 함께 생기는 최근 혹은 오래전에 시작된 것일 수 있다.

> 오래전에 시작된 경우 촉발사건이 애매하거나 무엇인지 모르고, 그것을 둘러싸고 있는 감정도 흐려진다. 증상들은 전형적으로 더 다양하고, 덜 극적이고, 명백하게 불능화되어 있으며, 환자들이 아픈 역할을 하는 것을 확인하거나 정당화하려는 것으로 보인다(Nichols, 2011, p. 116).

---

4) 역자 주: 글씨를 너무 많이 써서 생기는 손의 떨림이나 마비.

증상에 대한 무관심(la belle indifference)은 전형적으로 부재한(absent) 것이다. 환자는 치료를 구하는 것으로부터 멀어져 모든 책임에서 자유로운 병약한 사람으로 존재하게 된다. 2차 우울증(secondary depression)이 자주 나타나고, 건강염려증이나 신체화장애 등의 전형적인 증상으로 서서히 변해 간다. Hy 척도는 재표준화에서 현대적 표현, 명료한 문법 및 간단한 표현을 위해 9개의 문항을 수정하였지만, 문항은 삭제하지 않고 그대로 남겨 두었다.

기준집단의 참여자들은 주로 미네소타 대학병원의 정신과에 입원해 있는 환자들이었다. McKinley와 Hathaway(1944: Dahlstrom & Dahlstrom, 1980, p. 46에서 재인용)는 기준집단을 다음과 같이 설명하였다.

그들은 정신신경증, 히스테리로 진단받았거나, 특히 성격장애 중 히스테리적 요소를 가지고 있다고 언급되었다. 신경정신과 치료진이 이 진단적 용어를 부여할 때 가능한 한 엄격하게 최근의 임상진료를 따랐다. 무성증이나 직업적 마비 또는 신경학적으로 비논리적인(신경학적 근거가 없는) 마비증상과 같은 간단한 하나의 전환증상을 보이는 경우 진단에 대한 합의가 잘 이루어졌으나, 다발성 경화증 같은 실제 신체질환이 있거나 건강염려증을 나타내는 증후군이거나 초기 조현병적 반응을 보이는 경우에는 불확실한 측면이 남아 있었다.

덜 극적인 증상을 지닌 참여자들에 대한 정신진단은 더 어렵고 불확실한 일이었다. 몇 번의 시도 끝에 최종 기준집단으로 50명이 선택되었다. Hy 기준에 도움이 되는 서술이나 인구통계학적 자료가 없었지만(Colligan et al., 1983) 히스테리 환자들이 정해졌고, 기준집단에 포함된 환자들은 "히스테리 형태인 전환증상의 신경증적 방어"를 보이거나(Dahlstrom et al., 1972, p. 191) 히스테리적인 성격특성을 나타냈다. 비자발적 심인성 상실이나 기능장애를 나타내는 경우, 신체증상은 그들에게 책임을 피하게 해 주고 불쾌한 스트레스 상황에서 벗어나게 해 준다. 히스테리적 방어를 중심으로 조직된 성격을 지닌 환자들은 평범한 환경에서는 적절하게 혹은 심지어 매우 잘 기능하는 경향이 있으나, 어려운 상황에 처하면 성격 조직의 취약한 부분이 대처 역량을 넘어서게 되고 힘들어지면서 과중한 부담에 눌린 자신을 반영하는 증상들을 나타내게 된다(예: 정서적 불안정성, 격렬한 정서 및 조절곤란). Dahlstrom 등은 신경쇠약(breakdown)의 소인 같은 것을 탐지하는 것이 반드시 필요하며, 이것이 척도 3의 개발 동기 중 하나라고 언급하였다.

McKinley와 Hathaway는 Hy가 2개의 주요 항목 문항을 포함한다는 것을 쉽게 알게 되었다. 하나는 신체증상의 호소였고, 다른 하나는 사회적으로 외향적인 스타일이었다. 신체적 호소 문항은 두통과 현기증 및 손떨림 같은 것들이다. McKinley와 Hathaway(1944)가 지적한 바에 따르면, 사회적 웰빙(well-being)은 수줍음과 쉽게 화를 내는 것 및 비록 그들이 하는 말이 맞다 하더라도 이래라저래라 하는 사람들에게 대항하는 것을 나타내는 문항들에서 자주 부인하는 방향으로 기입하는 것을 통해 나타난다. 두 항목의 문항들이 대부분이지만, 불쾌한 기분('우울'하거나 '행복하지 않은')을 나타내는 문항들도 있다. 특히 95번 문항에 비해 65번 문항은 거의 대부분의 시간에 우울하다는 것을 인정하고 대체로 행복하다는 것을 부인한다. 신체적 호소와 웰빙 및 편안한 감정을 나타내는 문항들은 정상집단에서 서로 독립적이거나 부적 상관관계로 나타나지만, 히스테릭한 정신역동을 중심으로 조직된 성격기능을 지닌 환자들에게서는 정적 상관을 보이는 경향이 있다. 일반적으로 코드타입에서 척도 3이 더 높게 상승하고 더 많은 역할을 할수록, 그 사람은 통찰력이 더 적고 스트레스를 받을 때 신체적 증상으로 더 많이 나타내는 경향이 있다.

Greene(1991a, 2011)은 척도 3의 문항 내용과 다른 척도의 관계를 분석하였고, 그 문항들 및 Little과 Fisher(1958)에 의해 보고된 독립적 문항군집의 유사성에 대해 강조하였다. 신체적 증상에 대한 인정과 증상의 부인이라는 두 군집이 인정(Admission: Ad)과 부인(Denial: Dn) 척도를 구성하는 데 사용되었다. Greene(2011, p. 116)은 이에 대해 다음과 같이 언급하였다.

> Ad 척도는 척도 1(Hs)과 정적 상관(.96)을 보이고, 두 척도는 18개 문항을 공유한다. Dn 척도는 교정(K) 척도와 9개 문항을 공유하며, 정적 상관(.84)을 보인다. Ad에서 높은 점수를 받은 내담자는 많은 불특정한 신체증상을 보고하며 대인관계가 부족하다. Dn에서 높은 점수를 받은 사람은 자기 행동에 대한 통찰력과 도덕적인 고결함이 부족하다고 묘사된다. Little과 Fisher(1958)는 Ad와 Dn에서 모두 상승된 점수를 받은 사람은 전환반응역동(conversion-reaction dynamics)을 지닐 수 있다고 믿었다.

Ad는 척도 3의 명백문항에, Dn은 척도 3의 모호문항에 거의 겹친다는 점을 주의하자.

Hy 척도를 구성할 때 사용된 정상집단은 26∼42세의 여성 200명과 남성 139명이었다. 이들은 모두 기혼이었으며, 대체로 8년 정도의 교육을 받았고, 고등학교 이상의 교육을 받은 사람은 거의 없었다. 두 번째 정상집단은 여성 114명과 남성 151명의 대학 신입생이었고, 나이와 지능이 통제되었다(McKinley & Hathaway, 1944).

McKinley와 Hathaway는 Hy를 척도 1(Hs)이 측정하는 구성개념과 관련된 기질적 요인을 측정하는 것으로 보았다. 척도 1과 3에는 20개의 상당히 많은 중복문항이 있는데, 이는 2개의 임상척도의 중복문항 중 가장 많은 수이다. McKinley와 Hathaway는 척도 1과 3이 정적 상관을 보였기에, 신체적 내용의 중복문항들 중 가능한 한 많은 문항을 제거하여 상관을 낮추려고 하였다. 그 결과에 대해 McKinley와 Hathaway는 다음과 같이 훌륭히 요약하였다(1944: Dahlstrom & Dahlstrom, 1980, p. 47에서 재인용).

신체적 문항들을 제거하였더니 다른 어려움을 나타내고 있는 사례의 수가 확연하게 떨어졌다. 만약 비신체적 문항만을 사용한다면, 오직 나이 및 교육수준과만 강한 상관이 있을 뿐이다. 평균값을 보면 대학생집단이 나이가 더 많은 사람들에 비해 0.5표준편차 정도 더 높다. 이러한 결과로 인해 최종척도에는 몇몇 신체적 문항을 포함시켰는데, 그 결과 Hs(건강염려증)와 Hy(히스테리) 척도 간에 높은 상관이 나타나게 되었다(정상집단 r=.52, 임상집단 r=.71). 여전히 나이와 지능이 Hy와 일정 정도의 상관을 보였고, 이러한 상관은 임상적으로 타당해 보인다.

척도 1과 3의 정적 상관은 문항 중복에 의한 단순한 인공적 오류(artifact)가 아니라 신체화와 같이 두 척도가 상승했을 때 보이는 공통의 심리적 차원을 반영하는 것으로 여겨진다(Friedman et al., 1983; Marks & Seeman, 1963). McKinley와 Hathaway가 두 척도에서 모두 높은 점수를 보인 사람들과 둘 중 하나가 다른 하나보다 높은 사람들의 임상적 차이를 구별했다는 점은 매우 중요하다. 특히 그들은 이러한 점수 패턴에 따라 서로 다른 예후와 치료를 보인다고 하였다(McKinley & Hathaway, 1944: Dahlstrom & Dahlstrom, 1980, p. 49에서 재인용).

Hs가 더 높을 경우, 신체적 호소가 모호하고 장애에 있어 중요한 심리적 요인의 여부를 확인하기 위한 조사는 덜 필요하다. 그에 반해 Hy가 우세할 경우 심리적으로 정상적인 것처럼 보이는 경우가 많고, 신체적 호소가 흉내 내는 것에 가까운 경향이 있거나 요즘 '정신신체적(psychosomatic)'이라고 불리는 타입의 일반적인 신체적 증후군들을 동반한다.

앞서 언급한 것처럼 척도 3은 척도 1과 신체적 문항이 중복되기 때문에 높은 상관(.80)을 보이며, 척도 2와도 13개 문항을 공유한다(r=.72). 또한 HEA(건강염려)와도 .70의 상관을 보인다. 척도 1과의 형태적 상관은 다양한 함의를 지니는데, 척도 1이 척도 3보다 상승하면 더 많은 신체적 호소와 더 심각한 비관주의 및 패배주의적 태도 그리고 다른 사람과의 관계에서 가혹함을 보이고, 척도 3이 척도 1보다 상승하면 더 적은 신체적 몰입, 더 높은 낙관주의와 사회적 적응력 그리고 심지어 다른 사람에게 유혹적인 태도를 보이기도 한다.

Nichols(2011)는 척도가 현저히 상승하면 확실히 자아방어기제 중 부인(denial)을 사용할 것이라고 강조하였다. 내담자들은 사실상 다른 사람들이 쉽게 알아채는 그들의 정서적 혹은 심리적인 문제와 어려움들도 타당한 무언가가 있는 것처럼 부인한다.

예를 들면, 명백한 장애, 본인이 사인을 한 서류, 잘 기록되어 있는 자신의 과거 사건, 큰 사이즈의 드레스, 임신, 배우자의 알코올중독이나 징역 혹은 이혼 등과 같이 확실하고 생생하며 반박의 여지가 없는 근거가 눈앞에 있더라도 환자들은 부인할지도 모른다. 환자들은 실질적인 직면을 막으려는 방법으로 그저 간단히 그러한 사건들을 우회하거나 지나친다. 일반적으로 부인하는 태도는 증거들이 증명되지 않았다고 따지는 것이 아니라 오히려 그저 더 단호하고 명백하며 확정적이다. 억압(repression, 고통스러운 감정과 이미지를 의식의 밖에 두는)은 척도 3의 핵심적인 방어적 작동으로 나타난다(Nichols, 2011, p. 119).

Duckworth와 Anderson(1995)도 부인과 억압이 척도 3에 의해 나타나는 주된 방어기제라고 지적하였다. 따라서 척도 3에 비해 다른 척도에서 높은 점수를 받은 사람들은 그 척도와 관련된 증상들을 인정하지만, 척도 3보다 다른 척도들의 T점수가 낮을 경우에는 증상들을 인정하지 않고 확실히 병식(insight)도 없다. Greene(2011)은 이를 지지하는 연구가 부족하기에 이러한 규칙은 주의 깊게 사용되어야 한다고 제안하였다. 척도 L과 K가 상승될 때, 특히 동시에 척도 F, 7, 8 그리고 0이 낮을 때 불안을 피하려는 방어가 성공적으로 작동하는 것이다.

척도 3의 대부분의 문항에서 채점방향은 '아니다'이다. 47개 문항(78%)은 '아니다'로, 13개 문항(22%)은 '그렇다'로 채점된다. 척도 1과 2처럼 '아니다'에 더 많이 기입하면 척도 3이 상승한다(모두 '아니다'라고 반응한 세트에 대한 설명은 제4장 참조). 척도 3은 다른 임상척도들과 꽤 고르게 중복문항을 공유하는데, HEA 및 RC1(신체증상 호소)과는 15개 문항을, 척도 2와는 13개 문항을 공유한다. 비록 K-교정이 척도 3에는 해당되지 않으나, 척도 3과 K 척도는 10개 문항을 공유하기 때문에 K-교정요인이 이미 포함되어 있다. 척도 3과 다른 척도들의 상관관계를 검증할 때는 주의해야 하는데, 특히 정신과 환자집단과 정상집단을 비교할 때 조심해야 한다. 이러한 집단이 보이는 증상들은 척도가 나타내는 측면인 사회적 관심이나 편안함, 자신을 믿을 만하고 긍정적으로 보이게 하는 것 및 공격성이나 갈등에 혐오감을 보이는 것과 관련하여 가중되는 경향이 있다. Nichols(2011)는 정신과 환자집단에서 보이는 높은 상관(HEA)과 조금 높은 상관(ANX, DEP, WRK)이 정상집단에서는 나타나지 않거나 오히려 역상관을 보이기도 하는 반면, 정상집단에서 보이는 조금 높은 부적 상관(ANG, CYN, ASP, TPA)이 정신과 환자집단에서는 나타나지 않거나 역상관을 보인다고 지적하였다.

이 척도에 속한 문항 내용은 식욕이나 좋은 수면 위생, 신체적 증상 호소, 불쾌감, 불안 우울증(anxious depression), 사회적 흥미/주도성 및 냉소주의나 불신의 부인 등 다양한 영역을 포함한다. 척도 3에서 높은 점수를 받은 사람들은 인정과 애정을 갈구하는 등 유치한 자기중심성을 보인다고 묘사된다. 그들은 상대에게 아첨하고, 후한 보답을 하며, 칭찬하는 것을 통해 자신이 호감형임을 확인받고자 한다(Lewak et al., 1990; Levak et al., 2011). 그들은 활달하거나 화려하지 않더라도 발랄하고 생기 있으며 수다스러운 경향이 있고, 유혹적이지 않더라도 쉽게 받아들이는 경향이 있다. 그들은 자기 자신을 사회적으로 최대한 매력 있게 보이게 하는 것에 상당한 목표를 두고 있다. Nichols(2011, p. 116)는 그의 책에서 다음과 같이 설명하였다.

> 그들은 증상과 감정의 수준에 따라서뿐 아니라 사회적 상황에서 과시적이고 극적인 표현을 보이는 경향이 있다. …… 척도 3이 높은 경우 영향을 잘 받고, 흉내를 잘 내며, 기분과 감정 변화가 크고, 종종 가장 최근 이야기한 사람에 따라 어떤 태도나 신념을 빠르게 받아들이거나 포기하는 등 피암시성 또한 흔하게 나타난다(Nichols, 2011, p. 116).

Shapiro(1965)는 『히스테리성 스타일(Hysterical Style)』에서 이러한 사람들이 정보를 인식하고 처리하는 방법에 대해 상당한 통찰을 제공하였다. 그에 따르면, 일반적으로 히스테리성 인지는 "상대적으로 흐릿하고 예리함이 부족한데, 특히 상당히 세밀한 세부사항에서 그렇다. 한마디로 '전반적인 느낌으로(impressionistic)' 지각한다"(Shapiro, 1965, p. 111). 즉, 상당히 히스테리적인 특성이 있는 사람은 질문에 대하여 사실에 입각한 답을 하는 것이 아니라 느낌(impression)에 따라 대답하는 경향이 있다.

> "이러한 느낌들은 흥미롭고 말을 잘하는 것 같고 매우 생생하게 보이나, 세부적인 것이 없고 명료하게 정의되지 않으며 당연히 전문성도 없이 여전히 느낌으로 남아 있다."(Shapiro, 1965, p. 111) 그럼에도 불구하고 그들은 자신의 판단에 흠이 없고, 생각도 자유로우며 명확하고 합리적이라고 믿는다. 그러나 자신들의 심리기능을 위한 검사는 절대로 하면 안 된다고 느낀다. 그들은 다른 사람들에게 더 큰 영향력을 미치거나 관심을 끌고자 하지만, 정확성이 부족하거나 비판적 생각에 관여하지 못하는 특성으로 인해 어떤 사건이나 경험을 윤색하고 조작하여 진실이나 정확성을 흐린다. 그들의 정보 처리 과정이 감각적 억제에 의해 방해되는 것처럼, 그들은 종종 있는 것을 그대로 보는 것이 아니라 원하는 것만 보고, 또 있는 것을 그대로 듣는 것이 아니라 원하는 것만 듣는다고 여겨진다(Nichols, 2011, p. 117).

Hy가 유의미하게 상승한 환자가 나타내는 방향은 확실히 구분되는 2개의 문항세트 중 어떤 것에 기입했는지에 따라 매우 다르다. 불쾌함을 함축하고 있는 신체적 호소와 정서적 어려움이 없고 타인에게 다가가고자 하는 사회적 지향을 지닌 두 번째 문항세트는 환자가 보이는 모습을 서로 다르게 구분하고 특징짓는다. 전체 Hy 점수에서 신체적 호소 부분이 상승한 환자는 "확실히 신체에 초점을 두고, 우울이나 불안 및 긴장 등의 심각한 불편감과 고통감을 경험하는 경향이 있다"(Nichols, 2011, p. 114). 신체적 문항보다 사회성이나 낙관주의 및 사회적 불안의 부인을 강조하는 문항들에 더 많은 표기를 한 경우, 신체증상에 대한 염려는 부인하지만 공격성이나 분노를 걱정하고 억제하는 경향을 보인다. 증상에 대한 무관심은 다른 것에 대해서는 정상적인 관심을 보이더라도 자신의 신체증상 및 관련된 장애에 대해서는 무관심하거나 걱정을 잘 하지 않는 것인데, 웰빙을 강조하는 Hy 문항들에 기입한 환자들에게서 종종 더 확실하게 나타난다. 어떤 문항에 표기했는지와 상관없이 척도 3이 현저하게 상승했다는 것은 자기중심적인 것을 반영한다. 자기중심성은 정서적 어려움이 없는 것을 나타내는 문항에 많이 표기되었을 경우 더 매력적이고 유혹적으로 표현되고, 신체적 문항들에 더 많이 표기되었을 경우 더 요구적으로 표현되는 경향이 있다.

성격 조직에서 부인과 억압이 우세하기 때문에 통찰이 없고 순응성과 순진성이 특징적으로 나타난다. 척도 3 점수가 높은 사람들은 정서 및 신체적 고통을 두려워하기 때문에 자신의 자각을 제한하는 경향이 있어, 스트레스가 많은 상황에서는 현실검증력이 손상되기도 한다(Caldwell, 1974). Levak 등(2011)은 이러한 사람들이 노골적으로 부인하는 것들을 살피는 것이 도움이 된다고 제안한다. 왜냐하면 이러한 것들이 종종 그들의 갈등의 핵심이기 때문이다. 척도 3의 점수가 높은 사람들은 사교적이지만 대인관계가 얕아서 요구라고 여겨지는 것에 대해 억울해하고, 분하거나 해결할 수 없어서 두려운 것에 대한 책임감에서 벗어나기 위해 신체적 염려를 만들어 내기도 한다. 이 척도에서 점수가 높은 사람들이 압도감을 느낄 때 나타나는 증상의 형태가 꽤 정신증적으로 보이긴 하지만, 실제 정신증적 증상으로 발현되는 경우는 드물다. 척도 3에 의해 측정된 행동들이 마치 기질적인 것으로 보임에도 불구하고, 문항들은 시간에 따라 변화할 수 있는 행동들을 반영한다. 현재 시제로 표현되었기 때문에 수검자는 그들의 현재 상황을 고려하여 문항을 해석한다. 이러한 이유로 Dahlstrom 등(1972)은 다른 척도들에 비해 척도 3의 검사-재검사 상관이 상대적으로 낮고, 반분신뢰도 계수가 부적절하거나 오해의 소지가 있다고 언급하였다.

정신과 환자들의 Hy 검사-재검사 상관은 1~2주 간격에서는 .66~.80 사이이고, 1년 간격에서는 .36~.72 사이로 나타난다(Dahlstrom et al., 1974). Butcher 등(2001)이 남성 82명과 여성 111명의 정상집단에서 일주일 간격으로 검사-재검사 신뢰도를 측정한 결과, 남성은 .70, 여성은 .74였다. 1970년에서 1981년 사이에 다양한 집단을 사용하여 실시된 연구들을 대상으로 Hunsley 등(1988)이 실시한 대규모의 신뢰도 메타분석 연구에서 70개 연구의 내적 합치도가 .78로 보고되었고, 하루에서 2년까지의 간격으로 이루어진 검사-재검사 신뢰도 연구 15개를 메타분석한 결과, 평균 신뢰도가 .74로 나타났다. Hunsley 등의 내적 합치도 결과와는 반대로 Butcher 등(2001)은 더 낮은 내적 합치도를 보고하였는데, 특히 재표준화집단에서 남성은 .58, 여성은 .56으로 나타났다. Butcher 등이 더 낮은 합치도를 보고한 이유는 Hunsely 등이 메타분석에서 사용한 집단에는 대학생과 정신과 환자 및 신체질환 환자나 알코올 또는 약물 남용자 혹은 구금된 범죄자 등이 포함되어 더 다양했기 때문으로 여겨진다.

문헌들에서 척도 3의 다양한 상관물이 보고되어 왔으나, 각 개인에게 설명할 용어를 고를 때는 조심스러워야 한다. 예를 들어, 어떤 상관물은 타당하다고 알려졌음에도 불구하고 그들에게 늘 속하는 특징이 아닐 수 있다. Hedlund(1977)는 정신과 환자들을 대상으로 MMPI 임상척도와 개인의 행동 및 증상의 상관물을 경험적으로 밝히고자 한 7개의 독립적인 연구를 비교하면서, 척도 3이 히스테리 구성개념과 관련되어 있다고 여겨지는 해리나 기억상실 혹은 전환증상 등의 특정 문항과 늘 상관이 있는 것이 아님을 발견하였다. 그러나 그는 척도 3이 다수의 신체적 증상 호소와 자주 상관이 있으며(예: 설사, 식욕 감소, 수면장애), 우울과 관련된 다수의 증상 호소와도 유의미한 상관이 있다고 밝혔다. 임상가는 특정 임상척도가 상승한 의미를 더 잘 이해할 수 있는 다양한 소척도 및 보충척도를 주의 깊게 조사하는 것뿐 아니라 각 개인의 심리사회적 과거력과 평가에 의뢰된 맥락을 이해하여 사례를 각각 평가해야 한다.

우리가 볼 때, 신체적 문항에 기입해서 충분히 높은 수준(예: 75T)으로 점수가 상승하지 않는 한 증상이 나타날 것이라는 함의는 없다. 반대로 전환증상이 왕성하고 분명할지라도 국지적이고 복잡하지 않을 때 부정 오류(false-negative)의 예측이 쉽게 일어날 수 있다. 또한 척도 3의 상승이 신체적 질병을 배제하지 않는 것도 주의해야 한다. 전환장애 진단을 받은 환자들에 대한 추적 연구에서 기질적인 병리가 발견되는 확률이 높았다(Halligan, Bass, & Marshall, 2001; Merskey, 1995).

Harris-Lingoes 소척도

Harris와 Lingoes(1955, 1968)는 다음과 같은 5개의 Hy 소척도를 개발하였다. 사회적 불안의 부인(Hy1), 애정 욕구(Hy2), 권태-무기력(Hy3), 신체증상 호소(Hy4), 공격성의 억제(Hy5)이다. 이들 소척도는 서로 간에 중복문항이 전혀 없으며 MMPI와 MMPI-2에서 문항이 똑같다. 재표준화에서 삭제된 문항이 없기에 이 소척도들의 구성은 그대로 유지되었다. Hy의 소척도들은 전혀 중복되지 않는다.

Hy1: 사회적 불안의 부인(Denial of Social Anxiety, 6개 문항)

Hy 소척도 중 가장 짧은 척도로 6개 문항이 모두 '아니다'로 채점된다. 모든 문항은 Little과 Fisher(1958)의 Dn과 Hy-S(히스테리 모호) 문항에 모두 포함된다. Hy1은 사회적 수줍음과 억제를 부인하는 것[사회적 탈억제(disinhibition)를 강조하는 연극성 성격의 사교성 측면]을 나타내고, 척도 0(Si)이 상승할 때는 절대 상승하지 않는다. 문항수가 제한적이기 때문에, 외향성을 측정하기에는 척도 0과 SOD(사회적 불편감) 척도에 비해서는 덜 신뢰롭다. Caldwell(1988)은 여기서 높은 점수를 받은 사람들은 잘 모르는 사람들에게 다가가는 것과 같은 "과도하게 사회화된 우정"(p. 19)을 보인다고 묘사하였다. Nichols와 Greene(1995)은 Hy1에서 높은 점수를 받은 사람들이 대인관계에서 관심과 인정, 지지, 애정을 구한다고 기술하였다. 사회적으로 불안하지 않는 것과 창피함에 대한 두려움을 고려하면, Hy1과 Welsh의 A 척도(불안)가 -.65의 역상관을 보이는 것은 놀라운 일이 아니다. Levitt(1989)에 의하면, Hy1에서 낮은 점수를 받은 사람들은 사회적으로 부적응적이고, 불안해하며, 수줍음이 많고, 쉽게 당황한다. Hy1은 사회적 외향성(점수가 높을 때)과 사회적 내향성(점수가 낮을 때)의 성격적 측면을 나타낸다. Nichols와 Greene은 내향성이 상황적인 것인지 또는 장기적인 것인지 판단하려면 내향성을 측정하는 다른 척도들과의 상관을 함께 검증해야 한다고 제안하였다. 특히 Pd3(사회적 침착성)과 Hy1 및 Hy-S가 모두 낮으면, SOD 내용척도와 척도 0 및 Si1(수줍음/자의식) 척도와의 관계를 살펴야 한다. Nichols와 Greene(1995, p. 37)은 내향성이 상태적인 것인지 또는 특질적인 것인지 해석하기 위한 척도 형태의 지침을 다음과 같이 제시하였다.

> Pd3과 Hy1 및 Hy-S의 점수가 낮을 때, SOD와 Si 및 Si1에서 높은 점수를 보이면 수줍음이나 사회적 철수(withdrawal)가 장기적이거나 혹은 선천적인 경향일 수 있다는 것을 시사한다. SOD, Si, Si1이 높을 때 Pd3, Hy1, Hy-S가 평균 수준이라면, 상실이나 고통으로 인해 이차적으로 나타난 급성 혹은 일시적인 철수일 수 있다.

Wrobel(1992)이 치료자가 자신이 치료 중인 내담자에 대한 평정에서 사회적 내향성이 Hy1과 관련된 것을 발견하지 못했다는 점에 주의해야 한다. 그는 소척도가 짧은 것 또는 외래환자들의 특성으로 인해 자신의 결과가 희석되었을 수 있다고 하였다.

Hy1 소척도의 6개 문항은 모두 '아니다'로 채점되어서, 모두 '아니다'라고 반응한 세트에 민감하다. 이 문항 내용은 기본적으로 척도 3의 외향적 요소를 포함한다. Greene(2011)은 남녀 모두에서 Hy1에서 가능한 가장 높은 T점수가 (문항수가 짧기 때문에) 61점이라는 것이 해석 시의 중요한 주의점이라고 발표하였다.[5] "이 경우에 임상가들은 Hy1의 T점수가 56점일 때를 유의미하다고 여겨야 한다. 왜냐하면 T점수 56점은 내담자들이 총 6개의 문항 중 5개 문항에 기입했을 때의 점수이기 때문이다."(Greene, 2011, p. 119)

Hy2: 애정 욕구(Need for Affection, 12개 문항)

Hy2는 척도 3의 지나친 낙천주의 요소이다. 이 문항들은 사람에 대한 믿음과 신뢰를 강조하고 타인에 대한 분노와 의심을 부인하는 것을 나타낸다(Caldwell, 1988; Greene, 1991a, 2000; Wrobel, 1992). 또한 적대감이나 반항적 태도, 감정 및 충동 등을 부인하는 내용이다. 이 척도에서 높은 점수를 받은 사람들은 대인관계에서 갈등을 피하는 것을 선호한다고 나타났다. Graham 등(1999)은 Hy2에서 높은 점수를 받은 남녀 외래환자들이 낮은 점수를 받은 경우보다 더 공감적이며, 이러한 상관은 Hy 소척도 중 Hy2에서만 나타나는 독특한 측면임을 발견하였다. 또한 높은 점수를 받은 여자 환자는 치료자들에 의해서 도덕주의자처럼 구는 편이라고 보고되었다. Nichols와 Greene(1995, p. 40)에 따르면, "잘 어울리기 위해 참는" 사교 정신을 반영하는 Hy2는 갈등을 겪지 않으려는 수동성과 복종성의 강한 요소들이 포함되어 있고, 이에 점수가 높은 사람들은 자기주장적인 것이 대체로 사회적으로 협조적인 것이 아니라고 믿는다.

점수가 높은 사람들은 만약 다른 사람들에게 최선을 다한다면 다른 사람들도 그에 보답하기 위해 상냥하고 자애로울 것이라는 일련의 기대에 맞춰 행동할 것이라고 믿는 것 같다. 그리고 논쟁이나 의견 불일치, 도전이나 직면들은 사회적 관계를 불쾌하게 하고, 감정을 상하게 하며, 소외감을 일으킬 수 있기 때문에 거부해야 한다고 믿는 것 같다.

그들은 또한 Hy2 점수가 낮은 사람들이 "자신에 대해 믿을 만하지 못하고 사회적으로도 협조적이지 않다고 주장하는 것"을 보고 Hy2를 냉소적인 측면과 관련되어 있다고 보았다(Nichols & Greene, 1995, p. 33). Caldwell(1988)의 설명에 따르면, 점수가 낮은 사람들은 자기 자신은 스스로 돌봐야 하고 세상은 내가 원하고 믿는 것을 위해서 투쟁해야 하는 "전투적인"(p. 19) 곳으로 바라보고 있다.

Hy2의 12개 문항 중 11개 문항은 '아니다'로 채점되고, 1개 문항만 '그렇다'로 채점된다. 그

---

5) 역자 주: 한국판 MMPI-2에서 Hy1 소척도의 가능한 제일 높은 T점수는 남성의 경우 66점, 여성의 경우 65점이다.

렇기에 모두 '아니다'라고 반응한 세트에 쉽게 영향을 받는다. Hy2는 3개 문항을 공유하는 Pa3(순진성)-도덕 덕목과 상당한 상관이 있다(r=.76). Pa3의 3개 문항(33%)이 '나는'으로 시작되는데, Hy2의 9개 문항(75%)도 그렇게 시작한다. Hy2 문항들은 자신의 부정적 특성을 부인하는 것을 강조하고, Pa3 문항들은 타인의 부정적 특성을 부인한다. 따라서 Nichols(2011, p. 111)는 다음과 같이 언급하였다.

> …… 대부분 Pa3 문항의 요지는 "대부분의 사람은 도덕적이고 협조적이다."이며, Hy2의 경우는 "나는 도덕적이고 협조적이다."이다. 높은 Hy2 점수에서 내포된 낮은 수준의 냉소주의는 일종의 무벌(無罰)적인 거리 두기(impunitive detachment)나 타인의 의도에 대해 정상적으로 할 수 있는 의심마저도 순진할 정도로 부족하여 미성숙하거나 비현실적으로 여겨지는 것을 의미한다. 전체적으로 이 문항들은 강한 인정 욕구를 나타내며, 또는 타인의 감정을 상하게 하는 것이나 부정적 관심을 받는 것에 대해서 비정상적으로 강하게 회피하는 것을 나타낸다. 높은 점수는 수동성/의존성, 자기통제감의 결여를 의미하여, 타인과의 관계에서 지나치게 자애롭고 남의 비위를 맞춰 주는 스타일을 반영하고, 그들의 진실함과 악의 없음에 대한 맹목적인 신뢰를 나타낸다. 그리고 애정을 구할 때 불필요하게 우회적인 스타일을 나타낸다. Hy2는 K 척도와 강한 정적 상관을 보이며(r=.77), CYN(-.84) 및 CYN1(-.83)과는 강한 부적 상관을 보인다.

Hy3: 권태-무기력(Lassitude-Malaise, 15개 문항)

Harris와 Lingoes(1968)는 Hy3의 내용에 '신체 및 정신적으로 기대 이하의 기능을 하는 것에 대한 호소, 외적으로 꾸미기 위해 계속 애쓰는 것, 관심과 확신을 구하는 것'이 있다고 하였다. 확실히 Hy3은 척도 3의 우울한 요소이다(Nichols, 2011). 전체 중 5개 문항이 '그렇다'로, 10개 문항이 '아니다'로 채점된다.

이 척도가 상승하는 것은 "고통감에서 벗어나지 못한, 전반적인 생기 부족과 신체적 불편감을 나타낸다. 허약감, 피로감이나 쉽게 지치는 것과 같은 신경쇠약 증후군이 Hy3이 상승했을 때 강하게 나타난다"(Nichols, 2011, p. 112). 전체 문항의 절반이 조금 안 되는 문항들이 신체적/건강적 측면과 관련되어 있고, 대부분의 문항에는 확실히 우울한 색채가 담겨 있다. 신체 증상에 대한 호소들은 구체적이기보다는 모호한 경향이 있다.

15개 문항 중 10개 문항이 척도 2와 중복되지만(r=.90), Caldwell(1988)은 이 척도가 우울증에서 나타나는 것 중 자신에 대한 일반화된 평가절하는 덜 나타내며, 허약하고 피곤한 느낌과 수면 부족 및 활기가 약화되면서 생기는 일상생활에 대한 관심 부족이나 나쁜 건강상태 등에 대해서는 더 많이 측정한다고 주장하였다. 높은 점수를 받은 사람들은 신체 및 정신적으로 자신 같지 않다고 느낀다고 보고한다. Nichols와 Greene(1995)은 Hy3이 D3(신체적 기능장애)처럼 다소의 우울증적 신체화를 반영한다고 설명하였다. D3은 Hy3과 5개 문항을 공유하지만 신체적 어려움보다 기분적 측면을 훨씬 강조한다. Wrobel(1992)은 심리치료 환자집단에서 Hy3의 점수가 신체 및 정신적 기능에 대한 불평 및 관심과 확인을 필요로 하는 것과는 정적 상관을, 외적으로 꾸미려고 애쓰는 것과는 부적 상관을 나타내는 것을 발견하였다. Graham 등(1999)은 Hy3에서 높은 점수를 받은 정신과 남녀 외래환자들이 자살사고를 가지고 있다는 것을 발견하였다.

Prokop(1986)은 요통을 호소하는 집단에서 나타난 척도 3의 Harris-Lingoes 소척도 패턴을 연구하였다. Prokop(1986, 1988)에 의하면, 요통집단에서 Hy3과 Hy4가 상승한 것은 (Hy1, Hy2와 Hy5는 상승하지 않고) 자신의 신체적 증상에 비정상적으로 몰입하는 것을 나타낸다고 할 수 있다. Hy1, Hy2와 Hy5는 모두 Little과 Fisher(1958)의 Dn 척도와 중복된다. Prokop(1988)은 환자들이 모호하고 공포스러운 증상에 대한 고통감을 표현하는 것일 수 있기 때문에, 요통집단에서 오직 Hy3과 Hy4 척도만 상승했을 때는 전환역동의 여부를 추론하는 것을 조심해야 한다고 언급하였다. 이러한 환자들은 종종 비전환형(non-conversion-based) 신체형장애로 진단된다. 자신의 신체기능에 비정상적으로 몰입한다는 Prokop(1988)의 견해와 Greene(2011)이 묘사한 Hy3의 내용은 일관되는데, Hy3은 Little과 Fisher의 Ad 척도와 14개 문항을 공유한다. 앞서 언급한 대로, Little과 Fisher는 Ad와 Dn이 둘 다 상승했다면 전환반응역동을 의심할 수 있다고 제안하였다.

Hy4: 신체증상 호소(Somatic Complaints, 17개 문항)

Harris와 Lingoes(1968)는 Hy4의 문항들이 "정서 억압과 전환을 나타내는 것 같다."라고 특징지었다. 전체 문항 중 6개는 '그렇다'로, 11개는 '아니다'로 채점된다. Hy4가 척도 3의 신체 전환 요소이기 때문에(Caldwell, 1988), 척도 1(Hs)과 .88의 높은 상관을 보이는 것이 놀라운 일은 아니다(Caldwell, 2007b: Greene, 2011에서 재인용). Hy4 척도 17개 문항 중 12개 문항이 척도 1(Hs)에 해당되며, 3개 문항은 HEA에 중복된다. Caldwell(2007)의 임상집단에서 Hy4와 Hy는 높은 상관을 보인다(r=.79). 척도 1에 속하지 않는 5개 문항은 불안증 요소인데(예: 기절, 목이 꽉 메는 느낌), 주목할 만한 것은 신체적 기능장애에 대한 보고와는 상반되는 것이며 척도 1의 특징인 외현적 불안도 없다는 것이다(Caldwell, 1988, p. 20). Graham 등(1999)은 Hy4에서 T점수 65점 이상을 받은 305명의 정신과 여성 외래환자의 17%가 최근 항불안제를 사용했다고 보고하였다. Greene(1991a)은 이 척도의 17개 문항 중 16개 문항이 Little과

Fisher(1958)의 Ad 척도와 중복되며, Ad 척도는 척도 1과 정적 상관(r=.89~.90)을 보인다고 지적하였다. 속이 메스꺼운 느낌이나 구토에 대한 질문인 18번 문항을 제외하고 척도 1에는 있지만, Hy4(그리고 척도 3)에서 빠진 유일한 문항들은 위장 증상 호소와 관련된 것이다. 척도 1과 HEA 내용척도는 전반적인 신체적 증상 호소를 나타내는데, Hy4(그리고 Hy-O)는 모호하지 않은 구체적인 증상을 강조한다(Nichols & Greene, 1995). 낮은 Hy4 점수는 과도한 신체적 염려를 하지 않는 사람을 나타낸다고 해석할 수 있다. Nichols(2011, p. 112)는 Hy4의 내용을 다음과 같이 설명하였다.

문항들은 상당히 개별적이고 극적인 증상을 나타낸다. 구체적인 호소들이 모호한 호소에 비해 3배 정도 많은데, 주로 머리와 관련된 호소와 통증 및 불편감 그리고 혈관 및 심폐기능 문제에 대한 것들을 강조한다. 문항의 반 정도는 겉으로건 속으로건 기절 혹은 발작을 하는 것에 대한 내용이다. 증상의 반 이상은 상징적이거나 은유적으로도 사용되는데, 특히 '목에 뭔가 걸렸다' '메스꺼움의 공격' '몸 전체가 화끈거린다' '심장을 가로지르는 통증' '근육이 씰룩거린다' '머리에 꽉 조이는 띠를 맨 것 같다' '어지러움' '손이 떨린다' '심장이 쿵쾅거린다' 등과 같은 단어들을 통해 나타난다. 이러한 문항들에 사용된 언어는 MMPI-2 문항군집 중 전형적으로 신체적 측면을 나타내는 것들에 비해 더욱 극적이고 훨씬 화려하다. 이 문항들은 시선을 사로잡는 특징이 있으며, 면담에서 다채롭게 정교화될 수 있는 것들이다. 즉, 그것들은 환자가 들려주기 원하는 이야기의 요소로 쉽게 이용되며, 비교적 쉽게 알아챌 수 있는 숨겨진 메시지를 담고 있다.

Hy3에 비해 Hy4에서는 고통감이 훨씬 적게 내포되어 있다. 따라서 Hy4가 그다지 높지 않다면, Hy4는 Hy3에 비해 증상에 대한 무관심을 나타내는 기본적인 전환증상을 훨씬 더 많이 나타낸다. 그러나 Hy4와 Hy3의 차이와 상관없이 원점수 5에서 7점부터는 Hy4가 전환보다는 신체화를 시사하기 시작한다.

Hy5: 공격성의 억제(Inhibition of Aggression, 7개 문항)

알려진 바에 의하면, 이 짧은 7개 문항 척도는 정서적으로 실제나 환상 속에서 공격성과 과민성 및 분노를 억제하는 것(inhibition/suppression)을 나타낸다. 모든 문항은 '아니다'로 채점되기 때문에, 모두 '아니다'라고 반응한 세트에 쉽게 영향을 받는다. 점수가 높건 낮건 상관없이 임상적인 추론을 세우기에 이 척도는 근거로서의 역할이 미약하다. Harris와 Lingoes(1968)는 공격성의 억제가 "폭력을 부정하고 타인에 동의하는 것으로 표현된다."라고 하였다. 이 척도는 내적 합치도가 낮고, 오직 한 문항(29번 문항)만이 척도를 가장 잘 대표하는 것으로 보인다(Levitt, 1989; Nichols, 2011).

R(.39) 및 DISC(-.28)와의 상관을 볼 때, 이러한 억제는 정서적인 면에 편향되어 있는 것 같다. Hy5는 공격성(예: AGGR, -.27), 분노(예: ANG, -.45) 및 적대감(예: TPA2, -.33)을 측정하는 척도들과 오직 일정 정도 혹은 약한 상관을 나타낼 뿐이다. 공격성이나 억제를 판단하기 위해 충분한 정도는 아닌 것으로 보인다(Nichols, 2011, p. 112).

Nichols와 Greene(1995)은 Hy5가 부인(denial)과 분노 혹은 적대감 측정치들과 약간의 상관을 보이지만, "부인 척도 그 자체보다 분노나 적대감에 대한 혐오감을 더 잘 측정하는 것 같다."(p. 30)라고 설명하였다. 문항 중 최소 3개 문항이 간접적인 폭력 및 공격성에 대한 역겨움, 혐오, 공포감 또는 무관심을 나타낸다. 따라서 Hy5에서 높은 점수를 받은 사람들은 범죄 뉴스나, 탐정 소설, 욕설, 피를 보는 것 등이 병적이고 혐오스러우며, 사람들의 감각 억제에 보이지 않는 위협이 된다고 말할 것 같다(Nichols, 2011). Caldwell(1988)은 Hy5 점수가 높은 사람들이 타인의 공격성에 대해 화를 내며, "폭력에 대한 히스테리성 혐오"(p. 20)를 지니고 있다고 하였는데, 척도 5(Mf)가 남성 혹은 여성들에게 '여성성' 방향으로 높게 나타나는 것과 함께 Hy5가 상승하면 이런 측면이 더욱 두드러진다.

낮은 Hy5 점수는 화를 직접적으로 표현할 수 있는 능력을 시사한다. 사실 매우 낮은 점수(예: 원점수가 0 혹은 1)는 분노나 폭력에 대한 관심이나 매혹됨을 의미할 뿐 아니라 그 잠재적 결과로 인해 병적인 것 혹은 폭력적 환상을 쉽게 경험하는 것을 시사한다. ANG2(성마름)와 TPA1(조급함) 및 TPA2(경쟁 욕구)가 상승했을 때, Hy5가 매우 낮은 점수를 보이는 것은 특히 적대감을 가리키는 것일 수 있다(경쟁 욕구; Nichols & Greene, 1995). Hy5가 낮을 때 특정 코드 패턴이나 다른 측정치들(예: ASP1과 CYN)이 손상된 공감능력을 나타내는 것에도 주목해야 한다. Hy5의 문항 내용은 모호하며, 7개 중 6개 문항은 Hy-S와 중복된다.

척도 3: 모호-명백 소척도(S-O Subscale)

히스테리-명백 소척도(Hy-O)는 32개 문항이며 그중 12개는 '그렇다'로, 20개는 '아니다'로 채점되고, 히스테리-모호 소척도(Hy-S)는 총 28개 문항이며 그중 27개가 '아니다'로, 1개가 '그렇다'로 채점된다. 문항들과 채점방향 그리고 T점수 변환 등은 Friedman 등(2001)의 책에 나와 있다.

Hy-O 문항은 모호한 것과 반대인 구체적인 증상들을 강조하는 것 같다(Nichols & Greene,

1995). 사실 Caldwell(1988)이 지적한 것처럼, Hy-O의 구성은 Little과 Fisher(1958)의 Ad 척도처럼 Hy3 및 Hy4와 거의 같다. 다수의 신체적 염려가 Hy-O에 포함되는데, 몇몇 문항은 기절이나 손을 떠는 것과 같은 히스테리 구성개념과 관련된다. Hy-O는 정상적인 수면에 방해가 되는 신체적 문제와 불편감을 나타낸다(Nichols & Greene, 1995). 낮은 점수는 신체적 불편감과 고통감으로 인해 고갈된 에너지에 대한 반대지표이다.

Hy-O는 Hs(.96), HEA(.92), D-O(.92), Pt(.84), Sc(.83; Sc4, .81; Sc6, .79), ANX(.83), DEP(.80) 척도들과는 높은 상관을, K(−.55)와는 중간 정도의 상관을 나타내었다. 이 소척도는 첫 번째 요인(A 척도와의 상관 .78)에 의해 거의 설명되고 있기에, 모든 고통감 척도에 의해 상승할 것이다(Nichols, 2011).

Dahlstrom(1991)은 재표준화 규준집단(Butcher et al., 1989)에서 파트너가 평정한 Katz 적응 척도로부터 Hy-O에 대한 상관물을 얻었다. Hy-O 점수가 높은 남녀는 수면 문제가 있고, 건강을 걱정하며, 에너지가 부족하거나 매우 지친 상태이고, 일상에 흥미가 없으며, 자신감 및 활기차거나 즐거워하는 느낌이 없고, 신체 통증이나 병에 대해 호소하는 편이라고 묘사된다. 여성의 경우에는 침착하지 못하고 불안해하며, 자기비난적이고 미래를 걱정하며, 다른 사람들이 자신에 대해 관심을 갖지 않는다고 느끼는 것처럼 보인다. 남성은 유머가 부족하고, 사소하고 예상치 못한 일에 쉽게 화내며, 의사결정을 어려워하고, 야망이 없으며, 새로운 일을 시도하려 하지 않는 것으로 보인다.

Caldwell(1988)은 Hy-S가 Hy1, Hy2, Hy5 소척도들과 문항 내용이 상당히 비슷하며 Little과 Fisher(1958)의 Dn 척도와도 거의 같다고 지적하였다. Nichols와 Greene(1995)은 Hy-S 척도가 적응상 문제들로부터 벗어나고자 하는 것, 적대감과 적대적 충동, 냉소주의와 불신 및 사회적 불편감에 대해 모호하면서도 복잡한 소인을 측정한다고 보았다. Hy-S의 상승된 점수는 심리학자들을 일부러 잘못 인도하려는 노력의 결과는 아니다. Nichols와 Greene(1995, p. 34)은 상승한 Hy-S 점수에 대해(또한 상승한 K점수에 대해서도) 다음과 같은 몇 가지 가설을 제공하였다.

이러한 상승은 솔직하지만 잘못된 자기평가(자기기만), 평균 이상의 적응과 자원 및 탄력성, 적응에 중대한 스트레스가 되거나 도전이 되는 것들로부터 보호하거나 혹은 차단하는 큰 부(富)와 높은 사회경제적 지위 혹은 친구나 가족의 친밀하고 적극적이며 헌신적인 그룹과 같은 사회적 이점의 산물일 수 있다.

그들은 또한 Hy3 척도가 대체로 불쾌감이라는 내용을 포함하고 있기 때문에 전체 Hy 척도가 Hy-S보다 억제라는 구성개념을 측정하기에는 다소 불만족스럽다고 지적하였다.

Hy-S는 K(.82) 척도와 높은 정적 상관이, CYN(-.79; CYN1,-.77)과 A(-.70) 척도와는 부적 상관이 있다. 따라서 Hy-S 점수는 K에 따라 상승하며, 반대로 척도 7, 8, 0을 낮춘다(Nichols, 2011).

낮은 Hy-S 점수는 약간의 냉소주의를 나타낼 수 있다. 다소 괴로운 감정이나 낯선 사람들에 대한 불편함 및 세상을 적대적으로 보는 관점을 인정하는 것 또한 낮은 점수를 보인 사람들의 특징일 수 있다.

Dahlstrom(1991)은 다음과 같이 Hy-S 소척도와의 상관물을 제시하였다. 남성과 여성 모두 자신감이 있고, 수줍음이 적고, 새로운 것을 시도하려 하며, 타인과 잘 지내고, 의심하거나 피하지 않고, 친절하며, 감정조절을 하는 사람으로 보일 수 있다. 여성의 경우에는 슬프거나 지루해하지 않는 편이며, 에너지가 부족하지 않고, 두려움도 많이 없고, 다른 사람들과 함께 웃을 수 있고, 미래에 대한 걱정이 없으며, 쉽게 상처받지도 않는다고 평가되었다. 남성의 경우에는 사소한 일을 따지지 않고, 협력적이거나 도움이 되며, 다정하고 마음이 넓으며, 거드름 피우지 않고 협조적이며, 관심을 요구하지 않는다.

척도 4: 반사회성(Psychopathic Deviate, Pd)

척도 4는 "비도덕적 성격특성과 반사회적(psychopathic) 성격장애를 갖고 있는 반사회적인(asocial) 사람들의 하위집단"의 특성을 측정하기 위해 개발되었다(Dahlstrom et al., 1972, p. 195). McKinley와 Hathaway(1944)는 이 척도가 반사회적 성격을 지닌 모든 사례를 구분하리라고 기대하지는 않았기 때문에 반사회적 일탈(Psychopathic Deviate)이라고 명명하였다. 이 척도는 임상적으로 반사회적 성격특성을 지닌 사람들의 반 이상을 반복해서 분류하고 식별하는 데 성공적이었다. 척도명은 당시 미국정신의학회(American Psychiatric Association)에서 사용하던 반사회적 성격 분류에 맞춘 "반사회적인 경향의 변형"(p. 172)들을 함축하는데, 그 특징들은 반사회적이거나 비도덕적인 경향뿐 아니라 병리적인 정서와 성적 특성(sexuality)을 포함하여 광범위하였다(McKinley & Hathaway, 1944).

임상기준집단은 총인원이 보고되지 않은 17세에서 22세까지의 남녀로 구성되었다. 여성이 남성에 비해 더 많았는데, 당시 지방법원에서는 상대적으로 여성들을 더 많이 병원으로 보낸 반면 남성들은 감옥에 보냈기 때문이다. 연구를 위한 기준집단의 참여자들은 법원에 의해 정신과 등에서 보내졌다. McKinley와 Hathaway(1944: Dahlstrom & Dahlstrom, 1980, pp. 57-58에서 재인용)는 참여자들에 대해 다음과 같이 서술하였다.

  기준 사례들의 증상 배경들은 매우 다양했지만 몇몇으로 특징지을 수 있었다. 대부분의 문제는 절도, 사기, 무단결석, 성적 문란함, 술에 대한 과도한 탐닉, 문서 위조와 유사한 범죄들이었다. 대표적인 범죄 종류는 없었다. 대부분의 행동이 동기가 별로 없었고 잘 숨겨지지도 않았다. 모든 기준집단 사례에서 오랜 기간 지속된 사소한 비행행위들이 나타났다. 많은 경우 주거침입이나 혹은 사회적 환경질서를 흩뜨리는 것이었는데, 그런 것들이 현재에는 별로 나타나지 않았다.

  Hathaway는 특정 문제행동(예: 절도, 사기, 성적 문란함)의 심각도보다는 행동 패턴의 지속성과 일관성을 강조하였는데, 그것이 척도에 대한 그의 핵심 개념을 나타낸다. 참여자들은 자신이 한 행동의 결과에 대해 거의 예상하지 않았고, "반사회적 행동을 막을 수 있는, 예상된 불안으로부터 배우지 못하는"(Marks et al., 1974, p. 25) 공통적 특성이 있었다. 기본적으로 반사회적 특질을 가진 사람들은 타인과 따뜻하고 안정적인 관계를 맺지 못하고, 사회적 관습을 이해하지 못하고, 사회적 규칙을 지키지 않으며, 부정적인 결과를 초래한 경험을 통해 배우지도 못한다. 본질적으로 그들은 심리적으로 미성숙하다(McKinley, 1944). 그들은 종종 관계를 유지시키는 따뜻하고 안정적인 애착을 맺지 못하는데, 이는 대체로 그들의 의존 욕구로 인한 것이며 사실상 자기중심적이고 착취적인 경향을 보인다. 이러한 사람들은 자신에게 부족한 내적 자원을 사용해야 하는 상황에 처하기 전까지는 불안에서 자유롭고 특별히 어려움이나 고통을 겪지 않는 것처럼 보이기도 한다. 이들이 보이는 일반적인 사회적 부적응이란 자신과 타인에 대한 불만족감으로 사회적 혹은 자신에 대한 강한 소외감이다.

  Nichols(2011, p. 126)는 척도 4에 대한 종합적인 견해를 내놓았다.

  척도 4에 내재된 일반적인 구성개념은 뿌리 깊게 박혀 지속되는 가장 부적응적인 성격 조직과 행동 패턴 중 하나를 나타낸다. 이는 대인관계에서 얻는 만족감을 줄이고 관계를 지속하지 못하게 하며, 교육 및 직업적 성취를 방해하고 장기적 목표를 유지하지 못하게 하며, 사회적 기능에서의 조화나 유연성 및 효능감을 제한한다. 이러한 특성은 전형적으로 문제나 갈등이 자신의 외부에서 생긴 것으로 간주하는 약간의 외재화를 포함한다. 특히 타인과 사회적 환경 및 조직이 대체로 부정직하고 이기적이고 편향되어 있으며 불성실하고 악의적이거나 경직되어 있다는 비호의적인 특성과 동기를 가지고 있기 때문에, 그들은 단지 반응을 할 뿐이라는 것이다. 따라서 타인의 탓을 하면서 자신을 확인하고 정당화해 주는 것처럼 보이는 사회적 환경으로부터 반응을 끌어내는 새로운 접촉을 통해 스스로를 강화하는 경향이 있다. 결국 이렇게 받아들인 확신은 새로운 학습을 방해하고, 없애기 힘든 상당히 저항적인 사회적 협의의 태도와 행동을 만들어 낸다.

비록 척도 4의 이름에 '반사회성(psychopathic)'이라는 말이 있지만, 독자들은 척도 4의 상승이 함축하는 바를 꼭 반사회성의 구성개념으로 해석할 필요는 없다. Hare(1991)와 다른 연구자들에 의하면, 반사회성(psychopathy)은 McKinley와 Hathaway(1994)가 척도 4를 구성할 때 사용한 것보다 더 병리적인 참조집단으로 정의된다(Greene, 2011). 범죄적 반사회성 성향자들은 다른 사람에게 신체적 위협을 가한다고 알려져 있다. 척도 4가 비행이나 범죄 행위의 빈도에 따라 함께 상승한다 하더라도 Greene(2011)은 '문제적 대인관계와 소외감'이 척도 4에 더 어울리는 현대화된 이름이라고 주장했는데, 반사회성의 구성개념으로 인해 혼란스러운 것을 피할 수 있기 때문이다. 그러나 실제 반사회성 성향자들이 척도 4를 상승시키지 않는 것은 아니다. 특히 범죄와 관련된 상황에서는 반사회성 혹은 반사회적 성향을 배제하기 위해서 단독상승한 척도 4를 잘 살펴야 한다. 그러나 일반적으로 척도 4의 상승은 그들이 마주치는 사람들에 비해 조사받는 본인에게 더 큰 신체적 위험을 야기한다.

전체적인 사망률/질병률로 보면, 척도 4에서 높은 점수를 나타내는 사람들은 타인보다 자신을 더 파괴하는 경향이 있다. 높은 점수를 받은 사람들은 물질남용 및 무모하게 위험을 택하거나 혹은 위험을 무시하는 경향으로 인해 상해나 죽음에 이르기 쉽다. 한편, 높은 점수를 받은 사람들은 정서적인 냉담함이나 사람들을 만날 여유의 부재, 이기심이나 책임감의 결여, 그들의 행동 때문에 생긴 상황으로 야기된 타인의 스트레스에 무관심한 것 때문에 타인에게 큰 정서적 위험을 준다(Nichols, 2011, pp. 126-127).

50개 문항의 Pd 척도를 만들기 위해 정상비교집단(294명의 남성과 397명의 여성)이 사용되었는데, 그들은 미네소타 대학교에서 입학안내상담을 받았던 대학 신입생과 미네소타에 거주하는 좀 더 나이가 많은 기혼자였다. 기혼자집단의 평균 나이가 35세여서 연령 균형을 맞추기 위해 대학생집단을 포함하였다. 교차타당화 과정에는 100명의 수감자와 '반사회성 성격'으로 진단된 78명의 정신과 입원환자가 포함되었다. 척도를 통해 오직 반사회적인 사람들만이 가려지도록 기대되었다. McKinley와 Hathaway(1944)는 수감자들 중 59%가 Pd의 T점수에서 70점 이상을 받았고, 정신과 환자들은 45%가 70점 이상의 T점수를 받았다고 보고하였다.

최종 Pd 척도를 만들기 전 5개의 예비척도를 개발하였다. MMPI-2로 개정될 때 Pd에서 탈락된 문항은 하나도 없었고, 오직 4개의 문항만이 수정되었다(2개는 현대적 표현을 위해, 하나는 문법적 명료화를 위해, 다른 하나는 간결한 표현을 위해).

척도 4의 문항 내용은 다양하다. McKinley와 Hathaway(1944)는 기본적으로 문항 내용들을 ① 사회 부적응 문항, ② 우울증 문항, ③ 편집증 성향 문항이라는 3개의 일반적 묶음으로 구분하였다. 척도의 혼합된 내용은 이 척도의 요인분석 연구를 반영한 것이다. 예를 들어, Dahlstrom 등(1972)은 Comrey(1958)와 Astin(1959)의 요인분석 연구를 조사하여 과민성(hypersensitivity), 부족한 충동조절능력, 사회 부적응 및 정서 결핍의 네 가지 요인을 도출하였다. Nichols와 Greene(1995, p. 35)은 높은 Pd 점수가 사람들의 반사회성을 환경 속에서 어떻게 발현시키는지에 대한 그들의 날카로운 묘사에서 이 요인들을 포착하였다.

> Pd에서, 메마른 정서적 삶과 공허감은 사회적 상황에서 그들에게 문제를 발생시키고, 그들이 내적으로 불완전하고 공고하지 않게 경험하는 자율성을 타인들이 알아차리게 한다. 그 결과, 대체로 일련의 다툼, 약속 파기, 낮은 성취, 실직, 짧은 관계 및 법적인 곤란을 경험하게 된다.

Greene(2011)은 Caldwell(2007b)의 임상집단에서 높은 상관을 보였던 15개 척도를 언급함으로써 척도 4의 문항 내용들에 대한 통찰을 제공하였다. 이 척도들에 대한 3개의 기본적 분류는 ① 소외감, ② 주관적 불편감과 부정적 정서(즉, 첫 번째 요인), ③ 가족/부부 문제이다. Greene(2011)은 15개 척도 중에 권위적 인물과의 문제나 반사회적 태도와 행동을 반영하는 척도가 없다는 것이 놀랍다고 언급하였다. 아마도 Caldwell의 집단이 반사회적 과거력이 있는 범죄적 내담자가 아니라 임상환자들로 구성되었기 때문인 것 같은데, 전자의 경우가 권위자와의 문제나 반사회적 태도를 측정하는 척도와 더 높은 상관이 있을 것이다.

척도 4의 해석은 프로파일 내 다른 척도와의 관련성에 매우 의존하게 된다. Nichols는 다음과 같이 설명하였다.

> 기본 임상척도들 중 척도 4는 척도 8과 .76, 척도 7과 .73으로 매우 높은 상관을 보인다. 척도 4와 상관을 보이는 내용척도는 DEP(.76)와 FAM(.73)이다. RC4와의 상관은 .64이다. 이러한 관계는 Pd-O 및 정신과 표본집단에서 도출된 상관이라는 사실에 의해 결정된다. 정신과 집단에서 척도 4와 Pd-O와의 상관이 .92였으며, Pd-S와의 상관은 .37이었다. 이러한 상관 패턴은 범죄교정집단과는 현저히 다를 수 있고, 정상집단과도 어느 정도 차이가 날 수 있다.
>
> (Nichols, 2011, p. 123)

Harris와 Lingoes(1955)는 앞서 우리가 짧게 언급한, 척도 4의 문항들에 대한 차별적인 하위

묶음을 구분하였다.

척도 4의 채점방향은 총 50개 문항에 대해 '그렇다'와 '아니다'가 거의 반반이다('그렇다' 24개 문항, '아니다' 26개 문항). K-교정으로 0.4점이 Pd에 더해짐으로써 진단감별력이 향상되었다. 이 점수는 프로파일상에서 Pd의 원점수에 더해진다. 50개 문항 중 10개 문항은 비중복, 즉 척도 4에만 해당하는 고유 문항이고, 나머지 40개 문항이 다른 임상척도나 F 및 K 척도와 중복된다. 척도 4는 F와 5개 문항, K와 7개 문항을 공유한다. 척도 6과는 8개 문항을, 척도 7, 9와 DEP 및 FAM과는 6개 문항을, 척도 0과는 같은 방향으로 채점되는 5개 문항과 다른 방향으로 채점되는 6개 문항을, DISC(통제결여)와는 5개 문항을 공유한다. 척도 3(Hy) 및 8(Sc)과는 둘 다 10개 문항씩, 척도 2(D)와는 7개 문항을 공유한다. 척도 4와 2가 공유하는 7개 문항은 기준집단의 수검 당시 상황 혹은 상태적 측면을 반영하는 것일 수 있다. 참여자 모두가 법적 절차에 관련되어 있거나 수감 중이었기 때문에 고유한 우울성향보다는 아마 자신들의 상황과 관련된 불유쾌한 감정을 경험했을 수 있다. Nichols(2011, p. 122)은 다음과 같이 설명하였다.

> 대체로 Pd5에 있는 이 척도의 우울/죄책감 관련 문항들은 입원 중인 것처럼 순수하게 상황적인 불편감에서 기인한 것과, 자신들이 집으로 돌아가게 되거나 빨리 풀려나는 것으로 인해 불안해하는 부모를 진정시키려고 계산된 거짓 후회나 회개를 보이는 것을 구별할 수 있을지도 모른다.

McKinley와 Hathaway(1944)는 47개의 사례로 이루어진 정상표본집단에서 며칠 내지 일 년 이상의 간격으로 실시한 Pd의 검사-재검사 상관이 .71이라고 보고하였다. Butcher 등(2001)은 그들 지역의 정상표본집단을 대상으로 평균 8.6일(중간값=7일)의 간격으로 실시한 검사-재검사 신뢰도가 82명의 남성에서 .79, 111명의 여성에서는 .69로 나타났다고 보고하였다.

정신과 집단 MMPI에서 Pd 척도의 검사-재검사 상관은 하루 이틀 정도의 간격에서는 .69에서 .75로, 1년 간격에서는 .48에서 .49로 나타났다(Dahlstrom et al., 1972). 1970년에서 1981년 사이에 실시된, 다양한 표집에 대한 Hunsley 등(1988)의 MMPI 신뢰도 검증에 대한 대규모 메타분석 연구에서 하루에서 2년 사이 간격으로 측정된 16개 연구에 대한 검사-재검사 신뢰도 평균은 .71이었다.

재표준화집단(Butcher et al., 2001)에서 척도 4의 내적 합치도로 산출된 값은 남성의 경우 .60, 여성의 경우 .62로 나타났다. Hunsley 등(1988)의 보고에서는 척도 4의 내적 합치도 값이 더 높았는데, 이상(abnormal) 및 정상(normal)의 다양한 집단이 그들의 메타분석에 포함되었기 때문이다. 그들이 71개 연구를 종합하여 보고한 평균 내적 합치도는 .81이었다.

척도 4 점수가 높은 사람, 특히 프로파일상에서 이 척도가 제일 혹은 두 번째로 높은 경우에는 전형적으로 정서적 깊이가 매우 낮아서 "책임감, 사회적 행동양식에 대한 공감 혹은 개인적이고 감정적인 충실성의 근거가 요구되는 상황이 되기 전까지는" 타인이 잘 알아채기 어렵다(Dahlstrom et al., 1972, p. 195; McKinley & Hathaway, 1944). 이러한 사람들은 자신들의 취약한 감정을 스스로 느끼지 못하게 하는 대처법을 발달시키는 것 같은 정서적 결함이 있다고 묘사될 수도 있다(Levak et al., 2011). 삶의 이른 시기부터 애정과 따뜻함이 부족했고, 신체 및 정서적으로 요구해도 관심을 받지 못하는 등 양육자로부터 오랜 기간 학대받거나 방치당한 경험으로 인해 성격특성의 조직화가 종종 낮은 좌절 인내력, 충동성, 반사회적 태도나 타인에 대한 부족한 공감능력이 포함된 발달단계에 고정된다. 권위적 스타일의 부모 한 명 혹은 둘 모두에 의해 훈육은 종종 비일관적이거나 자의적이고 통제적인 방법으로 적용된다. Nichols(2011)에 의하면, "부모 중 한 명 혹은 두 사람 모두는 아이의 잘못된 행동을 권위를 통해 반복적으로 구제하거나 중재하는 것('사내애들이 다 그렇지.')으로서 은연중에 그것을 승인하고 대리만족을 얻어 왔다. 이 때문에 일탈된 사회적 발달이 더욱 강화되었다"(p. 131). 역기능적인 양육과 같은 외상적 경험은 자기 경험을 지적으로 인지하고 이해하지만 정서적으로는 자신이 지닌 필수적인 자원으로부터 단절되는 인지적 유형을 발달시킬 수 있다. 그 결과, 타인과 진정으로 상호작용을 하는 능력이 제한되거나 장애를 초래할 수 있다. 사실 Rathvon과 Holmstrom(1996)은 척도 4가 자기애적 고갈(narcissistic depletion) 요인과 유의한 정적 상관을 보이는 것을 발견하였다. 심지어 Pd 점수가 가장 높지만 그래도 정상범위 이내인 경찰관 지원자 같은 소위 정상모집단이나 스카이다이버 같은 감각추구자들 사이에서 Pd 특성이나 경향성의 일부가 관찰된다. 예를 들면, 외적으로 반사회적이기보다는 조금 냉소적이거나 권위적인 인물과의 관계에서 미성숙한 편일 수 있다.

재표준화를 위한 정상표본집단에서 파트너 평정을 통해 척도 4가 고통감이나 최근의 생활 변화에 민감하다고 밝혀졌다(Butcher et al., 1989). 이 표본 중 Pd에서 높은 점수를 받은 참여자들은 파트너에 의해 약간 우울하고 반사회적이며 적대적이고 충동적이고 규범을 따르지 않는다고 여겨졌다. Hathaway와 Meehl(1944)은 Pd에서 높은 점수를 받은 정상집단에 대해 그들의 친구들이 만들어 낸 수많은 형용사를 보고하였다. 전반적으로 척도 4에서 높은 점수를 받은 사람들은 사회적으로 꽤 눈에 띈다. Pd 척도가 정상범위에 있지만 높은 점수를 받은 정상집단을 표현할 수 있는 전형적인 묘사들은 '외향적인, 모험을 즐기는, 열정적인, 빈정대는, 과시적인, 수다스러운, 매우 신경질적인, 주장적인, 적극적인, 활기 넘치는, 미성숙한, 과민한' 등이다.

높은 Pd 점수는 자기애성, 수동-공격성, 경계선, 연극성, 편집성, 의존성 및 반사회성 성격장애 진단과 자주 관련된다(Morey & Smith, 1988). 그러나 척도 4에서 높은 점수를 받은 사람이, 특히 과거에 그런 경우가 없었다면 항상 반사회적 행동을 보이는 것은 아니다. 만약 주요하게 척도 4와 함께 척도 9가 상승했다면, 반사회적 행동이 외적으로 나타날 가능성이 높아진다. 범죄교정 체계 내에서 평가된 사람이 아니라면, 척도 4에서 높은 점수를 받은 사람들에게서 소외감(뒤에 나오는 Pd4와 Pd5 참조)을 반영한 부정적 정서가 반사회적 행동보다 더 현저하게 나타났을 때 특히 주의해야 한다. Butcher와 Williams(1992)는 ASP(반사회적 특성) 내용척도가 Pd와 약간의 상관(.37)을 보이는 것을 언급하면서 이러한 측면을 강조하였다. 척도 4에는 반사회적 행동을 측정하는 문항을 포함하여 복합적인 문항들이 속해 있지만 반사회적 행동 측정에만 제한되는 것이 아니다. ASP 척도는 이러한 구성개념을 더 직접적으로 측정한다 (Butcher et al., 1990).

척도 4에서 높은 점수를 받은 사람들에게서 정서조절곤란(emotional dysregulation)은 순간적인 기분 변화로 자주 나타난다. 예를 들어, 과민함이 공개적으로 표현될 때 이러한 정서 표현의 조절 미숙은 종종 상대방에 대한 언어적 및 신체적 공격성을 보이는 화로 변하는 것을 통해 드러난다. 그들을 자극하는 상황에서 정서적 각성이나 표현이 잘 조절되지 않는 경향이 있다(Nichols, 2011). 그들의 정서적 기저선은 저각성된(under-aroused) 상태이지만, 불안정해서 차분하지 않고 지겨워하는 상태로 쉽게 바뀐다. 이에 활동이나 격정적인 대인관계를 통해 감각을 추구하는 경향을 보인다. 그들이 삶에서 자주 경험하는 전반적인 공허감이나 무의미한 느낌이 몇몇 불만스러운 기억을 쉽게 떠오르게 하기 때문에 분한 마음이나 심지어 비통함을 느끼기도 한다.

Duckworth와 Anderson(1995)은 상승된 Pd의 핵심특징이 "무언가와 싸우는"(p. 164) 것이라고 보았다. 그들은 척도 4의 점수가 높은 사람들이 자신의 부모, 친구, 배우자 및 사회나 학교 등에서 갈등이 있을 수 있다고 주장하였다. 또한 척도 4가 상승한 주요한 의미를 더 잘 이해하기 위해서는 어떤 상황에서 검사에 임하였는지를 조사하는 것이 기본이라고 하였다. 점수가 낮을 때는 '싸움'을 직접적으로 표현하지 않을지도 모르지만, 자신에게 요구된 변화가 아닌 어떤 일이나 사람에 대해 은근히 내현적인(covert) 태도나 감정을 보일 수 있다. Duckworth와 Anderson은 또한 약간 상승한 Pd는 성격적 특성의 장애보다는 결혼생활에서의 곤란과 같은 상황적인 스트레스를 반영할 수 있다는 점도 강조하였다.

알코올, 약물, 복합 마약의 남용이나 중독은 척도 4의 높은 점수와 관련되어 자주 나타나며, 이는 이러한 사람들이 경험하는 감정적 결함을 개선하기 위한 자극제라는 개념으로 볼 수 있다(Craig, 1984a, 1984b, 1984c, 1988; Jaffe, 1992; Jaffe & Jaffe, 1992). 약물 및 알코올 남용자들의 MMPI에 대한 종합적 리뷰를 위해서는 Greene과 Garvin(1988, pp. 159-197)의 글을 보기 바란

다. 약물이나 알코올 의존자들에게 우울증 같은 추가 진단이 자주 덧붙여지지만, MMPI-2의
지표들(예: DEP 내용척도나 척도 2)이 이러한 진단을 뒷받침하지 않는다면 척도 4에서 높은 점
수를 받은 사람들은 슬픔이나 상실감 같은 전형적인 우울상태가 아닌 공허감이나 소외감을
경험하고 있을 수 있다(Levak et al., 2011).

　척도 4 점수가 높은 사람들은 자극보조제로서의 알코올 및 약물 남용에 더해 성적 자극에
대한 욕구도 높아서 그들의 성생활은 친밀감보다 감각추구에 더 중심을 두고 있을 수 있다.
"전형적으로 성적인 상호작용이 자발적이고 거리낌이 없으며, 상대적으로 무차별적이고 문란
하다. 동반자로서의 적절함보다는 자극으로서 좋은지를 기준으로 파트너를 선택하는 경향이
있으며, 이 부분에서 그들의 이기심과 착취적 성향이 흔하게 나타난다."(Nichols, 2011, p. 30)

　척도 4의 점수는 정상, 신체질환 및 임상의 남녀집단에서 나이가 들어 감에 따라 10~
12점(2~3개 문항) 정도 낮아진다(Colligan et al., 1983, 1989; Colligan, Osborne, Swenson, &
Offord, 1984; Friedman et al., 2001; Greene, 2011). Greene(2011)은 이러한 경향이 높은 점수
를 받은 사람들에게서 일어나는, 느리게 성숙해 가는 변화를 반영하는 것이라고 주장하였다.
Archer(1997)는 또한 Pd 점수가 정상 및 임상 모집단에서 청소년과 성인을 구분하는 기능을
한다는 명백한 증거가 있다고 언급하였다. 그는 청소년이 성인에 비해 Pd 문항에 더 많이 기
입하는 경향이 있으며, MMPI-A 표본에서 정상 청소년의 경우 MMPI-2 기준으로 채점했을
때 T점수로 대략 평균 55점을 보인다고 하였다. 그러므로 청소년의 프로파일에서 대체로 척
도 4가 현저히 상승해 있다는 것은 놀랄 일이 아니다(Archer, Gordon, & Klinefelter, 1991; Marks
et al., 1974).

　사회활동가나 청소년 및 정신건강 전문가들을 포함한 몇몇 정상집단도 척도 4에서 정상이
지만 높은 점수(high-normal)부터 약간 낮은 점수(low-moderate)를 보이기도 한다. 이에 더해
소방관, 경찰, 비행기 조종사 및 교정시설 지원자 등도 척도 4에서 앞과 같은 범위의 점수를
나타내는 경향이 있다(Aamondt, 2004; Bartol, 1991; Butcher, 1994c, 2002; Davis & Rostow, 2004;
Friedman et al., 2001; Greene, 2011).

Harris-Lingoes 소척도

앞서 언급했듯이, Harris-Lingoes 소척도는 높은 MMPI-2 모척도 점수를 특징짓는 문항 내
용들의 특정 패턴을 확인하는 데 도움이 된다. 특히 척도 4는 포함된 내용들 자체가 풍부하고
다양하기 때문에 소척도 패턴을 분석하는 것이 도움이 된다. 몇몇의 Pd 소척도는 반사회성의
매우 다른 부분들을 측정한다. 이러한 차이들을 고려하는 것은 임상 실제나 평가에서 중요한
함의를 지닌다(Lilienfeld, 1999). Harris와 Lingoes(1955)는 다음과 같이 척도 4에 해당하는 총

5개의 소척도를 개발하였다. 가정 불화(Pd1), 권위 불화(Pd2), 사회적 침착성(Pd3), 사회적 소외(Pd4), 내적 소외(Pd5)이다. MMPI-2 개정에 의해 전혀 영향을 받지 않은 많은 다른 Harris-Lingoes 소척도들과 달리, Pd 소척도에서는 여러 개의 문항이 수정되거나 삭제되었기 때문에 MMPI와 MMPI-2의 소척도 간의 일관성이 약화되었다(Chojnacki & Walsh, 1994). Harris와 Lingoes는 이유를 설명하지 않은 채, 원문항 구성에 출판되지 않은 이전 버전의 척도 4에서 가져온 2~6개의 문항을 각각의 Pd 소척도에 첨가하였다(Greene, 2011; Levitt, 1990). 이유가 명확하지 않았기 때문에, MMPI-2 개정판에서는 이러한 문항들을 삭제하였다. 유일하게 제시된 논리적 근거는 이 문항들이 척도 4의 최종 버전에 포함되지 않았다는 것이지만(Butcher et al., 1989, p. 29), 이러한 '척도 밖의' 문항들을 그 내용이나 소척도를 강화하는 기여도에 기반해서 포함했을 때 얻을 수 있는 이익에 대한 질문들은 다루지 않았다.

원판 MMPI와 MMPI-2 간의 일치도 검증에서 Chojnacki와 Walsh(1994)는 짧아진 Pd 소척도들이 T점수에는 실질적으로 영향을 주지 않는다고 결론지었다. 재표준화를 통해 Pd1, Pd2, Pd3, Pd4 그리고 Pd5 척도에서 각각 2, 3, 6, 5 그리고 3개 문항이 삭제되었다. 척도 4의 Harris-Lingoes 소척도는 중복문항이 상당히 적다. Pd4와 Pd5가 3개 문항을 공유한다.

Pd1: 가정 불화(Familial Discord, 9개 문항)

이 소척도에 속한 문항들은 현재 그리고 과거에 있었던 가족과의 문제를 반영하며, 사랑이 없는 가정에서 탈출하고 싶어 하는 소망을 함께 포함한다(Caldwell, 1988). Pd1에서 5개 문항은 '그렇다'로, 4개 문항은 '아니다'로 채점된다. Pd1은 FAM과 6개 문항, FAM1과 3개 문항 그리고 FAM2와는 2개 문항을 공유한다. Levitt(1989)에 의하면, 높은 Pd1 점수를 받은 사람들은 애정이 부족하면서 스트레스를 주고 정서적 지지가 없다고 여겨지는 가족 상황에 거부반응을 보인다. 상승된 Pd1 점수에 대한 임상가들의 설명을 연구한 Wrobel(1992)은 가족 통제에 대항하는 투쟁적인 느낌이 중요하다고 하였다. Graham 등(1999)은 Pd1에서 높은 점수를 보인 정신과 여성 외래환자들은 자신들이 처한 어려움에 대해 가족을 비난하는 경향이 있으며, 더 많은 관심을 요구하고 논쟁적이라고 하였다. 이 소척도의 문항들을 보면 Pancoast와 Archer(1988)가 발견한 사실이 별로 놀랍지 않은데, 그들은 성인에 비해 청소년이 Pd1 문항들에 특히 더 많이 기입하는 것 같다고 하였다. Nichols와 Greene(1995)은 Pd1이 원가족 내에서의 갈등과 소외에 따라 편향되기 때문에 가족 소외감에 대한 전반적 측정치로 볼 수 있다고 밝혔다. 사실 F, Sc1(사회적 소외), Pd1이 모두 상승할 때에는 피검자가 부모 중 한 명 혹은 두 명 모두를 증오함을 솔직하게 진술하고 있다고 충분히 생각할 수 있다. Nichols(2011)는 이 소척도의 문항들이 원가족에 대한 상당한 괴로움이나 분노감을 나타낸다고 설명하였다. "Pd1

에 내포된 상처는 보살핌을 받지 못하면서 통제당하고 비난받았던 결과이다."(p. 123) Pd1뿐 아니라 Pd4와 Sc1은 피해자와 가해자 모두의 학대 과거력에 민감하다. Caldwell(1988)은 낮은 점수의 경우 진정으로 융화되고 결속되어 있는 지지적인 가족을 반영하거나 혹은 가족 문제를 최소화하거나 부인하려는 가능성을 나타낸다고 하였다.

Pd2: 권위 불화(Authority Problems, 8개 문항)

Pd2 소척도에 있는 문항들은 권위적 인물에 대한 반감(반발적인 저항)과 학교를 싫어하는 것, 반항심, 통제 부족, 관습이나 예의범절하에서 참아야 할 때의 저항심이나 짜증 등을 나타낸다. Pd2 중 2개 문항이 '그렇다'로, 6개 문항이 '아니다'로 채점된다. 과거에 한 비행행동, 법적으로 연루된 경험이나 권위자와의 문제를 묻는 다양한 문항이기 때문에 과거의 성향을 강력하게 나타낸다. 이것은 왜 이들이 상승된 K 척도에 의해 억제되지 않는가를 보여 주는 것일 수 있다(Caldwell, 1988). Lilienfeld(1999)는 다른 Pd 소척도들에 비해 Pd2가 반사회적 행동과 더 높은 상관을 보인다는 사실을 발견하였다. 몇 개의 문항이 불법적인 내용을 노골적으로 담고 있는 것을 고려하면 그리 놀랄 일은 아니다. 그는 또한 다른 Pd 소척도들에 비해 Pd2가 근본적인 반사회성을 더 잘 나타내는 표지자 역할을 한다고도 밝혔는데, 이는 Meloy와 Gacono(1995), Graham 등(1999)의 연구와도 일관된다. Osberg와 Poland(2001)도 이와 비슷하게 Pd2가 과거 범죄력과 관련된다는 것을 밝혔다.

높은 Pd2 점수는 행동통제결여 및 충동성을 나타내며, "사회 규범 및 규칙에 명백히 반하는 행태 및 규칙을 깨거나 타인, 특히 권위자와 갈등의 소지가 확실히 있는 행동에 대한 낮은 역치를 나타낸다"(Nichols & Greene, 1995, p. 27). Wrobel(1992)은 정신과 외래환자 중 Pd2에서 높은 점수를 보인 사람들에 대해 '부모나 사회의 요구 및 관습에 분개하는' 모습을 보인다고 설명하였다. Levitt(1989)은 Pd2에서 높은 점수를 받은 사람들은 반항적이며, 책임을 져야 하거나 개인적 만족을 방해하는 행동 규준을 받아들이기 힘들어한다고 기술하였다.

임상가들은 사회적 탈억제를 나타내는 ASP 내용척도나 그 하위 소척도인 반사회적 행동(ASP2) 등과 같은 지표와 함께 상승한 Pd2 척도를 주목해야 한다. Pd2와 ASP2는 반사회적 행동의 직접적 표현을 시사하는데, 반사회적 행동은 CYN(냉소적 태도)보다 ASP가, ASP보다 Pd2가, Pd2보다 ASP2가 훨씬 잘 예측한다(Nichols & Greene, 1995). Pd2와 ASP가 3개 문항을 공유하는 것을 염두에 두어야 한다. 나쁜 행동이나 규칙을 깨는 것은 Pd2로 측정할 수 있으나, 이 소척도와 자아 팽창(Ma4)을 비교하는 것은 신중해야 한다. "두 척도가 모두 상승했을 때 통제 회피, 자율성 및 자기결정과 관련된 문제들이 두드러진다."(Nichols, 2011, p. 124)

Graham 등(1999)은 Pd2에서 높은 점수를 보인 정신과 남녀 외래 환자들이 최근에 알코올과 물질 남용 및 의존 문제를 보고했다는 것을 발견하였다. 이러한 발견은 앞서 언급한 낮은 좌절 인내력을 지닌 충동적인 사람들에 대한 기술과 일치한다.

Pd2에서 낮은 점수를 받은 사람들은 권위자와 문제가 있는 것을 인정하지 않거나 혹은 사회적으로 순응적인 경향을 보인다. 그들은 높은 점수를 받은 사람들이 갖고 있지 않은 억제력을 지니는데, 이는 "질서 있는 공동체 정신과 시민들 간에 조화로운 사회적 관계를 위한 규칙과 규제를 성숙하게 따르는 것"을 반영하는 것일 수 있다(Nichols & Greene, 1995, p. 40).

Pd3: 사회적 침착성(Social Imperturbability, 6개 문항)

원래 12개 문항으로 이루어져 있던 이 소척도는 MMPI-2 개정판에서 6개 문항이 삭제되고 6개 문항만 남았다(Pd 소척도 중에서 가장 짧다). 이 척도의 모든 문항이 Pd-S와 중복된다. Pd3은 타인의 애정이나 인정에 대한 욕구가 필요 없는 강한 외향성을 나타낸다. 모든 문항이 '아니다'로 채점된다. Nichols와 Greene(1995)은 "Pd3은 대인관계에서 상대를 조종하고 위협하며 착취하거나 타인에게서 물건이나 서비스를 뜯어내는 것과 같은 매우 공격적이고 무심한 사회성을 반영한다. 사회적인 인정은 별로 중요하지 않다."(p. 37)라고 언급하였다. Pd3에서 높은 점수를 받은 사람들은 사회적으로 공격적이면서 별로 흔들리지 않는 특징을 보이는데, 특히 프로파일에 냉소주의나 적대감 및 반사회적 성향이 나타난다면 확실하다. Pd3에서 높은 점수를 받은 사람들(MMPI-2에서는 원점수 5점 이상)은 사회적 상호작용에서 지나치게 밀어붙이며, 상대방에 대해 둔감한 경향이 있고, 심지어 공격적이거나 고압적인 경향도 나타난다(Nichols & Greene, 1995).

사회적 불안의 부인 소척도(Hy1)와 Pd3은 문항의 67%를 공유하기에 척도의 해석도 유사하다. 두 소척도 모두 대담한 사교성을 함축하고 있다. MMPI-2 개정 시 Pd3에서 6개 문항이 삭제되면서(이 문항들이 최종 Pd 척도에 없었기 때문에) 중복문항의 비율이 높아졌다. 사실상 이 두 소척도는 자기애성 증후군의 구성 요소라고 볼 수 있는 사회적인 둔감성을 나타낸다. Nichols(2011)는 사회적으로 공격적인 측면으로 지적된 Pd3의 자기애적 둔감성이 또한 SOD2의 낮은 점수에서도 나타남을 강조한다. Nichols는 이러한 대인관계 스타일과 일치하는 "Pd3이 A와 -.64의 부적 상관을 보이는데, 사회적 불안과 창피함에 대한 두려움이 없는 드문 특성뿐 아니라 언변 좋고 번지르르한 수완가의 이미지같이 자기주장적이고 불안과 반대되는 태도를 보이는 점"이 있다고 언급하였다(Nichols, 2011, p. 124).

Pd3 점수가 낮은 사람들은 사회적 상황에서 불편해하며 사회적으로 주도권을 잡는 것에서 어려움을 겪을 수 있다. Pd3, Hy1 및 Hy-S가 모두 낮고 SOD 내용척도, Si, S2(사회적 회피)가 상승했다면 장기적으로 또는 선천적으로(기질적으로) 수줍고 사회적으로 철수된 경향이 있을 수 있다. 그러나 만약 Pd3, Hy1 및 Hy-S가 정상범위에 있지만 SOD, Si, Si1이 유의하게 상승했다면, 상실이나 다른 괴로움에 대한 반응으로 일시적인 사회적 철수를 경험하는 것일 수 있다(Nichols & Greene, 1995).

Pd4: 사회적 소외(Social Alienation, 13개 문항)

Harris와 Lingoes(1968)는 Pd4의 주제를 "소외감, 소속감의 부재, 어려움에 대한 책임을 외부로 돌리는 것과 사회적 관계에서 만족감이 없는 것"이라고 기술하였다. 전체 문항 중 10개 문항은 '그렇다'로, 3개 문항은 '아니다'로 채점된다. Pd4는 척도 6(편집증)과 6개 문항을, Pa1과 전체 문항을 그리고 Pd5와는 3개 문항을 공유한다. Pd4는 '편집증적인 분함'의 느낌을 나타낸다(Caldwell, 1988). 이 소척도는 척도 4의 편집증적 요소이지만 약간의 우울한 색채도 담고 있다. Nichols와 Greene(1995)은 Pd4가 타인으로부터의 심한 소외감과 박탈감 및 '부당한 대우'를 받고 있다는 느낌을 나타내기 때문에 Pd4를 그들의 구조적 요약 내의 편집증적 사고과정 항목에 넣었다. Pd4에는 남아 있는 슬픔이나 갈망적 요소가 있는데, 이는 취약하고 외롭고 불행한 자신을 보여 주는 것이다. Pd4에서 높은 점수를 받은 사람들은 타인을 적대적이라기보다는 빼앗아 가는 사람이라고 여기는 전반적인 불신을 가지고 있다. 결과적으로 그들은 다른 사람들이 무정하고 믿을 만하지 못하다고 느낀다(Nichols & Greene, 1995). Nichols(2011)는 Pd4가 아동기에 경험한 심한 박탈과 방치에 가장 민감한 경향이 있으며, 높은 점수를 받은 사람들은 타인이 애정, 지지, 격려 및 정서적 자양분을 주지 않을 것으로 예상한다고 언급하였다. 아동기에 충분히 안아 주는 환경(holding environment)이 제공되지 않았다면, 자신이 원하는 것은 무시되고 가치 없게 여겨진다는 느낌을 받으면서 타인에게 박탈감이나 무시/학대를 당한다고 느끼게 된다. 이 같은 정서적 박탈감은 임상가가 평정한 Pd4 점수가 높은 환자들의 특징 정보에 입각한 Wrobel(1992)의 연구결과에 의해서 지지된다. 이러한 특징은 사회적으로 고립된 느낌, 사회적 관계에서 만족감이 없는 것, 소속감의 부재 및 외부 탓을 하는 것을 포함한다. Graham 등(1999)이 정신과 남성 외래환자 연구에서 찾아낸 슬픔은 이전에 언급된 외로움 및 불행감과 일치하는 것이다. Levitt(1989)은 Pd4가 상승했을 때 가족 구성원이나 친한 친구들이 지지를 해 주지 않았는지 확인하기 위해 Pd1을 살펴봐야 한다고 제안하였다. 이를 위해 임상가들은 FAM 내용척도 같은 다른 측정치들도 검증하길 원할 것이다. 만약 다른 Pd 소척도들, 특히 Pd2에 비해 상대적으로 Pd4와 Pd5(내적 소외)만 상승한 사람이라면 심리치료를 통해 도움을 받을 가능성이 있다. 그러나 이러한 추측을 입증하려면 더 많은 연구가 필요하다(Lilienfeld, 1999).

Pd4와 Sc1의 척도명이 같지만 중복문항은 3개밖에 없기 때문에 두 소척도는 상당히 다르다. Nichols(2011)는 주요한 차이점을 "Sc1이 타인과 애착을 맺는 것을 싫어하는 것을 반영하는 반면, Pd4는 Sc1과는 다르게 그렇게 할 수 없는 것을 강조하고 이에 대해 슬퍼하는 느낌도 있다."(p. 124)라고 하였다.

Pd4에서 낮은 점수를 받은 사람들은 이해받고, 잘 대우받는다고 느끼며, 사회적 환경에 소속감이 있음을 즐긴다(Caldwell, 1988).

Pd5: 내적 소외(Self-Alienation, 12개 문항)

이 척도의 Harris와 Lingoes(1968) 문항들은 삶에 대한 불만족뿐 아니라 불행감과 오해받는다는 느낌을 포함한다. Pd5의 전체 문항 중 10개 문항은 '그렇다'로, 2개 문항은 '아니다'로 채점된다. Pd5는 DEP와 6개 문항이 중복되며, PK 및 PS와 높은 상관을 보인다. Wrobel(1992)은 Pd5에서 높은 점수를 받은 사람들의 상관물로 낙심하는 것을 언급하였고, Caldwell(1988)과 Graham 등(1999)은 이들이 전형적으로 죄책감이나 자기비난이 심한 상태, 후회, 희망이 없고 불행한 것과 비슷한 느낌을 가진다고 설명하였다. 이 소척도는 McKinley와 Hathaway(1944)가 모척도의 주요소로 본 척도 4에 내재된 무쾌감중적 요소에 민감하게 나타났다. 그래서 Pd5는 척도 4의 우울 요소로 여겨진다. 하지만 Pd5의 우울 내용 문항이 4번 척도(Pd)의 높은 점수에 대한 전통적인 해석과 일치하지 않는다는 점을 주의해야 한다(Levitt, 1989). Pd5 소척도에서 높은 점수를 받은 사람들은 자신의 불만족감의 이유를 자기 스스로에게 돌리지만, 척도 4에서 높은 점수를 받은 사람들은 전형적으로 환경 탓을 한다. Foerstner(1986)가 실시한 MMPI 특정 척도의 요인분석 연구에 따라 Levitt(1989)이 3개의 남녀 환자집단을 살펴보았을 때, Pd5의 우울 문항들이 우울증 요인에서 높은 설명량을 보였다. Nichols(2011)는 문항들이 자책의 내용을 반영하며, 반사회성 구성개념을 나타내려는 척도에는 확실히 어울리지 않는다는 것에 동의하였다. Voelker와 Nichols(1999)는 사이코패시 체크리스트 개정판(Psychopathy Checklist-Revised: PCL-R; Hare, 1991) 점수와의 비교를 통해 이 문항들이 척도 4의 타당도를 증가시키는 데 기여하지 않는다는 근거를 제시하였다. Nichols(2011)는 왜 이 문항들이 Pd5와 척도 4에 있는지에 대해 실마리를 던졌다. 독자들은 척도 4의 많은 기준집단이 입원을 하거나 감옥에 가야 했다는 사실을 상기할 것이다.

Pd5는 기준집단들 중 입원한 것의 영향으로 나타나는 인공적 오류(artifact)인 것 같다. 소위 붙잡힌 반사회성의 형태로 불리는 2-4/4-2 코드패턴의 주요소 중 하나일 것이다. 이는 주로 상황 때문에 우울한 현상을 나타낸다. 마치 계획적으로 자신의 잘못이라고 해야 할 것 같은 느낌과 일정, 정책, 규칙, 특권수준, 정해진 메뉴 등으로 구속받고 방해받는 시설 내에서 사는 것으로 인한 불편감에 대한 반응과 같다(Nichols, 2011, p. 125).

Nichols와 Greene(1995, p. 29)은 Pd5가 자발적이고 능숙한 방식으로 삶을 즐기는 능력에 부정적인 영향을 주는 죄책감을 가장 잘 측정할 수 있다고 믿었다. Pd5로 측정된 죄책감의 수준이나 강도가 D5(깊은 근심)와 LSE 내용척도 점수를 통해 예측될 수 있다고 언급하였다. 그들은 다음과 같이 더 자세히 설명하였다.

> 특정 정서상태로서의 죄책감과, 고통감과 우울함의 요소로서의 죄책감인 더 일반적인 혼란감의 상태와 구분하는 것이 중요하다. 많은 사람이 불안이나 공포, 무관심, 우울, 걱정 등 대체로 불쾌한 감정의 맥락 내에서 죄책감이나 후회 및 회한을 경험한다. 이러한 경험은 종종 너무 모호하며, 죄책감 그 자체를 측정하는 것을 방해한다. 따라서 개인의 정신세계에서 이러한 정서상태와 역할은 불확실한 채로 남아 있다. 죄책감은 Pd5와 D5가 A, ANX, FRS, DEP, WRK 및 TRT 같은 고통감 척도뿐 아니라 OBS보다 더 상승했을 때 쉽게 확인된다.

Pd5에서 높은 점수를 받은 사람들이 표현한 죄책감의 수준과 강도는 "과장된 죄업과 과시적인 회한"의 내용을 지닌 자기학대(상승한 LSE와 함께)에 가깝다(Nichols & Greene, 1995, p. 38). Caldwell(1988) 및 Nichols와 Greene은 또한 Pd5가 일부 알코올중독 패턴(예: MMPI-2 코드 패턴 중 247/274, 427/472 및 724/742)에서 보이는 특유의 후회를 나타내기도 한다는 데 동의하였다.

Pd5 점수가 낮은 사람들은 불행하다는 느낌을 보고하지 않았고, 실제 삶에서 즐거움을 느낄 수 있으며, 일상의 흥미로운 자극과 보상을 발견할 수 있고, 과거의 비행에 대해 죄책감이나 후회를 표현하지 않으며, 과도한 알코올 사용을 부인하였다(Graham, 1990).

척도 4: 모호-명백 소척도(S-O Subscale)

반사회성-명백 소척도(Pd-O)는 총 28개 문항이며 그중 20개는 '그렇다'로, 8개는 '아니다'로 채점되고, 반사회성-모호 소척도(Pd-S)는 총 22개 문항이며 그중 4개가 '그렇다'로, 18개가 '아니다'로 채점된다. Pd-O 문항들은 오해받았다는 느낌과 불행감, 잘 대우받지 못했다는 느낌 및 곤경에 빠졌다는 것 등의 다양한 주관적 불편감을 나타낸다(Caldwell, 1988). Hollrah 등(1995)은 수렴타당도 연구들을 살펴본 뒤 MMPI S-O 연구에서 각각의 척도에 대해 다른 연구결과들이 있었음을 밝히면서, 방법론적 문제들이 그들의 타당도를 종합하는 데 장애가 되었다고 결론 내렸다. 그러나 그들은 독립된 연구에서 Pd-O가 불편감 및 사회적 관행을 따르지 않는 것을 시인하는 것과 상관이 있다고 밝혔다. Pd-O의 내용들은 불행감과 다른 사람들 및 인생에서 불화가 있는 것을 나타낸다. 낮은 Pd-O 점수는 대인관계에서의 친밀감이나 다 정함 및 사회적인 순응을 시사한다(Caldwell, 1988).

Nichols(2011, p. 125)는 다음과 같이 기술하였다.

> Pd-O 문항의 2/3는 Pd4 및 Pd5와 중복되며, 나머지 1/3은 Pd1 및 Pd2 각각에 거의 비슷 하게 나뉘어 공유된다. 그러나 Pd-O는 내용상 주제로는 Pd5가 가장 우세하며, 대부분 고통 감과 우울한 느낌을 나타낸다. 첫 번째 요인(A와의 상관이 .84)이 대부분의 설명량을 차지하 기에 다른 고통감 척도들에 의해 상승될 것이다.

Dahlstrom(1991)은 재표준화에서 사용된 파트너 간 Katz 적응 척도 평정 결과를 통해 S-O 소척도의 상관물을 검증하였다. Pd-O에서 점수가 높은 경우 남성과 여성 모두 일상에 흥미 가 없고, 타인이 자신에게 관심이 없다고 느끼고, 매우 슬프고 우울하고 두려운 것이 많으며, 기분 변화가 심하고, 미래에 대한 걱정이 많고, 비처방 약물을 먹고, 체포되거나 법적인 문제 가 생긴 적이 있고, 사회적 판단력이 없으며, 징징거리면서 관심을 요구하는 것이 주요한 모 습으로 설명되었다. 한편, 여성의 경우에는 특히 유머 감각이 부족하고 안절부절못하며, 다정 하지 않고 에너지가 없고 쉽게 상처받고 화내며, 자신감이 없고 정서조절을 잘 못하며, 사소 한 것을 따지고 타인을 의심하고 결정하는 것에 어려움이 있으며, 타인과 잘 지내지 못한다고 묘사되었다. 남성에게만 해당되는 독특한 측면은 없었다.

Pd-S는 Pd-O보다 더 복잡한 문항으로 구성되어 있으며, Pd-O 문항과 비교하면 Pd3(사회 적 침착성)이 강조된다. 비록 Pd-S가 사교성/외향성(Pd3, Hy1, Si1)의 측정치와 상관을 보이지 만 이러한 측면이 중요한 내용은 아니다. Nichols(2011, p. 125)는 문항 내용들에 대해 다음과 같이 기술하였다.

> 문항들은 자기통제적임에도 내적으로는 갈등이 있고, 외적으로는 사회적으로 무관심하고 근심이 없으며 침착한 사람임을 시사한다. 많은 문항이 수검자의 반응이나 행동에서 독립적이 고 자기결정적인 측면을 나타낸다. 고집스럽거나 주장이나 요구에 대해 과도하게 따지고 타인 에 대한 불평을 할 가능성이 있기에, 전체적인 결과는 불안정감이나 취약성 중 하나가 된다.

Caldwell(1988)은 Pd-S의 일부 문항이 Pd-O 문항만큼 명백해 보인다고 지적하였다. 이러 한 문항들은 가족 간의 다툼, 부족한 동정심, 집을 떠나고 싶은 것을 묻는 내용이다. 더 모호한 문항들은 사회적 불안의 부재나 다른 사람들에게 쉽게 말을 거는 것 및 조종(manipulation)을 부인하는 것이다.

Dahlstrom(1991)은 재표준화 규준집단에서 파트너 평정을 통해 얻어진 자료 중 남녀의 Pd-S와의 상관물을 얻었다. 감정 기복이 심하고 고집스러우며, 쉽게 화내고 욕하고 저주하며, 수동적이거나 순종적이지 않고 말을 너무 많이 하며, 거대한 계획을 세우고 성적인 갈등이 있다. 특히 남성들은 수면 문제가 있고 수줍어하지 않으며, 에너지가 없고 매우 슬프기도 하며, 체포되거나 법적인 문제가 생긴 적이 있다. 여성들은 분노발작(temper tantrum)을 보이고, 누가 일을 지시하는 것을 억울해하며, 사소한 것을 따지고 성가시게 하며, 타인이 자신에게 관심이 없다고 느끼고, 우두머리처럼 행동하려 하며, 비협조적이고 정서조절을 잘 못하며, 과도한 음주를 나타낸다.

낮은 Pd-S 점수는 자신감, 내적인 평온함, 억제적이거나 낯선 사람에 대한 수줍음을 시사한다(Caldwell, 1988). 그러나 모호 소척도들의 문헌을 연구한 Hollah 등(1995)은 Pd-S의 변별타당도를 지지하는 연구를 찾을 수는 없었다고 밝혔다. 따라서 반드시 적절한 주의가 필요하다.

척도 5: 남성성-여성성(Masculinity-Femininity: MF)

여러 책에서 척도 5의 기원을 설명하는 데 다양한 이유를 제시하고 있기 때문에, Hathaway와 McKinley가 척도 5를 개발한 정확한 동기는 독자들에게 다소 불분명할 수 있다. 예를 들어, MMPI에 대해 가장 믿을 만한 역사적 기록자로 여겨지는 Dahlstrom 등(1972, p. 201)은 다음과 같이 기술하였다.

> 척도 5는 남성 성전환장애와 관련된 성격적 특성을 밝히기 위해 고안되었다. …… 이러한 성격 패턴을 가진 사람들은 그들의 여성스러운 정서적 기질의 한 측면으로 종종 실제로 동성애를 한다. 그러나 대개는 너무 억제되어 있거나 갈등이 너무 많아서 그들의 성적인 선호를 외적으로 표현할 수 없다.

Colligan 등(1983)의 언급에 따르면, 1943년 『MMPI 매뉴얼』에서는 Mf 척도가 "반대 성(性)의 방향에서 흥미 패턴의 남성성 또는 여성성 경향"(p. 40)을 측정하는 의도가 있다고 설명한다. 확실히 원판 매뉴얼의 설명은 척도 5의 기원과 목적을 더 정신병리적으로 설명한 Dahlstrom 등(1972)과는 차이가 있다. Hathaway와 McKinley는 1940년대 초에 기준집단으로 적합한, 충분히 동질적인 측면을 지닌 동성애 성향의 남성과 여성을 충분히 모집하기 너무 어렵다는 것을 알게 되었다(Hathaway, 1980). 성적 선호에 대해 각기 다른 원인으로 구분된 최소 3개의 동성애 하위집단이 있었다. 하나는 열등감과 관련된 신경증적 특징을 보이는 유사동성애(pseudohomosexual) 유형이고, 또 다른 하위집단은 척도 4(Pd)가 상승하는 경향이 있는 반사회적 유형이었다. 세 번째 하위집단이 최종 참조기준집단이 되었는데, 이 집단은 13명의 동성애 남성으로 구성되었다(Hathaway, 1980). 비록 이들에 대한 인구통계학적 정보가 하나도 보고되지 않았지만, 이들은 정신증이나 확실한 신경증적 성향 및 반사회성과 같은 중대한 심리적 이상 여부가 검사를 통해 확인된 사람들이었다. 따라서 이들의 동성애 성향은 체질적 성향에 기초했다고 고려할 수 있었다. 이러한 사람들은 여성스러운 정서적 기질이 있다고 여겨졌다. 그러나 그 당시 시대를 고려하면 당연하게도 많은 경우 너무 억제적이고 갈등이 많아 이들의 동성애적 성적 선호를 외적으로 표현하지 못하였다. 이들의 여성적 성향은 이들의 성적 관계뿐 아니라 표현방식, 흥미나 태도에서도 명백하게 나타난다고 생각되었다(Dahlstrom et al., 1972). Greene(2011)은 "이러한 사람들은 동성애적 행위를 하는 것을 자신들의 여성적 성격특성의 일부로 여겼다."(p. 125)라고 언급하였다.

Mf를 개발하는 데 사용된 많은 문항은 원래의 미네소타 정상규준집단이 이미 다른 임상 척도 구성에 참여하고 난 뒤에 추가되었다. 따라서 비교를 위해 새로운 형태의 정상집단이 선택되었다. 이 집단은 항공사 직원인 여성 67명과 54명의 군인으로 구성되었다. 만약 어떤 문항이 군인들과 기준집단(criterion group)을 구분한다면, 그 문항은 여성성 경향으로 언급되었다(Hathaway & McKinley, 1943). 문항 선정의 두 번째 비교 단계는 Terman과 Miles(1936)에 의해 만들어진 '변환(Invert)' 척도에서 '여성성' 방향으로 점수를 얻은 남성집단을 확인하는 것이었다. 이 남성들이 기입한 문항들을 정상집단과 비교하였다. "하나의 MMPI 척도에 포함될 문항을 선택하기 위한 부가적인 기준집단으로서의 비교집단을 선택하려고 하나의 진단검사의 문항들을 사용한 것"(p. 44)은 Terman과 Miles(1936: Colligan et al., 1983에서 재인용)의 '태도 흥미 분석검사(Attitude Interest Analysis Test)' 중 '변환' 척도가 처음이다. 초기에 실시되었으나 Hathaway(1980)에 의해 별로 중요하지 않다고 여겨진 세 번째 비교 단계는 성별에 따른 반응빈도를 결정하기 위한 정상 남성(군인)과 정상 여성(항공사 직원)과의 비교였다.

총 세 번의 비교 단계를 통해 남은 60개 문항이 척도 5에 포함되었다. 척도 5의 23개 문항은 Terman과 Miles(1936) 척도에서 차용하였고, 37개 문항은 MMPI 문항군집에 있던 것이다.

몇몇의 예비적 노력에도 불구하고, Hathway와 McKinley는 여성 동성애 성향을 측정하는 독립적인 척도를 성공적으로 구성하지 못하였다. 척도구성을 위한 노력에도 불구하고 수많은 후속연구에서 척도 5가 원래의 목적에 비해 비동성애 남성과 동성애 남성을 적절히 구분하지 못한다고 입증되었다(Wong, 1984). 따라서 단독으로 상승된 Mf 점수를 바탕으로 동성애 성향을 추론하지 않는 것이 중요하다. MMPI나 MMPI-2/MMPI-2-RF 자료로 동성애를 예측하는 것은 사실 매우 어렵다. 지금은 일반적으로 간단히 물어보는 것으로 개인의 성적 지향을 알 수 있으나, Hathaway와 McKinley가 MMPI를 만들었을 때는 그렇게 하는 것이 상당히 어려웠다. 최종 Mf 척도에서 한쪽 극(pole)은 남성성을, 반대쪽 극은 여성성을 측정한다고 생각되었다. 따라서 척도는 양극성이라고 여겨진다. 그러나 일부 연구자(예: Bem, 1974; Constantinople, 1973)는 남성성과 여성성이 각각의 차원으로 분리된 척도를 사용해야 더 정확하게 측정될 것이라고 제안하였다. 각각은 차별적인 구성개념을 나타낼 수 있다. 한편, Bem의 성역할 측정치는 Mf 같은 남성 대(對) 여성 척도와 독립적이지는 않다(Wakefield, Sasek, Friedman, & Bowden, 1976). 또한 Bem의 여성성 척도의 심리측정적 적합성은 계속 비판받아 왔다(Kimlicka, Wakefield, & Friedman, 1980; Kimlicka, Wakefield, & Goad, 1982). 다른 연구들(예: Kimlicka, Sheppard, Wakefield, & Cross, 1987)에 따르면, 양극성의 남성성-여성성 척도가 지금까지도 분리된 남성성과 여성성 요인으로 대체되지는 못했고, 아마 앞으로도 그렇게 못할 것이다. 그러나 매뉴얼(Butcher et al., 2001)에서는 Peterson과 Dahlstrom(1992)에 의해 개발된 2개의 성역할 척도를 설명하였다. 이 척도들의 남성적 성역할(GM)과 여성적 성역할(GF)은 척도 5에서 남성성과 여성성 차원의 독립된 측정을 위해 고안되었다. MMPI-2를 위한 정상표본 집단의 자료를 바탕으로 개발된 이 척도들은 척도 5의 해석을 돕는 유용한 부가물일 수 있다. 매뉴얼(Butcher et al., 2001)에 이 척도들에 대한 심리측정적 자료가 제시되어 있다.

　척도 5(그리고 척도 0)가 MMPI의 초기 출판 이후 추가되었기 때문에, 연구와 임상 실제의 주류로 흡수되는 데 시간이 걸렸다. 척도 5가 중요한 측정치라고 금세 알려졌고, 결국 연구자들의 주목을 받기 시작했다. 그러나 Harris와 Lingoes(1955) 및 Wiener와 Harmon(1946)은 척도 5(또는 척도 0)를 위한 소척도는 개발하지 않았다.

　척도 5의 요인분석 연구들은 이 척도가 양극성이기보다 다중적인 요인으로 구성되어 있음을 보여 주었다(Graham, Schroeder, & Lilly, 1971; Sines, 1977). Graham 등(1971)이 정신과 입원 및 외래 환자와 정상집단 422명의 반응을 요인분석하여 6개의 요인을 찾아냈다. 이후 이 결과를 바탕으로 Serkownek(1975)이 척도 5의 해석을 돕기 위한 Mf 소척도를 개발하였는데, 이는 다음과 같다. 자기애-과민성(Narcissism-Hypersensitivity, Mf1), 전형적인 여성적 흥미(Stereotypic Feminine Interest, Mf2), 전형적인 남성적 흥미 부인(Denial of Stereotypic Masculine Interests, Mf3), 이성애적 불편감-수동성(Heterosexual Discomfort-Passivity, Mf4), 자기성찰-비판(Introspective-Critical, Mf5), 사회적 소극성(Socially Retiring, Mf6). 재표준화를 통해 Mf2, Mf4 및 Mf5는 각각 둘, 하나 그리고 하나의 문항만 삭제되었다. 비록 Serkownek 소척도들이

대부분 그대로 남아 있었지만, 다음의 설명처럼 이것들은 Martin과 Finn(2010)의 척도들로 대
체되었다.

상승된 Mf 점수로부터 추론된 남성성과 여성성은 다차원적 특성 때문에 조심스럽게 다뤄
야 한다. Mf는 비록 내용이 이질적이지만 여러 가지 중에서도 어느 정도는 전형적인 남성 및
여성적 흥미를 나타낸다. 남성적-여성적 흥미를 반영하는 문항들은 전체 척도 점수와 높은
상관을 보이며 척도 중 가장 변별력이 있는 것으로 여겨진다(Dahlstrom et al., 1972). 흥미유형
문항들이 명백하거나 안면타당도가 있어도 다른 문항들은 여전히 더 모호한 의미를 지닌다.
Nichols(2011, p. 137)에 의하면, 척도 5의 특성은 다음과 같다.

> 원점수들은 정상분포를 지니며 주로 개인차 변인의 측정치로서 기능한다. 척도 5는 특히 다
> 른 임상척도를 기반으로 한 설명을 수정하는 방법으로 임상적 기술 및 치료와 관련된 문제들
> 에 대해서 중요한 기여를 할 수 있다.

Mf 문항들은 ① 성역할과 관련된 흥미, 활동 및 직업, ② 불안과 성적인 걱정, 민감성, 사회
적으로 소극적인 것 및 냉소주의와 불신에 대한 부인 등으로 구성된 문항들의 혼합물이라는
두 유형에 거의 반반으로 나누어져 있다. Nichols(2011)는 척도 5를 일반적으로 능동성-수동
성(activity-passivity)의 구성개념과 관련된 '차원들의 무리(family of dimensions)'로 개념화하는
것을 제안하였다. 그는 능동성의 극(점수가 낮은 남성들과 높은 여성들)을 지배성, 경쟁심, 과
시성, 침투성 및 행동화 등을 포함한 차별적인 특성으로 설명하였다. 그에 비해 수동성의 극
(점수가 높은 남성들과 낮은 여성들)은 복종성, 의존성, 협조성, 예술성, 온화함, 말로 표현하는
것, 존중받는 양육, 연결성, 상호성과 스타일/외모 등과 같은 특성을 포함한다. Nichols(2011,
p. 139)는 다음과 같이 기술하였다.

> 남녀 모두에게 낮은 점수는 성역할에 따른 제한과 기대 및 동일시에 지나치게 매인 듯한 협
> 소한 흥미를 반영하는 경향이 있다. 높은 점수는 더 넓고 더 포괄적인 흥미 범위를 나타내는
> 데, 극단적으로 정체성 혼돈이나 혼란을 나타낼 수도 있다. 조현병에서의 정체성장애는 개인
> 의 흥미인지 아닌지에 대한 경계가 너무 흐려지는 것 같은 불확실성을 포함하기도 한다. 조증
> 에서의 정체성장애는 흥미를 비현실적으로 전부 다 포괄하여 아우르는 자기감 경험의 확장성
> 을 포함한다.

척도 5는 MMPI-2 개정에서 4개 문항이 삭제되어 56개 문항이 남았다. 삭제된 4개 문항

(69번, 70번, 249번, 295번)은 구식이거나 종교적으로 혹은 성적으로 불쾌하다고 여겨지는 것이었다. Mf 전체 문항 중 52개 문항이 남성과 여성 모두에게 같은 방향으로 채점된다. 이 문항들의 채점방향은 모두 여성성을 나타내는 방향이다. 4개 문항은 분명한 성적인 내용을 다루고 있으며, 남성과 여성에게 반대 방향으로 채점된다. 이 4개의 Mf 문항의 명확함 때문에 자신의 성적 흥미를 감추고 싶은 사람은 쉽게 그렇게 할 수 있다.

수기 채점에서 남성용과 여성용에 해당하는 채점판을 사용하는 것이 중요하다. 남성의 경우 Mf의 25개 문항이 '그렇다'로, 31개 문항이 '아니다'로 채점된다. 여성은 23개 문항이 '그렇다'로, 33개 문항이 '아니다'로 채점된다. '그렇다'와 '아니다'로 채점되는 반응이 확실히 균형 잡혀 있기 때문에 모두 그렇다 혹은 모두 아니다로 기입한 반응세트에서 유의미하게 점수가 상승하지는 않는다. Greene(2011, p. 126)은 척도의 심리측정적 요소에 대해 다음과 같이 더 상세하게 설명하였다.

> 33개 문항(58.9%)이 척도 5[남성성-여성성(MF)]에만 속한 문항인데, 이는 임상척도 중 고유문항비율이 가장 높다. 9개 문항을 공유하는 척도 0(내향성, Si) 외에 척도 5와 4개 문항 이상을 공유하는 임상척도는 없다.

척도 5는 또한 L, F, K 척도와 1개, 2개, 3개 문항을 각각 공유하며, 척도 0과 제일 많은 문항(9개)을 공유한다. "GF(.70)와 GM(-.52)을 제외하고, 척도 5는 다른 MMPI-2 척도들과 약한 상관을 보인다."(Nichols, 2011, p. 135)

척도 5는 동형 T점수 변환이 아닌 선형 T점수를 사용한다. 이는 척도 0과 L, F, K 척도도 그렇다. 여성의 경우 프로파일상에서 높은 T점수는 낮은 원점수와 관련되는데, 이는 '남성성' 방향으로 반응했다는 것이다. 남성의 경우에는 반대로 높은 원점수가 높은 T점수와 관련된다. 따라서 높은 원점수나 높은 T점수를 받은 남성은 척도 5 문항에서 주로 여성들이 반응하는 방향으로 기입했다고 할 수 있다. 낮은 T점수를 보인 남성은 여성성 유형 문항에 적게 기입한 것이며, 더 높은 남성적 흥미 패턴을 보인다는 것을 의미한다. 프로파일상에서 원점수를 역으로 바꾸는 이유는 높은 점수가 이상(deviation)을 의미하는 다른 척도들과 균일성을 유지하기 위해서이다. 척도 5의 경우, 상승한 T점수는 다른 성(opposite gender)의 기입 패턴과 유사하다는 것을 나타낸다.

1970년에서 1981년 사이에 실시된, 다양한 표본에 대한 Hunsley 등(1988)의 MMPI 신뢰도 검증에 대한 대규모 메타분석 연구 중 39개 연구에서의 평균 내적 합치도는 .73이었다. 그들은 또한 하루에서 2년까지의 간격으로 이루어진 검사-재검사에 대한 10개 연구의 평균 신뢰도를 .69로 보고하였다. 매뉴얼(Butcher et al., 2001)에서 정상표본의 하위집단(남성 82명, 여성 111명)에 대한 Mf의 신뢰도를 제시하였다. 평균 일주일 간격으로 실시된 Mf 척도의 검사-재검사 상관은 남성이 .82, 여성이 .74였다. 내적 합치도는 남성이 .58, 여성이 .37로 나타났다.

Mf는 MMPI의 개정에 영향을 가장 많이 받은 척도 중 하나이다. 재표준화집단에 속한 남성들은 원판의 고정된 참조집단에 비해 '여성성'의 방향으로 더 많이 반응하였다. 이로 인해 Mf 척도에서 대부분의 남성의 T점수가 약 10점 정도 낮아졌다(Dahlstrom & Tellegen, 1993; Duckworth & Anderson, 1995; Friedman, 1990; Strassberg, 1991). 여성들은 문항별 기입 빈도 변화가 적었고, 여성의 T점수는 영향을 덜 받았다. 척도 5의 점수 상승에 영향을 주는 또 하나의 요인은 교육수준이다. 재표준화집단에서 교육수준이 낮은 남성들이 척도 5에서 더 낮은 평균 T점수를 보였고, 교육수준이 낮은 여성들은 평균적으로 더 높은 T점수를 받았다. 원판 MMPI의 정상집단과 비교하면 재표준화 정상집단의 교육수준이 더 높았기 때문에, 척도 5에서 재표준화집단 남성들의 경우 T점수가 약 10점 정도 높고 여성들은 약 2~3점 정도 낮았다. Greene(2011)은 MMPI 척도 5에 대한 예전의 상관물을 MMPI-2에도 적용하기 위해서는 더 많은 연구가 필요하다고 주장하였다.

상승된 척도 5에 대한 해석에 영향을 주는 조절 척도에는 Ss(사회적 상태, Social Status; Nelson, 1952)와 Es(자아 강도, Ego Strength; Barron, 1953)가 포함된다. 이 척도들에서 높은 점수를 받으면 Mf 점수의 높낮이에 상관없이 긍정적 측면이 강조되는 경향이 있다. 또한 척도 4(Pd)도 척도 5 점수를 조절하는 중요한 척도이다. Nichols(2011, p. 135)는 형태적 방식으로 척도 4와 5를 해석하기 위한 설명을 다음과 같이 제시하였다.

척도 4 점수는 척도 5의 높은 원점수의 대인관계 측면에 많은 영향을 준다. 남성의 경우에는 척도 4의 T점수가 55점 이하일 때 척도 5가 척도 4보다 얼마나 높은지가 타인과 맺는 기본 애착과 친밀한 관계를 유지 및 복구하는 데 투여하는 헌신의 강도 그리고 신뢰, 낙관성, 따뜻함 및 용서할 수 있는 능력을 나타낸다. 여성의 경우에는 척도 4가 T점수 60점 이하일 때 척도 4가 척도 5보다 높으면 같은 경향을 보인다. 척도 4가 한계점보다 상승하면, 특히 남성에게 척도 5 점수보다 높으면 애착의 질, 강도 및 안정성에서 만성적인 문제를 나타내는 경향이 있다. 이러한 양상은 수동-공격적인 투쟁, 의존-독립을 중심으로 한 중요한 갈등, 요청사항에 대해 마치 그들이 요구자인 것같이 반응하는 경향 및 지배당했다는 느낌을 빠르게 느끼고 (특히 여성에 의해 지배당했다는 느낌을 경험한 남성들은) 이러한 느낌에 대해 반사적으로 저항하는 것을 예견하는 경향이 있다. 척도 3의 높은 점수와 함께 척도 4가 상승했다면 그렇지 않은 경우보다는 좀 더 유순하다. 척도 5는 척도 4에 동반되는 반항 및 권위와의 갈등을 강조하는 경향이 있는데, 지적이고 철학적인 근거에 기반하면 이러한 형태를 지닌 많은 남성을 권위에 저항적(anti-authority)이라기보다는 권위주의에 저항적(anti-authoritarian)이라고 보는 것이 더 낫다.

Hathaway와 Meehl(1952: Dahlstrom et al., 1972에서 재인용) 및 Gough, McKee와 Yandell (1955)은 정상집단에서 Mf 점수의 상관물을 연구하였다. Hathaway와 Meehl에 따르면, Mf에서 높은 점수를 받은 정상 남성들은 친구들에 의해 예민하고 걱정 많고 이상주의적이며, 평화적이고 사교적이고 호기심이 많으며, 전반적인 심미적 흥미를 지니고 있다고 묘사되었다. Mf에서 높은 점수를 받은 여성들은 설명과 유사하지는 않았지만 모험적이라고 묘사되었다. 낮은 점수를 받은 남성은 현실적이고 균형 잡혀 있으며, 활기차고 자신감이 있으며, 독립적이라고 묘사된 반면, 여성의 경우는 예민하고 반응적이며, 겸손하고 감사해하며, 지혜롭다고 묘사되었다.

Gough 등(1955)은 척도 5에서 높은 점수를 받은 남성들이 내향적(inner-directed)이고 지적으로 호기심이 많다고 하였다. 이러한 남성들은 직업이나 성취에서 큰 만족을 얻고 성숙하며, 자기 자각을 한다고 여겨지는 사람들이다. 이들은 좋은 판단력과 상식을 갖고 있다. 이들은 효율적인 의사소통을 할 수 있고 상당히 말로 표현하는 편이다. 척도 5에서 높은 점수를 받은 남성들에 대한 전형적인 형용사는 야망 있고 명료한 사고를 하고 여성적이며, 창의적이고 긴장하는 편이며, 체계적이고 예민하며 복종적이라는 것이다. 점수가 낮은 남성들은 자신의 동기에 대한 성찰이 없고, 생각보다는 행동하기를 더 선호하며, 관심이 편협한 것처럼 보인다. 이들에게는 척도 5에서 높은 점수를 받은 남성들이 지니고 있는 심리적 복잡성이나 내향성이 없다. Nichols와 Greene(1995)은 남성들의 높은 Mf 점수(여성들의 낮은 점수)에 대해 훌륭하게 요약하였다. 그들은 Mf 척도가 수동성, 예민성, 심미적인 것 및 지적 흥미를 강조한다고 언급하였다. "운동이나 경쟁, 야외 활동보다는 앉아서 하는 활동과 취미를 더 선호한다. Mf는 합리화(rationalization)보다는 주지화(intellectualization)를 반영하는 것 같다."(Nichols & Greene, 1995, p. 35)

Long과 Graham(1991)은 중요한 타인(significant others)이 평정한 내용을 사용하여 척도 5의 다양한 점수수준에 따른 정상 남성집단의 특성을 연구하였다. 참여자들은 MMPI-2의 정상규준집단에 포함된 819쌍의 이성애자 커플이었다(Butcher et al., 1989). 그들은 척도 5에서 높은 점수를 받은 남성들이 수동적이고 의존적이며 복종적이라는 이전 연구와 반대로, 실제로는 덜 수동적이고 순종적이라고 밝혔다. 정상 남성집단에서는 Mf 척도보다는 교육수준이 특정한 행동이나 성격특성을 더 잘 예측하는 것을 발견하였다.

높은 또는 낮은 Mf 척도 점수와의 상관물들은 평가된 개인의 유형에 따라 매우 다채롭다. 예를 들어, 정상 기혼 남성은 척도 5에서 높은 점수를 받는 경우가 흔하지만 여성은 그렇지 않다(Dahlstrom et al., 1972). 상대적으로 정상 남성에서는 척도 5의 높은 점수가 흔히 나타나지만 정신과 환자들에서는 그렇지 않다(Tanner, 1990). Ward와 Dillon(1990)은 대부분의 Mf 문항 내용이 약간의 부적응을 나타내는 것을 고려하여 임상집단에서 Mf 척도와 정서적 고통감의 상관을 조사하였다. 정신과 환자집단을 대상으로 Mf 원점수와 증상 평정을 수집한 연구에서 정서적 고통감이 척도 5의 상관물이라는 것이 밝혀졌다. 불안, 우울한 기분, 죄책감 및 긴장 등이 남녀 집단 모두에서 높은 원점수('여성성')와 관련되었다. 흥미로운 점은 Ward와 Dillon에 의하면, 이러한 상관물이 다른 MMPI 임상척도와는 대체로 관련이 없었다는 것이다.

척도 5에서 높은 점수를 받은 사람들, 특히 남성들의 경우 정상과 정신과적 상태를 구분하는 기능으로서의 행동적인 묘사나 진단이 매우 다양하다는 것은 분명하다. 정상집단에서 남성의 높은 Mf 점수(여성의 낮은 Mf 점수)는 심미안적 혹은 지적인 흥미뿐 아니라 예민성을 나타낼 수 있으며, 특히 대학 졸업자의 경우라면 더욱 그렇다. 전통적으로 문헌은 척도 5에서 높은 점수를 받은 남성들의 수동성이나 복종성을 강조해 왔다. 그럼에도 불구하고 Long과 Graham(1991)은 반대 경향을 발견하였다. 척도 5의 기저에 있는 차원은 역할 유연성(role flexibility)이라는 가설도 제기되어 왔다(Kunce & Anderson, 1976, 1984). 척도 5 점수가 높은 남성은 다양한 흥미를 즐길 수 있고, 타인과의 차이에 대해서도 관용을 보여 줄 수 있다. T점수가 46~55점 사이에 있는 남성들은 전통적인 남성적 흥미를 주로 표현하는 편이다. 46점 이하라면 좀 더 '남자다움을 과시하는(macho)' 성향을 보인다. 매우 낮은 점수(T<40)를 나타낸 경우에는 전통적인 남성성-여성성의 관점에서 활동지향적이고 비언어적인 표현을 하는 타입으로, 둔감하고 경쟁적이고 공격적이며 독립적이고 거칠다고 여겨질 수 있다. 그리고 기저에는 자신의 남성성에 대한 의심을 가지고 있을 수 있다. 척도 5에서 높은 점수를 받은 여성은 낮은 점수를 받은 남성과 여러모로 비슷한데, 공격적이고 경쟁적이고 지배하려고 하며 열정적이고 자신감이 있다. T점수가 40점 이하이고 대학교육을 받지 않은, 낮은 점수를 받은 여성이라면 과도하게 여성적(hyperfeminine)이라고 묘사될 수도 있다(Graham, 1990). 척도 5의 T점수가 40~55점 사이에 있는 여성은 전형적으로 여성적 흥미를 지닌다고 묘사되는 편이다.

확실히 Mf 척도 점수와 상관물은 여성과 남성에 따라 상당히 다르다. 진단적 피드백과 치료적 고려사항에 대한 더 자세한 설명에 관심이 있는 독자들은 Nichols(2011)와 Levak 등(2011)의 책을 참고하기 바란다. 종합하면, 한 개인의 증상 패턴, 나타나는 문제, 대인관계, 과거력 및 진단적 고려사항 등은 Mf와 다른 척도들과의 관계에 따라 상당히 달라진다.

Martin-Finn 소척도

Martin과 Finn은 요인분석 절차를 이용하여 MMPI-2의 새로운 Mf 소척도 7개 세트를 개발하였다(Martin, 1993; Martin & Finn, 2010). 이 소척도 구성을 위해 사용된 규준집단은 MMPI-2의 지역 참여자들이었다(Butcher et al., 1989). 이 소척도들은 중복문항이 없고 응집성 있는 측정치라고 충분히 볼 수 있을 정도로 내적 합치도가 높다. 첫 번째 소척도는 전형적인 남성적 흥미의 부인(Denial of Stereotypic Masculine Interests)으로, 일반적으로 남성적(male) 혹은 남성성(masculine)으로 여겨지는 활동에 대한 흥미의 부족을 측정한다. 두 번째는 과민성-불안(Hypersensitivity-Anxiety)으로, 자기초점적인 걱정과 예민성을 측정한다. 전형적인 여성적 흥미(Stereotypical Feminine Interests)가 세 번째 소척도인데, 일반적으로 여성적(female) 혹은 여성성(feminine)으로 여겨지는 활동을 측정한다. 네 번째 소척도인 낮은 냉소주의(Low Cynicism)는 인간 동기에 대한 냉소 및 의심이 없는 것을 측정한다. 심미적 흥미(Aesthetic Interest)가 다섯 번째 소척도이며, 이는 예술과 글쓰기에 대한 흥미를 측정한다. 여섯 번째 소척도인 여성적 성 정체성(Feminine Gender Identity)은 여성이 되고 싶은 소망과 전통적으로 여성과 관련된 흥미를 지니고 있는가를 측정한다. 자제(Restraint)가 일곱 번째 소척도이며, 이는 시끄럽고 공격적인 흥미나 행동에 대한 자제를 측정한다. Martin과 Finn은 또한 남성성-여성성 구성개념에서 가장 핵심적이라고 생각한 3개의 소척도를 조합하여 양극성 여성성-남성성 합성 척도도 제시하였다(E. H. Martin, 개인적 교신, 1996. 4. 8.). 이 소척도들은 남성적 흥미의 부인, 전형적인 여성적 흥미와 여성적 성 정체성 척도들이다. Friedman 등(2001)의 부록 A의 표 A.2(pp. 546-547)에서 이 소척도들의 문항 구성과 각 문항의 채점방향 및 MMPI-2 규준집단의 평균 및 표준편차를 찾아볼 수 있다. Friedman 등(2001)의 부록 B의 표 B.7(pp. 546-547)에는 이 소척도들의 선형 T점수 변환도 제시되어 있다.

척도 6: 편집증(Paranoia: Pa)

정확한 편집증 기준집단의 선정방법이나 이 척도의 40개 문항을 구성하는 데 사용된 참여자들의 인구통계학적 특성을 설명하는 자료는 없다. 다른 MMPI 척도와 유사하게 일반적인 문항 선정 과정을 따랐을 것이라고 가정할 뿐이다. Hathaway(1980)에 따르면, 기준집단의 환자들(criterion patients)은 편집증적 상태(paranoid state), 편집증적 장애(paranoid condition) 또는 편집성 조현병(paranoid schizophrenia)의 진단을 받았으며, 척도는 편집증적 증상과 특성을 평가하기 위해 개발되었다. 연구에 참여한 환자들은 관계사고, 피해망상, 과대한 자기개념, 과민성, 경직된 사고와 의심 등의 다양한 편집증적 징후를 보였다. 척도의 조작적 특성을 더 개선시키려고 하였으나, Hathaway(1980, p. 73)는 결과가 실망스러웠다고 하였다.

다른 척도들처럼 몇 개의 다른 척도에서 파생되었고, 교차타당화가 검증되었다. 교차타당화는 늘 실망스러웠고, 개발할 수 있는 최선의 결과였음에도 불구하고 출간된 척도는 취약하다고 여겨졌다. 적어도 일시적으로 척도의 사용을 정당화시키는 하나의 요인은 긍정 오류(false positive)가 적다는 것이었다. 높은 점수를 받았을 경우, 그 사람은 편집증으로 진단받거나 혹은 적어도 대인관계에서 예민하고 경직되어 있는 경향이 있었다.

Hathaway(1980)는 척도 8이 그랬던 것처럼 Pa를 개선하고자 하는 바람이 현실화되지 못했다고 밝혔다. "K 변인조차도 구별을 더 분명하게 하지는 못했다. 척도 6 문항의 20% 이상이 이미 모호한 특성을 보였기 때문에 K-교정이 도움이 되지 않는다고 느껴졌다."(Dahlstrom & Dahlstrom, 1980, p. 73에서 재인용)

비록 Hathaway가 척도 6의 높은 점수의 '적은 긍정 오류'에 대해 언급하였지만(대체로 명백한 문항들이 많이 집중되어 있어서), Vestre와 Watson(1972)은 T점수 75점 이상을 받은 환자들 중 41%가 편집증적 증상을 보이지 않았다는 것을 발견하였다. 사실 척도 6의 상승과 관련된 긍정 오류는 존재한다. Hathaway가 '취약하다'는 것을 알고 있었던 척도의 출간을 위한 또 다른 정당화 근거로, Nichols(2011)는 충분히 체계화된 편집증 환자들이 이미 알려진 것처럼 정신상태검사나 면담에서 이를 회피할 수 있다는 점을 언급하였다. 따라서 비록 취약한 척도일지라도 심리 진단을 하는 데 가치를 더할 수는 있다.

척도 6은 만성적인 것부터 급격하게 생긴 편집증적 심리상태나 태도를 측정하는데, 이는 조종망상, 피해사고/망상, 과민성, 냉소주의에 대한 경직된 부인 등의 노골적인 정신증적 사고를 포함한다. 이 척도에는 또한 투사나 과민성 및 적대적 의도나 행동의 '증거'를 유심히 살피는 등 약간의 외재화 과정도 있다. Nichols와 Greene(1995)에 따르면, 척도 6은 "투사에 대한 가장 일반적인 측정치이며, 특히 자신이 원하지 않는 것에 대한 동기나 책임 소재를 자신의 외부에 돌리는 암묵적이고 명시적인 모든 작용을 측정하는 것에 민감하다"(p. 36). 이는 Ihilevich와 Gleser(1986, 1999)의 투사의 자아방어기제의 정의와 일치하는데, 이는 뒷받침할 만한 근거 없이 부정적 의도나 특성을 타인에게 귀인하는 것을 포함한다. 척도 6에서 높은 점수를 받은 사람들의 방어에 대해 Nichols(2011, p. 157)는 다음과 같이 더 자세하게 설명하였다.

전반적인 것은 아니지만 분노나 분함 및 통제 상실에 대한 합리화도 자주 나타난다. 그런 사람은 의심 및 고소를 하거나 심지어 공격하기 위해 (선택적으로 모은) 증거를 축적하고 적대적으로 사용하는 것에서 굳건한 자기정당화를 느낀다. 프로파일의 다른 특성들에 따라 2차적 방어의 범위가 달라지는데, 여기에는 주지화, 전치, 반동형성이나 부인이 있다.

척도가 상승하였을 때는 정신병리의 특성을 결정하기 위해서 이 척도의 Harris-Lingoes 소척도를 면밀하게 검증하는 것이 도움이 된다. 예를 들어, 타인이 모욕하거나 배려하지 않는 것에 대해 병적으로 과민한 것처럼, 병리로 확실히 인정하기에는 어려운 사고장애를 지니고 있는 사람이 임상적으로는 편집적으로 보일 수 있다. 이러한 사람들은 편집증적 성격특성이나 편집성 성격장애로 자주 진단될지도 모른다. 그러나 Morey와 Smith(1988)는 성격장애에 대한 그들의 종합적인 리뷰를 통해 임상집단 중 편집성 성격장애로 진단받은 경우는 0.9~1.4%로 드물다는 것을 지적하였다. 그들은 Pa에서 점수가 상승할수록 편집성 성격장애와 관련된다는 것이 결정적으로 확실시되어 온 것은 아니라고 하였다. 이러한 장애를 지닌 사람들은 잘 믿지 않고 의심이 많기 때문에 편집적 내용이 바로 드러난(명백한) 문항에는 기입하지 않을 것이다. 그렇기 때문에 Marks 등(1974)이 설명한 K+ 프로파일이 정신과 입원환자들의 편집증적 증상들을 반영할 수 있다. MMPI의 K+ 코드패턴에서는 6개 이상의 척도가 T점수 60점 이하인 것을 포함해 모든 임상척도가 T점수 70점 이하이다. 가장 두드러진 척도는 상승된 K 척도이다. Marks 등(1974)는 정신과 입원환자집단에서 86/68 코드패턴을 보인 참여자 중 18%만이 편집성 성격장애로 진단되었으며, 68%는 편집성 조현병으로 진단되었다고 밝혔다. 편집성 성격장애 특성이 포함된 또 다른 코드패턴은 방어(guardedness)를 의미하는 L과 K가 상승된 248 코드타입이었다(Tarter & Perley, 1975). 프로파일을 임상적으로 상승시키지 않도록 하는 L 척도는 때때로 척도 6의 대리인처럼 기능한다. 신경증 대 정신증 지표인 Goldberg의 제3규칙(Goldberg, 1965; Friedman et al., 2001)에서 정신증 프로파일을 예측하기 위해 L이 척도 6 및 8과 함께 묶인다는 점은 흥미롭다(Goldberg 법칙에 대해 논의된 제9장 참조). L은 정신증적 성향을 함축하고 있는 것 같다. "정신과 집단에서 L 척도의 독보적 상승으로 다른 척도들은 상승하지 않은 프로파일, 특히 34/43의 코드를 보이는 경우, 대부분은 예외 없이 편집증적 성향(paranoid condition)을 반영한다."(Nichols, 2011) 척도 6이 편집성 성격장애를 지닌 환자들에게서 늘 상승하는 것은 아니며, 남의 탓을 하거나 분노하는 것 혹은 불신하는 것을 나타내는 다른 척도들을 반드시 검증해야 한다(Morey & Smith, 1988).

Pa가 상승했을 때 다른 척도들과의 관계를 살피는 것이 중요하다. 예를 들어, "척도 4, 8, 9가 함께 상승했다면 척도 6의 부정적 측면이 더 두드러지는 반면, 척도 2, 3, 7이 함께 상승했다면 그런 특징들이 약화되거나 부드러워지는 경향이 있다"(Nichols, 2011, p. 146). 척도 6과 척도 8은 13개의 문항을 공유하고 있어 대체로 높은 상관을 보인다. 척도 8이 Pa와 함께 상승되면 매우 와해되고 지리멸렬하며 기태적인 행동이 나타날 확률이 높아진다. 만약 척도 6이 높게 상승하면서 척도 8이 낮다면, 망상적 사고가 더 체계화되어 있고 특정한 개인이나 집단(예: 백악관이나 FBI)에 초점이 맞춰져 있을 것이다. Nichols(2011)에 따르면, 척도 3(Hy)과 6이 모두 상승하고, 특히 척도 3이 6보다 더 높을 때 편집증의 발현은 좀 더 사교적으로 나타날 수 있다.

　　환자들은 사회적으로 긍정적이고 표면적으로 순응적인 태도를 보이며, 공공연하게 화내거나 적대감을 표하는 경우는 드물다. 그러나 내적으로는 통제나 힘 혹은 비밀유지에 자주 사로잡힌다. 이러한 사람들은 명령을 하지만 다른 사람들로 하여금 충성심을 자아내게 하지 않으며, 음해하는 경향이 있고 계산적이며, 위선적이고 무자비하게 보이기도 한다(Nichols, 2011, pp. 146-147).

　Nichols와 Greene(1995)은 척도 6에서 높은 점수를 받은 사람들의 인지적 사용에 대해 설명하였다. "Pa는 분노, 분개 및 통제 상실에 대해 합리화하는 것을 강조한다. 그런 사람은 고발이나 의심 및 공격을 위한 '근거' 혹은 권위를 축적하고, 적대적 혹은 자기정당화로 사용하는 데서 굳건한 자기정당화를 느낀다. Pa는 주지화를 넘어 합리화하는 것을 나타내는 것 같다."(p. 35)

　Pa 척도 점수가 높은 사람들은 잘 작동하지 않는 합리성 때문에 다른 사람들이 이들을 속이거나 해하려 한다고 믿는다. 특히 다른 사람들이 자신의 존엄성을 약화시키고 굴욕감을 주며 강압하거나 제압하려 한다고 믿게 된다. 다른 사람들이 자신들의 신빙성을 떨어뜨린다고 믿기 때문에, 사실과 논쟁을 통해서 합리적으로 자신이 가진 왜곡을 포기하는 내적 능력이 없다. 이들은 자신의 생각에 장애가 없고, 혼란스럽지 않다고 믿고 있기 때문에 통찰력이 부족하다. 판단적 오류는 일반적으로 다른 사람들에게는 재귀적이고(reflexive) 잘못 이해된 것처럼 아주 명백하게 보인다.

　전형적으로 Pa 점수가 높은 정신과 환자들은 도덕적이거나 혹은 신체적인 공격을 두려워하고 쉽게 오해받았다고 느끼며, 부당하게 비난받고 홀대당했다고 느낀다. 그뿐만 아니라 독선적이고 자기 의견을 고집하고 의심하며, 자기불만족감을 느낀다(Friedman, Webb, & Lewak, 1989; Lewak et al., 1990). 더불어 이들은 논쟁적이고 고집이 세며, 자기중심적이고 사회적 기술이 없다고 여겨진다. 매우 의존적이고 우울하거나 연극성 성격특성이 있는 사람들은 다른 사람에게 악의가 있다는 예상에 덜 집중하기 때문에 가까운 관계는 더 잘 유지한다. "비록 그들이 융통성이 없고 독선적일 수 있지만, 그들의 과민성은 공격보다는 거절에 더 초점을 맞추는 경향이 있으며, 가치 있는 관계를 유지하기 위해서 커다란 양보를 하기도 한다."(Nichols, 2011, p. 157)

높게 상승한 Pa 점수를 보이는 정상집단 남성들은 예민하고 감성적이며, 충실하고 믿을 만하고 협조적이며, 친절하면서 복종적이라고 묘사된 반면, 정상집단 여성들은 감정적이고 마음이 여리며 예민하다고 묘사되었다(Dahlstrom et al., 1972). 정상범위 내의 Pa 점수를 보인 사람들(46~57T)은 편집증적 증상이 없거나 혹은 몸에 확실히 깊이 밴 편집증적 특성을 지니고 있지만 척도의 명백문항에 기입하지 않을 수 있을 정도로 충분한 현실검증력을 가지고 있을 수 있다(Greene, 1991a, 1991b).

재표준화 작업에서 정신과 환자들보다는 긍정적으로 묘사되기도 하는 정상집단의 상승한 Pa 점수의 의미를 검증하였다. 정상집단 중 척도 6에서 높은 점수를 보인 여성들은 남편들에 의해 슬프거나 우울해지는 등 감정이 쉽게 변화하며, 정서조절이 잘 되지 않고, 금세 울고 악몽을 꾸는 경향이 있다고 묘사되었다(Butcher & Williams, 1992). 남성들의 경우에는 배우자의 묘사에 의해 확실히 구분되는 것이나 유의미한 상관물이 없었다.

척도 6의 낮은 점수의 의미에 대한 정보는 혼합되어 있다. 일부 연구자는 응답자들이 자신의 취약성을 감추려고 의심 및 과민성과 관련된 어떤 문항에서도 다 부인하기 때문에 낮은 점수가 실제로는 편집증의 감추어진 존재를 드러내는 것이라고 주장한다(예: Butcher & Williams, 1992; Carson, 1969; Duckworth & Anderson, 1995; Endisott, Jortner, & Abramoff, 1969; Friedman, Webb, & Lewak, 1989; Lewak, 1993). 또 다른 연구자들은 낮은 Pa 점수와 편집증적 증상과의 일관된 관계를 밝히지 못하였다(Boerger, Graham, & Lilly, 1974; Vestre & Watson, 1972). 경험상 우리는, 임상적으로 편집적인 사람들이 척도 6에서 매우 낮은 점수를 받아 좋게 보이려고 시도하는 것을 보아 왔다. 이 척도에서 매우 낮은 점수가 나타났다면 임상가들은 Pa3(순진성) 소척도에서의 낮은 점수와 또는 CYN(냉소적 태도) 내용척도 및 특히 CYN2(대인 의심)에서의 높은 점수와 같은 의심이나 냉소주의와 관련된 다른 측정치들을 살펴봐야 한다. 낮은 Pa 점수는 타인에 대한 공감 부족 및 다른 사람들과 쉽고 편한 관계를 맺고자 하는 동기 부족과 관련된 것으로 보인다.

Dahlstrom 등(1972)은 척도 6에서 낮은 점수를 받은 정상집단에 대한 Hathaway와 Meehl의 설명을 인용하였다. 남성들은 그들의 지인에 의해 활기차고 균형 잡혀 있으며, 결단력이 있지만, 양심이 없다고 묘사되었다. 이러한 남성들은 자기 스스로를 훌륭한 사회 믹서기처럼 질서 있다고 여겼다. 여성들은 진지하고 성숙하며 합리적이고 사람을 믿는 경향이 있다고 묘사되었다. 이들은 스스로를 자제심이 있고, 인내심이 강하고 현명하며, 충실하고 겸손하다고 보았다. Anderson(1956)은 상담을 받고 있는 대학생 중 Pa 점수가 T점수 40점 이하인 경우 낮은 성적처럼 자신의 능력 이하로 성취하는 경향이 있으며, 부모와의 관계에서 어려움이 있다고 보고하였다. 원판 척도 6의 40개 문항이 모두 MMPI-2에 그대로 남았는데, 성차별적인 단어를 삭제하고 문항의 의미를 간결하게 하기 위해 2개 문항이 수정되었다.

척도 6의 문항 중 25개가 '그렇다'로, 15개가 '아니다'로 채점된다. 더 많은 문항이 '그렇다'로 채점되기 때문에, 다른 정신증적 4요소 척도들처럼 '모두 그렇다'라고 반응한 세트에서는 이 척도가 상승할 가능성이 있다. 척도 6 중 33개 문항이 중복문항인데, F와 9개 문항, 척도 4와 8개 문항 그리고 척도 8과 13개 문항을 공유한다. 또한 BIZ(기태적 정신상태)와는 8개 문항, DEP(우울)와는 4개 문항, 척도 3(Hy)과도 4개 문항을 공유한다. 척도 6 문항 중 13개 문항이 다른 임상척도와 중복되지 않는 문항이다. Dahlstrom 등(1972)은 척도 6의 어떤 문항이 문항 전체와 가장 높은 양분(biserial) 상관계수를 나타내는지 구분하는 Little(1949)의 초기 문항 측정 연구에 대해 보고하였다. 그의 연구 대상이었던 대학 학력의 참여자들에서 가장 구분되는 문항은 양분상관계수가 .77로 나타난, 음모를 꾸미고 있다고 믿는 것을 기술한 (138번 문항) 직설적인 편집증 문항이었다. 다른 문항들은 전체 척도 점수와의 상관을 적게 나타냈다. Greene(2011, pp. 130-131)은 Caldwell(2007b)의 임상집단에서 척도 6과 가장 높은 상관을 보인 15개의 MMPI-2 척도를 보고하였다.

이 척도들은 다음과 같이 3개의 주요 카테고리로 구분할 수 있다. ① 편집증적이고 정신증적인 행동[편집증 명백(P-O), 피해의식(Pa1), 척도 8(정신분열증, Sc)], ② 일반적인 주관적 고통감과 부정적 정서[외상 후 스트레스 장애(PK), 척도 7(강박증, Pt), 우울(DEP)] 그리고 ③ 사회적 소외[사회적 소외(Sc1)]이다.

정신과 환자들의 MMPI 척도 6에 대한 1~2일 간격의 검사-재검사 상관은 .61~.71 사이였고, 1년 간격으로 실시된 바로는 .59~.65 사이였다(Dahlstrom et al., 1975). 1970년에서 1981년 사이에 실시된, 다양한 표본에 대한 Hunsley 등(1988)의 MMPI 신뢰도 검증에 대한 대규모 메타분석 연구 중 70개 연구를 분석한 내적 합치도는 .73이었다. 또한 하루에서 2년 간격으로 측정된 검사-재검사 연구 15개를 분석한 결과, 평균 신뢰도가 .69였다. 지역의 정상집단을 대상으로 실시한 MMPI-2에서 Butcher 등(2001)이 보고한 척도 6의 검사-재검사 신뢰도는 82명의 남성에서 .67, 111명의 여성에서 .56으로 나타났으며, 검사 실시 간격은 평균 8.6일(중간값=7일)이었다. 임상척도 중 척도 6이 가장 낮은 검사-재검사 및 내적 합치도(여성의 경우 Mf 척도를 제외)를 보였는데, 내적 합치도는 남성이 .34이고 여성이 .39였다.

Harris-Lingoes 소척도

Harris와 Lingoes는 척도 6에서 다음과 같이 3개의 소척도를 개발하였다. 외부 영향에 대한 사고(Pa1, 현재는 피해의식으로 명명), 예민성(Pa2) 그리고 도덕적 가치(Pa3, 현재는 순진성으로 명명)이다.

Pa1: 피해의식(Persecutory Ideas, 17개 문항)

Pa1의 17개 문항 중 16개 문항이 '그렇다'로 채점되며, 대부분이 척도 6의 피해적 내용을 담고 있다. Harris와 Lingoes(1968)는 이 소척도 내용에 '자신의 문제와 좌절 및 실패에 대해 외부 탓을 하는 것, 극단적인 피해사고, 부정적 감정의 책임을 투사함' 등이 포함된다고 설명하였다. Nichols와 Crowhurst(2006)는 다음과 같이 Pa1 점수를 유용하게 분류하는, 약간 중복된 4개의 하위 문항양식을 제시하였다. ① Pf1: 학대받거나 희생당했다고 느끼는 경직된 사고로 때로 이차 우울을 동반하는 분개(Resentment; 17번, 22번, 42번, 145번, 234번, 484번 문항), ② Pf2: 관계사고(Ideas of Reference; 251번, 259번, 305번, 333번, 424번, 549번 문항), ③ Pf3: 개인의 의지와 정신상태가 영향을 받고 있다(예: 약해짐, 외부의 힘에 의해 전복됨)는 내용의 조종망상(Delusions of Control; 24번, 144번, 162번, 216번, 228번, 336번, 355번, 361번), ④ Pf4: 피해사고/망상(Persecutory Ideas/Delusions; 42번, 99번, 138번, 144번, 216번, 259번, 333번, 314번 문항). Nichols(2011)는 Pa1의 T점수가 100점 이상이 아니라면, 수검자가 이 하위양식 중 오직 1개 혹은 2개에 해당하는 문항에만 표기했을 수 있다고 지적하였다. 이는 표기된 Pa1 문항들에 대해 주의 깊게 살펴봐야 한다는 것이다. 표기한 문항들이 분노한 배우자가 고용한 사설탐정이나 소송을 하려는 보험청구 사정인에 의해 실제 미행을 당하는 현실을 반영하는 것일 수 있다. 다른 한편으로, 관계사고나 조종망상을 나타내는 문항에 표기한 것은 정신증적 과정을 나타내는 것일 수 있다.

Ward, Kersh와 Waxmonsky(1998)는 유일하게 편집증적 사고를 측정하는 MMPI-2 척도 또는 소척도가 Pa1이라고 제안하였다. 이 연구자들은 물질사용장애 환자들을 대상으로 조사하여 척도 6이 3요인 구조로 되어 있으며, Pa1과 편집증 요인이 16개 문항 중 14개 문항을 공유한다는 점에서 소척도의 구성타당도가 지지된다는 것을 밝혔다. Pa1이 PSYC(8개 문항, PSYC 문항의 32%) 및 BIZ(7개 문항, BIZ 문항의 30%) 척도와 중복문항이 많지만, 이 두 척도는 편집증 문항과 편집증에 해당하지 않는 증상문항들이 섞여 있다. Wrobel(1992)은 Pa1에서 높은 점수를 보인 환자들과 관련된 방어가 투사라는 점을 발견하였다. Nichols와 Greene(1995)에 의하면, 환자들의 편집증적 사고 과정의 항목이 Pa1에 의해 가장 잘 대표되는데, "이는 피해사고, 분개 및 부당하게 대우받는다는 확신, 공격을 당하거나 영향을 받거나 전복당하거나 약화될 것에 대한 망상을 강조한다"(p. 32). 그들은 또한 Pa-O가 Pa1과 상당히 중복된다고 지적하였다. Pa1에서 높은 점수를 받은 사람들은 세상이 안전하지 않고 적대적이며, 다른 사람들이 믿을 만하지 않다고 느끼는 경향이 있다. "Pa1 문항들은 본인이 적대적 힘이 관심을 갖는 대상(객체)이라는 생각을 나타낸다."(Nichols, 2011, p. 147) 이 힘들은 실제 주체보다 훨씬 더 센 힘으로 경험된다. Pa1과 Pd4(사회적 소외)가 6개 문항을 공유하며, 정신과 외래 및 입원 환자들 집단에서 높은 상관을 보인다는 것은 그리 놀라운 사실이 아니다(Nichols & Greene, 1995). 높은 Pa1 점수를 받은 사람들은 그들의 문제에 대해 타인을 탓하고, 다른 사람들이 불공평하게 그들을 탓하고 벌주거나 오해했다고 느끼는 경향이 있다(Graham, 1990). Graham 등(1999)이 정신과 외래환자들을 대상으로 한 조사에서 Pa1에서 높은 점수를 받은 남성들이 가정 폭력을 당한 과거력을 보고하는 것뿐 아니라 신체적인 학대를 당해 온 경험을 보고하는 경향이 있는 것을 알아낸 것은 놀라운 점이 아니며, 이러한 발견은 일반적으로 임상적인 경험 지식과 실증적 자료의 관계를 통해 지지된다.

낮은 Pa1 점수를 받은 사람들은 그들의 문제를 외재화하거나 자신들의 주요 방어기제로 투사를 사용하는 것을 나타내는 문항들에 기입하지 않는다. 그들은 자신의 문제를 외재화하지 않는다. 그러나 Caldwell(1988)은 원점수 5~6점 정도의 낮은 점수가 편집증적 과정을 나타낸다고 주장하기도 하였다.

Pa2: 예민성(Poignancy, 9개 문항)

이 소척도는 다른 사람들에 대해 얼마나 예민하고 민감하게 반응하는지를 측정한다. 문항 중 7개가 '그렇다'로, 2개는 '아니다'로 채점된다. 따라서 '모두 그렇다'라고 반응한 세트에서 Pa2가 상승된다. Harris와 Lingoes(1968)는 Pa2가 "자신이 무언가 특별하고 다른 사람과 다르다는 생각, 극도로 예민함, 예민한 감정을 중요하게 여김, 지나치게 주관적임, 민감함"을 담고 있다고 설명하였다. 이 소척도는 우울한 정서나 기분의 측면을 반영한다(Nichols & Greene, 1995). 사실 Nichols(2011)는 Pa2를 척도 6의 우울 요소이며, 척도문항들이 특히 우울에 대한 취약성을 함축하고 있다고 하였다. 높은 Pa2 점수를 받은 사람들은 흔치 않은 강한 감정, 화나고 분한 감정, 비평에 대한 고통스러울 정도의 민감성, 쉽게 우는 것, 오해받는다는 느낌 및 다른 사람과 함께 있어도 외로운 느낌 등을 보고한다(Caldwell, 1988; Graham et al., 1999). 이들은 자신들이 타인에 비해 감정적 상처에서 회복되는 데 오래 걸리는 편이라고 여기며, 쉽게 상처받는다고 여긴다(Levitt, 1989). 높은 점수를 받은 사람들은 억울한 감정에 의해 커지는 원한을 품고 타인을 용서하지 못하며 대체로 공감에 실패하는 등 불만을 수집하는 사람들 같다. 다른 사람들보다 더 예민하게 느끼는 경향을 지닌 높은 점수의 사람들은 기분을 나아지게 하려고 위험하거나 흥분되는 활동을 찾는 경향도 있다(Graham, 1990). Pa2 점수가 낮은 사람들은 이해받고 수용받는다고 느끼고, 다른 사람들에 비해 자신이 더 예민하다는 느낌은 경험하지 않는다(Caldwell, 1988; Graham, 1990).

Pa3: 순진성(Naïveté, 9개 문항)

Harris와 Lingoes(1968)는 Pa3에 대해서 다음과 같이 설명하였다. "도덕적 가치에 대한 확언, 타인의 의도에 대해 과도하게 너그러움, 윤리적 문제에서 보이는 정의로움, 둔감한 순진성 그리고 불신이나 적대성의 부인." 따라서 이 소척도는 주로 신뢰성 측면에서 타인을 어떻게 받아들이는지를 측정한다. 9개 문항 중 8개 문항이 '아니다'로 채점되기에, Pa3은 '모두 아니다'라고 반응한 세트에 의해 쉽게 영향을 받는다. 높은 Pa3 점수를 받은 사람들은 타인과 자신에게 낙관적이고 순진한 태도를 보이며, 자신이 속았거나 불공평하게 대우받았다고 느꼈을 때 용서하기 힘들어하는 경향이 있다(Butcher et al., 2001; Caldwell, 1988; Graham, 1990).

이들의 의견과 태도에는 경직성이 내재되어 있는데, 이는 타인의 행동에 대한 판단적 경향으로 바뀌기도 한다(예: 좋음/나쁨, 맞음/틀림, 도덕적/비도덕적). 이러한 이유로 Caldwell(1988)은 Pa3에 더 잘 어울리는 이름이 도덕적 정의(Moral Righteousness)라고 생각하였다. 높은 점수를 받은 사람들은 타인의 정직성과 신뢰에 긍정적인 기대를 보이고 냉소적 태도를 부인하는 문항들에 표기한다. Meehl과 Hathaway(1946: Ward et al., 1988에서 재인용)는 "편집증적인 이상들(deviates)은 두 종류의 응답을 보이는 것으로 특징지어지는데, 하나는 명백하게 편집적인 것이고 다른 하나는 '명백하지 않게' 그러한 것"(p. 293)이라고 추측하였다. Pa3(그리고 Hy1)은 CYN과 부적 상관이 있으며(모두 -.83; Greene, 2011), 7개 문항이 중복된다.

외래 기반의 정신건강 현장에서 Pa3 점수가 높은 사람들은 적대적이면서 편집증적 태도를 부인함에도 불구하고 편집증적 사고를 나타내는 경향이 있다(Graham et al., 1999). Pa3 점수가 낮은 사람들은 타인을 신뢰롭지 못하고 사리사욕의 동기로 움직인다고 여기며, 타인의 의도를 의심하는 경향이 있다. Nichols와 Greene(1995)은 Pa3에서 점수가 낮으면서 Hy2(애정욕구)에서 점수가 높은 경우 경쟁에 대한 냉소, 자기애 또는 다양한 의심을 보인다고 하였다.

척도 6: 모호-명백 소척도(S-O Subscale)

편집증-명백 소척도(Pa-O)는 23개 문항인데 그중 20개는 '그렇다'로, 3개는 '아니다'로 채점되며, Pa1과 15개 문항을 공유한다. Nichols와 Greene(1995)이 정신과 입원 및 외래 환자 집단에서 Pa1과 Pa-O 사이에 높은 상관(r=.94)을 보인다는 점을 밝힌 것은 새삼스러운 일이 아니다. 편집증-모호 소척도(Pa-S)는 17개 문항이며 그중 5개가 그렇다로, 12개는 아니다로 채점된다. Pa-O는 척도 6의 정신증적 요소를 나타내는데, 척도 8, PSYC 및 BIZ와 높은 상관을 보인다. Caldwell(1988)은 23개의 Pa-O 문항을 다음과 같이 세 가지로 분류하였다. ① 피해적인 편집증 문항(예: 직접적으로 학대당한 느낌과 자신의 적이 누군지 알고 있는 것 등), ② 외로움이나 사회적 소외감 그리고 ③ 정서적 반응에 대해 고통스러울 정도로 낮은 역치를 지니고 있는 것에 대한 자각(예: 과민성)이다. 전체적으로 Pa-O는 타인을 탓하거나 적대감을 타인에게 귀인하는 것뿐 아니라 Pa2에 있는 과도하게 예민하고 우울한 몇몇 문항을 포함한다. Hollrah 등(1995)에 의하면, Wrobel과 Lachar(1982)의 연구결과에서 Pa-O가 불편감 및 현실에 대한 왜곡의 측정치와 정적 상관을 보였다. Dahlstrom 등(1972)에 의하면, Wiener와 Harmon(1946)이 원판의 미네소타 정상 남성집단이 Pa-O 문항에서 다른 명백 소척도에 기입한 것보다 더 적게 기입했다는 것을 발견하였으며, 재표준화 정상집단에서 재확인되었음을 밝혔다(Butcher et al., 1989, pp. 81-83, 표 B3 참조). 따라서 '정상' 수검자에서 상승한 Pa-O 점수는 편집증적 증상이나 성격적 특성의 가능성에 대한 세심한 평가치이다.

Dahlstrom(1991)은 재표준화집단에서 사용된 Katz 적응 척도의 파트너 평정치로부터 S-O 소척도에 대한 상관물을 조사하였다. 남성과 여성 모두 Pa-O에서 유의미하게 높은 점수를 받았을 경우에 타인을 의심하고, 유머 감각이 부족하며, 주변에 관심이 없고, 다른 사람들이 자신에게 관심이 없다고 느끼며, 두려움이 많고, 악몽을 꾸며, 사소한 것에도 안달하고, 감정 기복이 있고, 활기차지 않고, 신체적 통증을 호소하며, 거절에 과도하게 민감하고, 건강한 판단력이 없으며, 쉽게 포기하는 면이 있었다. 남성의 경우에는 징징거리고 관심을 요구하며, 애정이 없고 명령하기 좋아하며, 불쾌해하고 적대적이며 불친절하다. 여성의 경우에는 많이 슬퍼하며 남들이 자신에 대해 얘기한다고 생각하고, 쉽게 울고, 에너지가 없고 지쳐 보이며, 정서조절을 못하고 미래에 대해 걱정하며, 타인과 잘 지내지 못하고 무기력하게 행동한다. Caldwell(1988)은 Pa-O의 낮은 점수는 분개하는 것이 없고, 성공적으로 사회적인 관계를 맺으며, 자신의 감정에 대해 편하게 여기고, 도발에 대해 높은 역치를 지니고 있을 가능성을 반영한다고 제안하였다.

비록 모호하다고 분류되었지만, Pa-S 문항들은 몇 개의 명백한 문항을 포함한다. 모든 P3(순진성) 문항이 Pa-S에 속하기 때문에 이 두 척도가 높을 때 해석적으로 중복되는 측면이 있다. Pa-S는 냉소주의를 측정하는 것들(CYN1, ASP1, CYN 및 ASP)과 가장 강한 부적 상관을 보이며, 기본적으로 Pa-O 및 Pa2와는 독립적이다(Nichols, 2011). 재표준화집단의 정상 여성 및 남성 참여자들(Butcher et al., 1989)은 다른 모호 소척도들에 비해 Pa-S에서 더 낮은 평균 점수를 보였다. 이것이 Pa-S 척도의 길이가 상대적으로 짧은 것이나 재표준화집단의 독특한 특징 때문임에도 불구하고, 정신과 환자들은 Pa-O처럼 Pa-S에서도 높은 점수를 보이기에 이 척도는 확실히 편집증적 증상이나 성격적 특성에 대한 세심한 평가치이다. Dahlstrom(1991)은 재표준화집단의 남성과 여성 모두 Pa-S가 상승했을 경우 그들의 파트너에 의해 긴장하거나 수동적이지 않고 혹은 복종적이지 않다고 묘사되었다. 여성의 경우는 타인을 의심하지 않고 건강한 판단력을 보여 주며, 과식하지 않고 타인을 배려한다고 묘사되었다. 남성은 거짓말을 하지 않고 유머 감각이 좋으며, 주변에 대해 관심이 부족하지 않고 사소한 것을 걱정하지 않으며, 협조적이고 거절에 과도하게 민감하지 않다고 묘사되었다.

척도 7: 강박증(Psychasthenia: Pt)

척도 7은 정신쇠약(psychasthenia)이라고 불리는 신경증적 패턴을 측정하기 위해 고안되었다. 이는 현재는 사용하지 않는 단어로, Pierre Janet이 "강박적 사고들과 의심 많고 초조해하며 불안해하는 측면"이 우세한 신경증을 분리하기 위해 소개하였다(Berrios, 1985, p. 174). 정신쇠약은 원하지 않은, 부적응적인 행동에 저항할 수 없는 것을 포함하는데, 이는 McKinley와 Hathaway(1942)에 의해 "약화된 의지(weakened will)"(p. 616) 개념에서 추출한 것으로 묘사되었다. 이 약화된 의지라는 개념은 주로 신경쇠약증(neurasthenia)으로도 불리는 약화된(무력증, asthenic) 신경계의 개념이다. 신경쇠약증이라는 두루뭉술한 진단은 "특히 극단적인 피로감, 불면, 우울, 두통, 소화불량 및 입증되지 않는 신체증상에 대한 다양한 호소"와 같이 모호하고 다양한 증상의 증후군에 적용된다(Gosling, 1987, p. 2). 이는 19세기 후반과 20세기 초반의 가장 흔한 진단으로, 이전과 같은 삶의 리듬을 유지하지 못하는 사람들에게 내려졌다. 『DSM-II』(American Psychiatric Association, 1968)에서 신경쇠약 신경증(neurasthenic neurosis)이라는 이름으로 등장한 뒤, 『DSM-III』(American Psychiatric Association, 1980)에서 제외되었다. 비록 증후군을 제안한 사람들이 소위 질병의 병리적 기반은 발견할 수 없었으나, 이 증후군은 주요한 특징으로 탈진, 쉽게 피로함, 만성적인 허약 등의 신체적인 발현을 강조한다(Gosling, 1987).

초기 MMPI 개발에서는 정신쇠약경향을 가진 사람들에 대해 신체적 문제를 강조하는 것보다는 과도한 자기회의 및 걱정을 하거나 긴장을 경험하고 결정하기 힘들어하는 것, 다양한 공포, 강박적인 생각에의 몰입, 강박적인 충동과 행동(예: 손 씻기), 모호한 불안과 낮은 자신감, 불안정감을 가진 것으로 묘사하였다. 이러한 사람들은 스스로가 높은 불안수준을 통제하기 위해 의미 없는 사실들을 반추한다는 것(중요하지 않은 대상을 반복적으로 세는 것 같은)을 알 수도 있다. 과거에는 정신쇠약질환을 종종 강박신경증(compulsion neuroses), 강박상태(obsessive-compulsive states) 또는 강박반추 긴장상태(obsessive-ruminative tension states)

로 부르기도 하였다(McKinley, 1944). 현대적인 진단 분류에서는 강박증으로 부른다(DSM-5; American Psychiatric Association, 2013).

척도 7은 특정공포증이나 강박행동을 나타내는 문항들을 포함하진 않는다[예: 척도 7과 FRS2(특정 공포)는 중복문항이 없다]. 왜냐하면 McKinley와 Hathaway(1942)가 Pt를 개발할 때 실시한 문항분석에서 개인 간 차이를 구분해 낼 만큼 충분한 빈도로 기입된 문항들이 없었기 때문이다. 따라서 척도 7의 문항들에는 특정 두려움이나 공포증보다는 정신쇠약의 기저에 있는 성격 구조가 반영된 것으로 여겨진다. Marks 등(1974)에 의하면, "비록 특정 두려움과 몰입, 강박행동이 개개인마다 다르고 그 종류도 무한하겠지만, 이러한 사람들의 성격적 구성은 확인 가능한 공통적 패턴으로 묶을 수 있을 정도로 충분히 동질적이다"(p. 28).

Pt 척도를 만들기 위한 임상기준집단은 정신쇠약 진단을 받은 정신과 입원환자 단 20명으로만 구성되었다. 이 증후군을 가진 외래환자를 찾는 것이 상당히 어려웠고, 몇몇 환자는 장해가 너무 심각하여 입원이 필요할 정도였다. 더욱이 McKinley와 Hathaway(1942)는 이들이 아무리 주의 깊게 검진된 소수의 입원환자일지라도 적어도 하나 혹은 그 이상의 진단이 틀렸을 가능성이 있다고 인정하였다.

20명의 기준집단 환자가 기입한 문항들을 26세에서 43세 사이에 있는 139명의 정상 기혼남성과 200명의 정상 기혼여성집단의 것과 비교하였다. 추가적으로 265명의 대학생집단이 문항 기입의 연령효과를 확인하기 위해 비교집단으로 포함되었다. 결과적으로 기준집단과 정상집단을 구분하는 문항의 수가 너무 적었기 때문에, 추가적 문항분석(문항-총점 사분 상관, item-total tetrachoric correlations)을 통해 문항들을 늘렸다. 추가적 문항분석은 무선으로 선택된 100명의 정신과 환자집단과 100명의 정상집단을 구분하는 문항들의 초기 세트와 각 문항과의 상관을 분석하는 것이었다. 척도를 구성하는 최종 48개의 문항은 두 집단 내에서 문항-총점 상관이 충분히 높은 경우에 선택되었다. 만들어진 척도는 다양한 진단을 받은 새로운 50명의 정신과 환자집단에서 검증되었다. Nichols(2011, pp. 161-162)는 이 과정에 대해 다음과 같이 자세히 설명하였다.

일반적인 의미에서 교차타당화 사례가 없고, 정신쇠약이라고 최종적으로 진단받은 경우도 없다. 그러나 Hathaway의 동료들은 "강박사고나 강박행동의 증상을 보이는 증거"가 나타난 각각의 사례를 자세히 살폈다(Hathaway & McKinley, 1942, p. 28). 이 중 오직 10%에서만 16세에서 45세 사이의 397명의 여성 및 293명의 남성 정상집단의 평균보다 낮은 점수를 받았다. 정신쇠약 증상이 상대적으로 가볍고 모호했지만, 이런 증상을 보이는 사례들의 평균값은 정신쇠약 기준집단보다 20% 정도 낮았다. 그러나 임의적으로 선택된 정신과 환자집단에 비해서는 30% 높았으며 정상집단에 비해서는 거의 2배 정도였다.

MMPI 개정 중 척도 7에서 탈락된 문항은 없었고, 2개가 문법적인 명료성을 위해 다소 수정되었다.

Hathaway의 노력은 Pt 척도가 Hathaway가 지적한 동질성을 획득한 대가처럼 보였는데, 이는 임상척도들 중에서 가장 높다. 이 척도는 반분한 내적 합치도가 검사-재검사 신뢰도만큼 높다. 그러나 예비척도를 늘리기 위해 고유하게 정신쇠약 변량에 해당하는 문항들보다는 MMPI의 일반적인 부적응과 주관적 고통감 차원이 반영된 문항들이 첫 요소로 첨가되었다(Bolinskey & Nichols, 2011 참조). 그 결과, 강박증 기질/질병을 확인하고자 고려할 때 Pt는 약하게 여겨질 것이다.

Greene(2011)은 Caldwell(2007b)의 임상집단의 결과에서 척도 7과 상관이 높은 15개의 척도를 검증하였다[예: 불안(A), 외상 후 스트레스 장애(PK), 대학생활 부적응(Mt)]. 그리고 이 척도들 내에서 일반적인 주관적 고통감 및 부정적 정서를 나타내는 하나의 차원이 있다고 결론 내렸다. Greene(2011)에 따르면, "척도 7은 MMPI-2 문항군집에 스며들어 있는 일반적인 주관적 고통감과 부정적 정서에 대한 복합 측정치이다"(p. 133).

척도 7의 문항들이 부적응을 반영해서 문항의 미묘함이 없기에, Wiener와 Harmon(1946)은 척도 7의 명백-모호 소척도를 구성할 수 없었다. 비슷하게, Harris와 Lingoes도 Pt의 문항들이 하위 분류로 구분되기에는 너무 동질적임을 발견하였다. 척도 7의 48개 문항 중에 81%(39개)가 '그렇다'로 채점되기에, '모두 그렇다'라고 반응한 세트에서 이 척도가 상승할 수 있다. 9개 문항은 '아니다'로 채점된다. 척도 7에 전체 K 원점수가 첨가되면 Pt 점수에 영향을 주어 방어적 반응을 교정하는 데 도움이 된다. Pt 원점수에 1.0 K점수가 첨가되어 결과지에 제공된다.

척도 7의 10개 문항은 다른 임상척도와 중복되지 않지만, 타당도 및 보충척도와는 중복된다. 대부분의 척도 7 중복문항은 다른 주관적 고통감 척도와 겹치는데, 척도 8 및 PK와 17개 문항, PS와 16개 문항, Mt와 14개 문항, 척도 2 및 A와 13개 문항, 척도 0, DEP 및 RCd(의기소침)와 9개 문항, RC7과 8개 문항, ANX와 6개 문항, OBS와 5개 문항, NEGE와 4개 문항 그리고 LSE 및 WRK와 각각 3개 문항이 중복된다. 척도 7은 강박증, 공포증, 범불안장애의 성향과 특성의 많은 부분을 측정하며, 정신증적 프로파일(조증 제외)과도 관련된다. Duckworth와 Anderson(1995)에 따르면, "Kunce와 Anderson(1976, 1984)은 이 척도에서 약간 상승한 점수를 보이는 정상인들은 이 척도구성의 기저 차원에 있는 조직화, 시간 엄수 및 체계적인 능력을 보인다고 가정하였다"(p. 230).

척도 7에서 높은 점수는 낮은 자신감과 자기 능력에 대한 의심, 자기비난, 높은 예민성, 긴장, 충동을 통제하려는 엄격한 노력, 변덕스러움, 주의집중의 어려움, 반추 및 걱정, 적대감 억제, 초기 불면증, 악몽 등의 특징이 있는 부정적 정서성을 반영한다. 신체증상의 호소에는 심장 두근거림, 심장마비에 대한 두려움, 천식, 긴장성 두통, 위산 과다나 위궤양 같은 위장 장해 등이 포함된다. 척도 7의 주요한 증상은 걱정이다.

요인분석 연구를 통해 척도 7은 기본 척도들 가운데서 주로 첫 번째 요인으로 확인되는 가장 좋은 표지자(marker)이며, Welsh의 A 척도와 높은 상관을 보인다(K-교정 되지 않은 척도의 T점수와 .90이고, K-교정된 척도의 T점수와는 .55이다). Welsh A 척도는 전통적인 표지자이다. 이로 인해 척도 7(그리고 척도 2)은 종종 고통감 척도라고 불린다(예: Lachar, 1974). 일반적으로 척도 7은 긴장을 일으키고 이완을 못하게 하는 인지적인 비효율과 걱정의 전반적인 측면에 민감하다(Friedman, Webb, & Lewak, 1989; Levak et al., 2011). 척도 7은 외부 재앙에 대한 공포나 불안을 강조하는데, 사람들은 반추나 강박사고 및 걱정을 통해 이에 대비하거나 자신을 보호하고자 애쓴다(Nichols & Greene, 1995). 따라서 Pt의 높은 점수가 수면장해와 관련될 수 있는 것은 당연하다. Duckworth와 Anderson(1995)은 Pt를 상황적 스트레스(상태 불안)보다는 장기적인 고통감(특질 불안)에 대한 측정치라고 보았다. McKinley(1944)는 비록 급성으로 일어나는 불편감이 더 일반적이긴 하지만, 정신쇠약의 증상들은 개인의 성격에 스며들게 되어 몇 년간 지속되는 경향이 있다고 하였다. Pt에서 높은 점수를 받은 사람들이 종종 안절부절 못하는 것처럼 보이지만, 특정적인 임상 현상은 다른 척도의 상승도에 따라 다르다. 예를 들어, 척도 7은 정신과 환자들의 프로파일에서 자주 상승하는데(예: 278/728 및 87/78 프로파일), 척도 2와 함께 유의미하게 상승했다면 우울증과 우유부단함이 자주 관찰되고, 척도 8과 함께 상승했다면(예: 78/87) 혼란, 와해된 사고, 소진된 느낌들이 나타난다(Duckworth & Anderson, 1995; Friedman, Webb, & Lewak, 1989; Greene, 1991a; Rathvon & Holmstrom, 1996).

척도 7과 함께 나타나는 가장 중요한 형태 중 하나는 정신증과 비정신증 진단을 결정하는 데 있어서의 척도 8과의 관계이다. Nichols(2011)는 MMPI-2에서 척도 7과 8의 T점수가 아닌 원점수를 검토할 것을 제안하였다. 척도 7의 원점수가 척도 8의 원점수보다 3점 이상 높으면, Pt는 척도 8에서 보이는 혼란스러운 영향에 맞서 싸우는 것을 나타내는 것일 수 있다.

환자는 타인과 관계를 유지하고, 일상을 따르고, 정신증적 경험(예: 환청)을 무시하며, 그것이 기능에 미치는 영향을 제한하기 위해 싸운다. 그리고 의무에 부응하고, 직업을 유지하며, 병식(insight)을 유지하기 위해 애쓴다. 척도 8의 원점수가 척도 7의 원점수보다 3점 이상 높으면, 척도 7은 정신증적 영향에 패배하거나 항복한 것을 반영하는 것일 수 있다. 그전에 투쟁

하고 저항하는 것으로 경험된 것들이 이제는 무감각, 불안, 소외감이나 무기력감과 같이 더 수
동적으로 느껴진다(Nichols, 2011, p. 163).

내용척도들, 특히 ANX, FRS, OBS, DEP, HEA, LSE, WRK 및 BIZ를 검토함으로써 상승한
척도 7 점수의 독특한 불편감 특징이나 증상적 표현들을 더 잘 추론할 수 있다. 독자들은 1.0
K점수가 원점수에 더해진 것을 기억할 텐데, 이는 기본 척도들 중 가장 큰 교정점수이다. 비
록 척도 8에서도 1.0K를 Sc 원점수에 더하지만, Sc는 문항이 더 많기 때문에 Pt에서는 한 문항
당 거의 40%의 K-교정 점수를 더 받는 것이다. 따라서 K-교정이 없는 Pt 문항들이 더 우세한
척도 7이라면 전체 점수가 증상의 범위와 심각도를 반영하는 것이나, K-교정이 더 우세한 척
도 7이라면 임상적인 초점에서 증상적인 것을 강조하기보다는 상대적으로 성격양상이나 기
질을 더 주요하게 봐야 할 것이다(Nichols, 2011).

정신과 장면에서 Pt 점수가 높은 사람들은 주의집중의 어려움부터 심한 죄책감, 낮은 에너
지, 우울한 감정, 안절부절못함 및 환각을 포함한 정신증적 경향까지 다양한 측면의 부적응
을 많이 나타낼 수 있다(Comrey, 1958; Graham & Butcher, 1988). 높은 점수를 받은 정상인들에
대해서는 일반적으로 정신과 환자들보다는 더 호의적인 표현으로 묘사하게 되며, 대개는 여
성들이 남성들에 비해 좀 더 신경증적인 특징을 보인다. Dahlstrom 등(1972)은 Hathaway와
Meehl이 보고한 동료 평정치를 인용하여 설명하였는데, 동료들에 의하면 Pt에서 높은 점수를
받은 남성들은 감성적이고, 온화하며, 성미가 좋고, 언어로 주로 표현하고, 불만족스러워하
는 면이 있으며, 여성들은 예민하고 쉽게 걱정하며, 감정적이고 긴장되어 있다고 묘사되었다.
Pt에서 높은 점수를 받은 재표준화의 참여자들은 그들의 배우자에 의해서 두려움이 많고 긴
장되어 있으며, 우유부단하고 자신감이 부족하며, 수면에 문제가 있다고 평가되었다(Butcher
& Williams, 1992).

Pt에서 낮은 점수를 받은 사람들은 느긋하고, 불안감이나 걱정 및 두려움 없이 그들의 책
임을 다할 수 있는 것처럼 보인다. 이들은 자제심과 자신감이 있고 현실적이며, 자기 스스로
를 잘 정리하고 체계화한다. 그러나 이미 언급했듯이, K-교정이 낮은 Pt 점수의 해석에 큰 영
향을 줄 수 있다. 40~55점 사이의 T점수는 Pt 원점수는 낮지만 높은 K 원점수에 기인한 것일
수 있다. 이미 Pt 점수에서 K-교정이 우세한 경우라면 척도 7이 증상적인 것보다는 성격적인
특징을 더 반영할 수 있다고 말한 바 있다. Nichols(2011, p. 171)는 해석 전에 척도 7과 Es 및
K와의 관계들을 조사하는 것이 중요한 이유를 다음과 같이 자세히 설명하고 있다.

Es가 K와 비슷하거나 그 이상의 점수를 받은 사람들은 자연스럽고 균형 잡혀 있으며, 쾌활

하고 친절하며, 책임감이 있고 적응적이며, 현실적이고, 포부가 있고 유능하며, 실력이 있고, 억제하거나 미루는 일 없이 당면한 과제의 해결을 위해 자신의 자원들을 적절히 배분할 수 있다. K가 Es보다 상당히 상승했을 때에는 이러한 양호한 성격 패턴은 설득력이 떨어지며, 부분적으로는 애매모호하기도 하다. 이러한 사람들은 덜 느긋하고 유연하며, 더 억제되어 있고, 겁이 많으며 경계하는 경향이 있다. T점수가 40점 이하인 경우는 드물게 나타나며, 이는 Pt 원문항과 함께 나타나는 K의 더 낮은 점수로 인한 것이다. 이러한 패턴을 보이는 환자들은 어색하고 불안정하며 장해의 명백한 징후를 보이기도 하는데 조증에서 특히 그렇다.

정신과 환자들을 대상으로 한 Pt의 검사-재검사 계수는 하루에서 2주 간격으로 실시되었을 때는 .83에서 .86이었고, 1년 간격이었을 때는 .49에서 .58이었다(Dahlstrom et al., 1975). 1970년에서 1981년 사이에 실시된, 다양한 표본에 대한 Hunsley 등(1988)의 MMPI 신뢰도 검증에 대한 대규모 메타분석 연구 중 70개 연구를 분석한 평균 내적 합치도는 .84였다. 또한 16개 연구에서 보고된 하루에서 2년 간격으로 실시된 검사-재검사 신뢰도 평균은 .82였다. Butcher 등(2001)은 지역(정상) 표본 중 남성 82명(r=.72)과 여성 111명(r=.69)을 대상으로 평균 8.6일(중간값=7일)의 검사-재검사 신뢰도를 보고하였다. 재표준화집단(Butcher et al., 2001)에서 추출된 척도 7의 내적 합치도는 남성이 .85, 여성이 .87이었다.

척도 8: 정신분열증(Schizophrenia: Sc)

Kraepelin(1893; Kraepelin, 1919 참조)에 의해 증후군(syndrome)으로 알려졌으며, 이후 1911년 Bleuler(1950)에 의해 정신분열증(Schizophrenia)으로 불리게 된 조발성 치매(Dementia Praecox)는 최근에는 생물학적 병인론의 기반을 통해 질병군(group of disorders)으로 인식된다 (Eysenck, Wakefield, & Friedman, 1983; Gallagher & Jones, 1987). 『DSM-5』(American Psychiatric Association, 2013)에 따르면, 조현병의 진단기준에는 이 질병에 특정적인 특정 증상 없이 사고, 지각, 감정, 발화 및 행동 등의 다양한 심리적 과정의 손상이 포함된다. 적어도 6개월 이상 병의 징후가 지속되는데, 병전보다 기능수준이 저하된 것이 자주 관찰된다. 다양한 증상이 질병 이전에 나타나거나(전구기, prodromal phase), 질병의 활성기 이후에도 남아 있다(잔류기, residual). 이러한 증상들은 대개 개인별로 다양하며, 사회적 철수, 부적절한 정동, 기태적 사고(예: 망상), 기괴한 행동, 환각 및 탈선되고 모호하고 우원적이며 와해된 언어를 포함한다. Marks와 Seeman(1963)에 따르면, 너무 우회적이고 또 논리적 사고가 자주 방해받기 때문에 조현병 환자들과 이야기하는 임상가들은 "어떻게 우리가 이 얘기를 하게 됐죠?"라고 자주 의 아해할 수 있다.

조현병이 이같이 다양한 행동, 정서 및 인지 증상을 포함하기 때문에, Sc의 개발이 임상척도들 중 가장 만들기 어려웠다는 사실은 그리 놀랍지 않다. 다른 임상척도들에 비해 Sc를 개발하는 데 더 많은 연구 기간이 소요되었지만, Sc는 여전히 취약한 진단척도 중 하나로 간주된다(Marks & Seeman, 1963). 수많은 개선 노력에도 불구하고 기준이 되는 조현병 환자들과 정상군을 구분하는 Sc의 능력(적중률)은 60%를 넘지 않는다(Hathaway, 1956, 1980). 최종적인 Sc 척도가 받아들여지고 교차타당화되기 전, 4개의 예비 척도를 바탕으로 십여 가지의 다양한 종류의 척도가 만들어졌다. 이 예비척도들은 부분적으로 중복된 두 집단의 조현병 환자 50명으로부터 얻어졌는데, 이 환자들은 다양한 하위유형으로 구성되었다(긴장형, 편집형, 단순형, 파과형). 참여자의 60%가 여성이었고, 40%는 남성이었다. Hathaway(1956, 1980)는 기준 참여자들에 대해 구체적이고 명확한 특징을 제공하지 않았지만, Dahlstrom 등(1972, p. 215)은 조현병 참여자에 대해 다음과 같이 설명하였다.

> 대체로 이러한 정신적 반응을 보이는 사람들은 부자연스럽고 차가우며 감정이 없거나 무관심한 느낌을 주는 특징이 있다. 다른 사람들이 보기에 동떨어져 있고 가까워지기 어려워 보이며, 종종 자기 혼자로도 충분하다는 느낌을 준다. 각기 다른 정도로 체계화된 망상과 잠시 혹은 지속되는 강렬한 환각 및 지남력의 상실 등이 조합되어 나타날 수 있다. 비활동이나 끝없는 상동증이 타인이나 외부 사물 및 관계에 대한 관심의 철수와 함께 나타날 수 있다. 이러한 사람들은 종종 교육이나 능력에 기반하여 기대되는 수준보다 더 낮은 수행을 보인다.

Nichols(1988, 2011)는 상당한 소수 정동장애 참여자로 인해 조현병 기준집단이 매우 오염되었을 수 있음을 지적하였다. 역사적으로 조현병은 미국에서 극도로 과도하게 진단되어 왔으나, 정동장애는 특히 조현병과 관련된 경우 매우 과소진단되어 왔다. Pope과 Lipinski(1978)는 조현병과 조울병(manic depressive illness)의 감별진단에 대한 광범위한 연구를 살펴본 후 기존에 미국에서 조현병으로 진단된 경우의 40%가 잘못 진단되었고, 그들은 정동장애, 특히 조증으로 고통받고 있다고 추측하였다. 그들의 결과는 두 증후군의 많은 증상이 중복된다는 것을 고려하면 놀라운 것은 아니다. 따라서 많은 정동장애 참여자가 조현병으로 잘못 분류되었을 수 있다. 반대로 조현병 같은 증상을 지닌 조증 환자들이 제외되는 것과 유사한 몇몇의 긍정 오류(false positive) 분류가 척도 9(경조증)를 위한 기준집단 구성에서도 있었다. Nichols(1988)는 그 결과 아마도 척도 9가 "조증 증후군의 핵심 증상을 측정하는 데 특수하게 타당화된 측정치"(p. 80)로 만들어졌다고 언급하였다.

척도 8을 향상시키기 위한 많은 노력에도 불구하고 K 척도가 개발되기 전까지 완료되었다고 여겨지진 않았다. 앞서 언급했듯이, 1.0 K점수가 척도 8에 더해진 척도 점수로 교차타당화 사례들의 약 60%만이 정확히 분류될 수 있었다. K점수의 합산으로 긍정 오류나 점수가 높은 정상인의 수가 15%에서 2%로 줄어들 수 있었다. 그러나 Hathaway(1956, 1980)에 따르면, 교정이 되었다고 할지라도 교차타당화 91개 사례(모두 조현병으로 진단받은 정신과 환자)의 상당히 많은 수가 여전히 T점수 61점 이하였다.

K점수는 다음과 같은 방법으로 척도 8의 적용을 향상시킨다. 원점수에 K점수를 더하면 기준집단 참여자(조현병)와 정상집단의 T점수를 모두 상승시키는데, 기준집단의 T점수가 정상집단에 비해 상대적으로 더 많이 증가한다. 조현병 참여자들이 처음에 구별되지 않았던 이유는 아마도 K와 관련된 정신병리 증상의 부인 혹은 축소 때문이었던 것 같다. K점수를 더하여 이러한 축소경향을 교정하는 양상은 병리를 적게 축소하는 것으로 보이는 정상집단에서는 덜 두드러진다.

요즘은 프로파일상에 표준점수로 나타내기 전에 1.0K 원점수를 척도 8 원점수에 더하는 것이 일반적이다. 척도 8에 관한 수많은 연구에서 K-교정을 하지 않는 점수보다 K-교정을 한 점수를 사용하는 것을 고려하면(Walters, 1988), 특히 정신과 환자들을 볼 때는 임상가가 척도 8에 K-교정을 계속 사용하는 것이 권고된다. 1.0 K점수가 척도 8에 더해지기 때문에, 대략 척도 8의 20개 문항이 이상(deviate)방향으로 기입되고, K 척도가 평균 점수인 상승된 척도 8 점수(T>65)를 얻을 가능성이 있다. 따라서 단독으로 상승된 Sc 척도를 보고 정신증 진단을 추론하려 할 때에는 기입된 문항 내용뿐 아니라 척도 8의 원점수를 살펴보는 것이 중요하다. 오직 상승한 척도 8의 점수를 기반으로 조현병 진단을 내릴 수는 없다. 조현병이나 조현병 증상을 보이는 사람들을 정확하게 구별하기 위해서는 의뢰 사유 및 다른 임상적 정보들의 맥락을 고려하여 상승된 다른 척도들과의 관계 및 패턴뿐 아니라 특수 지표들도 반드시 검증해야 한다. 프로파일상에서 가장 현저하게 척도 8이 상승한 많은 사람이 모두 정신증적인 것은 아니다. 일부는 정신증적 증상과 급성의 고통감이 있는 심한 우울증을 겪고 있거나, 심각한 성격장애이거나, 기질적 뇌손상 혹은 다소 심각한 감각손상, 또는 사회에 대한 비관습적이고 반항적인 경향을 가지고 있을 수도 있다(Butcher & Williams, 1992). 척도의 진단적 이질성과 특히 정신증에 대한 특이도(specificity)의 부족은 이 척도에 정신증 내용이 10%밖에 없다는 사실을 생각하면 놀랍지 않다. 명백하게 정신증 내용을 강조하기 위해 개발된 BIZ(8개 문항)나 PSYC(5개 문항) 같은 척도들과 척도 8의 중복문항은 매우 적다(Nichols, 2011).

척도 8은 정신과에서 감별의 방식으로 사용되는 것 같다. Walters(1984)는 Sc의 상승이 일반적인 정신과 환자들 중 정신분열증과 정신분열 스펙트럼 장애를 감별함을 밝혔다. 비정신과적 장면에서 약간 상승한 Sc 점수를 보이는 많은 사람이 조현병적 장애를 시사하는 정신병리를 나타내지 않을 것이라는 약화된 서술로 해석될 수 있다. 예를 들어, Anderson과 Kunce(1984)는 70점 이상으로 상승한 T점수들 중 척도 8 점수가 가장 높은 대학교 상담센터 내담자들 대부분이 사회적인 고립감을 느끼며 대인관계에 어려움이 있지만, 오직 소수만이 기이한 사고를 가졌다고 평가되었음을 발견하였다. 이 참여자들 전부의 파일에서 유의미하게 상승한 Sc 척도가 만성적이고 심각한 정신병리적 상태보다는 스트레스가 많은 특성 혹은 개인적인 위기를 반영하고 있었다. 비록 이 연구에서 척도 8의 상승과 관련하여 예상된 정신병리가 나타나지 않았음에도 불구하고, 다른 연구들에서는 높은 Sc 점수를 보인 '정상' 혹은 비정신과적 참여자들이 조현병 진단을 받지 않았을 수 있지만 조현병 환자들과 특정 특성들을 자주 공유하고 있음이 나타나기도 하였다(예: Fine, 1973; Keane & Gibbs, 1980). 그 때문에 Sc의 구성타당도가 제공되었다. 예를 들어, Keane와 Gibbs는 척도 8에서 상승된 점수를 보인 참여자(대학생)들이 정상의 MMPI 프로파일을 나타낸 사람들과는 질적으로 다른 단어 연상을 나타낼 것이라는 가설을 검증하였다. 상승된 프로파일을 보인 학생들은 입원한 조현병 환자에게서 자주 관찰되는 보속성이나 자기참조 및 사고 차단(blocking)과 유사한 연상을 보였다. Keane와 Gibbs는 심한 장해를 나타내지 않는다고 묘사된 학생일지라도 척도 8의 상승을 통해 탐지된 그들의 연상 결함이 조직화 능력, 문법 구조 및 관습적 연상 연합 과제에 미묘한 영향을 줄 것이라고 가정하였다.

일반적으로 연구자들은 특히 정신과적 장면에서 척도 6(Pa)이 상승하거나 특정 MMPI 지표들이 정신증/조현병적 방향으로 상승했을 경우 척도 8의 현저한 상승이 조현병적 진단을 예측하는 것을 발견하였다(즉, Taulbee-Sisson 표지와 Goldberg 지표; Walters, 1988). Marks 등(1974)은 86/68 코드패턴을 보인 참여자들의 68%가 정신증(조현병/편집증)으로 진단되었으며, 18%는 편집성 성격장애로 진단되었다고 하였다. 89/98 코드패턴의 참여자들 중 70%는 정신증(조현병/혼합)으로 묘사된 반면, 278/872의 참여자들 중 58%와 28/82의 참여자들 중 70%는 각각 조현병과 조현병/조현정동장애로 진단되었다. Greene(2000)은 Hedlund와 Won Cho(1979)에 의해 1970년대에 수집된 대규모(8,727명)의 정신과 입원 및 외래 환자집단의 MMPI 코드패턴의 빈도를 보고하였다. 여성의 경우 가장 자주 나타나는 코드는 86, 48, 84 코드패턴이었고(단독상승된 4번 척도가 가장 자주 나타남), 남성의 경우는 86이 가장 자주 나타나는 코드패턴이었다. Greene은 Hedlund와 Won Cho에 의해 수집된, 환자집단에서 나타나는 각각의 MMPI-2 코드패턴의 빈도에 대해 세부적인 자료를 제시하였다. MMPI에서 탈락한 13개 문항을 제외하고, 동형 T점수 자료로 재채점하여 비교하였다. 척도 상승 및 코드패턴의 빈도에서 매우 많은 변화가 나타났는데, 대체로 남성과 여성 환자 모두에서 척도 8이 더 드물게 나타났다(MMPI-2의 코드패턴 빈도에 대한 더 자세한 설명을 위해서는 Greene, 2000, 2011 참조; 척도 8과 조현병의 관계에 대한 연구는 Walters, 1988 참조). Greene(1988b, 2000, 2011)은 Marks 등(1974)의 자료에서 나타난 것처럼 하나의 주어진 코드패턴 내에서도 정신과 진단에 상당한 이질성이 있다고 지적하였다. 그러나 척도 8은 이 척도에서 높은 점수를 받은 사람들의 행동을 설명하고 진단을 이끌어 내는 데 어느 정도는 유용하다. 연구들(예: Walters, 1984)을 통해 조현병 환자들이 정상 및 조현병이 아닌 정신과 환자들에 비해 상대적으로 척도 8에서 더 높은 평균 점수를 얻는다는 것이 지속적으로 증명되었다.

Caldwell(2007b)의 임상 표본에서 Sc와 가장 높은 상관을 보인 15개의 MMPI 척도를 검증한 Greene(2011)은 범주가 오직 하나라고 결론지었다. 이는 일반적인 주관적 고통감과 부정적 정서였다. 관련 척도에 포함된 내용은 외상 후 스트레스 장애(PTSD), 불안, 우울, 소외감 및 사회적 소외의 증상들이었다. Nichols(2011)도 Greene의 연구결과와 일치되는 점을 발견하였는데, Sc가 강조하는 문항 내용들의 핵심특징이 조현병의 양성증상 또는 명백한 정신증 증상보다는 음성증상 혹은 결함증상이라는 것이다. "전체 문항의 최소 1/3이 에너지와 흥미 및 동기의 부족, 활동 및 상호작용에서의 즐거움 결여, 둔감하거나 고립되어 있거나 또는 정서적인 무감동, 대인관계에서의 회피가 아닌 사회적 소외를 반영한다."(Nichols, 2011, p. 176)

또한 와해된 사고, 손상된 현실검증력 및 의사소통의 문제 등이 척도 8에서 높은 점수를 받은 사람들의 주요 특징으로 나타난다(Friedman et al., 2001). 점수가 높아질수록 논리정연함이 점점 적어지고, 매우 높은 점수에서는 타인과의 의사소통에서 손상을 보이기도 한다.

창의적이고 실행 가능한 합리적 계획은 척도 8이 유의미하게 상승한 사람들에게 도전적인 일이다. Nichols(2011, p. 177)는 조현병적 정신증 환자들이 전형적으로 보이는 인지적 비정상에 대해 다음과 같이 통찰력 있는 설명을 제공하였다.

인지적 활동이 부자연스럽고 신용하기 어렵다. 환자들은 종종 다양한 실질적 문제를 해결하는 데 필요한 정보에 매우 무지하다. 비록 지적인 능력과 간단한 문제해결력이 잘 유지되고 있을지라도 현실에서 장기적이고 복잡한 과제에 필요한 지속적인 지적 수행은 무리이다. 단편적인 기준에서는 생각이 생산적일 수 있지만, 환자들은 논리적 사고의 자료와 결과들을 조직화하는 데 어려움이 있다. 논리와 순서에서 초보적 실패와 압축, 부적절한 병치 및 임의적 조합, 목적과 수단의 혼란, 부적절한 구체성, 부분-전체 관계의 혼동, 환상의 침투, 개인 특정적 편향과 과잉사고, 갑작스러운 비약, 혼합되고 임의적인 은유, 환유(metonymy) 및 생각의 산물을 복잡하고 변덕스럽고 무력하게 만드는 기타 다수의 잘못과 실수로 인해 정보들이 와해된 방식으로 처리된다. 게다가 환자들은 사고 과정에서 방향을 잃거나 다른 방향으로 옮겨 가게 하는 방해(예: 차단)를 받는다.

비활동이나 반복적이고 상동증적이며 심지어 걷거나 구호를 외치는 것과 같은 목적 없는 행동들이 증가하는 시기에, 척도 8에서 높은 점수를 받은 사람들의 사고곤란은 목표지향적인 행동을 방해하고 동기 체계를 더 감소시킨다.

Sc의 상승수준에 따라 그들을 어려움에 처하게 하는 판단력 부족이 발현되는 경향이 있다는 Duckworth와 Anderson(1995)의 지적은 놀라운 것이 아니다. 극히 높은 상승(T>100)은 일반적으로 만성적인 혼란보다 상황적인 스트레스를 반영하는데, 전형적으로 정체성 혼란(내가 누구인가?)을 경험하는 사람들이 이 범위의 점수를 나타낸다. 척도 0과 함께 상승한 경우에는 타인과의 사회적 접촉 부족으로 인해 더 심한 의사소통장해를 보이는 경향이 있다. Nichols와 Greene(1995)은 Sc를 환상으로 철수하는 경향성으로 보았고, 높은 점수(T = 85)를 나타낸 경우는 현실 세계와의 관계보다 환상 세계를 더 선호하는 경향이 있다고 보았다. 그들은 척도 8과 F 척도 및 BIZ 척도와의 관계에 대해 다음과 같은 상세하고 유용한 정보를 제공하였다.

> BIZ[특히 BIZ1(정신증적 증상)]가 Sc와 함께 상승할 때, 현실검증력 및 내적 사건과 외적 사건을 구분하는 능력에 심각한 문제를 나타내면서 환상이 정신증적이고 기태적인 경향을 보이는 경우가 있다. Sc가 BIZ와 함께 상승하지 않았을 때의 환상은 현실성이 상대적으로 잘 유지되는 상태 내에서 보상적이고 소망 충족적인 유형일 수 있다. 이러한 추론은 F 척도와 BIZ 척도 간 점수 차이에 의해 더 확실해질 수 있다. F가 확실히 BIZ보다 높으면 기태적 측면이 없는 사회적 이상행동과 저조한 현실검증력을 시사하며, 반대로 큰 차이를 보이면 기태적 환상이 있으나 상대적으로 덜 손상된 현실적 접촉능력을 시사한다. 비슷하게, F와 Sc의 관계도 정신증의 표현과 관련된다. 두 척도가 모두 비슷하게 상승하거나 F가 Sc보다 약간 높으면, 정신증의 발현이 정서 및 동기에 대한 분명한 통제장애를 동반한 대인관계의 기괴함 등 공적(public)인 경향이 있다. Sc가 F보다 더 상승될 때는 정신증 발현이 내적인 경향이 있는데, 예를 들면 기이한 환상이나 대인관계에서 거리를 두거나 철수되는 자폐증과 같은 것들이다 (Nichols & Greene, 1995, p. 36).

척도 7에서 논의한 대로, 인지 및 행동 통제의 문제들은 척도 8과 7의 상승도 차이를 검증함으로써 알아볼 수 있다. 척도 7이 Sc보다 더 높으면, 논리정연함을 유지하고 정신증 발현을 억제하려고 애쓰고 있을 것이다. 척도 8이 7보다 높으면, 부적절한 행동에 대한 통제를 잃어버린 것이다. 척도 8이 7보다 훨씬 더 상승할수록 증상의 표현이 기이하고, 행동통제 상실이 자신과 타인에게 파괴적일 가능성이 더 크다.

척도 8이 유의미하게 상승한 사람은 타인을 믿지 못하고 사람들이 자신을 좋아하지 않을 것이라고 생각하는 경향이 있다. 다른 사람들이 상처를 주거나 거절하려고 외모나 행동을 비판한다고 생각하는 것으로 보아, 그들은 오래된 사회적 실패경험을 가지고 있을 수 있다. 이에 대하여 Nichols(2011)는 높은 점수를 받은 몇몇 사람은 철수(withdrawal)하거나 접근하기 어려운 패턴을 지녔을 것이라고 하였다. 다른 사람들은 공격적이며, "자신 및 자신의 개성에 대한 주의를 환기시키는" 수단으로 차림새나 옷차림 및 행동특징이 경직되거나 두드러지는 이상한 역공포증(counterphobic) 유형일 수 있다(Nichols, 2011, p. 182). Levak 등(2011)과 Caldwell(1984)은 척도 8의 상승이 아동기에 삶과 안전을 의지했던 사람에 의해 경멸 혹은 거절당한 것과 관련될 것이라고 가정하였다.

> 아마도 아동이 어떤 특정 습관이나 특이함을 표현했거나 또는 신체적으로 서툴러서 다른 사람들이 그들에게 화가 나 혐오감 및 분노를 표출했을 수 있다. 이에 아동은 자기보호적 행동으로 폐쇄적이 되어서 생각을 하지 않거나 주의를 기울이지 않게 되었고, 인지 및 정서적 기능상 결함이 생기게 되었을 수 있다는 가정이다(Lewak et al., 1990, p. 246).

척도 8이 높게 상승한 경우, 환각과 혼란, 공황이나 불안 및 망상도 경험할 수 있다. 척도 8은 불행감, 언짢음, 열등감 및 소외감뿐 아니라 미성숙과 충동성 및 은둔과도 관련된다. 척도 8에서 높은 점수를 받은 사람들은 다른 사람들에게는 기이하거나 특이하며, 수줍어 보일 수 있고, 심지어 때로는 분열되어(schizoid) 보이기도 한다. 척도 8에서 낮은 점수를 받은 사람들은 친절하고 책임감 있고 신중하며, 문제해결 시에 상상력이 부족해 보이기도 하고, 사고경향이 실제적이면서 구체적으로 보인다(Graham, 1990).

Hathaway와 Meehl(1952: Dahlstrom et al., 1972에서 재인용)은 그들의 연구에서 이 척도에서 점수가 상승된 정상집단 남성들은 그들의 동료들에게 철수되어 보이거나 이상해 보이지 않는다는 것을 알아냈다. 이들이 비록 자신에게 불만족스럽고 쉽게 걱정을 하긴 해도 사회적 어려움은 나타나지 않았다. 종합하면, 이들은 성미가 좋고, 언어로 표현하며, 열정적이고, 광범위한 미적 관심이 있다. 정서적으로는 온순하고 친절하며 감성적이다. 여성의 경우에는 예민하고 긴장되어 있을 뿐 아니라 솔직하고 친절하며 온화하다. Gough 등(1955)에 의해 제공된 다른 정상 남성집단에서 나타난 또 다른 특징은 좀 더 부정적이다. 적대적이고 성마른 것과 같은 표현들로 볼 때 공격성을 조절하는 데 어려움이 있음이 시사되었고, 이는 정서조절에 있어서도 일정 부분 통제가 되지 않음을 내포한다.

재표준화 작업에서 척도 8의 문항은 탈락되지 않았다. 그러나 78개 문항 중 13개 문항이 문법적 명확성과 간결성을 위해 수정되었다. 임상척도 중에서 가장 길기 때문에 다른 척도들과의 중복문항도 상당히 많다. 척도 8의 중복문항은 대체로 척도 7(17개 문항) 및 F(15개 문항)와 공유되며, 일반적으로 신경증 척도보다는 정신증 척도와 중복된다. 척도 6과 13개 문항을, 척도 9와는 11개 문항을 공유한다. 척도 4 및 RC8과 10개 문항을, 척도 2와 9개 문항, BIZ와 8개 문항 그리고 PSYC와 5개 문항을 공유한다. 전체 중 24개 문항은 다른 척도와 중복되지 않는다. 다른 정신증 척도처럼 78개의 Sc 문항 중 이상방향으로의 기입은 대부분 '그렇다'(76%) 방향이다. 19개(24%)는 '아니다'로 채점된다. Little(1949)에 따르면, 이상한 소리를 듣는 내용인 319번 문항이 전체 척도와 가장 상관이 높고(r=.70), 집중곤란(distractibility)을 나타내는 문항(299번)이 .67로 그다음으로 높다.

재표준화집단의 하위 표본(남성 82명, 여성 111명)에서 일주일 간격으로 실시된 검사-재검사 상관은 남성의 경우 .72, 여성의 경우 .54로 나타났다(Butcher et al., 2001). 1970년에서 1981년 사이에 실시된, 다양한 표본에 대한 Hunsley 등(1988)의 MMPI 신뢰도 검증에 대한 대규모 메타분석 연구 중 17개 연구에서 보고된 하루에서 2년 간격으로 실시된 검사-재검사 신뢰도 평균은 .78이었다. 그들은 또한 73개 연구의 평균 내적 합치도가 .82라고 보고하였다. Butcher 등(2001)은 남성의 내적 합치도계수를 .85로, 여성은 .86으로 보고하였다. 척도 8과 7은 남성에서는 동일한, 여성에서는 거의 같은 내적 합치도를 보이며, 이는 모든 타당도 및 임상척도 중 가장 높은 수치이다. 따라서 척도 8은 내적 합치도와 검사-재검사 신뢰도가 수용할 만한 수준의 척도이다.

Harris-Lingoes 소척도

다른 임상척도들에서처럼, Harris-Lingoes 소척도를 살펴보는 것은 특정 척도가 상승한 의미를 결정하는 데 도움이 된다. Wiener와 Harmon(Wiener, 1948)은 척도 8의 문항들이 대체로 명백하기 때문에 모호 및 명백 소척도를 개발하지 않았다. Harris와 Lingoes는 Sc를 위해 6개의 소척도를 개발하였다. 사회적 소외(Sc1), 정서적 소외(Sc2), 자아통합결여-인지적(Sc3), 자아통합결여-동기적(Sc4), 자아통합결여-억제부전(Sc5), 기태적 감각경험(Sc6)이 그것이다. Nichols(2011)는 Sc 소척도들이 분리와 단절 그리고 통제장애와 기능장애의 2개의 구분된 영역으로 나뉜다고 언급하였다. Sc1은 타인으로부터의 심각한 소외를 반영하며, Sc2는 자신과 인간 이외의 환경 및 미래로부터의 심각한 소외를 반영한다. Sc3, Sc4, Sc5 그리고 Sc6은 각각 인지, 동기, 충동 및 신경학적 기능장애를 나타낸다.

Sc1: 사회적 소외(Social Alienation, 21개 문항)

Harris와 Lingoes(1968)는 Sc1이 '다른 사람들과 라포(rapport)를 맺지 못하는 느낌과 타인과의 의미 있는 관계로부터의 철수'를 나타낸다고 하였다. 본질적으로 Sc1은 정서적 박탈감을 반영하는 문항으로 구성되어 있다. 특히 문항 내용은 이해받지 못하는 느낌, 모욕당하고 불공평하게 벌을 받고, 가족이나 남들이 음모를 꾸미거나 혹은 그들로부터 동떨어져 있다는 느낌 및 타인에게 둘러싸인 외로움을 나타낸다(Caldwell, 1988). 16개 문항이 '그렇다'로 채점되며, 5개 문항은 '아니다'로 채점된다. 척도 6과 8개 문항을 공유하며, F와는 5개 문항 그리고 Pd4와는 3개 문항을 공유한다.

Sc1에서 높은 점수를 받은 사람들은 자립을 위한 지원 체계가 부족한 경향이 있다(Levitt, 1989). Graham 등(1999)은 정신과 남성 외래환자들의 경우 가족의 사랑이 부족하고 신체적 학대경험이 있다고 하였다. 특히 여성들이 Sc1에서 높은 점수를 받은 경우, 낮은 점수를 받은 경우보다 자살시도를 더 많이 하였다. 이들은 또한 Pd1(가정 불화)과 Pd4(사회적 소외)에서 함께 높은 점수를 받을 수 있는데, 임상적 함의가 다양할 수 있으므로 이 척도들과 다른 소척도 점수들을 서로 분리해서 평가하는 것이 중요하다. 예를 들어, Sc1에서는 높은 점수를 받고 Sc2(정서적 소외)와 Pd5(내적 소외)에서는 상대적으로 낮은 점수를 받은 경우에는 개인이 지닌 비관주의와 무망감은 다른 사람들에게 한해서만 보일 수 있으며, 비사교적 취미 활동에서는 여전히 만족감을 얻을 수 있다(Nichols & Greene, 1995). Sc1에서 높은 점수를 받은 사람들은 '부당한 대우'를 받았다고 느끼지만, Pd4에서 나타나는 잔재된 슬픔이나 갈망을 느끼지는 않는다(Nichols & Greene, 1995). 대체로 Sc1이 높은 사람들은 타인과 관여되지 않는 것을 선호한다. 높은 점수를 받은 사람들이 일반적으로 타인을 믿지 못한다는 측면에서, Sc1은 또한 편집증 요소를 측정한다(Pa1과 6개 문항이 중복된다). F, FAM(Sc1 중 6개 문항이 가족에 대한 강한 반감을 시사한다) 및 Pd1이 또한 상승했을 때에는 부모 한 명 혹은 모두에게 증오를 표현할 수 있다(Nichols & Greene, 1995). Nichols(2011, pp. 173-174)는 Sc1에 대해 다음과 같은 풍부한 임상적 설명을 제공하였다.

Sc1은 환자의 상당한 무감동(apathetic)에 대해 치유 불가능한 사회적 장애를 지니고 있다는 인상을 전달한다. 환자는 냉정하며 대인관계에서 단절되어 있고, 투사된 그리고 내재화된 분노를 보인다. 정체성은 오염되고 소외되어 있으며 결함이 있다. 이 척도는 주로 원자화된 조현병 환자들에게서 나타나지만, 자살하려고 하는 우울증, PTSD 및 경계선 성격장애에서도 상승할 수 있다. 이러한 이질성 때문에, Sc1의 주제에 대해 오직 부분적으로 혹은 간접적으로 관련될 수 있는 몇몇 선택적인 표기문항(예: 부모에 관한 것)을 제외하기 위해 실제 표기한 문항들을 살피는 것이 도움이 된다.

Sc1 점수가 낮은 사람들은 다른 사람들을 좋아하고 그들에게 애착을 느끼며, 이해와 존중을 받고 잘 대접받는다고 느끼며, 가족 구성원에 대한 증오나 분노는 부인하는 경향이 있다(Caldwell, 1988; Graham, 1990).

이 소척도 문항 중 16개가 '그렇다'로, 5개가 '아니다'로 채점된다. 척도 6과 8개 문항이 중복되고, F와는 5개 문항, Pd4와는 3개 문항이 중복된다.

Sc2: 정서적 소외(Emotional Alienation, 11개 문항)

Harris와 Lingoes(1968)는 Sc2가 '다른 사람들과 라포를 맺지 못하는 느낌, 자기 자신을 이방인으로 경험하는 것, 무정서(flattening affect) 또는 정서의 왜곡, 무감동(apathy)'을 포함하고 있다고 설명하였다. 이 소척도는 흥미나 관심 및 열망이 전혀 없는 것을 반영하는 내용들로 구성되어 있다(Nichols & Greene, 1995). 11개 문항 중 8개 문항이 '그렇다'로, 3개 문항이 '아니다'로 채점된다.

Levitt(1989)은 이 척도가 기본적으로 우울을 측정한다고 생각했는데, 사실 이 척도는 삶에서의 정서적 철수를 측정한다. Graham 등(1999)은 Sc2에서 높은 점수를 보이는 사람들에 대해 비슷한 설명을 제시했는데, 친구가 적거나 없을 뿐 아니라 우울할 가능성이 매우 높다고 하였다. Caldwell(1988)은 Sc2에서 높은 점수를 받은 사람들은 삶을 "만족스럽지 않은 압력"(p. 28)으로 느끼며, 사랑하는 사람을 상처 주거나 그들에게서 상처를 받는 데서 기쁨을 느끼는 삶을 경험한다고 하였다. Graham(1990)은 또한 높은 점수를 받은 사람들은 무감동하거나 겁먹은 느낌을 느낀다고 하였다. Wrobel(1992)은 Sc2의 상관물로 다른 사람들과 라포를 맺지 못하는 느낌, 정서가 없거나 혹은 왜곡된 정서, 자신을 이방인으로 느끼는 것 등을 보고하였다. Nichols와 Greene(1995)에 의하면, 정서적 소외란 "미래에 대한 흥미나 예상 및 관여를 하지 않고, 그것들을 삶을 지속하기 위한 동기로 더 이상 쓸 수도 없는, 삶으로부터의 병리적 이탈"(p. 29)이다. 이러한 의미에서 Sc2 점수가 높은 사람들은 미래에 대한 투자를 하지 않는 것처럼 보이고, 이는 자살행동이나 자살사고의 가능성을 높이기에 결정적 문항(150번, 303번, 506번, 520번, 524번, 530번) 및 제7장에서 설명될 DEP 내용척도의 자살사고 요소인 DEP4를 살피는 등 더 자세한 평가를 해야 한다(또한 Ben-Porath & Sherwood, 1993 참조). Nichols(2011, p. 174)는 Sc2에서 나타난 우울의 핵심 내용에 대해 다음과 같이 설명하였다.

Sc2와 8개 문항을 공유하는 Sc4와 함께, Sc2는 척도 8의 결함 혹은 음성 증상 소척도 중 하나이다. Sc2는 우울한 느낌이 있는 핵심적인 조현성(schizoid) 요소들을 나타내는데, 이는 다른 척도에서는 잘 포착되지 않는다. 중심적인 특징은 정서적 무감각과 우울한 거리 두기 및 무감동 중 하나인데, 어떠한 참여나 관심의 느낌이 전혀 없는 삶이 지속된다. 흥미를 일으키거나 긍정적인 기대를 주는 것이 전혀 없다. Sc1이 타인으로부터의 심한 정서적 철수를 나타내는 반면, Sc2는 삶 그 자체에 애착하지 못하게 하는 것을 나타낸다. 이러한 인생관은 암울하고 비관적이지만 또한 무관심하게 보이기도 한다.

Sc2에 비관습적인 사고 과정을 나타내는 문항들이 있지만, 이 문항들은 정신증적 증상(BIZ1)이나 감각운동의 왜곡(Sc6)과 같이 정신증을 강력히 시사하는 측정치와는 다른 경향이 있다(Nichols & Greene, 1995). Sc2에서 낮은 점수를 받은 사람들은 우울감이나 절망감을 부인하고, 인생을 가치 있다고 느끼며, 가학 및 피학적 욕구를 부인한다(Graham, 1990).

Sc3: 자아통합결여-인지적(Lack of Ego Mastery, Cognitive, 10개 문항)

Harris와 Lingoes(1968)는 Sc3 소척도 내용을 "저절로 흘러가는 사고 과정과 낯설고 혼란스러운 생각들을 시인하는 것"이라고 설명하였다. 10개 문항 중 9개 문항이 '그렇다'로, 1개 문항이 '아니다'로 채점된다. Sc3은 Sc4와 3개 문항을 공유하고, D4와는 4개 문항, 척도 7과는 6개 문항을 공유한다. Sc3에는 기억, 주의 및 집중 영역에서의 인지적 결함이 나타나는 문항들이 포함되어 있다. D4(둔감성)와 비슷하지만, Sc3에서는 문제가 되는 생각들의 침투로 인해 사고 과정에 혼란이 일어나는 것을 강조하는 반면, D4에서는 정신적 작업의 완성에 방해가 되는 장애(disability)를 강조한다(Nichols & Greene, 1995). Sc3의 핵심은 "생각을 침해하고 방해하는 생경하고 예상치 못한, 때로는 두렵게 만드는 생각과 사고로 인해 인지적 과정의 통제를 잃는 것"이다(Nichols, 2011, p. 174). Sc3에서 높은 점수를 받은 사람들은 생각을 하려 할 때 장애의 느낌을 경험하는 경향이 있다(Nichols & Greene, 1995). Sc3과 D4가 모두 상승하였음에도 불구하고, Sc3 점수가 높은 사람들은 D4 점수가 높은 사람들보다 자신의 인지적 결함에 대해 더 많은 고통감과 불편감을 경험하는 경향이 있다(Levitt, 1989). Sc3에서 높은 점수를 받은 사람들은 일반적으로 스스로 미쳐 가는 것같이 느끼며, 이상한 사고 과정과 비현실적인 감각 및 주의집중과 기억력에 문제가 있다고 보고한다(Graham, 1990). Graham 등(1999)은 정신과 외래환자집단에서 Sc3 점수가 높은 사람들은 치료자들에 의해 급성의 심리적 혼란을 겪고 있고 스트레스에 잘 대처하지 못한다고 기술되었다고 보고하였다.

MMPI-2의 HEA 내용척도에는 혼란이나 판단력 손상 등 인지적 결함에 민감한 내용이 들어 있다. 그러나 Sc3에 특정적인 해석을 하려면 Sc3 점수가 HEA 척도보다 높아야 한다. Sc3 점수가 낮은 사람들은 일반적으로 사고 과정에서의 문제를 부인한다(Caldwell, 1988).

Reise와 Haviland(2005)에 의해 영감을 받은 Nichols(20008)는 2개의 인지 안정성 척도를 개발하였다. 둘 중 하나는 Sc3과 관련되어 있으며, 2개의 중요한 인지영역을 최대한 구분하고 평가하기 위해 개발된 것이다. 첫 번째 척도는 인지적 문제(Cognitive Problems: CogProb)로 주의력, 집중력, 기억력, 집중곤란, 초점을 잃는 것, 인지적 추진력이 줄어드는 것 등과 같은 내용을 나타내는 12개 문항으로 구성되어 있다. 이 문항들은 MMPI-2 문항군집에 퍼져 있으며, D4, Sc3, Sc4 및 WRK 척도와 각각 5개 문항 이하의 중복문항을 공유한다. CogProb는 심한 우울증과 사고장애 모두에서 공통적으로 나타나고, 전자에서 조금 더 강조되는 종류의 인지적 증상에 민감하다. 두 번째 척도는 와해(Disorganization: DisOrg)로, 11개 문항으로 구성되어 있다. RC8과 11개 문항, BIZ와 9개 문항(BIZ1과 4개 문항), PSYC와 7개 문항, Sc6과 4개 문항을 공유하지만 RC8에서 해리를 시사하는 문항들(168번, 182번, 229번 문항)은 포함되지 않는다. 이 문항들은 환각, 사고 전파(thought broadcasting) 및 이와 유사하게 상대적으로 양성증상들을 시사하는 편집적이지 않은 경험을 담고 있다. DisOrg의 T점수가 70점 이상이며, CogProb보다 높은 프로파일은 정신증적 장애, 흔히 조현병의 가능성을 강력하게 시사한다.

Sc4: 자아통합결여-동기적(Lack of Ego Mastery, Conative, 14개 문항)

동기(conation)라는 의미는 의도적으로 행동하는 경향을 의미하는데, 이는 정확히 Sc4 점수가 높은 사람들에게는 없는 것이다. 이 소척도는 건설적이고 생산적인 방식으로 행동하려는 동기의 상실을 반영하는 문항들로 이루어져 있다(Levitt, 1989). 11개 문항이 '그렇다'로, 3개 문항이 '아니다'로 채점된다. 점수가 높은 사람들은 일상에서 즐거움을 주는 흥미에서의 철수와 함께 주의, 집중, 판단, 기억력과 같은 인지적 작업에서 장애가 있다(Nichols & Greene, 1995). Caldwell(1988)에 의하면 문항들은 개인의 에너지를 동원하지 못하는 것을 반영하는데, 이는 정신적 에너지를 활성화하고 집중하는 것을 어렵게 한다. 확실히 이 소척도는 정신운동지체(D2)와 심리적으로 동등한 것을 측정하는 것으로 보인다. 사실 Nichols와 Greene(1995)은 이 소척도를 "전반적인 심리적 장애"(p. 40)에 민감하다고 보았다. Wrobel(1992)은 임상가 평정에서 Sc4 점수가 높은 사람들의 유의한 상관물이 심리적 취약감임을 알아냈다. 전형적으로 높은 점수를 받은 사람들은 인생을 압박으로 느끼며, 우울감을 경험할 수 있어 더 나아질 것이라는 희망을 포기해 왔을 것이다(Butcher et al., 1989; Graham, 1990; Graham et al., 1999). 일부 문항은 스트레스로부터의 탈출구로서 환상이나 몽상으로 철수하는 경향을 나타내며, 한 문항(303번)은 자살 충동적인 무감동과 절망에 대한 질문이다. Nichols(2011)는 Sc4의 우울증을 슬프기보다는 무감동한 Sc2의 우울에 비유하였다. 그러나 Sc4는 Sc2 및 D4와 중요한 측면에서 다르다. Nichols(2011, p. 175)는 Sc4에 대해 다음과 같이 서술하였다.

> Sc2나 D4와 달리 Sc4는 정신적 쇠약(breakdown)이 아니라 고갈된 혹은 생기 없는 의지(무의지증), 무관심, 흥미 상실 및 무쾌감증(anhedonia)을 강조하는데, 이는 정신 및 행동적 과업의 완성—심지어 시작했다고 하더라도—을 무산시킨다. 높은 점수를 받은 사람들은 심리적인 시동 장치가 없고, 퇴행하거나 무감동해지는 상태가 됨으로써 장애를 겪는다.

무기력하고 시작을 하지 못하는, 점수가 높은 사람들은 심각한 정서적 소외를 경험하게 된다. 사실 Sc4는 Sc2와 상당히 많은 문항(8개 문항)이 중복된다. 그러나 Sc4에서 높은 점수를 받은 사람들은 Sc2에서 높은 점수를 받은 사람들이 경험하는 순수한 정서적 소외와는 구분되는데, Sc4에서는 지속적으로 정신적 초점을 유지하지 못하는 것과 수동적 집중곤란을 측정하며, 이는 Sc3의 경우에서 자주 보이는 인지적 혼란보다는 무력과 무관심에서 더 많이 기인한다(Nichols & Greene, 1995).

임상집단에서 Sc4와 Sc의 상관이 높게 나타난 것(r=.88)을 보면, Sc4는 Sc 모척도의 핵심적 측면의 대부분을 담아내는 것으로 보인다(Greene, 2011). 낮은 Sc4 점수는 삶이 가치 있다는 느낌을 반영하며, 우울과 자살사고를 부인하고 자발적으로 행동을 시작하기에 충분한 에너지를 지니고 있다는 느낌을 나타낸다. 일반적으로 점수가 낮은 사람은 삶이 행복하고, 인지적 결함에 대해서는 호소하지 않는다(Caldwell, 1988; Graham, 1990).

Sc5: 자아통합결여-억제부전(Lack of Ego Mastery, Defective Inhibition, 11개 문항)

Harris와 Lingoes(1968)는 높은 Sc5 점수를 '자신의 충동이 통제되지 않는 느낌이며 이는 낯설고 이상하게 경험될 수 있다는 것, 충동과 감정에 휘둘림, 정서의 해리(dissociation)'로 설명하였다. 모든 11개 문항이 '그렇다'로 채점되며, 다 명백하기에 Sc5는 '모두 그렇다' 혹은 '모두 아니다'라고 반응한 경향의 왜곡에 취약하다. 문항들은 의식 소실이나 이인감(depersonalization), 해리(dissociation), 운동 문제(통제되지 않는 움직임과 발화), 안절부절못함(agitation), 충동성 등을 다양하게 포함하고 있어 이질적이다. "환자가 경미한 내적 혹은 외적 사건에 의해서 흥분할 수 있는 것처럼, 이렇게 이질적인 문항들은 마음의 평정을 위협하는 강력한 내적(일부는 외적) 주제로 수렴된다."(Nichols, 2011, p. 175)

사실상 문항들은 내적 분열이나 통제 상실에 대한 공포나 두려움을 강조하는 것으로 보인다(Graham, 1990; Nichols & Greene, 1995). Graham(1993)은 점수가 높은 사람들은 침착하지 못하고, 지나치게 활동적이며, 과민할 수 있고, 통제할 수 없는 웃음/울음의 시기를 경험하며, 그뿐만 아니라 자신들이 무엇을 했는지 알지 못하는 일도 있을 수 있다고 보고하였다. 높은 점수는 정상적인 방어를 압도하여 분리되거나 분해되는 것과 같은 느낌을 겪게 한다(Nichols, 2011). Caldwell(1988)에 의하면 Sc5는 척도 9(Ma)와 6개 문항을 공유하며, 척도 8과 9가 모두 상승했을 때 Sc5도 종종 상승한다고 하였다. 따라서 Sc5가 상승했을 때 통제되지 않은 분노가 폭발할 가능성이 높다. Sc5가 상승하면 격분한 감정에 쉽게 압도될 수 있는데, 분노의 표출 가능성을 평가하기 위해서는 다른 척도들과의 관계를 살펴보아야 한다. Nichols와 Greene(1995, p. 30)은 내용척도와 Sc5가 보이는 관계양상이 유용하다고 언급하면서 이 주제에 대해 다음과 같이 설명하였다.

> ANG에 비해 TPA와 Sc5는 좀 더 만성적인 장애와 관련되어 있는데, 이는 적대감, 격분 및 분개의 개념에 더 가깝다. 따라서 ANG 점수가 TPA와 Sc5 점수보다 훨씬 높다는 것은 좀 더 상태적인 분노를 의미한다. 그러나 TPA와 Sc5가 ANG와 비슷하게 혹은 그보다 더 높이 상승했다면, 분노는 좀 더 특질적인 방식으로 작동하는 경향이 있다. 즉, 응답자가 방출할 기회를 찾거나 표출하지 않는다면, 하나 혹은 그 이상의 대상이 화를 자극하는 상황을 기대하는 것처럼 보인다. 3개 척도(ANG, TPA, Sc5)의 관계는 분노 감정이나 표현을 특징짓는 초점의 수위를 예측하는 기반을 제공한다. 만약 ANG가 TPA보다 높고 TPA가 Sc5보다 높으면, 분노는 구체적인 문제와 공격으로 지각된 것 혹은 사람에 대해서만 집중된다. 반대의 경우(Sc5>TPA>ANG)에는 대체로 기회와 편리함에 의해 결정된 타깃에 대해 알기 어려운 혹은 분산된 격분을 나타낸다.

비록 문항 내용에서 격분이 명시적으로 드러나지는 않지만 문항 대부분에 암시되어 있다. 앞에서 언급한 Nichols와 Greene(1995)의 설명에 따라 척도 간 관계에 의해 수정되지 않는다면, 격분은 목표가 불분명하고 원초적으로 보이기도 한다. Graham 등(1999)은 Sc5 점수가 높은 여성들이 경계선 성격장애로 진단받을 가능성이 크며, 이는 Sc5가 상승했을 때 관련되어 나타나는 격분이나 적대감과 일치한다는 것을 발견하였다. 낮은 Sc5 점수는 자신이 스스로 흥분하는 것을 선택한다고 여기는 것을 반영하는데, 이러한 사람은 통제를 잘하고 초초해하거나 짜증 내지 않는다(Caldwell, 1988; Graham, 1990). 본질적으로 낮은 Sc5 점수는 자신의 충동을 잘 통제하는 것을 의미할 수 있다.

Sc6: 기태적 감각경험(Bizarre Sensory Experiences, 20개 문항)

Harris와 Lingoes(1968)는 Sc6의 내용에 다음과 같은 것들이 포함된다고 하였다. "자기(self)와 신체 이미지의 지각에서 변화를 느낌, 이인증과 낯설어지는 느낌(estrangement)." 14개 문항이 '그렇다'로, 6개 문항이 '아니다'로 채점된다.

Sc6은 운동, 감각 및 해리 증상에 대한 내용을 포괄한다. 즉, 경련이나 흔치 않은 쇠약감, 무감각, 잠깐의 현기증, 목소리 변성, 미각 상실, 이명, 이인증, 웃음 및 울음 발작 및 기타 설명할 수 없는 신체적 변화이다. Sc6 점수는 소화기 증상(HEA1)과 신경학적 증상(HEA2) 및 일반적인 건강염려(HEA3)와 같은 내용소척도와 유용하게 비교될 수 있는데(Ben-Porath & Sherwood, 1993), 증상의 범위 및 강도 모두를 결정하기 위해 사용될 수 있다(Nichols & Greene, 1995). 높은 Sc6 점수는 충동이 억제되는 방식에서 통제의 퇴화를 반영한다. 문항들은 다소 느슨한 현실과의 접촉을 나타낸다. 원판 및 현재의 척도명—기태적 감각경험—이 척도 내용을 잘 대표하지 못하는 것으로 보이며, 이는 부정확한 명칭 같다. Nichols와 Greene(1995, p. 31)은 이 논의에 대해 다소 많은 명료화를 제공했는데, 이는 다음과 같다.

> Harris와 Lingoes의 1955년판 소척도 원고에서 Sc6(당시에는 Sc3)을 '기태적 감각경험'으로 명명하였다. 하지만 1968년 개정판에서 저자들은 이 소척도의 이름을 '감각운동 해리(sensorimotor dissociation)'로 바꾸었다. 바뀐 이름은 Sc6을 구성하는 실제 문항 내용들에 훨씬 더 잘 부합된다. 이 소척도의 많은 문항이 특이하지만, 정신증을 반영하는 것은 소수 문항(311번, 319번, 355번)이고, 오직 한 문항(355번)만이 기태적으로 볼 수 있는 의미를 담고 있다. 다음의 나머지 문항은 대체로 미세한 신경학적 징후를 나타낸다. 감각(247번, 252번, 255번, 298번), 운동(23번, 91번, 106번, 177번, 179번, 182번, 295번), 해리 가능성(168번, 182번, 229번, 296번, 311번).

Nichols(2011)는 Caldwell(2007b)의 대규모 임상집단을 기반으로 Sc6과 여러 개 척도 간의 상관을 구하였다. Nichols(2011, pp. 175-176)에 따르면 다음과 같은 상관을 보인다.

> 척도의 주제와 내용 모두가 대체로 신체적이다. HEA와 6개 문항이, 특히 HEA2의 전체 문항과 중복되며, BIZ와는 5개 문항, BIZ2와는 4개 문항이 중복된다. Sc6은 정신증 척도[BIZ(.75), BIZ1(.63), PSYC(.72), Pa1(.64)]에 비해 신체 관련 척도[HEA2(.86), HEA(.83), Hy4(.80), 척도 1(.80), RC1(.78)]와 일관되게 더 높은 상관을 보인다. 단, RC8(.83)과는 예외인데, 아마도 RC8 척도에 포함된 해리와 관련된 내용 때문일 수 있다. 조현병 측정

을 위한 척도 중 Sc6이 중요한 것은 미세한 신경학적 징후가 자주 언급되기 때문인데, 이는 Meehl(1962, 1972)이 '조현성 실조증(schizotaxia)'으로 칭하며 조현병의 유전적 기질로 간주했던 중요한 신경적 결함으로 발현될 수 있다.

일반적으로 Sc6에서 높은 점수를 받은 사람들은 자신의 신체가 낯설고 이상한 방향으로 변화한다고 느낀다. 이들은 피부 민감성이나 목소리 변화, 근육 경련, 서투른 동작, 균형감각 문제, 이명 및 허약감과 마비된 느낌을 보고한다(Graham, 1990). Wrobel(1992)은 외래 기반의 개인시설에서 치료 중인 자신의 내담자집단 중 Sc6 점수가 높은 사람들의 주요한 상관물을 이인증이라고 밝히기도 하였다. Sc6 점수가 낮은 사람들은 이러한 증상이나 경험을 보고하지 않는 경향이 있다.

척도 9: 경조증(Hypomania: Ma)

가장 늦게 개발된 기본 임상척도인 Ma(경조증)는 사고의 비약(flight of ideas), 정서불안(affective lability) 및 정신운동흥분(psychomotor excitement)이 동반된 약간 고양된 기분을 측정하는 46개의 문항으로 이루어져 있다. 이 척도가 반영하는 성격적 특성은 경조증(hypomania)으로 불리는 정동장애이다(Dahlstrom et al., 1972). 경조증은 쉽게 주의가 산만해지는 것, 불면 및 과도한 낙관주의, 이따금씩 나타나는 과대성과 의심 및 성마름과 같은 증상이나 특질을 동반하는 고조된 활동수준을 의미한다.

McKinley와 Hathaway(1944)는 이 척도를 구성하기 위한 임상기준집단으로 미네소타 대학병원의 입원환자 24명을 선정하였다. Hathaway가 척도 구성을 위해 충분히 동질적인 기준 사례를 모으는 데는 5년이 걸렸다. 안타깝게도, 이 기준집단의 인구통계학적 정보는 보고되지 않았다. 단지 완전 발현된 조증(full-blown manic syndrome)보다는 다소 경미한 증상의 환자들이 선택되었는데, 더 심각한 환자들은 그렇다, 아니다 혹은 무반응 분류에 적절하게 속하도록 반응하는 작업에 충분히 참여할 수 없었기 때문이다. "임상적 진단은 사례 심각도에 따라 경조증 또는 경미한 급성조증이었다."(Dahlstrom & Dahlstrom, 1980, p. 52) 경조증이라는 척도명으로 완전 발현된 조증보다는 경미한 증상을 측정함을 알 수 있다. 미묘하거나 증상이 조금 덜한 조증 사례를 측정하는 것은 장애를 일찍 판단할 수 있어 환자들의 예후나 치료적 선택을 향상시킬 수 있다는 면에서 중요하다. 의식이 혼미하거나 혼란스러운 경우, 정신분열적이거나 혹은 초조함을 동반한 우울감이 있는 환자들은 연구에서 제외되었다. McKinley와 Hathaway(1944: Dahlstrom & Dahlstrom, 1980에서 재인용)는 기준 사례수가 적다는 것을 알고

"기준 사례 및 가능한 검사 사례수가 적음에도 불구하고 경조증 척도가 발표되었다. 5년이 넘는 기간 동안 우리가 선별할 수 있는 최대한의 환자들이었다."(p. 57)라고 인정하였다. 그러나 성별, 연령, 결혼 여부나 사회경제적 상태 효과수를 분석하기에는 매우 부족한 사례수였다. 교차타당도 분석을 위해 38명에게 몇 개의 예비척도와 최종척도를 실시하였는데, 이 사례들에는 조울정신증(manic-depressive psychosis)으로 진단된 다섯 사례만이 포함되었다.

> 대체로 조현병 진단을 받았지만, 병동 치료진은 이 환자들에게서 약간의 과도한 활동성과 고양된 상태가 나타난다고 여겼다. 돌이켜 보면, 대체로 이러한 경우는 조증이나 경조증으로 진단되어야 하지만 잘못 진단된 부정 오류일 가능성이 있었다. 900개가 넘는 임상 사례 기록을 평가한 결과, 오직 30명만 T점수 69점 이상을 받았고, 이들 중 대부분은 정신병질자(psychopath) 또는 만성 알코올중독자 혹은 '뇌의 기질적 퇴행'이 있는 사람들이었다(Nichols, 2011, pp. 186-187).

690명의 정상집단과 무선적으로 선택된 300명의 정신과 환자로 된 교차타당화 사례와 기준집단을 성공적으로 분리한 것에서 최종척도가 도출되었다. 더 나은 집단 간 감별도는 검사 시 분명한 조증이나 경조증 상태였던 정신과 사례에서 얻어졌다. 조증장애는 원래 불안정하기 때문에, 기준 사례 환자들이 기분 순환 주기(mood cycle)의 최고조에 있을 때 검사했다면 척도 9가 더 효과적으로 적용될 수 있었을 것이라는 점이 확실한 것은 아니다. 그러한 기분상태에 있는 사람들을 포착하는 것은 오히려 지나치게 상태 위주의 측정 도구를 만들어 낼 수 있어서 정서 불안정성을 포함한 조증/경조증 증상의 장기적이고 특질적인 중요한 측면에 대한 민감도는 부족할 수 있다.

척도 9의 민감도와 특이도의 근거를 뒷받침하기 위한 Nichols(1988)의 리뷰를 통해 이 측정치가 지닌 감별력에 대해 더 많은 함의가 밝혀졌다. 일찍이 McKinley와 Hathaway(1944, 2000)는 척도 9가 "청소년 범죄, 과잉행동적인 성인과 양가감정을 지닌 초조성 우울증"(p. 42)을 밝히는 데 도움이 된다고 설명하였다. 대체로 척도 9 점수는 상태 의존적 영향에 민감하며 양극성장애 환자들에서 일반적으로 나타나는 기분 순환 주기의 변화를 반영한다. 사실 점수가 검사 당시 임상적으로 관찰된 조증 증상의 발현을 축소 혹은 과장할 수 있는 것처럼, 이 척도는 정서 변화를 미리 나타내거나 혹은 이후에 반영할 수 있다.

척도 9는 팽창되고 들뜨며 상당히 고양된 기분에 민감하다. 더불어 Nichols와 Greene(1995)에 의하면, "Ma는 사고, 기분 및 충동이 쉽게 운동 체계로 연결되는 것을 반영한다. Ma가 높으면 운동 준비성이 높다"(p. 36). 척도 9 점수가 높을수록 더 활기 넘치고, 그 에너지를 사용하여 행동하려는 느낌을 더 강하게 받는 경향이 있다(Duckworth & Anderson, 1995). 실제로 척도가 상승할수록 지나치게 활동하거나 활동에 과도하게 관여한다. 그러나 Nichols(2011)에 따르면, "상승 정도가 관찰된 활동성 수준 및 장해와 잘 맞지는 않는다. T점수가 65점에 가까운 일부 환자가 심각한 조증 증상이나 정신증을 나타낼 수 있고, 더 높은 점수의 환자들이 상대적으로 기능적이고 통제되는 상태로 남아 있을 수 있다"(p. 190). 경조증과 조증을 구분하는 하나의 방법은 Ma-O와 Ma-S의 상대적 상승도를 살피는 것이다. 만약 Ma-S가 Ma-O보다 높으면 경조증과 고양된 조증(euphoric mania)이 일반적이고, 과민성 조증(irritable mania)은 드물다. Ma-O가 Ma-S보다 높으면 그 반대 패턴이 나타나는 경향이 있다.

Nichols(1988, p. 76)는 척도 9 상승을 이해하기 위한 조증 정서의 유용한 설명을 다음과 같이 제시하였다.

> 정서가 상승하고, 고양되며, 열정적이고, 팽창되고, 의기양양하며, 탈억제적이다. 환자는 쾌활하고 익살스럽고 재치 있고 의기충천하며, 일상적으로 신경 쓰고 고려해야 하는 것에 대해 관심이 없고, 최상의 상태에 있으며 행동할 준비가 되어 있는 것처럼 보일 수 있다. 그러나 이러한 모습은 불안정하다. 만약 환자가 어떤 목표를 추구하는 데 방해를 받거나, 자존감에 도전을 받고 단호히 거절당하거나, 어떤 방식으로든 좌절을 경험하면 이런 정서가 갑자기 분노나 적대감으로 변할 수 있다. 환자는 다른 것들에는 매우 태연할 수 있지만, 실제적이거나 혹은 암시적인 개인적 비판에는 종종 매우 취약하다고 느낀다. 상당수 소수 환자의 주요한 기분은 고양감보다는 과민함이며, 다소 우울할 수도 있다. 환자는 성미가 고약하게 보일 수 있고, 갑자기 소송이나 논쟁 및 적대감이 확 타오르는 것 사이를 지속적으로 오갈 수 있다. 상대적으로 조증 삽화 후기에는 주로 두려움이 나타나는 경우도 있는데, 이는 환자의 불쾌한 행동에 대한 친구나 가족 또는 치료진의 거부반응에 따르는 기분 변화, 거절 및 소외감과 관련될 수 있다. 또한 성적으로 혹은 경제적으로 무분별한 행동을 포함한 삽화 초기에 일어나는 주요한 판단 실수가 환자에게 점차 명료하게 다가오면서 두려운 반응을 자극할 수도 있다. 결국 두려움은 조증의 비행이 곧 끝나고 우울증이 그 자리를 대신할 것임을 깨달은 후에 오는 반응일 것이다. 흔히 이런 두려움은 망상적 부분에 이르기도 하며, 벌을 받는다거나 독살당할 것이라는 주제와 관련되기도 한다(약물에 의해서, 즉 우울증이 따라잡을 때까지 점차 천천히 느려진다).

척도 9의 높은 점수는 도망치거나 행동화(acting out)하는 것을 통해 개인적 고통감으로부터 거리를 두는 성향을 반영한다. 외현화하는 것으로 정서적 고통을 부인하고, 이러한 감정들을 운동영역으로 옮기려는 경향이 있다(Nichols & Greene, 1995). Nichols(2011, p. 195)는 외현화 및 감정 회피 경향을 다음과 같이 더 자세히 설명하였다.

척도 9 점수가 높은 사람들은 많은 에너지를 배출하고 상실이나 패배의 두려움을 방어하기 위해 행동화를 자주 보인다. 정신운동 가속은 감정이나 충동을 진실하게 성찰하거나 그것들을 다루는 계획을 세우기 위한 정신적 공간을 거의 제공하지 못하게 할 수 있다. 결과적으로 이러한 감정이나 충동들은 재빨리 운동영역으로 옮겨져서 행동으로 나타나게 된다. 이런 의미에서 행동화는 방어보다는 장애의 맥락으로 더 잘 이해된다. 그러나 전형적인 행동 패턴은 자극을 소비하는 것 중 하나이다. 이는 높은 성욕, 도박, 중독 등과 같이 과도하게 되는 경우처럼 잃어버린 기회에 대한 경주의 한 종류로 보이거나 혹은 적대감과 공격성의 경우처럼 패배에 대항하는 듯 보인다. 환자는 곧 우울한 기분의 침략을 경험하거나 조증의 이른 시기에 있었던 자기 행동의 파괴적 결과를 인식하기 시작하고, 이런 것들은 통찰에서 도망가기 위한 행동화를 자극할 수 있다. 경조증에서는 혼란감이 거의 없기 때문에 인지적인 기동성을 통해 주지화를 쉽게 할 수 있다. 정서장애가 없는 환자들 사이에서는 행동화가 주된 방어로 나타나지만, 부인이나 합리화 및 투사도 흔하다.

Levak 등(2011)은 척도 9에서 높은 점수를 받은 사람들은 실패에 따르는 좌절이나 불행감으로부터 스스로를 보호한다고 가정하였다. 연구자들은 이들의 부모의 기대가 매우 높았을 것이고(즉, 이른 시기부터 성공과 성취를 요구했을 것이다), 이로 인해 내현화된 불안한 분투가 생겼을 것이라는 가설을 세웠다. Nichols(2011)는 기분장애를 지닌 사람들의 양육환경 연구를 리뷰하여 양극성장애 환자들의 개인력에서 흔히 나타나는 이른 시기부터의 성공에 대한 압박과 이후의 실패 및 상실에 대한 취약성의 역할을 강조하였다. 부모의 죽음이나 질병 또는 알코올중독 및 잦은 이사와 지나친 방임 같은 아동기 경험이 환자들을 상실이나 실패에 취약하게 만드는 측면이 흔히 관찰된다.

척도 9가 유의하게 상승하면 행동, 사고 및 정서가 활기를 띠며, 특히 이는 다른 임상척도의 상승에 연관된다. 예를 들어, Ma가 Pd와 함께 상승하면 행동화가 반사회적인 것으로 일어날 수 있다. Hy와 같은 척도들에서는 Ma를 "반사회적 방향으로 나타날 행동화 빈도와 정도를 결정하는 역할"로 고려할 필요가 있다(Nichols & Greene, 1995, p. 35). 특히 Ma와 함께 상승한 Hy에서는 사회적 적절성을 따르고 인정을 추구하는 것과 같은 사회적 관심의 표현이 증폭된다. Ma는 상승했으나 척도 2와 0이 프로파일에서 가장 낮을 때는 기분이 들뜨거나 고양되지 않는다면 자신감에 찬 경향이 있다. 척도 2와 9가 모두 상승한 것은 초조함과 불안정성을 반영한다. 척도 4, 6, 8에 더해지면 쉽게 과민해지는 경향을 보인다.

Caldwell(1984)은 척도 9의 상승이 지금-여기를 즐길 수 있는 능력을 감소시키는, 미래의 좌절에 대한 두려움의 정도를 반영하는 것으로 보았다. 보상을 유지하고 박탈감이나 실패를 피하기 위해서 증가된 활동수준을 유지하는 것에 자신의 미래를 의지하는 사람들은 편안해지지 못한다(Friedman, Webb, & Lewak, 1989).

Ma 척도 내용은 이질적이며, 이는 흥분, 상승된 활동수준, 팽창감, 과도한 야망이나 높은 포부와 같은 고전적인 경조증 증상을 포괄한다(Butcher et al., 2001). 다른 문항들은 외향성, 도덕적 태도, 가족관계와 신체적 염려를 묘사한다.

경중의 정서 증상만을 지니고 있는 환자들은 야망이 있고 활기찬 보통 사람들과 구분하기 어려울 것 같다. 따라서 고양감, 과민성 증가 및 비생산적 활동 기간을 관찰하는 것이 정확한 진단을 내리는 데 도움이 된다(Lachar, 1974). Nichols(1988)는 정서장애를 지닐 것이라고 여겨지는 사람들을 재검사하는 것이 중요하다고 지적했는데, 그들이 보이는 정서상태의 가변성이 MMPI-2 프로파일에 영향을 주기 때문이다. 예를 들어, 정신과 입원환자가 우울하면 초기 검사에서 Ma가 상승하지 않지만, 이후 재검사에서는 정서 불안정성을 시사하는 상승된 척도 9 점수를 보일 수 있다. 실제로 척도 9는 정서장애, 특히 조증의 상관물과 관련하여 가장 두드러지게 나타나는 코드패턴이다. 49/94, 69/96 및 89/98는 모두 조증 진단에서 나타날 수 있는 코드패턴이다(Nichols, 1988). MMPI-2의 프로파일과 관련하여 종종 수검장면이 진단을 결정할 수 있다. 예를 들어, Marks 등(1974)은 89/98 코드패턴을 보이는 정신과 여성 입원환자들의 대략 70%를 정신증(조현증/혼재성)으로, 17%를 정신신경증(우울반응)으로 분류하였다. Raskin과 Novacek(1989)은 대학생들에게 MMPI와 자기애성 성격검사(Narcissistic Personality Inventory)를 실시하였다. 자기애성 측정치에서 가장 높은 점수를 받은 학생들이 98/89 코드패턴(F 척도 평균 T점수가 65점인 경우)을 가장 잘 대표하였다. 따라서 정상집단에서 이 코드패턴은 조증 그 자체보다는 자기애성 성격과 조증 방어(manic defense)를 반영하는 것일 수 있다.

낮은 Ma 점수는 낮은 에너지와 활동수준을 시사한다. Kunce와 Anderson(1976, 1984)은 척도 9 영역의 기저에 열정이 있다고 보았다. 따라서 낮은 Ma 점수는 에너지의 부족과 심지어는 우울감을 반영하기도 한다. 이들은 만성적으로 피로감을 느끼거나, 일을 수행하는 데 문제가 있거나, 일시적으로 아픈 것일 수 있다(Duckworth & Anderson, 1995). 그리고 거의 흥분을 일으키지 않거나 너무 수다스럽지 않다(Keiller & Graham, 1993). 이들은 아마도 공허감이나 고갈된 느낌 및 자신감과 동기의 부족을 느낄 수 있다. Levak 등(2011, pp. 350-351)은 척도 9의 낮은 점수에 대해 다음과 같이 설명하였다.

척도 9에서 낮은 점수를 받은 사람들은 상승한 척도 9 코드타입과는 상반된 특징들을 나타낸다. 척도 2가 상승하고, 척도 9 점수가 낮으면 양극성장애의 우울한 측면을 반영하는 것일 수 있다. 때로 의학적 문제(예: 갑상선)가 낮은 에너지의 원인일 수 있다. 다른 임상척도는 상승하지 않은 상태에서 척도 9의 낮은 점수는 무리하게 약속하지 않고, 끈기 있고 안정되어 있으며, 믿을 만하고 질서정연한 사람을 나타낼 수 있다.

Dahlstrom 등(1972)은 정상인 남녀집단을 대상으로 조사한 Hathaway와 Meehl의 연구의 상관물을 보고하였다. 사교성, 에너지 및 개방적인 것이 남성들의 주요한 특징으로 나타났고, 이는 McKinley와 Hathaway(1944)가 정상인에서 안정된 요인으로 낙관주의를 언급한 것과 일치하는 것이다. 그뿐만 아니라 이러한 남성들은 수다스럽고 충동적이며, 모험적이고 호기심이 많으며, 너그럽고 다정하며 감성적이라고 묘사되었다. 여성의 경우에도 비슷했는데, 이에 더해 솔직하고 용감하고 이상적이며, '수다스럽고 열정적이며 다재다능한 것'과 같은 수식어를 반영하는 높은 에너지를 지니고 있다고 나타났다.

Butcher과 Williams(1992)는 재표준화의 배우자 평정 연구(Butcher et al., 1989)에서 얻은 자료를 보고하였다. 남편들은 Ma에서 높은 점수를 받은 아내들을 특이한 옷을 입고 수다스러우며, 흥분을 일으키고 많은 위험을 감수하며, 사소한 이유로 흥분하거나 행복해하며, 사람들에게 호통을 친다고 보았다. 아내들은 Ma에서 높은 점수를 받은 남편들에 대해 거들먹거리고, 수다스럽고 징징거리고 관심을 요구하며, 의사에게 처방받은 것보다 많은 양의 약을 먹는다고 보았다.

Duckworth와 Anderson(1995)에 의하면, 대학생들 사이에서 척도 9가(그리고 남성일 때는 척도 5도) 상승하는 경우는 흔하다. 적절한 해석을 하기 위해 Ma의 상승 정도를 살펴보는 것이 중요하다. 높은 점수를 받은 사람이 대체로 잘 적응하고 있는 경우, 척도 9에 대한 적절한 설명은 열정적이고 열심히 하며, 수다스럽고 다재다능하며, 성공을 추구하고 몰두하며, 친절하고 행복해 보인다는 것이다. 그러나 점수가 높아질수록 부적응적 과잉행동이나 초조함이 늘어날 수 있다.

척도 9의 점수는 연령과 상관을 보이는데, 나이가 들수록 점수가 더 낮고(더 낮은 에너지와 활동수준 및 더 많은 신체적 염려를 반영하여), 후기 청소년기 및 더 어린 참여자들은 충동통제 문제의 표지자로 고려할 수 있는, 정상에서 약간 높은 수준을 보이는 경향이 있다(Greene, 2011). 그러므로 Ma 점수를 검증할 때는 연령을 고려해야 한다. Greene(2011, p. 141)은 척도 9의 상승을 해석하는 데 구체적이고 유용한 지침을 제공한다.

척도 9의 점수는 나이가 들수록 유의미하게 낮아진다. 20세 이하의 정상집단(Butcher et

al., 1989; Colligan et al., 1983)과 의학적 질환을 지닌 환자들(Swenson et al., 1973) 및 임상적 내담자들(Caldwell, 2007b)은 평균적으로 T점수 60점 정도를 보이는데, 그에 비해 70세 이상의 정상 및 임상 집단의 경우에는 48점 정도를 보인다(T점수 12점 정도의 차이는 대략 3개에서 4개 문항의 차이이다). 따라서 척도 9의 점수를 해석할 때는 이렇게 정상집단에서 연령에 따른 점수경향을 반드시 고려해야 한다. 척도 9에서 기대되는 범위보다 T점수가 10점 이상 더 높거나 낮은 내담자(2~3개 문항 차이)에 대해서는 정서장애의 여부를 평가해야 한다.

인종에 따른 영향은 일관되지 않은데, Gynther(1979)는 다양한 인구통계학적 특성이 MMPI 결과에 영향을 준다고 설명하였다. 극적인 정도까지는 아니지만 흑인이 백인에 비해서 더 높은 점수를 보인다. 척도 9에서 성별과 관련해서는 아주 약간의 차이만 나타난다.

Ma는 재표준화 과정에서 탈락된 문항이 없었다. 그러나 7개 문항이 수정되었는데, 4개 문항은 성차별적인 표현이라서 바꾸었고, 2개 문항은 현대적인 표현을 위해, 1개 문항은 문법적인 명료함을 위해 수정되었다. 46개 문항 중 35개가 '그렇다'로, 11개가 '아니다'로 채점된다. 진단적 정확성을 높이기 위해 프로파일상 척도 9에는 0.2 K점수가 더해진다. 다른 정신증 4요소 척도들처럼, 문항에 대한 이상(deviant)반응은 대체로 '그렇다'이기 때문에 '모두 그렇다'로 반응한 세트에 의해 척도 9의 점수가 상승한다. 척도 8보다 척도 9는 다른 척도들과 중복되는 문항이 상대적으로 적다. 척도 8과 척도 9는 11개 문항이 중복되는데, 이 중 10개가 Ma-O에 포함되고 8개가 RC9(경조증적 상태)에 중복된다. 46개의 문항 중 16개가 Ma의 고유문항이다. Little(1949)에 따르면, 문항들과 가장 높은 양분 상관계수를 보인 문항은 .48의 집을 떠나고 싶다(21번 문항)이며, 다른 두 문항도 .45의 상관계수를 보였다. 이는 기회주의와 관련된 문항(227번과 248번 문항)이었다. 이와 같은 낮은 상관계수는 척도의 이질성을 반영한다. Greene(2011)은 척도 9가 다른 임상척도들과 가장 낮은 상관을 보인다는 것을 발견하였다.

MMPI를 재표준화(Butcher et al., 1989)할 때, 각 문항에 대해 독해의 어려움을 반영하는 값을 부여하였다. 독해 지수(lexile value) 지표는 문장의 길이 및 다양한 대중 문학에서 등장하는 단어 빈도와 문장 복잡성 등을 통해 도출되었다. 이 지표의 가장 높은 값은 1,600점이다. 500점은 5학년 수준, 600점은 6학년 수준과 같은 읽기능력을 가리킨다. 고등학교 수준의 점수는 1,300점이다. 중요한 점은 기본 척도들에서 평균 독해 지수를 구했는데 모든 임상척도 중 척도 9의 문항들이 읽고 이해하기에 가장 어렵다고 나타난 것이다. 예를 들어, Ma1은 9학년[6]의 읽기수준이 요구된다. 요구되는 읽기수준과 관련해서는 제2장에서 논의하였지만, 매뉴얼

---

6) 역자 주: 우리나라의 경우 중학교 3학년으로 볼 수 있다.

(Butcher, et al., 2001)에서는 6학년 수준을 권고한다. 하지만 1989년판 매뉴얼에서는 8학년[7] 수준을 요구하였고, 척도 9의 독해 지수는 825점으로 모든 기본 척도 중 가장 높았다. MMPI-2의 독해수준에 대한 Dahlstrom 등(1994)의 연구를 통해 2001년판 매뉴얼에서 수정이 이루어졌는데, 전반적으로 8학년에서 6학년으로 권고수준이 낮아졌다. 그럼에도 불구하고 피검자의 독해수준이 높을수록 읽기 어려움으로 인해 척도 9와 더 복잡한 문항 구조로 된 다른 소척도 문항들을 효과적으로 이해하는 데 방해받지 않을 가능성이 높다.

Paolo, Ryan과 Smith(1991, p. 532)는 임상가를 위해 다음과 같이 조언하였다.

> 8학년 혹은 9학년보다 평균적으로 더 낮은 읽기능력을 지닌 사람들의 경조증(Ma) 소척도 와 아마도 경조증 임상척도 그 자체에 대해 작업할 때는…… 임상가는 최소한 환자들이 이 척 도들에 있는 어려운 문항들을 적절히 읽고 이해할 수 있는지 알아야 한다.

재표준화집단(Butcher et al., 2001)에 대한 Ma의 내적 합치도계수는 남성이 .58, 여성이 .61 이다. 일주일 간격의 검사-재검사 상관은 남성이 .80, 여성이 .65이다. 1970년에서 1981년 사이에 실시된, 다양한 표본에 대한 Hunsley 등(1988)의 MMPI 신뢰도 검증에 대한 대규모 메타분석 연구에서 73개 연구의 평균 내적 합치도는 .71이었다. 또한 17개 연구에서 보고된 하루에서 2년 간격으로 측정된 검사-재검사 신뢰도 평균은 .65였다.

Harris-Lingoes 소척도

Harris와 Lingoes(1955, 1968)는 다음과 같이 Ma의 소척도 4개를 개발하였다. 비도덕성 (Ma1), 심신운동 항진(Ma2), 냉정함(Ma3), 자아팽창(Ma4)이다. 이 소척도들은 전부 중복문항이 없다. 소척도 Ma2와 Ma4가 Ma1과 Ma3보다 조증에 좀 더 확실히 연관되는 것으로 보이는데, Ma1과 Ma3은 반사회성 구성개념과 부분적으로 중복된다. 소척도들에는 46개의 Ma 문항 중 34개만 있다.

Ma1: 비도덕성(Amorality, 6개 문항)

6개의 문항으로 구성된 이 짧은 소척도의 5개 문항은 '그렇다'로, 1개 문항은 '아니다'로 채점된다. Harris와 Lingoes에 의해 제시된 Ma1의 설명을 보면 '자기 자신 및 타인의 동기와 목적에 냉담함, 상대를 무장해제시키는 솔직함, 죄책감을 부인하는 것'이 포함된다.

---

7) 역자 주: 우리나라의 경우 중학교 2학년으로 볼 수 있다.

Caldwell(1988)은 이 척도를 기회주의로 부르는 것이 더 낫다고 생각했는데, 이 소척도에서 높은 점수를 받은 사람들은 타인을 이기적이며, 정직하지 않고 기회주의적이라고 생각하며, 그와 비슷한 방식으로 행동하는 것을 정당하다고 느낀다. 이들은 또한 타인을 착취하는 것에서 대리만족을 느끼는 경향이 있다(Butcher et al., 2001). Nichols와 Greene(1995)은 Ma1이 타인을 불리한 입장에 처하게 하는 "배려심 없는 편의주의"(p. 33)를 반영하는 것으로 보았으며, 냉소주의에 관한 다소 미묘한 측정치라고 여겼다. Levitt(1989)에 따르면, 점수가 높은 사람들은 어리석은 인간은 모든 상황에서 가능한 모든 이익을 취하지 못한다고 믿는다. 그리고 이기적인 사람들처럼 인생을 끝없는 충돌의 연속으로 보며, 양심의 가책으로 과도한 부담을 갖지 않는 사람을 일반적으로 승리했다고 본다. Osberg와 Poland(2001)는 Ma1이 범죄행위의 과거력과 정적 상관이 있음을 밝혔다. 실제로 Ma1 문항 중 4개 문항이 ASP1(반사회적 태도)과 중복된다. "이 문항들은 행동적인 것보다 태도적인 것이며, 자기중심적인 소망을 도덕적인 양심으로 대체하는 기회주의적인 도덕성이 아니라면 편의적인 것을 지지한다."(Nichols, 2011, p. 188) 따라서 점수가 높은 사람들이 타인의 약점을 업신여기는 것이 아니라면 매정하다는 것은 놀라운 일이 아니다.

Graham 등(1999)은 정신과 외래환자집단에서 Ma1 점수가 높은(T>65) 사람들의 정보를 제시하였다. 남녀 모두 면담 시점 이전인 지난 6개월 내에 알코올을 남용한 적이 있다고 보고하였다. 여성 환자들은 축 1진단(DSM III-R)으로 물질사용 및 의존장애를, 축 2진단으로 반사회성 성격장애를 받을 가능성이 있었다. 면담 동안 점수가 높은 남성 환자들은 화난 기분을 보였으며, 치료자들에 의해서 행동화 경향이 있다고 보고되었다. 이는 이들이 신체적으로 폭력적이고, 가정 폭력을 저지르는 빈도가 높으며, 가정 폭력으로 유죄 판결을 받을 가능성이 높다는 결과들과 일관된다. Ma1 점수가 낮은 사람들(원점수가 0 또는 1)은 개인적인 책임감과 자신에 대한 통제를 강조하는 도덕적 가치관을 지니고 있으며(Caldwell, 1988), 이는 냉소주의가 없는 것을 나타내기도 한다.

Ma2: 심신운동 항진(Psychomotor Acceleration, 11개 문항)

Harris와 Lingoes(1968)는 Ma2의 내용에 대해 다음의 설명을 제공하였다. "과잉행동, '내면적 세계'로부터의 회피, 불안 그리고 행동에 대한 압박."

Ma2는 척도 9의 핵심 소척도로 사색을 하거나 감정을 경험하는 것보다 행동을 하고자 하는 충동을 반영하는데(이는 임박한 우울감을 포함하는 것일 수 있다), 이는 심신운동의 긴장을 해소하고 지각된 혹은 기대된 장애물을 돌파하는 수단이다(Nichols, 2011, p. 188).

11개의 문항 중 9개 문항이 '그렇다'로, 2개 문항이 '아니다'로 채점된다.

이 소척도에 속한 문항들이 사실상의 조증이긴 해도, 부정적인 긴장상태나 원치 않는 각성을 반영하는 것 같지는 않다(Caldwell, 1988). Wiggins(1966, 1969)의 HYP 내용척도가 과도하거나 원치 않는 흥분을 더 잘 측정한다. 비록 Ma2 내용이 함축하고 있는 행동이 일상적인 것은 아니지만 문항 내용들이 정신증을 강하게 시사하는 것은 아니다(Nichols & Greene, 1995). Ma2 점수가 높은 사람들은 일반적으로 빨라지는 말, 사고 과정 및 운동 활동을 보고하며, 긴장이나 초조함, 흥분을 보고하기도 한다(Butcher et al., 2001). 이들은 쉽게 지겨워하고 자신들의 기분상태를 바꾸기 위해서 자극적인 것을 찾기도 한다. Wrobel(1992)은 과잉행동이 이 소척도의 유의미한 상관물이라고 하였다. Levitt(1989)은 점수가 높은 사람들이 상승된 최적의 자극수준을 지니고 있다는 점에서 Ma2를 감각추구 측정치로 보았다. 이러한 사람들은 다양한 경험에 대한 상당한 욕구가 있다. 만약 척도 9가 유의미하게 상승했다면 Ma2 또한 상승했을 수 있다(Caldwell, 1988). Greene(2011)은 실제로 Ma2가 척도 9와 가장 높은 상관을 보이는 15개 척도 중 세 번째로 높은 척도임을 밝혔다. Caldwell의 임상집단(2007b)에서 Ma2는 척도 9와 .73의 상관을 보였다.

Graham 등(1999)은 그들의 정신과 외래환자집단에서 Ma2의 점수가 높은(T≥65) 여성들이 경계선 성격장애 진단을 더 많이 받는 편이라는 것을 발견하였다. 남자 환자들은 신체적인 폭력 및 가정 폭력을 저지른 과거력을 더 많이 보고하였다.

Ma2의 낮은 점수는 느리고 신중한 속도를 반영하고, 삶에서의 전반적인 흥분수준이 낮음을 나타내는 것일 수 있다. Nichols와 Greene(1995)은 낮은 Ma2 점수가 정신운동지체를 가리킬 수 있다고 하였는데, 척도 9가 낮은 것에 비해 Ma2가 상승해 있다면 에너지 상실을 시사하는 것은 아닐 수 있다. Ma2 점수가 낮은 사람들은 긴장이나 과잉행동을 부인하거나, 흥분을 원하지 않을 수 있다. 사실 이들은 모험적이거나 위험한 상황이나 활동을 완전히 회피하기도 한다(Graham, 1990).

Ma3: 냉정함(Imperturbability, 8개 문항)

Harris와 Lingoes(1968)는 Ma3의 내용에 대해 다음의 설명을 제시하였다. "사회적 상황에서 자신감을 확신하고, 예민성을 부인하며, 다른 사람들의 의견에 대해 신경 쓰지 않겠다고 선언한다." 이 소척도의 문항들은 방해받는 것, 주의를 흩트리는 것 및 긴장을 개의치 않는 것을 나타내며(Caldwell, 1988), 어느 정도 주변에 휘둘리지 않는 것을 반영한다(Nichols & Greene, 1995). Ma3은 본질적으로 모호하다고 여겨지는데, 8개 문항 중 7개가 Ma-S에 포함된다. 8개 문항 중 5개가 '아니다'로, 3개가 '그렇다'로 채점된다. Ma3 점수가 높은 사람들은

Hy1에서 높은 점수를 받은 사람들과 비슷하게 사회적 불안을 부인하며(Levitt, 1989), 다른 사람들의 의견이나 가치 및 태도에 크게 신경 쓰지 않으면서 관계에서 안정감을 느끼는 사회적으로 편안한 사람이다(Butcher et al., 2001). Ma3이 직접적으로 외향성을 측정하지는 않지만, 외향성은 높은 Ma3 점수와 관련되어 나타난다. Nichols와 Greene은 Ma3 점수가 높은 사람들은 사회적으로 드러나는 것을 두려워하지 않는다고 묘사하였다. 그들은 또한 Ma3이 냉정함('침착함')과 힘든 사회적 스트레스하에서의 평정심을 나타낸다고 하였다. 성공한 사람들은 아마도 이 척도가 상승할 수 있다. Caldwell(1988)에 의하면, "상승된 K와 함께 나타나면서 상대적으로 상승하지 않은 39/93 코드타입처럼, Ma3은 통제하려고 애쓰고 성과 위주일 때 종종 두드러지는 소척도이다"(p. 32). Graham 등(1999)은 정신과 외래환자들을 대상으로 MMPI-2의 상관물을 조사하였는데, 상승한 Ma3 척도에 해당하는 병리적 상관물을 발견하지 못하였다.

Ma3은 외향성과 타인의 감정에 대한 둔감함을 모두 나타낸다. Ma3은 Hy1(사회적 불안의 부인)과 2개 문항을, Pd3(사회적 침착성)과는 3개 문항을 공유하지만 두 소척도에 비해 이 영역을 덜 담고 있다. "Ma1처럼 Ma3도 타인의 곤경에 민감하게 반응하는 것을 부인하는 것과, Ma2처럼 장애물이나 불편한 감정을 직면할 때 서둘러 밀고 나가려는 압박감을 포함한다."(Nichols, 2011, p. 189)

낮은 Ma3 점수는 방해받는 것을 못 참는 것이나 단체 안에서 남의 시선을 의식하면서 망설이는 것을 나타낸다(Caldwell, 1988). Ma3 점수가 낮은 사람들은 타인의 존재에 자주 불편함을 느끼고, 다른 사람들의 의견이나 가치 및 태도에 쉽게 영향을 받는다. Levitt(1989)은 낮은 점수가 사회적 상황에서 긴장하고 수줍어하며 쉽게 당황하는 사람들을 반영한다고 보았다. Nichols(2011)도 점수가 낮은 사람들이 회피성 성격장애에서 주로 나타나는 취약성을 지니고 있다고 묘사하였다.

Ma4: 자아팽창(Ego Inflation, 9개 문항)

Harris와 Lingoes(1968)는 Ma4에서 높은 점수를 받은 사람들이 "비현실적인 과대성이라고 할 정도의 자만심(self-importance)을 느낀다."라고 언급하였다. 9개 문항으로 된 상대적으로 짧은 소척도이며, 모든 문항이 '그렇다'로 채점되기 때문에 '모두 그렇다'로 반응한 세트에 취약하다. Nichols(2011)는 Ma4의 내용들이 이질적이라서 주제를 한마디로 말하기 어렵다고 하였다. Levitt(1989)도 이 소척도의 제목이 하나의 문항에서 나온 것이라고 지적하였다. 사실 이 소척도는 조증이나 경조증의 전형적인 과대성을 반영하며, 점수가 높은 사람들은 자신의 능력이나 자기 가치에 대해 전형적으로 비현실적인 평가를 하고 있다. 이들은 사람들이 무언가를 요구할 때 분해하거나(Butcher et al., 2001), 상대에게 이래라저래라 하는 경향이 있다. 문항들은 자신의 중요성이 인정받지 못할 때 분노하거나 근본적으로 "고의적으로 고집을 부리는" 것을 담고 있다(Caldwell, 1988, p.33). Nichols와 Greene(1995)은 Ma4가 어느 정도 고의적인 것과 허세를 부리는 것을 나타내며, 종종 의존적인 것과 반대로 또는 순종적인 것과 반대로 행동하는 것을 통해 수동성이나 의존성을 방어하는 것을 반영한다고 하였다(예: 외적으로 지배성을 주장하는 것). Nichols와 Greene(1995)과 일관되게, Nichols(2011, p. 189)는 Ma4가 측정하는 것에 대해 다음과 같이 설명하였다.

대체로 전문가나 권위자 및 다른 사람들에 의해 영향이나 지배를 받는 것에 저항하는 경향 및 관계에서 수동적인 위치에 있는 것을 참지 못하고 저항하는 경향을 반영한다. 점수가 높은 사람들은 방어적이고 호전적인 자율성에 집착하며, 약간 상승한(T점수 60~70점) 점수는 자기결정에 대한 염려와 '나만의 방법'으로 일을 하고자 하는 욕구를 나타낸다.

높은 Ma4 점수는 또한 타인에 대한 우월감과 경멸을 내포한다.

Graham 등(1999)은 Ma4에서 높은 점수(T≥65)를 받은 정신과 여성 외래환자들이 치료자들이 보기에 자기애성 및 연극성 특성을 지닌 반사회성 성향(sociopathic)을 나타내는 것을 발견하였다. 그들은 쉽게 지겨워하고 참을성이 부족하며 동기부여도 잘 안 된다.

Greene(2011)은 Caldwell(2007b)의 임상집단에서 척도 9와 상관이 제일 높은 15개 척도를 밝혔다. 그는 이 15개 척도를 4개의 카테고리로 나누었고, 첫 번째 카테고리를 '경조증'으로 칭하였다. 이 묶음 중 Ma4는 척도 9와 .70의 상관을 보였다.

낮은 Ma4 점수는 타인이 제멋대로 대해도 기꺼이 그것을 받아들이는, 대인관계에서의 순종성을 나타낸다. Sc2(정서적 소외) 점수가 상승하면서 Ma4 점수가 낮은 것은 무감동과 심리적 불능을 시사한다(Nichols & Greene, 1995). 점수가 낮은 사람들은 다른 사람들이 지배하는 행동을 좀 더 기꺼이 견딘다. 또한 자기 중요성에 대해 다소 겸손하며, 반대 없이 쉽게 질서를 따른다(Caldwell, 1988). 낮은 Ma4 점수는 또한 매우 자기비판적인 측면을 반영할 수 있다(Graham, 1990).

척도 9: 모호-명백 소척도(S-O Subscale)

경조증-명백(Hypomania-Obvious: Ma-O) 소척도는 23개 문항이며, 이 중 20개 문항은 '그렇다'로, 3개 문항은 '아니다'로 채점된다. 경조증-모호(Hypomania-Subtle: Ma-S) 소척도도 23개 문항이며, 이 중 15개 문항은 '그렇다'로, 8개 문항은 '아니다'로 채점된다. Ma-O 척도의 대부분 명백한 문항은 흥분, 충동의 압박 및 경계감이 두드러지는 강한 흥분 삽화 및 매우 초조한 시기와 관련된다(Caldwell, 1988). 더불어 문항들은 긴장, 강한 욕구, 충동성, 변덕 및 정신과 신체적으로 모두 통제되지 않는 느낌을 나타낸다. Nichols(2011)는 Ma-O가 척도 9의 정신증적 요소라고 언급하였다. Ma2보다 더 우세하며, 주제적으로는 Ma-S와 반대로 고통감/우울함이다. Greene(2011)은 또한 Caldwell(2007b)의 임상집단에서 Ma-O가 척도 9와 높은 상관(.93)을 보이며, 이는 Ma-O의 강한 경조증적 요소를 반영한다고 보고하였다.

Hollrah 등(1995)은 S-O 소척도들의 상관물을 검증한 Wrobel과 Lachar(1982)의 연구를 살펴보았다. 불편감이 다른 모든 명백 소척도와 상관이 있었기 때문에 비록 적절한 척도 설명은 아니었지만, Ma-O는 불편감 및 반사회성으로 이름 붙은 요소들과 정적인 상관이 있었다. Ma-O 문항 내용들은 Caldwell(1988)이 불편감에 대해 발견한 것과 일관되었고, 정도는 덜하지만 반사회성과도 일관되는 내용이었다. 반사회성을 가려내기 위해서는 반사회적 특성(ASP), 반사회적 태도(ASP1), 냉소적 태도(CYN) 및 통제결여(DISC)와 같은 다른 MMPI-2 측정치들을 검증하는 것이 도움이 된다.

Dahlstrom(1991)은 재표준화 규준집단(Butcher et al., 1989)에서 파트너가 평정한 Katz 적응 척도로부터 S-O 소척도의 상관물을 검증하였다. Ma-O 점수가 유의미하게 높은 남성과 여성은 모두 긴장하며, 종교적인 역할을 찾지 않고, 기분 변화가 있으며, 적절한 판단을 내리지 않는다. 남성들만 해당하는 설명으로는 처방받지 않은 약을 먹고, 징징대고 관심을 요구하며, 쉽게 분노발작을 보이고, 남을 의심하고 욕하며 저주하고 기뻐하거나, 편안하지 않고, 예상치 못한 사소한 것에 흥분하며, 말대답을 하고, 생각 없이 행동하며, 다른 사람들에 대한 배려가 없다. 여성들만 해당하는 설명으로는 초조해하고, 두려움이 많으며, 이상한 행동을 하고 악몽을 꾸며, 정서조절을 못하고, 별 이유 없이 흥분하거나 행복해하며, 미래에 대해 걱정하고, 협조적이거나 건설적이지 않고, 수다스럽고 지겨워하고 안절부절못하며, 너무 많은 위험을 감수하고, 쉽게 울고, 이상한 옷을 입고, 쉽게 포기하며, 다른 사람들의 잘못에 대해 호통을 친다.

낮은 Ma-O 점수는 제한된 자기중요성, 삶에서 강렬한 흥분이 없거나 조심스럽게 회피하는 것 및 가능한 한 엄격하지만 통합된 개인의 양심을 시사한다(Caldwell, 1988).

비록 몇몇 Ma-S 문항이 명백하게 경조증(예: 169번 문항)을 나타내지만, 불안의 부인(대체로 Ma3에 속한)을 포함한 다른 문항들은 좀 더 모호하게 보인다(Caldwell, 1988). 예로는 겉모습에 대한 염려를 표현하는 220번 문항과 처음 만나는 사람과의 대화를 어려워하는 것을 뜻하는 167번 문항이 있다. Ma-S 소척도의 다양한 내용을 간단히 요약하기 어렵지만, Caldwell(1988)은 대부분의 내용이 "높아진 각성수준 및 대인관계에서의 자기주장성과 관련되며, 이는 Ma-O와 비슷하지만 덜 파괴적이다."(p. 31)라고 하였다. Nichols(2011)는 이질적인 Ma-S 문항 내용이 팽창감, 고양감 및 고통감으로부터의 해방감을 나타낸다고 설명하였다. Ma-S는 Ma3 내용들이 대부분인데, 척도 9의 증상적 요소에 비해 더 기질적이다. Ma-S 점수가 높은 사람들은 스스로 사교적이고 매우 외향적이며, 정서적으로 탄력적이고, 도덕적인 것에 구속받지 않고, 신체적 에너지가 넘치며, 탈억제적이라고 여긴다.

Hollrah 등(1995)은 MMPI의 모호한 문항들의 타당도 연구를 통해 모든 모호 소척도 중 Ma-S가 가장 높은 타당도를 보인다고 하였다. "Ma-S는 척도 적절성 면에서 외적 측정치와 일관되게 상관이 있었고, 때로 Ma 전체나 Ma-O보다 더 타당도가 높기도 하다."(p. 293) 그들은 Ma-S의 수렴타당도가 모호문항들이 경조증과 확실한 관계가 있기 때문이라고 주장하였다. 이러한 결과와 일관되게, Greene(2011)도 Caldwell(2007b)의 임상집단에서 Ma-S와 척도 9의 상관이 .64라는 것을 밝혔다. DiLalla, Gottesman, Carey와 Bouchard(1999)는 MMPI S-O 소척도의 '유전적 및 환경적 구성'을 연구하기 위해 따로 떨어져서 양육된 대규모의 일란성 및 이란성 쌍둥이를 연구하였다. Ma-S는 "비전형적 증상, 정신증 증상, 적대감 및 경조증과 정적 상관을 보였으며, 우울증, 사회적 부적응, 억압 및 방어성과는 부적 상관을 보였다. Ma-S 문항들은 척도 9의 구성타당도에 유의미하게 기여한다고 나타났다"(p. 364).

Dahlstrom(1991)은 재표준화집단에서 실시된 파트너 평정 자료에서 남성과 여성의 Ma-S 소척도 상관물을 구하였다. 이들 모두는 부끄러워하지 않고, 수다스럽고, 큰 계획을 세우며, 말대꾸를 하고, 다른 사람들의 잘못에 대해 호통을 치고, 고집이 세고, 별 이유 없이 흥분하거나 행복해하며, 너무 많은 위험을 감수하고, 너무 거침없이 조언을 한다. 남성의 경우에는 거들먹거리고, 관심을 갈망하며, 에너지가 부족하지 않고, 이상한 짓을 하며, 분노발작이 있고, 악몽을 꾸고, 뭘 하라고 시키면 분개하며, 다른 사람들의 감정에 무관심하고, 요청받은 것을 반대로 하며, 처방받지 않은 약을 먹고 체포되거나 법적인 문제가 생긴 적이 있으며, 이성에게 추파를 던지는 것을 좋아하고, 생각없이 행동하고 흥분을 일으키며, 이상한 짓에 대한 신념을 표명하고, 징징거리거나 관심을 요구하며, 타인과의 재미있는 일과 농담을 즐기고 프로젝트에 자원하며, 파티 및 친구들과 함께 있는 것을 즐긴다. 여성의 경우에는 이상한 옷을 입고, 과도하게 애쓰며, 뭘 하라고 시키면 분개하며, 타인과의 교제를 피하지 않고, 건전한 판단을 보이지 않고 흥분을 일으키며, 지나치게 자랑을 하고, 다른 사람들을 해치겠다고 협박하며 타인을 이용한다. 낮은 Ma-S 점수는 느린 자신의 속도를 따르는 것과 일치되는 제한적인 대인관계와 사회적으로 조심스러운 것을 시사한다(Caldwell, 1988). Nichols(2011)는 Ma-S 점수가 낮은 사람들이 수동적이고 의존적인 측면이 있다고 주장하였다.

척도 0: 내향성(Social Introversion: Si)

원판에서 70개 문항으로 이루어진 Si 척도는 개인의 내향성-외향성 정도를 평가하기 위해 개발되었다(Drake, 1946). Si 척도는 MMPI에서 기준집단이 비정신과(정상) 집단으로 이루어진 유일한 임상척도이다. 척도는 위스콘신 대학교의 안내 프로그램에서 통상적으로 실시되는 검사의 사용에 의해서 만들어지게 되었다. 통상적으로 실시되었던 검사인 미네소타 T-S-E(사고-사회-정서) 검사(Minnesota Thinking-Social-Emotional Inventory)는 Evans와 McConnell(1941)에 의해 개발되었다. Evans와 McConnell은 내향성-외향성의 성격적 특질을 사고, 사회적 활동 및 정서적 표현영역으로 분리하였다. 개인은 이 세 가지 영역에서 내향적으로 혹은 외향적으로 여겨질 수 있다. MMPI도 학생들에게 실시되는 표준검사 구성의 일부였기 때문에, Drake는 T-S-E 검사와 비슷한 결과를 낼 수 있도록 MMPI에서도 사회적 내향성을 측정하는 척도를 고안하기로 결정하였다. 이에 2개의 여성 기준집단이 선정되었다. 첫 번째 집단은 T-S-E 검사의 사회적 내향성-외향성 영역에서 백분위 65%ile 이상에 속하는 학생 50명으로 구성되었다. 두 번째 집단은 이 검사에서 백분위 35%ile 이하의 학생 50명으로 구성되었다. L에서 높은 점수를 받은 3명의 참여자가 기준집단에서 제외되었다. 모두 여학생으로 구성되었으나, 이후 남학생집단으로도 타당화되었다. 1944년과 1945년에는 여학생들을 연구하였고, 남학생들은 포함되지 않았다. 왜냐하면 남학생들이 전쟁에 차출되어 편향되거나 비전형적인 남학생집단이 될 위험이 있었기 때문이다(Drake & Thiede, 1948). 이후의 남학생집단은 여학생집단과 상당히 비슷하였기 때문에 규준을 만들기 위해서 Drake는 이 두 집단을 하나로 합칠 수 있었다. 높은 점수를 받은 사람들과 낮은 점수를 받은 사람들을 구분하는 70개 문항(두 집단 각각 및 모두에서 매우 높거나 매우 낮은 기입 빈도를 보인 문항은 제외)으로 된 사회적 내향성-외향성 척도(Si), 즉 척도 0이 만들어졌다.

새로운 MMPI 반응지 묶음이 Si를 위해 채점되었다. Drake(1946: Dahlstrom & Dahlstrom, 1980에서 재인용)가 지적한 대로, "이 MMPI 기록 용지는 문항분석 자료를 제공한 학생들 이후 검사실에서 검사를 완료한 학생집단의 반응이었다"(p. 77). 이 점수들은 T-S-E의 사회적 내향성-외향성(I.E.) 점수와 87명의 여학생집단에서 -.72의 상관을, 81명의 남학생집단에서는 -.71의 상관을 보였다. Si에서 높은 점수가 내향성을 나타내는 반면, T-S-E 검사에서는 낮은 점수가 내향성을 가리키기 때문에 상관은 부적 방향으로 나타났다.

규준은 선형 T점수로 제시되었고, 193명의 남학생과 350명의 여학생 자료를 바탕으로 만들어졌다. 이후 연구에서 Drake와 Thiede(1948)는 594명의 대학생집단에서 고등학교와 대학교의 활동참여수준을 검증하면서 척도 0의 추가적인 교차타당도를 얻었다. 활동참여수준이 낮은 학생들은 점수가 더 높았고, 더 많은 활동에 참여할수록 점수는 낮았다. 미네소타 T-S-E 검사 개발자들은 사회적 내향성은 사람들에 대해 관심이 적고, 사회적 책임감이나 사회적 접촉에서 철수한 것으로, 사회적 외향성은 타인에게 매우 관심이 많고, 사회적 접촉에 대한 흥미가 있는 것으로 개념화하였다(Dahlstrom et al., 1972). 최종 Si 척도에서는 기준집단을 사회적 I.E. 점수를 기반으로 선정하였기 때문에, T-S-E 검사에 내재된 편향들을 최소화하게 되었다.

척도 0에서 상승된 점수(T>50)는 내향적 성향을, 반대로 T점수 50점 이하는 외향적 성향을 가리킨다. Si의 이질적 문항 내용들은 MMPI의 통계적 연구에서 도출된 기본적인 영역인 내향성-외향성의 영역을 폭넓게 반영한다(Friedman, 1982; Gentry et al., 1985; Wakefield et al., 1975). 문항들은 사회적 상황에서의 거북함, 불편감과 열등감, 불행, 수줍음, 말수가 적음, 세심한 경계, 수동성, 자신을 내세우지 않고 예민한 것을 나타낸다. 척도 0 점수가 높은 사람들이 자존감이 낮을 경우 과도한 사회적 비교를 하게 된다.

> 사회적으로 눈에 띄는 것을 혐오하는 경향은 척도 0 점수가 높은 사람들이 활동에 참여할지 혹은 회피할지를 결정하는 것과 자신이 편안해하는 수준을 넘지 않는 정도의 상호작용을 결정할 때의 또 다른 계산적인 부분이다(Nichols, 2011, p. 203).

척도 0의 2개 내용영역은 내향성의 주관적 측면으로서의 수줍음과 자의식 그리고 내향성의 객관적 또는 사회적으로 나타나는 것으로서의 사회적 회피이다(Nichols & Greene, 1995). Greene(2011)은 Caldwell(2007b)의 임상집단에서 도출한, 척도 0과 상관이 가장 높은 15개의 척도를 밝히면서 이러한 영역을 더 타당화하였다. 이 척도들로 확인된 넓은 두 카테고리는 수줍음/자의식이었다(Si2, SOD1 척도).

앞서 척도 5 부분에서 언급했듯이, Graham 등(1971)은 정신과 입원 및 외래 환자와 정상집단 422명의 반응 중 척도 0에 대해 요인분석을 실시하였다. 그들은 척도 0에서 7개 요인을 밝혔는데, 이 중 6개는 Serkownek(1975)이 개발한 척도 0의 소척도를 구성하는 데 사용되었다. 일곱 번째 요인인 인구통계학적 변인들은 소척도에 사용되지 않았다. 척도 0의 소척도들은 열등감-개인적 불편감(Inferiority-Personal Discomfort, Si1), 타인에 대한 불편감(Discomfort with Others, Si2), 고루한-개인적 경직성(Staid-Personal Rigidity, Si3), 과민성(Hypersensitivity, Si4), 불신(Distrust, Si5), 육체적-신체적 염려(Physical-Somatic Concerns, Si6)이다. Greene(1991a)이 지적했듯이 14개 문항이었던 Si2가 13개 문항이 되면서 단 한 문항만 빠졌기 때문에, 임상가들은 MMPI-2에서 Serkownek(1975) 소척도를 계속 사용할 수 있다. Graham(1987)

은 Moreland(1985)에 의해 6주 이상 간격으로 측정된 검사-재검사 신뢰도를 발표하였다. Serkownek 소척도 전부에서 .68~.89의 신뢰도를 보였는데, 남성의 경우 .68~.89로 평균은 .77이었고, 여성의 경우는 .63~.87로 평균은 .76이었다. Williams(1983)는 일주일 간격으로 실시된 Si 소척도들의 검사-재검사 신뢰도를 여성 평균 .84, 남성 평균 .68로 보고하기도 하였다.

Foerstner(1986)는 대규모 연구에서 Serkownek(1975), Harris와 Lingoes(1955), Wiggins (1966) 및 Wiener와 Harmon(1946)에 의해 개발된 63개의 MMPI 소척도 간의 상관관계를 조사하였다. 900명의 정신과 입원환자, 물질 의존자 및 개인병원 외래환자의 MMPI 자료를 분석하였다. 전체의 75.5%를 설명하는 10개 요인이 추출되었다. Si4(과민성)가 첫 번째 요인에 속하였고, 우울증(.67)과 Si1(열등감-개인적 불편감, .65) 및 Si5(불신, .44)도 속하였다. Si3(고루한-개인적 경직성)은 사회적 내향성 요인에서 부적인 요인 부하량을 보였다. Si1은 또한 세 번째 요인인 초조한 공격성(Agitated Hostility, .64)에도 속하였다. Si5는 냉소적인 불신(Cynical Distrust, .63) 요인에 포함되었다. Foerstner의 연구 자료에서 척도 0은(척도 5처럼) 다요인으로 되어 있으며, 부적응이 척도의 주요한 요소임이 명확히 드러났다. 높건 낮건 간에 척도 0 점수는 적어도 6개 요인의 조합에 영향을 미치는 문항 기입에 의해 얻어진다(Wong, 1984). Serkownek Mf 소척도의 병리적이지 않은 상관물과는 달리, Si3을 제외한 Si 소척도는 병리적인 것과 관련되어 있다고 나타난다.

Ben-Porath, Hostetler, Butcher와 Graham(1989)은 더 이상 사용되지 않는 Serkownek의 소척도를 대체하기 위해 3개의 새롭고 동질적인 Si 소척도를 개발하였다. 그들은 경험적이고 논리적인 일련의 과정을 포함하는 다단계 접근법을 사용하였다. 이 소척도들—수줍음/자의식(Si1), 사회적 회피(Si2), 내적/외적 소외(Si3)—은 대학생들 자료를 통해 개발되었다. 이들과 재표준화집단의 자료분석을 통해 새로운 측정치들의 조합이 전체 Si 척도 평정 변량에 90% 가까이까지 기여한다는 점이 입증되었다. Sieber와 Meyers(1992)가 이 소척도들의 타당화를 제공하였다. 연구자들은 3개의 Si 소척도와 각기 관련된다고 여겨지는 자기보고 측정치 결과들을 비교하였다.

특히 자존감, 공적 자의식, 사회불안 및 수줍음 측정치들이 Si1과 관련될 것으로 기대되었고, 자존감, 공적 자의식, 사회불안 및 사회적 회피 측정치들이 Si2와, 자존감, 소외, 명칭실어증, 통제 상실 및 개인적/사회적 정체성이 Si3과 관련될 것으로 기대되었다(Sieber & Meyers, 1992, p. 185).

이 가설들은 자료들에 의해 지지되었다. 상승된 Si1 점수는 다른 사람들 앞에서의 수줍음, 사회적 장면에서의 거북함 및 낯선 환경에서의 불편감을 반영한다. Si1 점수가 높은 사람들은 사회적 기술이 부족하고 타인, 특히 낯선 사람들과의 상호작용에서 불리하다고 느끼는 경향이 있다. Si1 점수가 낮은 사람들은 사회적 상황에서 편안하다고 느낀다. 높은 Si2 점수는 타인을 적극적으로 피하고, 많은 사람과 함께 있는 것을 싫어하며, 사교 모임을 회피하는 경향을 나타낸다. Si2 점수가 낮은 사람들은 사회적으로 참여하는 편이고, 단체 활동을 즐긴다. Si3 점수가 높은 사람들은 자존감이 낮고, 활동에 흥미가 없으며, 자신감이 낮고, 자기 삶의 결과물들을 통제하지 못한다고 느낀다. 부차적인 냉소주의나 과민성 및 다른 사람들과 있을 때 이상하다고 느끼는 사회적인 부적절감보다 개인적인 것이 강조된다. 반대로 Si3 점수가 낮은 사람들은 자신감이 있고, 타인과 관계를 맺고자 한다.

Ward와 Perry(1998)의 Si 소척도에 대한 연구에서도 이전의 연구와 마찬가지로 임상집단에서 3개의 Si 소척도가 Si 점수의 변량을 잘 설명하였다. Si3 문항들은 Si1이나 Si2 문항들에 비해서 사회적 내향성에 대해서는 덜 명백한 지표였다. Si3은 좀 더 MMPI-2의 일반적 부적응 요인의 측정치라고 나타났다. Ward와 Perry는 Si 소척도 사용자들이 Si1과 Si2가 사회적 내향성 구성개념을 좀 더 순수하게 측정하며, 부정적 정서성을 반영하지 않는다는 점을 주의해야 한다고 하였다. 사실 그들은 Si1과 Si2의 문항 내용들이 SOD 내용척도와 거의 비슷하다는 점을 지적하였다. Nichols(2011)는 SOD(사회적 불편감)가 척도 0보다 순수한 사회적 내향성 측정치로 고려될 수 있다고 제안하였다. 그는 Si 소척도들이 높은 신뢰도와 중복문항이 없다는 이점이 있지만, 척도 0의 69개의 문항 중 단 39개 문항만을 포함한다고 설명하였다.

MMPI-2 개정 과정에서 Si는 한 문항만 제외되었다. 6개 문항이 현대적 표현과 단어의 사용, 문법적인 명료성 및 간단한 표현을 위해 수정되었다. 36개 문항이 '그렇다'로, 33개 문항이 '아니다'로 채점되어 비율이 유사하다.

척도 0은 타당도 및 임상 척도에 비해 중복문항이 상대적으로 적다(Greene, 2000). 문항 중 42개가 다른 척도들과 중복되며, 27 문항은 중복되지 않는다. Pd와 Mf 척도들이 Si와 가장 많이 중복된다(각각 11개와 9개 문항). L과 F 척도 및 척도 0은 중복문항이 없다. 다음과 같이 척도 0과 가장 높은 중복 척도는 척도 2와 7이다. D1(7개 문항), D5(3개 문항), Hy1(5개 문항, 부적), Pd3(5개 문항, 부적) 및 Ma3(3개 문항, 부적)이다. Si는 또한 SOD와 18개 문항을 공유한다. Nichols(2011, p. 199)는 Caldwell(2007b)의 임상집단 자료를 기반으로 다른 척도들과 관련된 척도 0의 유용한 형태해석 정보를 제공하였다.

기본 임상척도들 중 척도 0은 척도 7과 가장 높은 상관을, 그다음 척도 8 그리고 척도 2의 순서로 높은 상관을 보인다. 또한 SOD와도 .89로 높은 상관을 보인다. 척도 9는 척도 0과 .14의 상관을 보여 가장 중요한 형태적 관계에 있다. 양극성장애 환자들에게 이 두 척도는 종종 우울증과 조증 상태 사이에서의 변환에서 엇갈려 나타난다. 낮은 0번 척도와 높은 9번 척도는 사회적 굶주림과 관련하여 시너지효과가 있다. 척도 9와 0이 함께 상승하고 척도 0이 더 높다면, 척도 9의 특성은 Ma-O, Ma2, Ma4에 의해 나타난 것으로 제한된다. 둘 다 모두 낮고 척도 9가 Ma3과 Ma-S보다 낮으면, 대체로 척도 0의 낮은 점수특성과 뒤섞이며, 낮은 척도 0의 특성이 증가되어 나타난다.

척도 5와 같이 척도 0은 동형 T점수가 아닌 선형 T점수를 사용한다.

내향성-외향성은 높은 유전성에서 정상분포로 되어 있는 개인차 변인이다(Scarr, 1969). 많은 연구자나 임상가는 강한 체질적, 생물학적 요인이 성격영역에서 내향성-외향성에 영향을 주고 있다고 믿는다(예: Eysenck, 1967; Meyer, 1983; Wakefield, Wood, Wallace, & Friedman, 1978). 시간에 따른 척도의 점수 안정성은 이러한 생물학적 그리고/또는 체질적 요소를 반영한다. 외향적인 사람은 자극이나 감각추구 욕구가 있는 반면에 내향적인 사람은 자극을 피하는데, 이러한 현상의 기저에 있는 신경-피질적 기질에 대한 방대한 연구가 있다(예: Eysenck, 1967; Friedman, 1982). 일반적으로 높은 검사-재검사 신뢰도도 이러한 주장을 뒷받침한다. 정신과 환자들의 경우, 1~2주 간격으로 실시된 MMPI 검사에서의 신뢰도 계수는 .80에서 .88이며, 1년 간격에서는 .63에서 .64이다(Dahlstrom et al., 1975). 1970년에서 1981년 사이에 실시된, 다양한 표본에 대한 Hunsley 등(1988)의 MMPI 신뢰도 검증에 대한 대규모 메타분석 연구 중 16개 연구에서 하루부터 2년 간격으로 측정된 검사-재검사 신뢰도 평균은 .86이었다. 일주일 간격으로 실시된 MMPI-2 척도들의 검사-재검사 신뢰도도 보고되었다(Butcher et al., 2001). Si에 대한 검사-재검사 상관은 남성의 경우 .93, 여성의 경우 .92로 다른 모든 타당도척도나 임상척도 중 가장 높았다.

비록 Si에서의 행동 안정성이 매우 높게 나타나고 지속되지만, 조증과 우울증 상태에서 척도 0의 T점수가 흔히 30점 이상씩 차이가 나는 것처럼 양극성장애 환자들에게서는 기복이 나타난다(Nichols, 2011).

Hunsley 등(1988)의 MMPI 신뢰도 검증에 대한 대규모 메타분석 연구에서 41개 연구의 평균 내적 합치도는 .81로 나타났다. 매뉴얼(Butcher et al., 2001)에서는 내적 합치도가 남성의 경우 .82, 여성의 경우 .84로 보고되었다.

점수가 높은 사람과 낮은 사람들이 경험하는 대인관계의 질과 양상은 그들의 Si 상승도뿐 아니라 프로파일상에서 유의하게 상승한 다른 척도들에 의해서도 다양하게 나타난다. 일반적으로 척도 0은 사람들과 함께 있을 때 얼마나 편안한지를 반영한다. 높은 점수(내향성)는 다른 사람들과 있을 때의 불편함을 나타내는 반면, 낮은 점수(외향성)는 타인과 함께하는 것을 선호함을 나타낸다. Nichols(2011, p. 203)는 척도 0에서 높은 점수를 받은 사람들과 그들의 대인관계에서의 경험에 관해 통찰력 있는 개괄적 설명을 제시하였다.

척도 0 점수가 높은 사람들은 타인에게 불편감을 느끼지만, 반드시 혼자 있기를 바라거나 또는 타인과 연관되지 않기를 바라는 것은 아니다. 그들은 종종 초기에 상당한 망설임이나 어색함의 기간을 거친 후 천천히 그리고 신중하게 관계를 형성한다. 그러나 한번 관계를 맺으면, 이러한 관계는 매우 안정되고 충실하며 친밀할 수 있다. 환자들은 자신의 수줍음과 이성관계에서의 사회적 기술을 배울 수 있는 전형적 상황(예: 학교의 댄스파티)에 대한 회피경험들로 인해 결과적으로 이러한 사회적 기술에 결함이 있기 때문에, 아마 특히 이성을 대할 때 불편해할 수 있다. 이러한 환자들은 상대적으로 가까운 사회적 관계에서는 편안하게 느끼며, 갈등이나 불쾌한 것을 피한다. 이들은 심지어 충분히 안전할 때조차 갈등관리기술이 부적절하다고 판단하면서, 갈등이 되는 상황에 스스로를 노출시키기보다는 재빨리 양보하거나 복종한다. 만약 저항을 한다면 수동적인 편이며, 아마 직면할 상황을 막거나 무산시키기 위해서 자신의 태도나 행동에서 잘못을 찾고 심지어는 자기비난이나 평가절하에 빠지기도 할 것이다.

척도 0이 높거나 낮을 때 다른 임상척도들을 살피는 것이 중요한데, 척도 0이 특정 행동의 활성제 혹은 억제제 역할을 할 수 있기 때문이다. 다른 척도들과 함께 상승했을 때 척도 0은 주로 불안 및 우울 장애와 관련되지만, 조현병에서도 흔하다. 예를 들어, 척도 0이 함께 상승했을 때 높은 척도 8 점수는 좀 더 사회적으로 소외되고 소통에 문제가 있는 것을 가리킬 것이다. 척도 7이 상승했을 때는 사회적으로 주목받는 것을 두려워하는 불안하고 불안정하며 반추를 많이 하는 사람들일 수 있고, 사회공포증을 나타낼 수도 있다. 척도 0의 매우 낮은 점수는 종종 척도 4에서 높은 점수를 받은 사람들의 충동성을 두드러지게 하며, 관계에서의 피상성과 가벼움을 나타낼 것이다. 척도 4와 Si가 함께 상승할 때는 심술궂고 신랄하며 좀처럼 소통하지 않는 사람으로 보인다(Levak et al., 2011). 척도 2, DEP 또는 낮은 긍정정서(RC2)가 Si와 함께 상승했다면, 만성적인 기질적 우울감, 비관주의 및 방어적으로 심술궂은 사람일 가능성을 고려해야 한다. 분열성, 분열형 및 회피성 성격장애처럼 사회적 관계가 부족하고 손상된 사람들은 척도 0을 상승시키는 경향이 있다. Lewak 등(1990, p. 273)은 다음과 같이 언급하였다.

상승된 Si 점수는 타인의 따뜻함이나 스킨십을 경험하지 못했던 것으로 특징지어지는 아동기를 반영할 수 있다. 높은 점수는 이러한 사람들이 스킨십이나 애정에 대한 자신의 감정반응을 없애 온 것을 시사한다. 이들은 '애정에 굶주린' 것으로 인해 고통받지만, 가깝고 친밀한 관계에 대해 갈등을 느낀다.

낮은 Si 점수는 단순한 사회적 외향성 이상의 것을 나타낸다. 낮은 점수(T<40)는 늘 그렇지는 않지만 때때로 심리적 불안정감에서 비롯된 사회적 상호작용에의 욕망을 시사한다. "극단적으로 낮은 점수는 관심을 받고자 하는 충족되지 않는 욕구뿐 아니라 명백히 자기고양적이고 자기과장적인 행동에 대해서 사회적으로 있을 법한 쑥스러움도 별로 없는 것을 반영한다."(Levak et al., 2011, p. 358)

Hathaway와 Meehl(1952)은 Si 점수가 높은 정상인들에 대한 설명을 조사하였다. 남성들은 그들의 지인에 의해서 오직 한 마디의 전형적인 형용사 '겸손한'으로 표현되었다. Dahlstrom 등(1975)은 남성들의 내향적 성격 스타일은 타인들로 하여금 이들을 알아 가는 것을 어렵게 할 수 있어서 이들을 설명하는 것을 어렵게 할 수 있다고 제안하였다. 반대로 Si에서 높은 점수를 받은 정상 여성들은 겸손하고, 진지하며, 수줍어하고, 자기를 내세우지 않으며, 예민하다고 묘사된다. 이들은 정서적으로 따뜻하며 가정과 가족에 대한 관심을 지니고 있다. 그러나 사회적 접촉이나 만족을 애써 찾지는 않는다. Dahlstrom 등은 이러한 사람들의 성격 스타일이 더 넓은 사회적 접촉을 위한 노력을 억제하거나 좌절했다는 것보다는 자신의 정서적 욕구와 일치되는 삶을 사는 것에 대한 기본적인 선호를 반영하는 측면이라고 강조하였다.

Dahlstrom 등(1972)은 또한 Gough 등(1955)에 의해 제시된 높은 그리고 낮은 Si 점수의 남성들을 설명하는 연구를 발표하였다. Si에서 높은 그리고 낮은 점수를 받은 사람들은 일찍이 Hathaway와 Meehl(1952: Dahlstrom et al., 1972에서 재인용)이 내향적이라고 묘사한 것보다 모두 더 비호감이고 부적응적이라고 묘사되었다.

척도 0 점수가 높은 남성은 속도가 느리고, 정형화되어 있으며, 문제에 접근하는 데 있어서 독창성이 부족하다. 이는 이러한 남성들이 보이는 전반적인 심리적 불안정성의 일부 특징처럼 보인다. 이들은 또한 결정에 있어서 반드시 우유부단함이나 망설임 및 미루는 경향이 있다고 묘사된다. 또한 사고나 행동에서 경직되고 유연함이 부족하며, 매우 통제적이고 억제되어 있으며, 자기 능력에 확신이 부족한 것처럼 보인다. 이들은 하는 일에 있어서 미리 지정된 방법에 따르며, 작은 일에 안달복달하고 지나치게 세세한 것에 얽매인다.

이들은 다른 사람과의 관계에서 침착함이 부족하고 사회적 존재감이 없으며, 사회적 상황에서 난처해하며 혼란스러워한다. 아마 그 결과 이러한 사람들은 차갑고 거리를 두는 편이라고 평가된다. 그러나 이들은 거리를 두는 것에 영향을 받지 않고, 겉치레하지 않으며, 자신의 책무에 성실하고 책임을 다한다. 이들은 일에서 개인적인 보상과 기쁨을 얻는 것으로 보이며, 생산적 성취 그 자체에 큰 가치를 둔다.

권위에 대해서는 복종적이고 순응적이며, 매우 수용적이다. 이들은 골치 아픈 상황들을 처리하기 위해 물러나는 경향이 있다. 또한 불화를 피하기 위해 양보하거나 수동적으로 압력에 저항하며, 별로 관여하지 않는다. 타인과의 관계에서는 다른 사람들에 대해 대체로 관대하거나 수용적이며, 판단하지 않는다. 결과적으로 척도 0에서 높은 점수를 받은 남성들은 문제를 만들지 않고 사회적으로 적절한 행동을 보인다. 이들은 세상에서 있는 그대로 잘 지낸다(Dahlstrom et al., 1972, pp. 227-228).

Hathaway와 Meehl(Dahlstrom et al., 1972에서 재인용)이 조사한 정상집단에서 척도 0 점수가 낮은 남성(외향적인 사람)은 다재다능하고 사교적으로 여겨지며, 척도 0 점수가 낮은 여성들은 다른 사람들과 잘 어울리며, 열정적이고 수다스럽고 자기주장적이며, 모험적이라고 묘사된다. Gough 등(1955)은 척도 0 점수가 낮은 남성들이 표현력이 풍부하고 화려하다고 보았다. 이들은 또한 드러내고 과시적이라고도 여겨진다. 또한 지위와 권력을 쟁취하기 위한 수단으로 성공에 야심차게 집중한다. 경쟁적이고 활기차며, 관계에서 지배적이고, 주변 사람들에 의해 쉽게 적대감이나 분노감을 느낀다. 이들은 또한 오직 무언가를 얻어 낼 수 있는 측면에서만 타인을 보기 때문에 다른 사람들의 감정에 민감하기보다는 기회주의적일 수 있다. 이들은 제멋대로이며, 만족지연을 하지 못하고, 종종 충동적이며 충분한 숙고 없이 행동하여 미성숙하게 보인다.

chapter
06

코드타입

🗣 도입

이제 소개되는 코드타입에는 통계적인 정보와 임상적인 정보가 모두 포함된다. MMPI-2 나 MMPI에서 가능한 모든 코드타입에 대한 통계적 자료는 존재하지 않지만, 임상적 자료 의 경우 관찰과 누적된 이력에 근거하여 존재한다. 따라서 우리는 다양한 경우의 수를 지닌 MMPI-2 프로파일을 최대치까지 해석하기 위해서 서로 다른 원천의 자료들을 통합하여 제시 한다. 통계적 정보를 근간으로 삼되, 통계적 정보와 임상적 정보 두 가지를 통합하여 한 가지 혹은 두 가지 코드타입의 모든 경우, 세 가지 코드타입의 많은 경우, 네 가지 코드타입의 일부 경우까지 해석을 제공하는 것이 가능하다. 18세 혹은 19세의 수검자들이 MMPI-2를 수행하 는 경우가 많기 때문에, 관련된 경우 코드타입의 후기 청소년기 특징들도 중요하게 기술된다.

코드타입의 해석은 찾아보기 쉬운 양식으로 제공된다(즉, 임상척도 순서에 따라서 제시된다). 또한 특정 코드타입에 대한 해석을 찾고자 하는 독자들이 관련된 해석 부분을 빠르게 찾을 수 있도록 코드타입 목록에 바로 뒤이어서 해석 내용이 목록별로 제시된다.

해석에 대한 주요한 출처는 Archer(1992, 1997), Archer, Griffin과 Aiduk(1995), Butcher (1990b, 2011), Butcher 등(1989), Butcher와 Williams(1992), Caldwell(1988, 1997), Carkhuff, Barnett과 McCall(1965), Carson(1969), Dahlstrom 등(1972, 1986), Drake와 Oetting(1959),

Duckworth와 Anderson(1995), Fowler(1996), Friedman, Webb과 Lewak (1989), Friedman, Lewak, Nichols와 Webb(2001), Gilberstadt와 Duker(1965), Graham(1990, 1993), Graham, Ben-Porath와 McNulty(1999), Graham과 McCord(1985), Greene(1991a, 2000, 2011), Hovey 와 Lewis(1967), Lachar(1974), Levak, Siegel, Nichols와 Stolberg(2011), Lewak, Marks와 Nelson(1990), Marks와 Seeman(1963), Marks, Seeman과 Haller(1974), Swenson, Pearson 과 Osborne(1973), Van de Riet와 Wolking(1969), Webb(1970a, 1970b), Webb, McNamara와 Rodgers(1981, 1986) 등이 포함된다. 다양한 해석에 대한 연구의 기초 자료로서 이들 참고 자료를 추천한다.

Graham 등(1999)의 상관 연구와 Archer 등(1995)의 상관 연구는 각각 정신과 외래환자와 입원환자를 대상으로 이루어졌음에 주목해야 한다. MMPI-2의 상관관계에 대한 이들 두 연구는 광범위한 조사였으며, MMPI-2 코드타입의 상관관계는 정신과 외래환자와 입원환자를 대상으로 유사하였다. 또한 Graham 등(1999)에 따르면, 대부분의 MMPI-2 척도 및 코드타입의 상관관계는 원판 MMPI에서 밝혀진 내용과 분명히 비슷한 양상이었다. 따라서 이 장에서 기술된 코드타입의 내용은 과거 MMPI와 MMPI-2 연구를 근간으로 치료 및 수검자 피드백에 대한 제안사항을 포함하고, 임상가가 자신의 내담자를 정확하게 기술하는 데 도움을 줄 수 있다.

이 장에서의 핵심은 상승한 코드타입에 대한 해석이다. 정상범위의 T점수에 대한 해석은 이 장에서 기술되지 않는다. 임상척도에서 정상범위와 관련된 상관관계는 Levak 등(2011)의 자료에서 찾을 수 있고, 이 책의 제5장에서도 어느 정도 확인할 수 있다. 임상척도에서의 낮은 점수는 관련된 경우에 한해 설명된다. 낮은 상승의 의미에 대해 수행된 실증적인 연구는 거의 없고 낮은 점수의 해석에 대해 상당한 논쟁이 있음에도 불구하고, 척도의 낮은 점수는 프로파일의 해석을 변경시킬 수 있다(제5장과 제9장 참조). 이미 언급했던 것처럼 임상가들은 일반적으로 2개, 3개, 4개 코드타입의 해석에 초점을 맞춘다. 그러나 다른 척도에서의 상승이 그 해석을 확장하고, 수정하고, 색깔을 바꿀 수도 있다. 제1장에서 기술된 것처럼 이 장에서의 척도 상승은 임상척도의 추정치에 해당하는 K-교정 T점수 범위에 근거를 두고 있다. 기준점의 경계에 해당하는 경우(예: 65T)에는 확정되지 않은 임상적 결정이 가능하다.

일반적으로 MMPI 해석은 지능지수 80 이상이면서 교육수준이 6학년 이상인 백인 참여자에 근거하여 연구되었다. 다양한 집단에서의 독특한 특성과 행동양상에 근거하여 수정된 해석을 하는 내용이 가끔 이 장에서 소개되기도 한다. 따라서 독자들은 미국 소수자의 MMPI 패턴(Dahlstrom et al., 1986)에 익숙해질 필요가 있고, 나이, 성별, 교육, 인종 그리고 사회경제학적 변수 등의 조절변인에 대해 기술한 이 책의 제9장을 참조할 것을 권유한다.

🐾 임상척도와 코드타입

척도 1(Hs)

이 척도는 신체적 기능에 대한 집착이나 신체적 손상에 대한 공포를 반영한다. 이 척도가 높으면 높을수록 집착이 보다 극심하며, 보다 미숙하고 의존적이며 통찰력이 부족하다. 신체적인 온전함에 대한 불안은 원초적이고 만연해 있으며, 심리적인 통찰력도 부족하다. 이 척도가 낮을수록(50T 아래), 수검자는 신체적 질병이나 기능이상에 무관심한 경향을 보일 것이다.

단독상승 1

단독상승 1(T>65) 프로파일을 보일 때, 이 수검자는 신체적 질병, 손상 혹은 쇠약에 대해 다양한 신체적 불편감, 공포, 불안에 사로잡혀 있음을 반영한다. 이들은 일반적으로 즐거움이 결여되어 있고, 스스로를 신체적으로 병약하다고 생각하며, 자신의 신체에 대해 즐거움의 원천이 아닌 고통, 공포, 불편감의 원천으로서 간주한다. 남들은 이들에 대해 요구적이고 불평이 많으며 이기적이라고 묘사하는데, 그 이유는 아마도 이들이 불평을 통해 남들에게 무언가를 요구했기 때문이다. 일반적으로 이들은 터놓고 분노를 표현하는 데 어려움을 겪으며, 그 대신에 자신의 증상을 빗대어 간접적으로 표현하는 경향이 있다. 남들은 이들에 대해 고집이 세고, 비관적이며, 부정적이고, 동기가 부족하다고 말한다. 척도 3이 높은 수검자 또한 다양한 신체적 불평을 보이지만 척도 1이 높은 사람들과는 다음에서 차이점을 보인다. 척도 3이 높은 사람들은 보다 생기가 있고, 심지어는 별일 없는 듯 보이며, 통증을 불평하지도 않는다. 척도 1이 높은 사람들은 실제로 신체적 질병을 겪었을 수 있지만, 질병에 대한 이들의 공포 및 그것에 집착하는 양상은 자신의 증상에 대해 보다 현실적인 관점을 지닌 사람들과 구분된다. 척도 1이 높은 사람들은 심리적인 갈등과 불편감을 신체적인 불평으로 굴절시켜서 표현하며, 때로는 기질적인 경우도 있다. 예를 들어, 43세의 교육수준이 높은 백인으로서 단독상승 1 프로파일을 보인 Carol은 애매모호한 신체적 증상으로 인해 끊임없이 고통받고 있다. 격렬한 요가 수업 이후 Carol은 손가락 끝의 마비와 더불어 어깨 통증을 경험하고 있다. Carol은 인터넷을 통해 증상을 검색했고, 스스로 다발성 경화증이라고 결론지었다. 극심한 불안을 느끼고 자신의 죽음으로 인해 아이들이 성장하는 모습을 볼 수 없다는 공상을 경험한 후, Carol은 자신의 다리가 따끔거리는 것을 느끼기 시작하였다. 더 많은 검색을 통해 자신이 결핵성 피부병을 앓고 있고 공황증상이 악화되고 있다고 결론지었다. Carol은 자신의 삶에서 다른 문제 요인을 고려할 여유가 없었으며, 자신이 불치병을 앓고 있다고 납득되는 진단명을 내려 줄 의사를 찾는 데에만 몰두하고 있었다.

특정한 신경학적 질병으로 인해 척도 1이 높은 점수로 상승할 수도 있다. 그러나 어느 정도 까지의 상승이 심리학적 요인에 기인하고 어느 수준까지 신경학적 질병에 기인하는지는 분명하지 않다. 실제적인 신체적 문제를 지닌 사람이더라도 이 척도에서 높은 점수를 보였다면, 이는 건강에 대해 비관적이고 염려하는 태도를 반영하며 양육자에 대한 신뢰가 공고하지 않음을 예측할 수 있다. 이들의 증상과 건강염려에 대한 집착은 일반적으로 오래 지속되며 쉽게 변하지 않는다. 스트레스가 이들의 신체적 증상을 악화시킬 수는 있겠지만 이들의 호소 및 불평이 즉각적인 스트레스에 대한 반응을 의미하지는 않으며, 오히려 스트레스를 다루는 것과 관련된 오래 지속되어 온 성격양식의 결과물이다. 내담자로서 이들은 치료적 제안에 대해 쉽게 낙담해 버리거나 잘 순응하려 하지 않는 경향을 보이기 때문에 이들과의 상담은 쉽지 않을 수 있다. 흔히 특정한 진단에 의구심을 보이고 남의 말에 영향을 많이 받는 습성 때문에 이들은 치료자를 자주 바꾸는 특징을 보이고, 새로운 의사의 전문분야에 따라 또 다른 불안이 형성된다. 척도 1은 나이가 들어 감에 따라 상승할 수 있지만, 온전히 나이 요인만으로 65T 이상까지 상승하지는 않는다. 척도 1에서 75T 이상으로 상승했다면, 신체적 걱정이 현재 그 사람의 인생을 지배하고 있는 양상이다.

다소 높은 점수(55~65T)라면 신체적 장애가 실제로 존재하는 경우일 수 있으며, 척도 2에서 동반상승을 보일 수 있다. 일부 신체적 질병(예: 라임병[1])의 경우 척도 1을 이 범위로 상승시킬 수 있는 신체적 증상을 보인다. 다소 높은 점수인 경우 건강이나 행복을 이룰 수 있는 가능성에 대해 비관적이고, 스트레스를 신체증상으로 표현하며, 부정정서의 표현을 억압하고 억제하는 경향성을 보인다.

이 척도에서 다소 낮은 점수(35~45T)라면 신체적 기능에 대해 드러나게 염려하지 않고, 일상생활에서 일반적으로 효율적인 사람임을 보여 준다(60T를 넘는 다른 척도가 없는 경우). 이러한 사람들은 회복력이 있고 기민하며 활력적으로 보인다.

매우 낮은 점수(T<35)에 대해서는 경험적인 자료가 거의 없음에도 불구하고 다양한 이유를 가정해 볼 수 있다. 조종하려는 목적으로 건강염려증적인 질병을 보인 가족 구성원에 대한 반응으로서 정상적인 통증까지도 부인하는 과잉반응일 수도 있고, 혹은 자신의 건강에 대해 지극히 자부심을 갖고 있어서 고통이나 질병이 매우 심각해질 때까지 무시해 버리는 경우일

---

1) 역자 주: 사람이 진드기에 물려서 보렐리아균이 신체에 침범하여 다양한 기관에 병을 일으키는 감염질환을 '라임병'이라 한다.

수도 있다. 척도 1의 매우 낮은 점수는 우울증 프로파일(예: 278 코드타입)에서 의미를 지닐 수 있는데, 자신의 신체에 체념하고 무관심할 정도로 신체적인 안녕에 흥미를 잃었음을 반영할 수 있다.

⊃ 치료

이 코드타입에는 분노를 처리하는 방법에 대한 자기주장 훈련과 교육이 적절하다. 신체적 통증의 정도가 심해진다고 느낄 때 이를 기록하도록 하고, 감정적 스트레스와 신체적 불편감의 연관성을 찾도록 안내한다. 지지적이고 비직면적인 치료가 가장 이상적이다. 어린 시절의 초기 상실 및 심각한 질병의 경험이 있었는지 탐색하거나, 부정정서의 표현을 좌절시킨 가족 구성원이나 가족의 특성으로 인해 스트레스에 대한 신체적 반응들이 조건화되었는지 살펴보도록 하라.

⊃ 치료적인 피드백

당신의 프로파일을 살펴보면 당신은 건강과 관련된 질병에 걸리는 것을 피하고, 건강을 유지하는 방법에 대해 그리고 당신의 증상을 정확하게 진단하는 것에 대해 많은 시간을 들여 생각하고 있습니다. 건강은 당신에게 끊임없는 걱정거리의 원천이 될 수 있으며, 실제로 위협적인 애매모호하고 이곳저곳에 해당하는 수많은 신체적 통증을 경험할 수 있습니다. 스트레스가 쌓이면 당신의 신체적 증상은 늘어나고, 그로 인해 당신에게 무언가가 매우 잘못되었고 당신을 정확히 진단하는 사람이 없다는 두려움을 증가시킬 수 있습니다. 당신은 매우 공격적인 사람이 아니며, 남들이 당신을 압박하거나 조종하려 하기 때문에 당신을 화나게 만들 수 있습니다. 당신이나 혹은 당신과 가까운 누군가는 위협적인 신체적 질환을 경험했을 수 있으며, 그로 인해 신체적 문제를 예견하고 예방하는 데 항상 촉각을 곤두세우는 것이 적응적인 반응이라고 믿게 되었을 수 있습니다. 당신의 증상이 더욱 심해졌을 때 이를 기록하고, 그 증상들을 스트레스와 연관시킬 수 있는지 살펴보십시오. 좀 더 자기주장적일 수 있도록 치료자와 함께 작업하고, 당신의 미묘한 감정을 인식할 수 있도록 마음챙김 수업에 참여하십시오.

다른 척도들과의 연계

12/21 코드타입

이 코드타입의 사람들은 애매모호하고 이곳저곳에 해당하는 다수의 신체적 증상과 불평을 드러내며, 이 증상들에 대한 불안을 경험할 수 있다. 때때로 분명한 기질적 병리를 포함하기도 하지만, 증상으로 인한 최악의 결과에 대한 이들의 공포는 12 코드타입의 핵심특징이다. 신체적인 쇠약에 대한 이들의 확실한 믿음 때문에 우울과 관련된 비관주의와 절망감이 관여될 수 있다. 이들의 다양한 신체적 불평은 통증(예: 두통, 복통, 등 통증), 심장 이상 또는 소화장애(예: 거식증, 메스꺼움, 구토 혹은 궤양)와 관련된다. 과민함을 포함한 기분부전 또는 우울증의 진단과 함께 피로감, 연약함 그리고 현기증이 존재하는 경우가 많다. 만일 척도 7이나 9가 동반상승했다면 안절부절못함이나 극심하고 강박적인 걱정이 전형적으로 존재한다.

12/21 코드타입을 보이는 사람들은 대개 의존적이고 미숙하지만, 열심히 일하고 동기가 충만한 사람일 수 있다. 이들은 자주 책임감의 문제로 갈등을 경험하며, 비록 주저하고 두려워하며 자기를 내세우지 않지만 책임감을 떠안는 경향을 보인다. 이들은 쉽게 상처를 입으며 압박받거나 혹은 재촉당하는 데 예민하다. 이들은 아마도 실망감을 느끼는 것이 싫어서 남들에 대해 낮은 기대를 형성하는 듯하다. 이들은 심지어 유능함의 증거가 있는 경우에도 자신의 능력을 의심하며, 그로 인해 우유부단한 경향을 보인다. 억압하거나 감정적 문제들을 부정하는 특징도 보인다. 이들은 통찰력이 부족하고, 다른 면에서는 정서적으로 섬세할지라도 즐기지 못하기 때문에 감정적 원인이나 갈등으로 인해 증상들이 악화될 수 있다. 따라서 자신이 치명적인 질병으로 인해 고통을 겪는 것이라고 믿어 버리면, 치료자가 제공해 주는 감정적 스트레스에 대한 정보가 적절하지 않다고 여긴다. 우울과 관련된 코드타입에서 내면화는 흔한 경우이기 때문에 분노를 거의 직접적으로 표현하지 않고 죄책감이나 자기비난과 얽혀서 분노를 경험한다. 우울을 치료하기 위해서 약물을 사용할 수 있다. 12/21 코드타입을 보이는 내담자의 경우에는 다루기가 어려운데, 그 이유는 이미 수많은 의료적 접촉을 통해 증상과 함께 살아가는 것에 익숙해져 있고 진단과 치료를 위한 탐색에 가족과 친구들의 지원이 이루어지고 있기 때문이다. 일반적으로 12/21 코드타입의 사람들은 삶의 스트레스 요인들에 대해 생리적 증상을 통해 반응하는데, 소극적이며 저조한 성 욕구를 보인다. 이들은 순종적이고 책임감이 강하며 대개 안정적인 직업과 결혼 생활을 보인다. 수면 관련 문제나 낮은 활력 및 저조한 기분 등 우울의 증상들을 보고하기도 한다. 척도 9가 50T 이하라면 갑작스러운 체중 증가를 보이거나 낮은 활력과 효율성에 대한 극심한 호소를 드러낼 수 있다.

⤳ 치료

12/21 코드타입의 핵심은 신체적 질병이나 죽음에 대한 염려와 더불어 신체적 손상과 관련된 불안을 느끼는 것이다. 이 내담자들은 항우울제 약물에 좋은 반응을 보인다. 이들은 통증과 신체적인 질환으로 고생했고 자신의 의학적인 염려를 우울증의 부수 증상으로 볼 수 있다는 제안에 대해 저항해 왔기 때문에, 우울증의 주 진단에 거부감을 갖는 이들의 모습이 이해

된다. 척도 7 및 척도 9에서도 상승을 보인다면 우울뿐만 아니라 심각한 불안까지 치료하기 위한 약물이 필요할 수도 있다. 12/21 코드타입의 사람들은 약물에 대한 의존성과 부작용에 취약하다. 외과적 수술이 예정되어 있는 경우라면 프로파일의 건강염려증 양상을 다룬 이후에 시행되어야 한다. 이들은 불평을 달고 살아왔으며 높은 수준의 불편감을 감내하며 지내 왔기 때문에, 전통적인 통찰 중심의 심리치료는 효과적이지 못한 경향이 있다. 비록 단기치료에서 좋은 반응을 보일 수도 있지만, 증상이 재발할 가능성이 있다. 행동주의적 탈조건화와 게슈탈트치료 및 지지적인 심리치료를 함께 사용하는 것이 최선의 방법으로 보인다. 예를 들어, 내담자의 고통과 통증을 '이야기하도록 하는 것'을 통해 차단된 감정적 반응을 표현하고 카타르시스를 느끼는 데 도움을 줄 수 있다. 지지적이고 재양육적인 양상으로 어린 시절의 상실을 작업하는 것이 유용할 수 있다. 치료 초기에 치료적인 동맹을 잘 형성하게 되면 내담자로 하여금 의학적 개입을 잘 다루도록 도울 수 있고, 새로운 의사를 찾아 헤매거나 불필요한 의학적 치료를 피하도록 도움을 줄 수 있다. 스트레스를 줄이는 방법으로서 마음챙김 명상과 요가 및 가벼운 운동을 추천한다.

피드백을 해 줄 때에는 신체적인 증상이 얼마나 두렵고 고통스러웠는지에 대해 공감적으로 진행해야 한다. 어린 시절의 질병에 대해서 그리고 질병 및 죽음과 관련해 조건형성된 경험이 있는지 과거력을 탐색해야 한다. 내담자에게 신체적 증상이 발생하고 악화될 때를 기록하도록 함으로써 신체적 예민함이 어떻게 스트레스와 관련되는지를 인식시키고 교육할 수 있다.

⊃ 치료적인 피드백

당신의 프로파일을 살펴보면 당신은 현재 대부분의 시간에 즐거움과 행복을 거의 느끼지 못하고 있습니다. 당신은 아마도 현재 불안과 슬픔을 느끼고 있고, 활력과 성욕 및 전반적인 효율성이 감소했을 것입니다. 다른 이들은 당신에 대해 비관적인 사람이며, '수용하고 인생을 즐기는 것'을 주저한다고 볼 것입니다. 당신은 신체적 증상들을 경험했고 더 악화되면 당신이 죽을 수도 있다는 불안을 통해 공황과도 같은 두려움을 겪었기 때문에 당신의 염려와 걱정을 이해할 수 있습니다. 이러한 증상들은 당신이 스트레스를 받게 되면 더욱 극심해질 수 있습니다. 당신은 순종적이고 책임감 있는 사람이며 쉽게 죄책감을 느끼는 경향이 있으므로 자기주장을 하는 것이 힘듭니다. 당신은 책임을 떠안고 당신에게 요청한 사람을 쉽게 거절하지 못합니다. 당신은 어렸을 적에 가까운 누군가의 죽음 혹은 질병을 경험했을 수 있고, 그로 인해 신체적 질환이나 건강과 관련된 우려를 예민하게 만들었을 수도 있습니다. 질병과 죽음에 대해 두려움을 느꼈던 어린 시절의 어떤 기억이라도 찾아보십시오. 당신의 신체적 증상이 증대될 때 현재의 스트레스와 그 증상들이 어떤 연관성을 갖는지 살펴보십시오. 당신이 자기주장을 더 잘할 수 있도록 치료자와 연습해 보고, 당신이 공황에 가까운 불안을 느낄 때 심호흡하고 스스로를 진정시킬 수 있는 방법들을 배우십시오.

123/213 코드타입

척도 3의 상승은 히스테리의 방어를 부가함으로써 12/21 코드타입에 대한 해석에 변화를 준다. 이 코드타입의 사람들은 12/21 코드타입이 보이는 비관주의적 불평을 덜 하며, '잘 지내는 척' 억압과 억제를 더 많이 사용하고, 신체적 질환에 대해 오랜 기간 지속되어 온 느낌으로 거의 흔쾌하게 수용하는 것 같은 모습을 보인다. 213 코드타입의 사람들은 스트레스 상황에서 다수의 신체적 불편감을 표현하는데, 복통, 무기력감, 근육 경련, 어지러움, 저림과 피로감, 낮은 활력, 낮은 성욕, 수면장해 등을 호소한다. 이 코드타입과 관련된 주요한 특징은 순종적이고 생기발랄하면서도 신체화, 불안, 우울을 보이는 것이다. 이들은 증상으로 인해 두려움을 느끼고, 요구적임에도 불구하고 수동적인 의존성을 보일 가능성이 있다. 장기간의 긴장감과 염려 때문에 실제로 생리적인 문제를 보이기도 하지만, 신체적 증상에 대한 이들의 공포는 이내 초점을 잃게 된다. 남성의 경우 성적인 부적절감과 낮은 성욕을 보인다. 여성의 경우 성에 대해 다소 갈등적인 태도를 보이는데, 한편으로는 감정적 연결을 위한 갈망을 보이면서도 다른 한편으로는 신체적인 통증이 있다는 생각 때문에 성에 대한 혐오를 보이기도 한다. 비록 이들이 우울감, 비관주의, 무망감, 무관심, 부족한 자기주장, 낮은 위험 감수 그리고 '퇴물이 된 느낌' 또는 건강이 약화됨 등에 대해서 불평을 늘어놓기는 하더라도 혼란된 사고 또는 정신증적 사고라든지 자살 사고 및 강박을 보이는 경우는 흔치 않다. 이들은 종종 삶에서 압박감을 느낀다. 척도 3의 특성이라고 볼 수 있는 보살핌에 대한 갈망이 반영된 자기희생적인 특성을 갖고 있는 이들은 결국 타인으로부터 인정받지 못하는 느낌을 받게 된다.

척도 4가 낮은 점수이고 123/213 코드타입인 경우는 수동적인 수준을 넘어서서 이성애적 성욕이 부족함을 시사한다. 척도 9가 낮은 점수(T<50)라면 활력수준이 낮고, 직업과 관련한 적극성이 부족하며, 스트레스가 쌓일 때 '잠이나 자려는' 성향이 강함을 시사한다. 척도 5가 낮은 여성 혹은 척도 5가 높은 남성이라면, 기존의 123/213 코드타입에 수동적이고 억제적인 특성이 더해진 모습이다. 감정적 연결과 보살핌에 대한 무의식적 욕구 때문에 이들은 자기희생적이고 남에게 아첨하는 모습을 보이며, 상대로 하여금 죄책감으로 인한 보답을 이끌어 낼 때까지 책임, 희생, 부담을 짊어지게 된다.

만일 척도 L이 상승했다면, 도덕적 경직성 및 부족한 심리적 세련됨으로 인해 불안정한 결혼생활을 악화시킬 수 있다. 일반적으로는 양심적이며 사회적 인정을 염려하는 정도의 특징을 보이지만, 척도 L이 상승했다면 기존의 123/213 코드타입에서 보이는 특성보다 훨씬 심한 정도로 인정받지 못함에 대한 공포와 우려를 보일 수 있다. Marks와 Seeman(1963)에 따르면, 이들 표본의 85%가 적어도 평균 수준 이상의 고등학교 성적을 보였다. 평균을 넘어서거나 혹은 평균을 밑도는 경우가 거의 없었다는 사실에서 볼 때, 이들은 심지어 재학 시절에도 기존의 틀에 자신을 맞추기 위해 열심히 노력했고, 위험을 감수하지도 않았으며, '풍파를 일으키지도' 않았다. 이와는 대조적으로 Graham 등(1999)은 이들이 성취지향적이라고 보고하였다.

⊃ 치료

치료적 기법은 12/21 코드타입의 경우와 유사한데, 분노를 표현할 수 있도록 그리고 과거의 상실 및 박탈과 관련된 억압된 분노와 슬픔을 드러낼 수 있도록 자기주장 훈련을 진행한다. 사랑하는 대상의 초기 상실이나 혹은 자기 자신이나 친밀한 대상과 관련된 끔찍한 신체적 질병의 과거력이 있었는지 어린 시절을 탐색해 보라. 척도 3이 추가된 것을 고려하면, 이들은 용감한 척하거나 외상적 상실로부터 오는 정상적인 감정을 부인하거나 억제함으로써 어린 시절의 상실을 극복하려고 노력했을 수 있으며, 아마도 그것은 헌신적으로 돌봐 주는 사람의 정서적 지지를 상실할까 봐 두려워서 그런 것일 수도 있다. 내담자로 하여금 과거의 상실경험 혹은 '심리적인 상처의 흔적'으로 인한 현재의 재경험을 이해할 수 있도록 도와주라. 치료 목적은 내담자로 하여금 과거의 상실이나 외상뿐만 아니라 현재의 혼돈감에 대해 자신의 분노를 직접적으로 인식하고 표현할 수 있도록 돕는 것이며, 분노를 표현하면 상실할지도 모른다는 두려움과 현재의 혼돈감을 탈조건화시키는 것을 포함한다.

⊃ 치료적인 피드백

당신의 프로파일을 살펴보면 당신은 많은 긴장감과 슬픔을 느끼고 있으며 두려움을 유발하는 신체적 증상들을 경험하고 있습니다. 당신은 책임감이 높고, 통증에 맞서 용감하게 대처하려는 성실한 사람입니다. 이로 인해 때때로 이 프로파일은 '웃고 있는 우울'이라고 묘사되기도 하는데, 통증이나 슬픔에도 불구하고 쾌활하고 긍정적인 모습을 보이려는 당신의 욕구를 반영하고 있습니다. 이러한 프로파일을 갖고 있는 사람들은 종종 어린 시절이나 그 이후에 외상적 상실을 경험한 경우가 있는데, 그 시기를 거치면서 강한 척해야만 했고 공포, 분노, 슬픔과 같은 정상적인 감정을 억눌러야만 했습니다. 아마도 다른 사람의 마음을 상하게 하지 않기 위해서 스스로를 희생하면서 웃음 지어야 하고, 용감한 척해야 한다고 배웠을 수 있습니다. 최근 당신은 신체적으로 영향을 미치고 우울 및 불안한 기분으로 이끌 수 있는 스트레스를 경험하고 있을지 모릅니다. 당신의 치료자와 함께 최근 발생한 어떤 문제점이나 상실감을 살펴보십시오. 마음챙김 수업에 참여해서 당신의 미묘한 감정을 탐색해 보고, 당신이 원하는 것을 요구하고, 또한 거절의 두려움 없이 불편감을 표현해 보면서 보다 자기주장을 잘할 수 있는 방법을 배워 보십시오. 불필요한 진단적 검사들이 반복되는 것을 피하기 위해서 정신건강 전문가와 함께 현실적인 치료계획을 세워 보십시오. 일단 의학적 치료계획을 시작하게 되면 전체 과정이 완료될 때까지 지속해야 특정한 진단들을 제거할 수 있고, 새로운 의사만 찾아 헤매는 오류를 피할 수 있습니다.

1234/2134 코드타입

척도 4의 상승은 123/213 코드타입에 대한 해석을 변형시킨다. 척도 4의 상승과 관련된 적대감의 표출, 의도적인 기만행동, 자기중심성, 소외감 등의 특성들이 123/213 코드타입에 변형을 준다. 몇몇 사례를 살펴보면 척도 4의 특성들이 일정 기간의 억압과 억제 이후에 충동적으로 표출된다. 또 다른 사례를 살펴보면 충족되지 않은 의존성 욕구가 교묘한 기만행동, 수동적 의존성, 중독행동 등을 통해 달성되는데, 이는 MAC-R 척도에서 유의미한 상승이 없음에도 불구하고 그러하였다. 1234/2134 코드타입의 사람들은 의존적이고 매우 불안정한 모습을 보이는데, 이는 어린 시절 양육자와 관련된 상실뿐만 아니라 척도 4의 상승으로 인한 기본적인 불신을 반영한다. 이 사람들은 123/213 코드타입과 공통된 많은 증상을 드러내며 여기에 냉소주의, 분노 그리고 타인의 안정적 돌봄에 대한 불신감의 특징이 추가된다. 1234 코드타입의 사람들은 자신의 욕구가 충족되지 않을 때 격분하며, 또한 자신이 사랑받고 정서적 안정을 누릴 만한 자격이 있다고 믿는다.

몇몇 1234 코드타입의 사람은 흥분하면 호전적인 모습을 보이는데, 특히 감정적 거절이나 유기가 예상되면 그러하다. 이 프로파일의 남성은 여성에 대한 적개심을 드러내기도 하는데, 특히 자신의 의존성 욕구가 좌절되거나 거절을 경험할 때 적개심을 드러낸다. 직업적 수행이나 결혼생활 적응에 있어서 저조한 양상이 특징적이며, 신체적 불편감(일반적으로 궤양, 메스꺼움, 구토 혹은 거식증 같은 소화기관의 장애), 적대감, 우울, 긴장감 또는 불면증 등이 동반된다. 감정적인 안정이나 무비판적인 사랑을 갈구하는 양상을 보이는데, 이는 과거에 어쩌면 자기애적일 수도 있는 불안정한 보호자로부터 거절을 당한 경험과 관련된 것으로 보인다.

⤴ 치료

123/213 코드타입에 기술된 치료적 기법에 부가하여, 이러한 내담자들은 긴장감과 혼돈감을 느낄 때 이를 인식하고 그러한 감정들을 표출하기 위한 덜 충동적인 방법을 찾는 것이 필요하다. 왜냐하면 이들은 매우 의존적이지만 신뢰하는 것을 꺼리기 때문에 끈질기게 재확인

을 요구한다. 이들은 신뢰할 수 있고 안정적인 치료적 지지를 필요로 하는데, 즉각적인 만족을 위한 자신의 충동적인 욕구가 어떻게 자기파괴를 일으키고 남들을 좌절시킬 수 있는지 스스로 확인할 수 있도록 도움을 주는 제한된 치료적 지지를 확립하는 것이 필요하다. 이들의 기만적인 요구는 치료자로 하여금 역전이나 인내심의 한계를 느끼게 할 수 있는데, 이는 보호자로부터 거절당했던 어린 시절의 경험을 재자극할 수 있다. 분노관리를 위한 행동 수정과 함께 통찰치료를 하게 되면, 이들의 분노가 어떻게 어린 시절의 충족되지 못한 의존성과 관련되는지 이해하는 데 도움을 줄 수 있다. 내담자와 함께 외상적인 거절과 관련된 기억들을 탐색해 보고 현재의 스트레스가 어떻게 과거의 거절과 관련된 상처를 재경험하게 하는지 살펴보라. 도움이 된다면 항우울제를 사용할 수 있으며, 이 코드타입의 전형적인 특징이 자기통제의 실패이므로 일반적으로는 인지행동치료와 결부해서 약물이 사용될 수 있다.

➲ 치료적인 피드백

당신의 프로파일을 살펴보면 당신은 긴장감과 불안 및 우울을 경험하고 있으며 두려움을 느낄 수 있는 두통, 설명되지 않는 위통, 무기력감 또는 모호한 신체적 증상들을 경험하고 있습니다. 때때로 이와 같은 프로파일을 가지고 있는 사람들은 믿음을 주지 못하고, 심지어는 인내심이 없거나 거부적인 태도를 보였던 보호자에 대한 경험이 있으며, 그로 인해 스스로 안전하다는 것을 신뢰할 수 없었던 경우가 존재합니다. 살아남으려면 당신의 요구를 충족시키기 위해 의도적인 기만행동을 보여야 한다고 배웠을 수도 있습니다. 만일 당신이 좋아하는 누군가가 당신을 비난하거나 거절한다면 현재 당신에게 매우 두려운 일이 될 수 있습니다. 당신은 매우 분노할 수 있고 심지어는 폭발적으로 반응할 수도 있으며, 이를 통제하려 하거나 혹은 요구적으로 행동할 수 있습니다. 당신은 스트레스를 받게 되면 이리저리 부위를 옮겨 가는 신체적인 증상들을 경험할 수 있습니다. 특히 외로움을 느낄 수 있고, 버려질지도 모른다는 염려에 취약함을 보일 수 있습니다. 두려움을 느끼면 자기 패배적인 또는 파괴적인 행동을 보일 수도 있습니다. 거절당하거나 비난받는 느낌이 들 때 당신의 감정을 조절할 수 있는 방법에 대해 상담자와 함께 연습하십시오. 상처받은 감정을 표현할 때 요구하거나 혹은 위협하는 모습을 보이기보다 '내가 느낀 감정은 이렇다.'라고 말로 표현하는 방법을 배우십시오. 당신의 신체적인 증상들이 심각하게 증가할 때 당신이 경험하는 다른 감정들을 살펴본다면, 스트레스가 어떻게 당신의 신체적인 안녕에 영향을 미치는지 확인할 수 있을 겁니다. 만일 약물이나 다른 중독행동이 당신의 우울이나 급변적인 기분을 증대시킨다면 그러한 약물이나 중독행동을 피하십시오.

1237/2137 코드타입

앞에서 언급했던 123/213 코드타입의 특징들(123/213 코드타입 해석 참조)에 부가하여, 척도 7이 더해지면 심각한 긴장감, 두려움, 죄책감 그리고 자기주장의 어려움뿐만 아니라 요동치는 불안감까지 시사한다. 신체증상의 집착과 진단적 설명에 대한 갈구와 더불어 무능함의 감정경험 및 의존적인 대인관계 양상을 보일 수 있다. 이러한 사람들은 끊임없이 재확인받고 타인으로부터 보호를 받으려 하는데, 이는 신체적인 문제에 대한 장황한 호소를 통해 죄책감에 기인한 동정심을 유발하는 과정 속에서 이루어진다. 만일 OBS 내용척도도 상승하였다면, 대부분의 시간을 신체적 증상과 쇠약해진 건강 및 타인의 돌봄을 지속하는 데 소모하기 때문에 의사결정을 내리고 주의집중을 유지하는 것이 어렵다. 무기력한 수동성 그리고 거절이나 반대에 대한 공포로 인해 남들로부터 도움, 재확인, 분노감 등을 불러일으킨다. 상복부의 불편감뿐만 아니라 등 통증과 가슴 통증이 흔히 보고된다. (특히 K나 ES 척도가 50T보다 낮은 경우라면) 무기력함, 침울함, 두려움, 무능감, 일상의 스트레스나 책임감에 대한 대처의 어려움 등과 관련된 불평이 전형적으로 보고된다. 이러한 사람들은 갈등을 내면화하고 경미한 직면도 두려워할 것으로 예상된다. 이러한 프로파일을 갖는 사람은 흔히 지배적인 성향의 대상과 결혼하여 의존적인 위치를 지속하려 한다. 만성적인 실업상태라든지 약 처방이 동반된 약물 의존 등이 함께할 수 있다. 통찰력의 부족, 감정의 통제, 억압, 환심을 사고자 하며 갈등을 피하려는 성향 등이 이 프로파일의 특징이다.

⮑ 치료

이들은 주로 억압과 부인을 사용(척도 3과 7의 상승으로부터의 예상)하기 때문에 불안을 동반하는 주제에 대해서는 기억의 소실이나 주의 전환 등을 통해 정확한 과거력의 보고를 억제할 수도 있다. 자존감을 높이는 지지적 심리치료와 함께 자기주장 훈련과 분노를 표현하는 연습이 권장된다. 우울과 불안이 두드러진 모든 코드타입의 경우와 마찬가지로 약물치료가 도움이 될 수 있는데, 피암시성과 부작용 및 습관화에 유의해야 한다. 이러한 사람들은 남들을 기쁘게 하려는 욕구가 있으며, 순종적이고 공손한 내담자 역할을 수행하는 능력이 있기 때문에 치료 초기에 매우 호감이 가는 유형일 수 있다. 이들은 어린아이같이 보이며 치료자에게 아첨하는 성향을 보이는데, 아마도 자신을 겁먹게 만들었던 양육자에게 대응했던 방식을 보여 주는지도 모르겠다. 이들은 원치 않는 감정을 탐색하거나 혹은 자기주장적인 행동을 연습하기 위한 치료자의 요구에 대해 자신을 불쾌하게 만드는 것이라고 재빠르게 해석한다. 이로 인해 성급한 종결로 이어지기도 한다. 예측하기 어려운 정서적 지지로 혼란스러운 어린 시절을 많이 경험한 내담자의 경우라면 자기위안의 기술을 가르쳐 주는 행동치료가 도움이 될 수 있다.

어린 시절 이들은 보호자나 형제자매 또는 친구들로부터 자신을 향한 직접적이고 예측할 수 없는 분노를 경험했을 수 있는데, 그 과정에서 자신의 삶을 위협받거나 사랑하는 사람의 삶을 위협받았을 수 있다. 분노의 공포에 대한 행동주의적 탈조건화 또한 유용할 수 있다.

⊃ 치료적인 피드백

당신의 프로파일을 살펴보면 당신은 거의 언제나 긴장감, 두려움, 죄책감 그리고 걱정을 안고 살아왔습니다. 당신을 겁먹게 만들었던 다양한 신체적 증상을 경험해 온 것으로 보이는 바, 당신의 신체상태는 대부분의 시간 동안 걱정의 원천이었습니다. 당신은 갈등을 두려워하기 때문에 다른 사람들에게 맞서거나 혹은 분노를 표현하는 것이 당신에게는 어려운 일입니다. 아마도 친밀한 누군가가 당신에게 예측 못한 화를 내고 거부적이었던 경험이 있었으며, 타인의 비위를 맞추고 남들이 불쾌하지 않도록 행동해야 함을 학습했을 수 있습니다. 자기주장을 하는 것이 힘들기에 당신은 남들로 하여금 당신을 통제하게 하고 당신을 이용하도록 방치합니다. 실수했을 때 죄책감을 느끼기 때문에, 그때마다 당신이 무엇을 해야 할지 알려 주고 당신을 도와줄 누군가를 찾게 됩니다. 스트레스를 받게 되면 신체적 증상들이 증폭되어 심각한 불안이나 공황을 느낄 수 있습니다. 예측하기 어렵게 분노를 보였던 보호자와 관련된 기억을 탐색해 보고, 정상적이며 자기방어적인 분노를 느낄 수 있도록 연습해 보기 바랍니다. 좀 더 자기주장적일 수 있도록 작업하고, 타인에게 불편감을 표현할 때 죄책감을 느끼는 것을 해제하는 방법을 배우십시오. 불안을 경험할 때 자기위안을 줄 수 있는 방법을 배우기 위해 인지행동치료를 사용하십시오. 요가 수업을 받거나 스트레스를 완화하는 방법으로서 적당한 운동을 활용하십시오.

128/218 코드타입

이는 주로 분열성 특징과 신체화 특징을 함께 지닌 우울증 프로파일이다. 때때로 신체적 불편감은 독특하거나 기괴한 양상을 보이는데, 이는 그 사람의 우울이나 손상된 자존감의 정도를 반영한다. 피로감, 무기력감, 긴장감, 불면증, 슬픔, 낮은 활력 그리고 동기수준에 대한 불편감의 호소는 12/21 코드타입에서의 일반적인 양상이다. 척도 8의 상승은 우울로 인한 인지적 과정에서의 장해와 관련된 운동 및 감각 이상의 정도가 심해졌음을 반영한다. 결론적으로 이 코드타입의 사람들은 사고, 기억과 주의집중, 의사결정 그리고 일상적 조직화에 있어서 어려움을 호소한다. 몇몇은 말 그대로 '미쳐 버릴 것 같은' 느낌을 호소하기도 하는데, 이는 인지적 손상의 심각성을 반영한다. 심각한 신체적 손상의 느낌과 더불어 타인으로부터 고립된 기분 및 부서지거나 손상되어 희망이 없는 정서경험 등이 28/82 코드타입의 특징이다.

128/218 코드타입의 사람들은 인지적 손상 때문에 타인에게 수동적으로 의지하는 모습을 보일 수도 있다. 성욕은 낮거나 아예 존재하지 않는 양상을 보이며, 정서적인 친밀감은 두려움으로 경험된다. 일부의 경우 신체적 망상을 동반한 초기 정신증 또는 정신증으로 보이지만, 대부분의 경우는 정신증이 아니다. 대신에 이 코드타입은 신체적 및 인지적으로 필연적인 이상을 보이는 심각한 우울증을 암시한다.

⊃ 치료

항우울제의 복용은 적절할 수 있다. 통찰지향적인 심리치료는 피해야 하는데, 이러한 유형의 치료는 이들을 혼란스럽게 만들거나 부정적인 자존감을 확증하는 경향이 있기 때문이다. 어린 시절의 과거력을 살펴보면 때때로 냉담하고 철수적인 보호자가 있거나 감정적인 박탈 경험을 보여 주기도 한다. 인지적 재구조화, 자존감 향상 그리고 자기주장 훈련 같은 단기적인 치료 전략도 유용하지만, 지지적이고 어머니 같은 치료자가 내담자를 재양육하는 전략도 효율적일 수 있다. 이러한 사람들은 심각하게 부정적인 자기상으로 인해 고통받거나 스스로 희망이 없고 감정적 및 신체적으로 손상되어 사랑받을 수 없다는 느낌에 괴로워한다. 따라서 치료자는 먼저 자존감을 향상시킴으로써 도움을 줄 수 있다. 그러나 이들은 친밀감으로 인해 유기와 거절로 이어질 것이라는 공포를 갖고 있기 때문에 성급하게 긍정적인 전이를 예상해서는 안 된다.

⊃ 치료적인 피드백

당신의 프로파일을 살펴보면 당신은 기분이 침체되어 있고, 슬프고 불행하며, 마음먹은 만큼 명확하게 사고할 수 없습니다. 현재 당신은 집중하거나 의사결정을 하거나 혹은 충분히 효율적이기 어려울 것으로 보입니다. 수면은 방해받고 있으며 활력수준이 낮을 수 있습니다. 당신을 두렵게 하고 그것에 사로잡혀 걱정에 빠져 있도록 만드는 신체적 증상을 경험하고 있는 것으로 보입니다. 명확하게 사고하고 무언가를 기억하고 일상적인 삶을 효율적으로 다루기 어렵기 때문에 당신에게 무언가 정말로 나쁜 일이 일어나고 있다고 느낄 수 있습니다. 대부분의 시간 동안 마치 정신적 혼미에 빠진 것처럼 느낄 수도 있는데, 이는 당신을 두렵게 하고 희망이 없을 만큼 무능하다는 느낌을 줄 것입니다. 타인에게 의존하게 되면 굴욕과 거절을 당할까 봐 우려하기 때문에, 당신은 사람들과 감정적인 거리를 유지할 수도 있습니다. 일부 사례를 살펴보면 이러한 프로파일을 보이는 사람들이 냉정하고 철수되어 있고, 심지어는 가혹하기도 한 보호자와 성장한 경우가 존재합니다. 남들과 친밀해지는 것을 허용하지 않는 것이 스스로를 보호하는 것이라고 학습했을 수도 있습니다. 최근에 당신은 일부 의학적인 문제를 겪거나 또는 어떤 상실을 경험했을 수 있으며, 이것이 자신과 관련된 슬프고 희망이 없고 기분 나쁜 감정으로 이어졌는지 모릅니다. 당신을 지금의 우울로 이끌었을 가능성이 있는 최근의 상실이나 문제점을 치료자와 함께 탐색해 보십시오. 약물 복용이 덜 우울해지고 더 명확하게 사고하도록 도움을 줄 수도 있습니다. 당신과 관련된 긍정적 속성들에 대한 목록을 만들면, 무력한 무능감을 느낄 때 그 목록과 당신을 함께 떠올리는 시도를 해 볼 수 있습니다. 남들에게 당신이 어떤 감정을 느끼는지 표현할 수 있도록 마음챙김을 수련하십시오. 효율성을 증진시키는 약물을 복용하는 것과 더불어 당신이 더 잘 기억하고 더 효율적이 되도록 도와줄 수 있는 활동들을 치료자와 함께 개발하십시오.

129/219 코드타입

척도 1, 2, 9가 모두 같은 수준까지 상승한 경우 다음 두 가지의 경우를 감별하기가 어렵다. 하나는 정서적 불안정성으로 인해 부가적으로 심인성 신체증상을 형성한 주요한 기분장애의 경우이고, 다른 하나는 부수적인 증상으로서 초조함(척도 9의 상승으로 인함)을 동반한 신체화 우울증의 경우이다. 29가 상승하게 되면 상당한 정서적 불안정성과 초조함이 동반됨을 예상할 수 있다. 어떤 경우에는 29 프로파일이 일시적인 기분 변화를 반영한다. 또 다른 경우에는 척도 9의 행복감이 우울감에 의해 소실되고, 척도 2의 낮은 활력과 슬픔이 척도 9의 속성들에 의해 수정되어 긴장감이나 과민함으로 이어져서 짧은 시간의 기분 변화에 이르게 되는데, 대개의 경우 실제적인 혹은 상상의 문제점으로 인해 또는 목표지향 활동의 장애물로 인해 급격히 침체되어 버린다. 29 프로파일의 사람들은 신체적인 염려로 인해 심각한 괴로움을 경험하는데, 이들은 신체적인 염려를 가상의 긴급 상황으로 간주한다. 극심한 불편감, 긴장감, 초조함, 안절부절못함 등이 두드러진다. 두통, 불면, 또는 경련성 대장 증상 같은 불편감 등이 흔히 보고된다. 일부 사례에서 이러한 패턴이 기질성 뇌병변과 관련을 보였기에, 신경학적 병인론도 고려되어야만 한다. 척도 9의 상승은 우울증에 맞서는 경조증적 방어를 반영하며, 신체적 증상은 모순적인 방어기제의 출현으로 인한 긴장감을 의미하는 경우도 예상해 볼 수 있다.

⊃ 치료

신체화의 방어기제가 기분장애와 함께 발생한 경우라서 심리치료를 하기에 복잡한 양상이다. 정서적 불안정성과 우울증 증상이 주된 경우라면, 일부 내담자가 항우울제에 반응하여 조증을 보일 수 있음에도 불구하고 항우울제나 기분조절제 약물 복용이 유용할 수 있다. 정서적 불안정성의 과거력이 있는 경우, 만일 필요하다면 나중에 항우울제를 추가하도록 하고 일단 기분조절제를 쓰는 것이 권유된다. 129 코드타입의 복잡한 진단양상에 근거해서 치료계획이 진행된다. 과거력에서 오랜 기간의 정서적 불안정성이 확인되었다면 약물 처방이 주요할 수 있다. 촉발사건이 상실로 인한 것이라면 그 상실이 그렇게 심각하게 경험되는 이유를 확인하는 치료적 개입이 적절할 것이다. 먼저 최근의 상실이나 실패경험을 찾고, 내담자 스스로 원하는 것과 높은 성취를 바라는 내면화된 부모의 기대를 확인하고, 기분 변화를 촉발하는 요인을 다루기 위해 인지행동치료를 통해서 내담자에게 도움을 줄 수 있다. 이러한 프로파일을 보이는 사람들은 일반적으로 실패에 대해서 극심한 불안을 경험하고 그로 인해 정서적 유기와 거절로 끝장날 것이라고 예단한다. 이 코드타입은 알코올중독 혹은 다른 중독들과 관련이 있다.

⮑ 치료적인 피드백

당신의 프로파일을 살펴보면 당신이 좌절이라고 여기는 어떤 것 또는 당신이 원하는 것을 방해하는 누군가로 인해 현재 당신은 상당한 내적 긴장감, 과민함 그리고 분노를 경험하고 있습니다. 당신 스스로 기분의 변화를 알아차렸을 수 있는데, 때로는 매우 활력이 넘치고 고양감을 느끼지만 그 후 무언가가 작동하면 우울감, 분노감, 과민함을 느끼게 됩니다. 이러한 각각의 기분 변화는 수 분 이내로 경험되고, 그 사이에는 휴지기가 존재할 수 있습니다. 당신은 화학 약물이나 중독적인 행동들을 통해 이 기분 변화를 다룰 수도 있는데, 그것들은 당신에게 더 많은 문제를 초래할 가능성이 있습니다. 긴장감이 극심해져서 당신을 두렵게 만들고 사로잡아 버린 스트레스에 대해 실제적인 신체반응을 보일 수도 있습니다. 이러한 초조함과 기분 변화가 심한 반응을 촉발한 좌절이나 상실을 최근 경험했을 수도 있고, 또는 일정 기간의 기분 변화를 경험하는 경향성을 갖고 있을 수도 있습니다. 당신의 치료자는 기분조절제 약물을 처방할 수도 있고, 기분 변화를 촉발하는 요인을 탐구하여 당신이 그것을 통제하는 방법을 배우도록 도와줄 수도 있습니다. 때로는 어떤 사고나 심리적 상처가 이 증상들을 촉발할 수도 있습니다. 이러한 프로파일을 갖고 있는 사람들 가운데 일부는 사랑받기 위해서 엄청나게 많은 것을 성취하려는 욕구를 갖기도 합니다. 인정받기 위해서 많은 것을 이루어야만 한다는 압박감의 내용이 무엇인지 치료자와 함께 탐색하십시오. 기분 변화를 촉발하는 사건을 기록해 보고 일이 잘 풀리지 않을 때 파국화하는 양상을 피하기 위해서 자기위안을 돕는 방법을 학습하십시오. 운동, 요가 그리고 심호흡 모두 도움이 될 것입니다.

120/210 코드타입

일반적으로 척도 1의 상승이 없는 20/02 코드타입은 12/21 코드타입 유형처럼 안정적인 유형이다. 이 둘을 합쳐서 상승을 보이게 되면 우울, 철수, 우유부단, 대인관계 회피, 무능감과 죄책감을 예견할 수 있다. 신체적인 불평과 더불어 과묵하며, 패배주의적이고, 부정적인 성향이 두드러진다. 이러한 사람들은 명백하게 즐거움이 부족하며 방어적으로 거리를 둔다. 이들은 보호자에게 요구할 수 있는 경우일지라도 신체적 고통을 자신의 운명으로 받아들인다. 신체적 질환에 집중하는 경우가 아니라면 수동적인 특성을 보이고 주목받는 것을 기피하는 양상인데, 특히 척도 6 또는 척도 8이 상승했다면 염세주의나 분열성 양상 속에서 철수되어 지낼 수 있다. 120/210 프로파일을 보이는 사람의 삶은 정서적으로 제한적이며 행복에 대한 기대감도 적다. 친밀감의 요구 및 과하게 호의적으로 대하는 타인에 의한 사적인 영역 침범에 대해 과민해하고 심지어는 불쾌감을 느낄 수 있다.

⊃ 치료

과거력을 살펴보면 다음의 두 가지 유형 가운데 어느 경우에 해당하는지 감별할 수 있다. 하나는 특정한 상실로 인해 최근의 우울 및 신체 증상을 겪게 되었을 뿐 안정적이고 내향적이며 전형적으로 우울하지 않은 성격유형이고, 다른 하나는 장기간 동안 불쾌감 및 신체적 집착 그리고 내향성을 지속하는 유형이다. 자기주장 훈련을 하거나 사교성 구축을 위한 인지행동적 개입을 하게 되면, 사회적 지지의 부족에 기여하는 이들의 관계적 미숙함 및 우울증을 다루는 데 도움을 줄 수 있다. 모든 우울증 프로파일에서 그러하듯이 항우울제는 불쾌감을 완화하는 데 도움이 되는데, 이러한 문제들은 오래 지속되는 경향이 있고 어떤 양상으로든 급격한 변화는 불안정하게 여겨지는 경향이 있기에 약물은 적은 양으로 처방되어야 한다. 어린 시절의 과거력을 살펴보면 종종 부모들이 외현적인 적대감은 없었을지라도 감정 및 신체적으로 동떨어져 있거나 온정이 부족했음을 보여 준다. 이러한 내담자들은 많은 경우 어린 시절 근심 없는 안정감을 상실한 경험이 존재하는데, 그 까닭은 아마도 자신이나 타인의 질병으로 인해 어린 그들이 너무 빨리 어른스럽게 책임감을 지닐 것을 요구받았기 때문이다. 친밀감을 강요하지 않는 문제 중심 치료법이 효과적일 수 있다. 예를 들어, 60세의 Steven은 자신의 아내에 의해 치료를 권유받게 되었으며, 그 이유는 그의 아내가 그에게 무엇인가가 잘못되었다고 느꼈기 때문이다. 그의 아내의 호소에 따르면, 그는 아내를 평상시보다 더 소원하게 대하였다. 아내가 유방암 진단을 받았다고 얘기했을 때, 그는 아무 말도 하지 않았고 아내와 그것을 의논하지도 않았다. 그는 유명한 캘리포니아 연구기관의 과학자이며, 다소 독립적으로 구성된 팀의 일원으로 연구소에서 홀로 업무를 잘 처리해 왔다. 그들은 결혼이 늦었고 자녀가 없었으며, 그와 그의 아내는 Ayn Rand의 철학[2]을 따랐다. 그의 210 코드타입은 편안한 혼자만

---

2) 역자 주: Ayn Rand(1905~1982)라는 이름의 유대인 러시아계 미국인 소설가의 철학으로서, 자유방임주의를 유일한 도덕적 사회 시스템으로 여기며 지극히 개인주의적 개념에 근거한 철학을 의미한다.

의 삶이라든지 거의 대화를 하지 않고 신체적인 접촉을 하지 않았던 부모의 모습과도 부합되는 양상이었다. 그의 원가족을 보면 가족 갈등도 거의 없었다. 그의 가족은 그의 신체적인 욕구를 적절하게 돌보았으며 그에게 요구적인 모습도 거의 보이지 않았다. 그와 그의 아내도 편안한 룸메이트로서 지냈으며, 드물지만 상호적인 성관계를 가졌고 갈등도 거의 없었다. 그들은 맞벌이를 했으며, 은행 계좌도 구분해서 소유했고, 비용도 반반씩 나누어 부담하였다. 그의 아내는 암이 진행되어 직장을 그만두었고, 더 많은 친밀감과 사랑을 원했으며, 결국에는 더욱 요구가 많아졌다. 아내 또한 내향적이었지만 남편만큼은 아니었고, 암 진단 이후 직장의 상실로 인해 그에게 더 많은 요구를 하는 결과가 초래되었다. 그의 정서적으로 지지적이지 못한 측면에 대한 아내의 비난이 심해지자 그는 압도되는 느낌을 받았고, 우울감이 심해졌으며, 끊임없는 신체적 질환을 호소했는데, 그것들에 대한 진단명을 쉽게 가려낼 수 없었다. 어떻게 하면 지지적일 수 있는지 그리고 효과적으로 경청할 수 있는지에 대해 그에게 가르쳐 주는 것이 치료에 포함되었다. 그는 받아 적었고, 질문을 했으며, 친밀감의 문제 없이 통찰치료의 구체적인 조언을 따랐다.

⤳ 치료적인 피드백

당신의 프로파일을 살펴보면 당신은 다소 수줍어하는 사람이며, 혼자 있을 때 편안함을 느끼고 수많은 사회적 관계를 원하지 않습니다. 당신은 잘 아는 소규모 집단의 사람들과 사회적 관계를 맺는 것을 즐기지만 낯선 사람들을 포함한 사교 활동은 힘들고 즐겁지 않다는 것을 스스로 알고 있습니다. 아마도 당신은 순종적이고 책임감이 강하며 자신에게 주목되는 상황을 회피하는 과묵한 사람입니다. 때로는 당신이 피해를 입었더라도 갈등을 피하고, 자기주장을 잘하지도 못할 것입니다. 현재 당신은 기분이 조금 가라앉고 슬프며, 심지어는 우울하고, 아마도 자신의 현재 상황에 대해 부정적인 감정을 느낄 수도 있습니다. 낮은 활력, 일반적인 효율성의 저하, 저조한 수면과 낮은 식욕을 느낄 수 있고, 성적 욕구도 영향을 받았을 수 있습니다. 당신은 현재 우울과 관련된 다수의 신체적 증상을 경험할 수 있으며, 그 증상 때문에 걱정하고 심지어는 패배감을 느낄 수도 있습니다. 삶의 대부분의 경우에서 스스로 만족하는 모습이었을 가능성이 높은데, 최근 당신을 우울하게 만드는 좌절이나 상실을 경험했을 수 있습니다. 치료자는 당신의 기분이 좋아지는 데 도움을 줄 약물의 복용을 제안할 수 있으며, 또한 사회적 상황을 덜 힘들게 받아들이고 효과적으로 다룰 수 있는 방법에 대해 도움을 줄 수 있습니다.

13/31 코드타입(전환증 V 또한 참조할 것)

이 코드타입의 사람들은 일반적으로 다수의 신체적 문제에 집착하지만, 통증 가운데 하나가 가장 흔한 불평거리이며 그 통증은 머리, 등, 목, 팔, 눈, 다리 등 일반적으로 신체의 말단부에 집중된다. 이들은 스트레스에 대한 반응으로서 신체적 증상을 발전시키기 쉽기 때문에 구체적이거나 모호한 갖가지 신체적 걱정거리가 이들의 인생을 지배하게 된다. 식사 후 메스꺼움이나 불편감, 거식증 또는 폭식증, 배변의 어려움 그리고 관련된 걱정거리들이 이들을 사로잡게 된다. 피로감, 어지러움, 마비, 떨림 등에 대한 호소가 흔하다. 일부 내담자가 신체적 염려에 기인한 우울을 호소하기는 하지만, 심각한 불안(신체적 증상과 관련된 것과는 다름)이나 우울증의 호소는 일반적으로 없다. 수면장해와 낮은 성욕은 비일비재하다. 척도 3의 상승은 일반적으로 척도 1의 상승에서 보이는 비관주의나 냉소주의를 누그러뜨린다. 만일 척도 2가 세 번째로 높은 점수라면 우울증과 비관주의를 예상해야 한다. 비록 억압이나 부인의 방어기제로 표현될 수 있지만, 우울증과 비관주의는 그동안 잘 지내는 것처럼 보이려고 장기간 노력해 온 것에 대한 체념으로서 해석될 수 있다. 만일 13/31 코드타입과 함께 척도 7이 상승했다면 불안감, 긴장감, 죄책감이 드러나는데, 심한 경우 갈등이나 분노 표현에 대한 두려움이 나타난다. 만일 척도 8이 세 번째로 높은 점수의 척도라면 이 내담자는 어지러움, 의식의 상실, 성적 집착, 기괴한 신체적 증상의 호소를 보일 수도 있다. 만일 13/31 코드타입과 함께 척도 9가 상승했다면 더 심각한 정서성, 인정추구, 부인, 폭발적인 양상을 보일 수 있다. 일부 139 코드타입의 경우 만성적 뇌 증후군과 관련될 수 있음을 유의해야 한다.

13/31 코드타입의 내담자들이 증상 때문에 정상적인 생활을 영위하지 못하는 경우는 거의 없고, 비록 효율성이 감소한 수준임에도 계속해서 기능을 하고 있다. 만일 K 척도가 45T 이하(감정적 통제의 어려움을 시사)가 아니라면 이들은 스스로를 합리적이고 책임감 있는 '훌륭한 내담자'로 보이도록 애를 쓰며, 비록 통증과 그에 대한 걱정에 시달리고 있지만 다른 모든 측면에서 잘 적응하는 사람으로 보이려고 한다. 다른 사람들에게 어떻게 보이는지가 이들에게는 매우 중요하며, 따라서 심리적으로 관련된 물음에 종종 의문을 표시하고 이들의 신체적인 염려를 '머릿속 공상'으로 연계시키는 것에 분개한다. 이들은 사회적 승인에 대해 매우 강한 욕구를 지니며, 쾌활하고, 만족해하고, '통증에 맞서서 용기 있는' 모습으로 보이는 것에 큰 가치를 둔다. 만일 L과 K 척도가 상승했다면 훨씬 더 많은 억압, 부인, 평가에 대해 불안을 보일 수 있다. 결론적으로 이러한 사람들은 심리치료에 참여시키기가 어렵다. 이들은 자신의 문제해결을 위한 의학적 설명을 추구하며, 이들의 문제에 기저를 이루거나 영향을 미칠 수 있는 심리적 요인에 대한 통찰력이 부족하다. 일부 사람은 아마도 지속된 스트레스의 결과로서 증거가 될 수 있는 신체적 문제점을 드러내어 보일 수도 있다.

이러한 사람들은 관심, 애정, 동정에 대해 강한 필요성을 느끼며 그것들 없이는 불안전함을 느낀다. 이들의 신체적인 호소는 타인으로부터 양육자의 보살핌 같은 부가적인 이득을 만들어 내는데, 특히 전환증 V 코드타입인 경우에 그러하다. 이들은 자신의 증상에 대해 염려와 두려움을 갖고 있기 때문에 끊임없는 지지와 확인을 요구한다. 그 결과, 남들로부터 미숙하고, 자기중심적이고, 의존적이며, 이기적이라고 묘사된다.

일반적으로 외향적이고 사교적임(특히 척도 0이 50T보다 낮은 경우)에도 불구하고 이들의 사회적 관계는 확인을 받고자 하는 욕구를 충족시키는 데 중점을 두는 경향이 있다. 신체적 손상에 대한 이들의 극단적인 두려움을 고려한다면 많은 경우 이들이 낙천적이라고 묘사되는 것(특히 척도 2와 7이 정상범위에 있을 때)은 매우 놀라운 일이지만, 스스로 인정받고 사랑받기를 원하고 남들에게 문제가 되고 싶지 않은 이들의 숨은 욕구를 생각하면 이해가 된다. 이들은 분노나 적개심을 직접적으로 표현하지 않기 때문에 부정적인 감정과 스트레스를 신체적인 증상으로 표출한다. 다른 사람들은 이들을 수동-공격적이라고 판단할 수도 있고, 아마도 이들의 상냥한 태도나 겸손하게 요청하는 모습을 보았기 때문에 혼란스럽게 느낄 수 있다. 결혼관계를 살펴보면, 만일 배우자 또한 의존적인 경우가 아니라면 13 코드타입을 지닌 사람들은 결혼생활에서 필수적인 상호적 보상을 제공하지 못하기 때문에 이들의 결혼생활은 긴장상태에 놓이게 된다. 만일 척도 1이 척도 3보다 10T 이상 높은 경우라면 이 코드타입은 불평과 비관주의를 포함하는 건강염려증의 특징을 예견할 수 있다. 척도 1의 속성이 지배적이고 확인과 인정을 받으려는 히스테리적 요구에 의해 다소 수정된 코드타입으로 볼 수 있다. 척도 3이 척도 1보다 10T 이상 높은 31 코드타입의 경우는 환심을 사려는 친절함과 사회적 승인을 위한 욕구가 스트레스에 의해 촉발된 신체적 통증의 과묵한 표출과 함께 드러날 수 있음을 예견한다. 척도 3의 특징인 정서적 연결을 원하는 욕구에 대한 억압과 부인이 지배적인 양상이고, 척도 1의 속성은 척도 3의 방어기제를 통해 표출되는 양상의 코드타입으로 볼 수 있다.

13/31 코드타입을 보인 사람들의 60%가 이른 시기에 부모의 죽음을 경험했다는 것은 주목할 만한 사실이다(Marks & Seeman, 1963). 이들은 자신의 부모에 대해 다정한 양상으로 묘사하였다. Levak 등(2011)에 따르면, MMPI-2 코드타입은 지각된 스트레스 사건에 대한 적응방식을 보여 줄 수 있으며, 이 경우에는 사랑하는 부모의 상실에 대한 적응방식과 관련된다. 31 코드타입의 사람들은 고통에 직면해서 '용기 있게' 적응하려는 양상을 보이는데, 상실에 대한 반응으로서 상실과 관련된 분노의 표현을 차단해 버릴 수 있다.

13/31 코드타입은 심리치료를 받는 아동 내담자의 부모에게서 두 번째로 흔한 코드타입이다. 이 유형은 과잉보호적이며 외향적이고 남의 말에 영향을 잘 받는 어머니들의 특징과 관련되며, 이 경우 어머니와 아동 모두 치료효과를 보이는 양상이다. 미숙한 의존성, 강렬한 인정

욕구, 아이로부터 애착과 주의를 얻기 위해 미묘하고 간접적인 전략을 사용하는 아버지들에게는 치료적 예후가 썩 좋지 않다.

이러한 프로파일을 가진 여자 대학생들은 스스로에 대해 다정하고 사려 깊다고 묘사한다. 그러나 동기들에 따르면, 이들은 다소 이기적이고, 자기중심적이고, 의존적이고, 주목받고 싶어 하고, 과민하고, 감정적이고, 예민하며, 빈번하게 신체적인 불평을 보인다고 평가된다. 주로 관계지향적인 양상이 두드러지고 학업에 주의를 덜 기울이며, 이러한 것이 더 많은 스트레스의 원인이 되기도 한다.

이러한 프로파일의 남자 대학생들 또한 이기적이고, 의존적이고, 자기중심적이며, 요구적인 모습으로 묘사된다. 이들의 주요한 불평 가운데 하나는 자신의 가족으로부터 충분히 이해받지 못한다는 것이다. 대부분의 경우 사교적으로 편안하고, 유능하고, 표현적이며, 자신감이 높은 것처럼 보인다(특히 K 척도가 높고 척도 0이 낮은 경우). 심리상담장면에서 흔히 자신의 검사결과를 알고 싶다고 적극적으로 주장하며 자신의 문제에 대한 확실한 답을 달라고 주장한다. 지지적인 문제해결치료는 효과가 있는 반면, 통찰지향치료에는 꾸준히 참여하지 못하는 경향이 있다.

⟳ 치료

일반적으로 이들은 가능성 있는 심리적 측면에 대해 이야기하는 것을 꺼림에도 불구하고, 만일 이들의 신체증상과 현재의 감정적 스트레스 요인을 직접적으로 연결시키지만 않는다면 이야기를 하도록 유도하는 것이 가능하다. 이러한 코드타입을 보이는 내담자의 경우 신체적 증상에 대한 이들의 두려움에 집중하지 않고 이들의 정서적 삶을 탐색하면서 압박을 주면 종종 치료를 조기종결하게 된다. 13/31 코드타입을 지닌 내담자들은 남의 말에 쉽게 영향을 받는 경향이 있고, 치료자가 자신의 신체적 염려에 대해 분명한 답과 해결책을 제공할 것이라고 기대한다. 이들의 증상은 자신에게 주어지는 의학적 관심의 종류에 따라 일시적인 변화를 보일 수 있다.

치료는 반드시 과거의 상실과 관련된 애도 과정을 종료시키는 것에 초점이 맞추어져야 하고, 이를 통해 내담자가 분노와 슬픔의 경험 모두에 익숙해지도록 도울 수 있다. 분노와 슬픔을 인식하는 방법을 재학습하고 그것을 표현하는 건설적인 방안을 찾는 것이 효율적인 치료의 핵심이 된다. 자신의 신체증상들을 통해 '말하려는 것'을 허용해 주면서 자기주장 훈련, 갈등해결 개입, 게슈탈트치료를 진행하면 이들이 자신의 감정을 표현하고 자신이 원하는 것을 얻는 방법을 배우도록 도움을 줄 수 있을 것이다. 만일 어린 시절 부모의 질병이나 죽음을 경험한 경우라면 내담자가 애도를 끝마칠 수 있도록 도와줘야 한다. 치료 과정 동안 강렬한 감정이 어떻게 신체적인 호소로 이어지는지 관찰하면, 감정적으로 압도되는 주제를 위로받을 수 있는 신체적 호소로 옮기는 일시적인 주의 전환의 과정을 확인할 수도 있다.

⊃ 치료적인 피드백

당신의 프로파일을 살펴보면 당신은 갈등을 피하려는 사람이고, 심지어 심각한 통증이나 두려운 신체증상을 경험할 때에도 스스로가 긍정적이고, 쾌활하며, 용감하게 맞서는 모습으로 행동하는 것에 자부심을 느끼는 사람입니다. 당신은 다른 이들을 기쁘게 하는 것을 좋아하며 남들에게서 좋은 모습만 보려고 노력하는 사람입니다. 최근 당신은 걱정거리의 초점이 되는 고통스럽고 두려운 다양한 신체적 증상을 경험하고 있는 것으로 보입니다. 스트레스 사건으로 인해 당신의 실제 증상들이 악화될 수 있고, 그 증상들은 또한 당신이 감정을 다루는 방식과도 연관성이 있습니다. 스트레스를 받을 때 당신의 신체가 반응하는 방식에 대해 잘 알지 못할 수도 있는데, 어쩌면 당신은 어깨를 움츠리거나, 숨을 멈추거나, 입을 꽉 다물거나, 혹은 다른 근육들을 긴장시키는 방식으로 반응할지도 모릅니다. 이러한 작은 신체반응이 반복되면 신체적 문제로 이어질 수 있으므로 당신의 신체에 스트레스를 더 많이 부가하지 않는 방법을 배우는 것이 치료의 핵심이 될 수 있습니다. 어쩌면 당신은 어린 시절의 심각한 상실 때문에 슬픔이나 분노가 과해지는 것을 스스로 허용하지 않아야 한다고 배웠을 수 있습니다. 치료자는 당신에게 약물 복용을 권유할 수 있고, 갈등과 스트레스를 다루는 방법을 가르쳐 줄 수도 있습니다.

전환증 V 코드타입

척도 1과 척도 3이 65T 이상으로 상승하고 척도 2가 척도 1과 척도 3보다 대략 8T 이상 낮은 점수일 때 전환증 V 코드타입이라 부른다. 전환증 V를 가진 사람들은 자신의 심리적 문제나 대인관계 문제를 사회적으로 용인되는 방식으로 해석하려는 강한 욕구를 갖고 있다. 이들은 문제나 부적응을 부인하며, 123/213 코드타입에서 보이는 비관주의와 우울함의 표현을 보이지 않는다. 이들은 거의 무관심해 보이거나 심지어 쾌활해 보이며, 자신의 다양한 신체적 불편감을 긍정적이고 활기찬 태도로 제시한다. 이러한 코드타입은 '아름다운 무관심' 혹은 'la belle 무관심[3]'이라고 묘사되기도 한다. 이들은 심리적인 염려나 부적응을 부인하며, 전환증 V가 없는 13/31 코드타입을 가진 사람들에게서 흔히 보이는 불안이나 우울을 일반적으로 보고하지 않는다. 만일 척도 9가 확연히 상승했다면 조증 방어가 우울증을 감추는 데 사용될

---

3) 역자 주: 부적절한 감정의 결핍 또는 자신의 증상 및 장애에 대해 무관심해 보이는 것을 의미한다.

가능성을 반드시 고려해야 하며, 전환증 V 패턴이 덜 안정적일 수 있어서 충분한 조증 방어를 사용하지 못하게 되면 전환증 V 패턴이 변화할 가능성이 있다.

　전환증 V를 보이는 사람들은 신체적 불편감이나 심리적 증상을 매우 그럴듯하고 사회적으로 용인될 만한 유형으로 변형시켜서 부적응이나 문제점을 전치시키거나 외현화시킬 수 있다. 이들은 자신의 신체적 증상들을 강조할 수도 있고, 고통을 경험하는 일반적인 사람들에게 동반되는 정서경험 없이 고통의 정도를 논의할 수도 있다. 이들이 실제로 고통을 경험하고 있지 않다는 게 아니라 억압과 부인이 지배적이고 정서적 교류의 욕구가 강렬해서 고통까지도 미소로 표현할 수 있다는 것이다. 정상범위 내의 전환증 프로파일은 유쾌하게 낙천적이고, 책임감이 있고, 동정적이며, 과잉통제적인 모습으로 사회적 외향성이 강한 사람임을 예견한다. 이 사람들은 통찰력이 부족하며, 스트레스를 받게 되면 쉽게 지치고 저조한 감정을 보인다.

⮑ 치료
13/31 코드타입의 치료 부분을 참조할 것

⮑ 치료적인 피드백
13/31 코드타입의 치료적인 피드백 부분을 참조할 것

13/31, 높은 K 코드타입
　만일 K점수 또한 상승했다면 13/31 프로파일은 더 높은 수준의 과잉통제, 억압, 부인, 사회적 인정을 위한 욕구를 시사한다. 이러한 사람들은 강렬한 감정들을 표현하는 데 어려움을 보이기 때문에, 치료자로서 이들을 제대로 공감하기 위해서는 이들이 표현하는 감정 강도에 '몇 곱절'을 해야만 할 것이다. 이들은 자신의 부정적인 충동과 감정을 인식하지 못하며, 남들이 자신을 평범하고, 책임감 있고, 도움이 되며, 호의적인 모습으로 바라보는 것에 관심이 많다. 이들의 삶은 남들에게 이상적인 서비스를 제공하고 공동체에 헌신하는 것들로 구성되어 있다. 이들은 성실하게 남들을 돌보며 갈등에 대해서는 불편한 마음을 지니는데, 받아들이기 힘든 충동이라면 억압해서 신체적 문제에 이를 정도로 갈등을 불편하게 여긴다. 심리적 어려움을 겪고 있을 수도 있다는 어떠한 제안에 대해서도 이들은 평가받는다고 여기고 그 자체를 약점으로 여긴다. 이들은 실제로 신체적 불편감 및 그와 관련된 두려움을 경험하고 있고, 정신건강 전문가에 의해 꾀병이라고 의심받는다고 느끼기 때문에 정신과 치료를 받는 내담자의 역할을 잘 견디지 못한다. 어떤 종류의 신체적 증상이 존재하는가의 여부는 큰 걱정의 원천이

될 수는 있지만 문제를 더 악화시키는 요소는 아니다(전환증 V 또한 참조할 것).

⊃ 치료

전통적인 통찰 중심 심리치료는 이들에게 매력적으로 느껴지지 않으며, 전문가의 확인을 통해서만 도움이 된다고 믿는다. 치료자의 입장에서는 만일 이들의 신체증상에 대해 '동정 어린' 방식으로 대하면 이들이 자신의 일을 소홀히 할 수 있다는 생각에 내담자들을 직면시키려는 욕구를 느낄 수도 있다. 그러나 치료자에 의한 공격적인 강요나 직면은 내담자의 치료 중단을 초래할 수 있다. 특히 K 척도가 높은 경우에는 내담자가 마음을 터놓고 카타르시스를 경험하는 것에 대해 염려하고 있음을 예견할 수 있다. 자기주장 훈련, 정서적 지지, 과거 상실에 대한 애도를 내담자가 종결할 수 있도록 도움을 주는 것 등은 단계적으로 진행된다면 유용할 것이다. 감정을 억제함으로써 근골격 및 장기 체계에 부과된 스트레스로 인해 신체적 문제가 실제로 발생할 가능성이 있으므로 이완 훈련, 요가, 마음챙김치료, 자기주장 훈련 등을 통해 도움을 받을 수 있다.

⊃ 치료적인 피드백

13 코드타입과 유사하지만, K 척도의 상승으로 볼 때 강렬한 감정을 탐색하는 과정에서 내담자가 느끼는 극심한 불편감에 유념해야 한다.

132/312 코드타입

세 번째로 높은 점수의 척도로서 척도 2가 부가되면 13/31 코드타입의 일부 특징이 바뀌게 된다. 이 코드타입의 사람들은 척도 3의 억압 및 부인이라는 방어와 관련된 정서적 연결과 인정의 욕구를 지니기 때문에 슬픈 감정, 비관주의, 관계 위축 등과 같은 명백한 우울증의 징후를 겉으로 드러내지 않는다. 긴장감, 고통감 그리고 쇠약과 피로로 인한 불편감 등을 경험했음에도 불구하고 결과적으로 겉보기에는 쾌활해 보일 수 있다. 다른 사람들의 경우에는 우울한 모습이 드러나지만, 이들의 일부 경우에는 신체적 고통으로 촉발된 우울증의 경험이 있었음에도 이를 완전히 부인한다. 또 다른 경우 우울증 증상과 히스테리적 방어 사이의 상호작용으로 인해 고통감을 교정하는 기간이 존재한다. 13/31 코드타입의 성격적 특징들은 132/312 코드타입에서도 존재한다. 특히 척도 4에서 낮은 점수를 보인다면 인습적이고, 순응적이고, 타인에게 사랑받기를 갈망하며, 수동적인 특징을 갖는다. 만일 척도 7에서 높은 점수를 보인다면 이들은 인정에 대한 강렬한 욕구를 지니고, 갈등에 대해 두려움이 높으며, 훨씬 더 순응적인 모습을 보일 것이다.

⤷ 치료

세 번째 높은 점수로 척도 2가 부가됨에 따라, 이 내담자들은 자신의 신체적인 증상들이 어떻게 '스스로를 지치게 만들고' 근원적인 우울증으로 이끌었는지에 대해 열린 마음으로 귀를 기울일 것이며, 이는 약물치료를 통해 개선될 수 있다. 심리치료는 현재의 상실과 스트레스가 과거 어린 시절의 상실과 얼마나 닮아 있는지에 반드시 초점을 맞추어야 한다. 지지적이며 평가적이지 않은 환경에서의 이완 훈련, 인지행동치료, 때론 최면도 통증을 관리하는 데 도움을 줄 수 있다. 이완 훈련 중에 억압된 분노나 슬픔이 자극될 수 있으며, 과거 상실을 다루기 위한 기회가 제공될 수 있다. 13/31 코드타입의 치료 부분을 참조하라.

⤷ 치료적인 피드백

당신의 프로파일을 살펴보면 당신은 현재 많은 신체적 증상을 경험하고 있습니다. 활력이 부족하고, 허약감과 피로감을 느끼며, 기억과 집중에 어려움을 겪고 있을 수 있습니다. 당신과 같은 프로파일을 보이는 사람들 가운데 일부는 부모의 죽음이나 질병 같은 어린 시절의 상실을 경험하기도 합니다. 남들을 속상하게 만들지 않기 위해서 슬픔에도 불구하고 용감한 척하고 억압하며 미소를 짓는 방법을 배웠을 수 있습니다. 당신은 갈등이나 직면을 싫어하며, 반복되는 스트레스로 인해 신체적 증상이 증가합니다. 좀 더 자기주장적일 수 있는 방법을 배우고 이완할 수 있는 방법을 찾는 데 힘쓰십시오. 신체적 증상들이 증가할 때 이를 기록해 보고 무엇이 당신에게 스트레스를 주는지 확인하십시오.

134/314 코드타입

이 프로파일의 두 가지 핵심특징을 살펴보면 하나는 신체적인 불편감이고, 다른 하나는 충동적이고 자기파괴적인 긴장 감소 행동이다. 약화되는 신체 상태와 증상에 대한 불편감이 존재하지만, 이 코드타입의 사람들은 독선적이고 요구사항이 많으며, 논쟁적이고 호전적일 수 있다. 13/31 코드타입에 더해 척도 4의 높은 점수는 분노, 기만적인 의존성, 간헐적인 충동성, 감정적 불신을 시사한다. 이 사람들은 폭발적인 양상이나 기만적인 태도와 같은 34/43 코드타입의 일부 특징을 드러낼 수 있다. 이들은 또한 자신의 증상에 대한 냉담한 무관심, 사회적 인정을 위한 역할 연기, 다수의 신체증상 등과 같은 13/31 코드타입의 특징들도 보이며, 이러한 것들을 통해 자신의 의존성 욕구를 만족시키기 위한 목적으로 타인을 조종할 수 있다. 버려짐에 대한 공포와 돌봄을 바라는 욕구가 함께함으로 인해 관계장면에서 접근과 회피의 갈등으로 연결될 수 있다. 이들은 자신이 타인을 어떻게 고립시키는지에 대한 통찰력이 부족하다. 분노는 간헐적인 폭발양상으로 드러나거나 수동-공격적인 방식으로 표현될 수 있다.

⊃ 치료

13/31 코드타입에 대한 치료적 전략에 부가하여 분노의 인식과 관리가 중요한데, 거절과 유기에 대한 두려움으로 인해 과잉통제하다가 충동적으로 표출되는 방식 대신에 분노가 형성되는 대로 표현하도록 도울 수 있기 때문이다. 이들이 부인하려고 하는 것이 무엇인지에 대해 주목해야 하며, 흔히 그것이 갈등의 원천이 된다. 학대나 거절과 관련된 어린 시절의 경험을 살펴보면 이들이 타인을 향해 직접적으로 분노를 표출하는 것에 대해 겁먹게 만들었던 이유를 찾을 수도 있다. 몇몇 사례의 경우 이 코드타입의 사람들은 감정적인 차폐를 보이기도 하는데, 어쩌면 그것이 극심한 감정적 고통에 대한 반응일 수 있다. 이러한 경우 이들은 타인의 기대에 맞춰 주는 역할 연기를 사용하면서 감정을 과잉통제하고 묻어 버릴 수 있도록 신체적 증상을 발현하는 방식을 보이게 된다.

⊃ 치료적인 피드백

당신의 프로파일을 살펴보면 당신은 많이 긴장하고 있고 남들의 기대만큼 당신을 생산적으로 만들기 어렵게 하는 다수의 신체적 증상을 경험하고 있습니다. 이러한 프로파일을 보이는 사람들 가운데 일부는 격정적이거나 혹은 무시하는 부모의 모습과 함께 성장한 경우가 존재합니다. 당신은 어쩌면 어린 시절부터 기대되는 역할을 수행하도록 배웠거나 갈등과 거절을 피하기 위해 주변에 맞추어 행동하도록 배웠는지 모릅니다. 결론적으로 당신은 분노를 표현하는 데 어려움을 겪을 수 있고, 그에 따라 분노가 쌓여서 신체적 증상을 초래할 수 있습니다. 주변에 맞추어 행동하고 기대되는 역할을 수행할 수는 있지만 타인을 신뢰하기 힘들고, 따라서 스스로 기만적인 행동을 할 수도 있으며 갈등을 피하기 위해 선의의 거짓말을 할 수도 있습니다. 분노가 쌓일 때 이를 인식해서 쌓인 분노가 신체적으로 당신에게 영향을 주기 전에 그것을 표현하는 방법에 대해 치료자와 함께 작업하십시오.

136/613 코드타입

13/31 코드타입에 척도 6이 더해진 프로파일의 경우, 비판 혹은 불합리한 요구사항으로 해석될 수 있는 무언가가 남들에 의해 자신에게 부과된 것에 대해 상당히 과민해함을 시사한다. 이 코드타입의 사람들은 13/31 코드타입의 많은 특징을 보이지만 척도 6이 추가되었기에 편집증 방어나 자신의 분노를 타인에게 투사하는 경향 같은 36/63 코드타입의 일부 특징도 보일 수 있다.

이들은 타인에 의해 '심리적으로 문제가 있다.'라고 평가되는 것에 특히 민감하고, 신체적 증상이 심리학적으로 연관될 수 있다고 제안하게 되면 위협적으로 느낄 수 있다. 강한 자부심, 엄격한 도덕성, 타인을 비판하는 경향성 등을 보일 수도 있다. 자신의 사회적 이미지에 대해 상당히 염려하며, 남들에게 매력적이고, 순응적이며, 합리적이고, 비난을 초월한 것처럼 보이려는 강한 욕구를 지닌다.

스트레스 상황이 가중될수록 위장장애, 두통, 허리 통증 그리고 그 밖의 증상들을 보이는 것이 전형적이다. 신체적인 증상에도 불구하고, 특히 이 프로파일을 가진 남성의 경우 경쟁적인 양상을 보인다. 남들로부터 비난을 받지 않기 위해 '남들보다 내가 낫다.'라고 자신을 입증하기 위한 것뿐만 아니라 상황 자체를 통제하기 위한 이들의 욕구 때문에 경쟁적인 모습을 보일 수 있다. 자신의 욕구를 도덕적 엄격성으로 정당화하려는 과정에서 이들의 성공과 통제를 향한 욕구는 때때로 스스로를 인정사정 없는 모습으로 만든다. 이들은 남들이 자신을 어떻게 보는지에 대한 통찰력이 부족하다. 이들의 분노가 과잉통제되는 경향이 있음에도 불구하고, 이들은 스스로 부당한 대우를 받았다고 느끼게 되면 '정의'를 되찾는 것에 특별한 집착을 보일 수 있다. 척도 6과 척도 3의 T점수 차이가 8점 이내이고, 두 척도 모두 65T 이상으로 유의미하게 상승했다면 의심하는 양상과 갑작스러운 분노반응이 더 두드러질 것이다. 특히 Pa1이 상승했다면 과민함을 넘어서서 명백한 편집증으로 바뀔 수도 있다. 척도 3이 척도 6보다 T점수 8점 이상으로 높으면 명백한 편집증 양상은 가능성이 낮고 신체적 불편감이 더 지배적일 것이다. 편집증적인 특징을 감지하기 어렵고, 불합리한 시기심을 보이거나 비판 또는 편파적인 대우에 예민하지만 착한 척하며 사회적으로 올바른 행동을 보일 수 있다.

⊃ 치료

13/31 코드타입과 36/63 코드타입의 치료적 전략들도 참조해야 한다. 이들은 비판이나 평가로 여겨질 수 있는 어떤 것에 대해서도 특별히 예민한 사람들이다. 이들은 통찰과 카타르시스를 경험하기 전에 치료자가 '내 편'이라는 느낌을 갖고자 한다. 치료자는 높은 도덕적 기준을 경직되게 고수했던 부모로부터 비난받고 평가받던 과거력이 존재하는지 탐색해야 한다. 이들은 부모의 엄격한 가치를 내면화하는 경향이 있으며, 경미한 도덕적 위반에도 심한 꾸짖음을 당해 왔던 어린아이로서의 자신에게 공감하는 데 어려움을 겪는다. 스스로 부모가 되어서도 자신의 어린 시절 경험을 답습할 것이며, 자기 자식들에게도 처벌적이고 도덕적이며 엄격한 모습을 보일 것이다. 치료의 주된 초점은 분노를 발전시키는 대신에 스스로 원하는 것을 타인에게 직접적으로 말로 표현하도록 돕는 것이다. 평가당하는 것에 맞서는 선제적인 방어수단으로서 이들이 타인을 어떻게 평가하는지를 스스로 살펴보도록 도와줄 수 있다. 이완 훈련이나 자존감 향상 개입 또한 도움이 될 수 있다.

⤴ 치료적인 피드백

당신의 프로파일을 살펴보면 당신이 매우 강한 도덕 기준과 가치를 지닌 사람이라는 것을 알 수 있습니다. 만일 비도덕적이거나 혹은 옳지 않은 일을 하는 사람을 보게 되면 이는 당신을 불편하게 만들 것입니다. 당신은 매우 높은 인성기준을 가지고 있으며, 다른 사람들은 당신에 대해 너무 요구가 많거나 혹은 비판적이라고 볼 것 같습니다. 당신만큼 완벽주의적인 사람들의 경우 때때로 스트레스에 반응하여 신체적인 증상들을 경험합니다. 두통, 소화불량, 허리 통증 그리고 다른 애매모호한 통증들은 당신이 스트레스를 받을 때 더 심해질 것입니다. 치료자는 당신으로 하여금 덜 자기비판적일 수 있도록 그리고 신체적 통증과 스트레스 사이에 어떤 연관이 있는지를 인식할 수 있도록 도와줄 것입니다. 규칙 위반으로 처벌받았던 어린 시절의 기억을 상기해 보고 남들을 기쁘게 하고 옳은 일을 하고자 했던 어린아이로서의 자신에 대해 공감할 수 있기 바랍니다. 분노하기 전에 당신이 원하는 것을 요청할 수 있는 방법을 익히십시오.

137 코드타입

심각한 불안, 공황발작 그리고 심박 급속증이나 상복부 통증 같은 심장 이상 등이 이 코드타입에서 흔하다. 스트레스를 받게 되면 이들은 다수의 신체적 증상을 발현하게 된다. 불안감의 엄습이 가장 빈번하지만 질병에 대한 두려움과 공포 또한 보고된다. 13/31 코드타입에 척도 7이 추가됨으로 인해서 이미 의존적인 양상에 불안감, 죄책감 그리고 거절에 대한 극심한 두려움이 더해진다. 이들은 갈등을 매우 불편해하고, 쉽게 괴롭힘이나 조종을 당할 만큼 의존적이다. 이들은 환심을 사기 위해 복종적인 경향을 보인다.

극심한 불안 때문에 이들은 상황적 변화에 대해 융통성이 없고 형편없는 적응을 보인다. 흔히 일과 재정상태에 대해 비현실적으로 불안해하며, 가정을 돌보고 아이를 훈육하는 책임을 도맡으며 지배적인 배우자에게 의존한다. 불안감과 낮은 자존감 때문에 형편없는 직업적인 적응을 보일 수 있다.

⤴ 치료

이들의 경우 높은 불안을 지닌 의존적인 아이를 떠올려 보면 가장 잘 이해할 수 있다. 이들은 호의적인 태도를 보이며 상대방의 환심을 사려 하기 때문에 호감 가는 대상이 될 수 있다. 그러나 이들의 끊임없는 재확인 요구가 치료자를 지치게 만들 수 있고, 재확인은 이들의 불안을 일시적으로 낮추는 효과만을 지닐 뿐이다. 만일 이들이 치료자에 대해 인내가 부족하거나 화가 난 것으로 지각한다면, 이들은 더 불안해하고 재확인 요구를 더 많이 할 것이다. 어린 시절에 예측 불가능하게 폭발적이고 거부적인 부모나 환경이 있었는지 과거력을 살펴보라. 이 프로파일에 따르면, 이들이 예측 불가하고 압도적인 감정적 또는 신체적 불편감의 출현을 끊임없이 방어하는 사람임을 시사한다. 자신의 삶 속에서 두려워하는 외상경험을 탐색해 보고, 불안을 낮추어 줄 수 있도록 체계적 둔감법이나 내폭 요법 같은 탈조건화 치료를 적용하라. 자기위안의 전략을 개발하도록 도움을 줄 수 있다. 자기주장 훈련, 이완 훈련, 겁에 질린 내면의 아이를 재양육하는 방법도 도움이 될 수 있다.

⊃ 치료적인 피드백

당신의 프로파일을 살펴보면 당신은 걱정이 많고 상당한 불안을 경험하고 있습니다. 당신은 건강에 대해서 두려움, 공포, 불안, 공황을 경험할 수 있습니다. 당신은 갈등과 직면을 싫어하기 때문에, 남들이 당신을 괴롭히고 조종하려 할 수 있습니다. 아마도 당신은 예측하지 못했던, 심지어는 끔찍했던 사건을 경험해서 끊임없이 신경이 곤두서 있을 수 있고, 다시는 그렇게 놀라운 일을 겪지 않으리라는 확인을 받고 싶어 하는지도 모릅니다. 어쩌면 권위적인 인물로부터 예측하기 어려운 분노나 거절을 경험했고, 그로 인해 지금 함께하는 남들을 화나게 만드는 것을 피하기 위해 어려움을 겪고 있을 수 있습니다. 스트레스를 거듭할수록 당신의 신체적인 증상은 증폭될 수 있습니다. 불안한 생각으로부터 신경을 꺼 버리는 방법이나 좀 더 자기주장적인 방법을 배우는 것뿐만 아니라 이완 훈련과 자기주장 훈련에 참여하는 것이 당신을 도울 수 있습니다.

138/318 코드타입(1382 코드타입도 참조할 것)

이 코드타입의 사람들은 다수의 모호하고 기괴한 신체적 불편감을 호소할 뿐만 아니라 종교나 성과 관련된 기이한 생각과 신념을 지니고 있다. 한 가지 예를 들면, 곰팡이에 대한 집착을 보이는 사회경제적 수준이 높은 젊은 여성이 있었다. 그녀는 연속적으로 9개의 주택을 임대하여 거주와 이사를 반복했는데, 각각의 짧은 거주 때마다 자신이 곰팡이로부터 영향을 받는다고 확신하였다. 임대계약 파기로 인해 그녀를 대상으로 한 법적 소송이 다수 이루어졌고, 그녀 또한 곰팡이로 인한 손실로 맞소송을 벌였는데, 이러한 소송의 과정이 그녀 인생의 중심이 되었다. 그녀는 치료 회기 때 자신의 주장을 입증하기 위해 깔끔하게 정리된 서류 상자를 들고 오곤 하였다. 기괴한 것에 집착한다는 사실과 다양한 증상의 원인을 찾기 위한 의학적 진단이 실패했다는 사실을 제외하면 그녀는 논리적이고 이성적이며 일관되어 보였다. 떨림, 기억상실, 몽롱함, 어지러움, 졸도, 일시적 기억상실, 명확하지 않은 따끔거림과 무감각 등의 증상은 흔히 신경학적 장해와 관련이 있기 때문에, 138 코드타입을 가진 사람들은 심리학자에게 오기 전에 의학적 진단검사에 지쳐 버린다. 신경증적 요소와 정신증적 요소가 혼합되어 있다는 점에서 직관적으로 보아 기묘한 코드타입이다. 이 코드타입은 접근과 회피의 갈등을 포함하는데, 척도 3은 친밀감과 재확인을 바라는 접근을 반영하고 척도 8은 친밀감에 대한 공포와 자기방어적 거리 두기를 바라는 회피를 반영한다. 건강염려증적인 불편감의 호소는 현실적이고 보호를 유발하는 염려 속에서 머물게 하는 '닻'과 같은 역할을 수행할 수 있는데, 이는 더욱 심각한 정신증 증상으로 무너지는 것을 방지하는 것일 수 있다.

이들은 자신의 기분과 신념 체계에 따라 상당한 변화를 보일 수 있기 때문에 때때로 양극성 장애로 잘못 진단되기도 한다. 위협적인 상황에 놓이면 일부의 경우 급성 정신증 삽화 혹은 기괴한 연상의 이완을 경험할 수 있는데, 위협 상황이 제거되면 사라지게 된다. 종교적인 특징을 보이는 경우도 많은데, 때로는 성과 종교적인 망상이 혼합되어 나타나기도 한다. 종교적인 집착은 척도 8과 관련된 불안과 공황에 맞선 방어를 의미할 수 있으며, 쾌감 상실의 경험에 맞서서 내면의 구조화를 제공해 주거나 방어로서의 의미를 지닐 수 있다.

이들은 집중하는 데 어려움을 겪는다. 열린 결말의 질문에 대한 이들의 반응은 연상의 이완과 더불어 혼돈된 양상을 보이고, 이들과의 대화는 기이한 연결을 보이며 이해하기 어렵다. 정신증의 가족력이나 심각한 정서적 박탈 및 학대를 포함한 과거력이 흔히 존재한다. 이들은 구조화된 상황하에서 최적으로 기능하며, 구조화가 없으면 기괴하고 혼돈된 증상들이 악화될 것이다. 부적절한 어린 시절의 경계와 함께 비정상적인 성적 경험을 보이기도 하고 성적 학대를 보고하기도 하는데, 이들은 종종 성적으로 집착되어 있지만 무지하고 억제된 경우가 많다.

⤴ 치료

일반적으로 이 코드타입을 보이는 사람들은 심각한 장애가 있는 가족력을 갖고 있고, 해소되지 못한 높은 의존성 욕구를 보인다. 척도 3의 상승으로 볼 때, 이들은 인정과 친밀감에 대한 강한 욕구를 갖고 있지만 친밀해지거나 거절당하는 것에 대해 많은 두려움을 느끼고 있음을 알 수 있다. 이완된 연상의 정도를 살펴보면 특정한 심리치료방법이 얼마나 스트레스를 주는지 확인할 수 있다. 치료는 매우 구조화되어야 하고 천천히 진행되어야 한다. 매우 구조화된 상황하에서 지지적으로 재양육을 돕는 치료가 가장 유용할 것이다. 만일 치료 중에 성과 관련된 문제가 대두되었다면 전이나 역전이를 최소화하기 위해 일반적인 경우보다 더욱 구조화된 상황 안에서 그 문제를 다루어야 한다.

⤴ 치료적인 피드백

당신의 프로파일을 살펴보면 당신은 다양한 신체증상을 경험하고 있는데, 그 증상들은 시간의 흐름에 따라 옮겨 다니고 바뀌기 때문에 진단 내리기 어려운 것들입니다. 아마도 당신은 무엇이 잘못되었는지를 판단하기 위해서 시간을 들여 걱정하는 것 같습니다. 당신은 매우 민감한 사람이며 갈등을 불편하게 여기기 때문에, 스트레스를 받게 되면 당신의 사고 과정에서 영향을 받을 수 있습니다. 최근에 당신의 생각을 표현해서 남들을 이해시키는 것이 매우 힘들었을 겁니다. 당신은 불안정하고 두려운 느낌을 받는 환경에서 성장했을 수 있으며, 그 때문에 남들에게 맞춰 주면서 지내고 당신만의 세계로 도망치는 것을 선택해서 적응해 왔을 수 있습니다. 당신이 스트레스를 받게 되면 신체적 증상의 일부가 증가할 수 있습니다. 스스로 마음을 통제하기 어렵게 되는 경우 이완 훈련과 사고중지의 개입방법이 도움을 줄 수 있습니다. 스트레스를 받고 있다는 것을 인지한 후 남들에게 무언가를 이해시켜야 하는 것이 떠오르면 그것들을 먼저 적어 둠으로써 당신의 생각을 명료하게 만들 수 있을 것입니다.

1382 코드타입

138/318 코드타입의 해석에 더해서 우울, 혼란스러운 생각, 과도한 음주, 자살에 대한 집착 등이 나타날 수 있다. 사회적 적응이 저조하고 관계의 문제도 반복된다. 직업 경력 또한 일정치 못한데 질병이나 스트레스 관련 장애로 인해 결근이 잦기 때문이다.

⊃ 치료

138/318 코드타입의 치료 부분을 참조할 것. 신체적, 정신증적, 히스테리적, 우울증적 특징과 증상들이 혼합되어 다양한 방식으로 발현되는데, 우울증이 신체적으로 표출될 수 있고 초기에는 일관성을 갖고 있던 신체적 망상으로 숨겨졌던 연상의 이완까지 드러낼 수 있다. 부위에 상관없이 불편감과 증상이 가장 두드러지고 심각한 것은 반드시 초기에 다루어져야 하며, 증상을 다루는 것은 단계적으로 이루어져야 한다. 자존감 향상과 자기주장 훈련의 구조화를 제공하면서 지지적인 재양육치료와 함께 항우울제와 항불안 약물을 처방하는 것은 도움이 된다. 항우울제를 높이는 것은 인지적 혼돈을 증가시킬 수도 있기 때문에 반드시 조심스럽게 사용해야 한다.

⊃ 치료적인 피드백

138 코드타입의 치료적인 피드백 부분을 참조해야 하며, 다음의 내용을 추가할 수 있다. 당신의 프로파일을 살펴보면 당신이 슬프고 불행하며 침체된 감정의 시기를 상당 기간 동안 경험했음을 알 수 있습니다. 이 시기에는 의사결정, 중요한 사건의 기억, 집중 그리고 명확한 사고를 하는 것이 몹시 어려웠을 것입니다. 당신이 잠을 더 잘 자고, 더 효율적으로 느끼며, 더

명확하게 사고하고, 덜 우울한 기분을 느끼는 것을 돕기 위해 약물을 고려할 수 있습니다.

139 코드타입

이 코드타입의 사람들은 주목과 인정을 받으려는 높은 동기를 지니고 있으며, 자기인식이 부족하고 성급하고 독단적이며 신체적 증상에 사로잡혀 있는 모습을 보인다. 이들은 조증 또는 경조증에 해당하는 과잉몰입과 과장된 모습을 보이는 과시적이고 인정추구적인 사람들이다. 이들은 조율된 방식으로 분노를 표현하는 데 어려움을 보이며, 친밀한 관계 속에서 과민함, 부드러운 유머, 적대적인 비판, 폭발적인 삽화 등을 보여 준다. 감정을 폭발시켜 버린 후 폭발적 삽화의 심각성을 부인하거나 억누르는 경향을 보이고, 일시적으로 기분 좋아 보이도록 부정해 버리는 양상을 보인다. 두통, 시청각적 불편감, 떨림, 협응의 어려움, 모호하고 옮겨 다니는 통증 같은 다수의 신체적 불편감을 보고한다. 이들은 자기인식이 부족하며 모든 비판에 대해 방어적인 모습을 보인다. 이들은 종종 논쟁적이거나 파괴적인 양상(특히 척도 4가 상승하고 K 척도가 낮으면)을 보이며 낮은 좌절 인내력, 과민함, 폭발적인 성질을 보인다. 이들의 안절부절못하는 양상과 갑작스러운 기분 변화는 기질성 뇌질환과 관련이 있기 때문에 신경학적 병인론을 반드시 감별해야 한다.

이들의 대인관계는 격정적이며 이혼도 빈번하다. 이들은 인정과 애착이 필요함에도 불구하고 그것을 남들에게 표현하는 데 어려움을 보이기 때문에 종종 자신의 가족에게 매우 요구적인 모습을 보인다. 알코올 같은 탈억제 물질은 충동적 공격성 그리고 사건 이후의 기억상실로 이어질 수 있다. 이러한 코드타입은 흔히 성격장애와 관련되거나 외상과 관련된 뇌 증후군과 관련성을 보인다.

⊃ 치료

보여 준 성과물을 기준으로 인정을 베풀던 지배적인 부모의 가족력이 있는지 탐색해 보라. 이들은 부모의 통제에 적개심을 갖고 있음에도 불구하고 흔히 부모의 기대와 가치를 내면화한다. 끊임없는 자극에 대한 높은 욕구 및 부정적 감정에 대한 자기인식의 부족 등이 이들의 신체증상과 관련되어 있으며, 이러한 신체증상은 스스로의 과도한 통제를 반영한다. 이들은 인정 욕구가 높기 때문에, 자신이 실제로 원하는 것과 부모의 내면화된 기대를 구분하도록 도울 수 있는 지지적인 치료자가 도움을 줄 수 있다. 이들의 강렬한 인정 욕구가 어떻게 인정받고자 하는 대상에 의해 감정의 통제와 지배로 연결되는지 깨달을 수 있도록 도움을 주라. 이러한 역동은 부모와 함께했던 이들의 경험으로부터 이어지고 있다. 분노와 과민함이 쌓이는 것을 인식하는 방법을 배울 수 있도록 도와주고, 자칫 폭발적인 삽화로 이어질 수 있는 부정적인 감정이 쌓이지 않도록 그것을 표현하는 방법을 연습할 수 있도록 도와주라. 운동, 마음챙김 훈련, 자존감과 관련된 통찰 개입 등이 도움을 줄 수 있다.

● 치료적인 피드백

딩신의 프로파일을 살펴보면 당신은 의욕과 활력이 넘치는 사람이며, 최대 속도 아니면 그대로 멈춰 버리는 두 종류의 속도를 낼 수 있는 사람입니다. 당신은 스스로와 타인에게 많은 것을 요구하는 경향이 있으며, 지나치게 많은 과업과 활동에 과잉몰입하고 있을 수 있습니다. 당신은 쾌활하고, 유머 감각이 있으며, 쉽게 책임을 떠안고, 종종 당신의 의견을 강력하게 표출합니다. 그러나 남들이 당신의 진로를 방해하거나 당신의 속도를 느리게 만든다고 느낄 때 상당히 과민해지고, 때때로 고함을 지르거나 비판적이 됩니다. 느리게 움직이는 경험 속에서 높은 활력을 유지하는 것은 어렵습니다. 당신은 자신의 긴장과 불만 수준에 따라서 주기적으로 변동하는 다수의 신체적 증상을 경험할 수 있습니다. 두통, 위통, 무감각과 저림, 어지럼증, 졸도 등이 모두 이 코드타입과 관련됩니다. 스트레스가 쌓이는 것을 인지하는 방법을 배우고, 운동을 통해 스트레스를 완화하는 방법을 배우고, 논쟁적이지 않은 방법으로 분노를 표현하는 방법을 익히는 것은 치료에 유용한 전략이 될 것입니다. 당신은 자존감을 확인하기 위해서 수행과 성취를 보여 주어야 하는 많은 압력을 느끼면서 성장해 왔을 수도 있습니다. 또한 당신은 타인의 인정을 받기 위해 달성해야 할 필요를 느끼는 것과 당신이 실제로 목표로 하는 것에 대해 치료자와 논의할 수 있습니다.

14/41 코드타입

이것은 비교적 흔하지 않은 코드타입이다. 주된 호소는 반사회성과 관련되기보다는 신체적인 것과 관련된 양상을 보인다. 척도 1의 특징은 척도 4와 관련된 공격적 행동 표출의 가능성을 낮춘다. 그 대신 행동 표출은 신체적 증상을 통해서 다른 이들을 속이려는 기만적인 의존성의 모습으로 나타난다. 척도 1에 추가적으로 척도 4가 더해지면, 척도 1의 상승으로 이미 드러난 냉소주의, 신랄함, 비관주의를 악화시킨다. 이 코드타입의 사람들은 의존적인데 그와 동시에 남들이 자신을 좋아할 수 있음을 믿지 않는다. 사회적 적응에 있어서 형편없고, 규칙, 규정, 제약에 대한 저항의 과거력이 보편적이다. "아주 넌덜머리가 나니까 나한테 규칙을 적용하지 마시오."는 이들의 인생관을 특징짓는 방식이 될 수 있다. 자신의 즉각적인 욕구가 충족되지 못할 때 이들은 부정적이고 불평하며 자기연민에 빠지거나 쉽게 화를 내는 경향이 있다. 이들은 자신의 신체적인 증상과 문제에 초점을 맞추고 "오늘은 누가 나를 도와줄래?"라는 태도를 가지고 삶을 살아간다. 이들은 부정적인 결과나 정서적으로 버려질 것을 예상하는 특징을 지니지만, 이미 상당히 지쳐 있고 매우 의존적인 특성으로 인해 도움을 받을 자격이 있다고 여긴다. 다른 사람들이 자신을 돌봐 줄 것이라는 믿음이 없기 때문에 이들의 부정적 성향은 고집스러움이나 통제에 대한 수동적 저항으로 표출된다. 두통 등의 신체적 호소와 함께 나타나는 자기중심적이고 요구적인 이들의 방식은 신체적 고통 속에서 소외되는 것을 두려워하는 사람으로서의 나름대로의 적응방식이라고 여겨진다. 신체증상에서 기인한 우울 및 불안에 대한 호소는 관계적인 우울감과 관련되기보다는 패배감이나 무기력감과 관련된다.

일상적인 스트레스나 삶의 책임에 맞닥뜨렸을 때 이들은 종종 사회적으로 용인되기 어려운 행동이나 부적절한 모습을 보인다. 또한 과도한 알코올의 사용 혹은 자기위안을 위한 중독 양상이 드러날 수도 있다. 이들은 자기절제나 의사결정에 어려움을 겪으며, 형편없는 목표를 상정한다. 이들은 이성과 지속적인 관계를 유지하는 데에도 어려움을 보인다. 긴장감, 혼돈감, 만성적 불평이 가족관계 속에서 드러난다.

3개의 임상척도로 구성된 코드타입 가운데 가장 빈번한 것은 143/413과 142/412 코드타입이다. 척도 3이 함께 상승했다면 기만적인 역할 연기와 사회적 인정을 바라는 욕구가 포함된다. 가족 그리고 결혼 문제를 고려할 수 있다. 이들은 인정과 유대를 원하지만 거절을 두려워하기 때문에 사랑하는 사람에게 매우 혼란스러운 메시지를 주기도 한다. 척도 4로 인한 적대감과 소외감은 척도 3의 상승 때문에 과잉통제되고 가려지는 경향을 보일 것으로 예상되며, 신체적인 증상들은 부정적인 충동의 과잉통제를 반영할 가능성이 높다. 이러한 코드타입들은 흔히 O-H(적대감 과잉통제) 척도의 상승을 동반한다.

⊃ 치료

14/41 코드타입을 가진 사람들은 단기로 진행되는 증상치료에 좋은 반응을 보이지만, 이들에게 부과된 치료자의 요구사항에 저항하기 때문에 유의미한 성격 변화를 이루기에 충분한 기간 동안 치료에 머물지 않는 경향이 있다. 자신을 돌봐 주길 원하는 대상에게는 요구적인 모습으로 의존하는 양상이지만, 그와 동시에 화를 내고 신뢰가 없는 모습을 보인다. 이러한 감정들은 명백한 방식이 아닌 수동적으로 표출되는 경향이 있다. 이들은 스스로에 대해 신체적 질환 때문에 고통받고 꼼짝 못 하고 있다고 보고 있으며, 그로 인해 치료자에게 "오늘은 무엇을 해 주실 건가요? 아마도 효과는 없겠지만."과 같은 태도를 보인다. 이들은 고통의 완화를 요구하며 그 요구를 경험하지 못하게 되면 화를 낸다.

타인의 도움에 대한 이들의 불신에 치료의 초점을 맞추어야 하고, 돌봄을 받기 위해서는 남들을 조종해야만 한다고 믿는 경향성에 초점을 맞추어 치료를 진행할 수 있다. 이들은 돌봄받기를 원하지만, 거절을 예상해서 화를 내고, 자신의 욕구를 충족할 수 있는 유일한 방법으로서 남들을 조종하는 것이 정당하다고 생각한다. 이들의 뿌리 깊은 불신을 조장했던 정서적 낙담과 방치의 과거력이 존재하는지 탐색하라. 이는 때때로 이들 자신 또는 이들이 의존했던 타인의 병력 상황에서 발생한다. 개념적으로 이 코드타입은 미숙하면서 심리적으로 '상당히 어린' 사람을 반영한다. 이들은 자기효능감을 학습할 필요가 있다. 제한된 환경에서 치료자가 양육경험을 제공해 주고, 사랑하는 이에게 의존적이지 않고 지지적인 모습을 보일 수 있도록 가르치는 방법이 결합된 가족치료를 적용하면 도움이 될 것이다. 마음챙김 수업과 적당한 운동도 도움이 될 것이다.

⊃ 치료적인 피드백

당신의 프로파일을 살펴보면 당신은 많은 신체적 증상을 경험하고 있으며, 이로 인해 삶을 즐기는 것을 방해받고 신체적인 업무와 활동을 완수하는 데 지장을 받고 있습니다. 사랑하는 사람들이 당신을 돌봐 주기를 바라고 있으면서 그와 동시에 당신이 그들을 필요로 할 때 그들이 당신을 위해 함께할 것이라는 믿음을 갖기에는 두려움을 지니고 있습니다. 스스로 살아남아야만 한다고 느끼는 것으로 보이며, 당신이 필요로 하는 보살핌을 얻기 위해서는 주변 사람들을 조종해야 한다는 믿음에 기대고 있는지도 모릅니다. 때때로 당신과 비슷한 프로파일의 사람들은 감정적으로 버려졌다고 느끼는 과거력이나 보살펴 줄 권위적인 대상을 신뢰하지 못하는 과거력을 보고합니다. 아마도 당신은 몸이 자주 아팠을 수 있고, 심하게 몸이 아팠던 경우에 한해서 관심과 특별한 보살핌을 받았을 수 있습니다. 현재 당신은 타인에게 많이 의지하고 있으며 남들이 어떻게 당신을 대우해 주는가와 관련해서 자주 불쾌해하거나 짜증을 냅니다. 당신이 반드시 살아남아야만 한다는 것을 배우게 된 이유를 찾기 위해서 치료자와 함께 당신의 어린 시절을 탐색해 보십시오. 남들을 기만해서는 안 된다는 점을 명심해야 하며, 그렇지 않으면 남들이 당신에 대한 신뢰를 저버릴 수 있습니다. 당신 자신과 타인의 감정을 제대로 인식하기 위한 마음챙김 수업에 참여하고 남들이 어떤 감정을 느끼는지 물어보는 기회를 가지십시오. 당신의 신체적 증상들이 급격히 악화될 때 자기위안을 위해서 나쁜 습관, 음식 혹은 약물을 사용하지 마십시오. 스트레스를 줄이는 수단으로서 심호흡과 이완 운동을 활용하십시오.

15/51 코드타입(척도 1과 척도 5를 참조할 것)

남성에게는 흔하지 않은 코드타입이고, 여성에게는 매우 희귀한 코드타입이다. 남성의 경우에 있어서 대부분 공통적으로 척도 3, 4 또는 2가 세 번째로 높은 척도이다.

이 코드타입을 가진 남성들은 대개 호들갑을 떨고, 민감하고, 불만이 많으며, 수동적이다.

신체적인 불편감에 사로잡혀 있다. 행동 표출은 매우 드물며, 공개적인 논쟁이나 의견 충돌에 거의 관여하지 않는다. 이들은 대개 평균 이상의 지능을 가지고 있고, 문화적이고 언어적이며 미학적인 취미에 관심이 있으며, 사회경제적 지위도 높다.

흔치 않은 이 코드타입을 가진 여성의 경우, 역설적이게도 신체적 불편감 및 불안감과 더불어 자기충족 및 자기주장성이 예상된다. 건강에 대한 비관과 미성숙함 같은 척도 1의 속성들이 대인 간 경쟁 및 실용적이고 외적이며 행동지향적인 활동과 공존하게 된다. 이러한 코드타입을 지닌 여성들은 흔히 타인과의 관계에서 정서적으로 지배적인 모습을 보일 수 있다. 이러한 코드타입의 남성이나 여성 모두 여러 차례의 수술 경력과도 관련이 있다.

⊃ 치료

자기주장 훈련과 카타르시스(감정의 해소)가 남성을 위한 치료양상에 유용할 수 있다. 남성 및 여성의 경우 모두에서 신체적 증상을 증가시키는 스트레스 요인을 확인하는 목적으로 마음챙김과 더불어 이완 훈련 및 요가 등이 유용할 것이다. 15 코드타입을 지닌 여성의 경우 실질적인 해결책이 더 유용하고 반응적일 수 있지만, 15 코드타입의 남성으로서 심리적으로 영민한 사람의 경우에는 통찰치료가 효과적일 수 있다.

⊃ 치료적인 피드백

• **남성의 경우**: 당신의 프로파일을 살펴보면 당신은 민감하고 통찰적인 사람으로서 예술적이고 창의적인 활동과 관심사를 즐깁니다. 당신은 일반적으로 호전적이지 않은 사람이고, 남들이 보기에도 타인의 분노와 불합리한 요구에 대하여 기꺼이 '다른 쪽 빰을 내미는' 사람으로 여겨집니다. 자기주장을 하는 것이 타당한 경우일지라도 당신은 그렇게 하는 것이 힘들 수 있습니다. 당신은 스스로를 힘들게 만들고 진단 내리기 어려운 수많은 신체적 증상을 경험하고 있는 것으로 보입니다. 당신이 스트레스를 받거나 화가 나면 그 증상들은 심각할 정도로 악화됩니다. 자기주장 훈련과 인지행동치료가 당신의 증상 일부를 경감시키는 데 도움이 될 수 있습니다.

• **여성의 경우**: 당신의 프로파일을 살펴보면 당신은 현실적이고, 분별력 있고, 자립적이며, 행동지향적인 여성입니다. 당신은 여러 명의 남성과 더불어 상당히 전통적인 남성적 활동들을 즐길 수 있습니다. 당신은 또한 당신을 성가시게 하고 당신의 활동을 방해할 수 있는 다수의 신체적 증상을 경험하고 있습니다. 어렸을 때 당신 혹은 당신과 가까운 누군가가 심각한 신체적 문제를 경험했을 수도 있고, 또는 어떤 신체적 외상을 겪었기 때문에 당신으로 하여금 신체적 건강에 대해 염려하게 만들었을 수도 있습니다. 특히 당신은

활동적인 사람일 수 있기에, 이완 운동과 요가가 스트레스를 다루는 유용한 방법이 될 수 있습니다.

16/61 코드타입

척도 1에 척도 6이 부가되면, 척도 1의 신체적 불평과 불안감이라는 특징에 더불어 과민함, 비난에 대한 경계, 타인에게 책임을 전가하는 합리화와 투사의 특징이 추가된다. 이 코드타입의 사람들은 신체적 불편감을 경험하는 것과 더불어 자신에게 책임 지워지고 비난받는 것에 대해 취약한 감정을 경험한다. 결과적으로 이들은 방어적이고, 경직되고, 불평 많고, 고집이 세며, 주어지는 요구사항에 민감한 모습으로 묘사된다. 이들은 회피적이고, 쉽게 상처받으며, 사적으로 받아들이고, 쉽게 화를 낸다. 때로는 이들의 예민함 때문에 편집증적으로 옮겨 가기도 하고, 남들의 의도를 오해하는 경우가 생길 수도 있다. 이들은 자신의 과민하고 적대적인 태도가 타인으로부터 부정적이고 방어적인 반응을 이끌어 낸다는 사실을 흔히 인지하지 못한다.

개념적으로 이 코드타입의 사람은 스스로 몸이 아프고, 신체적으로 병약하며, 불공정하게 대우받고 있다고 느끼면서 세상에 분노하는 특징이 예상된다. 이들은 자신의 신체증상 때문에 비난받거나 혹은 평가받을 것이라고 예상하면서 방어적인 모습을 보이고, 이내 곧 이해받지 못한다고 느끼게 된다.

만일 척도 8이 함께 상승했다면 흔히 신체적인 증상에 집착하며, 일부의 경우 신체적 망상이 기저의 정신증적 문제를 반영할 수도 있다. 신체 문제에 집착하는 것은 명백한 정신증에 맞서는 방어로서의 역할을 할 수도 있다. 정신증적 행동양상은 16/61 코드타입에서 드문 편인데, 그 자체로서 드문 코드타입이기 때문이다. 가장 흔하게 나타나는 세 번째로 높은 척도는 남성의 경우는 척도 2와 4이고, 여성의 경우는 척도 3과 8이다.

⭢ 치료

비난과 비판을 예상하기 때문에 이들은 방어적이고 화가 나 있으며, 억울해하는 양상을 보인다. 이 때문에 흔히 남들로부터 분노와 화를 촉발하게 되고, 그로 인해 자신의 선제적인 자기방어 욕구를 강화하게 된다. 어린 시절 비난받고 평가당하며 신체적으로 학대받은 경험이 있는지 탐색해 보라. 이들은 비난이나 요구사항에 민감하게 반응하는데, 이는 과거에 비난받거나, 지배당하거나, 비판받아 왔던 조건화된 경험이 있음을 시사할 수 있다. 내담자의 경계심 때문에 치료적 관계를 해칠 수 있으므로 초기의 심리치료는 지지적인 양상이어야 할 필요가 있다. 다른 치료자에 대한 비판을 늘어놓는다면 이는 내담자로서 치료자에 의해 이해받지 못했고 지지받지 못했다는 느낌을 표현하는 징표로서 해석되어야 한다. 인지행동치료나 변증법적 행동치료(dialectical behavior therapy: DBT)를 적용한다면 내담자로 하여금 합리화된 분노를 쌓아 두는 대신에 자신의 분노를 표현하는 데 도움을 줄 수 있다. 신체적인 증상이 심각한 수준으로 악화될 때 일기를 적는다면 신체증상이 분노 및 적개심의 축적과 관련이 있는지 살펴보는 데 유용할 수 있다. 신뢰감이 형성된 후라면 과거의 비난이나 정서적 상처에 대해 카타르시스를 경험(정서적 발산)하는 것이 도움이 될 수 있다.

⟳ 치료적인 피드백

당신의 프로파일을 살펴보면 당신은 많은 신체적 증상을 경험하고 있으며, 그 증상들이 당신 삶에서 악영향을 미칠까 봐 염려하고 있음을 확인할 수 있습니다. 또한 당신은 지금 이 순간에도 당신의 신체적 염려와 관련된 비난이나 평가를 받는 것에 대해 취약한 감정을 느끼고 있을 수 있습니다. 당신은 민감한 사람이므로 타인의 둔감함은 당신에게 특별한 상처가 될 수 있으며, 최근에는 당신 스스로를 보호할 필요를 느낄 만큼 더욱 상처받기 쉬운 감정상태일 수 있습니다. 당신이 신뢰할 수 있는 누군가를 찾기 힘든 것에서 알 수 있듯이, 남들이 당신을 볼 때 조심스럽고 의심이 많으며 항상 스스로를 보호할 준비가 된 사람으로 보는 것은 당연합니다. 최근 누군가가 당신에 대해 부당하게 문제 제기를 했을 수도 있고 혹은 당신이 통제적이고 학대적인 부모로부터 성장했을 수도 있는데, 아마 그로 인해 당신은 비난이나 불공정한 처신에 경계하는 법을 배웠는지도 모릅니다. 당신이 화가 나고 그것을 안전한 방식으로 표현할 수 없는 상황이 되면 당신의 신체적 증상이 더 악화될 수 있습니다. 부당하게 비난을 듣거나 자존감에 위협이 되었던 당신의 경험을 치료자와 함께 논의하십시오. 당신의 분노가 쌓이는 것을 방치하지 않기 위해서 당신이 원하는 것을 요청할 수 있는 연습을 하기 바랍니다.

17/71 코드타입

이 코드타입의 사람들은 죄책감 및 반추와 더불어 만성적인 긴장과 불안을 갖고 있으며, 많은 긴장 관련 불평이나 신체적 증상을 드러낸다. 지나친 주지화를 보이며 신체적 기능과 장애에 대한 강박적 우려를 보이는 경우가 흔하다. 기저에 존재하는 죄책감, 열등감, 비관주의, 자기주장에서의 어려움 등을 보이는 것은 전형적인 증상이다. 불안정하고 위축되며 열등하고 죄책감이 드는 느낌과 더불어 '건강을 유지하지 못함'에 대한 집착적인 생각, 두려움, 공황 등을 드러낸다. 만성적 불안이 우울로 이끌 수 있기 때문에 척도 2 또한 상승하는 것이 일반적이다. 이들은 전형적으로 수동적이며 직면을 꺼린다. 이들은 스스로 대인기술의 부족을 걱정하는 경향이 있으며 어떤 식으로든 요구해야 하는 상황에서 쉽게 죄책감을 느낀다. 이 코드타입은 여성에 비해 남성에게서 더 흔하게 보고된다. 남녀 모두의 경우에서 가장 흔한 3개 코드의 코드타입은 172/712와 173/713이다.

⊃ 치료

이것은 기본적으로 신경증적 장애이다. 따라서 자기비판적이고 불안이 높은 이 코드타입의 사람들은 안심시키는 말, 지지적인 심리치료, 사고중지 기법, 자기주장 훈련, 이완 훈련을 통해 도움을 받는다. 이들은 책임감 있고 성실한 태도를 보이는 경향이 있어서 제안되는 사항을 잘 이행하는 사람들이다. 내폭 요법의 치료, 게슈탈트치료, 통찰치료 또한 유용할 수 있다. 이들 혹은 이들과 가까운 사람 중에 어린 시절 질병과 관련된 조건화된 경험이 있었는지 탐색하라. 이러한 프로파일은 예측할 수 없는 파국화된 질환의 발병에 대한 끊임없는 염려를 시사한다.

⊃ 치료적인 피드백

당신의 프로파일을 살펴보면 당신은 신체적 증상에 대해서 혹은 심각한 질병과 장애를 갖게 될 가능성에 대해서 끊임없이 불안해하고 걱정하는 상태를 경험하고 있습니다. 어쩌면 당신은 다양한 증상을 연구하고 의학적 권고를 찾는 데 많은 시간을 소비하고 있을 수 있으며, 그렇게 함으로써 즐거움과 휴식을 거의 경험하지 못할 수 있습니다. 당신은 책임감이 강하고, 걱정하기 쉽고, 순종적인 사람이며, 만일 당신이 남들에게 너무 많은 요구를 해서 성가시게 만들었다고 생각하게 되면 쉽게 죄책감을 느낍니다. 갈등은 당신에게 특별히 불편한 일입니다. 최근에 당신은 신체적 질병을 겪었을 수 있으며, 이는 당신을 두렵게 만들고 또는 증상들이 악화될까 봐 항시 경계상태에 있도록 만들었을 수 있습니다. 혹은 당신이나 당신이 어린 시절 의존했던 누군가가 신체적 외상을 경험했고 그것이 당신을 겁먹게 만들었을 수도 있습니다. 당신이 질병이나 신체적 쇠약과 관련될 수 있는 모든 신체적 증상에 대해 대단히 관심이 높은 것도 이해되는 일입니다. 당신의 치료자는 공황증상의 통제를 위해 약물 처방을 고려할 수 있습니다. 심호흡이나 다른 이완 기법을 실행하면서 부정적인 사고를 멈추는 방법을 배우는 것이 효과적일 수 있습니다. 당신으로 하여금 위험에 대해 지속적으로 경계하도록 만들었을 가능성이 있는 어린 시절의 사건을 탐색하십시오. 건강에 대한 원치 않는 걱정 때문에 당신의 생각이 방해받을 때를 알아차리고, 그것이 더 중요한 문제로부터 당신을 산만하게 만드는 것은 아닌지 확인해 보십시오. 적절한 죄책감과 비현실적인 자기비난을 구분하는 방법을 배우고, 이완 기법과 자기주장 훈련을 연습하기 바랍니다.

18/81 코드타입

이 코드타입을 가진 사람들은 신체적인 불편감을 보일 수 있으며, 불편감의 일부는 기이하고 현실적이지 않으며 심지어 기괴할 수도 있다. 어떤 사례의 경우 그것들은 신체적 망상이며, 다른 사례의 경우 신체적 불편감이 정신증의 발현에 대항해서 초점을 흐리는 일종의 방어로서 여겨질 수 있다. 쉽게 산만해지고 혼란스러워할 수 있으며, 집중하고 생각하고 기억하는 데 어려움을 겪는 것이 전형적이다. 이들은 일반화된 불행감 및 우울증의 호소와 더불어 둔마된 정서를 보일 수 있다. 사교적인 관계나 성적인 측면에서 형편없는 적응을 보이는 것이 일반적이다. 이들은 남을 잘 믿지 않으며, 남들로부터 소외감을 느끼고, 그로 인해 다른 사람들과 거리를 둔다. 만일 척도 0 또한 상승했다면 스스로 고립감을 느낄 수 있다. 일부의 경우에는 직업 경력이 좋지 않고 떠돌아다니는 유형의 삶을 보인다. 스트레스를 받게 되면 이들은 어리둥절해하고, 집중하지 못하며, 혼란스러워한다. 감정적으로 위축되어 있지만, 만일 구석에 몰리거나 위협받고 있다고 느낀다면 발작적인 공격성 삽화를 보일 수 있다. 친밀한 관계를 형성하는 데 어려움을 보이고 기이한 신체증상에 집착하기 때문에 이들의 대인관계적 삶은 원활하지 못하다. 복잡하고 미묘한 감정을 인식하고 명명하고 표현하는 데 어려움을 겪기 때문에 이들의 정서적 삶은 자신의 신체적 증상과 집착을 통해서 상징적으로 표현되는 경향이 있다. 가장 흔히 보고되는 3개 척도로 구성된 코드타입은 182/812, 183/813, 187/817이다.

⊃ 치료

이 내담자들은 안심시키는 말에 대해서도 거의 반응을 보이지 않는 경향이 있으며, 일반적으로 통찰치료에 효과를 보이지 않는다. 이들이 의존했던 사람의 분노로 인해 굴복해야 했던 어린 시절의 조건화된 경험이 있는지 탐색해 보라. 이 내담자들의 일부의 경우 성숙하는 데 오랜 시간이 걸리고, 어린 시절 질병을 앓았으나 부모로부터 돌봄을 받지 못해 결과적으로 취약함과 불안전감을 경험한 적이 있다. 신체적 결함에 기인한 취약한 감정과 결부되어 심각한 괴롭힘을 당하거나 바보 취급을 받거나 하는 등 정체감에 해를 입는 경험들이 이러한 프로파일의 사람들에게 흔히 존재한다. 심리학적 통찰을 제공하면 이들은 이를 자아상에 대한 공격으로 해석하는 경향이 있기 때문에 지지적이고 재양육적인 치료 및 삶의 기술 훈련 등이 추천된다. 특히 신체적 망상이 심각하다면 스트레스성 사건이 존재하는 기간 동안 항정신증 약물 복용이 필요할 수 있다.

⊃ 치료적인 피드백

당신의 프로파일을 살펴보면 당신은 신체적 증상에 대해 많은 염려를 갖고 있습니다. 아마도 당신은 자신에게 해를 입힐 가능성이 있는 수많은 끔찍한 일을 상상하고 있으며, 이러한 생각과 집착은 당신에게 상당한 고통을 초래할 수 있습니다. 이와 같은 프로파일을 가진 사람들 가운데 일부는 취약하고 보호받지 못한다고 느끼는 환경 안에서 성장하였습니다. 당신은 아마도 나이에 비해 왜소한 편이었을 것이며, 스스로에게 문제가 있음을 의미할 수 있는 모든 신체적 감각에 매우 예민하게 만들었던 여러 번의 심각한 질병을 경험했을 수도 있습니다. 현재 당신은 불안함과 취약함을 느끼고 있으며 그와 관련된 진단을 받게 될까 봐 염려하고 있습니다. 그리고 당신 편에 서서 기꺼이 도움을 줄 사람이 아무도 없다는 느낌을 가질 수도 있습니다. 적은 양의 운동일지라도 스트레스를 경감하는 데 분명히 도움이 될 것임을 명심하십시오. 당신에게 문제가 있을 수 있다는 생각의 모든 것과 관련된 주제로 상상력이 확장된다고 느끼면, 생각을 당신 삶 속의 다른 것으로 전환할 수 있는 방법을 배우십시오. 자그마한 즐거움에 집중하거나 단순한 일을 완수하는 데 관심을 두십시오. 자신의 감정을 인식하고 그것을 남에게 잘 표현하는 방법을 배울 수 있도록 마음챙김 수업에 참여하십시오.

19/91 코드타입(만일 척도 2나 3이 척도 9와 비교해서 5T 이내에 있으면 129/219나 139 코드타입을 참조할 것)

이 프로파일은 매우 드물다. 다수의 신체적 증상, 높은 활력수준, 안절부절못함, 과장된 자존감, 논쟁적인 특징, 주목받으려는 욕구 등이 이 프로파일에서 보고된다. 이 코드타입의 사람들은 신체적 역기능과 가능성 있는 장애에 사로잡혀 있으며 동시에 그러한 장애에 대해 무신경한 태도를 보인다. 이러한 양상은 중추신경계나 내분비의 장애를 반영하며, 다수의 신체 증상과 결부된 높은 활력수준과 불안감으로 표현된다. 만일 유전적 소인이나 신체적 병인론이 배제된다면 기저에 우울증을 지닌 경조증의 가능성이 있고(특히 척도 2가 45T보다 낮은 경우), 자신의 의존 욕구나 예견되는 상실을 처리하기 위한 시도로서의 조증 방어일 수 있다. 이들은 상당히 의존적이고 주목 및 인정을 받고자 하는 욕구도 높지만, 외견상으로는 외향적이고 조급하고 자기주장적이며 때때로 공격적인 모습을 보인다. 야망이 높음에도 불구하고 흔히 분명한 목표가 없는 모습을 보이거나 이리저리 목표를 옮기며 산만한 모습을 보인다. 흔히 척도 3이나 척도 4가 세 번째로 높은 점수를 보인다.

↻ 치료

개념적으로 이 프로파일은 '생산적이기 위한 끊임없는 욕구'와 '미래의 혼돈감(상실과 뒤이은 우울을 겪는 것에 대한 공포)에 맞선 방어'로서 설명될 수 있다. 신체적인 통증과 불안은 극도의 긴장에 뒤이은 결과물이다. 경조증 내담자들은 자신의 보상 체계인 신체에 대한 통제감을 유지하기 위해 신체적 문제의 발생을 염려하기 때문에, 신체적 증상들은 2차적인 불안감의 원천이 될 수 있다. 만일 조증이 명백하다면 약물 복용이 권고된다. 이완 훈련, 현실적인 목표 설정을 돕고 산만함을 관리하는 방법, 스트레스에 대한 신체적 반응의 알아차림에 대한 교육 등이 도움이 될 수 있다. 치료자가 자존감 형성을 돕게 되면 내담자가 자신의 비현실적인 목표를 낮추는 데 도움이 될 수 있다.

⊃ 치료적인 피드백

당신의 프로파일을 살펴보면 당신은 활력이 넘치고 추진력이 있으며 목표 중심적인 사람입니다. 당신은 두 가지 속도 모드를 사용하는데, 하나는 멈추는 것이고 다른 하나는 최대 속도를 내는 것입니다. 또한 당신은 많은 신체증상과 걱정을 경험하고 있는 것으로 보입니다. 당신은 최근에 질병이나 장애를 경험했을 수 있으며, 그 통증과 불안을 돌파하기를 원하지만 그것들은 당신에게 많은 염려가 될 수 있습니다. 당신은 책임지는 것을 즐기며 통제감을 유지하려는 사람이기에 신체적 문제는 특별히 당신을 불편하게 할 것입니다. 당신은 자신의 관점으로 논쟁하는 것을 좋아하고 주목받는 것을 즐기기 때문에 털어놓고 말하는 것을 두려워하지 않습니다. 그러나 최근 당신은 아마도 신체적인 걱정거리 때문에 더 취약함을 느끼고 있는 것 같습니다. 당신은 자신을 증명하기 위한 강한 욕구를 느끼는 가정환경 또는 인정을 받기 위해 많은 것을 성취해야 하는 가정환경에서 성장했을 수 있습니다. 그러한 욕구는 스스로에게 스트레스를 부여하기 때문에 당신의 신체적인 증상을 가중시켰을 수 있습니다. 당신이 실제로 원하는 것과 타인의 승인을 얻기 위해 반드시 성취해야 한다고 믿는 것을 구분하기 위해 치료자와 작업하십시오. 스트레스로 인한 신체증상을 인식하는 법을 배우고, 그 스트레스를 줄이기 위한 이완 요법들을 배우십시오. 한 가지 일을 고수하는 방법과 쉽게 산만해지지 않는 방법을 배우십시오.

10/01 코드타입

이 코드타입은 흔하지 않으며, 사회적 관계에 있어서 불편감을 느끼고 철수되어 있으며, 불안을 유발하는 모호한 신체증상을 겪는 사람과 관련이 있다. 연구결과들에 따르면, 내향성과 외향성은 정신병리의 증상이 아니고 안정된 성격특성을 의미하며, 극단값을 보이는 경우 학습된 행동으로 여겨진다. 또는 10/01 코드타입에 대해 냉담하고, 수동적이며, 조용하고, 자기주장을 못하는 모습으로 묘사할 수도 있다. 이 코드타입의 사람들은 신체적 불만과 염려를 보고하지만 심리적 불편감이나 정서적 고통은 보고하지 않는다. 관습적이며 규칙을 잘 따르는 이 사람들은 신체적 불편감에 수긍하는 경향을 보이는데, 아마도 그것을 삶의 운명으로 받아들이는 것 같다. 세 번째로 높은 척도로서 척도 8이 상승했다면 분열성의 철수된 양상이나 사회적 부적절감을 예상할 수 있고, 흔히 기괴한 신체적 불편감이 동반된다. 종종 척도 2가 세 번째로 높은 척도이며, 65T 이상으로 상승한 경우에는 사회적 지지 세력의 부족으로 인해 동반되는 우울증을 보일 가능성이 있다. 질병이나 신체적 질환의 두려운 경험과 함께 사회화의 결여나 부모의 온정 부족이 존재하는지 어린 시절의 경험들을 찾아보라.

➲ 치료

이들의 수동적이고 위축된 양상을 다루기 위해서 자기주장 훈련, 사교기술의 증진 그리고 분노 감정을 인식하고 명명해서 적절히 표현하는 방법에 대한 교육 등이 도움을 줄 수 있다. 만일 이들이 의미 있는 관계를 맺고 있는 상황이라면 상대방의 입장에 서서 신체적 애정이나 사교적 상호작용에 대한 더 많은 표현을 요구하는 것을 이해할 수 있도록 도움을 주어야 한다. 아무도 의지할 사람 없이 아팠거나 혹은 신체적 증상을 두려워했던 어린 시절의 기억이 있는지 탐색하라. 이들의 신체적 증상이 스트레스와 어떻게 연결될 수 있는지 스스로 이해할 수 있도록 도와주라.

➲ 치료적인 피드백

당신의 프로파일을 살펴보면 당신은 친밀한 무리 안에 있을 때 편안함을 느끼며, 혼자서도 오랜 시간을 행복하게 보낼 수 있습니다. 사회적 관계를 지속할 때에도 당신은 친밀한 친구들로 구성된 작은 집단을 선호합니다. 잘 모르는 사람들로 구성된 커다란 집단과 함께할 때나 예기치 못한 상황에서 주목받게 될 때 그 상황들이 당신에게 스트레스를 초래할 수 있습니다. 내향성을 지닌 것은 잘못된 일이 아닙니다. 또한 당신은 감정을 직접적으로 표현하지 못하는 가정환경 속에서 성장했을 수 있으며, 그로 인해 천성적으로 조용한 성격이 형성되고 갈등과 직면해서 뒤로 물러나도록 그리고 자신의 감정을 숨기도록 배웠을 수도 있습니다. 현재 당신은 명확히 진단하기 어려운 신체증상들을 경험하고 있는 것으로 보이며 그것이 상당한 불안을 야기하는 것으로 보입니다. 당신이 느끼고 있는 것을 잘 인식하는 방법을 배움으로써 남들에게 그것을 잘 표현할 수 있는 방법까지 배울 수 있으며, 이 과정을 통해 도움을 받을 수 있습니다. 스트레스를 주는 문제들로 곤란을 겪을 때 당신의 신체증상들이 악화될 수 있는지 살펴보고 이완하는 방법과 심호흡 기법들을 배우십시오. 당신은 자신의 생각 속에서 길을 잃는 양상을 보일 수 있으므로 마음챙김 훈련이 당신에게 도움이 될 수 있습니다.

척도 2(D)

척도 2는 임상환자를 대상으로 한 프로파일 가운데 가장 빈번하게 상승하는 임상척도 중 하나이며, 대개 다른 척도들과 함께 상승한다. 척도 2는 현재 기분에 민감하기 때문에 심각한 우울증 또는 기분장애가 아닌 경우에도 깊은 슬픔의 반응이 척도 2의 상승과 함께할 수 있다. 따라서 척도 2의 상승에 대한 해석은 프로파일의 다른 상승 형태 및 임상적 과거력에 기반해서 이루어져야 한다. 척도 2의 상승은 연령의 증가와 어느 정도 관련되며, 미래에 대한 비관적 관점이나 해소되지 못한 상실의 누적을 반영할 수 있다. 낙관성에 대한 Seligman(1990)의 연구 및 다른 연구결과에 따르면 일부 사람은 우울증에 대한 유전적인 저항력을 갖고 있는데, 상실에 맞서서 놀랄 만한 회복탄력성이나 굳건함을 보이며 좌절과 실패에도 불구하고 긍정적인 모습을 유지한다. 이러한 사람들은 척도 2에서 낮은 점수를 보일 가능성이 높다.

척도 2에서의 높은 점수(T>65)는 우울하고, 불안하고, 걱정이 많고, 낮은 자존감을 지니며, 인생관이 비관적인 사람임을 시사한다. 이 사람들은 흔히 취미의 폭이 좁고, 의욕이 저조하며, 일부의 경우 과민한 모습을 보인다. 이들은 일반적으로 낙담, 슬픔, 쓸모없음, 죄책감을 느낀다. 수면의 어려움, 낮은 활력, 감소된 식욕과 성욕, 기억과 집중에서의 문제를 겪는 것이 전형적이다. 척도 2가 65T 이상으로 높으면 높을수록 그 사람은 우울이 더 심각하고 자기비하가 심한 사람일 가능성이 높다. 80T 이상의 점수는 매우 심각한 증상을 보이는 심한 우울증 그리고 자기관리와 일반적 효율성이 뚜렷하게 감소했음을 시사한다. 정상범위이지만 약간 상승한 척도 2 점수(55~65T)인 경우 다소 억제되고 심각하며 자기성찰적일 수 있는데, 일이 잘 풀리지 않을 때면 심하게 좌절을 경험하거나 빠르게 죄책감을 느끼고 자기비난을 하는 경향이 있음을 암시한다. 이들은 자기신뢰가 부족하고, 갈등에 직면하면 잠자코 동의하거나 수동적인 경향을 보인다. 일반적으로 이들은 책임감이 높고 분석적이며 위험을 기피하는 순종적인 사람들이다.

매우 낮은 점수(T<45)에서 다소 낮은 점수 사이의 경우, 만일 상승한 다른 척도가 없다면 기민하고, 쾌활하고, 낙천적이며, 자신감이 있고, 유머 감각이 좋은 모습을 예상할 수 있다. 특히 척도 0이 낮다면, 이들은 열정적이고 사회적으로 외향적인 사람으로 여겨진다. 그러나 척도 9가 상승하고 척도 K가 낮으며 척도 4가 다소 상승한 경우라면, 척도 2의 낮은 점수가 억제를 잘 못하는 특성이나 충동성을 의미하는 경우일 수도 있다. 일부 사례의 경우, 척도 9가 65T 이상으로 상승하고 척도 2가 45T보다 낮다면, 척도 2의 낮은 점수가 어쩌면 현재 조증 상태인 양극성장애 환자임을 반영할 수도 있다.

우울증을 위한 치료는 약물치료, 인지행동치료, 과거 상실에 대한 감정 발산 및 감정 정화,

자존감 증진법 등을 포함한다.

단독상승 2

단독상승 2 프로파일은 65T 이상으로 상승한 임상척도가 유일하게 척도 2인 경우에 해당된다. 이는 현재의 우울증 상태를 반영하며, 반응성 우울증이거나 만성적 우울증일 수 있다. 일반적으로 이러한 사람들은 슬픔, 불행, 부적절감, 자신감 부족을 느끼며, 흔히 불안해하고, 자기비판적이며, 죄책감을 쉽게 느낀다. 이들은 전형적인 우울증 증상들을 경험하는데, 여기에는 수면, 식욕, 성욕, 집중력, 기억에서의 장해를 포함한다. 이들은 자기처벌적이고 자기패배적일 수 있다. 우울증 소척도의 상대적인 상승을 비교해 보면 가장 문제가 심각하고 즉각적인 개입이 필요한 우울증 증상을 확인하는 데 도움을 받을 수 있다. 단독상승 2를 보이는 사람들은 심각해 보이고, 책임감을 많이 느끼며, 순응적인 경향을 보인다. 만일 유의미하게 상승한 다른 척도가 없다면 더욱 그러하다.

단독상승 2 프로파일을 가진 대학생들은 이성관계, 학업 문제, 직업적인 선택 때문에 염려하고 있는 상황일 수 있다. 오직 MMPI-2만으로 자살을 예측할 수는 없지만, MMPI-2의 150번, 303번, 506번, 520번, 524번, 530번의 문항이 자살사고, 자살계획, 자살시도를 직접적으로 다루고 있기 때문에 중요하다. 일부 사례에서 단독상승 2 코드타입은 안정적인 양상을 반영하였으며, 예를 들어 자신이 얼마나 우울한지조차도 인식하지 못하지만 우울증을 받아들이게 된 사례들이 있다. 이 사람들은 과거 상실에 비통해하는 문제를 돕기 위한 약물치료와 직접적인 개입방법에 흔히 잘 반응하기 때문에, 단독상승 2 프로파일을 가진 사람의 예후는 일반적으로 좋다.

⊃ 치료

단순 우울장애의 개입방법으로서 연구결과가 뒷받침된 효율적인 치료법들이 존재한다. 통찰치료, 인지적 재구조화, 향정신성 약물치료, 자기주장 훈련, 이완 훈련, 자존감 증진, 과거 상실의 비통함을 다루는 개입방법 등이 모두 효과적인 치료법이다(척도 9가 낮은 단독상승 2 코드타입의 치료 부분을 참조할 것).

⊃ 치료적인 피드백

당신의 프로파일을 살펴보면 당신은 삶을 진지하게 바라보며 높은 책임감을 느끼는 순종적인 사람입니다. 당신은 조심스럽고, 위험을 기피하며, 자기 자신을 가장 혹독하게 비판하는 경향이 있습니다. 당신은 쉽게 죄책감을 느끼며, 자신의 성취를 자축하는 것을 기피하는 경향을 갖고 있습니다. 현재 당신은 상당한 슬픔과 불행감을 느끼고, 심지어는 낙담하고 우울한 감정까지도 경험하고 있을 것입니다. 아마도 최근의 상실 혹은 연속적인 좌절이 당신으로 하여금 패배감, 죄책감, 실망감을 느끼도록 만든 것 같습니다. 당신은 수면의 문제, 늘어지는 양상의 피로감, 기억하고 집중하는 데 있어서의 어려움을 경험하고 있을 것입니다. 당신의 식욕과 성욕은 아마도 영향을 받았을 것이며, 당신은 삶을 즐길 수 없다고 느낄 수도 있습니다. 만일 당신이 자살충동을 느끼거나 혹은 살아가고자 하는 의지의 상실을 느낀다면 치료자에게 이야기하십시오. 종종 이러한 프로파일을 가지고 있는 사람들은 근심 없는 어린 시절이 부재하고 일종의 상실을 경험하곤 했습니다. 치료자와 최근 또는 과거의 상실에 대해 이야기하고, 그것에 대해 스스로를 용서할 수 있는 방법을 찾으십시오. 부정적인 사고로부터 신경을 끌 수 있는 방법을 찾고, 파국화의 생각을 벗어나는 시도를 해 보십시오. 무언가를 원하고 무언가를 희망하는 것으로부터 멀리하려는 당신의 선택은 심각한 상실을 경험해 온 것에 대한 반응으로서 충분히 이해됩니다. 부정적으로 예상하고, 철수된 모습을 보이며, 희망을 내려놓는 양상은 파국적으로 느껴지는 상실에 대한 납득할 만한 반응으로 여겨집니다. 스스로에 대한 죄책감의 일부를 차단하는 방법을 배우고, 세상일이 당신이 때때로 느끼는 것만큼 그렇게 암울하지는 않을 수 있음을 상기시켜 줄 감사 일기를 쓰는 것을 지속하십시오. 당신이 편안한 숙면을 취할 수 있도록 그리고 활력, 식욕, 긍정적인 기분을 증진시키도록 돕기 위해 치료자가 약물 복용을 권고할 수 있습니다.

다른 척도들과의 연계

단독상승 2, 낮은 9 코드타입

단독상승 2에 대한 모든 내용은 몇 가지 부가사항과 함께 이 프로파일에 적용된다. 척도 2가 상승하고 의미 있는 수준으로 상승한 다른 임상척도가 없으며 척도 9가 45T 아래로 하락한 경우, 피로감, 낮은 활력, 부족한 자기주장성, 난관에 봉착하여 쉽게 포기하는 특징들이 좀 더 두드러진 양상을 보인다. 이 코드타입의 사람들은 자신의 에너지 자원을 조심스레 보호하는 진지하고 신중한 사람들이다. 자기주장의 의지 부족을 포함해서 낮은 활력에 대한 불만 증가, 쉽게 피로감을 느끼고 압도되는 느낌 등은 척도 9의 낮은 점수에 의해 예상될 수 있다. 만일 척도 4가 50T 이하라면, 적극성 부족, 성욕 저하 그리고 규칙, 규정, 의무, 책임에 대한 경직된 고수를 보일 가능성이 있다.

⊃ 치료

인지적 재구조화, 지시적인 접근법, 이완 훈련, 향정신성 약물치료, 지난 과거 상실의 슬픔을 끝맺기 등은 모두 효과적인 치료 전략이 된다. 이들은 책임감이 높기 때문에 지시사항을 잘 따른다. 충분한 호전을 보이지 못하는 것에 대한 죄책감과 관련해서 전이가 흔히 발생하며, 치료자가 기다려 주지 못하고 포기하는 것에 대한 두려움이 수반된다.

낮은 척도 9를 동반한 단독상승 2의 코드타입은 활력을 높여 주는 항우울제의 사용이 권고되는데, 약물의 효과가 불편하게 경험될 수 있지만 이 프로파일의 경우 높은 수준의 불행감과 사고 및 행동상의 지체를 인정하고 있는 프로파일이므로 약물 사용이 필요할 수 있다. 결론적으로 말하면, 약물 복용은 반드시 복용량을 조금씩 늘리는 형태로 소량 처방되어야 하며, 그렇게 함으로써 내담자는 기분상태와 활력수준의 변화에 익숙해질 수 있다.

단독상승 2, 낮은 9 코드타입은 양극성장애의 우울 국면을 의미할 수도 있기 때문에 그 진단은 임상적 과거력을 통해 확인되어야 할 필요가 있다. 어린 시절 과중한 책임감의 경험이나 그 나이에 걸맞은 안전감을 경험하지 못한 과거력은 단독상승 2 프로파일에서 흔하다. 이들은 어쩌면 자신의 연령을 뛰어넘어 성인의 역할을 짊어질 것으로 기대되는 환경 속에서 과도하게 책임감을 느끼는 어린 시절을 경험했을 수 있다. 비록 이들은 사랑하는 사람을 향해 분노를 표출하는 것을 회피하고 차라리 자신을 향해 분노를 표출하는 것을 더 편하게 생각하는 경향이 있겠지만, 내담자가 과거 상실과 관련된 분노 감정을 다룰 수 있도록 돕는 것이 유용할 수 있다. 인지적 재구조화, 사고중지, 이완 훈련, 자기주장 훈련 등은 모두 효과적인 치료 양식이다. 스스로의 성취를 자축하는 방법을 가르치기 위해서 자신의 책무를 완수한 후 스스로를 강화할 수 있는 활성화 계획을 세울 수 있도록 도움을 주라.

⊃ 치료적인 피드백

피드백의 내용은 단독상승 2와 동일하며, 부가되는 것은 다음과 같다. 당신의 프로파일을 살펴보면 현재 당신은 활력이 매우 부족하고, 작은 업무나 의무에도 상당한 양의 노력을 소모하고 있습니다. 당신은 활력을 필요로 하는 상황에 대한 저항이 두드러지고 많은 것을 떠맡는 것 자체를 회피하는 모습인데, 심지어 그것이 즐거운 일로 보여도 회피하려 합니다. 당신의 저하된 활력수준에 대한 반응으로서 아마도 몸무게가 증가할 수 있습니다.

21 코드타입

21 코드타입에 대한 해석은 12 코드타입의 해석과 유사한데, 21 코드타입의 경우 우울 및 불안과 관련된 호소가 더욱 두드러진다는 것이 차이점이다. 이 코드타입의 사람들은 부담감,

피로감, 패배감, 오해받고 있음, 인정받지 못함을 느낀다. 이들은 자신의 가족을 위해 고생하며 희생하고 있기 때문에 도덕적으로 우월감을 갖고 있다. 가족을 비롯한 주변 사람들은 21 코드타입을 가진 사람의 염려와 걱정을 주목하기 때문에 죄책감을 갖고 있다. 척도 4가 세 번째 높은 점수로 상승하지 않은 경우라면, 행동 표출은 드물고 수동-공격적이거나 자기패배적인 양상을 보인다. 이들은 투철한 직업의식을 갖고 있으며, 이는 금욕주의적이고 자기희생적인 생활양식을 반영한다. 구강 의존적이며 때론 알코올중독을 보이는 이들은 12 코드타입과 관련된 많은 신체적 증상을 호소하지만, 12 코드타입을 가진 사람들이 보이는 세세한 신체증상 대신에 자신의 비관주의 및 불행함을 강조하는 우울증상을 많이 호소한다. 이 코드타입은 여성보다는 남성에서 더 흔하다.

⊃ 치료

12 코드타입의 치료 부분도 참조할 것. 척도 1보다 척도 2가 높게 상승한다면 아마도 우울 관련 특징을 더 많이 불평하고 과거 상실에 대한 슬픔을 끝마치기 위한 작업에 더 흔쾌히 동의할 것이다. 그러나 이 코드타입을 가진 또 다른 사람들은 아마도 자신의 상태를 패배했다고 느낄 것이며, 심각한 고통을 경험하고 있음에도 불구하고 치료절차에 대한 동기나 신뢰가 덜할 것이다. 내담자로 하여금 자신의 신체적 호소를 역할 연기를 통해서 표현하게 하는 게슈탈트치료가 효과적일 수 있다. 예를 들어, '자신의 증상을 말로 표현하게 하는 것'은 억압된 분노나 슬픔을 표현할 기회를 제공할 수 있다. 약물치료도 효과적이지만, 이들의 심리적 '문제' 때문이 아니라 신체적 증상에 기인해서 '소진된 상태'를 치료하는 방법으로서 제시될 필요가 있다. 자기주장 훈련, 이완 훈련 그리고 사고중지 또한 유용할 수 있다.

⊃ 치료적인 피드백

12 코드타입의 치료적인 피드백 부분도 참조할 것. 당신의 프로파일을 살펴보면 당신의 현재 기분은 가라앉아 있고, 불행감을 느끼며, 울적하고, 신체증상에 대해 염려하고 있습니다. 당신은 사려 깊고 책임감이 있고 순종적인 사람이며, 당신의 직업과 책무에 헌신하고 있습니다. 당신이 충분한 보상 없이 다른 이들을 위해 얼마나 많이 희생하는지 그리고 다른 이들을 위해 얼마나 힘들게 일하는지에 대해서 남들이 당신에게 감사하지 않는다고 느낄 수 있습니다. 현재 당신은 다수의 신체증상을 경험하고 있으며, 그로 인해 걱정거리가 늘고 즐거운 것들을 빼앗기고 있습니다. 어쩌면 질병이나 죽음 때문에 부모의 도움을 받을 수 없었기 때문에 당신이 순종적이고 책임감 있는 사람으로 성장할 수밖에 없었을 수도 있습니다. 어린 시절부터 타인을 위해 자기 자신을 희생하는 법을 배웠고, 지속적으로 스스로에게 책임을 지워 다른

사람들을 돌봐야 했는지도 모릅니다. 현재 당신은 다소 지치고 녹초가 되어 있으며, 당신의 몸은 혹사당한 것으로 보입니다. 당신의 숙면, 휴식, 활력을 위해서 치료자가 당신으로 하여금 약물을 복용하기를 원할 수도 있습니다. 당신의 최근 우울 문제를 다루게 되면 일부 신체적 통증의 강도를 감소시킬 수 있을 것입니다. 신체적 증상들이 악화될 때 일기를 적어 보고 이 기간에 경험하는 스트레스가 커지는지 점검하십시오. 긴장을 푸는 것을 도울 수 있도록 이완 훈련, 마음챙김 수업, 요가를 시작해 보십시오. 파국화하는 경향성 및 부정적인 관점에서의 사고 등을 주의하시기 바랍니다. 자기주장을 할 수 있도록 노력하고, 당신이 원하는 것을 요구하며, 타인을 위해서 스스로 지나친 희생을 하지 마십시오. 과거의 상실에 대해 스스로를 용서하고, 과거의 실수에 과도한 죄책감을 느끼는 반복된 행동을 멈추기 바랍니다.

213/231 코드타입(123/213 코드타입 참조)

이 코드타입의 해석은 21/12 코드타입과 유사하지만, 척도 3의 상승 때문에 억압, 부인, 타인의 인정을 바라는 강한 욕구 등과 같은 방어기제를 추가적으로 고려해야 한다. 이 코드타입의 내담자들은 흔히 두통, 가슴 통증, 메스꺼움, 구토 증상, 그 밖의 애매모호하고 불특정적인 신체증상에 대해 호소하면서 자신의 우울증 및 신체적 손상에 대한 집착을 표현한다. 이 증상들은 이들을 두렵게 하며, 설명하기 어려운 질병 때문에 사망할 가능성에 대해 걱정하게 만든다. 이들의 우울증 증상은 어쩌면 '웃고 있는 우울증'으로 묘사될 수도 있는데, 웃음과 울음이 공존하며 슬픔뿐만 아니라 다른 사람을 즐겁게 해 주려는 이들의 욕구도 함께 표현될 수 있다. 분노는 무시되는 경향이 있고, 비난으로 이어질 수 있는 모든 감정은 억제된다. 이들은 애정, 지지, 인정에 대한 강한 욕구를 지닌다. 이들은 상실과 버림받음을 두려워하며, 자기희생적이면서 요구적이고 호소적인 태도를 통해 애착반응을 이끌어 낸다. 이들은 자신의 신체적 증상에 대해 두려워하기 때문에 남들이 동정과 지지를 보여 주기를 원하지만, 이들의 재확인 욕구 때문에 남들을 성가시게 만들 수 있으며, 이는 더 심각한 불안정으로 이어질 수 있다.

전형적인 증상은 우울증이며, 이들은 그것을 건강이 좋지 않아 생긴 결과로 본다. 수면과 섭식 문제, 성욕의 상실, 집중과 기억에서의 어려움을 겪는 일들이 일반적이다. 이들은 신체적 염려에 대한 부수 증상으로서 우울을 호소할 가능성이 높다. 이들은 긴장하고 초조해하는 경향이 있으며, 다른 사람들이 이들을 어떻게 보는지에 대해 염려한다. 메스꺼움이나 구토 증세, 체중 감소, 심장 두근거림, 가슴 통증, 건망증 등이 흔하다. 이들 증상에는 주기적인 특징이 있을 수 있다. 척도 3의 상승과 관련된 히스테리적인 방어는 간헐적으로 작동하는데, 그로 인해 겉으로 보기에 웃고 즐거운 분위기를 만들며 잘 기능하는 것처럼 보이지만 신체적 문제에 대한 우울 및 불안으로 인해 정상적인 생활을 하지 못하는 모습을 보일 수도 있다. 처음에는 치료자가 순환감정장애로 진단을 내릴 수도 있지만 이들의 기분 변화는 히스테리적인 방어나 '건강 문제로의 도피'와 관련될 수 있으며, 히스테리 방어가 무력화되고 나면 우울증 기간이 뒤따르고 내담자는 신체적인 질병과 문제에 대한 공포에 압도될 수 있다. 수년간의 스트레스와 긴장감으로 인해 신체적으로 실제 문제를 보이는 양상은 이 프로파일의 경우에서 흔하다. 스트레스에 대한 이들의 대처로 인해 결국 신체적 문제가 발생하여 이들의 가장 큰 걱정거리로 자리 잡게 되어, 결국 신체적 문제의 심리적 요인에 대해 논쟁할 가능성이 희박해지게 된다.

척도 7 또한 상승한다면 불안감과 걱정은 더욱 커지게 된다. 어린 시절 부모로부터 무관심 혹은 노골적 거부를 당했던 과거력이 있거나 부모의 죽음 혹은 이혼을 통해 만들어진 외상적 상실을 경험하는 일 등이 전형적일 수 있다. 어린 시절에는 위축된 관계양상보다는 사회적으로 참여하는 특징을 보이며, 만일 척도 4가 낮다면 이들은 책임감 있는 삶을 살고 있을 것이다. 이들은 흔히 매우 성실하고, 자기희생적이며, 타인으로부터 죄책감을 유발하는 경향을 보인다. 부모로서 이들은 가족에게 많은 것을 베푸는 양상이며, 제대로 인정받지 못한다는 느낌을 흔히 갖는다. 이들은 의식적으로 남들을 조종해서 돌봄을 받는 유형이 아니며, 어린 시절 방치되었던 경험으로 인해 의존적인 양상이고 이로 인해 남들은 손쉽게 이들을 이용해 먹는 경향이 있다. 결론적으로 이들은 사랑받지 못함과 인정받지 못함을 느끼며 자신의 희생을 당연한 것으로 여긴다. 가족 구성원들이 이들을 향해 폭발하는 양상을 보이는 경우가 있는데, 이는 아마도 통제하고 요구하려는 213 코드타입의 경향성에 대한 반응일 수 있다.

⊃ 치료

이들은 자신의 주요한 대인관계에서 접근-회피 갈등을 보인다. 이들은 의존적이며 보살핌과 정서적 지지를 원함에도 불구하고 정서적 유기를 두려워하기 때문에 심통을 부리는 것처럼 보일 수도 있고, 자신의 신체적 문제를 활용해서 돌봄을 받고자 남들을 기만하는 모습으로 보일 수도 있다. 어린 시절 부모의 때 이른 죽음을 경험했는지, 부모로부터의 거절이나 정서적 철수를 경험한 과거력이 있는지 탐색하라. 그러한 과거력이 존재한다면 이들은 양육 대상 또는 치료자로부터 정서적 지지를 갈망했던 어린 시절 경험을 되풀이할 수 있으며, 그와 동시에 치료자로부터 유기되는 것에 대한 두려움도 느끼게 된다. 이들은 치료자를 기쁘게 하려고 애를 쓰지만 치료자가 짜증을 내고 자신을 유기할까 봐 두려워한다. 이들은 어린 시절 정신적 외상이나 부모 상실의 영향력을 부인하려 하기 때문에 통찰지향치료는 원활히 진행되기 어려울 것이다. 치료자가 밀어붙이게 되면 정서적 반응이 지나치게 격렬해질 수 있기 때문에 조기종결에 이를 수 있다. 이들의 양육자들이 얼마나 사랑과 지지를 제공해 주었는지 타당화해 주고, 내담자로 하여금 어린 시절 상실을 경험한 스스로에 대해 공감을 형성하도록 도와주는 과정을 통해 '저항을 동반하여 진행하는 과정'이 치료에서 중요할 수 있다. 점진적으로 진행한다면 감정 정화도 도움이 될 수 있다. 때로는 내담자의 어린 시절 경험이 다른 누군가에게 혹은 내담자의 아이에게 벌어지는 것을 상상하도록 유도하면 내담자로 하여금 스스로에 대한 공감을 형성하는 데 도움을 줄 수 있지만, 이 과정에서 두려운 경험을 불러일으키기 때문에 이들이 저항을 보일 수도 있다. 분노를 인식하고 표현하는 방법을 가르치는 것뿐만 아니라 이완 훈련, 자기주장 훈련, 과거 상실에 대한 감정 정화는 모두 효과적인 치료 전략이 될 수 있다. 이 코드타입의 경우 애도 과정에서 분노나 슬픔의 감정양상이 모두 차단되는 경우가 흔하다. 이 사람들은 어린 시절의 거절과 상실에 대해 용감해지고, 씩씩하게 맞서고, 타인에게 친절히 대해서 인정받고, 통증에도 불구하고 웃는 모습으로 행동하는 것에 익숙해져 있으며, 또 다른 거절을 피하는 것에 몰두하고 있다.

때때로 '건강 문제로의 도피'가 발생하고 치료는 멈추게 된다. 만일 치료 중에 내담자가 예전 치료자들을 비난하기 시작하면 아마도 무의식적으로 현재의 치료자에 대한 불만을 쏟아 낼 수 있다. 내담자로 하여금 현재의 치료자에 대한 분노를 표출하도록 돕게 되면 분노를 표현해도 상실에 이르지 않을 수 있음을 보여 줄 수 있고, 분노를 표현하는 더 효과적인 방법을 교육할 수도 있다. 이 사람들은 매우 성실하기 때문에 흔히 좋은 동료로 여겨질 수 있지만, 신체적 문제 때문에 휴가가 잦고 자기희생적이다가 마지막에는 분노를 보이는 성향으로 인해 결국에는 작업 동료들을 짜증나게 만들 수 있다. 이런 방식으로 인해 남들로 하여금 죄책감을 불러일으키기 때문에 이들의 성실성은 오히려 역효과를 낳게 된다.

다른 우울증 관련 코드타입과 마찬가지로 자살에 대한 평가가 중요하다. 항우울제 약물치료, 통찰지향치료, 감정 표현, 감정 정화 등이 유용할 수 있다.

⊃ 치료적인 피드백

당신의 프로파일을 살펴보면 당신은 성실하고 책임감이 강하며 긍정적인 모습으로 남들의 기대를 충족시켜 주기 위해 열심히 노력하는 사람입니다. 일부 사례의 경우 당신과 같은 프로파일을 지니고 있는 사람들은 어린 시절에 박탈과 상실을 경험했고, 그로 인해 다른 아이들처럼 근심 없이 안정된 감정을 누리지 못했습니다.

아마도 당신은 어린 나이에 부모의 죽음 혹은 부재를 경험했을 수 있으며, 그로 인해 용감해질 필요를 느끼고 어려운 상황에서도 웃음을 지으며 '씩씩하게 맞설' 필요가 있음을 배웠을 수 있습니다. 당신은 '현재 자신의 것에 감사하기'보다는 언제나 잘못될 수 있을 가능성에 주목하면서, 실망이나 상실을 겪지 않기 위해 스스로를 보호하면서 살아왔습니다. 당신의 프로파일을 살펴보면 당신은 많은 신체증상으로 인해 현재 상당한 스트레스를 경험하고 있습니다. 두통, 등 통증, 위장장애, 메스꺼운 느낌, 모호하고 이리저리 옮겨 다니는 신체증상들은 아마도 당신에게 상당한 불안감을 안겨 줄 것입니다. 어쩌면 당신은 이러한 신체증상이 악화되어 질환이나 죽음에 이를 수 있다는 두려움을 갖게 되었는지도 모릅니다. 때로는 어려움을 겪으면서도 웃을 수 있지만, 다른 경우엔 당신의 감정이 드러나게 되고 슬픔, 상실, 절망에 압도당하는 느낌을 갖게 됩니다. 이 프로파일을 살펴보면 당신은 현재 우울을 경험하고 있지만 당신 스스로 굳건하고 긍정적인 모습을 보이려고 애를 쓰고 있기 때문에 아마도 남들에게는 우울의 문제가 드러나지 않을 수 있음을 보여 주고 있습니다. 웃음 짓는 당신의 내면을 살펴보면, 남들이 당신을 거절하거나 유기할지도 모른다는 걱정이 있으며 남들을 위해 스스로를 희생하지 않으면 충분히 좋은 사람이 아니라는 염려가 있습니다. 치료자는 당신으로 하여금 잠을 잘 자고 식욕을 조절하고 집중해서 더 명확하게 사고하도록 약물을 처방할 수 있습니다. 자기주장을 더 잘하고 스스로 원하는 것을 요청하는 방법을 배울 수 있도록 노력하십시오. 당신을 이용하려는 타인과 종속적인 관계가 되는 것을 피할 수 있도록 치료자와 함께 작업하십시오. 당신이 경험한 과거의 상실에 대해 이야기를 나누는 것이 필요하며, 이는 자존감의 상실일 수도 있고 어린아이라면 마땅히 누릴 편안함의 상실이 될 수도 있습니다. 당신을 압도하는 죄책감으로부터 신경을 꺼 버리는 작업을 하고, 상실에만 몰두하는 것을 피할 수 있도록 당신의 인생에서 긍정적인 일들을 인식하게 하는 감사 목록을 만드는 것을 시도해 보십시오.

23 코드타입

23 코드타입은 여성에게서 더욱 빈번히 나타난다. 23 코드타입을 지닌 사람들의 특징에는 정서의 과잉통제 및 수면장해가 있고, 또한 자기희생적이고 죄책감이 동반된 생활방식으로 인한 우울, 무력감, 무관심, 피로감, 신체적 불편감 등이 있다. 척도 1이 높지 않아도 이 사람들은 피로감과 애매한 신체적 증상에 대해 호소할 수 있고, 척도 1의 상승과 관련된 신체적 염려에 대한 극심한 집착을 보이지는 않는다. 23 코드타입을 지닌 사람들은 '억제적인' 특징을 보이고 결국 그와 관련된 신체적 증상들을 경험한다. 우울과 히스테리의 결합이 성실하고 '착한' 사람의 모습으로 만드는데, 이들은 유쾌함과 슬픔을 동시에 보이는 웃고 있는 우울증을 드러낼 수 있다. 낮은 성욕 그리고 집중 및 기억에서의 어려움 등과 같은 우울증의 전형적인 증상이 보고될 수 있다. 갈등은 직접적으로 표현되지 않는다. 불안을 표현하는 경우라면, 대개 남들을 불편하게 만들거나 신체적인 증상 등으로 표현되는 양상이다. 우울을 부인하는 경향이 있으며, 이로 인해 우울은 불안감 또는 삶을 즐길 능력의 부족함 등으로 표현될 수 있다. 일반적으로 이들은 직접적인 방식을 통해 부정적인 감정을 표현하는 데 어려움을 보인

다. 이들의 불편감은 다소 애매한 불만족이나 불행감 또는 인정받지 못한다는 느낌 등으로 드러날 것이다. 어떤 직면 상황이나 분노의 표현 과정에서 이들은 극심한 스트레스를 경험하게 된다. 억압과 부인을 통해 이들은 나약하고 소진되고 비효율적이라는 느낌을 받게 된다. 척도 9가 50T 이하라면 피로감과 낮은 활력의 불편감을 강조할 수 있다. 이들은 분노를 표출하기보다는 상처받은 감정, 존중받지 못하고 인정받지 못한 감정을 표현할 가능성이 훨씬 높다. 이들은 상당한 수준의 불행감을 견뎌 내는 방법을 배워 왔고, 효율성이 저하된 수준으로 기능하는 것을 수용하는 방법을 학습하였다. 이들은 우울증을 겪더라도 히스테리적인 방어를 통해 다소 밋밋하지만 쾌활한 태도를 보이게 된다. 임상척도 3개로 이루어진 가장 빈번한 코드타입은 231/321, 234/324, 237/327이다.

23 코드타입을 지닌 사람들은 성취지향적이며 스스로의 역량을 입증하려는 강박적인 욕구를 느낀다. 그와 동시에 이들은 자신의 노력을 인정받지 못했다고 느낀다. 이들은 증대된 책임감을 추구하며 그 결과로 스스로에게 짐을 지우게 된다. 이들은 인정받고 사랑받기를 갈망하지만, 이내 실패와 거절을 두려워하게 된다.

이들의 낮은 성욕으로 인해 결혼생활에서 문제점이 발생할 수도 있으며, 일부 여성의 경우 성교 시 신체적 통증을 호소할 수 있다. 때때로 이들은 성에 대해 빅토리아 시대적인 견해를 갖고 있을 수도 있다.

이 코드타입은 25세 이상의 경우에 더 빈번하게 나타나지만, 그럼에도 불구하고 청소년기에도 나타날 수 있는데, 이때에는 좋지 못한 친구관계와 관련이 있다. 이 청소년들은 외로움 또는 사교적인 어려움을 토로할 수 있다. 다른 이들은 아마도 이 청소년들에 대해 수동적이고, 순응하며, 복종적인 모습으로 볼 것이다. 흔히 23 코드타입의 사람들은 거의 관여하지 않거나 거부적인 아버지 그리고 과도하게 관여하는 어머니와 함께했던 과거력을 갖는다. 이들은 불안해 보이지만 아주 평범했던 학생의 모습을 보인다. 성적 행동 표출이나 약물남용은 이러한 패턴을 보이는 청소년과 연관성이 없다.

⊃ 치료

이 코드타입을 지닌 사람들은 거절을 두려워하기 때문에 갈등이나 직면 상황에 대해 힘들어한다. 결과적으로 이들은 상당한 수준의 신체적 또는 정서적 불편감을 참는다. 이들은 심리적인 자기성찰이 부족하다. 이들은 감정에 대한 통제력 상실을 두려워하기 때문에 아마도 감정 정화를 두려워할 수 있으나 이들에게 감정 정화는 매우 유용할 수 있다. 또한 불안을 동반할 수 있는 주제를 다룰 때에는 점진적인 이완 훈련이 도움을 줄 수 있다. 치료는 이들로 하여금 자신의 더욱 충만한 정서적 경험을 점진적으로 되찾을 수 있도록 돕는 데 집중해야 한다. 왜냐하면 이들의 정서적 삶의 일부는 상실이나 외상의 정서적 고통에 대한 적응적 반응으로 인해 억압되어 왔기 때문이다. 이들은 타인을 향한 분노를 부정하며 오히려 자기 자신을 비난한다. 결과적으로 볼 때 '저항을 안고 가는 것'이 더 효과적인 치료가 될 것이다. 남들로부터 인정받지 못했다는 느낌에 대해 분노하지 않고 참아 내는 방법을 치료자로서 이해하고 싶다는 진솔한 관심을 표현하는 것도 좋다. 치료자는 내담자가 자기 자신에 대해 공감하고 억압된 감정을 발산할 수 있도록 돕기 위해서 내담자의 힘들었던 어린 시절 속에서 내담자가 '최선의 것'만을 보려고 애를 쓰고 '최상의 것'만을 이루려고 했던 그 과정을 설명해 줄 수도 있다. 감정 발산 및 통찰을 돕기 위해 치료자는 내담자로 하여금 '더 많이 느끼도록' 강요해서는 안 되지만, 내담자가 그 정도를 통제하는 상황에서 서서히 감정에 대해 알아차릴 수 있도록 도와줄 수 있다. 내담자로 하여금 사랑하는 대상에 대해 분노를 느끼도록 압박하는 상황이 아니라는 편안함을 갖게 되면, 내담자는 자신의 분노를 더 균형 잡힌 관점으로 바라볼 수 있고 자신과 사랑하는 사람 사이의 관계도 위협받지 않는다고 느낄 수 있다. 특별히 고통스러운 기억이 개입되면 내담자는 아마도 마음을 '완전히 닫고' 무언가 긍정적인 것으로 주의 초점을 이동시켜서 회기 내에 진행 중인 자신의 감정경험을 중단할 수도 있다. '심지어 내담자가 일말의 분노 감정도 느끼지 못하는 경우일지라도' 직면과 관련된 역할 연기를 하는 것은 내담자가 회피하고자 하는 감정을 다루는 데 도움을 줄 수 있다. 분노나 적개심을 표현하는 역할 연기를 진행한 후에는 내담자가 흔히 안도감을 경험하게 된다. 어린 시절 외상적 상실의 과거력이 있다면, 내담자는 사랑하는 사람의 상실에 대한 두려움을 갖고 있을 수 있다. 항우울제 처방, 인지적 재구조화, 사고중지, 이완 훈련 등이 또한 유용할 수 있다.

⊃ 치료적인 피드백

당신의 프로파일을 살펴보면 당신은 다른 사람을 기쁘게 하는 것을 좋아하고 갈등을 피하려고 애쓰는 매우 순종적이고 책임감이 강한 사람임을 알 수 있습니다. 당신은 다른 사람의 관점을 이해하기 위해 애쓰는 경향이 있으며, 다른 사람들을 위해 스스로를 희생하는 것을 주저하지 않습니다. 당신은 기꺼이 남을 도와주려 하고 남들과 분명한 경계를 설정하는 데 어려움을 겪기 때문에 때로는 남들이 당신을 악의적으로 이용할 수 있습니다. 당신이 얼마나 많은 도움을 주었는지 남들이 인정하고 그것을 고마워할 것이라고 당신은 기대하겠지만, 그렇지 않은 경우에 당신은 깊은 상처를 받습니다. 어쩌면 가족의 이른 죽음이나 상실 또는 감정적으로 도움이 되지 못한 부모로 인해서 당신은 어려서부터 순종적이고 책임감 있는 아이여야만 했을지도 모릅니다. 어린 시절부터 용감해야 하고 '늠름한 군인'처럼 되어야 한다고 배웠으며, 당신이 느끼기에 이미 충분히 고생했다고 여겨지는 주변 어른들을 귀찮게 해서는 안

된다고 배웠습니다. 타인을 위해 스스로를 희생하는 삶을 지속적으로 겪어 왔고, 남들과 대립하는 것이 힘들다는 것을 알게 되었습니다. 이는 스트레스로 연결되었고, 두통, 메스꺼움, 불안감, 피로감과 같은 신체적 증상으로 발현되었습니다. 당신의 치료자는 우울증상의 일부를 보이는 당신에게 약물 처방을 계획할 수도 있습니다. 당신은 불행감을 느끼는 것에 익숙해져 있고 스스로를 우울하다고 여기지 않기 때문에 그런 처방에 놀랄 수도 있습니다. 비록 미소를 짓고 긍정적으로 행동하지만 당신은 아마도 수면의 어려움, 피곤한 느낌, 낮은 활력, 낮은 성욕, 감소한 식욕 등을 포함한 내면의 우울증상 일부를 경험할 수 있습니다. 집중하고 기억하는 데 있어서 어려움을 겪는 것도 우울증상이 될 수 있습니다. 상실의 경험에 맞서서 책임감을 떠맡으려 노력했던 씩씩한 아이로서의 당신 모습에 공감할 수 있도록 치료자와 함께 작업하십시오. 당신이 남들을 거절했다는 생각을 갖지 않고 타인과 적절한 경계를 설정할 수 있도록 자신의 분노 감정을 보다 직접적으로 표현할 수 있는 연습을 하십시오. 치료자는 당신이 조금 더 나은 기분을 느낄 수 있도록 약물 처방을 권유할 수 있습니다.

24/42 코드타입

이 코드타입은 두 가지의 경우로 구분될 수 있는데, 하나는 만성적인 24/42 생활양식의 경우에 해당되고 다른 하나는 높은 척도 4를 보이는 사람으로서 최근에 좌절 상황을 경험하여 속았다는 느낌, 분노감, 패배감을 느끼는 경우일 수 있다. 어떤 경우이더라도 24 코드타입을 가진 사람은 우울, 좌절감, 불만족, 적개심, 미래에 대한 비관적인 느낌을 경험한다. 다른 사람들은 이들에 대해 비판적이고 논쟁적이고 차분하지 못하며 부정적이라고 볼 것이다. 24 코드타입을 가진 사람은 자기패배적일 수 있는데, 때로 스트레스가 쌓이면 충동적인 행동 표출을 보이고 이내 패배감을 경험하며 그 결과물에 괴로워할 수 있다. 이들은 자기비난과 타인비난 사이에서 오락가락한다. 이들의 분노는 단편적으로 변화를 보일 수 있는데, 내적으로 향하게 되면 자기파괴적이거나 자기패배적인 행동을 보일 수 있고, 외적으로 향하게 되면 남들이 먼저 변화하지 않으면 자신의 상황이 변할 수 없다고 느껴서 비난을 퍼붓는 행동을 보일 수 있다. 이들은 흔히 문제에 대한 책임을 회피하면서 자신이 상황에 따른 운 나쁜 희생자라는 느낌을 보고한다. 행동 표출의 과거력과 함께 높은 척도 4를 지닌 사람이 현재 자신의 행동으로 인한 결과물로 고생하고 있는 경우라면, 24/42 프로파일은 자신의 충동에 대한 통제력을 유지하는 데 어려움을 갖고 있음을 반영하고, 따라서 현재 상황적이고 일시적인 우울과 후회를 경험하고 있음을 의미한다. 또한 행동 표출로 인해 체포된 후 불편감을 느끼는 상황을 반영한다. 그러나 이러한 불편감은 충동을 억제해 주는 죄책감이라기보다는 체포되고 처벌받게 되어 생긴 결과물이다. 외견상으로 이들의 양심적 고통은 상당해 보이고 심지어는 사안을 넘어서는 수준으로 보이지만, 이들의 행동 표출은 향후 반복된 양상으로 재발할 가능성이 높다.

가정 및 가족 문제, 취업의 어려움, 대인관계 문제 등이 24/42 코드타입에서 흔하다. 이들은 자신에게 부여된 어떤 요구사항일지라도 분노를 느낀다. 약물남용이나 알코올중독도 흔한 문제이다. 일부 사례에서는 법률적 갈등 상황도 존재할 수 있다. 또는 법률적 문제가 없지만 대인관계 문제와 고용의 불안정성을 드러내는 경우도 존재한다. 24 코드타입의 사람들 대부분은 수동 의존적 적응양상이 두드러진다. 이들은 자신의 충동적인 행동의 결과물로부터 '자신을 구원해 줄' 누군가가 존재하는 관계를 추구하며, 서로 의존적인 보호자를 향해 끌리게 된다. 40세를 넘어서면 만족을 추구하다가 어리석은 판단으로 실패에 귀착된 삶으로 인해 깊게 뿌리박힌 자기비난, 우울증, 자기분노의 양상으로 이어질 수 있는데, 간헐적으로 자기파괴적인 자해행동을 보일 수도 있다. 파괴적인 충동으로 인해 또는 타인을 처벌하려는 분노반응으로서 이들은 자기파괴적인 행동 표출을 보일 수 있기 때문에 자살에 대한 평가가 중요하다. 척도 7, 3 또는 8이 흔히 세 번째로 높은 척도일 수 있다.

24 코드타입의 청소년들은 권위적인 대상에게 분노를 느끼고, 논쟁적이길 좋아하고, 자기파괴적이며, 동기가 부족하다. 이들은 자신의 불편감을 조절하고자 흔히 약물을 사용한다. 24 코드타입의 청소년들은 현재 곤경에 사로잡혔다고 느끼고 있으며, '잃을 것이 없는' 10대로서 고통스러운 상황에서 빠져나오기 위해 가출 등과 같은 충동적인 행동을 감행할 수 있다. 이 코드타입을 보이는 청소년들은 가족 구성원으로부터 소외감을 느끼며 벗어나기를 원한다. 이들은 자신의 보호자에 대해 애정이 부족하고 믿을 만하지 못하다고 지각한다. 무단결석이나 낙제와 같은 학교 문제를 흔히 보인다. 10대의 미혼모가 이 프로파일을 보일 수도 있으며, 이 프로파일은 제한된 자원을 지닌 보호자로서 무력감이 동반된 우울증을 시사할 수도 있다.

⇒ 치료

24/42 코드타입의 심리치료는 두 가지 경우로 나눌 수 있는데, 최근 체포되었거나 원치 않는 상황 속에 갇혔다는 느낌으로 인해 주로 척도 4의 높은 점수가 문제가 되는 경우가 있고, 이와 달리 24/42 코드타입이 장기간의 성격적 문제를 반영하는 경우가 있다. 최근 곤란한 상황에 갇혔다고 느끼며 높은 척도 4를 보이는 사람은 아주 힘든 변화를 만들기 위해 '간절한 상황을 경험'할 필요가 있을 것이다. 24/42 코드타입의 일부는 반사회적 행동 표출 없이 만성적인 불행감, 분노, 냉소성으로 가득 찬 생활양식을 보인다. 이들은 함께 의지해야 하는 배우자에 대해 불만이 가득하지만 반드시 반사회적인 행동을 보이지는 않는다. 이들은 부부갈등을 경험하며 희망이 없고 막다른 길이라고 느낀다. 이들은 심리치료를 거부하고, "해 봤지만 효

과가 없었어요."라는 태도를 가지고 치료적 제안을 평가절하하는 패배적인 경향 때문에 치료자를 괴롭힌다. 변화를 위한 구체적이고 부담이 적은 과제를 부여하고 이들이 완수하지 못했을 때 온화한 방식으로 이들에게 책임을 부여하는 것이 도움이 될 수 있다. 이들이 스스로에 대해 신뢰를 잃었기 때문에 변화에 대한 어떠한 '투자'도 거부해 버리는 반응을 선택하고 있음을 자각하도록 도와줄 수 있다. 특히 총명한 내담자의 경우라면, 충동적으로 행동함으로써 얼마나 자신을 평가절하하고 있는지를 깨닫도록 도움을 줄 수 있다. 타인과의 관계뿐만 아니라 자신의 능력까지 믿지 못하게 만들어 버린 반복적인 정서적 좌절 및 학대의 경험이 있었는지 어린 시절을 탐색해 볼 수도 있다. 척도 4의 높은 점수를 가진 사람이 상황적인 요인 때문에 척도 2가 상승한 경우라면, 어린 시절 패배감과 좌절감으로부터 살아남기 위한 수단으로 스스로를 멍하게 만드는 전략을 사용하고 있음을 깨달을 수 있도록 도움을 주어야 한다. 그것을 이해함으로써 스트레스가 쌓이는 시점을 인식할 수 있고, 충동적인 행동을 하지 않는 방법을 미리 연습하도록 도와줄 수 있다.

이 코드타입은 물질남용 중독치료센터에서 가장 흔하게 볼 수 있는 유형 가운데 하나이다. MAC-R 척도가 상승하지 않은 경우라도 화학 약물의 사용과 관련된 평가를 진행해야 한다. 변화하려는 확고한 의지를 표명하더라도 이들은 쉽게 무너질 수 있다. 이들은 흔히 치료를 포기해 버린다. 행동 표출의 양상을 예측하는 것과 더불어 확고하게 지지해 주고 분명한 제한사항을 설정해서 문제에 대한 통찰을 제공해 준다면 도움을 줄 수 있다. 이들의 전이, 특히 치료자가 자신을 포기해 버릴 것이라는 예상과 관련된 전이를 치료자로서 다루어 주는 것이 중요할 수 있다.

⊃ 치료적인 피드백

당신의 프로파일을 살펴보면 당신은 현재 좌절감, 불행감, 고통감, 분노 그리고 현재 상황에서 벗어날 수 없다는 느낌을 경험하고 있습니다. 아마도 당신은 최근 당신의 행동 때문에 상당한 어려움을 경험했으며 스스로에게 화가 나 있는 것 같습니다. 그렇지 않은 경우라면 당신은 남들에게 화가 나 있는 상황인데, 남들이 바뀌지 않거나 당신이 통제할 수 없는 문제가 변하지 않으면 당신의 상황이 개선되지 않는다고 느끼는 것 같습니다. 몇몇 사례의 경우 이 프로파일을 보이는 사람들은 믿을 수 없고 신뢰하기 어려운 보호자와 함께하는 환경에서 성장하였습니다. 어쩌면 당신은 어린 시절부터 타인을 믿을 수 없다고 여기게 되었고, 이로 인해 스트레스를 받게 되면 자신만을 의지했는지 모릅니다. 스트레스가 쌓이게 되면 당신은 충동적으로 행동할 수 있고, 때로는 당신이 지금 경험하고 있는 곤란한 상황과 비슷한 경우에 처할 수 있습니다. 어쩌면 당신은 기분을 나아지게 하려는 수단으로서 화학 약물을 사용해 왔을 수도 있고, 또는 성급한 선택으로 인해 연이은 부정적인 결과물에 이르렀을 수 있습니다. 당신이 좌절감이나 분노를 느끼는 것은 놀랄 만한 일이 아닙니다. 당신은 어쩌면 포기하고 싶은 마음이 들 수도 있고, 심지어 자기파괴적인 기분이 들 수 있습니다. 그런 경우가 아니라면 당신은 세상에 분노하고 불공정하게 취급받았다고 느낄 수 있습니다. 슬픈 기분, 수면 문제, 식욕과 성욕에서의 어려움 등과 같은 우울증의 일부 증상을 경험할 수 있습니다. 당신은 아마도 일에 집중하거나 완수하는 데 어려움을 겪고 있을 것입니다. 일을 마무리하지 못한다는 이유로 남들이 당신에게 화를 낼 때, 당신은 어쩌면 편법을 쓰거나, 선의의 거짓말을 하거나, 심지어는 어려운 상황을 모면하기 위해 속임수를 쓸 수도 있습니다. 현재 당신은 매우 침울하며 좌절감을 느끼고 스스로에게 실망감을 느끼고 있습니다. 때때로 당신은 희망이 없고 완전히 실패했다고 느낄 수 있습니다. 현재 당신의 곤란한 상황을 고려해 볼 때, 당신 스스로 희망을 품는 것에 저항하는 모습도 이해가 됩니다. 당신의 치료자가 요구했던 활동들을 수행하는 것이 당신에게는 힘겨운 일일 수 있습니다. 당신은 아마도 변화할 것에 동의는 하지만 그것을 완수하는 데 어려움을 보일 것입니다. 소용없어 보이는 일들을 수행하도록 '압박했던' 당신의 치료자에게 분노를 느낄 수 있습니다. 목표를 향해 매일 작은 단계를 밟아 가는 것이 당신에게 중요할 것입니다. 스트레스가 쌓일 때 이를 알아차리는 방법과 그때 충동적으로 행동하지 않는 방법을 배우는 것 또한 중요합니다. 스트레스가 되는 상황을 미리 머릿속으로 떠올려 보도록 연습한다면 당신은 자기패배적이거나 자기파괴적이지 않은 습관을 형성할 수 있습니다. 포기하고 싶은 생각이 들 때 절대 포기하지 않도록 스스로를 다그쳐야 합니다. 작은 목표를 이루는 작업을 통해 스스로 더 나은 기분을 느끼는 데 도움을 받을 수 있습니다. 기분을 낮게 하려는 목적으로 화학 약물을 사용하는 것이 실제로는 당신의 우울증을 악화시킬 수 있기 때문에 약물 사용을 멈추도록 작업해야 합니다.

243/423 코드타입

척도 3이 동반상승하게 되면, 좌절감과 분노를 느끼며 자기패배적인 24/42 코드타입에 히스테리적 방어를 추가하게 된다. 결과적으로 이 코드타입의 사람들은 거절을 피하기 위해서 부인, 억압 그리고 역할 연기를 드러낸다. 이들은 자기희생적이지만 그것에 대하여 분노감을 갖고 있다. 이들은 좌절과 우울을 느끼며 또한 그 긴장감을 충동적으로 해소하려는 경향도 보이는데, 이것은 척도 4의 상승에 따른 충동성으로부터 예견되는 것이다. 척도 2와 척도 3의 상승은 척도 4의 행동 표출 가능성을 통제하는 역할을 한다. 결과적으로 행동 표출은 대인관계적인 측면과 자기중심적인 양상과 관련된다. 이들은 어쩌면 섭식장애, 약물중독 문제, 충동적으로 분노했던 경험을 갖고 있을 수 있다. 이들의 분노는 비유적인 형태로 이루어지거나 수동-공격적인 행동을 통해서 또는 사람들의 등 뒤에서 표현되는 경향을 보인다. 일부의 경우, 특히 O-H 척도가 원점수 17점보다 높게 상승했다면 분노는 이따금씩 폭발적인 양상으로 표출될 수 있다. 243/423 코드타입을 지닌 사람은 구강기적 의존성을 보이는 경향이 있다. 이들은 우울해하며 사랑과 인정에 굶주려 있지만 감정적인 취약함으로 인해 버림받을까 봐 두려움을 갖고 있다. 이러한 척도 상승의 결합으로 인해 접근과 회피 사이의 갈등을 예상할 수 있으며, 타인을 기쁘게 하려는 욕구는 자기희생으로 표현되고 그와 동시에 자신의 욕구수준에 이르지 못하면 분노를 보인다. 이들은 자신의 감정적 욕구를 충족시키기 위해 타인을 기만하는 삶을 경험하게 되는데, 거절과 갈등을 피하기 위해 잘 맞는 척 행동하긴 하지만 타인의 보살핌을 얻으려는 목적으로 역할 연기를 해 왔기 때문에 실제로 타인의 돌봄에 신뢰를 갖기는 어렵다. 이들은 자신의 기만행동양상을 타인에게 투사한다. 243 코드타입의 사람들은 남들의 애정을 갈망하지만 그것을 있는 그대로 수용하지 못하기 때문에 타인과의 관계에서 혼란스러워할 수 있고, 만성적으로 분노를 느끼며 자신의 욕구를 충족하지 못한 것에 대한 반응으로 행동 표출을 드러내고 이를 합리화하려 할 수 있다.

⊃ 치료

이 프로파일의 경우 어린 시절에 거절이나 정서적 학대를 경험한 특징을 보이며, 만일 척도 4와 척도 3이 유의미하게 상승했다면 신체적 학대의 특징을 보일 수도 있다. 이들은 거절 및 갈등을 피하기 위한 적응의 방식으로 남들이 자신에게 기대하는 모습대로 역할 연기를 하는 방식을 배워 왔다. 심리치료를 통해 '이들이 실제로 원하는 것'과 '남들을 위해 그렇게 연기해야 한다고 느끼는 모습'을 구분해서 인식할 수 있도록 도와주어야 한다. 또한 이들은 자신의 분노를 알아차리고 이를 기만적인 방식이 아닌 조절된 직접적인 방식으로 표현할 필요가 있다. 아닌 것처럼 위장하는 방식에만 의존하지 않고 자기주장을 할 수 있도록 연습하는 것이 도움이 될 수 있다. 격정적이거나 무시해 버리는 부모로부터 경험했을 수 있는 과거의 거절 경험에 대한 감정 정화가 유용할 수 있다. 정서적 학대를 당한 어린아이로서의 자신에게 공감할 수 있도록 해 준다면 무감각하게 대응하거나 역할 연기를 하려는 '감정적 반응'에 맞서는 방법을 스스로 깨닫게 도와줄 수 있다. 이들은 자신의 문제에 대한 통찰력이 부족하고 일관성 없는 설명을 늘어놓을 수 있다. 이들은 다른 사람들을 기쁘게 하길 원하고 남들이 자신을 좋아하길 바라지만 그와 동시에 분노를 느끼고 있다. 내면의 이러한 두 가지 양상을 스스로 통합할 수 있도록 돕는 것이 매우 중요하다. 몇몇 사례에서 이 코드타입은 우울에 대처하기 위해 과잉통제 및 역할 연기를 하고 있는 양상으로서 척도 43의 상승을 보인 우울증 프로파일인 경우가 있다. 만일 우울의 문제가 두드러진다면 항우울제 약물 처방이 필요할 수 있다.

⤷ 치료적인 피드백

당신의 프로파일을 살펴보면 현재 당신은 상당한 심리적 고통을 경험하고 있습니다. 당신은 불안이나 긴장감과 더불어 좌절감 및 분노를 느낄 수 있습니다. 이러한 프로파일을 보이는 사람들은 흔히 격정적이고 무시하는 태도를 보이며 심지어 학대했던 보호자 아래에서 성장하였습니다. 어쩌면 당신은 희망이 없는 좌절감을 경험했거나 자신의 욕구를 충족시킬 수 없다는 느낌을 오랜 기간 겪었을 수 있습니다. 어린 시절부터 당신의 실제 모습이 아닌 부모가 바라는 모습으로 역할 연기를 해야만 했기 때문에 좌절감을 느끼고 스스로 원하는 것을 생각할 수 없었는지 모릅니다. 어렸을 때부터 다른 사람을 기쁘게 해 주고 남에게 맞춰 주고 거절을 피하기 위해서 정해진 역할을 연기하도록 배웠는지 모릅니다. 다른 사람을 만족시키기 위해 당신이 '해야만 하는' 것과 당신이 실제로 원하는 것을 구별하는 것조차 어려울 수 있습니다. 당신을 보살펴 줄 타인을 얻고자 노력하면서도 동시에 그 사람들을 신뢰하지 않기 때문에 위선적으로 행동하는 자신의 모습을 보았을 수도 있습니다. 당신은 아마도 슬픔, 불행, 좌절, 활력 저하를 느끼면서 우울증의 시기를 경험할 수 있습니다. 수면과 섭식의 문제들 그리고 체중과 성욕에서의 장해들이 흔히 이 프로파일에서 발생할 수 있습니다. 최근 슬픔과 불행의 감정을 경험하게 한 어떤 좌절이나 상실을 경험했을 수 있는데, 그와 동시에 남들을 화나게 하는 것을 피하고 남들에게 맞춰 주기 위해 그에 맞는 역할을 수행하도록 강요받았을 수 있습니다. 당신은 내면에 분노가 형성되는 시점을 인지하지 못할 수도 있으며, 우회적이거나 상징적으로 혹은 심지어 수동-공격적인 방식으로 분노를 표현하는지도 모릅니다. 당신이 원하는 것을 표현하게 되면 거절로 이어질 수 있다고 두려워하기 때문에 당신이 원하는 바를 얻기 위해서는 남들을 속여야만 한다고 느끼는 것 같습니다. 당신의 치료자는 슬픔과 불행감을 느끼는 당신을 돕기 위해 일부 증상을 위한 약물 처방을 권고할 수 있습니다. 좌절, 거부, 무시당했다고 느낀 후에 관계를 유지하기 위해서 그에 맞는 역할을 연기하도록 만들었던 최근 혹은 과거의 어떤 경험이라도 이야기하십시오. 당신의 스트레스를 줄이기 위해 충동적으로 행동했던 때를 관찰할 수 있는 방법을 배우십시오. 자기위안의 방법으로서 폭식을 하거나 약물을 사용하지는 않나요? 또는 성적으로 행동 표출을 하는 경우가 있나요? 기분을 낮게 만들려고 행하는 충동적인 행동이 무엇인지 당신의 치료자와 이야기하십시오. 분노를 알아차리고 직접적으로 표현하는 방법을 배우는 것이 당신에게 도움이 될 수 있습니다.

247/427/472/742 코드타입(274/724 코드타입도 참조할 것)

이 코드타입은 불안해하고, 행동 표출을 하며, 죄책감을 느끼기 쉽고, 타인에게 매우 의존적인 사람의 모습을 시사한다. 24/42 코드타입의 사람은 분노를 경험하고 좌절과 우울을 느끼는 반면, 27/72 코드타입의 사람은 과한 책임의식을 갖는 '걱정 많은 사람'의 특징이 있다. 47/74 코드타입의 사람은 후회와 죄책감을 경험한 후에 주기적이고 거의 강박적인 행동 표출 패턴을 보인다. 결론적으로 이 양상들이 결합되면, 이 코드타입의 사람은 불안이 쌓인 후 충동적인 긴장 감소 행동을 보이고 뒤이어 걱정과 불안 및 죄책감의 시기를 번갈아 경험하는 모습을 시사한다. 행동 표출 이후 이들은 죄책감과 두려움을 경험하고 이에 대한 재확인을 바란다. 이들은 인생의 거의 모든 측면에서 만성적인 우유부단함을 보인다. 몇몇의 경우 소유한 것을 버리지 못하며 저장장애의 모습을 보인다. 다른 이들의 경우 새로운 관계를 시작했음에도 이전 관계를 지속하게 된다. 사람 또는 사물에 집착하는 것은 그 대상을 잃을까 봐 두려워하는 공포와 관련이 있기 때문에 공포를 느끼지 않는다면 집착으로부터 어떠한 보상도 얻지 못하며, 따라서 그것을 다시 얻게 될 때 강화를 받게 된다.

이들은 자신의 안전을 위협하는 모든 것에 대해 매우 반응적이며, 위협을 느끼면 많은 불안감에 사로잡혀서 극도로 걱정한다. 강박적인 사고나 행동이 이러한 코드타입에서 흔하다. 좌절에 대한 반응으로 이들은 극도로 자기비판적인 모습을 보이고, 상황을 파국화하며, 타인으로부터 재확인을 구하지만, 결국 그것들은 도움이 되지 않는다. 이들은 실패를 두려워하기 때문에 쉽게 자기비판적인 모습을 보이는데, 아마도 예측되는 타인의 비난을 약화시키는 예방의 수단으로 활용하는 것 같다. 이들은 실패와 거절을 동등하게 여긴다. 다른 사람들은 247 코드타입의 사람들이 보이는 자기비난에 대해 재확인과 지지적 반응을 보이지만, 결국 진정되지 않는 이들의 모습에 참기 어려워진다.

이들은 의존적이지만 또한 감정적 친밀감을 두려워하기 때문에 수동 의존적인 기만을 보인다. 이들은 자신을 구원해 줄 사람을 끌어들인다. 가족 또는 결혼생활의 문제가 흔히 나타난다. 이들은 정서적 유기의 공포 때문에 분노를 표현하는 데 어려움을 겪으며, 따라서 이들의 분노는 수동적으로 표현되는 양상을 보인다. 247 코드타입의 사람들은 남들을 기만하기 위해 죄책감을 사용하고, 과장된 자기비난을 활용해서 자신을 향한 다른 사람들의 분노를 완화시킨다. 다른 사람들은 이러한 행동이 짜증나게 만든다는 것을 깨닫게 된다. 개념적으로 볼 때, 247 코드타입의 사람들이 분노를 다루는 방법은 마치 어린아이가 보호자를 응징하는 수단으로서 불편감을 분출하기 위해 자신의 장난감을 부수는 모습과 유사할 수 있다. 이들은 삶을 고달프다고 느끼며 스스로 가혹한 대우를 받는다고 느낀다. 우울증 증상이 존재함에도 불구하고 대인관계적인 문제나 자기파괴적인 행동에 비해 흔히 부수적인 문제로서 치부된다. 공포증, 신체적 불편감, 불안, 긴장, 걱정, 부적절감 또한 존재할 수 있다. 이들은 흔히 부진한 성취를 보이며, 실수하는 것과 다소간의 실패에 대해서도 두려움을 갖기 때문에 의사결정에 어려움을 겪는다. MAC-R 척도가 상승하지 않은 경우에도 이들은 흔히 스스로 약물을 사용한다. 자살사고나 이성에 대한 불편감도 존재할 수 있다.

이러한 코드타입을 보이는 남성들은 흔히 지나치게 의존적이고 미숙하지만, 스트레스를 받게 되면 공격적인 언사를 보일 수 있다. 전형적으로 이들은 강하고 보호해 주며 심지어는 지배적인 배우자와 결혼한다. 흥미롭게도, 274 코드타입을 가진 사람들 가운데 높은 비율은 어린아이들이다. 대부분의 경우 행동 문제는 없으며, 척도 4의 상승은 행동 표출보다는 소외감 및 감정적 불신에 기인함을 보여 준다. 이러한 프로파일의 남성은 자신의 응석을 받아 주는 경향을 지닌 어머니상과 밀접한 관계였던 과거력을 흔히 보이는데, 이들의 어머니는 지배적인 양상을 보였기 때문에 아들에게 개인적 효능감을 가르쳐 주는 데 실패한 셈이다. 여성의 경우 아버지상과 동일한 관계를 보이는데, 때때로 나이가 많은 남편과 비슷한 양상을 보이기도 한다. 이는 보호적인 양상의 나이 많은 남자와 결혼한 경우로서 이들의 정서적 안정 욕구를 반영한다.

척도 1이 네 번째로 높은 척도라면 이들은 스트레스와 관련된 다양하고 모호한 신체적 증상을 호소한다. 만일 척도 3이 상승했다면 거절을 피하기 위해 더 많은 과잉통제 및 사교적인 역할을 연기하는 경향이 존재할 수 있다.

⊃ 치료

문제를 촉발하는 사건은 흔히 지지적인 돌봄을 제공해 주는 의존적 대상을 상실하는 경우이며, 이러한 상실은 정서적 유기를 당했던 어린 시절의 경험과 동일한 양상일 수 있다. 또한 이들은 경미한 문제에 대해서도 마치 위급 상황인 것처럼 과도한 반응을 보이는 것이 일반적이다. 이들은 자신의 감정을 직접적이고 명료하게 표현하는 데 어려움을 겪는다. 우울증이 거론되고 수면 문제나 다른 우울증상을 호소하는 경우일지라도 불안의 문제가 보다 두드러지는 경향이 있다. 다른 사람들은 이들에 대해 긴장이 높고 신경이 날카로우며 예민한 사람으로 보는 경향이 있다. Alex Caldwell의 표현에 따르면, 이 프로파일은 남성의 경우 '마마보이', 여성의 경우 '파파걸'로 묘사될 수 있다. 이 프로파일은 흔히 자신의 모든 것을 용인해 주었던 보호자와 함께했고 신뢰하기 어려운 양육방식으로 인해 이들의 개인적인 효능감을 상실케 한 보호자의 모습을 반영해 준다. 부모의 비일관적인 양육방식은 이들에게 버려질 수 있다는 공포를 주입시켰고, 그와 동시에 자신의 욕구를 충족하기 위해서 상대방을 조종하는 방식을 만들어 주었을 수 있다.

치료 과정에서 이들은 늘 재확인을 요구하지만, 척도 4의 상승에서 예상할 수 있듯이 이들은 확인해 주어도 그것을 믿지 않는 경향이 있다. 결론적으로 이들은 끊임없이 사랑과 재확인을 바라지만 그것의 타당성이나 신뢰도를 의심한다. 이들은 자신의 기만양상을 남들에게 투사하며 타인의 의도를 불신한다. 이 프로파일의 경우 매우 간섭이 심했던 보호자가 자신의 자기애적인 욕구나 정신병적 질환 때문에 예측하기 어려운 모습으로 양육했던 내담자의 과거력을 흔히 보인다. 이들은 치료자로부터 늘 재확인을 요구하지만 치료자의 조언을 잘 따르지 않는다. 이들은 현재 당면한 문제에 대해 도움을 요청하는 경향이 있는데, 예를 들어 과거에는 지지적이었던 사람이 이들을 남겨 두고 자신의 삶으로 떠나 버린 것을 되돌려 달라고 할 수도 있다. 많은 경우 어린 시절에 높은 비율로 신체적 병력을 지닌다. 또한 이들은 남들과 비교해 연애하는 비율도 흔히 낮다. 이완 훈련 그리고 스트레스가 쌓이는 때를 알아차리는 법을 가르치거나 자기패배적 혹은 자기파괴적이 아닌 방식으로 스트레스를 줄이는 행동을 예행연습하도록 하는 것 등이 도움이 될 수 있다. 치료자가 자신에게 짜증 낼 것을 예상하고 치료자에게 이야기하는 것을 주저하는 내담자가 있기 때문에 내담자의 전이 과정을 작업하는 것도 중요하다. 만일 치료자가 내담자로부터 신뢰를 얻게 되면 내담자와 치료자 모두 선택적인 정보만을 주고받지 않아도 되고, 통찰치료를 통해 내담자로 하여금 자신의 보호자를 신뢰하지 못했던 어린 시절 자신의 모습을 공감하도록 도움을 줄 수 있다. 통찰치료의 과정 속에서 내담자로 하여금 상호 의존적인 방식으로 타인에게 협력을 요청하는 방식을 깨닫도록 도와줄 수 있다. 일단 불안이 완화되면 이들은 치료를 지속하려는 동기를 상실하는 경향이 있기 때문에, 때로는 치료가 짧게 종료되기도 한다.

➲ 치료적인 피드백

당신의 프로파일을 살펴보면 현재 당신은 신경이 곤두서 있고 긴장하고 있으며 상당한 시간 동안 불안해하고 있습니다. 당신은 지속적으로 무언가를 걱정하고 무슨 나쁜 일이 생길까 봐 두려워하는 자신의 모습을 알고 있는지도 모릅니다. 당신은 어쩌면 몇몇 특정공포증을 보일 수도 있습니다. 일이 잘 풀리지 않으면 당신은 마치 세상이 붕괴될 것처럼 극심한 불안을 흔히 경험할 수 있습니다. 이와 같은 프로파일을 지닌 사람들 가운데 일부는 지배적인 태도를 보이지만 정서적으로는 비일관적인 부모 아래에서 자란 양육 배경을 갖고 있습니다. 당신의 보호자는 함께하는 경우에는 돌보아 주지만, 보호자의 일부가 어쩌면 병상에 누워 있거나 또는 다른 방식으로 함께하지 못했을 수 있습니다. 아마도 당신은 부모에게 언제 의존해야 하는지 그리고 부모가 언제 당신에게 관여하는지를 알 수 없었고, 부모가 종종 지나치게 집착하고 통제하려 했기 때문에 정서적으로 스스로를 신뢰하는 것을 거의 배우지 못하였습니다. 당신은 신뢰할 수 있는 사람을 갖지 못했기 때문에, 마치 무언가 나쁜 일이 발생하는 것을 기다리는 것처럼 끊임없이 불안해하는 모습을 보일 수 있습니다. 당신은 충분히 스스로에 대한 신뢰감을 형성하기 어려웠습니다. 이러한 프로파일을 가진 사람들의 경우 흔히 결혼 상대자는 돌보아 주고 지지적이면서도 지배적인 양상을 보입니다. 당신은 어쩌면 다른 사람의 감정적 지원을 잃을까 봐 끊임없이 우려하지만, 그와 동시에 남들이 지나치게 통제적이라는 생각으로 그들에게 적개심을 갖고 있을 수 있습니다. 당신은 상실을 두려워하고 또한 일이 잘못될 때 죄책감을 느끼며 가능한 문제의 모든 부분을 고려하기 때문에 의사결정을 내리기가 어렵습니다. 스트레스가 쌓이면 당신은 기분이 나아지기 위해 또는 죄책감을 멈추기 위해 화학 약물 사용과 같은 충동적인 선택을 할 수 있습니다. 당신의 끊임없는 내적 불안감과 자기의심은 스스로를 지치게 만들 수 있습니다. 당신은 숙면을 취하기 어려울 뿐만 아니라 스트레스에 의한 신체적 증상을 경험할 수 있습니다. 치료자는 당신의 불안을 완화하기 위해 약물 처방을 고려할 수 있고 부정적인 사고를 멈추는 방법을 가르칠 수 있습니다. 이완 훈련, 심호흡, 요가 운동이 당신의 이완에 도움을 줄 것입니다. 마음챙김치료가 당신 삶 속의 긍정적인 것들을 인식하는 데 도움이 될 수 있습니다. 신뢰롭지 못한 보호자로 인해 불안해하고 재확인을 요구하며 통제의 두려움을 경험했던 어린 시절의 당신 모습에 공감할 수 있도록 치료자와 작업하기 바랍니다.

248 코드타입

이 프로파일을 보인 경우 안정적인 248 성격유형의 사례인지 혹은 48/84 코드타입을 가진 사람이 최근 행동 표출의 문제로 난관에 빠져서 척도 2가 상승하게 된 사례인지 구분하기 어려울 수 있다. 대부분의 사례에서 우울, 불안, 방어적인 분노, 가족 문제와 대인관계 문제가 존재한다. 행동 표출은 충동적이고 적개심을 드러내며 종종 자기파괴적인 양상을 보인다. 이 코드타입의 사람들은 타인에 대해 상당한 불신을 갖고 있다. 이들은 소외감을 느끼고 남들이 어떤 감정을 느끼는지 파악하는 데 어려움을 겪는다. 이들은 타인과 거리를 두면서 자기방어적인 냉담한 모습으로 철수해 버리기 때문에 공감능력이 부족하다. 남들은 흔히 이들에 대해 기분 변화가 심하고 예측하기 어려운 사람이라고 평가한다. 이들은 무시당했다는 느낌을 쉽게 갖고, 남들로부터 이해받지 못한다고 느끼면 순식간에 분노할 수 있다. 이들은 흔히 성적인 문제들을 보이는데, 성적 욕구와 공격성이 혼재된 양상이 빈번하다. 자살사고 및 반복적인 자살시도도 종종 나타난다.

남을 믿지 못하는 것이 이 프로파일의 주된 특징이다. 일시적인 삽화를 통해 모호한 편집증의 양상으로 드러나기도 하지만 소외감이나 세상으로부터의 단절감 등으로 표현될 수도 있다. 이들은 극심한 불안을 보이는 시기를 경험할 수 있는데, 과민하고 적대적인 정서로 그 불안을 표현할 수 있다. 이러한 정서의 표현은 이들이 취약함을 느낄 때마다 급격한 양상으로 악화되곤 한다. 이러한 취약성은 남들이 따뜻함과 배려를 보여 줄 때 드러나기도 하고, 때로는 남들이 통제적이고 요구적일 때 드러나기도 한다. 이들이 우울감을 호소하는 경우에도 그것은 타인으로부터의 공허감과 단절감을 의미하는 경우가 더 빈번하며, 순수한 우울증 프로파일에서 나타나는 관계적인 우울감이 아닐 수 있다. 이들의 우울은 환경적인 변화에 민감하다. 이들이 불안감을 호소하는 경우에도 그 불안은 구체적이기보다 모호한 양상으로 경험되며, 척도 8의 상승에서 나타나는 것처럼 내적 공허감 및 감정적 단절감을 반영한다. 이들은 자신에게 부과된 요구에 대해 매우 예민하고 수동적인 태도로 시비를 걸거나 저항을 보일 수 있으며, 동시에 남들에게도 요구적일 수 있다. 좌절감을 느낄 때 이들은 자기파괴적일 수 있다. 이러한 코드타입을 지닌 부모는 자신의 아이를 양육하기 어려울 수 있다.

⊃ 치료

자살시도는 이 코드타입에서 흔하며, 종종 자포자기식으로 분노하는 시점에서 발생한다. 이들은 치료자의 신뢰성을 테스트하기도 하는데, 이는 감정적 유기나 거절에 대한 이들의 공포를 의미한다. 이들에게는 흔히 어린 시절에 거절, 유기, 냉랭한 학대를 받았던 과거력이 존재한다. 이들의 자존감은 정체성을 뒤흔들 만한 충격을 받았기에 스스로 타인과 거리를 두게 함으로써 더 이상 상처받지 않도록 보호하는 방식으로 이끌었는지 모른다. 이들은 종종 자신의 어린 시절과 동일한 관계를 형성하여 자신의 파트너를 학대하거나 거절을 가하기도 한다. 아버지는 흔히 무관심했으며 어머니는 흔히 거절적인 양상의 관계였던 경우가 많다. 어릴 적 학교 성적은 평균을 밑도는 경우가 흔하다. 흥미롭게도 Marks 등(1974)의 연구결과에 따르면, 부모의 거절 및 무관심에도 불구하고 482 코드타입 참여집단의 35%가 가족 구성원으로부터 성교육을 받은 것으로 조사되었는데, 이는 다른 코드타입과 비교해서 가장 높은 비율이다. 248 코드타입의 경우 성적 공격을 포함하여 성과 관련된 문제를 예상할 수 있고, 어린 시절의 거절경험(성교육은 예외)을 예측할 수 있으며, 원가족에서의 가족 경계가 와해됨을 시사할 수 있다.

통찰지향적인 치료보다는 지지적이고 자존감 형성을 돕는 치료적 접근들이 가장 유용하다. 이들은 통찰지향적인 치료에 의해 인지적으로 혼란을 겪을 수 있다. 치료자가 경계 설정을 해 주면 잘 반응하는 모습을 보일 수 있다. 이들의 자존감 형성 및 대처기술 개발에 도움이 되도록 실용적이고 목표지향적이며 지지적인 심리치료를 진행하면 효과적일 수 있다. 충동적인 압박이 차오르는 것을 알아차릴 수 있도록 도와주면 자기파괴적인 방식으로 행동을 표출하는 것을 예방할 수 있다. 단기 정신병적 삽화가 일부 사례에서 발생할 수 있는데, 특히 화학 물질을 남용하는 경우라면 더욱 그러하다.

이 코드타입은 약물중독에 대한 취약성과 관련이 있다. 주 치료자와 신뢰 있는 관계가 형성될 때까지 집단심리치료를 피하는 것이 좋다. 심각한 우울증상이 있는 경우 진정시킬 수 있는 항우울제의 사용이 효과적일 수 있다.

⊃ 치료적인 피드백

당신의 프로파일을 살펴보면 당신은 현재 슬프고 우울하며 불행감을 느끼는 시기를 겪고 있습니다. 당신과 같은 프로파일을 보인 사람들 가운데 일부는 보호자에게 정서적 지지를 의존할 수 없는 환경에서 성장하였습니다. 어쩌면 당신의 부모 가운데 일부는 냉정하게 대하거나 혹은 거절적인 모습을 보였을 수 있으며, 그로 인해 당신은 어린 시절부터 충분한 보살핌을 거부하는 방식으로 자신을 방어해 왔을 수 있습니다. 또는 누군가로부터 학대적인 경험을 겪었기 때문에 사람들이 친밀하게 다가오지 못하게 함으로써 자신을 보호하는 법을 배웠을 수도 있습니다. 현재 당신은 타인과 관계를 맺게 되면 분노 또는 감정 기복에 의해 압도되는 자신의 모습을 발견할 수 있으며 스스로 그 이유를 알지 못합니다. 만일 누군가가 당신에게 온정적으로 친절하게 대한다면 당신은 어쩌면 분노를 느낄 수 있으며, 당신의 세계 안으로 그 사람이 들어오도록 놔둠으로써 상처를 받게 될까 봐 두려워하는지도 모릅니다. 다른 경우 당신은 어쩌면 누군가가 당신에게 얼마나 상처를 입혔는가에 사로잡혀서 그들을 다루고 처벌하는 것과 관련된 공상에 빠져 있을 수도 있습니다. 아마도 당신은 만족스러운 방식으로 자신을 표현하거나 스스로 느끼고 있는 것을 다른 사람과 공유하는 것이 어려울 수 있습니다. 때때로 당신은 마치 세상이 무너져 버리고 누구를 믿어야 할지 모르는 것처럼 극심한 불안을 경험할 수도 있습니다. 이것은 당신이 자신의 주변에 방어벽을 만들어서 상처받지 않도록 스스로를 보호하는 방법을 어린 시절부터 배워 왔기 때문입니다. 어린 시절의 경험 때문에 당신은 마음을 열고 사람들이 친밀하게 다가오도록 놔두는 것이 어렵게 느껴질 수도 있습니다. 당신의 치료자는 당신이 슬픈 감정을 떨쳐 낼 수 있도록 그리고 숙면과 휴식을 취할 수 있도록 약물 처방을 권고할 수도 있습니다. 당신이 스트레스를 경험할 때 할 수 있는 것을 치료자와 함께 연습한다면 충동적인 방식으로 행동하지 않을 수 있으며, 충동적인 행동으로 인해 스스로에 대해 나쁜 감정을 느끼는 것을 피할 수 있습니다. 누군가와 친해진 이후 그 사람과 지나치게 친밀해지는 것으로부터 자신을 보호하기 위해 분노의 감정을 통해서 그 사람을 밀어내 버리는 당신의 모습을 관찰해 보기 바랍니다. 당신의 부적응적인 공상을 차단해 버리는 방법을 배우십시오. 남들이 수용할 수 있는 방법으로 감정을 표현할 수 있도록 당신이 느끼는 감정이 무엇인지 알아차리는 방법을 배우기 바랍니다.

25/52 코드타입(만일 척도 7이 5T 차이 내에 있다면 275/725 코드타입도 참조할 것)

이 코드타입을 보이는 남성은 이상주의적이고, 내면지향적이고, 조심스러우며, 우유부단하고, 우울한 특성을 보인다. 이들은 다른 사람을 사려 깊게 배려하고 철학적인 관점을 갖는다. 이들은 세상사의 잔혹성을 우려한다. 이들은 경쟁을 싫어하고 때때로 수동적일 수 있다. 행동표출의 가능성이 적으며, 갈등에 대해 언어적으로, 지적으로, 합리적으로 이성을 갖고 처리하려는 경향을 보인다. 이들은 심리학적인 마인드를 가지고 있으며 자신의 감정에 대해 토론하는 것을 원한다. 이들은 민감하고, 쉽게 상처받으며, 불안감을 내비칠 수 있고, 때로는 위축된 모습을 보이기도 한다. 일부는 신체증상들을 토로할 수 있으며, 우울증의 증상으로서 수면의 어려움, 집중과 기억의 문제, 낮은 활력을 호소할 수도 있다. 이들은 고통스럽게 느낄 정도로 자의식적일 수도 있다. 이들은 별일 아닌 것에 까다롭고 자기비판적일 수 있다. 성적 적응에서 어려움을 보일 수 있는데, 아마도 낮은 자존감, 예민성, 수동적인 경향 때문일 것이다.

이 코드타입은 여성의 경우에는 흔하지 않다. 높은 척도 5의 점수는 전통적인 남성적 취미를 갖고 남성적 환경에서 편안함을 느끼는 여성의 모습을 시사한다. 이러한 여성은 우울한 성향을 지니고 내면에 집중하며 죄책감을 느끼기 쉽고 의무지향적인 모습을 보인다. 25 코드타입의 여성으로는 외부 활동을 즐기고 농장에서 거주하고 일하는 여성 혹은 실용적이고 경쟁적이고 활동지향적이며 전통적으로 남성 세계인 군대와 같은 곳에서 편안함을 느끼며 연구하는 여성 과학자의 예를 들 수 있다. 또한 이러한 여성은 신중하며 위축된 시기나 부정적인 사고를 갖기 쉬울 수 있다. 이들은 분석적이며 주목받는 것을 피하려고 노력한다.

이러한 코드타입의 남성 청소년(예: 18~19세)은 섬세함과 수줍음 때문에 사교적 관계에서 문제를 보인다. 흔히 대인관계에서 조심스러우며, 과도하게 주지적이고 완벽주의적이며 꼼꼼한 성향을 보인다. 전통적인 남성 행동에 대한 고정관념 때문에 스스로 이성애자임에도 불구하고 때로는 또래들에 의해 놀림을 받을 수 있고, '동성애자'로 불리는 경우도 있다.

⊃ 치료

인지행동치료와 같은 표준적인 우울증 치료가 이러한 코드타입에 효과적일 수 있다. 일부 지역에서는 동성애에 대해 여전히 부정적인 평가가 있으므로 이와 관련된 문제를 탐색하는 것이 필요하다. 자기주장 훈련 또는 친밀한 관계를 맺는 방법을 남성 내담자에게 조언하는 것이 도움이 될 수 있다. 반대의 성을 가진 부모에게 동일시했던 어린 시절의 경험이 있는지 탐색해 보거나 어린 시절 나이에 걸맞은 편안함이 부족하지는 않았는지 확인해 볼 필요가 있다. 어린 시절부터 동성애에 대한 자각이 존재했는지 그리고 그로 인해 내적인 갈등을 경험했을 가능성에 대해 탐색해 보아야 한다.

⟳ 치료적인 피드백

당신의 프로파일을 살펴보면 당신은 순종적이고 책임감이 높으며 쉽게 걱정하는 사람이란 걸 알 수 있습니다.

- **남성의 경우**: 당신은 남들이 어떻게 느낄지 신경을 쓰는 세심한 사람이고, 세상에 대해서 그리고 사람들이 다른 이에게 어떻게 대하는지에 대해 염려가 많은 사람입니다. 사물이 어떻게 보이고 느껴지는지에 예민하며, 삶의 실용적인 면에만 관심을 갖는 사람이 아닙니다. 당신은 어떤 상황에서도 감정과 미학 그리고 사물이 어떻게 보이는지에 신경 쓰고, 우아함에 긍정적인 반응을 보입니다. 당신은 자기주장을 잘하지 못합니다. 당신은 주저하고, 관찰하고, 분석하며, 화를 직접적으로 표현하지 않는 성향을 지니고 있습니다. 남들이 평가하기에 당신은 일이 처리되는 정해진 방식에 지나치게 신경을 쓰는 사람일 것이며, 남들이 일을 처리하는 방식에 대해 당신이 불만을 갖는 경우에도 당신은 남들의 기분을 상하게 하고 싶지 않기 때문에 당신의 생각이 가장 효과적일 수 있다고 그들에게 말해 주기 어렵습니다. 당신과 같은 프로파일을 보이는 남성은 여성들의 세상에 있을 때 편안함을 느낄 수 있고, 전통적으로 여성의 관심과 가치로 여겨질 수 있는 것들을 즐깁니다. 경쟁적이고 과격하며 전통적으로 남성적인 것으로 여겨지는 활동에는 관심이 덜합니다. 주저하거나 압박을 기피하는 당신의 성향 때문에 때로는 남들이 당신을 이용하거나 혹은 당신에게 편하지 않은 일을 하도록 강요할 수도 있습니다. 당신의 프로파일은 또한 당신이 쉽게 죄책감을 느끼고 자책할 수 있음을 보여 줍니다. 현재 당신은 전처럼 행복하거나 긍정적이지 않습니다. 치료자는 당신의 숙면과 휴식을 돕고 효능감을 높이기 위해 약물 처방을 권유할 수도 있습니다. 그와 동시에 좀 더 자기주장적일 수 있도록 작업하고, 당신이 느끼는 것을 직접적으로 표현할 수 있는 방법을 배우기 바랍니다. 당신이 순종적이어야 하고 책임감을 가져야만 한다고 느꼈던 어린 시절의 경험이나 혹은 당신이 경계를 늦추면 손해를 보게 될지 모른다고 겁먹었던 어린 시절의 경험에 대해서 치료자와 이야기를 나누어 보기 바랍니다. 당신 자신의 성취를 자축하는 방법을 배우고, 파국화하려는 당신의 성향을 살펴보기 바랍니다.
- **여성의 경우**: 당신의 프로파일은 또한 당신이 실용적인 측면과 활동지향적인 양상을 잘 개발한 사람으로서 남성들의 세계에서 편안함을 느낀다고 말해 줍니다. 문제가 발생하게 되면 당신은 그것을 논의하는 것보다 무언가를 행하려고 합니다. 활동적인 세상에 대한 관심이 높기 때문에 전통적인 여성적 관심사로 가득 찬 여성들과 어울리는 것에 당신이 흥미를 덜 느끼는 측면이 이해됩니다. 또한 당신의 프로파일을 살펴보면 현재 당신은 전

처럼 행복하거나 긍정적이지 않습니다. 일이 잘 풀리지 않을 때 당신은 쉽사리 죄책감을 느끼고, 순종적이고, 책임감이 강하며, 내향적인 사람입니다. 치료자는 당신의 숙면과 휴식을 돕고 효능감을 높이기 위해 약물 처방을 권유할 수도 있습니다. 그와 동시에 좀 더 자기주장적일 수 있도록 작업하고, 당신이 느끼는 것을 직접적으로 표현할 수 있는 방법을 배우기 바랍니다. 당신이 순종적이어야 하고 책임감을 가져야만 한다고 느꼈던 어린 시절의 경험이나 혹은 당신이 경계를 늦추면 손해를 보게 될지 모른다고 겁먹었던 어린 시절의 경험에 대해서 치료자와 이야기를 나누어 보기 바랍니다. 당신 자신의 성취를 자축하는 방법을 배우고, 파국화하려는 당신의 성향을 살펴보기 바랍니다.

26/62 코드타입

이 코드타입은 기저에 편집증적 특징이 함께하는 우울증 프로파일이다. 이 코드타입을 보이는 사람들은 현재 자신이 함정에 빠졌다는 느낌을 갖고 있으며, 현재의 우울은 남들의 부당하고 몰지각하며 무정한 처사 때문이라고 생각하면서 우울을 경감시킬 방법이 없다고 느끼는 상태이다. 척도 6의 상승으로 인해 성마름, 쉽게 상처받고 공격적인 양상, 희생양으로 느끼는 경향, 독선적인 분노 등의 특징을 예견할 수 있다. 이들은 분노를 직접적으로 표현하는 데 어려움을 보이는데, 이는 아마도 보복에 대한 두려움 때문이며, 그래서 분노를 축적시켜 두는 경향이 있다. 이는 자기충족적 예언을 만들게 되는데, 이들의 분노가 표현되면 그 분노로 인해 남들이 자신에게 분노를 표현하고, 결국 분노 감정을 드러내면 반드시 보복이 뒤따른다는 자신의 신념이 강화된다.

이 코드타입을 지닌 사람들의 전형적인 호소에는 우울한 기분, 소리 내어 욺, 걱정, 신체적인 집착, 열등감, 수면과 집중력 및 기억의 문제, 일반적인 효능감 및 활력에서의 어려움 등이 있다. 다른 사람들은 이들에 대해 비판적이고 억울해하는 성향이 있다고 평가한다. 이들은 현재 곤경에 처해 있고 남들로부터 오해를 받고 있거나 희생양이 되었다고 느끼며 자신의 감정을 표현하는 것에 대해 두려움을 갖고 상처 입은 침묵으로 철수된 경향을 보이는데, 그 침묵을 통해 다른 사람들을 성가시게 만들고 그 후 남들의 행동에 대해 삐쳤다고 판단하는 양상이다. 이들은 타인의 동기를 오해하며 자신의 분노를 적재하고 합리화한다. 하나의 가설을 생각해 보면, 이들은 비판적이고 평가적인 부모 아래에서 성장했고 그 부모는 만족시킬 수 없는 대상이었을 수 있다. 이들의 반응은 '노력을 포기하는 것'이었고, 그와 동시에 복수를 준비하기 위해서 자신이 학대받은 증거에 과민한 경계를 보이는 것이다. 성인이 된 이후 이들의 대인관계는 어린 시절의 경험을 반복하게 되는데, 자기보호적인 경계를 유지하고 상대방의 공감 실패를 쌓아 두게 된다. 이들은 자신이 비난을 받기 전에 방어의 수단으로서 미리 비난하는 모습을 보이게 되는데, 남들은 이들에 대해 경직되고 비판적인 사람으로 평가하게 된다. 이들은 남들의 평가에 과민하기 때문에 방어적인 양상을 보이며, 왜 자신의 '잘못이 아닌지'에 대한 증거를 찾는 데 신속한 모습을 보인다. 이들은 일반적인 상황 속에서도 악의적인 의미를 파악하는 데 신속하며, 자신을 향한 공격으로 여겨지는 것으로부터 자신을 보호하기 위한 시도로서 '시비조로 대하는' 태도의 방어를 사용하게 된다. 이들은 전형적으로 투사, 합리화, 반동형성 등의 편집증적인 방어를 보이지만 이 코드타입이 정신증의 프로파일인 경우는 거의 없다. 만약 척도 4나 척도 8이 65T 이상으로 상승해 있다면 정신증의 가능성은 높아진다.

➲ 치료

이 코드타입의 경우 어린 시절 비판적이고 판단적이며 감정적으로 차단하는 경향의 보호자로부터 부당하게 대우받았다는 느낌을 경험한 것과 관련이 있다. 26 코드타입의 사람들은 적응하기 위한 반응으로서 입을 닫고 자기보호적인 침묵으로 철수하는 방법을 학습했을 수 있는데, 이는 상처받아서 분노를 느끼고 있음을 전달하는 수단이 된다. 이들은 아마도 요구적인 보호자에 대해서 상대하는 것이 불가능하다는 판단을 내렸을 것이다. 개념적으로 보면, 26 코드타입의 사람은 상처받은 느낌을 갖고 벗어날 수 없는 환경에 처했다고 지각하는 사람들이다. 이들은 억울한 감정을 느끼고 적개심을 품고 있지만 자신의 취약성이 드러나는 것을 겁낸다. 이들은 치료자에 대해 '이해해 주지 못하고' 이내 비판적인 모습을 보일 것으로 예상한다. 이들은 친밀한 감정을 표현할 때 상대방의 입장에서 요구적이거나 공격적인 것으로 해석할 수 있는 방식으로 표현하는 경향이 있고, 그로 인해 자신이 두려워하는 감정을 상대방이 느끼게끔 만들 수도 있다. 결론적으로 심리치료의 방향은 이들이 내면의 상처를 표현하는 방법을 배울 수 있도록 돕는 것이고, 그 방법은 타인에 대한 비난이나 평가를 내리지 않고 자신의 분노를 직접적으로 표현하도록 연습시키는 것이다. 예를 들면, 이들은 자신이 받은 상처를 합리화된 방식으로 표현하는데 그 방식을 통해 상처를 준 상대방에게 비난을 전달하는 모습을 보인다. 이 방식은 비난받는 상대방으로부터 방어적인 반응을 불러일으키게 되는데, 이를 통해 26 코드타입의 사람은 감정적 취약성을 드러내면 결국 공격을 받게 된다는 자신의 신념을 강화한다. 인지행동치료 기법 및 교육을 통해 26 코드타입의 사람들에게 타인에 대한 비난 없이 자신이 원하는 바를 요청하는 방법을 가르쳐 주는 것이 효과적일 수 있다. 직면이 생산적인 방법이 될 수 있음을 깨닫고, 직면이 반드시 관계 단절로 이어지는 것은 아님을 깨닫도록 도와주어야 한다. 자기주장 훈련, 분노조절, 이완 훈련, 치료자와의 전이 다루기 등이 유용할 수 있다. 이러한 내담자들은 치료자에게 취약함을 드러낸다고 느낄 수 있고, 진단받거나 평가받는 것에 대해 경계를 보일 수 있다. 이들은 감정적 통제를 하지 않는 것에 불안해하고 취약함을 드러내는 것을 두려워한다. 만일 이들이 치료 회기에서 눈물을 보였다면, 이들은 자신이 취약함을 드러냈다는 느낌을 가질 수 있다. 감정 정화 이후에 이들이 느끼는 전이에 대해 탐색하는 것이 중요하다. 이러한 사람들은 비난받게 되는 것을 미리 예상하고 있는데, 그렇기에 요구사항을 늘어놓고 결국 그로 인해 치료자의 방어적인 태도를 자극하는 경향이 있다. 이러한 사람들은 누군가에게 느끼는 실망감을 말로 표현하기도 하는데, 이러한 반응 안에는 평가와 교묘한 비난이 내재되어 있고, 이는 결국 자신의 분노를 직접적으로 표현하지 못하는 문제 때문이다.

⊃ 치료적인 피드백

당신의 프로파일을 살펴보면 현재 당신은 해결하기 어렵거나 불가능하다고 느껴지는 함정에 빠진 느낌을 갖고 있습니다. 이 상황 속에서 당신은 적개심, 상처받음, 심지어 억울함을 느끼고 있는데 이것을 어떻게 해결할지 알 수가 없는 상황입니다. 당신은 이 난감한 상황이 당신을 부당하게 또는 가혹하게 대하는 다른 사람 때문이라고 느끼고 있습니다. 당신은 현재 일부 우울증 증상, 슬픈 기분, 불행감, 낮은 활력, 집중과 기억 및 일반 효능감에서의 어려움을 경험하고 있습니다. 당신은 개인적으로 해석해서 감정적으로 상처를 받는 경향이 있기 때문에 남들이 당신을 '지나치게 예민한' 사람으로 여긴다고 스스로 생각하고 있습니다. 예민한 성격이 문제가 될 것은 전혀 없습니다. 그러나 현재 당신은 남들이 당신에게 하는 말이나 남들이 당신을 바라보는 모습 때문에 쉽게 무너져 버리는 기분을 느끼고, 남들로부터 평가받는다는 느낌을 갖고 있습니다. 당신과 같은 프로파일을 보이는 사람들은 종종 지나치게 비판적이고 요구적인 부모 아래에서 성장한 경험이 있습니다. 당신은 어쩌면 자신을 방어하려고 노력하면 더욱 비난당하고 평가받게 될 것이라고 생각하기 때문에 뒤로 물러나서 조용히 대기하고 아무 말도 하지 않음으로써 스스로를 보호하는 방법을 배웠는지도 모릅니다. 이제 당신은 화가 나면 침묵으로 철수하게 되고, 그러면 남들은 혼란스럽게 느낄 겁니다. 당신이 말한 것 혹은 행한 것이 합리적인지 그리고 비난을 피할 수 있는지에 대해 끊임없이 분석하려 하는 당신의 모습을 이미 알고 있을 것입니다. 당신이 분노와 적개심을 표현하는 것은 어려운 일이며, 그 이유는 당신이 그렇게 함으로써 공격당하거나 혹은 비판받는 것을 원하지 않기 때문입니다. 결론적으로 당신은 분노를 축적해 놓았다가, 그 후에 당신이 정당하다고 느낄 때면 남들에게 상처와 분노를 폭발적으로 표현할 것입니다. 다른 경우 당신은 침묵을 지키고 대화하는 것을 거절해 버릴 것이며, 이 경우 당신은 부당한 대우를 받을 수 있는 취약한 상황에 놓일 것입니다. 당신의 치료자는 우울증의 일부 증상을 돕고, 숙면을 취할 수 있도록 그리고 좀 더 효율적으로 느끼고 활력이 넘치도록 돕기 위해 약물 처방을 권고할 수 있습니다. 당신이 원하는 것을 요청하는 방법을 배워야 하고, 분노와 적개심이 가득 차서 '화내도 충분하다고 느껴질' 때까지 기다리지 말아야 합니다. 당신의 잘못이 아닌 상황에서 함정에 빠져 희망이 없다고 느꼈던 기억에 대해 당신의 치료자와 함께 탐색하십시오. 역할 연기를 통해서 당신의 치료자가 당신을 옹호하고 지지해 주는 것을 경험해 보고 그 경험이 어떤 느낌인지 살펴보기 바랍니다. 이완하는 방법 그리고 당신이 느끼고 있는 것을 마음챙김하는 방법을 배우는 것이 또한 유용할 수 있습니다.

27/72 코드타입

이 코드타입을 가장 잘 기술하는 것은 불안해하거나 혹은 안절부절못하는 우울증이다. 이 코드타입은 빈번한 편이며, 지나치게 책임감을 느끼고 쉽게 걱정하며 끊임없이 안절부절못하고 염려가 많은 특징을 반영하는데, 긴장, 우울, 신경과민, 불안, 죄책감, 자기평가절하 등의 증상과 호소를 보인다. 27 코드타입을 지닌 사람은 고통스러울 만큼 자기성찰적이고, 자신의 실패에 대해 끊임없이 반추한다. 이 사람들은 부적절감을 느끼고, 자신감이 부족하며, 하는 일에서 효율적이지 못하다고 느낀다. 이들은 불면증을 경험하고 쉽게 피로감을 느낀다. 이들은 많은 것을 성취한 경우일지라도 자신의 결점에만 집중한다. 아동의 경우라면 규칙에 충실하고 결코 권위적인 인물과 문제를 보이지 않는다. 이들은 책임을 질 의무가 있다고 느끼며 그 책임으로 인해 압도됨을 느낀다. 척도 1이 높지 않더라도 이들의 내적인 스트레스 수준이 높기 때문에 신체적인 호소가 흔하다. 이들은 문제가 발생하기도 전에 문제를 예상하며, 심지어 별것 아닌 문제에도 공황상태에 빠지고, 파국화, 과잉반응하는 경향이 있다. 이 과정에서 이들은 심하게 매달리고 의존적이며, 사랑받는 것에 대한 죄책감과 부적절감을 느끼는 동시에 재확인해 줄 것을 지속적으로 요구할 수 있다. 이 프로파일의 경우 예측 못하는 상실에 대응해서 세상의 위험 요소를 끊임없이 탐색하고 그 위험에 어떻게 대처할지 반복해서 연습하는 방어양상을 보일 수 있다. 이 사람들은 흔히 일을 수행하는 데 있어서 옳은 방식과 잘못된 방식을 경직되게 구분하는 태도를 보이는데, 만일 척도 L이 상승했다면 더욱 그러할 것이다. 이들은 자기검열수준과 실패의 두려움이 높기 때문에 성과 관련된 내적 갈등 그리고 성적 기능장애의 두려움을 흔히 보인다. 이들은 분노를 직접적으로 표현하지 못하고 자기주장을 할 때마다 죄책감을 느낀다.

하는 일과 관련된 문제가 흔한 편인데, 27 코드타입의 사람들은 사안의 모든 측면을 고려하는 경향이 있고 의사결정을 내리는 데 어려움을 겪기 때문이다. 친밀한 관계에서 이들은 의존적이고 자신감이 부족하다. 책임을 짊어질 의무가 있다고 느끼기에 지나치게 많은 책임에 속박되어 빈번히 우울해진다. 일부의 경우 공포증 관련 증상들을 보인다. 대부분 강박적이고 꼼꼼하며 완벽주의적 특성을 보인다. 죄책감 및 자기비난을 빠르게 느끼지만, 자신의 성과를 자축하는 데 느리다. 역설적으로 학업 성적은 평균 이상을 보이는 경우가 많고 평균 이하는 거의 없다. 27/72 코드타입을 가진 사람들은 높은 비율로 대학교육을 받았으며, 공격적인 방식으로 행동을 표출하는 경우는 드물다.

그러나 자살사고가 빈번하며 자살시도는 실현 가능한 수준을 보인다. 특히 척도 8과 척도 9가 상승한 경우이거나 척도 1과 척도 K가 낮은 경우라면 더욱 그러하다.

⊃ 치료

이들은 강박적이고 완벽주의적이며 책임감이 높기 때문에, 치료 예후에 있어서 가장 이상적인 유형 가운데 하나일 수 있다. 이들은 규칙을 준수하고, 만일 자신이 말한 것을 이행하지 못하면 죄책감을 느끼며, 또한 자기성찰적이다. 높은 상승을 보이는 것은 심각한 수준의 불안을 시사하며, 이완 훈련과 사고중지가 도움이 될 수 있다. 항우울제 및 항불안성 약물 처방은 27 코드타입을 가진 사람들에게 통제감을 제공할 수 있는 가장 효율적인 방법일 수 있다. 물질남용이 함께하는 경우라면 자살위험성에 대해 특별히 주의 깊게 살펴야 한다.

유년기 과거력을 살펴보면 흔히 높은 수준의 책임감을 보이거나 또는 나이에 걸맞은 자유로움이 부족한 모습을 보인다. 최근 발생한 과중한 책임감과 관련된 사건이 27/72 코드타입의 사람에게 우울증 삽화를 촉발시키는 경우가 많다. 27/72 코드타입을 가진 사람들의 우울증은 자신이 누군가를 실망시켰다고 느끼거나 자신 때문에 누군가가 실패했다고 느끼는 경우에 흔히 촉발된다.

이완 훈련, 실패에 대한 두려움과 관련된 노출치료, 분노를 말로 표현하도록 돕는 기법 등이 유용할 수 있다. 항우울제 혹은 항불안 약물의 처방, 부정적인 사고를 전환할 수 있도록 돕는 인지적 재구조화, 파국화를 멈추게 만드는 기법을 가르치는 것 등이 또한 유용할 것이다. 높은 책임감에 억눌린 어린 시절을 보냈던 자신에게 공감할 수 있도록 도움을 주어야 하고, 또한 이들이 완벽하지 못하면 사랑하는 사람들에게 버림받을 것이라는 두려움으로부터 이들의 죄책감이 발현되었음을 깨닫도록 도울 수 있다. 분노를 말로 표현하는 방법을 배울 수 있도록 도움을 주되, 사랑하는 사람에게 분노를 표현하면 죄책감을 느끼게 되는 이들의 경향성을 고려해서 특정한 대상을 향해서가 아니라 어린 시절 이들이 처했던 상황을 향해서 표현하도록 도와줄 수 있다. 이들이 너무 지나친 노력을 기울이지 않도록 현실적인 목표를 설정하는 것에 도움을 줄 수도 있다. 인지 재구조화와 사고중지를 통해서 이들에게 죄책감을 다루는 방법을 가르치는 것도 중요하다.

⊃ 치료적인 피드백

　당신의 프로파일을 살펴보면 당신은 순종적이고, 책임감이 강하며, 지나치게 많은 업무와 책임을 짊어지는 경향의 진지한 사람임을 알 수 있습니다. 당신과 같은 프로파일을 가진 사람들 중 일부는 어린 나이에 높은 책임감을 요구받는 환경에서 성장한 과거력을 보입니다. 걱정이 많고, 미리 염려하고, 가능한 모든 상황을 예측하려 하는 당신의 모습이 이해가 됩니다. 현재 당신은 거의 모든 상황을 분석하면서 삶을 살고 있으며, 잘못될 수 있는 것을 예측하려 하고 혹은 일이 잘못될 때 당신이 느낄 수 있는 죄책감으로부터 스스로를 보호하려고 노력하면서 살아가고 있습니다. 당신은 책임감을 떠맡을 것을 스스로에게 강요하고 있으며, 당신이 여유를 부리거나 혹은 그만하면 괜찮다고 스스로를 격려할 때 죄책감을 느낍니다. 당신이 스스로를 지치게 만드는 것은 그런 이유 때문입니다. 당신의 프로파일에 따르면 당신은 가슴이 두근거리는 것 같은 지속적인 불안감을 경험하고 있으며, 이 때문에 휴식을 취하거나, 명확한 사고를 하거나, 숙면을 이루는 데 방해를 받고 있습니다. 당신은 모든 사안에서 가능한 모든 경우의 수를 고려하기 때문에 기억, 집중, 의사결정에서 어려움을 겪을 수 있습니다. 치료자는 당신의 기분이 나아지게 하고, 더 깊은 숙면을 취하고, 수많은 내적 방해 없이 사고할 수 있도록 당신을 돕기 위해 약물치료를 권고할 수도 있습니다. 약물 처방을 통해 당신의 불안 문제도 도움을 받을 수 있습니다. 어린 시절 책임감과 성실성을 특별히 느끼게 되었던 경험에 대해서 치료자와 논의해 보기 바랍니다. 자신의 성취에 대해 스스로를 격려하는 모습들을 미리 연습해 보기 바랍니다. 당신이 스스로에게 칭찬하는 경험을 허용할 때 또는 당신이 평가절하나 죄책감을 통해 그 칭찬을 가로막을 때 어떤 감정을 느끼게 되는지 살펴보십시오. 때때로 무시해야만 했던 불완전한 화재경보기를 상상해 보면서, 당신의 불안과 죄책감을 차단해 버리는 인지행동치료 기법을 배우기 바랍니다. 지나치게 관여하여 과도한 책임감을 짊어지고 그로 인해 죄책감을 경험하게 되는 것을 피할 수 있도록 남들에게 "아니요."라고 말할 수 있는 자기주장 훈련을 배워야 합니다.

273/723 코드타입

　27 코드타입에 척도 3이 추가되면, 인정받고 거절당하지 않기를 갈망하며 억압 및 호의적인 친절함이 두드러질 수 있음을 예상할 수 있다. 27 코드타입의 사람은 불안해하고, 두려워하고, 죄책감을 지니며, 끊임없이 과도한 책임을 떠맡으면서 그것을 드러낸다. 273 코드타입의 사람은 매우 상냥하고 자기희생적이고 심지어 눈물을 흘리면서도 미소를 보이며, 역할 연기를 하고 타인의 기대를 맞춰 주면서 남들로부터 긍정적인 반응을 이끌어 낸다. 273 코드타입의 사람은 정서적으로 버려지는 것을 두려워하고 남들을 화나게 만들거나 남들이 자신에

게 실망할까 봐 염려한다. 결론적으로 이들의 애착유형은 잘 보이려고 애쓰고 과도한 책임을 떠맡으며 미묘하게 죄책감을 유발하는 방식이다. 이렇게 과도한 욕구를 지속하게 되면 신체적인 스트레스를 형성하며, 척도 1의 유의미한 상승 없이도 신체화 증상을 보일 수 있다. 이들은 스스로 높은 기준을 설정하고 남들에 의해 쉽게 설득 및 조종당하며 매우 의존적이다. 이들은 정서적으로 연결되고 재확인받고자 하는 욕구가 높기 때문에 흔히 종속적인 모습을 보이기도 한다. 이들은 친절하며, 스트레스 상황에서는 무기력하고 자기비하적인 모습을 보이기 때문에 남들로 하여금 이들을 보호하고 조언해 주도록 유도한다. 성적인 억제와 죄책감 그리고 무의식적인 유혹적 경향성 등이 복합되어서 결혼생활의 문제를 유발하기도 한다. 이들은 순종적이고 자기희생적인 모습과 동시에 다소 어수룩하고 미숙한 경향을 보일 수 있다. 이들은 타인의 분노를 미리 예측하고 미연에 방지하려는 태도로 삶을 살며, 자신이 남들로부터 내쳐질 수 있는 가능한 이유들을 미리 예견하려는 경향을 보인다. 방어적인 수단으로서 타인을 달래거나 뒷바라지하려는 모습을 보이는데, 자기희생을 통해 타인으로부터 죄책감을 유발하고자 한다. 이들은 흔히 자신보다 더 부적응적인 상대를 골라 정착하고, 종속적인 보호자의 모습을 보이게 된다.

⊃ 치료

27의 상승과 관련된 불안과 우울 증상뿐만 아니라 척도 3의 상승으로 인해 억압, 부인, 재확인의 요구, 통찰의 부족 등을 예상할 수 있다. 고통스러운 사건에 대해 이야기하는 것은 이들로 하여금 불안을 형성하여 공황발작 및 실신을 경험하도록 할 수 있고, 감정적 과도함으로 인한 신체화 증상을 불러일으켜서 임상적 면접을 방해할 수 있다. 또한 단기간의 심리치료 후 특정 사안이 일시적으로 해결되면 '신체적 증상으로 회피하기'가 흔히 발생한다. 불안이 다시 촉발되어야 이들은 치료장면으로 돌아온다. 이들은 감정적 자기인식이 부족한데, 특히 분노 및 우울과 관련해서 그러하다. 지지적인 부모의 역할을 담당해 주며 보살핌을 제공하고 공격적이지 않으며 몰아세우지 않는 치료자, 다시 말해 이들을 예측할 수 없는 파국적인 사건에 의해 정신적 외상을 겪은 호의적인 어린아이로 다루어 주는 치료자에게 잘 반응한다. 극심한 감정적 고통에 대해 감정을 억압하고 씩씩한 모습을 보이려고 애쓴 행동이 적응을 위한 반응이었음을 이해하도록 스스로를 공감하고 감정 정화를 경험하게 도와줄 수 있다. 치료자를 두려워하는 것과 관련된 이들의 전이는 치료의 진전이 더딘 것에 대한 이들의 조급함이나 분노를 의미한다. 인지치료를 통해서 '합당한' 분노를 인식하고 그것을 치료 중에 표현하는 연습을 하도록 이들을 돕는 것이 유용하다. 자기주장 훈련을 실시하거나 불안감에 휩싸일 때 스스로 진정할 수 있도록 가르치는 것 등이 도움을 줄 수 있다. 신뢰가 형성되고 다소간의 정서조절이 가능해지면 노출치료를 통해서 불안을 다루는 방법을 이들에게 가르칠 수 있다. 사고중지, 인지행동적 기법, 이완 훈련 등이 모두 유용하다.

⊃ 치료적인 피드백

당신의 프로파일을 살펴보면 당신은 순종적이고 책임감이 강하며 갈등을 멀리하는 상냥한 사람임을 알 수 있습니다. 당신은 타인의 관점을 이해하고 남들의 욕구를 맞춰 주기 위해 애를 쓰는 사람입니다. 당신과 같은 프로파일을 보이는 사람들은 흔히 성장 과정 속에서 예측할 수 없는 분노를 경험했거나 또는 다른 유형의 예측하기 어렵고 고통스러운 상실을 경험하였습니다. 당신은 어린 시절부터 '맞서 싸우기' 위해서 반드시 용감해져야 했고, 또한 견디기 힘든 정서적 고통을 피하기 위해서 그리고 당신 주변 사람들을 화나게 하지 않으려고 자신의 감정경험을 억제해야 했습니다. 어려움을 겪으면서도 웃음을 짓거나 다른 사람을 기쁘게 하기 위해 당신이 '반드시 해야 하는' 것을 끊임없이 연습하는 것이 이제는 당신의 행동 패턴이 되었습니다. 남들이 당신을 착취하거나 조종하려 할 때에도 당신은 그들을 돌보고 보살피는 모습을 보이는데, 당신 스스로가 어쩌면 이 사실을 알고 있을 수 있습니다. 당신과 같은 프로파일을 보이는 사람들에 대해 눈물을 흘리면서도 웃음을 잃지 않는다고 표현하는데, 남들에게 친절하려고 애쓰고 과중한 책임감을 떠맡으려 하고 그 과정에서 스스로를 제대로 돌보지 못하는 모습을 보이기 때문입니다. 치료자는 당신의 불면, 피로감, 신체증상, 불안 등과 같은 우울증상을 돕기 위해 약물 처방을 권고할 수 있습니다. 더불어 어린 시절 당신이 감정적 고통에 압도됨을 느껴서 멍한 상태가 되었음에도 웃음을 지어야만 했던 과거의 경험을 탐색해 보는 것이 유용할 수 있습니다. 자기주장을 하는 방법과 분노를 자각하는 방법을 배우면 당신 스스로 남들과의 경계를 설정해서 남들이 당신을 착취하지 않도록 하는 데 도움을 받을 수 있습니다. 죄책감을 느끼는 생각을 멈추고 지나치게 과도한 책임을 부과하지 않는 방법을 배워야 합니다. 신체적 증상이 증가하면 당신이 현재 스트레스를 경험하고 있는 것은 아닌지 또는 죄책감을 유발하는 상대방을 향해 적절한 분노 표출이 필요한 상황은 아닌지 살펴보아야 합니다.

274/724 코드타입

이 코드타입은 높은 충동성(척도 4의 상승)을 반영하고, 경우에 따라서는 척도 2 및 척도 7의 상승과 관련된 자기파괴적 긴장 감소를 예견할 수 있다. 이 코드타입의 사람들은 불안, 욕구불만, 지루함, 정서적 불안정을 느끼게 되면 행동 표출을 보일 수 있다. 이 코드타입의 경우 학습된 양상의 즉시적인 긴장 감소 패턴을 보이는데, 어린 시절 긴장 이완의 경험이 자신의 욕구에 따라서 이루어지는 것이 아니라 보호자의 욕구 변동에 따라서 이루어졌기 때문이다. 불안해서 재확인을 받고자 요구적인 모습을 보이거나 정서적 유기를 예상해서 불안정한 모습을 보이곤 하는데, 이들은 주요한 대인관계에서 접근과 회피의 갈등을 경험한다. 이는 예측 불가하게 곁에 있거나 예측 불가하게 떠나 버렸던 보호자와의 경험 때문이다. 이들의 경우 타인이 정서적으로 함께할 것이라고 믿지 않으며, 불안해하면서 미성숙하기 때문에 애착과 관련된 결정에서 잘못을 범하곤 한다. 이들은 예민하고 쉽사리 격한 감정에 압도된다. 따라서 즉각적인 행동 표출을 통해 스스로를 방어하게 되는데, 결과적으로는 그것이 자기파괴적인 양상이거나 또는 자기패배적인 모습이다. 행동 표출 이후에 이들은 심각한 죄책감을 느끼며 자신을 구원하고 재확인해 줄 타인을 찾는다. 전형적으로 불안, 걱정, 우울을 경험하는데, 흔히 부적절감, 낮은 자신감, 실패감 등과 뒤섞인다. 일이 잘 안 될 때마다 이들은 과도한 자기비판을 보이는데, 이를 통해 타인의 분노를 감소시키고 재확인을 유도한다. 27 코드타입의 경우 과도한 책임을 느끼고 목표지향적이면서도 걱정이 많고 부적절감을 느끼는 특성을 예상할 수 있는 반면, 24 코드타입은 자기패배적이고 충동적인 우울증을 의미한다. 이러한 양상이 결합되면, 강박적으로 걱정하고 재확인을 요구하면서 막상 재확인이 주어져도 신뢰를 하지 않기 때문에 행동 표출을 보이게 되고 이내 죄책감을 느껴 더 많은 재확인을 요청하는 사람의 모습을 예상할 수 있다.

274 코드타입의 사람들은 불안과 공포를 보일 수 있으며, 소소한 일에 과잉행동양상을 보인다. 슬픈 기분을 드러내거나 수면 및 일반적인 효율성과 관련된 문제점을 포함한 우울증상을 호소할 수 있다. 이들은 매우 신경질적이고 예민하며 쉽게 피로해진다. 이들은 돌봄을 바라지만 그것이 주어졌을 때 신뢰하지 못하며, 스스로 만든 의존성으로 인해 난관에 빠진 느낌을 쉽게 경험한다. 이들은 주목받고 싶은 강한 욕구를 지니며 흔히 신체증상들을 호소한다.

이러한 프로파일을 보이는 남성의 일부는 자신의 어머니에 의해 감정적으로 구원받은 과거력을 갖고 있으며, 성인관계양상에서도 이러한 패턴을 반복하는 경향이 있다. 이러한 의존적 관계를 갈구하면서 동시에 이들은 자신을 통제하는 것에 대해 분노를 갖고 있다. 이들은 흔히 연상의 어머니 같은 파트너를 찾는다. 이러한 프로파일을 보이는 여성의 일부는 자신의 응석을 받아 주면서도 또한 예측하지 못하게 철수해 버리는 모습을 보였던 자신의 아버지와 밀접한 관계를 갖는다. 이들은 친밀해지려는 욕구와 함께 통제받는 것에 대한 두려움으로 인해 흔히 잘 보살펴 주는 연상의 남성을 찾곤 하는데, 결혼한 남자와 관계를 맺는 경우도 많이 있다. 이 코드타입에서는 약물남용이 흔하게 나타나는데, 이는 약물이 충동적인 긴장감을 낮춰 준다는 기대를 갖기 때문이다.

➲ 치료

흔히 촉발적인 사건의 역할을 하는 것은 보살펴 주고 지지해 주었던 보호자에 대한 상실경험의 지각이다. 이들은 끊임없는 재확인을 요구하지만, 척도 4의 상승에서 예상되는 것처럼 막상 재확인을 얻게 되어도 이를 신뢰하지 못하는 양상을 보인다. 어린 시절 예측할 수 없는 부모의 감정적 철수를 경험했기 때문에 방어적인 수단으로서 끊임없이 거절을 예상하고 반복적으로 재확인을 갈구하게 된 자신의 모습을 이해하도록 통찰지향치료를 사용할 수 있다. 어린 시절 심각한 행동 문제를 보이는 경우는 거의 없다. 많은 경우 이들은 출생 순위에서 막내에 해당한다. 치료를 통해 스트레스가 축적되는 때를 인지할 수 있도록 돕고, 충동적인 자기파괴행동 대신에 긴장을 감소시킬 수 있는 대안적 행동을 연습하는 데 초점을 맞추어야 한다. 사소한 스트레스에 극심한 불안을 경험하고 행동 표출을 보이게 되는 자신의 모습을 들여다볼 수 있도록 도와주라. 스트레스 상황하에서 새로운 대처 방안을 사용할 수 있도록 연습시킬 수 있다. 불안감을 감소시키고 통제감을 제공하기 위해서 이완 훈련, 사고중지, 마음챙김 치료 그리고 운동 등이 유용할 수 있다.

예측할 수 없는 정서적 거절을 당했던 어린 시절 경험에서 의지할 사람 없이 심각한 수준의 불안을 경험했던 그 순간을 치료 과정 속에서 살펴보도록 하라. 공황과 불안에 직면해서 스스로 진정시킬 수 있는 방법을 배울 수 있도록 이들을 돕는 것이 중요하다.

➲ 치료적인 피드백

당신의 프로파일을 살펴보면 당신은 현재 높은 수준의 불안감과 걱정을 경험하고 있습니다. 당신은 현재 끊임없이 안절부절못하는 모습으로 삶을 살고 있는데, 가능한 모든 상황을 점검하면서 그것이 어떻게 잘못될 수 있는지 그리고 그것으로 인해 당신이 사랑하는 누군가가 예고도 없이 당신을 떠나 버리지는 않을까 걱정하며 살고 있습니다. 당신과 같은 프로파일인 사람들의 경우, 매우 보호적이고 양육에 깊이 관여하는 모습을 보이는 동시에 예고 없이 때때로 감정적인 거절을 보이는 부모 아래에서 성장한 경우가 많습니다. 어린 시절부터 당신은 자신의 욕구가 충족될 수 있음에 대한 확실한 믿음을 가질 수 없었습니다. 결론적으로 당신에게 무언가 잘못된 일이 벌어질 것처럼 느껴져서 항상 불안감을 갖고 있었으며, 또한 느긋한 마음으로 예견되는 걱정에 신경을 꺼 버릴 수 있는 편안한 느낌을 경험할 수가 없었습니다. 당신은 현재 가능한 모든 상황을 분석하면서 무언가 잘못된 일이 일어날 것 같은 걱정을 하면서 안절부절못하는 모습으로 삶을 살아가고 있습니다. 긴장감이 누적되면 당신은 기분이 나아지기 위해 무언가 충동적인 행동을 선택하지만, 이는 역효과를 낳게 되고 당신은 죄책감을 갖게 됩니다. 당신은 타인과의 관계에서 친밀감과 연결감을 갖기를 원하고 있지만, 그와 동시에 만일 당신이 믿음을 주고 경계를 내려놓으면 남들이 당신을 버리거나 혹은 당신을 통제하려 해서 안전해지지 못할 것이라고 걱정하고 있습니다. 결론적으로 당신은 타인과 친밀해지길 바라지만, 마음속으로는 통제받는 것을 우려하고 있기 때문에 타인을 밀어내 버리려는 욕구를 동시에 갖고 있습니다. 입장 허가를 받은 클럽에는 머물고 싶지 않다는 격언처럼, 만일 누군가가 당신을 좋아한다면 당신은 자신이 충분히 사랑받을 만한 존재인가에 대해 의구심을 품을 것입니다. 당신을 돌보아 주도록 미묘하게 타인을 기만하지만 남들이 다가오려 하면 그들을 밀쳐내 버리는 자신의 모습을 알고 있을 수도 있습니다. 마치 이 세상 자체가 불안하게 느껴지는 것처럼 지속적인 불안감에 고통받고 있을 수도 있습니다. 당신의 치료자는 당신의 기분이 나아지는 것을 돕기 위해 약물 복용을 권고할 수 있습니다. 높은 수준의 불안과 이로 인한 소진감 때문에 수면, 집중, 기억, 성욕, 식욕 등에 영향을 받을 수 있습니다. 당신의 죄책감을 통제할 수 있도록 그리고 죄책감이 부적절한 경우에는 그것으로부터 신경을 끌 수 있도록 작업하십시오. 충동적으로 행동하고 그 후에 후회하는 일이 없도록 치료자와 함께 당신의 불안과 공황을 다룰 수 있는 방법을 연습하십시오. 어린 시절 당신이 외롭다고 느끼고 도와줄 사람이 없어서 불안감에 압도되었던 경험들을 치료자와 함께 탐색해 보십시오. 아이로서의 당신 모습에 공감할 수 있도록 작업한다면, 기만적이거나 충동적인 것에 의존하지 않고 스스로를 진정시킬 수 있는 방법을 배울 수 있을 것입니다.

(남성의 경우) 275/725 코드타입, (여성의 경우) 낮은 척도 5를 동반한 27 코드타입

남성에게서 척도 5의 상승이 추가되거나 또는 여성에게서 척도 5의 하락이 추가된다면, 27/72 코드타입에 따른 자기주장의 어려움이 더 심각하고 그 수동성이 더욱 증폭됨을 의미한다. 척도 5의 상승과 관련이 있는 대인관계의 예민함, 까다로움, 조바심 등은 27 코드타입의 자기성찰적이고 우울한 특징을 악화시킨다. 이 코드타입의 사람들은 스스로를 실패자라고 생각하고, 스스로 열등하다는 표현을 쉽게 하며, 죄책감과 부적절감을 느낀다. 이들은 자신을 희생해서 남을 칭송하는데, 이들의 굴종적 태도는 타인의 공격성에 대한 방어 역할을 하는 것으로 보인다. 만일 척도 4가 낮다면 이들은 27/72 코드타입의 전형적인 모습과 비교해도 자기주장을 더 못하고, 성욕 저하를 보이며, 규칙과 규정에 대해 지나친 경직성을 보일 수 있다. 이들은 스스로 폄하당하는 관계를 지속적으로 형성함으로써 예기치 못한 비난에 대비하고 있는 모습으로 여겨진다. 수행에 대한 불안으로 인해 성적인 어려움을 겪는 일이 흔하다.

⊃ 치료(27/72 코드타입의 치료 부분을 참조할 것)

척도 5의 높은 점수가 더해진 남성의 경우 자기주장 훈련과 자존감 증진의 필요성이 더욱 요구된다. 부정적인 자기성찰을 통해 대인관계를 과도하게 분석하는 이들의 성향에 대해 인지치료를 활용할 수 있다. 성치료를 활용하게 되면, 이들이 자신의 성관계에 몰두하더라도 상대방이 기쁨을 느낄 수 있다는 사실을 알려 주는 것이 가능하다.

⊃ 치료적인 피드백

당신의 프로파일을 살펴보면 당신은 매우 순종적이고 책임감이 높으며 걱정을 많이 하는 사람으로, 갈등을 싫어해서 타인을 분석하고 이해함으로써 대인관계 문제를 해결하려고 노력하는 성향이 있음을 알 수 있습니다. 어떤 방식으로든 남들이 압박받거나 괴롭힘을 당하는 것을 원치 않기 때문에 당신은 머뭇거리고 자기주장을 하지 못할 수 있습니다. 당신은 통찰력이 있고 예술적인 감각이 있는 사람으로, 철학적이고 사색적이며 창의적인 모습을 보일 수 있습니다. 당신에게 보상이 주어진 자기만족적인 순간에서조차 남들에게 공감하려는 당신의 지나친 성향으로 인해 당신 스스로 그 순간을 즐기는 데 방해를 받을 수 있습니다(더 많은 피드백은 27/72 코드타입을 참조할 것).

278/728 코드타입

27/72 코드타입에 척도 8이 부가되면 자존감에 상처를 입은 경험이 있는 사람임을 시사한다. 278 코드타입을 지닌 사람은 불안하고 걱정이 많고 긴장하고 불안정한 모습을 보이며, 스스로 상처받았고 사랑받을 만하지 못하다는 기저의 신념과 함께 자기비하적인 반추를 한다. 이들은 긴장되고 불안하고 우울하며 자기의심으로 가득 찬 기분을 보고한다. 이들은 '늦으면 아무 소용이 없다.'는 위기의식과 곧 끝장날 것 같은 느낌으로 지속적인 걱정을 반복한다. 많은 경우 두려움이나 공포증을 보인다. 이들은 초조해하고 불안증상을 보인다. 수면과 집중력 및 기억에서의 문제, 성욕 저하, 체중 문제, 총체적인 비효율성 등이 흔히 나타난다. 이들은 절망적으로 느끼며 사고, 집중, 기억에서의 문제점을 보고한다. 이들은 수치스러운 거절을 예상하면서 자신과 타인의 행동을 분석하고 지속적으로 반추하는 경향을 보인다. 자살사고, 자살시도, 정신과 입원 경력 등이 흔히 나타난다. 불면증, 강박적 사고, 신체적 집착, 두려움, 공포증 등도 흔히 나타난다. 이들은 끊임없이 자신의 약점과 취약성을 분석한다. 고상한 표현은 아니지만, 이들은 심리적으로 '상처 수집가'라고 묘사될 수 있다. 일부의 경우 까다롭고 완벽주의적인 특징을 보이고, 스스로에 대해 불합리할 정도로 높은 기준을 적용한다. 그러한 기준을 충족하지 못할 때, 이들은 극심한 죄책감을 느낀다. 실패를 예상하는 스트레스 상황에서 278 코드타입의 사람들은 '내적 잡음'에 의해 인지적으로 혼란을 겪을 수 있고, 이로 인해 이들은 효율적으로 기능하지 못하게 된다. 이들의 비효율적인 모습 때문에 남들의 눈에는 게으

른 것으로 잘못 평가될 수 있지만, 이들의 무기력함은 심리적인 과부하와 관련이 있다. 컴퓨터로 비유하자면 '이들의 모든 창'이 동시에 열려 있는 것과 비슷하며, 일관된 인지의 흐름 없이 파편화된 사고로 인해 과부하된 상황인 셈이다. 과도하게 처벌적인 자기성찰과 자기비판으로 인해 집중력이나 수행에 있어서 어려움을 겪고, 그로 인해 불안과 우울이 악화되는 양상이다.

일반적으로 고립되고 위축된 양상의 개인력이 존재한다. 이들은 정서적인 노력을 기울이는 데 어려움을 겪고, 상대방에게 무엇이 잘못되었는지를 분석하면서 관계의 부정적인 측면에 주목하는 경향이 있다. 또는 거절당하는 두려움과 결함이 있는 누군가와 연결되는 두려움 사이를 오가면서 관계의 부정적인 면에 초점을 맞추는데, 278 코드타입의 자신을 사랑해 주는 사람에게는 반드시 결함이 존재한다는 생각을 갖고 있다.

이 코드타입은 자살의 성공과 가장 밀접한 관련이 있기 때문에 자살의 가능성을 고려해야 한다. 특히 척도 4가 네 번째로 유의미하게 높은 점수를 보였다면 더욱 그러하다. 만일 척도 0이 상승했다면 우울증, 사회적 철수, 불안정성 등의 문제가 수줍음 및 신체적 열등감에 의해 악화된 양상일 수 있다. 만일 척도 4가 60T 이하라면 성적 관심의 저하와 더불어 수동적 및 순종적 태도가 두드러질 수 있다. 척도 5에서 낮은 점수를 보이는 278/728 코드타입의 여성은 타인으로부터의 학대에 순응하는 수준으로 수동성을 보일 수 있다. 이들은 두통, 요통, 성적 문제 및 친밀감 문제를 호소할 수 있다.

⊃ 치료

이 코드타입의 경우 거의 정서적 무감각에 가까운 메마른 정서를 보이고 단절된 양상을 보이기 때문에 치료자에 의해 감지될 만한 수준으로 명백한 슬픔을 보이지 않을 수 있지만, 그러한 경우라도 광범위한 불행감 및 쾌감 상실의 양상일 수 있다. 이들은 사안의 모든 측면을 보려하기 때문에 지나치게 양가적이고 종종 작은 의사결정에도 무기력해진다. 실제적인 행동 변화가 전혀 없는 '분석 마비상태'에 이를 수 있다. 감정적 친밀감을 다루는 데 있어서의 어려움과 함께 무미건조한 정서 표현을 지속함으로써 관계에서 문제를 드러낼 수 있다. 이들은 고통스러운 수준의 자의식을 갖기 때문에 관찰자 시점의 자아에 의해 통제받는 양상을 보인다. 결론적으로 게슈탈트치료가 특히 유용할 수 있는데, 그 이유는 역할 연기를 통해 내담자로 하여금 감정을 분출할 기회를 제공해 줄 수 있기 때문이다. 연기 수업에 참여하는 과정에서 감정을 느낄 수 있고, 다른 누군가의 관점에서 감정을 경험하도록 함으로써 자신의 억눌린 감정이나 내가 아닌 것 같은 감정으로부터 어느 정도 안도감을 경험할 수 있다. 이들의 경우 관찰자 시점의 자아를 작동하지 않도록 멈추어 버리면 예상하지 못한 굴욕적인 감정적 유기에 이를 것으로 믿고 있기 때문에 '지금 이 순간'을 경험하는 것을 두려워한다.

이들은 고착된 부정적 자아상을 지니는데, 이는 치료를 어렵게 만든다. 278 코드타입의 사람들은 주지화의 경향성이 있기 때문에 자아성찰적인 통찰지향의 치료를 사용해서는 안 된다. 이들에게 믿을 만한 보호자가 없어서 공황에 가까운 불안감에 압도되었던 어린 시절의 경험이 있는지 탐색해 보아야 한다. 일부 사례의 경우 성적 학대 혹은 감정적이고 신체적인 유기의 경험이 이 코드타입과 관련되었다. 278 코드타입은 많은 경우 어린아이로서의 삶만을 지속하고 있다. Marks 등(1974)의 연구에서 표본의 35%가 친밀한 가족의 죽음을 보고했고, 많은 경우 어린 시절 가족 내에서 심각한 신체적 질병이 보고되었다. 어린 시절 15%의 아버지와 20%의 어머니가 아팠다고 보고되었고, 278 코드타입을 지닌 사람들의 25%가 심각한 질병을 앓았다고 보고되었다. 이것은 적응을 위한 반응으로서 이해될 수 있는데, 이들은 좋지 못한 결과를 기다리면서 환경의 위협 요소를 살피며 항상 긴장하고 있다. 긴장된 상태로 끊임없이 경계를 서는 것으로 인해 이들의 면역 체계는 그만큼의 대가를 치르게 되는 셈이다.

흥미롭게도, Marks 등(1974)의 연구에서 표본의 50%가 혼외관계를 보고하였다. 이들은 낮은 자존감으로 인해 스스로에게 혹독한 것과 마찬가지로 자신의 배우자에게도 비판적인 경향이 있다. 자기주장 훈련, 자존감 증진법, 따뜻하고 지지적이며 어머니와 같은 재양육치료 등이 개입방법으로서 유용할 수 있다. 이 코드타입을 보이는 사람들 중 많은 사람이 경계선 성격장애로 진단받는데, 특히 척도 4가 상승했을 때 그러하다. 또한 단극성 또는 양극성의 내인성 우울증 진단도 흔하고, 명세화되지 않는 정신분열증 진단도 흔하다. 이들은 삶 속에서 독특한 의미를 찾는 수단으로서 기괴하고 난해한 사고양상을 보이는 특징을 지닌다.

⟳ 치료적인 피드백

당신의 프로파일은 살펴보면 당신은 매우 분석적인 사람입니다. 당신은 마치 영화 속에서 자신을 지켜보는 것처럼 끊임없이 삶을 관찰하며 살고 있습니다. 당신은 항상 무언가 나쁜 일이 일어날 것을 기다리고 있기 때문에, 자발적으로 지금 당장 관찰하고 있는 자신의 모습을 그만두기 어렵습니다. 너무 많은 창이 동시에 열려서 컴퓨터가 멈춰 버리는 것과 유사합니다. 프로파일을 살펴보면 당신은 마음속에 '너무 많은 창'을 열어 두고 삶을 살고 있는 모습을 보이며, 모든 문제에서 가능한 모든 측면을 살펴보고 있습니다. 이것은 마치 수많은 대안적 사고로 인해서 방해를 받기 때문에 하나의 생각만을 용납할 수 없는 모습과 같습니다. 당신은 그 순간에 머물러서 여유를 갖거나 온전히 즐기기 어려운 모습을 보입니다. 또한 당신은 항상 스스로에 대해 가장 냉철한 비판을 할 준비가 되어 있기 때문에 당신의 성과를 즐기기 어렵습니다. 이것은 당신을 기진맥진하게 만들며, 당신으로 하여금 우울감, 슬픔, 절망적인 패배감을 느끼도록 합니다. 당신은 나빠질 수 있는 모든 측면을 보고 있기 때문에 결정을 내리는 것이 어렵고, 스스로 불안해하고 걱정하지만 매우 비효율적이며, 마무리하는 것이 거의 없습니다. 어떠한 동기를 마련하기 어려운 상황입니다. 성장 과정에서 당신은 불안정감을 느꼈을 수 있으며, 이는 아마도 부모의 질병 때문이거나 혹은 당신의 부모가 예측할 수 없게 냉정하고 감정적으로 철수된 양상을 보였기 때문일 수 있습니다. 적응의 방법으로서 그 어떤 것도 당연시하지 않기 위해서 당신은 잘못될 가능성이 있는 것들을 언제나 경계했고 자기비판을 지속하였습니다. 이것은 마치 희망을 갖고 그 순간을 즐기는 것에 맞서서 당신 스스로를 보호하는 양상인데, 희망을 갖고 순간을 즐기게 되면 실망할 수 있는 위험성을 갖는다고 생각하기 때문입니다. 당신의 치료자는 당신이 숙면을 취하고, 활력과 편안함을 느끼며, 집중하고 더 명확하게 생각하도록 돕기 위해 약물 처방을 권유할 수도 있습니다. 압도되는 느낌을 경험했던 어린 시절 당신의 모습에 공감할 수 있도록 노력해야 합니다. 죄책감을 갖는 생각을 멈추는 방법을 배우고, 스스로 바라는 것이 혼란스러울 수 있지만 당신이 원하는 것을 요청할 수 있도록 자기주장하는 방법을 배워야 합니다. 당신의 치료자에게 어떤 감정을 느끼는지에 대해 이야기해야 하며, 또한 항상 관찰하고 자기비판하며 치료자가 자신을 비판할 것으로 기대하고 있는 당신의 모습을 스스로 멈추기가 얼마나 힘든지에 대해 치료자와 논의하십시오.

28/82 코드타입

이 코드타입은 심각한 우울증, 사회적 철수, 심리적 동요, 집중력과 사고 및 기억에서의 문제, 절망적인 상처에 대한 집착 등을 반영한다. 때로는 이 프로파일이 정신증적 우울증을 반영하기도 한다. 28/82 코드타입을 보이는 사람들의 주요한 호소는 망각과 집중력의 문제이며, 일부는 '제정신이 아닌 것 같은' 두려움을 보고한다. 우울증에 기인한 인지적 장해가 흔히 주호소가 된다.

이들은 긴장되고 예민한 것처럼 보이며, 타인으로부터 거리를 유지한다. 이들은 계획을 수립하고 이행하는 데 있어서 매우 비효율적이며, 기이하고 난해한 신념을 갖고 있다. 자살사고의 가능성이 있다. 28 코드타입의 사람들은 대인관계의 친밀감을 극도로 두려워하고, 많은 경우 신체적 증상을 보고한다. 수면 문제 및 쉽게 피로해지는 것이 전형적이다. 이들은 감정적 의존성과 성 욕구에 있어서 심리적 갈등을 갖고 있다.

⤷ 치료

이들은 어린 시절의 감정적 유기와 방치로 인한 반복된 상처를 전형적인 과거력으로서 보고한다. 성인은 많은 경우 짧은 교제 직후 결혼하는 양상을 보인다. 유년기 시절의 과거력을 살펴보면, 원가족 내 정신질환 등으로 인한 붕괴된 상태를 보일 수 있다. 거부적인 방치를 경험했던 어린 시절의 과거력을 탐색해야 한다. 감정적인 친밀감에 대해 두려움을 갖기 때문에 성적 문제를 보이는 경우도 흔하다.

28 코드타입의 사람과 치료적 관계를 만들어 가는 것은 쉽지 않은 일인데, 이들이 심지어 치료자로부터도 무너지고 상처받고 사랑받지 못할 것이라는 느낌을 갖기 때문이다. 이들은 명확하게 사고하는 것에 많은 어려움을 겪으며, 치료 과정에서 오랜 침묵의 시간이 있을 수 있다. 이 침묵의 시간 동안 이들은 활발한 인지적 처리를 하지 못하고 정합적인 생각을 하지 못하며, 전형적으로 멈춰서 버린 상황이다. 항우울제의 사용이 권고되는데, 28 코드타입을 가진 사람은 균형을 잃고 무너져 버리는 감정에 취약하기 때문에 반드시 적은 양만 사용해야 한다. 28 코드타입의 사람은 절망적인 결함이 있다고 느끼기 때문에 재양육적이고 돌봄을 제공하는 치료가 가장 효과적일 수 있다. 치료적 동맹관계를 형성하기까지 수차례의 도입 회기를 필요로 하는데, 치료자는 때때로 자신의 취약성을 공유하며 신뢰감을 독려해야 한다. 28 코드타입의 사람은 오랫동안 감정적으로 상처 입은 과거력을 지니기 때문에 이들의 적응적인 반응은 철수해서 마음의 문을 닫고 정서적인 위험을 회피하는 방식이다. 지나치게 많은 것을 파헤치려는 치료는 권유되지 않는데, 이들처럼 손상되기 쉬운 자존감을 지닌 사람들은 치료자의 통찰을 강렬한 비판으로 해석하기 때문이다. 심리치료 과정에서 이완 훈련, 사고중지, 인지행동적 기법 등을 사용하여 내담자로 하여금 통제감을 느끼도록 도울 수 있는 구조화되고 구체적인 방식을 사용해야 하며, 대인관계의 불안감을 다루는 전략을 연습하는 것도 함께해야 한다. 신뢰가 형성된 후에는 통찰치료를 통해 감정적으로 상처받고 손상을 입은 자신의 어린 시절에 공감하도록 돕는 것이 효과적일 수 있는데, 그 통찰을 통해 내담자가 절망적인 손상을 자신의 과거 때문에 입었다고 확증하지 않도록 치료자로서 반드시 조심해야 한다. 28/82 코드타입의 일부는 정신증적 증상이나 심지어는 정신분열증의 증상을 보일 수도 있다. 필요하다고 판단되면 항정신증 약물 처방을 반드시 고려해야 한다.

⟳ 치료적인 피드백

당신의 프로파일을 살펴보면 당신은 매우 사려 깊고 분석적인 사람으로서, 심각한 스트레스에 직면했을 때 철수하는 양상을 보이는 경향이 있습니다. 최근 당신은 자신의 내부로 철수되어 있는 모습이며, 원하는 것보다 덜 행복하고 덜 긍정적이며 덜 낙관적으로 느끼고 있습니다. 당신이 많은 것을 즐기는 것은 어려운 일이며, 남들이 무언가 긍정적인 것에 당신을 끌어들이려 하거나 혹은 강제로 시키면 당신은 시큰둥해하거나 활력수준이 낮은 모습을 보일 것입니다. 지금 당장 당신이 명료하게 사고하기에는 어려움이 있어 보이며, 마음에 안개가 낀 듯 뿌옇게 느껴지기 때문에 기억 및 의사결정에서 어려움을 경험할 수 있습니다. 남들이 볼 때 당신이 긍정적인 느낌을 갖고 즐기고 있을 것이라고 생각하는 경우에도, 당신은 멍하고 공허하게 느낄 수 있습니다. 당신은 수행이 더디고 때로는 비효율적이며 일을 완료하지 못하는 자신의 모습을 발견할 수 있습니다. 당신은 스스로에 대해 최악의 비난을 가하는 경향이 있으며, 최근 자신에 대해 좋지 못한 감정을 느끼며 스스로에 대해 사랑받을 자격이 없고 쓸모없는 사람이라고 느낄 수 있습니다. 당신에게는 희망을 갖고 긍정적인 감정을 갖는 것 자체가 힘든 일일 수 있습니다. 최근에 집중하는 데 특별히 어려움을 느낄 수 있습니다. 쉽게 죄책감을 느끼고 과거의 실수를 떠올리며 스스로 얼마나 나쁜 사람인가에 대해 생각할 수 있습니다. 스트레스로 인한 수많은 스트레스 증상을 호소할 수 있고, 당신 자신과 관련해서 실제적이고 근원적으로 잘못된 것이 존재한다고 느낄 수 있습니다. 남들에게 마음을 여는 것이 힘든데, 특히 낯선 사람에게 더욱 힘들고, 상처받을까 봐 두려워하기 때문에 남들이 당신에게 가까이 다가오는 것을 허용하기 어렵습니다. 당신이 때때로 과민함을 느끼고 쉽게 분노하는 것이 이해됩니다. 당신과 같은 프로파일을 보이는 사람들 가운데 일부는 냉정한 부모 혹은 잔혹할 정도로 무자비한 부모가 있는 환경에서 성장하였습니다. 어린 나이부터 당신은 스스로를 보호하기 위한 수단으로서 철수해 버리는 방법을 습득했을 수 있습니다. 당신이 가깝다고 느꼈던 누군가가 어쩌면 최근 당신으로부터 멀어졌을 수 있는데, 그것이 당신으로 하여금 스스로 부족해서 사랑받을 자격이 없다는 감정이나 미래에 희망이 없다는 감정을 다시 깨어나게 했을 수 있습니다. 삶이 더 이상 가치 없다고 느끼기 때문에 당신은 죽음까지 생각할 수도 있습니다. 이러한 감정을 당신의 치료자와 논의하는 것이 중요합니다. 치료자를 신뢰하는 일이 당신에게 어려울 수 있으며, 때로는 치료 회기에서 할 말이 없음을 느낄 수도 있습니다. 부정적인 사고에 신경을 꺼 버리는 방법을 찾고, 남에게 자기주장을 할 수 있는 방안에 대해 치료자와 함께 작업하십시오. 당신을 더 기분 좋아지게 만들 수 있는 것들의 목록을 만들고, 혹여 동기가 부족하더라도 한두 가지를 완수할 수 있도록 스스로를 독려해야 합니다. 당신이 잠을 더 잘 자고, 더 잘 쉴 수 있고, 더 명확하게 생각하고, 더 많은 활력을 느낄 수 있도록 당신의 치료자는 약물 처방을 권유할 수 있습니다.

281/821 코드타입

281 코드타입의 경우 28/82 코드타입의 증상 및 특징에 부가하여 다수의 신체증상을 호소하는데, 이는 우울증상의 호소를 압도할 수 있다. 척도 8의 상승에서 알 수 있듯이, 일반적으로 이 신체증상들은 다소 애매하고 의학적으로도 비전형적인 모습이다. 떨림, 일시적인 시력

상실, 애매모호한 무감각, 감각 이상 그리고 심지어는 신체적 망상까지 존재할 수 있다. 신체 증상들이 비전형적이므로 이 망상은 정신증적 우울증을 시사할 수 있으나, 이 망상이 받아들이기 어려운 수준의 것이 아니라면 다른 명백한 정신증적 장해를 보이지는 않을 것이다. 이처럼 신체증상에 사로잡히는 것은 아마도 더 심각한 정신증의 발현을 방어하기 위한 노력일 수 있다.

만일 척도 3 또한 상승했다면 히스테리적인 방어를 통해 우울증의 심각성을 숨길 수 있다. 1283 코드타입의 사람은 웃으면서 눈물을 보이는 13 코드타입의 특징을 보일 수 있는데, 남들로 하여금 자신을 돌보도록 유인하는 노력을 하면서도 한편으로는 대인관계 속에서 기이한 집착 및 접근과 회피 사이의 갈등을 보일 수 있다.

⊃ 치료(12/21 그리고 28/82 치료 부분을 참조할 것)

척도 1의 상승이 부가되어 자살의 가능성을 낮출 수는 있지만, 이 효과는 MMPI-2 자살 문항들을 무시할 만큼 충분히 강력하지는 않다. 모든 우울증 프로파일에서처럼 자살의 가능성은 고려할 만한 위험 요소이다. 281 코드타입의 사람들은 처방된 모든 약물에 대해 부작용을 호소할 수 있기 때문에, 내담자가 통제감을 가질 때까지 반드시 적은 양만을 처방해야 한다. 치료는 28 코드타입의 경우와 유사하며, 신체증상을 통해 표현하려는 무의식적 갈등에 대해 게슈탈트치료 기법을 사용하여 탐색할 필요가 있다.

⊃ 치료적인 피드백

28/82 코드타입에 대한 치료적인 피드백 부분을 참조할 것. 당신의 프로파일을 살펴보면 당신은 현재 많은 신체증상에 대해 걱정하고 있습니다. 이 증상들은 나타났다가 사라지기도 하는데, 당신이 스트레스를 받을 때 증가합니다. 때로는 신체증상에 사로잡혀 있을 수 있는데, 당신이 심각한 손상을 주는 질병을 앓고 있는 것은 아닌지 의심할 수 있습니다. 당신은 아마도 질병, 죽음, 기능손상에 대해서 생각하고, 자신의 증상을 연구하고, 그 결과물에 대해 공포감을 느끼는 자신의 모습을 발견할 수 있습니다. 이들 증상의 일부는 아마도 당신의 현재 우울증과 관련이 있을 것입니다.

284/824 코드타입

28/82 코드타입의 증상 및 호소와 더불어 척도 4의 상승으로 인한 불신감, 고립감, 스트레스 상황에서의 행동 표출 경향성이 추가된다. 이러한 상승을 보이는 사람들은 무분별하고 자기파괴적인 방식으로 행동 표출을 보인다. 때로는 분노가 이들 자신을 향하고 때로는 타인을

향한다. 자해와 자기파괴적인 행동이 전형적이며, 쾌감 상실 및 타인으로부터의 감정적 단절을 해소하기 위해 자의적인 약물 복용을 시도하기도 한다. 이들은 매우 충동적인 경향이 있고, 특히 모욕당하거나 거절당했다고 느낄 때 타인이나 스스로를 향해 공격적인 행동을 보인다.

척도 2의 상승은 척도 4의 높은 점수에서 예견되는 반사회적인 행동 표출을 억제하는 역할을 할 수 있다. 그러나 행동 표출이 발생했을 때 그것은 충동적인 양상이며, 기괴한 성적 사고나 이해 불가한 수준의 질 낮은 사고가 결부되어 있다. 이들은 타인과 감정적으로 연결되는 것에 두려움을 느끼기 때문에 성과 관련된 내적 갈등을 경험하며, 성과 공격을 혼동해서 받아들일 수 있다. 사회적 부적응과 결혼생활 부적응이 흔하다. 일부 성인의 경우 이 코드타입은 분열성 상태나 정신분열 상태와 관련되며, 이러한 사례에서 F 척도는 일반적으로 상승한다. (만일 척도 4가 척도 2나 척도 8에 비해 5T 차이 내에 해당되면 482/842 코드타입의 해석을 참조하라.) 편집증이 존재할 수 있지만 경직된 양상은 아니며, 세상이 붕괴되고 있다거나 사람들을 신뢰할 수 없다는 등의 산만한 생각으로서 비이성적인 수준은 아니다. 청소년의 경우 이 코드타입은 성인이 되어서까지 지속되는 병리의 양상을 보이지는 않을 것이다. 그 대신 이 코드타입은 일부 청소년에게서 보일 수 있는 침울한 반항 및 사회적 고립과 관련될 것이며, 상황적 우울을 의미할 가능성이 높다. 그럼에도 불구하고 형편없는 충동통제, 자기파괴적이고 자기패배적인 행동, 정신적 비효율성 등이 나타날 것이다. MAC-R 척도가 원점수 26보다 높게 상승하지 않은 경우라도 이러한 코드타입을 보이는 사람들은 흔히 자의적 약물 복용을 보일 수 있다.

⟳ 치료

일부 사례를 살펴보면, 284/824 코드타입을 가진 사람들은 48/84 코드타입의 성격을 보이면서 최근에는 행동 표출로 인해 법적 문제나 권위적 인물과의 문제에 연루된다. 이들은 현재의 상황에 대해 함정에 빠졌고 억울하다고 느끼기 때문에 우울 점수의 상승을 보인다. 이 상황이 해소되면 이들은 우울증 없이 48 코드타입의 특성을 지속적으로 드러낸다. 다른 사례를 살펴보면, 이들은 만성적인 대인관계 문제, 자기패배적이고 자기파괴적인 행동, 심각한 소외감, 타인에 대한 불신의 등의 지속적인 성격 패턴을 보인다. 반항적이고 무분별한 행동 표출의 이력을 지니고 있으면서 그러한 자신의 행동 결과물로 인해 최근에 고통을 받고 있다면, 높은 척도 2를 동반한 48/84 프로파일을 보일 수 있다. 만일 우울의 문제가 행동 표출에 기인한 일시적인 장해를 반영한다면 항우울 및 항정신증 약물의 효과가 거의 없을 수 있다.

양쪽 모두의 사례에서 이러한 코드타입을 보이는 사람들의 핵심 문제는 신뢰이다. 이 코드타입은 자신의 정체성과 관련해서 수차례 손상을 입은 경험을 시사한다. 결론적으로 이들은 분노한 사람으로 묘사되거나 냉소적이고 공감능력이 부족하여 소외된 사람으로 비춰진다. 이들은 감정적으로 연결되는 데 조심스러운 사람들이지만, 동시에 애착에 대해 과한 욕구를 지니고 있다. 일부는 편집증의 특징을 동반한 정신증으로 진단되지만, 심각하거나 활성화된 사고장애의 증거를 보이지 않는다. 어린 시절 양육자로부터 거부되거나 또는 잔혹하게 다루어진 과거력이 있는지 살펴보라. Marks 등(1974)의 연구 표본에서 애정 어린 부모를 보고한 사람은 아무도 없었다. 그 연구 표본 가운데 대다수가 혼외 자녀에 해당되었고, 많은 경우 자신의 학창 시절 내내 행동 문제를 보였다.

개념적으로 살펴보면 이 코드타입은 '환영받지 못하고 사랑받지 못하는 아이'를 의미하는데, 애정을 간절히 갈망하지만 막상 애정이 주어졌을 때에는 신뢰가 부족한 모습을 보인다. 결론적으로, 이들은 '멍하고 공허한 느낌'과 '간헐적인 분노와 요구적인 모습' 사이를 오락가락한다. 일반적으로 재양육적이고 지지적인 치료가 필요하다. 이들은 치료자를 신뢰하는 데 어려움을 겪으며 치료자를 '신뢰성 테스트'에 개입시킨다. 전이를 작업하는 것이 치료에 있어서 중요한 요소이다. 내담자가 회기를 취소하기 시작했다면, 치료의 세기에 압도당한 경우이거나 또는 치료자가 자신을 '돌보지 않는다'고 느낀 경우일 수 있다. 284 코드타입은 남들에 대해 '가면을 쓰고' 있다고 생각하고 신뢰감을 갖지 않는데, 아마도 스스로 갖고 있는 기만과 역할 연기를 남에게 투사하기 때문일 것이다. 충동적, 자기파괴적, 자기패배적 행동들을 제어할 수 있도록 돕는 행동적 기법들이 유용할 수 있다. 자신의 감정경험을 받아들이는 방법을 배우며 파괴적이지 않은 양상으로 타인에 대한 감정을 명명하고 표현하는 방법을 배우는 과정에서 마음챙김치료나 변증법적 행동치료가 도움이 될 수 있다. 화학 약물에 의존하는 대신 정서적 보상을 찾는 방법을 연습하는 것이 필요하다. 이들이 성적인 행동 표출을 보일 수 있지만, 이들은 성적 행동으로부터 감정적 만족을 거의 보고하지 않는 경향이 있다.

⤳ 치료적인 피드백

당신의 프로파일을 살펴보면 당신은 현재 덫에 걸린 느낌으로 울적하고 불행한 상태이며 이로 인해 삶에서 얻는 기쁨이 거의 없습니다. 당신은 아마도 희망이 없다고 느끼며, 탈출의 방안으로 죽음까지도 생각할지 모릅니다. 너무 외롭고 화가 나서 자기패배적이며 자기파괴적인 방식으로 행동했던 시기가 있었을 겁니다. 또 다른 시기에는 다른 사람이나 세상 전체에 대해 분노를 느껴서 스스로 포기해 버리거나 곤경에 처할 만한 행동을 했을 수도 있습니다. 당신과 같은 프로파일을 보이는 사람들 가운데 일부는 거부적이고 냉정하며 심지어는 잔혹하기까지 한 부모 아래에서 성장하였습니다. 어린 나이부터 당신은 정서적 방어벽을 유지함으로써 철수해 버리고 스스로를 보호하는 방법을 배웠습니다. 당신은 지금 당신과 가까운 사람들이 당신을 거부하고 가혹하게 대할 것이라고 예상하고 있습니다. 과거에 심하게 상처를 입어 왔기 때문에 당신은 남들이 스스로 신뢰할 만할 사람임을 증명해 보일 것을 원하며 그들에게 요구적으로 행동할 수 있습니다. 그러나 남들이 당신에게 신뢰할 만한 사람이라는 근거를 제공하더라도 당신이 그들에게 신뢰감을 갖기는 어려울 것입니다. 때때로 당신은 불안한 감정을 느끼며 마치 세상이 매우 불안전한 공간인 것처럼 느낄 수 있습니다. 특히 최근에 당신은 남들을 신뢰하기 어려울 수 있는데, 그들이 '가면'을 쓰고 있는 것처럼 느껴져서 그들이 실제로 생각하고 느끼는 것이 무엇인지 알기가 어려울 것입니다. 치료자는 당신이 잠을 더 잘 자고 불안감을 덜 느끼고 더 편안함을 느끼도록 몇몇 약물을 처방하는 것을 원할 수 있습니다. 약물은 당신으로 하여금 명료한 정신을 갖도록 도울 수 있으며, 그로 인해 당신은 기억과 집중을 잘 할 수 있고 문제를 더 효율적으로 해결할 수 있을 것입니다. 기분을 좋게 하려는 방편으로 처방되지 않은 화학 약물을 사용하지 않도록 주의해야 합니다. 때때로 당신의 공허감이 너무 심해서 스스로 살아 있음을 느끼기 위해 약물이나 알코올 또는 성적 행동 및 자기파괴적인 행동에 의존할 수도 있습니다. 당신의 평정심을 무너뜨릴 수 있는 종류의 것들을 미리 예상해서 자기패배적인 방식으로 행동 표출을 하지 않도록 스트레스를 잘 조절하는 방법에 대해 당신의 치료자와 함께 연습하기 바랍니다. 마음챙김치료는 당신이 감정을 인식하고 명명하는 것을 도와줄 수 있습니다. 타인을 신뢰하는 방법을 배우는 것 또한 도움이 될 수 있습니다.

287/827 코드타입

일부 차이점은 있지만 그 해석은 278/728 코드타입과 유사하다. 척도 8이 세 번째로 높은 점수가 아니라 첫 번째 혹은 두 번째로 높은 점수라면, 정체감의 손상이나 고립감 및 혼돈감이 더욱 심할 수 있고 우울증이나 정신증 혹은 경계선 장애의 진단 가능성이 높아진다. 이러한 코드타입을 보이는 사람들은 우울과 불안을 드러내지만, 일탈되고 우원적인 사고를 포함한 심각한 사고장해를 보이거나 비판에 대한 극도의 예민함과 타인에 대한 일반화된 불신을 보일 수도 있다. 이들은 집중력의 문제, 혼돈감, 불면증 및 전반적인 비효율성 등을 호소하면서 대부분의 경우 유의미한 인지적 손상을 보인다. 적응은 기껏해야 간신히 유지되는 수준을 보인다. 다수의 신체적 증상 또한 나타날 가능성이 있다. 불안정하고 부적절한 감정들, 심지어는 환각이나 사고장해 등도 보일 수 있다. 이들은 타인과 정서적으로 연결되는 것에 매우 조심스럽고 버려지는 것을 두려워하기 때문에 감정적 거리를 지속하는 양상을 보인다. 이들은 감정 기복이 심각해서 다른 사람들이 이들의 기분을 예측하기가 어렵다. 성과 관련된 측면은 거의 항상 문제를 보인다.

자살사고, 자살에 대한 집착, 자살의 언급 등의 가능성이 높다. 만일 K 척도가 50T 이하로 낮고 척도 9나 척도 4가 상승했다면 자기파괴적인 충동의 가능성이 증가한다. 계획된 자살은 종종 형편없는 생각으로 구상되고 때로는 비일상적이거나 기괴한 방식으로 표현된다.

⊃ 치료(278/728 코드타입의 치료 부분을 참조할 것)

이들은 정체감의 손상을 경험했기 때문에 치료적 관계를 위해 필요한 신뢰감과 정서적 친밀감을 형성하는 데 어려움을 겪는다. 278/728 코드타입의 경우와 마찬가지로 어린 시절에 정서적 철수, 모욕, 거부, 조롱, 체념 등의 과거력이 존재하는지 살펴보아야 하고, 주 양육자로부터 잔혹한 대우를 받은 이력이 있는지 확인해야 한다. 이들 가운데 일부는 기이한 행동을 보이며 어린아이처럼 미숙함을 보인다. 이들은 내면화된 부정적인 자아상을 갖고 있을 수 있고, 이로 인해 자신의 성공경험을 평가절하하게 된다.

항우울 및 항정신증 약물 복용이 반드시 고려되어야 한다. 지지적인 태도의 재양육치료가 권고된다. 자존감 증진법, 사고중지, 자기주장 훈련, 인지행동치료 등이 모두 유용할 수 있다. 이들을 불안정하게 만들 수 있는 통찰지향의 치료는 피해야 한다.

⊃ 치료적인 피드백

278 코드타입의 피드백을 동일하게 사용할 수 있다. 당신의 프로파일을 살펴보면 당신은 현재 집중해서 문제점을 효율적으로 해결하기 어렵고 혼란스러운 시기를 경험하고 있는 것 같습니다. 당신은 다른 사람을 신뢰하는 데 어려움을 겪고 있는 것 같고 외로움을 느끼고 있지만, 치료자와 당신의 감정에 대해 논의할 수 있을 정도로 충분한 안전감을 느끼지 못하는 것 같습니다. 당신은 어쩌면 냉정했거나 심지어 잔혹하고 거부적이었던 부모와 함께 지내 왔을 수 있습니다. 어린아이로서 경험했던 외로움과 두려움을 현재에도 동일하게 느낄 수 있습니다. 살아갈 의지를 잃어버린 것처럼 느낀다면 치료자와 논의하기 바라며, 당신의 불안감으로부터 신경을 꺼 버리는 방법을 배울 수 있도록 치료자와 함께 작업하십시오.

29/92 코드타입

이는 흔하지 않은 프로파일이고 양극성장애로 진단된 사람에게 가장 빈번하게 나타난다. 29/92 코드타입의 사람은 아마도 불안하고 동요된 상태로 보일 수 있으며, 불안장애를 겪고 있다고 잘못 진단될 수 있다. 그러나 이 코드타입은 불안보다는 기분의 두드러진 변화, 과민함, 심리적 동요를 시사한다. 척도 2는 척도 9의 고양감을 상쇄하며, 척도 9는 척도 2와 관련된 우울과 슬픔을 조절한다. 29 코드타입의 사람은 긴장되고 침울하며 예민한 특징과 더불어 과장되고 지나치게 낙천적이며 쾌활한 특징도 보인다. 일부 사례에서 살펴보면 이 프로파일은 우울증이나 조증의 상태에서 반대편 극단으로 양극성이 옮겨 가는 사람의 모습을 시사한다. 이 사람이 조증 삽화와 우울증 삽화를 겪었던 사람인지 또는 이 코드타입이 극도로 예민하며 안정적인 성격유형을 반영하는 것인지에 대한 결정은 임상적 과거력의 탐색을 통해서 가능하다. 척도 9가 지배적인 기간이라면 흥분을 잘하고 긍정적이고 도취적이면서도 사소한 외부 사건에 의해서 쉽사리 분노하고 마음이 상하고 낙담하는 모습을 보일 수 있다. 때로는 짧은 기간 동안 기분이 빠르게 오르락내리락할 수 있다. 남들은 이들에 대해 감정적이고 과민하고 불안정하며 예측하기 어렵다고 평가할 수 있다. 이들은 종종 감정을 폭발하는 양상으로 표현하고 주변 사람들은 신경이 곤두서 있다. 이들은 일관성이 없는 모습을 보이는데, 동일한 아이디어에 대해 특정 시점에서는 한껏 추켜세우고 다음 시점에는 폄하하곤 한다. 경조증이 지배적인 경우라면 압박받고 떠밀려 재촉받는 모습을 보이며, 이들의 우울은 맥 빠지고 희망 없는 양상보다는 긴장감과 열정이 넘치는 비관주의와 같은 양상을 보인다. 이들은 충동적일 수 있으며 좌절에 과잉반응을 보일 수 있다.

척도 4 또는 척도 3이 세 번째로 높은 점수를 보이는 경우가 매우 흔하다. 29/92 코드타입은 세 가지 하위유형으로 나뉠 수 있다.

1. 명백한 우울증 행동이 두드러진 불안정한 우울증의 경우로서 울음을 보이고 파국화 양상 및 우울증적 반추를 드러내고 상실에 맞선 방어적인 강박을 보일 수 있다. 성취 및 성공을 지나치게 강조했던 부모와 함께했던 어린 시절의 과거력이 있는지 탐색해야 한다.
2. 기저에 있는 우울에 대처하려는 시도를 하는 경우로서 조증 방어를 사용할 수 있다. 과장된 사고양상을 보이거나 과도한 몰입을 통해 기저에 놓인 우울증상들을 일시적으로 위장할 수 있다.
3. 이 코드타입은 기질성 뇌손상 및 뇌병변과의 관련을 보여 왔다. 29/92 코드타입의 사람들은 자신의 능력이 감소된 점을 인지하고 있을 수 있으며 과장된 행동을 통해 그에 대처하려 할 수 있다. 최근 머리 부위와 관련된 어떠한 충격이라도 존재한다면, 신경학적 또는 신경심리학적 검사가 필요하다.

⊃ 치료
29/92 코드타입을 보이는 사람은 특히 알코올과 관련된 자의적 약물 사용에 취약하다. 양극성장애에 해당하는지 또는 심각한 불안이 동반된 주요우울증 삽화인지 감별하는 것이 중

요하다. 29 코드타입은 충동적인 자살행동에 취약하므로 다른 우울증 코드타입과 마찬가지로 항우울 약물 복용을 주의 깊게 관찰해야 한다. 만일 척도 4도 상승했다면, 충동성 및 자기 패배적 행동의 가능성이 더욱 높다. 294 코드타입을 가진 사람의 기분이 나아지기 시작했다면 더욱 무모한 양상으로 행동 표출을 보일 수 있다. 만일 척도 7이 세 번째로 높은 점수라면, 실패에 대한 두려움이 많고 불안에 대처하는 방어로서 강박적이고 반복적인 행동을 보이는 경향이 있다. 만일 척도 8이 세 번째로 높은 점수라면, 타인에 의해 상처받고 버려지는 것에 대한 두려움과 함께 정체감의 공황을 보일 수 있다. 일부 경조증적 행동은 아마도 최근의 거절 문제로 인한 공황에 맞서려는 방어 수단일 수 있다.

MAC-R 척도가 상승하지 않은 경우라도, 이 코드타입은 화학 약물에 대한 중독이나 자의적 약물 사용과 관련이 있을 수 있다. 이 코드타입을 보이는 사람들 가운데 일부는 화학 약물을 사용하는 동안 의식의 상실이나 급격한 기분 변화를 경험할 수 있다. 중독되어 있을 때 공격적인 행동이 발생할 가능성이 있다.

사랑하는 사람에 의한 거부와 같은 좌절을 경험했는지 탐색해 볼 필요가 있다. 현실적인 목표를 설정하도록 도움을 주거나 어떤 종류의 사건들이 기분의 두드러진 변화를 촉발할 수 있는지 인식할 수 있도록 인지행동치료를 사용하는 것이 유용할 수 있다. 스트레스를 예상하는 방법을 배우도록 돕고, 이완 훈련 및 자존감 증진법을 통해 기분 변화를 의식적으로 조절하도록 도움을 주고, 과도한 활력을 소진하는 수단으로서 신체적 운동을 유도하는 것 등이 유용할 수 있다.

⋑ 치료적인 피드백

당신의 프로파일을 살펴보면 당신은 높은 수준의 활력, 낙관성, 긍정적 사고, 생산성의 시기를 경험하고 있습니다. 그러나 당신은 또한 사소한 문제나 지각된 좌절로 인해 쉽사리 기분이 저조해질 수 있고, 심지어는 우울해지고 비관적이며 분노할 수 있습니다. 비유해서 표현하면, 당신은 한 발을 가속기에 올려놓고 반대편 발은 브레이크에 올려놓은 채 인생을 운전하고 있습니다. 당신은 마치 사랑받을 만한 가치가 있음을 스스로 증명하기 위해서 성공과 성취를 추구하는 삶을 사는 동시에, 어깨너머로 일들이 어떻게 잘못될 수 있는지 그리고 당신이 어떻게 실패할 수 있는지 바라보고 있는 것처럼 보입니다. 이러한 내적 압박감과 혼재된 감정은 당신을 종종 극도의 긴장감 상태로 몰고 갑니다. 소소한 사건으로 인해 당신의 기분은 들뜨고 낙관적인 상태와 가라앉고 비관적인 상태를 오갈 수 있습니다. 당신은 세상에 대해 예측하기 어렵고 상처받기 쉬운 곳으로 느끼고 있으며, 상실에 대처하는 방법을 예비하려고 애쓰며 언제나 신경이 곤두선 상태일 수 있습니다. 남들은 아마도 당신의 기분 변화를 예측하기 어렵다고 생각하며, 당신의 예민한 경향성 때문에 대하기 어렵고 심지어는 신경질적이라고 볼 수 있습니다.

당신과 같은 프로파일을 보이는 일부 사람은 자신의 기분을 조절하고자 화학 약물을 사용합니다. 당신은 높은 활력을 갖고 빠르게 목표에 다가가다가 만일 무언가 어긋나면 패배감과 무망감을 느끼게 되기 때문에 항상 긴장감을 경험할 수 있습니다. 아마도 성장 과정에서 당신은 성취와 성공에 대해 높은 욕구를 가졌지만 자주 좌절감을 경험했는지 모릅니다. 당신이 아무리 열심히 해도 그것이 충분하지 않다고 느꼈을 수 있고, 당신이 좋아하던 사람들로부터 사랑을 잃게 될까 봐 취약함을 느꼈을 수 있습니다. 상실이나 문제가 생길 것을 염려하는 동시에 성취 및 성공을 위해 스스로를 강하게 압박하는 과정 속에서 항상 상당한 긴장감을 갖고 삶을 살아가는 당신의 모습이 이해가 됩니다. 일부 사례에서 살펴보면, 이와 같은 프로파일의 기분 불안정성은 기분을 안정화시키는 약물에 잘 반응할 수 있음을 시사해 줍니다. 다른 사례에서 살펴보면, 이와 같은 프로파일을 보이는 사람들은 자신의 기분 변화를 조절하는 방법을 배울 수도 있습니다. 잠재적으로 파국적으로 바뀔 수 있다는 생각 때문에 당신을 두렵게 만드는 사건의 종류들을 스스로 인식할 수 있도록 당신의 치료자와 함께 작업하기 바랍니다. 당신의 부정적인 사고로부터 신경을 끄는 방법을 배우고, 흥분이 지나쳐서 당신으로 하여금 지나치게 몰입하게 하거나 혹은 과도한 낙관으로 이끄는 순간들을 알아차리는 방법을 배우십시오. 처방된 약물 외에는 화학 약물을 사용하지 마십시오. 운동, 마음챙김치료, 인지행동치료 등을 통해 부정적인 사고로부터 스스로 신경을 끄는 것에 도움을 받을 수 있습니다. 최근 머리 부위에 어떠한 사고나 외상을 입었다면, 당신의 기분 변화는 아마도 최근의 신체적 외상에 의해 촉발되었을 수도 있습니다. 이 문제를 신경학자와 함께 논의하는 것이 중요할 것입니다.

20/02 코드타입

이 코드타입은 관계적으로 위축되어 있으며, 만성적인 기질적 우울증으로 인해 내향적인 사람임을 시사한다. 이들은 아마도 오래된 성향으로서 수줍음을 보일 수 있으며, 혼자 있는 시간 또는 소수의 친밀한 친구를 선호한다. 불면, 죄책감, 불안 등과 같은 우울증의 증상들이 거의 언제나 존재한다. 20 코드타입의 사람은 흔히 삶에서의 저조한 흥미수준에 익숙해져 있고, 불평 없이 자신의 상태를 받아들인다. 20 코드타입의 사람은 많은 사람과의 사교적 모임에 대해 공포나 혐오 반응을 흔히 보인다. 이들은 스스로 신체적으로 매력적이지 않다고 느끼며 남들에게 호감 있게 보이는 것에 흥미를 잃은 상태이다. 다른 사람들은 아마도 이들에 대해 무미건조하거나 단조롭고 자기주장을 하지 못한다고 평가할 수 있다. 이들은 주목받는 것을 피하며 흔히 매우 수동적이고 관습적인 모습을 보이는 반면, 규율을 어기는 경우는 거의 없다. 일부 사례에서 이 프로파일은 유전적으로 수줍음이 많으며 감정적으로 냉담한 보호자에 의해 양육된 사람임을 시사한다. Phil Marks(개인적 교신, 1990)는 20/02 코드타입을 가진 사람이 Harlow의 실험에서 철망 원숭이(예: 부드러운 촉감의 융단이 없는 조건)와 유사한 환경에서 양육된 것이라고 설명하였다. 따라서 적절한 기본적 욕구를 제공해 주지만 아이에게 감정적인 반응을 보이지 않는 경향의 보호자가 이들의 과거력에 존재하는지 탐색해 보아야 한다.

만일 척도 4와 척도 8이 65T 이하라면, 적절한 기본적 요구를 제공하면서 적대적이거나 냉담하지는 않지만 세심한 배려와 애정을 보이지 않는 보호자가 존재하는지 살펴보아야 한다. 높은 점수의 20 코드타입을 보이는 사람은 보살핌을 받고, 남들에게 다가가며, 타인이 다가오는 것에 대한 욕구를 상실해 버린 모습을 보인다. 대부분의 경우 남들로부터 돌봄을 받는 신체적 표현을 싫어한다고 보고한다. 이들은 타인으로부터의 감정적 혹은 신체적 접촉에 대해 거의 또는 전혀 기대하지 않도록 학습되어 왔을 수 있고, 아마도 이러한 상황에 익숙해진 듯하다. 이들이 보호자의 입장이 된 경우에도 자녀에게 촉감적인 신체적 표현을 제공하는 데 어려움을 겪을 수 있다.

일반적으로 척도 7 또는 척도 4가 이들에게 있어서 세 번째로 높은 척도인 경우가 흔하다. 이러한 아이의 경우 엄마가 심리치료를 받고 있는 경우가 흔하고, 이 코드타입의 아동은 심리적 상태의 호전에 있어서 단지 보통 수준의 개선만을 보이는 경우가 많다. 20 코드타입의 사람은 남들과 일정한 거리를 유지하는 경향이 있고, 감정적 통제를 잃게 될까 봐 두려움을 갖는다. 이들은 상당한 수준의 불행감에 익숙해져 있고 우울에 대해 불평하지 않는 경향을 보인다. 이들은 자신감이 부족하며, 불면증, 낮은 활력, 인지적 처리에서의 문제점 등을 호소할 수 있다. 이들은 만성적인 죄책감을 경험한다. 치료를 찾아 나서는 것 자체가 일반적으로 새로운 대인관계 상황에 개입되는 것이므로 남들에게 다가가는 것에 대한 이들의 어려움으로 인해 심각한 스트레스를 느낄 수 있다. 이러한 프로파일을 보이는 청소년은 특히 대인관계적 어려움에 취약하다.

⊃ 치료

20 코드타입의 우울증은 흔히 자아동조적인 양상을 보인다. 일반적으로 이들은 저조한 흥미수준에 적응해 버린 모습이며 특정한 문제에 대해서만 도움을 찾는다. 이들은 사회적 관계에 관여하는 것을 힘들어하기 때문에 이사, 새로운 직업, 새로운 관계 등은 모두 이들에게 스트레스가 된다. 자기주장 훈련, 역할 연기, 사람에게 대처하는 방법의 연습, 사교적 기술을 가르쳐 주는 것 모두가 도움이 될 수 있다. 내향성과 관련된 유용한 책들에서 자기비판적인 태

도 없이 내향성을 다룰 수 있는 방법을 소개하고 있기 때문에, 책을 통한 자가치료도 도움이 될 수 있다. 양육을 담당하는 보호자의 정서적인 표현이 부족한 환경에서 성장했기 때문에 친밀해지고 싶은 욕구가 줄어들었을 수 있음을 이해하도록 돕기 위해서 통찰치료를 시도할 수 있다.

이들이 자녀들을 대할 때 신체적인 표현을 제공해 줄 필요가 있다는 점을 교육하는 것도 일반적으로 중요하다. 일부의 사례를 보면 이들로 하여금 감정적으로 외로웠던 기억을 떠올리게 해서 친밀한 반응을 소멸하게 된 어린 시절 자신의 모습에 공감하도록 돕는 것이 유용하였다. 만일 우울증의 증상이 심각한 경우라면 이들은 아마도 항우울 약물을 복용하는 데 열린 태도를 보일 것이다. 20/02 코드타입의 사람은 낮은 수준의 정서상태에 길들여져 있어서 약물로 유도된 심리적 변화에 매우 불편함을 느낄 수 있기 때문에, 약물은 반드시 적은 양으로 처방되어야 한다. 마음챙김치료는 이들의 전반적인 만족감 수준을 향상시키는 데 도움을 줄 수 있다. 따뜻한 양육에 기초한 치료는 이들에게 불편감을 줄 수 있으므로 기술 습득에 초점을 맞춘 치료법이 좀 더 유용할 수 있다.

⊃ 치료적인 피드백

당신의 프로파일을 살펴보면 당신은 사려 깊고 신중하며 규율을 잘 따르는 순종적인 사람입니다. 당신은 공격적인 사람도 아니고 위험을 자초하는 사람도 아닙니다. 당신의 프로파일은 또한 당신이 다소 수줍음이 많다고 말해 줍니다. 연구결과에 따르면, 수줍음은 유전되는 특질이고 특정한 정신상태와 관련이 없습니다. 그러나 수줍은 사람들에게 있어서 새로운 직장이나 지역으로 옮겨 가는 변화를 갖는 것은 특별히 어렵게 느껴질 수 있습니다. 일반적으로 당신은 새로운 사람들이 많은 대규모 집단보다는 잘 아는 사람들로 구성된 소규모 집단을 좋아합니다. 관심의 중심에 놓이거나 또는 준비되지 않은 상태에서 군중을 향해 이야기하도록 불려 나갈 때 스트레스를 느끼는 것처럼, 당신에게는 사람들과 가벼운 대화를 나누는 것도 특별한 스트레스가 될 수 있습니다. 현재 당신은 평상시보다 더 불행하고 슬프게 느끼는 시기를 경험하는 것으로 보입니다. 당신은 생각하고 집중하고 기억하는 데 있어서 어려움을 겪고 있는지 모릅니다. 당신은 또한 현재 활력수준이 저조하고 효율적으로 지내기에 어려운 시기를 경험할 수 있습니다. 당신은 진정으로 갈등을 싫어하며, 자기주장을 하는 것보다는 주저하고 망설이는 경향을 보입니다. 당신은 아마도 최근에 마치 실패한 느낌을 가질 수 있고, 빠르게 죄책감을 느끼며 스스로에게 실망하고 있는지 모릅니다. 당신과 같은 프로파일을 보이는 사람들 가운데 일부는 적절히 잘 돌봐 주기는 해도 특별히 애정 표현을 잘 못하는 부모 아래에서 성장한 과거력을 지니고 있습니다. 현재 당신은 돌봄을 받았던 것에 대해 감사하면서도,

애정 및 온정을 표현하거나 스스로를 향해 칭찬하는 것이 어렵다는 사실을 알고 있을 것입니다. 치료자는 당신의 수면을 돕고 우울한 감정을 덜 느끼도록 약물 처방을 제안할 수 있습니다. 약물을 통해 당신은 더 활력을 느끼고 명확하게 생각하고 의사결정을 내리는 것을 더 잘하도록 도움을 받을 수 있습니다. 당신이 새로운 사람들을 만날 때 말할 수 있는 것을 배우고, 더 편안한 대인기술을 발전시킬 수 있는 방법을 당신의 치료자와 함께 연습하기 바랍니다. 당신이 경험한 감정을 일기로 쓰고 그러한 감정에 대해 당신의 치료자와 함께 이야기한다면 당신은 친한 친구에게 스스로를 더 잘 표현할 수 있습니다. 당신이 죄책감을 느끼고 자기비판적인 생각을 할 때 이를 인식하는 방법을 배우고 그러한 부정적인 사고를 차단해 버리는 방법을 배우기 바랍니다. 당신 스스로에 대해 좋게 생각하는 긍정적인 특징들의 목록을 작성한 후, 당신이 낙담하는 경험을 하거나 스스로에 대해 혐오를 경험하게 될 때 그 목록을 소리 내어 읽기 바랍니다.

척도 3(Hy)

참기 힘들 만큼 정서적으로 고통스러운 상황에 맞서는 방어 가운데 하나는 그 상황의 존재를 부인하는 것이다. 또 다른 방법은 주의의 초점을 고통스러운 것에서 긍정적인 것으로 전환하는 것인데, 압도되는 고통에 임해서도 그렇게 할 수 있다. 척도 3은 이러한 부인이나 긍정적 전환의 정도 및 욕구를 측정한다. 척도 3이 70T 이상으로 상승하게 되면, 부인하려 하고 고통에 직면해서 긍정성을 유지하며 타인으로부터 인정받고자 하는 경향성이 그 사람 성격의 핵심 요소가 된다. 그러나 다른 경우에서는 척도 3의 상승이 기저의 우울을 방어하고 있는 사람의 현재 스트레스 수준을 반영할 수도 있다. 척도 3의 속성은 일반적으로 신경증적이며 따라서 정신증의 진단과는 반대되는 양상인데, 특히 척도 3이 프로파일 내에서 가장 높은 점수의 2개 척도 중 하나라면 더욱 그렇다.

높은 점수(T>65)는 주요한 방어기제로서 억압과 부인을 사용하는 사람임을 시사한다. 이들은 대개 순응적이고 지나치게 순진하며, 또한 미숙하고 자기중심적인 사람으로 보일 수 있다. 이들은 또한 신체증상에 집착하고 질병에 대한 염려를 갖고 있지만 일반적으로 그에 상응하는 정서를 보이지 않는다. 척도 3이 높은 사람들은 타인으로부터의 관심, 애정, 인정, 지지를 요구하는 모습을 보일 수 있지만, 또한 타인에게 정서적으로 베푸는 경우일 수도 있다. 이는 보살핌을 받고 지지를 받으려는 이들의 욕구를 반영한다. 이들은 관계적으로 적극적인 양상을 보이며 버려지는 것을 두려워한다. 결론적으로 매우 매력적이긴 하지만, 타인과 친밀해지는 것 또한 이들에게는 두려운 일이다. 억압과 부인이 이들의 주요한 방어기제이기 때문에, 이들은 자신의 행동을 이끄는 심리적 역동에 대한 통찰이 부족한 양상을 보인다.

척도 3에서 높은 점수를 보이는 사람들 중 일부는 이들의 감정경험 강도를 고려할 때 극적혹은 과시적이라고 묘사될 수도 있다. 만일 척도 3이 65T 이상으로 상승한 유일한 척도라면, 공격적인 행동 표출의 가능성은 낮다. 척도 3의 상승은 감정적 고통에 대한 내담자의 두려움을 반영하는 것으로 여겨진다. 이들은 긍정적 사건으로 관심을 돌리고 분노와 적개심을 부인하는 행동을 통해 상대방을 불쾌하게 만들 가능성이나 거절에 이르게 될 가능성을 최소화할 것이다. 사랑받고 싶은 강한 욕구 때문에 척도 3의 점수가 높은 사람들은 헌신을 요구하는 상황에 열정적으로 반응할 수 있다. 그러나 이들은 갈등을 다루는 데 어려움을 겪고 자신의 적개심과 분노를 자각하고 표현하는 능력이 부족하기 때문에 결국 상처받거나 인정받지 못했다는 감정을 느낄 수 있다. 분노 감정을 불편해하기 때문에 이들은 분노를 수동적인 방식으로 표현하는 경향이 있다. 자기인식이 부족하기 때문에 자신의 분노를 유머나 신체적 문제를 통해 발산한다. 다른 말로 표현하면, 이 사람들의 신체적인 증상은 기저의 갈등을 상징적으로 표현하는 역할을 할 수 있다.

척도 3에서 다소 높은 점수(55~65T)라면 낙천적이고 긍정적인 사람으로서 남들이 보기에 쾌활한 사람으로 묘사될 수 있다. 이들은 남을 즐겁게 만드는 사람으로서 갈등 상황을 불편해한다. 이들은 스트레스에 대한 반응으로 경미한 신체증상을 보일 수 있으며, 그 증상은 스트레스가 사라지면 약화된다.

45T보다 낮은 점수를 보이는 사람들은 스스로를 현실에 기반을 둔 사람이라고 생각하겠지만, 남들에 의하면 다소 냉소적인 사람이라고 묘사될 수 있다. 어쩌면 다른 사람들에 의해 다소 직설적이고 심지어는 신랄한 사람으로 여겨질 수도 있다. 60T 이상으로 상승한 척도가 하나도 없는 프로파일에서 척도 3이 낮은 점수라면, 스스로에 대해 실용적이고 합리적이며 거리낌 없이 '자기 생각을 솔직히 말하는' 사람으로 보는 경우일 수 있다. 이들은 눈치가 부족하고, 남들과 상호 보완적인 관계를 만들기 어려우며, 전형적으로 자신의 감정을 포장하거나 윤색해서 표현하지 못한다. 만일 다른 척도들이 유의미하게 상승하고 척도 3이 낮은 점수라면, 억압과 부인을 통해 긍정적인 결과를 기대하지 못하고 정서적 고통을 심각하게 받아들이는 양상을 보일 것이다.

단독상승 3

단독상승 3의 코드타입(예: 다른 모든 임상척도가 65T 미만인 경우)은 인정받고 사랑받으려는 강한 욕구를 지닌 관습적인 사람임을 시사한다. 이들은 자기주장을 잘 못하고, 직면이나 '분란'을 싫어하는 성향일 수 있다. 이들은 올바른 사회적 역할을 수행하며 사회적으로 인정받지 못하는 것에 위협감을 느낀다. 분노를 표현하는 경우 아마도 부적절하거나 충동적인 방식으로 표현할 수 있는데, 왜냐하면 그 방식은 잘 통합된 방식도 아니며 그 사람의 부인하는 정도를 넘어서서 드러나기 때문이다.

단독상승 3의 코드타입은 폭발적인 양상 혹은 간헐적으로 거부적인 모습을 보이는 부모와 함께 불행한 가정에서 자란 어린 시절의 배경과 관련될 수도 있다. 다른 사례로 보면, 부정적인 정서를 표현하는 것이 좌절되거나 고통에 직면했을 때 낙관적으로 의연히 행동하기를 보호자에 의해 강요받았을 수 있다. 단독상승 3의 코드타입을 갖는 사람은 친밀함과 관련된 어려움을 보이기 때문에 성적인 문제들을 보고할 수 있고 다소 의존적인 성향일 수 있다.

⊃ 치료

부정적인 감정을 알아차릴 수 있도록 마음챙김치료와 함께 자기주장 훈련을 시행한다면 도움이 될 수 있다. 지지적이면서 비직면적인 치료가 가장 유용한 결과를 보인다. 고통에 직면해서 '용감해야만' 했고 '맞서 싸워야만 했던' 경험이 이들의 어린 시절에 존재하는지 탐색해야 한다.

⊃ 치료적인 피드백

당신의 프로파일을 살펴보면 당신은 남들을 기쁘게 하는 것을 좋아하고 갈등을 기피하는 쾌활한 사람입니다. 당신은 타인의 가장 이상적인 측면을 보려는 경향을 지녔는데, 때로는 타인의 부정적인 면을 부인하면서 스스로에게 해가 되는 수준으로까지 그런 경향을 보입니다. 당신은 미소를 짓고, 갈등을 피하려고 순응하는 모습을 보이며, 자기주장을 하지 않는 성향입니다. 결과적으로 긴장이 누적될 수 있으며, 당신과 같은 프로파일을 지닌 사람 가운데 일부는 신체적 증상을 보입니다. 당신은 남을 기쁘게 만들고 갈등을 피하기 위해 지나치게 열심히 임하기 때문에 스트레스가 누적될 수 있고, 이로 인해 요통, 소화불량, 두통, 간헐적인 현기증, 메스꺼움, 애매하고 불특정적인 신체증상 등을 보일 수 있습니다. 어쩌면 당신은 이따금씩 무서울 정도로 분노하는 부모 아래에서 성장했을 수 있습니다. 또는 몇몇 다른 이유 때문에 부정적인 것을 보지 않고 긍정적인 것에 집중해서 웃음을 짓는 방법을 배웠을 수 있습니다. 어린 나이부터 당신이 배워 온 바에 따르면, 당신은 어떤 상황에서도 긍정적으로 보려고 노력하면서 용감히 행동하고 스스로를 위로해야 했을 수 있습니다. 언제 분노나 적개심이 만들어지는지 알아차리는 방법을 배울 수 있도록 당신의 치료자와 함께 작업하십시오. 당신이 부인하고 있는 심리적인 불만족감이 당신의 신체적인 증상과 연결될 수 있는지 살펴보기 바랍니다. 타인에게 분노를 느끼게 되는 과정에 대해 치료자와 함께 역할 연기를 해 보고, 당신의 불만족감을 스스로 인식해서 이를 더 효율적으로 처리할 수 있도록 작업하십시오.

다른 척도들과의 연계

높은 K점수를 동반한 단독상승 3 코드타입

K 척도의 높은 점수는 감정적 통제를 유지하고 사회적으로 순응하는 것처럼 보이기 위한 욕구가 크다는 것을 의미한다. 척도 3에서 높은 점수를 보이는 사람들은 스스로 자신의 삶을 잘 통제하고 있고 사회 안에서 모범적으로 보이고 싶어 하는 욕구를 지니는데, 이러한 욕구가 K 척도의 상승으로 인해 더욱 증폭된다. 이들은 정서적인 상황에 접근할 때 확고한 낙관주의와 '불굴의 정신'을 갖고 임한다. 이들은 타인과 함께할 때 좋은 관계와 화합을 강조하며, 분노나 분열 및 상처받은 감정 등이 개입되는 상황 자체를 피하려고 한다. 이들은 누군가를 대상으로 거절 및 질책을 해야만 하는 상황에서 흔히 고통을 받는다. 결국 분노를 표현하게 되면 서투른 모습을 보이게 되는데, 이들이 늘 보여 주었던 사려 깊은 감성과는 달리 강렬하고 완강한 감정으로 분출되기 때문이다.

⇒ 치료

이 프로파일은 잘 방어하며 사회적으로 활발한 사람임을 시사한다. 어린 시절 자신의 강렬한 감정반응 때문에 소스라치게 놀랐던 조건화된 경험이 있었는지 살펴보아야 한다. "과거 어떤 사건에 대한 당신의 강렬한 감정반응 때문에 평정심을 잃었던 경험을 기억할 수 있나요?"와 같은 질문들을 통해 이들이 강렬한 감정에 불편감을 갖고 있음을 이해하도록 도울 수 있다. 일부의 경우, 가정 내의 강렬한 감정으로 인해 이들을 소스라치게 놀라게 했던 혼돈스럽고 재앙적인 어린 시절의 개인사를 보고할 수 있다. 혹은 반대되는 경우도 존재할 수 있다. 강렬한 감정과 혼돈감을 표현하는 것이 금기시된 가정에서 성장한 사람의 경우에도 사회적으로 용인되는 감정 및 억압된 감정에 대한 강한 선호를 가질 수 있다. 분노 혹은 슬픔의 감정에 대한 역할 연기를 해 보게 하는 등의 심리치료 기법들을 통해 다양한 강도의 감정에 더욱 편안함을 느끼도록 도울 수 있다. 이들로 하여금 부정적 정서를 표현하는 것을 꺼리도록 조건화시켰을 수 있는 어린 시절의 거절 및 정서적 외상경험이 있는지 탐색하라.

⇒ 치료적인 피드백

당신의 프로파일을 살펴보면 당신은 감정에 대해 '굴복하지 않는' 접근법을 갖고 삶을 살아가고 있습니다. 당신은 위기 상황에서도 흥분하지 않을 준비가 되어 있는 사람입니다. 남들이 당신에게 공감하기 위해서는 당신이 말하는 강도에 '몇 배를 덧붙여서' 받아들여야 합니다. 만일 당신이 "아주 행복한 것은 아냐."라고 말한다면, 당신은 아마도 현재 매우 화가 났거나 속상한 상황일 수 있습니다. 아마도 당신은 어린 시절부터 당신의 감정을 통제해서 오직 사회적으로 용인되는 방식으로만 감정을 표현하도록 배워 왔을 수 있습니다. 성장 과정을 통해 강렬한 감정의 표현을 제한받아 왔거나 혹은 남들이 감정적으로 속상해하면 그로 인해 당신의 평정심이 무너지는 경험을 했을 수 있습니다. 당신 감정의 전체 강도를 알아차릴 수 있도록 치료자와 함께 작업하고, 자신의 감정을 차분하게 표현할 수 있도록 연습하십시오. 스스로 통제감을 잃을 만큼 강렬한 감정을 경험했던 기억이 있는지 혹은 당신을 압도하는 방식으로 누군가 감정을 표현하는 것을 목격했던 기억이 있는지 탐색하기 바랍니다.

31 코드타입(13/31 코드타입을 참조할 것)

13 코드타입과 비교해서 31 코드타입의 사람들은 고통에 직면하여 보다 쾌활한 모습을 보인다. 척도 3은 남을 기쁘게 하고 사랑을 받으려고 하는 매력적인 시도와 관련되는데, 이러한 척도 3의 특징에 의해 13 코드타입에서 보이는 비관적이고 부정적이며 패배적인 양상이 줄어들고 감추어진다.

⮑ 치료

13/31 코드타입의 치료 부분을 참조할 것

⮑ 치료적인 피드백

13/31 코드타입의 치료적인 피드백 부분을 참조할 것

32 코드타입(만일 척도 2가 척도 3의 5T 차이 내에 해당되면 23 코드타입도 참조할 것)

32 코드타입의 사람은 억압 및 억제의 방어기제를 사용하고 사회적 인정에 대한 강한 욕구를 지니고 있기 때문에 23 코드타입과 비교해서 우울증의 외현적 양상은 덜 심하고 건강에 대한 염려는 더 심하다. 다양한 신체증상이 존재할 수 있지만, 웃음을 보이는 가면우울증의 경우 피로감, 위장장애, 두통, 현기증 등의 호소가 흔하다. 억압의 방어기제를 통해 우울증은 감추어지며, 자율신경계 관련 증상들을 더욱 많이 호소한다. 심리적인 스트레스의 기간이 지속된 후 신체적인 문제가 실제로 발현될 수 있다.

이러한 코드타입을 보이는 사람들이 불안을 호소하는 경우도 많지만, 이들은 또한 집중 및 기억의 문제나 전반적인 기능저하를 동반한 우울증 증상을 드러낼 수 있다. 신체적 호소를 보

이긴 해도 이들은 포부를 지니고 있고 성실하며 상당한 책임감을 갖는다. 이들에게는 사회적으로 용인되는 모습으로 비춰지는 것이 중요하고, 일부는 가식적인 모습으로 보일 수 있다. 이들은 통찰력이 부족한 경향이 있고 신체적 호소에 대한 인정을 통해 도움을 줄 수 있지만, 32 코드타입의 경우 성격적인 변화를 유도하는 심리치료는 쉽지 않다. 남성의 경우 척도 1, 8 혹은 9에서 세 번째로 높은 점수를 보이는 경우가 가장 흔하다.

32 코드타입의 여성은 이혼하는 경우는 드물지만 종종 결혼생활의 문제를 보고한다. 이들은 아내나 어머니로서 성실한 모습을 보이지만 성적으로는 억제된 양상을 보이며 성적 흥미에서의 감소된 양상을 보인다. 32 코드타입은 우울과 더불어 억압하는 양상을 시사하기 때문에, 이들이 낮은 성적 욕구를 보고하는 것은 놀랄 만한 일이 아니다. 32 코드타입은 비판이나 거절에 예민하며, 거절을 피하기 위해 종속적인 모습을 보일 수 있다. 이들은 충분한 수행을 보인 경우에도 흔히 불충분하다고 느끼고 스스로에 대한 불신으로 인해 고생한다. 억압하는 양상이나 우울한 증상과 관련된 피로감 및 소진감을 보이는 것이 일반적이며, 불면증, 두통, 위장장애 그리고 다른 모호한 신체증상 등의 호소를 흔히 보인다.

⊃ 치료

32 코드타입의 사람은 자기희생적인 경향을 보이고 그로 인해 남들로부터 죄책감을 유발하며, 흔히 주변 사람들을 화나게 만들곤 한다. 결론적으로 이들의 자녀들은 특히 청소년기에 분노를 느낄 수 있고 분개할 수 있다. 32 코드타입의 경우 부작용에 취약할 수는 있지만, 흔히 항우울제가 매우 효과적일 수 있다. 이완 훈련과 자기주장 훈련 또한 유용하다. 불안완화제의 경우 이들이 의존성 문제를 보일 수 있기에 반드시 주의해서 사용해야 한다. 만일 L 척도가 상승했다면, 극도로 부인하는 양상이나 도덕적 경직성을 보일 수 있고 심리적인 문제를 보이고 있다는 꼬리표가 붙는 것에 상당한 수준의 염려를 드러낼 수 있다. 만일 다른 전문가가 이들의 현재 치료자에게 어떠한 비난이라도 하게 되면 그로 인해 이들이 치료자에 대한 혼돈감을 경험할 수 있음을 치료자는 알고 있어야 한다. 이들은 자기주장을 하거나 전이를 직면하는 과정에서 어려움을 겪는다. 치료의 초점은 신체적 증상에 혹은 배우자나 자녀의 문제에 두는 경향이 있다. 이들의 신체적 증상을 '꺼내어 이야기하도록' 하는 게슈탈트치료가 도움이 될 수 있는데, 이는 과거의 상처와 상실에 대한 억압된 분노와 슬픔을 분출하도록 돕는 역할을 할 수 있다. 사랑하는 보호자가 이른 시기에 사망한 어린 시절의 과거력이 흔히 보고된다. 이들이 보이는 32 코드타입은 어쩌면 억압된 애도 과정을 의미하는 것일 수 있다. 이 사람들은 상실을 마주해서 용감하게 행동해야만 했고, 그런 까닭으로 상실과 관련된 분노나 슬픔에 다가가지 못했을 수 있다. 역할 연기를 통해 자기주장을 하거나 분노를 표현할 수 있도록 도

와주고, 또한 이들이 강렬한 부정적 감정을 표현할 때 느끼는 불안으로부터 탈조건화할 수 있도록 이완 기법을 연습하는 것이 좋다. 일부의 사례에서 통찰치료를 통해 도움을 줄 수 있는데, 어린 시절 고통에 직면하여 용감하고 긍정적인 모습으로 힘겨운 상실을 처리해야만 했던 자신의 모습에 공감하는 데 유용할 수 있다.

➲ 치료적인 피드백

23 코드타입을 참조할 것. 당신의 프로파일을 살펴보면 당신은 성실하고 책임감이 있고 갈등을 피하려는 사람이며, 심지어 고통이나 신체적 어려움에 처해 있을 때도 쾌활하고 긍정적인 모습을 보이는 성향의 사람입니다. 당신은 현재 두통, 소화기장애, 요통, 현기증, 다른 모호한 증상 등의 다양한 신체증상을 경험하고 있으며, 그럼에도 불구하고 용감한 모습으로 긍정성을 유지하려고 애쓰고 있음을 알 수 있습니다. 당신은 갈등을 싫어하며 거기에서 한 걸음 더 나아가 타인의 감정에 상처를 입히는 것을 피하기 위해 애를 씁니다. 그냥 흘러가는 대로 인생을 즐기도록 용인하는 것이 힘들고, 스스로 강한 책임감과 의무감을 갖고 있습니다. 당신은 현재 수면 문제, 식욕의 변화, 성 욕구의 감소 등과 같은 우울증상들을 경험하고 있습니다. 다른 사람들을 돌보고 당신의 책임을 다하는 일에서 조금이라도 어긋나면 당신은 쉽게 죄책감을 느낍니다. 어쩌면 당신은 사랑하는 부모의 질병이나 죽음을 어린 시절에 경험했을 수 있습니다. 당신은 고통스러운 상황에서도 긍정적인 모습을 보여야만 했고, 주변 사람들을 속상하게 만들지 않기 위해서 용감히 행동하는 훌륭한 병사처럼 보여야만 한다고 느꼈을 수 있습니다. 당신은 다른 사람을 돌보는 역할을 지속적으로 담당해 온 것으로 보이며, 때로는 자신의 희생을 감수하면서 그랬던 것으로 보입니다. 좀 더 자기주장을 할 수 있도록 치료자와 작업하고, 당신이 신체증상들을 경험할 때 그 증상들이 부분적으로는 스트레스와 관련될 수 있음을 깨닫도록 작업하시기 바랍니다. 당신은 대인관계적인 문제들로 인해 스트레스를 받거나 혹은 긴장하고 있을 수 있습니다. 주변 사람들에게 해를 끼치거나 불편하게 만들지 않기 위해 당신 스스로 용감해져야 하고 자신의 감정을 차단해야만 한다고 생각했던 과거의 상실 경험이 있는지 살펴보기 바랍니다. 당신의 신체증상에 도움을 주고 전반적인 활력과 기분을 개선시키기 위해 약물 처방을 고려할 수 있습니다.

321 코드타입

척도 3과 2에 척도 1이 추가되면, 스트레스에 대한 반응으로서 건강염려증적인 호소와 신체적인 증상이 늘게 된다. 변비, 설사, 거식증, 불면증, 근육 긴장, 생식기 고통, 심계항진, 피로감 등이 흔히 나타난다. 근육과 골격, 위장과 소화기, 심장과 호흡기, 비뇨기와 생식기 등을 포함하는 거의 모든 신체기관이 포함된다. 열등감과 무망감을 동반한 우울 및 불안이 전형적으로 나타난다. 수면장해와 체중 문제가 흔히 나타난다. 이러한 프로파일을 보이는 사람들은 사회적으로 받아들여지지 못하는 충동들, 특히 공격성이나 타인으로부터의 거절 등을 부인하는 양상을 보인다.

이들은 부족한 통찰을 보이는 경우가 많고, 이로 인해 자기패배적이고 상호 의존적인 관계에 이르게 된다. 이들은 죄책감에 괴로워하며 자벌적인 모습을 보일 수 있다. 만일 척도 8도 상승했다면, 인지기능에 훨씬 심각한 문제가 있을 수 있다. 과거력 보고의 어려움뿐만 아니라 기억력과 집중력 및 문제해결능력에서의 문제점이 흔히 나타난다. 만일 척도 9가 50T 미만이라면, 내담자는 낮은 활력과 의욕 상실을 훨씬 더 많이 토로할 것이다. 321 코드타입이면서 척도 9가 낮은 사람은 체중 문제를 겪을 가능성이 있고, '소진된' 느낌을 보고할 수 있다.

321 코드타입의 여성들은 종종 부인과적인 문제를 보고하며, Marks와 Seeman의 연구(1963) 표본 중 많은 경우(60%)에서 자궁절제술을 받았다. 321 코드타입의 경우 흔히 중간에 끼인 출생 순위를 보이며, 엄격하게 훈육하는 지배적인 부모를 보고한다. 어머니와의 관계는 애정적인 양상을 보이지만, 엄격하고 통제적인 어머니로 보고된다. 321 코드타입을 가진 여성들은 열등감을 지니고, 눈물이 많으며, 불안하고 우울한 모습으로 묘사된다.

이 코드타입을 가진 남성들은 소화기장애를 토로한다. 남성과 여성의 경우 모두에서 결혼 생활의 문제를 보일 가능성이 많으며, 성적인 친밀감이나 낮은 성관계 빈도의 문제가 주를 이룬다.

321 코드타입의 사람들은 흔히 평균 이상의 학업성취도를 보인다. 많은 경우 질병을 갖고 있는 부모를 돌본 과거력을 보고한다.

⤴ 치료

321 코드타입의 사람들은 엄격한 부모의 규칙과 금지사항 그리고 예외 없는 도덕적 기준을 내면화한다. 친밀함을 갈망하지만 또한 두려워하기 때문에, 이들은 친밀한 관계 속에서 가장 커다란 문제를 형성하게 된다. 이들로 하여금 과거의 상실을 처리하고 그 상실과 관련된 분노와 슬픔을 편안하게 표현할 수 있도록 돕는 것이 치료의 핵심이다. 마음챙김치료를 통해 이들이 자신의 감정을 더욱 잘 인식하고 그 감정들을 더 직접적으로 표현하는 법을 배울 수 있도록 도와줄 수 있다. 역할 연기를 통해 기쁨과 축하를 나누도록 돕거나 특정한 성과에 대해 자랑을 늘어놓도록 돕는다면, 이들이 무의식적으로 차단해 왔던 긍정적 감정들에 관여하는 데 도움을 줄 수 있다. 여성의 경우 만일 척도 5가 낮다면, 극심한 수동성을 지니고 남성의 적극적인 성행동에 대한 공포를 갖고 있을 수 있다. 만일 척도 0이 상승했다면, 그 내담자는 더욱

극심하게 '집에 머물기 좋아하는 사람'의 성향을 지닌다. 일반적으로 이 프로파일을 보이는 사람들은 복종적인 특성이 업무 수행을 방해하지만 않는다면 이들이 지닌 성실성으로 인해 비교적 성공적인 모습을 보인다.

34/43 코드타입

34 코드타입은 43 코드타입과 다른 성격적 속성을 시사한다. 먼저, 이 두 코드타입 사이의 공통점을 설명할 필요가 있다. 두 코드타입 모두 감정적 불안정성을 보이는데, 그것은 히스테리적인 통제와 무감각한 충동적 행동 사이의 상호작용과 관련된다. 척도 4의 상승과 관련된 행동적 불안정성과 충동성은 척도 3의 상승으로 인한 인정 및 친밀감 욕구에 의해 수정되고 통제되고 억제되며 감추어진다. 상반되는 욕구의 상대적 강도에 따라 34 코드타입과 43 코드타입 사이의 유사성과 차이점이 드러난다. 척도 4보다 척도 3이 높게 상승하는 경우, 보다 과잉통제적이고 강렬한 감정과 충동적 행동의 표출이 드물게 간헐적으로만 나타날 수 있다. 척도 4가 더 높게 상승한 경우, 불안정하며 사회를 교정한다는 허울 좋은 변명 아래 잘 통제되지 못한 분노를 보이거나 더욱 충동적인 행동 표출이 예견된다. 두 가지 코드타입의 주요한 특징은 분노와 행동 표출이다. 두 가지 코드타입 모두 타인으로부터 양육과 돌봄을 강하게 원하면서도 또한 친밀감을 두려워하고 독립성에 대한 욕구를 보인다. 43 코드타입의 사람은 타인을 필요로 하고 남들로부터 인정을 받고 싶은 강한 욕구를 지니지만, 상대방이 자신에게 요구하는 것은 고역으로 여긴다. 두 코드타입의 경우 모두 자기 삶의 피상적 측면만을 강조하며 사회적으로 인정받지 못하는 것에 매우 민감하다. 34 코드타입의 사람은 매력적이지만, 쉽게 짜증을 내고 미묘하게 요구적이다. 43 코드타입의 사람은 더 기만적이고 자기가 원하는 것을 얻기 위해 매력을 이용한다. 두 코드타입은 일부의 경우 간헐적으로 경미한 심인성 신체증상을 호소하는데, 이 증상들은 과잉통제를 반영하며 때론 기만적인 경우도 있다.

척도 4가 척도 3보다 8T 점수 이상으로 높은 43 코드타입의 경우, 분노가 더욱 쉽게 충동적으로 표현된다. 43/34 코드타입은 자극받았을 때, 특히 알코올이 수반되면 공격적으로 적대성을 보일 수 있는 사람들과 관련된다. 43/34 코드타입의 분노 표출은 내적 압박감의 누적 때문에 발생한다. 분노가 표출된 후 그 사람은 사회적으로 적절하게 용인되는 수준으로 행동을 통제할 수 있으며, 행동 표출은 합리화되고 심지어는 부인되는 양상을 보인다.

두 가지 코드타입의 경우 분노와 더불어 자기중심성과 미숙함이 시사된다. 자기중심성과 미숙함으로 인해 결혼생활의 문제, 성적인 행동 표출, 이혼, 타인과의 불안정한 대인관계를 예상할 수 있다. 많은 경우에서 약물남용의 문제를 보인다.

두 가지 코드타입에 해당하는 사람들은 사회적으로 '틀에 맞추려' 애쓰고 타인으로부터 인정을 받고자 노력하는 양상을 보인다. 때로는 아첨을 통해서 목적을 이루거나 남에 대한 인정을 통해 자신이 원하는 것을 이끌어 내기도 한다. 이들은 흔히 겉으로는 매우 순응적인 사람으로 보이지만, 이들의 반항적인 모습은 미묘한 행동 표출을 통해서 표현되거나 공공연하게 반항적인 사람들과 어울리는 것을 통해서 드러난다. 이들의 통제적인 양상의 이면을 들여다보면 타인에게 참을성이 부족하며 신랄한 측면을 갖고 있는데, 사회적으로 용인될 만한 겉치장을 통해 감추고 있다.

34/43 코드타입의 사람들은 거절에 매우 민감하며 분노반응을 보일 수 있다. 이들은 자신의 거절 민감성을 남들에게 투사하는 경향이 있으며, 따라서 직접적으로 타인에게 거절을 표현하는 데 어려움을 겪는다. 특히 34 코드타입의 경우 적대감을 상징적이고 우회적인 방식으로 표현하는 경향이 있는데, 남이 없는 자리에서 말한다거나 빈정대고 농담하는 것처럼 표현하곤 한다. 이러한 수동-공격적인 양상은 "내가 너를 사랑하지 않는다면 너를 놀리지도 않을 거야."라는 말로서 드러날 수 있다. 권위 있는 인물이나 권위주의적인 방식에 대해 내면의 분노를 갖고 있지만, 34/43 코드타입의 사람들은 의식적으로 규칙을 준수하는 경향을 보인다. 척도 3이 척도 4보다 높은 점수일 때 행동 표출은 때때로 부인되는데, 자신의 행동 표출에 대해 해리된 모습을 보일 수 있다.

이 코드타입을 가진 여성들은 자신의 삶의 피상적인 측면에 상당한 중요성을 부여하고, 참을성이 부족하며, 요구적인 양상을 보인다. 최근의 거절경험이나 어떤 심각한 좌절을 경험한 것이 아니라면 치료를 찾지 않을 것이며, 통찰지향의 치료를 원치 않는다.

34/43 코드타입의 사람들은 자신의 신체적 외모에 가치를 두는 편이고, 흔히 꼼꼼하게 차려입거나 유혹적인 옷차림을 보인다. 일부의 경우지만 두 가지 코드타입 모두에서 피해의식과 관련된 양상이 일시적으로 보고된다. 이러한 양상은 지속적인 것은 아니며, 편집증적 사고는 척도 6과 관련되고 정서적 분열은 척도 8과 관련된다. 이들은 34/43 코드타입의 역할 연기를 남들에게 투사하면서 타인에 대한 깊은 불신을 드러낸다. 때때로 이들은 누구를 믿어야 할지 불안해하며, 스스로 갖고 있는 기만양상을 남들에게 투사한다.

만일 척도 1 또한 상승했다면 이 사람은 신체적 증상을 보이며, 그것을 이용하여 2차적인 이득을 얻으려는 양상을 보인다. 만일 척도 2가 상승했다면, 함정에 빠져서 씁쓸하고 분하며 패배한 것 같은 느낌과 긴장감 등의 우울증적 증상이 드러난다. 우울증상은 최근의 행동 표출의 결과에 기인할 수 있다. 흔히 충동적인 자기패배적 행동이나 중독행동을 통해 스스로 해소하려는 양상을 보일 수 있다. 만일 척도 9도 상승했다면 과잉활동적인 인정추구행동이 증가할 수 있으며, 타인에게 아첨하거나 사교적 역할 연기를 통해 인정을 추구하는 경향을 보일 수 있다.

남성의 경우 흔히 척도 2, 5, 6이 세 번째로 높은 척도이다. 여성의 경우 세 번째로 높은 척도는 척도 2, 6, 8이 흔하다.

34/43 코드타입을 가진 청소년의 경우 흔히 가정이나 학교에서 권위 있는 인물과의 갈등 때문에 치료가 의뢰된다.

⊃ 치료

이들의 어린 시절 과거력은 초기의 거절경험과 관련이 있거나 또는 통제적이고 독선적인 보호자에 의해 무시당했던 경험과 관련이 있다. 일부의 사례를 살펴보면 학대경험은 나름의 적응을 위한 반응을 촉발하게 되는데, 거짓 역할 연기를 하거나 기만하거나 감정적 고통을 부인하려는 시도를 보인다. 어린 시절부터 이들은 살아남기 위한 방법을 터득했을 수 있는데, 타인을 미묘하게 속이거나 남들의 욕구를 충족시키기 위해 선의의 거짓말을 하는 방법을 익혔을 수 있다. 또 다른 사례에서 살펴보면, 과잉통제적인 배우자에게 대응하기 위한 목적으로 자신의 아이들이 행동 표출을 하도록 부추기는 경우도 있다. 이 프로파일은 격정적이고 거부적인 보호자에게 맞추어 주고 거절당하지 않기 위해 감정적 자연스러움을 차단하고 있음을 시사해 준다. 이들은 주어진 사회적 상황에서 자신이 담당할 역할의 예행연습을 실제로 보일 수도 있다. 따라서 이들은 다양한 사람에게 맞추어 주는 능력이 발현될 수 있는 판매업이나 사람과 결부된 직업에서 뛰어난 모습을 보이기도 한다.

치료 시 이들이 인정받지 못하는 경우 혹은 정신적으로 문제가 있다는 설명을 듣게 되는 경우에 민감하게 반응할 수 있다. 내담자가 부인하려 하는 것에 주의를 기울여야 하는데, 흔히 갈등의 원천이 그 부인하려는 것에 해당되기 때문이다. 34/43 코드타입의 사람들은 치료자에게도 역할 연기를 하려는 경향이 있는데, 이들에게 통찰을 제공해 주기 위해서 치료적 관계에 대해 논의하는 것이 중요하다. 이들이 덜 방어적인 모습을 보이기 위해서는 치료자로부터 많은 인정을 받는 것이 필요하다. 통찰지향의 치료를 받거나 인정받지 못했던 어린 시절의 경험을 탐색하는 과정을 통해 역할 연기를 하는 자신의 모습을 자각하도록 도움을 줄 수 있다. 이들은 극심하게 혼란스러운 감정을 갖는 사람들이다. 이들은 한편으론 다른 사람들을 기쁘게 하는 것을 원하지만, 그와 동시에 통제당하는 것에 적개심을 갖는다. 이러한 문제의 뿌리는 어린 시절 부모로부터 인정받기를 원하면서도 예측할 수 없는 거절을 두려워했던 과거로부터 기인했으며, 부모의 요구에 맞추어 주기 위해서 스스로 역할 연기나 기만행동을 해야만 했음을 스스로 이해할 수 있도록 도와주어야 한다. 분노하거나 기만하지 않으면서도 자신이 원하는 것을 요구할 수 있는 방법을 찾을 수 있도록 도와주어야 한다. 어떤 특정한 날이나 시기를 정해서 직접적이면서도 속이는 행동 없이 자신의 감정을 표현하는 연습을 시킨다면 과잉통제하려는 경향성을 줄일 수 있을 것이다. 만일 치료자로부터 비난받는다고 느끼게 되면 이들은 치료를 중단할 것이다.

⊃ 치료적인 피드백

당신의 프로파일을 살펴보면 당신은 두 가지 서로 다른 성격특징을 갖고 있으며, 이로 인해 때때로 모순된 감정을 느끼는 것으로 여겨집니다. 한편으로 당신은 사람들을 기쁘게 하는 사람이고 갈등을 피하려는 사람입니다. 다른 사람들과 잘 지내고, 그 분위기에 맞추어 주고, 올바른 사회적 역할을 수행하는 것이 당신에게는 중요한 일입니다. 남들이 당신을 비평하거나 평가하려 하면 당신은 상당한 불편감을 느낄 수 있는데, 그래서 당신은 남들이 당신에게 기대하는 것을 '간파하는' 능력을 갖추게 된 것입니다. 그와 동시에 당신은 통제받는 것을 싫어하고 자신의 독립성에 높은 가치를 부여하고 있습니다. 남들을 기쁘게 하고 싶고 갈등을 피하고 싶은 특징은 자신의 것을 하고 싶고 타인의 통제에서 벗어나려는 특징과 조화를 이루기 어려울 수 있습니다. 몇몇 사례에서 당신과 같은 프로파일을 보이는 사람이 함께하고 있는 사람에 따라 서로 다른 역할을 연기하는 모습을 보이는 경우가 있습니다. 때로는 당신 스스로 다양한 사회적 상황에서 당신이 연기하기 원하는 역할의 예행연습을 하는 자신의 모습을 알고 있을 수 있습니다. 다른 상황에서 당신은 갈등을 피하고 원하는 것을 얻기 위해 선의의 거짓말을 하거나 선택적인 보고를 통해서 남들을 속이기도 합니다. 당신과 같은 프로파일을 가진 사람들 가운데 일부는 감정적으로 격정적인 보호자, 즉 분노했을 때 거부적인 모습을 보이는 보호자 아래에서 성장하였습니다. 어린 시절 분노에 기인한 간헐적인 거절경험은 당신에게 매우 고통스러웠을 수 있습니다. 당신은 보호자의 마음을 '읽어 내고' 행동을 미리 예상하는 방법을 습득했을 수 있는데, 이것은 거절이나 신체적인 학대를 피하려는 노력이었을 수 있습니다. 거절을 피하는 방법을 배우는 과정에서 당신은 보호자의 분노에서 벗어나기 위해 진실을 포장하고 윤색하는 방법을 배워야 했을 수 있습니다. 결론적으로 당신은 현재 역할 연기를 하고 선의의 거짓말을 하면서 삶을 살아갈 수 있습니다. 당신은 자신의 좌절감과 분노를 직접적이고 솔직한 방식으로 표현하는 방법을 배우지 못했던 것 같습니다. 당신의 내면에서 긴장감이 축적되는 것을 알아차리지 못한 채 때론 당신의 분노가 분출될 수 있으며 당신은 분노를 요란하게 충동적으로 표현할 수 있습니다. 부모의 분노를 거절과 무시로 느꼈던 어린 시절의 경험들을 탐색할 수 있도록 당신의 치료자와 함께 작업하십시오. 어린 시절의 그 경험들이 어떻게 느껴졌는지를 살펴볼 수 있다면, 당신이 분노를 피하기 위해 역할 연기를 하는 방식을 습득하게 된 과정을 이해할 수 있을 것입니다. 특별히 분노와 좌절의 감정에 주의를 기울이면서 당신이 느끼는 감정에 대한 일기를 작성하는 작업에 치료자와 함께 시간을 들여 전념하십시오.

| chapter 06 코드타입

당신이 누군가에게 요청을 해야 할 때 속이거나 선택적 보고를 하지 않으면서도 당신이 원하는 바를 요청하는 방법에 대해 당신의 치료자와 함께 예행연습을 하십시오. 분노를 직접적으로 표현하는 것에 대해 치료자와 함께 역할 연기를 하십시오. 당신의 진솔성이 느껴지는 행동과 당신의 거짓된 모습이 느껴지는 행동을 구분하는 작업을 치료자와 함께해 보기 바랍니다.

345/435/534 코드타입(34/43 코드타입과 척도 5 코드타입을 참조할 것)

남성의 경우 척도 5가 추가되면 수동성과 거절에 대한 민감성이 시사되며, 그 결과 34/43 코드타입에서 이미 보고되었던 성적인 문제들이 더욱 심해질 수 있다. 이 프로파일을 지닌 남성은 인정받는 것을 갈망하고, 거절을 두려워하며, 함정에 빠지는 것을 우려한다. 이들은 친밀한 관계에서 접근과 회피 사이의 갈등을 경험하게 된다. 척도 4가 높으면 기만행동이 예견되는데, 이는 척도 3과 척도 5에서 보이는 인정 욕구와 거절에 대한 두려움 때문에 나타날 수 있다. 결과적으로 매력적이고 유혹적이며 거짓 연기를 하는 사람의 모습을 보이게 되는데, 이들은 애정과 인정을 끊임없이 이끌어 내고 선택적인 보고를 통해 거절을 피하는 양상을 보인다. 345/435 코드타입의 남성은 거절에 대한 두려움과 일탈의 흥분 욕구를 위해 성적인 경험을 추구하는 모습을 보이기도 한다. 일부의 경우 노출증, 관음증, 가학증 및 피학증의 성적 도착에 관여하기도 한다. 다른 경우 동성애적 환상을 갖거나 양성애를 보일 수도 있다. 이러한 조합의 코드타입을 가진 여성들은 자기주장적이고, 매우 성적이며, 자신의 유혹적인 성행동을 이용해서 타인을 조종한다.

⊃ 치료

34/43 코드타입의 사람은 거절을 두려워하고 인정받기를 갈망하지만, 통제받는 것을 싫어한다. 척도 5가 추가된 남성의 경우 거절에 대한 두려움이 증대될 수 있다. 척도 5가 상승한 여성의 경우 공격적인 성행동이 예견되며, 성적 유혹을 통해 남성을 무력화하려는 시도를 보이기도 한다. 이 여성들은 흔히 직관력이 좋고 타인의 인정과 의존을 끌어내기 위해 사교적 기술을 사용하는데, 이를 통해 자신의 인정 욕구를 만족시키지만 통제받는다는 두려움도 경험하게 된다. 치료를 통해 이들이 어린 시절 보호자로부터 거부당했던 경험을 다룰 수 있도록 도와주어야 한다. 부모가 온정적인 모습을 보이다가 갑작스럽고 격정적인 모습으로 이들을 겁먹게 만들었던 특정한 경험이 있는지 탐색해야 한다. 적응을 위한 반응으로서 역할 연기를 하거나 거부적인 부모를 달래는 방법을 사용할 수 있는데, 이는 거절로 인한 감정적 영향력을 부인하거나 조종을 목적으로 매혹적인 모습을 보임으로써 부모로 하여금 애정과 인정을 제공하도록 '유혹'하는 양상이었을 수 있다. 적응을 위한 이러한 반응이 결국 관계 속에서 끊임

없이 타인을 유혹하게 만들고 결국에는 자신에게 짐이 되는 삶의 방식으로 굳어진 과정을 이해할 수 있도록 도움을 주어야 한다. 남성의 경우 흔히 여성 보호자와의 사이에서 강렬한 애정과 거부를 반복하는 관계를 형성하게 되며, 여성의 경우 남성 보호자와 그러한 관계를 보이게 된다.

⟳ 치료적인 피드백

- **남성의 경우**: 당신의 프로파일을 살펴보면 당신은 창의적이고, 민감하고, 통찰력이 있으며, 거절당하는 것과 인정받지 못하는 것을 염려하는 사람입니다. 당신은 거절을 당하지 않기 위해서는 적절한 역할을 연기해야 한다고 배웠는지도 모릅니다. 당신과 같은 프로파일을 가진 사람들은 흔히 판매업에서 능숙함을 보이는데, 다른 사람의 욕구를 '간파하는' 능력 때문입니다. 그와 동시에 당신은 통제당하거나 혹은 난관에 빠지는 것을 두려워하고 있습니다. 남들이 거절당하는 느낌을 받지 않도록 그리고 남들이 당신을 거절하지 않도록 하기 위해 당신은 어쩌면 남들에게 선택적인 보고를 하거나 또는 거짓을 말하는 자신의 모습을 스스로 알고 있을 수 있습니다. 인정받기를 원하지만 난관에 빠지는 것을 두려워하는 혼합된 감정은 당신의 성행동에도 반영될 수 있습니다. 당신은 흥분감을 경험할 수는 있지만 거절의 두려움은 최소화하는 성행동을 추구할 수도 있습니다. 당신과 반대되는 성별의 부모로부터 거절당하거나 무시당한다는 기분이 들었던 어린 시절의 경험이 있었는지 치료자와 함께 탐색해 보십시오. 그러한 경험으로 인해 당신이 끊임없이 타인을 달래고 유혹하는 모습을 보이게 된 과정을 살펴보고, 또한 거절당하거나 난관에 빠지면 친밀감 자체에 두려움을 느끼게 되는 과정까지 살펴보기 바랍니다. 당신이 어떤 기분을 느끼는지 그리고 당신이 진정 원하는 것이 무엇인지 사람들에게 이야기함으로써 선택적으로 보고하는 것을 그만하기 바랍니다. 만일 당신이 거절을 두려워해서 충동적인 승낙으로 다른 사람을 기쁘게 하려 애쓰고 나중에는 약속을 못 지켜서 거짓말하는 양상을 보이고 있다면, 그런 모습 대신에 직접적으로 표현하고 "아니요."라고 다른 사람들에게 말하는 방법을 배우기 바랍니다.
- **여성의 경우**: 당신의 프로파일을 살펴보면 당신은 친구로서 남성들과 있을 때 불편해하지 않으며 전통적인 남성적 활동과 취미를 즐긴다는 것을 알 수 있습니다. 당신은 자기주장적일 수 있으며, 자신이 원하는 것을 얻기 위해 당신의 성적특징을 이용하는 것을 꺼리지 않을 수 있습니다. 당신은 남성들로부터 승낙을 얻는 것이 쉽다는 사실을 알고 있을 수 있고, 스스로 원하는 것을 얻기 위해 남성들을 손쉽게 속일 수 있는지 모릅니다. 당신은 거절을 당하지 않기 위해서는 적절한 역할을 연기해야 한다고 배웠는지도 모릅니다. 당

신과 같은 프로파일을 가진 사람들은 흔히 판매업에서 능숙함을 보이는데, 다른 사람의 욕구를 '간파하는' 능력 때문입니다. 그와 동시에 당신은 통제당하거나 혹은 난관에 빠지는 것을 두려워하고 있습니다. 남들이 거절당하는 느낌을 받지 않도록 그리고 남들이 당신을 거절하지 않도록 하기 위해 당신은 어쩌면 남들에게 선택적인 보고를 하거나 또는 거짓을 말하는 자신의 모습을 스스로 알고 있을 수 있습니다. 인정받기를 원하지만 난관에 빠지는 것을 두려워하는 혼합된 감정은 당신의 성행동에도 반영될 수 있습니다. 당신은 흥분감을 경험할 수는 있지만 거절의 두려움은 최소화하는 성행동을 추구할 수도 있습니다. 당신과 반대되는 성별의 부모로부터 거절당하거나 무시당한다는 기분이 들었던 어린 시절의 경험이 있었는지 치료자와 함께 탐색해 보십시오. 그러한 경험으로 인해 당신이 끊임없이 타인을 달래고 유혹하는 모습을 보이게 된 과정을 살펴보고, 또한 거절당하거나 난관에 빠지면 친밀감 자체에 두려움을 느끼게 되는 과정까지 살펴보기 바랍니다. 당신이 어떤 기분을 느끼는지 그리고 당신이 진정 원하는 것이 무엇인지 사람들에게 이야기함으로써 선택적으로 보고하는 것을 그만하기 바랍니다. 만일 당신이 거절을 두려워해서 충동적인 승낙으로 다른 사람을 기쁘게 하려 애쓰고 나중에는 약속을 못 지켜서 거짓말하는 양상을 보이고 있다면, 그런 모습 대신에 직접적으로 표현하고 "아니요."라고 다른 사람들에게 말하는 방법을 배우기 바랍니다.

346/436 코드타입

34 코드타입에 척도 6이 추가되면 합리화된 분노가 축적될 가능성을 시사한다. 346 코드타입의 사람은 사회적으로 순응적이지만 유혹적이고 까다로운 모습을 보이는데, 무엇이 정당하고 옳으며 사회적으로 제대로 된 행동인지에 대해 굳은 신념을 갖고 있다. 척도 6의 추가로 인해 34/43 코드타입에서 보이는 거절 및 사회적 인정 상실에 대한 예민함이 더욱 증폭된다. 이들은 자신에 대한 비판에 매우 민감하며, 타인에 대해서 매우 비판적이고 평가적인 양상을 보인다. 이들은 비난지향적인 태도를 보이고, 자신에게 상처를 주거나 실망시킨 사람들을 벌하는 것을 흔히 정당하다고 생각한다. 축적된 분노는 비난과 평가를 합리화하여 폭발시키는 방식으로 표현되며, 이들은 흔히 자신의 분노가 타인에게 어떠한 영향을 미치는지에 대한 인식이 부족하다. 이들은 이분법적인 사고방식을 바탕으로 자신의 입장이 도덕적으로 옳다고 정당화하며 용서를 하지 않는 모습을 보이는데, 이는 Pa3 점수의 상승과 관련된다.

346 코드타입의 사람들은 자신의 사회적 역할에 대해 매우 잘 알고 있고 성적으로 매력적인 인상을 주는데, 남들이 자신의 성행동에 반응을 보이면 불쾌하게 여기는 경우도 있다. 이들은 감정적 친밀감을 두려워하고 심리적 통찰력이 부족한 양상을 보인다. 친밀한 관계 속

에서 이들은 자신이 원하는 것을 분명하게 표현하는 데 어려움을 겪는다. 대신에 이들은 자신의 감정이 상처받도록 방치하고 그 후 충족되지 못한 자신의 욕구를 분노의 감정이나 요구적인 태도로서 표출한다. 비난은 이들의 대인관계양식에서 매우 중요한 부분을 이루는 경향이 있으며, 아마도 비난받거나 혹은 평가받는 것에 대한 이들의 두려움을 반영할 수 있다. 346/436 코드타입은 해결되지 않은 이혼 양육권 재판과 관련을 보여 왔다.

⇨ 치료

수치스러워하고 비판적이며 비난하는 태도를 보이는 권위적인 보호자로부터 거절 및 무시를 당한 조건화된 경험이 어린 시절에 존재하는지 탐색해 보아야 한다. 346 프로파일은 적응을 위한 반응으로서 역할 연기를 하는 것을 습득하여 미묘한 방식으로 기만하거나 주어진 상황에서 '비난받을 사람은 누구인가?'를 항상 염두에 둘 수 있는데, 이는 아마도 자신이 비난받는 것을 피하기 위한 방법일 수 있다. 무시당하고 거절 및 비난받아 왔던 어린 시절 기억을 탐색하는 통찰지향의 치료를 통해, 완전히 정당하다고 여길 때까지 받아들이기 힘든 충동들을 억누르고 부인하는 자신의 성향을 이해하는 데 도움을 줄 수 있다. 자신의 욕구를 표현함에 있어서 완전히 정당하게 느껴지는 때까지 기다리게 되면 이미 화가 가득 차게 된다는 점을 이해시키는 것이 필요하다. 사랑하는 사람들 가운데 이들이 화를 느껴서 요구적인 태도로 대했던 사람을 대상으로 자신이 원하는 것을 직접 요청해 보도록 과제를 부여할 수 있다. 이렇게 함으로써 이들이 도덕적 정당성을 이용해서 자신의 요구적인 행동을 합리화하려는 모습을 스스로 이해하도록 도와줄 수 있다. 이들은 타인을 향해 '그렇게 하는 게 옳은 일이고, 나에게 빚지고 있기 때문에 당신이 나를 위해 이 일을 반드시 해야 한다.'라는 미묘한 메시지를 전하고 있는데, 이는 자신들의 요구적인 태도에 대해서 겉으로는 부인하는 양상이다. 직접적으로는 요구하지 않지만 그 대신에 비난을 활용하며, 일종의 의무감으로 통제받는 것으로부터 스스로를 보호한다. 이들은 비판받는 것에 대한 두려움이 있는데, 그 때문에 자신의 의견을 사실인 것으로 주장한다. 이로 인해 남들로부터 저항을 유발하게 되고, 346/436 코드타입의 사람들이 예상하는 논쟁을 만들어 냄으로써 자기충족적 예언을 완성하게 된다. 자신들이 비판 및 비난의 대상이라고 느끼기 때문에 경계심을 통해 스스로를 보호하는 행동을 정당화할 수 있다.

⇨ 치료적인 피드백

당신의 프로파일을 살펴보면 당신은 예민한 사람으로, 매우 높은 기준을 갖고 스스로를 가장 혹독하게 비판하는 사람입니다. 당신에게는 비판과 비난을 넘어서는 일이 매우 중요한 일이며, 당신은 자신에게 기대되는 바를 수행하려고 애쓰는 사람입니다. 당신은 거절을 피하기 위해서 적절한 역할을 연기하는 방법을 습득하였습니다. 당신은 완전히 정당하다는 생각이 들기 전까지는 다른 사람에게 분노나 적개심을 표현하는 것을 힘들어합니다. 또한 당신은 사람들에게 직접적으로 무언가 요청하는 것을 어려워하고, 요청을 하게 되면 그것의 정당성을 확보한 후에 한다는 점을 분명히 하려고 상당한 노력을 기울입니다. 그러나 비난이나 비판을 피하려고 당신이 애쓰는 모습이나 도덕적 책망을 넘어서려는 당신의 바람을 살펴보면, 당신은 자신이 원하는 것과 느끼는 것을 아마도 오랜 기간 표현하지 못하고 있는지 모릅니다. 당신은 자신의 감정을 표현하는 것이 완전히 정당하다고 느껴질 때까지 기다리고 있을 수 있는데, 그때가 되면 당신은 너무 억울해서 용서하기 어렵다는 것을 알게 될 수 있습니다. 때때로 당신과 같은 프로파일을 보이는 사람들은 극히 비판적인 부모 아래에서 매우 높은 도덕적 기준에 순응하도록 강요받는 성장환경을 갖고 있습니다. 당신의 부모님은 어쩌면 매우 비판적이고 평가적인 성향을 보였을 수 있으며, 당신의 행동에 실망하게 되면 거부적이고 수치스러워하는 모습을 보였는지 모릅니다. 당신은 아마도 어린 시절부터 비판을 피하기 위해 주어진 상황에 맞추어 주고 적절한 일을 수행하는 방법을 습득했을 수 있습니다. 마치 비난하고 평가하려고 하는 부모에 맞서 계속적으로 방어를 위한 준비 태세를 갖추듯이 비난받을 다른 대상을 찾으려고 애쓰고 비난받을 대상이 자신이 아니라는 것을 확실히 하기 위해 상황을 분석하는 것이 당연할 수 있습니다. 아마도 이러한 이유 때문에 당신이 스스로 원하는 것을 직접적으로 요청하는 게 힘들 수 있습니다. 당신은 표현할 수 있는 완벽한 시기를 기다리는 경향을 보이지만, 막상 그러한 시기에 도달하게 되면 당신의 욕구가 인정받지 못한 것 때문에 상처받거나 분노하게 됩니다. 남들은 당신의 높은 기준에 대해 도달하기 어려울 것으로 생각할 수 있고, 남들에게 당신은 비판적인 사람으로 인식될 수 있습니다. 당신의 어린 시절 가운데 당신이 비판받고 비난받고 불공정하게 처벌받았다고 느꼈던 사건이 있는지 당신의 치료자와 함께 탐색해 보기 바랍니다. 그 사건 당시 경험했던 감정들을 탐색함으로써 당신이 비난이나 비판을 받는다고 느끼게 되면 스스로를 어떻게 방어하며 살아왔는지 이해할 수 있을 것입니다. 자신이 비난받을 것을 예상하게 되면 방어적인 모습을 보이고 자신을 보호할 준비 태세를 갖추는 경우가 흔히 있습니다. 이러한 경우 역효과를 가져올 수도 있는데, 그 이유는 남들도 방어적인 반응을 보일 수 있고 그렇게 되면 논쟁을 촉발할 수 있기 때문입니다. 당신이 분노를 느끼기 전에 직접적으로 당신이 원하는 바를 요청하는 방법을 배우십시오. 당신의 분노가 쌓이는 때를 알아차리는 방법을 배운다면 당신은 비난이나 비판 없이도 자신의 분노를 표현할 수 있을 것입니다.

35/53 코드타입

이 코드타입에 대한 경험적 정보는 많지 않다. 남성의 경우 교육수준이 높고, 연극성 성격을 보이는 경향이 있으며, 수동적이고 신경질적으로 묘사되며, 문화생활을 즐기고 언어적이며 심미적인 특징을 보인다. 이들은 갈등을 회피하고 주변 사람들을 기쁘게 해 준다. 남들은 이들에 대해 감정적으로 요구적인 사람이라고 보지만, 이들은 스스로에 대해 적응적이고 행복해하며 차분하고 자신감이 있는 사람으로 지각한다. 이들 중 일부는 스트레스에 대한 반응으로서 신체적인 증상을 보인다. 공격적인 방식으로 행동 표출을 보일 가능성은 적다. 이들은 관심받고 사랑받고 싶은 욕구가 강하며, 다소 억제적이며 과잉통제된 양상을 보일 수 있다. 대부분의 경우 지적이다. 만일 척도 0이 함께 상승했다면, 수줍음이 많고 불안해하며 사회적인 장면에서 불편감을 느낄 수 있다. 이 프로파일이 정상범위 아래에 있거나 약간 넘어서는 수준이라면, 이러한 남성들은 자기몰입적인 양상을 보일 수는 있지만 대체로 평화를 지향하고 양육적이며 온화한 사람으로 여겨질 것이다.

또한 35/53 코드타입은 부인이나 억압의 방어기제를 사용하는 것과 관련이 있다. 이 코드타입은 임상집단에서는 거의 보고되지 않지만, 여성의 경우 리얼리티 TV 프로그램에 자원하는 사람들에게서 좀 더 흔하다. 이러한 여성들은 경쟁적이고 쾌활하며 전통적인 남성적 관심사에 흥미를 보인다.

남성이나 여성 모두의 경우에서 흔히 척도 4나 척도 6이 세 번째로 높은 점수를 보인다. 이 경우 3개의 상승척도(예: 354 코드타입)를 해석하기 위해서, 먼저 척도 5의 상승을 무시하고 마치 2개의 상승척도(예: 34 코드타입)로 보고 해석하는 것이 효과적일 수 있다. 그리고 난 후에 상승된 척도 5의 해석을 추가해 주면 된다. 만일 세 번째로 높은 척도가 상당히 높은 점수라면, 35/53 코드타입의 해석에서 특별하게 고려해야 할 사항으로 여겨질 수 있다.

⤵ 치료

남성의 경우라면 아들과 어머니 사이에서의 강력한 동일시를 살펴보고, 여성의 경우라면 딸과 아버지 사이에서의 강력한 동일시를 살펴보아야 한다. 척도 3의 상승을 고려할 때, 어린 시절 고통스러운 경험으로부터 적응하기 위해서 억압과 부인의 방어기제를 사용함을 시사할 수 있다. 분노가 축적되는 상황을 인식하도록 돕기 위해서 자기주장 훈련이나 통찰지향치료를 활용할 수 있다.

⤵ 치료적인 피드백
• **남성의 경우:** 당신의 프로파일을 살펴보면 당신은 남들을 기쁘게 해 주고 갈등을 회피하

는 민감한 사람으로서 문화생활과 대화를 지향하고 타인의 감정을 돌보는 성향을 지니고 있습니다. 당신은 창의적이고 민감하며 대립적이지 않은 사람들과 어울리는 것을 즐기고, 예술적이고 창의적인 것을 추구하는 데 관심을 갖고 감정을 살피느라 애를 씁니다. 갈등을 회피하는 당신의 모습으로 인해 때로는 남들이 당신을 다소 수동적인 사람으로 보기도 합니다. 긍정적인 모습을 유지하려 애쓰고 스트레스적인 관계 갈등을 회피하려는 특징 때문에, 당신의 신체는 중압감을 느낄 수 있고 스트레스성 신체증상들을 경미하게 경험할 수 있습니다. 당신이 분노를 느끼는 때에 이를 인지하고 표현할 수 있는 방법을 익히기 위해 당신의 치료자와 상의하기 바랍니다. 당신은 과거에 화가 났던 것만을 어느 순간 인지할 수 있을 뿐 화가 난 바로 그 순간에 그것을 알아차리지는 못할 것입니다.

- **여성의 경우**: 당신의 프로파일을 살펴보면 당신은 남들을 기쁘게 해 주고 갈등을 회피하는 사람으로서 적극적이고 책임감이 강하고 실용적인 여성이며 남성적인 환경에서 편안함을 느끼는 편입니다. 당신은 대인관계적 문제를 경험하게 되면 그 문제에 대해 오랜 시간 말로 늘어놓기보다는 그 문제를 위해 무언가를 행하려고 노력하는 사람입니다. 당신은 긍정적인 상황을 유지하려 애쓰는 사람이기 때문에 자신의 분노를 잘 알아차리지 못할 수 있습니다. 결론적으로 분노는 당신의 내부에서 축적될 수 있고, 그것이 간헐적으로 분노의 분출로 이어지거나 내면의 긴장감을 반영하는 모호한 신체적 호소로 연결될 수 있습니다. 분노를 느끼는 순간을 알아차려서 분노가 누적되기 전에 그것을 표현하는 방법을 배우는 것이 치료의 핵심이 될 수 있습니다.

36/63 코드타입

36/63 코드타입은 치어리더, 미인대회 여왕, 보이 스카우트의 프로파일로 묘사될 수 있다. 36 코드타입의 사람들은 순응적이고, 단정하고, 친절하며, 깔끔한 옷차림을 보이고, 비난으로 해석될 수 있는 모든 것에 예민한 사람이다. 이들은 자신의 사회적인 역할에 대해 스스로 매우 신경을 쓴다. 이들의 세련되고 잘 통제된 품행은 결국 이들이 지닌 평가에 대한 불안이나 인정받고자 하는 욕구를 반영한다. 이들의 잘 다듬어진 단정함의 허식을 들춰 보면 이들은 타인의 의도에 대해 신뢰를 갖지 못하고 다소간 의심하는 특징을 지닌다. 이는 비판적이고 평가적인 이들의 경향성이 외부로 투사된 것으로 이해되며, 따라서 이들은 남들로부터 비난받을 것을 미리 예상하고 있다. 이들은 협력적이고 순응적인 태도를 보이면서 도덕적인 책망을 뛰어넘은 수준에서 삶을 살기를 원한다. 이것은 이들의 분노와 이기적인 감정이 억제된다는 것을 의미한다. 흔히 이들은 지속되어 온 적개심을 품고 있기에, 이성적이고 정당한 것처럼 합리화하는 양상을 보이고 독선적이며 용서를 하지 못하는 태도를 보이는 경향이 있다. 이 사람

들은 타인으로부터의 비난과 비판을 피하고 살아가는 양상을 보이며, 남들이 자신에게 어떻게 해를 끼치는지 또는 어떤 방식으로 부당하게 대하는지에 대해 경계하면서 부족한 통찰을 보인다.

일부의 사례에서 이 프로파일은 편집증적 의심과 타인을 향한 투사 및 독선적인 정서적 분출의 특징을 지니고 있는 초기 정신증적 삽화와 관련되기도 한다. 그러나 이 코드타입이 전형적으로 정신증과 관련된 코드타입은 아니다. 척도 3의 히스테리와 척도 6의 편집증이 결합하면 인정 욕구가 높고 비판에 대해 예민하며 경직된 가치에 대해 고집하는 모습이 예견되는데, 이러한 모습들은 아마도 거절이나 비판으로부터 자신을 보호하려는 방법의 일환으로 보인다. 36 코드타입의 사람은 주요한 방어기제로서 투사를 사용하는 경향이 있다.

신체적인 증상들은 이들의 과잉통제, 긴장감, 부인하는 양상 등과 관련이 있다. 36/63 코드타입의 사람은 이따금씩 불안을 호소할 수 있지만, 이러한 불안증상은 일시적이고 상황적인 특징을 보이며 이들은 자신의 문제를 촉발하는 이유에 대해 잘 알지 못한다.

이 사람들은 자신과 타인에 대해 매우 높은 기준을 갖고 있다. 일부의 경우 종교적으로 경직된 양상을 보이는데, 이는 그들의 과잉통제양상을 반영하고 남들을 통제하는 방식으로서 도덕적 비난을 사용하는 성향과 관련될 수 있다. 36 코드타입의 사람들이 처음에는 멋지고 매력적으로 보일 수 있지만, 매우 방어적이고 비판적인 성향을 지니고 있기 때문에 이들과 함께 어울리기 어렵다는 점이 이해된다.

성과 관련해서 억압적이고 양가적인 모습을 보이는 것은 이 코드타입에서 흔하다. 이들은 매력적으로 보이기 위해서 상당한 노력을 기울인다. 그러나 친밀감에 대한 취약성이 상당하다. 상처받고 부당하게 취급받았다는 느낌 그리고 분노를 표현하고 타인을 용서하는 데 있어서의 어려움 등이 이들의 대인관계적 문제의 핵심이다.

이들의 삶의 방식은 자기통제, 비난 회피, 인정추구 등으로 특징지어진다. 아동기에 이들은 행동 표출을 보이지 않는 양상을 띠며, 많은 경우 협조적이고 성실하며 귀감이 되는 아동으로 묘사된다. 36/63 코드타입의 여성들은 많은 경우 치어리더로 활동했으며 이들의 선생님으로부터 좋게 평가받았다. 36 코드타입의 남성들은 아동기에 순종적이고 행실이 바르다고 묘사된다(Alex Caldwell, 개인적 교신, 1984).

척도 3에 비해 척도 6이 유의미하게 높은 경우 이 사람은 훨씬 더 의심이 많고, 쉽게 상처받으며, 비판적인 양상을 보일 수 있다.

⊃ 치료

어린 시절 도덕적 경직성을 지닌 보호자에 의해 수치스러움을 경험하고 순종적인 모습을 보이게 된 조건화된 경험이 있었는지 탐색해야 한다. 몇몇 사례에서 이러한 경험은 가혹하고 심한 처벌을 통해 발생했으며, 다른 사례에서는 의지를 상실케 하는 강렬한 비난을 통해 이루어졌다. 36 코드타입의 사람들은 보호자의 가치에 대해 과한 동일시를 갖고 있을 수 있는데, 이는 보복적인 반응에 대비한 적응적 방어기제일 수 있다. 결론적으로 남들이 자신에게 부적절한 행동을 보일 때마다 이들은 남들을 비판하고 망신시키는 방식을 습득했을 수 있다.

36 코드타입의 사람은 심리치료에서 방어적인 성향을 보일 수 있고, 과거력 탐색에 대해 '자신의 문제점'을 찾는 과정으로 받아들일 수 있다. 결론적으로 이들은 방어적이고 사회적으로 올바른 과거력만을 보고하게 되고, 이로 인해 치료자를 혼란스럽게 만들 수 있다. 이들의 방어적인 태도 때문에, 남들이 이들을 향해 분노를 표현하도록 스스로 조장하는 경우가 흔하다. 이런 과정이 갈등이 일어날 것이라는 이들의 예측을 확고하게 만들 수도 있다. 36 코드타입 내담자의 자기정당화와 미묘한 비난으로 인해 치료자도 방어적인 반응을 보이는 경우가 있다. 이들은 특정한 문제점에 대해 '정확한 대답'인 구체적인 조언을 바라면서 고도로 합리적인 사람으로 보이려는 경향이 있다. 치료의 목표는 이들로 하여금 분노를 느끼는 것이 잘못된 일이 아니라는 점을 이해하도록 돕는 것이다. 이들은 분노, 성욕, 질투, 욕심 등의 정상적인 인간 감정에 대해 나쁜 것으로 인식하며, 완전하게 정당화된 이후에만 경험될 수 있다고 믿는다. 어린 시절 비난과 관련된 경험으로 인해 이들은 어떤 감정에 대해 '잘못되고' '나쁜' 것으로 믿게 되었고, 그로 인해 그 감정들을 다루는 자신만의 스트레스 경감방식을 만들었을 수 있다. 어린 시절 비난이나 비판을 받았던 경험에 대해 탐색해 보고 게슈탈트 기법을 사용해서 그 당시 가혹하고 부당하게 비난받았던 것에 대한 분노를 표현할 수 있도록 돕는다면, 이들이 스스로에 대해 공감하고 자신의 감정상태에 대해 덜 경직된 모습을 보이도록 변화를 이끌 수 있다.

⟲ 치료적인 피드백

당신의 프로파일을 살펴보면 당신은 매우 확고한 가치를 지닌 사람으로 여겨집니다. 일반적으로 사람들은 당신에 대해 쾌활하고 공손하며 사회적으로 잘 어울리는 사람으로 생각합니다. 당신과 같은 프로파일을 보이는 사람들은 흔히 매력적이고 깔끔한 사람으로 비춰집니다. 전반적으로 당신은 규칙을 준수하며, 아마도 선생님들은 당신의 바른 행동을 칭찬해 주었을 것입니다. 당신은 상당히 예민하며 높은 기준을 갖고 있습니다. 결과적으로 당신은 비난에 대해 매우 고통스럽게 경험합니다. 당신은 비난을 넘어서는 삶을 살기 위해 노력하고 어떤 방식으로든 타인이 자신에 대해 비난하는 것을 피하려고 애를 씁니다. 당신과 같은 프로파일을 보이는 사람들은 확고한 가치를 지닌 부모 아래에서 성장한 경우가 많고, 또는 매우 처벌적이거나 상당히 엄격한 부모를 보고할 수 있습니다. 만일 당신이 부모의 허락 없이 무언가를 하게 되면, 훈육의 일환으로 부모가 창피를 주었을 수도 있고 가혹한 비난을 사용했을 수도 있습니다. 어린 시절부터 당신은 올바른 일을 하고 비난받지 않도록 교육받았습니다. 아마도 현재 당신은 '그릇된 것'과 '올바른 것'에 대해 매우 예민할 수 있고, 완벽하게 정당화되었음을 느끼기까지는 강렬한 감정을 표현하지 않을 것입니다. 남들에 의해 나쁘다고 여겨질 수 있는 일을 하지 않으려고 끊임없이 조심하면서 당신의 삶을 살아가는지 모릅니다. 당신이 분노, 질투, 적개심 등의 정상적인 인간 감정을 경험할 때, 스스로 그 감정을 분석해서 합리성과 정당성을 확인하려고 애쓰는 당신의 모습을 이미 알고 있을 겁니다. 어린아이로서 처벌받고 수치심을 느끼게 된 경험 때문에 당신은 항상 옳은 일을 하고 그릇되게 여겨질 수 있는 감정경험을 피하도록 강요받았을 수 있습니다. 그러나 이것이 현재 심각한 스트레스 기간으로 연결될 수 있고, 당신은 심지어 스트레스를 신체적 증상의 형태로 경험하게 될 수 있습니다. 두통, 요통, 소화기장애, 다른 모호하고 유동적인 신체적 증상 등은 당신이 완벽해지고자 얼마나 열심히 노력하고 있는지와 관련될 수 있습니다.

당신이 성장 과정에서 처벌받고 굴욕을 느끼고 창피를 당했던 기억이 있다면, 특히 당신이 이해받지 못했거나 부당하게 처벌받은 경험이 있다면 당신의 치료자와 함께 그에 대해 논의하기 바랍니다. 당신의 행동을 통제하는 '당위적인' 지시가 있었는지 그리고 그로 인해 비판을 자신에게 또는 타인에게 부과해야 하는 경우가 있었는지 당신의 치료자와 함께 살펴보기 바랍니다. 경미한 짜증이나 상처받는 감정을 경험한다면, 상처를 준 당사자에게 말로 그것을 표현해 보는 연습을 해 보기 바랍니다. 그렇게 표현해도 된다는 정당성을 얻으려고 기다리게 되면 그때에는 이미 당신이 충분히 화가 나고 용서를 해 주기 어렵게 되므로 그렇게까지 기다리지 마십시오. 당신은 예민한 사람이고 이렇게까지 자기비판적이어서는 안 된다는 사실을 받아들여야 합니다. 당신의 모든 감정경험을 받아들이도록 연습해야 하며, 긍정적인 감정을 선택해서 받아들이면 안 됩니다. 이기적이고 자기중심적인 역할 연기를 당신의 치료자와 함께 연습할 수 있으며, 그러는 과정에서 그렇게 행동하는 것이 어떤 느낌인지 이해할 수 있을 것입니다. 당신은 예민한 사람이기에 남들이 당신에게 상처를 주면 용서하기 어렵습니다. 당신이 자신의 감정을 표현하는 방법을 배울 수 있다면, 남들이 당신을 실망시키거나 상처를 주었을 때 남들을 용서하기가 훨씬 쉬워질 것입니다. 누군가와 짜증스러운 경험을 하게 될 때, 그 사람에게 무엇을 잘못했는지를 이야기하는 것이 아니라 무엇이 당신을 불쾌하게 만들었는지에 대해 이야기하십시오.

37/73 코드타입

이 코드타입은 긴장감, 불안, 불면, 심인성 신체증상 호소 및 낮은 학업성취도와 관련될 수 있다. 이 코드타입의 사람들은 공포감, 불안발작, 집중 및 기억에서의 문제점 등으로 인해 수면에서 어려움을 겪을 수 있으며, 자기주장을 잘 못하고 수동적인 양상의 생활양식을 특징적으로 보일 수 있다. 37 코드타입의 사람들은 자기비판적이고 죄책감을 느끼며 의사결정을 내리는 데 어려움을 보인다. 이들은 최악의 경우를 가정하며 남들로부터 지속적으로 확인을 받고자 한다. 이들은 억압과 부인의 방어기제를 사용하며 남들에게 매우 의존적인 양상을 보이는데, 때로는 종속적인 관계의 모습을 보이기도 한다. 남성이든 여성이든 흔히 척도 2, 척도 4 또는 척도 1에서 세 번째로 높은 점수를 보인다.

이 프로파일은 남들로부터 버려질 것이라는 불안감에 끊임없이 안절부절못하는 사람임을 시사한다. 척도 3의 상승은 강렬한 인정 욕구를 반영하고, 척도 7의 상승은 그 인정을 받지 못할까 봐 끊임없이 불안해하는 모습을 반영한다. 이 사람들은 작은 문제점도 파국화하는 양상을 보인다. 이들은 정서적 지지를 얻어 내고 분노나 갈등을 최소화하기 위한 목적으로 분위기를 맞추어 주는 굴종적인 모습을 보일 수도 있다. 이들 중 많은 경우가 불특정적인 불안을 보고하는데, 주로 안절부절못하는 과민함이나 간헐적인 공황발작으로 표현된다.

이들은 상당한 수준의 인정 욕구를 지니고 있으며 그것을 얻어 내기 위해서 남들에게 호의를 베푸는 모습을 보인다. 만일 자기주장을 하게 되는 경우 이들은 죄책감을 느낀다. 충동적이고 자기중심적인 행동을 보이는 경우 죄책감을 드러내거나 남들로부터 버려지지 않을 것에 대한 확인을 받고자 한다.

만일 척도 2가 세 번째로 높은 점수라면, 이러한 사람들은 23/32 코드타입의 경우와 마찬가지로 가면우울증을 보일 수 있다. 이들은 불면 또는 효율성의 저하와 같은 일부 우울증 증상을 경험할 수 있다. 만일 척도 9가 세 번째 코드인 경우, 척도 7과 관련된 불안이 주로 수행에서의 실패 문제로 집중되는 경향을 보이며 인정을 받지 못할까 봐 끊임없이 불안감을 드러낼 수 있다. 만일 L 척도 또는 K 척도가 상승했다면 피상적인 수준의 방어와 침착함을 보일 수 있으며, 전형적인 37 코드타입에 비해서 훨씬 심한 수준으로 억압과 부인을 보일 수 있다.

⊃ 치료

이들의 경우 일반적으로 예기치 못하게 폭발적이거나 폭력적인 보호자로 인해 겁먹었던 어린 시절의 경험을 보고한다. 많은 경우 어린 시절 순응적이고 온화하며 눈에 띄지 않고 어른들을 기쁘게 하려 애쓰는 아이로 묘사된다. 성인이 되어서는 매우 성실하고 책임감이 강하고 근면하며, 재정적인 문제나 보안상의 문제에 불안해하는 모습을 보인다. 이주하거나 이직하는 경우가 생기면 이들은 특히 어려움을 보인다. 이들은 안정적이고 구조화되어 있으며 예측 가능한 환경 속에서 가장 기능적인 모습을 보인다. 이완 훈련이나 자기주장 훈련이 도움이 될 수 있다. 분노한 부모와 직면하게 되었던 어린 시절의 공포를 재경험할 수 있는 내폭 요법이 때로는 이들로 하여금 타인의 분노에 공황을 경험하지 않는 방법을 배우는 데 도움을 줄 수 있다. 이들은 피암시성이 높기 때문에 최면치료에 적합하며, 특별히 깊은 단계의 이완 훈련에서 도움을 받을 수 있다. 이들은 약물치료의 부작용에 취약한 양상을 보이기도 한다.

이들은 타인에게서 인정을 받는 것에 잘 반응하기 때문에, 어머니처럼 잘 보듬어 주는 치료자가 성공적일 수 있다. 이들이 억압이나 부인의 방어기제를 쓰기 때문에 통찰지향의 치료는 어려움을 보일 수 있지만, 이들 스스로 겁에 질린 자신의 어린 시절 모습에 공감할 수 있게 하면 타인의 분노와 관련된 자신의 불안 문제의 원인을 이해하는 데 도움을 줄 수 있다. 이완 기법을 함께 사용하면서 가상의 불안 상황에 대해 예행연습을 해 보면 이들 스스로 더 나은 통제감을 갖도록 도울 수 있다. 이들은 두 시기를 번갈아 오가는 양상을 보이는데, 하나는 급성적인 불안의 시기로서 타인으로부터 확인받고자 하는 욕구가 높은 시기이고, 다른 하나는 부인하려는 시기로서 자신의 건강 문제로 도피하는 시기이다. 이들은 남을 기쁘게 하고 아무렇지 않은 것처럼 보이려는 성향을 지니며 치료자로부터 인정받으려는 강력한 욕구를 갖고 있기에, 지지적인 성격의 치료에 적합한 유형이다. 통찰지향의 치료를 받게 되면 수반되는 감정에 압도감을 느끼고 그 강렬함에 소스라치게 겁먹을 수 있다. 이들은 매우 강렬한 수준의 긍정적인 전이를 보일 수 있지만, 치료자를 실망시켰다고 느끼면 스스로 치료를 중단할 수도 있다.

⊃ 치료적인 피드백

이 프로파일의 사람들은 유쾌하고 친절하며 남들을 기쁘게 해 주는 사람으로 여겨집니다. 당신은 금세 웃음 짓고 호의적인 태도를 보이는 사람입니다. 당신은 갈등을 회피하고 다른 사람들이 모두 상처받지 않을 수 있도록 많은 공을 들입니다. 당신이 자기주장을 하거나 화가 나게 되면, 스스로 죄책감을 느끼거나 당신의 감정으로 인해 남들에게 피해를 입혔다는 생각에 사로잡힐 수 있습니다. 당신과 같은 프로파일을 보이는 사람의 성장환경을 살펴보면 일부의 경우 폭발적인 양상을 보이거나 또는 공포감을 느끼게 만드는 부모 아래에서 자란 경우가 있습니다. 어린 시절부터 당신은 어떤 상황에서 당신의 부모를 화나게 만드는지 예측하려 애쓰고 그런 상황을 피하기 위해서 부모를 기쁘게 만들어야 했는지 모릅니다. 아마도 당신은 남을 기쁘게 만드는 사람으로서의 역할을 배워 왔을 수 있습니다. 당신은 항상 안절부절못하는 모습을 보일 수 있는데, 당신이 무언가 잘못을 저지를까 봐 또는 당신이 마음을 쓰는 누군가가 당신에게 화를 낼까 봐 걱정하면서 불안감이나 두려움을 지속적으로 경험할 수 있습니다.

당신이 스스로 원하는 것을 요청하거나 남에게 엄격한 태도를 보이게 되면, 마치 그 일로 인해 상대방으로부터 버림을 받게 될 것처럼 당신은 곧 죄책감을 느끼게 됩니다. 폭발적인 양상을 보여 무서운 존재였던 부모 아래에서 당신은 부모님을 화나게 만들지 않는 방법을 습득하면서 적응했을 수 있습니다. 이제 당신은 다른 누구와도 불편한 상황을 만들려고 하지 않습니다. 그러나 그러기 위해서는 당신의 희생이 필요하며, 당신은 자기주장을 거의 할 수 없고 스스로 원하는 것을 생각조차 할 수 없습니다. 당신과 같은 프로파일을 지닌 사람들은 종종 극심한 불안의 시기를 경험하는데, 특히 다른 사람이 자신에게 화를 내거나 스스로 남들에게 폐를 끼쳤다고 느끼는 경우에 그런 시기를 겪게 됩니다. 이러한 사람들이 마주하는 가장 흔한 문제는 우울장애이며, 이에 효과적인 치료방법들이 많이 존재합니다. 부정적인 생각과 재앙적인 예측으로 인해 당신이 얼마나 쉽게 압도당하는지 확인할 수 있도록 치료자와 함께 작업하기 바랍니다. 불안으로 연결되는 부정적인 생각들을 당신의 연습을 통해서 변화시킬 수 있습니다. 부정적인 내용의 자동적 사고의 예시를 살펴보면, '나는 이것을 제대로 해낼 수 없어.' '내가 좀 더 잘 알았어야 했는데.' '그 여자는 내게 화난 게 분명해.' 등이 있습니다. 다른 사람이 당신에게 화를 낼까 봐 또는 당신에게서 떠나가 버릴까 봐 현재 당신이 불안감을 겪고 있는 것은 아닌지 치료자와 함께 탐색하고, 당신은 현재 재앙적인 상황에 처한 것이 아니라는 점을 분명히 알아야 합니다. 이완 훈련, 마음챙김치료, 자기주장 훈련 등이 모두 당신에게 도움을 줄 수 있습니다.

38/83 코드타입(척도 3과 척도 8 또한 참조할 것)

이 코드타입은 흔한 경우가 아니다. 척도 3의 상승은 신경증적인 수준의 히스테리적인 방어와 성격 구조를 예견하는 데 반해, 척도 8의 상승은 정신증적인 사고 과정의 가능성을 반영한다. 이 두 척도의 조합은 흔치 않으며, 기저의 정신증적인 사고 과정을 히스테리적인 방어를 통해 통제하려는 시도로 여겨진다. 38/83 코드타입의 증상, 호소, 성격특질 등은 이 두 가지 상반된 방어의 상호작용을 반영하고 있다.

흔히 인지적이고 신경심리학적인 다수의 증상이 존재한다. 이들은 주의력의 기능에서 손상을 입은 양상을 보이며 빈번히 잘 잊어버린다. 의식의 소실, 현기증, 해리성 삽화뿐만 아니라 다양한 감각운동 및 근골격의 증상을 전형적으로 보고한다.

이들은 사고와 행동 모두에 있어서 이상하고 독특하게 보인다. 극단적인 예로, 원색적인 옷을 입고 화려한 립스틱을 바른 모습으로 골목에서 사람들에게 말을 걸며 웃음 짓는 분열증적인 정신증 환자의 모습을 들 수 있다. 이들은 친밀감을 두려워하고 다른 사람으로부터 소외된 느낌을 갖고 있지만, 그와 동시에 사랑받고자 하는 강렬한 욕구를 지닌다. 다른 사람으로부터 애정적인 반응을 얻고자 하는 경우, 이들은 흔히 미숙한 방식을 사용하여 실제로는 그 사람을 밀쳐내 버리는 결과를 만들기도 한다. 이들은 이완된 연상을 드러내고 때론 강렬하면서 요동치는 정서를 보이는데, 슬픈 이야기에 킥킥대며 웃거나 다정한 반응에 대해 화를 내는 경우가 있다. 일부의 경우 단기간의 급발성 정신증 삽화를 경험하는데, 비현실적 감각경험, 감정적 부적절성, 모호하고 기이한 신체증상 등을 겪을 수 있다. 이들은 때대로 성적인 생각에 사로잡혀 있기도 하는데, 정서적 친밀감과 그에 수반되는 취약성에 두려움을 느끼기 때문에 실제적인 성적 접촉은 거의 전무하다. 일단 안정감을 찾게 되면 정신증적 삽화는 순식간에 사라질 수 있고, 그 삽화의 기억은 억압되거나 해리될 수 있다. 이들이 스트레스를 받아서 때로 사고장해를 분출하는 경우, 개념적으로 히스테리적 방어들은 '자아를 붙잡고 있는' 역할을 담당하게 된다. 이들은 조직화된 환경 속에서 비교적 잘 기능하고 정신증적 삽화의 증거도 드러내지 않을 수 있다. 그러나 스트레스가 없는 상황일지라도 이들이 해리성 증상, 부적절한 정서, 기괴한 성적 폭력, 종교적 집착 등을 드러낼 가능성은 존재한다. 일부의 경우 환각을 경험하기도 한다.

이들은 자연스러운 대화에서 어려움을 경험하기도 한다. 이들은 쉽게 '막혀 버리거나' 길을 잃게 되는데, 이로 인해 대화의 흐름이 방해를 받아서 치료자는 이따금씩 '어떻게 이 주제로 옮겨지게 되었는지' 궁금해할 수 있다. 이러한 '막혀 버림'이나 우원적 사고를 살펴볼 때, 38 코드타입의 사람들은 감정적인 소모를 불러오는 주제에 대해 내적으로 방해받고 있음을 알 수 있다. 때로는 38 코드타입의 사람들이 기괴한 종교적 또는 성적 행동에 관여될 수 있다. 이들은 일반적으로 화를 표현하는 데 문제가 있다. 심지어 척도 2가 유의미하게 상승하지 않은 경우에도 이들은 흔히 우울한 모습을 보일 수 있는데, 이들의 정서에 생기가 없기 때문이다. 이들은 좌절에 대해서 자벌적인 반응을 보이고, 또한 불안, 긴장, 초조함의 시기를 경험한다. 쉽게 위협감을 느끼고 일부는 공포증을 경험하기도 한다. 만일 척도 1이 상승했다면, 흐릿한 시야, 현기증, 마비, 두통 등의 모호한 신체증상을 더 많이 보일 수 있다(138/318 코드타입을 참조할 것).

종종 이들은 진단 내리기 어려운 다수의 신체증상을 호소하고, 다양한 진단적 검사를 찾아다닌다. 이들은 흔히 집안의 막내인 경우가 많고, 맏이인 경우는 거의 없다. Marks와 Seeman(1963)의 표본을 살펴보면 아동기의 건강상태는 학업성취와 마찬가지로 좋은 양상으로 보고되었는데, 많은 경우 학교에서 평균 이상의 성적을 보였고 대다수의 경우 고등학교 이상의 교육수준을 보였다. 그러나 많은 경우 부모 중 한 명 이상이 알코올중독을 보였고, 일부는 정신질환을 앓고 있는 부모를 보고하였다. 이들의 아버지는 애정적이지만 지배적인 경향을 보였다.

⊃ 치료

이 프로파일은 관계장면에서 접근과 회피 사이에서 갈등하는 모습을 시사한다. 기분장애와 정신분열 스펙트럼 장애의 배제 진단이 필요하다. 38 코드타입의 사람들은 애정에 대한 강렬한 욕구를 지니지만, 남들이 적대감을 보이거나 떠나가 버리는 것에 대한 두려움을 갖고 있다. 결과적으로 치료의 과정은 천천히 진행되어야 하고, 치료자가 섣불리 온정적인 모습을 보이는 것을 피해야 한다. 통찰지향의 치료는 38 코드타입의 사람에게 혼란스러운 결과를 가져올 수 있다. 결론적으로 말해서, 지지적인 치료 및 지금-여기에 주목하는 실용적인 접근이 가장 성공적이다. 치료자의 경우 내담자가 적극적으로 회피하는 주제에 주목할 필요가 있는데, 그 주제가 내담자 내적 갈등의 핵심이 될 수 있기 때문이다. 치료의 과정 중에 만일 내담자의 연상이 느슨해지고 산만해진다면, 치료적 내용에 의해 내담자가 스트레스를 받고 있다는 신호로서 해석될 수 있다. 치료 중에 종교적이거나 성적인 주제에서 표류하고 있다면, 내담자가 불안해하거나 잠재적인 위협으로 여겨지는 정서를 경험하고 있는 상태임을 의미할 수 있다.

일단 치료적 관계가 형성된 이후라면, 폭발적이고 학대적인 부모에 의해서 공포감을 경험했던 어린 시절의 기억이 있는지 탐색해야 한다. 이들 자신을 향해 또는 사랑하는 대상을 향해 알코올과 함께 분노가 표출되었거나 무시당하는 경험을 겪었고, 이로 인해 고통스러운 사건으로부터 벗어나려는 목적으로 내적인 혼란감에 머무는 적응적인 방략을 시도했을 수 있다. 그와 동시에 주의 초점을 현실로부터 멀리하려고 애를 쓴 것이 스트레스를 받으면 현실검증력이 약화되는 결과를 초래했을 수도 있다.

마음챙김치료와 변증법적 행동치료를 통해 자신의 감정을 인식하고 그것을 좀 더 조율된 양식으로 표현하도록 도움을 줄 수 있다.

⊃ 치료적인 피드백

당신의 프로파일을 살펴보면 당신은 갈등과 대립을 싫어하며 창의적이고 민감한 사람입니다. 당신은 전형적이지 않은 방식으로 사고하며 색다른 가치관 속에서 편안함을 느낄 수 있습니다. 때때로 스트레스 상황에서 당신은 불안한 시기를 경험할 수 있으며, 그러한 경우 사고를 분명하게 하는 것이 어려울 수도 있습니다. 스트레스를 받는 시기에 당신은 집중하기 어려운 자신의 모습을 발견할 수 있고, 당신의 행동이나 대화와 관련 없는 사고에 의해서 당신의 마음이 쉽게 방해받을 수 있습니다. 때로는 당신의 마음이 '자신으로부터 떠나 버리는' 경험을 할 수 있고, 의식하지 못한 사이에 다소 충격적인 사고에 빠지는 경우도 있을 수 있습니다. 이러한 스트레스 상황에서 당신은 집중하거나, 기억하거나, 사고를 조직화하는 데 어려움을 경험할 수 있습니다.

당신은 다른 사람들과 가까워지고 연결되기를 원하지만 당신은 또한 그렇게 되는 것에 어느 정도 두려움을 갖고 있으며, 당신이 좋아하는 누군가가 당신에게 상처를 주거나 떠나가 버릴까 봐 걱정합니다. 당신과 같은 프로파일을 갖고 있는 사람 가운데 일부는 사랑을 주지만 또한 화가 많고 학대적인 모습을 보이는 부모 아래에서 성장한 경우가 있는데, 부모의 그런 방식은 예측하기 어렵고 이상하게 느껴졌을 수 있습니다. 그러한 부모의 모습에 대응하기 위해서 당신은 자신의 공상 속으로 도피하는 방법을 습득했거나 혹은 부모의 상처 주는 행동을 이해하려고 애쓰는 방법을 배웠을 수 있습니다. 심지어 부모가 당신에게 상처를 주는 경우에도 의연하고 용감하게 행동해야 하고, 까다로운 부모로부터 긍정적인 것을 볼 수 있어야 한다고 생각했을지도 모릅니다. 일부 사례에서 부모가 알코올중독을 보이기도 하고, 때때로 상처를 주거나 방임하는 태도로 행동하는 것을 부추기는 다른 문제점을 지니고 있기도 합니다. 현재 당신은 직면과 갈등을 다루기 어렵고, 사랑이나 성욕 및 애정에 초점을 맞춘 가치관에서 안정감을 얻으려 합니다. 성에 관심을 두는 것이 당신에게 중요하긴 하지만, 또다시 상처를 받는 것을 걱정하기 때문에 이것은 또한 당신에게 두려운 일이 되기도 합니다.

스트레스가 당신에게 어떤 방식으로 영향을 미치는지 이해할 수 있도록 당신의 치료자와 함께 작업하기 바랍니다. 화를 내는 사람 또는 언젠가 떠나 버릴 사람과 당신이 함께 있을 때, 당신의 대화 내용이 주제에서 얼마나 겉도는지 살펴보십시오. 불안을 야기하는 상황에서는 당신이 원치 않는 생각이나 기괴한 사고로 인해 방해를 받을 수도 있고, 주제에서 이탈되어 두서없이 대화하게 될 수도 있습니다. 마음챙김 훈련을 통해서 당신의 사고와 감정이 압도되지 않는 양상으로 경험되도록, 또한 당신으로 하여금 주제에 머물도록 도움을 받을 수 있습니다. 치료자와 함께 작업하면서 당신의 어린 시절 가운데 냉랭하고 적대적이며 학대적인 방식으로 다루어져서 불편감이나 공황을 경험했던 기억이 있는지 탐색해 보십시오. 당신이 감정에 압도됨을 느낄 때 스스로를 진정시킬 수 있도록 당신의 일부 기억을 달래 줄 수 있는 방법에 대해 당신의 치료자로부터 도움을 받기 바랍니다. 만일 당신이 글을 쓰거나 그림을 그리는 것에 편안함을 느낀다면, 당신의 감정을 전달하는 방법으로서 그런 것들을 사용할 수도 있습니다. 예술 작품을 통해 당신을 표현하는 방법에는 단순히 일기를 적거나 콜라주를 만드는 것도 포함될 수 있습니다. 당신이 어느 순간 화를 느끼는지 알아차릴 수 있는 방법을 배우고 자기주장을 하는 방법을 연습하십시오. 당신이 원하는 것을 분명하고 직접적인 방식으로 전달하는 방법을 치료자와 함께 연습하기 바랍니다.

39/93 코드타입

이 코드타입의 사람들은 정력적이고, 남과 어울리기를 좋아하고, 외향적이며, 자신감이 있을 뿐만 아니라 반응적이고, 적극적이며, 자극추구의 성향이 있고, 칭찬을 많이 하며, 수다스러운 특징을 보인다. 이들은 관계에서 적극적인 경향을 보이고 단기간에 많은 즐거움을 제공하는 모습을 보일 수 있지만 지나치게 자기중심적이고 지배적인 양상으로 비춰질 수 있다. 이들은 의욕이 넘치고 야망이 있으며 매우 활동적인 양상이다. 불안이 가중되는 주제를 이야기할 때면 이들은 주제를 바꾸는 모습을 흔히 보이고, 방어적으로 자신의 장점을 크게 부풀려 칭찬하기도 한다. 이들은 경쟁적인 특성을 지녔고, 논쟁을 벌이는 경우는 굳건히 믿고 있는 신념을 위해서라기보다는 자신이 옳다는 것을 입증하기 위해서인 경우가 많다. 방어기제로서 부인하는 특성을 보이는 것은 척도 3과 척도 9 모두에 해당된다. 척도 3은 과잉통제하여 '잘 지내는 척하려는 모습'과 인정에 대한 강렬한 욕구를 반영한다. 척도 9는 인정에 대한 욕구뿐만 아니라 주목받으려는 양상을 반영한다. 합쳐서 살펴보면, 93 코드타입의 사람은 지속적인 인정을 받으려는 강렬한 욕구를 지닌 사람이다. 분노를 과잉통제하는 경향이 있고 갑작스레 강렬한 감정을 분출하기도 한다. 이러한 폭발적인 삽화는 이들 주변의 특정한 사람을 향한 경우가 많다. 흔히 분노는 이들을 통제하거나 비난하는 사람 또는 이들의 윤색된 과장에 대해 현실검증을 제공해 주려는 사람을 향하게 된다. 이들은 완벽주의적이고 요구적이며 때때로 폭발적이고 공격적인 사람으로 묘사된다. 억압이나 부인을 전형적인 방어기제로서 사용한다.

이들은 쉽게 흥분하는 특징을 보이며, 과잉통제하고 있던 억압된 감정이 분출될 때 경험하는 간헐적인 불안이나 공황에 취약한 모습을 보인다. 스트레스를 받는 동안 이들은 심혈관계 증상, 두통, 소화기 문제 등의 신체증상들을 통해 높은 수준의 내적 긴장감을 표출한다. 이들은 흔히 이러한 신체증상들에 대해 과도한 걱정을 보이는데, 부분적인 이유를 살펴보면 이러한 증상이 자신의 과잉행동에 제약을 가할 수 있다는 불안 때문이다. 만일 척도 1이 높은 경우라면 신체적인 증상들이 뚜렷한 양상을 보인다. 이러한 사람들의 경우 재확인을 제공해 주는 치료적 접근에 특히 잘 반응할 수 있다. MAC-R 척도가 상승한 경우라면 흔히 중독경향성이 존재할 수 있다. 93 코드타입의 사람은 스스로 지니고 있는 에너지, 야망, 사회적 주목을 받으려는 욕구 등을 발산하는 기회를 제공해 줄 수 있는 리더로서의 역할을 맡는 경우가 많다. 부모로서의 이들 모습을 살펴보면, 이들은 통제적인 경향이며 자신과 다른 가치를 받아들이는 데 어려움을 보인다. 이들은 매우 비판적이며 남들을 높은 기준 속에 가두는 경향이 있다. 이 사람들은 통찰이 부족하고 자신의 행동에 배치되면 매우 논쟁적인 양상을 보인다. 어린 시절에 자신을 증명해 보이려는 강한 욕구를 지녔을 수 있으며, 이는 통제적이고 요구적인 부모 때문인 경우가 종종 있다. 사랑을 얻는 방편으로서 칭찬받을 만한 행동을 하는 법을 익혀서 지속적으로 그렇게 행동했을 수 있다. 이들은 요구적이고 상대방을 지치게 만드는 배우자일 수 있다.

⟳ 치료

일부의 사례에서 살펴보면 이 프로파일은 기분장애를 반영할 수 있다. 흔하지 않지만 이 프로파일은 기질적 뇌 관련 장애와 관련될 수도 있다. 뇌와 관련된 외상이나 기분장애에 해당되는 경우가 아니라면, 이 프로파일은 자기주장 욕구와 인정받고 싶은 욕구 사이에서 갈등하는 경조증적인 사람을 시사할 수 있다. 어린 시절 보호자에 의해 끊임없이 성과와 업적에 대해 압박받았던 사례가 흔히 보고된다. 93 코드타입 내담자의 경우 부모의 기대를 내면화한 목표가 아닌 이들 스스로의 목표를 설정할 수 있도록 도와주어야 한다. 특히 개인력을 살펴볼 때 이들의 수행 결과물에 의존해서 인정받았던 경험이 두드러진 경우, 이들이 무언가를 보여 주고 성취하려는 강렬한 욕구가 얼마나 자연스러운 것이었는지에 대해 이해할 수 있도록 도움을 주어야 한다. 분노가 축적되는 시점을 인식하고 충동적이지 않은 방식으로 분노를 표현할 수 있도록 도움을 주기 위해서 마음챙김 훈련을 활용할 수 있다. 또한 논쟁을 즉각적으로 벌이는 자신의 모습에 대해 이해할 수 있도록 도움을 주는 것이 필요한데, 어린 시절의 경험에 대해 적절한 타당화가 주어지지 못했을 때 이에 대한 반응으로서 논쟁하는 모습을 보였을 수 있음을 스스로 이해할 수 있도록 도와주어야 한다.

흔히 93 코드타입의 사람들은 성취에 실패했다고 지각할 때 간헐적인 불안을 경험하는 경향이 있다. 결과적으로 이들은 치료에서 인내심이 부족하고 쉽게 산만해지거나 지루함을 느낄 수 있다. 치료에서 스트레스를 받게 되는 경우 이들은 으스대는 모습을 보일 수 있는데, 타인을 돋보이게 부각시키면서 띄워 주기도 하고 동시에 스스로 인정을 받기 위해 자신의 장점을 늘어놓기도 한다. 이러한 행동은 이들의 보호자와의 관계 패턴을 그대로 반영한다. 만일 치료자가 93 코드타입 내담자의 긍정적인 속성에 대해 진술한 방식으로 인정해 주게 되면 라포가 형성될 수 있다. 93 코드타입을 지닌 사람들은 타인으로부터 인정을 받으려고 열심히 임하는 경우 통제를 받는다고 느낄 수 있기 때문에, 자신의 성취에 대해 스스로에게 보상을 주는 방식을 개발할 필요가 있다.

⟳ 치료적인 피드백

당신의 프로파일을 살펴보면 당신은 매우 정력적이고 의욕적이며 목표지향적인 사람입니다. 당신은 두 가지 종류의 속도 모드를 보이는 경향이 있는데, 하나는 전속력 모드이고 다른 하나는 멈춤 모드입니다. 당신은 자신의 속도보다 느리게 움직이는 경우를 참기 힘들어하는 양상을 보입니다. 당신은 생각과 행동에서 빠르게 전개하는 사람이며, 과도하게 전념하는 경향이 있습니다. 활동경향성과 생산성을 혼동하지 않도록 주의하십시오. 당신의 빈번하고 과도한 긍정적 에너지 때문에 당신은 가장 높은 가능성을 근거로 세상을 바라볼 수 있습니다.

그러나 이로 인해 당신은 과도하게 전념할 수 있고, 착수한 일을 완수하지 못한 채 산만해질 수 있습니다. 아마도 성장 과정에서 당신의 부모는 당신이 보다 많은 것을 좀 더 잘할 수 있다는 말로 부추겼을 수 있습니다. 당신이 수행한 것을 바탕으로 칭찬이나 사랑을 받았는지도 모릅니다. 당신은 항상 많은 에너지를 갖고 경쟁적이며 의욕 넘치는 모습을 보였을 수 있습니다. 당신이 항상 더 많은 성공을 거둘 수 있도록 압박했던 당신 부모님의 통제방식이 당신에게 언제나 생산적이어야 한다는 가치를 심어 주었을 수 있고, 남들이 당신의 성공과 성취를 인정해 줄 것에 대한 욕구를 갖게 만들었는지 모릅니다. 특히 누군가 강렬한 인상을 주는 사람을 만나면 당신은 곧바로 논쟁적인 태도를 보일 수 있는데, 이는 아마도 당신이 통제적이고 이야기를 잘 들어 주지 않던 부모의 모습을 무의식중에 떠올렸기 때문일 수 있습니다. 당신에게는 강압적이고 통제적인 사람에 대해 저항하려는 욕구가 있을 수 있습니다.

일반적으로 당신은 긍정적이고 낙관적인 사람이지만, 무언가에 실패했다고 느끼게 되면 매우 속상해하고 낙담에 빠질 수 있습니다. 당신은 매우 엄격한 기준을 지니고 있어서 남들이 보기에 비판적이고 요구적인 사람으로 보일 수 있는데, 아마도 당신의 부모님이 같은 방식이었을 수 있습니다. 스트레스가 누적되면 당신은 때때로 불안한 시기를 겪고 신체증상이나 지나친 과민함을 경험할 수 있습니다. 이것은 당신에게 매우 불편한 경험일 수 있습니다. 당신의 높은 에너지 수준을 통제하기 위해서 알코올 등의 화학 약물을 사용할 수 있는데, 이것은 부작용을 불러옵니다. 스스로 남용하지 않도록 주의해야 하며, 화학 약물이 당신의 과민함과 폭발적인 양상을 악화시키지 않으리라는 잘못된 생각을 경계해야 합니다.

혼란감이나 스트레스가 누적되는 때를 알아차리고 이러한 감정을 폭발적이지 않게 표현할 수 있는 방법을 배워야 합니다. 당신이 남들보다 더 높은 에너지 수준을 보인다는 점을 인정하고 효율적인 삶을 위해서는 자신의 에너지를 조절해서 과도한 몰두 대신에 분산시켜서 안배해야 함을 명심해야 합니다. 마음챙김 훈련을 받게 되면 비판단적인 방식으로 현재의 순간에 주의를 집중하는 방법을 배울 수 있습니다. 다른 사람들을 지적하는 행동이 늘 필요한 것은 아니며, 당신이 설사 옳은 경우라도 그렇습니다. 매일 명상하는 방법을 배우게 되면 속도를 늦출 수 있고, 당신의 지속적인 활동 욕구를 조절할 수 있습니다. 지나치게 낙관적인 안목에서 충동적으로 몰두하는 당신의 경향성을 조심해야 합니다. 당신의 선천적인 낙관성으로 인해 모든 일이 가능하다고 느낄 수 있으며, 지나치게 많은 일을 무분별하게 시작할 수 있습니다. "제 일정표를 확인해 보겠습니다."라는 말로 시간을 벌어서, 최종적인 결정을 내리기 전에 이를 전체적으로 검토하는 시간을 가져야 합니다. 당신은 높은 에너지 수준을 지녔고 남들은 당신만큼 신속하지 못하기 때문에, 당신은 안절부절못하고 짜증 내며 비꼬거나 말을 자르는 모습을 보일 수 있음을 명심해야 합니다. 당신의 폭발적인 양상에 대해 당신은 빨리 잊어버릴 수 있지만 남들은 당신의 그러한 모습을 오랫동안 기억할 수 있습니다. 당신이 생각하기에 그래야만 한다는 목표나 기준 대신에 당신이 삶에서 진정 원하는 것을 찾을 수 있도록 당신의 치료자와 함께 작업하십시오. 남들이 말하는 도중에 그들의 말을 가로막는 행동경향성을 경계해야 합니다. 누군가를 교정해 주기 위해서 상대방의 대화에 끼어들고 싶다고 느낄 때마다 심호흡을 하고 한 걸음 물러서서 상대를 교정하는 것이 도움이 되는지를 생각해 보기 바랍니다.

30/03 코드타입

비교적 흔치 않은 이 코드타입은 상충되는 양상을 보이는데, 척도 3은 사회적 연결 및 승인에 대한 욕구를 반영하고 척도 0의 상승은 사회적 철수나 회피를 반영하기 때문이다. 함께 고려해 보면 이 두 척도는 수동적이고 의존적이며 자기주장을 하지 못하는 다소 위축된 사람을 시사하는데, 이런 사람은 잘난 체하지 않으면서 '친절한' 모습이고 말수가 적다. 스트레스로 인해서 이따금씩 심인성 신체증상을 호소할 수 있고, 이 경우 흔히 척도 1과 척도 2가 그다음으로 높은 점수를 보이게 된다. 이들은 자신의 적응수준에 대해 비교적 편안함을 느낀다. 이들의 주된 방어기제에는 억압과 부인이 있다.

⤷ 치료

이들은 심리적으로나 정서적으로 높은 불편감을 경험하지 않기 때문에 치료를 거의 찾지 않는다. 불안을 흔히 경험할 수 있으며, 이는 일시적인 양상을 보인다. 사회기술 훈련, 분노인식, 자기주장 훈련 등을 치료의 초점으로 삼을 수 있다. 어린 시절에 적대감이나 혹은 감정적으로 고통스러운 사건 때문에 불안감을 느껴서 감정을 '차단하고' 고통에 맞서서 '의연하게' 행동해야 했던 경험이 있는지 탐색해 보아야 한다. 장기간의 치료 사례라면 이들로 하여금 과거의 끔찍하거나 고통스러웠던 사건을 재경험하도록 해서 그 사건과 관련된 적절한 분노를 표현하고 억압된 분노나 슬픔을 드러낼 수 있도록 하는 작업도 가능하다.

⤷ 치료적인 피드백

당신의 프로파일을 살펴보면 당신은 다소 수줍어하는 사람으로서 익숙한 사람들과의 소규모 모임에서 편안함을 느낍니다. 당신은 일반적으로 갈등을 회피하고 주어진 상황의 긍정적인 측면을 보려고 노력합니다. 따라서 당신이 결국 과민함이나 분노를 느끼게 된다면 당신이 인식하는 것보다 훨씬 날카롭게 표출됩니다. 또한 갈등이나 소란을 피하려는 당신의 성향 때문에 스트레스로 인한 신체증상을 보일 수 있는데, 여기에는 두통, 소화불량, 요통, 다른 간헐적인 신체증상 등이 포함될 수 있습니다. 당신은 과거 신체적 질병이나 다른 감정적으로 고통스럽고 끔찍한 사건을 겪고 난 후 적응을 위한 반응으로서 아무렇지 않은 척 의연하게 행동하고 불편한 감정을 억압하는 모습을 보이게 되었을 수 있습니다. 사회적인 수줍음은 아마도 생득적인 기질일 수 있으며, 이로 인한 불편감은 친교 활동을 해야만 하고 좀 더 자기주장을 보여야만 하는 상황에서만 발생할 수 있습니다. 이러한 경우 당신은 부정적인 감정이 누적되는 상황을 인식하고 그 감정을 직접적으로 표현할 수 있는 방법을 배울 수 있도록 사회기술 훈련에 참여할 수 있습니다. 어린 시절 당신이 의연하게 행동해야만 했고 당신이 좋아하는 사람들을 불편하게 만들면 안 되었던 기억이 있는지 당신의 치료자와 함께 탐색해 보기 바랍니다.

척도 4(Pd)

척도 4는 여러 다른 속성의 것으로 구성된 척도이며, 따라서 척도 4에서 높은 점수를 보인 사람들이 모두 필연적으로 반사회적이거나 공격적으로 행동 표출을 보이는 것은 아니다. '정서적인 마비'를 방어기제로서 사용해 온 사람들이 현재 이혼이나 다른 감정적인 좌절로 인해 소외감을 경험하고 있을 때 척도 4의 상승을 보일 수 있다. 이들은 또한 외현화되어 나타나는 분노나 비통함을 경험하고 있을 수도 있다. 그러나 척도 4가 높은 사람들 모두 일반적으로 보이는 행동이나 특성이 있다. 일반적으로 이들은 자신에게 부과된 규율을 싫어하고, 남들에게 자신이 감정적으로 가까워지도록 허락하는 데 조심스러우며, 결과적으로는 친밀함을 위해 요구되는 신뢰감이나 취약성과 관련된 문제점들을 경험하게 된다. 이들은 남에 의해 통제당하는 것을 싫어하고 다소 의존적인 성향이 있다. 척도 4가 높은 모든 사람은 정도의 차이는 있지만 남을 속이는 모습을 보일 수 있고, 자신의 욕구를 충족하기 위해 취사선택하여 보고할 수 있다. 남들로부터 확인을 받고자 하는 욕구를 지니고 있지만 그런 확인에 대해서 신뢰하지는 않는다. 이들은 공감하는 능력이 부족하고, 취약함으로 인해 상처받지 않도록 자신을 보호하려 한다.

높은 척도 4를 보이는 모든 사람이 권위에 저항하는 것은 아니지만, 척도 4가 높은 사람들의 많은 경우는 권위에 저항하는 모습을 보인다. 척도 4의 특성과 행동이 표현되는 정도에 있어서 SES(사회경제적 지위)는 중요한 요소가 된다. 척도 4에서 높은 점수를 보인 사람 가운데 교육수준과 지능이 높은 경우 행동 표출을 하더라도 통제되고 계획적이며 자기잇속을 차리는 방식으로 드러낸다. 일부 사례에서 이들은 법의 한계를 '애매한 영역'으로 확장하는 주식 사기꾼과 같은 사무직종의 범죄를 범하곤 한다. 어쩌면 2008년 경제 위기에 봉착한 사건들에 연루된 사람들이 척도 4의 속성을 보여 줄 수도 있다. 그 사람들은 규율을 뒤틀고, 한계를 임의로 확장하며, 즉각적인 만족을 좇으면서 높은 척도 4의 전형적인 행동과 성격특성을 보여 주었다.

행동 표출의 양상, 반항적인 태도, 권위를 향한 분노, 감정적이고 사회적인 소외감 등의 과 거력을 보인다면 척도 4의 높은 점수가 기질적인 양상이라는 점을 시사한다. 이러한 과거력 이 없고 최근 스트레스가 되는 소외된 상황에 처해 있다면, 척도 4의 높은 점수는 성인기 이 후의 삶에서 상황적 적응을 위한 반응으로서 간주될 수 있다. 그러나 이러한 양상이 지속적인 특성이 아니고 척도 4의 상승으로 인한 적응적 반응인 경우일지라도 소외감, 외현화된 분노, 감정조절에서의 문제점, 타인에 대한 신뢰 부족 등을 드러낼 수 있다.

높은 점수(T>65)라면 외현화된 분노, 과민함, 통제되는 것에 대한 저항을 보일 수 있다. 이 러한 분노는 가족이나 사회 전체를 향할 수도 있다. 반사회적이거나 자기중심적인 충동이 표 현되는 방식은 다른 척도의 상승에 달려 있다. 만일 척도 9가 높은 49 코드타입의 경우 첫인 상에서 보여 준 느긋한 매력이나 언변 좋은 농담이 쉽사리 대립적이고 까다로운 분노로 바뀔 수 있지만, 척도 8이 높은 경우라면 행동 표출은 무분별하고 자기패배적이거나 심지어 기괴 한 모습일 수 있다. 높은 척도 4가 기질적인 양상의 사람이라면 충동성, 형편 없는 분별력, 예 측 불가의 모습, 사회적 소외감, 책임감 및 성실성의 부족 등을 보인다. 이들은 공감능력이 부 족하고 직장 및 결혼 생활의 적응에서 어려움을 보인다. 이들은 단기간의 욕구를 위해 장기간 의 목표를 희생하며 결과를 예견하지 못한다. 높은 수준의 헌신을 거의 보이지 못한다. 이들 은 처음에는 좋은 인상을 줄 수 있지만 목표를 향한 지속적인 끈기가 부족하다. 척도 4의 모 든 속성이 반드시 부정적이지는 않다. 이들은 일을 수행하는 고착된 방식에 의문을 제기하고, 권위자를 향해 의견을 내며, 흔히 매우 모험적인 모습을 보인다. 창의성의 전형적 특징이라고 알려져 있는 '새롭게 사고하기'의 개념은 본능적으로 행동하는 이들의 모습과 관련된다. 물질 남용은 척도 4의 높은 점수와 관련되며, 이로 인해 충동적인 성향과 깊이 생각하지 않고 행동 하는 성향이 증대된다.

40대의 나이로 높은 척도 4의 생활양식을 보이는 사람들의 경우 척도 4의 높은 점수는 대 인관계의 불만족이나 반사회적 행동의 지속된 양상을 반영하고, 60대 이상에서 척도 4의 높 은 점수는 뚱하게 정서적 관여 없이 소외감을 겪는 양상을 시사한다.

경미한 상승(55~65T)은 자극추구, 독자적인 사고, 미묘한 까다로움 등의 특성과 관련되고, 정서적 친밀감의 문제나 선택적인 보고의 문제를 보일 수 있다. 비교적 정상범위에 속하는 경 우라도, 척도 4의 상승은 스트레스 상황에서의 과민함이나 선택적 보고의 가능성을 시사한 다. 이러한 범위 내의 사람도, 예를 들면 진실로부터 '남을 보호하기 위해서' 선의의 거짓말을 했다고 합리화할 수 있고, 미묘하게 속여서 남들로 하여금 '자신에게 도움이 되는 방향'으로 행동하도록 유도할 수 있다.

경미하게 낮은 점수에서 매우 낮은 점수(T<45)는 관습적인 양상, 안정성, 자기주장을 못하는 수동성 등의 특징과 관련된다. 이들은 모험을 즐기지 않고, 흔히 의존적이고 규칙적인 일상에서 편안함을 느낀다. 이들은 일반적으로 권위적 대상에 의구심을 품지 않으며, 심지어 매우 부담이 되는 경우에도 그러하다. 이들은 성적으로 적극적이지 못한 경향이 있으며, 남들에 의해 신뢰롭고 안정적인 사람으로 묘사된다.

단독상승 4

단독상승 4 프로파일이란 65T를 넘는 유일한 척도가 4번 임상척도인 경우(또는 프로파일에서 척도 4가 다른 상승한 모든 척도와 비교해서 10T 이상 높은 경우)이다. 앞에서 설명된 관련 특징들을 살펴보아야 한다. 만일 척도 0이 낮다면(40T 이하의 점수) 이들의 사회적 관계를 향한 욕구와 사회적인 여유로움으로 인해 매우 좋은 첫인상을 남길 수 있고, 때로는 남들이 보기에 겉만 번지르르한 말주변 좋은 사람으로 여겨질 수도 있다.

좌절에 대한 인내력 부족, 만족지연의 실패, 삶에 대한 쾌락주의적 접근 등이 전형적인 모습이다. 이들은 자기통제의 어려움을 보이고, 이로 인해 부모나 가족 구성원 및 권위자를 상대로 한 갈등이 흔하다. 만일 K 척도에서 60T 이상이면서 평균 이상의 지능과 교육수준을 갖고 있다면, 이러한 행동을 사회적인 교정이라는 명목으로 포장할 수 있다.

흔히 혼외관계를 갖기도 하고, 일반적이지 않거나 비전형적인 성행동을 보인다. 단독상승 4 프로파일의 사람이 자신의 행동으로 인해 부정적인 결과를 얻게 되면, 이들은 흔히 일시적인 죄책감과 우울감을 경험하고 이내 자기연민에 빠지는 경향이 있으며, 교정적으로 행동을 수정하는 경우는 거의 없다. 행동 표출의 이력이 없고 양심이 결여된 모습을 보이지 않으며 상황적인 스트레스로 인해 척도 4가 상승한 경우라면, 척도 4의 높은 점수는 '정서적 마비'를 반영한다. 이러한 경우 심리치료를 통해 기저에 감추어진 감정을 드러낼 수 있고, 이후의 MMPI-2 검사를 통해 다른 코드타입을 확인할 수도 있다.

만일 행동 표출의 과거력을 보인다면, 단독상승 4 프로파일은 기질적인 면을 반영한다. 어린 시절 부모가 방임하고 비일관적인 모습을 보였다거나 정서적으로 반응하지 않는 모습을 보였던 과거력이 있다면, 그 때문에 적응을 위한 반응으로서 정서적 마비를 사용했을 수 있고 '어떻게든 살아남은 모습'의 프로파일을 보일 수 있다. 자신의 정서적 욕구가 지속적으로 충족될 것을 믿지 못하는 사람의 적응 방편으로서 기만적이고 솔직하지 못한 모습을 보이는 것으로 이해된다.

이들은 흔히 갈등적인 결혼생활을 보이지만, 놀랍게도 항상 이혼으로 이어지는 양상을 보이는 것은 아니다. 많은 경우 이들의 배우자는 종속적인 태도의 사람이면서 이들의 행동 표출 양상을 견뎌 내는 모습을 보인다.

단독상승 4 프로파일은 중독에 취약한 모습을 예견하는데, 특히 MAC-R 척도가 상승한 경우에 그러하다. 이들은 자신의 문제를 외현화해서 표출하고 선택적으로 보고하는 경향을 보이는데, 심지어 치료 과정에서도 그러한 경향성을 보인다.

⮑ 치료

이들은 일반적으로 권위적 대상에 대해 신뢰를 보이지 않고 자신의 거짓말하는 특성을 치료자에게 투사하기 때문에 이들의 전이를 다루는 것이 중요하다. 이들에게 치료 과정에 대해 직접적으로 물으면, 이들은 치료자로부터 감정적으로 방치된 경험이 없음에도 불구하고 치료자에 대한 비난을 표현할 수 있다. 타인을 신뢰하는 데 취약한 감정을 지니고 있는 문제점에 대해 이러한 과정을 통해 교정적 정서경험을 제공해 줄 수 있다. 어린 시절 외로움을 경험했거나 양육자의 감정적 안정감에 대해 신뢰하지 못했던 기억이 있는지 탐색해 보아야 한다. 이들이 대인관계에 대해 '서로 잡아먹고 잡아먹히는' 상호작용으로 인식하고 '어떻게든 살아남은 모습'의 프로파일을 형성하게 된 과정을 스스로 이해할 수 있도록 도와주어야 한다.

이들에게 공감하는 방법을 알려 줄 수 있는 인지행동치료와 더불어 충동적이지 않은 스트레스 경감방법을 연습하도록 하면, 이들 스스로 충동의 압박을 예측하고 다루도록 도움을 줄수 있다. 친밀감을 느끼는 순간에 이들이 어떻게 감정적 마비를 경험하는지 스스로 깨닫도록 도움을 주어야 한다.

⮑ 치료적인 피드백

당신의 프로파일을 살펴보면 당신은 자극적인 것들을 추구하는 모험적인 사람으로서 통제받는 것에 예민한 측면을 지니고 있음을 알 수 있습니다. 당신과 같은 프로파일을 지닌 사람들은 어린 시절 자신의 권위적인 인물들이 신뢰롭지 못했기 때문에 감정적으로 의지할 대상이 자신밖에 없었고 스스로 '살아남아야만 한다고' 느끼는 환경 속에서 성장한 경우가 많습니다. 일부 사례에서 살펴볼 수 있듯이 이들의 부모가 자기중심적이고 비일관적인 모습을 보였기 때문입니다. 다른 사례에서 살펴보면, 부모가 자신의 권위를 남용한 경우이거나 자녀가 행동 표출을 하고 나가 버리는 것을 부모로서 용인한 경우가 있습니다. 이러한 과정을 통해서 당신은 어린 시절부터 자신의 욕구를 충족시키기 위해 다소간 속임수를 쓰거나 거짓을 말하도록 배웠을 수 있습니다. 당신의 프로파일을 살펴보면 당신은 사람들과의 관계에서 좋은 첫인상을 줄 수 있지만 장기간의 목표를 유지하거나 신뢰감을 주기에는 어려울 수 있습니다. 때때로 당신의 충동성으로 인해 어려움을 겪을 수도 있고, 부정적인 결과물을 피하기 위해 당신은 속임수의 기술을 사용할 수도 있습니다.

당신은 일정 기간 동안 사람들과 어울리는 데 능숙함을 보일 수 있지만, 정서적 경계를 내리고 가장 가까운 사람들을 신뢰함에 있어서는 어려워할 수 있습니다. 어쩌면 당신은 세상을 바라볼 때 '서로 잡아먹고 잡아먹히는 환경'으로 볼 수 있고 안전감을 갖기 위해서는 남들을 통제하고 권위를 내세울 필요가 있다고 생각할 수 있습니다. 욕구를 충족하기 위해 남들에게 속임수를 쓰는 당신의 능력을 활용해서 '살아남기 위한' 방식을 개발한 자신의 모습을 이해할 수 있도록 당신의 치료자와 함께 작업해 보기 바랍니다. 어린 시절 감정적으로 방치되거나 학대받았다고 느낀 기억이 있는지, 또한 그로 인해 스스로를 감정적으로 마비시켜서 반응했던 기억이 있는지 탐색해 보기 바랍니다. 당신이 충동적으로 행동하고픈 마음이 들 수 있는 상황들을 예측해 보고, 자기패배적이거나 무모한 방식으로 행동하지 않도록 스트레스를 다룰 수 있는 책략들을 연습해 보기 바랍니다. 당신과 같은 프로파일을 지닌 사람들은 '살아남기 위한' 방편으로 흔히 화학 약물을 사용하곤 합니다. 어떠한 약물을 사용하더라도 당신의 치료자와 상의하기 바라며, 위험하지 않고 자기파괴적이지 않은 방식을 통해 흥미롭고 위험감수적인 활동을 즐기기 바랍니다.

다른 척도들과의 연계

척도 4가 높고 척도 5가 낮은 코드타입

남성의 경우, 척도 5의 낮은 점수는 남성의 전통적인 관심사와 활동에 흥미를 갖고 있음을 시사한다. 전형적으로 이들은 활동지향적이고, 실용적이며, 심리적인 마인드가 부족하다. 척도 4가 높고 척도 5가 낮은 코드타입의 남성은 여성과의 관계를 힘과 통제력의 관점에서 바라본다. 이들은 또한 더욱 공격적이고 충동적인 행동 표출이나 무분별한 성행동을 보일 수 있다. 힘, 거친 행동 그리고 남성의 전통적인 관심사 등을 강조한다. 대학교육을 받지 못한 노동자 계층의 남성인 경우, 흔히 전통적인 남성성과 마초에 대한 호의적 태도를 예측할 수 있다. 교육수준과 상관없이 이들은 여성과의 관계에 있어서 흔히 힘에 의존하고, 여성을 통제하려 하며, 때때로 여성 비하적인 태도를 보일 수 있다. 척도 5의 낮은 점수로 인해 공격적이고 충동적인 행동 표출의 가능성이 더욱 높다.

척도 4가 높고 척도 5가 낮은 코드타입의 여성은 수동 의존적이거나 종속적인 모습을 보이며, 이로 인해 자기패배적인 대인관계에 빠지는 경우가 흔하다. 척도 4에서 예견되는 행동 표출의 양상은 척도 5의 낮은 점수로 제어될 수 있다. 소외감이나 분노는 간접적으로 표현되는 경향을 보인다. 친밀한 관계 형성은 수동성이나 신뢰 부족으로 인해 방해를 받는다. 이러한 여성들은 자신의 관계에서 흔히 피상적이며, 문화적 고정관념에 따른 여성의 모습인 얌전하고 순종적이며 유혹적인 태도를 보인다. 이들은 대개 수동-공격적이고, 타인을 기만하기 위해 성적인 측면을 이용할 수 있다. 만일 척도 3도 상승했다면 적대성은 보이지 않는다. 이러한 여성들은 많은 경우 성적으로 도발적인 모습을 보이지만, 성기능의 문제나 부족한 성 욕구 등 결혼생활이나 가족관계에서의 문제점을 흔히 보인다. 두통이나 요통 또한 빈번하다. 친밀하고 가까운 관계를 만들 수 있는 이들의 능력이 감정적 취약함의 불안으로 인해 방해받고 있음을 스스로 깨닫도록 치료를 통해 도와주어야 한다.

41/14 코드타입
14/41 코드타입을 참조할 것

42/24 코드타입
24/42 코드타입을 참조할 것

43/34 코드타입
34/43 코드타입을 참조할 것

45/54 코드타입
이 코드타입은 흔히 남성에게서 보인다. 그러나 〈생존자(Survivor)〉〈위험한 경쟁(The Amazing Race)〉〈아메리카 톱 모델(America's Top Model)〉 등과 같은 리얼리티 TV쇼에 자원한 여성들의 경우 또한 이 코드타입을 보이는 경우가 많다(Richard Levak, 개인적 교신, 2014. 6. 11). 척도 5가 높으면서 동시에 척도 4도 높은 여성의 경우, 자기주장을 잘하고 성적으로 적극적이며 속임수를 사용하고 남성과의 경쟁에서 편안함을 보이는 사람들이다. 이 코드타입의 남성은 외모나 행동에서 관습적이지 않은 양상을 보인다. 이들은 규칙에 이의를 제기하고 사회적 관습에 저항한다. 이들은 행동 표출의 저항을 보이는 것이 아니라 지적인 방식의 저항을 보이는데, 겉으로 드러나게 공격적이지 않으며 명백히 범죄적인 양상으로 행동 표출을 하지도 않는다. 그럼에도 불구하고 이들은 좌절에 낮은 인내력을 보이고 자신의 충동적인 행동이나 화학 약물 사용으로 인해 문제를 일으킨다. 척도 4의 상승과 관련된 공격적인 양상의 행동 표출에 대해 척도 5의 높은 점수는 억제하는 역할을 담당한다. 그러나 이 코드타입의 일부 청소년의 경우 반사회적인 방식으로 공공연한 행동 표출을 보이는데, 약물 사용이나 시험에서의 부정행위 또는 사무직종 범죄의 전조 증상 등을 드러낼 수 있다. 척도 4와 척도 5가 동시에 높은 남성의 경우 사교적이고 외향적이며, 흔히 또래들로부터 호감을 얻게 된다. 치료장면에서 이들은 좋은 치료적 관계를 맺고 자아 강도가 높으며 상당히 좋은 예후를 보인다.

대학교육을 받은 남성으로서 이 프로파일을 보이는 경우 자기애적인 성향 및 비순응적인 모습을 보일 수 있는데, 이들은 사회적 시위나 정치 운동 또는 기존 체제에 반대하는 사회 운동 등에 참여할 수 있다. 비록 기존 체제에 반대하는 견해를 통해 자신의 분노를 지적으로 합리화하여 분출할 수는 있지만, 이러한 남성들은 이상주의적이고 자기인식이 뛰어나며 자신의 의견을 명확하고 효과적으로 전달하는 능력이 있다. 다른 사람들은 이들에 대해 자기중심적이고 쉽게 상처받으며 요구적이면서 거짓으로 의존적인 척한다고 여긴다. 만일 척도 3이 그다음으로 높은 점수라면, 이 사람은 더욱 과잉통제적이고 수동-공격적이며 통찰이 부족한 모습을 보인다(345/435/534 코드타입을 참조할 것). 만일 척도 9가 세 번째로 높은 점수라면 이러한 사람들은 행동과 지배를 강조하고, 상황이나 사람을 통제하려 하며, 덜 혼란스러운 모습을 보이지만 원하는 것을 얻기 위해 매력의 요소를 활용하는 모습을 보인다.

⤴ 치료

단독상승 4 프로파일의 치료 부분을 참조할 것. 45 프로파일을 보이는 남성의 전형적인 문제영역은 친밀감, 신뢰, 충동통제, 특히 성적인 행동 표출 등을 들 수 있다. 45 코드타입은 성범죄자 남성과 관련성이 있으며, 미성숙한 양상이나 형편없는 판단력을 시사한다. 남성의 경우 이 코드타입은 자아만족의 강렬한 욕구와 정서적 의존 사이에서의 내적 갈등, 또는 자율성의 욕구와 통제받는 것에 대한 두려움 사이에서의 내적 갈등을 의미할 수 있다. 이들이 선택적으로 골라서 보고를 하거나 남을 속이는 대신에 자신의 감정을 직접적으로 표현할 수 있는 방법을 배울 수 있도록 치료 과정에서 도움을 주어야 한다. 이들의 성적인 행동 표출을 다룰 수 있도록 충동통제의 문제를 다루는 것이 치료의 적절한 초점이 될 수 있다. 자기애적인 특징을 지닌 어머니 대상과의 밀착된 관계가 존재하는지 탐색해야 하는데, 내담자는 그 대상과의 관계에서 통제받는 느낌을 받지만 또한 만족스러움을 경험했을 수 있다. 여성의 경우, 통제적이면서 부당하게 대우했던 거친 남성적 대상이 있었는지 탐색해야 한다. 일반적으로 척도 4가 높은 사람의 경우 감정적인 취약성을 인정하는 방법을 배울 필요가 있는데, 따라서 감정적인 신뢰의 문제를 탐색하는 것이 치료에서 중요한 초점이 될 수 있다.

⤴ 치료적인 피드백

• **45 코드타입의 남성**: 당신의 프로파일을 살펴보면 당신의 관심사와 가치에 있어서 남성적

인 것과 여성적인 것이 조화를 이루고 있음을 알 수 있습니다. 사상과 철학, 남들이 느끼는 감정 등에 대해 이야기를 나누는 것이 당신에게는 흥미로운 일입니다. 당신은 고정관념적인 남성의 관심사나 가치에 대해 배척하는 경향이 있으며, 민감한 사람들과의 어울림을 좋아합니다. 또한 당신은 독립성을 중시하고 통제받는 것에 저항합니다. 당신은 비순응적인 사람이며, 남들에게 그들이 원하는 규칙을 당신이 그대로 따르지 않을 것임을 알려 줍니다. 당신은 자신의 비순응적인 태도나 권위에 대한 불신을 전통적이지 않은 삶의 방식으로 표현할 수도 있습니다. 더불어 당신은 신뢰감이나 감정적 친밀감에 있어서 어려움을 겪을 수 있고, 때로는 충동적으로 행동하거나 남들이 보기에 다소 이기적이고 자신에게만 몰두하는 것으로 여겨지는 방식으로 행동할 수 있습니다. 어떤 상황에서 당신이 충동적인 모습을 보이고 남들에게 공감하지 못하는지 이해할 수 있도록 당신의 치료자와 작업하기 바랍니다. 비록 어려운 상황일지라도 진솔하게 말하는 것을 배우고, 당신이 깊은 생각 없이 반사적으로 권위에 대한 저항을 보이는 것은 아닌지 탐색해 보기 바랍니다. 당신이 감정적인 경계를 거두고 가까운 이들을 좀 더 신뢰할 수 있는 방법을 배울 수 있도록 치료자와 함께 작업하십시오.

- **45 코드타입의 여성**: 당신의 프로파일을 살펴보면 당신의 관심사와 가치에 있어서 남성적인 것과 여성적인 것이 조화를 이루고 있음을 알 수 있습니다. 당신은 소위 말괄량이처럼 자랐을 수 있는데, 남자아이들과 어울리고 남자아이들이 전통적으로 즐기는 활동들을 하는 데 편안함을 느꼈을 수 있습니다. 당신은 실용적이고 활동지향적인 사람이며 남자들 속에서 잘 어울립니다. 당신은 독립적이고 어떤 방식으로든 통제받는 것을 싫어합니다. 당신은 경쟁적이고 비순응적인 사람입니다. 당신은 또한 매우 즉흥적인 측면이 있어서 충동적일 수 있고, 때로는 무모하기까지 합니다. 어려움에 처하면 당신은 쉽사리 규칙을 왜곡하거나 남을 속이고 당신의 욕구를 충족하기 위해 선의의 거짓말을 할 수 있습니다. 당신은 어린 시절에 통제적이고 때때로 권위를 남용하던 남성 대상과 가깝게 성장했을 수 있습니다. 당신의 충동성이 어떻게 당신을 난관에 빠뜨릴 수 있는지 이해할 수 있도록 치료자와 함께 작업하십시오. 규칙을 왜곡해서 적용하지 않는 방식을 배워야 하며 그래야 어려움에 처하지 않을 수 있습니다. 독립성을 유지하려는 당신의 욕구와 감정적으로 취약함을 드러내는 것을 싫어하는 당신의 특성이 친밀한 관계를 형성하는 데 방해가 될 수 있으므로 이를 탐색해 보기 바랍니다.

46/64 코드타입

46 코드타입의 사람은 적대적이고 화가 나 있으며 남을 잘 믿지 못하는데, 남들이 자신을

이용해 먹는 것에 대해 경계하는 태도를 보인다. 이들의 삶의 자세는 일종의 방어적인 것으로서 남들에게 요구적인 모습을 보일 수도 있지만, 무엇보다 자신에게 부과되는 요구사항에 매우 과민한 양상을 보인다. 이들은 쉽사리 거부되고 비난받는다는 느낌을 갖는데, 그러면 곧바로 남들이 자신을 부당하게 대우하고 이용해 먹으려고 했다는 결론에 이르게 된다. 이들은 만성적으로 상처받은 느낌을 갖고 있으며, 남들이 자신을 부당하게 대우한 것을 반추하고 어떻게 자신을 보호하고 복수할 수 있는지에 대해 곱씹어 생각한다. 이들은 스스로 자신의 문제에 기여한 바에 대해서는 거의 자각하지 못한다. 이들은 대인관계적 문제와 가족 갈등을 경험하며, 그 책임을 타인에게 투사하는 경향이 있다. 이 코드타입은 이혼과 관계 깊은 프로파일이다.

46 코드타입의 사람들은 사랑받고 인정받기를 갈망하지만 그것을 요구하는 방식에서 남들을 소외시키는 태도를 보이고 이로 인해 결국은 사랑과 인정을 받지 못하는데, 이는 결과적으로 대인관계는 착취적이라는 46 코드타입의 관점을 공고하게 만들게 된다. 이들은 미묘하게 논쟁적이고 방어적인데, 이 때문에 남들로부터 분노를 유발한다.

이 코드타입을 보이는 후기 청소년들은 자신의 보호자뿐만 아니라 권위적인 인물들과 갈등을 경험하게 되는데, 일반적으로 이 권위적 인물들은 이들에 대해 적대적이고 정직하지 못하고 논쟁적이며 책임을 전가하는 모습으로 평가한다. 46 코드타입의 청소년들은 제멋대로 행동하고 자신의 충동을 잘 통제하지 못한다. 이들은 자신의 행동에 대해 거의 책임지지 않고 부정적이며 논쟁적이다.

일부의 사례에서 살펴보면 46 코드타입이 지닌 극도의 예민성으로 인해 편집증을 감출 수도 있는데, 대신 질투나 의심 및 타인에 대한 불신 등으로 표현될 수 있다. 분노는 이 코드타입의 두드러진 특징이다. 그러나 만일 척도 6이 척도 4보다 상승해 있다면, 이 사람은 편집증적 사고를 드러낼 수 있고 일부의 경우에선 정신증적 증상을 의미할 수 있다.

분노가 누적되면 46 코드타입의 사람은 공격적인 행동을 정당하다고 주장하기도 하는데, 특히 이들이 부당한 취급을 받았다고 느끼거나 업신여김을 당했다고 느낄 때 그러하다. 폭력을 사용하는 위협은 심각하게 다루어져야 한다. 여성의 경우 척도 5가 낮은 점수라면 이들의 분노는 더욱 수동-공격적으로 표현되는데, 남들로 하여금 자신을 편취하도록 허용하는 것처럼 거의 피학적인 대인관계 양식으로 표현된다. 척도 5가 낮은 46 코드타입의 경우 〈바람과 함께 사라지다(Gone with the Wind)〉에서의 Scarlett O'Hara의 성격으로 잘 묘사될 수 있다.

⤳ 치료

46 코드타입 내담자의 치료는 어려울 수 있는데, 치료에 방어적으로 임하고 논쟁적인 양상

을 보이거나 치료자로부터 분노나 짜증을 불러일으켜서 46 코드타입의 신념인 방어적일 필요가 있음을 확증하려 하기 때문이다. 면접 상황에서 이들은 임상가의 개인력 탐색을 '자신의 문제점'을 찾아내려는 과정으로 여길 수 있고, 그래서 방어적으로 임하는 경향을 보인다. 이들은 공감하는 데 어려움을 갖고 있다. 상처받고 겁먹고 분노하게 되면 이들은 타인에 대한 평가나 미묘한 비난을 통해 자신의 감정을 드러낸다. 자신의 욕구를 요청으로 표현하기보다 빚지고 있는 당연한 요구로 표현한다. 이들은 스스로 원하는 것을 직접적으로 요청하는 데 어려움을 보인다.

어린 시절 권위의 대상인 통제적인 양육자가 이들을 통제하는 방식으로서 가혹한 처벌과 비난을 사용했던 조건화된 경험을 갖고 있지 않은지 살펴보아야 한다. 부당함을 느끼게 만들었던 가혹한 비난이나 의지를 꺾어 버리는 처벌 등이 이들로 하여금 적응적인 반응으로서 통제받는 것에 신중함을 보이거나 남들에게 다가갈 때 경계적인 방어성을 보일 것을 학습시켰을 수도 있다. 이들은 취약함을 인정하거나 요청을 해야 할 때 어려워할 수 있는데, 어쩌면 그렇게 하는 것이 남들에게 통제력이나 권력을 부여하는 것이라는 불안감을 느끼기 때문일 수 있다. 이 프로파일은 가장자리에 서 있는 것과 같은 이들의 과민함이나 논쟁적인 태도를 반영하여 '적대적 성향(chip on the shoulder)'의 프로파일로서 묘사되어 왔는데, 이는 어린 시절부터 가혹하게 비난받고 평가받고 모욕감을 느끼는 것에 대한 방어기제로서 이해될 수 있다. 다른 사람들은 이들에 대해 '싸우고 싶어 안달하는' 것으로 여기고 이들에게 방어적으로 반응하게 된다. 이들은 흔히 반대되는 성의 부모와 더욱 심각한 갈등을 겪게 된다.

결론적으로 말해서, 치료가 시작되기 전에 긍정적인 관심과 신뢰 형성이 필요하다. 이들이 극도로 높은 기준을 갖고 스스로에게 가장 잔혹한 비판적인 태도를 보이게 된 과정을 설명해 줌으로써 어린 시절 자신의 모습에 대해 공감하도록 도움을 줄 수 있는데, 어린 시절 이들은 부당하고 불합리한 비난과 처벌을 경험했고 비난받을 여지가 없도록 노력을 기울였던 사람들이다. 이들이 어린 시절의 굴욕감이나 부당한 처벌에 대응하기 위해 자신의 정서적이고 개인적인 영역을 끊임없이 방어하려고 준비했던 모습을 스스로 이해할 수 있도록 도와주어야 한다. 이들이 억울함을 느끼기 전에 자신이 원하는 것을 요청하는 방법을 배울 수 있도록 인지행동치료를 활용할 수 있다. 마치 자신의 욕구나 감정적 취약함을 타인이 자신에게 빚진 것처럼 느끼지 않고, 그것들을 말을 통해서 직접적으로 표현할 수 있도록 도와주어야 한다. 자신의 감정이 왜 합당한지 설명할 필요 없이 자신의 감정을 말로 표현할 수 있도록 인지행동적인 훈련을 받게 한다면 남들이 이들에게 방어적으로 반응하는 이유를 쉽게 이해하도록 도울 수 있다. 이들이 특별히 부당하게 대우받았다고 여기는 기억을 탐색해 봄으로써 억눌려 있던 이들의 상처와 분노를 드러내게 할 수 있으며, 이러한 감정 정화를 통해 자신의 정서적 취약성을 탐색하는 것에 조금 더 편안함을 느끼도록 도울 수 있을 것이다.

⟳ 치료적인 피드백

당신의 프로파일을 살펴보면 당신은 타인으로부터 비난, 평가, 통제 또는 부당한 대우를 받게 될까 봐 취약한 감정을 느끼며 삶을 살아가는 모습입니다. 남들이 당신에게 불합리한 요구를 할 것을 예상함으로써 당신 자신을 보호해야 할 필요성을 느끼는 것입니다. 당신과 같은 프로파일을 보이는 일부 사람의 경우, 요구적이고 통제적이며 비난을 하거나 심지어 가혹한 처벌을 가하는 부모가 있는 환경 속에서 성장하였습니다. 어린 시절부터 당신은 스스로를 보호하고 자신의 입장을 주장하고 부당한 비난과 처벌로부터 자신을 보호할 준비 태세를 갖추는 방법을 배웠을 수 있습니다. 최근 당신은 마치 비난이나 비판을 예상하며 삶을 살아가는 것으로 보입니다. 만일 남들이 당신에게 요구를 해 온다면 당신은 짜증스러워할 것이며, 남들이 당신에게 신세지는 것에 대해 당신은 예민한 모습을 보일 수 있습니다. 당신은 스스로 원하는 것을 직접적으로 요청하는 것을 힘들어하는데, 아마도 당신이 요청을 하게 되면 상대에게 어느 정도 당신을 통제할 빌미를 제공할 것으로 염려하기 때문일 것입니다. 당신은 남들에게 무언가 빚지는 것을 싫어해서 필요로 하는 것을 요청하기 꺼리는데, 만일 요청을 하면 그 대가로 남들이 요구할 때 취약한 감정을 느낄 수 있기 때문입니다. 당신이 원하는 것이나 당신이 화가 난 것을 표현하기 전에 일반적으로 당신은 흠잡을 데 없이 정당하다고 느낄 때까지 기다리는데, 그때가 되면 당신은 충분히 화가 나고 분개한 상태가 되어 있습니다. 당신의 감정을 표현하는 그때에도 당신은 자신의 감정이 '정당하고 합당한' 이유를 설명할 필요를 느끼고 그러한 감정을 느낄 만한 자격이 있다는 이유를 설명하려 합니다. 그러나 남들은 비난이나 비판을 받았다고 느낄 수 있으며, 당신이 느낀 감정의 일부분이 그들의 잘못 때문이라고 설명하는 것처럼 느낄 수 있습니다. 의도하지는 않았지만 결국 당신이 피하고자 노력했던 그런 갈등을 야기할 수 있습니다. 당신은 남들을 신뢰하기 어렵기 때문에, 당신의 욕구를 채우기 위한 방편으로 남들을 속이거나, 선의의 거짓말을 하거나, 선택적으로 보고할 필요성을 느낄 수 있습니다. 어린 시절 당신이 특별히 비난 및 비판받거나 부당하게 처벌받았다고 느꼈던 경험이 있다면 당신의 치료자에게 이야기하기 바랍니다. 그때 받았던 느낌과 접촉해서 어린 시절의 당신에게 공감할 수 있기 바랍니다. 당신이 손해를 보았다고 느끼기 전에 자신이 원하는 것을 요청하는 방법을 연습한다면 자신이 정당한 이유나 남들이 잘못된 이유를 설명하지 않고 자신의 감정을 표현할 수 있습니다. 남들이 당신에게 상처를 주었을 때 비록 당신의 예민함으로 인해 매우 고통스러운 경험을 했을지라도 남들을 용서하는 것을 연습해야 합니다. 자기주장적인 요청을 할 수 있도록 치료자와 함께 연습하고, 합리적인 방식으로 요청하는 것이 힘든 상황을 가정하여 역할 연기를 해 보십시오. '나'를 주어로 시작해서 자기주장적인 진술 (예: "내가 원하는 것은~, 내가 느끼는 것은~, 내가 생각하는 것은~")을 할 수 있어야 합니다. 특히 당신이 어떤 방식으로든 비난받거나 비판받았다고 느끼는 경우, 당신이 치료자에 대해서 느끼는 감정을 치료자에게 이야기하는 것이 중요합니다.

462/642 코드타입

46/64 코드타입에 척도 2가 추가되면 난관에 빠지고 패배한 듯하며 분개한 느낌을 가질 수 있는데, 우울이 분명하다면 비관적인 분노와 자기패배적이고 자기파괴적인 행동을 보일 수 있다. 462 코드타입의 사람은 상처받고 피해를 입고 인정받지 못한 느낌을 갖는데, 자기를 비난하는 경향이 있고 그와 동시에 요구적인 모습을 보인다. 이 사람들은 남들이 자신에게 요구적인 모습을 보이는 것을 허용하지만 그 후 이용당하고 인정받지 못한 느낌을 갖게 된다. 이들의 우울은 다른 사람이나 불합리한 상황 또는 '이들에게' 행해진 무언가에 의해 합리화된다. 우울의 증상으로는 수면의 어려움, 식욕의 감소, 성적 흥미의 감소, 낮아진 효율성 및 활력 등이 일반적이다. 이들은 스스로 명백한 상처와 분노를 경험했기 때문에 관심과 공감을 받기를 요구하지만, 실제로 요구한 것을 받게 되면 그것을 믿지도 않는다. 이들은 미묘한 방식과 죄책감을 유도하는 방식으로 남들에게 요구하는 경향을 보이는데, 그로 인해 남들의 분노를 촉발하게 된다. 이 코드타입과 관련된 가능한 진단명으로는 경계선 성격장애가 있다. 결혼생활에서의 성적인 부적응과 갈등이 흔하다.

남들을 신뢰하는 데 어려움을 겪고 권위의 대상을 향한 적개심이 있음에도 불구하고, 이들은 일반적으로 사랑받고 싶은 욕구가 강렬하고 의존적인 특징을 보인다. 이들은 재확인을 받고자 갈망하기 때문에 이러한 취약성을 보일까 봐 두려워하는데, 지지받고 싶은 마음이 가장 강렬한 대상에 대해 화를 내는 경우가 흔하다. 흥미롭게도, 462/642 코드타입의 사람은 가정 내에서 막내에 해당하는 경우가 흔하고, 이들의 학교 성적은 평균 아래를 밑돈다(Marks & Seeman, 1963).

⊃ 치료

어린 시절 양육자의 부재를 경험했는지 살펴보아야 하는데, 그것은 어쩌면 화학 약물의 남용으로 인한 것이었을 수 있다. 또한 양육자의 부당하고 통제적이며 독단적이고 처벌적인 양상을 어린 시절 경험했는지 탐색해 보아야 한다. 치료는 함정에 빠졌다고 느끼는 현재의 상황에 집중해야 하며, 의존적이거나 수동-공격적이지 않은 방식으로 문제를 해결할 수 있도록 도와주어야 한다. 일부의 사례에서는 우울을 완화시키기 위해 항우울제의 처방이 도움이 될 수 있다. 좀 더 자기주장을 할 수 있도록 돕고, 또한 스스로를 낮추면서 동시에 인정받지 못한 것에 대해 분개하는 자신의 모습을 이해할 수 있도록 인지행동치료로써 도움을 줄 수 있다. 462 코드타입의 한 사례에서 여성 내담자는 아홉 형제자매 가운데 맏이였다. 그 내담자의 어머니가 정서적으로 함께해 주지 못했기 때문에 그녀는 가족을 위한 책임감을 느꼈으며, 집을 깨끗이 청소함으로써 아버지를 기쁘게 해 주려고 노력하였다. 내담자의 형제자매는 좀처럼 그녀를 돕지 않았고, 그녀는 항상 자신이 부당하게 짐을 지고 있다는 느낌을 받았다. 그녀의 아버지는 집 안이 깨끗하지 않다는 이유로 내담자에게 때때로 화를 분출했고, 그녀의 노력을 인정해 주지 않았다. 내담자가 성인이 되어 간호사가 되었을 때, 그녀는 자신의 직무를 넘어서는 의무와 책임을 위해 자원하곤 하였다. 그녀는 업무에서 인정을 받지 못한다고 느꼈고 분노했지만, 자기주장을 하는 것을 두려워했고 요청받지 않은 일에서도 책임을 지는 행동을 지속하였다. 상처받고 분노하고 인정받지 못했다고 느끼고, 그리고 다시 짐을 짊어지면서 자신의 원하는 바를 주장하는 데 두려움을 느끼는 이 순환의 과정은 462 코드타입 내담자의 좋은 예가 된다.

⊃ 치료적인 피드백

46 코드타입, 24 코드타입, 26 코드타입의 치료적인 피드백 부분을 참조할 것. 당신의 프로파일을 살펴보면 당신은 현재 함정에 빠진 느낌을 받고 있으며 억울해하며 분노한 상태일 수 있습니다. 당신이 부당하게 대우받았다는 느낌 또는 당신의 욕구를 충족할 방법을 찾을 수 없다는 느낌으로 인해 최근 상당한 스트레스를 경험했을 수 있습니다. 당신은 현재 우울의 증상들을 경험할 수 있는데, 슬픔, 불행감, 낮은 활력, 수면장해 및 전반적인 효율성의 문제점 등이 이에 해당될 수 있습니다. 당신이 현재 난관에 봉착한 느낌이나 분노를 느끼고 있다면 당신의 치료자에게 이야기해야 하며, 상대방이 비난이나 비판을 받았다고 느끼지 않으면서도 당신의 원하는 바를 언어적으로 표현할 수 있도록 자기주장 훈련을 연습해야 합니다.

463/643 코드타입

46/64 코드타입에 척도 3이 추가된다면, 적대감이나 분노를 잘 인식하지 못하고 이를 표현하는 데 제한적임을 예상할 수 있다. 또한 척도 3의 속성은 대인관계적 교류와 인정에 대해 상당한 욕구를 지니고 있음을 시사한다. 463 코드타입의 사람은 매력적으로 또는 유혹적으로 보일 수 있으며, 공적인 자리에서 단정한 모습을 보임으로써 자신의 적대성을 숨긴 채 올바른 사회적 역할을 수행하는 모습이 일반적이다. 다른 척도 점수와 비교하여 각각의 척도 점수의 상승을 해석하는 것이 필요하다. 만일 주요한 코드타입이 46/64이면서 척도 3이 척도 4나

척도 6에 비해서 의미 있게 낮은 세 번째 코드에 해당된다면, 46/64 코드타입의 전형적인 모습이 두드러질 것으로 예상할 수 있다. 불안한 의심, 과민함, 논쟁적인 모습 등이 척도 3의 방어를 통해서 거의 감추어지지 않는다. 그러나 만일 척도 4와 척도 6 그리고 척도 3이 모두 동일한 수준으로 상승된 경우라면, 그 사람은 사회적으로 좋은 첫인상을 보이고 기대되는 역할을 수행하고 사회적으로 올바르고 침착하고 자기조절을 잘하는 모습으로 보일 수 있다. 분노, 과민함, 적개심 등은 미묘한 비난처럼 빈정대는 방식으로 표현되며, 편집증이나 쉽게 상처받는 양상 등을 민감함이라는 이름으로 위장할 수 있다. 463 코드타입의 사람은 타인으로부터 상처받은 감정을 건설적인 방식으로 표현하는 데 어려움을 보이는데, 자신의 예민함을 상대에게 투사하며 갈등을 회피하여 적개심이 누적되도록 방치한다. 화가 나거나 부당하게 취급받았다고 느끼면, 이들은 통제되고 합리화된 힘을 이용해서 보복을 시도하는 경향이 있다. 이들은 자신을 향한 어떠한 모욕이나 부당함에 대해서도 매우 예민하게 반응한다. 특히 가족을 향해 분노의 초점을 맞출 수 있고, 매우 합리화되고 과도하게 정당화된 양상으로 드러내곤 한다. 이 프로파일은 장기간에 걸쳐 격렬하게 이혼 양육권 분쟁을 벌인 사람들과 관련된다 (Caldwell, 1997).

척도 3의 상승에서 흔히 예상할 수 있듯이, 이들은 분노의 표현에서 어려움을 보인다. 분노는 남들에 대한 비판이나 비난으로 표현되며 매우 합리화된 양상을 보인다. 만일 O-H 척도가 상승했다면 이들은 가끔씩 불안정한 분노 폭발을 보이고, 이는 자기방어 등과 같이 정당화된 양상으로 표현될 수 있다. 이들은 흔히 자신이 보인 분노의 강도라든지 분노했을 당시 했던 말과 관련된 기억을 억제하고, 그 분노의 대상이 되었던 사람들에 대해 공감을 잘하지 못한다.

이 프로파일의 사람들은 일반적으로 기대되는 역할을 잘 수행하고, 권위의 대상에 대해 미묘한 저항을 보이며, 통제받는 것에 대해 분개한다. 이들은 또한 타인에 대한 편집증적 의심을 보일 수 있는데, 남들 역시 역할 연기를 하고 있다고 생각하기 때문이다. 이들은 어떤 일이든 개인적으로 받아들이며 쉽사리 질투심이나 소유욕을 느끼지만, 이를 인정하면 남들로부터 비난을 받을 것이라고 생각하기 때문에 이러한 감정들을 거의 인정하지 않는다. 이들은 통제적이고 침착한 양상(특히 L 척도와 K 척도가 높은 경우)을 보이며, 사회적인 예의범절을 잘 준수하면서 올바른 역할을 수행하고 미묘한 방식으로 행동 표출을 보인다.

이들은 사랑받고 관심받기를 요구하지만 막상 그것이 주어져도 잘 믿지 않는 경향이라서, 남들은 463 코드타입의 사람에 대해 만족시키기 어렵다고 생각한다. 사랑과 관심에 대한 소망이 있는 반면, 비난받거나 자신을 드러내거나 통제를 받는 것에 대해 과민하게 경계하므로 남들이 인정해 주는 반응을 보이지 않는 경우 자기패배적인 성향을 보인다. 463 코드타입의 사람들은 타인으로부터의 분노나 거절을 미리 가정하고 있기 때문에, 남들로 하여금 분노나 거절을 표현하도록 부추기는 경향이 있다. 이들은 흔히 반대 성의 사람들에게 유혹적인 모습을 보인다. 결혼생활의 부적응이 흔한 편이다. 과잉통제, 성기능장애, 두통, 요통 등을 시사하는 신체적인 증상들 또한 이 코드타입과 관련이 있다.

⊃ 치료

463/643 코드타입의 사람은 관심과 애정을 갈구하지만 실제로 그것이 주어졌을 때 그 진솔성을 의심한다. 이는 어린 시절 화가 난 양육자로부터 가혹하게 비난받거나 거절당한 경험 때문일 수도 있다. 적절한 사회적 역할과 가치를 엄격히 따를 것을 요구받았고 잘못된 행동에 대해 의욕을 상실할 만큼의 거절과 비난을 받았기 때문에, 적응을 위한 반응으로서 남들의 기대에 맞는 적합한 역할을 수행하고 그를 통해 거절을 피할 수 있도록 길들여졌는지 모른다. 심리치료의 기간 동안 이들은 받아들이기 어려운 충동을 표현하는 데 어려움을 보일 수 있는데, 심지어 그러한 충동을 표현하는 것으로 보일 때에도 이러한 감정을 부인하는 경우가 흔하다. 이들이 스스로 분노를 지각할 때 그것을 표현하는 것이 정당하다고 느낄 때까지 기다리기보다는 분노를 직접 표현할 수 있도록 도움을 주어야 하는데, 정당함을 느낄 때까지 기다리게 되면 이미 스스로 적개심과 억울함으로 가득 찬 시점이 되기 때문이다. 도덕적인 비판을 가하지 않고 자신이 원하는 것을 요청할 수 있는 역할 연기를 연습해야 한다. 예를 들어, 그렇게 해도 된다는 정당성을 고려하지 않은 채 "나는 네가 나에게 ……를 해 줬으면 좋겠어."라는 표현을 반복하도록 훈련할 수 있다. 이들이 보이는 방어적인 태도를 살펴볼 때, 어린 시절 비난이나 비판의 경험으로 인해 맨 먼저 정당성과 관련된 질문을 통해 적응하려 했음을 추론할 수 있다. 감정적 정화나 통찰지향의 치료는 과하게 합리적이고 지나치게 분석하려 하는 이들에게 유용할 수 있다.

⊃ 치료적인 피드백

당신의 프로파일을 살펴보면 당신은 스스로 일을 처리하는 옳고 그른 방법에 대해 매우 높은 개인적인 기준을 갖고 있는 것으로 보입니다. 당신은 삶에서 남들의 기대수준에 맞춰 주려고 노력하며 살아가고 있는데, 당신에게 있어서 남들이 당신에게 비난이나 비판을 하는 것이 무척 고통스럽기 때문입니다. 당신의 성격적 특징들은 매우 다채로운 양상을 보입니다. 한편으로 당신은 규칙을 준수하고 옳은 일을 하는 것을 바라며 사회적 예의범절을 중요하게 생각합니다. 동시에 당신은 통제받는 것을 싫어하고, 자신의 방어막을 거두면 남들이 너무 가깝게 다가와서 당신이 상처받거나 거절당할까 봐 조심스럽습니다. 당신과 같은 프로파일을 보이는 사람들은 흔히 당신의 성격과 다른 측면을 지닌 친구들을 갖고 있습니다. 예를 들어, 당신은 사회적으로 순응적이고 전통을 따르는 양상의 친구들을 갖고 있지만 또한 상당히 순응적이지 않은 친구들과도 함께할 수 있습니다. 당신과 같은 프로파일을 보이는 사람들은 흔히 화가 나면 비판적이고 비난을 자주 하고 거부적인 모습을 보이는 부모를 둔 경우가 많습니다. 어린 시절부터 당신은 비난과 거절을 피하기 위해서 맡겨진 역할을 수행하고 기대되는 바를 해내도록 길들여졌을 수 있습니다. 어쩌면 당신 자신을 보호하기 위해서 선의의 거짓말을 해야 한다고 배웠을 수도 있습니다. 아마도 순응하는 능력을 키움과 동시에 규칙을 변용하는 능력을 습득했기 때문일 수 있습니다. 당신은 비난받거나 거절당할 때 고통스럽기 때문에 남들에게 거절하기 어렵고, 거절이 정당하다는 판단을 갖기 전까지는 거절을 못합니다. 사실 당신은 비난을 넘어서는 수준까지 당신의 감정을 정당화하기 위해 긴 시간 동안 부정적인 감정을 견디고 있는지 모릅니다. 하지만 이것이 분노 및 적개심의 누적에 이를 수 있고, 그런 다음 그것을 표현하게 되면 그것은 불안정하고 폭발적인 방식으로 분출될 수 있습니다. 당신이 적개심으로 가득 찬 감정에 이르기 전에 당신이 원하는 것을 요청할 수 있도록 훈련하고, 남들이 잘못했음에 대해 지적하는 것을 피하는 연습을 하기 바랍니다. 당신의 감정을 남들의 그릇된 행동에 기반해서 정당화하기보다는 '나'를 주어로 진술하는 표현법을 연습해야 합니다. 순응하는 당신의 측면과 순응하지 않는 당신의 측면을 통합하는 방법을 배우십시오. 갈등을 피하기 위해서 선택적으로 보고하는 방식을 버려야 합니다.

468/648 코드타입

이 코드타입은 심각한 장애를 시사할 수 있으며 때로는 만성화된 장애를 시사할 수도 있다. 때로 이 프로파일은 사고장애의 진단과도 관련된다. 이 코드타입의 사람들은 고립되어 있고, 상당한 원망감과 함께 남들을 의심하며, 흔히 방어적으로 적대적인 양상을 보인다. 일부의 경우 반사회적 성격특성을 보인다. 이들은 과민하고 비판적이고 논쟁적이며 회피적이다. 극단적인 예민함은 편집증적인 사고로 바뀔 수 있다. 이들은 비난에 쉽게 상처받고, 현실 검증력의 실패를 경험할 수 있다. 이들은 실제적이거나 혹은 상상 속의 위협과 부당함을 반추하며, 망상이나 관계사고를 보일 수도 있다. 이들은 자기웅대성이 드러날 수도 있다. 주요한 방어기제로는 행동 표출, 투사, 반동형성, 합리화 등이 있다. 이들은 분노나 적개심을 자기방어의 명분으로 합리화하곤 한다. 우울의 증상들이 이 코드타입에서 보일 수 있지만, 자기 자신 또는 타인으로부터의 냉담함이나 정서적 소외가 기여 요인일 수 있다.

형편없는 분별력, 부족한 통찰력, 충동적인 분노 삽화 등이 전형적이다. 일부의 사례에서 이들은 공격적인 모습을 보인다. 이들은 흔히 화학 약물을 남용하는데, 이것이 충동적인 행동이나 현실검증력의 손상을 악화시키곤 한다. 자살의 위협이나 다른 사람을 향한 폭력 등은 심각하게 다루어져야 한다. 대인관계나 결혼생활 또는 성적인 적응에 있어서 흔히 문제를 보인다. 만일 K 척도가 50T 이하라면 충동적으로 행동 표출할 경향성이 증대된다. 만일 척도 9가 65T 이상이라면 행동 표출을 할 가능성 또한 증가한다. 그러나 K 척도와 Es 척도가 높은 경우라면 편집증적인 분노는 더욱 효과적으로 감춰질 수 있는데, 그런 경우 덜 분명해 보이는 양상이기 때문에 좀 더 위험할 수도 있다.

⟲ 치료

이들은 편집증적인 사고에 취약하고 흔히 분노나 적개심 및 타인에 대한 의구심을 갖기 때문에 다루기 어려운 코드타입에 해당된다. 이 코드타입의 사람들은 공감이 부족하고 정서적으로 고립된 양상을 보일 수 있다. 신뢰를 형성하기 위해서는 지지적이고 비직면적인 심리치료를 필요로 한다. 치료자는 전문성을 유지하면서도 내담자를 향한 열린 태도를 유지해야 하는데 지나치게 친근함을 보이는 것은 피해야 한다. 치료자를 향해 느끼는 부당함이나 적개심이 있다면 이를 인식해서 표출할 수 있도록 도와주어야 한다. 이들은 극도의 불신감을 갖고 있기 때문에, 치료자의 공감반응은 진실해야만 하고 역할 연기를 시도해서는 안 된다.

어린 시절 적대감, 신체적인 학대, 잔혹함, 거절 등의 태도로 양육되어 적응을 위한 반응으로서 끊임없이 경계하고 타인에게 자기방어적인 잔혹함을 보였던 조건화된 과거의 경험이 있는지 탐색해 보아야 한다. 상처받고 분노한 감정을 통제되고 구조화된 방식으로 표현하도록 하는 것이 도움이 될 수 있지만, 이 방법은 또한 이들에게 혼란스러운 효과를 보일 수도 있다. 인지행동치료를 활용하여 더 나은 정서조절을 할 수 있도록 훈련한다면 유용할 수 있다.

이들이 치료자에게 유발할 수 있는 불안을 치료자로서 처리할 수 있는 것이 중요하다. 만일 치료자로서 이들이 분노를 표출할 때 겁먹지 않고 견딜 수 있고, 내담자의 감정을 이들이 경험했던 학대와 혹사의 맥락에서 이해하고 타당화할 수 있다면, 치료적 관계가 형성될 수 있다. 약물 처방이 도움이 될 수 있지만 이를 제안하기 이전에 치료적 관계를 형성하는 것이 필요하다.

⟲ 치료적인 피드백

당신의 프로파일을 살펴보면 당신은 현재 비판, 비난 또는 공격을 받을까 봐 염려하는 취약한 상황에 있음을 알 수 있습니다. 어쩌면 누군가로부터 학대를 받았기 때문에 당신은 자기보호적인 방어를 유지하며 경계하고 있는지 모릅니다. 당신과 같은 프로파일을 보이는 사람들 가운데 일부는 거부적이고 적대적이며 심지어 잔혹한 양상의 부모 아래에서 성장한 경우가 있습니다. 어린 시절부터 당신은 타인과의 거리를 유지하면서 스스로를 보호하는 방법을 배웠을 수 있으며, 또한 남들이 당신에게 상처를 주기 이전에 그들에게 가혹하고 적대적인 태도를 보임으로써 자신을 보호해 왔을 수 있습니다. 현재 당신은 타인으로부터의 비판이나 비난으로 여겨질 수 있는 모든 것에 대해서 부당하고 화나고 적개심이 들고 경계적인 양상을 보일 수 있습니다. 당신은 현재 너무나 취약해서 누구를 믿어야 할지 알기 어려운 상황에 처했을 수도 있습니다. 때로는 당신이 현실을 분명하게 보고 있는지 의구심을 품고 무엇이 현실인지 혼돈감을 느낄 수 있습니다. 어쩌면 최근에 당신은 타인으로부터의 적대감을 경험했고, 지금은 극도로 경계하고 자기보호적인 행동을 보일 수 있습니다. 때로는 편집증적인 양상을 보일 수도 있습니다. 스트레스가 누적되면, 불안감을 주는 생각들과 함께 당신의 상상이 머릿속에 침투하는 것을 멈추지 못하는 경우도 있습니다. 당신은 기분을 좋게 하려고 화학 약물을 사용할 수 있지만, 이 때문에 결국 당신의 분노를 충동적으로 행동화하는 성향을 더욱 악화시킬 수 있습니다. 당신이 위협받는다고 느낄 수 있는 상황에 대해 당신의 치료자와 함께 떠올려 보고, 통제감 상실 및 혼돈감에 빠지지 않을 수 있는 방법에 대해 연습해 보기 바랍니다. 남들에게 화를 내고 논쟁을 벌이고 적대감을 표하는 방식으로 행동을 표출하는 대신에 당신의 감정을 다룰 수 있는 대안적인 방법들을 찾아보기 바랍니다. 화학 약물의 사용은 파괴적이고 충동적인 성향을 증가시키기 때문에 약물의 사용을 주의해야 합니다.

469 코드타입

496/946 코드타입을 참조할 것

47/74 코드타입

척도 4와 척도 7의 상승은 서로 모순된 양상으로 보인다. 척도 4는 반항성, 행동 표출, 공감의 부족, 권위적인 대상을 향한 분노 등을 반영하는 데 반해, 척도 7은 묵인, 타인에 대한 염려, 죄책감, 불안, 과도한 책임감 등을 반영한다. 47/74 코드타입은 다양한 방식으로 이러한 모순성을 드러낸다. 일부의 사례에서 이들은 행동 표출을 통한 충동적인 긴장 해소 이후에 뒤따르는 강렬한 책임감과 함께 극심한 불안을 경험하는 시기를 보낸다. 다른 사례에서 보면 척도 4와 척도 7의 상호작용으로 인해 삶의 다양한 영역에서 접근과 회피 사이의 만성적인 갈등을 드러낸다. 47 코드타입의 내담자가 보이는 증상은 대체로 불안 및 우울과 관련된다. 이들은 타인으로부터 재확인을 받고자 요구하지만, 척도 4와 관련된 불신으로 인해 남들의 재확인으로부터 장기간의 위안을 얻지 못한다.

이 코드타입은 주기적인 행동 표출의 문제를 시사한다. 긴장감과 불안이 형성되고 스트레스가 누적됨에 따라, 이들은 주로 자기패배적인 방식을 통해 긴장을 줄이려는 충동적인 시도를 보인다. 그 결과, 더 많은 불안과 죄책감 및 자기비난이 양산되고, 이것이 다시 긴장 완화를 위한 충동적인 행동으로 이어지는 불안의 악순환이 시작된다. 일부의 사례에서 행동 표출은 폭식을 통한 해소, 가게 절도, 폭음, 성적인 집착 등 강박적인 양상을 보이는데, 이는 죄책감 및 불안 때문에 충동적인 자아 충족을 선택해서 긴장을 줄이려는 것으로 여겨진다. 남들에게는 이러한 긴장 완화 행동들이 자기충족적이고 자기패배적인 양상으로 비춰진다. 척도 4와 척도 7의 동반상승으로 볼 때 이들은 의존을 위한 욕구와 통제를 향한 염려 사이에서 극심한 갈등을 보일 수 있다. 이들은 재확인을 받고자 강박적인 양상으로 요구할 수 있지만, 실제 재확인으로부터 거의 도움을 받지 못한다. 이들은 좌절에 대한 인내력이 낮고 장기간의 목표를 유지하지 못한다.

➲ 치료

어린 시절 이들의 양육자가 지나친 방임과 감정적 유기 사이에서 비일관적인 모습을 보였는지 탐색해 봐야 한다. 이들의 적응을 위한 반응은 재확인을 갈구하면서 동시에 그것의 거절을 예상하는 것일 수 있다. 결과적으로 이들은 자신의 보상 체계를 예상함에 있어서 신뢰가 없기 때문에 즉각적인 만족을 지연하는 데 어려움을 겪는다. 이들은 어린 시절 정서적 지지에 있어서 예측을 할 수 없었기 때문에 자신이 원하는 것을 획득하는 데 있어서 결과물을 고려하지 않는 패턴을 학습했을 수 있다.

스트레스가 되는 상황을 알아차릴 수 있도록 돕고, 자기패배적이지 않은 대처 전략을 연습할 수 있도록 치료를 진행해야 한다. 통찰지향의 치료는 불안을 알아차리고 명명하는 데 도움을 줄 수 있고, 과거 감정적 유기의 기억을 되살리는 작업은 자기위로의 대처 전략을 개발하는 데 도움을 줄 수 있다.

➲ 치료적인 피드백

당신의 프로파일을 살펴보면 당신은 현재 매우 불안하고 긴장된 시기를 겪고 있는 것으로 보입니다. 불안이나 긴장감이 쌓이면 당신은 불안을 완화하고자 충동적인 행동을 하는 경향이 있습니다. 때로는 긴장 감소를 위해 약물, 알코올, 도박, 성행동, 다른 즐거움 추구 행동 등을 따를 수 있는데, 결과적으로 이러한 선택은 자기파괴적인 양상이 될 수 있습니다. 당신이 집착할 수 있는 그런 충동적인 행동을 할 때마다 당신은 불안과 죄책감 및 후회를 경험할 수 있지만, 그렇다고 해도 그것은 당신의 행동에 잠시 동안만 영향을 미치게 됩니다. 스트레스가 누적되면 당신은 내적 갈등을 경험할 수 있는데, 당신의 충동에 따라 행동하고 싶은 생각이 한편에 있고 그렇게 행동함으로써 죄책감을 느끼게 되고 다른 사람의 사랑과 인정을 잃게 될 것이라는 생각이 다른 한편에 있습니다. 이러한 내적 갈등으로 인해 당신은 피로감을 느끼거나 심지어 우울해질 수도 있습니다. 당신은 다른 사람에게 관심을 보여서 재확인을 받고 조언을 얻을 수 있지만, 그렇게 된다고 해도 당신은 그것을 신뢰하기 어렵습니다. 당신은 일관적이지 않은 양육자와 함께 성장했을 수 있습니다. 어쩌면 당신의 부모 중 일부가 충동적으로 폭발하는 모습 또는 당신으로 하여금 버려진 느낌이 들 만큼 철수적인 모습을 보였을 수 있습니다. 때로는 부모님이 매우 애정적이고 너그러운 모습을 보여 주었을 수 있지만 당신은 어린 시절부터 부모님의 일관성을 믿기 어렵게 되었을 수 있습니다. 당신이 장기간의 목표를 위해서 만족감을 지연시키는 대신에 가능한 순간이 되면 '당신이 취할 수 있는 것을 즉각적으로 손에 넣는' 모습을 보였던 것이 이해가 됩니다. 어린 시절 예상치 못하게 감정적으로 유기되었던 경험이 있는지 탐색하는 작업을 치료자와 함께 진행하기 바랍니다. 그러한 경험과 관련된 감정을 인식함으로써 어떤 상황에서 당신이 두려움을 느끼고 긴장하게 되는지 이해할 수 있고, 충동적인 행동 표출이 아니라 건강한 방식으로 자기를 위로할 수 있는 방법을 배울 수 있습니다. 예전처럼 남에게 선택적인 보고를 하는 방식을 사용하지 말고, 당신이 신뢰할 수 있는 사람을 찾아서 그 사람에게 모든 면에서 진솔한 모습을 보이기 바랍니다. 스트레스가 될 수 있는 상황을 머릿속으로 떠올려 보고 대처 방안을 연습함으로써 충동적인 행동을 피할 수 있고 그로 인해 후회하는 일도 방지할 수 있습니다. 자기파괴적인 방식으로 자기를 위로하는 행동을 줄여야 합니다.

478 코드타입

이 프로파일은 즉각적으로 긴장감을 줄이려는 시도로서의 충동적인 행동 표출을 시사하는데, 때론 그 행동 표출이 강박적이고 이질적이며 자기패배적인 양상을 보인다. 이 프로파일의 사람들은 심각한 불안을 보이는데, 그 결과 집중이나 기억 및 전반적인 효율성에서 문제점을 보인다. 일부의 사례에서는 지남력 상실이나 현실검증력의 손상 등과 같은 정신증의 증상을 보이기도 한다. 47 코드타입에 척도 8의 상승이 추가되면 자존감에 손상을 입은 개인력과 함께 훼손된 정체감을 보일 수 있다. 47 코드타입에서 보이는 극심한 양가성은 척도 8의 특징 가운데 하나인 감정적 친밀감에 대한 두려움으로 인해 악화될 수 있다.

이 코드타입을 보이는 사람들은 성적 욕구와 공격성을 혼동할 수 있으며, 친밀감에 대한 두려움과 관련된 성적인 문제를 흔히 보인다. 중독의 행동들, 기이한 집착과 반추, 예상치 못한 행동 표출, 감정적 친밀감에 대한 두려움 등이 전형적이다. 척도 2가 65T 이상으로 상승하지 않은 경우라도 우울이나 감정적 고립감을 보일 수 있다. 어린 시절 양가적이고 예상할 수 없으며 학대적인 양육자와 함께했는지 탐색해 보아야 한다. 이러한 환경에서 적응적인 반응이라고 한다면, 예측 불가능하게 학대적인 양육자로부터 정체감에 손상을 입을 적대적인 모습을 보게 될 것을 예상하고 예측하려는 노력을 하는 것이다. 만일 학대를 피할 수 없는 경우라면 공상으로 도피해서 인지적 과부하에 이르게 되는 양상을 보일 수 있다. 이들이 자기보호적인 차원에서 감정적인 거리감을 유지하려 하는 것도 이해 가능하다.

⤵ 치료

이들은 타인을 믿지 않기 때문에 남을 속이는 경향이 있으며, 거짓말을 하지 않는다면 선택적인 보고를 할 수도 있다. 이들의 내적인 경험과 현실 사이의 경계는 스트레스 상황에서 모호해질 수 있기 때문에 현재의 문제나 스트레스의 원인을 명확하게 규명하는 것이 어렵고 혼란스러워 할 수 있다. 척도 8의 상승은 훼손된 정체감을 시사하며, 지지적이고 양육적인 치료자를 필요로 한다. 불안을 가중하는 주제에 대해서 이야기할 때 이들이 쉽게 와해될 수 있기 때문에 치료적인 구조를 확립하는 것이 중요하다. 이완 훈련, 사고중지, 인지적 재구조화 등을 통해 이들이 불안을 조절하도록 도울 수 있다. 478 코드타입의 사람이 예측할 수 없고 냉정하며 거부적인 적대감을 경험해 왔음을 고려할 때, 이들이 그것을 피하려는 것에 강박적으로 집착하는 양상 또한 적응의 측면에서 이해 가능하다. 그러나 척도 8과 관련된 인지적 와해로 인해 현실검증력의 손상을 예상할 수 있다. 이들이 인지적 혼란을 경험하는 때를 알아차릴 수 있도록 인지행동치료를 통해 도움을 줄 수 있으며, 사고중지 기법과 이완을 가르쳐 줌으로써 도움을 줄 수 있다.

⤵ 치료적인 피드백

당신의 프로파일을 살펴보면 당신은 현재 엄청난 수준의 불안을 경험하고 있습니다. 당신과 같은 프로파일을 보이는 사람들 가운데 일부는 예측 불가능하고 때로는 학대적이며 냉담하게 거부적인 부모와 함께 성장한 경우가 있습니다. 어린 시절부터 당신은 스스로를 보호하기 위해 철수해 버리는 방법을 택하거나 또는 취약한 감정을 드러내지 않으며 누구에게도 감정적으로 의지하지 않는 방법을 선택했을 수 있습니다. 당신의 프로파일은 당신이 공황과 혼란의 시기를 경험하고 있음을 시사하는데, 특히 당신이 의지하는 누군가가 당신에게 화를 내거나 거부하려 한다는 느낌을 받았을 때 그럴 수 있습니다. 스트레스가 누적되면 당신은 충동적으로 행동 표출을 보일 수 있는데, 때로는 그것이 기이하거나 자기패배적인 방식일 수 있습니다. 경우에 따라 당신은 명확히 사고하거나 결정을 내리는 데 어려움을 보일 수 있습니다. 당신의 모습은 마치 절벽의 가장자리에 내몰린 것처럼 삶을 살아가는 모습이며, 무언가 나쁜 일이 발생해서 당신이 학대나 거부를 당하거나 방치될 수 있음을 예상하며 살고 있는 것 같습니다. 당신의 치료자와 함께 스트레스 상황을 미리 떠올려 보는 작업을 하고, 힘겨운 상황에서 충동적으로 행동하지 않도록 대처방식에 대해 연습해 보기 바랍니다. 당신이 공황을 경험하는 순간이나 당신의 생각이 혼란스러워지는 때를 알아차릴 수 있는 방법을 배워야 하며, 이를 통해 그러한 순간에 충동적으로 결정하는 것을 피할 수 있습니다. 당신이 좀 더 명확하게 사고할 수 있도록 스스로를 진정시키고 자신의 불안을 누그러뜨리고 조절할 수 있는 방법을 배워야 합니다. 당신이 치료자를 더욱 신뢰할 수 있게 되었을 때, 당신의 어린 시절 부모의 학대나 방치에 의해 압도되었던 경험에 대해 치료자에게 이야기하십시오. 치료의 과정을 통해 사람들을 신뢰할 수 있는 때를 알아차릴 수 있는 방법에 대해 배운다면 당신이 마음을 열고 방어를 거두어 스스로를 남에게 의존하도록 만들 수 있습니다.

48/84 코드타입

이 코드타입은 불신과 소외 및 타인으로부터의 감정적 단절 등의 특징으로 설명될 수 있다. 이 코드타입을 지닌 사람은 뿌리 깊은 불신과 공감 부족으로 인해 감정적 애착을 형성하는 데 어려움을 보인다. F 척도도 상승했다면, 내적인 혼란을 보이고 있으며 외현적 삶은 역기능적이거나 그렇지 않으면 가까스로 유지되고 있는 양상으로 여겨진다. VRIN 척도가 상승할 수도 있는데, 정신적 혼란을 반영하고 있는 경우라면 이 척도의 상승을 항상 타당도의 문제로만 볼 필요는 없다. 대다수의 경우에 있어서 48/84 코드타입 사람들의 행동은 경계선 성격의 패턴과 닮았는데, 이들은 자기파괴적인 혹은 자기패배적인 양상으로 행동하는 경우가 꽤 빈번하다. 일부의 경우 짧고 간헐적으로 현실성의 단절을 경험할 수 있는데, 이는 남들에게 매우 독특하고 심지어 기괴한 인상을 줄 수 있다. 그리고 난 후 이들은 흔히 빠르게 원상태로 돌아오는데, 아마도 그렇게 만든 스트레스가 사라지거나 해결되었기 때문일 수 있다. 다른 경우에는 좀 더 지속적인 정신증 징후가 보일 수 있는데, 여기에는 환각, 망상적인 사고, 공격성, 이전에 정신과에 입원했을 높은 가능성 등이 해당된다. 이들은 흔히 매우 충동적이고 예측 불가능하며 혼돈된 삶을 산다. 심지어 척도 2가 상승하지 않은 경우라도 이들은 쾌감 상실, 수면장해, 무망감, 패배감, 자살사고 등을 경험할 수 있다. 이들은 또한 매우 짜증스러워하거나 좌절을 잘 견디지 못하는데, 좌절을 경험하면 대놓고 적개심을 보이거나 화를 낸다. 남들은 이 사람들에 대해 미숙하다고 묘사하며, 이들의 행동은 종종 이상하고 독특하며 자기패배적인 양상으로 보인다. 만성적으로 형편없는 판단력으로 인해 흔히 최저 수준의 사회적 적응을 보인다. 비록 다른 소외된 사람에게 짧은 기간 동안만 관심을 받을 수 있는 드문 관점의 신념이 일부에 의해 옹호받을 수는 있겠지만, 이들은 감정적으로 동떨어진 사람으로 여겨진다. 다른 사람들은 이들에 대해 예측 불가하며 기분 변화가 심하고 사고와 행동에서 독특한 모습을 보인다고 묘사한다. 이들의 대인관계는 문제가 많은데, 왜냐하면 이들의 화가 많은 양상과 특정한 사건에 함께 어울리지 못하는 무쾌감의 정서로 인해 같이 지내기 어렵기 때문이다. 이들의 학업 및 직업적 측면은 수행이 저조하거나 경계선 수준의 수행을 보이는 데, 책임감과 관련된 심각한 실수를 동반한다. 48 코드타입의 사람들은 성적인 학대를 당한 과거력을 많이 보고하는 편이다.

48/84 코드타입의 사람 중 일부는 사회적으로 고립되거나 방랑하는 모습을 보이는 데 반해 다른 일부는 반사회적이거나 범죄적 행위에 연루되는 양상을 보인다. 이들이 범죄를 저지르면, 무분별하고 잔혹하고 우발적이며 성과 관련되거나 또는 살인과 관련된 경우를 포함할 수 있다. 이 코드타입의 사람들은 자신과 마찬가지로 최저 수준의 적응을 보이는 사람과 어울리는 경우가 흔하다. 이들은 흔히 자신에게 거부적인 태도를 보이는 부모 아래에서 자란 경우가 많고, 결과적으로 일찍이 자신의 아이를 갖고 그 아이에게 양가적인 애착을 형성하곤 한다. 48/84 코드타입의 사람들은 낮은 자존감을 갖고 있고, 따라서 학대받을 수 있는 취약성을 보인다. 이들은 성적으로 매우 적극적일 수 있지만 감정적으로 친밀해지는 것에 대한 두려움을 갖고 있다.

이 코드타입을 보이며 교육수준이 높고 머리가 비상한 사람이라면, 경계선 수준의 사회적 적응을 보이는 대신에 혼돈된 대인관계 양상, 심각하게 손상된 자존감, 만연된 불안의 시기, 타인에게 감정적 거리를 유지하는 경향성, 현실검증력의 간헐적인 손상 등을 보일 수 있는데, 타인의 동기를 오해하고 편집증적인 사고를 보이는 경우가 존재한다. 이들은 또한 신뢰와 친밀감에 있어서 어려움을 경험할 수 있는데, 이는 결혼생활 문제나 공감의 부족 및 성적 행동 표출 등으로 드러날 수 있다.

48 코드타입의 사람들은 일반적으로 즐거움을 느끼지 못하고 타인으로부터 소외되며 충동적이고 분노하는 양상을 보일 수 있기 때문에, 자살위협이 있다면 심각하게 다루어져야 한다. 화학 약물의 중독도 이 코드타입과 관련된다.

청소년의 경우 이 코드타입은 상당히 흔한데, 그것은 정체감 손상의 경험 이후에 수반되는 일시적인 적응장애를 반영하는 경우일 수 있다. 그러나 다른 청소년의 경우 이 코드타입은 초기 정신증 상태를 반영할 수도 있다. 이러한 청소년의 경우 그러한 성인과 마찬가지로 화가 많고, 잘 믿지 않으며, 불행해하고, 사고에서의 문제를 드러내고, 대인관계 문제를 보이며, 충동적이고 반항적일 수 있다. 이들은 타인과 거리를 유지하고 일부의 경우 일탈된 모습을 보여서 타인에게 무섭게 보이거나 심지어 혐오감을 줄 수도 있다. 일반적으로 이러한 청소년들은 학업적으로 낮은 성취를 보이며, 비록 이들의 일부 범죄는 물질남용으로 취급될 수 있지만 범죄에 연루되는 경우도 존재한다. 거식증, 과잉행동, 야뇨증 및 유분증의 병력 등이 존재할 수 있다.

⮑ 치료

이들은 지장을 초래할 수 있고, 혼란스러우며, 학대받고, 정체감 손상과 관련된 어린 시절을 경험한 경우가 많다. 이들의 원가족 내에서 만성적인 가족 갈등, 성적 학대, 알코올중독, 학대적인 방치 등이 존재하는지 탐색해 보아야 한다. 흔히 이들은 가족 내의 '골칫덩어리'로 낙인찍히기 때문에 특별히 가혹하게 다루어지도록 분류되곤 한다. 이 프로파일은 이러한 정체감의 손상을 반영하고 있다. 주변의 적대감으로부터 살아남기 위해서 48/84 코드타입의 사람들은 타인을 신뢰할 수 없고 거부적이고 적대적이며 위험한 대상으로 간주할 수 있고, 그로 인해 지속적으로 불신의 태도와 더불어 수동적이고 적대적으로 철수된 감정을 유지하는 것일 수 있다. 많은 경우 타인으로부터 거리를 유지하며 방어적인 반응을 보이고, 자신을 좌절시키거나 거부하는 사람을 맹렬히 비난하는 모습을 보일 수 있다. 이들은 치료자를 믿지 않고 치료에서 흔히 회피적인 양상을 보이기 때문에 치료적인 동맹관계를 형성하기 어렵다. 이들은 치료자를 '신뢰성 테스트'로 몰아세우고 만일 치료자가 이를 통과하면 치료적 관계를 맺을 수 있다. 신뢰감을 촉진하기 위해서는 지속적인 관점에서 전이를 다루는 것이 중요할 수 있다. 이들은 스스로를 보호하기 위한 목적으로 거짓말을 하는 모습을 보일 수 있는데, 이는 신뢰롭지 못하고 거부적이었던 이들 보호자와의 경험을 반영하는 것일 수 있다.

통찰지향의 치료는 이들에게 혼란스러운 경험이 되곤 한다. 어린 시절 학대받고 방치되었던 이들의 경험에 대한 공감적인 이해를 제공하면서 재양육적이고 지지적인 치료를 진행하면 효과적일 수 있다. 최저 수준의 사회적 적응에서 벗어날 수 있도록 실용적인 삶의 기술을 훈련하도록 돕거나 기본적인 대처 방략을 기를 수 있도록 도움을 주는 것이 가장 유용할 수 있다. 비록 이들이 치료자를 잘 믿지 못해서 약물 요법에 동의를 할지는 의문이지만, 향정신성 약물치료는 적절한 선택이 될 수 있다.

⮑ 치료적인 피드백

당신의 프로파일을 살펴보면 당신은 현재 정서적으로 공허하고, 화가 나 있고, 슬픔을 느끼며, 타인을 잘 믿지 않는 것으로 여겨집니다. 당신은 남들과 정서적으로 친밀해지기 어렵고, 스스로 취약성을 드러내어도 남들이 자신을 해치지 않을 것이라고 신뢰하기 어렵습니다. 세상에 대한 당신의 관점에 따르면 사람들은 서로를 착취하고 이용하려 하는 적대적인 모습을 보이기 때문에, 당신은 결국 사람들과 거리를 유지하면서 당신이 옷을 입고 행동하는 독특한 방식을 통해 그들에게 좀 더 떨어지라는 경고를 주는지도 모릅니다. 몸에 피어싱이나 문신을 하는 것이 남들에게 자신이 존중받고 두려워할 만한 사람임을 알려 주려는 것일 수도 있습니다. 만일 남들이 무례하고 위협적이며 당신을 이용하려 한다는 생각을 갖게 되면 당신은 매우 적대적인 모습을 보일 수 있습니다. 당신과 같은 프로파일을 보이는 사람들 가운데 일부는 눈에 띄게 반항적이거나 겁을 주는 방식으로 옷을 입는 등의 행동을 보이지 않습니다. 그 대신 차갑고 동떨어진 방식으로 남을 대하고, 남을 착취하려는 모습을 보임으로써 정서적 거리감을 유지할 수 있습니다.

당신의 부모님은 차갑고 정서적으로 가깝지 않으며 심지어는 학대적인 모습을 보였을 수도 있는데, 그로 인해 당신은 어린 시절부터 스스로를 보호하기 위해 철수된 양상을 유지했을 수 있습니다. 사랑받지 못하고 환영받지 못한다는 느낌 속에서 당신은 상처받지 않기 위해 남들을 속이거나 정서적으로 무감각해짐으로써 살아남는 방법을 터득했을 수 있습니다. 당신의 부모님이 당신의 욕구를 충족해 줄 것을 신뢰할 수 없었음을 생각해 보면 현재 당신이 모든 권위적인 대상에게 회의감을 품는 것이 이해됩니다.

당신의 프로파일은 당신이 긴 시간 동안 공허감, 외로움, 타인과의 단절감 등을 경험했음을 알려 줍니다. 당신은 때론 편집중적인 생각을 갖곤 하는데, 마치 남들이 가면을 쓰고 그들이 실제 느끼는 것을 위장하고 있는 것처럼 느낄 수 있습니다. 당신과 같은 프로파일을 보이는 사람들 가운데 일부는 공격성과 성적 흥미를 혼동하는데, 기분 좋고 다정한 순간에 대해 불편하거나 심지어 짜증스러운 것으로 느낄 수 있습니다. 당신은 자신의 공허감과 분노의 감정을 약물이나 알코올로써 다스리려 할 수 있는데, 그 영향으로 인해 당신은 자신을 돌보아 주는 사람들에게까지 더욱 불안정하고 못되게 굴 수 있습니다.

어린 시절에 거절당하고 외롭게 느꼈던 순간이 있는지 당신의 치료자와 함께 탐색해 보기 바랍니다. 자존감을 향상시키는 방법으로서 거부되고 버려진 느낌을 받았던 어린 시절의 자신에게 공감할 수 있도록 노력하십시오. 특별히 분노의 감정을 느끼거나 편집중적인 생각을 경험하는 때에는 약물과 알코올을 멀리해야 합니다. 당신 삶의 긍정적인 것들로 주의를 전환시킴으로써 당신의 음울하고 부정적인 기분을 다룰 수 있도록 인지행동치료를 통해서 도움을 받을 수 있습니다. 당신이 다정하고 사랑스러운 순간을 경험할 때 남들을 멀리 쫓아 버리는 것을 피하십시오. 당신이 정서적인 연결감을 느끼는 순간들을 기꺼이 경험하게 되면, 이를 통해 당신의 공허하고 슬픈 감정들을 경감시키는 데 도움을 받을 수 있습니다. 또한 음울하고 편집중적인 감정의 날카로움을 누그러뜨리기 위해서 약물 처방이 도움이 될 수 있습니다.

48/84, 높은 F, 낮은 2 코드타입

48/84 코드타입의 특징에 더해서 척도 2가 낮으면, 이 코드타입의 소원하고 동떨어진 것 같은 느낌은 자아동조적인 양상을 보이게 된다. 이 코드타입의 사람들은 타인을 물건처럼 취급하는 경향이 있고 자주 공격적이며 통제적인 모습을 보이는데, 만일 어떤 방식으로든 자신이 학대를 받았다고 느끼게 되면 바로 보복하거나 공격할 수 있다. 평균 이상의 지능을 가진 경우라면 자기중심적으로 거짓말을 하는 모습을 보일 수 있다. 일부의 경우 우울을 호소할 수 있지만, 이들의 감정경험은 실존적인 공허감에 더욱 가까우며 우울 대신에 불신이나 소외감을 드러내게 된다. 이들은 성적인 문제를 보일 수 있는데, 주로 공격성과 성적 감정을 혼동하고 타인에 대해 매우 착취적인 모습을 보일 수도 있다. 이러한 패턴을 보이는 사람들 중 일부는 반사회성 성격장애를 진단받을 수 있다. 만일 척도 7 또한 낮다면 불안감의 부족으로 인해 반사회성 성격장애나 사회화되지 않은 공격성을 보일 확률이 더욱 높아진다.

⊃ 치료
48/84 코드타입의 치료 부분을 참조할 것

⊃ 치료적인 피드백
당신의 프로파일을 살펴보면 당신은 현재 심각한 외로움과 타인으로부터의 단절감을 경험하는 것으로 보입니다. 당신과 같은 프로파일을 보이는 사람들은 흔히 어린 시절에 거부적이거나 심지어 학대적인 부모를 경험한 바 있습니다. 어린 시절부터 당신은 자신의 공상 세계로 철수해서 취약한 감정을 느끼지 않도록 스스로를 보호하는 방법을 습득했을 수 있습니다. 현재 당신이 남들을 신뢰하기 어려워하고, 당신의 보호막을 거두어 남들이 당신에게 다가오는 것을 허용하는 것이 힘들다는 점은 충분히 이해가 됩니다. 일부의 사례에서 당신과 같은 프로파일의 사람들이 신체적이거나 성적인 학대를 경험해서 분노를 느끼고 타인을 믿지 못하는 경우가 존재합니다. 이러한 사례들의 경우 어린 시절의 학대로 인해 성적인 감각과 공격성 사이에서 혼동감을 느끼게 될 수 있습니다. 또 다른 사례에서는 성적인 공격성 자체가 어린 시절의 학대경험에서 느낀 것과 비슷할 수도 있습니다.

스트레스를 받게 되면 당신은 공격적이거나 소스라치게 놀랄 만한 생각들에 사로잡힐 수 있고, 당신의 사고는 혼란스러워질 수 있습니다. 스트레스가 누적되면 당신은 충동적으로 행동할 수 있는데, 남들은 당신의 행동에 대해 불안감을 주고 독특하며 기괴한 것으로 여길 수 있습니다. 어린 시절 방치되거나 학대받았던 경험으로 인해 당신은 스스로를 사랑하는 데 어려움을 느끼고, 그로 인해 전형적인 삶을 사는 사람들과 함께하기보다는 비전형적 또는 그 경계선의 삶을 사는 사람들과 어울리는 것이 편하다고 느낄 수 있습니다. 당신이 느끼는 감정을 알아차릴 수 있는 방법을 배울 수 있도록 당신의 치료자와 함께 작업해야 하는데, 자신의 감정을 알아차릴 수 있어야 남에게 자신의 감정을 표현할 수 있고 철수해 버리거나 행동을 표출하는 양상을 피할 수 있기 때문입니다. 다른 사람들이 느끼는 감정을 인지하는 방법도 배워야 하는데, 그럼으로써 당신은 남들에게 공감적으로 반응할 수 있습니다. 아마도 당신을 보호하려는 의도에서 당신은 자신의 감정에 무감각한 모습을 보일 수 있으며, 따라서 남들은 당신에 대해 차갑고 냉담하며 무정한 사람이라고 볼 수 있습니다. 당신의 내적 공허감을 다루기 위한 방법으로 화학 약물을 사용하지 마십시오. 실제로는 약물이나 알코올 때문에 당신의 충동적이거나 폭력적이며 불법적인 행동의 성향이 증대될 수 있습니다. 상처받고 방치되고 소외된 아이였던 스스로에 대해 공감할 수 있도록 당신의 치료자와 함께 작업하기 바랍니다.

482/842/824 코드타입

이 코드타입의 주요한 특징은 불신과 소외감이며, 패배감이 동반된 우울, 불안, 긴장감, 집중 및 기억의 문제, 과민함 등을 포함하고 있다. 이 코드타입은 48/84 코드타입의 특징과 많이 닮아 있으나, 최근의 어떤 상실이나 차질로 인해 우울이 추가된 모습이다. 48/84 코드타입과 마찬가지로 이 코드타입의 사람들도 친밀감을 형성하는 데 어려움을 보이고 남들로부터 자신만의 안전거리를 유지한다. 이들은 타인으로부터 상당한 신의를 얻고 재확인을 받고자 갈구하지만 실제로 그것을 얻게 되더라도 믿지 않기 때문에 그것은 이들에게 어떠한 효과도 주지 못한다. 이 코드타입의 사람들은 기분 변화가 매우 심하고, 별것 아닌 모욕에 대해서도 쉽사리 화를 내고 짜증을 내며 논쟁적인 태도를 보일 수 있다.

48/84 코드타입의 사람들과 마찬가지로 이들의 기분 변화는 두드러진 자극이나 심각한 스트레스가 없음에도 흔히 폭발하듯 나타나는데, 다른 사람들에 의해 부적절하고 이상하다고 여겨질 수 있다. 이들은 현실검증력의 실패를 보이기도 한다. 편집증적인 생각이 고정적이고 논리적이라기보다는 산만하고 혼란된 양상을 보인다. 스트레스를 받으면 이들은 행동 표출을 보일 수 있는데, 타인을 향해 공격을 가하거나 혹은 자기파괴적으로 철수하는 양상일 수 있다. 이들은 자신에게 부과된 모든 요구사항에 대해 대단히 예민하며, 종종 분개하고 격렬한 양상을 보이고 희망이 없음을 느낄 수 있다.

이들은 낮은 자존감과 분노를 경험하는데 이것이 내부로 향하거나 외부를 향해 나타날 수 있고, 감정과 결부된 상황들 속에서 불안을 경험하기도 한다. 때때로 타인을 향한 이들의 반응은 특이하거나 기괴하게 보일 수 있다. 이들은 예상치 못하게 난폭할 수 있고, 자기보호를 위해 분노를 드러낼 수도 있다. 이 프로파일은 심각한 결혼생활 부적응과 관련될 수 있다. 이들은 성과 관련된 내적 갈등을 겪고 있으며, 조율되고 적응적인 방식으로 감정을 표현하는 데 어려움을 보인다. 자기파괴적이거나 무모한 행동을 흔히 보일 수 있으며, 자살시도 역시 그러하다.

⤷ 치료

48/84 코드타입의 치료 부분을 참조할 것. 48/84 코드타입과 마찬가지로 이들은 재앙적인 어린 시절을 경험한 경우가 종종 있다. 어린 시절 부모의 거부적인 행동이나 지배적인 양상이 흔하고, 애정적인 보호자를 보고하는 경우는 거의 없다. 사생아로 출생한 경우인지 살펴보고, 유년기에 무단결석 등으로 학교생활이나 교육에서 지장을 받는 등 행동 문제를 보인 경험이 있는지 탐색해 보아야 한다. 이 프로파일은 '원치 않는 임신으로 태어난' 아이의 모습을 반영하는 프로파일로서 이해될 수도 있다.

통찰지향의 치료는 심리적으로 혼돈스럽게 만들 수 있으므로 지지적인 치료가 권유된다. 내담자로 하여금 기본적인 삶의 기술을 다룰 수 있도록 돕기 위해서 구조화된 삶의 기술 훈련을 진행하는 것이 추천될 수 있다. 변증법적 행동치료를 활용해서 이들로 하여금 자신의 감정을 인식하고 명명해서 효과적인 방식으로 표현할 수 있도록 돕는 것이 유용할 수 있다. 이들이 대인관계에서의 친밀감을 다룰 수 있도록 돕기 위해서 공감과 관련된 교육을 하는 것도 중요하다. 이들은 치료자로부터의 거부를 예상하고 신뢰성 테스트로 치료자를 몰아세울 수도 있는데, 아마도 이는 무의식적으로 자신의 양육자로부터 경험했던 어린 시절의 거절을 재현하고 수정하려는 의도일 수 있다. 치료 예후는 일반화해서 예측하기 어렵다. 차분하게 만들어 주는 항우울제의 선택은 유용할 수 있다. 자살의 지표는 위험한 양상일 수 있고, 반드시 주의 깊게 관찰되어야 한다. 때때로 이들은 치료가 효과를 거두기 시작하는 시점에 더욱 자기파괴적인 모습을 보일 수 있다.

⤷ 치료적인 피드백

당신의 프로파일을 살펴보면 당신은 현재 매우 우울하고 슬프며 난관에 빠진 양상을 보입니다. 당신은 남들이 당신에게 상처를 입히고 실망시킬 것이라고 느끼기 때문에, 현재 당신이 경계를 거두고 남들을 신뢰하는 것은 쉽지 않은 일입니다. 당신과 같은 프로파일을 보이는 사람들 중 일부는 냉담하거나 거부적이고 심지어 학대적인 부모 아래에서 자란 경우가 있습니다. 어린 시절부터 당신은 관계에서 철수해야 할 필요가 있고, 자신의 취약함을 남들에게 드러내면 안 되고, 유기되는 감정으로부터 자신을 보호해야 한다고 배웠을 수 있습니다. 남들이 당신에게 상처를 주기 전에 남들을 밀쳐 내고 거절을 피하기 위해 철수해 버리는 자신의 모습을 당신은 이미 알고 있는지 모릅니다. 만일 당신이 부모의 방임이나 학대를 경험했다면 당신은 남들이 당신을 이용하고 착취하려 한다고 예상하고 끊임없이 경계할 수 있습니다. 누군가 당신에게 무언가 요구한다면 당신은 쉽사리 분노할 수 있고, 당신이 누군가를 신뢰하기 이전에 그 사람은 상당한 수준의 신의와 지지를 당신에게 보여야 한다고 생각합니다. 남들이 당신을 어떤 방식으로든 실망시키면 당신은 그들을 밀어내 버리거나 처벌하며, 당신이 그들에게 다시 기회를 주기는 어렵습니다. 스트레스를 경험하는 시기에 당신은 매우 낙담한 모습이며, 심지어는 더 이상 살 가치가 없다고 느낄 수도 있습니다. 스트레스를 받게 되면 당신은 안전하다고 느끼기 어렵게 됩니다. 당신은 남들이 자신을 어떻게 대하는지, 남들이 당신을 비판하거나 비난하지는 않는지, 상처를 주려고 하는 것은 아닌지에 대한 생각에 사로잡힙니다. 이러한 스트레스의 시기에 당신은 혼돈스럽게 느낄 수 있으며, 당신이 세상을 분명하게 지각하고 있는지 알기 어렵습니다. 이런 시기에 당신은 다른 사람에게 혹은 자신에게 맹렬한 비난을 쏟아 낼 수 있습니다. 당신이 덜 불안해할 수 있도록 그리고 고통스럽고 슬픈 감정의 일부를 떨쳐 낼 수 있도록 당신의 치료자가 약물 처방을 제안할 수 있습니다. 당신에 대한 남들의 생각과 남들의 감정을 이해할 수 있도록 당신의 치료자와 함께 작업하기 바랍니다. 어린 시절부터 당신은 스스로를 보호하기 위해 무감각해지는 방법을 사용했기 때문에, 다른 사람의 감정을 '읽고' 그들이 느끼는 것을 알아차리는 데 어려움이 있을 수 있습니다. 당신이 차단해 버리도록 학습한 감정들의 일부를 알아차릴 수 있는 방법을 찾아보고 치료 속에서 당신의 감정을 이야기하십시오. 인지행동치료, 이완 훈련, 자기 자신에 대해 공감하는 방법 등이 도움을 줄 수 있습니다.

486/846 코드타입

48/84 코드타입의 특징에 부가해서 척도 6을 고려할 때, 편집증이나 현실검증력 손상의 가능성을 시사할 수 있다. 이 코드타입의 사람들은 의심이 많고, 감정 기복이 심하며, 위협을 느끼면 폭력적이거나 앙심을 품을 수 있다. 공격 수단에 집착을 보이거나 자기방어적인 편집증에 몰두하는 양상을 보일 수 있다(68/86 코드타입을 참조할 것).

489/849 코드타입

84/48 코드타입의 특징을 기본으로 하며, 척도 9의 상승으로 인해 활력과 충동성 및 급작스러운 자기고양감이 추가될 수 있다. 사회화되지 않은 양상의 공격적이고 잔혹한 방식으로 행동 표출을 할 가능성이 높다. 이 코드타입은 행동적인 부산함을 보일 수 있고, 급작스럽게 공격적이고 폭력적인 행동을 보일 가능성이 있다.

이 코드타입의 사람들은 상당한 카리스마를 지니고 있고 첫인상에서 매력적일 수 있지만, 또한 허황되고 기만적이며 감정적으로 불안정할 수 있다. Charles Manson은 489 코드타입 성격의 좋은 예가 될 수 있다. 그는 1960년대에 로스앤젤레스 사교 모임을 대상으로 인종 전쟁을 도모하기 위해 일련의 상류층 추종자를 설득해서 마약에 취한 채 살인 행각을 벌이도록 이끌었다. 이 코드타입의 사람들은 자신의 카리스마로 인해 피상적으로는 활기차고 진취적인 모습으로 비춰지곤 한다. 예를 들어, 지옥의 천사들(Hell's Angel) 같은 갱단의 멤버 등은 489/849 코드타입의 전형적인 양상에 들어맞을 수 있다. 이들은 약한 자를 이용해 먹고 가학적이며 무시무시한 모습을 보일 수 있다. 이들은 통제받는 것에 저항하고, 공감이 부족하며, 쉽사리 무자비하거나 냉혹하게 폭력적인 양상을 보일 수 있다. 이들은 자신의 소외된 양상을 반영하여 흔히 독특하고 기괴하게 옷을 입는데, 이는 공포나 혐오를 통해 타인과 감정적이고 물리적인 거리를 유지하려는 의도일 수 있으며 그럼에도 불구하고 자신에게 주의를 집중시키려는 것을 의미한다. 흔히 이들은 언어적이고 신체적인 공격과 관련된 과거력을 보인다. 알코올 문제 및 약물 사용이 일반적이며, 사회화되지 못하고 질 낮은 사고와 행동을 보일 가능성이 높다. 만일 척도 0이 낮다면 489 코드타입은 카리스마 넘치는 리더가 되기도 하는데, 이들의 충동성과 기괴한 사고로 인해 결국 자기파괴적인 모습을 보이게 된다.

이들은 비판 혹은 자신의 자존감에 대한 위협에 예민한 모습을 보인다. 만일 K 척도가 낮다면 이들은 그 위협에 대해 폭력적인 반응을 보일 수 있다. 만일 K 척도가 상승해 있다면 이들의 분노에 가득 찬 복수심은 교묘하게 조직화되어 숨어 있거나 앙심을 품고 있는 경우일 수 있다. 성적인 감정과 공격성이 혼재된 경향을 보이며, 이들은 종종 가학피학성 성도착을 보이거나 인간이 아닌 대상과의 성관계 도착을 보이기도 한다. 이들은 흔히 난잡한 성관계 양상을 보인다.

불신은 이 프로파일의 주요한 특징이다. 이들은 감정적 친밀감을 두려워하고 공감을 하지 못한다. 투사, 합리화, 외현화, 행동 표출 등이 대표적인 방어기제이다. 타인과 거리를 유지하면서도 많은 문신과 피어싱 그리고 휘황찬란하게 기괴한 옷차림을 통해 자신에게 주의를 끌도록 한다. 지능이 뛰어나거나 교육수준이 높은 경우일지라도 이들은 자신의 형편없는 판단과 충동적인 행동으로 인해 저조하고 기복이 심한 수행을 보이게 된다.

⊃ 치료

어린 시절의 개인력을 탐색해 보면 흔히 폭력적이고 거부적이며 학대적인 양육을 발견하게 된다. 이들은 대개 가족 내에서 '골칫덩어리'로 낙인찍힌다. 적응을 위한 반응으로서 이들은 '잃을 게 없다는' 마음으로 권위에 저항하기 위해 대담한 반항을 보였을 수 있다. 이들은 대립을 일삼고 논쟁적이며 공감하지 못하기 때문에 치료자에게 매우 위협적인 모습으로 보일 수 있다. 이들은 법적 또는 대인관계 문제로 인해서 치료가 필수적인 상황이 아니고서는 거의 도움을 청하지 않는다. 어린 시절 의지할 대상이 없었기에 이들이 현재 분노를 동반한 독립적인 모습을 보일 수 있음을 알려 주고 스스로에게 공감할 수 있도록 유도한다면 유용한 도움을 줄 수 있다. 이들에 대한 묘사를 전달할 때, 적응을 위해서 분노와 함께 살아남는 방법을 습득한 사람으로서 매우 열정적이고 카리스마를 지닌 모습으로 묘사해 주는 것이 좋다. 에너지 수준의 급격한 증가로 인해 충동적이고 자기패배적인 행동에 이르는 과정을 스스로 이해할 수 있도록 도와주어야 한다. 인지행동적 기술을 통해 이들이 강렬하고 고양되고 혼란스러운 에너지의 감정을 알아차릴 수 있도록 가르쳐 주어야 하며, 에너지의 급격한 증가에 대한 반응으로서 행동으로 옮기는 것이 아니라 스스로 차분해질 수 있는 방법을 연습시켜야 한다. 일단 치료적 관계에서 신뢰가 형성된 경우라면 치료 과정 중에 발생하는 전이와 역전이를 다루어 주어야 하며, 어떻게 이들이 무서운 존재가 될 수 있는지 설명해 주고, 남들에게 굴욕을 주는 이들의 행동이 장기적인 관점에서 이들 자신에게 얼마나 부정적인 결과를 가져올 수 있는지 함께 탐색해 보아야 한다. 이들은 남들의 요구에 예민한 모습을 보이는데, 이러한 '중요한 문제점'이 거부적이고 권위적인 양육자와의 어린 시절 경험을 통해 어떻게 형성되었는지 함께 살펴보아야 한다. 이들은 자신의 감정을 조율하는 데 문제가 있기 때문에 만일 극히 격앙된 상황에서 '스스로를 진정시키는' 방법을 익혀 두지 않은 경우라면 분노를 분출하는 기술을 가르쳐 주는 것은 위험할 수 있다. 자존감 향상 훈련이 도움이 될 수 있고, 또한 치료자가 '좋은 부모'의 역할을 담당하면서 일종의 재양육적 치료를 제한된 설정하에서 진행한다면 도움이 될 수 있다. 일단 치료적 관계가 형성된 경우라면, 변증법적 행동치료를 통해 이들이 자신의 감정을 인식하고 표현하도록 도움을 줄 수 있다.

⤷ 치료적인 피드백

당신의 프로파일을 살펴보면 당신은 활력 있고 카리스마를 지니고 있으며 자극을 추구하는 모험적인 성향의 사람입니다. 사람들은 아마도 당신에 대해 '돌발적인 측면'을 지닌 사람으로 볼 수 있습니다. 당신은 권위에 도전하는 것을 두려워하지 않으며, 통제받는 것을 매우 싫어하고, 다양한 측면에서의 저항을 즐깁니다. 당신의 프로파일은 또한 당신이 급한 성미를 지니고 있으며, 심지어 우호적이고 즐거운 상황이더라도 남이 당신을 반대하거나 방해하면 쉽게 짜증을 내고 화를 내며 위험한 양상을 보일 수도 있음을 시사합니다. 당신과 같은 프로파일을 보이는 사람들 중 일부는 학대적이고 거부적이며 신뢰할 수 없는 부모와 성장한 과거력을 보입니다. 어쩌면 어린 시절부터 당신은 자신을 보호하기 위해 권위에 반항하거나 때론 위협적인 모습을 보였는지 모릅니다. 어린 나이부터 당신은 자신의 취약한 부분을 드러내지 않도록 배웠거나 또는 다른 사람들이 친밀하게 다가오는 것을 허용하지 않도록 배웠을 수 있습니다. 당신 스스로를 감정적으로 무감각하게 만드는 것이 상처받는 것으로부터 당신을 보호해 주었을지 모르지만, 그것은 또한 당신이 남의 감정을 느끼는 능력과 남들에게 공감하는 능력을 '차단해 버렸음'을 의미할 수도 있습니다. 누군가 당신의 감정을 상하게 하거나 무례하게 대할 때 당신은 앙심을 품고 적대적일 수 있고, 잔혹한 태도를 보일 수도 있으며, 그 사람이 당신을 대한 것과 같은 방식으로 대할 수도 있습니다. 들뜬 상태가 되면 당신의 감정이 당신을 압도하게 되고, 당신은 충동적이거나 기괴한 일을 벌일 수도 있습니다. 당신은 상처받는 것에 대항해서 스스로를 보호하는 방식을 사용해 왔기 때문에 남들의 약점을 이용할 수도 있고, 당신의 욕구를 채우기 위해 남들을 속일 수도 있습니다. 당신은 세상에 대해 '서로 잡아먹고 잡아먹히는' 곳이라고 생각하며 당신이 올라서지 않으면 이용당할 것이라고 믿기 때문에 남들을 이용하거나 속이는 것을 어렵게 생각하지 않습니다. 당신과 같은 프로파일을 보이는 사람들은 흥분을 느끼기 위해 흔히 화학 약물을 사용합니다. 그러나 화학 약물의 영향을 받게 되면 당신은 위험하고 충동적이며 심지어 폭력적인 일을 벌일 수도 있습니다. 당신이 보유한 높은 수준의 에너지와 충동적인 성향을 다룰 수 있는 방법을 배울 수 있도록 당신의 치료자와 함께 작업하십시오. 들뜬 기분을 경험하게 될 때 어떤 상황에서 아드레날린이 솟구치는지 알아차릴 수 있는 방법을 배우고, 충동적으로 행동을 표출하지 않도록 스스로를 진정시키는 방법을 찾아야 합니다. 남들이 어떤 감정을 느끼는지 알 수 있도록 치료자와 함께 작업하여 남들에 대한 공감을 형성할 수 있어야 합니다. 어린 시절 당신이 학대당한다고 느꼈던 경험이 있는지 또는 스스로를 보호하기 위해 맹렬히 공격해야 한다고 느꼈던 경험이 있는지 당신의 치료자와 함께 탐색해 보기 바랍니다.

49/94 코드타입

이것은 흔한 코드타입이며, 49 코드타입의 사람들이 모두 비슷하지는 않지만 이들은 많은 공통된 특징을 갖고 있다. 범죄자, 경찰관, 전투기 조종사, 모험적인 투자가, 반사회성 성격장애자 등의 경우에 자주 보고되는 코드타입이다. 이 코드타입을 보이는 사람들은 권위에 도전하는 모습을 보이고, 신뢰와 감정적 친밀감 및 오랜 기간 헌신해야 하는 인내에 있어서 어려움을 보인다. 이 프로파일은 리얼리티 TV 프로그램의 지원자(자극추구 성향자)에게서 가장 흔하게 보고된다. 49/94 코드타입의 사람들은 자기애적이고, 카리스마를 지니고 있고, 남을 잘 속이고, 정력지향적이며, 힘과 통제의 관점에서 대인관계를 평가한다. 이들은 자극을 추구하고, 제멋대로 행동하며, 제한과 규칙 및 통제를 증오한다. 이들은 물질남용에 취약하다. 이들은 자신의 목표와 욕구에 매우 몰두하며, 만일 좌절을 겪게 되면 쉽게 짜증과 화를 낸다. 이들은 자신의 행동을 합리화하고, 일이 잘못되면 비난을 드러내며, 형편없는 양심을 지닐 수 있다. 많은 경우 상당히 매력적이고 사회적 기술이 발달되어 있다. 특히 척도 7이 낮은 경우 불안수준이 낮기 때문에 훌륭한 첫인상을 심어 줄 수 있고, 사회적인 통찰력이 뛰어나며, 이러한 기술들로 남을 속일 수 있다. 이들은 세심한 주의력이 부족하고 사람을 속이는 측면이 있으므로 이런 문제가 드러날 때까지만 성공적인 모습을 유지할 수 있다. 교육을 잘 받지 못하고 사회경제적 수준이 낮은 49/94 코드타입의 사람들은 싸움, 결혼 및 가정에서의 불화, 낮은 성취를 경험한다. 지능이 높고 교육을 많이 받은 49/94 코드타입의 사람들은 외견상으로 보이는 침착성과 사회적 능력으로부터 이득을 얻을 수 있고, 많은 경우 권위와 권력을 갖춘 지위에 빠른 속도로 오를 수 있다. 이들의 일부는 비록 노골적으로 반사회적인 방식의 행동 표출을 보이지는 않지만 그럼에도 불구하고 규칙을 변용하고, 새로운 예외적인 경우를 만들어 내며, 때로는 참담할 정도로 형편없는 결정을 내리기도 한다. 2008년의 경제공황은 적어도 부분적으로는 교육수준이 높은 49/94 코드타입의 전형적인 모습을 보여 주는 많은 수의 경제 전문가에 의해 가속화되었을 가능성이 있다.

이 코드타입을 보이는 청소년의 경우 좌절에 대한 인내력이 낮고, 자신의 양육자와 갈등을 경험하며, 저학년 시기에는 종종 성공적인 학교생활을 보이지만 고학년으로 올라갈수록 학교생활에서 문제를 보이게 된다. 49/94 코드타입의 성인과 마찬가지로 이들 청소년도 충동적이고 무모하고 도발적이며, 결과적으로는 권위적인 대상과 문제를 겪게 된다. 청소년이든 성인이든 약물과 과도한 알코올 사용이 흔하며 이는 상승된 MAC-R 척도로 드러날 수 있다.

만일 K 척도가 65T 이상이라면 반사회적 행동의 가능성은 낮아진다. 이들은 미묘한 행동 표출의 양상을 품고 있지만 형식적으로라도 사회적인 적절함을 유지한다. 만일 척도 5의 점수에서 여성성의 특징을 포함하는 경우라면, 이는 공격적이고 반사회적인 행동 표출을 억제하고, 49 코드타입의 외현적 적대성을 완화시키며, 성적인 행동 표출과 보다 사회화된 양상 및 방종하고 자기중심적인 행동의 경향성을 시사해 줄 수 있다. 사회화된 양상의 49/94 코드타입 중 일부는 명성을 얻고자 하는 욕구와 사회화된 저항성을 바탕으로 어떤 대의명분을 위해 정치적 운동가의 모습을 보일 수도 있다.

⟳ 치료

일반적으로 이 사람들은 반드시 그럴 필요가 있는 경우라든지 혹은 자신의 충동적인 행동으로 인해 부정적인 결과에 이른 상황이 아니라면 치료를 찾지 않는다. 이들은 일반적으로 죄책감이나 불안을 경험하지 않으며 자신의 문제에 대한 책임을 외부로 돌리는 경향이 있다. 예를 들어, 긴장하는, 과민한, 초조한, 불안한, 수줍어하는, 억제된 등의 형용사에서 이들은 낮게 평정된다. 이들은 즉각적인 만족을 위한 강렬한 욕구를 지니고 있다. 정신분석적 용어를 사용하면 이 사람들은 쾌락의 원리에 종속되어 있으며, 방종하고 자기중심적이며, 자기애적인 성향으로 기술될 수 있다. 일부의 경우 자신의 행동으로 인한 결과물에 직면했을 때 우울감을 경험하기도 하지만, 이는 일반적으로 짧은 기간에 해당되고 이들의 후속 행동에 영향을 미치지 못하는 양상을 보인다.

모든 49/94 코드타입의 사람이 반사회적이거나 관계의 지속에 실패하는 것은 아니지만, 대부분의 경우 타인을 향한 이타적인 헌신을 잘 못하는 것으로 보인다. 일부는 학업적인 성공을 보일 수 있으며 매우 총명한 경우도 종종 있다. 그러나 이들의 행동 표출이나 절제 부족의 양상 때문에 많은 경우 평균 이하의 성취를 보인다. 이 프로파일은 결혼생활 갈등이나 성적인 행동 표출을 보일 수 있음을 시사한다. 어린 시절 이들의 양육자가 지배적이며 자기애적인 양상이었는지 탐색해 보아야 하는데, 이들의 양육자는 때로는 비합리적으로 통제적이고 다른 때에는 매우 방종한 모습을 보였을 수 있다. 이들은 권위를 두려워하는 동시에 이를 무시해 버리는 태도를 학습했을 수 있다. 적응을 위한 방편으로서 일부의 경우 자신의 취약한 감정에 무감각해져 버리고 자신의 욕구를 충족하기 위해 남들을 기만하는 양상으로 '살아남는' 방법을 배웠을 수 있다.

이들은 자신의 욕구를 충족시키기 위한 목적으로 '경쟁을 하는' 스스로의 모습을 치료자에게 투사하는 경향이 있기 때문에, 지속적으로 전이의 문제를 작업하는 것이 중요하다. 치료자와의 현재 관계로 주의를 집중시키고 이들이 치료자에게만 이득이 된다고 생각하는 불만을 언어적으로 표현하도록 허락해 주어 이들의 적극적인 참여를 유도하는 것이 좋다. 심리치료를 통해 이들이 '살아남기 위해' 노력했던 과정을 스스로 이해할 수 있도록 돕고, 인지행동적 기술을 동원하여 이들의 기만방식과 역할행동이 어느 시점에서는 적응적이었을 수 있지만 현재 대인관계 문제의 원인이 될 수 있음을 깨닫도록 도와주어야 한다. 장기간의 목표를 이룰 수 있도록 절제를 가르쳐 주고, 인지행동적 전략을 통해 스스로 충동조절을 할 수 있도록 도움을 준다면 유용할 수 있다.

⟳ 치료적인 피드백

당신의 프로파일을 살펴보면 당신은 열정적이고 추진력이 있으며 자극추구의 성향을 지닌 사람으로서 통제받는 것을 극도로 싫어함을 알 수 있습니다. 당신은 현재만을 위해 살아가고, 위험을 감수하는 것을 두려워하지 않으며, 때로는 매우 충동적일 수 있습니다. 당신과 같은 프로파일을 보이는 사람들은 흔히 권위적인 부모 아래에서 자라온 과거력을 보입니다. 어린 시절부터 당신은 자신이 원하는 것을 얻기 위해 스스로 지닌 능력과 자원에만 의존해서 '살아남는' 방법을 습득했을 수 있습니다. 어쩌면 당신의 부모 중 한 사람은 매우 통제적이고 다른 한 사람은 매우 방종한 모습을 보였을 수도 있습니다. 당신은 자신의 충동을 따르고 권위에 저항하도록 길들여졌을 수 있습니다. 당신은 세상을 '서로 잡아먹고 잡아먹히는' 곳으로 바라보는 경향이 있으며, 이 때문에 당신에게는 '높은 위치에 이르는' 것이 중요하고 그 누구도 당신을 통제하거나 권위를 행사하도록 용납하지 않을 수 있습니다. 당신은 자신의 욕구를 채우기 위해서는 남들을 속여야만 한다는 생각을 갖기 때문에 남들을 속이는 방법을 습득했을 수 있습니다. 가식적인 또는 뻔뻔스러운 거짓말을 하고 규칙을 변용하는 방법을 통해서 당신은 남들을 앞설 수 있다고 생각합니다. 당신은 어쩌면 규칙을 따르는 사람들이 실제로는 연약하고 어리석은 사람이라고 생각할 수 있습니다. 당신과 같은 프로파일을 보이는 사람들 가운데 일부는 삶의 어느 기간 동안 매우 성공적인 모습을 보이기도 하지만 결국 사건들이 발목을 잡게 됩니다. 일이 잘못되는 방식으로는 법 또는 권위적인 인물과 문제를 일으키거나 너무 큰 위험을 감수해서 재앙적인 결과에 이르는 것 등이 있습니다. 당신이 무엇을 즐기든 당신은 격정적으로 임하고 충분한 절제 없이 즐길 가능성이 있습니다. 결과적으로 당신은 충동적이기 쉽고 심지어 중독양상을 보일 수도 있습니다. 어린 시절 당신이 원하는 것을 이루기 위해 남을 속여야 하고 기만적이어야 한다고 느꼈던 순간이 있었는지 탐색해 보고 이를 치료자에게 이야기하기 바랍니다. 당신의 충동으로 인해 문제에 빠지지 않도록 충동을 조절할 수 있는 방법을 배워야 합니다. 문제를 일으킬 수 있는 활동에 관여할 때마다, 그로 인해 체포되어 처벌을 받게 되면 어떤 기분일지 상상해 보기 바랍니다. 당신의 책무를 완수하기 바랍니다. 거짓말을 하지 않고 남들을 속이지 않는 것에 유념해야 하는데, 왜냐하면 그로 인해 당신이 자신의 삶에서 지키고 싶은 것을 잃게 되는 결과에 이를 수 있기 때문입니다. 당신의 낙관성과 과도한 에너지로 인해 충동적이고 무모한 행동을 보일 수 있고 때로는 심각하게 부정적인 결과물과 함께 부작용을 낳을 수 있다는 점을 명심하십시오.

493/943 코드타입

척도 3이 추가됨에 따라 감정적 친밀감과 인정에 대한 높은 욕구를 지닐 수 있으며, 그로 인해 피상적인 친절함을 보이거나 사회적인 관습에 따라 역할 연기를 할 수 있다. 49/94 코드타입의 전형적인 행동 표출은 잠잠한 듯 보일 수 있으며, 농담이나 비꼬는 방식 또는 수동-공격적인 방법을 통해 위장된 분노로서 표현될 수 있다. 이러한 상충된 양상의 척도를 고려할 때 이들은 타인으로부터 인정 및 수용받고 싶은 욕구와 자율성의 욕구 사이에서 갈등하는 것으로 여겨진다. 만일 척도 3의 점수가 척도 4의 5T 점수 이내 범위에 해당한다면 34/43 코드타입의 많은 특징을 보일 수 있다. 만일 O-H 척도가 상승했다면 부인의 방어기제로 인해 분노가 누적되는 양상을 예상할 수 있다. 때때로 폭발적인 분노 표출이 있을 수 있고, 흔히 그 대상은 가족 구성원이 된다. 만일 O-H 척도가 상승하지 않았다면 폭발적인 삽화는 가능성이 낮고 분노는 충동적인 과민함으로 표현될 수 있는데, 이는 49/94 코드타입의 상승과 관련된다. 일반적으로 493/943 코드타입의 사람은 인정과 성공 및 권력에 대한 강한 욕구를 지니고, 거짓으로 사회적인 역할을 수행하는 척하며, 자신의 욕구를 채우기 위해 규칙을 변용하는 것을 정당화하려 한다.

⊃ 치료

어린 시절 이들의 부모가 자식의 성공에 대한 강한 욕구를 갖고 이들에게 거부적이고 무시하며 통제적인 양상을 보였던 경험이 있는지 탐색해 보아야 한다. 자신의 사회적 역할은 올바르게 수행하면서 미묘한 방식으로 행동 표출을 보이던 부모의 모습을 통해 이들은 성공하는 방법으로서 행동 표출을 습득했을 수 있다.

이들로 하여금 분노가 누적되는 때를 인식하고 그것을 수동-공격적이거나 폭발적인 방식이 아니라 직접적으로 표현할 수 있도록 도움을 준다면 유용할 수 있다. 치료자는 이들에게 '코치'로서 행동하면서 도움을 줄 수 있는데, 성공과 인정에 대한 이들의 욕구를 타당화해 주어야 하며, 남들을 속이거나 충동적으로 행동할 필요 없이 성공에 이를 수 있는 방법을 이들이 깨닫도록 도움을 주어야 한다. 흔히 이들은 자신이 역할 연기를 하고 있거나 남들을 속이고 있다는 사실을 인지하지 못하는데, 남들이 이들이 하는 것처럼 행동하고 있다고 가정하거나 투사한다. 치료자로서 이들이 자신의 욕구와 내면화된 양육자의 기대를 구분할 수 있도록 도와주어야 한다. 인정에 대한 욕구와 자율성에 대한 욕구 사이에서 벌어지는 이들의 갈등을 처리하도록 도와주어야 한다. 치료자로서 상담의 한계를 설정할 때에는 이들이 상담관계에 꾸준히 참여하는 것을 포함해서 작업해야 한다.

⊃ 치료적인 피드백

당신의 프로파일을 살펴보면 당신은 의욕이 높고 활기가 넘치며 목표추구적인 사람입니다. 당신은 인정 및 성공에 대한 강렬한 욕구를 갖고 있으며, 남들이 당신을 어떻게 생각할까 염려하는 사람입니다. 그러나 당신은 독립에 대한 강한 욕구 또한 지니고 있으며 통제받는 것을 싫어합니다. 어떤 부분에 있어서 이러한 특징들은 모순된 측면이 있습니다. 당신은 이 모순된 측면을 해결하기 위해 인정받고 싶은 사람 앞에서는 올바른 역할을 수행하고 표면적으로는 규칙을 따르며 사람들에게 매혹적으로 보이기 위해 사회적 기술을 사용하지만, 그 후에는 스스로 원하는 것을 조심스레 행하고 자신의 욕구를 충족하기 위해 규칙을 변용하기도 합니다. 달리 말하자면, 당신은 이중적 삶을 살아가는 모습을 보이는데, 규칙을 준수하고 친절하며 순응적인 삶이 하나이고 때론 규칙을 변칙적으로 적용하고 미묘하게 남을 속이는 삶이 다른 하나입니다. 당신은 누군가의 감정을 상하게 하거나 거절하는 것을 싫어하기 때문에, 자신의 분노를 에둘러서 표현하거나 미묘한 방식으로 드러냅니다. 아마도 당신은 짜증스러운 감정을 비꼬는 말투나 농담조의 유머로서 표현할 수 있습니다. 당신과 같은 프로파일을 보이는 사람들 가운데 일부는 상당한 수준으로 분노가 누적될 때까지 화가 났음을 인식조차 하지 못하며, 흔하지는 않지만 간헐적으로 폭발하는 양상을 보이기도 합니다. 분노를 잔뜩 느끼고 난 후 당신은 다소간의 안도감을 느낄 수 있지만 당신의 분노사건이 다른 사람들에게 얼마나 부정적인 영향을 미쳤는지에 대해서는 잘 알아차리지 못합니다. 당신과 같은 프로파일을 보이는 많은 사람의 경우 이들의 부모가 요구적인 모습을 보였을 수 있으며, 또는 통제하고 무시하며 거부적인 모습을 보였을 수 있습니다. 어린 시절부터 당신은 사회적으로 적당한 역할을 연기하는 것이 잘 지내고 있음을 보여 주는 것이라고 배웠을 수 있습니다. 또한 자신이 원하는 것을 직접적으로 요청하는 것보다 남을 속이고 규칙을 변용하는 것이 더 효율적이라고 학습했을 수 있습니다. 어떤 상황에서 분노가 축적되는지 알아차릴 수 있도록 당신의 치료자와 함께 작업하십시오. 당신이 원하는 것을 직접적으로 표현하는 방법을 배우고, 당신의 감정을 농담조나 비꼬는 방식으로 표현하지 않도록 유념하십시오. 당신의 삶 속에서 진정으로 원하는 것과 남들이 당신에게 기대한다고 느끼는 것을 구분해서 인식하기 바랍니다. 당신은 독립을 위한 욕구와 남들로부터의 인정을 위한 욕구 사이에서 갈등을 겪고 있을 수 있습니다. 남들로부터 거절당하는 것에 대한 두려움 때문에 과도한 약속을 하는 것을 조심해야 합니다. 당신이 원하는 것을 갖기 위한 목적으로 선의의 거짓말을 하는 것을 그만두어야 하는데, 왜냐하면 당신의 거짓말 때문에 가까운 사람들로부터 결국 신뢰를 잃게 될 수 있기 때문입니다.

495/945 코드타입(49/94 코드타입과 단독상승 5 부분을 참조할 것)

남성의 경우 척도 5가 상승하면 척도 4 및 척도 9와 관련된 공격적인 행동 표출이 완화된다. 척도 5가 높은 남성은 심미적인 취향을 지니고 있고, 감정을 염려하며, 흔히 교육수준이 높고 지적으로 호기심이 많다. 척도 5가 높은 49 코드타입 남성의 경우 비순응적인 신념을 주장하는 지적이고 저항적인 사람일 수 있으며, 또한 성적으로 행동 표출을 보일 수 있는데 반사회적인 양상은 아닐 것이다. 49 코드타입에 척도 5가 추가되었기 때문에 예민함을 지닐 수 있고 심미적이고 지적인 가치를 보일 수 있는데, 남들이 보기에는 이것이 자기중심적이고 자기함몰된 특징으로 여겨질 수도 있다.

⊃ 치료

495/945 코드타입의 남성은 49 코드타입에 비해 심리치료에 더욱 관심이 많고 반응적인 경향이 있다. 지적으로 호기심이 많고 언어적이고 통찰력이 있으며, 특히 권위적이지 않게 온화한 태도로 상담을 이끄는 치료자가 따뜻하고 격려하는 방식으로 '조언해 주는' 경우라면 좀더 잘 받아들이는 모습을 보일 수 있다. 어린 시절 49/94 코드타입과 비슷한 조건화된 경험이 있는지 탐색해 보아야 한다. 반대로 척도 5가 높은 49 코드타입의 여성은 자기주장적이고 성급하고 요구적이며, 흔히 성적으로 활발할 수 있다. 척도 5가 상승한 경우 실용적이고 행동 우선적인 여성을 시사할 수 있고, 자기주장적이고 공격적이며 행동 표출의 가능성을 높게 볼 수 있다. 이 코드타입의 여성은 통찰지향의 치료보다는 실용적인 조언을 얻고자 한다.

⊃ 치료적인 피드백
49/94 코드타입의 치료적인 피드백 부분을 참조할 것

496/946 코드타입

49/94 코드타입에 척도 6의 상승이 더해지면 의심을 많이 하고, 편집증적으로 예민하며, 앙심을 품는 특징 등이 시사된다. 척도 6은 49 코드타입의 충동적인 양상과 지금 이 순간만을 생각하는 쾌락주의적 특징을 '체계적으로' 강화하는 역할을 하게 된다. Richard Nixon 대통령의 경우 496 코드타입과 관련된 특성을 보였을 수 있다. '적군에 해당하는 사람들'의 리스트를 간직하려는 집요한 그의 욕구와 편집증적인 일화들은 이 코드타입의 핵심특징을 정확히 담아내고 있다. 이 코드타입의 사람들은 모욕이나 비난 또는 자신에게 부과된 요구사항에 매우 예민하다. 일부의 경우 위협을 느끼게 되면 공격적인 양상을 보일 수 있는데, 특히 무례한 태도로 부당한 취급을 받았다고 스스로 느끼는 경우에 공격적일 수 있다. 496/946 코드타입의 사람들은 모두 분노를 축적하고 용서를 하지 않으며 앙심을 품은 것을 숨기는 특성을 보이는데, 그렇다고 이들 모두가 남들에게 신체적으로 위협적인 것은 아니다. 지금 이 순간만을 생각하는 49/94 코드타입의 사람들과 달리 이들은 불굴의 의지로 보복을 추구하는 양상을 보인다. 일단 분노가 표출되면 불안정한 통제가 무너져서 위험한 양상으로 드러난다. 만일 척도 8도 상승해 있다면, 기괴한 폭력의 양상이 빈번할 수 있다. 일부 사람은 단기 정신증 삽화를 보일 수 있고, 다른 사람들은 반복적으로 정신분열증적 양상을 드러낼 수 있다. 어린 시절 개인력을 탐색해 보면, 독단적이고 통제적이며 비판적인 양육자가 아이를 통제하려는 방편으로 신체적 처벌이나 수치심을 가하는 등 가혹한 모습을 보였을 수 있다. 결론적으로 이들은 자신을 통제하려는 시도에 대해 강렬한 반응을 보일 수 있고, 쉽게 비난받았다는

느낌을 받을 수 있다. 이들은 삶 속에서 '적대적인' 태도를 지니며 논쟁을 벌이거나 시위를 벌일 준비가 항상 되어있다. 496/946 코드타입으로 교육수준이 높은 사람의 경우 논쟁적이고 합리화하는 모습을 보이며 문제를 외현화하고 책임을 외부로 돌리는 양상을 보이지만, 이러한 행동은 언어적으로 표현된다. 자아 강도가 약한 사람의 경우 위협을 느꼈을 때 폭력적이고 충동적인 행동 표출을 할 가능성이 더욱 높다.

⟳ 치료

49/94 코드타입 또한 참조할 것. 분노관리나 충동조절 전략이 가장 유용하다. 어린 시절 권위적인 양육자에 의해 수치심을 느끼고 부당하게 대우받았던 경험을 고려해 볼 때 이들이 쉽게 논쟁하고 자신을 변론하며 완강하게 '자신의 입장을 주장하는' 성향이 적응을 위한 선택이었음을 이들 스스로 이해할 수 있도록 도와줄 필요가 있다. 이들이 왜 특히 독단적인 사람들에게 반응적으로 논쟁을 벌이게 되는가를 이해할 수 있도록 도와주어야 한다. 이들의 편집증적 예민성을 다루기 위해서는 약물 처방이 이루어지기 이전에 심리적 개입이 필요하지만, 정신증이 존재하는 경우라면 약물치료가 필수적이다.

⟳ 치료적인 피드백

당신의 프로파일을 살펴보면 당신은 현재 벼랑 끝에 내몰린 것처럼 삶을 살아가고 있으며, 통제받고 비난받고 평가받거나 부당한 요구사항이 주어질 것을 예상하고 살아가는 모습을 보입니다. 당신과 같은 프로파일을 보이는 사람들 가운데 일부는 통제적이고 부당하게 처벌하거나 훈육을 위해 수치심을 사용하는 부모와 함께 성장하였습니다. 그러한 이유 때문에 당신은 통제하려 하거나 요구적인 사람에게 경계심을 갖게 되었을 수 있습니다. 최근 당신은 비난받거나 평가받거나 공격당하는 것에 대해 취약한 감정을 느끼고 있는 것으로 보입니다. 당신은 자신을 보호하는 방법이나 당신에게 상처를 주었다고 느끼는 사람들에게 보복하는 방법에 대해 상상하고 있을 수 있습니다. 비난이나 평가에 대한 당신의 예민함 때문에 때로는 실제로 편집증적인 양상을 드러낼 수도 있고, 그것은 당신이 누구를 믿어야 할지 알기 어렵게 만들 수도 있습니다. 누군가 당신에게 상처를 주었을 때 당신은 그 사람을 용서하기 어려운데, 어쩌면 그 이유는 당신이 과거에 고통스럽고 부당하게 가해진 상처의 경험을 겪었기 때문일 수 있습니다. 때때로 다른 사람들이 보기에 당신은 다소 다루기 힘들고, 쉽게 논쟁하고, 상처받으며, 당신에게 부과된 요구사항에 예민한 사람으로 비춰질 수 있습니다. 당신은 자신의 경계심을 거두기 전에 남들이 스스로 믿을 만한 사람임을 증명하기를 원하는 것 같습니다. 권위적인 사람들은 당신으로 하여금 반감이 들도록 만드는 경향이 있고, 다른 이들은 당신을 자기 방식으로만 하려고 하는 고집스러운 사람으로 볼 수 있습니다. 치료자와 함께 당신이 어린 시절 부당하게 평가받고 비난받고 수치심을 느끼거나 처벌받은 사건들이 있었는지 확인하는 작업을 해 보기 바랍니다. 당신이 분노를 느끼고 요구사항으로 받아들이기 전에 당신이 원하는 것을 직접적으로 요청하는 방법을 배워야 합니다. 당신이 지나치게 쉽게 상처를 받고 분노를 느끼며, 당신에게 상처를 준 사람을 처벌함으로써 상대방을 방어적이고 논쟁적으로 만들 수 있다는 점을 마음챙김의 자세로서 있는 그대로 들여다보기 바랍니다. 마치 조만간 공격을 당하거나 무언가를 빼앗기게 될 것처럼 당신이 과도하게 경계심을 갖고 삶을 살아간다는 점을 알아차릴 수 있기 바랍니다. 그 때문에 당신이 방어적이고 논쟁적인 모습을 보일 수 있고, 그런 과정에서 남들로 하여금 당신과 논쟁하고 당신의 요청에 저항하도록 만들 수 있습니다.

498/948 코드타입(489/849 코드타입 또한 참조할 것)

49/94 코드타입의 특징에 부가하여, 이상하고 비전형적이고 기괴하며 폭력적인 행동을 보일 가능성이 높다. 일반적으로 이 코드타입은 심각하고 지속적인 정신병리를 시사한다. 청소년의 경우 이 코드타입은 성인에게서 발견되는 성격장애와 같은 문제라기보다는 정체감 혼란이나 청소년 반항과 같은 상황적인 문제와 관련될 수 있다. 그럼에도 불구하고 성인이나 청소년 모두 타인으로부터의 극심한 소외감, 가족 갈등, 높은 활력수준, 권위와의 갈등, 반항적인 행동 등을 경험한다. 이들은 특히 대화 상황에서 취약함이 드러나는 것을 두려워하며 감정적으로 취약한 주제에 대해 이야기하는 것을 피하기 위해 한 주제에서 다른 주제로 비약하는 모습을 보일 수 있다. 이들은 카리스마 넘치는 모습을 보일 수 있으나 또한 기괴한 모습을 드러낼 수 있고, 아무렇지도 않게 성과 공격에 대한 이야기를 꺼낼 수도 있다.

⟳ 치료

489/849 코드타입의 치료 부분을 참조할 것

40/04 코드타입

이 코드타입은 소외되고, 의심이 많고, 저조한 기분을 느끼며, 공감능력이 부족한 사람을 시사할 수 있다. 이 코드타입의 사람들은 세상을 '먹고 먹히는' 곳으로 인식하며 그 안에서 자기를 보호하려는 목적으로 철수된 모습을 보인다. 이들은 취약한 감정을 조율된 방식으로 표현하는 데 어려움을 갖는다. 분노감이나 좌절감, 심지어 친밀감을 위한 노력까지도 급작스럽고 관계적으로 서툰 방식으로 표현될 수 있다. 남들이 보기에 이들은 냉담하고 냉정하며 무감한 사람으로 비춰질 수 있다. 이들은 타인으로부터 동떨어진 느낌을 갖고 낮은 자존감을 경험한다. 이 사람들은 권위에 저항하거나 반사회적인 방식으로 행동하기보다는 일반적으로 가족 안에서 행동 표출을 보인다. 이들은 주로 혼자 지내는 양상을 보이고 정서적인 친밀감에 있어서 어려움을 보이지만, 저조한 기분이나 자기비하를 제외하고는 심각한 심리적인 불편감을 드러내지 않는다. 이들은 고립된 삶에 익숙해져 있으며, 비록 소외된 삶일지라도 정서적으로 스스로 만족하는 양상을 보인다.

⊃ 치료

이 사람들은 거의 치료를 찾지 않는다. 관계적인 문제, 저조한 기분, 약물중독, 또는 직장에서의 문제 등으로 인해 치료가 시작되는 경향을 보인다. 어린 시절 감정적으로 거리감이 있고 거의 관여하지 않는 양육자와 함께했던 경험이 전형적으로 보고된다. 40/04 코드타입의 사람은 어린 시절 부모의 철수나 정서적 개입의 부족에 적응하기 위한 방어로서 정서적으로 스스로 만족하는 방법을 습득했을 수 있다. 이들은 자족하는 외톨이의 역할을 학습하였고, 사회적인 상호작용이나 타당화를 받고자 하는 필요성을 거의 느끼지 않는 것으로 보인다. 남들이 이들의 행동을 어떻게 느끼고 받아들이는지에 대해 실용적인 정보와 조언을 주는 것이 도움이 될 수 있다. 40 코드타입의 한 내담자가 매춘부와 관계를 맺어 왔다는 사실이 그의 아내에 의해 발각된 사례가 있다. 그 내담자의 경우 자신의 사과가 그 문제를 덮어 버리는 데 충분하지 못하다는 것에 화를 냈으며, 아내가 그에게 부정한 행위를 벌인 이유를 찾기 위해 심리치료를 받을 것을 요구한 것에 분노하였다. 그 내담자는 자신의 사과가 아내를 달래는 데 충분하지 않다는 것에 진심으로 어리둥절하는 모습을 보였다. 40/04 코드타입의 사람에게 남들이 어떻게 느끼는지 가르쳐 주고 사랑하는 사람에게 어떻게 반응해야 하는지 가르쳐 주는 것이 도움이 될 수 있다. 이들의 자기만족적 철수에 있어서 얼마만큼이 기질적인 것이고 얼마만큼이 부모의 무시에 대한 반응적인 것인지를 가늠할 수 있어야 치료적 전략 수립이 가능하다. 인지행동적 기법을 사용하여 분노, 온정, 사랑, 좌절을 표현할 수 있는 방법을 가르쳐 준다면 도움을 줄 수 있다. 자존감 향상 훈련이나 사회기술 훈련 등이 또한 유용할 수 있다.

⊃ 치료적인 피드백

당신의 프로파일을 살펴보면 당신은 자기만족적이고 독립적인 사람입니다. 당신은 수줍음이 많으며 가벼운 대화나 사회적인 모임에 대해서 어렵고 불편하게 느끼는데, 이는 다른 사람들이 어떻게 행동할지 잘 모르기 때문입니다. 당신은 홀로 살아남아야 한다고 배워 왔고 자신의 정서적 자원에만 의존해 왔습니다. 스트레스를 받게 되더라도 당신은 남들에게 의지하거나 정서적 지지를 요청하는 경우가 거의 없습니다. 당신은 사람들이 남에게 진심 어린 돌봄을 제공하지 않는다는 관점에서 세상을 바라보고 있으며, 대인관계는 흔히 보상을 주기보다는 성가신 경우가 많다고 생각합니다. 남들이 보기에 당신은 다소 냉소적이고 퉁명스러우며 냉담한 모습입니다. 당신은 남들에게 다가가려는 노력을 기울이지 않기 때문에 남들로서는 당신에 대해 안하무인격인 사람으로 오해할 수 있습니다. 아마도 당신은 다소 수줍음이 많은 사람이었을 수 있으며, 성장 과정에서 당신의 부모님은 정서적으로 도움이 되지 못했기 때문에 스스로 만족하는 법을 습득했을 수 있습니다. 현재 당신은 다른 사람들과 정서적으로 연결되어 경계심을 거두고 감정적인 취약성을 인정하는 것을 어려워합니다. 당신은 매우 자기비판적인 경향이 있고 삶 속에서 커다란 기쁨을 경험하지 못했기 때문에, 당신 스스로 마음을 열고 치료자에게 이야기를 하는 것이 큰 도움이 될 것이라고 느끼기 어렵습니다. 당신의 수줍음을 어떻게 다룰 수 있는지 이해할 수 있도록 치료자와 함께 작업하십시오. 남들이 어떤 감정을 느끼는지 알아차릴 수 있는 방법을 배워야 하고, 남들은 흔히 당신이 필요로 하는 것보다 더 많은 감정적 연결과 지지를 필요로 한다는 점을 기억해야 합니다. 당신이 관계를 형성하게 된다면 상대방이 당신과 연결감을 느낄 수 있도록 어떻게 감정적 경험을 이야기해야 하는지 배우기 바랍니다.

척도 5(Mf)

단독상승 5

높은 점수(65T 이상)의 단독상승 5 코드타입은 남성의 경우 심미적이고 사색적인 선호를 지니며, 광범위한 관심사를 지닌 사람으로서 자기성찰적이고 내면지향적이며 교육열이 높은 특징을 보인다. 흔히 이러한 남성은 이상적이고, 상상력이 풍부하고, 사회적으로 통찰력이 있으며, 관계적으로 민감한 사람으로 여겨진다. 이들은 지적인 활동에 관심이 있고, 인본주의적 관점을 지니며, 외형과 스타일 및 친밀감을 중요하게 여긴다. 교육수준과 문화적 소양이 풍부한 사람의 경우 이러한 특징들 가운데 일부는 전형적인 양상이다. 그러나 이러한 양상은 고정관념적인 남성적 행동과 활동 및 관심사에 대한 불편감을 반영할 수 있으며, 보다 평화적이고 사색적이며 때론 수동적인 방식에 선호를 두고 있음을 의미할 수 있다. 남성의 경우 척도 5는 교육, 지능, 폭넓은 문화적 소양 등과 강력하게 연합되어 있기 때문에 이 척도의 높은 상승에 대해 병리적으로 해석해서는 안 된다. 사실 척도 5가 높은 남성에 대해 묘사하는 형용사들은 긍정적인 속성을 보인다. 남들에게 이들은 성숙하고 자기조절을 잘하며, 통찰력이 있고 자기인식이 높은 사람으로 묘사된다. 사회과학자, 저술가, 예술인, 성직자, 교사, 심리학자 등 다양한 직업군에서 잘 적응하는 사람의 경우 이 척도에서 적어도 중간 수준 이상의 상승을 보이는 경향이 있다. 다른 척도에서는 상승을 보이지 않고 이 척도에서 높은 점수를 보이며 특히 척도 9와 4가 낮은 점수라면 때때로 수동적인 모습으로 묘사될 수 있는데, 일부의 경우 전통적으로 여성적인 속성으로 여겨지는 매너리즘을 드러낼 수도 있다.

척도 5의 상승은 동성애자를 반영하기에 충분하지 못하며, 외현적인 경우나 잠재적인 경우 모두에서 충분하지 못하다. MMPI-2에서 자신의 성적 취향을 숨기려는 의도를 지닌 동성애자는 충분히 숨길 수 있다. 그렇지만 척도 5가 75T 이상으로 상승된 경우라면 해당 남성은 전통적인 남성적 생활양식을 거부할 가능성이 있다.

척도 5에서 65T 이상의 점수를 획득한 여성의 경우라면 자기주장적이고 경쟁적이며, 강인한 정신력을 지니고 분별력이 있고 현실적인 사람이며, 전통적인 여성적 방식에 특별한 관심이나 행동을 드러내지 않는 모습을 보인다. 남들이 보기에 이들은 독립적이고 자기확신이 있고, 즉흥적이고 지배적이며, 심지어 자신의 목표를 위해 공격적인 모습을 보이는 것으로 비춰질 수 있다. 이들은 때로는 강인한 정신력을 지니고 도발적이며, 남성 앞에서 편안한 사람으로 여겨질 수 있다. 이러한 모습은 실용적인 직업이나 생존행동 또는 전통적인 남성적 운동이나 관심사로 표현될 수 있다.

흥미롭게도, 생존 경쟁을 벌이는 리얼리티 TV 쇼 〈생존자(Survivor)〉에 자원한 여성들의 Mf 평균 점수는 60T였다. 이를 통해 볼 때, 아무런 물자도 없이 섬에서 6주 넘게 남성들과 경쟁하며 살아가는 것에 기꺼이 자원한 여성은 실용적이고 경쟁적이며 강한 정신력을 지녔을 것이라는 직관적인 이해가 가능하다(Richard Levak, 개인적 교신, 2007. 8. 4.).

다른 척도의 상승 없이 척도 5에서만 상승을 보인 여성의 경우 독립성과 자기의존성 및 자기주장과 관련된 긍정적인 속성을 예견할 수 있다. 만일 GF 척도도 상승했다면, 척도 5가 높은 여성은 건강하고 균형 잡힌 심리적 양성성을 보일 수 있다. 만일 척도 5가 높은 남성이 GM 척도 또한 상승된 경우라면, 이 또한 건강한 심리적 양성성을 시사할 수 있다.

중간 수준보다 낮은 점수(35~45T)는 남성과 여성의 경우에서 다르게 해석될 수 있다. 척도 5가 낮은 남성의 경우 전통적인 남성적 관심사나 행동을 보일 수 있다. 이들은 모험적이며, 활동적인 움직임, 야외 활동, 운동 경기, 경쟁적인 활동 또는 기계와 관련된 활동 등을 즐길 수 있다. 이들은 흔히 단호해 보이고 도발적으로 보일 수 있다. 교육수준이 높은 경우 이들은 타인을 돌보거나 지도하는 것과 관련된 직업보다는 실용적이고 활동지향적인 직업에 이끌릴 수 있다.

여성의 경우, 중간 수준보다 낮은 점수(35~45T)는 대인관계, 친밀감, 현재의 감정 등에 대한 예민성과 염려를 반영한다. 이러한 여성들은 흔히 양육적이고 지지적인 양상을 보이는데,

T점수가 40점 이하로 하향함에 따라 수동적인 특징도 동반된다. 상응하는 관계로 볼 수 있는 척도 5가 높은 남성들과 마찬가지로 이 여성들은 꼼꼼하고 외형에 신경을 쓰며 지적, 학문적, 심미적인 관심사를 지닌다. 일부 여성의 경우 감정을 교류하며 즐거움을 나눌 수 있는 민감한 남성에게 매력을 느낀다. 전문직 여성이나 대학교육을 받은 여성이 흔히 척도 5에서 T점수 40점에서 50점 사이를 보이는데, 이는 현실적인 특성과 심미적인 특성의 조화로운 상태를 시사한다.

척도 5가 매우 낮은 경우(T<35)의 남성이라면 매우 현실적이고 활동지향적인 삶을 따르고, 전통적인 남성적 활동과 취미를 즐긴다. 이들은 감정을 교류하는 데 어려움을 보이고 감정을 이야기하는 것을 불편해한다. 대인관계적인 문제가 발생하면 이들은 문제에 대해 토의를 하는 대신에 '문제를 위한 조치를 실행'하려 한다.

여성의 경우 매우 낮은 점수(T<35)는 갈등을 피하려고 신경을 쓰고, 남들의 감정에 상처를 줄까 봐 지나치게 염려를 해서 스스로 종속적인 모습을 보이거나 남들로 하여금 자신을 이용하도록 용인할 수도 있다. 이러한 여성의 양육적인 양상 때문에 이들은 상당히 거칠고 친밀감과 섬세함이 부족한 자기주장적인 남성과 성적인 관계를 형성하기 어려울 수 있다.

⊃ 치료

높은 점수의 남성과 평균 이하 점수의 여성은 감정지향적인 경향을 보이기 때문에 심리치료에 대해 친근감을 갖고 있다. 이들은 자기 자신이나 사랑하는 사람에 대해 알고 싶어 하며 통찰이 늘어나는 과정을 즐긴다. 이와 반대로 척도 5에서 남성적 성향의 점수를 보이는 남성이나 여성의 경우, 현실적인 조언을 찾고자 치료에 임하는 경향을 보이고 분석이나 명명 또는 경험하는 감정에 대해 불편감을 느낀다. 이들은 해결해야 할 필요를 느끼는 대인관계 문제에 대한 조언만을 바란다.

척도 5가 높고 다른 척도는 상승하지 않은 남성의 경우 일반적으로 긍정적인 용어로서 기술되지만, 이들은 자신의 예민함과 자의식으로 인해 관계적 혹은 성적 문제점을 경험할 수 있다. 이들은 다른 사람들의 기대에 순응하면서 다소 수동적인 모습을 보일 수 있다. 업무와 관련된 상황 속에서 이들은 자기주장을 하는 것에 어려움을 보이는데, 특히 권력을 지닌 위치에서 그러하다. 이들은 경영방식에 있어서 민주적이며 남에게 엄격해야만 하는 상황에서 어쩔 줄 몰라한다.

⊃ 치료적인 피드백
- **남성의 경우**: 당신의 프로파일을 살펴보면 당신은 민감하고 예술지향적인 사람으로서 전

형적인 남성적 관심사와 가치를 거부합니다. 당신은 타인의 감정을 살피고 창의적인 공간에서 편안함을 느낍니다. 당신은 경쟁적인 남성적 세계에 별로 관심이 없고, 지적이며 협력적인 환경을 좋아합니다. 때때로 당신은 수동적인 모습을 보일 수 있으며, 지배적이거나 강압적인 사람으로 보이지 않으려고 자신이 원하는 것을 표현함에 있어 망설일 수 있습니다.

• **여성의 경우**: 당신의 프로파일을 살펴보면 당신은 경쟁적이고 활동지향적인 일과 취미를 즐기며 남성적인 세계에 흥미가 있는 사람입니다. 전통적인 여성적 세계는 당신에게 매력적이지 않습니다. 사람들이 곤경에 처했을 때 당신은 감정을 논하기보다는 어떻게 문제를 해결할 수 있는지를 이야기하려 합니다. 당신은 상당히 경쟁적이고 강건하며, 외부에서의 활동지향적인 일들을 즐깁니다.

다른 척도들과의 연계

51/15 코드타입
15/51 코드타입을 참조할 것

52/25 코드타입
25/52 코드타입을 참조할 것

53/35 코드타입
35/53 코드타입을 참조할 것

54/45 코드타입
45/54 코드타입을 참조할 것

56/65 코드타입
이 코드타입은 흔하지 않다. 남성의 경우, 이 코드타입은 타인과의 정서적 관여를 두려워하는 불안정한 사람을 시사한다. 이러한 남자들은 까다롭고 예민한 사람들로, 감정을 쉽게 다친다. 이들은 어떤 일이든 사적으로 받아들이는 경향이 있으며 분노를 직접적으로 표현하는 데 어려움을 보인다. 때때로 이들의 예민함은 편집증적인 모습으로 보일 수 있는데, 비합리적인 질투와 투사를 다른 이에게 드러낼 수 있다. 남들이 보기에 이들은 다소 수동적이며, 적개심과 상처를 축적하는 양상으로 비춰진다. 이들은 또한 이성적이고 지적이며 매우 성실하고 다소 냉담한 사람으로서 재확인받고자 하는 욕구가 강하다. 이들은 자신의 상처와 적개심을 표현하는 것이 정당하다고 느끼는 경우 자신의 분노를 불안정하고 평가적인 방식으로 드러낸다. 이들은 자신에게 부과된 요구사항에 예민하다. 많은 경우 교육수준과 직업적 포부가 높으며, 문화적이고 언어적이며 심미적인 활동들에 관심이 높은 경향을 보인다. 이와 반대로 56/65 코드타입의 여성은 흔히 좀 더 자신만만하고 직접적인 모습을 보인다. 상처를 받거나 분노하게 되면 이들은 평가적이며 거친 양상을 보인다. 이들은 세상을 흑백논리 속에서 바라보고 쉽게 기분을 상해하는데, 자신들이 직접적으로 맞서는 것을 정당하다고 여긴다. 이들은 통찰이 부족하며, 맞서는 과정에서 갈등을 회색지대의 표상으로서 이해하는 것이 아니라 스스로를 '선'으로, 상대방을 '악'으로 바라본다.

만일 65T 이상으로 상승된 세 번째 척도가 존재한다면 척도 5를 잠깐 무시한 채 나머지 두 척도의 코드타입으로 해석함으로써 더 깊이 있는 정보를 얻을 수 있다(예: 564/654 코드타입의 경우 척도 5가 상승된 46/64 코드타입으로서 해석될 수 있다).

⮑ 치료

이들은 자신에게 부과된 비난이나 요구사항에 매우 예민하기 때문에, 어린 시절의 과거력에서 양육자가 쉽사리 비난하거나 판단적이거나 혹은 처벌하는 양상을 보이지 않았는지 탐색해 볼 필요가 있다. 이들이 대인관계에 대해 갖고 있는 게슈탈트를 들여다보면, 비난이나 평가로부터 자기를 보호하기 위해서 충분히 합리적인 모습을 보이고 자신의 행동이나 관점을 정당화하며 동시에 자기를 보호하려는 필요에 의해 남들에 대해 '그릇되고' '나쁜' 것으로 평가해야 한다는 생각이 깔려 있다. 이들이 평가적인 경향을 보이는 것이 비합리적으로 비난하고 수치심을 주는 부모에게 적응하려는 방략이었음을 이해할 수 있도록 도와주어야 한다. 자신이 원하는 것을 표현함에 있어서 참고 참다가 적개심이나 상처를 쌓아 두지 않도록, 이들 스스로 자신의 욕구를 위해 남에게 요청하는 방법을 미리 연습하게 하는 것이 필요하다.

⮑ 치료적인 피드백

• **남성의 경우**: 당신의 프로파일을 살펴보면 당신은 예민하며 문화적, 언어적, 심미적인 경향성을 지닌 남성입니다. 당신은 이성적이고 공정하며, 분석적인 것에 가치를 두고, 비난을 받지 않기 위해 성실히 일합니다. 당신은 매우 엄격한 기준을 지니고 자신의 감정을 분석하는데, 이는 비난의 여지가 없음을 확실히 하기 위한 목적에서 그렇게 하는 것입니다. 다른 사람들이 보기에 당신은 비난하고 평가하려는 경향을 지닌 만족시키기 어려

운 사람으로 보일 수 있습니다. 아마도 어린 시절 쉽사리 비난하거나 평가하는 양육자와 함께 성장했을 수 있으며, 그로 인해 어린 시절부터 부모의 엄격한 가치를 내면화하여 평가의 기준을 넘어서는 수준으로 열심히 살아왔을 것으로 보입니다. 남들이 보기에도 당신은 다소 쉽게 평가적인 모습을 보이고 잘 용서하지 않는 사람으로 여겨질 수 있습니다. 당신은 예민한 사람이기 때문에 남들이 당신에게 상처를 주었을 때 그것을 용서하기 위해서는 상당히 오랜 시간이 걸릴 수 있습니다. 당신이 분노를 축적하는 경우를 알아차릴 수 있는 방법을 배우고, 남들에게 책임을 돌리지 않고 당신의 상처와 분노를 직접적으로 표현하는 방법을 배울 수 있도록 당신의 치료자와 함께 작업하기 바랍니다. 그것의 정당성을 따져야 할 필요성을 생각하지 말고 당신이 원하는 것을 요청하십시오. 당신이 원하는 것을 요청할 때 남들이 당신에게 신세를 지고 있기 때문이라는 암시를 주게 되면 그들이 논쟁적으로 나올 수 있습니다. 비난을 의미하는 경우가 아님에도 불구하고 당신은 어떤 일을 사적으로 받아들일 수 있습니다. 많은 사람이 당신보다 예민하지 않을 수 있음을 기억해야 하고, 남들은 상대방의 예민함을 고려하지 않고 살아가기 때문에 대인관계적으로 서툰 모습을 보일 수 있지만 그러한 행동이 '당신에게 앙심을 품었기 때문'이 아닐 수 있음을 명심해야 합니다.

- **여성의 경우**(단독상승 5와 단독상승 6의 치료적인 피드백 부분을 참조할 것): 당신의 프로파일을 살펴보면 당신은 활동지향적이고, 매우 이성적이고, 성실하며, 공정성에 가치를 두고 있는 사람입니다. 당신은 가치와 관심사에 있어서 남성적인 것과 여성적인 것에서 균형 잡힌 양상을 보이긴 하지만, 남성 취향의 세계나 전통적으로 남성적인 활동에 대해서 일반적으로 흥미를 느낍니다. 당신은 아마도 경쟁적인 모습을 보일 수 있습니다. 당신은 심리적으로 탄력적인 사람이지만 예민한 측면 또한 갖고 있기에 다른 사람들이 인식하는 것보다 훨씬 쉽게 감정적인 상처를 받을 수 있습니다. 어린 시절 당신의 부모님은 높은 기대수준을 지니고 당신에게 다소 비판적이거나 평가적인 모습을 보였을 수 있습니다. 당신은 어린 시절부터 비난을 회피하는 나름의 방법을 습득했을 수 있습니다. 당신은 분노나 적개심을 표현하기에 앞서서 당신의 감정이 비난받을 수준을 넘어설 만큼 정당한지에 대해 분석하는지 모릅니다. 당신이 분노를 표현하는 시점에 이르면 당신은 흔히 상당한 적개심을 누적해 왔기 때문에 매우 화가 나 있을 수 있습니다. 당신은 예민한 사람이기 때문에 용서를 하는 것이 힘들 수 있으며, 남들이 당신에게 상처를 주면 그 기억이 오랜 시간 남아 있게 됩니다. 당신은 또한 당신의 감정이 왜 정당한지에 대해서 상대방에게 설명하곤 하는데, 이것이 남들을 방어적으로 만들 수 있습니다. 당신이 원하는 것을 요청하는 방법과 분노를 느낄 때 이를 표현할 수 있는 방법을 배워야 하며, 남들에게 비난받

는 느낌이 전달되지 않도록 유념해야 합니다. 예를 들어, "당신은 늘 늦게 들어와요." 또는 "당신은 자신의 몫을 전혀 하지 않고 있어요."라고 상대방에게 말하는 대신, "나는 당신이 집안일을 돕기를 바라요." 또는 "나는 당신이 집에 일찍 오기를 바라요."처럼 '나'를 주어로 이야기할 수 있어야 합니다.

57/75 코드타입

이 코드타입을 보이는 남성의 경우 우유부단하고, 걱정이 많고, 자기성찰적이고, 긴장되어 있고, 불행감을 느끼며, 재확인을 필요로 하는 특징들을 보인다. 이들은 무능함과 단점에 대해 강박적으로 반추하는 특징을 보이는 불안 삽화를 경험할 수 있다. 이들은 쉽사리 자기를 비난하고 죄책감을 느끼며 스스로를 책망하는 모습을 보이는데, 일부의 경우 그 결과로서 우울감을 보고한다. 이들은 쉽게 당황하고 수줍어하고 감정적 상처를 받게 되며, 자신의 연인관계에서 빈번히 부적절감을 경험한다. 이 코드타입의 여성은 흔치 않은데, 이들은 단독상승 5 프로파일에서 기대되는 수준보다 훨씬 더 죄책감과 불안감을 경험하기 쉽다. 그렇다고 하더라도 이들은 흔히 지적으로 경쟁적인 모습을 보인다. 척도 5를 제외시키고 2개의 척도를 고려해서 해석할 때 더욱 효과적인 경우도 존재한다.

⮫ 치료

척도 5의 상승으로 볼 때 심리적 마인드를 지녔고 척도 7의 상승으로 볼 때 지시에 대한 순응을 보일 수 있기 때문에, 남성의 경우 심리치료에 적합한 내담자로 볼 수 있다. 이들은 통찰력을 지녔고 자기성찰적인 특성이 있기 때문에 통찰지향의 치료에 적합하고, 사고중지, 이완 훈련, 발산 및 감정 정화에 잘 반응할 수 있다. 자존감 훈련이나 자기주장 훈련도 유용할 수 있다.

⮫ 치료적인 피드백

• **남성의 경우**: 당신의 프로파일을 살펴보면 당신은 예민하고 사려 깊고 분석적인 남성으로서 문화적, 언어적, 심미적인 관심사를 갖고 있습니다. 당신은 지적인 활동을 즐기고 자기성찰적이며, 성실하고 책임감이 강합니다. 당신의 프로파일은 또한 당신이 걱정에 취약함을 시사해 줍니다. 당신은 사안의 모든 측면을 살펴보고 일이 잘못될 수 있는 것에 대해 염려합니다. 당신은 실존적인 문제에 대해 고민할 수도 있고, 더 커다란 세상의 문제점에 대해 걱정할 수도 있습니다. 당신은 쉽게 죄책감을 느끼고, 실수하는 것을 두려워하기 때문에 때때로 우유부단한 모습을 보입니다. 어쩌면 당신은 어머니에게 강하게 결

속되어 성장했을 수 있으며, 어머니는 또한 당신에게 많은 것을 바랐을 수 있습니다. 또한 당신은 예기치 못한 좌절을 경험했을 수 있고, 어린아이에게 과한 책임이 부과되어 당신의 행동이 남들을 실망시킬까 봐 불안감을 경험했을 수도 있습니다. 당신은 벼랑 끝에 몰린 듯 다소 불안한 모습으로 삶을 살아가고 있습니다. 당신이 왜 이토록 오랜 시간동안 걱정하고 부정적인 결과를 예상하면서 시간을 보내는지 이해할 수 있도록 당신의 치료자와 함께 작업하기 바랍니다. 부정적인 생각을 멈춰 버리는 방법을 배워야 하며 충분하게 좋은 수준이 아닐 수 있다는 염려를 차단해야 합니다. 인지행동치료를 활용해서 당신의 불안을 조절하십시오.

- **여성의 경우**: 당신의 프로파일을 살펴보면 당신은 활동지향적이고 직접적이며 자기주장적인 여성으로서 남성들과의 어울림을 즐깁니다. 당신은 실용적이고 합리적이기 때문에 어떤 문제가 발생하면, 그 문제를 토의하면서 많은 시간을 보내기보다는 그 문제를 해결하기 위한 행동을 이행하길 원합니다. 또한 당신의 프로파일은 당신이 죄책감, 걱정, 긴장하는 경향이 있고, 현재 상당한 불안을 경험하고 있음을 말해 줍니다. 어쩌면 당신은 아버지와 가깝게 성장했을 수 있고, 아버지는 당신이 전통적인 남성적 활동을 즐기는 모습에 만족했을 수 있습니다. 또한 무언가가 당신으로 하여금 걱정하고 미리 예상하고 계획하는 성향을 촉발시켰을 수 있고, 당신이 간과했던 작은 부분이 재앙을 불러올 수 있다고 걱정하는 습관을 불러일으켰을 수 있습니다. 일이 잘못되면 당신은 죄책감을 느끼고 스스로에게 책임을 돌리기 쉽습니다. 당신이 왜 이토록 오랜 시간 동안 걱정하고 부정적인 결과를 예상하면서 시간을 보내는지 스스로 이해할 수 있도록 당신의 치료자와 함께 작업하기 바랍니다. 부정적인 생각을 멈춰 버리는 방법을 배워야 하며 충분하게 좋은 수준이 아닐 수 있다는 염려를 차단해야 합니다. 인지행동치료를 활용해서 당신의 불안을 조절하십시오.

58/85 코드타입

이 코드타입의 남성은 내면지향적이고 많은 시간을 사고하는 과정으로 보내는데, 흔히 철학적인 사색을 하거나 삶의 의미와 같은 추상적인 사고에 관심을 갖는다. 대부분의 경우 혼돈감, 불행감, 타인으로부터의 소외, 가정 불화 등을 호소한다. 이들은 동기가 부족한 편일 수 있다. (척도 5를 제외하고 2개의 척도를 고려해서 해석할 때 유용한 경우가 있다.)

이 코드타입을 보이는 남성의 경우 가족력에서 알코올중독, 정신질환, 신체적 학대 등을 보일 수 있다. 이 사람들 가운데 일부는 어린 시절 발병한 정신과적 병력을 드러낸다. 이들 가운데 다수는 정신증적 양상은 아니지만 우울, 감각 이상, 종교적 집착 등을 흔히 보고한다. 일부는 창의적인 사람으로 보일 수 있지만 다른 이들은 감정적 친밀감에서 문제를 보이는 기이하고 별난 사람으로 여겨질 수 있다. 가정 문제와 마찬가지로 성적인 갈등도 흔히 보인다.

이 코드타입의 여성은 자신을 보호하려는 목적으로 남들을 통제하려는 것과 관련된 특이한 사고나 행동을 드러낼 수 있다. 전형적으로 이들은 소외감을 느낀다. 여성 청소년의 경우 이러한 패턴은 가정이나 학교에서의 문제행동과 관련되며, 때로는 법적인 문제와 연관되기도 한다.

⊃ 치료

남성의 경우 이들의 지적인 호기심 때문에 자기분석에 대해 호의적인 양상을 보이지만, 통찰지향의 치료는 내담자를 혼란스럽게 만들 수 있기 때문에 치료자는 신중하게 통찰치료를 사용해야 한다. 또한 통찰치료가 행동의 변화 없이 반복적인 주지화로 이어지는 경우도 있다. 자존감 향상법, 자기주장 훈련, 재양육적인 치료 등이 남성과 여성 모두에게 유용할 수 있다.

⊃ 치료적인 피드백
- **남성의 경우**: 당신의 프로파일을 살펴보면 당신은 사려 깊고 분석적이고 예민한 사람이며, 철학적이고 창의적인 생각에 관심을 갖고 있습니다. 동시에 이 프로파일에 따르면 당신은 어린 시절 부모님의 모질고 냉정하며 거부적인 모습을 경험했을 가능성이 있습니다. 당신은 이러한 경험에 적응적으로 대응하기 위해 그들을 이해하려고 노력하고, 왜 사람들이 상대방에게 모질고 냉정한 모습을 보이는지 설명할 수 있는 세계관을 만들고자 노력했을 수 있습니다. 당신은 사람들과 사건들을 분석하는 것에 편안함을 느끼기 때문에 많은 시간을 들여 생각하고 공상하며 남들로부터 다소 철수된 양상을 보일 수 있습니다. 다른 사람들은 이러한 당신에 대해 다소 냉담하거나 차가운 사람으로 오해할 수도 있습니다. 아마도 당신은 경계심을 거두는 데 신중할 수 있으며, 남들이 당신을 차갑게 대할까 봐 염려되어 다른 사람이 당신에게 가깝게 다가오는 것을 용인하는 데 주저할 수 있습니다. 당신은 창의적이고 추상적인 생각과 주제를 다루는 데 매우 편안함을 느낍니다. 당신이 부모님으로부터 감정적 냉정함이나 학대를 경험한 것 때문에 당신이 '마음의 문을 닫아 버리고' 당신 내면의 편안한 공간으로 철수해 버린 것은 아닌지 당신의 치료자와 함께 이야기를 나누어 보기 바랍니다. 좀 더 자기주장을 잘할 수 있는 방법을 배워야 하며, 또한 당신에게 가깝게 다가오는 사람들을 좀 더 편안히 받아들일 수 있도록 당신에게 사랑스럽게 대하는 것을 스스로 알아차릴 수 있는 연습이 필요합니다.

- **여성의 경우**: 당신의 프로파일을 살펴보면 당신은 남성적인 환경에서 편안함을 느끼는 사람입니다. 당신은 현실적이고 행동지향적이기 때문에 어떤 문제에 직면했을 때 문제해결을 원합니다. 또한 이 프로파일에 따르면 당신은 경계심을 거두는 데 다소 신중한 편이고, 남들이 당신에게 가깝게 다가오는 것을 용인하는 데 주저할 수 있습니다. 어쩌면 성장 과정에서 당신의 보호자가 당신을 차갑게 또는 모질게 대했을 수도 있습니다. 당신은 스스로 남들과 다르다는 느낌을 가졌을 수 있고, 적응을 위한 반응으로서 당신 자신만의 개인적인 철학과 세상에 대한 관점을 만들어 냈을 수 있습니다. 그러한 이유 때문에 당신에게 가깝게 다가오는 사람들을 용인하는 데 신중한 모습을 보이게 되었을 수 있습니다. 남들이 당신에게 마음을 쓰는 것을 받아들일 수 있도록 치료자와 함께 당신 자신을 사랑하는 방법을 연습해 보기 바랍니다.

59/95 코드타입

남성의 경우 척도 5의 상승은 행동 표출의 가능성을 낮추게 되는데, 이는 아마도 주지화하고 공감하는 능력이 높기 때문일 수 있다. 몇몇 연구결과를 살펴보면 이러한 코드타입을 보이는 남성의 경우 학업적으로 적어도 보통 수준 이상의 수행을 보인다. 이들은 흔히 화려한 색채의 옷을 입으며 카리스마 있는 재능을 보인다. 이들은 언변이 좋고 분별력이 있으며 매력적이기 때문에 흔히 호감 가는 인상을 준다. 그러나 이들은 과도하게 일을 벌이는 경향(특히 Ma2가 높은 경우)이 있고, 일부의 경우 일을 마무리하는 데 어려움을 보인다. 이들은 매우 기회주의적인 특징을 보이는데, 필연적으로 사람을 속이는 것은 아니다. 일부의 사례에서 만일 척도 9가 매우 높은 경우라면, 감정 기복과 조증의 가능성으로 인해 목표지향적인 활동이나 대인관계적인 측면에서 지장을 받을 수 있다. 감정적으로 요구적인 양상과 끊임없이 주목받으려는 욕구 등이 주요한 문제영역일 수 있다. 이러한 프로파일의 남성은 인정받으려는 욕구가 두드러지고 상당한 수준의 재확인을 요청한다. 만일 척도 3 또한 상승한 경우라면 이러한 양상은 더욱 확연하다. 이러한 프로파일의 남성은 사람과 관련된 직업, 즉 예민함과 공감능력 및 활기찬 매력을 필요로 하는 직종에서 좋은 수행을 보일 수 있고, 이들의 활력은 지적이고 예술적인 분야에서 생산적인 모습으로 이어질 수 있다.

여성의 경우 척도 5의 상승은 이들의 감정적 반응이 신체적 혹은 언어적 공격성으로 연결될 가능성을 높인다. 이 코드타입의 여성은 전형적으로 활기차고, 경쟁적이고, 자신감이 넘치고, 거리낌이 없고, 모험적이고, 자기중심적이며, 요구적인 양상을 보인다. 이들은 자신의 목표지향적인 활동이 방해받거나 의심받게 되면 매우 강렬하게 화를 낼 수도 있다.

이들은 일반적으로 심리적인 문제나 불편감을 호소하지 않는다. 활동적이고 에너지 수준이 높으며 쉽게 지루함을 느끼는 이 사람들은 스스로에 대해 자신감이 넘치고 느긋한 사람으로 묘사한다. 척도 0이 낮은 것은 일반적으로 사회적 장면에서 편안함을 느끼고 흔히 사회적으로 좋은 인상을 주는 사람임을 시사한다. 심지어 MAC-R 척도가 상승하지 않은 경우라도 남성과 여성 모두의 경우에서 자신의 활력수준을 조절하려는 목적으로 화학 약물을 사용하는 등 중독에 취약한 모습을 보일 수 있다.

⊃ 치료

조증은 존재하지 않지만, 이처럼 경조증적인 사람들은 일반적으로 생산성이 높고 성공적인 모습을 보인다. 만일 조증이 존재하는 경우라면 활력수준과 충동성을 안정화시키기 위해서 그리고 우울증으로 변모할 가능성을 막기 위해서 흔히 약물 처방이 필요하다. 조증이 존재하지 않는 경우라면 이러한 사람들은 전념할 것에 대한 책임을 지니면서 타당화 및 인정을 받을 수 있는 기회가 주어지는 코칭유형의 치료로부터 도움을 받을 수 있다. 남성과 여성 모두 상당한 인정 욕구를 보이는 경향이 있는데, 이는 내면화된 양육자의 기대를 반영한 것으로서 대단한 성공을 해야만 사랑받고 인정받을 수 있다는 믿음을 보일 수 있다. 이들로 하여금 자신의 진정한 목표인 것과 남들의 인정을 받기 위해 해내야 한다고 믿는 것을 구분할 수 있도록 도와주어야 한다. 남성의 경우 어머니와 아들 사이의 관계가 내면 갈등의 원천이 될 수 있다. 자신의 장점을 극찬하고 자신만만해하며 때론 뻐기는 모습을 보일 수 있지만, 59/95 코드타입의 사람은 자신의 성취가 '충분한' 것인지 스스로 믿음을 갖는 데 어려움을 겪는다. '자랑을 늘어놓는' 역할 연기와 같은 게슈탈트 훈련을 통해 자신의 성취에 주의를 기울이고 자축하도록 도와준다면, 끊임없이 생산적이어야 하고 남들로부터 좋은 평가를 받아야 한다는 욕구를 줄여 주는 데 효과적일 수 있다. 치료에서의 목표 두 가지는 현실적인 목표를 설정하는 것과 만족시켜야 한다는 욕구 때문에 과한 노력을 기울이는 것을 피하는 것으로 요약된다. 59/95 코드타입 여성의 경우 아버지와 딸의 관계를 탐색해 보아야 하며, 그 관계가 이들의 높은 경쟁적 욕구 및 경쟁자에게 완승해야 한다는 신념에 미치는 영향력을 살펴보아야 한다. 이들은 앞의 치료적 전략 가운데 일부로부터 이득을 얻을 수 있다. 남성이나 여성 모두의 경우에서 좌절을 경험했을 때 이들이 느끼는 과민함을 조절할 수 있는 방법을 가르쳐 주어야 한다. 어린 시절 이들의 양육자가 이들로 하여금 끊임없이 성취나 성공을 추구하도록 부추겼던 경험이 있는지 탐색해 보아야 한다. 어린 시절 부분적 강화계획(간헐적으로 보상이 주어지는 경우)이 이루어진 경험이 있는지 살펴보아야 한다. 남녀 모두의 경우에서 사랑하는 사람에게 매우 요구적인 모습을 보이는 경향이 있는데, 상대방에게 성과물이나 애정을 요구함으로써 대인관계적 갈등을 빚기도 한다.

⤳ 치료적인 피드백

- **남성의 경우:** 당신의 프로파일을 살펴보면 당신은 매우 열정적이고 의욕이 넘치고 경쟁적이며 야망이 있는 사람입니다. 당신은 과도한 노력을 기울이는 경향이 있습니다. 당신은 예민하고 창의적이며 지적인 호기심이 많습니다. 당신과 같은 프로파일을 보이는 사람들은 흔히 화려하고 대담하며 카리스마 있는 모습으로 비춰집니다. 당신은 창의적이고 신기한 생각들을 즐기며, 감성적이고 심미적인 환경에서 편안함을 느낍니다. 당신은 여성의 무리 안에서 편안해할 수 있고, 전통적으로 여성적인 일부 활동을 즐길 수 있습니다. 당신은 어린 시절 여성과 가깝게 지냈을 수 있고, 여성의 감정이나 관심사를 쉽게 이해할 수 있었을 겁니다. 아마도 당신의 부모님이 당신의 노력을 통해서 가족이 성공에 이를 수 있다는 신념을 부추겼거나 또는 당신 스스로 이를 입증해야 한다는 의무감을 지녔던 것으로 보입니다. 당신은 상당히 의욕이 넘치는 사람이며 자신에 비해 세상이 너무 늦게 움직여서 조바심을 느끼고 있습니다. 당신은 '최고 속도'와 '멈춰 버린 속도'라는 두 가지 종류의 속도만을 지니고 있습니다. 당신에게 해야 할 일들이 다소 과하게 부여된 경우 당신은 가장 행복해하는 경향이 있습니다. 당신의 활력수준이 역효과를 가져오는 때를 알아차릴 수 있도록 치료자와 함께 작업해야 합니다. 당신이 자신의 진정한 목표의식에 따라 움직이는 경우와 다른 사람의 사랑과 인정을 얻기 위해 성취를 보여야 한다는 신념에 따라 움직이는 경우를 구분할 수 있어야 합니다. 당신의 활력수준이 역효과를 가져오는 경우라면 당신의 치료자는 약물 처방을 권유할 수도 있습니다.

- **여성의 경우:** 당신의 프로파일을 살펴보면 당신은 활력이 넘치고 야망이 있는 여성으로서 오히려 남성들의 무리에서 편안함을 느낄 수 있습니다. 당신은 전통적으로 남성적인 활동을 즐기고, 틀에 박힌 여성적 관심사와 가치를 거부하는 모습을 보이는 현실적이고 활동지향적이며 경쟁적인 여성입니다. 당신은 빠른 속도로 생각하고 움직이며, '최고 속도'와 '멈춰 버린 속도'라는 두 가지 종류의 속도만으로 살아갑니다. 당신은 아마도 당신에 비해 남들이 느리게 움직이거나 사고하기 때문에 조바심을 느낄 수 있습니다. 남들이 보기에 당신은 공격적이라 할 만큼 경쟁적인 사람일 수 있으며, 때로는 당신의 활력수준이 너무 높아서 일을 끝마치거나 관여한 것들을 마무리하는 데 어려움을 보일 수 있습니다. 당신은 어린 시절 남성과 가깝게 성장하면서 대단한 성취를 이루어야 할 필요성을 느꼈을 수 있습니다. 아마도 당신의 부모님이 당신의 노력을 통해서 가족이 성공에 이를 수 있다는 신념을 부추겼거나 또는 당신 스스로 이를 입증해야 한다는 의무감을 지녔던 것으로 보입니다. 당신의 활력수준이 역효과를 가져오는 때를 알아차릴 수 있도록 치료자와 작업해야 합니다. 당신이 자신의 진정한 목표의식에 따라 움직이는 경우와 다른 사람

의 사랑과 인정을 얻기 위해 성취를 보여야 한다는 신념에 따라 움직이는 경우를 구분할 수 있어야 합니다. 당신의 활력수준이 역효과를 가져오는 경우라면 당신의 치료자는 약물 처방을 권유할 수도 있습니다.

50/05 코드타입

이 코드타입의 남성은 내향적이고 지적이고 창의적이며, 전형적인 남성적 활동과 관심사를 거부한다. 이들은 스트레스에 처했을 때 다른 사람들에게 접촉하기보다는 대인관계적 철수나 지적인 철수를 통해 대처한다. 이들은 신중하고, 억제되어 있고, 낯선 이에 대해 불안해하고, 과잉통제적이며, 과도하게 관념적이다. 이들은 사회적으로 서툴고, 자기주장을 하는 데 어려움을 보이며, 일부의 경우 낮은 자존감을 갖고 있다. 이들은 쉽사리 당황하며 행동 표출을 보이지 않는다. 이들은 수동성으로 인해 성적인 문제를 겪을 수도 있다.

이 코드타입의 여성은 척도 5의 상승으로 예견되는 것보다 더욱 내성적이고 자기주장은 덜하는 편이다. 일부의 경우 노동자 계층에 해당되거나 시골에서의 성장 배경을 보인다. 다른 이들은 전통적으로 남성적 직업에서 편안함을 느끼는데, 사회적 상호작용을 거의 필요로 하지 않는 직업이기 때문이다. 이 여성들은 공대 계열의 기술직, 군인 같은 직종, 또는 자신의 실용적인 문제해결기술이 빛을 발할 수 있는 종류의 직업 등을 선호한다. 이들은 비교적 고립된 업무를 편안하게 느낀다. 남성과 여성 모두의 경우에서 척도 5를 제외하고 2개의 척도를 고려해서 해석할 때 더욱 유용한 경우가 존재한다.

⤵ 치료

연구결과에 따르면, 내향성이나 외향성은 안정적인 속성을 지녔으며 유전적인 특질이다. 사회기술 훈련뿐만 아니라 자기주장 훈련도 유용할 수 있다. 남녀 모두의 경우에서 내향적인 사람의 특징을 받아들이는 것으로부터 이득을 얻을 수 있고, 자신의 직업이나 대인관계 상황에 적절한 사회기술을 익힘으로써 도움을 얻을 수 있다.

⤵ 치료적인 피드백

• **남성의 경우**: 당신의 프로파일을 살펴보면 당신은 예민하고 지적이고 창의적이고 심미적인 사람이며, 다소 수줍음이 많은 편입니다. 당신은 잘 모르는 사람들과 무리를 지어 만나는 것을 회피하는 경향이 있고, 생각이 비슷한 사람들과 소수로 만날 때 가장 편안함을 느낍니다. 당신은 홀로 있는 시간을 필요로 하고, 지나친 사교 활동으로 '소진되는' 감정을 느낄 수 있으며, 안부를 나누는 사교적인 대화에서 스트레스를 받습니다. 당신과 같은

프로파일을 보이는 사람들 가운데 일부는 구조화된 업무를 다루는 데 있어서 리더의 역할을 맡을 수도 있습니다. 때때로 당신은 주저하는 모습을 보일 수 있으며 자기주장을 잘 못하는 편인데, 꼭 그래야 한다고 생각하는 경우가 아니라면 자신의 이익을 위해 '요구적으로 말하지' 않습니다. 당신의 수줍음이나 타인에 대한 지나친 공감으로 인해 직업 및 대인관계에서 손해를 본 경험에 대해서 치료자와 함께 논의하기 바랍니다. 어떤 사회적 상황을 가정하고 사교적 대화를 나누는 것을 미리 연습한다면 편안함을 느낄 수 있을 것입니다.

- **여성의 경우**: 당신의 프로파일을 살펴보면 당신은 자부심이 있고, 내향적이고 현실적이고 분별력이 있으며, 활동지향적인 여성으로서 홀로 하는 일에서 매우 편안함을 느낍니다. 당신은 사교적 대화를 나누는 것이나 낯선 사람과 많은 사교활동을 해야 하는 것을 싫어합니다. 당신과 같은 프로파일을 보이는 여성의 경우 현실적인 문제를 해결하는 직업 또는 많은 사회적 상호작용의 필요성이 없는 자율적인 업무에서 편안함을 느낍니다. 당신은 아마도 당신 삶의 대부분을 이런 방식으로 지냈을 것이며, 만일 이러한 특질이 어떤 문제를 야기한다면 구조화되지 않은 사회적 상황에서 낯선 사람들과 관계를 형성하는 방법에 대해 치료자와 함께 연습하기 바랍니다.

척도 6(Pa)

단독상승 6

척도 6에서만 높은 점수(T≥65)를 보이는 프로파일은 매우 예민하고, 발생한 일에 대해 사적으로 해석하며, 다른 사람의 동기를 의심하는 사람의 특징을 시사한다. 이러한 사람들은 '부당함을 수집하는' 방식을 통해 적개심을 쌓아 두는 모습을 보일 수 있다. 척도 6의 해석을 위해서는 그 하위척도의 상승양상을 살펴보아야 한다. 어떤 프로파일에서 척도 6의 상승은 주로 Pa2나 Pa3 하위척도에 의해서 이루어지고, Pa1은 상승을 보이지 않는 경우가 있다. 이러한 경우 편집증적 사고나 피해의식의 증거는 거의 없다. 그러나 Pa1이 높은 점수가 아닐지라도 척도 6의 상승으로 인해 스트레스 상황에서 예민함이 편집증으로 바뀔 수 있고, 편집증적 질투, 타인의 동기에 대한 오해석, 참조적 사고 등을 보일 수도 있다. 주요한 방어기제로서 투사를 보이는 경향이 있다. Pa1이 함께 상승한 경우라면 피해망상이 존재할 수 있다. 3개의 하위척도 모두 상승한 경우라면 편집증이 시사된다. 일부의 경우 K 척도와 Es 척도가 함께 높은 점수라면 일정 기간 동안 비교적 잘 기능하는 모습을 보일 수 있다. 남들의 눈에 이들은 '과민하고' 쉽게 상처를 받으며 사소한 비판으로 보이는 것에 대해서도 쉽게 보복적인 행동을 보이는 사람으로 비춰지지만 명백한 편집증으로 보이지는 않는다. 그러나 비난이나 요구사항에 대한 이들의 예민함 그리고 상호작용에서의 사소한 부분에 대해 자기방어적으로 논쟁을 벌이는 성향으로 인해 결국에는 대인관계적 문제를 겪게 된다. 척도 6에서 높은 점수를 보이는 사람은 세상을 잠재적으로 위험한 곳으로 지각하며, '좋은 사람'은 믿을 수 있고 '나쁜 사람'은 믿을 수 없다는 생각을 갖는다. 결론적으로 이들은 그 연속선상에 타인을 위치시키기 위해 끊임없이 평가한다. 이들은 누가 좋고 누가 나쁜지 결정하는 데 있어서 자신만의 감정적 욕구와 취약성에 근거를 두고 있기 때문에, 남들의 눈에 경직되고 평가적이며 자기중심적인 사람으로 비춰진다.

척도 6이 높은 사람은 따지기 좋아하는 성격이며 이로 인해 많은 분쟁에 휘말리게 된다. 이들이 갈등에 접근하는 방식을 살펴보면, 협상을 통해서 상호 만족할 수 있는 문제해결을 이끌기 위함이 아니라 스스로를 방어하는 데 그 목적이 있다. 이들은 자신이 원하는 것, 바라보는 관점, 갈망하는 욕구 등을 도덕적인 근거에 따라 정당한 것이라고 주장한다. 이 때문에 다른 이들로 하여금 논쟁을 벌이도록 만들 수 있고, 다른 이들도 자신의 관점에 따라 도덕적 정당성을 제시하도록 부추길 수 있다. 척도 6에서 높은 점수를 보이면서 모든 하위척도가 상승한 경우라면 정신증적 장애를 시사할 수 있다. 이러한 경우 CIA와 FBI 또는 외계의 악한 세력 등에 집착하는 모습은 이들의 내부에서 경험되는 취약성을 반영할 수도 있고, 스스로를 보호하기 위해 거대 권력과 마술적 존재에 기대어 대응하려는 방어적인 태도를 의미할 수도 있다. 리얼리티 TV 쇼에 출연한 이후 자신들이 마치 리얼리티 TV 쇼의 스타가 된 것처럼 믿는 등 스트레스에 대한 편집증적 반응을 호소하는 젊은 내담자의 사례가 매우 많이 늘어났다. TV 에피소드가 자신을 대상으로 진행된다는 믿음으로 형성된 이들의 편집증적 사고는 신념 체계 속에서 상당한 기간 동안 지속되는데, 이는 냉전 시대에 자신이 CIA 스파이라고 생각하는 편집증적 망상의 방식과 닮아 있다. 중간 이상의 점수(55~65T)는 예민하고 충직하고 매우 이성적이며 분석적인 사람을 시사하는데, 이들은 타인의 공감 부족 때문이라고 생각하며 쉽게 상처받는 양상을 보인다. 이들은 어떤 일이든 자기와 관련지어 받아들이는 모습을 보이는데, 심각한 스트레스를 경험하면 상대방의 동기가 의도적이며 사악하다는 오해석을 하게 된다. 이 점수영역에 해당하는 경우 편집증의 다양한 요소의 상대적인 영향력을 가늠하기 위해 하위척도의 점수가 특별히 유용하다. 만일 누군가 범죄로 기소되거나 굴욕적인 실수를 의심받는 경우 척도 6이 이 점수영역까지 상승할 수 있다. 이러한 경우 척도 6의 점수는 비난에 대한 예민함이 고조되었거나 부당하게 기소되었다고 느끼고 있음을 반영할 수 있다. 척도 6의 점수가 중간 수준인 경우더라도 사소한 모욕이나 위반사항에 대한 정당함을 획득하기 위해 자기패배적인 양상으로 집착하는 모습을 보일 수 있다. 그러나 이 정도의 점수영역까지만 상승한 경우 대부분은 이성적이고 분석적이고 공정하고 다소 까다로운 사람을 시사하며, 이들은 미묘하게 평가적인 모습을 보일 수 있는데 결국 이로 인해 다른 사람으로부터 평가받게 될 수도 있다.

낮은 점수(T≤35)의 경우는 흔하지 않다. 매우 낮은 점수의 경우라면 냉소적인 사람을 시사하는데, 이들은 대부분의 다른 사람에 대해 자기중심적이고, 자신에게만 몰두하고, 이기적이며, 상대방을 착취할 준비가 되어 있다고 보는 경향이 있다.

⊃ 치료

단독상승 6을 보이는 사람의 핵심 문제가 신뢰이기 때문에, 치료자는 세심한 신뢰를 바탕으로 내담자로부터 믿음을 얻어 내야 한다. 척도 6이 높은 내담자는 치료자의 말과 행동 및 진술된 절차와 치료의 목표를 꼼꼼하게 살핀다. 치료자가 공언한 것으로부터 차이가 나는 부분은 척도 6이 높은 내담자에 의해 기록될 수 있으며, 이는 향후 갈등이 빚어지거나 치료적 상호작용에서 부당함이 발생하는 경우를 대비한 행동이다. 이들 내담자는 자신의 두려움과 걱정 및 욕구를 요청하는 태도가 아니라 합리화된 요구사항으로서 표현하기 때문에 위협적인 자세로 치료에 임할 수 있다. 치료자가 이러한 내담자에 대해 어린 시절에 조건화된 경험의 맥락으로 이해할 수 있다면, 부정적인 역전이가 발생할 가능성을 최소화할 수 있다. 흔히 이러한 내담자의 경우 부모가 아이를 통제하는 수단으로서 비난, 수치심, 죄책감, 또는 가혹한 신체적 처벌을 사용하면서 매우 엄격한 모습을 보였던 성장환경을 가졌을 수 있다. 많은 경우 부모의 가혹한 훈육은 극도의 분노와 함께 이루어지지 않고 대신에 당위적인 것임을 강조하는 분위기에서 행해진다. 말로써 호된 꾸짖음을 하거나 수치스러운 처벌을 주는 것은 물론이고, 반복되는 매질은 '악귀를 몰아내기 위함'이라는 명목 아래 그리고 지독한 처벌은 '아이에게 교훈을 주기 위함'이라는 명목 아래 행해지는데, 이러한 과정을 통해 아이는 비난으로 해석될 수 있는 모든 것에 대해 항상 예민하게 반응해야 함을 습득하게 된다. 내담자가 두려움 때문에 경계하는 모습을 보인다고 치료자로서 파악하게 되면, 치료자의 비난이나 평가에 대한 내담자의 예기불안을 진정시키는 것이 치료 과정의 핵심이 될 수 있다. 내담자가 치료절차에 대해서 무심한 듯 질문하는 것이 어떤 특정한 걱정을 의미할 수 있고, 따라서 매주 전이의 문제를 다루는 것이 유용할 수 있다는 사실을 명심해야 한다. 내담자가 치료자에 대해 미묘하게 대립적이거나 비판적인 양상일 때, 치료자는 반드시 자신의 방어적인 태도를 점검해 보아야 한다. 내담자의 과거 조건화된 경험을 고려할 때 내담자가 높은 가치수준과 경직된 도덕적 기준을 지닌 것이 충분히 이해될 수 있는 것임을 내담자 스스로 받아들일 수 있도록 도와주어야 한다. 이들이 남들에 비해 얼마나 예민한 편인지 그리고 그로 인해 어떤 일에 대해 과도하게 자기 자신과 관련지어 받아들인다는 점을 스스로 알 수 있도록 도와주어야 한다. 남들이 의도적인 적개심 때문이 아니라 그저 매우 무심하기 때문에 둔감한 양상으로 행동할 수 있음에 대해 교육해 주어야 한다. 남들에 의해 수치스럽게 처벌을 받거나 부당하게 대우받은 경험이 있는지 탐색해 보고, 만일 그러하다면 이를 감정적으로 정화할 수 있도록 그리고 스스로에 대해 공감할 수 있도록 격려해 주어야 한다. 인지행동치료 기법들을 통해 이들이 덜 민감하도록 그리고 일을 덜 개인적으로 받아들이도록 도와줄 수 있다.

⟳ 치료적인 피드백

당신의 프로파일을 살펴보면 당신은 매우 이성적이고 분석적이고 충직하며 공정성을 지닌 사람입니다. 당신에게는 옳은 일을 하는 것이 중요하고, 당신 자신이나 타인으로부터의 비난을 넘어서는 수준까지 열심히 일을 수행합니다. 당신은 높은 기준을 세우고, 남들이 당신을 비난할 것을 예상하여 스스로에게 최악의 비난을 가하는 경향이 있습니다. 당신과 같은 프로파일을 보이는 사람들의 경우 어린 시절 부모가 통제를 목적으로 매우 비판적으로 수치심을 주고 평가적이며 처벌을 가하는 양상의 환경 속에서 성장했을 수 있습니다. 어린 시절부터 당신은 비난의 여지를 넘어서는 수준까지 노력하는 모습을 보여 왔습니다. 당신은 매우 예민한 사람이기 때문에 부당함이나 불공정한 비난 또는 모든 종류의 굴욕에 대해 상당한 고통을 느낍니다. 때때로 사람들은 당신을 지나치게 예민하다고 '몰아세웠을' 수도 있습니다. 당신의 예민함은 아마도 유전적일 것이며, 예민함은 부정적인 특징이 아닙니다. 그러나 다른 많은 사람은 당신만큼의 예민함을 지니지 못했고, 그들이 당신에게 해를 끼치려는 의도가 아님에도 불구하고 그들의 투박함으로 인해 당신에게 상처를 줄 수 있고, 또한 그런 행동에 대해 그들은 인식하지 못할 수도 있습니다. 당신은 예민하고 비난을 받지 않기 위해 상당한 노력을 기울이기 때문에, 만일 남들이 당신의 감정을 상하게 하면 그들을 용서하는 데 오랜 시간이 걸립니다. 성실함은 당신에게 매우 중요한 덕목이며, 따라서 누군가 성실하지 못하면 당신은 다시는 그 사람을 신뢰하기 어렵습니다. 당신은 갈등을 싫어하고 비난을 듣지 않기를 원하기 때문에 누군가와 대립하는 것이 '정당하다'고 느껴질 때까지 상처와 부당함을 쌓아 두고 기다립니다. 당신이 분노, 상처, 부당한 대우를 받았다는 느낌 등을 표현하는 것이 편안하게 느껴질 때에는 이미 당신이 매우 화가 난 시점입니다. 당신은 공정한 사람으로 보이고 싶기 때문에, 화가 났을 때 상대방에게 그들이 '잘못한' 것에 대해 설명하려 합니다. 만일 당신이 누군가에게 요청을 하게 되면, 당신이 요청하는 것이 왜 합당하고 정당한지 그리고 실제로는 요청하는 것이 아니라 정당한 것을 요구하는 것이라는 점을 설명하려 할 수 있습니다. 당신은 비난과 비판에 맞서서 자신을 보호하며 삶을 살아가기 때문에, 남들의 입장에서는 비난받는다고 느낄 수 있고 당신과 협상보다는 논쟁을 해야 할 필요를 느낄 수 있습니다. 성장 과정에서 당신의 부모님은 자주 비난하고 비판적인 모습을 보이며, 당신이 부당하다고 느낄 때 처벌을 내렸을 수도 있습니다. 다른 많은 사람이 그러하듯이 당신이 비난에 대해 얼마나 예민하게 받아들이는지 스스로 이해해 볼 수 있도록 치료자와 함께 작업하십시오. 당신이 상처받고 부당하게 대우받았다는 느낌을 경험할 때 그러한 감정을 꺼 버리고 '민감함'이 과하게 작동하고 있음을 스스로에게 상기시키는 방법을 배우기 바랍니다. 당신이 분노를 느끼기 전에 당신이 원하는 것을 요청하는 방법을 배우십시오. 당신이 분노를 느끼게 되면 남들이 무엇을 잘못했는지 그들에게 설명하지 말고 당신이 무엇에 대해 화가 났는지 이야기하기 바랍니다.

다른 척도들과의 연계

61/16 코드타입
16/61 코드타입을 참조할 것

62/26 코드타입
26/62 코드타입을 참조할 것

63/36 코드타입
36/63 코드타입을 참조할 것

64/46 코드타입
46/64, 462/642, 463/643, 468/648 코드타입을 참조할 것

65/56 코드타입
56/65 코드타입을 참조할 것

67/76 코드타입
이 코드타입은 흔치 않으며, 이 코드타입과 함께 세 번째 또는 네 번째로 높은 점수를 빈번하게 보이는 척도는 척도 2와 척도 8이다. 이 프로파일을 보이는 사람들은 극도로 예민하고 긴장이 높고 불안해하고 저조한 기분을 경험할 수 있으며, 남들과 소외된 양상으로서 부당함의 경험을 강박적으로 축적할 수 있다. 이들은 비난이나 거절에 대한 극도의 염려를 보이며

실패하지 않는 것에 집착한다. 이 프로파일을 보이는 사람들은 벼랑 끝에 몰린 것 같은 두려움을 반복적으로 경험하며, 비난받거나 비판을 듣는 것을 피하는 방법에 대해 반추한다. 이들은 누가 누구를 대상으로 무엇이라 말했는지에 대해 강박적으로 생각하고, 자신에게 있어서 그것이 진정 무슨 의미인지를 반복적으로 생각한다. 이들은 극도의 예민함으로 인해 대인관계적 문제점들을 겪게 되는데, 자신의 행동을 방어적으로 합리화 및 정당화할 필요를 지속적으로 느낀다. 이들은 불안정하고 자존감도 낮으며 쉽게 죄책감을 느끼지만, 이들 또한 남들에 대해 방어적인 비난을 자주 한다. 67/76 코드타입의 사람들은 자신의 요청이나 낙담을 분노나 무시 또는 방어적 논쟁으로 표현하는 경향이 있기 때문에 일상적인 상호작용도 논쟁으로 번지는 경우가 잦다. 관련이 없는 세부사항에 대한 작은 오해가 장시간에 걸쳐서 정당화하려는 설명으로 이어지는 경우가 있기 때문에 남들은 이것을 자신에 대한 교묘한 비난으로 받아들일 수 있다. 67 코드타입의 사람들은 죄책감을 느끼고 스스로에게 벌을 가하는 경향이 있다. 이들은 지속되는 염려로 인해 저조한 기분을 경험할 수 있다. 이들은 사안의 모든 측면을 검토하려고 노력하기 때문에 자칫 산만하거나 우유부단한 모습을 보일 수 있고, 실패와 비난을 피하려는 것에 집착할 수 있다. 이들은 남들이 자신을 어떻게 보는지, 자신의 감정이 합당한지, 어느 수준의 죄책감과 분노를 느껴야 하는지 등에 대해 강박적으로 반추한다. 흔한 경우는 아니지만, 이 프로파일이 편집증적 장애를 시사하기도 한다. 일부의 경우 종교적 집착과 관련된 침투사고를 보고하기도 하는데, 이는 죄책감으로부터 면죄부를 받고자 하는 이들의 욕구를 반영한다. 이들은 강박적이고 경직되어 있기 때문에 기초적인 문제해결에서 어려움을 보일 수도 있다. 자살 관련 문항들이 보고된 경우라면 지각된 좌절이나 수치스러운 실패로 인해 충동적인 자살에 이를 수도 있다.

⊃ 치료

이들은 일반적으로 심리치료에 대해 의구심을 품으며, 개인적이고 친밀한 정보를 드러내는 것에 상당히 취약함을 느낀다. 어린 시절 예상치 못하게 수치심을 겪거나, 비난받거나, 심하게 처벌받은 경험이 있는지 탐색해 보아야 한다. 좀 더 현실적인 자기상을 형성할 수 있도록 지지적인 치료나 인지행동치료를 활용하는 것이 도움이 된다. 사고중지법, 이완 훈련, 자기주장 훈련 등이 또한 유용할 수 있다. 이들은 일반적으로 매우 이성적이고 분석적이기 때문에 통찰치료를 활용하는 것도 도움이 될 수 있다. 어린 시절 '비난을 넘어서기' 위해 노력했던 자신의 모습에 대해 스스로 공감할 수 있도록 도와주어야 한다. 모든 상호작용 속에서 스스로를 변론하여 행동을 합리화하거나 미리 남을 비난해야만 할 필요성을 느끼며 삶을 살아가면서 적응해 나간 자신의 모습을 이해할 수 있도록 도움을 주어야 한다. 인지행동치료를 활용하여 지속적으로 비난에 대한 경계심을 유지하는 것이 수치심이나 비난을 받는 것에 대해 적응하기 위한 반응이었음을 스스로 이해할 수 있도록 돕고, 이러한 반응이 더 이상 무의식적으로 유지될 필요가 없음을 깨달을 수 있도록 도와주어야 한다. 다른 사람에게 책임을 돌리지 않고 분노를 직접적으로 표현하는 방법에 대해 역할 연기를 실시해도 좋다.

⊃ 치료적인 피드백

당신의 프로파일을 살펴보면 당신은 예민하고, 상당히 분석적이고 이성적이며, 매우 공정한 사람입니다. 당신은 비난받을 여지를 남기지 않기 위해 상당한 시간을 들여서 자신의 행동을 분석합니다. 당신과 같은 프로파일을 보이는 사람들의 경우 부모님이 예상치 못하게 비판적이고 평가적인 모습을 보여 주는 환경에서 성장했을 수 있습니다. 당신의 부모님은 매우 높은 기준을 갖고 있고, 예민하며, 부모님의 비판과 평가로 인해서 당신은 죄책감과 수치스러움을 경험했을 수 있습니다. 당신은 비난받을 여지를 남기지 않기 위해 가능한 모든 것을 점검하는 방식을 선택해서 적응하려 합니다. 당신은 모든 상황을 분석해서 비난의 여지가 없음을 분명히 하고자 하고, 당신의 의무와 책임을 다해서 꾸짖음을 넘어서는 수준에 이르려고 합니다. 당신은 상당히 많은 시간을 들여서 남들이 자신을 어떻게 생각하는지, 과거에 당신이 무엇을 했는지, 혹시 남들로 하여금 당신을 비난하거나 비판하도록 여지를 남기지는 않았는지 등에 대해 생각하고 분석합니다. 당신은 사안의 모든 측면을 고려하기 때문에 의사결정을 내리는 것이 힘들 수 있습니다. 또한 당신의 감정이 왜 합당하고 정당한지에 대해서 먼저 설명을 늘어놓지 않고 당신의 감정을 남에게 직접 이야기하는 것을 어려워합니다. 당신이 그렇게 설명을 하게 되면 남들은 그것이 당신의 방어적인 자세라고 간주하여 논쟁적으로 반응하게 됩니다. 당신은 자신의 생각, 감정, 욕구, 행동 등의 당위성을 설명하려 하면서 갈등을 초래할 수 있습니다. 이에 남들은 방어적인 자세를 취하게 되고, 당신 말의 사소한 부분에 집중해서 당신이 틀렸다는 것을 증명하려 할 수 있습니다. 왜 당신의 감정이 정당하고 다른 사람이 '올바르지 못한지'에 대해서 설명하지 말고 당신의 욕구와 상처 및 분노를 직접적으로 표현하는 방법을 배우기 바랍니다. 당신이 누군가에게 화가 났을 때 평가적인 표현을 쓰는 것을 피하도록 노력하십시오. 당신의 분노에 대해 이야기할 때 '너'를 주어로 하지 않고 '나'를 주어로 해서 표현하십시오. 당신은 예민하지만 다른 모든 사람이 당신만큼 예민하지는 않다는 점을 기억하십시오. 다른 이들이 투박하게 굴거나 당신의 감정을 알아차리지 못할 때 때때로 당신은 그것을 자신과 관련지어 해석할 수 있는데, 남들이 나쁜 의도를 가지고 그렇게 하지 않았을 수 있습니다. 만일 당신이 치료 과정에서 마음을 열거나 자기공개를 함에 있어서 치료자의 신뢰를 염려하고 있다면 당신의 치료자에게 직접 이야기하십시오. 인지행동치료 기법을 활용해서 당신의 자기비난적이고 불안해하며 자책하는 생각들을 차단해 버리는 연습을 해 보기 바랍니다.

68/86 코드타입(468/648, 486/846, 489/849 코드타입 또한 참조할 것)

청소년이나 성인의 경우 모두에서 68/86 코드타입은 심각한 정신병리를 예측하며 사고장애로 진단될 가능성이 높다. 흔히 F, BIZ, PSYC, Pa1 등의 척도에서 상승을 보이는데, 이는 심리적인 혼돈감이 이 코드타입에서 동반되기 때문이다. F 척도가 높은 점수라면, 이 사람은 편집증적인 사고, 기이한 경험, 인지적이거나 정서적인 혼돈감, 분열된 감각경험 등을 인정했음을 의미한다. 척도 6과 척도 8이 모두 65T를 넘어서고 척도 7과 비교해서 10T 점수 이상으로 높은 경우(프로파일의 모양에 근거해서 '편집증적 V형'이라고 불리기도 한다)라면 정신병리는 더욱 극심하다. '편집증적 V형'을 보이는 경우 편집증적 정신분열증의 진단을 고려해야만 하며, 이 형태의 프로파일을 보이는 사람의 경우 과거 정신과 입원 경력이 있을 수 있고 정신증적 삽화가 재발했을 수 있다. 척도 6과 척도 8에서의 상승은 심각한 장해를 시사하는데, 척도 7이 높지 않음은 낮은 불안을 의미하기 때문에 이러한 문제가 자아동질적일 수 있고, 따라서 치료에 심하게 저항할 것을 예상할 수 있다. 이들은 정신증적 혼돈감, 심리적 혼란, 공격이나 평가 및 비난을 받는 것에 대한 지속적인 경계상태 등을 경험하고 있기 때문에, 대부분의 사람이라면 불안이 유발되는 상황일 수밖에 없다. 이러한 불안이 존재하지 않는다면(척도 7이 낮다), 이 사람은 심각하고 혼란스러운 정신질환에 익숙해져 있는 것으로 평가될 수 있다.

68/86 코드타입의 사람들은 일반적으로 매우 의심이 많고, 신뢰를 갖지 않으며, 홀로 지내는 경향이 있다. 이들은 타인의 동기를 의심하고, 스트레스에 의해 쉽게 인지적인 혼돈을 경험한다. 이들은 감정 기복이 심하고, 적대적이고, 예측이 불가능하고, 부정적이며, 때때로 정서적으로 부적절한 모습을 보인다. 이들은 남들로부터 정서적인 거리를 유지하는데, 왜냐하면 이들이 과민하고 화가 많으며, 관계 속에서 이들을 두려워하고 싫어하며 혐오스럽게 여기도록 자극하는 경향이 있기 때문이다. 정서는 전형적으로 부적절하거나 둔마되어 있는 양상을 보인다. 이들은 무감동과 쾌감 상실을 보이며 우울한 정서를 드러낸다. 이들은 뿌리 깊은 부적절감과 무능감을 경험하지만, 타인을 향해 불안정한 적대감을 드러내면서 이러한 감정을 숨긴다. 이 사람들은 실제의 또는 가상의 적에 맞서서 스스로를 보호해야 한다는 생각에 쉽사리 집착하며, 열광적으로 총이나 칼 또는 다른 무기들을 수집하기도 한다. 이들은 많은 경우 외동이거나 집안의 막내이다. 이들은 감정적 반응에 있어서 급작스러우며 돌연 불안정하고 분개하는 반응을 보이기 때문에 일부의 경우 양극성장애로 진단되기도 한다(이 코드타입이면서 척도 9가 높고 척도 0이 낮은 경우를 살펴보라. 698/968 코드타입도 참조하라). 전형적으

로 이러한 감정 기복은 남들이 자신을 위협한다는 지각적 경험에 의해 촉발될 수 있다. 일부는 예기치 못하게 공격적인 모습을 보일 수 있다. 많은 경우 현란하거나 소름끼치는 옷차림과 태도를 보이며 괴짜 혹은 특이하다는 인상을 주는데, 이는 아마도 인지적 혼돈감과 사회적 소외감 및 정서적 친밀감에 대한 두려움 때문일 수 있다. 문신, 보디 피어싱, 무기를 휘두르는 행동 등을 통해 남들로부터 거리를 유지하며, 68/86 코드타입의 사람은 상대방으로 하여금 자신들이 자기방어를 할 수 있음을 알려 주려는 것으로 보인다. 이들은 거절이나 무시로 해석될 수 있는 모든 것에 극도로 예민하다. 이들은 자기를 보호하는 것에 사로잡혀 있기 때문에 심리적인 통찰이 부족하다.

이들의 사고 과정은 과잉일반화, 잘못된 해석, 사고의 이탈/우회, 명백한 망상 등의 특징을 보인다. 이들은 집중력을 유지하고 생산성 있는 활동을 하는 데 어려움을 보이는데, 부분적인 이유로서 손상된 현실검증력과 정신적 혼란감을 들 수 있다. 우울감, 기이한 두려움, 공포증, 강박사고 등이 존재할 수 있다. 성욕 및 성적 부적절감과 관련된 내적 갈등이 이들의 문제점이 될 수 있다. 이 코드타입의 성인 대부분은 독신이고, 많은 시간을 들여 몽상과 공상에 몰두할 수 있다. 행동적인 측면에서 볼 때 이들은 예측 불가한 모습을 보이는데, 특히 척도 4(468/648 코드타입 참조) 또는 척도 9(698/968 코드타입 참조)가 동반상승하는 경우가 그러하다.

이 프로파일의 성인 가운데 일부는 불규칙한 고용의 경력을 보이는데, 간헐적이고 충동적으로 해고당하는 특징을 보인다. 이들은 자신의 분노를 조절하는 데 어려움을 보인다. 이 코드타입을 보이는 청소년의 경우 흔히 폭력적인 기질을 보이는데, 특히 K 척도가 50T 이하인 경우에 그러하며, 이들은 또래들과 형편없는 관계양상을 보인다. 이들이 많은 시간을 들여 공상에 몰두하며, 학업에서 형편없는 성적을 보이는 것은 놀라운 일이 아니다. 때때로 이들은 주의력결핍장애(ADD)의 진단을 받고 암페타민을 처방받는데 그 결과는 좋지 못하다. 이러한 10대들은 흔히 가족력을 살펴볼 때 신체적인 처벌과 모욕의 대상이었음을 확인할 수 있다.

68/86 코드타입의 경우 전형적으로 양육자가 거부적이고 적대적이었으며, 기껏해야 무관심한 양상을 보였다. 이들은 특히 적대감에 예민한데 이는 아마도 어린 시절에 적대감을 경험했기 때문일 수 있으며, 만일 이들이 위협감을 느낀다면 분노를 급작스럽게 표출하는 양상으로 반응할 수 있다.

⊃ 치료

이 사람들은 이미 인지적 및 정서적으로 혼돈된 상태이기 때문에 통찰지향의 치료는 금지된다. 이들은 치료자에 대해 잠재적으로 비판을 가할 수 있는 권위의 대상으로 인지하고 있으며, 차갑고 매정하게 양육받았던 자신의 경험을 자녀에게 그대로 반복할 가능성도 갖고 있다. 이들은 타인에 의해 공격당했다는 지각을 치료 과정 중에 반추하면서 쉽게 산만해지거나 편집증적인 모습을 보일 수 있다. 심리치료는 지지적이어야 하며, 가능하다면 즉각적인 행동 교정을 시도하기보다는 재양육적이거나 진정시키는 방향으로 진행되어야 한다. 지나치게 친근한 태도는 삼가면서 치료적 구조를 제공해야 한다. 지지적이고 이해해 주는 과정을 통해 68/86 코드타입의 사람들이 덜 위협적으로 느낄 수 있도록 도움을 줄 수 있다. 이들에게는 항정신증 약물 처방이 권고된다. 예를 들어, 거주지와 같은 기본적인 문제를 해결하는 데 있어서도 이들은 흔히 도움을 필요로 하므로, 취업할 수 있도록 복잡한 사안을 처리하는 것을 도와주거나 고지서를 지불하고 공공기관 업무를 처리해 주는 등 일상적인 문제를 처리하도록 도움을 줄 수 있다. 이들은 대부분 정부 차원의 재정 지원 프로그램에 의존해서 지낸다. 이들은 관료주의적 규칙을 엄격히 고수하는 공공기관 직원과의 싸움에 열중하는 모습을 보일 수 있는데, 이는 마치 정당한 자신의 권리를 쟁취하기 위해 처절한 응징을 가하는 모습처럼 보인다.

➲ 치료적인 피드백

당신의 프로파일을 살펴보면 당신은 현재 남들로부터 비난, 비판, 공격, 굴욕을 당할까 봐 취약한 감정을 느끼고 있는 것으로 보입니다. 당신은 마치 남들이 곧 당신에게 상처를 주거나 망신을 줄 것 같은 불안정한 느낌을 갖고 삶을 살아가고 있는 것으로 보입니다. 당신은 현재 누가 '내 편'이고 누가 '나의 적'인지 그리고 어떻게 하면 당신의 적으로부터 자신을 보호할 수 있는지에 대해 골몰하고 공상하며 많은 시간을 보낼 수 있습니다. 당신이 많은 시간 동안 당신의 삶을 즐기지 못하고 우울, 불안, 초조한 느낌을 경험하고 있는 것이 이해됩니다. 당신과 같은 프로파일을 보이는 사람들의 경우 흔히 주변의 누군가가 극도로 비난과 비판을 많이 하고, 매정하고 거부적으로 대하는 환경 속에서 성장하였습니다. 아마도 당신의 부모님 가운데 한 분은 정신질환이나 다른 문제를 앓고 있었을 수 있고, 그로 인해 극도의 엄격함을 보이고 때로는 매정하거나 무관심하고 무신경했을 수 있습니다. 스스로를 보호하기 위해서 당신은 남들로부터 철수해야 했으며, 당신의 내면세계 속에서 스스로를 위로해야 했습니다. 현재 당신은 세상을 무시무시한 곳으로 인식할 수 있으며, 누구를 신뢰해야 하는지 알기 어려워할 수 있습니다. 때때로 당신의 마음은 낯설고 무서운 생각에 의해 침해당할 수 있으며, 실제인 것과 당신의 상상인 것을 구분하기 어려울 수 있습니다. 당신이 스트레스를 받을 때 당신의 마음이 농락당하기 쉬운데, 실제인 것과 실제가 아닌 것 사이에서 한참 동안 불안과 혼돈의 시간을 경험할 수 있습니다. 치료자는 당신이 보다 안전감을 느낄 수 있도록 약물 처방을 권유할 수 있는데, 이를 통해 불안 감정과 혼돈된 사고의 일부를 줄여 줄 수 있습니다. 신뢰의 문제에 대해서 치료자에게 이야기하는 것이 중요하고, 치료에서 어떻게 해야 당신이 편안함을 느낄 수 있는지에 대해 치료자에게 솔직히 이야기하기 바랍니다. 치료자와 당신 모두 기본적인 '게임의 규칙들'을 함께 이야기할 수 있다면, 당신이 치료 과정에 대해 어느 정도 통제권을 지니고 있다고 느낄 수 있을 것입니다. 만일 당신이 현재 공격이나 비난을 받을 것에 대해 염려하고 있다면 당신을 방어하기 위해 어떤 계획을 갖고 있는지 치료자에게 이야기해야 하고, 그렇게 함으로써 당신은 현재 당신의 걱정과 불안이 얼마나 심각한지 이해할 수 있으며, 현재의 지각된 위협을 얼마나 심각하게 받아들여야 하는지에 대해 도움을 받을 수 있습니다.

69/96 코드타입(698/968 코드타입 또한 참조할 것)

이 코드타입은 편집증적 응대성, 높은 활력, 충동통제의 부족, 불안정감, 부적절감, 인정에 대한 강한 욕구 등을 시사한다. 편집증은 비난이나 비판에 대한 두려움을 포함한다. 남녀 모두의 경우에서 척도 4 혹은 척도 8이 세 번째로 상승한 척도일 가능성이 가장 높다.

이 프로파일을 보이는 사람들은 긴장이 높고, 흥분해 있으며, 사소한 스트레스에 과한 반응을 보이는데, 사소한 일에 대해서도 응급 상황이거나 곧 직접적인 위협이 될 것처럼 느낀다. 이들은 지속적인 동요와 각성 상태에서 생활하며, 남들로부터 공격이나 비난 및 비판을 받게 될 것 같은 느낌을 갖는다. 이들은 언제 분노를 느끼는지 잘 인식하지 못하기 때문에 분노를 조율된 방식으로 표현하지 못한다. 분노는 적개심을 축적하는 양상으로 쌓여만 간다. 조증이나 경조증 상태는 편집증을 부추기는데, 따라서 69/96 코드타입의 사람은 거의 모든 상호작용 속에서 지속적으로 경계 태세를 취하고 숨겨진 악의를 찾는다. 일단 분노가 표현되면, 불안정한 통제가 허물어진 것처럼 드러나는 양상을 보인다. 이들은 흔히 부당하게 대우받고, 핍박받고, 자신의 목표지향 활동이 방해받은 느낌을 갖는다. 이들은 통제받는 것에 매우 예민하고, 기혼자라면 많은 경우 가족 갈등이나 친인척 문제를 겪는다. 이들은 도덕적으로 경직되어 있고, 자신이 비판받는 것으로부터 스스로를 방어하기 위해 남들에 대해 비판하는 모습을 보인다. 이들은 방어적으로 자신의 장점을 극찬하는데 이는 경쟁적인 방식으로 표현되는 경향이 있으며, 마치 남들이 얼마나 무능한가를 드러냄으로써 자신을 방어하려는 양상과 같다. Caldwell(개인적 교신, 2000)은 이 코드타입에 대해 '버려진 자녀'의 조건화된 경험과도 같고, 이 코드타입의 사람들은 다른 형제자매와 비교해서 충분히 좋지 못하다는 감정을 느낀다고 묘사하였다. 이들은 경조증적 방어의 생활양식을 보이고, 지속적인 관심과 인정 및 승인을 추구하며, 동시에 마치 모든 타인이 제로섬 게임의 경쟁 상대인 것처럼 남들을 비판하는 양상을 보인다.

이 코드타입의 사람들은 흥분되어 있고 시끄럽고 장황하게 이야기하는 경향이 있지만, 때로는 카리스마 있는 모습을 보이기도 한다. 또한 편집증적인 방어성, 사고의 비약, 명백한 정신증 등을 드러낼 수 있다. 남들의 눈에 경조증적인 특성은 격렬함, 과민함, 조급함, 의심 많음, 억울해함 등으로 비춰질 수 있다. 만일 이들이 위협받거나 비난받는다고 느끼면 쉽게 적대적인 모습을 드러낼 수도 있다. 일부의 경우 환각, 종교적 환영, 과대망상이나 피해망상 등과 함께 정신증적 와해를 보인다. 그러나 대부분의 시간 동안 이들은 비교적 잘 기능해 온 것처럼 보인다. 편집증적 웅대성은 때때로 현실적인 근거를 갖고 있기 때문에 진단적으로 혼란스러울 수 있다. 이들은 지나치게 많은 업무와 활동에 관여하는 경향이 있고, 자신만의 방식으로 일을 하는 데 있어서 경직되고 융통성이 부족한 양상을 보인다. 이들은 흔히 과도한 성욕을 보이고, 또한 극도로 시기하고 소유욕이 높으며, 만일 자신의 정서적 안정이 위협받는다고 느끼면 폭력적인 모습을 보일 수 있다. 가족력을 살펴보면, 한쪽 부모가 지나치게 보호적이고 애정적이면서 동시에 엄격한 원칙주의자의 모습을 흔히 보인다. 다른 부모는 관용적이거나 아예 관여하지 않는 양상을 보인다. 이 코드타입을 보이는 남녀 모두의 경우에서 매력적으로 보이는 것에 높은 가치를 두고 있으며, 흔히 매우 유혹적이거나 현란한 옷차림을 보인다. 그러나 이들은 거절에 대한 염려를 갖고 높은 수준의 애정과 재확인을 요구하기 때문에 감정적으로 관계를 맺는 데 스스로 두려움을 갖는다. 만일 척도 8이나 척도 4가 함께 상승했다면, 폭력성향은 증대된다.

⊃ 치료

이들은 상호작용을 위해서 자신의 행동에 대해 논쟁 및 설명을 통해 합리화하는 과정이 필요하다고 보기 때문에 방어적인 사람들이다. 이 내담자들은 스스로 비판받는 것에 대한 일종의 방어로서 치료자의 행동을 평가하고 규정하는 성향을 보이기 때문에, 치료자 또한 방어적인 양상을 보일 수 있다. MAC-R 척도가 상승하지 않은 경우일지라도 많은 경우에서 화학 약물중독의 문제를 보인다. 이들은 경계 태세를 유지하는 경향이 있고 자신의 감정을 통제하고 싶어 하기 때문에, 자신의 감정을 분명하게 밝히는 것은 이들에게 위협으로 느껴질 수 있다. 일부의 사례에서 기분조절제를 사용하는 것이 편집증의 수준을 낮춰 줄 수 있다. 이들 가운데 많은 사람은 항정신증이나 항조증 약물로 인한 진정효과에 대해 매우 저항하는 모습을 보일 수 있다. 치료자가 기꺼이 69/96 코드타입의 사람을 인정해 주고 시간을 들여 경조증적 야망의 세세한 내용을 경청해 주면 가장 효과적일 수 있다. 치료 초기에 치료자로서의 역할보다는 코치로서의 역할을 보여 주면, 정신질환의 진단명으로 인한 낙인을 피할 수 있기 때문에 가장 이상적이다.

어린 시절에 이들의 부모가 엄격하고 통제적이며 애정을 주면서 동시에 비판적이었는지 탐색해 보아야 한다. 내담자의 양육자가 가혹하게 비판적이고 굴욕감을 주었던 기억이 있는지 내담자 스스로 탐색할 수 있도록 도와주라. 비판적이었던 부모를 비난하지 말고, 부모에게 비난받은 순간들이 얼마나 고통스러웠고 부당하게 느껴졌을 수 있는지 스스로 경험할 수 있도록 도와주어야 한다. 부모를 기쁘게 해 주고 싶었고 비난을 받고 싶지 않았지만 그럼에도 불구하고 결국 비난을 받게 되었던 과거력을 고려할 때, 완벽하고 싶고 비난의 여지를 남기고 싶지 않았던 이들의 강렬한 동기가 충분히 이해될 수 있음을 스스로 깨닫도록 도와주어야 한다. 이들 부모의 높은 기준과 굴욕적인 비난을 고려하면, 이들이 보이는 높은 동기수준과 논쟁적인 방어성을 적응의 맥락에서 이해할 수 있다. 이들이 현재 타인으로부터의 비난이나 거절에 대해 얼마나 취약한 감정을 느끼고 있는지 탐색해 보라. 경조증이나 편집증을 증가시키는 촉발환경을 살펴보면 외상적인 경험으로 지각되는 거절사건인 경우가 흔하다. 만일 약물처방이 필요한 경우라면, 약물이 이들의 문제해결능력을 효율적으로 만드는 데 얼마나 도움을 줄 수 있는지 설명해 줌으로써 저항을 줄일 수 있다. 이들로 하여금 실제의 위협과 이들이 보이는 과경계양상 간의 차이를 구분할 수 있도록 도와주라.

무시나 부당한 대우를 받았다고 느끼면 이들은 위험한 모습을 보일 수 있는데, 특히 이들이 위협에 대해 언어적으로 표현한 경우가 그럴 수 있다. 내담자가 치료자로부터 비난받은 느낌을 보고하거나 치료자를 비난하는 양상을 보일 때, 치료자로서 방어적인 모습을 보이지 않는 것이 중요하다. 치료자가 호의적인 태도를 보이면서 내담자의 상처받은 감정에 진솔한 관심을 보여 주고 이들이 정서적으로 상처를 받았던 상황 속에 함께 개입할 수 있도록 도움을 준다면 생산적인 치료 과정을 이끌 수 있다.

⊃ 치료적인 피드백

당신의 프로파일을 살펴보면 당신은 매우 활력적이고 의욕적이며 목표지향적인 사람입니다. 당신의 마음은 신속하게 작용하고, 당신은 여러 일 사이의 관계를 살펴보는 경향이 있습니다. 당신은 아마도 두 가지의 속도를 사용하고 있는데, '우선적으로 사용하는 최고 속도'와 '멈춰 버리는 속도'가 그것입니다. 당신은 수면에 대한 욕구가 줄어들었을 수 있고, 오랜 기간 동안 극도로 높은 활력을 보일 수 있습니다. 당신은 특별한 능력을 지녀서 위대한 업적을 수행하기 위해 선발된 것 같은 느낌을 갖고 한껏 고양된 의식과 지각능력을 경험할 수 있습니다. 누가 당신 편이고 누가 당신의 적인지 당신은 분명하게 알고 있다고 느낄 수 있습니다. 때로는 극도의 예민함과 지각능력 때문에 실제로 편집증적인 양상을 보일 수도 있는데, 누구를 믿어야 할지 알기 어렵고, 당신이 과민한 것인지 아니면 실제로 정확하게 남의 마음을 '읽고 있는' 것인지 구별하기 어려울 수 있습니다. 당신과 같은 프로파일을 보이는 사람들의 경우 흔히 부모님이 온정적이고 요구적이면서도 비난과 비판을 자주 보였던 환경 속에서 성장하였습니다. 동기가 매우 높은 아이로서 당신은 어쩌면 비난의 여지를 남기지 않을 만큼 완벽해지기 위해 엄청난 노력을 기울였을 수 있습니다. 현재 당신은 남들로부터 비난이나 비판을 듣는 것에 특별히 예민한 모습을 보일 수 있는데, 이는 당신이 자신만의 높은 기준을 갖고 있기 때문입니다. 남들이 당신을 비난 또는 비판할까 봐 당신이 먼저 비난과 비판을 가하려는 노력을 기울이면서 삶을 살아가고 있는지 모릅니다. 최근 당신은 타인으로부터의 비난, 거절, 비판, 공격 등에 대해 취약한 감정을 느낄 수 있습니다. 이 때문에 당신 스스로를 비난으로부터 보호하기 위한 목적으로 예외적인 성취를 이루고자 극도의 활력을 소모하는 일을 벌였을 수 있습니다. 때때로 당신의 예민함이 너무나 극심해서 당신이 명확하게 지각하고 있는 것인지 또는 편집증적인 경험을 하고 있는지 실제로 혼란스러워할 수 있습니다. 또 다른 경우에는 당신이 특별한 힘과 능력을 갖고 있다는 확신 때문에 다른 이들의 조언과 경고를 무시할 수도 있습니다. 당신이 높은 활력을 경험하는 이런 시기에는 만일 다른 이가 당신의 목표추구 과정을 방해한다고 느끼면 과민함을 보이고 화를 낼 수 있습니다. 만일 남들이 신뢰를 깨뜨리거나 혹은 어떤 방식으로든 당신에게 해를 끼친다고 지각하면, 당신은 자신을 보호하기 위해서 남들이 소스라치게 놀랄 만한 방법을 사용해야 할 필요를 느낄 수 있습니다. 최근 당신이 위협감을 느끼고 있는지 그리고 무엇이 그것을 촉발시켰는지에 대해서 당신의 치료자에게 이야기하십시오. 때에 따라 치료자는 약물의 처방을 통해 당신이 좀 더 명확하게 사고할 수 있도록 도와줄 수 있고, 당신의 활력을 분산시키거나 허비하는 대신 생산적으로 사용할 수 있도록 도움을 줄 수 있습니다.

당신의 어린 시절에 부당하게 비난이나 비판을 받았다고 느꼈던 경험이 있는지 치료자와 함께 살펴보십시오. 보호를 필요로 하는 사람을 보게 되면 당신이 어떻게 느끼는지 그리고 어린 시절에 비난받았던 경험이 그러한 느낌에 어떤 영향을 주었는지 탐색해 보기 바랍니다. 이 과정에서 필연적으로 당신의 부모님을 비난할 필요는 없습니다.

698/968 코드타입

69/96 코드타입의 특징과 더불어 척도 8의 상승으로 인해 혼돈감, 사고 및 집중에서의 어려움, 고양감, 극심한 분노반응과 현실검증력의 손상 등을 보일 수 있다. 사고의 이탈과 연상의 이완, 망상, 편집증적 의심 등이 흔하고, 일부의 경우 환각을 경험한다. 지나친 활력, 큰 목소리, 안절부절못함 등과 같은 경조증적 특성이 정신적 혼란감과 함께 드러날 수 있으며, 이 코드타입의 사람들은 기이한 신념, 종교적 메시지, 편집증적 의심, 음모론 등에 집착하는 모습

을 보일 수 있다. 척도 8 점수와 척도 6 점수의 차이가 5T 이하인 경우, 68/86 코드타입도 고려해야 한다. 또한 69/96 코드타입도 살펴보아야 한다.

⊃ 치료

68/86 코드타입이나 69/96 코드타입의 치료 부분 또한 참조할 것. 대체로 이 코드타입은 기분조절제를 처방받은 조증 환자에 해당되는데, 다른 경우에는 항정신증 약물 또한 필요하다. 혼란감, 고양감, 웅대성 및 편집증적 적대감이 주요한 문제에 해당되며, 이 때문에 대인관계적 어려움을 보일 수 있다. 치료자는 제한된 환경 안에서 내담자를 진정시켜 주고 이해해 주며 비직면적인 양상으로 이들의 분노와 편집증을 다룰 필요가 있다. 어린 시절 내담자에게 요구적이고 적대적이며 때론 가혹하고 굴욕적인 처벌을 가했던 양육자가 있었는지 탐색해 보아야 한다. 이들은 피해받은 느낌과 더불어 자신을 증명하고 싶은 경조증적 욕구를 지닌다. 통찰지향의 치료보다는 부드러운 양상으로 현실검증을 도와주거나 지지적인 치료를 진행하는 것이 좀 더 효과적일 수 있다.

⊃ 치료적인 피드백

69/96 코드타입과 89/98 코드타입의 치료적인 피드백 부분을 참조할 것

60/06 코드타입

이 코드타입은 흔하지 않다. 이 코드타입의 사람들은 보통 수준의 스트레스를 경험하며, 일반적으로 저조한 기분, 불안, 낮은 자존감 등을 드러내고 쉽게 예민해져서 비난이나 비판으로 받아들이는 특징을 보일 수 있다. 이들은 스스로에 대해 남들보다 더욱 예민하다고 느낄 수 있고, 남들에 비해 감정을 더욱 강렬하게 보고할 수 있다. 결론적으로 이들의 감정은 쉽게 다칠 수 있고, 이들은 무슨 일이든 자신과 결부 지어 받아들일 수 있다. 남들에게 이들은 '까다로운' 사람이며 사회적으로 서툰 사람이라고 여겨진다. 이 사람들은 금세 비난받았다고 느끼고, 남들이 자신을 차별대우했다고 생각한다. 스트레스를 받게 되면 이들은 강렬한 분노 삽화를 보일 수 있는데, 불안정한 통제가 와해된 양상으로 표출될 수 있다. 이들은 자신감이 부족한 경향을 보인다. 자기 자신에 대해 합리적이고, 명확하게 사고하고, 결정을 잘 내리며, 기억력이 좋다고 느끼는 경우에도 이들은 또한 본인의 자의식이 매우 높다고 느낄 것이며, 수줍음과 비난에 대한 예민함으로 인해 사회적으로 소외되어 있음을 본인 스스로 알고 있다. 이들의 예민함은 편집증적인 양상을 보일 수 있는데, 타인의 동기를 오해하고 비합리적인 질투심을 보이며 남들이 자신에 대해 이야기하고 있다는 염려(참조적 사고)를 드러낼 수 있다. 이 사

람들은 수줍음이 많고, 사회적 상황에서 불편해하며, 쉽사리 당황해한다. 사회적인 장면에서 이들은 잘 아는 사람하고만 이야기를 나누려 하고 즉흥적으로 '대화에 끼는 것'을 회피한다. 이들은 한발 물러서 있는 경향을 보이고, 누가 말을 걸지 않으면 굳이 말하려 하지 않으며, 일부의 경우 외로움을 보고한다. 다른 사람들의 경우 일단 이들과 관계를 형성하고 나면, 이들에 대해 정직하고 잘난 체하지 않고 믿을 만하며 충직한 사람으로 보게 된다. 그와 동시에 이들은 다소 다루기 힘들고 다가가기 어려운 사람으로 비춰질 수 있다. 흔히 이들은 적개심을 쌓아 두고 그것이 축적되도록 내버려 두다가 어떤 특별한 사건이 생기면 매우 합리화된 방식으로 폭발시켜서 표현하는 모습을 보인다. 자신이 신체적으로 충분히 매력적인가에 대한 염려가 흔히 존재한다.

정신분열증처럼 분열된 양상은 아니지만, 일부의 경우 명백한 편집증적 장애를 보일 수 있고, 이는 특정한 사람이나 상황에 초점이 맞추어진 확고하고 논리적인 편집증일 수 있다.

⊃ 치료

어린 시절 비판적이거나 징벌적인 양육자에 의해 조건화된 경험이 있는지 탐색해 보아야 한다. 아이를 통제하기 위한 수단으로서 가혹하게 꾸짖거나 수치심을 가하는 경우가 흔히 존재할 수 있다. 이들로 하여금 자신의 욕구와 상처 및 분노를 직접적으로 분명히 표현하는 방법을 가르쳐 주어야 하며, 그러한 감정이 정당하다고 느껴질 때까지 기다리다가 결국 그것들을 합리화된 분노와 책임전가를 통해 분출하도록 해서는 안 된다. 다른 사람들이 이들에게 둔감하게 행동하는 것이 이들에게 상처를 주거나 굴욕감을 주기 위한 의도적인 시도가 아닐 수도 있음을 이해하도록 도와주어야 하며, 이들이 상처를 받아서 침묵 속으로 철수하는 양상 또한 분노의 표현이 될 수 있고 그로 인해 타인으로 하여금 이들에게 화가 나도록 만들 수 있음을 이해하도록 도움을 주어야 한다. 내향성에 대해 '결함'으로서가 아니라 유전적인 특질로서 올바르게 인식할 수 있도록 돕고, 자기주장 훈련과 사회기술 증진 개입을 활용해서 외로움 및 사회적인 어색함을 줄여 줄 수 있다. 이들은 처방에 잘 따르는 경향을 보이기 때문에 예후가 좋을 수 있지만, 언어적인 치료의 효과성에 대해서 신뢰하지 않고 의심할 수 있으며, 이로 인해 치료적 초기 관계를 형성하는 데 어려움을 겪을 수 있다. 비록 초기에는 집단치료를 불편해할 수 있지만, 이들은 사회적 기술을 증진하는 집단 속에서 도움을 받을 수 있다. 남들로부터 이해받지 못한다고 느끼게 되는 과정을 논의하고, 친밀감을 갖고 있지만 타인을 믿지 못하는 것이 얼마나 고통스러운지에 대해서 이야기하도록 유도하라. 이들로 하여금 자신의 성취에 대해서 '자랑하는 것'의 역할 연기를 할 수 있도록 격려해 준다면 타인의 칭찬을 좀 더 기꺼이 받아들이도록 도와줄 수 있다. 이들은 많은 경우 경계심을 내려놓고 취약한 감정을 받아들이는 데 두려움을 느끼기 때문에 성치료를 통해서 도움을 줄 수도 있다.

➔ 치료적인 피드백

당신의 프로파일을 살펴보면 당신은 매우 수줍어하는 사람이며, 따라서 잘 모르는 많은 사람과 어울리는 것을 불편해할 수 있습니다. 당신과 같은 프로파일을 보이는 사람들은 기존의 친구들과 소규모로 만나거나 당신이 이미 알고 있는 누군가와 일대일로 대화하는 것을 선호합니다. 당신은 매우 예민하고 고집이 세며 요구적인 양상을 보이는데, 둔감한 사람들 때문에 상당한 수준의 불편감을 경험할 수 있습니다. 당신은 매우 높은 기준을 갖고 있고 스스로에 대해 가혹한 비난을 가하는 경향이 있기 때문에 다른 사람의 비난이나 비판에 대해 특별히 고통스럽게 느낄 수 있고, 타인에 대한 생각을 반추하는 모습을 보일 수 있습니다. 당신의 부모님은 다소 가혹하고 비판적이었을 수 있고, 어쩌면 당신을 훈육하는 방법으로서 수치심을 주거나 가혹한 처벌을 사용했을 수도 있습니다. 당신의 부모님은 또한 당신의 예민함을 이해하지 못했을 수 있고, 부당하고 가혹하게 다루어질 때마다 당신이 얼마나 상처를 받았는지 잘 이해하지 못했을 수 있습니다. 당신은 자신의 경계심을 누그러뜨리는 데 매우 조심스러운 모습으로 삶을 살아가는 것으로 보이며, 마치 비난이나 비판 또는 부당한 대우를 받게 될 것을 미리 예상하고 살아가는 양상입니다. 때로 당신은 매우 예민해지는 경우와 당신을 향한 적대감을 분명하게 느끼는 경우를 구별하는 데 어려움을 경험할 수 있습니다. 따라서 당신의 예민함이 편집증적 삽화로 이어지는 경우가 있는데, 그러한 경우에 누구를 믿어야 하는지 알기 어렵다고 느낄 수 있습니다. 당신의 수줍음과 예민함은 유전적일 수 있으며, 이는 당신에게 문제가 있기 때문이 아니라는 점을 스스로 이해할 수 있도록 치료자와 함께 작업해야 합니다. 많은 사람은 둔감하며 그들이 당신에게 상처를 주는 경우는 서투르고 잘 알아차리지 못하기 때문이지 의식적으로 당신에게 해를 입히려는 의도가 아님을 기억해야 합니다. 상처나 분노를 느꼈을 때 그것을 표현하는 것이 정당하다고 느껴질 때까지 기다리지 말고 적절하게 그것을 표현하는 방법을 연습해야 합니다. 당신이 표현하는 것이 정당하다고 느껴질 때까지 기다리게 되면 그때에는 이미 지나치게 화가 나서 상대방을 용서하는 것이 어렵기 때문입니다. 수줍음이 많은 다른 사람들과의 집단에서 함께한다면 당신만이 외로움을 느끼는 것이 아니라는 사실을 깨달을 수 있고, 둔감한 사람들을 다루는 방법과 관련된 기술들을 습득할 수 있습니다. 자기비난의 생각을 멈추는 방법을 배우고 인지행동치료의 기법들을 활용해서 당신의 불안을 조절하기 바랍니다. 당신은 개인적인 면을 중시하는 사람이고 낯선 사람에게 자신의 감정을 이야기하는 것이 힘들기 때문에 심리치료에 임하는 것을 불편하게 느낄 수 있습니다. 당신이 가장 편안함을 느낄 수 있도록 돕기 위해서 치료 회기를 어떻게 구조화하는 것이 좋은

지 치료자에게 이야기하십시오.

척도 7(Pt)

단독상승 7

척도 7의 경우 척도 2나 척도 8 등 다른 임상척도와 중첩되는 많은 문항을 포함하고 있기 때문에, 단독상승 7은 흔하지 않은 프로파일이다. 이 척도에서의 높은 점수(T≥65)는 긴장, 불안, 죄책감, 자기비난적인 자기성찰을 보이는 사람을 시사한다. 이들은 자의식이 높고, 불안 전감, 부적절감, 열등감 등을 경험한다. 자신감이 부족하여 꾸물거리는 경향을 보이고, 스스로 책임져야 한다는 의무감으로 인해 책임감에 의해 압도되는 양상을 보인다. 이들은 성공의 증거를 갖고 있음에도 불구하고 자신의 능력을 과소평가한다. 이 사람들은 우유부단하고, '객관적인 분석의 마비'와 총체적인 염려로 인해 고생한다. 일부의 경우 높은 상승은 불안과 관련된 신체증상으로 이어질 수 있다.

정상범위(55~65T)의 점수이면서 K 척도의 유의미한 상승이 없는 경우라면 삶을 심각하게 살아가고 걱정에 취약한 사람으로서 스트레스가 누적될 때 간헐적으로 불안 삽화를 보일 수 있다. 척도 7에서 정상범위의 다소 높은 점수를 보이는 사람은 강박적 특징을 보일 수 있는데, 이는 남들이 보기에 혼란스럽거나 쇠약한 양상이라기보다는 생산적인 모습으로 여겨진다. 이 범주에 해당하는 다른 경우는 특정 공포나 공포증을 보일 수도 있다.

보통보다 낮은 범주(35~45T)의 점수이면서 다른 척도에서 55T 이상의 상승을 보이지 않는 경우라면 감정적 불편감이 없는 이완되고 안정적인 사람을 시사한다. 일반적으로 자신감이 있고 적응적이기에 남들의 눈에 이들은 효율적이고 능력이 있는 사람으로 비춰진다. 그러나 불안이 결여된 일부의 경우 비효율성으로 이어지거나 기한을 지키지 못하는 모습을 보일 수 있다.

⊃ 치료

척도 7은 흔히 대학 상담기관의 프로파일에서 가장 높은 점수를 보이는 척도에 해당한다. 중첩되는 문항으로 인해 척도 2와 척도 8 또한 동반상승한다(278/728 코드타입을 참조할 것). 어린 시절 이들에게 다수의 예측할 수 없는 외상이나 부정적 사건의 경험이 있었는지 아니면 하나의 예측할 수 없는 외상사건의 경험으로 인해 정서적 압도감과 공황에 이르게 되었는지 살펴보아야 한다. 이와 같은 예측 불가한 부정적 사건들은 놀림을 당하는 경험일 수도 있고, 또는 양육자로부터 이들에게 가해지는 예측 불가한 폭발적 사건일 수도 있다. 다른 경우에는 예측 불가한 사건이 부모와의 갑작스러운 이별일 수 있으며, 이로 인해 이들은 나이에 걸맞은 천진난만함을 잃게 된 경우일 수도 있다.

단독상승 7 코드타입은 치료를 진행하기 가장 용이한 경우에 해당하는데, 이 코드타입의 사람들은 조언에 잘 순응하고 규율을 잘 따르고 솔직하며 치료를 위한 책무를 다하지 못한 경우 쉽게 죄책감을 느끼기 때문이다. 이들은 치료자가 자신을 못 견뎌할 것이라고 예상하고 있고, 치료자를 실망시키는 것을 피해야 한다는 생각에 사로잡혀 있기 때문에 전이의 문제를 작업해야만 한다. 이완 훈련, 최면, 자존감 증진 기법, 사고중지법, 예측할 수 없었던 과거의 외상에 대한 감정 정화 등이 유용할 수 있다. 분노를 표현하면 사랑하는 사람의 지지를 잃게 될 수 있다는 죄책감이나 공포를 버리고 자신의 분노를 직접적으로 표현하는 방법을 배울 수 있도록 도와주어야 한다. 또한 이들이 더 나은 자존감을 형성할 수 있도록 도와주라. 이들은 죄책감으로 인해 책임을 떠맡는 경향이 있고, 그 후 뒤따르는 부담으로 인해 압도감과 극도의 불안감을 경험하게 된다. 이들은 실패에 대한 공포를 갖고 있는데, 실패에 동반되는 수치심과 죄책감 때문이다.

척도 7에서 50T 아래로 유의미하게 낮은 점수를 보이는 10대들의 경우, 이들이 적절한 수준의 불안을 갖도록 도와주기 위해서 부모의 현명한 개입을 통해 자녀의 동기수준을 올리는 데 치료를 집중해야 한다.

➲ 치료적인 피드백

당신의 프로파일을 살펴보면 당신은 성실하고 책임감이 강하고 솔직하며 믿음을 주는 사람인데, 현재 지속적으로 걱정과 염려를 경험하고 있습니다. 당신은 마치 미래에 잘못될 가능성이 있는 무언가를 분석하면서 어떤 예측할 수 없는 부정적인 사건에 대해 항상 준비하고 있는 것처럼 보이고, 과거의 행동을 반추하면서 그와 관련된 어떤 죄책감을 경험하는 모습입니다. 당신은 흔히 책임을 도맡고, 만일 실수를 범하게 되면 주저 없이 죄책감을 떠안습니다. 당신의 긍정적인 성취를 스스로 주목하는 것이 어렵습니다. 당신은 흔히 두려움을 경험하는데, 심지어 그럴 만한 어떤 실재적인 이유가 존재하지 않는 경우에도 두려움을 갖습니다. 당신은 자기주장을 하는 것이 힘들고, 남을 향해 분노를 표현하면 죄책감을 느끼는데 남들이 당신의 분노에 대해 정당하다고 이야기해 주는 경우에도 죄책감을 갖습니다. 당신은 강박적으로 수행하는 어떤 의례적인 행동을 갖고 있을 수 있는데, 아마도 그렇게 함으로써 불안에 대한 일시적인 완화를 얻으려하는 것일 수 있습니다.

어린 시절에 놀림을 당한 경험, 사랑하는 사람과의 이별, 또는 책임감의 과부하 등과 같은 예측 불가한 고통스러운 사건을 경험했을 수 있는데, 당신은 죄책감을 유발하는 실패를 예측하거나 미연에 방지하기 위해 끊임없이 '마음을 졸이는' 방식으로 그에 적응해 왔을 수 있습니다. 당신이 불안을 경험하는 상황을 잘 인식하고 부정적인 사고를 꺼 버리는 방법을 배우기 바랍니다. 미래의 발생 가능한 재앙에 대한 당신의 걱정과 집착의 목록을 적어 보고 또한 잘 풀릴 수 있는 모든 것에 대한 목록도 작성해 본다면 균형 잡힌 관점을 유지할 수 있을 것입니다. 스스로 위안을 얻을 수 있는 방법으로서 명상 수업에 참여하고 바이오피드백(생체 자기제어)을 활용하십시오. 당신이 미리 걱정하도록 조건화한 과거의 예측할 수 없는 사건이 있었는지 당신의 치료자와 함께 탐색해 보기 바랍니다. 스스로에 대한 공감을 통해 이완하는 방법을 배울 수 있고, 자신의 성취에 대해 죄책감 없이 자축하는 방법을 익힐 수 있습니다.

다른 척도들과의 연계

71/17 코드타입
17/71 코드타입을 참조할 것

72/27 코드타입
27/72 코드타입을 참조할 것

73/37 코드타입
37/73 코드타입을 참조할 것

74/47 코드타입
47/74 코드타입을 참조할 것

75/57 코드타입
57/75 코드타입을 참조할 것

76/67 코드타입
67/76 코드타입을 참조할 것

78/87 코드타입
78/87 코드타입의 사람들은 일반적으로 다양한 신체증상과 성격특징을 보이는데, 상승한

척도의 순서에 따라 차이점을 보인다. 척도 7이 척도 8에 비해 더 높은 경우, 이들은 자신의 사고와 감정에 대한 통제력을 잃는 것에 대해 극심한 불안을 경험할 수 있다. 사고장애의 가능성에 직면하여 높은 수준의 불안을 경험하고 있기 때문에 임박한 분열감에 적응하기 위한 시도로서 '자신의 대응방법을 철저하게 생각'하는 양상을 보일 수 있다. 만일 척도 8이 척도 7보다 유의미하게 높게 상승한 경우라면, 이 사람은 소외감이나 인지적 혼란에 익숙해져 있고 더 이상 방어를 위한 대처를 시도하지 않는 것을 예상할 수 있다. 따라서 87 코드타입은 78 코드타입에 비해 더욱 심각하게 손상된 경우일 수 있다.

87/78 코드타입을 보이는 사람들은 공통적으로 다음과 같은 경험을 보인다. 이들은 걱정, 불안, 저조한 기분, 공포, 긴장, 강박적 사고, 반추 등을 드러낸다. 이들은 극도로 자기성찰적이고, 스스로를 부정적으로 바라보며, 현실검증력에 있어서 혼란 및 간헐적인 손상을 경험한다. 이들은 외부 세상을 불안전한 곳으로 지각하며, 지속적으로 염려와 두려움을 느낀다. 이 사람들은 삶으로부터 즐거움을 거의 얻지 못한다. 이들은 어떤 일이든 자기와 관련지어 받아들이고 남들이 자신을 비난하거나 싫어하는 것에 대해 곱씹어 생각한다. 이들은 사소한 좌절에도 쉽게 짜증을 느끼고, 남들의 제안이나 조언에 대해 비난이나 비판으로 받아들인다. 이러한 사람들은 수동적이고 도움을 요청하는 경향이 있으며 남들로 하여금 자신을 통제하도록 내버려 두는 양상을 보이는데, 그리고 나서는 그것에 분노하고 괴롭힘을 당했다고 느낀다. 궁지에 몰렸다고 느끼게 되면 이들은 폭발적인 양상을 보일 수 있고, 그리고 나서는 굴욕감을 느낀다. 이들은 명확하게 사고하고, 집중하고, 효과적으로 문제를 해결하는 데 있어서 어려움을 보인다. 이들은 수면과 관련된 문제를 경험할 수 있고, 특정 공포증이나 강박행동을 보일 수도 있다. 자살사고도 흔한 편이다. 척도 8이 척도 7보다 높은 점수인 경우 자살시도는 기괴하고 자기훼손을 포함하는 양상을 띤다. 87 코드타입의 일부는 환각이나 망상 또한 경험할 수 있다. 특이하거나 심지어 기괴한 집착도 존재하는데, 예를 들어 뇌하수체에 대한 걱정이라든지 또는 손상받은 느낌을 상징적으로 표현하는 경우 등이 포함된다. 87/78 코드타입은 많은 경우 현실검증력에 있어서 간헐적인 손상을 경험하기는 하지만, 모든 87/78 코드타입의 사람이 정신증적 분열을 보이는 것은 아니다.

87/78 코드타입을 보이는 사람들은 자신감이 부족하고 부적절감을 느낀다. 이들은 자기인식이 고통스럽고 자기에 대한 의심을 보이기 때문에 성적 수행에 있어서 저조한 양상을 보인다. 만성적으로 낮은 자존감을 보이고 자신감이 부족하기 때문에 성취에 있어서 형편없는 모습을 보이는 경우가 많다. 일부의 경우 자신의 불안을 다스리기 위해 화학 약물을 사용하곤 한다.

정서적 소외감을 경험할 뿐만 아니라 이인증⁴⁾ 및 비현실감을 경험하는 것이 전형적인 양상이다. 이들은 자신에 대해 '결함이 있는 존재'로서 인식하고 머지않아 그런 모습이 드러나서 굴욕감을 겪게 될 것으로 예상하고 있다. 이들은 결정을 내리는 데 어려움을 보이며, 충분히 빠르게 결정을 내릴 수 없기 때문에 '손해를 볼 것'이라는 느낌을 갖는다. 이들은 흔히 집중력과 기억력에 지장을 초래하는 침투적 사고를 경험한다. 87/78 코드타입의 사람들은 무언가 잘못을 저질렀다는 느낌이나 자신이 선천적으로 사악하다는 느낌을 지속적으로 경험한다. 흔히 이 사람들은 매우 내향적이고, 쉽게 당황하며, 형편없는 사회적 기술과 판단을 보인다. 이들의 대인관계적 어려움 때문에 실제로 성적인 접촉은 흔하지 않은 가운데 성적인 공상을 흔히 보인다.

⊃ 치료

이 사람들은 일반적으로 치료를 찾는 동기가 낮고 스스로에 대한 치료의 효과성을 의심하기 때문에 치료에 개입하도록 하는 것이 어려울 수 있다. 어린 시절 놀림이나 무시를 당했거나, 성적으로 학대를 받았거나, 이들의 자존감에 타격을 입힌 외상적 경험이 있었는지 살펴보아야 한다. 일부의 경우 성숙도가 더디기 때문에 놀림을 받거나 무시를 당하기 쉬운 취약함을 보일 수 있다. 일부는 어려서 병약하였기에 결과적으로 취약함을 경험했을 수 있다. 많은 경우 건강에 집착하고 걱정하는 모습을 보일 수 있는데, 이는 아마도 자신에게 심각한 무언가가 잘못되었을 수 있다는 일반화된 공포를 반영하는 것일 수 있다. 다른 경우 어려서부터 음식에 지나치게 까다로운 모습을 보였을 수 있고, 또는 다른 개인적인 독특함으로 인해 형제자매나 동년배로부터 놀림이나 창피를 당하는 데 취약했을 수 있다.

만일 척도 4가 세 번째로 높은 점수라면 소외감을 경험할 가능성이 높고, 긴장감을 줄이기 위해 충동적이고 자기패배적인 행동 표출을 보일 가능성이 있다. 초기 성인기의 78/87 코드타입은 가족 안에서 자기효능감의 부족으로 인해 어린애 취급을 받고 굴욕감을 느꼈을 수 있는데, 가족으로부터의 독립에 양가적인 태도를 보이고 자존감도 낮기 때문에 대학생활에서 어려움을 보일 수 있다.

지지적인 치료자가 내담자로부터 신뢰를 얻게 되면 내담자가 대인관계적인 작은 시도를 해 볼 수 있도록 격려하는 과정을 통해 자존감을 증진하는 개입을 치료에 포함시켜야 한다. 이들은 자기비난적이며, 통찰을 '결함이 있는 존재'에 대한 확증으로 보는 경향이 있기 때문에 통찰지향의 치료는 내담자를 혼란스럽게 만들 수 있다. 78/87 코드타입의 사람들은 치료자에

---

4) 역자 주: 자신이 낯설게 느껴지고 자신과 분리된 것 같은 느낌을 의미한다.

대해 자신을 통제하는 동시에 자신으로 인해 실망감을 느꼈던 부모의 역할을 대신할 것으로 예상한다. 이들은 치료 과정 중에 때때로 좌절감을 경험하여 일관된 사고를 바탕으로 분명하게 표현하지 못할 수도 있다. 이들은 스스로를 결함이 있다고 생각하며 치료자를 지나치게 이상화하는 경향이 있다. 치료자가 자신의 개인적 취약점을 스스로 공개한다면 내담자로 하여금 대부분의 사람이 취약함을 경험한다는 사실을 이해하도록 도움을 줄 수 있다. 자살사고는 흔히 존재한다. 이들의 격심한 동요 및 사고 붕괴를 다루기 위해 흔히 심리약물학적 개입이 필요할 수 있다. 이들의 지속적인 공황적 감각경험을 다룰 수 있도록 도움을 주기 위해서 자기주장 훈련, 이완 훈련, 사고중지법 등이 유용할 수 있다.

⊃ 치료적인 피드백

당신의 프로파일을 살펴보면 당신은 끔찍한 일이 곧 벌어질 것처럼 불안, 걱정, 두려움 등을 지속적으로 느끼고 있는 것으로 보입니다. 당신은 마치 어떤 끔찍한 일을 저질러서 유죄를 선고받은 것처럼 스스로를 비난하고 계속해서 죄책감을 느끼고 있습니다. 당신과 같은 프로파일을 보이는 사람들은 흔히 놀림, 비난, 예상치 못한 굴욕감을 경험했던 환경 속에서 성장하였습니다. 당신은 이러한 사건들에 적응하기 위한 목적으로 끊임없이 경계하고, 남들이 당신의 약점을 발견해서 그것을 악용하여 당신에게 굴욕감을 주지 않도록 남들이 당신과 가까워지는 것을 허용하지 않습니다. 때때로 당신은 마치 당신에게 침투해 들어오는 것처럼 부정적이고 혼란스러운 생각들을 경험하며, 그것들이 어떤 의도를 지니고 있는 것처럼 느껴질 수 있습니다. 남들이 당신을 비판적으로 평가하면서 살펴보고 있다고 느끼기 쉬우며, 낯선 사람들 속에서조차 사람들이 당신에게 부정적인 감정을 지녔다고 느낄 수 있습니다. 당신은 한 번에 너무 많은 생각을 경험하고 있기 때문에 집중하고, 무언가를 기억하고, 결정을 내리는 것이 어렵게 느껴질 수 있습니다. 컴퓨터 용어를 사용하면, 이것은 마치 당신 마음이 한 번에 '너무 많은 개수의 윈도우'를 열어 놓은 것과 같습니다. 때로는 당신의 걱정과 집착이 현실적인 것인지 아니면 당신이 지나치게 부풀려서 생각하는 것은 아닌지 구분하기 어려울 정도로 혼란스럽게 느껴질 수도 있습니다. 당신이 조금 더 진정하고, 명료하게 사고하고, 잠을 잘 자며, 취약함과 불안전감을 느끼지 않을 수 있도록 당신의 치료자가 약물 처방을 권유할 수 있습니다. 당신이 마음을 열어 당신의 감정을 이야기하는 것에 취약함을 느끼기 때문에 당신은 치료에 대한 의욕을 잃을 수도 있습니다. 또한 당신의 생각이나 감정의 일부를 부끄럽게 여길 수도 있습니다. 치료적인 경험 속에서 당신이 비난이나 비판을 받는다고 느껴진다면 당신의 치료자와 함께 상의하십시오. 자살하고 싶은 감정을 느끼거나 자살 및 자해를 위한 계획을 갖고 있다면 당신의 치료자에게 이야기하기 바랍니다.

79/97 코드타입

이 코드타입은 흔하지 않으며, 흔히 척도 8이나 척도 4가 세 번째로 높은 점수를 보인다. 이 코드타입의 사람들은 성공에 대한 강박적인 집착을 지니고 실패를 피하려는 모습을 보일 수 있다. 척도 7의 불안과 죄책감 및 염려가 경조증적 특징으로 인해 활성화된 양상이다. 어떤 의미로 보면 이 두 척도는 상반된 양상을 보이는데, 척도 7은 불안정하고 죄책감을 느끼며 자신감이 부족한 모습을 시사하고, 척도 9는 웅대성과 과도한 개입 및 넘치는 자신감을 시사하기 때문이다. 97/79 코드타입의 사람들은 손실을 줄이고 보상을 극대화하려는 것에 집착하여 끊임없이 초조하게 지내는 모습을 보인다. 이들은 강박적이고, 의욕이 넘치고, 충동적이며, 흥분을 잘한다. 이들은 장황하지는 않더라도 말이 많고, 상대방의 피드백에 반응해서 대화의 주제를 쉽게 바꾸는 경향이 있다. 일부의 경우 내면의 긴장감을 반영하는 신체적 증상들을 경험할 수 있다. 전형적으로 근육 경련, 요통, 불면 및 수면장해를 보인다. 척도 7과 척도 9의 특징을 고려할 때, 이들은 임박한 것처럼 보이는 좌절이나 상실에 대해 두려움과 공황을 보일 수 있고 그와 동시에 비현실적인 낙관성이나 웅대성을 드러낼 수도 있다. 이들은 스스로 인식하는 과거의 좌절에 대해 죄책감을 느끼고, 충동성뿐만 아니라 세부사항에 대한 세심한 주의와 함께 꾸물거리는 양상까지 모두 보일 수 있다. 지나치게 과잉행동적인 97 코드타입의 사람들은 과도하게 많은 일과 활동에 빠져 있는 경향을 보인다. 충동적인 행동으로 인해 자기비판적인 죄책감에 이를 수도 있다. 이들은 통제받는 것에 대해 과도하게 예민한 모습을 보인다. 몇몇의 사례에서 이 프로파일은 양극성장애의 경조증적 단계를 반영할 수도 있다. 이들은 친밀한 관계에서 갈등을 드러낼 수 있는데, 재확인을 구하고 의존적이면서 동시에 통제받는 것에 대한 분노를 보일 수 있다.

○ 치료

핵심 사안은 실패나 인정받지 못함에 대한 뿌리 깊은 두려움의 문제이다. 어린 시절 아이로 하여금 더욱 성공적일 수 있도록 끊임없이 자극하면서 부족하다고 여겨지면 곧바로 아이의 노력을 비난하는 부모로 인해 조건화된 경험을 겪었는지 탐색해 보아야 한다. 또 다른 경우라면 어린 시절 경제적 궁핍으로 인해 지속적으로 높은 동기수준을 유지하게 된 상황으로서, 이들은 항상 보상을 극대화하고 실패를 피하려고 애쓰는 모습을 보였을 수 있다. 이들은 스스로를 입증해 보이려는 강렬한 욕구를 지니고 있다. 이들은 자신의 장점을 격찬하는 동시에 자기비난을 과장함으로써 선제적으로 비난을 피하려 하는 등 방어적인 양상을 보인다. 이들은 웅대한 자기상과 자기부정의 특징 사이에서 갈팡질팡한다.

치료를 통해 내면화된 부모의 기대 대신 자신의 진정한 목표를 세울 수 있도록 도와주어야 한다. 심각한 불안과 공황발작을 조절하는 데 이완 훈련이나 사고중지법이 유용할 수 있다. 실패나 그로 인한 거절 및 수치심을 겪게 되는 것에 대한 이들의 '파국화된 두려움'을 다룰 수 있도록 돕기 위해 내폭 요법을 쓸 수도 있다.

⊃ 치료적인 피드백

당신의 프로파일을 살펴보면 당신은 극도로 활력이 넘치고 의욕이 충만한 사람입니다. 당신은 넘치는 활력 속에서 일을 하는 것처럼 보이는데, 일들이 쌓이도록 방치하다가 그것들을 정신없이 이어지는 활동 속에서 끝맺음을 해 버리는 양상을 보입니다. 당신의 프로파일은 당신이 목표추구에 온 정신을 집중한 채 강렬한 불안의 시기를 경험하고 있음을 시사해 줍니다. 당신은 마치 계속적으로 벼랑 끝에 몰려 있는 것 같은 모습을 보이는데, 이는 최대한의 보상을 얻어 내려는 당신으로부터 모든 것을 빼앗아 버릴 수 있는 작은 세부사항을 예측하기 위해 애쓰는 양상입니다. 당신은 절박한 감정을 경험할 수 있으며, 뒤늦게 또는 뒤처져서 달리고 있는 것 같은 느낌을 지속적으로 갖고 있고, 사랑받을 만하고 가치 있다고 여겨지기 위해서는 대단한 성취를 보여야만 한다고 느낄 수 있습니다. 당신이 목표에 집중하고 있을 때 다른 사람들이 당신을 지체시키거나 당신에게 방해가 된다면, 당신은 매우 초조해하고 화를 낼 수 있습니다. 당신의 높은 활력수준과 지속적인 불안감으로 인해 다른 이들은 당신 곁에 있는 것을 힘들어할 수 있습니다. 당신은 남들에게 자신을 설명하기 위해서 많은 시간을 들이거나 남들을 가로막을 수 있는데, 그 이유는 '당신 스스로 남들이 무엇을 말할지 알고 있기' 때문입니다. 때로는 당신의 마음이 신속하게 작동하면서 사안의 모든 연결 고리를 고려할 수 있는데, 결국 결정을 내리는 것이 어려울 수 있습니다. 결론적으로 당신은 강박적이고 완벽주의적인 특징을 모두 드러낼 수 있으며, 그와 동시에 '가장 완벽한 해결책'이 무엇인지를 결정할 수 없기 때문에 당신 삶의 많은 영역에서 느슨한 결말에 이를 수 있습니다. 당신과 같은 프로파일을 보이는 사람들의 경우, 부모님이 끊임없이 동기부여를 하지만 성공에 대해 보상을 제공하지 않는 환경에서 자란 사례가 있습니다. 또한 자신의 욕구를 이루는 데 있어서 빈번한 좌절을 겪으면서 자란 사례도 있습니다. 당신은 '최고 속도 모드'로 살아가는 데 적응하여 당신이 할 수 있는 모든 일을 극대화하려고 항상 노력하며 최소한의 좌절이나 실패도 피하려고 애를 씁니다. 그 결과, 세상은 당신에게 있어서 너무 느리게 움직이고 있는데 당신은 마치 교통 체증 속에서 한쪽 발은 가속장치에 올리고 다른 쪽 발은 제동장치에 올린 채 스포츠카를 운전하고 있는 것과 같은 모습입니다. 당신이 상당한 수준의 내적 긴장감을 경험하여 스트레스성 신체증상들을 보이는 것이 이해됩니다.

당신이 삶 속에서 원하는 것이 무엇인지 결정할 수 있도록 치료자와 함께 작업하여, 당신의 진정한 목표가 무엇이고 남들을 기쁘게 하려는 목표가 무엇인지 가려낼 수 있어야 합니다. 성공과 성취를 위해서 그리고 좌절과 실패를 피하기 위해서 당신이 지속적으로 얼마나 압박감을 받았는지를 보여 줄 수 있는 어린 시절 사건들에 대해서 당신의 치료자와 함께 논의해 보기 바랍니다. 사회적인 장면에서 지나치게 말이 많은 당신의 모습을 살펴보고, 마음챙김 수업에 참여하여 불안과 스트레스가 누적되는 때를 인식하는 방법을 배우십시오. 당신의 일상 스트레스를 완화시켜 줄 수 있는 운동 프로그램을 찾는다면 그로 인해 당신의 수면 패턴을 개선할 수 있을 것입니다. 늘 그렇듯 몇 단계를 앞서서 생각하는 대신에 '지금 이 순간'에 집중함으로써 당신의 불안을 조절할 수 있는 방법을 배우십시오. 지속적으로 미래의 일들에 집중하기보다는 과거의 성공 사례들 가운데 일부를 스스로 즐길 수 있기를 바랍니다.

70/07 코드타입(척도 7과 척도 0 또한 참조할 것)

이 코드타입은 흔하지 않은 경우로서, 가장 빈번히 척도 2나 척도 8이 세 번째로 높은 점수를 보인다. 척도 0을 일시적으로 배제한 가운데 남게 되는 2개의 척도를 살펴보는 것이 유용할 수도 있다.

이러한 상승척도를 보이는 사람들은 특히 사회적인 상황에서 수줍어하고, 걱정이 많고, 긴장하며, 부적절감을 느낀다. 이들은 강박적으로 자기비난을 보이고, 음울해하며, 기억이나 집중에 있어서 어려움을 경험한다. 기질적 내향성은 극심한 불안에 의해 악화되기 때문에 이러한 척도들의 조합은 극도의 사회적 불안을 시사한다. 이들은 자신감이 부족하고, 우유부단하며, 자신의 부족한 점을 반추한다. 이들은 특히 타인에게 분노를 표현하는 경우에 죄책감을 경험한다. 이들은 불안으로 인한 신체적 증상을 보이는 경우가 흔하며, 불안으로 동요된 감정을 보이는 대신에 낮은 활력수준을 경험한다. 심지어 척도 2가 상승하지 않은 경우라도 이들은 저조한 기분을 보고한다. 이들은 마치 재앙적인 상황을 예견하듯이 지속적으로 벼랑 끝에 내몰린 기분을 보고하며, 사소한 지적을 심각한 좌절로 받아들여서 마음에 상처를 입는다. 결정을 내리는 데 있어서의 어려움뿐만 아니라 주의력과 집중력에 있어서도 문제를 보이는 경우가 흔하다. 이들은 스스로 책임을 짊어지는 경향이 있지만 그 책임으로 인해 쉽게 압도된다. 극도로 수줍음이 많고 자의식이 높기 때문에 이 사람들은 구조화되지 않은 사회적 상황에서 쉽게 당황하고 말문이 막혀 버린다. 수면에서의 어려움도 일반적으로 보인다. 일부는 강박적이고 완벽주의적인 데 반해 다른 이들은 결정을 내리지 못하고 꾸물거리는 경향을 보인다.

⊃ 치료

어린 시절 장기간에 걸친 수줍음으로 인해 놀림을 받거나 굴욕감을 경험했던 과거력이 있는지 찾아보아야 한다. 사고중지법, 이완 훈련, 명상, 운동 프로그램, 자존감 증진, 사회기술 훈련 등이 모두 도움을 줄 수 있다. 마음챙김치료를 시행한다면 이들로 하여금 스트레스 및 과민함이 누적되는 때를 알아차릴 수 있도록 도움을 줄 수 있고, 그로 인해 이들이 좀 더 표현적일 수 있는 방법을 배우고 자기위안의 기법들로서 자신의 감정을 조절할 수 있을 것이다.

⊃ 치료적인 피드백

당신의 프로파일을 살펴보면 당신은 수줍음이 많은 사람이며, 아마도 당신 삶의 대부분의 시간을 수줍음이 많은 모습으로 살아온 것으로 여겨집니다. 당신은 또한 성실하고 책임감이 강하며, 삶을 진지하게 대하기 때문에 걱정거리를 만들기 쉬운 사람입니다. 당신의 프로파일은 당신이 스스로에 대해 매우 혹독한 비판을 하는 경향이 있음을 시사하는데, 당신은 거의 모든 영역에서 자기비판적일 수 있으며 심지어 자신의 외형에 대해서도 그럴 수 있습니다. 아마도 수줍음이 많은 모습으로 성장하면서 당신은 사회적인 상황에 임할 때마다 다소 취약한 감정을 느껴 왔던 것 같습니다. 구조화되지 않은 사회적인 상황에서 당신은 사교적 대화에 끼어들지 못하고 '말문이 막히는' 경험을 할 수 있습니다. 당신은 걱정에 취약하기 때문에 책임감이 누적됨에 따라 압도되는 감정을 느낍니다. 당신은 스스로의 실패와 좌절에 초점을 맞추고 자신의 성취에 대해서 자축하는 것이 어렵게 느껴집니다. 어떤 일을 아무리 잘 해낸 경우라도 당신은 항상 어떻게 하면 그 일을 더 좋게 해내었을까를 생각하며 스스로를 비난하면서 과거의 일에 대해 곱씹고 반추하는 경향을 보이는데, 이는 더 잘할 수 있었다는 생각을 늘 갖고 있기 때문입니다.

당신은 형편없는 수행을 보였다고 스스로 느낄 때 경험하는 죄책감을 두려워하기 때문에 무언가 스스로 결정하는 것을 힘들어합니다. 당신은 대부분의 사안에서 부정적인 측면을 살피는 경향이 있고, 그 결과 일이 잘못될 수 있는 모든 가능성으로 인해 마비된 느낌을 받고 꾸물거리는 양상을 보이게 됩니다. 당신과 같은 프로파일을 보이는 사람들은 상당 기간 공황을 경험할 수 있고, 때로는 자신의 불안을 감소시키려는 목적으로 어떤 강박사고나 강박행동을 보일 수 있습니다. 당신은 성장하는 과정에서 수줍어하는 모습 때문에 놀림을 받을까 봐 두려움을 느꼈을 수도 있습니다. 당신은 외상과도 같은 예기치 못한 부정적 사건을 경험했을 수 있으며, 그로 인해 당신은 적응하기 위해 미래의 좌절로부터 스스로를 보호하려는 끊임없는 노력을 기울이게 되었을 수 있습니다. 적절한 상황에서 당신이 사교적인 대화에 참여할 수 있도록 당신의 치료자와 함께 사회기술 훈련을 진행하기 바랍니다. 자기비난을 덜할 수 있도록 작업하십시오. 자기비난적인 관점으로 과거 사건들을 살펴보는 것을 피하고, 지금 이 순간을 즐길 수 있는 방법을 배우기 위해 마음챙김 수업에 참여하십시오. 분노가 축적되는 경우가 언제인지 알아차릴 수 있는 방법을 배우고, 당신이 죄책감을 느끼지 않도록 그 분노를 표현하는 방법을 연습하기 바랍니다. 당신이 치료에 대해 걱정하는 것이 있다면 당신의 치료자에게 이야기하고, 치료를 시작하기 이전이라도 그 과정으로 인해 의욕이 꺾인 느낌을 받는다면 치료자에게 상의하기 바랍니다.

척도 8(Sc)

단독상승 8

유의미하게 상승한 다른 임상척도 없이 척도 8만 단독적으로 상승한 프로파일은 흔치 않으며 해석하기도 어렵다. 만일 K 척도가 낮고 그래서 척도 8이 주로 Sc 문항들에 의해서 상승한 경우라면, 이 사람은 손상되고 낙담하고 타인으로부터 소외된 감정을 느끼는 것으로 여겨진다. K 척도가 낮은 단독상승 8의 경우 저조한 기분, 쾌감 상실, 기괴한 집착, 장황한 편집증, 철수된 양상 등을 시사한다. 이들은 명료하게 사고하는 것이 어렵고 정신증적 분열을 경험할 수 있다. 이 사람들은 사고 및 행동에서 독특한 모습을 보이고, 사회적으로 괴짜이거나 일탈된 양상을 보일 수 있으며, 남들과 정서적으로 관계를 맺는 것에 주저할 수 있다.

척도 8의 상승은 흔히 입원치료의 필요성과 관련된다. 이들은 의사소통을 하는 데 어려움을 보일 수 있으며, 혼미한 상태는 아닐지라도 혼란스러운 양상일 수 있고 역기능적이다. 일부의 경우 상당 기간 일관되고 심지어 생산적인 모습을 보이지만, 스트레스 상황에 놓이면 쉽사리 무너져 버린다. 비록 척도 8이 정신분열증을 잘 예측하지는 못하지만 정신분열 양상의 사고 과정, 쾌감 상실, 사회기술의 부족, 일상 기능의 문제점 등을 예측할 수는 있다. 이 사람들은 타인의 동기를 오해하는 경향이 있으며, 내부 세계를 경험함에 있어서 자신의 통제 의도로부터 벗어난 것처럼 느낀다. 흔히 이들과의 대화는 다소 '논점을 벗어난' 양상을 보이며 따라가기 어렵게 느껴진다. 만일 K 척도가 상승하여 Sc의 높은 점수가 주로 K-교정에 근거하여 상승한 경우라면, 이 사람은 많은 영역에서 방어를 잘하고 있고 효율적인 기능을 보일 수 있다. 그런 경우일지라도 기저의 부정적인 자기상과 친밀감 형성의 어려움을 보이기 때문에 정신증을 동반하지는 않더라도 대인관계적 문제를 보일 수 있다. K 척도가 높은 단독상승 8의 경우 기이한 신념을 품고 있을 수 있고, 의상이나 외양에 있어서 기이하게 화려한 모습을 보일 수 있다.

⊃ 치료

K 척도가 낮은 단독상승 8의 경우 손상된 자존감을 지닌 사람을 시사할 수 있다. 어린 시절에 냉정하고 적대적이며 잔혹하게 양육된 경험이 있는지 탐색해 보아야 한다. 일부의 경우 이들은 어린 시절부터 '동떨어진' 것으로 여겨졌을 수 있다. 지독하게 수줍음이 많거나 개인적으로 어떤 독특함을 보였기 때문에 이들은 냉정하거나 적대적인 방식으로 남들에게 대우받았을 가능성이 높다. 몇몇 사례에서 이들의 부모는 명백하게 거절적인 모습을 보였다. 이들은 자신의 적응방식으로서 철수된 모습을 보이거나 행동방식 및 의상을 통해 남들을 겁먹게 만들고 거리를 유지하게 된다. 참을 수 없는 거절을 피하기 위해서 환상으로 도피하고 정서적으로 '차폐해 버리는' 이들의 방식은 비록 현실을 처리하는 능력에 제한적인 측면은 있지만 나름 적응적인 기능을 보여 왔던 것으로 여겨진다.

치료에 있어서 이들은 눈맞춤을 회피할 수 있고, 이들을 치료에 개입하도록 하는 것이 어려울 수 있다. 이들은 신뢰를 형성하는 것이 어려우며, 치료자가 자신을 거절하거나 자신에게 적대적인 감정을 느낄 것으로 예상하고 있다. 이들이 취약한 감정을 느끼는 순간 거리감과 통제감을 유지하려는 무의식적인 시도로서 무언지 모를 기이한 내용을 말하면서 대화가 어떻게 중단되는지를 살펴보아야 한다. 구조화된 재양육적인 치료가 더욱 적절할 수 있으므로 통찰지향의 치료는 지양되어야 한다. 이 사람들은 타인의 감정을 '이해하는 것'이 어렵기 때문에 구조화된 방식이 필요하다. 자존감 증진법이나 실용적인 삶의 기술 훈련법이 일반적으로 가장 적절하다. 만일 치료자가 자신의 사소한 취약성을 간헐적으로 공유할 수 있다면, 이들이 '특이하다'고 평가되는 것에 대한 취약함을 덜 느끼도록 도와줄 수 있다.

⊃ 치료적인 피드백

당신의 프로파일을 살펴보면 현재 당신에게는 이 세상이 다소 무섭게 느껴지는 것으로 보입니다. 당신은 많은 시간을 들여 상상과 공상을 하며 시간을 보내고 있는 것으로 보이는데, 당신의 생각 가운데 일부는 깜짝 놀랄 만한 것들일 수 있고 당신은 그러한 생각들을 스스로 통제할 수 없다고 느낄 수 있습니다. 당신은 이 세상에 대해 안전하지 않다고 느낄 수 있고, 때로는 이해하기 어렵다고 생각할 수도 있습니다. 당신과 같은 프로파일을 보이는 사람들 가운데는 양육자가 냉담하거나 잔혹하게 대하는 환경 속에서 성장한 사례가 있습니다. 어린 시절부터 당신은 다른 사람들로부터 철수하거나 거리감을 유지함으로써 자신을 보호하는 방법을 배웠을 수 있습니다. 아마도 당신은 남들을 겁먹게 만들 수 있는 방식으로 옷을 입거나 행동했을 수 있으며, 이로 인해 남들이 당신에게 접근하지 않고 당신의 사생활을 침해하지 않게 만들 수 있었습니다. 현재 당신은 명료하게 생각하고 적절한 결정을 내리는 것이 힘들 수 있습니다. 당신은 스스로에 대해 매우 혹독한 비판을 가하는 경향이 있으며, 스스로 손상되거나 훼손된 느낌을 가질 수 있고 그로 인해 사랑받을 수 없다는 생각을 할 수 있습니다. 당신은 마음을 열고 남들로 하여금 당신에게 가깝게 다가오도록 허락하는 것이 어려운데, 남들이 당신에게 상처를 줄까 봐 두려워하기 때문입니다. 때로는 당신의 마음이 속임수를 쓰는 것처럼 느껴질 수 있으며, 그런 이유로 실제인 것과 상상인 것을 구분하기 어려울 수 있습니다. 당신은 겁먹게 만드는 생각들과 감정들에 의해 '침해를 당하는' 느낌을 받을 수 있으며, 당신의 사고를 꺼 버리고 싶은 마음이 들어도 그렇게 하는 것이 힘들게 느껴질 수 있습니다. 집중하거나 기억하는 것이 어려울 수 있고, 마치 당신이 자신의 몸에서 빠져나와 있는 것처럼 거의 꿈꾸는 것 같은 경험을 할 수 있습니다. 삶 속에서 즐거움을 제공해 주는 것이 거의 없고, 지속적으로 공허함과 두려움을 느낄 수 있습니다. 당신이 자신의 생각을 조직화하고 명료하게 사고하는 것을 도울 수 있도록 치료자가 당신에게 약물 처방을 권할 수 있습니다. 당신이 타인의 분노와 적개심에 취약한 환경 속에서 성장해 온 배경을 고려할 때 타인과 친밀해지는 것이 당신에게 위협적으로 느껴질 수 있음을 스스로 이해할 수 있도록 치료자와 함께 작업해 보기 바랍니다. 당신이 분노를 느끼기 전에 당신의 감정을 남에게 이야기할 수 있도록 좀 더 자기주장을 잘할 수 있는 방법을 배우십시오. 당신이 어떠한 말과 행동을 통해 남들에게 거리감을 유지하고 있는지 살펴보고, 남들이 이해할 수 있는 방식으로 당신의 감정을 표현할 수 있도록 적당한 방법을 탐색하기 바랍니다.

다른 척도들과의 연계

81/18 코드타입
18/81 코드타입을 참조할 것

82/28 코드타입
28/82 코드타입을 참조할 것

83/38 코드타입
38/83 코드타입을 참조할 것

84/48 코드타입
48/84 코드타입을 참조할 것

85/58 코드타입

58/85 코드타입을 참조할 것

86/68 코드타입

68/86 코드타입을 참조할 것

87/78 코드타입

78/87 코드타입을 참조할 것

89/98 코드타입

일반적으로 이 코드타입의 타당도척도 패턴은 낮은 L 척도와 낮은 K 척도 및 높은 F 척도 점수인데, 이는 순수하고 정직하며 다소 불안해하는 모습을 시사하고 검사문항에 대해 '도움을 요청하는 자세'로 임했을 것으로 예상된다. 척도들의 점수가 65T 이상을 넘어 매우 높게 상승한 경우가 아닐지라도 이 코드타입이 심각한 정신병리를 시사한다는 사실은 놀랄 만한 일이 아니다. 89/98 코드타입의 사람들은 열등감과 부적절감을 느끼며 낮은 자존감을 보이는데, 이와 동시에 분열되고 경조증적이며 웅대성과 혼란감을 경험한다. 이들은 과잉행동과 흥분된 양상 및 지남력 상실을 드러낸다. 인지적 혼란이나 손상된 자존감으로 대표되는 척도 8의 특징과 함께 경조증 및 조증이 결합되어 부적절감에 대해 방어하고 있는 사람을 시사한다.

이들은 과도하게 관념적이며 많은 시간을 들여 환상과 공상 및 반추를 지속한다. 이들은 긴장되어 있고 동요된 상태를 보이며 불면증을 흔히 경험한다. 언어의 압박, 행동적 부산함, 감정적 불안정성, 사고의 비약 등을 흔히 보인다. 이 사람들은 불안을 유발하는 주제에 대해서 주제를 이리저리 옮기는 등 매우 산만한 모습을 보인다. 이들은 주의를 기울이거나 집중하는 데 어려움을 호소한다. 정신증을 보일 수 있으며, 종교적이고 성적인 기괴한 집착을 드러낼 수 있다. 위장장애 및 신경학적 증상 등의 스트레스 관련 신체증상들을 보고할 수 있으며, 이는 내적인 긴장감을 반영한다. 기분상태의 변화는 극심한데, 웅대한 자기상을 보이기도 하고 적대적이며 요구적인 모습을 드러낼 수도 있다. 98/89 코드타입의 사람들은 흔히 큰 목소리를 낼 수 있고, 의심을 드러내거나 편집증적 삽화를 보이기도 한다. 비록 이들의 내적 사고 과정은 경조증적이지만 일부의 경우 실제로 자폐적으로 철수되어 있을 수 있다.

지각된 성적인 거절이나 굴욕적인 좌절 등으로 인해 병리가 악화되는 경우가 전형적이다. 흔히 이들은 높은 성취의 열망을 보이지만 실제로는 썩 좋지 못한 결과물을 보인다. 경조증적이고 혼돈된 양상의 89/98 코드타입의 사람에게서 지각된 실패는 흔히 병리를 촉발하는 원인이 된다. 더욱 높은 상승을 보일수록 특히 종교적인 내용의 망상이나 환각의 경험 가능성이 증가된다. 이 코드타입은 1960년대에 LSD[5]를 사용한 실험에 참여하여 '악몽과도 같은 환각 체험'을 경험했던 사람들로부터 흔히 보고되었다. '정신분열성 조증 삽화'라는 용어는 이 코드 타입을 잘 묘사하고 있으며 조증이면서 정신증적인 증상들을 시사한다. 이들은 극도로 완벽 주의적인 양상을 보이기 때문에, 실패는 재앙과도 같이 경험되고 이들의 부정적인 자기개념 을 확증하는 의미를 지닌다. 이 사람들은 매우 심하게 자기를 비난하는 모습을 보이고, 거절 경험에 의해 쉽사리 평정심을 잃게 된다. 이 프로파일은 실패나 거절에 의해서 촉발되어 정체 성의 혼란을 겪고 있는 사람과 흔히 관련된다.

➲ 치료

치료는 우선적으로 조증을 조절하는 데 초점을 맞추어야 하는데, 그렇게 함으로써 정신증 적 증상들을 줄일 수 있기 때문이다. 양극성장애가 고려되어야 한다. 이들은 통찰이 부족하 고 결함을 지닌 것으로 평가받는 것에 대한 두려움이 크기 때문에 심리적 해석에 저항을 보인 다. 정신증적이며 조증과 관련된 이들의 증상을 조절하기 위해 약물을 사용하는 동시에 구조 를 갖추어서 지지를 제공하는 것이 이들에게 필요하다.

치료 과정 속에서 이들은 신속하게 전이를 형성하여 치료자에게 요구적인 태도를 보이는 데, 이는 어린 시절 사랑을 받고 싶고 비난이나 미움을 받고 싶지 않은 자신의 욕구를 재현하 는 양상을 보인다. 어린 시절 부모가 대단한 성공을 요구하면서 만족스럽지 못하면 아이에게 냉담하거나 적대적으로 대했던 조건화된 경험이 있는지 탐색해 보아야 한다. 구조화된 환경 속에서 자존감 증진 훈련을 하는 것이 가장 적절할 수 있다. 이들로 하여금 자신을 위한 현실 적인 목표를 세울 수 있도록 돕고, 자신의 성취에 대해서 좀 더 현실적인 관점을 갖도록 도움 을 주어야 한다. 이들은 극도로 자기비난적인 태도를 보인다. 이들로 하여금 스스로를 재정 비하여 덜 불안해하도록 도움을 줄 수 있는 지지적인 치료를 진행하는 것이 통찰지향의 치료 를 적용하는 것보다 좀 더 유용할 수 있다.

➲ 치료적인 피드백

당신의 프로파일을 살펴보면 당신은 격하게 활력이 높은 기분상태에 있음을 알 수 있습니 다. 당신은 최근에 좌절을 경험했을 수 있는데, 이는 아마도 당신이 마음에 두고 있는 사람으 로부터 거절을 당했거나 지각된 실패로 인해서 극도로 동요되고 불안한 상황일 수 있습니다.

---

5) 역자 주: 강력한 환각제의 일종이다.

당신은 스스로에 대해서 매우 혹독한 비난을 가하는 경향이 있으며 최근에 상당한 수준의 불안을 경험하고 있는데, 이는 스스로를 실패자로 느끼고 있으며 그 실패로 인해 당신이 원하는 사람으로부터 사랑을 받지 못할 것이라고 생각하기 때문입니다. 당신은 지나치게 '흥분했기' 때문에 말을 종결짓기가 어렵고, 마음의 작동을 멈추기가 어려우며, 심지어 자야 할 시간이 되어서도 잠을 이루기가 어렵습니다. 당신은 대단한 일을 해야 한다는 공상을 하고 있을 수도 있고, 어쩌면 자신이 특별한 소명을 갖고 있다고 느낄 수도 있으며, 세상에 알려야 하는 중요한 메시지를 지니고 있다고 생각할 수도 있습니다. 만일 당신이 최근에 어떤 종류의 약물을 사용하고 있다면 그 약물의 효과에 반응하여 극도로 동요되거나 과잉행동적인 모습을 보일 수도 있습니다. 만일 실제로 당신의 자존감에 심각한 타격을 입는 경험을 했다면, 이로 인해 최근 당신의 위기 상황이 촉발되었을 수 있습니다. 당신은 많은 시간을 들여서 자신의 실패를 생각하고 있고, 특출난 무언가를 해냄으로써 스스로를 입증해야 할 필요성에 대해서 생각하고 있습니다. 그러나 당신의 마음은 정신없이 진행되고 있어서 당신이 시작한 일에 집중하거나 종결짓기가 어렵습니다. 당신은 상당히 높은 수준의 긴장감을 느끼고 있기 때문에 만일 다른 사람이 당신의 판단과 목표에 방해가 되거나 동의하지 않는다면 당신은 쉽게 짜증이나 화를 낼 수 있습니다. 당신은 또한 상당 기간 편집증을 경험할 수 있는데, 남들이 당신을 비난하고 통제하려 하며 내쫓으려 한다고 느끼고 있기 때문에 불안한 감정을 경험할 수 있습니다. 당신과 같은 프로파일을 보이는 사람들 가운데 일부는 부모가 성취와 성공을 요구하면서 동시에 냉정하고 잔혹한 양상을 보이며 다른 자녀를 편애하는 환경에서 성장하였습니다. 당신은 특별히 통제를 받는다고 느꼈을 수 있고, 또한 다른 형제자매에 비해 차별을 받았다고 느낄 수 있습니다. 최근의 좌절이 당신으로 하여금 정체감과 관련된 불안을 촉발했을 수 있고, 사랑을 받기 위해서는 대단한 것을 해내야 한다는 생각을 갖게 했을 수도 있습니다. 당신의 치료자는 극도로 높은 활력과 공황 및 불안감을 진정시키기 위해서 약물 처방을 권유할 수 있습니다. 지속되는 자기비난적 사고를 멈추고 자기 자신을 좀 더 정확하게 볼 수 있도록 당신의 치료자와 함께 작업하십시오. 당신 자신을 위한 현실적인 목표를 세우고 그 목표에 전념하도록 노력하십시오. 무슨 일을 하더라도 우선적으로 해결되어야 할 더욱 중요한 무언가가 있다고 느끼기 때문에 쉽사리 방해를 받고 산만해지게 되는 당신 자신의 모습을 살펴보기 바랍니다. 당신의 감정을 관찰하고 이를 분명히 명명함으로써 남들에게 당신의 감정을 표현할 수 있도록 마음챙김치료를 활용하기 바랍니다. 남들의 말에 끼어들어서 그들의 말을 끊어 버리는 당신의 모습을 관찰하고, 또한 스스로에게 끼어들어서 이리저리 주제를 바꾸는 자신의 모습을 살펴볼 수 있기 바랍니다. 당신의 말을 종결짓는 방법을 배우고, 탐색하던 주제를 끝낼 때까지 한 가지 주제를 지속할 수 있는 방법을 배우십시오.

80/08 코드타입

이 코드타입의 사람들은 두드러지게 냉담하며 사회적으로 위축되어 있기 때문에 대인관계 장면에서 매우 불편해하고 사회적인 상호작용을 피한다. 이들은 상당한 시간을 들여서 자신만의 공상을 즐기며, 사회적인 고립이 확대되어 자신의 가족 구성원에게까지 소외감을 느끼곤 한다. 이들은 스스로에 대해 우울하고 불안한 사람으로 묘사하는 경향이 있고, 대부분 쾌감 상실을 보고한다. 이 사람들은 자신의 가족에 대해 갈등적이고 불만족스럽게 묘사하며, 남들이 자신을 비난할까 봐 결정을 내리는 것이 어렵다고 보고한다. 이들은 쉽사리 겁을 먹고 많은 경우 공포증을 갖고 있다. 어떤 종류의 사회적 상황이든 극도로 불편해하고, 좌절을 느끼면 쉽사리 포기해 버리는 경향이 있으며, 가능한 한 갈등을 피하려고 한다. 흔히 이들은 걱정거리를 만들고, 우유부단하며, 타인으로부터 오해를 받게 된다. 이 사람들은 무엇 때문에 괴롭힘을 당하는지 알지 못하고, 남들로부터 이들이 바라거나 원하는 것이 무엇인지에 대해서 스스로 혼란스럽게 느끼며, 자기주장을 잘하지 못한다. 상담 회기 중에 주로 말을 하지 않을 수 있다. 이들은 치료가 자신에게 효과적일 것이라는 데 의심을 품고, 개인적인 정보를 드러내는 데 어려움을 겪는다.

만일 세 번째 높은 척도 점수가 척도 8이나 척도 0과 비교해서 5T 점수 이내라면, 일시적으로 척도 0의 상승을 무시하고 남게 되는 두 척도를 바탕으로 해석하는 것이 유용할 수 있다. 이 코드타입에서 세 번째로 높은 점수를 보이는 상승척도는 척도 7 또는 척도 2인 경우가 가장 빈번하다.

○ 치료

이들은 일반적으로 의사소통을 잘하지 않기 때문에 초기에 심리치료적인 관계를 형성하기가 쉽지 않다. 내담자로 하여금 말을 하도록 몰아세우지 않는 치료자의 인내심과 함께 구조화된 환경 속에서 삶의 기술을 훈련하도록 돕는 것이 가장 효과적일 수 있다. 일단 치료적인 동맹관계가 형성된 상황이라면, 자기주장과 사회적 기술을 훈련하는 것과 함께 부드럽고 지지적이며 자존감을 높이는 심리치료를 진행하는 것이 유용할 수 있다. 이 내담자들은 비난으로 해석될 수 있는 모든 것에 예민하다. 비난한다거나 '잘못된 점을 조사하는 것'처럼 여겨지지 않도록 주의하면서, 무슨 음식을 좋아하는지 또는 개인적인 버릇이 무엇인지 등과 같은 위협적이지 않은 평범한 질문을 하는 과정에서 치료적인 관계가 형성될 수 있다. 변증법적 행동치료가 유용할 수 있다. 이 사람들은 감정적으로나 사회적으로 소외되는 경향이 있기 때문에 다른 이들과 관계를 맺는 기본적인 기술이 부족하다. 따라서 가장 기초적인 관계 형성도 치료적인 의미를 지닐 수 있다.

⊃ 치료적인 피드백

단독상승 8과 단독상승 0에서의 치료적인 피드백 부분을 참조할 것

척도 9(Ma)

단독상승 9

단독상승 9 코드타입의 사람들은 경조증의 증상들을 드러내며, 일부의 경우는 조증의 증상들을 보인다. 이들은 활력이 넘치고, 흥분되어 있고, 과도하게 생산적이며, 언어적 압박과 피상적인 매력을 공격적인 유머와 함께 드러내며, 좌절을 겪게 되면 화를 잘 내는 과민함을 보인다. 비록 충동적인 행동과 세부사항에 대한 주의력 부족으로 인해 자기패배적인 행동을 보이기도 하지만, 단독상승 9의 사람들은 흔히 매우 생산적이고 성공적인 모습을 보인다. 단독상승 9의 사람들은 통제받거나 제약받는 것을 싫어하고, 장황하거나 흔히 말이 많은 양상을 보인다. 이들의 사고 과정은 매우 비슷할 수도 있고 다양할 수도 있는데, 잘 조직화되고 압박을 느끼며 다소 웅대한 것부터 혼돈되고 미친 듯이 기괴한 것까지 다양하게 보일 수 있다. 이들은 주목받는 것을 즐기고, 크고 압박받는 목소리로 말하며, 상대방의 관심에 반응하여 쉽사리 대화 주제를 변경한다. 이들 중 일부는 화려한 옷차림을 보인다. 이 사람들은 업무나 활동에 있어서 과도하게 벌이는 경향이 있고, 일을 할 때 활력을 단속적으로 쏟아붓는 양상을 보인다. 단독상승 9의 코드타입이 조증과 관련된 경우, 종교적인 특징 혹은 광적인 정치적 공상과 관련된 웅대성을 보이거나 망상을 드러낼 수 있다. 수면 부족이나 경조증을 다루려는 목적으로의 약물 및 알코올 사용 등도 흔히 보고된다.

중간 정도로 높은 점수(60~65T)라면 잘 기능하고 있는 가운데 활기 넘치고 외향적이며 적극적인 사람으로서, 남들이 보기에 생기 있고 상냥하며 카리스마 있는 모습으로 보일 수 있다. 이들은 매우 성취지향적일 수 있다.

낮은 점수에서 매우 낮은 점수(T<45)라면 활력수준이 저조하고, 동기가 부족하고, 무기력하며, 심지어 냉담한 모습으로 보일 수 있다. 척도 9가 높을수록 그 사람은 자신의 신념에 점점 더 열중하는 것으로 보이며, 자신이 남들보다 더욱 똑똑하고 세상을 보다 정확하게 바라보고 있는 것처럼 느낀다. 일부의 경우 편집증적인 모습을 보이는데, 남들이 자신을 질투한다고 느끼거나 세상에 기여해야 하는 자신의 중요한 사명을 방해한다고 느낀다. 정신증을 포함하지 않는 경조증의 사례라면 단독상승 9의 코드타입은 피상적으로만 자신감이 있는 것으로 보일 뿐 매우 불안정하고 상당한 수준의 재확인을 필요로 하는 사람을 시사할 수 있다. 이들은 자신의 장점을 극찬하는 경향이 있고, 남들을 추켜세워서 자신도 듣기 좋은 칭찬을 되돌려받

으려고 한다.

⟳ 치료

높은 활력을 지닌 경조증과 극도의 활력을 지닌 조증의 경우, 유전적인 요인이 영향을 미칠 수 있다. 어린 시절 양육자의 통제에도 불구하고 활발하거나 경조증적인 모습을 보였던 과거력이 존재하는지 살펴보아야 한다. 양육자는 흔히 이들의 성취와 성공에 대해 지속적으로 부추기는 모습을 보였을 수 있다. 일부의 사례에서 이들은 형편없는 성장배경을 갖고 있으며, 가족의 사회적 지위를 이들 자신의 성공으로서 끌어올려려 한다는 필요를 느꼈을 수 있다. 이들은 대단한 야심을 지니고 있기 때문에, 이들 스스로 지각한 실패라든지 이들의 성취 욕구에 대한 장애물 등은 증상을 촉발하는 요인이 될 수 있다. 조증의 증상을 보이는 경우라면 약물치료가 필요하다.

이 사람들은 거부적이고 회피적이며 집중력이 부족하기 때문에, 면접을 진행하기 어려운 사람들이다. 치료자는 이들에게 상당한 칭찬을 제공하는 과정에서 치료적인 관계를 형성할 수도 있고, 이들의 놀라운 활력이 더 나은 생산성을 위해 어떤 식으로 방해가 될 수 있는지에 대한 논의를 하면서 치료적인 동맹을 이끌어 낼 수도 있다. 달리 말하자면, 생산적이고 특별해지고자 하는 이들의 자기상을 타당화해 주고 좀 더 생산적일 수 있도록 이들의 활력수준을 조절하게끔 도와주는 과정으로서 치료를 새롭게 정의해 주는 것이 좋다. 자신의 높은 사회지능과 업무 사이의 관계를 바라보는 이들의 관점을 타당화해 줄 수 있다.

일단 치료적인 관계가 확립된 경우라면 좀 더 현실적인 목표를 세울 수 있도록 도와주고, 이들이 스스로 바라는 것과 타인의 기대를 내면화한 것을 구분할 수 있도록 도와주어야 한다. 충동적인 압박감을 조절할 수 있도록 도움을 주고, 직업이나 목표로 초점을 전환하려는 성향을 조절하도록 도와줄 수 있다.

⟳ 치료적인 피드백

당신의 프로파일을 살펴보면 당신은 현재 활력수준이 매우 높습니다. 당신의 마음이 지나치게 빠르게 작동하고 있기 때문에 당신은 어떤 일과 유형 사이의 관계를 남들이 잘 생각하지 않는 부분까지 들여다보고 있습니다. 당신은 활력수준이 매우 높고 도취된 느낌을 갖고 있어서 잠을 청하거나 적절한 휴식을 취하기가 어렵습니다. 당신은 문제를 보다 분명하게 바라보고 있다고 느끼고, 남들도 당신처럼 분명하게 볼 수 있도록 이끌어 주고 싶은 욕구를 느끼기 때문에 당신의 삶에서 어떤 특별한 의무나 사명을 갖고 있다고 생각할 수 있습니다. 당신은 사회적으로 능숙하고 카리스마도 갖추고 있지만 다른 사람들이 당신을 가로막거나 당신의 사명을 수행하는 데 방해가 되면 강렬한 과민함과 분노를 느끼는 시기를 경험할 수 있습니다. 당신은 자신의 높고 강력한 활력을 조절하기 위한 목적으로 화학 약물을 사용할 수도 있습니다.

당신의 마음이 너무 빠르게 작동하기 때문에 당신은 자신의 말을 종결짓기 어려우며, 상대방의 말을 끝까지 듣지 않고 끊어 버릴 수도 있습니다. 당신은 대화의 주제를 이리저리 옮겨 다니는 모습을 보일 수 있으며, 삶의 모든 가능성으로 인해 마치 압도된 것 같은 느낌을 받을 수 있습니다. 당신은 성취와 성공에 대한 압박을 느끼는 환경 속에서 자라왔을 수 있습니다. 어쩌면 최근에 어떤 사건을 겪고 난 후, 실패로부터 스스로를 보호하기 위해 더욱 열심히 일해야 한다는 필요성을 느꼈을 수 있습니다. 아니면 극도로 높은 활력의 시기를 촉발시킨 지각된 좌절이나 상실의 경험이 있었을 수 있고, 이로 인해 압도되는 감정을 느끼고 당신이 벌인 모든 업무를 완결짓지 못했을 수도 있습니다. 당신이 대단한 일을 해야만 한다고 느끼는 압박감을 스스로 이해할 수 있도록 당신의 치료자와 함께 작업하십시오. 당신의 활력을 좀 더 잘 사용해서 활력으로 인한 정신적 범람을 경험하지 않도록 도와줄 수 있는 약물 처방을 받는 것이 필요할 수도 있습니다. 이러한 시기에 임의로 화학 약물을 남용하게 되면 당신이 분명하게 사고하는 것에 지장을 받을 수 있으니 피하기 바랍니다. 당신의 분노를 발산시키고 당신이 충분한 수면과 휴식을 취할 수 있도록 매일 진행되는 운동 프로그램을 시작하기 바랍니다. 당신이 성공적으로 완수한 일들의 목록을 치료자와 함께 작성하는 작업을 통해서 당신이 자신을 위해 좀 더 현실적인 목표를 세우고 당신의 과거 성공에 대해 객관적인 안목을 갖기 바랍니다.

다른 척도들과의 연계

91/19 코드타입
19/91 코드타입을 참조할 것

92/29 코드타입
29/92 코드타입을 참조할 것

93/39 코드타입
39/93 코드타입을 참조할 것

94/49 코드타입

49/94 코드타입을 참조할 것

95/59 코드타입

59/95 코드타입을 참조할 것

96/69 코드타입

69/96 코드타입을 참조할 것

97/79 코드타입

79/97 코드타입을 참조할 것

98/89 코드타입

89/98 코드타입을 참조할 것

90/09 코드타입

이 코드타입은 흔하지 않다. 경조증적이고 의욕이 넘치는 사람은 일반적으로 수줍음이 많지 않고, 사회적으로 위축되지 않으며, 관계적인 측면에서 불안해하지도 않는다. 그러나 이 코드타입을 보인다면 그 사람은 감정적으로 자기만족을 보이고, 냉소적이며, 강박적으로 반추하고, 자신의 욕구를 위해 남들을 속일 수 있다. 이들은 경조증적 특징을 드러내고, 쉽게 지루해하며, 주의를 기울이거나 집중하는 데 어려움을 보인다. 이 사람들은 저조한 기분을 호소하는 경우일지라도 별로 우울해하지 않는 양상을 보인다. 이들은 수줍음이 많고 위축되어 있지만 차분한 모습을 보이며 자기중심적이고 경쟁적이다. 이들은 스스로 만족하고 자기결정적인 사람으로서 소규모의 사회적 모임에서 일단 편안함을 느끼면 장황해지거나 말이 많아진다. 이러한 상황 속에서 이들은 주목을 받으려고 매우 요구적인 모습을 보이고, 자신의 장점을 스스로 극찬하는 양상을 보인다. 다른 사람들은 이들에 대해 다소 냉담하고 남들을 무시하는 경향이 있다고 본다. 이는 척도 9가 높은 사람들이 자신감이나 웅대성을 드러내기 때문이다. 우선적으로는 척도 0의 상승을 무시하고 척도 0을 제외한 2개의 척도로 해석하면 유용할 수 있다.

⊃ **치료**

단독상승 9 코드타입의 치료 부분을 참조할 것. 사회적 기술 훈련이 또한 유용할 수 있다.

⊃ **치료적인 피드백**

척도 9와 척도 0의 치료적인 피드백 부분을 참조할 것

척도 0(Si)

단독상승 0

다른 임상척도에서 65T 이상의 상승을 보이지 않으며 높은 점수(T≥65)의 단독상승 0 코드타입을 보이는 경우, 다른 사람들과 함께하는 대신에 홀로 있는 것을 선호하는 양상을 시사한다. 척도 0에서 65T 이상으로 상승을 보인다면 그 사람은 수줍음이 많고, 관계적으로 불편해하고, 불안정하고, 내향적이며, 순종적인 사람을 의미한다. 75T 점수에 근접하는 경우라면 분열성의 냉담한 수준으로까지 사회적 지지가 부재한 양상을 시사하며, 타인과 의미 있는 애착을 형성하는 데 어려움을 보일 것으로 예상된다. 중간 수준으로 높은 점수(55~65T)라면 독립적이고 자율적인 성격특징을 의미하고, 일정 기간 동안 홀로 하는 활동을 필요로 하는 상황(예: 대학생활)에서 매우 적응적인 모습을 보일 수 있다.

척도 0의 상승은 다른 척도(예: 척도 4와 척도 9)로 인한 행동 표출의 가능성을 낮추는 경향을 보이지만, 예를 들어 척도 2와 척도 7 및 척도 8로 인한 반추나 자기함몰 등의 문제는 악화시킬 수 있다.

중간 정도 낮은 점수에서 매우 낮은 점수(T<45)라면 남들과 어울리는 것을 선호하고 홀로 있을 때 불안감을 느끼는 사람을 시사한다. 대부분의 경우 이들은 외향적, 사교적, 우호적, 열정적이며, 관계를 맺고 사회적으로 알려져서 높은 지위를 갖고 싶은 강렬한 욕구를 지닌다. 만일 35T 점수 이하라면 이들의 지나친 사회적 존재감으로 인해 남들에게 위협감을 줄 수도 있고, 남들이 보기에 이들은 기회주의적이고 기만적이고 얕고 피상적이며 변덕이 심한 모습으로 평가될 수 있다.

일반적으로 단독상승 0 코드타입의 사람들은 자신의 개인적인 공간이 허용되지 않는 환경에 처하지 않는 한 자신의 수줍음 때문에 치료를 찾지 않는다. 만일 수줍음이 문제라면 사회적 기술 훈련, 자존감 증진법, 이완 훈련 등의 치료가 유용할 수 있다.

⊃ 치료적인 피드백

당신의 프로파일을 살펴보면 당신은 낯선 사람들과의 대규모 모임보다는 잘 알고 있는 소규모의 사람들과 함께 있는 것을 편안하게 여기는 수줍음이 많은 사람입니다. 때로 준비가 되지 않은 채 사회적 상황에 불려 나가게 되면 당황하거나 말문이 막혀 버린 자신의 모습을 볼 수 있습니다. 수줍음이란 일부 기질적인 특징을 지니기 때문에, 당신이 수줍음에 대해 편안하게 느끼게 되면 그것은 더 이상 심리적인 문제점으로 여겨지지 않을 수 있습니다. 낯선 사회적 상황 속에서 당신이 어색해하고 당황하지 않을 수 있도록 당신과 같은 양상을 보이는 사람들과의 집단에서 수줍음을 다룰 수 있는 방법에 대해 논의하는 것을 치료자와 함께 작업해 보기 바랍니다. 때로는 상대방에 대한 질문을 이어 가는 방법을 통해서 상대방에게 다가간다면 당신이 할 말을 잃고 쩔쩔매지 않으면서 대화를 원활히 이끌 수 있습니다.

⊃ 낮은 점수(T<35)에 대한 치료적인 피드백

당신의 프로파일을 살펴보면 당신은 다른 이들과 관계 맺는 것을 즐기는 외향적인 사람입니다. 당신은 새로운 사람과 만나는 것 또는 심지어 전에 한 번도 만난 적이 없는 사람과 이야기를 나누는 것에 대해 편안하게 생각합니다. 당신에게는 사람들과 어울리는 시간을 갖는 것이 중요하고, 홀로 있는 시간이 길어지면 지루함을 느낄 수 있습니다.

다른 척도들과의 연계

01/10 코드타입
10/01 코드타입을 참조할 것

02/20 코드타입
20/02 코드타입을 참조할 것

03/30 코드타입
30/03 코드타입을 참조할 것

04/40 코드타입
40/04 코드타입을 참조할 것

05/50 코드타입

50/05 코드타입을 참조할 것

06/60 코드타입

60/06 코드타입을 참조할 것

07/70 코드타입

70/07 코드타입을 참조할 것

08/80 코드타입

80/08 코드타입을 참조할 것

09/90 코드타입

90/09 코드타입을 참조할 것

척도 K가 높은 정상 프로파일(K+ 프로파일)

K+ 프로파일(Marks et al., 1974)은 외래환자 가운데 사회경제적 수준이 높은 사람들에게서 매우 흔하게 보고되며, 입원환자들과 비슷한 프로파일에서 보이는 수준의 정신병리를 시사하지 않는다. 입원환자의 경우에 이러한 프로파일을 보인다면 기저의 심리적 문제점을 억압하고 있는 매우 통제적이고 부인하는 양상의 사람을 의미한다. 정상범위에 속하는 프로파일로서 K 척도가 65T 이상인 경우라면 해석하는 것이 쉽지 않다. 일부의 사례에서 이 프로파일은 침착하고 감정적으로 복잡한 사람을 시사하는데, 이들은 '꿋꿋하게 참고 견디는' 방식으로 삶을 살아간다. 전형적인 영국 사람에게서 볼 수 있는 신중함 및 감정적 통제양상이 K+ 프로파일의 사람에게 잘 들어맞는다. 이러한 사례에서 이들의 감정적 통제와 신중함은 문화나 성격으로 인한 특성이기 때문에 이 사람을 '방어적'이라고 해석한다면 옳지 못한 해석이 될 수 있다. 다른 사례에서 K+ 프로파일은 방어적이고 내면의 동요를 감추고 있는 사람을 시사할 수 있다.

MMPI-2의 새로운 규준에 근거하면, Marks 등(1974)의 규칙은 다음과 같이 수정할 필요가 있다. 연구를 통해서 이러한 수정을 지지할 필요도 있다. 입원환자의 경우 다음의 기준에 부합해야 한다. F 척도가 65T 이하여야 하고, L 척도와 K 척도는 F 척도보다 높은 점수여야 하고, 임상척도 가운데 6개 이상이 56T보다 낮아야 하며, K-F는 5T 점수보다 커야 한다.

이 프로파일은 흔히 심리적인 문제를 인정하는 데 있어서 매우 방어적인 사람에게서 보이며, 이들의 경우 심리적인 문제점은 개인적 약점이라고 생각한다. 일반적으로 이들은 자신의 수행이 남들보다 열등하게 비교될 수 있는 상황을 회피하고, 전형적으로 신중하고 불안해하며 억제되어 있다. 이들은 특히 자신에 대한 다른 사람들의 평가에 영향을 받고, 그 결과 쉽게 지배당하고 이끌리고 통제받게 된다. 타인으로부터 철수된 경우, 이들은 성격적으로 상당한 분열성의 특징과 함께 의심이 많고 두려움이 많은 사람으로 비춰진다.

⊃ 치료

입원환자이든 외래환자이든 간에 이 사람들로 하여금 자신의 감정을 인식할 수 있도록 도움을 주기 위해서 K 척도를 낮추어 주는 치료적 개입이 필요하다. 일단 치료적 관계가 형성된 상황이라면 이들의 과잉통제를 낮추어 주기 위해서 자신의 분노, 우울, 기쁨 등을 표현하면서 감정적 발산과 역할 연기를 할 수 있도록 도와주어야 한다.

⊃ 치료적인 피드백

당신의 프로파일을 살펴보면 당신은 솔직하게 자신의 감정을 말하는 사람이 아닐 수 있습니다. 보통 냉정함을 잃게 되는 위기 상황 속에서도 당신은 냉담하고 차분하며 매우 침착한 모습을 보입니다. 남들은 당신의 감정적 상태를 '파악하는 데' 어려움을 겪을 수 있습니다. 당신은 화가 나면 상당히 정제되고 조율된 방식으로 이를 표현하기 때문에, 남들이 당신의 진정한 감정 강도를 파악하기 위해서는 당신이 한 반응에 몇 곱절을 곱해야 비슷할 수 있습니다. 심지어 긍정적인 감정에 휩싸이는 경우에도 당신은 남들이 분명히 알아차릴 수 있는 방식으로 이를 표현하지 않습니다. 어쩌면 당신은 매우 감정적이고 때로는 감정적인 통제가 불가능해지는 그런 가정환경 안에서 성장했을 수 있으며, 그로 인해 강렬한 감정을 억누르도록 학습되었을 수 있습니다. 어린 시절 가족 내의 어른들이 감정적으로 변덕스러운 모습을 보였기 때문에 당신은 냉담하고 차분하며 매우 침착한 모습을 보여야만 했는지도 모릅니다. 또 다른 사례를 살펴보면, 당신의 성격양상과 비슷한 사람들이 자신의 감정을 조율되고 정제된 방식으로 표현하는 가족 구성원 사이에서 성장한 경우도 있습니다. 당신의 치료자와 함께 서로 다른 감정들을 역할 연기하는 연습을 한다면 자연스러운 감정반응에 대해 좀 더 편안함을 느낄 수 있을 것입니다. 남들이 당신의 감정을 파악하는 것을 어려워할 수 있다는 점을 명심하십시오. 당신이 강렬한 감정을 느끼게 될 때 남들도 당신에게 공감할 수 있는 방식으로 당신의 감정을 표현하는 방법을 배워야 합니다.

내용척도

결정적 문항

　Hathaway는 정상집단의 반응과 기준집단의 반응을 경험적으로 비교하여 8개의 임상척도를 제작하였다. 경험적 문항선정방식은 성격검사의 획기적인 혁신에 기여하였다. 기존의 질문지형 성격검사는 이성적 문항선정방식에 의존하였다. 개인의 성격특성을 반영하는 여러 문항을 직관적으로 작성하고, 유사한 성격특성과 연관된다고 여겨지는 여러 문항을 논리적으로 조합하여 척도를 제작한 것이다. 이성적 방식으로 제작된 문항과 척도는 안면타당도가 높다. 즉, 문항 및 척도와 성격특성 사이에 명백한 상관관계가 있는 것처럼 보인다는 장점이 있다. 그러나 안타깝게도 이성적 방식으로 제작된 문항 및 척도와 외적 준거자료 사이의 상관관계는 만족스럽지 않았다. 또한 안면타당도가 높은 문항은 피검자의 수검태도에 몹시 취약하다. 피검자가 문항의 목적을 쉽게 파악할 수 있으면 검사결과를 잠재적으로 왜곡할 수 있기 때문이다.

　경험적 문항선정방식은 정상집단과 기준집단의 응답빈도가 서로 다른 문항을 선택하는 방식이다. MMPI의 개발자는 개별문항의 내용보다 문항군집의 범위에 관심이 있었다. 즉, 문항군집이 인간의 태도와 행동을 다양하고 충분하게 반영하는지에 주목했던 것이다. Meehl(1945a)은 「구조적인 성격검사의 역동(The Dynamic of 'Structured' Personality Tests)」이라는 논문을 발표하여 경험적 문항선정방식을 공개적으로 지지하였다.

세월이 흐르면서 심리측정의 이론과 방법이 진보하였고, 문항의 내용에 주목하자는 임상적 주장이 부상하였다. 철저한 경험주의자인 Meehl(1945b, p. 147)은 "피검자가 솔직하게 보고했다고 가정해서는 안 된다."라고 하면서 문항의 내용에 주목하자는 주장을 배격하였다. 그러나 이성적 방식과 경험적 방식을 혼용한 성격검사의 타당도가 만족할 만한 수준이라는 연구가 발표되고(Hase & Goldberg, 1967), 문항의 내용을 강조하는 학파가 출현하자(Goldberg & Slovic, 1967; Jackson, 1971), 철저한 경험주의자도 초기의 강경한 입장을 수정하였다(Meehl, 1971, 1972). 임상장면에서는 진작부터 문항의 내용에 주목하고 있었다. 내담자를 이해하려고 MMPI를 실시하는 임상가의 입장에서는 더 효율적인 검사가 필요했던 것이다.

Caldwell(1991)에 따르면, MMPI 문항은 모호성과 명백성을 모두 지니고 있으므로 모호한 요소를 먼저 해석하고 명백한 요소를 나중에 해석해야 한다. 해석의 첫 단계로, 임상척도와 기본 척도(예: K, Mf)의 모호문항, 경험적으로 제작된 모호 척도(예: MAC-R, O-H), 모호문항을 포함하고 있는 임상척도를 해석한다. 해석의 다음 단계로, 임상척도의 명백문항을 비롯하여 경험적으로 제작된 척도를 전반적으로 해석한다. 또한 개발 과정에서 내적 일치도를 강조했던 명백 척도(예: 내용척도, 재구성 임상척도)를 해석한다. 해석의 마지막 단계로, 규준집단의 응답빈도가 현저하게 낮은 문항으로 구성된 척도[예: F, F(B)]와 결정적 문항을 해석한다. 놀랍게도, Wiener와 Harmon(Wiener, 1948; Wiener & Harmon, 1946)은 이미 오래전에 모호문항과 명백문항을 구분하였고 결정적 문항을 제시하였다. 문항의 내용에 주목하는 연구자와 임상가가 늘어나면서 그들의 주장이 다시 부각되고 있다.

MMPI의 초창기에는 정신병리를 확실하게 시사하는 문항에 피검자가 어떻게 응답했는지 살펴보는 방법을 사용하였다. Grayson(1951)은 재향군인병원 환자를 대상으로 38개의 문항을 추출했는데, 피검자가 한 문항이라도 채점되는 쪽으로 응답하면 그 문항을 기반으로 더 자세한 임상면접을 진행하였다. MMPI 프로파일이 정상범위에 있는지 이상범위에 있는지는 고려하지 않았다. 어떤 경우, 이 문항들은 피검자의 정신병리(예: 망상, 자살사고)를 구체적으로 특정하였다. 다른 경우, 이 문항들은 정지 신호로 기능하였다. 즉, 평가를 잠시 멈추고 피검자가 그 문항에 응답한 까닭을 파악하였다. 그래서 정지문항 혹은 결정적 문항(critical items)이라고 부르게 된 것이다. 결정적 문항의 역사는 Woodworth(1920)의 '개인 자료 질문지(Personal Data Sheet)'까지 거슬러 올라간다. 그는 10개의 문항을 '신경증 성향' 문항으로 분류하였고, 피검자가 이 문항에 채점되는 쪽으로 응답하면 무조건 신경증으로 진단하였다.

많은 임상가가 Grayson이 추출한 결정적 문항을 채택하였다(Gravitz, 1968). 그러나 『MMPI 핸드북』(Dahlstrom & Welsh, 1960)이 출간되면서 결정적 문항이 F 척도 및 척도 8과 지나치게 중복된다는 사실이 발견되었다. 결정적 문항의 85%(32개 문항)가 두 척도 중의 하나 혹은 모두에 중복되었고, 40%에 해당하는 16개 문항이 F 척도와 중복되었다(Koss, 1979). 더 나아가 결정적 문항의 92%(35개 문항)가 '그렇다'라고 응답할 때 채점되었다. 따라서 눈에 띄는 내용에 주목해서 더 자세한 임상면접을 진행하게 유도하는 정지 신호의 기능은 유익하지만, 결정적 문항이 정신증 성향만을 과도하게 반영한다는 비판이 제기되었다. 또한 F 척도와 마찬가지로 결정적 문항은 피검자의 일탈반응, 과대보고, 축소보고에 취약하였다. 아울러 결정적 문항은 '그렇다' 쪽으로 편향되게 응답하는 묵종반응에 취약하였다.

Caldwell(1969)은 결정적 문항을 다시 선정하였다. 다양한 정신병리를 평가하는 68개의 문항을 채택하였고, 9개의 영역으로 분류하였다. 정신증 성향에 집중한 Grayson의 결정적 문항과 비교할 때, Caldwell의 결정적 문항은 상대적으로 다양한 정신병리를 평가한다. 그러나 56%에 해당하는 38개 문항이 F 척도 및 척도 8과 중복되고, 33%에 해당하는 20개 문항이 F 척도와 중복된다. 여전한 문제가 해결되지 못한 것이다. 또한 두 종류의 결정적 문항 모두에 치명적 결함이 있었다. 이성적-직관적 방식으로 문항을 채택하였고, 피검자의 증상과 호소를 정확하게 측정한다는 경험적 근거를 제시하지 못하였다. Greene(1980)과 Evans(1984)는 정상인도 결정적 문항에 채점되는 쪽으로 응답하는 경우가 있다고 비판하였고, 타당도에 문제가 있다고 지적하였다.

Lachar와 Wrobel(1979)은 결정적 문항의 타당도를 조사했는데, Grayson과 Caldwell이 채택한 문항에 정신과 입원환자 및 외래환자가 흔히 호소하는 14개의 문제영역을 평가하는 문항을 추가하였다. 그들은 111개의 결정적 문항을 구성하였고, 11개의 내용영역으로 분류하였다. 이 중에서 99개의 문항이 정신과 환자의 진료 기록과 통계적으로 유의미한 상관을 보였고, 12개의 문항이 관련 자료와 수용할 만한 수준의 상관을 보였다.

Koss와 Butcher(1973; Koss, Butcher, & Hoffmann, 1976)는 결정적 문항의 특징을 경험적으로 연구하였다. 정신병원에 입원하는 시점에 관찰된 행동과 호소를 기반으로 여섯 가지의 위기 상황을 설정하고, 각 위기 상황의 핵심특징을 반영하는 MMPI 문항이 무엇인지 임상가들에게 질문하였다. 임상가들이 추천한 문항을 새로운 입원환자의 자료와 비교해서 교차타당화하였고, 위기 상황이 아닌 정신과 환자의 자료와 비교하였다.

방법론적 차이점에도 불구하고 지금까지 개발된 결정적 문항군집은 모두 내용적으로 유사하다. 〈표 7-1〉을 살펴보면, 결정적 문항군집이 스트레스, 저조감, 인지장해, 정신증적 사고, 약물남용을 측정한다는 것을 알 수 있다. MMPI-2의 결정적 문항군집 및 채점방향은 Friedman 등(2001, pp. 569-576, 표 A6)을 참고하기 바란다.

〈표 7-1〉 결정적 문항군집의 내용 비교

Lachar-Wrobel		Caldwell		Koss-Butcher	
내용영역	문항수 (원판/ 개정판)	내용영역	문항수 (원판/ 개정판)	내용영역	문항수 (원판/ 개정판)
심리적 불편감					
불안/긴장	11/11			급성불안	9/17
우울/걱정	16/16	우울/스트레스	11/11	우울/자살사고	25/22
수면곤란	6/6	자살사고	5/5		
현실검증력 손상					
기이한 신념	15/15	관계사고/피해망상	10/1	피해의식	12/11
기이한 사고/경험	11/10	기이한 경험/환각	9/9	정신적 혼란	3/11
성격적 부적응					
약물남용	4/3	알코올/약물	4/3	알코올/스트레스	15/7
반사회성	9/9	권위 갈등	5/5		
가족 갈등	4/4	가정 불화	7/7		
분노 문제	4/4			위협행동	3/5
성적 일탈	8/6	성적 문제	7/6		
신체증상	23/23	건강염려	10/10		

Nichols(1989)도 결정적 문항을 제작하였다. 그는 Lachar-Wrobel의 결정적 문항은 동질적인 범주로 구성되어 있고, Caldwell과 Koss-Butcher의 결정적 문항은 제한적인 내용으로 구성되어 있다고 비판하였다. 그는 환자가 호소하는 신체증상을 정교하게 파악해서 신경과 의사에게 자문하고 싶었다. 예컨대, 신체증상의 구체적인 내용, 특정한 내용영역(예: 운동장애, 비뇨기 증상)에 응답한 비율 등을 파악하고 싶었다. 또한 그는 정신증 상태를 암시하는 문항이 불만스러웠다. 자칫하면 특이한 문화적 신념 혹은 경험이 응답에 영향을 미칠 수 있기 때문이다. 예컨대, '귀신이나 악령이 가끔 나를 지배한다.'라는 문항은 정신증 성향과 연관된 척도(예: F, Pa, BIZ, PSYC, RC6)에서 빈번하게 채점된다. 정신증 상태에서 환각경험 혹은 이상경험을 체험한 환자도 '그렇다'라고 응답할 것이다. 그리고 영성을 중시하는 종교인, 귀신이나 악령이 존재한다고 믿는 이민자도 '그렇다'라고 응답할 수 있다. 그래서 Nichols(1989)는 이성적 및 경험적 방식으로 새로운 결정적 문항을 제작하였다. 미국 중서부에서 정신과 환자의 자료를 대규모로 수집하였고, 요인분석을 통해 내용범주를 추출하였다. 이어서 구체적인 신체증상별로 하위범주를 제작하였고, 일반적인 척도와 중복되는 내용(예: 불안, 공포)을 삭제하였으

며, 기존의 결정적 문항과 내용척도 사이에 중복되는 문항을 확인하였다. Nichols의 결정적 문항에는 Koss-Butcher와 Lachar-Wrobel의 결정적 문항이 모두 포함되어 있다. 임상가는 이것을 대안으로 사용할 수 있는데, 특히 건강 문제, 신체증상, 신경과적 장애를 호소하는 환자의 증상, 범위, 정도 등을 구체적으로 평가할 수 있다. Nichols(1989)는 MMPI-2에서 217개의 결정적 문항을 선정하였고, 4개의 주요 영역 및 23개의 세부 영역으로 분류하였다.

결정적 문항과 관련된 두 가지 주요한 논쟁(개념적 및 통계적)이 있다. 먼저, 문항을 이상행동의 표본(sample)으로 간주해야 한다는 입장과 문항을 이상행동의 증후(sign)로 간주해야 한다는 입장 사이에서 개념적 논쟁이 벌어졌다. Koss(1979)에 따르면, 심리검사의 초창기에는 피검자의 응답을 솔직한 자기보고라고 가정하였다. 이 경우, 문항은 이상행동의 직접적 표본으로 간주된다. 즉, 이상행동이 실재하기 때문에 피검자가 문항에 응답한 것이고, 임상면접과 행동관찰을 실시하면 피검자의 이상행동이 확인된다는 것이다. 이는 심리검사의 임상적 활용성을 높게 평가하는 견해이다. 이러한 견해에 대한 반동으로 그리고 기존의 질문지형 심리검사에 실망하여 Hathaway는 경험적 문항선정방식을 채택하였다. 선험적 판단에 근거해서 문항을 선정하고 배치하는 방식이 아니라 정상집단과 기준집단의 응답빈도 차이를 기준으로 문항을 선정하고 배치하는 방식을 고안하였다. 이 경우, 문항은 이상행동의 간접적 증후로 간주된다. 즉, 문항을 바탕으로 피검자의 이상행동에 관한 가설을 세워야 하고, 임상면접과 행동관찰을 실시하여 가설을 검증해야 한다는 것이다. 이때 가설은 채택될 수도 있고 기각될 수도 있다. 경험적 문항선정방식을 옹호하는 Meehl(1945b)은 피검자마다 문항을 이해하는 수준과 문항에 응답하는 태도가 다르다는 점을 강조하였다. 또한 피검자는 특정한 내용 자체 때문에 문항에 응답한 것이 아니라 특정한 내용 이상의 그 무엇 때문에 문항에 응답한 것이라고 주장하였다.

> 경험적 문항선정방식은 문항에 대한 응답이 이상행동의 표본이라는 주장을 정면으로 부정한다. 피검자의 자기보고는 허술한 대리진술에 불과하다. 피검자의 자기보고가 본질적으로 흥미롭고 유의미한 언어적 행동이라는 사실은 분명하다. 그러나 피검자의 자기보고는 심리검사 이외의 경험적 수단을 통해서 반드시 검증되어야 하는 가설에 불과하다(Meehl, 1945a, p. 287).

Meehl(1945a, p. 298)에 따르면, 구조화된 심리검사의 문항 자체는 별로 중요하지 않다. 문항에 내포되어 있는 의미보다는 피검자가 그 문항을 통해서 '자신에 관한 무언가를 말하고 있다는 사실'이 더 중요하다.

문항이 이상행동의 간접적 증후라는 견해를 맹목적으로 수용하면, 심리검사를 제작할 때 예비문항을 수집하고 선정하는 단계를 소홀히 진행할 우려가 있다. 문항 자체는 중요하지 않으므로 어떤 문항을 수집하고 선정해도 괜찮다는 논리적 함정에 빠질 수 있다. 그러나 Hathaway와 McKinley는 정신의학 교과서, 정신병력 조사지, 기존의 태도검사 및 성격검사, 자신들의 임상경험에 근거하여 예비문항을 수집함으로써 전통적 견해를 존중하고 경의를 표하였다. 문항을 수집하는 방법은 전통적이었고, 척도를 제작하는 방법은 혁신적이었다. 그 결과, MMPI의 임상척도에는 이상행동의 표본에 해당하는 문항 및 이상행동의 증후에 해당하는 문항이 모두 포함되었다. Dahlstrom(1969)은 명백문항과 모호문항의 기능이 서로 다르다고 설명하였다. 타당한 프로파일의 경우, 명백문항은 이상행동의 표본으로 간주하는 것이 바람직하고, 모호문항은 이상행동의 증후로 간주하는 것이 바람직하다.

문항과 척도의 신뢰도에 관한 통계적 논쟁도 벌어졌다. 개별문항의 검사-재검사 신뢰도는 『MMPI-2 매뉴얼』(Butcher et al., 2001, 부록 E, 부록 G)에 제시되어 있다. 짧은 간격을 두고 재검사를 실시했을 때, 대다수 개별문항의 시간적 안정성은 대다수 척도의 시간적 안정성과 거의 동등한 수준으로 양호하였다. 그러나 개별문항은 실수, 혼란, 오해, 우연의 영향에 취약하다. 결정적 문항을 자세히 탐색하면 피검자가 응답한 이유를 밝힐 수 있지만, 항상 실수를 발견하여 수정할 수 있는 것도 아니고 항상 충분한 정보를 획득할 수 있는 것도 아니다. 자신의 실수를 순순히 인정하는 피검자도 있지만, 꼬치꼬치 캐묻는 임상가에게 압박감을 느끼는 피검자도 있고, 임상가가 사생활을 침범한다고 생각해서 불쾌감을 표현하는 피검자도 있다. 따라서 결정적 문항에 응답한 까닭을 탐색할 때는 덜 위협적인 문항부터 시작해서 더 위협적인 문항으로 이어 가는 것이 바람직하다.

문항의 내용을 강조하는 연구자는 척도의 내적 일치도를 중시한다(Butcher et al., 1990; Wiggins, 1966). 내적 일치도는 척도의 심리측정적 적합성을 의미하는데, 전통적으로 척도의 동질성을 반영하는 알파계수(Cronbach, 1951)를 사용한다. 척도의 알파계수가 높다는 것은 그 척도에 포함된 어떤 문항이 그 척도에 포함된 다른 문항과 내용적으로 비슷하다는 뜻이다. 알파계수를 극대화하는 방향으로 제작된 척도는 요인분석방법으로 제작된 척도와 상당히 유사하다(Friedman, Sasek, & Wakefield, 1976; Johnson, Butcher, Null, & Johnson, 1984; Waller, 1999). 척도의 알파계수를 살펴보면 척도의 내용적 포괄성을 파악할 수 있다. 예컨대, '우리 아버지는 좋은 사람이다.'라는 문항이 있다고 가정하자. 여기에 두 번째 문항('나는 아버지를 사랑한다.')을 추가하면 척도의 내용적 포괄성이 약간 증가하고 내적 일치도는 약간 감소한다. 여기에 세 번째 문항('우리 어머니는 좋은 사람이다.')을 추가하면 척도의 내용적 포괄성이 더욱 증가한다. 새로운 문항을 추가함으로써 '부모'에 대한 태도를 측정하는 척도로 확장되었기 때문이다. 그러나 척도의 내적 일치도는 더욱 감소한다. 여기에 네 번째 문항('나는 어린이를 좋아한다.')을 추가하면 척도의 내용적 포괄성이 상당히 증가한다. 새로운 문항을 추가함으로써 '가족' 혹은 '사람'에 대한 태도를 측정하는 척도로 확장되었기 때문이다. 그러나 척도의 내적 일치도는 상당히 감소하는 손해를 감수해야 한다. 여기에 다섯 번째 문항('나는 낭만적인 영화를 좋아한다.')을 추가하면 척도의 내용적 포괄성이 급격히 증가한다. 이제는 '사람과 대상'에 대한 호감을 평가하는 척도로 변화되었기 때문이다. 그러나 척도의 내적 일치도는 급격히 감소한다. 여기에 여섯 번째 문항('나는 친척들을 싫어한다.')을 추가한다고 가정하자. 만약 피검자가 '아니다'라고 응답할 때 채점하면 척도의 내용적 포괄성 및 내적 일치도가 모두 향상될 것이다. 그러나 만약 피검자가 '그렇다'라고 응답할 때 채점하면 척도의 내용적 정합성 및 내적 일치도가 모두 심각하게 훼손될 것이다. 예시에서 보듯이, 척도의 내적 일치도는 문항의 의미적 중복성 수준을 반영한다. 피검자가 중복되는 여러 문항에 채점되는 쪽으로 응답하면 척도의 점수가 상승하게 되고, 척도의 점수가 상승하면 피검자의 성격특성을 더 강력하고 더 확실하게 해석하게 된다. 그러나 척도에 새로운 문항이 추가될 때마다 알파계수는 항상 감소하므로, 연구자는 새로운 문항의 추가 여부를 신중하게 판단해야 한다. 연구자는 내적 일치도와 검사-재검사 신뢰도의 균형을 추구한다. 척도의 문항수가 적을수록 내적 일치도를 확보하는 데 유리하고, 척도의 문항수가 많을수록 검사-재검사 신뢰도를 확보하는 데 유리하다 (Emons, Sijtsma, & Meijer, 2007; Kruyen, Emon, & Sijtsma, 2012).

이성적 문항선정방식을 채택하는 경우, 연구자는 문항이 척도의 내적 일치도를 증가시키는지 혹은 감소시키는지에 주목하여 문항을 선정한다. 경험적 문항선정방식을 채택하는 경우, 연구자는 정상집단에서 응답빈도가 낮고 기준집단에서 응답빈도가 높은 문항을 선정한다. 따라서 경험적으로 제작된 척도의 알파계수가 이성적으로 제작된 척도의 알파계수보다 전반적으로 더 낮다. 경험적으로 제작된 척도의 경우, 각 문항은 다른 문항과 중복되지 않는 고유한 변량을 증분한다. 따라서 피검자가 여러 문항에 채점되는 쪽으로 응답하여 척도의 점수가 상승하면, 임상가는 피검자가 기준집단과 유사한 속성(예: 정신병리, 성격특성)을 지니고 있다고 판단한다. 일부 임상척도(예: 척도 1, 7, 8)는 경험적으로 제작되었음에도 불구하고 내적 일치도가 상당히 높다. 아마도 공통요인이 많이 포함되었기 때문일 것이다. 그러나 의도적으로 공통요인을 포함시킨 것은 아니다. 척도의 주요한 변량이 공통요인과 밀접한 관련이 있기 때문에 발생한 현상일 것이다. 공통요인이 많이 포함되면 척도의 특이도가 감소하고 타당도가 훼손된다. 예컨대, 척도 7에는 공통요인이 상당히 많이 반영되어 있다.

이런 맥락에서 Nichols(1989)는 이성적 문항선정방식과 경험적 문항선정방식을 혼합하여 결정적 문항을 활용하는 방법을 제시하였다. 그는 결정적 문항을 여러 개의 소척도로 분류하였다. 개별문항은 실수, 혼란, 오해, 우연의 영향에 취약하지만, 소척도는 상대적으로 안정적이다. 또한 소척도를 분석하면 모척도를 분석할 때보다 피검자의 증상과 호소를 더 정교하게 파악할 수 있다. 모척도에 가려진 애매한 특성이 소척도를 통해서 비교적 선명하게 드러나기 때문이다.

Ben-Porath와 Sherwood(1993)는 문항의 동질성에 주목하여 여러 가지 소규모 척도를 제작했는데, 그것이 이어서 소개할 MMPI-2 내용척도 및 내용소척도이다(Sherwood & Ben-Porath, 1991).

결정적 문항처럼 중복되는 문항군집을 해석할 때, 임상가는 반드시 다른 자료를 참조해야 한다. 개별문항과 소척도를 분석하면 모척도에 가려진 애매한 특성을 선명하게 해석할 수 있고, 피검자의 자기보고가 어떤 영역에 집중되어 있는지 분명하게 파악할 수 있다. 심지어 내적 일치도가 높은 내용척도의 경우에도 모척도가 소척도를 가려 버려서 중요한 임상적 가설을 놓치는 현상이 발생한다. 그러나 결정적 문항을 해석할 때 다른 자료(예: 임상척도, 코드타입)를 참조하지 않으면 피검자의 증상, 문제, 걱정을 과도하게 해석할 우려가 있다. 요즘은 거의 사용하지 않는 Grayson의 결정적 문항군집을 제외하고, 모든 결정적 문항군집이 내용에 따라서 범주로 분류되어 있다는 사실에 주목하기 바란다. Grayson이 초창기에 제안했던 정지 신호의 기능이 약화되고 있는 것이다. 현재 시점에서 결정적 문항의 위상은 정지문항과 공식척도의 중간쯤에 해당된다.

임상가는 결정적 문항을 활용해서 내담자와 의사소통할 수 있다. 결정적 문항은 중요한 정보를 제공한다. 그러나 그 정보를 항상 신뢰할 수 있는 것은 아니다. 내담자의 입장에서 결정적 문항은 임상가에게 직접적으로 고통을 호소할 수 있는 유익한 수단이다. MMPI-2에는 내담자가 어떤 문제를 겪고 있는지 그리고 그 문제가 내담자의 삶에 얼마나 심각한 영향을 미치고 있는지 파악할 수 있는 여러 척도와 지표가 있다. 임상가는 척도와 지표를 중심으로 해석한다. 하지만 내담자에게는 각각의 문항이 중요하다. 개별문항에 응답하는 방법 외에는 임상가에게 고통을 호소할 수 있는 수단이 없기 때문이다. 결정적 문항을 활용하면 치료자가 내담자를 공감할 수 있다. 아울러 심리평가 및 심리치료에 필수적인 동맹관계를 형성할 수 있다.

내용척도

MMPI-2의 내용척도는 비슷한 내용을 측정하는 문항으로 구성된 매우 동질적인 척도이다. 피검자는 내용척도를 통해서 임상가와 의사소통할 수 있다. 임상가는 피검자의 증상과 고통을 즉각적으로 파악할 수 있고, 피검자는 자신의 증상과 고통을 직접적으로 호소할 수 있다. Wiggins, Goldberg와 Applebaum(1971, p. 403)이 언급했듯이, MMPI는 "피검자가 어떤 사람인지 파악할 수 있는 기회를 제공할 뿐만 아니라 피검자와 임상가가 직접적으로 소통할 수 있는 기회를 제공한다."

Leary(1956, 1957)가 개발한 대인관계적 진단지침을 참고하면 내용척도와 임상척도의 관계를 이해할 수 있다. 그는 정보의 수준을 구분하였다. 1수준 정보는 타인에 의해 묘사된 피검자의 정보를 뜻한다. 즉, 대인관계 압력이 피검자의 증상, 호소, 집착, 태도, 성격특성에 미치는 영향을 반영하는 것이 1수준 정보이다. 이것은 타인의 관점에서 피검자를 묘사한 사회적, 객관적, 공적 정보이기 때문에 피검자의 견해와 일치할 수도 있고 불일치할 수도 있다. MMPI-2의 임상척도에 반영되어 있는 것은 1수준 정보이다.

2수준 정보는 자신에 의해 묘사된 피검자의 정보를 뜻한다. 즉, 피검자가 의식하고 있는 증상, 행동, 특성, 대인관계를 반영하는 것이 2수준 정보이다. MMPI-2의 내용척도는 2수준 정보를 민감하게 반영한다. 피검자의 자기보고에는 1수준 정보와 2수준 정보가 모두 포함되는데, 자신이 의식하여 보고하는 정보와 타인이 파악하여 묘사하는 정보는 불일치할 수 있다.

그러나 서로 다른 수준의 정보를 반영하는 내용척도와 임상척도가 반드시 상호 배타적인 것은 아니다. 피검자의 성격특성에 주목한 Payne과 Wiggins(1972)는 임상척도에 기반한 해석과 내용척도에 기반한 해석이 전반적으로 일치한다는 사실을 발견하였다. Butcher 등(1990), Lachar와 Alexander(1978), Lachar, Dahlstrom과 Moreland(1986)도 내용척도와 1수준 정보 사이에 유의미하고 신뢰할 만한 상관관계가 있다고 보고하였다.

임상척도의 문항과 내용척도의 문항이 완전히 다른 것은 아니다. 하지만 동일한 문항에 대한 응답을 임상가의 진단적 관점뿐만 아니라 내담자의 호소적 관점에서도 해석하고 비교하면 유익한 정보를 파악할 수 있고 해석의 차원을 확장할 수 있다. 임상척도에는 타인이 투영되어 있고, 내용척도에는 자신이 반영되어 있다. 임상척도와 내용척도를 비교하면 피검자의 대인관계, 정신역동, 방어기제, 대처기술, 적응능력, 진단범주 등과 관련된 해석 가설을 더 상세하게 도출할 수 있다. 임상척도 혹은 내용척도 중에서 한 가지만 해석할 때보다 그렇다는 것이다.

Hathaway와 McKinley(1940)는 26개의 내용범주를 확인하였고, Wiggins(1966)는 이것을 원용하여 13개의 내용척도를 제작하였다. 원판 MMPI의 내용척도는 HEA(건강 문제), DEP(우울), ORG(기질적 증상), FAM(가족 문제), AUT(권위 갈등), FEM(여성적 관심사), REL(종교적 근본주의), HOS(적개심), MOR(의욕 저하), PHO(공포증), PSY(정신증), HYP(경조증), SOC(사회적 부적응)이다. 내용척도들의 내적 일치도는 .50~.90이었고 중앙값은 .75였다. 1970년대부터 1980년대 초반까지 진행된 연구에서는 다양한 집단에서 내용척도의 타당도가 확인되었다. 13개 내용척도 각각의 심리측정적 속성에 관심이 있는 독자는 Wiggins(1966), Friedman, Webb과 Lewak(1989)을 참고하기 바란다. MMPI-2 내용척도의 문항구성과 채점방향은 Gotts와 Knudsen(2005), Greene(2000)을 참고하기 바란다.

재표준화위원회가 기존의 90개 문항을 새로운 107개 문항으로 대체하기로 결정하자, 수정된 MMPI-2 문항군집의 내용을 평가할 기회가 생겼다. Butcher 등(1990)은 Wiggins(1966)를 참조하여 새로운 MMPI-2 내용척도를 제작하였다. 먼저, Hathaway와 McKinley(1940)가 제안한 내용범주를 조사하고, Johnson 등(1984)의 대규모 요인분석 자료를 참고하고, MMPI-2에서 수정된 문항을 검토하여 임시로 22개의 내용범주를 설정하였다. 이어서 Butcher, Dahlstrom과 Graham이 각각의 내용범주를 정의하였다. 3명의 연구자 중에서 적어도 2명이 동의하면 임시척도로 간주하였고, 각 임시척도의 문항구성은 모두 합의할 때까지 조율하였다. 이 과정에서 문항수가 부족한 1개의 임시척도를 삭제하여 임시척도의 개수가 21개로 감소하였다. 이어서 신뢰도를 확보하기 위해서 문항-척도 상관계수 분석을 반복하였고, 내적 일치도를 훼손하는 문항을 탈락시켰다. 이 과정에서 내적 일치도가 너무 낮은 4개의 임시척도를 삭제하였다. 또한 냉소적 태도를 측정하는 새로운 임시척도(CYN)를 추가하여 임시척도의 개수가 18개로 조정되었다. 이어서 모든 임시척도의 불순물을 제거하여 정화한 뒤, MMPI-AX의 잔류문항과 임시척도 사이의 상관계수를 산출하였다. 임시척도에 소속되지 않은 문항 중에서 내적 일치도를 향상시키는 문항이 발견되면 그 문항을 포함시키는 방법으로 임시척도를 보강하였다. 정화절차와 보강절차에 이어서 임시척도의 명칭과 정의를 수정할 필요가 있는지 논리적으로 검토하였고, 통계적 관련성은 강하지만 의미적 유사성이 약한 문항을 과감히 배제하였다. 이 과정에서 2개의 임시척도를 통합하고 2개의 임시척도를 삭제하여 임시척도의 개수가 15개로 조정되었다. 이어서 모든 문항을 통계적 및 이성적 관점에서 분석하여 다른 임시척도와 높은 상관관계를 지니는 문항을 삭제하거나 재배치하였다. 여러 임시척도에 중복되는 문항은 개념적으로 용인되는 경우에 한하여 허용하였다. 마지막으로, 임시척도의 동형 T점수를 산출하였고 내용척도의 최종문항을 확정하였다. 이후에 Ben-Porath와 Sherwood(1993; Sherwood & Ben-Porath, 1991)가 일부 내용척도의 소척도를 제작하

〈표 7-2〉 MMPI-2 내용척도의 문항수 및 중복문항

		FRS	OBS	DEP	HEA	BIZ	ANG	CYN	ASP	TPA	LSE	SOD	FAM	WRK	TRT
ANX	23		2											5	
FRS	23														
OBS	16													4	3
DEP	33							1		2				1	6
HEA	36														
BIZ	24												1		
ANG	16									3				1	
CYN	23								7	1				1	1
ASP	22									1					
TPA	19													2	
LSE	24													1	2
SOD	24														
FAM	25														
WRK	33														4
TRT	26														

여 내용소척도라고 명명하였다. 〈표 7-2〉에 MMPI-2의 15개 내용척도, 문항수, 중복문항을 제시하였다. MMPI-2 내용척도 및 내용소척도의 문항구성과 채점방향은 『MMPI-2 매뉴얼』 (Butcher et al., 2001, 표 B-4, 표 B-5)을 참고하기 바란다. 동형 T점수 환산방법은 매뉴얼의 표 A-8부터 표 A-11까지를 참고하기 바란다.

〈표 7-3〉 Wiggins 내용척도와 MMPI-2 내용척도의 중복문항

척도	HEA	DEP	ORG	FAM	AUT	FEM	REL	HOS	MOR	PHO	PSY	HYP	SOC
HEA	13		20										
HEA1	4		1										
HEA2			10										
HEA3	3		1										
DEP		16							5				
DEP1		5							2				
DEP2		4											
DEP3		4							2				

DEP4		2									
FAM				10							
FAM1				5							
FAM2				2							
CYN					12	2		2		2	
CYN1					10						
CYN2					2						
ASP				1	12	1					
ASP1					10						
ASP2					2						
ANG						8					1
ANG1						3					
ANG2						4					
TPA						9					1
TPA1						2					
TPA2						5					
LSE	1						6				
LSE1	1						5				
LSE2							1				
FRS									19		
FRS1									8		
FRS2									10		
BIZ										19	
BIZ1										9	
BIZ2					2					8	
SOD									2	1	16
SOD1									1		3
SOD2									1		6
TRT		2					2				
TRT1		2					2		1		1
TRT2											
ANX	1	6	1				3		1		1
OBS		1					1		1		
WRK		2	1				5			2	1

〈표 7-3〉에서 Wiggins(1966)가 제작한 원판 MMPI의 내용척도와 개정판 MMPI-2의 내용척도를 비교하였다(Kohvtek, 1992a, 1992b). 〈표 7-3〉을 살펴보면 중복문항을 확인할 수 있다. 아울러 〈표 7-4〉를 살펴보면 유사한 내용척도 사이의 상관관계를 확인할 수 있다.

〈표 7-4〉 유사한 내용척도 사이의 상관관계: 남성(여성)

	MMPI-2 신체증상 내용척도		
	HEA	ORG	
HEA	.79(.81)	.82(.84)	
	MMPI-2 주관적 불편감 내용척도		
	PHO	DEP	MOR
FRS	.91(.92)	.38(.39)	.39(.39)
DEP	.39(.43)	.89(.91)	.79(.80)
ANX	.44(.47)	.80(.83)	.74(.77)
OBS	.46(.49)	.69(.75)	.72(.79)
LSE	.40(.41)	.70(.73)	.79(.83)
TRT	.45(.48)	.75(.76)	.75(.76)
WRK	.46(.46)	.79(.82)	.82(.85)
	MMPI-2 냉소성 및 정신증 내용척도		
	AUT	PSY	
CYN	.84(.86)	.58(.64)	
BIZ	.44(.46)	.84(.82)	
	MMPI-2 적대감 내용척도		
	HOS		
ANG	.79(.80)		
TPA	.80(.78)		
	MMPI-2 반사회성 내용척도		
	AUT		
ASP	.88(.87)		
	MMPI-2 대인관계 내용척도		
	FAM	SOC	
FAM	.82(.86)	.23(.22)	
SOD	.18(.19)	.92(.92)	

원판과 개정판의 내용척도가 대체로 비슷하지만, 일부 내용척도는 명칭과 내용이 상이하다(〈표 7-5〉 참조). 예컨대, MMPI-2의 DEP 척도는 문항의 50%(33개 문항 중 16개 문항)가 Wiggins의 DEP 척도에서 비롯되었다. 그러나 MMPI-2의 ANX 척도에는 Wiggins의 DEP 척도 문항 중에서 18%(6개 문항)만 포함되었다. MMPI-2의 DEP 척도는 문항의 24%(8개 문항)를 개정판에서 추가된 107개의 문항 중에서 선별하였고, 자살사고를 측정하는 4개의 문항 중에서 3개의 문항이 포함되었다. Wiggins의 HOS 척도는 27개의 문항으로 구성되었는데, 이 중에서 8개의 문항이 MMPI-2의 ANG 척도에 배치되었고, 9개의 문항이 MMPI-2의 TPA 척도에 배치되었다. MMPI-2의 HEA 척도는 36개의 문항으로 구성되었는데, 이 중에서 13개의 문항이 Wiggins의 HEA 척도에서 비롯되었고, 절반이 넘는 20개의 문항이 Wiggins의 ORG 척

〈표 7-5〉 Wiggins 내용척도와 MMPI-2 내용척도의 유사점 및 차이점

MMPI-2		Wiggins	
내용척도	약자	내용척도	약자
불안	ANX		
공포	FRS	공포증	PHO
강박성	OBS		
우울	DEP	우울	DEP
건강염려	HEA	기질적 증상	ORG
		건강 문제	HEA
기태적 정신상태	BIZ	정신증	PSY
분노	ANG	적개심	HOS
냉소적 태도	CYN	권위 갈등	AUT
반사회적 특성	ASP	(권위 갈등)	(AUT)
A유형 행동	TPA	(적개심)	(HOS)
낮은 자존감	LSE	의욕 저하	MOR
사회적 불편감	SOD	사회적 부적응	SOC
가정 문제	FAM	가족 문제	FAM
직업적 곤란	WRK		
부정적 치료 지표	TRT		
		여성적 관심사	FEM
		종교적 근본주의	REL
		경조증	HYP

도에서 비롯되었다. Wiggins의 HEA 척도와 비교할 때, 비뇨기 증상을 평가하는 4개의 문항과 하복부 증상을 평가하는 3개의 문항을 포함하여 총 9개의 문항이 MMPI-2의 HEA 척도에서 삭제되었다.

단순히 내용척도의 명칭만 비교하면 MMPI-2에서 미묘하게 변경된 부분을 파악하기가 어렵다. 내용척도의 문항구성이 변경되면서 내용척도의 해석 가설 및 경험적 상관관계도 변화되었다는 점을 유의해야 한다. MMPI-2의 DEP 척도의 경우, 불안과 관련된 내용이 삭제되고 자살과 관련된 내용이 추가되어 강력한 우울증상 측정치로 변경되었다. MMPI-2의 HEA 척도의 경우, Wiggins의 HEA 척도보다 신체증상에 집착하고 염려하는 경향을 우월하게 측정하는 것은 아니다. 그러나 비뇨기 증상과 하복부 증상을 측정하는 문항을 삭제하고 두부 및 근육의 증상을 측정하는 문항을 유지하여 경험적 상관관계가 변화되었다. Wiggins의 내용척도와 MMPI-2의 내용척도가 서로 다르므로 두 종류의 내용척도를 동등하게 간주해서는 안 된다.

MMPI-2 내용척도의 신뢰도는 전반적으로 우수하다. 내적 일치도는 .70~.85의 상단에 속하였고, 9일 간격의 검사-재검사 신뢰도는 .80~.90의 중반에 속하였다. 각 MMPI-2 내용척도의 타당도는 Ben-Porath, McCully와 Almagor(1993)를 참고하기 바란다.

MMPI-2 내용척도는 다음의 네 가지 주제영역으로 분류된다. 내현화 증상영역, 외현화 증상영역, 부정적 자기지각, 전반적 문제영역이다. 첫째, 내현화 증상영역에는 ANX(불안), FRS(공포), OBS(강박성), DEP(우울), HEA(건강염려), BIZ(기태적 정신상태) 내용척도가 포함되고, 주로 축I 장애를 측정한다. 둘째, 외현화 증상영역에는 공격성향을 반영하는 ANG(분노), CYN(냉소적 태도), ASP(반사회적 특성), TPA(A유형 행동) 내용척도가 포함되고, 주로 축II 장애를 측정한다. 셋째, 부정적 자기지각은 LSE(낮은 자존감) 내용척도로 평가한다. 넷째, 전반적 문제영역에는 SOD(사회적 불편감), FAM(가정 문제), WRK(직업적 곤란), TRT(부정적 치료지표) 내용척도가 포함된다. 네 가지 주제영역이 개념적으로 구분되는 것처럼 보이지만, 통계적으로는 상호 독립적이지 않다. 임상가는 MMPI-2의 문항군집이 편향되어 있다는 사실을 유념해야 한다. 기본적으로 정신병리를 탐지하고 기술하는 심리검사이므로 상당수의 문항이 심리적 증상, 문제적 태도, 이상행동과 관련되어 있다. 따라서 편향된 문항군집에서 안면타당도가 높은 문항을 추출한 내용척도 사이에는 상당히 높은 상관관계가 존재할 수밖에 없다. 특히 ANX, OBS, DEP, LSE, WRK, TRT 내용척도 사이의 상관관계가 상당히 높았다. 재표준화집단에서 평균적으로 .72(.57~.79)의 상관을 보였다. 모든 내용척도 사이의 상관관계는 .40~.49의 범위에 속하였다. 외현화 증상영역에 속하는 내용척도 사이의 상관관계도 상당히 높았다. 재표준화집단에서 평균적으로 .58(.46~.76)의 상관을 보였다.

ANX 내용척도(불안, Anxiety)

ANX 척도에는 23개의 문항이 있다. 18개의 문항이 '그렇다'라고 응답할 때 채점되고, 5개의 문항이 '아니다'라고 응답할 때 채점된다. ANX 척도는 임상척도 7과 가장 높은 상관(.80)을 보이고, 보충척도 A(불안)와도 높은 상관(.80)을 보인다. ANX 척도는 주로 지나친 걱정, 과도한 긴장, 수면곤란, 주의집중곤란을 평가한다. ANX 척도가 상승한 사람은 주관적 불편감과 실망감을 느끼고, 우유부단하며, 심리적으로 망가지거나 붕괴될까 봐 염려한다. ANX 척도는 공황에 가까운 불안을 측정한다. ANX 척도가 상승한 사람은 스트레스에 압도되고, 자신의 취약성을 인식하며, 죽을 것만 같은 두려움을 느낀다. ANX 척도는 일반화된 불안도 측정한다. 모든 일이 파국이나 재앙으로 종결될 것이라고 추정하고, 팽팽한 긴장상태에서 살아가며, 예상치 못한 사건이 갑자기 벌어져서 망가지게 될까 봐 걱정하는 문항이 포함되어 있다. 위협과 위험에 대한 취약성을 측정하는 것이다. 1개의 문항은 심장이 두근거리고 호흡이 가빠지는 신체적 불안증상을 측정하고, 2개의 문항은 경제적 문제에 대한 걱정을 측정한다.

ANX 척도는 피검자가 의식하고 있는 불안증상을 평가한다. 피검자는 자신의 증상을 통찰하며, 그 문제에서 벗어나기를 간절히 소망한다. 결과적으로, ANX 척도의 점수가 높은 사람에게는 자신의 불안증상을 감출 만한 수단도 없고 의향도 없다. 그러나 환각증상을 보고하는 것은 주저할 가능성이 있다.

다른 척도와의 관계

ANX 척도와 함께 상승한 척도를 분석하면 불안의 대상에 대한 가설을 수립할 수 있고, 공황을 유발하는 상황을 파악할 수 있다. 예컨대, BIZ 척도와 ANX 척도가 함께 상승하면, 특히 기태적 경험과 정신증적 붕괴를 두려워할 가능성이 있다. LSE 척도와 ANX 척도가 함께 상승하면, 특히 자기비하, 자기애적 상처, 지지 체계의 상실, 자존감의 실추를 예상하며 걱정하고 있을 가능성이 높다. DEP 척도와 ANX 척도가 함께 상승하면, 우울증상이 악화될까 봐 두려워하면서 절망감, 무력감, 무망감에 사로잡혀 있을 가능성이 높다.

FRS 내용척도(공포, Fears)

FRS 척도에는 23개의 문항이 있다. 16개의 문항이 '그렇다'라고 응답할 때 채점되고, 7개의 문항이 '아니다'라고 응답할 때 채점된다. FRS 척도는 MMPI-2의 몇몇 표준척도와 중간 수준의 상관을 보이는 가장 독립적인 내용척도이다. 특히 FRS 척도와 ANX 척도의 상관계수는

.35에 불과하다. FRS 척도와 짝을 이루는 임상척도는 존재하지 않고, 중복되는 문항도 거의 없다. 다시 말해, 표준적인 임상척도로는 공포증의 존재 혹은 부재를 정확하게 추정하기 힘들다. FRS 척도는 주로 극도의 공포감 및 특정 공포증상을 측정한다. 문항의 75% 이상이 공포감과 밀접한 관련이 있는 단어(두려움, 무서움, 겁나는)로 구성되어 있다. FRS 척도는 전통적 공포증을 측정하는 범주 1(예: 암흑, 고소, 광장, 폐쇄), 동물형 공포증을 측정하는 범주 2(예: 뱀, 쥐, 거미), 자연환경형 공포증을 측정하는 범주 3(예: 지진, 번개, 폭풍, 불, 물), 신체형 공포증을 측정하는 범주 4(예: 병균감염, 조직손상), 일상생활에 지장을 초래할 정도의 신경증적 두려움을 측정하는 범주 5로 구분된다. Ben-Porath와 Sherwood(1993)는 통계적 분석에 근거하여 2개의 내용소척도를 제작하였다. FRS1(일반화된 공포) 내용소척도의 문항은 대부분 범주 1, 4, 5와 관련이 있고, FRS2(특정 공포) 내용소척도의 문항은 대부분 범주 2, 3과 관련이 있다. FRS1 척도는 일상생활의 다양한 사건과 연관되어 있고, 대상과 상황을 위험하고 위협적인 것으로 해석하는 경향을 측정한다. FRS 척도는 공포에 가까운 불안을 측정하는데, 특히 FRS1 척도가 그렇다(Graham et al., 1999). 하지만 정신과 입원환자의 자료를 분석한 Green, Archer와 Handel(2006)에 따르면, FRS1 척도는 당연히 예상할 수 있는 특성(불안감, 긴장감, 우울감, 건강염려) 외에도 홍분감, 의심성, 와해된 개념, 환각적 행동, 기이한 사고, 성적 학대의 과거력과 광범위한 상관을 보였다. 정신과 입원환자의 자료는 '간이 정신과적 평정 척도(Brief Psychiatric Rating Scale: BPRS)'(Overall & Gorham, 1988)와 '증상 체크리스트(Symtom Check List 90-Revised: SCL-90-R)'(Derogatis, 1992)로 수집하였다. FRS1 척도에는 무시할 수 없는 수준의 정신증 성향이 반영되어 있는 것 같다. FRS2 척도에는 정신증 성향이 반영되어 있지 않고, 상대적으로 흔한 공포 대상과 공포 상황이 열거되어 있다.

　FRS 척도의 점수가 낮은 사람은 두려움이 없고, 무모하게 행동하고, 명백한 위험마저 무시하며, 심각한 결과를 고려하지 않고, 처벌의 가능성을 겁내지 않는다. 이것은 마치 조증상태에서 발견되는 유쾌감, 대담함, 판단력 손상과 흡사하고(척도 9의 상승, 척도 0 및 SOD의 하강), 반사회적인 수준의 무모함과 유사하다(척도 4, FAM, ASP의 상승, ASP>CYN). 또한 FRS 척도의 하강은 마초성향, 경직된 남성적 성역할과도 관련이 있다(척도 5의 하강, GM의 상승, GM>GF). 신체증상(예: 복통, 요통, 시력 문제)을 호소하는 노동자 계층에서 FRS 척도가 하강하는 경향이 있다.

　FRS 척도가 상승하면 임상척도와 내용척도를 고려하여 해석해야 한다. 척도 7과 함께 FRS 척도가 상승하면, 특히 273/723 코드타입이 관찰된 경우 피검자가 공포증을 지니고 있을 가능성이 크다. HEA 척도와 함께 FRS 척도가 상승하면, 강력한 위험회피성향이 시사되고 신체적 쇠퇴, 질병, 상해를 몹시 두려워할 가능성이 크다. 이 경우, 척도 3, Hy4, Sc6, HEA2 척도가 함께 상승할 가능성이 있다.

다른 척도와의 관계

ANX 척도와 FRS 척도는 모두 예기불안을 측정한다. ANX 척도가 상승한 사람은 시간적으로 멀리 떨어져 있는 불특정한 미래의 사건을 앞당겨서 걱정한다. 외부적 및 내부적 사건의 불확실성과 비예측성 때문에 전전긍긍하고, 그런 끔찍한 사건이 발생하면 심리적으로 망가지거나 붕괴될까 봐 두려워한다. ANX 척도가 상승한 사람은 적극적으로 방어기제를 동원한다. 위협사건이 갑자기 벌어질 것이라고 예측하고, 위협사건을 통제하고 완충하기 위해서 일찌감치 준비한다. 또한 강박적으로 걱정하면서 파국적인 재앙을 미연에 방지하거나 신속히 회피하려고 노력한다. 그러나 FRS 척도가 상승한 사람은 특정한 대상 혹은 상황에 초점을 맞춘다. 특히 상해를 초래하는 대상 혹은 위해를 촉발하는 상황을 예상하고 회피한다. FRS 척도가 상승한 사람은 수동적으로 방어기제를 구사한다. 공포 대상과 공포 상황을 통제하려고 노력하지 않으며 회피하려고 노력한다. 만약 회피할 수 없으면 얼어붙거나 공황상태에 빠지게 될 것이다. 자신이 두려워하는 특정한 공포 대상과 공포 상황을 잘 인식하고 있다면, 억압 혹은 대치와 같은 더 발전된 방어기제를 동원하여 불안을 관리할 수 있다. 이 경우, 공포자극에 노출되는 위험을 감수하지 않으면서 공포증상을 어느 정도 완화시킬 수 있다. 이러한 차이점을 참고하면 FRS 척도와 ANX 척도의 상관이 높지 않은 이유를 부분적으로 설명할 수 있다. FRS 척도, 특히 FRS1 척도가 T점수 70점 이상으로 상승한 정신과 환자는 일반화된 공포 때문에 전전긍긍하는데, 이들 중에 일부는 더 심각한 정신병리를 공포증상으로 숨기는 가면공포증을 지니고 있을 가능성이 있다. 정신증 환자일 가능성도 배제할 수 없으므로 척도 8, Sc3, BIZ, PSYC 등의 척도를 확인해야 한다. FRS 척도와 ANX 척도의 관계는 척도 7과 척도 8의 관계와 유사하다. 두 임상척도가 모두 상승하고, 척도 7이 척도 8보다 더 상승한 경우 환자는 정신병적 증상을 표출하지 않으려고 분투한다. FRS 척도와 ANX 척도가 모두 상승하고, FRS 척도가 ANX 척도보다 더 상승한 경우 환자는 외부적 및 내부적 위협에 더 성숙한 방어기제로 대처하려고 노력할 것이다. 그러나 ANX 척도가 FRS 척도보다 더 상승한 경우 환자는 더 원시적 방어기제에 의존할 것이다. 방어기제의 성숙도를 고려할 때, FRS 척도가 ANX 척도보다 더 사회적으로 바람직하고 덜 부정적이다. SOD 척도와의 관련성을 감안할 때, MMPI-2 내용척도 중에서 FRS 척도가 사회적으로 제일 바람직하다. 방어적인 편집증 환자의 경우, 내용척도 중에서 FRS 척도만 상승할 수 있고 CYN 척도는 하강할 수 있다. 이는 아마도 사람에 대한 공포를 대상에 대한 공포로 대치시킨 결과일 것이다. 방어적인 편집증 환자는 타인에 대한 냉소성과 의심성을 강하게 부인할 것이고, 사람이 아닌 환경이 두렵다고 과장해서 호소할 것이다.

OBS 내용척도(강박성, Obsessiveness)

OBS 척도에는 16개의 문항이 있고, 모든 문항이 '그렇다'라고 응답할 때 채점된다. OBS 척도는 척도 7과 .70대 후반의 상관을 보이고, 보충척도 A와 .80대 초반의 상관을 보인다. OBS 척도는 척도 7 및 보충척도 A와 각각 5개 문항을 공유한다. 고전적인 강박성향을 측정하는 문항은 소수에 불과하고, OBS 척도를 대표하는 전형적인 문항은 우유부단을 평가한다. OBS 척도는 주로 몹시 분주하지만 전혀 효율적이지 못한 인지적 활동을 측정하는 문항으로 구성되어 있다. OBS 척도가 상승한 사람은 사소한 부분 때문에 결정을 내리지 못하고 수렁에 빠지는데, 두려움 때문에 우유부단한 것이 아니라 소심함 때문에 우유부단한 것이다. 그래서 실질적인 행동이 필요한 순간에도 선뜻 결정을 내리지 못하고 망설인다. OBS 척도가 하강한 사람은 정반대의 성향을 지니고 있다. 신속하게 효율적인 결정을 내리고, 자신의 의사결정을 신뢰한다. 그러나 OBS 척도가 지나치게 하강하면 성급하고 부주의한 의사결정 및 자신의 의사결정에 대한 과도한 확신이 시사된다.

현재 시점에서 OBS 척도와 강박장애 사이의 상관관계는 불확실하다. 특히 강박성 성격장애와의 상관관계가 불확실하다. 강박장애와 강박성 성격장애를 평가하려면 우유부단뿐만 아니라 대칭, 확인, 청결, 질서, 완벽주의, 오염 공포, 과잉통제, 인색함, 제한된 정서, 지나친 성실성, 세부사항에 대한 집착, 강박사고(원하지 않는 성적, 공격적, 신성모독적 사고), 강박행동을 측정하는 문항을 포함시켜야 한다. MMPI-2의 OBS 척도에는 이런 문항이 충분하고 다양하게 포함되어 있지 않다. 오히려 FRS 척도에 속한 322번 문항과 447번 문항이 여기에 근접한다. OBS 척도의 내적 일관성은 확보되었으나, 이 척도로는 다양한 강박증상을 효과적으로 탐지할 수 없다. 그럼에도 불구하고 Graham 등(1999)은 OBS 척도가 상승한 정신과 외래환자가 강박성향을 보인다고 보고하였다. 그러나 강박성향의 구체적인 내용은 보고되지 않았다.

다른 척도와의 관계

강박장애 및 강박성 성격장애를 지니고 있다고 해석하려면, OBS 척도의 T점수가 ANX 척도 및 FRS 척도의 T점수보다 적어도 10점 이상 높아야 한다. 그렇지 않은 경우, 공통요인이 반영되어 있을 가능성이 크다. 이에 대해서는 Harkness, McNulty와 Ben-Porath(1995)가 AGG(공격성) 척도와 DIS(통제결여) 척도에 대해 설명한 부분을 참고하기 바란다. OBS 척도가 하강하면 우유부단과 반대되는 충동성향을 고려할 수 있지만, 그것은 아직 확실하지 않다. OBS 척도와 FRS 척도가 모두 하강한 경우, 특히 FRS 척도가 OBS 척도보다 더 하강한 경우에만 해석하기를 바란다. OBS 척도는 공격성 및 적대감을 측정하는 척도(예: Wiggins의 HOS,

MMPI-2의 ANG, TPA)와 .50~.65의 정적 상관관계를 보인다. 이것은 OBS 척도에 수동공격성향이 반영되어 있음을 시사한다. 즉, 타인의 기대와 요구에 부응하지 않으려고 우유부단, 강박성향, 세부사항에 대한 집착을 보이는 경향 및 이로 인해 타인의 좌절, 짜증, 격분을 유발하는 경향과 관련이 있다.

DEP 내용척도(우울, Depression)

DEP 척도에는 33개의 문항이 있다. 28개의 문항이 '그렇다'라고 응답할 때 채점되고, 5개의 문항이 '아니다'라고 응답할 때 채점된다. MMPI-2 임상척도 중에서 척도 7이 DEP 척도와 가장 높은 상관(.81)을 보인다. DEP 척도와 A 보충척도 사이의 상관계수는 .83이다. MMPI-2의 DEP 척도는 Wiggins의 DEP 척도와 16개의 문항을 공유한다. MMPI-2의 ANX 척도는 Wiggins의 DEP 척도와 6개의 문항을 공유한다. MMPI-2의 DEP 척도와 Wiggins의 DEP 척도는 .90의 높은 상관을 보인다. 그러나 불안을 측정하는 문항을 ANX 척도로 이관하면서 개정판 DEP 척도의 특이도와 변별타당도가 향상되었고, 증분타당도가 확인되었다 (Bagby, Marshall, Basso, Nicholson, Bacchioch, & Miller, 2005; Barthlow, Graham, Ben-Porath, & McNulty, 1999; Ben-Porath, Butcher, & Graham, 1991; Gross, 2002; Gross, Keyes, & Greene, 2000; Hungerford, 2004; Munley, Busby, & Jaynes, 1997; Wetzler, Khadivi, & Moser, 1998).

Ben-Porath와 Sherwood(1993)는 다음 4개의 내용소척도를 제작하였다. DEP1(동기결여), DEP2(기분부전), DEP3(자기비하), DEP4(자살사고)이다. DEP1 척도는 절망감, 흥미 상실, 재미 상실, 동기결여를 측정하며, 임상소척도인 Sc4(.87), D1(.86), D4(.86)와 높은 상관을 보인다. DEP1 척도가 상승한 사람은 무감동증과 무쾌감증을 드러내고, 일상적으로 반복되는 과제조차 수행하지 못하며, 자포자기의 심정으로 생활한다. 이에 반해 DEP1 척도가 하강한 사람은 열정과 흥미로 충만한 일상생활을 영위하고, 미래에 대한 포부와 계획이 확고하다. DEP2 척도는 주관적 불행감, 울적함, 침울함, 반추성향과 같은 저조하고 우울하게 가라앉은 기분상태를 측정한다. DEP2 척도의 6개 문항 중에서 4개 문항이 D1 및 D5 임상소척도에 중복되고, 모두 .86의 높은 상관을 보인다. DEP3 척도는 부정적 자기개념, 자신에 대한 불만족감, 죄책감, 실패감을 측정하며, Pd5 척도 및 LSE1 척도와 .83의 높은 상관을 보인다. DEP3 척도가 상승한 사람은 자신이 쓸모없고 가치도 없는 죄인이라고 생각하며, 무력감, 무망감, 후회감, 자책감에 사로잡힌다. DEP3 척도가 하강한 사람은 이런 감정을 부인한다. 자살사고를 측정하는 DEP4 척도는 우울증을 측정하는 척도 2와 문항을 공유하지 않는다. 모든 문항이 자살사고를 명백하게 평가하는 것은 아니지만, 미래에 대한 비관, 죽음에 대한 생각, 자살하고 싶은 마음을 측정하는 문항이 많다. DEP4 척도가 상승하면 자살 가능성을 신중하게 평가해야 하고, 자살시도 혹은 자살시능을 예방하기 위해 노력해야 한다. Ben-Porath와 Sherwood(1993)가 지적했듯이, DEP1, DEP2, DEP3 척도는 주요우울삽화의 진단기준과 흡사한 내용을 측정한다. DEP 척도는 우울증의 인지증상 및 우울증적 사고방식을 민감하게 반영한다. DEP 척도가 상승한 사람은 절망감, 흥미 상실, 피로감, 소진감, 무감동증을 호소하고(DEP1), 불행감과 울적함을 느끼면서 눈물을 흘리고(DEP2), 효능감과 자존감이 무너진 상태에서 생활하고, 용서받지 못할 죄인이라는 극심한 죄책감에 사로잡히며(DEP3), 현재의 고통스러운 처지에서 벗어날 방법은 죽음밖에 없다고 생각하며 자살을 고려한다(DEP4). 정신과 외래환자를 대상으로 DEP 내용척도 및 내용소척도의 경험적 상관관계를 연구한 Graham 등(1999)도 이러한 묘사에 동의하였다. DEP 척도가 상승한 정신과 외래환자는 자살시도 및 입원치료의 경력이 있었고, 상당한 우울증상(무망감, 자살사고, 수면곤란)을 보고하였다. Green 등(2006)도 내용소척도 연구에서 비슷한 결론을 도출하였다. DEP1 척도는 우울감, 불안감, 성마름, 무망감, 주의집중곤란, 무쾌감증, 무가치감, 자살사고, 자살시도와 높은 상관을 보였다. DEP2 척도는 DEP1 척도의 특징과 더불어, 성적 부적절감, 신체적 문제, 경제적 문제와 높은 상관을 보였다. 또한 이로 인해 입원치료를 받는 경향이 있었다. DEP3 척도는 우울감, 죄책감, 자기비난, 무가치감, 성적 부적절감과 높은 상관을 보였다. DEP4 척도는 우울감, 무망감, 무가치감, 불길한 사건이 벌어질 것 같은 느낌, 죽음에 대한 생각, 자살사고, 자살시도와 높은 상관을 보였다.

DEP 척도가 하강한 경우, 고양된 기분 혹은 팽창된 기분이 존재한다고 해석하는 것보다 우울증상이 부재한다고 혹은 우울증상을 부인한다고 해석하는 것이 바람직하다. 어떤 사람은 방어적이고, 과잉활동적이고, 지나치게 유쾌하며, 쉽게 화를 낸다. 특히 정신과 장면에서 그렇다.

다른 척도와의 관계

DEP 척도와 임상척도 2에 중복되는 문항은 9개에 불과하다. 두 척도는 상당히 다른 특성을 측정한다. 모든 중복문항이 D1(주관적 우울감) 척도에서 채점되고, 9개 중복문항 중에서 8개의 중복문항이 D5(깊은 근심) 척도에서 다시 채점된다. D5 척도의 80%가 중복문항이다. DEP 척도에서는 자신을 무가치하고, 무익하고, 부적절하며, 열등한 존재로 규정하는 태도가 1차적 관심사인 반면, 척도 2에서는 이것이 2차적 관심사이다. 역으로, 척도 2에는 정신운동지체, 공격성의 억제, 신체생리증상(예: 수면곤란, 식욕부진, 체중감소)과 같은 다양한 우울증상이 포괄되어 있는 반면, DEP 척도에는 이것이 포함되어 있지 않다. 그러므로 DEP 척도와 임상척도 2의 상대적 상승수준을 고려하면 우울증의 유형과 심각도를 판정하는 데 도움이 된다. DEP 척도가 임상척도 2보다 더 상승한 경우, 성격적 색채가 두드러지는 만성적 우울증이 시사된다. 임상척도 2가 DEP 척도보다 더 상승한 경우, 신체생리증상이 특징적인 비교적 복잡하지 않은 우울증이 시사된다. Bagby 등(2005)에 따르면, 정신분열증과 양극성 우울증을 감별하는 능력은 DEP 척도가 임상척도 2보다 우수하였다. Gross(2002)에 따르면, 주요우울장애를 정확하게 예측하는 능력도 DEP 척도가 임상척도 2보다 우수하였다. 그러나 Gross 등(2000)은 DEP 척도가 임상척도 2보다 우울증을 더 잘 예측한다는 증거를 발견하지 못했다고 보고하였다.

HEA 내용척도(건강염려, Health Concerns)

HEA 척도에는 36개의 문항이 있다. 14개의 문항이 '그렇다'라고 응답할 때 채점되고, 22개의 문항이 '아니다'라고 응답할 때 채점된다. HEA 척도와 임상척도 1은 무려 21개의 문항을 공유한다. 척도 1의 문항수가 32개임을 고려할 때, 전체의 2/3 이상이 중복문항이다. 당연하게도, 두 척도는 .95의 높은 상관을 보인다. HEA 척도를 제작할 때, Wiggins의 ORG(기질적 증상) 척도에서 20개의 문항, Wiggins의 HEA(건강 문제) 척도에서 13개의 문항을 수용하였다. 그러나 비뇨기 증상과 하복부 증상을 측정하는 문항을 삭제하였고, 오히려 ORG 척도와 공유하는 문항이 많기 때문에, MMPI-2의 HEA 척도는 Wiggins의 HEA 척도와 상당히 다르다. 두 척도의 유사점은 상복부 소화기 증상(5개 문항)과 일반적 건강염려(5개 문항)를 측정하는 문항에 한정된다. Wiggins의 HEA 척도와 달리 MMPI-2의 HEA 척도에는 머리, 감각기관, 운동기관의 불편감을 측정하는 문항이 많다. 의식손실을 측정하는 문항도 있다. 이것은 Wiggins의 HEA 척도에 포함되어 있지 않은 문항이다. 결과적으로, MMPI-2의 HEA 척도에는 다양한 통증 및 신체적 불편감이 반영된다. Ben-Porath와 Sherwood(1993)는 다양한 신체증상을 다음과 같이 3개의 내용소척도로 구분하였다. HEA1(소화기 증상), HEA2(신경학적 증상), HEA3(일반적 건강염려)이다. HEA1 척도는 오심, 구토, 거북함, 위장의 통증, 변비 등의 상복부 소화기 증상을 측정한다. Hy4(.74) 및 D3(.67) 임상소척도와 높은 상관을 보인다. HEA2 척도는 감각기관과 운동기관의 신경학적 증상, 의식손실, 머리 부위의 불편감을 측정한다. Sc6(.86) 임상소척도와 높은 상관을 보인다. HEA3 척도는 건강 문제, 건강염려, 건강집착을 측정한다. Hy3(.78), D3(.77) 및 Hy4(.74) 임상소척도와 높은 상관을 보인다.

Graham 등(1999)은 HEA 척도가 상승한 정신과 외래환자의 특징을 다음과 같이 정리하였다. HEA1 척도는 신체화, 각종 신체증상, 건강에 대한 과도한 집착, 우울감, 수면곤란과 관련이 있다. HEA2 척도는 HEA1 척도의 특징과 더불어 스트레스 상황에서 출현하는 신체증상,

불안감, 비관주의, 압도감, 무망감, 자살사고, 주의집중곤란과 관련이 있다. HEA3 척도는 신체화, 각종 신체증상, 스트레스 상황에서 출현하는 신체증상, 건강에 대한 과도한 집착, 슬픔, 우울감, 불안감, 비관주의, 무망감, 압도감과 관련이 있다. 여성의 경우, 성적 학대를 당한 경험과 관련이 있다. Green 등(2006)은 HEA 척도가 상승한 정신과 입원환자의 특징을 다음과 같이 요약하였다. HEA1 척도가 상승한 사람은 주로 신체증상을 호소하였고, 신체적 질병, 구토감, 마비감, 얼얼함, 불안감, 우울감, 자살시도 및 성적 학대의 전력을 보고하였다. HEA2 척도가 상승한 사람은 주로 신체증상을 호소하였고, 신체적 질병, 운동지체, 허약감, 현기증, 마비감, 얼얼함, 열감, 오한, 기억곤란, 멍함, 정신증 증상(의심, 환각, 기태적 행동), 공황발작 및 불안감(원인불명의 갑작스러운 심장박동, 확인행동, 의례행동, 수면곤란), 자살시도의 전력을 보고하였다. HEA3 척도가 상승한 사람은 주로 신체증상을 호소하였고, 신체적 질병, 건강염려, 몸에 문제가 있다는 느낌, 불안감, 긴장감, 우울감, 자살시도의 전력을 보고하였다.

다른 척도와의 관계

HEA 척도에서는 임상척도 1의 핵심특징이 더 분명하게 드러난다. 척도 1에는 K-교정으로 인한 보정효과가 나타나는데, HEA 척도에는 그것이 없기 때문이다. 척도 1을 K-교정하면 의존성과 적대감이 희석된다. HEA 척도에는 의존성 및 요구성과 관련된 갈등, 타인의 요구를 거절하지 못하는 성향, 분노감과 좌절감을 다루지 못하는 성향이 반영되는데, 척도 1을 K-교정하지 않았을 때 더 비슷하다.

BIZ 내용척도(기태적 정신상태, Bizarre Mentation)

BIZ 척도에는 24개의 문항이 있다. 23개 문항이 '그렇다'라고 응답할 때 채점되고, 1개 문항이 '아니다'라고 응답할 때 채점된다. BIZ 척도는 F 척도(10개 문항), 척도 6(8개 문항), 척도 8(8개 문항)과 상당수의 문항을 공유한다. 따라서 BIZ 척도는 68/86 코드타입과 유사하고, 전체의 1/3가량이 중복문항이다. BIZ 척도는 정신증적 사고 과정을 측정한다. BIZ 척도는 성격병리 5요인 척도인 PSYC와 .90의 높은 상관을 보이고, 척도 8과 .58의 상관을 보인다(Greene, 2011). 재향군인집단을 연구한 Greenblatt과 Davis(1999)에 따르면, BIZ 척도와 척도 8은 모두 정신분열증 환자와 주요우울장애 환자를 정확하게 변별하였다. Wetzler 등(1998)은 BIZ 척도의 특이도가 높다고 보고하였다. 즉, 정신분열증 환자가 아니면 BIZ 척도가 상승하지 않는다. 진실부정의 비율이 높은 것이다. 그러나 BIZ 척도의 민감도는 낮았다. BIZ 척도로는 정신분열증 환자와 주요우울장애 환자를 정확하게 변별할 수 없었다. 이것은 Ben-Porath 등(1991),

Munley 등(1997)의 연구결과와 일치한다.

Ben-Porath와 Sherwood(1993)는 2개의 내용소척도를 제작하였다. BIZ1(정신병적 증상) 척도는 정신분열증의 양성증상과 부수증상을 노골적으로 측정한다. 또한 정신증 상태에서 관찰되는 전형적 증상(환청, 환시, 환후, 피해망상, 조종망상, 사고전파, 사고철회)을 측정한다. 거의 50%에 해당하는 문항이 편집증상을 반영한다. BIZ2(분열형 성격특성) 척도의 문항은 BIZ1 척도의 문항보다 덜 노골적이다. 그러나 BIZ2 척도 역시 기이한 경험, 특이한 경험, 엉뚱한 경험, 괴상한 경험을 측정한다. 정신분열증, 해리장애, 정신증을 동반한 정서장애의 전구단계 혹은 잔류단계에서 종종 관찰되는 관계사고, 비현실감, 침투사고, 이상한 감각경험을 측정하는 문항이 포함되어 있다.

BIZ1 척도는 정신과 외래환자의 편집사고, 정신증 증상과 높은 상관을 보였고(Graham et al., 1999), 정신과 입원환자의 의심행동, 특이사고, 개념혼란, 지남력장애, 환각행동(환청 및 사고주입)과 높은 상관을 보였다(Green et al., 2006). BIZ2 척도 역시 유사한 상관관계를 보였다. 불안감, 편집사고, 연상이완, 입원치료 경력과 높은 상관을 보였고(Graham et al., 1999), 불안감, 소외감, 편집증상, 의심성향, 기이한 사고, 불쾌한 사고, 특이한 사고, 무서운 심상, 개념혼란, 사고방해, 지남력장애, 환각행동(환청 및 사고주입), 부정적 사건의 예상, 처벌에 대한 두려움, 성적 학대경험과 높은 상관을 보였다(Green et al., 2006).

BIZ 척도는 대부분 명백문항으로 구성되어 있기 때문에 피검자가 정신증을 가장하면 BIZ 척도가 상승한다. 역으로, 어떤 피검자는 정신증을 측정하는 명백문항을 순조롭게 회피할 수 있다. 그러나 중요한 예외가 있다. 정신분열증을 비롯한 정신증 환자는 자신의 문제를 통찰하지 못하므로, 방어적인 태도로 조심스럽게 응답해도 BIZ 척도의 일부 문항에 채점되는 쪽으로 응답하게 된다. 통찰수준이 높은 방어적인 환자는 주저하지 않고 회피할 만한 명백문항에 통찰수준이 낮은 방어적인 환자가 채점되는 쪽으로 응답하는 것이다. 예컨대, 피해망상을 드러내는 편집성 정신분열증 환자가 있다고 가정하자. 환자는 박해자의 지시를 받은 병원관계자가 자신을 망가뜨리려고 약물을 투여한다고 주장한다. 환자는 엉뚱한 사람을 입원시켰으니 빨리 퇴원시켜 달라고 요구한다. 이 경우, 환자는 162번 문항('누군가가 나를 독살하려고 한다.')에 '그렇다'라고 응답할 것이다. 문항의 내용이 자아동조적이기 때문이다. 통찰수준이 낮은 환자는 이런 문항을 회피하기 어렵다. 따라서 BIZ 척도가 상승하면, 특히 BIZ1 척도가 함께 상승하면 환자가 채점되는 쪽으로 응답한 문항뿐만 아니라 응답하지 않은 문항까지 범위를 넓혀서 탐색할 필요가 있다. 방어적인 프로파일의 경우, BIZ1 척도의 T점수가 50점 이상이면 높은 점수로 간주한다. BIZ 척도가 상승한 정신과 환자는 통찰수준이 낮고, 관계 형성이 어려우며, 과대망상(비밀 임무를 수행하고 있다는 주장, 고귀한 사명을 부여받았다는 주장, 특별한 능력을 보유하고 있다는 주장)을 드러낸다. Graham 등(1999)에 따르면, BIZ 척도가 상승한 정신과 외래환자는 과거에 학대당했던 경험을 자주 보고하였다. 남성은 신체적 학대, 여성은 성적 학대를 빈번하게 보고하였다.

다른 척도와의 관계

BIZ 척도를 고려하면, 정신증 증상이 F 척도, 척도 6, 척도 8의 상승에 얼마나 기여했는지 판단할 수 있다. 척도 8이 BIZ 척도보다 몇 표준편차 이상 상승하는 경우가 흔히 있다. 그런데 척도 6과 척도 8에는 우울증상을 측정하는 문항이 상당수 포함되어 있다. 정신분열증 때문에 척도 6과 척도 8이 상승하는 경우도 있지만, 주요우울장애 때문에 척도 6과 척도 8이 상승하는 경우도 있다(Bagby et al., 2005). 척도 8은 사회적 소외감과 취약한 자존감 때문에 상승할 수도 있다. F 척도, 척도 6, 척도 8과 함께 BIZ(특히 BIZ1) 척도가 상승한 경우, 임상가는 정신증 상태를 강조해서 해석할 수 있다. 그러나 BIZ(특히 BIZ1) 척도가 하강한 경우, 임상가는 정신증 상태를 강조하지 말아야 한다. 즉, 척도 8의 상승을 무리하게 해석하지 않도록 주의해야 한다. 부정적인 방향으로 고정된 자기개념을 측정하는 LSE 척도는 종종 척도 8과 함께 상승한다. 이 경우, BIZ 척도와 LSE 척도의 상대적 상승수준을 비교하면 유익한 정보를 파악할 수 있다. BIZ 척도가 더 상승했다면 척도 8이 상승한 까닭을 정신증 상태에서 찾아야 하고, LSE 척도가 더 상승했다면 척도 8이 상승한 까닭을 손상된 자존감에서 찾아야 한다.

ANG 내용척도(분노, Anger)

ANG 척도에는 16개의 문항이 있다. 15개의 문항이 '그렇다'라고 응답할 때 채점되고, 1개의 문항이 '아니다'라고 응답할 때 채점된다. 납득하기 어렵지만, ANG 척도에는 분노와 성마름을 명백하게 측정하는 93번, 102번, 213번, 372번 문항이 포함되어 있지 않다. ANG 척도는 MMPI-2의 타당도척도 및 임상척도와 오직 2개의 문항을 공유한다. 중복문항이 가장 적은 내용척도이다. ANG 척도는 Wiggins의 HOS(적개심) 척도와 8개의 문항을 공유한다. ANG 척도는 분노조절의 곤란을 측정한다(Schill & Wang, 1990). ANG 척도가 상승한 사람은 투박한 감정을 통제하지 못하는 성마르고 휘발적인 사람이다. 좌절을 감내하지 못하고, 노여움을 참지 못하고, 분노를 빈번하게 표출하고, 성난 목소리로 장광설을 쏟아 내며, 파괴적 충동을 발작하듯이 분출한다. 흔히 타인에게 성질을 부리고, 고함을 지르며, 악담을 퍼붓는다. 하지만 분노를 마음껏 표출할 수 없는 상황이라면 비교적 조절된 방식으로 분노를 드러낸다. 귀찮게 하고, 잔소리하고, 까다롭게 굴고, 트집을 잡고, 투덜거리고, 깎아내리고, 험담하고, 조롱하고,

집적대고, 비웃고, 창피를 주고, 자극하고, 비아냥거리고, 괴롭히고, 강요하고, 요구하고, 함부로 대하며, 고집을 피운다. ANG 척도와 ANX 척도가 함께 상승한 경우, 분노를 표출해야 한다는 강한 압박을 느낀다. 정신과 외래환자를 연구한 Graham 등(1999)에 따르면, ANG 척도가 상승한 환자는 성질이 까다로웠고 타인을 신체적으로 학대한 경력이 있었다. 특히 남성 환자가 그러하였다. 또한 약물을 남용하고 약물에 의존하는 비율이 높았다.

Ben-Porath와 Sherwood(1993)는 2개의 내용소척도를 제작하였다. 충동보다 행동을 강조하는 ANG1(폭발적 행동) 척도는 성격병리 5요인 척도인 AGGR(공격성)과 .88의 높은 상관을 보인다. 행동보다 충동을 강조하는 ANG2(성마름) 척도는 TPA1(조급함) 척도와 .79의 높은 상관을 보인다. ANG1 척도와 ANG2 척도의 차별성은 각성수준 및 조절능력의 차이로 설명할 수 있다. ANG1 척도가 상승한 사람은 사람과 사물을 향해 폭발적 및 폭력적으로 행동한 적이 있고, 사람을 때리거나 사물을 망가뜨린 적이 있다고 인정한다. ANG1 척도는 간헐성 폭발장애를 연상시킨다. Graham 등(1999)에 따르면, ANG1 척도가 상승한 정신과 외래환자는 상당히 적대적이었고 성질이 괴팍하였다. 남성 환자의 경우, 가정폭력으로 유죄선고를 받은 경험이 있었다. 남녀 환자 모두 알코올을 장기간 남용하였고, 남성 환자는 마리화나도 장기간 남용하였다. 남성 환자는 신체적으로 학대당한 경험이 있었고, 여성 환자는 성적으로 학대당한 경험, 자살을 시도한 경험, 경범죄로 유죄선고를 받은 경험이 있었다. Green 등(2006)에 따르면, ANG1 척도가 상승한 정신과 입원환자는 적대적 및 파괴적 충동을 지니고 있었고, 반사회적 행동 때문에 입원하였으며, 알코올과 약물을 남용한 전력이 있었다. ANG1 척도가 하강한 사람은 자신의 조절능력을 강조하는데, 분노감 자체가 아니라 폭력적 행동을 부인한다. 분노감이 없지는 않지만 자신이 그것을 잘 조절한다고 주장한다. ANG2 척도가 상승한 사람은 상당한 수준의 분노감과 성마름을 인정한다. 그러나 자신의 분노반응에 당혹감을 느끼고, 조절능력이 부족해서 행동을 자제하지 못할 때 스트레스를 받는다. ANG2 척도에 반영되는 정서적 색채는 적대감보다 저조감에 가깝다. Graham 등(1999)에 따르면, ANG2 척도가 상승한 정신과 외래환자는 적대적이고, 우울하고, 침울한 사람이다. 치료자는 그들을 슬프고, 우울하고, 자기를 비난하는 사람이라고 묘사하였다. 남성 환자는 분노감, 적개심, 불안감, 자살사고, 악몽, 수면곤란, 신체증상, 스트레스 상황에서 출현하는 신체증상, 가정 문제, 가족에게 사랑받지 못한 경험을 지니고 있었다. 여성 환자는 열등감, 빈약한 대처능력, 자살시도 및 외래치료 경력을 지니고 있었다. Green 등(2006)에 따르면, ANG2 척도가 상승한 정신과 입원환자는 우울하고, 성마르고, 적대적인 사람이다. 또한 파괴적 충동, 불쾌한 사고, 타인의 시선에 대한 부담, 건강염려, 우울감, 성적 부적절감, 자살시도의 경력을 지니고 있었다. 과거에 알코올 및 약물을 남용한 경력이 있었고, 이로 인해 입원치료를 받는 경우가 많았다. ANG2 척도에는 분노와 억제가 동시에 반영된다. 스스로 정당하다고 생각하는 분노를 약하게 혹은 일부만 표출하는 경우에 ANG2 척도가 상승한다. 다투고, 차갑고, 짜증 내고, 좌절하고, 핑계를 대고, 옹졸하고, 조급하고, 불평하고, 비판하는 수동공격성향 또는 수동편집성향을 측정한다.

ANG 척도의 구성타당도는 꾸준히 입증되었다. 예컨대, Clark(1994)는 ANG 척도와 만성통증환자(남성)의 분노 표현이 연관되어 있다고 보고하였다. 재향군인의 노화 과정을 연구한 Kawachi, Sparrow, Spiro, Vokonas와 Weiss(1996)는 ANG 척도가 관상성 심장질환 위험인자와 유의미한 상관을 보인다고 보고하였다.

다른 척도와의 관계

ANG 척도는 분노의 역동을 측정한다. 특히 적대적 의도보다 표출의 압박을 강조한다. ANG 척도가 상승한 사람은 분노를 표출하는 순간에는 자신이 무기력한 방관자처럼 느껴진다고 보고한다. 강하게 표출하든 약하게 표출하든 마찬가지이다. 사물을 파손할 때, 사람을 신체적 혹은 정서적으로 공격할 때 드러나는 자신의 파괴성을 두려워하지만, 스스로 억제하지 못하는 것이다. 이들은 분노의 표출을 원하는 것이지 대상의 파괴를 바라는 것이 아니다. 따라서 DEP 척도와 ANG 척도가 모두 상승한 경우, 극적인 자살시도의 가능성을 각별히 유념해야 한다. 예컨대, 사전에 결코 가해할 의도가 없었던 파트너에게 거절당한 경우, 이에 격분하여 파트너를 살해한 뒤에 본인은 자살할 위험성이 있다. 이런 양상은 특히 ANG2 척도와 관련이 있다. ANG2 척도가 ANG1 척도보다 상승한 경우, TPA1 척도가 TPA2 척도보다 상승한 경우에 그렇다. ANG 척도와 TPA 척도는 자매지간이다. 두 척도의 관계는 임상적으로 중요한 의미를 지닌다. 두 척도 사이에는 .60 수준의 상관관계가 있는데, ANG 척도는 뜨거운 척도이고 TPA 척도는 차가운 척도이다. 뒤에서 상세히 설명하겠다.

CYN 내용척도(냉소적 태도, Cynicism)

CYN 척도에는 23개의 문항이 있고, 모든 문항이 '그렇다'라고 응답할 때 채점된다. CYN 척도는 Cook과 Medley(1954)가 제작한 Ho(적대감) 보충척도와 17개 문항을 공유하고, 두 척도 사이에는 .90 수준의 매우 높은 상관이 있다. 냉소적 태도는 이타주의부터 염세주의까지 이어지는 스펙트럼이다. 스펙트럼의 좌측에는 타인의 동기를 전혀 의심하지 않는 순진한 이타주의가 있다. 타인을 전적으로 신뢰하는 것이다. 스펙트럼의 중간에는 자신의 취약성을 인정하는 신중한 보신주의가 있다. 자신을 타인의 기만, 허위, 술수에 취약한 존재라고 인식하는 것이다. 스펙트럼의 우측에는 타인의 유죄를 확신하는 부당한 염세주의가 있다. 타인을 비열하고, 부도덕하고, 부정하고, 부패하고, 이기적이고, 불성실하고, 비겁하고, 타락한 존재라고 단정하는 것이다. CYN 척도에는 이러한 스펙트럼이 투영된다. CYN 척도가 상승한 사람은 타인을 불신한다. 타인을 오로지 자신의 이득만 추구하는 존재, 탄로날까 봐 두려워서 정직한 척하는 존재, 남을 속이려고 친절을 베푸는 존재라고 간주한다. CYN 척도가 상승한 사람의 입장에서 인생은 끝없는 경쟁이 펼쳐지는 정글이고, 타인은 기회만 있으면 온갖 수단을 동원하여 욕심을 채우는 존재이다. 그러므로 자신도 거리낌 없이 타인을 기만한다. 자신이 동원하는 부정, 위선, 책략, 조작은 생존을 위한 정당한 방편이라고 주장한다. 타인을 착취하지 않는 한, 타인이 이기적이고 부정하고 부도덕하므로 자신도 그렇게 행동해야 한다는 투사적 합리화를 반복한다. 몇몇 연구에서 Ho 척도와 관상성 심장질환으로 인한 사망률 및 이환율 사이에 높은 상관관계가 있다는 것이 밝혀졌다(Barefoot, Dahlstrom, & Williams, 1983; Barefoot, Dodge, Peterson, Dahlstrom, & Williams, 1989; Shekelle, Gale, Ostfeld, & Paul, 1983; Williams, Haney, Lee, Kong, Blumenthal, & Whalen, 1980). 따라서 Ho 척도와 매우 높은 상관을 보이는 CYN 척도 역시 관상성 심장질환과 밀접한 관련이 있을 것으로 추정된다. 실제로 Almada, Zonderman, Shekelle, Dyer, Daviglus, Costa와 Stamler(1991)는 40세 이상의 남성 직장인을 대상으로 CYN 척도와 관상성 심장질환으로 인한 사망률 및 암으로 인한 사망률 사이에서 유의미한 상관관계를 확인하였다.

CYN 척도가 하강한 사람은 정상적인 수준의 의심마저 부인한다. 타인을 선한 의지를 보유한 존재, 완전하게 신뢰할 수 있는 존재, 오로지 친사회적 및 이타적 동기에 따라서 행동하는 존재라고 간주한다. 이와 동시에 자신을 박애심의 수호자이자 인간의 선함을 추호도 의심하지 않는 신봉자라고 묘사한다. 방어적인 프로파일에서 이런 양상이 빈번하게 관찰된다. 완벽하게 조화로운 대인관계를 영위하고 있고, 대인관계의 갈등과 타인에 대한 악감정은 들어 본적도 없다고 주장하는 것이다. LSE 척도 및 의존성과 관련된 척도가 상승하고 CYN 척도가 하강하면, 타인에 대한 공격을 극도로 혐오하는 사람일 가능성이 있다. 타인을 공격하면 거절당할까 봐 두려워하고, 의존하던 대상을 상실할까 봐 두려워한다. CYN 척도의 하강은 편집증상을 강력하게 부인하는 편집적 방어성향을 반영할 수도 있다. 이때는 Pa3 척도와 Pdf(편집적 방어성향; Holroyd, 1964) 척도가 상승할 것이다. 이렇게 방어적인 환자의 경우, L 척도 및 K 척도가 F 척도보다 높이 상승하는 경향이 있다. 앞서 언급했듯이, 내용척도 중에서는 FRS 척도가 높이 상승하는 경향이 있다. 아마도 타인에 대한 공포를 대상에 대한 공포로 대치시켰을 것이다.

Graham 등(1999)에 따르면, CYN 척도가 상승한 정신과 외래환자는 적대적 태도와 피해의식을 드러낸다. 남성 환자는 슬픔, 우울감, 악몽, 수면곤란을 호소한다. 여성 환자는 자살시도의 경력이 있고, 치료자를 부정적으로 인식한다. 치료자는 여성 환자를 미성숙하고, 반사회적이고, 통찰이 결여되고, 동기가 부족한 사람이라고 묘사한다. 교정시설 수감자 연구에서 Williams(2002)는 폭력범죄자가 비폭력범죄자보다 CYN 척도에서 유의미하게 높은 점수를 보인다고 보고하였다.

Ben-Porath와 Sherwood(1993)는 CYN1(염세적 신념)과 CYN2(대인의심)의 2개의 내용소척도를 제작하였다. CYN1 척도는 타인에 대한 회의주의를 반영한다. 타인을 기만적이고, 이기적이고, 조종적이고, 신뢰할 수 없고, 공감해 주지 않고, 관계에 충실하지 않은 존재로 간주하는 것이다. CYN1 척도는 Pa3(-.87), ASP1(.86), Hy2(-.83) 척도와 주목할 만한 상관을 보인다. CYN1 척도가 상승한 사람은 대인관계에서 소진되어 있을 가능성이 크고, 대인관계를 개선하려고 노력하지 않는다. CYN1 척도와 CYN2 척도 모두 피해의식과 밀접한 관련이 있다 (Graham et al., 1999). CYN1 척도가 상승한 남성 외래환자는 우울감, 악몽, 반추사고, 어색한 관계를 보고한다. CYN1 척도가 상승한 여성 외래환자는 더 까다롭다. 치료자는 여성 외래환자를 미성숙하고, 반사회적이고, 통찰이 결여되고, 치료자에게 부정적이고, 정보를 신뢰할 수 없고, 동기를 북돋기 힘들고, 의사소통이 안 되고, 관심사가 협소하고, 직업 및 성취에 대한 개념이 부족한 사람이라고 묘사한다. 이들은 첫인상이 좋지 않고, 좀처럼 호감이 가지 않는다. Green 등(2006)은 CYN1 척도가 상승한 정신과 입원환자가 환각행동을 보인다고 보고하였다.

CYN2 척도에도 유사한 색채가 반영된다. 그러나 CYN2 척도에는 타인이 자신을 지목하여 냉소하고, 적대하고, 조종하고, 착취한다는 느낌도 포함된다. 그래서 타인을 의심하면서 조심스럽게 행동하는 것이다. CYN2 척도의 주요 정서는 저조감이다. Graham 등(1999)에 따르면, CYN2 척도가 상승한 남성 외래환자는 침울하고 우울하고 친구가 거의 혹은 전혀 없었고, CYN2 척도가 상승한 여성 외래환자는 관계 형성이 어려웠고 통찰이 결여되었다. Green 등(2006)에 따르면, CYN2 척도가 상승한 정신과 입원환자는 개념혼란, 환각행동, 성적 학대경험을 보고하였다. CYN2 척도가 상승한 사람은 타인에게 공격당한다고 느끼며, 자신을 몹시 취약한 존재라고 인식한다. 특히 자신을 인정하거나 이해해 주지 않는 우월한 타인의 영향력에 취약하고, 우월한 타인이 자신을 이용하려 애쓴다고 생각한다.

다른 척도와의 관계

Butcher 등(1990)은 CYN 척도에서 색다른 경험적 상관관계를 발견하였다. 재표준화집단에서 CYN 척도가 상승한 남성은 울화통을 터뜨리고, 칭얼거리고, 요구사항이 많고, 끊임없이 불평하고, 거짓말하고, 흥미가 결핍된 사람이라고 평정되었다. 재표준화집단에서 CYN 척도가 상승한 여성은 적대적 태도는 덜 드러내지만 심리적으로 더 심각한 문제를 지니고 있는 사람이라고 평정되었다. 예컨대, 의심성, 신경과민, 초조감, 죽음에 대한 집착, 무감동, 판단력 결함을 지니고 있다고 평정되었다. 짐작컨대, 여성의 경우에는 냉소적 태도가 심리적 기능을 더 손상시키는 역할을 하거나 혹은 심각한 심리장애를 겪고 있기 때문에 CYN 척도가 상승한 것으로 해석할 수 있겠다. 이에 반해 남성의 경우에는 CYN 척도의 상승이 더 구체적인 문제 영역, 즉 대인관계에 국한되는 문제와 관련되는 것으로 사료된다. 남성과 여성 모두에서 CYN 척도는 의존성 측정치(예: Si3 척도 상승, Do 척도 하강, GM 척도 하강, LSE 척도 상승, LSE2 척도 상승)와 상호작용하는 것 같다. CYN 척도가 상승하고 의존성 측정치가 적합하게 상승 혹은 하강하면, 대인관계영역에서 상당한 스트레스와 불편감을 경험하고 있다고 해석할 수 있겠다. CYN 척도가 상승한 의존적인 사람은 자신이 의존하는 사람조차 신뢰하지 못하고, 중요한 타인과의 심리적 거리에 따라서 불편감이 가파르게 요동치는 취약한 모습을 드러낼 가능성이 크다. 심리적 거리가 너무 가까워지면 자율성을 상실하고 타인에게 함몰될까 봐 두려워하고, 심리적 거리가 너무 멀어지면 타인에게 버림받거나 소외될까 봐 취약해지고 타인을 상실할까 봐 전전긍긍한다.

　CYN 척도는 ASP 척도 혹은/그리고 BIZ 척도와 함께 상승할 수 있다. 이때 CYN 척도와 함께 상승한 내용척도가 무엇이냐에 따라서 증강되는 측면이 서로 다르다. CYN 척도와 ASP 척도가 상승한 경우, 공격성향이 더 증강되어 상당히 공격적인 반사회성향을 드러낼 것이다. CYN 척도와 BIZ 척도가 상승한 경우, 정신병리의 심각성이 더 증강될 것이다. 예컨대, 편집성 정신분열증에서 이런 패턴이 흔히 관찰된다.

ASP 내용척도(반사회적 특성, Antisocial Practices)

　ASP 척도에는 22개의 문항이 있다. 21개 문항이 '그렇다'라고 응답할 때 채점되고, 1개 문항이 '아니다'라고 응답할 때 채점된다. ASP 척도는 Pd2 척도와 3개의 문항을 공유하고, CYN1 척도와 6개의 문항을 공유한다. CYN1 척도가 상승한 사람은 대부분의 사람이 남보다 앞서기 위해서 거짓말을 하고, 타인이 속임수를 쓰니까 자신도 속임수를 쓰고, 탄로날까 봐 두려워서 정직한 척한다고 주장한다. Ben-Porath와 Sherwood(1993)는 2개의 내용소척도를 제작했는데, ASP1(반사회적 태도) 척도에 16개의 문항을 배치하였다. 이 중에서 6개의 문항이 CYN1 척도와 중복된다. ASP1 척도의 나머지 10개 문항은 곤경에 처하면 침묵하는 것이 상책이라고 생각하고, 법률과 원칙을 무시하고, 기회만 주어지면 기꺼이 물건을 훔치고, 탐욕스러운 사람을 탓하지 않고, 남이 꾸지람을 들을 때 고소해하는 성향을 측정한다. 결과적으로,

ASP1 척도에는 반사회적 및 냉소적 태도, 타인에 대한 공감의 결핍, 타인에 대한 전반적 분노라는 암묵적 주제가 상당히 강력하게 반영되어 있다. Graham 등(1999)은 ASP1 척도가 상승한 정신과 외래환자를 적대적인 사람이라고 묘사하였다. 아울러 ASP1 척도에서는 뚜렷한 성차가 나타난다고 보고하였다. 남성 외래환자의 경우, 판단력이 떨어지고, 좌절을 견디지 못하고, 악몽을 꾸고, 친구가 거의 혹은 전혀 없었다. 여성 외래환자의 경우, 문제영역이 더 광범위한 것으로 밝혀졌다. 환각을 경험하고, 자살을 시도하고, 반사회적으로 행동하고, 미성숙하고, 관계를 형성하기 어렵고, 자신의 한계를 모르고, 대인관계가 피상적이고, 방어적 태도를 보이고, 동기를 북돋기 어렵고, 통찰이 결여되어 있고, 정보를 신뢰할 수 없고, 좀처럼 호감이 가지 않았다. Graham 등(1999)이 제시한 정신과 외래환자의 자료에는 편집사고가 빠졌지만, ASP1 척도와 ANG1 척도 사이에는 상당히 높은 상관관계가 존재한다. 또한 ASP1 척도와 CYN2(−.60) 척도 및 Pa1(.50) 척도 사이의 유의미한 상관관계를 고려하면 편집사고도 감안할 수 있겠다. Green 등(2006)에 따르면, ASP1 척도가 상승한 정신과 입원환자는 약물남용 때문에 입원할 정도로 약물을 남용하였고, 법적으로 기소되고 투옥됐던 전과가 있었다.

두 번째 내용소척도인 ASP2(반사회적 행동) 척도에는 5개의 문항이 있다. 모든 문항이 과거의 일탈행동(예: 절도, 정학, 무단결석, 학교 갈등, 범법행동)을 측정한다. ASP2 척도는 권위 불화를 측정하는 Pd2(.71) 척도 및 통제결여를 측정하는 DISC(.64) 척도와 상관을 보인다. Graham 등(1999)에 따르면, ASP2 척도가 상승한 정신과 외래환자는 반사회적 행동성향을 지니고 있었다. ASP2 척도는 공격성, 분노 폭발, 적개심, 적대감, 충동성, 좌절 인내력 부족, 까칠한 대인관계, 각종 약물남용, 경범죄 유죄선고, 구속 전과 누적과 높은 상관을 보였다. 이에 더해, 남성 외래환자는 의심성향, 중범죄 유죄선고, 가정 폭력, 방종행동, 신체적 학대와 높은 상관을 보였다. 여성 외래환자는 흥분적, 논쟁적, 조종적, 비판적, 자기애적, 편집적, 방어적, 기만적인 사람이라고 묘사되었고, 가족 문제 및 악몽과 높은 상관을 보였다. Green 등(2006)에 따르면, ASP1 척도가 상승한 정신과 입원환자와 마찬가지로 ASP2 척도가 상승한 정신과 입원환자는 법적으로 기소되고 투옥됐던 전과가 있었다. 그러나 문제영역은 비교적 협소하였다. 주로 알코올남용과 약물남용 때문에 입원치료 및 수감생활을 하였다. 또한 자살을 시도한 경력이 있었다.

ASP1 척도와 ASP2 척도는 문항수의 균형이 맞지 않는다. 그래서 ASP 척도의 명칭은 다소 부적절하다. 과거에 실제로 반사회적 행동을 범했던 경력을 평가하는 소척도(ASP2)의 문항수가 모척도(ASP) 문항수의 1/4에 불과하기 때문이다. 더 나아가 ASP1 척도와 ASP2 척도는 거의 .30 수준의 비교적 약한 상관을 보인다. 따라서 ASP 척도의 상승을 근거로, 특히 ASP1 척도의 상승을 근거로 피검자가 실제로 반사회적 행동을 범했던 전력이 있다고 해석하는 것은 곤란하다. 하지만 ASP 척도의 변별력은 임상척도 4보다 우수하다. Smith, Hilsenroth, Castlebury와 Durham(1999)에 따르면, ASP 척도는 DSM-IV의 반사회성 성격장애 진단기준과 유의미한 상관을 보였고, 반사회성 성격장애와 그 밖의 성격장애를 정확하게 변별하였다. 그러나 임상척도 4는 그렇지 못했다. Lilienfeld(1996)는 권모술수 측정치, 부정직성 평정치, ASP 척도, 임상척도 4 사이의 상관관계를 분석하였다. 분석 결과, 권모술수 및 부정직성은 임상척도 4보다 ASP 척도와 더 높은 상관을 보였다. 또한 ASP 척도는 반사회적 성향 및 행동을 전반적으로 평가하는 임상척도 4가 설명하지 못하는 변량을 추가로 설명하여 증분타당도를 지니고 있음이 확인되었다. ASP2 척도가 상승한 경우, 구속 전과 누적, 중범죄 유죄선고, 적대감, 적개심, 충동성, 좌절 인내력 부족, 분노 폭발, 가정 폭력, 까칠한 대인관계, 신체적 학대, 약물남용, 반사회성 성격장애의 가능성이 강하게 시사된다. 이런 특징은 주로 남성 외래환자에서 관찰되지만, 여성 외래환자 중에도 신체적 학대, 성적 학대, 헤로인남용, 가족 문제, 편집증상을 보이는 사람이 더러 있다. Williams(2002)는 폭력범죄로 수감된 사람이 비폭력범죄로 수감된 사람보다 ASP 척도에서 유의미하게 높은 점수를 얻는다고 보고하였다. CYN 척도 역시 유사한 양상을 보인다. 저소득 계층의 양육행동을 연구한 Bosquet와 Egeland(2000)에 따르면, ASP 척도는 가혹한 양육, 적대적 양육, 몰이해 양육과 높은 상관을 보였다.

다른 척도와의 관계

ASP 척도는 CYN 척도와 밀접한 관련이 있다. Graham 등(1999)이 여성 외래환자의 유사점을 언급했듯이, ASP 척도와 CYN 척도의 상대적 상승수준, ASP1 척도와 CYN1 척도의 상대적 상승수준, ASP2 척도와 CYN2 척도의 상대적 상승수준을 비교하면 피검자의 특징적 색채와 역동을 추론할 수 있다. 특히 46/64 코드타입 및 연관된 코드타입(예: 462, 468, 469)을 해석할 때 유익하다. ASP 척도가 CYN 척도보다 더 상승하면(ASP>CYN, ASP1>CYN1, ASP2>CYN2), 편집성향보다 반사회성향이 시사된다. 반대로, CYN 척도가 ASP 척도보다 더 상승하면 반사회성향보다 편집성향이 시사된다. 아울러 내용소척도의 상대적 상승수준(예: CYN2>CYN1)을 비교해도 유익한 가설을 도출할 수 있다.

TPA 내용척도(A유형 행동, Type A Behavior)

TPA 척도에는 19개의 문항이 있고, 모든 문항이 '그렇다'라고 응답할 때 채점된다. TPA 척도와 ANG 척도는 3개의 문항을 공유한다. 이 중에서 1개의 문항이 ANG1 척도에 포함되고, 2개의 문항이 ANG2 척도에 포함된다. TPA 척도는 Wiggins의 HOS 척도와 9개의 문항을 공유하고, Ho 보충척도와 6개의 문항을 공유한다. TPA 척도와 Ho 보충척도는 .75 수준의 상관을 보인다. Jenkins, Rosenman과 Friedman(1967)은 관상성 심장질환을 유발하는 성격특성을 A유형 성격이라고 조작적으로 명명하고, 이를 측정하는 JAS(Jenkins Activity Schedule)를 개발하였다. A유형 성격은 세 가지 요인(조급함, 과몰입, 경쟁심)으로 구성된다. A유형 성격을 지닌 사람은 시간이 지체되는 것을 견디지 못하여 조급하고, 업무적으로 요구되는 기준을 충족시키려고 과도하게 몰입하며, 지나치게 열정적으로 경쟁한다. 하지만 TPA 척도는 A유형 성격의 세 가지 요인을 적절하게 반영하지 못한다. 첫째, 과몰입 요인을 충분히 측정하지 않는다. 과몰입 요인을 측정하는 문항이 2개(507번, 531번)에 불과하다. 둘째, 경쟁심 요인을 측정하는 문항의 내용이 적대감에 편중되어 있다. 타인에 대한 적대적 경쟁심이 강조되었고, 자신이 설정한 기준을 충족하려고 노력하는 성향은 간과되었다. 정신과 외래환자의 자료를 분석한 Graham 등(1999)에 따르면, TPA 척도는 오직 적대적 대인관계와 유의미한 상관이 있었다. 재향군인의 노화 과정을 연구한 Kawachi 등(1998)에 따르면, TPA 척도는 JAS 총점(.36), 조급함 요인(.46), 과몰입 요인(.12), 경쟁심 요인(.22)과 중간 수준 혹은 약한 수준의 상관이 있었다. 하지만 TPA 척도는 지역사회 남성 노인집단(평균 61세)의 관상성 심장질환 병력과 유의미한 상관을 보였다. JAS 총점은 유사한 노인집단의 관상성 심장질환 병력과 유의미한 상관을 보이지 않았다(Kawachi et al., 1998).

Ben-Porath와 Sherwood(1993)는 TPA1(조급함)과 TPA2(경쟁 욕구)의 2개의 내용소척도를 제작하였다. TPA1 척도는 시간적 조급성을 측정한다. 예컨대, 길게 줄을 서서 기다리는 것이 힘들고, 누군가가 일을 방해하면 짜증스럽고, 믿었던 사람이 제시간에 일을 끝내지 못하면 분노까지는 아니지만 짜증을 부린다. TPA1 척도는 ANG2 척도와 .79의 높은 상관을 보인다. Graham 등(1999)에 따르면, TPA1 척도가 상승한 정신과 외래환자는 적대적이었고, 스트레스 상황에서 신체반응을 드러냈다. 이에 더해 남성 외래환자는 접수면접 당시 특이한 몸짓을 보였다. 여성 외래환자는 우울감, 신경질, 걱정, 신체증상, 비판에 대한 과민성, 빈약한 대처능력, 연극성향, 초조성향, 흥분성향, 투덜거림, 불안정감, 자기비하, 사회적 어색함, 포기성향을 지니고 있었다. Green 등(2006)에 따르면, TPA1 척도가 상승한 정신과 입원환자는 불안감, 우울감, 건강염려, 성적 학대경험, 알코올남용, 자살시도 경력을 지니고 있었다.

경쟁 욕구라는 명칭과 달리, TPA2 척도는 주로 적대감, 복수심, 가학성을 측정한다. TPA2 척도가 상승한 사람은 자신을 반대하는 사람을 이기거나 보복하려고 시도하고, 사소한 핑계를 들어서 남의 일을 방해하고, 자기가 싫어하는 사람이 불행을 겪을 때 속으로 좋아하고, 남에게 속았다는 사실을 알았을 때 분개하고, 경쟁에서 승리했을 때 몹시 즐거워한다. TPA2 척도의 주제를 고려하면, 2개의 문항(510번, 545번)은 TPA1 척도에 더 가깝다. 1개의 문항(531번)

은 과몰입을 측정한다. TPA2 척도는 Ho 보충척도와 .72의 상관을 보인다. 정신과 외래환자의 자료를 분석한 Graham 등(1999)에 따르면, TPA2 척도는 오직 편집사고와 유의미한 상관을 보였다. 아울러 여성 외래환자는 미성숙하고, 권위적인 인물과 갈등을 겪는 사람이라고 묘사되었다. Green 등(2006)에 따르면, TPA2 척도가 상승한 정신과 입원환자는 약물을 남용한 경력이 있었다.

TPA1 척도와 TPA2 척도는 모두 분노와 관련이 있다. 그러나 TPA1 척도는 뜨거운 분노를 측정하고, TPA2 척도는 차가운 분노를 측정한다. TPA1 척도의 분노는 ANG 척도에서 측정하는 분노 폭발 및 성마름에 더 가깝다. TPA2 척도의 분노는 적대감, 복수심, 가학성과 관련이 있고 ANG 척도에서 드러나는 분노보다 더 계산된 분노, 더 조절된 분노이다. TPA2 척도(9개 문항)가 TPA1 척도(6개 문항)보다 문항수가 많다. 따라서 TPA2 소척도가 TPA 모척도에 더 큰 영향을 미친다. 이로 인해 TPA 척도가 ANG 척도보다 차가워졌다.

TPA 척도의 구성타당도에 의문을 제기할 수 있다. 즉, TPA 척도가 정말로 A유형 성격을 측정하는지는 확실하지 않다. JAS를 기준으로 비교하면, TPA 척도는 A유형 성격의 일부분을 측정하는 것 같다. 하지만 앞서 언급한 TPA 척도의 제한점을 고려하면, 이 척도를 A유형 행동의 정교한 측정치로 간주하기는 어렵다. 경험적 연구에서 구성타당도가 확인되지 않았기 때문이다. 그러므로 개별 사례를 해석하는 임상가는 TPA 척도의 민감도와 특이도가 충분하지 않다는 사실을 유의해야 한다. 그러나 TPA 척도, TPA1 척도, TPA2 척도 및 개념적으로 연관된 척도들을 조합하고, 이 척도들의 상대적 상승수준에 근거하여 형태해석을 시도하면 A유형 행동을 정확하게 예측할 수 있을지도 모른다. 다음에서 이에 대한 일련의 가설을 제시하겠다.

다른 척도와의 관계

TPA 척도는 ANG 척도와 3개의 문항을 공유하고, TPA1 척도와 ANG2 척도는 내용적으로 유사하다. 따라서 임상가는 TPA 척도와 ANG 척도의 차이점을 파악해야 한다. 앞서 언급했듯이, ANG 척도는 뜨거운 척도이고 TPA 척도는 차가운 척도이다. ANG 척도에는 정서를 표출해야 한다는 압박감이 TPA 척도보다 더 강하게 반영되어 있다. TPA 척도가 상승한 사람은 ANG 척도가 상승한 사람보다 조절된 정서, 신중한 태도, 경직된 모습을 더 드러내고, 충동적 행동은 덜 드러낸다. 또한 TPA 척도가 상승한 사람은 ANG 척도가 상승한 사람에 비해 침울하지 않고, 불행하지 않으며, 자신의 인간적인 약점을 부인하지 않는다. 즉, TPA 척도가 상승한 사람은 자신을 대단한 존재로 지각하며 자기애적인 모습을 드러낸다. 또한 TPA 척도가 상승한 사람은 냉소적이고, 경멸적이고, 회피적이고, 타인을 의심하고, 자신을 정당화한다. 여기서 모든 묘사는 ANG 척도가 상승한 사람보다 더 그렇다는 뜻이다. ANG 척도가 상승한 사람은 TPA 척도가 상승한 사람보다 더 성마르고, 더 분노하고, 더 폭발적인 모습을 보인다. 그러나 ANG 척도가 상승한 사람의 타인에 대한 적개심은 꾸준히 지속되는 가학성 혹은 지배성이 아니다. ANG 척도가 상승한 사람은 타인에게 정서적 상처를 입히려고 공격하는 것이 아니고, 자신의 분노를 조절하지 못해서 분출하는 것이다. 이에 비해 TPA 척도가 상승한 사람은 의도적이고 지속적으로 적대감을 드러낸다. 더 신중하게 조절하는 모습을 보일 뿐이다. 이런 까닭으로, TPA 척도가 상승한 사람은 주장적인 사람이라는 인상을 주고, ANG 척도가 상승한 사람은 지나치게 분노하는 사람이라는 인상을 준다.

제한점으로 이미 언급했듯이, TPA 척도에는 과몰입 요인을 측정하는 문항이 부족하다. 오히려 WRK(직업적 곤란) 척도에 A유형 성격을 간접적으로 평가하는 문항이 포함되어 있다. WRK 척도의 33개 문항 중에서 13개 문항(39%)에 직무와 관련된 단어(예: 일, 과제, 직업, 과업)가 들어 있다. 그리고 상당수의 문항이 A유형 성격의 과몰입 요인을 반영한다. 이를테면 직업에 대한 열정, 과제에 대한 집중, 성과에 대한 확신, 직업적 인내심, 직업적 경쟁심, 방해 요인에 대한 대처능력을 측정한다. WRK 척도의 약 29개 문항이 JAS의 3요인(조급함, 과몰입, 경쟁심) 중에서 하나 혹은 그 이상과 일치한다. 8개의 문항은 WRK 척도의 채점방향과 동일하고, 21개의 문항은 WRK 척도의 채점방향과 반대이다. 따라서 WRK 척도의 T점수가 60점 미만인 경우, TPA 척도의 상승은 A유형 행동 패턴을 시사하는 것으로 해석할 수 있다. 또한 TPA2 척도에 반영된 상당한 적대감을 고려하면, TPA2 척도보다 TPA1 척도가 더 상승했을 때 A유형 행동 패턴이 강하게 시사된다. 마지막으로, 관상성 심장질환으로 인한 사망률과 높은 상관을 보이는 CYN 척도와 Ho 보충척도를 고려할 필요가 있다. 두 척도에는 중복문항이 많다. CYN 척도가 ASP 척도보다 더 상승하고 CYN1 척도가 CYN2 척도보다 더 상승한 경우, CYN 척도의 상승을 근거로 A유형 행동 패턴을 추정할 수 있다. 또한 CYN 척도와 CYN1 척도가 TPA2 척도보다 더 상승한 경우에도 A유형 행동 패턴을 추정할 수 있을 것이다.

LSE 내용척도(낮은 자존감, Low Self-Esteem)

LSE 척도에는 24개의 문항이 있다. 21개의 문항이 '그렇다'라고 응답할 때 채점되고, 3개의 문항이 '아니다'라고 응답할 때 채점된다. LSE 척도는 피검자가 자신의 개인적 및 관계적 결함을 시인할 때 상승한다. LSE 척도가 상승한 사람은 자신이 타인보다 민첩하지 않고, 유능하지 않고, 똑똑하지 않고, 대등하지 않고, 매력적이지 않고, 호감을 주지 못하고, 자신감이 부족하고, 의연하지 못하고, 여러모로 부적절한 사람이라고 생각한다. 또한 자신이 타인보다 무능하고, 열등하고, 결함이 많으므로 혼자서 독립적인 삶을 꾸려 가는 것이 어렵다고 생각한다. 따라서 자신을 긍휼히 여기는 자비로운 타인에게 과도하게 애착하고 의존한다. 자신을 비하하는 손해와 타인을 의지하는 이득을 교환하는 것이다. LSE 척도는 병적인 수준의 의존성향을 가장 민감하게 측정하는 내용척도이다. LSE 척도에 반영되는 피검자의 자기개념은 자아동조적이다. 피검자가 정말로 그렇게 생각한다는 것이다. 정신과 외래환자의 자료를 분석한 Graham 등(1999)에 따르면, LSE 척도가 상승한 외래환자는 과도한 의존성향을 지니고 있었다. 남성 외래환자는 불안감, 신체증상, 신체적 학대경험을 추가로 보고하였다. 여성 외래환자는 슬픔, 의존성, 소외감, 자살시도의 전력을 추가로 보고하였다.

Ben-Porath와 Sherwood(1993)는 다음과 같이 2개의 내용소척도를 제작하였다. LSE1(자기회의), LSE2(순종성)이다. LSE1 척도의 모든 문항은 부정적 자기개념을 측정한다. LSE1 척도가 상승한 사람은 자신의 열등함과 부적절함을 의심하는 것이 아니라 확신한다. 즉, LSE1 척도가 상승한 사람의 자기개념은 부정적인 방향으로 고정되어 있고, 자신의 존재 가치를 전반적으로 평가절하한다. LSE1 척도는 DEP3 척도와 .83 수준의 높은 상관을 보인다. Graham 등(1999)에 따르면, LSE1 척도가 상승한 정신과 외래환자는 슬픔, 저조감, 우울감, 무망감, 불안정감, 열등감, 실패감, 자기비하, 자기회의, 대인관계 민감성, 빈약한 대처능력과 높은 상관을 보였다. 남성 외래환자는 불안감, 걱정, 강박성향, 연극성향, 비관주의, 초조성향, 분노감, 적개심, 압도감, 인생의 버거움, 수면곤란, 신체증상을 추가로 보고하였다. 여성 외래환자는 대인관계 민감성, 수동복종성향, 내향성향, 협소한 관심사, 낮은 성취동기, 낮은 포부수준을 추가로 보고하였다. Green 등(2006)에 따르면, LSE1 척도가 상승한 정신과 입원환자는 DEP 척도가 상승한 정신과 입원환자와 거의 비슷한 모습을 보였다. 다만 우유부단, 주의집중곤란, 긴장감, 자의식, 위축된 정서, 둔마된 정서, 흥미의 상실, 정신운동지체, 열등감, 신체증상, 성적 학대경험과 더 높은 상관을 보였다.

LSE2 척도는 과도한 수동성향을 측정한다. LSE2 척도가 상승한 사람은 자율적인 삶을 포기하고 타인에게 노예처럼 복종한다. Graham 등(1999)에 따르면, LSE2 척도가 상승한 정신과 남녀 외래환자의 공통특징은 대인관계 민감성이었다. 남성 외래환자는 불안감, 신경증, 수동성향, 수면곤란, 신체적 학대경험을 추가로 보고하였다. 여성 외래환자는 수동성향, 복종성향, 응종성향, 의존성향, 낮은 성취동기, 자살시도 전력을 추가로 보고하였고, 친구가 거의 혹은 전혀 없었다. Green 등(2006)에 따르면, LSE2 척도가 상승한 정신과 입원환자는 LSE1 척도가 상승한 정신과 입원환자와 거의 비슷한 모습을 보였다. 아울러 의심성향, 특이사고, 환각행동과 높은 상관을 보였고, 주로 대인관계의 문제를 지니고 있었다.

LSE1 척도와 LSE2 척도 사이에는 흥미로운 긴장관계가 존재한다. 두 척도가 모두 상승한 사람은 "당신이 말씀하시면 뭐든지 하겠습니다. 그러나 저는 어설프고 무능해서 아무것도 제대로 못하고 모조리 망쳐 버릴 것입니다."라고 이야기한다. 자신의 무능함을 강조하는 것은 세심하게 계획된 일종의 대인관계 전략이다. 이 전략은 한편으로는 자기패배적이고, 다른 한편으로는 수동공격적이다. 하지만 LSE 척도의 상승은 주로 방어기제의 붕괴를 반영한다. LSE 척도가 상승한 사람은 정상적인 수준의 방어기제조차 동원하지 못하기 때문에 자존감을 회복할 뾰족한 방법이 없고, 자신의 행동과 의도를 긍정적으로 평가할 수단이 없으며, 체면을 구기지 않는 범위에서 자신의 인간적 결함을 인정할 묘안이 없는 것이다. LSE1 척도가 이런 내용을 직접적으로 평가하고, LSE2 척도는 대인관계 상호작용까지 범위를 더 넓혀서 평가한다. LSE 척도가 상승한 사람은 자존감과 자율성을 포기하고(LSE1), 굴욕적인 노예상태로 전락한다(LSE2).

LSE 척도가 하강한 사람은 부정적 자기개념 및 병리적 상호작용을 드러내지 않는다. 이들은 자신의 적절성, 유능성, 독립성을 신뢰한다. 그러나 LSE 척도가 지나치게 하강한 정신과 환자의 경우, 고양된 자기개념, 웅대한 사고, 과대망상을 지니고 있을 가능성이 있다.

다른 척도와의 관계

LSE 척도와 DEP 척도는 통제소재(locus of control)의 측면에서 서로 대비된다. LSE 척도의 통제소재가 DEP 척도의 통제소재보다 더 외부적이다. 즉, LSE 척도가 상승한 사람은 스스로 문제를 해결할 수 없다고 생각한다. DEP 척도가 상승한 사람은 무가치감을 느끼고, 더 능동적이고 요구적이며, 책임과 비난을 타인에게 돌린다. LSE 척도가 상승한 사람은 무력감을 느끼고, 더 수동적이고 의존적이며, 책임과 비난을 자기에게 돌린다. LSE 척도는 OBS, DEP, WRK, TRT 척도와 높은 상관을 보인다. 이 척도들의 기저에는 자신이 아무것도 제대로 수행할 수 없다는 무능감이 깔려 있다. OBS 척도는 의사결정 및 계획 실행을 못한다는 무능감을 강조하고, DEP 척도는 개인적 자원이 부족해서 일상생활이 곤란하다는 무능감을 강조하고, WRK 척도는 직장에서 요구하는 과업을 달성할 수 없다는 무능감을 강조하며, TRT 척도의 무능감은 당면한 문제와 맞서 싸울 수 없다는 무력감과 절망감을 반영한다. 이 척도들이 빚어내는 5중주의 특징은 부정적 정서성 및 동기적 무능감이다. 이 척도들이 상승한 사람은 자원의 고갈, 동력의 상실, 관계의 단절, 무력한 기분, 기능의 마비를 호소한다. 앞서 언급했듯이, 임상척도 8이 상승하면 LSE 척도와 BIZ 척도를 감안하여 해석해야 한다. LSE 척도는 부정적 자기개념을 반영하고, BIZ 척도는 정신증적 사고를 반영한다.

SOD 내용척도(사회적 불편감, Social Discomfort)

SOD 척도에는 24개의 문항이 있다. 13개 문항이 '그렇다'라고 응답할 때 채점되고, 11개의 문항이 '아니다'라고 응답할 때 채점된다. SOD 척도는 Wiggins의 SOC(사회적 부적응) 척도와 16개의 문항을 공유한다. SOD 척도는 임상척도 0과 18개의 문항(75%)을 공유한다. 이 중에서 10개의 문항이 Si1(수줍음/자의식) 척도와 중복되고, 8개의 문항이 Si2(사회적 회피) 척도와 중복된다. 척도 0과 중복되지 않는 문항은 혼자 지내는 것을 선호하는 경향을 측정한다. 따라서 SOD 척도는 척도 0보다 대인관계 혐오감을 더 강하게 반영한다. 척도 0과 마찬가지로 SOD 척도는 양방향으로 해석된다. SOD 척도가 상승하면 내향성이 시사되고, SOD 척도가 하강하면 외향성이 시사된다. Ben-Porath와 Sherwood(1993)는 SOD1(내향성)과 SOD2(수줍음)의 2개의 내용소척도를 제작하였다. SOD1 척도는 집단적 모임과 사회적 상황을 회피하고, 대인관계 상호작용을 혐오하며, 혼자 지내는 것을 선호하는 경향에 주목한다. SOD1 척도는 Si2 척도와 .92 수준의 높은 상관을 보인다. SOD1 척도의 점수가 매우 낮은 사람은 혼자 지내는 시간을 견딜 수 없고, 차라리 군중 속에서 헤매고 싶어 한다. Si2 척도의 모든 문항이 SOD1 척도에서 중복으로 채점되기 때문에, SOD1 척도에는 SOD2 척도보다 행동적 색채가 더 강하게 반영되어 있다. Graham 등(1999)에 따르면, SOD1 척도가 상승한 정신과 외래환자는 대인관계 민감성, 내향성, 우울감, 비관주의, 무망감, 수면곤란, 자살사고를 호소하였다. 남성 외래환자의 경우, 불안정감, 의심성향, 강박성향, 불안감, 자기회의, 자기비하, 자기처벌, 실패감, 신체증상, 건강 문제를 추가로 보고하였다. 여성 외래환자의 경우, 사회적 어색함, 사회적 지위에 대한 무관심, 낮은 성취동기, 낮은 활력수준, 낮은 포부수준, 내향성을 추가로 보고하였다. 또한 우울증 진단을 받았고, 친구가 거의 혹은 전혀 없었으며, 접수면접 시점에 항불안제 혹은 항우울제를 복용하고 있었다. Green 등(2006)에 따르면, SOD1 척도가 상승한 정신과 입원환자는 불안감, 정서적 위축, 죄책감, 우울감, 정신운동지체, 둔마된 정서, 성적 학대경험, 자살시도 전력을 보고하였고, 아무것도 못하는 것을 불편하게 여기고 있었다.

SOD2 척도의 문항수(7개 문항)는 SOD1 척도의 문항수(16개 문항)보다 상당히 적다. 479번 문항은 내용소척도에서 채점되지 않는다. SOD2 척도에는 모척도의 주관적 및 정서적 색채가 더 강하게 반영되어 있다. SOD2 척도는 Si1 척도와 .94 수준의 높은 상관을 보인다. SOD2 척도가 상승한 사람은 불편감, 수고로움, 어려움, 어색함, 거절에 대한 두려움을 호소하는데, 다른 사람, 특히 낯선 사람과의 관계가 힘들고 여럿이 함께 있을 때 고통스럽다. Graham 등(1999)에 따르면, SOD2 척도가 상승한 정신과 외래환자는 대인관계 민감성을 호소하였다. 남성 외래환자는 수동성향도 보고하였다. 여성 외래환자의 경우, 수줍음, 내향성, 흥미 결여, 활력 고갈, 경쟁 회피, 낮은 성취수준, 낮은 포부수준을 추가로 보고하였고, 첫인상이 좋지 않았다. Green 등(2006)에 따르면, SOD2 척도가 상승한 정신과 입원환자는 SOD1 척도가 상승한 입원환자와 거의 유사한 모습을 보였다.

SOD1 척도가 상승한 사람이 SOD2 척도가 상승한 사람보다 대인관계를 더 회피한다. SOD2 척도가 상승한 사람은 자신을 사회기술이 부족한 사람이라고 생각하며, 타인에게는 과묵하고 서먹한 사람이라고 비친다. 이에 반해 SOD2 척도가 하강한 사람은 지나치게 사교적이고, 타인의 관심과 시선을 즐긴다. 타인의 관점에서 이들은 호탕한 사람, 나서는 사람, 쉽게 어울리는 사람이다. SOD2 척도의 모든 문항은 Si1 척도에서 중복으로 채점된다. SOD 척도가 상승한 사람은 사회적 상황에서 불편감과 어색함을 느끼기 때문에 그리고 혼자 지내는 것이 더 행복하기 때문에 개인적이든 집단적이든 대인관계에서 멀찌감치 물러나는 모습을 보인다. 즉, SOD 척도가 상승한 사람은 외로움의 문제를 호소하지 않는다. 일부의 경우, 외로움의 문제를 방어적으로 부인하는 것일 수도 있다. 이에 반해 SOD 척도가 하강한 사람은 다른 사람과 어울리는 것을 좋아하는 외향적인 사람이고, 개인적이든 집단적이든 다양한 대인관계를 즐긴다. SOD 척도가 하강한 사람은 대인관계를 편안하게 여기고, 사회적 자신감을 지니고 있다. 이들은 타인에게 친절하고, 재미를 추구하고, 수다스럽고, 관계지향적이고, 상당히 유연하다. SOD1 척도의 점수와 SOD2 척도의 점수를 비교하면, 피검자가 혼자 지내는 것을 불편해하는지 혹은 여럿이 어울리는 것을 불편해하는지 파악할 수 있다. SOD1 척도가 하강하고 SOD2 척도가 상승하면, 피검자가 대인관계에 참여하고 싶은 동기와 더불어 불편감을 회피하고 싶은 소망, 상호작용을 통제하고 싶은 욕구를 지니고 있을 가능성이 높다(Ben-Porath & Sherwood, 1993). 이런 패턴은 일종의 무대공포증과 유사하다. 대인관계를 완전히 회피하는 것은 아니고, 불안한 기대감을 가지고 타인에게 다가서는 것이다. SOD1 척도와 SOD2 척도가 모두 하강하면, 언변은 유창하지만 관계는 피상적인 사람일 가능성이 높고, 사회적 허기를 느끼면서 대인관계의 상대를 계속 교체하는 조증적 혹은 경조증적 성향을 반영할 가능성이 있다.

Graham 등(1999)에 따르면, SOD 척도가 상승한 정신과 외래환자는 대인관계 민감성, 수줍음, 사회적 어색함, 우울감, 자살사고를 보고하였다. 남성 외래환자가 여성 외래환자보다 더 심각하고 광범위한 문제(예: 의심성향, 적개심, 자기비하)를 지니고 있는 것으로 묘사되었다.

다른 척도와의 관계

척도 2가 상승하고 척도 9가 하강한 경우, SOD 척도의 상승은 우울증에서 관찰되는 활력의 저하 및 사회적 무쾌감증을 시사한다. 자세한 설명은 INTR 척도를 참고하기 바란다. SOD 척도와 함께 F 척도, 척도 6, 척도 8이 상승한 경우, 정신분열 스펙트럼에서 관찰되는 대인관계 혐오, 사회적 위축, 편집적 의심성향 혹은 자신의 안전에 대한 지나친 염려에서 비롯되는 회피적 경계심을 시사한다. 경계선 성격장애 환자의 경우, SOD 척도의 T점수가 55~65점 범위에 해당하고, SOD2 척도가 SOD1 척도보다 상승한다. SOD 척도가 하강한 경우, 특히 SOD1 척도가 하강한 경우 피검자는 정서적으로 따뜻한 사람이고 타인과 친밀한 관계를 형성할 수 있다. 이때 L 척도, 척도 2, 척도 7, 척도 8의 점수는 상대적으로 하강하고, K 척도의 T점수는 55~65점 범위에 해당하며, K 척도의 원점수가 척도 7의 교정하지 않은 원점수보다 더 상승한다. SOD 척도가 하강하고, SOD1 척도가 SOD2 척도보다 상승한 경우 자기애성향(LES 척도 및 척도 9 참조), 반사회성향(Pd2 척도, ASP2 척도, ASP>CYN, Re 척도, GF 척도 참조), 조증성향 혹은 경조증성향이 시사된다.

FAM 내용척도(가정 문제, Family Problems)

FAM 척도에는 25개의 문항이 있다. 20개의 문항이 '그렇다'라고 응답할 때 채점되고, 5개의 문항이 '아니다'라고 응답할 때 채점된다. FAM 척도는 Wiggins의 FAM(가족 문제) 척도와 10개의 문항을 공유하고, Pd1(가정 불화) 척도와 6개의 문항을 공유한다. FAM 척도는 현가족의 문제와 원가족의 문제를 거의 동등한 비중으로 측정한다. FAM 척도는 척도 4 및 척도 8과 높은 상관을 보이는데, 중복문항만으로는 이러한 상관관계를 설명할 수 없다. 오히려 FAM 척도는 내용적으로 상이한 여러 성격특성과 광범위한 상관을 보인다. Butcher 등(1990)은 재표준화집단의 배우자 평정 자료를 바탕으로 비슷한 견해를 피력하였고, Graham 등(1999)은 정신과 외래환자의 자료를 기반으로 다양한 상관관계를 확인하였다. 재표준화집단의 배우자 평정 자료에 따르면, FAM 척도가 상승한 사람은 정서적 불안정, 통제력 상실, 성마름, 의심성향, 적대감, 적개심, 긴장감, 불안감, 두려움, 저조감, 의존성향, 양가적 대인관계를 지니고 있었다. Graham 등(1999)에 따르면, FAM 척도가 상승한 정신과 외래환자는 흔히 애정 결핍, 가정 불화, 신체적 학대(남성), 성적 학대(여성)가 만연된 원가족에서 성장하였고, 우울감, 적대감, 적개심, 대인관계 민감성을 지니고 있었다.

이러한 상관관계의 범위 및 강도를 살펴보면, 원가족에 대한 정서적 유대감이 사회생활의 토대로 작용하여 개인의 행복에 지대한 영향을 미친다는 견해가 타당하다는 것이 확인된다. 어린 시절에 1차적 대인관계에서 충분한 양육경험을 제공받지 못한 경우, 특히 가정환경이 갈등적이었거나 마찰적이었던 경우 개인적으로는 정서적 결핍을 경험하고 사회적으로는 부정적 기대를 형성한다. 생애 초기에 충분히 경험하고 준비하지 못했기 때문에 생애 후기에 건설적인 대인관계를 형성하지 못하고 소속감을 경험하지 못하는 것이다.

Ben-Porath와 Sherwood(1993)는 법정장면에서 수집한 남성 113명의 자료를 분석하고 상대적으로 협소한 상관관계를 확인하였다. FAM 척도가 상승한 사람은 부친, 형제자매, 가족, 배우자, 친구와의 관계가 원만하지 못했고, 자녀의 양육권을 상실한 전력이 있었으며, 보호관찰 도중에 구속된 전과가 있었다.

FAM 척도가 상승한 사람은 가족이 자신을 결핍시켰고 홀대했다고 생각하며, 가족에 대한 증오심과 불안정감을 경험한다. 더 나아가 가족관계에서 경험한 결핍과 홀대가 전반적인 대인관계에 대한 증오심과 불안정감으로 확산되어 일종의 성향처럼 굳어진 것으로 여겨진다. FAM 척도가 상승한 사람은 자신에 대한 짙은 의심성향과 깊은 부정성향을 품고 있는 미성숙한 사람, 과민하게 반응하는 사람이다. 아울러 타인을 불신하고 폄하한다. 이런 패턴은 경계선 성격장애를 연상시키고, 알코올 혹은 약물을 남용하는 사람에게서 흔히 관찰된다.

Ben-Porath와 Sherwood(1993)는 FAM1(가정불화)과 FAM2(가족 내 소외)의 2개의 내용소척도를 제작하였다. FAM1 척도는 가족의 갈등과 반감을 측정한다. FAM1 척도가 상승한 사람은 걸핏하면 가족과 싸우고, 우호적이지 않고, 숨이 막히도록 억압하고, 못마땅하게 여기고, 노여워하며, 분노를 조절하지 못한다. FAM1 척도는 Pd1 척도와 .74의 상관을 보이고, Sc1 척도와 .72의 상관을 보인다. FAM1 척도가 상승한 사람은 가족관계를 불편하고 해롭다고 생각하며, 가족에게서 벗어나려고 한다. Graham 등(1999)에 따르면, FAM1 척도가 상승한 정신과 외래환자는 적대감, 편집사고, 대인관계 민감성을 지니고 있었다. 남성 외래환자의 경우, 애정이 결핍된 가정에서 성장하였고, 가족 문제와 가정 불화를 호소하였으며, 문제의 책임을 가족에게 돌리면서 분노하고 비난하였다. 또한 슬픔, 우울감, 무망감, 거절감, 불안정감, 좌절 인내력 부족, 성적 학대경험을 보고하였고, 동료와의 관계가 원만하지 못하였다. 여성 외래환자의 경우, 비판적이고, 논쟁적이고, 불평불만이 많으며, 자살시도의 전력이 있었다. Green 등(2006)에 따르면, FAM1 척도가 상승한 정신과 입원환자는 적대성향, 의심성향, 흥분성향, 성적 학대경험, 자살시도의 전력을 지니고 있었다.

FAM2 척도의 문항수(5개 문항)는 FAM1 척도의 문항수(12개 문항)보다 상당히 적다. FAM2 척도는 가족과의 정서적 거리감을 측정한다. FAM2 척도에는 정서적 색채가 거의 투영되지 않는데, 주로 가족관계의 현실적 측면을 평가하기 때문이다. 어떤 피검자의 응답에는 가족에 대한 갈망, 상실, 분노가 반영되어 있고, 다른 피검자의 응답에는 가족에 대한 무관심과 냉정함이 반영되어 있다. 어떤 경우든지, FAM2 척도가 상승한 사람은 가족과 절연한 상태 혹은 단절된 상태에서 살아간다. 가족이 소속감을 제공하지도 않고 정서적으로 지지하지도 않기 때문이다. 하지만 가족과 정서적으로 단절했다고 해서 새로운 대상에게 정서적으로 애착했다는 뜻은 아니다(Graham et al., 1999). 즉, FAM2 척도가 상승한 사람은 애정이 결핍된 가정에서 성장한 가족 문제를 지니고 있을 뿐만 아니라 외롭고, 친구가 거의 혹은 전혀 없으며, 자기파괴적인 모습으로 살아간다. 여성은 자살을 시도하고, 남성은 알코올과 마리화나를 만성적으로 남용한다. 남성 외래환자의 경우, 가정 불화, 자기비하, 알코올남용, 마리화나남용과 추가로 높은 상관을 보였다. 여성 외래환자의 경우, 자기애성향, 연극성향, 지나친 관심 욕구, 지나친 애정 욕구를 비롯한 미성숙한 모습을 보였다. 아울러 비판성향, 논쟁성향, 과민성향, 불신성향, 의심성향, 분노감, 적개심, 인생의 버거움과 추가로 높은 상관을 보였다. Green 등(2006)에 따르면, FAM2 척도가 상승한 정신과 입원환자는 적대적이었고, 성적 학대경험 및 자살시도 전력을 지니고 있었다.

  FAM2 척도가 상승하고 FAM1 척도의 점수가 상대적으로 낮은 경우, 피검자는 가족과 동떨어진 상태에서 살아간다(Ben-Porath & Sherwood, 1993). 또한 가족에 대한 무관심을 시사하는데, 정서적 공급처인 가족의 결함에 대해서 비애를 느끼는 것처럼 보인다. 반대로, FAM1 척도가 상승하고 FAM2 척도의 점수가 상대적으로 낮은 경우, 피검자는 증오와 불화 속에서 가족관계를 지속한다. FAM1 척도와 FAM2 척도가 모두 상승한 경우, 분노한 소외상태가 시사된다. 물리적으로는 단절되어 있지만, 미해결된 정서적 애착은 지속되고 있는 것이다.

  다른 척도와의 관계

  FAM 척도와 Pd1 척도는 .80 수준의 상관을 보인다. 그럼에도 불구하고 두 척도에 반영되어 있는 핵심특징과 가족 갈등의 근원은 상당히 다르다. 앞서 언급했듯이, FAM 척도는 현가족의 문제와 원가족의 문제를 거의 동등한 비중으로 측정하는 반면, Pd1 척도는 주로 원가족의 문제를 측정하는 방향으로 편향되어 있다. Pd1 척도는 부모와의 관계를 상대적으로 더 강조하는데, Pd1 척도가 상승한 사람은 부모가 자신의 자유와 독립 및 해방을 제한했다고 생각한다. FAM 척도는 가족의 격동, 병리, 거리를 민감하게 반영한다. 결과적으로, FAM 척도가 Pd1 척도보다 더 상승하면 현가족의 가정 불화가 시사되고, Pd1 척도가 FAM 척도보다 더 상승하면 원가족의 가정 불화가 시사된다. 아울러 임상가는 피검자의 연령, 원가족의 문제, 현가족의 상황 등을 고려해서 해석해야 한다. CYN 척도와 FAM 척도가 모두 상승한 경우, 증오심까지는 아니지만 가까운 사람에 대한 불신감과 불만감이 시사된다. 이때 불신감과 불만감은 타인과의 관계까지 일반화되어 있다. BIZ 척도와 FAM 척도가 모두 상승한 경우, 편집적인 수준의 불신감과 불만감이 시사된다. FAM 척도와 ASP 척도가 상승하고(ASP>CYN), SOD 척도가 하강한(SOD1>SOD2) 경우, 49/94 코드타입과 동등하게 해석할 수 있다. 임상적으로 이런 패턴은 미성숙, 약물남용, 공격성향, 파괴성향과 밀접한 관련이 있다.

WRK 내용척도(직업적 곤란, Work Interference)

WRK 척도에는 33개의 문항이 있다. 28개의 문항이 '그렇다'라고 응답할 때 채점되고, 5개의 문항이 '아니다'라고 응답할 때 채점된다. WRK 척도는 Tydlaska와 Mengel(1953)이 제작한 Wa(직업태도, 37개 문항) 척도와 12개의 문항을 공유한다. TPA 척도를 소개할 때 언급했듯이, WRK 척도의 33개 문항 중에서 13개 문항(39%)에 직무와 관련된 단어(예: 일, 과제, 직업, 과업)가 들어 있다. WRK 척도는 모든 내용척도 중에서 공통요인의 영향을 가장 많이 받는 척도이다. Welsh의 A 척도와 .90의 높은 상관을 보이고, 8개의 문항을 공유한다. WRK 척도는 피검자가 겪고 있는 직장생활의 고통과 지장에 특화된 척도이고, 생산성에 악영향을 미치는 요인을 강조한다. WRK 척도가 상승한 사람은 패배주의, 비관주의, 무기력, 빈약한 지속력, 우유부단, 주의산만성, 성마름, 저항성향, 신랄함, 반항성향, 부족한 주도성, 야망과 열정의 결핍, 비경쟁적 태도, 자신감 저하, 자존감 저하, 긴장감, 불안감, 공포감을 지니고 있다. WRK 척도에는 대인관계곤란, 효율성을 저해하는 태도, 직무 수행을 방해하는 증상이 반영된다. WRK 척도가 하강한 사람은 자신감, 지속력, 활력, 역량을 결집하는 능력, 동료와 협력하는 능력, 팀워크를 발휘하는 능력을 지니고 있다. 또한 개인적인 문제가 있더라도 그것을 직장생활과 결부시키지 않는다. Graham 등(1999)에 따르면, WRK 척도가 상승한 정신과 외래환자는 정서적으로 우울하였고, 동기적으로 야심이 부족하였다. 남성은 분노감과 더 관련이 있었고, 여성은 수동성향 및 의존성향과 더 관련이 있었다.

다른 척도와의 관계

WRK 척도는 공통요인의 영향을 상당히 많이 받는 내용척도이다. 따라서 WRK 척도가 A 척도보다 더 상승한 경우에만 피검자가 직업적 곤란을 겪고 있다고 해석해야 한다. WRK 척도의 상승이 직업적 역기능을 시사하기는 하지만, 그것이 공통요인 때문인지 아니면 독립요인 때문인지 특정할 수 없기 때문이다. 즉, WRK 척도가 A 척도보다 더 상승한 경우에만 직업적 역기능을 특정할 수 있다. OBS 척도, DEP 척도, LSE 척도, WRK 척도, TRT 척도 사이에는 밀접한 상관관계가 있으므로, 이들 척도의 상대적 상승수준을 비교하면 WRK 척도가 상승한 까닭, 즉 피검자의 직장생활에 지장을 초래하는 요인이 무엇인지를 추가적으로 파악할 수 있다. TRT 척도에서 다시 설명하겠다.

TRT 내용척도(부정적 치료 지표, Negative Treatment Indicators)

TRT 척도에는 26개의 문항이 있다. 22개의 문항이 '그렇다'라고 응답할 때 채점되고, 4개의 문항이 '아니다'라고 응답할 때 채점된다. TRT 척도는 DEP 척도와 .77 수준의 상관을 보이고, 6개의 문항(23%)을 공유한다. Graham 등(1999)에 따르면, TRT 척도가 상승한 사람은 DEP 척도가 상승한 사람과 몹시 유사한 혹은 거의 동일한 모습을 보인다. 전반적으로 TRT 척도는 무감동, 절망감, 무력감이 극심하여 일상생활에 지장이 있는 우울상태를 반영한다. Ben-Porath와 Sherwood(1993)는 TRT1(낮은 동기)과 TRT2(낮은 자기개방)의 2개의 내용소척도를 제작하였다. TRT1 척도는 무감동, 외적 통제소재, 역경에 대한 굴복, 개인적 자원의 소진을 측정한다. TRT1 척도는 DEP1 척도와 .86 수준의 높은 상관을 보이고, DEP 척도와 .85 수준의 높은 상관을 보인다. TRT1 척도가 상승한 사람은 역경과 난관을 돌파하려는 의지가 부족하고, 모든 노력이 허망하고 부질없다고 여기면서 무력감에 사로잡힌다. 심지어 역경과 난관을 극복할 계획조차 수립하지 못하며, 포기하는 것 외에는 뾰족한 대안이 없다고 생각한다. Graham 등(1999)에 따르면, TRT1 척도가 상승한 정신과 외래환자는 슬픔, 우울감, 비관주의, 무망감, 자살사고, 불안감, 불안정감, 빈약한 대처능력을 지니고 있으며 매사에 쉽게 포기한다. 남성 외래환자의 경우, 자기비하, 강박성향, 압도감, 삶의 버거움, 신체증상, 과거의 외래치료 전력을 추가로 보고하였다. 여성 외래환자의 경우, 자기불신, 흥미 저하, 낮은 포부수준, 낮은 성취동기, 자살시도의 전력을 추가로 보고하였고, 친구가 거의 혹은 전혀 없었다. Green 등(2006)에 따르면, TRT1 척도가 상승한 정신과 입원환자는 과거에 외래치료를 받은 적이 있고, 주로 성적 부적절감을 호소하였다. 아울러 LSE1 척도가 상승한 정신과 입원환자와 거의 동일한 특징을 지니고 있었다.

TRT2 척도의 문항수(5개 문항)는 TRT1 척도의 문항수(11개 문항)보다 상당히 적다. TRT2 척도가 상승한 사람은 역경을 극복하려고 시도하는 것이 헛되다고 생각하는 수준을 넘어서서 그것을 의논하는 것조차 헛되다고 생각한다. TRT2 척도는 Si3 척도 및 NEGE 척도와 .64 수준의 상관을 보인다. TRT2 척도가 상승한 사람은 개인 정보를 자발적으로 공개하지 않으며, 치료자가 무엇이 불편하고 힘겨운지 물어봐도 심각한 불편감을 토로하지 않는다. 자신의 문제를 타인에게 드러내는 것조차 몹시 꺼리는 것이다. 적어도 여성의 경우에는 자기공개를 극도로 꺼리는 이유가 확인되었다. Graham 등(1999)에 따르면, TRT2 척도가 상승한 여성 외래환자는 신체적 및 성적으로 학대당했고, 친구가 거의 혹은 전혀 없었으며, 자살을 시도한 전력 및 정신병원에 입원한 전력을 지니고 있었다. TRT2 척도가 상승한 여성의 입장에서 타인에게 고통을 토로하는 것은 부질없는 행동이고, 오히려 심리적 고통을 덧붙이는 어리석은 행동이다. Graham 등

(1999)이 조사한 남성 외래환자의 경우, 우울감, 피로감, 수면곤란, 스트레스 상황에서 출현하는 신체증상을 추가로 보고하였다. 여성 외래환자의 경우, 수줍음, 내향성, 낮은 포부수준, 알코올남용, 경범죄 유죄선고를 추가로 보고하였다. TRT2 척도가 상승한 남녀 외래환자는 모두 자살사고와 삶의 버거움을 호소하였다. Green 등(2006)에 따르면, TRT2 척도가 상승한 정신과 입원환자는 주로 약물을 남용하였고, 알코올남용, 불안감, 죄책감, 정신운동지체, 환각행동과 높은 상관을 보였다.

TRT 척도의 문항 내용과 연구 자료는 모두 우울증에 편향되어 있다. 재표준화집단의 배우자 평정 자료를 분석한 Butcher 등(1990)에 따르면, TRT 척도가 상승한 여성은 DEP 척도가 상승한 여성과 거의 동일한 모습을 보였다. 따라서 TRT 척도가 심리치료의 예후를 정확하게 예측한다고 단정하기는 어렵다. 심지어 TRT 척도가 우울증에 대한 심리치료의 예후를 신뢰롭게 예측하는지조차 분명하지 않다. 그 이유는 다음과 같다. 첫째, 침묵은 심각한 우울증의 증상일 수 있다. 이 경우, 우울증의 침묵증상이 우울증의 신체증상보다 심리치료의 예후를 더 잘 예측한다고 간주하기 어렵다. 둘째, 우울증에 대한 심리치료의 예후 자체가 불안정하다. 우울증의 심각도에 따라서 예후가 다를 뿐만 아니라 어떤 경우에는 수면곤란, 식욕감퇴, 정신운동지체 증상만 개선되기도 한다. 결론적으로, TRT 척도가 우울증 혹은 정신병리에 대한 심리치료의 예후를 정확하게 예측한다고 간주하기는 어렵다. 오히려 TRT 척도는 우울증의 심각성을 예측하고 기술하는 지표인 것 같다. TRT 척도 및 내용소척도가 하강한 경우에도 동일한 문제가 발생한다. TRT 척도가 하강한 사람은 의욕이 있고, 자신감이 있고, 계획을 세우고, 꾸준히 노력한다. 이 경우, 심리적으로 불편하지 않기 때문에 당연히 심리치료를 받으려고 하지 않을 것이다. 또한 TRT 척도가 하강한 사람들 중에는 웅대한 자기상, 고양된 자기상, 과도한 자신감, 무사태평함이 특징인 사람이 있다. 이들은 경솔하게 자기를 공개하며, 심리치료를 받더라도 치료자에게 거의 영향을 받지 않는다. 이 경우, 심리치료자에게 자기를 공개하는 것만으로는 생산적 결과, 사변적 성찰, 증상의 통찰을 기대하기 어렵다. 조증성향 및 반사회성향을 지니고 있는 내담자를 떠올려 보자. 그들은 TRT 척도에서 매우 낮은 점수를 얻지만 심리치료의 예후가 결코 좋지 않다. 그러므로 TRT 척도의 상승을 근거로 심리치료의 예후가 부정적이라고 단정해서도 안 되고, TRT 척도의 하강을 근거로 심리치료의 예후가 긍정적이라고 속단해서도 안 된다. 예컨대, 만성통증 입원환자(남성)의 심리치료 효과를 조사한 Clark(1996)에 따르면, TRT 척도와 TRT1 척도의 상승은 신체증상의 개선을 잘 예측하지 못했고, 오히려 우울증 측정치인 BDI 점수의 감소를 잘 예측하였다. BDI 점수가 감소된 까닭은 평균으로의 회귀경향으로 설명되었다. 또한 TRT 척도와 TRT1 척도는 치료 종결 이후의 역기능을 잘 예측했는데, 이것은 TRT 척도와 TRT1 척도가 상승한 사람이 치료 시작 시점부터 더 심각한 증상을 지니고 있었음을 시사하는 결과였다. TRT2 척도는 심리치료의 예후 및 치료 종결 이후의 역기능과 유의미한 상관을 보이지 않았다. 더 나아가 TRT 척도의 모 척도 및 소척도 모두 심리치료의 조기종결과 유의미한 상관을 보이지 않았다. 다만 이 연구에 참여한 내담자(만성통증환자)와 이들에게 적용한 심리치료 기법은 전통적인 심리치료의 대상과 기법이 아니라는 점을 유의할 필요가 있겠다. 전반적으로 TRT 척도와 관련된 연구 문헌은 다음과 같이 요약된다. TRT 척도의 효용성을 긍정하는 연구도 있고(Garcia, Kelley, Rentz, & Lee, 2011; Gilmore, Lash, Foster, & Blosser, 2001; Kotjahasan, 2005), TRT 척도의 효용성을 부정하는 연구도 있다(Chisholm, Crowther, & Ben-Porath, 1997; Collins, 1999; Craig & Olson, 2004; Maiello, Salviati, De'Fornari, Del Casale, Rreli, Rusconi, & Piccione, 2007; Minnix, Reitzel, Repper, Burns, Williams, Lima, Cukrowicz, Kirsh, & Joiner, 2005; Rosik & Borisov, 2010). 또한 TRT 척도의 효용성이 애매하다고 보고한 연구도 있다(Coffield, 2007; Muench, 1996). 심지어 어떤 연구에서는 TRT 척도의 상승이 심리치료의 긍정적 예후를 예측한다는 상반된 결과가 도출되었다(Chisholm et al., 1997; Maiello et al., 2007; Rosik & Borisov, 2010). 따라서 향후 연구를 통해 타당도가 충분히 확인될 때까지는 TRT 척도를 신중하고 보수적으로 해석해야 할 것이다.

다른 척도와의 관계

TRT 척도는 OBS 척도, DEP 척도, LSE 척도, WRK 척도와 더불어 5중주를 구성하는 척도이다. 앞서 언급했듯이, TRT 척도는 DEP 척도와 가장 밀접한 상관을 보인다. 그러나 현재 시점에서는 TRT 척도의 상승이 정말로 심리치료의 부정적 예후를 시사하는지 명확하지 않으므로, TRT 척도와 DEP 척도 및 다른 척도들의 상대적 상승수준을 분석하고 해석하는 것은 시기상조인 듯하다.

내용척도 해석의 일반원칙

Wiggins의 내용척도와 마찬가지로 MMPI-2의 내용척도는 피검자의 수검태도에 매우 취약하다. 내용척도는 동일한 주제를 측정하는 명백문항, 즉 안면타당도가 높은 문항으로 구성되어 있기 때문에 피검자가 어떤 의도를 가지고 문항에 응답할 우려가 있다. 내용척도에는 장점과 단점이 있다. 먼저, 장점을 살펴보자. 내용척도의 문항군집은 동질성 및 명백성을 지니므로 피검자가 어떤 문항에 응답하더라도 비슷한 의미로 해석할 수 있다. 내용척도는 검사자와 피검자의 의사소통을 촉진한다. 피검자의 입장에서 내용척도에 응답하는 것은 상대적으로 부담이 적다. 피검자는 자신이 겪고 있는 가장 현저한 증상과 제일 심각한 문제를 자유롭게 호소할 수 있다. 구체적인 문제영역을 지목할 수 있고, 심각성을 기준으로 문제영역의 우선순위를 지정할 수 있다. 또한 현재 시점에서 불편하지 않은 문제영역, 즉 비교적 수월하게 관리하고 있는 문제영역을 구별할 수 있다. 다시 말해, 피검자는 내용척도 프로파일의 세 가지 속성(상승, 형태, 분산)을 비교적 쉽게 통제할 수 있다. 그러나 임상척도 프로파일을 통제하는 것은 어렵다. MMPI 및 MMPI-2 프로파일을 내용적 측면에서 분석하면, 굳이 애쓰지 않더라도 검사자와 피검자가 공유하는 인식의 범위가 확장되고, 평가 과정에서 검사자와 내담자의 협력관계가 촉진된다. 피검자가 검사자를 신뢰하게 되고, 피검자의 효능감이 증진되는 것이다. 검사자가 피검자의 호소 문제를 신중하게 경청하고 정확하게 공감하면 의사소통이 원활해진다. 이어서 약점을 살펴보자. 내용척도의 문항군집은 동질성 및 명백성을 지니므로 피검자의 왜곡반응과 조작반응에 취약하다. 만약 자신의 증상과 역기능을 감추려는 의도를 품는다면, 피검자는 상당히 수월하게 기만반응을 할 수 있다. 결과적으로, 부정확한 프로파일이 산출될 가능성이 높아진다. 그러므로 임상가는 심리평가의 목적과 과정을 피검자에게 충분히 설명해야 하고, 피검자를 심리평가의 수동적 대상자가 아닌 능동적 협조자로 유도해야 한다. 피검자의 입장에서 중요한 문제에 대한 답변을 들을 수 있다는 기대를 품어야 심리평가에 협력할 것이다. 따라서 임상가는 피검자가 심리검사를 받는 이유를 파악해야 하고, 가급적 신속하고 자세하게 검사결과를 설명해야 한다. 만약 충분한 협력관계를 형성하지 못한다면, 피검자는 검사자 및 검사결과를 신뢰하지 않을 것이고, 검사자를 속이려고 시도할 것이며, 평가 과정을 방해하려고 노력할 것이다. 결과적으로, 조작반응 혹은 기만반응의 가능성이 최고로 높아진다. 왜곡반응을 시도하는 피검자는 모든 증상을 과장해서 보고할 수도 있고 모든 증상을 축소해서 보고할 수도 있다. 또는 어떤 내용영역은 선택적으로 과장하고 어떤 내용영역은 선택적으로 축소해서 응답할 수도 있다. 심각한 심리장애를 겪고 있는 피검자는 고의적으로 증상을 과장해서 혹은 축소해서 보고하는 경우가 많은데, 때로는 자신도 모르는 사이에 어떤 증상과 고통을 호소하기도 하고 부인하기도 한다. 내용척도의 문항에 무심결에 응답하는 것이다. 이런 경우, 프로파일을 제대로 해석하기가 상당히 어렵다.

임상척도를 해석할 때는 T점수 65점을 기준으로 척도의 상승과 하강을 구분한다. 그러나 피검자가 프로파일의 상승수준을 임의로 통제할 수 있는 내용척도를 동일한 기준으로 해석할 수 있는지에 대해서는 의견이 분분하다. 임상척도의 T점수는 K-교정 절차와 모호문항을 통해서 어느 정도 보정되므로, T점수 65점을 경계선으로 정상과 이상을 구분해도 무방하다. 명백문항과 모호문항은 임상척도의 상승에 정반대의 영향을 미친다. 모호문항에 채점되는 쪽으로 응답하면 임상척도의 상승이 촉진되고, 명백문항에 채점되는 쪽으로 응답하면 임상척도의 상승이 억제된다(Burkhart, Christian, & Gynther, 1978). 그러나 내용척도에서는 이러한 조절효과가 발생하지 않는다. 결과적으로, 수검태도의 영향에 취약한 내용척도에서는 극단적으로 상승한 프로파일 혹은 극단적으로 하강한 프로파일이 흔히 관찰된다. 따라서 임상가는 내용척도의 상승 여부를 판단할 때 절대적 경계선(T점수 65점)에만 의지해서는 안 된다. 즉, 내용척도의 전반적 상승 혹은 하강과 무관하게 여러 내용척도의 상대적 상승수준을 비교해서 해석하는 것이 바람직하다.

내용척도에는 공유변량이 상당히 많이 반영되어 있다. 따라서 어떤 내용척도가 상승한 까닭을 정확하게 밝히려면 공유변량의 영향력과 독립변량의 영향력을 구분해야 한다. 공유변량의 영향력을 배제했음에도 불구하고 독립변량의 영향력이 유의미하면 내용척도의 고유한 특징을 설명할 수 있다. 독립변량의 영향력은 내용척도의 절대적 상승수준 및 유사한 내용척도의 상대적 상승수준에 따라서 다르게 해석해야 한다. 예컨대, 어떤 남성 내담자가 ANX 척도와 DEP 척도에서 모두 T점수 92점을 얻었다고 가정해 보자. 그는 ANX 척도의 모든 문항에 채점되는 쪽으로 응답하였고, DEP 척도의 5개 문항에 채점되지 않는 쪽으로 응답하였다. 이 경우, 공유변량이 두 척도의 상승에 영향을 미쳤을 것이다. 또한 ANX 척도의 독립변량이 DEP 척도의 독립변량보다 상대적으로 더 많은 영향을 미쳤을 것이다. 따라서 임상가는 두 척도의 T점수가 동일함에도 불구하고 DEP 척도보다 ANX 척도를 더 강조해서 해석해야 한다. 다른 예로, 어떤 여성 내담자가 ANX 척도에서 T점수 69점을 얻었고 DEP 척도에서 T점수 83점을 얻었다고 가정해 보자. 그녀는 두 척도에서 각각 8개의 문항에 채점되지 않는 쪽으로 응답하였다. 이 경우, 두 척도의 점수 차이가 크므로 임상가는 DEP 척도의 독립변량이 ANX 척도의 독립변량보다 더 많은 영향을 미쳤다고 해석해야 한다. DEP 척도의 점수는 우울증상(독립변량)을 제대로 반영하지만, ANX 척도의 점수는 불안과 우울의 공통특성(공유변량)을 반영하기 때문이다. 비록 ANX 척도가 임상적으로 유의미하게 상승했지만, 그렇게 해석하는 것이 바람직하다. 독립변량의 영향력이 시사될 만큼 충분한 점수 차이를 보인다면, 굳이 절대적 경계선을 고수할 이유가 없다.

지나치게 하강한 내용척도를 해석할 때도 비슷한 원칙을 적용한다. 피검자가 정신병리와 부적응을 감추려고 방어적으로 응답하면 내용척도가 하강한다. 임상가는 L 척도, F 척도, K 척도의 형태를 살피면서 방어반응의 가능성을 평가해야 한다. 또한 피검자의 방어 시도가 얼마나 성공적인지 따져 보고, 만약 방어에 실패했다면 그 까닭이 무엇인지 파악해야 한다. 예컨대, ANG 척도와 TPA 척도를 제외한 모든 내용척도의 T점수가 40점 미만이라고 가정해 보자. ANG 척도의 T점수는 43점, TPA 척도의 T점수는 48점이다. 피검자는 정신병리를 측정하는 대부분의 문항을 성공적으로 회피했지만, 분노감과 적대감을 측정하는 몇몇 문항은 회피하지 못하였다. 만약 피검자가 MMPI-2에 응답할 때 분노감과 적대감을 적절하게 통제하지 못한다면, 그는 일상생활의 다른 장면에서도 분노감과 적대감을 적절하게 통제하지 못할 것이라는 가설을 수립할 수 있다. 물론 다른 가설도 고려할 수 있다. ANG 척도와 TPA 척도는 분노감 및 적대감과 무관하게 상승할 수 있다. 어떤 피검자는 이런 문항에 응답하지 않는 것이 오히려 더 병리적인 상태를 인정하는 것이라고 생각한다. 예컨대, 자신이 불의를 보고도 모른 척할 정도로 비겁하고, 지나치게 수동적이고, 원리원칙을 중시하지 않는 사람이라고 인정하는 꼴이 되는 것이다. 다른 예로, 모든 내용척도가 T점수 30~47점 범위에 해당하고, BIZ 척도가 그중에서 가장 높게 상승했다고 가정해 보자. 이 경우, 병리적인 문항에 응답하지 않으려고 노력했음에도 불구하고 가장 심각한 정신병리를 측정하는 내용척도의 점수가 가장 높게 상승한 까닭이 궁금해진다. 아마도 정신증적 증상(예: 판단력 결함)이 피검자의 반응에 영향을 미쳤을 것이다. 특히 피검자가 자아동조적인 망상을 지니고 있다면 더욱 그럴듯한 가설이다. 따라서 임상가는 피검자가 정신증적 사고를 지니고 있는지 확인하여 가설을 검증해야 할 것이다. 어떤 독자는 오직 1개의 문항에만 응답해도 BIZ 척도에서 T점수 47점이 얻어진다고 이의를 제기할 것이다. 타당한 지적이다. 그러나 피검자가 경미한 증상을 측정하는 문항에는 응답하지 않았는데 심각한 증상을 측정하는 문항에 응답한 까닭을 설명하는 지적은 아니다. 어떤 독자는 우연, 실수, 부주의, 산만성, 피로감 때문에 1개의 문항에 채점되는 쪽으로 응답한 것이라고 이의를 제기할 것이다. 그랬을 가능성도 당연히 고려해야 한다. 하지만 지나치게 방어적인 프로파일에서 명백하게 병리적인 문항에 응답한 까닭을 자세하게 탐색하는 작업은 임상적으로 매우 중요하다.

　수검태도와 관련된 조절요인을 참고하면 내용척도를 더 명확하게 해석할 수 있다. 이를테면 공통요인을 측정하는 A 보충척도와 R 보충척도, 특이반응을 측정하는 F 척도와 F-K 지표, 방어성향을 측정하는 K 척도, 행동통제 및 충동조절곤란을 측정하는 DISC 척도를 참고할 필요가 있다. 예컨대, DEP 척도의 T점수가 65점으로 동일한 두 사람이 있다고 가정해 보자. 피검자 1은 K 척도의 T점수가 65점이고, 피검자 2는 K 척도의 T점수가 45점이다. 이때 K 척도가 더 상승한 피검자 1이 피검자 2보다 더 병리적인 사람일 것이다. 더 강력하게 방어했음에도 불구하고(65점>45점) DEP 척도가 상승했기 때문이다. 즉, 우울증상을 측정하는 문항을 회피하려고 노력했는데도 우울증상을 측정하는 문항에 응답했다면 실제로 더 우울한 사람일 것이다. 다른 예로, BIZ 척도의 T점수가 70점으로 동일한 두 사람이 있다고 가정해 보자. 피검자 3은 F 척도의 T점수가 70점이고, 피검자 4는 F 척도의 T점수가 90점이다. 이때 F 척도가 덜 상승한 피검자 3이 피검자 4보다 더 심각한 문제(즉, 정신증)를 지니고 있을 것이다. 피검자 4의 경우, BIZ 척도는 정신증 때문이 아니고 F 척도 때문에 상승한 것이다. F 척도가 상승하면

BIZ 척도도 상승하는 경향이 있다. 즉, 규준집단에서 10% 미만의 사람만 채점되는 쪽으로 응답하는 특이한 문항에 응답했기 때문에 F 척도가 극단적으로 상승했을 가능성을 우선적으로 고려해야 한다. 그러나 피검자 3의 경우 주로 정신증적 증상을 측정하는 문항에 응답했기 때문에 BIZ 척도와 F 척도가 상승한 것이므로 더 심각한 문제를 지니고 있다고 해석해야 한다. 임상가는 피검자가 F 척도의 어떤 문항에 응답했는지 살펴보면서 구체적인 정신증적 증상을 파악해야 한다.

🗣 성격병리 5요인 척도(Personality Psychopathology Five: PSY-5)

재표준화위원회에 따르면, 원판 MMPI의 문항군집에는 임상적으로 중요한 내용영역이 누락되어 있었다. 예컨대, 자살사고, 약물남용, 치료 예후, 직장 문제 등을 측정하는 문항이 존재하지 않았다. 그래서 재표준화위원회는 누락된 내용을 측정하는 새로운 문항을 MMPI-2에 추가하기로 결정하였다. 자연스럽게, 지난 반세기 동안 건드릴 수 없었던 기존의 문항군집을 수정할 절호의 기회가 찾아왔다. 재표준화위원회는 이성적-연역적 문항제작방식을 사용해서 임상적으로 중요한 구성개념을 측정하는 새로운 문항과 새로운 척도를 제작하였는데, 그것이 MMPI-2의 내용척도이다. 이성적 문항제작방식의 맹점은 문항군집이 확정된 이후에는 문항을 수정할 수도 없고 추가할 수도 없다는 것이다. 그러나 Harkness(1990)는 새로운 문항을 추가할 수는 없지만 새로운 척도를 제작할 수는 있다고 제안하였다. 이미 확정된 문항군집에서 새로운 척도의 구성개념과 부합하는 문항을 논리적으로 추출하는 방법, 즉 이성적 반복추출방식을 사용하면 새로운 척도를 제작할 수 있다는 것이다. 그가 제안한 이성적 반복추출방식은 이성적 문항제작방식과 본질적으로 동일하다. 이성적 문항제작방식의 경우, 먼저 새로운 척도가 측정하는 구성개념을 명확하게 정의하고, 이어서 그에 부합하는 새로운 문항을 제작한다. Harkness(1990)는 전통적인 이성적 문항제작방식을 변형하였다. 즉, 새로운 문항을 제작하는 방법 대신에 기존의 문항을 추출하는 방법을 사용하였다. 이것도 여전히 이성적-연역적 방법이다. 새로운 척도가 측정하는 구성개념에 부합하는 기존의 문항을 연역적으로 추출하기 때문이다. 여러 연구자가 문항을 제작하는 방법이 아니라 여러 연구자가 문항을 추출하는 방법이라는 차이가 있을 뿐이다. 그는 12명 이상의 연구자에게 새로운 구성개념의 핵심특징을 교육하였고, 수렴타당도 및 변별타당도에 근거해서 후보문항을 추천하도록 요청하였다. 12명 이상의 연구자는 각각의 연구자가 추천한 후보문항의 합치도를 평정하였다. 어떤 후보문항은 핵심 연구자에 의해 산발적으로 추천되었고, 어떤 후보문항은 거의 만

장일치로 추천되었다. 이어서, 준수한 합치도를 보이는 후보문항을 전문가가 다시 검토하였다. 전문가는 후보문항의 내용적 일치도 및 통계적 일치도에 주목하였고, 새로운 후보문항을 추천하지는 않았다. 전문가는 의미가 모호한 문항, 채점이 애매한 문항, 문장이 복잡한 문항, 자신이 아닌 타인을 묘사하는 문항, 내적 일치도를 훼손하는 문항을 탈락시켰다. 마지막으로, 경험적 자료를 확보하여 구성타당도를 검증하였다. 이것이 성격병리 5요인 척도(PSY-5; Harkness, McNulty, & Ben-Porath, 1995)이다.

PSY-5 척도는 성격병리를 측정하는 다음의 5개의 척도를 의미한다. AGGR(공격성), PSYC(정신증), DISC(통제결여), NEGE(부정적 정서성/신경증), INTR(내향성/낮은 긍정적 정서성)이다. PSY-5 척도의 문항구성 및 채점방향은 『MMPI-2 매뉴얼』의 표 B-6을 참고하고, 동형 T점수 환산방법은 매뉴얼의 표 A-12와 표 A-13을 참고하기 바란다. 이 책의 독자는 개인의 특질을 묘사하는 단어를 분석하는 방식으로 개발된 5요인 성격모형(Big 5)을 알고 있을 것이다. 성격의 5요인을 측정하는 성격검사인 NEO-PI는 정상적인 성격특질을 평가하므로 임상장면에 적합하지 않으며, 특히 성격장애 환자에게는 적용하기 어렵다(Harkness & McNulty, 1994).

〈표 7-6〉에 NEO-PI-R(Costa & McCrae, 1992b, 1992c, 1992d)과 PSY-5의 상호관계를 제시하였다. 정상집단에서 수집한 자료이고, 척도의 유사성이 높은 순서로 제시하였다. 더 자세한 내용은 Bagby, Sellbom, Costa와 Widiger(2008), Egger, De Mey, Derksen과 van der Staak(2003), Trull, Useda, Costa와 McCrae(1995)를 참고하기 바란다.

PSY-5 척도에 관한 상세한 연구 자료는 Harkness, Finn, McNulty와 Shields(2012)가 최근에 발표한 개관논문을 참고하기 바란다. PSY-5 척도의 구조적 적합도 및 심리측정적 속성(구성타당도 및 외적 타당도)은 전반적으로 양호하다.

Arnau, Handel과 Archer(2005)는 정신과 외래환자 4,300명의 자료를 수집하여 사분상관

〈표 7-6〉 NEO-PI-R과 PSY-5의 상호관계

NEO-PI-R	PSY-5
신경증(Neuroticism)	NEGE(Negative Emotionality/Neuroticism)
외향성(Extraversion)	INTR(Introversion/Low Positive Emotionality)*
우호성(Agreeableness)	AGGR(Aggressiveness)*
성실성(Conscientiousness)	DISC(Disconstraint)*
개방성(Openness)	-
-	PSYC(Psychoticism)

주: *는 역방향임.

계수를 산출하였고, 요인분석(주성분분석) 및 병렬분석을 실시하여 PSY-5 척도의 하위요인을 도출하였다. 분석 결과, 13개의 하위요인(AGGR 3개 요인, PSYC 3개 요인, INTR 3개 요인, DISC 2개 요인, NEGE 2개 요인)이 도출되었다. 하지만 정신과 환자 693명의 자료를 수집하여 확인적 요인분석 및 탐색적 요인분석을 실시한 결과, 13개의 하위요인은 안정적이지 않았다 (Quilty & Bagby, 2007). Wang, Zhang, Shi, Zhou와 Li(2010)는 중국인의 자료를 분석했는데, 13개 하위요인의 신뢰도 및 타당도가 적합하지 않았다. 그러므로 Arnau 등(2005)이 도출한 하위요인에 대해서는 더 이상 언급하지 않겠다.

AGGR 척도(공격성, Aggressiveness)

AGGR 척도에는 18개의 문항이 있다. 15개의 문항이 '그렇다'라고 응답할 때 채점되고, 3개의 문항이 '아니다'라고 응답할 때 채점된다. AGGR 척도의 문항 중에서 1/3 이상이 Wiggins의 HOS 척도 및 Cook과 Medley(1954)의 Ho 척도와 중복된다. AGGR 척도는 공격성향을 측정하는 MMPI-2 내용척도와 유의미한 상관을 보인다(ANG 척도: .45, TPA 척도: .55). 또한 AGGR 척도는 R 척도(-.63) 및 임상척도 9(.56)와 높은 상관을 보이고, Morey 등(1985)이 제작한 성격장애 척도 중에서 자기애성향(.53), 연극성향(.40), 반사회성향(.37) 척도와 유의미한 상관을 보인다. 대학생 234명의 자료를 분석한 Sharpe와 Desai(2001)에 따르면, AGGR 척도는 Buss와 Perry(1992)가 제작한 공격성 질문지(Aggression Questionnaire)와 .60의 정적 상관을 보였고, Costa와 McCrae(1992d)가 개발한 NEO-PI-R의 우호성 척도와 -.53의 부적 상관을 보였다. AGGR 척도는 공세적 혹은 약탈적 공격성향을 측정하는 독특한 척도이다. 일반적 공격성향을 측정하는 MMPI-2 내용척도는 Welsh의 A 척도와 .45~.60의 상관을 보이는 반면, AGGR 척도와 A 척도 사이의 상관은 -.01에 불과하다. 즉, AGGR 척도에는 공통요인이 거의 반영되지 않는다. 이런 맥락에서 AGGR 척도는 MMPI-2의 분노감 및 적대감 측정치(예: ANG 척도, TPA 척도, Ho 척도)보다 더 냉정한 공격성향을 측정하는 것 같다. AGGR 척도의 문항은 주로 우월감, 주도성, 가학성, 복수심과 밀접한 관련이 있다. AGGR 척도가 측정하는 공격성향, 적대성향, 지배성향은 격렬한 분노보다 잔인한 분노에 더 가깝다. AGGR 척도가 상승한 사람은 어떤 목표를 달성하기 위해서 치밀하게 계산된 분노, 신중한 분노, 체계적 분노, 냉정한 분노를 이용한다. 이에 비해 ANG 척도와 TPA 척도가 상승한 사람은 좌절 혹은 도발에 대한 반응으로 격렬한 분노, 돌발적 분노, 충동적 분노, 무모한 분노, 우발적 분노를 드러낸다. 즉, AGGR 척도는 반응적 공격성향이 아닌 도구적 공격성향을 반영한다.

AGGR 척도는 타인을 배격하고, 지배하고, 정복하고, 파괴하는 수준의 적대성향을 측정한다. ANG 척도와 NEGE 척도가 상승한 사람은 좌절에 대한 반응으로 분노성향과 공격성향을 드러내지만, AGGR 척도가 상승한 사람은 약탈적 혹은 가학적 공격성향을 드러낸다. AGGR 척도가 상승한 사람은 고양된 자기개념, 웅대한 자기개념, 억울한 자기개념을 지니고 있으며, 타인에게 지시받거나 통제당하는 것을 두려워한다. 이들은 타인의 지시와 통제를 회피하려고 의도적으로 타인을 가해하고 보복한다. AGGR 척도는 편집증의 역동과 관련이 있다. AGGR 척도가 상승한 사람은 다양한 방어기제를 동원하고, 자신을 공격자와 동일시하며, 대인관계를 제로섬 게임으로 인식한다. 이들은 대인관계를 우월과 열등의 관계 및 지배와 종속의 관계로 해석하고, 자신이 우월자 혹은 지배자의 위치에 있다고 생각한다. AGGR 척도가 상승한 사람은 분노성향과 공격성향을 통해서 타인을 제멋대로 통제하려고 시도한다. 분노성향, 적대성향, 가학성향, 폭력성향을 드러내서 타인을 위협 혹은 지배하려고 노력하는 것이다. Wygant와 Sellbom(2012)에 따르면, AGGR 척도는 반사회성향과 강한 상관을 보인다.

  AGGR 척도가 상승한 사람은 권위성향, 지배성향, 가학성향을 드러내지만, AGGR 척도가 하강한 사람은 공격성향을 거의 드러내지 않는다. AGGR 척도가 하강한 사람의 대인관계도 적극적 혹은 관여적이지만, 그들이 가정하는 대인관계는 본질적으로 수평적 혹은 평등적이다. 즉, 자신만 목표를 성취하는 것이 아니라 누구나 목표를 성취하는 대인관계를 상정하고 기대한다. AGGR 척도가 하강한 사람은 자신이 타인보다 우월할 수도 있고 열등할 수도 있다고 인정한다. 우월과 열등의 관계 및 지배와 종속의 관계는 본질적으로 일시적이고 상황적으로 가변적이기 때문이다. Weisenburger, Harkness, McNulty, Graham과 Ben-Porath(2008)에 따르면, 치료자는 AGGR 척도의 원점수가 낮은 정신과 외래환자(남성은 7점 미만, 여성은 6점 미만)를 공격성향이 약한 사람, 수동성향 및 복종성향이 강한 사람이라고 평정하였다. 남성이 188명이었고, 여성이 287명이었다.

다른 척도와의 관계

  AGGR 척도와 ANG 척도의 상대적 상승수준을 고려하면, 피검자가 도구적 공격성향을 이용하고 있는지 혹은 반응적 공격성향을 표출하고 있는지를 파악할 수 있다. 또한 AGGR 척도는 3개의 PSY-5 척도와 상당한 변량을 공유한다. AGGR 척도는 충동조절의 곤란을 반영하는 DISC 척도와 .42의 상관을 보이고, 무력감, 활동저하, 반응저하를 측정하는 INTR 척도와 -.29의 상관을 보이며, 자신과 타인에 대한 비현실적 지각 및 지배와 통제를 지나치게 강조하는 PSYC 척도와 .33의 상관을 보인다. AGGR 척도와 INTR 척도 사이에는 공유변량이 존재하고, AGGR 척도와 A 척도 사이에는 공유변량이 부재하다. 따라서 AGGR 척도가 상승한 사람은 타인을 통제하고, 지배하고, 가해하는 과정에서 유쾌감, 흥분감, 만족감을 경험하는 것 같다. AGGR 척도가 상승한 사람은 이기적이고, 자기중심적이며, 타인을 시기하는 모습을 보이는데, 이러한 적대적 자기애성향은 타인에게 인정받고 주목받기 위한 방편이다. 이들의 웅대한 자기개념과 고양된 자기개념은 비현실적인 수준으로 과장되어 있으므로 타인을 공격하고 가해하지 않고서는 온전하게 유지되기 어렵다. 이런 맥락에서 AGGR 척도와 DISC 척도 혹은 PSYC 척도가 함께 상승하면 상당히 위험하다. AGGR 척도와 DISC 척도가 동반상승한 경우, 가학적 공격성향과 극단적 충동성향이 상승작용을 일으켜서 행동 문제를 드러낼 가능성이 높다. AGGR 척도와 PSYC 척도가 동반상승한 경우, 사고장애(예: 기태적 사고, 폭력적 환상, 명령하는 환청, 자아통조적 망상)로 인해 적대행동을 드러낼 가능성이 높다. 특히 AGGR 척도와 DISC 척도와 INTR 척도가 모두 상승한 경우에 그렇다.

AGGR 척도는 치료관계의 형성 및 역동에 영향을 미친다. AGGR 척도와 DISC 척도가 동반상승하고, NEGE 척도가 적어도 중간 수준으로 상승한 경우, 피검자는 치료 계약을 위반할 가능성이 높다. 심리치료에 성실하게 임하지 않고, 약물치료에 꾸준하게 응하지 않으며, 치료과정을 방해하는 다양한 문제행동을 반복한다.

AGGR 척도와 DISC 척도가 모두 하강한 경우, 피검자의 수동성향이 부각된다. 피검자는 주장성향과 지배성향이 낮은 사람이다. 이런 경우, NEGE 척도가 상승하면(혹은 심리적 불편감을 반영하는 A 척도, 척도 7, ANX 척도, DEP 척도가 상승하면) 자기패배적 및 자기파괴적 행동의 가능성이 시사된다. 또한 강박장애를 지니고 있을 가능성이 시사된다. AGGR 척도와 INTR 척도가 모두 하강한 경우, 타인을 지나치게 신뢰해서 대부분의 사람이 회피하는 대인관계에 접근하기 때문에 오히려 타인에게 이용당할 가능성이 높아진다. 즉, 타인을 지나치게 신뢰하기 때문에 속아 넘어가기 쉬워지는 것이다.

PSYC 척도(정신증, Psychoticism)

PSYC 척도에는 25개의 문항이 있다. 23개의 문항이 '그렇다'라고 응답할 때 채점되고, 2개의 문항이 '아니다'라고 응답할 때 채점된다. PSYC 척도는 유사한 구성개념을 측정하는 BIZ 척도와 .94 수준의 강한 상관을 보이고, 14개의 문항을 공유한다. 또한 PSYC 척도는 F 척도(.71), 임상척도 8(.69), 임상척도 6(.65), OBS 척도(.66), CYN 척도(.64) 및 Morey, Waugh와 Blashfield가 제작한 편집성 성격장애 척도(.64)와 높은 상관을 보인다. PSYC 척도는 조종당하고 있다는 망상을 비롯한 정신증적 증상과 편집증적 증상, 기이한 경험, 마술적 사고, 백일몽, 의심성향을 평가한다. Harkness, McNulty와 Ben-Porath(1995, p. 105)에 따르면, PSYC 척도에는 피검자의 사회적 및 객관적 세상에 대한 인식이 반영된다. PSYC 척도가 상승한 사람의 경우, 외부적 현실과 내부적 해석이 서로 부합하지 않는다. 즉, PSYC 척도가 상승한 사람은 외부의 세상과 타인의 행동을 관습적으로 설명하지 못하고, 실제적 현실을 왜곡하여 망상적 현실을 구성한다. PSYC 척도가 중간 수준(T점수 55~65점)으로 상승한 경우, 피검자는 비현실적 경험, 비논리적 신념, 백일몽에 사로잡혀 있으며, 외부와 교류하지 못하고, 타인을 이해하지 못한다. PSYC 척도가 약간 상승한 사람도 물리적 및 사회적 환경과 조화를 이루지 못하며, 대인관계에서 소외된 모습을 보인다. 마치 꿔다 놓은 보릿자루처럼 세상에 존재하기는 하지만 세상에 소속되지는 않은 사람으로 여겨진다. PSYC 척도가 상승할수록 피검자의 사회적 관계 및 물리적 관계는 더 심각하게 왜곡된다. 타인을 적대적, 도발적, 공격적으로 대하고, 자신을 무능하고 부적절한 존재로 여기며, 기태적 행동과 자기패배적 행동을 보인다. PSYC 척도가 T점수 65점 이상으로 상승한 경우, 피검자가 실제로 정신증적 증상(예: Schneider의 1급 증상, 피해의식, 의심성향)을 지니고 있을 가능성이 높다. 일반적으로 PSYC 척도가 상승한 사람의 외모와 행동 및 신념은 이상하고, 특이하며, 기이하다. 공상과 몽상에 사로잡히고, 현실과 접촉하지 못하며, 사회적으로 고립되어 있다. 최소한의 대인관계만 유지하고, 타인에게서 멀찌감치 물러나 있으며, 내심으로 상당히 적대적이고, 부당한 대접을 받았다고 느끼면서 분개한다.

PSYC 척도가 하강한 사람은 특별한 증상과 정신증적 증상을 드러내지 않는다. 이 척도의 구성개념을 고려할 때, PSYC 척도가 하강한 사람은 자신의 오해를 파악하고 수정하는 능력을 발휘할 것으로 예상된다. 즉, 과거에 인간과 환경에 대해서 잘못된 내적 작동모형을 형성했더라도 그것을 현실에 부합하도록 수정할 수 있는 것이다.

다른 척도와의 관계

PSYC 척도에는 피해의식과 의심성향을 측정하는 문항이 상당수(약 40%) 포함되어 있다. 따라서 Pa1 척도를 참고하면, 편집증상이 PSYC 척도의 상승에 미친 영향을 추정할 수 있다.

DISC 척도(통제결여, Disconstraint)

DISC 척도에는 28개의 문항이 있다. 17개의 문항이 '그렇다'라고 응답할 때 채점되고, 11개의 문항이 '아니다'라고 응답할 때 채점된다. DISC 척도는 ASP 척도와 .57 수준의 상관을 보이고, 8개의 문항을 공유한다. DISC 척도는 Morey 등(1985)이 제작한 반사회성 성격장애 척도와 .50 수준의 상관을 보인다. DISC 척도는 GF 척도와 9개의 문항을 공유하고, Re 척도와 7개의 문항을 공유하며, 모두 반대방향으로 채점된다. PSY-5 척도 중에서 오직 DISC 척도만

연령의 영향에 민감하다. DISC 척도와 연령은 -.24 수준의 상관을 보이고, 연령이 증가할수록 DISC 척도의 점수가 하강한다(Harkness, Spiro, Butcher, & Ben-Porath, 1995). DISC 척도의 상당수 문항은 어떻게 행동하든 상관없다는 식의 편의주의적 도덕성을 측정하고, 일부 문항은 감각추구성향을 측정한다. 또한 DISC 척도에는 일탈적 행동, 성적 탈억제, 행동화 경향을 측정하는 문항이 포함되어 있고, 2개의 문항은 고소공포증 및 화재공포증을 부인할 때 채점된다. DISC 척도가 상승한 사람은 충동을 조절하지 못하고, 즉흥적으로 행동하고, 흥미의 범위가 넓고, 인지적 및 도덕적으로 유연하고, 만족을 지연시키지 못하고, 진부한 혹은 익숙한 격식에 얽매이지 않는다. DISC 척도가 상승한 사람은 관습에 구애받지 않고, 성격이 호탕하고, 언행을 억제하지 못하고, 만족을 지연시키지 못하고, 충동을 조절하지 못하고, 규칙에 동조하지 않고, 규범을 준수하지 않고, 자극적인 경험을 추구하고, 대인관계가 피상적이고, 관계에 충실하지 않고, 쾌락주의적 도덕기준을 지니고 있고, 법률적 및 윤리적 제약을 (멸시하지는 않지만) 무시하고, 신체적으로 위험할 수 있는 상황에서도 (무모하지는 않지만) 대담하고, 단기적인 만족을 위해 장기적인 목표를 희생하는 경향이 있다. DISC 척도가 상승한 사람은 처음에는 정력적인 사람 혹은 자발적인 사람처럼 보이지만, 나중에는 신뢰할 수 없고 신중하지 못하며 통념을 거부하는 사람으로 인식된다. DISC 척도가 상승한 사람은 부모 및 권위자와 갈등을 빚고, 또래와 타인을 착취하며, 성적으로 문란하고, 정서적으로 불안정하다. 또한 충동적 및 반사회적으로 행동하고, 관계에 충실하지 않고, 거짓말을 반복하며, 법률적 의무를 무시하고, 수치심을 느끼지 못하고, 자신의 행동을 뉘우치지 않기 때문에 전반적인 대인관계가 망가져서 교정기관 담당자 외에는 관계를 지속하지 못한다. Wygant와 Sellbom(2012)에 따르면, DISC 척도는 반사회적 행동특성과 밀접한 상관을 보인다.

　　DISC 척도가 하강한 사람은 관습적이고, 동조적이며, 충동을 잘 조절한다. 대인관계가 대체로 원만하지만, 거리감이 있고, 격식을 차리고, 관례를 중시하며, 마음이 맞는 소수의 사람과 교제한다. DISC 척도가 하강한 사람은 지루한 일, 반복되는 일, 규칙적인 일을 잘 견딘다. 전통적인 도덕기준을 경직되게 고수하고, 이러한 도덕기준에 근거해서 타인을 판단한다. 사회적으로 예의를 차리는 것을 중시하고, 문제해결 상황에서 (완벽주의적이지는 않지만) 지나치게 신중한 모습을 보인다.

다른 척도와의 관계

　　DISC 척도는 원판 MMPI 시절에 Block(1965)이 제작한 EC-5(자아통제) 척도와 유사한 기능을 담당한다. 채점방향은 반대이다. MMPI-2를 개발하면서 EC-5 척도 문항의 1/3가량을 삭제했기 때문에 이것을 MMPI와 MMPI-2의 제2요인으로 간주할 수 있는지 여부는 불명확하다. 정서적 억제, 사회적 위축, 협소한 관심을 측정하는 R 척도를 전통적인 제2요인 측정치로 간주해 왔는데, 대안으로 고려되었던 EC-5 척도는 정서적 통제보다 행동적 통제를 더 강조하고, 특히 규칙의 준수 및 사회적 동조를 측정한다. Harkness, McNulty와 Ben-Porath(1995)에 따르면, DISC 척도는 EC-5 척도와 매우 유사하고, 두 척도는 R 척도와 모두 -.40 수준의 상관을 보인다. 스트레스를 감내하는 능력, 정서와 행동을 통제하는 능력은 정신병리와 광범위한 상관을 보이므로 MMPI-2의 여러 척도를 해석할 때 R 척도와 DISC 척도를 참고하면 도움이 된다. 여기서는 DISC 척도와 다른 척도의 관계를 설명하겠다.

Harkness, McNulty와 Ben-Porath(1995)는 DISC 척도의 특징을 논의하면서 성격장애 스펙트럼에 주목하라고 제안하였다. Romney와 Bynner(1992)에 따르면, 성격장애 스펙트럼의 좌측 극단에는 반사회성향이 존재하고 우측 극단에는 강박성향이 존재한다. DISC 척도의 하강이 강박성 성격장애와 얼마나 밀접한 관련이 있는지는 확실하지 않지만, 정서와 행동의 지나친 통제는 다양한 정신병리와 광범위한 상관을 보이므로 DISC 척도는 강박장애와 강박성 성격장애를 변별하는 데 도움이 될 수 있다. DISC 척도가 상승한 정신과 환자 및 DISC 척도가 하강한 정신과 환자의 자료를 분석한 결과, DISC 척도와 OBS 척도의 상대적 상승수준을 비교하면 유익한 정보를 얻을 가능성이 있다. OBS 척도와 DISC 척도가 근소한 차이를 보이는 경우 혹은 OBS 척도보다 DISC 척도가 더 상승한 경우(OBS<DISC)는 강박장애를 시사할 가능성이 있다. 반대로, OBS 척도가 DISC 척도보다 더 상승한 경우(OBS>DISC) 그리고 FRS 척도가 DISC 척도보다 더 상승한 경우(FRS>DISC)는 강박성 성격장애를 시사할 가능성이 있다.

DISC 척도가 상승하고 NEGE 척도가 중간 이상으로 상승한 경우, 피검자는 규범에 어긋나는 방식으로 주관적 불편감에 대처한다. 예컨대, 불편감에서 벗어나기 위해 알코올과 약물을 남용한다. 보스턴 재향군인의 노화 과정을 연구한 Harkness, Levenson 등(1995)에 따르면, DISC 척도와 NEGE 척도는 문제성 음주자와 비문제성 음주자를 변별하는 중요한 지표였다. DISC 척도가 상승하고 INTR 척도가 하강하면, 두 척도의 상호작용으로 모험성향, 감각추구성향, 무모성향이 증가한다. 이에 더해 NEGE 척도가 하강하고 AGGR 척도가 상승하면, 비도덕성과 비사회성을 특징으로 하는 고전적인 반사회성향이 시사된다. DISC 척도가 하강하고 NEGE 척도가 상승한 피검자도 미성숙하고 무책임한 모습을 보이는데, 이들이 충동을 조절하지 못하는 까닭은 충동적으로 행동하면 긴장이 현저하게 감소되기 때문이다. DISC 척도가 상승하고 PSYC 척도가 상승하면, 두 척도의 상호작용으로 공상과 백일몽에 탐닉하는 경향이 증가한다. 특히 INTR 척도까지 상승한 경우에 그렇다. Egger, Delsing과 DeMey(2003)에 따르면, DISC 척도는 정신증 환자보다 양극성장애(제1형) 환자에서 더 높이 상승한다.

NEGE 척도(부정적 정서성/신경증, Negative Emotionality/Neuroticism)

NEGE 척도에는 33개의 문항이 있다. 27개의 문항이 '그렇다'라고 응답할 때 채점되고, 6개의 문항이 '아니다'라고 응답할 때 채점된다. NEGE 척도는 제1요인을 측정하는 A 척도(.87) 및 임상척도 7(.84)과 높은 상관을 보인다. 또한 NEGE 척도는 ANX 척도, WRK 척도, OBS 척도 그리고 중요하게도 ANG 척도와 높은 상관을 보인다. 하지만 NEGE 척도와 A 척도는 오직 6개의 문항을 공유한다. NEGE 척도의 상당수 문항이 걱정, 신경과민, 불안감, 긴장감, 스트레스를 측정하고, 일부 문항이 분노감과 정서조절곤란을 측정한다. NEGE 척도는 ANG 척도와 6개의 문항을 공유하는데, ANG1 척도와 ANG2 척도에 각각 3개씩의 문항이 중복된다. 또한 NEGE 척도는 죄책감과 공포감을 측정한다. NEGE 척도가 상승한 사람은 걱정, 신경과민, 공포감, 죄책감에 쉽게 압도되며, 궁지에 빠진 것 같은 느낌과 버럭 짜증을 부릴 것 같은 느낌에 사로잡힌다. NEGE 척도에는 두 가지의 암묵적 주제가 반영되어 있다. 첫째, 좀처럼 누그러지지 않는 불쾌하고 혐오적인 정서가 의식에 반복적으로 침투하여 내적으로 심각하게 동요된다. 둘째, 좀처럼 누그러지지 않는 불쾌하고 혐오적인 정서를 통제하지 못해서 심리적으로 붕괴될 것 같은 두려움을 경험한다. NEGE 척도가 상승한 사람은 무력감, 의존성향, 요구성향, 우유부단, 불안정감을 드러낸다. 대인관계는 지극히 수동적이고, 버림받을까 봐 두려워하며, 비판에 과민하게 반응한다. NEGE 척도가 상승한 사람은 당면한 문제를 해결하지 못하고 최선의 방안을 선택하지 못하기 때문에 이런 모습을 지켜보는 타인을 짜증스럽게 만드는 경향이 있다. 경계선 수준의 불안정한 애착을 보이며, 타인의 도움을 거절하면서도 반복적으로 불평하고, 자살행동 혹은 자해행동을 드러낼 우려가 있다.

NEGE 척도가 하강한 사람은 이완되어 있고 정서적으로 차분하다. 그러나 내면적 경험과 자각이 빈곤하기 때문에 걱정하지 않고 근심하지 않는 것일 수도 있다. 후자의 경우, 억압성향이 시사된다. 어떤 경우이든 NEGE 척도가 극단적으로 하강하면 정서적으로 차분한 수준을 넘어서서 정서적으로 몹시 둔화되어 주변의 영향을 거의 받지 않는다. Wygant와 Sellbom(2012)에 따르면, NEGE 척도의 하강은 정서적 냉담성을 특징으로 하는 반사회성향과 밀접한 상관을 보인다.

다른 척도와의 관계

NEGE 척도는 제1요인과 밀접한 관련이 있으며, 다양한 형태의 심리적 불편감과 정신병리로 드러난다.

INTR 척도(내향성/낮은 긍정적 정서성, Introversion/Low Positive Emotionality)

INTR 척도에는 34개의 문항이 있다. 5개의 문항이 '그렇다'라고 응답할 때 채점되고, 29개의 문항이 '아니다'라고 응답할 때 채점된다. INTR 척도는 임상척도 2(.79) 및 임상척도 0(.76)과 높은 상관을 보이고, 각각 13개씩의 문항을 공유한다. INTR 척도는 DEP 척도(.61) 및 SOD 척도(.73)와 높은 상관을 보인다. 또한 INTR 척도는 Morey 등(1985)이 제작한 성격장애 척도 중에서 회피성 성격장애(.68), 분열형 성격장애(.61), 분열성 성격장애(.52) 척도와 정적 상관을 보이고, 자기애성 성격장애(-.71), 연극성 성격장애(-.64) 척도와 부적 상관을 보인다. INTR 척도의 상당수 문항은 저조감, 활력저하, 무쾌감증, 사회적 회피, 대인관계 위축을 측정한다. INTR 척도가 상승한 사람은 부적절감에 사로잡히고, 끈기가 부족하고, 행복감을 느끼지 못하고, 사회적으로 고립되어 있고, 정서적으로 가라앉아 있다. INTR 척도가 상승한 사람은 불쾌하고 혐오적인 정서를 경험할 뿐만 아니라 NEGE 척도가 상승한 사람처럼 정서적으로 고갈되고 소진되어 있다. INTR 척도는 무쾌감증, 활력저하, 불만족감, 낮은 자존감, 난관에 봉착하면 쉽게 포기하는 경향과 밀접한 관련이 있다. 피검자가 응답한 문항을 기준으로 해석해야 하겠지만, INTR 척도는 우울성 위축과 분열성 고립을 시사한다. INTR 척도가 상승한 사람은 다른 사람들과 어울리는 것이 불편하기 때문에 사회적 관계를 회피한다. 타인에게 적대적이지는 않지만 일정한 거리를 둔다. 대인관계 상호작용을 회피할 수 없는 상황에서는 심드렁하게 반응한다. INTR 척도가 상승한 사람이 정서적으로 메마른 모습을 보이는 까닭은 행복감을 느끼지 못하기 때문이다(Meehl, 1974, 1987).

INTR 척도가 하강한 사람은 사교적이고, 외향적이고, 따뜻하고, 주변의 시선을 사로잡는다. 카리스마가 넘치지는 않지만, 인간적인 매력을 지니고 있다. INTR 척도가 하강한 사람은 자존감이 높고, 심신의 스트레스가 적고, 사람을 사귀는 것이 즐겁고, 자신과 타인의 권리와 자유를 존중하기 때문에 대인관계가 원만하고 다정하다. 또한 자신을 긍정적으로 평가하고, 타인이 자신을 좋아한다고 생각하고, 타인에게 수용되고 있다고 인식하고, 즐거움과 성취감을 경험하고, 목표를 추구할 만한 에너지를 보유하고 있고, 타인과 친밀한 관계 및 긴밀한 관계를 맺으면서 행복하게 연결되어 있다고 느낀다.

다른 척도와의 관계

DISC 척도와의 상호작용이 중요하다. DISC 척도와 INTR 척도가 모두 하강한 경우, 사회적 활력이 적절하게 조절되기 때문에 건강한 대인관계를 영위할 수 있다. 그러나 DISC 척도가 상승하고 INTR 척도가 하강한 경우, 피검자의 대인관계는 피상적이고 실용적이다. 지루함을 견디지 못하고 자극적 경험과 새로운 관계를 갈구하기 때문에, 대인관계를 우직하게 지속하지 못하고 교제하는 사람이 자주 바뀐다. 이에 반해 DISC 척도가 하강하고 INTR 척도가 상승한 경우, 피검자는 사회적 주도권을 발휘하지 못한다. 또한 뻔히 예상되는 관계, 똑같이 전개되는 관계마저 잘 견딘다. 하지만 오래된 관계임에도 불구하고 피상적인 관계에 머무른다. AGGR 척도가 중간 수준으로 상승하고 INTR 척도가 하강한 사람은 주도적이고 통제적이며, 타인과 타협하고 절충하지 못한다.

수검태도가 PSY-5 척도에 미치는 영향

PSY-5 척도는 이성적 반복추출방식으로 제작되었기 때문에 안면타당도가 상당히 높다는 장점과 문항이 내용적으로 명백하다는 단점이 있다. 특히 NEGE 척도와 PSYC 척도가 정신병리를 명백하게 측정한다. 이에 비해 DISC 척도, AGGR 척도, INTR 척도의 상당수 문항은 정상범위의 개인차를 반영하고, 상대적으로 덜 병리적이다. 수검태도와 반응양식이 PSY-5 척도에 미치는 영향을 조사한 경험적 자료는 존재하지 않으므로 PSY-5 척도가 피검자의 조작반응에 얼마나 취약한지는 확실하지 않다. 그러나 PSY-5 척도와 관련된 연구 자료를 종합하면, 수검태도가 상당한 영향을 미칠 것으로 예상된다. 피검자가 불편감과 정신병리를 과장해서 보고하면 NEGE 척도, INTR 척도 그리고 특히 PSYC 척도가 상승할 것이다. 반대로, 피검자가 부적응과 정신병리를 축소해서 보고하면 이 척도들이 상승하지 않을 것이다.

MMPI-2의 내용척도와 마찬가지로 PSY-5 척도의 대다수 문항은 '그렇다'라고 응답할 때 채점된다. 예외적으로, INTR 척도는 85%의 문항이 '아니다'라고 응답할 때 채점된다. 따라서 PSY-5 척도는 극단적인 편향반응에 취약하다. 피검자가 '그렇다' 쪽으로 치우쳐서 응답하면 AGGR 척도, NEGE 척도 그리고 특히 PSYC 척도가 가파르게 상승한다. 이때 INTR 척도는 T점수 50점 미만으로 유지된다. 피검자가 '아니다' 쪽으로 치우쳐서 응답하면 INTR 척도가 가파르게 상승한다. 이때 나머지 네 척도의 T점수는 평균 수준 혹은 평균 미만으로 유지된다.

chapter

08

보충척도

🗣 도입

　출간 직후, 연구자들은 여러 가지 변인을 측정하는 새로운 척도를 개발하기 위해 MMPI 문항군집들을 분류하기 시작하였다. Hathaway와 McKinley가 병리적 준거집단에 근거해서 일련의 임상척도를 완성한 사실도 이러한 새로운 척도 개발 노력을 늦추지는 못하였다. 이러한 노력을 통해 1950년대 중반 여러 개의 척도가 만들어졌고, 그것들 가운데 많은 수의 척도가 미네소타 대학교의 석사생과 박사생 그리고 그들의 지도학생들에 의해 차례로 개발되었다.

　일부는 임상척도의 본보기를 따라서 정신병리적 증상이나 특징에 초점을 맞추어 진행하였는데, 사실 과거에는 충분한 수의 척도 개발을 용인해 주지 못한 측면이 있었다. 예를 들면, 요통, 신경피부염, 궤양 유발 성격, 알코올중독, 아동성애 등과 같은 것들도 포함될 수 있었다. 또한 신체화 반응, 우울증 반응, 불안 반응, 전환증 반응, 편집증적 정신분열증 등 여러 가지 상태를 구별하기 위해 일련의 척도가 개발되었는데, 이는 정상인으로부터 구별하기 위함이 아니라 정신과 환자 준거집단으로부터 구별하기 위한 목적이었다(Rosen, 1962). 아직까지도 정신병리적 증상들을 탐지하기 위한 척도들을 개발하고 있는데, MMPI의 임상척도를 개발한 경험적 집단 대조의 방법보다는 이성적이고 통계적인 개발방식을 선호하고 있다. 『정신장애의 진단 및 통계 편람 제3판(DSM-III)』(American Psychiatric Association, 1980)에서 Morey 등

(1985)이 개발한 성격장애 척도가 그 예에 해당된다. 그러나 새로운 MMPI 척도들의 대부분은 이상행동의 특징과 정상행동의 특징을 구분하여 측정하고 예측하기 위해 개발되었으며, 여기에는 성취도, 자신과 타인을 향한 태도, 행동적 성향, 질문지 응답유형 및 기타 등의 매우 광범위한 것들이 포함되었다. Dahlstrom 등(1975)의 경우 455개나 되는 척도 목록을 제시했는데, 출간 당시에는 불완전한 목록으로 평가되었으며 이 목록 안에는 89개의 기본적인 임상척도와 타당도척도 및 1972년 목록의 부분들도 모두 포함되지 않았다. 따라서 1975년에 이미 MMPI 척도의 총 개수는 검사문항의 총 개수를 거의 확실히 넘어서게 되었다.

MMPI의 개시 이후 개발된 수많은 척도의 경우 매우 적은 수의 사용자에게만 적용될 수 있었다. 많은 경우 아마도 개발자를 제외하고는 다른 이에 의해 전혀 사용된 적이 없었을 것이다. 이러한 척도들이 제한된 영향력을 보이는 사유는 규정하기 어렵지만 다음의 경우일 수 있다. 지나치게 구체적인 개발 목적, 불충분한 크기나 대표성을 가진 표본의 사용, 불충분하거나 부적절한 대조집단, 불충분한 검사-재검사 신뢰도나 내적 합치도, 불충분한 공존타당도나 예측타당도, 교차타당화의 실패 혹은 교차타당화의 과도한 부족, 더 나은 타당도를 보이는 기존 척도와의 과도한 중복, 문항군집 내 주요 변화량과의 과도한 중복(형편없는 변별타당도), 구성개념의 정의 및 이해와 관련된 문제, 그 밖의 많은 문제 가운데 어색하고 모호하며 오해의 소지가 있는 척도명, 규준의 유용성이나 적합성에 대한 모호함, 검색의 문제점(예: 미출간 논문이라든지 제한적으로 발행된 출판물에 실린 보고서 등), 단순한 관심 부족 등이다. 한 척도의 임상 및 연구 적용을 입증하기 위한 조사에 소요되는 시간이나 인력 및 지원을 고려해 보면 소수의 척도만 성공적일 수 있는 사실이 놀랍지 않다.

보충척도의 표준적인 '집합'이 만들어지는 과정은 느리게 전개되었다. 초기의 홍보를 맡았던 Paul Meehl과 Harrison Gough 등이 MMPI를 시연하는 세미나, 연구회, 워크숍에서 일부 새로운 척도들을 언급하면서 초기의 관심이 촉진되었다. 더욱 중요한 원동력이 되었던 것은 Welsh와 Dahlstrom(1956)의 개론서 『심리학과 의학에서의 MMPI 기본서(Basic Readings on the MMPI in Psychology and Medicine)』에 새로운 척도들의 대부분이 포함되었고, 일 년 뒤 채점을 위한 규준이 준비되었기 때문이다(Hathaway & Briggs, 1959). 이런 관점에서 볼 때 MMPI 사용자들은 자신의 구체적인 치료와 대상에 적합해 보이는 척도들을 선택할 수 있었고 나머지는 무시할 수 있었다. 비로소 1960년대에 이르러서야 이 척도들을 기계식으로 채점하는 방법이 출현하였으며, 규칙적으로 하나의 집합으로서 채점되었다. 자동화된 MMPI 채점 체계는 1961년 메이요 클리닉에서 처음으로 운영되었지만, 그 후 머지않아 심리학 관련 기업이었던 자문 심리학자 출판사(Consulting Psychologist Press)를 비롯한 다른 많은 영리기관에서 컴퓨터에 기반한 채점 서비스를 제공하였다. 궁극적으로 이러한 서비스들 덕분에 보충척도 또는 연구 기반 척도로 알려진 것들이 하나의 독립적인 집합을 형성하게 되었다.

첫 번째 보충척도는 사실상 사회적 내향성(Si; Drake, 1946)이며, 이 척도는 1951년 표준적인 임상척도의 맨 마지막으로서 공식적으로 포함되었다. 가장 빈번하게 보고된 보충척도는 11개이며, 대개 다음과 같은 순서로 제시되었다. Welsh(1956)의 요인 척도인 불안 척도(A)와 억압 척도(R), Barron(1953)의 자아강도 척도(Es), Hanvik(1949)의 요통 척도(Lb), H. L. Williams(1952)의 편측성(Caudality) 척도(Ca), Navran(1954)의 의존성 척도(Dy), Gough, McClosky와 Meehl(1951)의 사회적 지배성 척도(Do), Gough, McClosky와 Meehl(1952)의 사회적 책임감 척도(Re), Gough(1951)의 편견 척도(Pr), Gough(1948a, 1948b)의 사회적 지위 척도(St), Cuadra(1956)의 통제성 척도(Cn). 이들 집합이 수년 동안 유지되긴 했지만 척도 개발은 빠른 속도로 지속되었으며, 많은 서비스를 통해 추가적인 보충척도의 점수를 받아들이고 보고할 만큼 확대되었다. J. A. Taylor(1953)의 명백한 불안 척도(At 또는 MAS), Kleinmuntz(1961)의 대학생활 부적응 척도(Mt), MacAndrew(1965)의 알코올중독 척도(Alc 또는 MAC), Megargee, Cook과 Mendelsohn(1967)의 적대감 과잉통제 척도(O-H) 등이 추가되었다.

이들 척도 목록 혹은 부정기적으로 해석되는 다른 유사한 척도 목록들이 상당히 임의적이라는 점은 분명하다. 이들 목록 가운데 표준적인 점수 집합의 일부분으로 통합되는 시점에서 임상적 적용을 스스로 입증해 보인 경우는 거의 없다. 이들 스스로의 양심적인 해석과 더불어 당시 MMPI를 선도하던 학자들이 임상적 결정 및 연구의 적용에 대해 합의한 수준 등을 종합하여 이들 척도의 성패를 결정하였다.

1975년부터(Dahlstrom 등에 의해 편집됨으로 인해) 사용되고 잠정적으로 축적되어 온 엄청나게 많은 척도는 1989년 MMPI-2의 출간을 이끈 재표준화 과정을 통해서 검토될 기회를 갖게 되었다. 보충척도의 집합을 선정하기 위한 방대한 기준이 존재하는 상황에서 MMPI 환경의 적절한 표준으로 이끈 것은 MMPI에서 MMPI-2로 개정되는 과정에서 살아남지 못한 90개 문항의 효과 덕분이다. 이들 명맥이 끊어진 문항들의 내용은 광범위하게 다양하지만, 주로 제시된 내용을 살펴보면 관심사와 취미(17개 문항), 종교(16개 문항), 대인관계(14개 문항), 부정정서(12개 문항), 비뇨기 및 내분비와 관련된 신체기능(9개 문항) 등이 있다(Greene, 1991a). 따라서 이러한 문항들이 주요하게 또는 전적으로 포함된 척도들[예: 1966년 Wiggins의 종교적 원칙주의 척도(REL)]은 MMPI-2에서 잔류할 수 없게 되었다.

새로운 보충척도의 집합을 선정하는 데 있어서 잠재적으로 중요한 요소는 척도들의 타당도를 지지해 주는 지난 40년 동안 누적된 연구결과의 존재 여부였다. MMPI-2의 보충척도로 선정된 다수의 척도(A, R, Es, O-H, Re, Mt, MAC-R)는 이러한 기준으로 선택된 것으로 보인다.

이들 척도와 그 밖의 척도들이 이 장에서 논의된다.

MMPI-2의 보충척도들의 현재 순서는 다음과 같다. A, R, Es, Do, Re, Mt, Keane, Malloy 와 Fairbank(1984)의 외상 후 스트레스 장애 척도(PK), Schlenger와 Kulka(1987)의 외상 후 스트레스 장애 척도(PS), Hjemboe, Butcher와 Almagor(1992)의 결혼생활 부적응 척도(MDS), Cook과 Medley(1954)의 적대감 척도(Ho), O-H, MAC-R, Weed, Butcher, McKenna와 Ben-Porath(1992)의 중독 인정 척도(AAS)와 중독 가능성 척도(APS), Peterson과 Dahlstrom(1992)의 남성 성역할 척도(GM)와 여성 성역할 척도(GF).

PK와 PS, MDS, GM과 GF 등은 MMPI의 보충척도들과 마찬가지로 타당도를 지지하는 연구의 존재 여부가 아니라 검사의 해석 가설을 늘리기 위한 심사결과에 따라 선택되었다. (2001년 Butcher 등에 의해 기술된『MMPI-2 매뉴얼』에서 MMPI-2 보충척도용 문항구성 목록, 채점지침을 소개하는 표 B-6과 이 척도들 원점수의 T점수 전환과 관련된 표 A-12 및 A-13을 참조하라.)

🗣 요인 척도 불안(A)과 억압(R)

Welsh에 의해 개발된 A 척도(Anxiety)와 R 척도(Regression)의 목적은 MMPI 임상척도와 타당도척도의 요인분석에서 반복적으로 같은 요인으로 분석되었던 2개의 주요한 요인에 의해 응답자들을 분류할 수 있는 간편한 척도를 만들려는 데 있었다. 각각의 연구에서 사용된 표본의 특징이나 척도의 개수에 따라 다양한 요인의 수가 확인되었지만, 주요한 요인은 일관되게 척도 7과 척도 8에 높은 정적 요인 부하값을 보이고, K 척도에 높은 부적 요인 부하값을 보였다. 예비척도(G; Meehl & Hathaway, 1946)를 재향군인회의 남성 환자들로 구성된 두 집단을 대상으로 조사한 분포에서 상위 10%와 하위 10%를 분류하는 데 75% 이상 해당되었던 39개의 문항(38개는 '그렇다', 1개는 '아니다')이 Welsh의 A 척도 문항으로 선발되었다. A 척도는 MMPI/MMPI-2의 첫 번째 요인이 되었고, 가장 널리 알려진 요인 분류 척도로서 남게 되었다.

1955년에서 1965년까지 10여 년 동안 격렬하게 이루어진 반응양식 논쟁은 MMPI의 첫 번째 요인을 실재적으로(정신병리와 관련하여) 해석해야 하는지 아니면 형식적으로(검사태도와 관련하여) 해석해야 하는지에 대한 것이었다. 이 논쟁이 완전히 해결된 적은 없었지만, MMPI 수행의 두 가지 태도적인 특징(사회적으로 좋게 보이려는 태도와 자신의 문제를 인정하는 태도)이 통제된 경우에서도 MMPI의 첫 번째 요인과 두 번째 요인은 여전히 상당히 유의미한 외적 상관관계를 보인다는 사실을 Block(1965)이 입증한 이후부터 논쟁이 급속도로 줄게 되었다.

첫 번째 요인을 가장 잘 드러내는 임상척도는 척도 7(Pt)이다. 따라서 A 척도와 Pt 척도를 비교하는 것은 도움이 된다. Pt 척도는 A 척도보다 20%가량 문항수가 더 많다. 2개의 척도는 13개 문항에서 공통되며, 이는 A 척도에서 1/3에 해당된다. 이 가운데 5개 문항의 내용은 우울이고, 3개는 불안이고, 2개는 강박이며, 2개는 대인기피를 시사하고, 1개는 집중력의 문제를 인정하는 것이다. 전체적으로 살펴보면, A 척도는 DEP와 9개의 문항(4개는 DEP2)이 겹치고, ANX와 7개, OBS와 5개가 겹친다. 척도 8(Sc)과는 8개가 겹치는데, 소척도 Sc4(자아통합 결여-동기적)와 5개가 겹친다. 또한 A 척도의 문항 내용은 불쾌감과 불안 및 걱정뿐만 아니라 집중력이나 의사결정에서의 문제를 강조한다. 그 밖의 문항 내용은 피로감과 좌절감 및 주장성의 부족이나 부적절감과 열등감 및 예민함 그리고 동떨어지고 고립된 기분 등과 관련된다. 모든 문항은 명백해 보이고 사회적으로 바람직하지 않은 내용으로 되어 있다. 개발 역사가 길지 않고 특수한 환경에서 개발되었음에도 불구하고, A 척도는 첫 번째 요인의 탁월한 지표로서 평가받고 있다. 예를 들어, A 척도는 JBW72(Nichols, 2006 참조)의 72개 문항과 .98의 상관관계를 보이는데, JBW72란 MMPI 문항 전체를 주성분 분석한 반복검증(Johnson et al., 1984; 사례수는 5,506과 5,632)에서의 첫 번째 요인과, 뒤이어 Waller의 반복검증(1999; 사례수는 28,390)에서의 첫 번째 요인과, Rouse, Greene, Butcher, Nichols와 Williams(2008; 사례수는 83,162)에 의해 보고된 25개 표본에서의 첫 번째 요인에 공통된 문항들의 군집을 의미한다.

Graham 등(1999)의 연구에서 외래환자들 가운데 A 척도가 높은 사람들의 경험적 상관물은 앞에 기술된 내용을 확증해 주며, 또한 비교적 심각한 증상을 시사하고, 이 환자들의 많은 경우가 과거에 정신질환으로 입원한 경력을 보인다. 이 환자들은 우울 및 불안과 관련된 다수의 증상을 보였으며, 자살사고와 함께 슬프고 우울하고 불안정하고 희망이 없이 자기비하적인 양상으로 비춰졌다. Hoffman과 Pietrzak(2012)의 연구에서 정상 성인들 가운데 A 척도가 높은 사람들의 형용사 체크리스트(Adjective Check List: ACL; Gough & Heilbrun, 1983)를 통해 이들이 신경과민, 불안, 걱정, 혼란감, 미성숙, 비관주의를 강조하고 있음을 보여 주었다(모두에서 .35 이상을 보였다).

주관적 고통과 관련된 증상을 측정하고자 개발된 척도들의 변별타당도를 평가하기 위해서는 반드시 첫 번째 요인을 고려해야 하며, 이 변화량은 단일 집단 비교에 있어서 타당도를 확립해 주는 주요한 원천인 경우가 흔하다. 한 집단이 다른 집단보다 더 많은 주관적 고통을 경험하는 경우, 고통의 정확한 종류(불안, 우울, 공황 등)에 상관없이 이들 척도는 거의 항상 수렴타당도의 증거를 보여 준다. 다시 말해, 이러한 종류의 척도들은 고통에 대해 민감한 양상이지만 고통의 종류를 구분하는 특수성은 부족하다.

MMPI-2 첫 번째 요인의 주요 지표로서 A 척도는 검사결과의 양상을 해석하는 데 상당히 중요한 역할을 담당한다. 기본적인 임상척도와 타당도척도를 고려할 때, A 척도의 상승은 K 척도 점수를 억제하는 경향이 있고(K 척도의 원점수는 8개의 기본 임상척도 중 5개에서 교정점수로 부가된다), 프로파일의 정적 기울기를 증가시키며, 척도 7이나 특히 척도 8이 코드타입에 포함될 가능성을 높인다. A 척도의 높은 점수는 내용척도를 65T 이상으로 상승시키는 데 폭넓은 영향을 미칠 수 있으며, 그 가운데 ANX, OBS, DEP, LSE, WRK, TRT에 상당한 영향을 줄 수 있다. 보충척도의 경우, A 척도는 Mt, Pk, Ps, Ho에 정적인 영향을 미치고, GM에 부적인 영향을 미치는 경향이 있다.

A 척도의 높은 점수와 관련된 해석에서 중요한 점은 수검자가 주관적 고통과 부적응을 순순히 인정한다는 것이다. Duckworth와 Anderson(1986)에 따르면, Pt 척도가 장기적이고 성격적(특질)인 불안을 의미하는 반면, A 척도는 단기적이고 상황적(상태)인 불안을 반영한다고 주장하였다. 이 두 척도의 구분은 흥미롭고 연구할 만한 가치도 있지만, Pt 척도와 비교할 때 A 척도의 문항들은 검사-재검사 신뢰도가 더 높기 때문에 앞의 가설을 받아들이기에는 반론의 여지가 많다. 그에 반해 Duckworth와 Anderson의 지적처럼 이 두 척도는 문항 내용 면에서는 중요한 차이를 갖는다. 척도 7과 척도 8 사이에는 중첩되는 17개 문항이 존재하는데, 이는 척도 7과 A 척도의 중첩 문항수보다 크며, 척도 8과 A 척도 사이의 중첩 문항수보다 두 배이상 크다. 이것만 놓고 보면 A 척도보다는 척도 7을 특질적으로 해석하는 것이 우세한 것으로 보인다. 척도 7의 문항 내용은 무가치감이나 결여된 자신감 및 무능력감과 같은 뿌리 깊은 전반적인 결함에 해당된다. 또한 척도 7은 기억력과 이해력에서의 문제를 포함한 좀 더 심각한 인지적 혼란, 정신적 통제를 상실할 것 같은 두려움, A 척도에 포함된 집중력 및 의사결정에서의 문제보다 극심한 내용들을 포함한다. 척도 7의 내용에 반영된 급성의 감정적 불안정성이나 비합리적인 공포감 등은 A 척도에는 전혀 포함되어 있지 않다. 또한 불안이라는 표현은 척도 7에서 두 번 그리고 A 척도에서는 오직 한 번 등장하는 데 반해 걱정이라는 표현은 A 척도에서 세 번 그리고 척도 7에서는 오직 한 번 등장한다.

A 척도에는 상태 그리고 Pt 척도에는 특질의 의미를 부여하는 것의 장점과 관계없이, Caldwell(1988)에 따르면 Pt 척도를 K-교정함으로 인해 상승된 이들 두 척도의 차이점이 혼란스러워질 수 있다고 경고하였다. 따라서 이들 두 척도의 점수를 비교할 때 K-교정 없는 Pt 척도 점수를 A 척도 점수와 비교할 것을 권고한다. A 척도는 척도 7보다 문항수가 적고 양의 방향으로 덜 왜곡되어 있기 때문에, A 척도 점수는 Pt 척도 점수보다 약 10T만큼 낮은 셈이다. 예를 들어, 두 척도 각각의 2/3 문항에서 점수를 높이는 방향으로 응답한 경우라면 척도 7에서는 78T의 결과를 보이고 A 척도에서는 단지 70T의 결과를 보이게 되는데, 이 차이는 두 척도에서 점수를 높이는 방향으로 응답된 문항의 비율에 따라 증가한다. 따라서 K가 평균 범위

에서 과도하게 낮은 경우가 아니라면 A 척도는 척도 7의 상승보다 다소 낮은 수준으로 해석될 수 있을 것이며, 만일 척도 7보다 높은 점수의 A 척도를 보이는 프로파일은 특별히 중요한 의미를 가질 수 있다.

일반적으로 A 척도 점수가 높은 사람의 경우 불안정하고 불행해하며 염려가 많은 것으로 묘사될 수 있다. 이들이 경험하는 불안감은 외적인 위협으로 인한 것이라기보다 스스로의 무능력감으로 인한 것으로 보인다. 자신의 수행에 대한 걱정은 이들로 하여금 주저하고 주의산만하며 우유부단하게 만드는데, 또한 이로 인해 남들의 설득이나 제안에 쉽사리 영향을 받게 된다. 스트레스 상황에서 이들은 흔히 당황하고 혼란스러워하며 부적응적인 모습을 보인다. 이들은 자신의 부적절감에 대응하기 위해서 조심하고, 떨어져서 거리를 유지하고, 자기주장과 관여를 회피하며, 행동을 억제하는 모습 등을 보인다. 다른 사람들과의 상호작용에 있어서도 이들은 소심하고 어색해하며 쉽게 당황하는 모습을 보인다.

타당도척도의 패턴이 과도하게 방어적이지 않다면 A 척도 점수가 낮은 사람들의 경우, 자신의 능력에 대해 자신감을 보이고, 편안해하고 우호적이며, 표현적이고 적극적이며, 자기주장을 하고, 활동적이고 기꺼이 어울리며, 활발하고 원기왕성하며, 다재다능하고 성취지향적인 모습으로 묘사될 것이다. 일부의 다른 사례에서는 A 척도 점수가 낮은 사람들이 자기중심적이고 과시적이고 자만하고 거침이 없으며, 경쟁적이고 고압적이고 기만적이며, 무모하고 충동적인 것으로 묘사되기도 한다.

Welsh의 R 척도의 문항들은 척도 2 점수에서의 상위 10%와 하위 10% 분포를 대조하여 선정되었다. 재향군인회 환자 집단을 대상으로 60% 이상 동떨어진 40개의 문항이 R 척도를 구성하였다(이들 중 3개는 MMPI-2로 전환되는 과정에서 삭제되었고, 37개의 문항 모두 '아니다'로 답할 때 채점된다). R 척도는 MMPI/MMPI-2의 타당도척도와 임상척도들 가운데 두 번째로 주요한 변화량의 원천을 의미함에도 불구하고 이들 척도 중 어느 것과도 중간 정도의 상관관계를 넘어서지 못하였다. 가장 높은 상관을 보인 것은 척도 2와 척도 9였으며, 각각 .30~.40과 -.40~-.45를 보였다. 또한 L 척도, K 척도, 척도 0과도 .30~.40의 상관관계를 보였다. 문항의 중복이 두드러진 경우는 척도 2[10개 문항(D-O 6개 문항, D-S 4개 문항)]와 척도 0(8개 문항)이다.

R 척도의 문항 내용은 상당히 이질적인 양상인데, 예를 들어 건강 문제 및 신체적 증상, '부정적' 감정이나 흥분된 감정에 대한 둔마된 정서나 억제, 집단 활동이나 사회적 상호작용과 관련된 흥미의 부족이나 낮은 반응성, 갈등과 경쟁 및 사회적 주목에 대한 회피, 피로감 또는 흥분을 유발하는 활동이나 관심사에 대한 부인 등의 내용들이 포함된다. 전체적으로 보아 R 척도의 내용은 긍정적 혹은 부정적 감정의 억압 또는 그러한 감정을 불러일으킬 수 있는 대인관계 및 환경과의 상호작용을 회피하는 것을 시사하며, 그런 감정이 발생한 경우 해당 감정

을 신체영역의 문제로 돌리는 경향성을 포함한다.

R 척도의 점수가 40년 이상 사용되었음에도 불구하고 높은 점수와 낮은 점수에 대한 해석적 의미는 거의 알려져 있지 않다. 해석은 주로 **통제(control)**의 개념과 관련된다. R 척도를 억압이라고 명명한 Welsh(1956)의 선택을 살펴보면, 무의식적 방식으로 작동한다고 여겨지는 개념을 지칭한 것이 분명해 보인다. Welsh는 R 척도에서의 높은 점수 및 낮은 점수와 관련된 정신장애의 특징에 기반하여 지칭한 셈이며, "R 척도에서 높은 점수를 보이는 내담자의 정신장애는 억압과 부인이라는 특징이 있고, R 척도에서 낮은 점수를 보이는 내담자의 정신장애는 외현화된 양상과 행동 표출을 동반한다."(p. 280)라고 지적하였다. 최근 학자들은 Welsh의 무의식적 개념을 받아들이지 않고 의식적으로 작동하는 감정적 통제를 의미하는 것으로 보는 경향이 있다. Duckworth와 Anderson(1986, p. 245)은 R 척도를 "의식적인 억압과 관련된 척도[좀 더 정확하게는 억제(suppression) 척도]"로서, 통찰이 부족하고 (의식적인) 부인과 합리화를 사용하며 자기개방을 하지 않는 특징을 지닌 방어기제로 보았다. 비슷한 주장으로서 Caldwell(1988)은 R 척도를 위축된 모습으로 해석하여 "감정의 범위가 제한되어 있고 감정적 반응이 위축됨을 의미한다."(p. 76)라고 지적하였다.

Nichols와 Greene(1995)에 의해서 언급되었듯이, MMPI/MMPI-2의 척도와 R 척도 및 EC-5 (Ego Control)의 상관 패턴을 비교해 보면 Block(1956)의 두 번째 요인 척도는 대안적이지만 R 척도의 해석과 관련된 시사점을 제공해 준다. EC-5와의 상관을 살펴볼 때 충동 및 공격성의 조절과 억제, 협소한 관심사, 의사결정이나 행동적 표현에 있어서 신중하고 순응적이고 친사회적이며 위험회피적인 양상 등을 시사하고, R 척도와의 상관을 살펴볼 때 억제적인 측면을 더욱 강조하는 양상을 시사하는 것으로 보아 이것은 충동이나 감정을 느끼는 강도 또는 경험에 대한 개방성과 관련된 것으로 판단된다. 구체적으로 말하자면 R 척도 점수가 높은 사람은 최소한의 자극과 정서경험의 수준을 넘어서면 불편해하는 사람으로서, 관습적이고 예측 가능하고 친숙하고 익숙한 환경 속에서 지내는 것을 선호한다. 이로 인해 이들은 감정이나 다른 정서적 현상들을 인식하고 동일시하고 분별하고 되돌아보는 능력에서 제한적인 모습을 보일 수 있고, 결국 이는 감정을 표현하는 데 위축된 이들의 특징으로 이어지게 된다.

대조적으로 R 척도 점수가 낮은 사람은 충동적으로 표현하지는 않더라도 감정과 충동에 기꺼이 다가가고, 그것들을 경험하는 데 개방성을 지니고, 다양하고 변화무쌍한 관심사를 보이며, 자극에 대해 상당한 인내력을 보이고, 익숙하지 않고 비관습적인 관점을 흔쾌히 즐기며, 모호함이나 불확실함 또는 갈등을 견뎌 내는 능력을 갖고 있다. 지나치게 낮은 점수의 사람은 혼돈스러운 정서상태와 관련되며, 이들은 감정의 홍수를 경험하거나 도취된 감정상태일 수 있고, 표현방식에 있어서 경계가 없거나 무분별할 수 있다.

Graham 등(1999)의 정신과 외래환자 집단에서 R 척도의 높은 점수와 경험적 상관을 폭넓게 보이는 것은 오직 신체증상과 건강에 대한 집착뿐이었다. Hoffman과 Pietrzak(2012)이 보고한 정상 성인집단의 ACL에서는 거친, 과시적인, 진지하지 못한, 냉정한, 대담한, 공격적인, 시끄러운, 교활한, 사교적인 등의 형용사들과 유의미한 부적 상관관계를 보여 주었다 (−.25~−.35).

🎙 자아강도 척도(Es)

Barron(1953)의 자아강도 척도(Ego Strength: Es)는 '정신신경증적' 외래환자를 대상으로 6개월 넘는 기간 동안의 심리치료에 반응하는 바를 예측하려는 과정에서 만들어졌다. 68개의 문항은 자아강도를 높이지 못한 16명의 환자(M=29.1)와 향상을 보인 17명의 환자(M=52.7)를 구분해 주었으며, Barron은 이들 문항을 내용에 따라 8개의 집단으로 세분화하였다. 신체적 기능과 생리적 안정성(11개 문항), 신경쇠약과 은둔성(10개 문항), 종교적 태도(6개 문항), 도덕적 마음가짐(11개 문항), 현실 감각(8개 문항), 개인적 적절성/대처능력(11개 문항), 공포증/유아적인 불안감(5개 문항), 기타(6개 문항)로 세분화되었다. MMPI-2로의 개정 과정에서 Es 척도는 16개 문항이 삭제되었는데, 앞의 8개 집단에서 각각 1개, 1개, 5개, 3개, 1개, 2개, 0개, 3개의 문항이 삭제되었다. 총 52개의 문항 가운데 2/3가 '아니다'일 때 채점되고, 20개는 '그렇다'일 때 채점된다.

Baron의 연구에서 치료자 정보라든지 또는 환자가 받은 치료의 유형에 대해 충분히 기술되어 있지 않았지만, 다른 이들에 의해 치료는 정신분석에 기반한 치료방법으로 특정 지어졌다 (예: Dahlstrom et al., 1975; Graham, 1990). 이러한 정신분석적 치료가 흔히 환자에게 비교적 높은 지적 과제를 부과한다는 점을 고려할 때, Es 척도와 지능지수 사이에서 중간 수준의 지속적인 상관관계가 다양한 측정치를 통해 Barron에 의해 확인되었다는 점은 주목할 만하다. 이러한 독특한 결과는 Es 척도의 타당도 연구결과에서 얻어진 매우 복잡한 특성을 설명하는 데 부분적으로 도움이 될 수 있다. Greene(2011)에 따르면, "Es 척도와 심리치료 결과물 사이의 관계는 많은 연구를 통해 정적 관계, 관계없음, 부적 관계 등으로 보고되었다"(p. 282). Es 척도 점수와 첫 번째 요인의 다양한 측정치 사이에서 중간 정도부터 높은 정도의 상관관계가 지속적으로 보고된 점 또한 주목할 만한 사실이며, 환자들의 초기 정신병리 심각도의 차이로 인해 서로 다른 치료적 결과물을 보인 것은 아닌지 의심해 볼 만하다. 이와 같은 맥락에서 Butcher 등(1989)에 의하면, Es 척도 점수는 최근 생활사건의 총수 및 사회 재적응 평정 척도(Social

Readjustment Rating Scale; Holmes & Rahe, 1967) 점수와 작지만 유의미한 부적 상관계수를 보였다. 이들 결과를 종합해 볼 때, 만일 Es 척도에서 높은 점수를 가진 환자가 통찰 기반의 심리치료에서 상당한 개선을 보였다면 그 환자가 Es 척도에서 낮은 점수의 환자보다 지적 수준이 더 높고 병리수준이 덜 심각한 이유 때문이라고 해석하는 것이 부분적으로는 가능하다.

Es 척도와 관련된 연구 가운데 특별히 주목받지 못한 일부 문헌에서 스트레스에 대한 생리적 안정성에 대해 연구한 바 있다(Alexander, Roessler, & Greenfield, 1963; Greenfield, Alexander, & Roessler, 1963; Greenfield, Roessler, & Crosley, 1959; Roessler, Alexander, & Greenfield, 1963; Roessler, Burch, & Childers, 1966; Roessler, Burch, & Mefford, 1967; Roessler & Collins, 1970; Roessler, Greenfield, & Alexander, 1964). 이 연구자들이 카테콜아민 호르몬 배출, 손가락 혈류량, 심장박동수, 근육 활동전위, 피부 저항력 등과 같은 종속변인을 사용해서 연구한 결과, Es 척도에서 높은 점수를 보인 참여자들이 낮은 Es 점수의 참여자들보다 스트레스 사건에 대해 보다 체계적인 반응을 보였다. 높은 Es 점수의 참여자들은 자신의 생리적 반응에 있어서 단계적으로 체계화된 양상('점진적인 방어')의 명확한 증거를 보여 주었는데, 지엽적인 반응을 먼저 보인 후 스트레스의 심각도가 높아질수록 정해진 순서에 맞게 보다 적절한 반응을 사용하였다. 이들은 또한 스트레스가 중단된 이후에는 보다 빠른 회복 속도를 보여 주었다. 낮은 Es 점수의 참여자들은 반응양상에 있어서 더욱 혼란스럽고 극단적이었으며, 단계적인 체계성을 보여 주지 못했고, 회복 속도도 지체되었다. 이러한 사실들을 고려할 때, 높은 Es 점수의 환자들이 심리치료에서 보다 우수한 결과를 보이는 이유는 생활 스트레스에 대한 이들의 생리적 반응이 보다 통합적인 양상이기 때문에 과잉반응을 피할 수 있고, 스트레스 및 차질로부터 더욱 쉽게 회복한다고 볼 수 있다. 이와 반대로 낮은 Es 점수의 사람들은 체계적인 속성이 부족하고 과잉반응할 수 있는 취약성을 지녔기에 대처방식에서 효율적이지 못하고, 스트레스의 원천과 의미를 파악하는 데 산만함을 보이며, 적응을 위해 경직된 시도나 집중력의 결여를 보인다.

요약하자면, Es 척도는 통제력과 회복력 모두에 대한 측정치로서 기능할 수 있고, 심각한 고통에 직면하여 성공적인 적응을 보일 수 있는가를 예측하는 변인이 될 수 있다. 이러한 의미에서 Es는 스트레스 내인력의 지표가 될 수 있으며, Caldwell(1988)의 주장처럼 심리치료에 대한 예측변인으로서 사용하기보다는 심리치료의 결과를 해석하는 데 사용하는 것이 더 가치가 있을 것이다. Es 척도에서 높은 점수를 받은 사람의 경우, 자원이 풍부하고, 자율성을 지니고 자립적이며, 절제력과 결단력을 갖고 있고, 자주성과 융통성 및 인내심을 지녔으며, 능력을 지녔다는 첫인상을 주고, 남들에게 쉽게 인정받는 등의 특징으로서 묘사될 수 있다. 때로는 공격적이고, 거침없이 말하며, 권위에 대항하는 정도까지는 아니더라도 비순응적인 모습으로 보일 수도 있다. 따라서 이들은 자신의 문제해결방략을 보완하기 위한 목적으로 심리치료를 이용할 수도 있고, 이러한 심리치료에서 흔히 발생할 수 있는 자기탐색과 직면의 과정에서 불편감이나 혼란스러움을 보이지 않을 수도 있다. Es 척도에서 낮은 점수를 받은 사람의 경우, 스트레스에 직면해서 불안정한 과잉반응을 보이거나 혼돈스러움을 보이기 쉽고, 외견상 사소한 문제에도 당황해할 수 있고, 남에게 영향을 받기 쉽고, 의존적임에도 불구하고 타인에 대한 참을성이 부족하며, 억제되고 우유부단하고 행동이 굼뜨며, 자신의 관점과 대처행동의 선택 및 문제해결방식에서 경직된 모습 등을 보일 수 있다. Graham 등(1999)은 낮은 Es 점수의 외래환자들이 우울증과 신체화 및 정신증을 포함하는 매우 광범위한 정신질환 증상들을 보일 수 있음을 주장하였다. 이들은 흔히 정신과 입원 전력을 보이고, 불안정하고 희망이 없고 염세적이고 목표가 없으며, 스트레스 대처능력이 형편없어 보인다. 여성의 경우 종종 신체적이거나 성적인 학대 및 자살시도의 과거력이 있다. Hoffman과 Pietrzak(2012)에 따르면, 높은 Es 점수를 보이는 정상 성인의 경우 형용사 체크리스트에서 침착한, 명석한, 목표 의식이 있는, 생기가 넘치는, 걱정이 없는, 성숙한, 사교적인, 낙천적인, 신중한, 주의 깊은, 불안해하지 않는 등의 형용사와 상관을 보였다.

이전에 언급했던 것처럼 Es 척도의 해석은 첫 번째 요인과의 공분산을 고려할 때 복잡해질 수 있는데, 첫 번째 요인과 상당량의 분산을 공유하고 있는 Es 척도와 다른 척도들이 상호 간에 영향을 미칠 수 있기 때문이다. 예를 들어, 정신질환자 집단이나 정신건강 상담을 요청하는 사람들의 집단에서 Es 척도와 K 척도 사이의 상관관계는 흔히 .50에서 .60 사이의 범위를 갖는다. 따라서 이들 척도 중 하나에서 높은(또는 낮은) 점수를 보이는 경우 다른 척도의 점수 또한 높게(또는 낮게) 나타나는 경향이 있다. 그 결과, Es 점수가 상당히 높으면서 비교적 낮은 K 점수를 보이는 경우 스트레스 내인력과 적응적 기능수준을 과소평가하게 될 수 있다. 반대로 Es 점수가 낮고 그에 비해 K 점수가 상당히 높은 경우라면 문제나 스트레스에 대처함에 있어서 실제로는 대처 자원이 부족하거나 불안정할 수 있음에도 보다 적응적으로 보이려는 욕구를 지니고 있음을 시사할 수 있다. Caldwell(1988)은 Es 척도와 K 척도 사이에 10T 점수 이상의 차이가 있는 경우 앞의 내용에 따라 해석을 수정할 필요가 있음을 주장하였다.

🗣 지배성 척도(Do)

지배성 척도(Dominance: Do; Gough et al., 1951)는 정치적 참여도를 조사하는 거대한 프로젝트로부터 만들어졌다. MMPI-2에서의 Do 척도는 25개 문항으로서 6개 문항은 '그렇다'

로 채점되고, 19개 문항은 '아니다'로 채점되며, 캘리포니아 심리검사(California Psychological Inventory: CPI)에서 60개 문항으로 이루어진 지배성 척도의 한 가지 하위요인을 구성하였다. 척도 개발자들은 고등학생과 대학생으로부터 동료에 대한 평정 자료를 수집하였는데, 각 학생은 자신의 동료 가운데 가장 지배적인 5명과 가장 덜 지배적인 5명을 평정하도록 지시받았다. 높은 지배성을 지녔다고 평정된 사람과 낮은 지배성을 지녔다고 평정된 사람의 문항 반응들을 서로 비교하였다. 지배하려 하거나 독단적인 모습을 보이는 지배성의 구성개념을 혼동하지 않도록 신중을 기했으며, 평가받는 사람이 어떤 행동을 보이고 스스로를 어떻게 볼지에 대한 생각이 아닌 실제 행동에 기반하여 동료에 대한 평정을 하도록 세심하게 안내되었다. 조사자의 의도대로 평정을 유도한 것이 얼마나 성공적이었는지에 대해서는 확신할 수 없다.

캘리포니아 심리검사(CPI) 버전의 Do 척도는 잘 검증된 척도(Megargee, 1972)임에도 불구하고, MMPI/MMPI-2 버전의 경우는 놀랍게도 검증된 연구가 매우 부족하며 그 연구들은 일반적으로 지지적인 결과를 보여 준다. Greene(2011)에 따르면, Do 척도는 Es 척도와 양의 상관관계(.66)를 보이며, Pt(가장 높은 상관), A, WRK, PK, Mt, Sc, TRT, LSE, DEP, Si 척도들과는 .65에서 .75 범위 내에서 음의 상관관계를 보이므로 첫 번째 요인과 비교적 상당한 관련을 맺고 있음을 알 수 있고, 다른 MMPI/MMPI-2 척도들과 중복되는 패턴을 고려할 때 외향성을 반영하고 불안의 부재를 시사하는 것으로 여겨진다.

MMPI/MMPI-2의 교과서적인 자료들(예: Butcher & Williams, 1992; Friedman, Webb, & Lewak, 1989; Graham, 1990; Greene, 2011)도 Do 척도의 핵심 구성개념에 대한 특별한 정보를 제공해 주지 않지만, 높은 점수를 보이는 사람들은 편안해하고 침착하고 자주적이고 사회적 관계에서 영향력을 발휘하며, 안정적이고 자신감 있고 자기확신적이며 효율성 있고 능력과 인내심 및 집중력이 있는 사람으로서, 책임감 있고 정치적 견해가 확고한 양상으로 묘사된다. Duckworth와 Anderson(1986)에 따르면, 높은 Do 점수를 보이는 사람은 "스스로 자신의 인생을 책임질 수 있는 능력이 있음"(p. 273)을 주장하는 사람으로서 묘사되며, 이 해석은 Caldwell(1988)과 Greene(2011)에 의해 지지된다. 앞에 설명된 묘사와 해석 모두 Do 척도의 내용에 수렴하는 것으로 보이며, 적어도 MMPI/MMPI-2에서 측정된 것은 자기결정력의 측정치로 여겨진다. 구성개념으로 볼 때 자기결정력은 통제소재를 자신의 내부에 두고 자주적으로 결정을 내리는 양상을 함의하며, 때때로 이 구성개념에 포함될 수 있는 자신감 과잉이나 사회적 철수의 함의는 포함되지 않는다. Do 척도에서 높은 점수를 보이는 사람은 타인으로부터 신뢰와 인정을 이끌어 내며, 이를 통해 집단 내에서 책임을 지거나 리더십을 갖춘 위치로 옮겨 가게 된다. Graham 등(1989)에 따르면, 40T 점수 이하를 보이는 외래환자의 경우 흔히 신체적 학대(여성의 경우 성적 학대를 포함한다)의 개인력을 보이며, 우울, 불안, 신체화, 사회적 불편감을 포함하는 다양한 증상의 과거력을 보고한다. Hoffman과 Pietrzak(2012)에 따르면, 높은 Do 점수를 보인 정상 성인의 형용사 체크리스트에서 상관을 보인 특징으로는 침착한, 여유가 있는, 편안한, 명석한, 자신감 있는, 야망이 있는, 쾌활한, 걱정거리가 없는, 성숙한, 사교적인, 낙관적인, 신중한, 주의 깊은, 생기 있는, 두려움이 없는 등을 들 수 있다.

🌸 사회적 책임감 척도(Re)

정치적 참여도를 조사하는 과정에서 또 다른 산물을 얻게 되었는데, Gough 등(1952)은 Re(Social Responsibility) 척도를 구축하기 위해 Do 척도 개발에서 사용된 것과 유사한 방법을 사용하였다. 고등학교 학생, 그리고 대학교 남학생 클럽과 여학생 클럽의 학생을 대상으로 동료평가, 교사평가, 고교교장 평가를 통해서 "자신의 행동에 대한 결과를 기꺼이 받아들이고, 조직에 대한 믿음과 신뢰와 의무감을 느끼는 정도"에서 높은 평가를 받는 사람을 확인하고자 하였다(Gough et al., 1952, p. 74). 사회적 책임감을 평가하는 과정에서 친밀감이나 인기와 같은 관련 없는 특성의 영향력을 방지하기 위한 노력이 이루어졌지만, 평가에 있어서 적어도 어느 정도는 지능수준에 영향을 받은 것으로 보인다. MMPI-2의 Re 척도 30개 문항에서 6개 문항은 '그렇다'로 채점되고 24개 문항은 '아니다'로 채점되며, 이 30개 문항은 또한 캘리포니아 심리검사(CPI)에서 56개 문항으로 구성된 책임감 척도(Re)의 한 가지 하위요인을 구성하였다.

캘리포니아 심리검사(CPI) 버전의 Re 척도의 연구결과는 혼재된 양상이며, 책임감 평정을 기반으로 한 연구들은 사회적 지위나 수행수준을 기준으로 집단 비교한 연구에 비해 더 나을 것이 없다(Megargee, 1972). 반사회적이고 범죄성향이 있는 집단을 포함한 연구에서는 보다 일관된 결과를 보인다. MMPI/MMPI-2 버전의 Re 척도에 대한 연구는 거의 존재하지 않으며, 이 척도에 의해 측정되는 구성개념을 주목한 연구도 없다. 이러한 관점에서 볼 때 가장 유용한 것은 다른 MMPI 척도들과의 상관관계를 살펴보는 것인데, 중간 수준 이상의 정적 상관을 보인 것으로는 학문적 성과, 지적 효율성과 인내심 및 통제력이 있었고, 중간 수준 이상의 부적 상관을 보인 것으로는 충동성, 적대성과 반사회적 태도 및 편견이 있었다. 지능과 관련된 상관관계를 살펴보면 척도 개발 과정에서 사용된 표본들과 동료 평정 모두에 있어서 적어도 부분적으로는 인위적인 부산물처럼 보인다. Re 척도와 관련된 독특하고 흥미 있는 상관관계는 Brozek(1955)의 노화 척도(Ag)와의 결과인데, 이 척도는 능력이 뛰어난 대학생과 중년 남성의 표본에서 연령 차이를 보여 주는 문항들로 구성되었다. 이 상관관계는 Caldwell(1988), Duckworth와 Anderson(1981)의 연구결과를 지지하는 내용이며, Re 척도의 점수는 연령의 증가와 더불어 높아지는 경향성을 보여 준다.

Re 척도의 개발 과정에서 구상한 모습, Re 척도와 관련된 현재까지의 연구들, MMPI/MMPI-2에서의 척도 간 상관관계를 종합해 볼 때, 높은 Re 점수를 보이는 사람은 전형적이고 순응적이지만 참을성이 있고 침착한 사람으로서 남들로부터 상냥하다는 평가를 받고, 자기통제능력을 보이며, '협업을 잘하는 사람'이고, 스스로 선택한 집단에 대해 충성심을 보일 수 있는 사람이다. Re 척도는 독창성에 대한 요구가 적은 환경에서 잘 드러날 수 있는 유형의 책임감을 측정하는 것으로 보인다. 그 환경은 가족이나 동호회와 같이 작은 규모일 수도 있고, 또는 다국적 기업처럼 거대한 규모일 수도 있다. Re 점수가 높은 사람의 경우 타인과의 협력이나 인내심 및 '의무가 있는' 다양한 성실성에 중점을 둔 구조적 상황하에서 자신의 성과나 업적을 가장 잘 드러낼 것으로 보인다. Re 척도의 핵심적 구성개념은 일종의 **성실성**과 관련된 것으로 보인다. 따라서 책임감 있는 사람은 관습, 규준, 정책, 절차를 준수하고 이행함에 있어서 또는 자신이 몸담고 있는 조직의 목표를 우선시함에 있어서 남들로부터 신뢰를 받을 수 있는 사람이다. 이러한 점을 고려할 때 Re 척도는 고용 과정에서 폭넓게 사용될 수 있음을 알 수 있다(Butcher & Williams, 1992).

Duckworth와 Anderson(1986)에 의해 제안된 Re 척도의 구성개념[Caldwell(1988), Graham(1990), Greene(2011) 등에 의해 승인된 몇몇 척도와 함께 인용되어 온 것들 가운데 하나이다]은 여기에서 언급한 것과 유사하지만 가치 면에서 표현된 것이다. Duckworth와 Anderson(1986)에 따르면, Re 척도는 "과거부터 유지되어 온 가치 체계를 채택(높은 점수의 경우)하거나 거부(낮은 점수의 경우)하는 것을 측정"(p. 279)하지만, 그 사람이 고수하고 있거나 변형시키는 과정에 있거나 폐기할 수도 있는 개인의 특정한 가치 체계의 속성을 확인하는 데 도움을 주지는 못한다. 25세 이하인 경우에는 부모의 가치 체계가 자신의 가치에 반영될 수 있겠지만, 25세를 넘는 경우에는 그들의 현재 가치 체계에 부모의 가치가 반영되어 있다고 가정하기 어렵다. 이러한 관점에 따르면, 과거에 유지되던 가치가 스스로의 성찰과 검증 및 의구심으로 영향을 받을 수 있는 과도기에는 Re 점수가 하락할 수 있다. 이러한 과도기는 삶에 변화가 생길 때를 의미할 수 있는데, 예를 들어 집을 떠나 대학에 입학하거나, 아이가 태어나거나, 아이의 종교적 양육 혜택을 받기 위해 종교 모임에 가입할 필요성을 느낀 경우, 가족의 죽음, 직업이나 고용의 변화(예: 판매직에서 서비스직으로), 자연재해를 입은 후, 또는 이와 유사한 경우에 해당될 수 있다. 이러한 과도기에 자신이 답습했던 가치에 대한 의문을 제기하게 되고, 감정적 격변과 불확실성 및 약화된 통제력을 경험할 수 있다. 이와 비슷하게 자신이 몸담고 있는 조직의 목표와 관습에 환멸을 느끼게 될 때 Re 점수가 하락할 수 있다.

범죄자를 포함하여 진행했던 몇몇 연구를 통해서 Megargee(1972)는 Re 척도의 낮은 수준의 점수가 높은 수준의 점수보다 더욱 차별적인 의미를 지닌다고 주장한다. 예를 들어, 한 연구결과를 살펴보면 실제 법원에 넘겨졌던 범죄자 표본과 넘겨지지 않았던 범죄자 표본에서의 척도 평균값은 각각 31T와 38T로 보고되었다. Duckworth와 Anderson(1986)은 이러한 추정과 관련된 범위를 보고하면서 다음과 같이 언급하였다.

상승된 점수(50~65T)를 보이는 사람들은 자신의 현재 가치 체계를 수용하며 앞으로도 그 가치 체계를 지속할 의도를 지니고 있는 경향을 보인다. 40T에서 50T의 점수를 보이는 사람들은 자신의 현재 가치 체계에 의구심을 갖고 있으며, 40T 미만의 사람들은 최근까지 고수해 온 자신의 가치 체계를 거부하는 양상을 보인다(Duckworth & Anderson, 1986, p. 279).

50T보다 높은 Re 점수의 해석지침을 위해서는 더 많은 조사와 연구가 필요하다. Re 척도에서 높은 점수를 보이는 사람의 특성을 살펴보면, 60T 점수보다 높아질수록 평균 수준에 가까운 점수의 사람들보다 덜 순응적인 모습을 보일 수 있다. Duckworth와 Anderson이 추정한 바에 따르면, 높은 수준의 점수를 가진 사람들이 상상력의 부족과 관련이 있고, 어쩌면 지나치게 경직된 양상으로 '의무와 당위'에 대해 과도한 고집을 보일 수 있으며, 높은 Re 점수를 보이는 사람의 동료들은 이를 성가시게 여길 수 있다. 또한 높은 수준의 Re 점수를 보이는 사람의 경우 권위의 대상을 재빠르게 인식하고, 그 대상의 도덕적 혹은 윤리적 평판에 상관없이 조직의 협소한 목표를 추구하는 과정에서 조직 내부와 외부 모두에서 타인의 이익을 침해한다. 예를 들어, 사교적인 태도를 보이면서 Re 척도에서 상당히 높은 점수를 보인 사람의 행동을 예측해 보면 이들은 '내부 고발자'의 모습보다는 '회사 편에 선 조직원'의 모습을 보일 가능성이 높을 것이다.

Graham 등(1999)의 연구결과에 따르면, Re 척도에서 낮은 점수를 보인 사람들 가운데 물질 남용과 의존의 경우가 특히 많았으며, Re 점수가 낮은 외래환자의 많은 사례에서 한 번 이상 체포된 전력을 보였다. 이들은 대개 반사회적 시기에 있는 것으로 보였으며, 또한 상당히 일반적으로 적개심을 지니고 의심이 많고 신뢰할 수 없으며, 가정 문제를 지니고 불안정한 관계를 유지하는 것으로 비춰졌다. Hoffman과 Pietrzak(2012)에 따르면, 높은 Re 점수를 보이는 정상 성인의 형용사 체크리스트에서 상관을 보인 특징으로는 명석한, 현실적인, 지나치게 조심성이 많은 그렇지 않으면 신중한, 진지한, 절제되어 있는, 복종적인 그렇지 않으면 순응적인 등을 들 수 있다.

🧠 대학생활 부적응 척도(Mt), Keane 등의 외상 후 스트레스 장애 척도 (PK), Schlenger와 Kulka의 외상 후 스트레스 장애 척도(PS)

이 3개의 척도는 광범위한 공유 분산 때문에 흔히 함께 논의되는데, 3개 모두 서로 .90 이상의 상관계수를 보인다. 3개의 척도 모두 MMPI-2 문항군집 내 분산의 주요한 원천인 첫 번째 요인과 깊이 관련되어 있다. 이 척도들은 상당수의 중복문항을 보이며, 정신과 표본에서 살펴보면 각 척도가 상호 간에 상관관계를 보이고 A 척도 그리고 Pt 척도(K-교정되지 않은 원점수)와 각각 .90이 넘는 상관계수를 보인다. 따라서 이 3개의 척도 모두 수검자의 주관적 고통과 부적응 및 정신병리의 현재 수준에 대한 일반적인 지표로서 해석될 수 있다.

Kleinmuntz(1960, 1961a)는 대학 내 정신건강 상담센터를 찾을 만큼 상당히 심각한 정서적 문제를 지닌 대학생들을 가려내기 위한 목적으로 대학생활 부적응 척도(College Maladjustment: Mt)를 개발하였다. 정서적 문제로 인해 상담을 신청하고 3회기 이상 상담을 지속한 학생집단과, 과거에 정신건강 문제로 치료를 받은 경력이 없는 동시에 상담센터의 교사 임용 프로그램에서 정기적으로 진행하는 정신건강 검진에 참여한 학생집단의 문항반응을 비교하였다. 명백히 적응적인 학생과 부적응적인 학생을 구분하는 43개의 문항을 선별했으며 이 중 41개가 MMPI-2에 포함되었는데, 28개 문항은 '그렇다'로 채점되고 13개 문항은 '아니다'로 채점된다. Kleinmuntz(1961b)의 후속연구에 따르면, Mt 척도는 대학 신입생의 1학년 시기 적응 문제를 적절하게 예측하는 데 실패하였으며, 따라서 이 척도는 미래의 부적응이 아닌 현재의 부적응을 가려내는 데 가장 적합하다고 결론지었다. Kleinmuntz(1960)에 따르면, Mt 척도의 내용을 근거로 할 때 높은 점수를 보이는 사람은 "신체적 문제를 많이 호소하는 등 무력하고 비관주의적이고 꾸물거리며 불안해하고 걱정이 많은 사람으로서 인생은 고통이라고 생각하며 살아가는" 특징이 있다(p. 210). 반대로 Mt 척도의 점수가 낮은 사람은 효율적이고 낙관적이고 성실하며 감정적 불편감이 없는 사람으로 여겨진다.

적응적으로 지내는 학생집단과 자신에게 호의적인 방식으로 반응했을 때 강화물을 제공받은 집단 사이의 공통점(예: Cofer et al., 1949)을 고려해 보면, 자신의 관점과 성격 및 품성과 관련된 강점, 덕성, 긍정적 특징을 겸손하게 여기는 사람들의 경우 Mt 척도 점수를 부풀리는 경향이 있음을 알 수 있다. 반대로, 이러한 긍정적 속성을 내세우는 경향에 의해 Mt 척도 점수가 억제될 수 있다. 따라서 높은 K 점수는 Mt 점수를 억제하고, 낮은 K 점수는 Mt 점수를 부풀릴 것이다.

Mt 척도는 일반적인 부적응 측정치인 A 척도 및 Pt 척도(K-교정을 하지 않은)와 광범위한 공유 분산을 보이고, 심지어 대학교 장면에서도 A 척도 및 Pt 척도를 넘어서는 부가적인 이점을 보여 주는 경험적 자료가 없음을 고려할 때, Mt 척도의 지속적인 사용을 권유할 이유가 거의 또는 전혀 없다.

두 종류의 PTSD 척도는 개발 과정에서 사용했던 대조집단에서 주요한 차이점을 보인다. Keane 등(1984)은 구조화된 면접과 심리생리학적 측정치에 기초하여 PTSD로 진단(흔히 공존 진단명이 존재한다)된 100명의 재향군인회 베트남 참전용사의 문항반응과 PTSD 외에 다른 진단을 받은 100명의 참전용사의 문항반응을 비교하였다. 이들 집단을 구분하는 49개의 문항을 선별하였으며, 이 중 46개의 문항이 MMPI-2에 포함되어 PK 척도를 구성하게 되었다. 38개의 문항이 '그렇다'로 채점되고 8개의 문항이 '아니다'로 채점된다. Graham 등(1999)이 발견한 경험적 상관관계에 따르면, 높은 PK 점수를 보인 사람들을 묘사하는 내용은 대부분의 주요한 측면에서 A 척도 점수가 높은 사람들과 동일하였는데, 이는 놀라운 일이 아니다.

Schlenger와 동료들(Schlenger & Kulka, 1987; Schlenger et al., 1989)은 PTSD로 진단(공존 진단명이 없다)받은 베트남 참전용사의 문항반응을 환자가 아닌 베트남 참전용사의 것과 비교하였다. 2개의 집단을 구분하는 60개의 문항을 선별하였다. 이들 문항이 PS 척도를 구성하는데, 이 중 47개의 문항은 '그렇다'로 채점되고 13개의 문항은 '아니다'로 채점된다. PK 척도의 개발은 MacAndrew 척도(1965)와 Rosen 척도(1962)의 개발방식을 따른 반면, PS 척도는 좀 더 전형적인 방식의 정상기준 통제 대조절차를 통해 만들어졌다. 이러한 개발방식의 차이에도 불구하고, 2개의 척도는 용인되는 수준의 신뢰도 범위에서 상관관계를 보이며 26개의 문항을 공유한다. 먼저 개발된 척도(PK)보다 이후에 개발된 척도(PS)가 더 나은 유효성을 보이는 척도라고 충분히 여겨질 수 있다. 그러나 공통된 26개 문항을 포함한 PS 척도도 여전히 A 척도 및 Pt 척도(K-교정되지 않은)와 .90 이상의 상관계수를 보이는데, 이는 PTSD를 가려낼 특별한 분산이 거의 없거나 전무하다는 의미를 지닌다.

두 가지 PTSD 척도 중 하나를 사용하는 것이 진단적 물음과 관련해서 기여하는 부분이 있는지 의심스럽다. 이들 두 척도의 유용성에 관한 우려는 실증적인 이유와 개념적인 이유 모두를 갖고 있다. 가장 중요한 실증적 문제는 사실상 모든 분산을 공유하는 몇몇 다른 척도 이상으로 PK 척도와 PS 척도가 지닌 증분타당도를 입증하는 연구가 없다는 사실이다. Watson, Juba, Anderson과 Manifold(1990)의 연구에 따르면, 베트남 참전용사의 정상인과 환자를 대상으로 PK 척도 점수와 외상 과거력 사이의 미약한 관계만을 확인했을 뿐이다. 따라서 시급하게 필요한 연구는 두 가지 PTSD 척도와 기존 척도(예: Welsh의 A 척도)를 진단적 효율성 측면에서 비교하는 것이다. A 척도, K-교정되지 않은 Pt 척도, Mt 척도, PK 척도, PS 척도 등의 공유된 분산 문제를 해결하기 위한 방법의 하나로서, A. B. Caldwell(개인적 교신, 1999. 6. 29.)은 PTSD의 진단을 받아들이기 이전에 PTSD 척도의 점수가 A 척도의 점수를 넘어서는지 확인할 필요가 있음을 제안하였다. 적어도 그럴듯해 보이긴 했지만, 이 주장 또한 실증적인 연구를 필요로 한다. 조사 자료가 거의 전무한 또 다른 실증적 문제는 PK 척도와 PS 척도의 특수성이나 긍정적 예측의 가치와 관련된 것이며, 이 문제는 군대의 전투와 관련 없는 외상이 중요한 경우에 더욱 그러하다. 결론적으로, PK 척도는 베트남 참전용사를 대상으로 PTSD 진단을 받은 사람들과 PTSD 진단을 받지 않은 사람들을 가려내는 데 실패했고(Van Atta, 1999), 두 가지 척도 중 어느 것도 불안장애를 지닌 환자와 외상의 개인력을 가진 환자를 구분하는 데 도움이 되었다는 증거가 거의 없으며, 현재 확인 가능한 연구들도 도움이 되지 않는다(예: Miller, Goldberg, & Streiner, 1995). 어찌되었건 간에, 『MMPI-2 매뉴얼』 초판(Butcher et al., 1989)에 포함되었던 PS 척도(포함된 이유도 불분명하다)가 최신판(Butcher et al., 2001)에서는 제외되었다.

또 다른 문제점은 PTSD를 진단하는 유용성과 관련해서 늘 논쟁이 함께했다는 점이다(Young, 1995). 설명하기 위해 사용된 용어에서 비교적 사소한 차이가 있기는 하겠지만, 잘 정립되어 있는 기분장애와 불안장애의 증상들과 비교할 때 PTSD의 증상들은 잘 구분되지 못하는데, 적어도 MMPI/MMPI-2의 맥락에서 더욱 그러하다. 이러한 상황으로 인해 감별진단을 내릴 때 현재의 증상보다는 병인론(즉, 추정되는 외상의 종류)에 중점을 두어야 할 필요성이 대두되었다. 그러나 아직까지 PTSD의 '증상들'과 보고된 외상사건 사이의 인과관계가 확립되지 않았고(예: Yehuda & McFarlane, 1995), 또한 외상사건들을 회상하는 시점에서의 안정적인 정도도 그 증상과 인과관계를 보이지 못했는데, 심지어 이 사건들이 전투와 관련된 경우라도 마찬가지였다(Southwick, Morgan, Nicolaou, & Charney, 1997). 게다가 Litz, Orsillo, Friedman, Ehlich와 Batres(1997)의 연구에 따르면, 소말리아 평화유지군을 대상으로 PTSD 증상을 예측하는 데 있어서 군복무에 대한 자부심이 부족한 것 또는 임무에 불만을 갖는 것 같은 비전투적 요인들이 전투경험만큼이나 중요한 역할을 보였다. 외상사건을 병인론의 요소로서 받아들이는 가정을 갖게 되면, 우울이나 불안 및 공황 등과 같은 익숙한 증상들이 내담자나 치료자가 해석하는 방식에 영향(예: 확증적 편견 등에 의한 영향)을 미칠 뿐만 아니라 이러한 증상들에 대한 병적 특이질로 입증된 유전적 소인 등과 같은 병인론의 실제 요소들에 대한 주의를 분산시킬 수 있다. 많은 연구결과(Franklin, Repasky, Thompson, Shelton, & Uddo, 2003; Frueh, Gold, & de Arellano, 1997; Fruch, Smith, & Barker, 1996; Gold & Frueh, 1999; Grubaugh, Elhai,

Monnier, & Frueh, 2004; Tolin, Maltby, Weathers, Litz, Knight, & Keane, 2004)를 통해 보상을 원하는 참전용사가 보상을 원치 않는 참전용사에 비해 하나 이상의 과잉보고 척도[1]나 지표에서 높은 점수를 얻게 된다는 점을 지적했음에도 불구하고, PTSD 연구가 가장 많이 수행된 집단으로 볼 수 있는 군복무 중인 참전용사들을 대상으로도 장애 보상(disability compensation)이라는 잠재적 병인론의 영향력에 대한 많은 연구가 이루어지지 않았다. 그러나 이러한 발견은 일관된 것은 아니다(DeViva & Bloem, 2003; Tolin, Steenkamp, Marx, & Litz, 2010 참조). 이러한 실증적이고 개념적인 문제에 대한 해명이 지체되는 동안 PK 척도와 PS 척도의 임상적 유용성은 의심과 함께 남아 있을 것이다.

결혼생활 부적응 척도(MDS)

MMPI-2 재표준화 과정에서 수집된 커플 자료를 기반으로 부부상담에 관여되어 심리적으로 고통받고 있는 150쌍의 커플 표본에 대한 대조집단을 마련할 수 있었다. 고통받고 있는 커플의 자료는 21명의 임상가로부터 수집되었으며, 그들은 대부분 미네아폴리스주의 세인트폴 지역에서 개인상담을 진행하는 치료자들이었다. 일부는 애리조나주의 스카츠데일에서 치료를 담당하고 있었다.

부부상담에 관여되어 있는 남성과 여성을 대상으로 수집된 567개의 MMPI-2 문항과 31개의 문항으로 구성된 커플 적응 척도(Diadic Adjustment Scale: DAS; Spanier, 1976) 점수 사이의 상관계수를 기준으로 예비문항을 선정하였다. 그 후 재표준화 표본의 392쌍 커플로부터 동일한 상관계수를 수집하였다. 상담에 관여된 표본과 재표준화의 정상인 표본의 남성과 여성 모두의 경우에서 커플 적응 척도(DAS) 점수와 유의미한 상관계수(.001)를 보인 MMPI-2 문항은 17개 문항이었다. 이 17개의 문항 가운데 2개 문항은 384쌍의 정상 커플에서 교차타당도를 보이지 못해 탈락되었고, 1개 문항은 "관계없는 내용"이어서 탈락되었는데(Hjemboe et al., 1992, p. 144), 최종 14개 문항 가운데 8개 문항은 '그렇다'로 6개 문항은 '아니다'로 채점된다. 최종 문항들은 저조한 기분상태의 경향성을 보이며, MDS 척도(Marital Distress)는 Pd, Pt, Sc,

---

1) Elhai, Ruggiero, Frueh, Beckham과 Gold(2002)는 F$_{ptsd}$라는 새로운 척도를 개발하였으며, 이는 참전용사 표본에서 솔직하게 PTSD를 보고한 사람들로부터 위장보고한 사람들을 판별하기 위한 척도였다. 이 척도의 타당도와 관련된 후속 연구결과들은 혼재된 양상을 보이는데, Elhai, Naifeh, Zucker, Gold, Deitsch와 Frueh(2004a; Elhai, Naifeh, Zucker, Gold, Deitsch, & Frueh, 2004b도 참조)의 연구와 Tolin 등(2010)의 연구는 긍정적인 결과를 보여 주고, Marshall과 Bagby(2006)의 연구는 부정적인 결과를 보여 준다.

DEP, FAM, WRK, TRT, A, Mt, PK 척도와 .80 수준의 상관계수를 보인다.

MDS 척도는 임상척도 4(8개 문항), Pd1(가정 불화, 4개 문항), FAM(6개 문항)과 상당히 많은 문항에서 중복을 보이기 때문에, Hjemboe 등(1992)은 이 네 가지 척도를 대상으로 커플 적응 척도 점수를 예측하는 상대적인 가치를 평가하기 위해 다중회귀분석을 실시하였다. 임상 표본과 비임상 표본 모두의 경우에서 MDS 척도는 가장 우수한 예측변인으로 확인되었다. 적중률과 양성 예측도 및 민감도에 대한 통계 분할표상에서 이 네 가지 척도의 수행수준을 보다 면밀히 분석하였다. 전반적인 분류 정확도에서 기저율을 넘어서고 양성 예측도에서 기대 수준보다 더 나은 수행을 보인 것은 유일하게 MDS 척도뿐이었다. 그러나 이 네 가지 척도 가운데 어떤 것도 커플 적응 척도에서 불편감이 높은 범위에 해당하는 절반 이상의 참여자들을 가려내지 못하였다. 민감도가 현저히 떨어지는 이러한 양상을 설명하기 위해, Hjemboe 등은 커플 적응 척도에서 '올바른 양성탐지(true-positive) 집단'과 '그릇된 음성탐지(false-negative) 집단'의 사례를 비교해 보았더니, 예상대로 후자(그릇된 음성탐지 집단)보다 전자(올바른 양성탐지 집단)에서 커플 적응 척도 점수가 확연히 낮았다(점수가 낮을수록 부적응적이다). 이러한 결과에 부합하는 한 가지 가설을 세운다면, 정신병리를 과소보고하려는 전반적인 경향성에 의해 MDS 척도 점수가 억제될 수 있다는 것이다. MDS 척도의 9개 문항에 대한 사회적 바람직성 평가(Butcher et al., 1989)를 살펴보면 평균값이 겨우 2.53(중립적 바람직성은 5.00에 해당된다)에 해당되는 것으로 보아 앞의 가설이 타당할 수 있음을 알 수 있다.

일반적 모집단에서 추산된 결혼생활 부적응의 비율(18%)에 근거하여 60T 점수를 기준으로 잡으면 MDS 척도는 그릇된 음성탐지(false-negative) 비율은 예상보다 높고 올바른 양성탐지(true-positive) 비율은 예상보다 낮은 문제점을 보이지만, 60T의 기준점은 Hjemboe 등(1992)의 다른 분석에서 만족스러운 결과물을 보여 준다. 이것은 낮은 점수(예: 58T)는 외래환자나 결혼생활 부적응의 기저율이 높은 다른 집단에서 예측 정확도를 높일 수 있음을 시사한다. 이와 반대로 결혼상태(또는 결혼에 준하는 상태)의 비율이 낮은 집단 또는 일반적인 대인관계에서 갈등을 겪는 기저율이 높은 집단의 경우, MDS 척도의 예측 정확도는 가파르게 하락할 수 있다. 아마도 Butcher(1993)는 이러한 문제점을 알고 있었기 때문에 MDS 척도의 해석을 커플 상태인 수검자에게만 적용할 것을 지적한 것으로 보인다.

Graham 등(1999)에 따르면, 높은 MDS 점수를 보인 외래환자의 경우 우울해하고 대인관계에서 예민함을 보였다. 이들은 흔히 친구가 적거나 없는 경우가 많았으며, 저조한 기분상태이면서 화가 나 적개심을 내비치는 모습으로 묘사된다. Hoffman과 Pietrzak(2012)에 따르면, 높은 MDS 점수를 보이는 정상 성인의 형용사 체크리스트에서 상관을 보인 특징으로는 혼돈감, 불만족, 걱정, 비관주의, 미성숙, 냉소성, 무감동, 낮은 자존감 등을 들 수 있다.

그러나 임상가들은 몇몇 이유로 인해 이러한 제한점을 무시하고 싶은 생각을 가질 수 있다. MDS 척도의 한 가지 장점은 과거가 아닌 현재 가족관계에서의 불화에 집중한다는 점이다. 이러한 관점에서 볼 때, MDS 척도는 원가족 내에서의 불화에 초점을 맞춘 Pd1 척도와 유용한 차이점을 제공해 줄 수 있다. 따라서 이 두 가지 척도를 FAM 척도와 함께 고려한다면 가족 갈등과 관련된 가설을 정교화하는 데 도움을 받을 수 있다.

🗣 적대감 척도(Ho)

적대감 척도(Hostility: Ho; Cook & Medley, 1954)의 개발 과정은 미네소타 교사태도검사(Minnesota Teacher Attitude Inventory: MTAI; Cook, Leeds, & Callis, 1951)에서 낮은 점수를 받은 교사와 높은 점수를 받은 교사의 비교를 통해 이루어졌는데, 미네소타 교사태도검사는 학생에 대한 교사의 신뢰감과 이해심 및 협동심 그리고 공동 목표를 추구하는 정도 등과 관련된 교사의 태도 및 직업 만족도를 측정하는 150개 문항의 리커트식 검사이다. 경험적인 방법론과 이성적인 방법론을 절충하여 50개 문항이 선별되어 Ho 척도를 구성하였으며, 47개 문항은 '그렇다'로, 3개 문항은 '아니다'로 채점된다. 양의 방향으로 중복되는 문항수를 살펴보면 CYN 척도와 17개 문항(CYN1과 10개, CYN2와 7개), Si 척도와 9개 문항(Si3과 5개), Wiggins의 HOS 척도와 8개 문항, ASP 척도와 7개 문항(ASP1과 7개 모두), AGGR 척도와 7개 문항, TPA 척도와 6개 문항(TPA2와 4개)이 겹치고, 음의 방향으로 중복되는 문항수를 살펴보면 S 척도와 11개 문항(S1과 9개), K 척도와 8개 문항, Hy 척도와 8개 문항(Hy2와 7개), Pa 척도와 5개 문항(Pa3과 5개 모두)이 겹친다. MMPI-2의 주요한 척도와 Ho 척도의 상관관계를 살펴보면 CYN 척도와는 .91의 상관계수를 보이고, S 척도 및 K 척도와는 .85 수준의 상관관계를 보인다(Greene, 2011). Han, Weed, Calhoun과 Butcher(1995)는 4개의 주요 구성 요소를 발견했는데, 냉소성, 과민함, 공격적인 반응, 사회적인 회피가 해당되었다. 구성타당도를 살펴본 연구들은 일반적으로 긍정적인 결과를 보였다(예: Pope, Smith, & Rhodewalt, 1990; Smith & Frohm, 1985). 보다 수동적인 태도로 타인과 소외되는 것을 강조하는 CYN 척도와 광범위한 분산을 공유하고 있긴 하지만, Ho 척도는 타인을 향한 보다 활성화된 적대감과 반감을 시사하며 기회만 주어지면 복수를 위해 타인과 반목적인 관계를 형성하려는 의도를 포함하고 있다.

Ho 척도의 결과물과 관련된 연구문헌들 대부분에서 별다른 성과가 없었지만 Ho 척도에 대한 관심은 Williams 등(1980)의 보고서와 함께 새롭게 제기되었는데, 그 보고서는 Ho 척도 점수와 관상동맥경화증의 관계를 지적하였으며 그 후 Barefoot 등(1989)과 Shekelle

등(1983)에 의해 그 관계가 지지되었다. McCrae, Costa, Dahlstrom, Barefoot, Siegler와 Williams(1989)는 Ho 척도 점수와 사망률 사이의 관련성을 발견하였다. 그러나 다른 연구들은 이러한 발견을 입증하는 데 실패했거나(예: Hearn, Murray, & Luepker, 1989; Leon, Finn, Murray, & Bailey, 1988, 1990) 또는 불분명하게 보고하였다(Friedman & Booth-Kewley, 1987). 관상성 심장병(CHD) 및 사망률과 관련된 Ho 척도의 영향력을 살펴보기 위해 진행된 25년 간의 추적 연구로서 Barefoot 등(1983; N=255)의 연구 및 McCranie, Watkins, Brandsma와 Sission(1986; N=478)의 연구를 들 수 있는데, 전자에 따르면 Ho 척도 점수가 증가된 사망률 및 CHD 모두와 관계가 있었지만, 후자에 따르면 Ho 척도 점수가 둘 중 어느 것도 예측하지 못하였다. 이처럼 Ho 척도와 관련된 연구결과에서 차이를 보이는 이유는 Friedman과 Booth-Kewley(1987)의 주장처럼 무선표집에서의 불안정성 때문일 수 있고, Colligan과 Offord(1988a)의 주장처럼 정상인과 의료환자들 및 초기 CHD 연구 참여자들의 Ho 점수 분포에서 상당 부분 중복되기 때문일 수도 있다. 또 다른 가능성을 생각해 보면, CHD와 비교해 볼 때 Ho 척도의 구성개념이 지나치게 광범위하기 때문에 냉소성, 적개심, 거부적인 정서, 공격성 중 어느 하나에 초점을 맞춘 척도만이 CHD와 확고한 관계를 보일 수 있을 것이며 (Barefoot et al., 1989; Costa, Zonderman, McCrae, & Williams, 1986), 심지어 관상동맥류 질환과 관련된 향후 연구에서는 Ho 척도가 CYN 척도로 대체될 수 있다(Mittag & Maurischat, 2004).

Ho 척도 점수는 인종, 교육, 성별, 사회경제적 지위(SES) 및 자기관리와 관련이 있으며, 백인이 아니면서 남성이고 가난하며 교육수준이 낮은 경우와 연관되며(Barefoot, Peterson, Dahlstrom, Siegler, Anderson, & Williams, 1991), 나쁜 건강 습관을 지닌 사람이 높은 점수를 획득하는 경향이 있다(Leiker & Hailey, 1988). 또한 Ho 척도 점수를 해석하는 경우, 높은 K 점수 및 '아니다'에 치우친 반응경향으로 인해 Ho 척도 점수가 억제될 수 있기에 임상가들은 반드시 K 척도 점수에 유의해야 하고(K×Ho=-.83; Greene, 2011), 프로토콜의 '그렇다/아니다' 비중을 주의 깊게 살펴야 한다. 이와 반대로 낮은 K 점수 및 '그렇다' 편향반응은 Ho 척도 점수를 상승시킬 것이다.

일반적으로 Ho 척도에서 높은 점수를 보인 사람들은 냉소적이고 신뢰감이 적기 때문에 타인에 대해 이기적이고 기만적이고 부도덕하며 동정 및 이해해 줄 필요가 없다고 보는 경향이 있다. 이들은 타인의 행동에 대해 나쁜 의도를 품고 있다고 쉽사리 귀인하고, 타인에 대해 의도적으로 적대적이거나 도발적이라고 생각하며, 남들은 '그런 취급을 받아도 마땅하다'는 입장을 취한다. 이러한 경향성은 여성들의 경우에 다소 약화될 수 있고, 차후에는 타인에 대해 '비열함' 및 '추악함'이라는 용어로 묘사하는 경향을 보이며, 불편감이 높고, 오랜 기간 고통받고 분개하며, 용서하지 못하는 양상을 보인다. 대부분의 경우 이들은 친한 친구가 많지 않을 것이다. Ho 척도의 점수를 ANG, CYN, TPA(특히 TPA2), AGGR 등의 척도 점수들과 비교하는 것이 이상적이며, 이들 척도 사이의 상대적인 상승은 해석적 주안점을 찾는 데 유용하게 사용될 수 있다. 예를 들어, ANG1이 이들 중 제일 높으면 Ho 척도의 감정적 불안정성과 성급한 양상이 강조될 것으로 보이며, 반면에 TPA2와 AGGR이 Ho와 비슷하게 상승하면 더욱 착취적이고 보복적인 적대성을 보일 수 있다.

🗣 적대감 과잉통제 척도(O-H)

적대감 과잉통제 척도(Overcontrolled-Hostility: O-H)의 개발이 자극을 받게 된 이유 (Megargee et al., 1967)는 남성 범죄자 표본을 대상으로 '극도로 공격적인 집단'과 '중간 정도의 공격적인 집단' 및 '비공격적인 집단'으로 구분하려는 시도에서 이전의 MMPI의 12개 척도가 만족스러운 결과를 얻지 못했기 때문이다(Megargee & Mendelsohn, 1962). 더군다나 극도로 공격적인 집단이 다른 두 집단에 비해 이들 측정치에서 점수가 오히려 낮은 분명한 경향성을 보였으며, 이는 어쩌면 극도로 공격적인 집단의 통제(또는 적대감 수준)가 다른 두 집단보다 더 나을 수 있음을 시사한다. Megargee에 따르면 극도로 공격적인 범죄자 집단 내에 또 다른 하위유형이 존재하는데, 이들의 경우 스트레스 사건 및 자극에 적대적으로 반응하는 역치가 낮아서 습관적으로 공격적이고 충동적인 반응을 보였던 기존의 전형적인 경우와는 구별되며, 그런 자극에 특징적으로 반응하지 않는 하위유형이라고 설명되었다. 또한 극도로 공격적인 사람들은 과소통제된 유형과 과잉통제된 유형으로 구분될 수 있으며, 과잉통제된 집단은 높은 수준의 적대적 충동과 함께 적대감의 표현을 억누르는 굳건하고 경직되고 무의식적인 억제를 특징적으로 갖고 있는 집단이라고 주장하였다. 이들의 경우 공격성은 비전형적인 반응이며, 적대성의 표현을 억누르는 방어기제가 무력해지는 상황에서만 이례적으로 예기치 못하게 발생할 수 있다. 과소통제된 사람들의 경우 적대적인 반응은 대개 도발 자극에 비례해서 전형적으로 나타나는 반면, 과잉통제된 적대성 반응은 흔히 자극 상황에 잘 맞지 않게 드러나기 때문에 과잉통제된 적대감을 지닌 사람들을 가려내는 것이 더욱 중요할 수 있다.

O-H 척도는 과잉통제된 적대감 반응유형을 가려내기 위해 개발되었다. Megargee 등 (1967)은 극도로 공격적인 남성 범죄자 집단(N=14), 중간 정도의 공격적인 남성 범죄자 집단(N=25), 비공격적인 남성 범죄자 집단(N=25), 비공격적인 남성 비범죄자 집단(N=46)의 반응들을 비교하였다. 문항분석을 통해 공격적인 참여자들과 비공격적인 참여자들을 구분해 주는 55개 문항을 가려냈다. 그리고 난 후 새로운 범죄자 표본에서 극도로 공격적인 집단

과 중간 정도의 공격적인 집단 및 비공격적인 집단을 대상으로 이 문항들을 교차검증하였다. Megargee 등은 수감 기록을 조사하여 폭력 전과가 있음에도 과잉통제된 패턴으로 동료들에게 순응적이라고 구분된 범죄자의 반응과 폭력 전과가 있으면서 과소통제된 패턴으로 구분된 범죄자의 반응을 비교하였다. O-H 척도로 분류하기 위한 교차검증에서 55개 문항 중 31개가 살아남았다. MMPI-2로의 개정 과정에서 O-H 척도는 3개의 문항이 제외되었다. 남겨진 28개 문항 가운데 21개는 '아니다'로 채점되고, 7개는 '그렇다'로 채점된다. Deiker(1974)는 자신의 연구에서 가장 폭력적인 범죄자들과 가장 덜 폭력적인 범죄자들 사이에서 나타난 O-H 점수 차이를 설명하기 위해 '그렇다/아니다' 편향에 대해서 제안했는데, 회의적으로 말하자면 '아니다' 편향반응은 O-H 척도의 변량에 대한 설명을 더욱 빈약하게 만들 뿐이다. Megargee와 Cook(1975)은 O-H 척도 반응 패턴에 있어서 '그렇다/아니다' 편향을 세 가지 유형으로 분류하여 자신의 연구에서 파생된 표본 속에서 결과물들을 비교하였다(Megargee et al., 1967). O-H 척도와 관련하여 실제로 개선을 보인 성과 중 하나는 '그렇다/아니다' 편향효과를 무시해도 무방하다는 것이었다.

집단 간 비교의 방법을 통해서 개발된 다른 대부분의 척도와 마찬가지로 O-H 척도의 문항 내용은 매우 이질적이며, 구별 가능한 주제를 찾기가 거의 어렵다. 200명의 주립 교도소 수감자로부터 얻은 자료의 조사를 통해 MMPI 버전 O-H 척도의 다섯 가지 요인을 발견했지만(Walters & Greene, 1983), 다른 표본들을 대상으로 R. L. Greene과 D. S. Nichols(개인적 교신, 1999. 3. 1.) 등에 의해 수행된 후속연구들을 살펴볼 때 초기 발견의 안정성과 정합성에 의심을 품게 된다. O-H 척도는 L 척도와 K 척도 및 Es 척도(역채점 시)와 각각 3개의 문항을 공유하며, S 및 Hy 척도와 4개의 문항을 공유한다. MMPI-2의 내용척도들과는 매우 적은 문항만 공유하는데, 2개의 문항(역채점 시)이 ANG 척도 및 WRK 척도와 공유된다. O-H 척도는 정신과 환자들을 대상으로 한 표본에서 S 및 K 척도의 점수(두 척도 모두 .55 수준)와 ANG 및 TPA 척도의 점수(두 척도 모두 -.55 수준)와 매우 높은 상관관계를 보였다. Greene(2011)의 지적에 따르면, 다른 척도들과 문항을 매우 적게 공유하는 척도는 흔하지 않기 때문에 O-H 척도는 아마도 분산에 있어서 독특한 원천을 지니고 있을 것으로 여겨진다. 문항의 내용에 근거해 보면, O-H 척도에서 점수가 높은 사람은 스스로에 대해서 다음과 같이 인식하고 있음을 알 수 있다. 때때로 걱정과 염려를 보임에도 불구하고 스스로 긴장이나 내적 갈등이 없다고 인식하고, 감정적으로 자기억제적이고 무표정한 사람으로서 표현을 잘 하지 않고 쉽게 동요되지 않으며 감정적인 노력이 드는 자극 상황을 회피하는 양상(이들은 스스로 초조함과 과민함 및 분노를 부인하는 편이며, 현재 편안한 상태로서 지루함이나 좌절에 대한 인내력을 스스로 지니고 있다고 여긴다)으로서, 대인관계 갈등을 회피할 뿐만 아니라 경쟁적이지 않으면서(그럼에도 불구하고 사회관계에 흥미를 느끼고 편안해한다고 인식한다) 타인으로부터 조언을 구하고 도움을 요청할 수 있다고 스스로 믿는다. Davis(1971), Davis와 Sines(1971) 및 Persons와 Marks(1971)의 뒤를 이어서, Gearing(1979)은 O-H 척도 양상과 MMPI 43 코드타입 사이에는 성격적인 공통점이 있다고 주장했는데, 이러한 주장은 Walters, Greene과 Solomon(1982)의 연구나 Walters, Solomon과 Greene(1982)의 연구를 통해서 지지되었다. 이들에 따르면 이 두 가지 측정치(O-H 척도 양상과 43 코드타입)에는 중요한 차이점이 존재하긴 하지만 성격 패턴과 관련된 일반적인 공통점을 반영하고 있는 것으로 보인다.

O-H 척도와 관련된 연구들을 살펴보면, 법적인 절차에 연루되어 있는 남성 정신과 환자를 대상으로 MMPI 전체 문항이 수행되었을 경우 구성타당도와 관련해서 일반적으로 지지적인 결과를 보였다(Lane & Kling, 1979; Quinsey, Maguire, & Varney, 1983; Schmalz, Fehr, & Dalby, 1989; White & Heilbrun, 1995). 특히 Quinsey 등(1983)의 연구는 Megargee의 관점과 일관된 양상을 보이는데, 연구결과에 따르면 살인자 집단 내의 과잉통제집단과 과소통제집단 간 비교에서 O-H 척도는 유의미한 평균 차이와 상당한 효과 크기 모두를 보여 주었다. 젊은 나이대의 범죄자를 표본으로 하는 결과를 살펴보면, 지지적인 결과(White, 1975; White, McAdoo, & Megargee, 1973)도 존재하고 지지하지 않는 결과(Truscott, 1990)도 존재한다.

다른 다양한 조사의 결과를 종합해 보면, 약물복용 운전 범죄자(Caviaola, Strohmetz, Wolf, & Lavender, 2003)와 자녀 양육권 소송자(Bathurst, Gottfried, & Gottfried, 1997), 성범죄자로 입원전력이 있는 로마 가톨릭 성직자(Plante, Manuel, & Bryant, 1996) 및 법에 연루된 정신과 입원 환자는 백인에 비해 흑인(Hutton, Miner, Blades, & Langfeldt, 1992)의 경우에서 높은 O-H 점수를 보였다. 시초가 되는 연구(Jensen, 2004)를 통해서 Megargee의 과잉통제 유형 분류를 여성에게도 적용하는 것이 지지되었음에도 불구하고, 여성을 대상으로 한 O-H 척도의 타당도 연구는 실망스럽게도 불충분한 결과를 보였다. 법적 절차에 연루되지 않은 정신과 환자를 대상으로 한 O-H 척도의 연구들도 상당한 필요성을 보였지만 그 결과들은 만족스럽지 못하였다(Werner, Becker, & Yesavage, 1983).

폭력을 행사한 집단을 대상으로 과잉통제된 유형과 과소통제된 유형으로 구분하는 Megargee의 분류를 지지하는 연구들이 많지만, 살인과 같은 폭력의 경향성을 분류할 수 있는지에 대해서는 명확하지 않다. 폭력적인 집단과 비폭력적인 집단 사이의 차이는 전형적으로 작은 편이며, 위험성을 측정하려는 목적으로 개인 사례에 적용하게 되면 O-H 척도의 예측타당도는 하락한다.

척도의 유래를 고려해 보았을 때, O-H 척도의 가장 주된 적용은 폭력범죄 판결을 받은 남성 죄수를 분류하는 데 있다. 따라서 O-H 척도의 주된 가치는 이미 일이 벌어진 후의 과정에서 드러날 수 있으며, 심각한 폭행사건을 벌인 이후의 범죄자들을 파악하고 분류하는 수단을 제공해 줄 수 있다. 거의 다른 모든 집단의 경우 범죄 발생률이 낮기 때문에 폭행과 폭력 및 위험성의 예측을 위해서 사용하기에는 O-H 척도가 적합하지 않다. 교도소와 같은 교정집단 이외에서 높은 O-H 점수와 폭력을 결부시키는 자료는 부적절하다. 그럼에도 불구하고 공격적이거나 적대적인 충동을 표현하는 것과 관련해서 적대적인 소외 및 과도한 억제의 성격 패턴이 존재하는지를 추론하기 위해 O-H 척도 점수를 사용하는 것은 적절한 선택이 될 수 있으며, 이러한 성격 패턴이 존재함을 스스로 의식하는 경우와 의식하지 못하는 경우 모두에서 사용될 수 있다. Quinsey 등(1983)은 과잉통제적인 살인자들의 경우 자기주장능력이 부족하다고 보고했으며, 과잉통제된 적대성을 교정하기 위한 수단으로서 자기주장 훈련이 도움이 될 수 있다고 주장하였다.

이러한 과잉통제적인 패턴을 지니고 있는 경우 오랜 시간에 걸쳐서 분노를 축적하는 취약성을 보일 수 있으며, 결국 자극수준이 높거나 통제가 약화될 때(예: 물질중독 등에 의해서) 폭발적인 양상으로 분출할 가능성이 있다. O-H 척도의 고정된 기준 점수는 아직까지 확정되지 않았으며, Megargee 등(1967)에 따르면 해당 집단의 규준을 고려할 뿐만 아니라 그릇된 양성탐지(false-positive)의 결정과 그릇된 음성탐지(false-negative)의 결정비율에 따른 유용성을 고려해서 기준 점수를 설정할 것을 권고하였다. 대체적인 분류의 목적으로 볼 때, 백인 남성의 경우 원점수가 15점 이상인 사람들은 과잉통제적인 성격역동에 대해 의심해 볼 수 있고, 18점 이상이면서 자기호의적인 반응양상의 지표와 '아니다' 응답비율이 중간 수준을 넘어서게 상승해 있지 않은 경우라면 과잉통제적인 성격역동이 분명히 존재함을 의미한다. 21점 이상이라면 반응양상을 고려하지 않고도 이러한 과잉통제적인 성격역동의 강력한 외적 증거로 볼 수 있다. 아프리카계 미국인이나 여성의 경우는 O-H 척도의 점수가 다소 높은 경향을 보이는데, 이들 집단에서 과잉통제적인 성격역동을 추정하기 위해서는 기준 점수를 상향 조정할 필요성이 있음을 알 수 있다. O-H 척도는 여러 가지 양상(적대감 및 분노+충동의 과잉통제+이러한 양상에 대한 통찰 부족)을 시사하기 때문에 낮은 점수는 대개 해석적으로 중요하지 않다. 즉, 낮은 점수를 보이는 사람은 이들 요소 가운데 어느 하나 혹은 모든 요소가 결여되어 있음을 의미할 수 있다. 따라서 같은 낮은 점수의 경우라도 A라는 사람은 억압적이고 과잉통제적이지만 적대적이지도 않고 분노를 보이지 않을 수도 있으며, B라는 사람은 적대적이고 분노에 가득 차 있지만 억제적이지도 않고 과잉통제적이지 않을 수도 있다.

물질남용과 관련된 측정치: MacAndrew 알코올중독 척도(MAC/MAC-R), 중독 인정 척도(AAS), 중독 가능성 척도(APS)

MMPI와 MMPI-2 역사상 MacAndrew(1965)의 알코올중독 척도(Alcoholism: MAC)보다 더 많은 연구 주제로서 사용된 척도는 거의 없다. 이러한 연구들은 많은 리뷰(예: Allen, 1991; Apfeldorf, 1978; Craig, 2005; Friedman et al., 1989a; Gottesman & Prescott, 1989; Greene, 1994; Graham & Strenger, 1988; Greene & Garvin, 1988; MacAndrew, 1981; Megargee, 1985; Weed, Butcher, & Ben-Porath, 1995; Young & Weed, 2006)를 통해 잘 정리되고 요약되어 있기 때문에 독자들에게 MAC/MAC-R 척도에 대한 자세한 정보를 제공하고 있다.

알코올중독을 예측하기 위한 척도를 개발하고자 하는 몇몇 주요한 시도가 1950년대 (Hampton, 1951; Holmes, 1953; Hoyt & Sedlacek, 1958)에 이루어졌지만, 이들은 전형적으로 알코올중독자와 정상인 간의 비교를 통해 개발한 척도였다. 알코올중독자 집단의 경우 더욱 빈번하게 불편감과 심리적 동요를 경험하기 때문에 이들 척도는 일반적인 부적응을 반영하는 경향이 있었는데, 다시 말하자면 첫 번째 요인과 관련된 불특정적 분산이 다량으로 포함되어 있었다.

MacAndrew(1965)가 사용한 방법은 이러한 변량의 원천을 통제하는 것이었다. 그는 200명의 알코올중독 외래환자와 200명의 알코올중독 이외의 정신과 외래환자의 문항반응을 서로 비교하였다. 두 집단을 구별해 낸 문항들은 각각의 집단에 100명씩 할당된 다른 표본을 대상으로 교차검증이 이루어졌다. 교차검증 후 51개의 문항이 살아남았으며, 그 가운데 49개 문항은 알코올 섭취와 관련 없는 내용이다. MacAndrew는 두 집단을 최적으로 구분해 주는 명백한 2개의 문항에 대해 쉽게 위장반응을 보일 수 있다는 이유로 최종척도에서 배제하였다. 그는 24점의 기준 점수가 선행 표본과 교차검증 표본 모두에서 대략 82%의 정확도로 분류하는 것을 발견하였다. MMPI-2로의 전환 과정에서 4개의 문항(3개는 종교 관련 내용)이 제외되었다. 원점수를 기준으로 해석하는 MAC 척도의 관례를 유지하기 위해 제외된 문항들은 알코올중독자와 알코올중독이 아닌 정신과 환자를 구분해 낸 4개의 새로운 문항으로 대체되었으며(McKenna & Butcher, 1987), 개정 척도는 MAC-R 척도로 명명되었다. MAC-R 척도의 문항 가운데 38개 문항은 '그렇다'로 채점되고 11개 문항은 '아니다'로 채점된다. MAC-R 척도는 9개의 문항을 Re 척도(역채점 시) 및 중독 가능성 척도(APS; 다음 참조)와 공유하고, Sc 및 Si 척도 각각(두 경우 모두 역채점 시)과 8개의 문항을 공유하며, R 및 Do 척도(두 경우 모두 역채점 시)와 6개의 문항을 공유한다. MAC-R 척도는 .50~.55의 범위로 Re, Ma(K-교정되지 않은),

ASP, DISP 등의 척도와 중간 정도의 상관계수를 보인다.

원점수를 기준 점수로서 사용하는 것에 대해 Gottesman과 Prescott(1989)은 강력하게 비판해 왔다. MacAndrew(1965)의 후속연구에서 알코올중독의 기저율이 50%이기 때문에, 24점의 기준 점수를 사용하게 되면 대부분의 임상 및 비임상 집단에서 그릇된 양성탐지(false-positive) 비율을 과하게 만들 수 있다. 예를 들어, MAC 척도에 대한 철저한 연구 리뷰에서 Greene과 Garvin(1988)은 백인 알코올중독 남성과 여성 집단에서 가중치를 부여한 평균값으로서 각각 28.41(표준편차=5.45)과 25.33(표준편차=4.28)을 보고하였다. 이에 대응하는 그릇된 음성탐지(false-negative) 비율은 각각 20.4%와 46.5%였다. 그들은 정상 백인 남성의 가중치 평균을 보고했으며, MAC 척도 점수 23.13(표준편차=4.31)의 기준 점수로서 정상 백인 남성집단과 알코올중독 백인 남성집단을 대체로 순조롭게 구분하였으며, 그릇된 양성탐지(false-positive) 비율은 26.5%였다. 백인 남성 정신과 환자의 경우 가중치 평균값은 23.30(표준편차=4.60)이었고, 그릇된 양성탐지(false-positive) 비율은 31.4%였다. 아쉽게도 후자에 해당하는 두 집단의 가중치 평균값은 MacAndrew가 권고한 기준 점수와 근접해 있다. 백인 여성의 정상집단과 정신질환자 집단의 가중치 평균값은 백인 남성의 해당 집단 점수보다 원점수에서 대략 2점 정도 낮기 때문에 이에 상응하여 여성집단의 그릇된 음성탐지(false-negative) 비율은 대략 20% 수준으로 낮아진다. 소수 민족을 대상으로 한 자료가 거의 전무하다는 사실 때문에 민족적 차이의 요소는 MAC 척도의 진단 효율성에 지대한 영향을 미칠 수 있을 것이다. 예를 들어, Wood(2008)에 따르면 MAC-R과 AAS 및 APS 척도 중 어느 것도 아메리칸 인디언을 대상으로 일생 동안의 알코올 의존 및 약물 의존 가능성을 예측할 수 없었다. Greene과 Garvin(1988)은 아프리카계 미국인 남성의 정신과 환자집단을 포함한 소수의 연구를 통해 가중치 평균값을 26.32(표준편차=4.86)로 보고하였으며, 이 집단의 그릇된 양성탐지(false-positive) 비율은 59.5%에 달하였다.

앞에서 언급된 수치들을 고려해 보면, 알코올중독자를 판별하기 위해 MAC 척도를 활용하는 것이 부적절한 것으로 여겨질 수 있다. MAC 척도를 사용한 연구는 일반적으로 다양한 참가자를 포함시키게 되는데, 그 구성집단은 정상인 및 정신질환자 집단에서 보고되는 전형적인 기저율과 상당한 차이를 보일 수 있으며 혹은 그 기저율을 전혀 측정할 수 없는 집단이다. Gottesman과 Prescott(1989)에 따르면, MAC 척도의 점수를 근거로 일부 집단을 분류하게 되면 높은 오류 확률을 보이기 쉽다. 이러한 문제점 가운데 첫 번째는 정상집단을 대상으로 하는 경우에 해당되며, 예를 들어 채용 과정의 일부나 아동 양육권 분쟁 과정 등에서 사용될 때 그럴 수 있다. 이처럼 정상인을 대상으로 한 경우 MacAndrew(1965)가 제안한 기준 점수를 사용하게 되면 올바른 양성탐지(true positive) 비율보다 그릇된 양성탐지(false positive) 비율이 3배에서 6배 정도 높은 결과에 이를 수 있다. 정상인 여성을 대상으로 하는 경우 더욱 좋지 못한 결과를 보인다. 일반적인 집단에서 여성의 알코올중독 기저율은 대략 남성의 절반 수준(대략 4%와 8%)이기 때문에, 양성의 결과(즉, 24점처럼 구체적인 점수를 선호하여 그 기준 점수에 해당하는 점수를 보이거나 그 이상의 점수를 보이는 경우)가 실제 양성(true positive)으로 확인될 가능성은 1/14 수준으로 하락할 것이다. 청소년이나 소수 민족에서의 MAC 척도에 대한 Gottesman과 Prescott의 논쟁은 경고의 의미와 유사하다(예: Wood, 2008). 또한 그릇된 양성 탐지(false-positive)의 비율을 줄이기 위해서 기준 점수를 조정하게 되면 오히려 감지하기 어려운 알코올중독자 수가 증가하는 희생, 즉 그릇된 음성탐지(false-negative)의 비율을 높이는 결과를 가져올 수 있다. 정신과 환자집단 또는 교화 중인 재소자 집단 등과 같이 알코올남용의 기저율이 상대적으로 높은 환경에 있을지라도, 잘못된 분류를 최소화하기 위해서는 해당 집단에 맞는 기준 점수를 마련해서 사용할 것을 권장한다. 정신과 환자나 교화 중인 재소자 집단처럼 알코올남용의 기저율이 상대적으로 높은 표본에서도 MAC-R 척도 점수가 물질비남용자로부터 물질남용자를 구분하는 데 부적합할 수 있다(예: Gripshover & Dacey, 1994). MAC-R 척도 점수는 대학생집단처럼 기저율이 낮은 집단에서도 마찬가지로 좋지 못한 성과를 보일 수 있는데(예: Svanum & Ehrmann, 1993), Svanum, McGrew와 Ehrmann(1994)은 유사한 표본을 대상으로 물질사용장애(특히 알코올중독)를 가려내는 데 있어서 MAC-R 척도와 APS 척도는 기껏해야 미미한 변별력을 갖지만, AAS 척도는 중간 수준의 변별력을 지녔음을 보여 주었다. 이러한 연구결과들을 종합해 볼 때, MAC-R 점수를 진단적 목적으로 사용하는 경우 잘못된 분류를 최소화하기 위해서는 해당 집단에 맞는 기준 점수를 개발해야 한다는 중요성만을 강조할 수 있겠다.

조금 더 세밀한 관점에서 Greene(1990a) 및 Archer와 Klinefelter(1992)의 보고를 참고해 보면, 임상척도의 프로파일 형태 또한 MAC-R 척도 점수에 중요한 영향을 미칠 수 있다. Greene의 분석에 따르면, 척도 4나 척도 6 및 특히 척도 9의 상승이 주도적인 코드타입의 경우 척도 1이나 척도 3 또는 척도 7 및 특히 척도 2의 상승이 주도적인 코드타입과 비교해서 MAC-R 척도에서 상당히 더 높은 점수를 보이는데, 그 이유는 뒷부분에서 자세히 상술된다. 그 결과 어떤 기준 점수를 설정하더라도, 예를 들어 49/94 코드타입은 그릇된 양성탐지(false-positive) 비율이 비교적 높고, 27/72 코드타입은 그릇된 음성탐지(false-negative) 비율이 비교적 높을 수 있다. 반대로 전자의 사례에서 기준 점수를 하회하는 경우 실제 음성으로, 후자의 사례에서 기준 점수를 상회하는 경우 실제 양성으로 판정될 가능성이 상당히 높게 된다.

마지막으로, MAC 및 MAC-R 척도가 범할 수 있는 그릇된 음성탐지(false-negative)의 사례를 생각해 볼 수 있다. MacAndrew(1981)는 두 종류의 서로 다른 알코올중독이 존재할 수 있음을 제안했는데, 이 둘은 "근본적으로 상이한 두 가지 서로 다른 특징적 성향"을 지니고 있다 (p. 620). 그가 첫 번째로 명명한 것은 주요알코올중독이며, 이는 MAC 척도에 의해 실제 양성 (true-positive)으로 식별된 경우이다. 그는 이와 구분하여 훨씬 적은 수의 집단으로서 부차적인 또는 반응적인 알코올중독을 제안했는데, "신경증적인 환자로서 돌발적으로 많은 양의 술을 마시는 경우"라고 특징지었다(p. 620). Tarter, McBride, Buonpane와 Schneider(1978)의 연구에 따르면, 반응성 알코올중독 집단은 주요알코올중독 집단(평균=28.5, 표준편차=3.7)과 비교할 때 유의미하게 낮은 MAC 점수(평균=23.3, 표준편차=3.1)를 보였을 뿐만 아니라 폭음의 과거력을 지닌 친척으로서 보고된 수에서 비교집단의 절반보다 적으며, '경미한 뇌기능장애'의 증상들(사고를 자주 당함, 동료들 사이에서 인기가 없음, 훈육에 대한 반응성이 떨어짐, 예술 및 문화에 대한 적대시, 주의집중시간이 짧음, 부잡스러움, 과제 완수능력의 결여, 안절부절못함, 능력 수준만큼 일을 해내지 못함, 쉽게 좌절함, 지연되는 것을 참지 못함, 주의나 애착에 대한 지나친 요구, 자기만의 세계로 침잠됨, 손글씨가 형편없음, 과잉행동, 충동성 등)의 수에서 비교집단의 1/4에 해당되었다. MacAndrew의 이러한 구분은 여러 연구를 통해 지지되는 결과를 보였다. Svanum 과 Ehrmann(1992)의 연구 및 Ward와 Jackson(1990)의 연구에서 주요한 알코올중독의 경우 부가적인 알코올중독의 경우보다 MAC 척도에서 더 높은 점수를 보였고, Humphrey(1999)의 연구에서 음주운전(driving-under-the-influence) 범죄자 표본에서도 지지되는 결과를 보였으며, Knowles와 Schroeder(1990)의 연구에서는 알코올중독과 관련된 가족력이 있는 학부생들이 가족력이 없는 학부생들보다 더 높은 점수를 보였다.

30여 년의 연구를 통해서 MAC 척도가 적어도 주요알코올중독을 가려내는 타당도를 지니고 있음을 상세히 입증해 왔음에도 불구하고, MAC 척도가 보다 광범위하고 근원적인 양극성 성격특징을 측정하는 것으로 보인다는 지속적인 증거들(Allen, Faded, Rawlings, & Miller, 1991; Finney, Smith, Skeeters, & Auvenshine, 1971; Levinson et al., 1990; MacAndrew, 1981)도 함께 축적되어 왔다. MAC 척도를 개발하기 위해 MacAndrew(1965)가 사용한 알코올중독자 집단과 대조집단 모두 정신과 환자였으므로, 그의 설계는 첫 번째 요인의 변량에 의한 영향력을 상당히 잘 통제했을 수 있음을 상기해야 한다. 이와 같은 상황을 고려해 볼 때, MMPI 문항군집에서 그다음으로 가장 강력한 변량의 원천인 두 번째 요인은 MacAndrew의 집단들을 구분하는 데 영향을 미쳤을 수 있다. Schwartz와 Graham(1979)에 따르면 MAC 척도는 Wiggins(1966)의 권위 갈등(.61)이나 경조증(.55) 내용척도들과 유의미한 상관을 보이고, Welsh의 R 척도(-.62) 및 임상척도 9(.55)와도 유의미한 상관을 보이는데, 이 모든 척도가 두 번째 요인과 전형적으로 깊이 관련되어 있음을 고려할 때 이 결과들은 앞의 예상을 확증해 주는 셈이며, 코드타입이 MAC-R에 영향을 미칠 수 있음을 보여 준 Greene(1990b) 및 Archer와 Klinefelter(1992)의 연구결과와도 일맥상통한다. 따라서 알코올 남용과 비남용을 구분하는 데 특화된 MAC-R 척도가 어떤 변량을 주로 갖고 있는지는 중요하지 않으며, 이러한 남용의 위험 요소로 여겨지는 성격 및 삶의 방식이 더욱 중요하다는 점이 이해된다(예: Allen, Faden, Rawlings, & Miller, 1991; Earleywine & Finn, 1991; Hoffman & Pietrzak, 2012; Patton, Barnes, & Murray, 1993; Smith & Hilsenroth, 2001 참조). 지금까지의 연구에서 합의된 내용들을 요약하면, MAC-R 척도에서 높은 점수를 보이는 사람은 대담하고 활력이 넘치며, 자기주장적이고 자신감이 넘치며, 외향적이고 사교적이며, 거리낌이 없고 충동적이며, 쾌락이나 자극을 추구하며, 공격적이고 반항적이고 권위에 분개하며, 체포당한 경력이 있거나 혹은 법적 문제로 곤란을 겪은 적이 있다는 특징을 보인다. 몇몇 연구(Craig, 2005; Fowler, 1975; Kranitz, 1972; Lachar, Berman, Grisell, & Schoof, 1976; Rhodes & Chang, 1978; Sutker, Archer, Brantley, & Kilpatrick, 1979)를 살펴보면 다양한 종류의 약물과 관련된 중독자들이 일반적으로 알코올중독자와 같은 범위의 MAC 척도 점수를 보인다고 보고했으며, Graham(1978)은 병리적인 도박중독자 표본에서 비슷한 수준의 점수를 발견하였다. Graham 등(1999)은 외래환자들을 대상으로 한 연구에서 높은 점수자들의 실증적 상관물에 대한 이전의 예측들이 대부분의 측면에서 합일되는 경향을 보여 주었다. 그 환자들의 75%는 백인이었으며, 많은 경우 알코올과 마리화나 및 코카인을 남용한 장기간의 과거력을 보고하였다. 남성과 여성 모두 반사회적이고 행동 표출을 드러내고 권위자와의 갈등을 보였지만, 이러한 특징은 여성 환자들의 경우보다 강렬한 양상을 보였으며, 이들은 체포, 경범죄 및 흉악범죄, 충동성, 낮은 좌절 인내력 등의 개인력을 많이 보고하였다.

　MAC 및 MAC-R 척도와 관련된 일련의 특질은 시간이 흘러도 비교적 안정적인 모습을 보인다. 예를 들어, Hoffmann, Loper와 Kammeier(1974)는 주립병원에서 치료 중인 25명의 알코올중독자의 MMPI와 이 환자들이 미네소타 대학교의 신입생으로 입학하여 실시한 MMPI를 서로 비교하였다. 두 검사 시기는 평균적으로 13년의 시간 차이가 존재했음에도 불구하고 이들의 MAC 척도 점수에는 차이점이 발견되지 않았다. 다수의 연구(Chang, Caldwell, & Moss, 1973; Gallucci, Kay, & Thornby, 1989; Huber & Danahy, 1975; Rohan, 1972; Rohan, Tatro, & Rotman, 1969)에 따르면, MAC 척도 점수는 치료 과정 중에 변화를 보이지 않았고 또는 그 이후 추후 평가에서도 변화가 없었다. 이러한 결과는 MAC 척도 점수를 해석함에 있어서 유의해야 할 또 다른 이유를 제공해 준다. '알코올중독의 잠재성' 또는 '중독의 취약성'과 같은 완화된 표현을 사용한다고 해서 잘못된 분류의 가능성을 피할 수는 없으며, 이러한 완화된 표현의 명명도 그 결과물에 있어서 동등한 피해를 입힐 수 있고, 채용 과정에서의 구직지원자 등과 같은 일반인의 경우에는 특히 그러할 수 있다.

　충동적인 특징과 관련된 전반적인 측정치로서의 MAC 및 MAC-R 척도의 타당도에 대해서는 일말의 의구심도 없지만, 알코올중독이나 중독 취약성을 가려내기 위한 측정치로서의 대부분의 연구결과는 애매한 양상이며, 특히 백인 성인 남성 이외의 집단의 경우는 더욱 불분명하다. 이러한 상황을 고려할 때 물질남용에 대한 예측(또는 그러한 예측으로 인한 책임)을 위해 개인 사례에서 MAC-R 척도 점수를 사용하는 것은 반드시 조심스럽게 수행되어야만 한다. Friedman 등(2001)에 따르면, MAC-R 척도 점수 상승의 의미를 물질남용과 관련된 명백한 내용을 담고 있는 문항들(예: 중독 가능성 척도)과 함께 살펴봄으로써 MAC-R 척도의 진단적 효율성을 증진시킬 수 있다고 제안하였다. 이러한 제안은 그럴듯하고 일부 지지적인 연구 (Dwyer, 1996; Stein et al., 1999)도 존재하지만, 이러한 제안을 따르는 것은 MAC-R 척도나 다른 유사한 척도의 증분타당도에 의구심을 갖게 만든다. 다시 말하자면, 만일 수검자가 이러한 남용의 문제를 명백히 인정하는 검사문항에 체크한다면 물질남용 예측에 있어서 MAC-R(또는 APS) 척도의 역할은 도대체 무엇인가? 이것은 향후 연구에서 다루어야 할 문제이다. 그렇지만 만일 MacAndrew(1981)의 주요알코올중독과 부차적인 알코올중독의 구분이 더욱 확고하게 입증된다면, MAC-R 척도는 물질남용을 인정하는 내용의 문항에 체크한 알코올중독자의 세부 분류 과정에서 유용한 역할을 유지할 수 있을 것이다.

MAC 및 MAC-R 척도의 점수는 또한 Pd나 Ma 척도와 같은 척도들의 해석을 수정하는 것에도 사용될 수 있다. 첫 번째 요인의 구성 요소인 Pd4(사회적 소외)나 Pd5(내적 소외) 및 Ma2(심신운동 항진)가 Pd나 Ma 척도의 전체 점수를 해석 가능한 범위까지 상승시킬 수 있기 때문에, 이들 척도의 높은 점수가 그러한 하위척도에 분포하는 문항들로 인해 상승이 이루어진 경우라면 Pd나 Ma 척도의 경험적 상관물은 드러나지 않을 수도 있고 혹은 덜 뚜렷하게 드러날 수도 있다. 이러한 사례들의 경우에는 MAC-R 척도 점수를 고려해야만 하며, MAC-R에서 높은 점수를 보인다면 앞의 임상척도들과 관련된 경험적인 상관물을 적용하는 것이 지지될 것이고, MAC-R에서 낮은 점수를 보인다면 저조한 기분이나 죄책감과 불안 및 정체감 염려 등과 같은 부정적 정서성의 측면을 강조할 수 있다. MAC-R 척도의 점수는 또한 R 척도, O-H 척도 그리고 다양한 내용척도의 해석을 조정할 수도 있다.

Weed 등(1992)은 MMPI-2 문항군집 안의 물질 사용과 관련된 다양한 문항 내용을 활용하여 물질남용을 측정하는 2개의 새로운 척도로서 중독 인정 척도(Addiction Admission: AAS)와 중독 가능성 척도(Addiction Potential: APS)를 개발하였다. AAS 척도는 물질남용과 명백히 관련되어 있다고 여겨지는 내용을 담고 있는 초기 문항 14개를 다듬은 것이다. 초기 문항 가운데 3개 문항은 나머지 문항의 내적 일관성을 떨어뜨린다는 이유로 배제되었으며, 전체 문항군집에서 핵심이 되는 11개 문항과의 양류상관계수(point-biserial correlation)가 높으면서도 관련된 내용을 담고 있는 2개의 문항을 추가하였다. AAS 척도의 13개 문항 가운데 10개 문항은 '그렇다'로 채점되고, 3개 문항은 '아니다'로 채점된다. Clements와 Heintz(2002)는 알코올/약물 문제에 대한 인정과 알코올에 대한 긍정적 기대라는 2개의 주요한 구성 요소를 발견하였다.

Weed 등(1992)은 AAS 척도의 내적 합치도(알파계수)에 대해 .74로 추산하여 보고하였다. 세 가지 연구(Dwyer, 1996; Rouse, Butcher, & Miller, 1999; Stein, Graham, Ben-Porath, & McNulty, 1999)에 따르면, AAS 척도는 물질남용을 예측하는 데 있어서 MAC-R 척도나 APS 척도에 비해 더 우수한 결과를 보여 주었는데, 이는 정신과 환자나 개인심리치료 내담자 및 공공 정신건강센터 외래환자 모두에서 그러하였다. 이들 연구에서 보여 준 주요한 비교 결과에 따르면, AAS 척도는 남성과 여성 모두의 경우에서 MAC-R 척도나 APS 척도보다 높은 수준의 민감도, 특수성, 양성 예측력, 음성 예측력 및 정확한 분류 비율을 보여 주었다. 게다가 물질남용의 예측에서 AAS 척도에 의해 측정되는 증분타당도는 상당히 큰 수준인 반면, 다른 두 척도의 경우 AAS 척도를 넘어서는 증분타당도는 보통 수준이었고, APS 척도의 경우는 무시할 만한 수준이었다. Graham 등(1995)의 외래환자를 대상으로 한 연구에 따르면, AAS 척도에서 높은 점수를 보이는 사람은 남성과 여성 모두의 경우에서 물질남용과 관련된 진단이나 과거력을 보였으며, 남성의 경우 일반적으로 우울하고 불안정하며 자벌적인 양상을 보인 반면, 여성의 경우 반사회적이고 충동적이고 논쟁적이며 빈정대고 냉소적인 모습으로 묘사되었다.

AAS 척도는 결정적인 문항의 목록에서 주요한 기능을 담당하지만, 척도 점수로서의 기능을 살펴보면 물질남용의 문제를 스스로 인정하는 능력(병식과 관련된 통찰력)이 있고, 인정하려는 의사를 갖고 있는 사람들로부터 물질남용을 가려내는 역할을 수행한다. 비록 AAS 척도와 MAC-R 척도 사이에는 .5 수준의 상관계수가 보고되지만, 이 두 척도를 병합해서 사용하면 정신질환을 갖고 있지 않은 집단에서 물질남용의 문제를 가려내기 위한 진단적 효율성을 높여 줄 수 있고, 물질남용자들의 치료에서 치료에 임하는 태도의 차이를 예상할 수 있는 강력한 이점을 갖게 된다. AAS 척도의 점수가 높고 MAC-R(혹은 APS) 척도의 점수가 상승하지 않았다면, 물질남용의 문제는 주로 상황적인 경우일 수 있으며 그로 인해 상당히 좋은 치료적 예후를 보일 수 있다. AAS 척도와 MAC-R(혹은 APS) 척도의 점수가 모두 상승한 경우라면 물질남용에 취약한 성격이나 생활양식을 드러낼 수 있고, 더불어 물질남용을 인정하는 양상이 어우러져서 치료의 예후는 다소 긍정적이지 못할 수 있지만 치료에 기꺼이 임하려는 태도를 보일 수 있다. MAC-R(혹은 APS) 척도의 점수는 높지만 AAS 척도가 상승하지 않은 경우, 최소한 실제 양성(true-positive)의 사례라면 이들은 물질남용의 문제를 털어놓는 데 주저하기 때문에 치료의 예후가 좋지 않을 수 있다.

APS 척도는 경험적으로 도출된 다른 척도들(MAC-R을 포함)과 비슷한 기능을 수행하는 것으로 보인다. APS 척도의 개발을 위한 기본 전략에 따르면, MMPI-2 재표준화 표본 및 혼재된 정신질환자 표본 모두로부터 물질남용의 문제를 가려낼 수 있는 새로운 문항을 포함시키려는 목적이 있었다. 모든 표본의 참여자들은 성별에 기초하여 세부적으로 분류되었다. 각각의 문항은 네 가지 비교 모두에서 제시되었다. 물질남용자 남성과 일반인 남성의 비교, 물질남용자 남성과 정신질환자 남성의 비교, 물질남용자 여성과 일반인 여성의 비교, 물질남용자 여성과 정신질환자 여성의 비교가 이루어졌다. 이들 네 가지 비교 가운데 세 가지에서 의미 있는 구분을 보여 준 51개의 문항이 초기 문항군집을 형성하였다. 네 가지 비교 가운데 두 가지에서 확고하게 구분해 내면서 (원본) MAC 척도와 겹치는 조건의 10개 문항이 추가적으로 포함되었다. 문항반응의 빈도가 정상인 집단과 정신질환자 집단의 중간 수준에 해당하는 경우이거나, 문항 내용이 명백하게 물질남용과 관련되는 경우이거나, 문항의 내적 합치도를 떨어뜨리는 경우에 해당되었기에 22개의 문항이 제외되었다. MAC-R 척도의 경우와 유사하게도, APS 척도에서 물질남용과 명백히 관련된 내용의 문항(AAS 척도와 유사한 문항)을 배제하는 기준은 이해하기 쉽지 않다. 교차검증을 실시했을 때 동일한 4개의 비교에서 APS 척도의 최종 39개 문항은 대략 1.5표준편차 수준에 달하는 변별력을 보여 주었다. Greene, Weed, Butcher, Arredondo와 Davis(1992)에 따르면, 독립적인 반복 시행에서 APS 척도가 정신질환자들로부터 물질남용자를 구분함에 있어서 약 1.0표준편차 수준의 변별력을 보여 주었는데, 변별력이 줄어든 부분적인 이유는 정신질환자 표본에서의 물질남용자 비율이 10~20%에 해당되기 때문이었다. APS 척도의 23개 문항은 '그렇다'로 채점되고, 16개 문항은 '아니다'로 채점된다. Sawrie, Kabat, Dietz, Greene, Arrendondo와 Mann(1996)은 264명의 알코올중독자와 456명의 정신과 입원환자를 대상으로 APS 척도의 다섯 가지 주요한 내용영역을 제안하였는데, 자신에 대한 만족 및 불만족, 무기력 및 자기효율성의 결여, 반사회적 행동 표출, 정서적 흥분성, 위험추구 및 무모함이 해당되었다. Clements와 Heintz(2002)는 87명의 남자 학부생과 251명의 여자 학부생을 대상으로 유사한 분석을 수행하여 네 가지 구성 요소(자신에 대한 만족, 냉소성 및 비관주의, 충동성, 위험추구)에서 선행결과를 상당히 확고히 하는 결과를 보였다.

APS 척도는 Weed 등(1992)의 연구 및 Greene 등(1992)의 연구에서 MAC-R 척도보다 더 나은 수행을 보였지만(특히 여성집단을 대상으로), Graham 등(1999)의 외래환자를 대상으로 한 연구에서는 MAC-R 척도에 비해 좋지 못한 수행을 보였다. 다른 정신질환의 문제를 함께 지닌 환자를 대상으로 물질남용의 문제를 감지해 내는 능력을 MAC-R 척도에 대한 APS 척도의 상대적 장점으로 볼 수 있는지는 지켜봐야 알 수 있을 것이다. MacAndrew(1965)가 수행했던 연구 설계의 주요한 특징을 포함시켜서 이 두 가지 척도에 대한 연구를 실시해 볼 필요가 있는데, 특히 공병 정신질환을 지닌 알코올중독자와 알코올중독이 없는 정신질환자를 비교하는 연구가 필요하다. 그러나 종합적으로 살펴볼 때 지금까지의 연구결과들(Clementz & Heintz, 2002; Demir, Uluğ, Batur, & Mercan, 2002; Devlin, 1998; Dwyer, 1996; Rostami, Nosratabadi, & Mohammadi, 2007; Rouse et al., 1999; Stein et al., 1999)은 MMPI-2에서의 세 가지 물질남용과 관련된 척도 가운데 APS 척도를 가장 낮게 평가한다.

APS 척도에서 높은 점수를 보이거나 낮은 점수를 보인 사람들의 성격특성을 살펴보는 연구라든지, APS 척도와 MMPI-2의 다른 척도들 사이에 존재하는 공분산의 패턴과 함의에 대한 연구 등이 향후 연구로서 제기된다. 그러한 연구들의 결과를 확인한 이후에야, APS 척도를 MAC-R 척도처럼 일반적인 성격 차원으로 간주해야 하는지 혹은 APS 척도를 초창기 기대수준(물질남용과 관련된 복잡미묘한 척도)보다 더 높게 평가해야 하는지를 결정할 수 있을 것이다.

🗣 남성 성역할 척도(GM)와 여성 성역할 척도(GF)

Peterson(1991; Peterson & Dahlstrom, 1992)은 두 가지 성역할 척도를 개발하는 과정에서, 남성과 여성을 이해하는 데 도움을 줄 수 있는 독립된 성격속성으로서의 남성성 및 여성성 개념을 지지하는 연구와 이론을 적용하려고 노력하였다. Peterson의 접근법은 MMPI-2의 Mf 척도에 내재되어 있는 전통적인 양극단의 남성성 및 여성성 측정치를 비교하고 보완하려는 의도를 갖고 있었다. 남성성과 여성성을 독립적으로 측정하는 척도들의 유용성은 양성적인 특징(2개의 척도에서 모두 높은 점수)과 미분화된 특징(2개의 척도에서 모두 낮은 점수)의 성역할 유형을 구분했다는 점이다. 다시 말해서, 이러한 척도들은 Mf 척도의 중간 점수로서 감춰질 수 있었던 양성적인 성역할 유형과 성역할의 분화가 부족한 유형을 구분해 주었다는 사실이다. 양성적인 성역할과 미분화된 성역할을 구분하는 것은 어느 정도의 임상적 중요성을 담고 있는데, 양성적인 특징은 일반적으로 정서적 적응에 있어서 긍정적인 모습을 보이는 반면, 미분화된 특징은 취약하고 불안정한 적응과 관련이 있기 때문이다.

MMPI-2의 재표준화 표본을 대상으로 한쪽 성별의 70% 이상이 응답하고 그 반대 성의 10% 이하가 응답한 문항이 해당 성역할 척도의 문항으로서 선정되었다. 선정된 문항들은 남녀 2개의 척도로 각각 분배되었다. 남성에 의해 높은 빈도로 응답되고 여성에 의해 낮은 빈도로 응답된 47개의 문항(19개 문항은 '그렇다'로 채점되고 28개 문항은 '아니다'로 채점된다)이 GM 척도(Gender Role-Masculine)를 구성하였다. 반대되는 응답양상을 보인 46개의 문항(15개 문항은 '그렇다'로 채점되고 31개 문항은 '아니다'로 채점된다)이 GF 척도(Gender Role-Feminine)를 구성하였다. 서로 독립된 양상으로서의 GM 척도와 GF 척도를 만들고자 했던 Peterson의 염원은 부분적으로 실현된 셈인데, 이들 두 척도의 상관관계가 재표준화 표본에서 -.10에 머물렀고(Peterson & Dahlstrom, 1992), 대규모 정신질환자 표본에서 .05로 확인되었기 때문이다(R. L. Greene, 개인적 교신, 1998. 3. 6.). 동일한 정실질환자 표본에서 Mf 척도와 GM 척도의 상관계수는 남녀 각각 -.39와 -.23으로 확인되었고, Mf 척도와 GF 척도의 상관계수는 남녀 각각 .37과 .46으로 확인되었다.

Peterson(1991)은 GM 척도 및 GF 척도의 점수와 경험적으로 관련된 특징에 있어서 남녀 간의 일부 차이를 발견했지만, 대부분의 경우는 유사하였다. GM 척도에서의 높은 점수는 전통적인 남성적 힘의 속성과 관련되어 있는데, 예를 들면 감정적 안정성, 자신감, 단도직입성, 목표 지속성, 공포와 걱정과 자의식 및 사회적 위축으로부터 자유로움 등을 들 수 있다. 이러한 특징들은 Hoffman과 Pietrzak(2012)에 의해 보고된 형용사 체크리스트의 상관물을 통해 상당 부분 입증되었다. MMPI-2 주요 척도와의 상관관계를 살펴보면, Pt 척도(K-교정 전의 점수) 및 A 척도와 -.80 수준, Es 척도와 .80 수준, FRS 척도(역채점 시 10개 문항 공유)와 -.70[2] 수준의 상관계수를 보인다.

GF 척도에서의 높은 점수는 남성적 관심사에 대해 부인하고 여성적 정체성을 옹호하는 경향성을 보이며, 사회적인 신중함과 호의적인 태도 및 신뢰와 성실성 그리고 갈등 및 부도덕한 행동을 회피하는 등의 전통적인 여성적 속성들과 관련이 있다. Hoffman과 Pietrzak(2012)에 따르면, 높은 GF 점수를 보이는 정상적 성인의 경우 형용사 체크리스트에서 공격적인, 반항적인, 거친, 보복적인의 의미를 지닌 형용사들과 -.24에서 -.25 범위의 상관관계를 보였다. MMPI-2의 주요 척도와의 상관관계를 살펴보면, DISC 척도 및 ASP 척도와 -.50 수준, Re 척도와 .43 수준의 상관계수를 보였다. GM 척도와 관련된 속성들은 GF 척도와 관련된 속성들에 비해 남성과 여성 모두의 경우에서 더욱 편안한 모습으로 여겨지는 것 같다. Butcher 등(1989)에 따르면 높은 GF 점수의 남성이 높은 GM 점수의 여성보다 다소 덜 편안한 모습으로 묘사되는데, 높은 GF 점수의 남성은 흔히 거들먹거리고 결점을 지적하며 화를 곧잘 분출하는 양상으로 묘사된다. 더불어 이들은 신앙심이 깊고 욕설을 하지 않는 모습으로 묘사되기도 한다. 다소 놀라운 사실은 GF 척도에서 높은 점수를 보이는 남성과 여성 모두 알코올이나 처방되지 않은 약물을 오용하는 데 취약하다고 묘사된다는 것이다. 소수의 연구를 통해 GM 척도 및 GF 척도가 심리적 안녕감과 상관이 있다고 보고되었는데(Castlebury & Durham, 1997; Johnson, Jones, & Brems, 1996), 아마도 GM 척도의 사례에서 보다 확고한 상관을 보일 것이다

---

2) 역자 주: MMPI-2 척도 간 상관표에 근거하여 원문의 '.70'을 '-.70'으로 수정하였다.

(Woo & Oei, 2006). Peterson과 Dahlstrom(1990)의 연구에서는 GM 척도 및 GF 척도 모두 높은 점수를 보이거나 혹은 모두 낮은 점수를 보인 남녀의 경험적 상관물을 제시하지 않았다.

성역할 척도들은 아직까지는 충분한 연구를 양산하지 못했고 Peterson과 Dahlstrom(1992)에 의해 보고된 상관물은 재검증을 필요로 하는데, 특히 GF 척도와 알코올 및 약물 오용 사이의 관계처럼 우리의 직관에 반하는 결과들이 더욱 그러하다. 그럼에도 불구하고 이 척도들은 유용한 가치를 지닌 것으로 보이는데, Mf 척도에서 매우 높거나 낮은 점수가 갖는 의미를 향후 확증할 수 있는 잠재력을 지니고 있고, Mf 척도 점수가 중간 수준에 해당될 때 성역할과 관련된 잠정적 추론을 제공해 줄 것으로 보인다. GM 척도 및 GF 척도와 성역할 상관물 사이의 관계에 관한 심화된 증거는 아직 없지만, 이 두 척도가 각각 FRS, Es, LSE, K-교정하지 않은 Pt, WRK, Si, Do 척도 및 DISC, ASP, Re, MAC-R, Pd2 척도와의 상관관계에 있어서 중간 수준에서 높은 수준에 해당하는 상관계수를 보인다는 점을 고려할 때, 성역할 기대 및 고정관념에 일치하는 결과인지의 여부와 상관없이 각각의 상관물을 종합해서 일반적인 경향을 추정해 보는 것은 가능할 것이다.

주의 깊게 책을 읽고 있는 독자들의 경우, GM 척도 및 GF 척도와 MMPI-2 문항군집 내의 주요한 변화량 원천 사이의 관계를 짐작했을 것이다. 다시 말해서, GM 척도가 높으면 일반적인 부적응이나 주관적인 불편감이 존재하지 않는 양상(첫 번째 요인이 적다)을 보이는 반면, GF 척도가 높으면(여성인 동시에) 감정적이고 행동적인 통제가 높은 양상(두 번째 요인이 높다)을 보인다. 이러한 관점에서 볼 때, 높은 GF 척도 점수의 남성은 통상적인 남성 성역할과 관련된 갈등 양상에 있어서 높은 GM 척도 점수의 여성보다 더 극심하다는 것을 알 수 있다. 예를 들면, 높은 GM 척도 점수를 보이는 여성이라면 자신의 개인적 포부와 타인에 대한 이해심 사이에서 편안한 균형감을 보일 수 있고, 이러한 성실성과 이해심으로 인해 타인과 적절한 관계를 유지할 수 있다. 첫 번째 요인과 상당한 변화량을 공유하는 다른 척도들과 마찬가지로 GM 척도의 경우 응답유형에 따른 왜곡에 비교적 취약한 모습을 보이는데, 정신병리를 과대보고하려는 성향은 점수를 낮게 만들고 정신병리를 과소보고하려는 성향은 점수를 높게 만들 수 있다.

아쉽게도, 성역할 척도의 목적을 수검자의 여가 패턴이나 직업적 관심사에 대한 예측으로까지 확장하기는 어렵다. MMPI의 사용자들은 상대적으로 극단적인 점수를 보일 때조차 Mf 척도 점수는 수검자의 관심사에 대해 잘못 묘사할 수 있음을 이미 오래전에 경고하였다. Mf 척도 문항들의 대략 절반 정도만이 관심사와 관련된 내용을 담고 있기 때문에, Mf 척도에서 높은 점수를 보인 남성의 경우더라도 전통적인 여성적 관심사보다 전통적인 남성적 관심사에 더 많은 응답을 했을 수 있다. 이와 마찬가지로 Mf 척도에서 높은 점수를 보인 여성의 경우더라도 전통적인 남성적 관심사보다 전통적인 여성적 관심사에 더 많은 응답을 했을 수 있다. GM 척도 및 GF 척도는 이러한 사안을 명확하게 분류하기 어렵다. 원판 MMPI의 배경 속에서 Serkownek(1975)에 의해 제시된 Mf 척도의 하위척도는 남성적 관심사와 여성적 관심사의 상대적 비교를 제공해 줄 수 있었다. 그러나 이 하위척도는 MMPI-2에서는 유지되지 못하였다. Martin과 Finn(1992)은 Mf 척도의 새로운 하위척도[채점의 방식은 Friedman 등(2001) 및 Greene(2000)에서 제공된다]를 개발하였는데, 이 새로운 하위척도가 정규적으로 사용될 수 있기를 희망한다. 이 하위척도는 제5장에서 자세히 기술되었다.

chapter
09

해석과 보고서 작성

🗣 해석에 대한 임상적 접근과 경험통계적 접근

MMPI-2 프로파일의 해석에 대해 이후 자세하고 구체적인 접근법을 논의하겠지만, 우선 MMPI-2와 같은 검사들을 해석하는 경험통계적(actuarial) 접근과 임상적(clinical) 접근에 대한 기본적인 이해가 필요하다. 전문가들은 이 두 가지 접근의 차이에 대한 오해로 인해 임상적 실수를 범할 수 있다.

심리평가에서 경험통계적 접근이 효과적이라고 반복적으로 설득력 있게 검증되어 왔음에도 불구하고(예: Goldberg, 1965; Grove & Meehl, 1996; Grove, Zald, Lebow, Snitz, & Nelson, 2000; Marks & Seeman, 1963; Marks et al., 1974; Meehl, 1970, 1997; Quinsey, Harris, Rice, & Cormier, 1998; Sawyer, 1966), 몇몇 정신건강 전문가는 검사 해석에 있어 임상적 접근에만 의지한다.

해석에 대한 임상적 접근은 전문가들의 개인적이고 전문적인 경험으로부터 나오며, 임상가들은 그들의 직감과 경험 및 임상적 판단에 근거하여 결론을 내린다. 예를 들어, 이러한 임상가는 인물 그리기 검사를 기반으로 경험적 근거가 별로 없는 결론을 이끌어 내기도 한다. 반대로 경험통계적 자료를 사용하는 임상가는 경험통계적 자료가 얻어지기 전까지 추론을 유보하며, 경험적으로 타당한 규칙에 따라 해석하고, 이러한 규칙들을 보충하기 위해 임상적 판단을 사용한다. 소송하기를 좋아하는 오늘날 사회에서 다른 전문적인 직업과 마찬가지로 심리학도 법적이며 공적인 철저한 조사의 엄격함을 견뎌 내야 한다. 사람들의 삶에 영향을 주는 중요한 결정을 위해 검사를 사용하는 임상가는 과학적 자료에 근거해서 자신의 결정을 정당화할 수 있어야 하며, 오직 다른 방법들이 불가능하고 비현실적일 때에만 임상적 판단에 의지해야 한다.

심리학의 첫 반세기 동안 임상적 판단은 가장 중요한 기술로 여겨졌다. 임상적 판단은 발현된 증상, 성격적 특질 및 과거력과 같은 임상적 정보들과 함께 전문적으로 축적된 경험에 기반하며, 임상가가 시간을 두고 개발시켜 온 환자와 일반 사람들에 대한 내적인 기준에 상당히 의존한다. 임상가는 임상적 경험의 시간과 다양성이 가치 있다고 여긴다. 오직 그것만이 성격과 정신병리를 구성하는 복잡한 뉘앙스를 성공적으로 숙고하는 데 필수적인 지식을 발전시킬 수 있으리라고 믿기 때문이다. 성격이라는 것은 검사점수에 의해 적절하고 정확하게 나타나기엔 너무 복잡하다고 느껴졌다. 심리검사결과가 비록 유용한 부가물이지만, 검사결과들은 중요도에 있어 숙련된 임상가의 판단에 비해 2차적으로 간주되었다. 설득력의 측면에서 검사 자료는 종종 임상적 인상에 지곤 하였다.

이러한 오랜 기간의 전통에 맞서, 1940년대에 MMPI가 개발되었다. 신뢰할 수 없는 임상가 판단에 대해 제기된 의문에 대한 대규모의 경험적 응답이었다. 임상가의 판단 하나에만 기반을 두어서 개발된 검사의 부적절함을 밝히는 경험적 연구들에 의해 임상가의 개인적 인상과는 독립적인, 객관적이고 신뢰할 만한 성격 측정치가 필요하다는 점이 점차 명백해졌다. MMPI가 경험적으로 개발되었음에도 불구하고 초기 몇 년 동안은 명료한 경험통계적 규칙 없이 해석되었고, 임상가들은 틀린 가설들을 많이 만들어 냈다. 예를 들어, 하나의 집단(예: 정신과 입원환자들)에서 경험적 결론이 도출되었고 타당화되었으나, 다른 집단(예: 외래환자, 청소년 및 결혼 상담 의뢰인)에서는 타당화되지 않았다. MMPI를 사용하기 시작한 초기 수년 동안 불충분한 경험적 근거를 바탕으로 종종 하나의 집단에서 다른 집단으로 일반화가 이루어졌다. 경험적 근거가 부족했기 때문에 Marks와 동료들(Marks & Seeman, 1963; Marks, Seeman, & Haller, 1974)뿐 아니라 Gilberstadt와 Duker(1965) 같은 연구자 그룹이 MMPI의 경험통계적 해석의 체계적인 실증 연구를 시작했고, 이는 다수의 MMPI-2 해석적 논문의 기틀을 마련하였다.

경험통계적 규칙의 개발

1950년대에 임상가들은 MMPI를 해석할 때 대체로 임상척도를 개별적으로 분석한 뒤 임상적으로 의미 있게 종합하려고 시도하였다. 많은 척도가 공변하여 생긴 정보가 복잡했기 때문에, 연구로 입증될 수 있는 것보다 더 빠른 속도로 임상적 경험 지식들이 만들어졌다. 임상적 해석 정보가 MMPI의 사용을 더 풍요롭고 생기 있게 하였지만, 동시에 그 정보들이 상당한 오류를 추가하지는 않았는지에 대한 의문도 제기되었다.

　1954년에 Paul Meehl은 숙련된 임상가들이 임상적 진단을 할 때 명료하게 설명하고 배우는 것이 가능한, 정의할 수 있는 규칙을 따르는 것을 발견하였다. 게다가 대개의 경우 객관적이고 명시적인 규칙을 따르는 진단적 판단이 임상가의 판단보다 더 우수하다는 수많은 연구도 발견되었다. 그 결과들은 『Wanted—A Good Cookbook』(Meehl, 1956)이라는 책으로 출간되었다. 이 책에서 Meehl은 가능하다면 임상적 접근보다 경험통계적 접근을 사용해야 한다고 제안하였다. 후속연구들이 이러한 관점을 반복적으로 지지하였다(예: Grove et al., 2000; Marks et al., 1974; Meehl, 1970). 비록 보험계리사(actuary)라는 단어를 보험 산업의 맥락에서 더 자주 들을 수 있으나, 이는 또한 특별히 심리평가와도 관련된다. 보험 산업에서는 설명 가능하고 측정 가능한 요소들이 위험과 통계적으로 연관된다. 예를 들어, 연령, 혈압, 생활방식, 부모님의 장수 및 직업 등이 모두 사망위험 요인과 관련되며, 이러한 위험은 수학적 관계를 사용한 확률 증명의 측면에서 표현될 수 있다. 판단은 적게 관여된다. 보험 회사는 판단이 첨가될 때(예: "그러나 그는 특히 건강해 보인다."), 대체로 예측 정확도가 약화되는 것을 발견하였다.

　비슷한 발견이 심리학에서도 있었다(예: Goldberg, 1965; Meehl, 1954; Sawyer, 1966). 임상적 판단이 오랜 기간 강조되어 왔으나, 계속해서 임상가들은 경험통계적 규칙보다 더 못해 왔다. 임상적 그리고 경험통계적 방법을 사용하여 예측한 20개의 연구를 메타분석한 결과, Meehl(1954)은 "연구의 반 정도에서 두 가지 방법이 비슷하고, 나머지 반에서는 임상가가 확실히 더 열등하며…… 임상가가 명백히 더 잘했다고 완전히 받아들일 수 있는 연구는 없었다."(p. 119)라는 것을 발견하였다. Sawyer도 45개 연구를 분석하였고, 다양한 유형의 자료들을 통해 수많은 상황에서 경험통계적 접근들이 임상적 판단보다 우수하다는 것을 명확하고 반복적으로 밝히며 Meehl(1954)의 결과를 입증하였다. 적어도 일상적인 임상업무에서 임상가가 보험계리사에게 도움이 되는 것보다 보험계리사가 임상가에게 확실히 더 큰 도움을 준다. Meehl(1970, p. 9)은 다음과 같이 언급하였다.

　　임상가의 예측이 통계표나 수학 공식보다 더 낫다는 연구를 하나라도 제시하는 것은 힘들다. 대부분의
　　연구를 보면, 임상가는 확실히 '더 못한다'(강조는 추가된 것이다). 지속적으로 같은 방향으로 수많은
　　근거가 쌓이는 사회과학의 영역은 소수뿐이다.

Meehl(1997, p. 95)은 이후 똑같은 의견을 강하게 반복하였다.

나는 심리학이나 사회학에서 이처럼 자료가 광대하고 다양하며 한결같은 논쟁을 본 적이 없다. 그럼에도 불구하고 대부분의 임상가는 계속 이러한 자료가 없는 것처럼 행동하며, 다수의 교과서는 학생들에게 이러한 논쟁에 대해 '아직 불확실하다'고 잘못 알려 주고 있다.

MMPI 사용에서 성격에 대한 경험통계적 접근이 임상적 판단보다 19~38% 정도 더 정확하다고 나타났다(Marks et al., 1974).

Quinsey 등(1998, p. 58)은 임상적 판단의 어려움에 대한 연구에서, 사람들이 예측 변수들 간의 상호 연관에 따라 그들의 예언을 수정하지 못하는 것으로 나타났다고 지적하였다.

실질적인 측면에서 이는 사람들이 종종 실제 가지고 있는 것보다 더 많은 정보를 가지고 있다고(혹은 더 많은 정보를 사용한다고) 생각한다는 것을 의미한다. 따라서 사람들은 보장된 것보다 더 극단적인 판단을 하며, 정당화된 것보다 더 확신한다(Einhorn & Hogarth, 1978; Kahneman & Tversky, 1973; Wiggins, 1973).

Quinsey 등(1998, pp. 55-56)은 다음과 같이 더 자세히 설명하였다.

사람들에게 확률적 자료를 바탕으로 판단을 내리라고 할 때(임상가에게 어떤 사람이 폭력을 저지를지 예측하라고 하거나 혹은 스포츠 팬에게 어떤 팀이 시즌에서 이길지를 예측하라고 할 때), 그들은 다양한 과제특성으로 인해 체계적이고 총체적인 오류를 범하게 된다. 확률 학습 및 확률 자료의 조합을 기반으로 예측하는 과제들에 대한 실험실 연구를 통해 사람들은 실제 확률보다는 다양한 개인적 사건의 빈도를 기반으로 예측을 한다는 사실이 확실히 입증되어 왔다. 특히 사람들은 사건이 일어날 가능성을 계산하지 않고 오직 얼마나 자주 일어나는지를 고려한다(Estes, 1976). 따라서 판단은 대안적 사건이 똑같이 일어날 때만 정확할 수 있다. 말할 필요도 없이, 이는 자연상태에서는 거의 일어나지 않는다. 더욱이 판단의 정확성은 오직 다양한 사건이 똑같이 수행되고 똑같이 기억될 때에만 가능하다.

최종적으로 136개 연구의 철저한 메타분석을 통해 Grove 등(2000, p. 25)은 임상적 예측이 경험통계적 예측의 절반 정도로 효과적이며, 오직 몇몇의 예시에서만 더 낫다는 Meehl(1954)의 견해를 지지하였다. 그들이 가장 중요하게 언급한 것은 다음과 같다.

기계적인 그리고 임상적인 예측방법의 상대적인 효과에 상당한 영향을 주는 유일한 설계 변수는 임상가가 임상적 면담에 접근할 수 있었는지의 여부였다. 임상가가 이러한 자료를 사용할 수 있을 때 임상적 예측이 상당히 큰 차이로 더 나은 결과를 낸다.

경험통계적 자료와 기저율

예측이나 성격적 기술(description), 심리검사 해석 및 진단에서 경험통계적 접근을 이해하기 위해서는, 먼저 해석에 대한 사용 설명서와 임상적 및 경험통계적 접근 사이의 차이점과 관련성을 이해해야 한다. 사용 설명서는 진단적 결론 및 성격 개념화에 이르는 모든 체계적 접근이나 방법을 서술한다. 어떤 사용 설명서의 접근법은 '자동화된 임상가'를 흉내 내는 의사결정 로직(logic)으로서 컴퓨터용으로 적용되어 왔다. 이러한 예로는 미네소타 보고서 및 Caldwell 보고서가 있으며, 둘 다 전체는 아니지만 기본적으로는 경험통계적 자료에 기반한다. 또 다른 자동화된 사용 설명서 시스템의 진단과 기술을 위한 방법들은 기본적으로 임상적 판단에 기반하거나 또는 경험통계적 및 임상적 접근이 비특정적인 방법으로 혼합된 것이다.

Marks 등(1974, pp. 35-36)은 경험통계적 접근의 핵심 개념을 잘 설명하고 있다.

> 일련의 기술적(descriprive) 속성으로 구성된 경험통계적 서술은…… 명쾌한…… 자료(예: MMPI 프로파일)와 기술적 서술 사이를 경험적-통계적으로 입증한 관련성들로부터 도출된 규칙들에 기반하도록 한다.

일련의 자료와 특정 성격 기술 간에 입증된 관련성은 어떠한 관계를 내포한다. 즉, 만약 점수가 일반적 기저율을 초과한다면, 주어진 점수가 특정 성격특성이나 행동과 관련된다는 것이다.

기저율(base rate)은 행동이나 특성이 주어진 모집단 내에서 존재하는 빈도를 의미한다. 어떤 행동은 실제 그렇다 하더라도 기저 발생률이 상당히 높아서 의미 있게 사람들을 분류하지 못한다. 이것들은 때때로 '앤트 패니(Aunt Fanny)' 표현이라고 불린다. 즉, 그것은 당신, 나 그리고 우리 고모 Fanny에 대해서 다 진실이다(Tallent, 1983). 한 예로, "때때로 나는 내 마음에 있는 걸 전부 말하지는 않아." 또는 "내 기분은 내 인생에 어떤 일이 일어나느냐에 따라 달라지는 편이야."라는 것이다. Meehl(1973)은 또한 이런 현상에 **바넘 효과(Barnum effect)**라는 이름을 붙였는데, 많은 전문가가 기저율이 매우 높은 서술을 자주 사용하는 것은 그들의 신뢰도를 높이려는 명백한 시도 때문이다. 바넘 효과와 전산화된 검사 해석의 타당성에 대한 좋은 논의는 『Psychological Assessment: A Journal of Consulting and Clinical Psychology』에 실린 Guastello와 Rieke의 1990년 논문을 참조하면 된다.

흔치 않거나 혹은 드물어서 개인이나 집단을 구분할 수 있는 기저율이 더 의미 있다. 때로 기저율이 너무 낮아서 전문적 판단이나 결론에 이를 때 '기저율을 속이고' 가상의 정확성을 보일 수 있다. 예를 들어, 유치원에 다니는 5세 여아의 자살률―또는 기저율―은 거의 0으로, 확실히 십만 분의 일보다 작다. 연령, 성별 및 공립학교에의 입학 외에 유치원생에 대해 아는 것이 거의 없어도, 99.999% 이상의 정확도로 자살위험의 부재를 예측할 수 있다. 이 정확도 는 심리검사 자료가 첨가되어도 거의 향상될 수 없다. 결과적으로, 5세 여아의 자살을 예측하 는 검사의 개발은 사실상 불가능하고 기저율 정보 하나로 간단히 예측하는 것을 유용하게 향 상시킬 수 없다. 심리검사 자료는 기저율이 어떤 방향으로든 극단이 아니고 50:50에 가장 가 까울 때 기저율에 기반한 예측의 정확도를 향상시키는 데 가장 큰 가능성을 지닌다(즉, 증분 타당도를 제공한다).

기저율은 묶음이나 모집단에 따라 변한다. 예를 들어, 자살의 기저율은 연령, 보고된 우울 증, 사회적 지지의 상실 또는 직업의 상실 혹은 최근의 자살시도에 따라 증가한다. 뇌장애 진 단은 단지 드물기 때문에 고위직 취업 기회를 얻기 위한 임원 후보자들 사이에서 매우 위험하 다. 그런 환경에서 진단하려면 사실상 압도적으로 분명하고 설득력 있는 중추신경계 기능장 애의 증거가 필요할 것이다. 뇌장애 진단은 신경과 입원 병동에 있는 환자들에게는 더 확실 하게 고려될 것이다. 왜냐하면 당신은 단순히 진단의 정확성을 위해서 '기저율과 싸우는' 것 이 아니기 때문이다. 다시 말해, 점수는 상황에 따라 다른 의미를 갖기 때문에 기저율 문제는 기본적으로 상황과 최근 과거력의 문제와 관련된다. 이러한 이유로, MMPI-2와 MMPI-2-RF 보고서는 어떤 장면에서 실시된지 모른 채 쓰이면 안 된다. 예를 들어, 감옥에서의 상승된 척 도 4와 척도 9의 점수는 거의 대부분 확실히 반사회적 행동을 예측하지만, 대학 내담자들에게 서 얻어진 것이라면 꼭 그렇지는 않다.

즉, 핵심은 장애의 기저율은 집단에 따라 다르기 때문에 기술과 예측 과정에 직접적으로 영 향을 미친다는 것이다. 따라서 하나의 집단(예: 신체 질병 환자들)에서만 정확하게 도출된 경험 통계적 표는 다른 집단(예: 정신과 환자들)에서는 덜 정확할 수 있다. 이러한 이유로 MMPI-2 사용 설명서를 기반으로 한 해석을 경험통계적으로 사용할 때는 상당히 주의해야 한다. 특히 주어진 환자들이 경험통계적 해석이 도출된 집단과 다른지 확인하는 데 주의를 기울여야 한 다(Ehrenworth & Archer, 1985). 어떤 것을 순진하게 적용하는 것은, 단지 MMPI-2 프로파일 형 태가 그렇게 나타났다고 해서 24세의 입원환자를 갱년기 우울증으로 진단하는 것과 같은 결 과를 낳을 수 있다.

경험통계적 접근의 영향력에도 불구하고, 이것은 여전히 '작업 중'이다. MMPI-2 해석을 위한 경험통계적 접근은 강력하지만, 오직 그것을 사용하는 사람이 내담자의 관련 정보에 접근할 수 있을 때에만 그렇다. 이런 이유로, 사용 설명서나 전산화된 해석 시스템이 강력하고 효과적일지라도 늘 충분한 것은 아니다. 연령, 지능, 사회적 또는 인종적 계층, 교육수준, 건강 상태, 약물의 영향, 과거 충격적 삶의 경험이나 최근의 상황적 어려움 등으로 MMPI-2 사용자는 특히 MMPI-2의 임상적 해석을 수정해야 할 필요가 있다는 점을 주의해야 한다. 이같은 잠재적 요소들로 MMPI-2 프로파일 형태의 해석을 많이 수정해야 하는데, 기존의 지식들이 아직 경험통계적 시스템에 의해 고려되어야 하는 이러한 요소들을 포함하지 않기 때문이다 (Pancoast, Archer, & Gordon, 1988).

의뢰 정보의 중요성

MMPI-2 해석적 서술의 대부분이 경험적으로 만들어졌기 때문에 같은 코드패턴을 공유하는 사람들은 같은 증상과 주호소, 행동 및 성격특성을 보일 것이다. 상승한 프로파일과 관련된 전형적인 특성을 보이지 않으면서 타당하게 상승한 척도들을 보일 것 같지는 않다. 예를 들어, T점수가 90점으로 상승된 척도 2 점수를 보인 사람들은 우울할 것이고, 우울증과 관련된 다양한 증상을 보이며 반추하고 죄책감도 쉽게 느낄 것이다. 그러나 이러한 증상이나 주호소가 그대로 나타나는 것은 집단에 따라 다양할 것이고, 사회경제적 지위, 지능, 교육, 최근의 생활사건 및 다른 성격특성 등에 따라 바뀔 것이다. 예를 들어, 27/72 코드를 보이는 대부분의 사람은 강박적이고 우울하며 완벽주의적이고 쉽게 걱정을 하는 경향이 있을 것이다. 그러나 27/72 코드를 보이는 사람이 불안과 죄책감이 더 주요하고 우울감은 덜 호소할 수 있는 반면, 또 다른 사람은 우울증상을 더 심하게 경험하며 죄책감과 불안은 부차적일 수 있다.

다른 임상척도, 보충척도 및 내용척도의 상승도는 이러한 차이들을 예측하는 데 도움이 되고, 지능, 교육 및 사회경제적 변인들 또한 개인의 경험들이 그들의 증상과 주호소를 어떻게 표현하는지를 어느 정도는 결정할 것이다. 예를 들어, 교육을 받지 못한 27/72 코드를 보이는 사람은 유사한 27/72 코드를 보이는 더 높은 사회경제적 지위를 지닌 교육받은 사람들과 비교했을 때 심리적 문제들을 다른 방법으로 묘사할 수 있다. 또 다른 예로, 척도 4와 척도 9가 상승된 사람은 비록 쉽게 충동적이 되고 친밀감과 관련된 어려움이 있지만, 성공한 여성 사업가이며 카리스마가 있고 활기차며 진취적일 수 있다. 하지만 척도 4와 척도 9에서 같은 점수를 받은 여성일지라도 그와는 달리 약물중독으로 최소한으로만 적응하고 있을 수도 있다. 그들은 많은 유사성을 공유한다. 둘 다 규칙이 짜증나는 것이라고 여길 것이고, 친밀감과 지속적 관계에서 어려움을 겪을 수 있으며, 충동통제 문제, 권위자와의 문제 및 만족지연 어려움을 나타낼 수 있다. 그러나 이 속성들은 그들을 꽤 다르게 나타낼 것이다. 성공한 여성 사업가는 아마도 더 높은 인지기능과 사회경제적 지위를 지닐 수 있으며, 이는 아마도 K 척도와 Es(자아 강도) 척도 및 자기통제, 사회적 침착함, 세련됨을 시사하는 Ss 척도가 상승하는 형태로 그녀의 MMPI-2에 반영될 수 있다. 교육을 받고 지적인 사람이 49/94 코드를 보이면 사람을 다루는 기술을 효과적으로 사용할 정도로—혹은 세련된 매너로—자신이 지닌 충동성을 충분히 잘 조절할 수 있으며, 반대로 지능이 낮고 자아 강도도 낮은 또 다른 사람은 이러한 자질들을 사회적으로 받아들여지는 방법으로 사용할 수 없다.

　종종 몇몇 보충척도의 상승에 반영되는 조절변인들을 감안하지 않으면 MMPI-2 해석에서 실수를 할 수 있다. 예를 들어, T점수가 75점으로 상승된 49/94 코드를 볼 때, 초보 임상가들은 아마도 반사회성(sociopathy)이나 범죄를 저지르는 삶을 추측하겠지만, 이것이 반드시 사실은 아니다. 미숙련된 심리학자가 MMPI-2 결과를 근거로 이혼 이후에 자녀들에 대해 방문권을 구하는 아버지가 반사회적 범죄행위나 성격특성을 보인다고 언급한 사례가 있었다. 사실 그 아버지는 성공한 의료 과실 소송 변호사이며, 절대 법적으로 문제가 된 적이 없었다. 알코올중독에서 회복 중인 그는 여러 가지 소송을 이끄는 대표로 지역사회의 유명 인사였다. 그는 외현화하는 경향이 있었고, 충동통제에 어려움이 있었다. 비록 그는 종종 자상하고 재미있었지만, 자녀들은 그를 다소 믿기 힘들다고 여겼다. 그는 사업을 성공적으로 이끌기 위해 자신의 공격성과 경쟁적인 충동들을 사회적으로 적절한 방법으로 표현하며 관리해 왔는데, 결혼생활에서의 어려움은 예외였다.

　49/94 코드 프로파일이 어떤 모집단에 속했는지에 대해 확인하지 않았기에 형편없는 단어들을 선택한 보고서를 쓰게 되었고, 명백히 논박할 수 있는 심리학자 보고서의 진술(그의 '범죄성향'에 대한)로 인해 화가 난 그는 전체 평가에 대한 의구심이 생겼다. 의뢰한 정보처에서 의뢰 사유(referral question)와 간단한 과거력 및 배경 정보를 얻는 것은 이러한 실수를 피하는 데 도움이 될 것이다. 의뢰한 동료는 아마도 다음과 같은 사유로 평가를 의뢰했을 수 있다.

　똑똑하고 성공한 개업 변호사를 평가해 주시기 바랍니다. 그는 최근 이혼을 했고, 전처와 양육권 분쟁을 하고 있습니다. 그가 성공한 사람이며 타인이 볼 때 매력 있고 호감 가는 성공한 사람처럼 보인다고 하더라도, 정직하지 못하고 사람을 조종하며 통제하려 한다는 그의 아내의 불만들이 조금이라도 타당한지 알고 싶습니다. 양육권 평가의 일환으로 그를 평가해 주시겠습니까?

따라서 보고서에서 49/94 코드를 보이는 교육받은 사람들이 매력적이고 침착하며 충동통제를 잘하지 못하지만, 반드시 반사회적이거나 범죄를 저지르지는 않는다고 설명했어야 한다. 그러므로 검사 보고서들은 개인에 대해 어떤 정보도 없이 '전혀 모른 채' 쓰여서는 안 된다. 기본적인 의뢰 사유뿐 아니라 모집단의 변수도 필요하다. 제12장에서 기술되듯이, 심리학자들은 평가에 도움을 받기 위해 전산으로 제공되는 보고서를 점점 더 많이 사용하고 있다. 그러나 전산으로 제공되는 보고서는 대부분 연령, 교육, 수검장면과 가끔 인종 정보 같은 아주 최소한의 배경 정보만을 포함한다. 비록 몇몇 전산화 보고서는 내담자가 법정인지 일반 병원인지 또는 정신건강기관의 외래 혹은 입원 병동에서 의뢰되었는지에 따라 다양하지만, 현재 전산화 보고서가 특정 의뢰 사유를 특별히 언급하는 경우는 소수이다. 결과적으로 심리학자는 유용한 보고서를 쓰기 위해 임상적 기술(skills) 및 다른 자료로부터 획득된 정보를 사용해야 하며, 전산화 보고서에만 의지해서는 안 된다. 임상가의 기술과 판단으로 의뢰 사유와 과거력, 성취 및 기타 중재 변인들을 고려하여 전산화를 통해 나온 설명을 특정 개인에게 알맞게 사용해야 한다. 제12장에서 예시와 함께 광범위하게 사용되는 전산화 보고서에 대해 더 자세한 정보를 제공할 것이다.

또 고려해야 할 점은 환자가 처음에 이미 확인된 의뢰 사유나 현재 상황 및 수집된 배경 정보보다 더 병리적으로 보이는 프로파일을 나타낸다는 것이다. 예를 들어, MMPI-2에서 척도 4가 T점수 70점으로 상승된 내담자는 아마 어려운 이혼을 경험하고 있을 수 있다. 약간의 소외감과 신뢰 문제를 가지고 있는 이 사람은 아마 당연히 자신의 현재 어려움에 반응하고 있을 것이다. 또 다른 예로, 척도 2와 7이 상승된 프로파일을 보이는 내담자는 강박적이고 불안해하며 우울한 행동을 만성적으로 보이는 과거력이 있거나 혹은 과거에는 상당히 건강하게 적응해 왔는데, 최근의 재앙적이거나 예상치 못한 상실에 반응하는 것일 수 있다.

경험통계적 사용 설명서만을 사용한 보고서는 일반적으로 최근 기능, 행동 및 증상에 따라 정확하게 내담자를 기술할 것이다. 그러나 임상가가 의뢰 사유, 현재 생활 상황 및 배경 정보를 함께 고려하지 않는다면 진단과 치료적 제언 및 보고서의 효용성이 잘 발휘되지 못할 것이다. 배경 정보의 핵심적 측면은 내담자의 인구통계학적 정보이다. 왜냐하면 각각의 인구통계학적 변인은 특정 점수양식이 어떻게 해석되는지에 어느 정도씩은 영향을 미치기 때문이다.

🧠 인구통계학적 변인

연령

나이가 들어 가면서 중대한 변화들이 일어난다. 사람들은 나이가 듦에 따라 일반적으로 덜 공격적이고 위험을 덜 감수하게 될 뿐 아니라 조금씩 더 보수적이 된다. 또한 건강이나 질병에 대해 더 걱정하고 약간은 덜 낙관적이게 되는 경향이 있다. 이러한 변화들은 MMPI/MMPI-2 코드패턴의 연령효과에 대한 경험적 연구들에서 나타난다. MMPI/MMPI-2의 연령효과가 드물게 연구되어 왔음에도 불구하고, 연구들은 연령에 대한 일반적인 연구가 사실임을 보여 준다. 원판 MMPI를 사용한 871명의 정상집단의 초기 대규모 척도 연구들 중 하나(Aaronson, 1958)는 늙어 감에 따라 건강과 질병에 더 집착하는 경향이 있을 뿐 아니라 다소 비관주의적이 된다는 점을 확인하였다. 이는 남녀 모두에게서 L 척도 및 척도 1과 척도 2에서 T점수가 평균적으로 5점 이상 상승하는 것을 통해 나타났다. 소외나 행동화 경향이 줄고, 에너지도 다소 줄어드는 것은 남녀 모두에게 척도 4와 척도 9의 점수가 비슷하게 떨어지는 것을 통해 나타났다.

MMPI-2의 또 다른 결과들(Greene, 2011)을 정리하면 다음과 같다.

1. 나이가 들어 감에 따라 정신병리가 줄어드는 경향이 있다. 약간 상승하는 경향이 있는 L 척도 및 척도 1과 척도 2를 제외하고 비록 작은 T점수이지만 모든 척도의 상승도가 연령에 따라 유의하게 저하된다.
2. 연령에 따라 척도 4와 척도 9의 점수는 다른 척도들에 비해 더 저하되는 경향이 있는데, 이는 나이가 들어 감에 따라 반사회성 성향자도 '소진되는(burn out)' 임상적 관찰로도 확인된다.
3. K 척도와 척도 0 등 유전적 요소를 지니는 것으로 보이는 척도들(Caldwell, 개인적 교신, 1994. 6.)은 모든 집단에서 시간이 지나도 안정적으로 유지되는 경향을 보인다.

Aaronson, Dent, Webb과 Kline(1996)은 원판 MMPI의 결정적 문항에 대한 Webb, Fowler와 Miller(1971)의 연구를 반복 검증한 연구결과를 통해 표기된 MMPI-2 결정적 문항들이 나이에 따라 줄어든다는 것을 입증하였다. 2개의 연구에서 모두 연령이 증가함에 따라 환자들은 드러나는 정신병리나 고통감 문항에 더 적게 표기했는데, 이러한 감소는 실상 25세부터 선형적으로 나타난다.

2개 척도로 된 코드패턴의 빈도들도 연령에 따라 다양하다. Webb(1970a)이 12,000명 이상의 환자를 분석하여 27세 이상의 내담자는 더 어린 환자들에 비해 02/20, 12/21, 13/31, 23/32, 27/72, 34/43, 36/63 코드를 더 자주 나타낸다는 것을 밝혔다. 또한 27세 이하의 환자들은 47/74, 48/84, 49/94, 68/86, 78/87, 89/98 코드를 더 자주 나타냈다. 비록 Webb이 분석에서 27세를 중앙값의 구분 연령으로 잡았기 때문에 일반화하기에는 한계가 있었지만, 그의 주장은 여전히 유효하다. 젊은 환자일수록 행동화를 더 많이 하고 정신증 코드를 많이 보이며, 나이 든 환자일수록 불안함이나 우울증 및 신체화 코드를 더 많이 보인다는 점에서 연령은 조절변인이다.

Gynther(1979, p. 64)도 유사하게 다음과 같은 내용을 관찰하였다.

나이가 어린 환자 및 정상 집단은 불순응, 반항성, 소외감 및 에너지 수준을 측정하는 척도들에서 더 많은 상승척도를 보이고 더 높은 점수를 받는다. 나이가 많은 환자 및 정상 집단은 건강염려, 내향성을 측정하는 척도들에서 더 많은 단독상승을 보이고 더 높은 점수를 받으며, 우울증이나 미성숙과 관련된 척도들에서는 그보다 작은 점수를 얻는다.

따라서 연령은 프로파일 해석에 영향을 줄 수 있다. 예를 들어, 70세 이상의 사람이 D 또는 Hs에서 약간 높은 점수를 보였다면 젊은 사람들의 경우보다는 덜 정신병리적으로 해석해야 한다.

한편, MMPI-2의 규준집단에서 다양한 연령대의 평균 T점수를 비교한 연구들에서 연령에 따르는 체계적인 척도 변산을 확인하지 못하였다(Dahlstrom & Tellegen, 1993; [그림 1-1] 참조). 비록 MMPI-2 점수에 명백한 연령효과가 있다고 하더라도, 영향력이 작고 다양해서 연령별 규준표를 만들기는 어려우며 필요하지 않을 수도 있다. 청소년은 예외인데, 이는 MMPI-A를 사용해서 해결할 수 있다. 아마도 나이가 들어 가면서 나타나는 약간의 변화가 극단을 제외하고는 임상적으로 큰 차이를 만들지 않을 정도로 MMPI-2는 충분히 강력할 것이다.

Greene(2011, p. 147, 〈표 4-3〉)도 규준집단과 정신과 환자들의 MMPI-2 척도와 연령 차이의 상관을 제공하였다. Dahlstrom과 Tellegen(1993)과는 다소 다르지만, 그는 임상척도들에 대한 연령효과를 다음과 같이 정리하였다.

정상집단에서 척도 4(반사회성, Pd)와 척도 9(경조증, Ma)는 연령과 제일 높은 상관을 보인다. 80세 이상 정상집단의 MMPI-2에서 두 척도의 평균 T점수는 각각 41.0점과 46.2점이다. 그에 반해 20~29세 정상집단의 평균 T점수는 51.5와 53.1이다(〈표 11-4〉, p. 470). 즉, 연령은 임상척도들의 T점수를 7~8점 이하, 좀 더 일반적으로는 5점 이하 정도 조정할 것이다. 연령과의 상관은 정상인들에 비해 임상집단에서 더 작게 나타난다. 임상집단에서 가장 상관이 큰 것은 척도 1(건강염려증, Hs), 척도 2(우울증, D), 척도 3(히스테리, Hy)이다. 70세 이상 내담자와 20~29세의 내담자 간에는 대략 T점수 5~8점 정도의 차이가 있다(Greene, 2011, p. 145).

정신과 임상집단에서의 연령과 자기비판적 보고와의 관계 정보에 관심 있는 독자에게는 Greene(2011, p. 75, 〈표 3-22〉)을 소개한다. Greene은 20세 이상에서 자기비판적 척도 및 지표들[F, F(B), F(p), Ds, F-K, 그렇다 응답비율, RBS, FBS]의 연령효과는 없다고 보고한다. 비슷하게, 그는 20세 이상에서 자기우호적 척도들(L, ODecp Other Deception), Sd, K, S, So(사회적 바람직성 및 아니다 응답비율)에서도 역시 연령효과는 없다고 보고하였다(2011, p. 91, 〈표 3-30〉).

코드타입 또한 연령별로 다양하다. Greene(2011, p. 474, 〈표 11-6〉)은 Caldwell(2007b)의 임상집단의 8개 연령 범위(18~80세 이상) 내에서 자주 나타난 MMPI-2의 코드타입을 제시하였다.

1-3/3-1 코드타입은 18~19세를 제외한 전 연령에서 가장 자주 나타난다. 20~29세에서는 8.2%이며, 네 번째로 나이가 많은 연령대(50~59세)에서는 20%이다. 단독상승한 1번 척도, 1-2/2-1, 2-3/3-2도 유사하게 연령에 따라 빈도가 증가한다. 가장 나이가 많은 2개 집단 (70대 이상)에서 단독상승한 1번 척도는 5%, 1-2/2-1 및 2-3/3-2 코드타입은 10%까지 이른다. 6-8/8-6 코드타입도 자주 나타나는데, 특히 18~19세(9.9%)와 20~29세(6.5%)에서 빈도가 높고 연령에 따라 감소한다. 8개의 연령대에 걸쳐 상대적으로 안정적으로 나타나는 코드타입도 다음과 같이 많다. 2-4/4-2, 2-6/6-2, 2-7/7-2, 2-8/8-2, 단독상승한 6번 척도, 7-8/8-7(Greene, 2011, p. 473).

성별

MMPI의 개발 초기, 몇몇 척도에서 남녀가 표기하는 문항들의 패턴이 달랐기 때문에 모든 임상척도(척도 6, 9, 0 제외)의 남녀 규준이 각각 만들어졌다. 원판 타당도척도에 대한 남녀 규준은 개발되지 않았다. 더불어 척도 3(Hy)과 척도 6(Pa)이 종종 여성에게서 높게 상승하는 반면, 척도 1(Hs)과 척도 7(Pt)는 남성에게서 가장 높게 나타났다(Webb, 1971). 이후에 성별에 따른 MMPI 상승척도마다 차별적 상관물이 있다는 점이 시사되었다(Dahlstrom et al., 1972). 즉, 척도 6의 상승이 반드시 남성과 여성에게 똑같은 의미가 있는 것은 아니다. 그러나 코드패턴의 경험적 상관물에서 남녀 차이가 나타나는지에 대한 연구는 적다. Greene(1991a)은 연구가 부족한 것은 남녀 차이가 잘 발견되지 않거나 혹은 이 영역의 연구가 부재하다는 점을 반영한다고 언급하였다.

MMPI-2도 남녀에 따른 T점수를 사용하지만, MMPI-2-RF는 성별 차이가 없는 규준을 사용한다. MMPI-2 패턴을 해석하는 데 충분히 고려하지 않았던 성별과 관련된 구체적 상황들은 MMPI-2 프로파일의 임상적 유의성을 이해하는 데 반드시 고려되어야 한다. 예를 들어, 배우자 학대는 아내 측에 불균형적으로 일어나며, 여성이 폭행을 당한다는 것을 알고 있다면 MMPI-2 패턴에 나타난 분노에 대해 더 잘 이해할 수 있을 것이다. 유사하게, 직업에서 유리천장을 경험한 유능하고 독립적인 여성의 좌절감이 MMPI-2 프로파일에 반영될 수 있는데, 이는 지속되는 병리보다는 상황을 반영한 것이다. 임상가는 MMPI-2 코드패턴을 효과적으로 해석하기 위해서 이와 같은 성차별로 인해 생기는 문제들(젠더 이슈, gender issues)에 민감해야 한다. 비록 MMPI-2가 충분히 강력하기 때문에 이러한 젠더 이슈들로 인해 해석이 타당하지 않게 될 정도는 아니지만, 확실히 더 많은 연구가 필요하다.

Greene(2011)은 정상집단(Butcher et al., 1989)과 임상환자군(Caldwell, 2007b) 모두를 아우르는 성별에 따른 척도별 평균 점수 비교표를 제시하였다. 그의 비교를 통해 이 두 집단에서 모든 타당도척도에 성별이 최소한의 영향을 준다는 것이 밝혀졌다. Greene은 임상척도에서는 성별 영향이 약간 더 크게 나타난 것을 제시하였는데, 여성은 척도 1, 2, 3, 7에서 더 많은 문항에 표기하며, 척도 5(Mf)에서는 확실히 더 그렇다. 그러나 모든 임상척도[척도 5(Mf)는 제외]에 걸쳐서 2~3개 문항 이하 정도로 그 차이는 작다. Greene(2011, p. 489)은 또한 이러한 비교를 위해 Caldwell(2007b)의 임상집단을 사용하여 MMPI-2 코드타입의 성별 빈도 자료를 제시하였다(〈표 11-23〉과 〈표 11-24〉, p. 490).

몇몇 코드타입(6-8/8-6, 7-8/8-7, 단독상승한 척도 9)이 남성에게서 더 자주 나타나는 반면, 또 다른 코드타입(1-2/2-1, 1-3/3-1, 2-7/7-2)은 여성에게서 더 자주 나타난다. 단독상승한 척도 5나 2-3/3-2 코드타입은 남성에 비해 여성에게서 2배 정도 더 많이 나타난다. 그러나 대부분의 코드타입은 남녀에서 똑같이 나타난다.

교육

MMPI-2 문항들을 기본적으로 이해하는 문제를 넘어서, 교육은 또한 일부 척도의 상승도와 관련된다. 원판 MMPI에서는 교육수준이 높을수록 F 척도와 Si 척도가 낮아지며 K 척도가 높아진다. 이와 비슷하게, 교육수준이 높은 남성은 확실히 척도 5(Mf)가 높고(Gulas, 1973), 교육수준이 높은 여성은 척도 5의 점수가 다소 낮게 나타난다(Dahlstrom et al., 1986; Graham & Tisdale, 1983). 척도 5의 이러한 경향성은 지능검사 점수의 상승과도 관련되며, 일반적으로 이는 연령이나 인종에 상관없이 나타난다(Dahlstrom et al., 1986). Dahlstorm 등(1986, p. 123)에 따르면 다음과 같다.

> 일반적으로 고등학교 졸업 이상의 교육수준을 보고한 모든 수검자는 MMPI에서 덜 벗어난 (deviant) 방향으로 응답하는 경향이 많다. 그들의 점수는 더 큰 개인적 효능감, 더 적은 대인관계 및 정서적 문제 그리고 더 높은 의욕을 지니고 있는 것과 일관된다.

이는 연령에 상관없이 교육수준이 증가할수록 MMPI의 결정적 문항들에 덜 기입한다는 Webb 등(1971)의 발견과 일치한다.

MMPI-2에서 척도 상승에 대한 교육의 효과는 MMPI와 사뭇 다르게 나타나는데, 이는 원판 규준집단의 평균 교육 기간이 8년인 반면, MMPI-2의 규준집단은 거의 15년이기 때문이다. 만약 원판 '정상'집단의 별명이 '미네소타 농부'였다면, 새로운 '정상'집단은 '여피족(yuppies)'일 수 있다. 따라서 MMPI-2 검사를 받은 사람들은 원판에서 덜 교육받은 사람들과 비교됐던 것과 달리 교육수준이 높은 규준집단과 비교되기 때문에 MMPI보다 K 척도와 척도 5에서 더 낮은 점수를 받고 L 척도에서 더 높은 점수를 받을 것이다. 새로운 '과한' 교육수준의 정상집단이 코드패턴 자료에 영향을 줄 수 있다는 점을 반박하기 위해, Butcher(1990a)는 교육수준과 조사된 평균 T점수를 바탕으로 MMPI-2의 규준집단을 5개로 분류하였다. 그의 자료를 통해 교육수준이 T점수의 상승도에 유의미한 영향을 거의 주지 않는다는 것이 시사되었는데, 5개 집단의 평균 T점수가 모두 50점대에 머물렀기 때문이다. Greene(2011)은 임상집단(Caldwell, 2007b)을 ① 6~12년, ② 13~16년, ③ 17년 이상의 3개로 구분하여 MMPI-2 척도에 대한 교육의 영향을 다음과 같이 검증하였다. 그는 MMPI-2 척도 점수가 교육이 증가함에 따라 T점수가 5~10점 정도 줄어드는 경향이 있다고 밝혔다. 또한 "교육수준이 12년 이하의 내담자와 비교하면, 17년 이상이 되면 어떠한 연령효과도 적어지는 경향이 있다"(Greene, 2011, p. 494).

인종

원판 MMPI를 검증한 수많은 연구가 MMPI 점수에서 아프리카계 미국인과 백인들 사이에 유의한 차이가 있다는 것을 보여 준다. 많은 연구에서 F 척도와 척도 8(Sc), 척도 9(Ma)가 아프리카계 미국인들에게서 더 높게 나타나며, 또 다른 연구들에서는 K 척도와 척도 5(Mf)가 더 낮게 나타난다. 그러나 일부 근거(Dahlstrom et al., 1986)로 보면 이런 명백한 차이의 대부분이 교육이나 연령 및 시골/도시 지역 차이와 같은 다른 변인들의 영향을 받은 것이 강력히 시사된다. 사회경제적 지위가 높을수록 인종 간 차이가 확실히 사라진다. 인종 간 차이보다는 인종 내에서 사회경제적 지위의 높고 낮음에 따르는 척도 점수 차이가 훨씬 크다. 확실히 사회경제적 지위의 역할이 인종변인보다 훨씬 크다.

Hall, Bansal과 Lopez(1999)는 아프리카계와 유럽계 미국 남성들에 대한 25개 연구와 아프리카계와 유럽계 미국 여성들에 대한 12개 연구를 메타분석하였다. 그 결과, 남성의 경우 확실히 아프리카계 미국 남성들이 유럽계 미국 남성들에 비해 F 척도 및 척도 8과 척도 9에서 더 높은 점수를 받았음이 밝혀졌다. 여성의 경우에는 아프리카계 미국 여성이 유의하게 더 높은 점수를 받은 것은 오직 척도 9였다. 그러나 총효과크기(Cohen's d)는 .17∼.24로, 이는 T점수 3점 이하의 차이이다. 즉, 이러한 차이들은 통계적으로는 유의하지만 임상적으로는 그렇지 않다.

Gynther(1979)는 이러한 결과가 심리적 적응의 차이보다는 가치와 인식의 차이를 반영한다고 주장하였다. Gynther는 많은 연구에서 아프리카계 미국인과 백인 간 차이의 주요한 요인은 소외감과 사회에 대한 불신이며, 이것이 척도 4(Pd)와 척도 8(Sc)에 반영된다는 점을 밝혔다. Dahlstrom 등(1986)은 "(MMPI 등 유사한 측정 도구에서 상승한 점수를 반영하는) 모든 이상(deviations)은 결코 장애의 근거가 아니다."(p. 202)라고 확실히 언급하였다. 그렇기는 하지만, 이러한 상승도와 프로파일 형태는 가치가 있다. Dahlstrom 등(1986, p.202)은 다음과 같이 결론지었다.

> MMPI는 소수집단에 속한 사람들이 현대 미국에서 자주 마주치는 특정 환경에 대처하는 노력의 수단일 수 있는 다양한 대처 및 방어기제를 규정하는 작업에 매우 유용하다.

Shondrick, Ben-Porath와 Stafford(1992)는 법적인 장면에서 법정 명령에 따라 공판 전 평가의 일환으로 실시한 아프리카계 미국인과 백인 남성의 MMPI-2를 비교하였다. 두 피고집단의 집단 평균 프로파일 중 몇몇 척도에서 집단 간 상승도 차이가 나타났다. 아프리카계 미국인은 백인보다 척도 9, CYN 척도 및 ASP 척도에서 유의하게 높은 점수를 보였다. 특히 사회경제적 변인들이 고려되지 않았기 때문에 차이는 해석하기 어려울 정도로 매우 작았다. 그러나 이러한 작은 차이는 이전에 MMPI에서 발견된 아프리카계 미국인 및 백인의 차이와 일관된다.

Greene(2011)은 비록 연구 수가 제한적이긴 해도 다수의 흑인/백인 MMPI-2 비교연구를 조심스럽게 살펴본 뒤, 집단 간에 뚜렷한 차이가 없다고 결론 내렸다. Greene에 따르면, "흑인과 백인 사이에 외적 상관물의 차이를 발견하지 못한 것은 이러한 결론을 상당히 확실하게 만드는 것이다"(p. 508).

라틴 아메리카계와 다른 소수집단의 비교에서도 MMPI 평균 점수에서 약간의 차이가 있다고 나타났다. 그러나 이러한 연구들을 리뷰한 Greene(1980)은 L 척도나 K 척도 같은 타당도 척도에서는 차이가 있으나, 임상척도에서는 확실한 차이의 경향성을 파악할 수 없었다고 하였다. 그의 연구를 통해 MMPI에서 라틴 아메리카계 집단과 백인의 차이가 아프리카계 미국인과 백인의 차이보다 작다는 점이 시사되었다. Dahlstrom 등(1986)도 비슷한 관찰을 하였고, 부가적으로 문화 적응(acculturation)이 일반적으로 라틴 아메리카계와 백인 집단에서의 MMPI 점수 차이를 줄인다고 언급하였다. Hall 등(1999)은 충분한 수의 라틴계와 유럽계 여성들을 비교한 연구들을 찾지 못하였지만, 남성들을 비교한 연구는 찾을 수 있었다. 그들은 메타분석을 통해 라틴계 남성들이 유럽계 미국 남성에 비해 L 척도에서는 2점이 높고(Cohen's $d=.21$), 척도 5에서는 대략 3.5점이 낮다고 밝혔다. 더 최근에 Greene(2011)은 정상집단과 임상집단에서의 라틴 아메리카계-백인의 비교는 어떤 결론을 내리기에는 연구 수가 너무 적어서 단지 이 분야에 연구가 더 필요하다는 결론밖에는 내릴 수 없다고 인정하였다.

미국 원주민들의 MMPI/MMPI-2 점수를 검증한 문헌은 상대적으로 부족하다. 그러나 Robin 등(2003)은 사회문화적 그리고 역사적 기원에서 차이가 있는 두 집단인 남서부 인디언(Southwestern)과 평원 인디언(Plains American Indian)들을 비교한 자료를 제시하였다. MMPI-2 규준집단의 512명과 이와 대응되는 미국 원주민 512명을 비교한 결과, 몇몇의 중요한 차이가 발견되었다. 미국 원주민집단의 점수가 L 척도에서 8점, F 척도에서 7점, 척도 4와 척도 8에서 6점, 척도 9에서 5점, 척도 3에서 4점 그리고 척도 2에서 3점이 높았다. 더욱이 임상소척도, 보충척도 및 내용척도에서 차이가 있었는데, Robin 등은 Dahlstrom 등(1986)의 제안과 반대로, 대응되는 집단이 포함되었을 때 차이가 없어지지 않았다는 것은 이러한 미국 원주민들이 "MMPI-2 규준집단의 인구통계학적 변인들을 기준으로 대응하였을 때조차 더 많은 경제적 및 사회적 고난, 외상, 폭력으로 고통받아 온 것"(p. 356)을 반영한다고 주장하였다. Greene(2011)은 미국 원주민과 백인을 비교한 3개의 연구를 리뷰한 뒤, "비록 이러한 차이가 어떤 타당도척도나 임상척도 때문인지 확실하게 알 수 없어도 미국 원주민들은 백인보다 MMPI-2에서 높은 점수를 받을 것이다."(p. 508)라고 하였다.

Tsai와 Pike(2000)는 아시아계 미국 학생들의 MMPI-2에 대한 문화적 영향을 조사하였다. 그들은 백인과 달리 아시아계 미국 학생들에게는 문화 적응수준이 MMPI-2 점수 정도에 영향을 준다는 점을 밝혔다. 백인과 비교하여, 낮은 문화 적응을 보이는 아시아계 미국 학생들은 9개의 척도(L, F, 1, 2, 5, 6, 7, 8, 0)에서 유의미하게 높은 점수를 받았다. 두 문화가 공존하는(bicultural) 아시아계 미국인의 점수는 백인보다 5개 척도(F, 2, 6, 7, 0)에서 높았고, 하나의 척도(K)에서 낮았다. 더욱이 이러한 차이는 T점수로는 6.5~21.7점에 해당하여 임상적으로 의미가 있었다. 그러나 문화 적응수준이 높은 아시아계 미국인들과 백인들 사이에서 유의한 차이는 없었다.

MMPI-2 프로파일을 해석할 때 인종을 고려해야 함에도 불구하고, MMPI와 인종에 대한 종합적인 리뷰에서 Greene(1987, 2011)은 인종 간 MMPI 평균 점수의 차이에는 너무 많은 것이 영향을 준다고 주장하였다. 그의 리뷰는 "어떤 두 인종집단 간에서도 척도 차이의 일관된 경향을 발견하기는 어렵다."라는 것을 시사하였다(Greene, 1987, p. 509). 그 대신 "인종보다는 프로파일 타당성뿐 아니라 사회경제적 지위, 교육 및 지능과 같은 조절변인이 MMPI 수행에 있어 더 중요한 결정 요인이 된다"(p. 509). Greene(2011) 및 Dahlstrom 등(1986)은 연구자들이 다양한 인종 간에서 거의 나타나지 않는 작은 평균 점수 차이를 찾는 것보다는 MMPI-2의 특정 패턴과 상승도에 따르는 경험적 상관물에 집중해야 한다고 주장한다. 또한 특정 개인에 대해 그 사람의 인종이나 성(surname)으로 정의된 소수 문화의 정체감을 가정하는 것보다, 개인이 어떤 인종집단에 동일시하는가의 여부를 입증하는 것과 당시의 주류 문화로부터 소외되었다는 자각에 접근하는 것이 필요하다.

물론 다른 언어로 번역된 MMPI-2 또는 다른 심리검사를 해석할 때에도 더 주의해야 한다. Butcher와 동료들(Butcher, Cheung, & Lim, 2003; Butcher, Derksen, Sloore, & Sirigatti, 2003)은 유럽과 아시아 문화권에서 MMPI-2의 적용성을 검증하였다. MMPI-2의 범문화적 사용을 위해서는 가능한 자료를 모두 고려해야 하는데, Butcher(2004, p. 94)는 범문화적 성격측정검사 도구의 성공적인 국제적 적용을 위해 다음의 지침을 제시하였다.

1. 검사 도구의 비교 가능한 자료들이 확실하게 정립되어야 한다.
2. 검사를 다른 언어와 문화로 성공적으로 번역하는 것이 중요하다.
3. 새로운 프로젝트에 효과적인 개발 전략을 제공하기 위해 검사 도구는 발달된 '번역의 구전 지식'(예: 전형적으로 번역하기 어려운 문항, 수용 가능한 문항 내용으로 대체 등)을 지녀야

한다.

4. 검사 도구는 그 나라의 언어로 번역될 수 있는 해석에 초점을 둔 해석 교과서가 있어야 한다.

5. 일반적으로 임상 실무자들을 위해 검사 도구 사용 훈련 워크숍이 제공되는 것이 중요하다.

사회경제적 변인

백인 참여자들의 사회경제적 지위(SES)를 정의하는 주요 영역은 아프리카계 미국인이나 다른 인종집단 참여자들의 유사한 영역에 대략적으로만 대응된다. 따라서 SES 변인들과 관련될 수 있는 MMPI-2 패턴을 일반화하는 것은 위험하다(Dahlstrom et al., 1968). 그렇기는 하지만 몇몇 패턴은 특정한 진술을 정당화하기에 충분히 일관된 것으로 보인다.

낮은 SES의 정상집단은 인종이나 성별에 관계없이 MMPI-2의 F 척도와 척도 0(Si)에서 더 높은 점수를 받는 경향이 있는 반면, 좀 더 높은 SES 배경의 참여자들은 K 척도에서 더 높은 점수를 받는 경향을 보인다(Dahlstrom et al., 1986; Duckworth & Anderson, 1986). SES가 높아질수록 남성의 경우는 척도 8(Sc)이 낮아지고 척도 5(Mf)가 높아지는 경향이 있으며, 여성의 경우는 척도 2(D)와 척도 5(Mf)가 낮아진다. SES는 기본적으로 교육, 연령, 성별이나 인종 같은 영역으로 구성되지만, 한편으로 그러한 요인들은 혼입변인이 된다. 따라서 MMPI-2 패턴을 해석하는 데 있어 SES가 기본적인 삶의 형태를 제시할 것이라는 점은 놀라운 것이 아니다. 앞서 언급했듯이, MMPI-2 정상규준집단의 평균 교육수준이 15년이고 MMPI는 8년이라는 차이에도 불구하고 교육은 프로파일 상승도에 유의하게 영향을 미치는 요인이 아니다. 예외로는 남녀 모두에게 K 척도이며, 놀랍게도 척도 5는 남성만 해당된다. 일반적으로 다른 사회경제적 집단 간에 나타나는 주요한 차이가 타당도척도와 척도 5의 점수라는 점은 흥미롭다. 교육수준이 가장 높은 집단에 비해 가장 낮은 교육수준집단(일부 고등학교)은 더 높은 F점수(약 T점수 8점)와 L점수(약 T점수 5점)를 보이고, 더 낮은 K점수(약 T점수 9점)를 보인다.

종합하면, 일부 임상척도 및 타당도척도의 개인 간 차이와 조절변인에도 불구하고 연령, 교육, 성별, 인종 및 직업에 대한 다중회귀 결과는 다음과 같다.

어떤 MMPI-2 척도에서도 설명 변량의 10%를 넘기지 못한다. 이러한 일반화의 유일한 예외는 척도 5(남성성-여성성, Mf)이며, 성별변인이 변량의 50% 남짓을 설명한다(Greene, 2011, p. 494).

해석단계

서면 보고서를 준비하는 것은 많은 심리학자의 업무 중 중요한 부분이다. 그러나 이 과정은 일반적으로 대학원에서는 충분히 강조되지 않고, 연구된 것도 적으며, 지루한 일로 여겨져서 결과적으로 잘 못하게 된다(Ownby, 1987). 보고서를 쓰는 것은 두 단계를 포함하는데, 그중 첫 번째 단계가 가장 중요하다. 왜냐하면 첫 번째 단계가 형편없으면 두 번째 단계가 무의미하기 때문이다. 첫째, 심리학자는 수검자를 정확하게 개념화하는 추론을 세우기 위해 원자료(raw data)를 잘 조직화할 필요가 있다. 두 번째 단계는 이러한 추론들을 보고서로 정교하게 만드는 작업을 포함한다. 여기에는 경험적인 근거가 있어야 하며, 수검자의 그림을 정확하게 그려서 보고서를 읽는 사람에게 유용해야 한다.

기본적으로 대부분의 심리학자는 방대한 일련의 MMPI-2 자료를 해석하는 데 어려움을 겪는다. 때때로 이는 위협적이기도 하다. 인구통계학적 자료와 의뢰 사유를 배경으로 10개의 임상척도와 9개(이상)의 타당도척도가 가능한 T점수 범위 내에서 폭넓게 공변한다. 보충척도 및 내용척도가 이 공식에 부가되어 때로 많은 정보가 모순적으로 나타나게 되는 것을 볼 때, MMPI-2 보고서를 쓰기 위해 정보를 통합하는 것이 복잡하고 지겨운 작업이라는 것은 당연하다.

다음의 논의에서는 MMPI-2 프로파일을 해석하기 위한 단계별 접근뿐 아니라 실제 보고서 쓰는 것을 소개하고 흔히 빠지는 함정과 개선방법을 제시한다. 또한 MMPI-2 보고서가 경험적인 근거를 지니고 개인의 심리적 서술을 풍부히 담아낼 수 있도록 하는 것을 포함한다.

여기서는 해석이 '모르는 채(blind)'로, 즉 다른 검사 자료나 임상 및 과거력 자료의 도움 없이 만들어지는 것을 가정하여 해석단계의 개요를 서술하였다. 비록 이는 일상적이고 윤리적인 임상 실무와는 맞지 않지만, 독자가 다른 검사 자료를 통합해야 하는 부가적 일로 부담을 갖지 않게 하고, 해석적 과정을 더 잘 설명하기 위해서 다른 자료는 없이 MMPI-2 자료만 독립적으로 보았다. 그러나 일반적으로 MMPI-2 자료는 심리검사 또는 과거력, 면담 및 주호소나 의뢰 사유를 포함한 전체 평가의 일부이다.

프로파일의 해석은 제2장에서 소개된 단계에 따라 진행되어야 한다. 이러한 단계들은 수검자의 검사수행시간뿐 아니라 응답지에서 지운 것이나 빠뜨린 것 혹은 중복으로 응답한 것에 대한 기록을 포함한다. 이와 더불어 적절한 검사(예: 언어와 형식)를 실시하는 것과 수검자에게 적절한 지시를 하는 것이 중요하다. 적절한 채점기술과 검사 조건은 모두 제2장에서 설명하였다.

실제 해석업무는 검사가 실시된 장면(setting)을 결정하는 것으로 시작한다. 첫째, 의뢰 사유 뿐 아니라 성별, 연령, 인종 및 교육수준 등의 기본적인 인구통계학적 정보를 얻는다. 수검자 가 입원한 환자였는가, 감옥에 있는 사람이었는가? 이혼/양육권을 위한 평가인가 혹은 개인 진료소를 스스로 찾아온 사람이었는가? 아프리카계 미국인인가 혹은 다른 인종인가? 연령은 몇 세인가? '모르는 채로' 프로파일을 해석할 때에도 이러한 인구통계학적 정보나 의뢰 사유 및 조절변인들은 프로파일을 해석하는 단계를 결정하기 때문에 필수적이다. 수검자가 처한 장면 이 긍정적 혹은 부정적 자기제시의 동기를 크게 일으키는지 혹은 전혀 일으키지 않는지가 제 시되면 타당도 기준도 영향을 받는다. Greene(2011, p. 512, 〈표 11-37〉)은 타당도척도 및 임상 척도에 대한 수검장면의 영향을 보여 주는 유용한 비교표를 제시하였다. 독자들은 표를 살펴 보면 좋을 것이다. 앞서 언급했듯이, 타당도를 결정하는 정확한 점수기준은 없다. 그 대신 임 상가는 프로파일에 대한 해석적 이해를 위해 전체 프로파일과 수검장면 및 문제를 과장 혹은 과소 보고할 만한 동기가 있는지 조사해야 한다. 예를 들어, 양육권을 위한 평가장면에서 L이 65점이고, F가 40점, K가 65점이라는 것은 자기우호적인 측면을 제시하는 것을 시사하며, 검 사가 타당하지 않을 수 있는 가능성을 의미한다. 그러나 개인 진료소라면 내담자는 자기우호 적 측면을 제시하고자 하는 동기가 없기 때문에, 실제로는 자신의 감정에 접촉하지 않으려는 사람의 경직되고 과잉통제적이며 억제된 성향을 반영하는 것일 수 있다. Mp 척도와 Sd 척도 같은 다른 타당도지표들도 이러한 프로파일의 해석을 결정하는 데 도움이 될 수 있다.

프로파일 해석의 두 번째 단계는 수검자가 일관되고 정확하게 문항에 응답하였는지 확인 하는 것이다. 만약 VRIN과 TRIN이 수용 가능한 범위 내에 있지 않다면, 프로파일이 타당하지 않기 때문에 추가적인 임상적 해석은 하지 않는다.

그러나 만약 이러한 척도들이 일관된 응답을 나타내며 F, FB, F(p), L, K, S 및 다른 보충타 당도척도들이 수용 가능한 범위라면, 프로파일은 타당하다. 때때로 긍정적 혹은 부정적 자기 제시가 시사되는 프로파일이라도 타당함의 여부가 불명확할 때도 있다. 이런 경우에는 왜곡 된 자기제시가 의도적인 것인지(타인기만) 혹은 의도적이지 않은 것인지(자기기만)를 임상가 가 결정해야 한다. 어떠한 경우에도 임상가는 왜곡된 자기제시가 검사를 타당하지 않게 만들 정도로 극단적인가의 여부를 결정해야 한다. 예를 들면, 일부 자기 스스로를 좋게 혹은 안 좋 게 보이려는 사람들이 있어도 몇몇의 경고를 덧붙이면 검사는 여전히 해석될 수 있다. 양육권 을 위한 평가에서 T점수가 K 척도는 63점이고 L 척도는 60점인 내담자의 프로파일을 예로 들 어 보자. 임상가는 보충 타당도척도들을 조사하여 그 사람이 되도록 좋은 인상을 주려고 애 를 써서 검사에서 정신병리가 과소평가되었다고 결론 내릴 수 있다. 그럼에도 불구하고 대부 분의 양육권 분쟁 소송인의 L과 K 점수가 상승하기 때문에, 임상가는 프로파일을 조심스럽게 해석할 수 있다고 결정할 수 있다(Bathurst, Gottfried, & Gottfried, 1997). 이와 더불어 무엇보다 F(p), F-K 지표, Ds, Mp 및 Sd 척도는 긍정적 혹은 부정적 자기제시가 인상관리를 하는지 혹은 자기기만의 기능을 하는지 결정하는 데 도움이 될 수 있다.

때때로 프로파일들은 일관되지만, 매우 비우호적인 자기제시를 확실히 나타내는 사람도 있다. 수검자가 꾀병을 보일 이유가 거의 없는 장면에서라면, 수검자가 자신을 임상가에게 어떻게 보여 주고 싶어 하는지를 이해할 만하더라도 과장된 프로파일을 조심스럽게 해석할 필요가 있다. 과장된 프로파일은 수검자와의 대화를 위한 지침이다. 예를 들어, 임상가는 아마도 다음과 같이 말할 수 있다.

당신이 어려움이나 두려움을 과장되게 강조하면서까지 검사에 응답한 것은 아마도 당신이 얼마나 고통스러운지를 나에게 알려 주려고 애썼다는 것을 나타내는 것 같습니다. 의도적으로 그러셨나요? 내가 확실히 알아줬으면 하는 문제나 감정은 무엇인가요?

그러나 앞서 말한 것처럼 VRIN 척도와 TRIN 척도가 명확히 비일관성을 나타내고 혼란의 가능성을 보여 준다면, 어떠한 프로파일도 해석하면 안 된다.

프로파일 해석의 세 번째 단계는 각각의 임상척도를 개별적으로 검증하는 것으로, T점수를 살펴보고 드러나는 코드패턴이 있는지 결정한다. 프로파일을 코드화하는 방법에 대해서는 제2장에 구체적으로 설명되어 있다. MMPI-2에 통달하기 전에 코드패턴을 알아내는 것은 어렵고, 찾아보지 않고 특정 코드패턴과 관련된 상관물들을 정확히 아는 것은 더욱 어렵다. MMPI-2에 익숙해지면, 임상가들은 쉽게 알 수 있는 몇몇의 코드타입을 찾을 것이다. 대체로 임상척도 중 2, 3, 4개가 다른 것들보다 명백히 상승해 있고, 대략 T점수 65점 이상 수준이다. 이런 경우 제6장을 펴서 단독상승, 2개, 3개 및 4개로 된 코드패턴과 관련된 설명을 읽으면 된다.

더 뚜렷하고(잘 정의되고) 더 상승한 코드패턴일수록 임상가는 설명의 타당성에 대해 더 자신감을 가지게 된다. 예를 들어, 척도 2, 7, 8이 모두 T점수 80점까지 상승하고, 다른 척도들은 65점 이하인 프로파일은 뚜렷하고 상승된 코드패턴이다. 척도 2, 3, 4, 6, 8, 9 및 0이 모두 T점수 64에서 66점 사이에 있는 프로파일은 다소 상승되고 확실히 정의되지 않은 프로파일이며, 이를 해석하는 것은 더 어렵다. 더 높게 상승할수록 임상가는 더 자신감 있게 딱 들어맞는 핵심적인 설명을 할 수 있다.

코드타입이 정해지면, 코드패턴 탐색표(Code-Pattern Look-Up Table)를 참고해서 패턴과 관련된 설명을 적는다. 초보 임상가들은 종종 코드패턴 자료를 바탕으로 강력한 추론을 하는

데 있어 불필요하게 조심스럽다. 이는 종종 검사 및 임상가의 능력에 대한 불신을 반영한다. 타당하게 상승된, 특히 잘 정의된 코드패턴을 보이는 사람이 그 코드패턴과 관련된 증상이나 주호소 및 성격특성을 보이지 않는 경우는 거의 없다는 점을 기억하는 것이 중요하다. 예를 들어, 척도 2에서 T점수 90점을 받은 사람은 비록 의식적으로 자신이 우울하다는 것을 자각하거나 호소하지 않더라도(이는 매우 드문 일이다) 틀림없이 우울할 것이고 우울증 증상을 나타낼 것이다.

심리학자들은 자주 코드패턴과 관련된 설명을 교과서에서 그대로 복사해 오는 것을 우려한다. 그러나 이러한 설명들은 경험적으로 그리고 임상적으로 도출되었기 때문에 코드타입표에서 설명을 그대로 베낀다고 해도 표절로 고소당할 위험은 전혀 없다. 오히려 '사용 설명서(cookbook)'와 다른 어휘를 사용하여 설명하려는 시도는 해석적 오류를 가져올 수 있다. 몇몇 대학원생은 이렇게 보고서를 쓰는 것이 임상적이고 해석적인 기술을 보여 줄 여지를 줄인다고 불평한다. 그러나 임상가의 기술은 특정인에게 어떤 설명이 잘 어울리는지 그리고 복잡한 프로파일에 대한 설명들을 어떻게 종합할지를 결정하는 데 필요하다.

🗣 일반적인 코드패턴

MMPI와 MMPI-2를 사용한 뒤 70여 년 동안 자주 등장하는 척도 형태나 코드패턴에 대한 설명이 있었고, 이는 MMPI-2 어휘들의 일부가 되었다. 자주 등장하는 K-교정 패턴은 다음과 같이 정리된다.

1. **전환 V**(Conversion V; [그림 9-1] 참조). 전환 V는 척도 1과 척도 3이 척도 2보다 T점수에서 8점 이상 높으며, 척도 1과 척도 3이 적어도 T점수 65점일 때 나타난다. 고전적인 전환 V에서 다른 척도들이 상승할 수도 있지만, 척도 1이나 척도 3만큼은 높지 않다. 전환 V는 현저한 성격 특성을 나타내는 뚜렷한 패턴이다(제6장의 13/31 코드 참조).
2. **편집증 계곡 또는 정신증 V**(Paranoid Valley/Psychotic V; [그림 9-2] 참조). 이 프로파일은 척도 6과 척도 8이 척도 7보다 T점수 8점 이상 더 높고, 척도 6과 척도 8이 T점수 65점 이상일 때 나타난다.
3. **단독상승한 프로파일**(Spike Profile; [그림 9-3] 참조). 단독상승한 프로파일은 65점 이상이며, 어떤 척도라도 다른 모든 나머지 척도에 비해 최소 T점수 8점 이상 높을 때 나타난다.

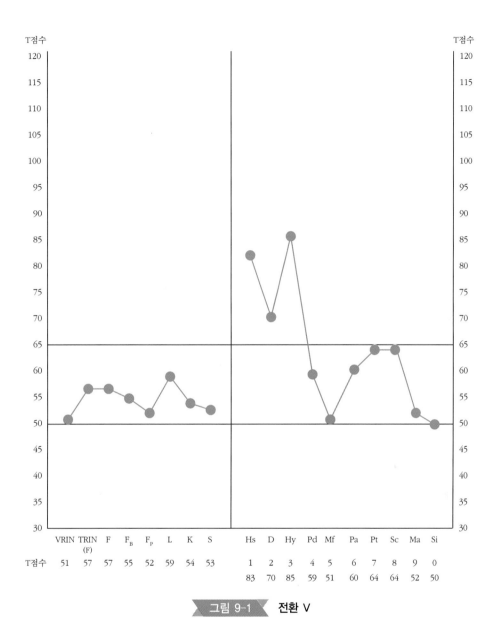

T점수	VRIN	TRIN (F)	F	F_B	F_P	L	K	S
	51	57	57	55	52	59	54	53

	Hs	D	Hy	Pd	Mf	Pa	Pt	Sc	Ma	Si
	1	2	3	4	5	6	7	8	9	0
	83	70	85	59	51	60	64	64	52	50

그림 9-1   전환 V

출처: Butcher et al. (2001)에서 인용함.

4. **정신증 대 신경증 경사**(Psychotic versus Neurotic Slope). 척도 5를 지나는 수직선을 기준으로 대략 MMPI-2 프로파일의 왼쪽은 신경증으로, 오른쪽은 정신증으로 나뉜다. 정신증 척도들이 확실히 상승하고(T점수 65점 이상), 65점 이하의 신경증 척도들보다 확실히 높으면 정적인 경사가 생긴다([그림 9-4] 참조). 이는 정신증적 적응을 예견한다. 프로파일

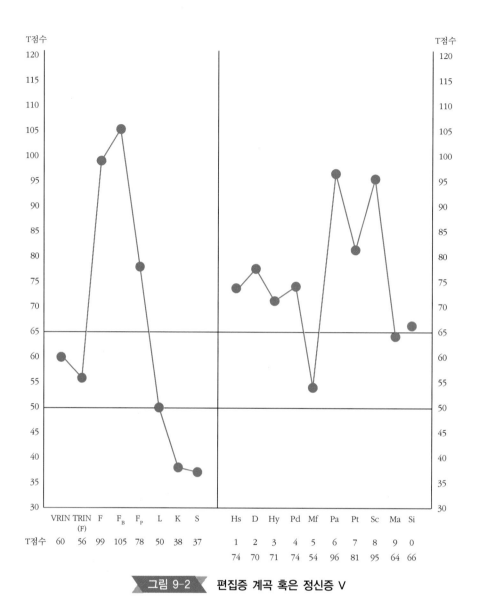

	VRIN	TRIN (F)	F	F_B	F_P	L	K	S		Hs	D	Hy	Pd	Mf	Pa	Pt	Sc	Ma	Si
T점수	60	56	99	105	78	50	38	37		1	2	3	4	5	6	7	8	9	0
										74	70	71	74	54	96	81	95	64	66

그림 9-2   편집증 계곡 혹은 정신증 V

출처: Butcher et al. (2001)에서 인용함.

의 왼쪽 혹은 신경증 척도들이 확실히 상승하고 정신증 척도들이 상대적으로 낮으면 부적인 경사가 생긴다([그림 9-5] 참조). 이는 일반적으로 신경증적 적응을 예견한다. 그러나 어떤 임상가도 프로파일의 경사만으로 프로파일이 정신증적 혹은 신경증적 적응을 가리킨다고 추측하지 않는다. 신경증 대 정신증 경사 개념은 오직 '내가 지금 신경증적 혹은 정신증적 프로파일을 검토하는 것인가?'라는 질문에 대한 진단적 결정 과정의 시

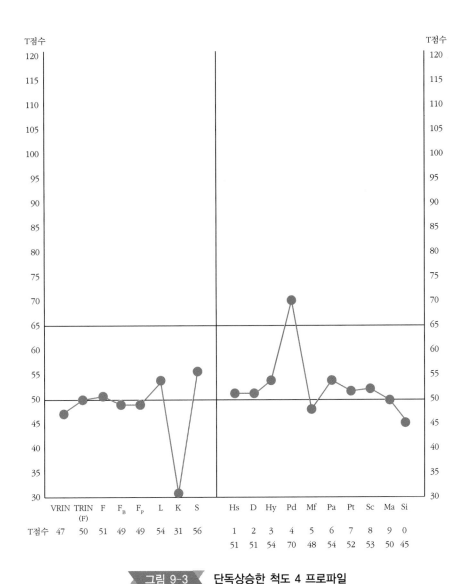

T점수	VRIN	TRIN (F)	F	F_B	F_P	L	K	S
	47	50	51	49	49	54	31	56

	Hs	D	Hy	Pd	Mf	Pa	Pt	Sc	Ma	Si
	1	2	3	4	5	6	7	8	9	0
	51	51	54	70	48	54	52	53	50	45

그림 9-3　단독상승한 척도 4 프로파일

출처: Butcher et al. (2001)에서 인용함.

　작점으로만 유용하다. 결정적으로 정신증 대 신경증 적응을 결정하는 것은 그 사람의 행동과 과거력의 맥락에서 관찰되는 모든 측면과 함께 다양한 척도의 상승, 척도 형태, Goldberg 지표, 결정적 문항 등을 참고하여 이루어진다.

5. **수동-공격성 V**(Passive-aggressive V; [그림 9-6] 참조). 이 프로파일은 척도 4와 척도 6이 T점수 65점 이상 상승하고 척도 5는 T점수 50점에 가깝거나 그 이하일 때 나타난다. 이

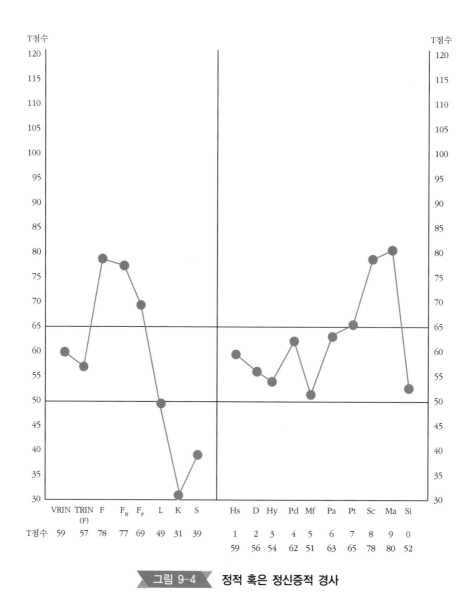

T점수

	VRIN	TRIN (F)	F	F_B	F_P	L	K	S
T점수	59	57	78	77	69	49	31	39

	Hs	D	Hy	Pd	Mf	Pa	Pt	Sc	Ma	Si
	1	2	3	4	5	6	7	8	9	0
	59	56	54	62	51	63	65	78	80	52

그림 9-4   정적 혹은 정신증적 경사

출처: Butcher et al. (2001)에서 인용함.

프로파일은 수동-공격성 성격장애나 특성장애를 시사한다. 그 형태 때문에 이는 종종 수동-공격성 V로 불린다. 척도 5가 낮을수록 여성들은 더 수동적이고 자멸적인 양상을 보인다. 수동-공격성 V는 척도 5의 낮은 점수가 수동성을 자주 예견하기 때문에 여성과 관련되어 있다. 편집증적이면서 공격적인 특성(46/64)이 있다면, 이러한 수동성은 수동적 공격과 손상된 자존심이 된다. 척도 4와 척도 6뿐 아니라 척도 5에서 높은 점수를 받은 남

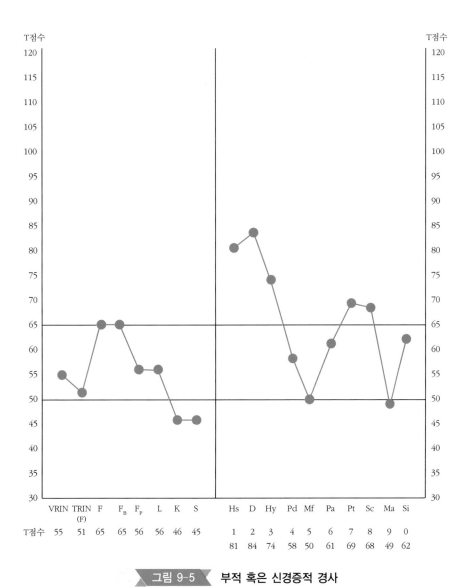

그림 9-5 부적 혹은 신경증적 경사

출처: Butcher et al. (2001)에서 인용함.

성도 자주 수동-공격성, 분노 및 과민성을 보인다. 그러나 남성들에게서 척도 5가 상승했기 때문에 척도 4, 척도 5 및 척도 6의 상승이 그들에게 여성의 46/64 V의 특징을 부여하지는 않는다. 46/64 V 패턴을 보인 남성은 공격적이고 편집적인 경향이 있으며, 편집성 조현병일 가능성이 있다. '남성적(masculine)' 방향의(낮은) 척도 5는 행동화 경향성을 증가시키는 반면, 남성들의 높은 척도 5 점수는 외현적 행동화를 억제하는 효과를 지닌다.

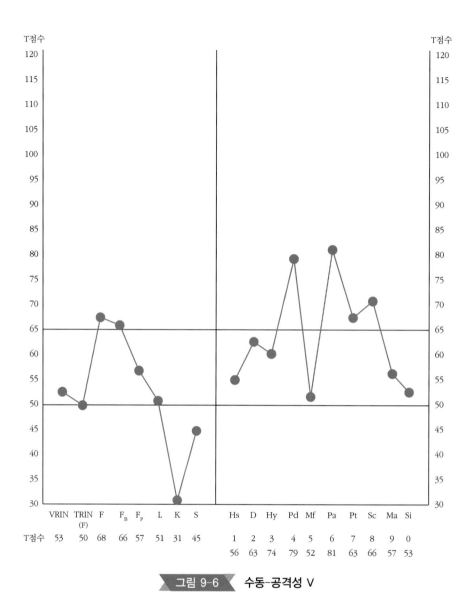

T점수

	VRIN	TRIN (F)	F	F$_B$	F$_P$	L	K	S
T점수	53	50	68	66	57	51	31	45

	Hs	D	Hy	Pd	Mf	Pa	Pt	Sc	Ma	Si
	1	2	3	4	5	6	7	8	9	0
	56	63	74	79	52	81	63	66	57	53

그림 9-6 수동-공격성 V

출처: Butcher et al. (2001)에서 인용함.

6. **K+ 프로파일**(K+ Profile; [그림 9-7] 참조). 이 형태에서는 모든 임상척도가 T점수 65점을 넘지 않는다. 그리고 6개 이상의 임상척도가 T점수 56점 이하이다. K+ 프로파일에서 L 척도와 K 척도는 F 척도보다 높다. K 척도는 또한 F 척도보다 최소 T점수 5점 이상 높고, T점수 60점 이상이다. K+ 프로파일은 오직 입원한 정신증 환자군을 대상으로 연구한 Marks 등(1974)에 의해 밝혀졌다. 즉, 이 프로파일은 검사결과가 부정 오류[검사 실책(test

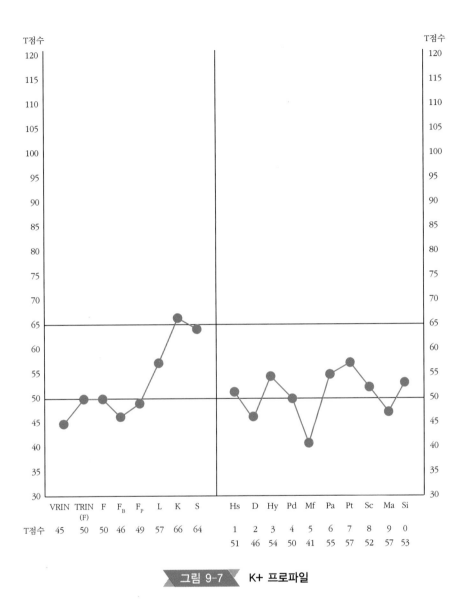

T점수	VRIN	TRIN (F)	F	F_B	F_P	L	K	S
T점수	45	50	50	46	49	57	66	64

	Hs	D	Hy	Pd	Mf	Pa	Pt	Sc	Ma	Si
	1	2	3	4	5	6	7	8	9	0
	51	46	54	50	41	55	57	52	57	53

그림 9-7 K+ 프로파일

출처: Butcher et al. (2001)에서 인용함.

miss)]로 고려될 수 있는 환자들에게 나타난다. 입원한 수검자들은 검사문항들의 지뢰밭을 통과하여, 어떤 임상척도에서도 적신호를 보이지 않게 용케 피하였다. Marks 등은 입원 상황에서 이러한 응답자들의 48%가 정신증적이었다는 것을 알아냈다. 따라서 만약 입원장면에서 K+ 프로파일을 보이는 사람이 있다면, 임상가는 환자가 과한 통제, 정서 차단 및 문제를 의식적으로 혹은 무의식적으로 부인하는 경향성 등으로 인해 심리적 괴

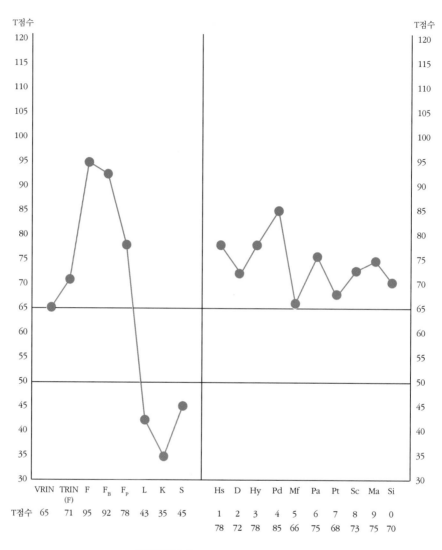

T점수

	VRIN	TRIN (F)	F	F_B	F_P	L	K	S		Hs	D	Hy	Pd	Mf	Pa	Pt	Sc	Ma	Si
T점수	65	71	95	92	78	43	35	45		1	2	3	4	5	6	7	8	9	0
										78	72	78	85	66	75	68	73	75	70

그림 9-8 떠 있는 프로파일

출처: Butcher et al. (2001)에서 인용함.

로움과 고통감을 보고하지 못하고 있다고 설명해야 한다. 이러한 정보는 이미 알려진 환자의 과거력, 행동관찰 혹은 다른 심리검사 자료와 통합되어야 한다. K+ 프로파일을 다루는 가능한 방법은 최악의 상황에서 그들이 어떻게 느끼는지의 관점에서 응답하라고 하면서 환자에게 검사를 다시 받을 것을 권유하는 것이다. 심리학자들은 K+ 프로파일이 상당히 많은 수검장면 및 남녀 모두에서 나타날 수 있다는 점을 기억해야 한다. 하지만

K+의 상관물은 특히 정신과 입원장면에서 얻어졌다. 따라서 정신과 입원환자들 외에 다른 사람들에게 이러한 상관물을 적용할 때는 조심해야 한다(Duckworth & Barley, 1988). 임상척도가 상승하지 않은 이러한 종류의 방어적 프로파일은 또한 개인 진료소에서도 자주 나타나는데, 이는 비록 다소 과통제적 사람일지라도 잘 적응하고 있다는 점을 시사할 수 있다. Mp, Sd 같은 보충타당도척도들과 사회경제적 지위 등이 의도적으로 자기우호적으로 표기한 것인지 또는 의도적이지 않은 것인지를 결정하는 데 도움이 될 수 있다.

7. **떠 있는 프로파일**(Floating Profile; [그림 9-8] 참조). 이 프로파일에서는 척도 1에서 척도 9까지 점수의 전부 또는 대부분이 T점수 65점 이상이며, 대체로 극히 상승한 F 척도를 동반한다(Friedman, Webb, & Lewak, 1989; Newmark, Chassin, Evans, & Gentry, 1984). 이 프로파일은 용이하게 잘 정의된 코드패턴이 드러나지 않기 때문에 해석하기가 힘들다. 모든 코드패턴 중에서 이것이 원판 MMPI 프로파일과 가장 합치되지 않는 코드이다. 다시 원판 MMPI로 옮겼을 때, 가장 높은 2개의 척도가 꽤 달라지는 경향이 있다. 해석 과정은 이 복잡한 프로파일을 2개로 된 코드패턴으로 나누는 것을 포함한다. 이 과정을 통해 해석할 수 있다(이 장의 '복잡한 프로파일'의 해석 부분 참조). 비록 확실치 않지만, 떠 있는 프로파일의 상당수는 대체로 경계선 성격장애 환자들에게서 나타나는 경향이 있다. 이 프로파일을 보인 사람은 상당한 긴장과 혼란을 겪지만, 뚜렷한 방어 패턴은 드러나지 않는다. 그보다 그들은 척도 2와 척도 9의 상승에 반영된 심한 기분 변화, 척도 7, 척도 8 및 척도 9의 상승에 반영된 불안, 긴장 및 자기회의 그리고 척도 1, 2, 3의 상승에 반영된 신체화 및 억압적 방어의 발달, 그뿐만 아니라 척도 4, 8, 9의 상승에 반영된 가끔 발생하는 행동화(acting-out)를 경험한다. 내용척도 및 보충척도뿐 아니라 결정적 문항들의 해석은 이러한 복잡한 프로파일의 해석을 예리하게 할 것이다.

코드패턴, 상승도 및 부가적 척도

코드패턴(27, 49 등)은 상승도와 상관없이 특정한 행동, 증상 및 경험 영역의 세트를 정의한다. 예를 들면, 척도 4와 척도 9에서 가장 높은 점수를 보이는 사람들은 일반적으로 사회적으로 소외되어 있고, 충동적이며, 피상적으로 매력적이지만 좌절에 대한 인내력이 상당히 부족하다. 이러한 특징들은 근본적으로 T점수가 80과 90 사이에 있든 65와 80 사이에 있든 관계없이 모든 49 프로파일 상승에 걸쳐 일관되며, 심지어 T점수가 59에서 65 사이에 있을 때도 경미하지만 적용될 수 있다. 즉, 성격적 특성은 기본적으로 모든 49 패턴에서 유사하다. 그러나 프로파일의 상승은 증상의 강도 및 심각도를 예측한다. 프로파일이 더 높게 나타날수록 증상이 더 심각하며, 사고, 감정 및 행동이 특정 코드패턴에 의해 예상되는 정신병리에 더 많이 좌우되는 경향이 있다. 예를 들면, 정상범위 내(척도 4와 척도 9의 T점수가 60점)에 있는 49 코드는 충동적이고 정력적인 성향 및 어쩌면 좌절 인내력이 낮고 때때로 친밀감에 어려움을 겪는 매력적인 사람이라는 것을 시사한다. 그러나 이러한 특성들 대부분은 정상범위에 있고, 정신병리적이라기보다는 성격적 특성으로 더 많이 나타날 것이다.

다른 예로, T점수 80점이 넘는 27 코드를 보인 사람은 일상생활에 완전히 스며들어 있는 심각한 초조성 우울증(agitated depression)을 겪고 있는 것이다. T점수 65점의 27 프로파일을 보인 또 다른 사람의 경우에는 조금 더 경미한 우울 및 불안감을 경험한 이후 낙담, 초조 및 우울감을 겪는 시기일 수 있다. 척도 2와 척도 7의 T점수가 60점 정도로 상승한 사람이라면 대체로는 잘 적응하고 있으나, 때로 초조하고 불안하며 슬픈 느낌을 겪는 기간이 있을 것이다. 이들의 성격은 쉽게 걱정하며 책임감 있는 성향일 것이다.

각각의 사례에서 상승도가 증상과 정신병리적 특성의 강도나 지속 기간 및 삶 속에서 만연한 정도를 예측하지만 성격성향은 같다. 우리는 일반적으로 프로파일이 60~64점으로 상승한 것은 경도(mild)의 혼란감을, 65~74점은 중등도(moderate)의 혼란감을, 75점 이상은 중도(severe)의 혼란감을 예견한다고 제안한다. 프로파일이 중도로 상승했을 때, 코드패턴은 상승도보다 덜 중요할 수 있다. 예를 들어, 척도 2에서 T점수 90점을 받은 사람에게는 27, 28 또는 28 코드패턴이 있는지에 상관없이 우울증의 전형적 증상들을 모두 나타내리라는 예언이 잘 맞을 것이다. 그러나 다른 척도들의 상승도가 우울증 종류를 밝히는 데 큰 도움이 된다[불안 우울증(27/72), 정신증적 우울증(28/82) 등].

50~59점 사이의 정상범위를 해석할 때는 특정 척도의 상승에는 덜 의지하면서 기본적인 코드패턴과 내용척도 및 보충척도들에는 더 의존하게 된다(제7장과 제8장 참조). 예를 들어, T점수 60점 정도의 27 프로파일은 이 사람이 쉽게 걱정하는 경향이 있고, 책임감과 관련되어 불안을 경험하며, 책임감이 있어 보이고, 위험을 감수하는 데 있어 조심스러울 것이라고 예측할 수 있다. 우울증에 대한 진단은 가능할 수 있지만 확실치는 않다. 즉, 정상범위에 있는 프로파일은 정신병리보다는 성격특성을 나타내는 것으로 이해할 수 있다. 그러나 Duckworth와 Barley(1988)의 경고는 주목할 만하다. 비록 정상범위에 있는 프로파일이 정확하게 건강한 사람을 확인할 수 있지만, 이러한 프로파일은 자주 부정 오류를 범할 수 있다(즉, 정신병리를 간과한다). 특히 다음의 집단에서 그럴 수 있다. ① K의 T점수가 65점보다 높은 정신과 입원환자들, ② 재소자들, ③ 정신병리가 관찰되나 병식이 없거나 자기 스스로를 정확히 평가하지 못하는 환자들이다. 따라서 정신과 장면 중 만약 타당도척도에서 자기우호적인 응답경향을 보인 사람이 있다면, 그 프로파일은 조심스럽게 해석해야 한다. 이러한 상황에서는 방어와

정신병리의 상호작용을 주의 깊게 알아낼 필요가 있다. 왜냐하면 타당도척도들의 상승을 나타나게 한 요인인 방어적인 과잉통제, 부인 및 적절한 정서 발산의 부족 등으로 그 사람의 정신병리가 가려질 수 있기 때문이다. 예를 들어, L 척도와 K 척도가 60점에 가까우면서 척도 9와 6의 T점수가 모두 64점인 프로파일은 스트레스를 받으면 매우 적대적이고 초조해지며 심지어 편집증적이 되는 통제적이고 경직되며 긴장한 취약한 사람을 나타낼 수 있다. 타당도척도가 약간 상승한 것은 이미 과하게 통제적이고 취약한 69 프로파일에 통제적 측면을 더욱 부가한다. Butcher(1990b)는 만약 모든 임상척도의 T점수가 60~64점 사이에 있다면, 내용척도가 임상척도보다는 성격을 설명하는 데 더 나은 재료가 될 수 있다고 제안하였다. 그러나 모든 척도의 자료는 일반적으로 더 풍부한 성격특성을 그리기 위해 통합된다.

대체로 내용척도의 자료는 코드패턴 자료를 확인하고 해석을 더 명료하게 한다. 예를 들어, 278 프로파일에서는 불안(ANX)과 우울(DEP) 내용척도가 상승할 수 있다. 더불어 우울하고 불안하며 반추와 미루기를 하는 자존감이 낮은 사람이라는 것을 확인하는 낮은 자존감(LSE) 및 직업적 곤란(WRK) 척도도 상승할 수 있다. 이는 278 코드에 의해 이미 그려진 모습이다. 이 가설적 예시에서 DEP 척도와 LSE 척도가 상승하지 않았다면, 설명은 상당히 바뀌어야 한다. 278 우울증은 아마도 기질적인 측면보다 상황적인 경향이 더 많고, 분노도 덜 하며, 예후가 더 나을 수 있다. 낮은 임상척도 점수들 및 코드패턴에서 가장 낮은 척도의 의미에 대해 가용한 설명이 많지 않지만, 이러한 점수들도 풍부한 해석적 재료가 될 수 있다(제5장 참조). 예를 들어, 단독상승한 척도 2(예: 척도 2의 T점수가 85점)를 보이는 사람은 심각한 우울증을 경험하고 있을 수 있다. 만약 척도 9의 T점수도 65점까지 상승하였다면 척도 9의 T점수가 40점이었을 때의 우울증과는 매우 다른 특징을 나타낼 수 있다. 첫 번째 예시에서 약간 상승한 척도 9는 초조함과 심한 기분 변화 및 성마름을 예견하는 반면, 두 번째 예시에서 T점수 40점의 척도 9는 낮은 에너지와 동기 및 초조함이 덜한 좀 더 쇠약한 우울증을 예견한다. 다른 예로, 척도 7의 T점수가 50점보다 낮으면 척도 7이 네 번째로 상승한 4897 프로파일에 비해 489 코드는 좀 더 병리적으로 보일 수 있다. 이러한 코드패턴에서 척도 7의 낮은 점수는 489 프로파일의 냉담하고 화난 반사회성 성향이 어떠한 불안이나 후회 혹은 죄책감에 의해서 제약받지 않는 것을 시사한다. 마지막으로 할 일은 이미 생성한 가설을 확정하는 결정적 문항을 살펴보는 것이다(제7장 참조). 결정적 문항들은 이미 그 사람을 설명한 내용을 강조할 수 있다. 예를 들어, 매우 우울하고 분노한(24 코드) 사람은 MAC-R(MacAndrew의 알코올중독) 척도도 상승할 수 있다. 임상가는 이 사람이 약물남용을 보이기 쉬운 경향에 대해 표현하고, 결정적 문항을 인용함으로써 이 문제에 더 주의를 두게 할 수 있다. "약물/알코올 문제를 인정하는 489번 문항에 표기한 것은 현재 피검자의 알코올 사용 문제에 대해 주의 깊게 평가해야

함을 시사한다." 이러한 고려는 자살 문항이나 정신적 혼란 문항에 대해서도 마찬가지이다.

그다음으로 할 일은 추론한 것을 단락으로 연결하고 피검자의 핵심적인 특징을 잡아내는 글로 된 보고서를 정리하는 일이다. 대학원생 및 임상가들은 종종 보고서를 쓰는 데 애를 먹는다. 왜냐하면 그 사람을 현실적이고 정확하게 그리기 위해 모순적인 설명들을 통합하는 방향으로 피검자를 개념화하고 추론을 조직화하는 것에 어려움을 겪기 때문이다. 이것이 잘 이루어지면 보고서를 쓰는 것은 어렵지 않다.

자료의 조직화

MMPI-2를 해석하는 다음 단계는 타당도척도, 임상척도, 내용척도 및 보충척도들(소척도들), 코드패턴 및 낮게 상승한 척도를 취합한 자료들을 조사하고 조직화하는 것이다.

MMPI-2 자료를 조직화하는 유용한 틀은 Nichols와 Greene(1995)이 쓴 『MMPI-2 구조적 요약표: 해석 매뉴얼(MMPI-2 Structural Summary: Interpretive Manual)』이다. 이 책은 합리적이고 통계적으로 구성되었고, 해석 보고서를 더 신속하게 쓰도록 한다. Nichols와 Greene(1995, p. 3)은 이 근거를 다음과 같이 설명하였다.

> 이 구조적 요약표는 이질적인 이름, 성향 및 기원들로 구분되며, 임상적으로 관련된 분류 묶음들을 제공하여 MMPI-2 결과를 효율적으로 살펴보게 한다. 이러한 조직화는 검사 자료로부터 추출할 수 있는 것들을 최대화하는 반면, 이를 위해 들어가는 시간은 최소화한다. 검사 수행에서 가장 눈에 띄는 요소를 두드러지게 하고, MMPI-2 자료들의 강력한 양상을 빠르게 평가하도록 하는 것 및 해석 보고서의 준비를 가능하게 하는 일련의 주제를 따름으로써 목적을 달성한다.

이 도구를 사용하는 데 있어 분명한 이점은 프로파일의 코드타입이 잘 정의되건 아니건 상관없이 요약표가 임상적으로 관련된 MMPI-2 프로토콜의 양상을 강조하는 것이다. 하나의 우울증 측정치에서는 높은 점수를 보이지만 또 다른 것에서는 낮은 점수를 보이는 것과 같은 비일관적인 자료들을 이해하기 위해 일련의 척도 점수를 조사할 때 임상가는 기가 죽을 수도 있다. 비슷한 영역을 측정하는 수많은 척도와 지표는 전체 문항군집 내에서 다양한 영역을 반영하는 묶음으로 효율적으로 조직화되어 있다. 이러한 방식으로 상대적으로 높은 상관을 보이는 측정치들에 대해서는 수렴되거나 분리되는 것을 더 쉽게 관찰하여 더 정확한 해석적 추론을 내릴 수 있다.

임상가가 점수를 작성하는 데 있어 일반적인 분류 항목은 다음의 6개로 구성된다. 수검태도, 요인 척도(factor scales), 정서, 인지, 대인관계 및 다른 문제영역(즉, 물질남용, 수면장해)이다. 각각의 분류 항목은 2~12개의 세부 항목으로 구성되어 있는데, 일부는 하위영역으로 더 나뉜다. 예를 들어, 우울증에는 우울한 기분/불쾌감으로 불리는 항목이 있는데, 여기에는 D1, D5, Pa2의 3개의 Harris-Lingoes 소척도가 속해 있다. 또 다른 항목인 생리적(vegetative) 징후는 4개의 Harris-Lingoes 소척도(D3, Hy3, D2, Ma2)와 하나의 내용척도(HEA) 및 2개의 결정적 문항영역(성적 염려 및 수면장해)이 포함된다. 독자는 이 책의 제12장에 있는 사례가 제시된 구조적 요약표 예시를 살펴보길 바란다. 임상적인 혹은 법적인 일과 관련될 때, Nichols와 Greene의 구조적 요약표는 서술적 해석 여부와 상관없이 상당히 도움이 된다. 심지어 자동화된 전산화 보고서를 이해할 때에도 말이다.

구조적 요약표를 사용할 때 수집된 자료들이 대부분 일관되고 서로 잘 맞는다고 할지라도 일부는 모순적으로 보일 것이다. 예를 들어, 임상가는 특정 프로파일이 다소 자기우호적이라고 할지라도 타당하다고 결론 내리기도 한다. 어떠한 장면에서 작성되었는지가 일부 자기우호적 응답을 예측할 것이며(예: 양육권 판결) 그리고 유의미한 척도 상승을 보이는 경우도 있다(예: 척도 4와 척도 9가 T점수 65점). 49 프로파일에 대해 코드패턴 탐색표의 설명을 확인함으로써 임상가는 이 프로파일이 대체로 에너지가 넘치고 긍정적이며 피상적으로는 매력이 있으면서도 일부 충동통제 문제나 친밀감의 어려움을 지니고 있는 사람이라는 추론을 끌어낼 수 있다. 이러한 가설적 사례에서 척도 7의 T점수가 64점, 척도 2의 T점수가 60점으로 상승해 있다면 척도 7과 척도 2의 상승으로 알 수 있는 정보들은 49 코드에 의해 이미 만들어진 가설과는 모순되어 보일 수 있다. 모순되는 자료들을 통합하는 것은 어렵고, 일부 임상가는 그것을 무시하려고 하면서 코드패턴 자료에만 기반을 두어서 보고서를 작성한다(이 경우는 49 자료). 이렇게 보고서를 쓰면 오직 부분적으로만 적절하고, 풍부함과 복잡성은 없어지게 된다. 2차적인 척도 7과 척도 2의 상승은 행동화한 행동에 대한 죄책감과 불안 및 화가 나는 후회를 예견하고, 아마도 행동화를 회피하는 방법에 대한 강박적인 반추를 보이지만 행동 변화는 길지 않다고 예측할 수 있다.

일부 전산으로 생성된 보고서는 오직 코드패턴 정보만 사용하기 때문에, 가장 높은 첫 번째와 두 번째 및 세 번째 척도로 만들어진다. 또 다른 상승된 척도의 정보들은 단독척도 설명을 사용하여 보고되고, 종종 코드패턴 설명에 통합되지 않는다. 예를 들어, 척도 4와 척도 9에서 유의미한 척도 상승을 보이는 사람은 49 설명을 사용하여 묘사될 것이다. 척도 2와 척도 7에서 경도로 상승한 것은 쉽게 걱정하고 다소 불안하고 죄책감을 느끼며 때때로 처지는 시기가 있는 것을 시사하는데, 이와 관련된 설명은 보고서의 후반에서야 나타날 수 있고 성격을 그리는 데는 통합되지 않는다. 전산으로 작성된 보고서를 읽은 임상가는 이 설명들이 전반적인 프로파일에 잘 들어맞는지 알아낼 책임이 있다. 따라서 모순적인 자료들을 성격 묘사에 통합하는 것은 임상가의 기술이다.

임상가는 프로파일의 타당성을 결정하고, 코드패턴 상승도나 상승한 다른 임상척도 및 낮은 척도들로부터 만들어진 일련의 설명을 적고 나면, 그다음 단계로 내용척도 및 보충척도뿐 아니라 모호-명백 소척도나 Harris-Lingoes 소척도들을 조사한다. 대개 모든 추가적 척도에서 얻은 자료는 코드패턴에서 도출된 추론을 더 분명히 만든다. 그러나 몇몇 경우에는 자료들이 모순적인데, 이러한 모순들은 평가 의견에 잘 설명되고 통합되어야 한다.

특정 코드에 적절한 설명을 고르는 데는 몇 가지 고려할 점이 있다. 많은 경우 2개 혹은 3개로 된 코드의 상승도 순서는 별로 중요하지 않다. 예를 들면, 프로파일이 13 코드패턴인지 또는 31 코드패턴인지는 별로 중요하지 않다. 예를 들어, 31 코드의 사람이 13 코드의 사람보다 더 히스테리한 증상을 많이 보이고, 확실히 덜 부정적이고, 기질적으로 덜 불평할지라도, 대부분의 보고서에서 상승도의 순서는 그다지 중요하지 않다. 그러나 78 코드 대 87 코드 또는 34 코드 대 43 코드의 경우처럼 또 다른 경우에서는 상승도의 차이가 매우 의미 있다. 코드패턴을 해석하는 데 있어 두 번째로 중요한 점은 상승도이다. 대부분의 해석지침은 오직 T점수 65점 이상의 프로파일에 대해서만 설명을 제공하고, 65점 이상에 있는 다양한 상승도의 차이에 대해서는 설명하지 않는다. 장애의 심각도에 맞춰 적절하게 설명하는 것은 임상가에게 달려 있다. 더 많이 상승한 프로파일일수록 대체로 더 심각하고 때로는 급성의 장해를 보인다.

🗣️ 보고서 작성

MMPI-2를 처음 사용할 때, 대부분의 임상가는 성격 설명을 일관된 보고서로 통합하는 데 어려움을 겪는다. 흔한 실수는 상승한 코드패턴이나 하나의 척도와 관련된 모든 형용사를 나열하는 것이다. 이런 방식으로 쓰인 보고서는 증상과 행동을 설명할 때 서로 관련 없는 형용사를 사용하여 읽는 사람들을 헷갈리게 할 수 있다. 예를 들어, T점수가 모두 80점인 278 코드와 척도 4와 척도 9도 75점으로 상승한 경우, 코드패턴을 기반으로 보고서를 쓰면 설명은 다음과 같을 수 있다. "이 사람은 불안해하고 반추를 많이 하며 우울하고 자존감이 낮다(278 설명). 이 사람은 또한 경조증적이고 행동화하며 충동적일 수 있다(49 설명)." 비록 이러한 형용사들이 그 사람을 묘사하고 있으나, 이것들이 일관된 모습으로 통합되지 않았기에 혼란스러울 수 있다. 좀 더 통합된 설명은 이 사람은 불안해하고 반추를 많이 하면서 우울한데, 두드러지는 기분 변화를 경험하면서 때때로 자기파괴적 방향으로 행동화를 보인다는 것일 수 있다. 예를 들면, 임상가의 기술은 278이 상승한 가운데 척도 4의 상승이 어떤 식으로 자기파괴적이고 부정적인 행동과 태도를 보이며, 척도 9의 상승이 어떤 식으로 두드러질 기분 변화와 초조함을 예견할 뿐 아니라 충동성과 자기파괴적 행동 경향성을 상승시키는지를 이해하는 것이다(우울증과 분노가 척도 9에 의해 활성화되듯이).

보고서를 쓸 때는 프로파일의 '핵심'을 요약하는 것으로 시작하라. 내담자가 어떤 증상을 보일 것인가? 어떤 증상과 행동이 '두드러질' 것인가? 예를 들어, 척도 9의 T점수가 90점으로 상승한 프로파일은 경조증을 예측할 것이다. 증상은 명백할 것이다. 이 프로파일이 기본적으로 기분장애를 가리키는가? 만약 그렇다면 어떤 장애인가? 반면에 이는 행동화하거나 반항하는 혹은 화가 난 사람의 프로파일인가? 만약 그렇다면 어떤 종류의 행동화가 시사되는가(성적인, 수동-공격적인, 자기파괴적인 등)? 이는 혼란스럽고 편집적인 사람의 프로파일인가? 만약 그렇다면 일시적인 정신증적 혼란인가 혹은 만성적인 것인가? 직장이나 가족 등 다양한 상황에서 그 사람의 갈등이나 성격특징은 어떻게 나타나는가? 문제를 해결하는 데 있어 그 사람의 어떤 특징이 방해를 하는가? 보고서에서는 1개 척도의 높은 점수나 낮은 점수에 대한 정보를 논의하기 전에 코드패턴에 대해 묘사해야 한다.

다음 부분은 심리학자들이 종종 애를 먹는 부분인 보고서 쓰기 시작의 지침을 위한 것이다. 이러한 설명들은 보고서 나머지 부분의 단계들을 만들기 위한 '보고서의 개시(report opener)'로서 만들어졌다. 보고서의 첫 단락에서는 일관성과 수검태도 및 프로파일의 타당성 결과를 논해야 한다. 보고서의 두 번째 단락에서는 내담자의 주요한 증상과 주호소를 서술하는 문장으로 시작해야 한다. 적어도 약간 상승한(T점수 65점) 프로파일에는 다음의 설명/증상들이 쓰일 수 있다. 기본적인 특징은 그대로 남아 있겠지만, 프로파일이 더 혹은 덜 상승했다면 단어를 좀 수정하는 것이 필요할 수 있다.

보고서 시작을 위한 지침

코드패턴: 단독상승한 척도 1	설명/증상
T점수 65점 이상으로 상승한 척도 1 다른 모든 척도가 Hs보다 낮음	1. 신체화(somatizing) 2. 무서워하는 3. 미성숙한 4. 수동적인 5. 심리적으로 세련되지 못한

이는 기본적으로 [경도/중등도/중도]의 신체화장애를 나타내는 프로파일로, 이 사람은 의존적이고, 두려움이 많고, 미성숙하면서 수동적이고, 심리적으로 세련되지 못하다. 전형적으로 이러한 사람들은 [증상 리스트]를 호소한다. [행동 리스트] 행동들이 이 프로파일과 관련된다. 이 프로파일과 관련된 특징은 [특징 리스트]이다.

코드패턴: 12	설명/증상
척도 1이 가장 높음 척도 2가 추가됨	1. 신체화 2. 우울한 3. 낙담한 4. 의존적인 5. 수동적인 6. 기분이 언짢은

이 프로파일은 [경도/중등도/중도]의 신체화하는 우울증을 나타내는데, 이 사람은 수동적이고, 의존적이며, 언짢아한다. 이 프로파일과 관련된 또 다른 증상들로는 [증상 리스트] 등이 있다. [행동 리스트] 행동들이 이 프로파일과 관련된다. 이 프로파일과 관련된 특징은 [특징 리스트]이다.

코드패턴: 13	설명/증상
척도 1이 가장 높음 척도 3이 추가됨	1. 히스테리적인/신체화 2. 과하게 통제적인 3. 심리적으로 순진한(naïve) 4. 의존적인 5. '증상 무관심(La belle indifference)'

때로 '증상 무관심'으로 불리는 이 프로파일은 [경도/중등도/중도]의 신체화를 나타내는데, 이 사람은 과하게 통제적이고, 심리적으로 순진하며, 의존적인 성격을 보인다. 이 프로파일과 관련되어 자주 나타나는 또 다른 증상들로는 [증상 리스트] 등이 있다. [행동 리스트] 행동들이 이 프로파일과 관련된다. 이 프로파일과 관련된 특징은 [특징 리스트]이다.

코드패턴: 14	설명/증상
척도 1이 가장 높음 척도 4가 추가됨	1. 의존적인 2. 사람을 잘 조종하는(manipulative) 3. 미성숙한 4. 수동-공격적인

이 프로파일은 신체화하고, 의존적이며, 사람을 잘 조종하고, 미성숙하고, 수동-공격적인 사람에게서 보이는 [경도/중등도/중도]의 장애를 반영한다. 이 프로파일과 관련되어 자주 나타나는 또 다른 증상들로는 [증상 리스트] 등이 있다. [행동 리스트] 행동들이 이 프로파일과 관련된다. 이 프로파일과 관련된 특징은 [특징 리스트]이다.

코드패턴: 16	설명/증상
척도 1이 가장 높음 척도 6이 추가됨	1. 신체화 2. 편집적인 3. 의심하는 4. 화난 5. 남 탓을 하고 외재화하는

이는 기본적으로 [경도/중등도/중도]의 신체화 장애를 나타내는데, 이 사람은 편집적이고, 의심이 많고, 화가 나 있으며, 외재화한다. 이러한 사람들은 전형적으로 [증상 리스트]와 같은 또 다른 증상들을 보인다. [행동 리스트] 행동들이 이 프로파일과 관련된다. 이 프로파일과 관련된 특징은 [특징 리스트]이다.

코드패턴: 17	설명/증상
척도 1이 가장 높음 척도 7이 추가됨	1. 신체화 2. 불안한 3. 긴장한 4. 과하게 책임감 있는 5. 사로잡힌(몰입된) 6. 강박적 특성과 행동이 있는

이 프로파일은 [경도/중등도/중도]의 신체화장애를 시사하는데, 이 사람은 불안하고, 긴장되어 있으며, 몰입되어 있고, 강박적이다. 전형적으로 이러한 프로파일과 관련된 또 다른 증상들은 [증상 리스트]이다. [행동 리스트] 행동들이 이 프로파일과 관련된다. 이 프로파일과

관련된 특징은 [특징 리스트]이다.

코드패턴: 18	설명/증상
척도 1이 가장 높음 척도 8이 추가됨	1. 신체적인(somatic) 2. 혼란스러운 3. 분열성의(shizoid) 4. 미성숙한 5. 정신증의 가능성이 있는

이 프로파일은 [경도/중등도/중도]의 신체화장애를 시사하는데, 이 사람은 혼란스러워하고, 미성숙하며, 분열성 특징을 보인다. 이 사람은 또한 부가적으로 [증상 리스트]와 같은 증상을 보일 수 있다. [행동 리스트] 행동들이 이 프로파일과 관련된다. 이 프로파일과 관련된 특징은 [특징 리스트]이다.

코드패턴: 19/91	설명/증상
척도 1이 가장 높음 척도 9가 추가됨	1. 신체화 2. 긴장한 3. 의욕 넘치는 4. 폭발적인

이 프로파일은 [경도/중등도/중도]의 신체화장애를 시사하는데, 이 사람은 긴장되어 있고 의욕이 넘치는 경조증적 성격을 보인다. 이 프로파일과 관련되어 자주 나타나는 또 다른 증상들로는 [증상 리스트] 등이 있다. [행동 리스트] 행동들이 이 프로파일과 관련된다. 이 프로파일과 관련된 특징은 [특징 리스트]이다.

코드패턴: 단독상승한 척도 2	설명/증상
T점수 65점 이상으로 상승한 척도 2 다른 모든 척도들이 척도 2보다 낮음	1. 생리적 증상[잠을 잘 못 잠, 성적 흥미가 낮음, 낮은 에너지] 2. 우울증 3. 죄책감 4. 불안 5. 낮은 자존감

이 프로파일은 [경도/중등도/중도]의 우울증을 시사하는데, 우울증의 생리적 증상, 기분장애, 죄책감을 느낌, 불안, 낮은 자존감을 동반한다. 이 프로파일과 관련되어 자주 나타나는 또

다른 증상들로는 [증상 리스트] 등이 있다. [행동 리스트] 행동들이 이 프로파일과 관련된다. 이 프로파일과 관련된 특징은 [특징 리스트]이다.

코드패턴: 23	설명/증상
척도 2가 가장 높고 T점수 65점 이상 척도 3이 T점수 65점 이상	1. 우울증 2. 신체증상 3. 낮은 심리적 성찰력 4. 미성숙 5. 2차적 이득 6. 죄책감을 유발하며 자기희생적임

이 프로파일은 [경도/중등도/중도]의 우울증을 시사하는데, 이 사람은 의존적이고, 신체화하며, 미성숙하다. 이 프로파일과 관련되어 자주 나타나는 또 다른 증상들로는 [증상 리스트] 등이 있다. [행동 리스트] 행동들이 이 프로파일과 관련된다. 이 프로파일과 관련된 특징은 [특징 리스트]이다.

코드패턴: 24	설명/증상
척도 2가 가장 높고 T점수 65점 이상 척도 4가 두 번째로 높고 T점수 65점 이상	1. 화가 난 2. 자기패배적인 3. 자살 4. 의존적인 5. 사람을 잘 조종하는

이 프로파일은 [경도/중등도/중도]의 우울증을 시사하는데, 이 사람은 화가 나 있고, 자멸적이며, 의존적이고, 자살 가능성이 있다. 이 프로파일과 관련되어 자주 나타나는 또 다른 증상들로는 [증상 리스트] 등이 있다. [행동 리스트] 행동들이 이 프로파일과 관련된다. 이 프로파일과 관련된 특징은 [특징 리스트]이다.

코드패턴: 25	설명/증상
척도 2가 가장 높고 T점수 65점 이상 남성은 척도 5의 T점수 65점 이상이며, 여성은 척도 5의 T점수 40점 이하	1. 수동적인 2. 의존적인 3. 과민한 4. 우유부단한

이 프로파일은 [경도/중등도/중도]의 우울증을 시사하는데, 이 사람은 수동적이고, 의존적

이며, 과민하다. 또 다른 증상들로는 [증상 리스트]와 같은 것들도 있다. [행동 리스트] 행동들이 이 프로파일과 관련된다. 이 프로파일과 관련된 특징은 [특징 리스트]이다.

코드패턴: 26	설명/증상
척도 2가 가장 높고 T점수 65점 이상 척도 6이 두 번째로 높고 T점수 65점 이상	1. 우울한 2. 편집적인 3. 외재화하는 4. 분개하는 5. 억울해하는

이 프로파일은 [경도/중등도/중도]의 우울증을 시사하는데, 이 사람은 과민하고, 잠재적으로 편집증일 수 있으며, 외재화한다. 이 프로파일과 관련되어 자주 나타나는 또 다른 증상들로는 [증상 리스트] 등이 있다. [행동 리스트] 행동들이 이 프로파일과 관련된다. 이 프로파일과 관련된 특징은 [특징 리스트]이다.

코드패턴: 27	설명/증상
척도 2가 가장 높고 T점수 65점 이상 척도 7이 두 번째로 높고 T점수 65점 이상	1. 불안 2. 우울 3. 죄책감 4. 낮은 자존감 5. 수동성

이 프로파일은 [경도/중등도/중도]의 불안성 우울증을 시사하는데, 이 사람은 수동적이고, 죄의식으로 고통받으며, 자존감도 낮다. 이 프로파일과 관련되어 자주 나타나는 또 다른 증상들로는 [증상 리스트] 등이 있다. [행동 리스트] 행동들이 이 프로파일과 관련된다. 이 프로파일과 관련된 특징은 [특징 리스트]이다.

코드패턴: 28	설명/증상
척도 2가 가장 높고 T점수 65점 이상 척도 8이 두 번째로 높고 T점수 65점 이상	1. 우울 2. 불안 3. 초조 4. 철수 5. 비효율 6. 정서적으로 관여하는 것을 두려워함 7. 정신증적 우울증의 가능성이 있음

이 프로파일은 [경도/중등도/중도]의 우울증을 시사하는데, 이 사람은 불안하고 철수되어 있으며, 기억이나 주의집중의 곤란을 호소하고, 전반적인 효율성의 문제를 지니고 있을 수 있다. 이 프로파일과 관련되어 자주 나타나는 또 다른 증상들로는 [증상 리스트] 등이 있다. [행동 리스트] 행동들이 이 프로파일과 관련된다. 이 프로파일과 관련된 특징은 [특징 리스트]이다.

코드패턴: 29	설명/증상
척도 2가 가장 높고 T점수 65점 이상 척도 9가 두 번째로 높고 T점수 65점 이상	1. 빠르게 기분이 변하는 2. 폭발적인 3. 언짢은 4. 성마른 5. 기분장애

이 프로파일은 성마름, 빠른 기분 변화 및 폭발적일 가능성이 있는 [경도/중등도/중도]의 정동장애를 시사한다. 이 프로파일과 관련되어 자주 나타나는 또 다른 증상들로는 [증상 리스트] 등이 있다. [행동 리스트] 행동들이 이 프로파일과 관련된다. 이 프로파일과 관련된 특징은 [특징 리스트]이다.

코드패턴: 단독상승한 척도 3	설명/증상
T점수 65점 이상으로 상승한 척도 3 다른 모든 척도가 척도 3보다 낮음	1. 순진한(naïve) 2. 의존적인 3. 신체화 4. 미성숙한 5. 자기중심적인 6. 통찰이 없는

이 프로파일은 [경도/중등도/중도]의 신체화장애를 시사하는데, 이 사람은 미성숙하고, 심리적으로 순진하며, 의존적이다. 이 프로파일과 관련되어 자주 나타나는 또 다른 증상들로는 [증상 리스트] 등이 있다. [행동 리스트] 행동들이 이 프로파일과 관련된다. 이 프로파일과 관련된 특징은 [특징 리스트]이다.

코드패턴: 34	설명/증상
척도 3이 가장 높고 T점수 65점 이상 척도 4가 두 번째로 높고 T점수 65점 이상	1. 과하게 통제적인 2. 역할 놀이 3. 사람을 잘 조종하는, 충동적인 4. 폭발적인 5. 통찰이 없는

이 프로파일은 [경도/중등도/중도]의 과하게 통제적인 성격장애를 시사하는데, 이 사람은 동조적이고 협조적일 수 있으나, 가끔씩 충동성을 보이고 때로 폭발적인 삽화를 나타낼 것이다. 이 프로파일과 관련되어 자주 나타나는 또 다른 증상들로는 [증상 리스트] 등이 있다. [행동 리스트] 행동들이 이 프로파일과 관련된다. 이 프로파일과 관련된 특징은 [특징 리스트]이다.

코드패턴: 36	설명/증상
척도 3이 가장 높고 T점수 65점 이상 척도 6이 두 번째로 높고 T점수 65점 이상	1. 편집적인 2. 통제적인 3. 동조적인 4. 투사하는 5. 부인하는

이 프로파일은 [경도/중등도/중도]의 편집장애를 시사하는데, 이 사람은 전형적으로 과잉통제적이고, 억제되어 있으며, 거부적이고, 주요한 방어기제로 투사를 사용한다. 이 프로파일과 관련되어 자주 나타나는 또 다른 증상들로는 [증상 리스트] 등이 있다. [행동 리스트] 행동들이 이 프로파일과 관련된다. 이 프로파일과 관련된 특징은 [특징 리스트]이다.

코드패턴: 37	설명/증상
척도 3이 가장 높고 T점수 65점 이상 척도 7이 두 번째로 높고 T점수 65점 이상	1. 과하게 통제적인 2. 긴장한 3. 불안한 4. 수동적인 5. 환심을 사려고 하는 6. 신체화

이 프로파일은 [경도/중등도/중도]의 불안장애를 시사하는데, 이 사람은 부인(denying)을 하며, 심리적으로 순진하고 불안해하고 환심을 사려고 하는 편으로, 심리적 스트레스에 대한

반응으로 히스테리 증상을 보이는 경향이 있다. 이 프로파일과 관련되어 자주 나타나는 또 다른 증상들로는 [증상 리스트] 등이 있다. [행동 리스트] 행동들이 이 프로파일과 관련된다. 이 프로파일과 관련된 특징은 [특징 리스트]이다.

코드패턴: 38	설명/증상
척도 3이 가장 높고 T점수 65점 이상 척도 8이 두 번째로 높고 T점수 65점 이상	1. 혼란스러운 2. 성적으로 몰입된 3. 환각의 가능성이 있는 4. 해리 삽화가 있는(dissociative episodes)

이 프로파일은 혼란스러워하고, 성적으로 몰입되어 있고, 해리가 되기도 하며, 정신증적 삽화를 나타낼 수도 있는 사람의 [경도/중등도/중도]의 혼란감을 시사한다. 이 프로파일과 관련되어 자주 나타나는 또 다른 증상들로는 [증상 리스트] 등이 있다. [행동 리스트] 행동들이 이 프로파일과 관련된다. 이 프로파일과 관련된 특징은 [특징 리스트]이다.

코드패턴: 39	설명/증상
척도 3이 가장 높고 T점수 65점 이상 척도 9의 T점수 65점 이상	1. 경조증 2. 과하게 통제적인 3. 요구적인 4. 관심을 끌려고 하는 5. 신체화

이 프로파일은 [경도/중등도/중도]의 경조증적 혼란을 시사하는데, 이 사람은 과통제적이고, 요구적이며, 승인을 추구하고, 신체화한다. 이러한 사람들은 자신의 목표지향행동이 방해받으면 폭발적 삽화를 보이는 경향이 있다. 이 프로파일과 관련되어 자주 나타나는 또 다른 증상들로는 [증상 리스트] 등이 있다. [행동 리스트] 행동들이 이 프로파일과 관련된다. 이 프로파일과 관련된 특징은 [특징 리스트]이다.

코드패턴: 단독상승한 척도 4	설명/증상
T점수 65점 이상으로 상승한 척도 4 다른 척도들은 상승하지 않음	1. 미성숙한 2. 수동 의존적인 3. 사람을 잘 조종하면서 의존적인 4. 화난 5. 행동화가 가능한(다른 척도에 달려 있음)

이 프로파일은 [경도/중등도/중도]의 성격장애를 시사하는데, 이 사람은 미성숙하고, 수동 의존적이며, 사람을 잘 조종하고, 화가 나 있다.

코드패턴: 45(남성)	설명/증상
척도 4가 가장 높고 T점수 65점 이상 척도 5가 두 번째로 높고 T점수 65점 이상	1. 수동적인 2. 의존적인 3. 사람을 잘 조종하는 4. 성기능장애가 있을 수 있는 5. 수동-공격적인

이 프로파일은 [경도/중등도/중도]의 장애를 시사하는데, 이 사람은 미성숙하고 의존적으로, 미해결된 의존 욕구 갈등이 있고, 성적인 것(sexual) 및 친밀감과 관련된 문제를 보일 것이다. 성격장애 가능성을 고려해야 한다. 이 프로파일과 관련되어 자주 나타나는 또 다른 증상들로는 [증상 리스트] 등이 있다. [행동 리스트] 행동들이 이 프로파일과 관련된다. 이 프로파일과 관련된 특징은 [특징 리스트]이다.

코드패턴: 45(여성)	설명/증상
척도 4가 가장 높고 T점수 65점 이상 척도 5가 두 번째로 높고 T점수 65점 이상	1. 공격적인 2. 행동화하는 3. 사람을 잘 조종하는 4. 성적인 행동화 문제를 보이는

여성들 중에서 이 프로파일은 드물다. 이런 상승도를 보이는 여성은 공격적이고, 행동화하며, 통제받는 것에 저항하고, 친밀감과 성적인 문제를 보이는 경향이 있다. 이 프로파일과 관련되어 자주 나타나는 또 다른 증상들로는 [증상 리스트] 등이 있다. [행동 리스트] 행동들이 이 프로파일과 관련된다. 이 프로파일과 관련된 특징은 [특징 리스트]이다.

코드패턴: 46	설명/증상
척도 4가 가장 높고 T점수 65점 이상 척도 6이 두 번째로 높고 T점수 65점 이상	1. 화난 2. 수동-공격적인 3. 의심하는 4. '피해자' 및 '적대적' 태도 5. 따지기 좋아하는

이 프로파일은 [경도/중등도/중도]의 장애를 시사한다. 전형적으로 이러한 사람들은 화가 나 있고, 의심을 하며, 따지기 좋아하고, 타인에게 '적대적인' 태도를 유지한다. 전형적으로 이들의 삶의 방식은 '피해자'의 그것이며, 이들은 어떠한 요구에도 바짝 경계하는 경향이 있다. 이 프로파일과 관련되어 자주 나타나는 또 다른 증상들로는 [증상 리스트] 등이 있다. [행동 리스트] 행동들이 이 프로파일과 관련된다. 이 프로파일과 관련된 특징은 [특징 리스트]이다.

코드패턴: 47	설명/증상
척도 4가 가장 높고 T점수 65점 이상 척도 7이 두 번째로 높고 T점수 65점 이상	1. 좌절 인내력이 낮은 2. 충동적인 긴장감소행동 3. 불안함으로 인해 행동화하는 4. 미성숙 5. 의존적인

이 프로파일은 [경도/중등도/중도]의 성격장애를 시사한다. 이 프로파일과 관련된 전형적인 증상은 낮은 좌절 인내력과 행동화를 통해 불안과 좌절감을 충동적으로 감소시키는 행동을 보이는 경향이다. 사람을 잘 조종하면서 의존적이며, 주기적인 행동화를 보인다. 이 프로파일과 관련되어 자주 나타나는 또 다른 증상들로는 [증상 리스트] 등이 있다. [행동 리스트] 행동들이 이 프로파일과 관련된다. 이 프로파일과 관련된 특징은 [특징 리스트]이다.

코드패턴: 48	설명/증상
척도 4가 가장 높고 T점수 65점 이상 척도 8이 두 번째로 높고 T점수 65점 이상	1. 충동적인 2. 소외된 3. 의심 많은 4. 공감능력이 없는 5. 부족한 판단력 및 혼란감 6. 약물 및 알코올 문제 7. 성적 공격(sexual aggression)

이 프로파일은 [경도/중등도/중도]의 성격장애—또는 정신증적 진단 가능성—를 시사한다. 이 사람은 소외되고, 행동화하며, 화가 나 있을 수 있고, 공감능력의 결함을 보이거나 성(sexual)과 공격성을 결합시키는 경향이 있다. 이 프로파일과 관련되어 자주 나타나는 또 다른 증상들로는 [증상 리스트] 등이 있다. [행동 리스트] 행동들이 이 프로파일과 관련된다. 이 프로파일과 관련된 특징은 [특징 리스트]이다.

코드패턴: 49	설명/증상
척도 4가 가장 높고 T점수 65점 이상 척도 9가 두 번째로 높고 T점수 65점 이상	1. 피상적으로 매력이 있는 2. 충동적인 3. 행동화 4. 자기중심적인 5. 사람을 잘 조종하는

이 프로파일은 [경도/중등도/중도]의 성격장애를 시사한다. 전형적으로 이러한 사람들은 피상적으로 매력적이긴 하지만, 종종 자기중심적이고, 충동적이며, 사람을 잘 조종하고, 행동화할 가능성이 있다. 이 프로파일과 관련되어 자주 나타나는 또 다른 증상들로는 [증상 리스트] 등이 있다. [행동 리스트] 행동들이 이 프로파일과 관련된다. 이 프로파일과 관련된 특징은 [특징 리스트]이다.

코드패턴: 단독상승한 척도 6	설명/증상
척도 6이 가장 높고 T점수 65점 이상 다른 척도들은 65점을 넘지 않음	1. 의심하는 2. 지나치게 민감한 3. 독선적인 4. 편집적인

[경도/중등도/중도]로 상승된 프로파일은 편집증을 시사한다. 이 사람은 조심스럽고, 의심스러워하며, 지나치게 민감한 경향이 있고, 명시적이고 미묘한 편집증적 증상을 나타낼 수 있다. 이 프로파일과 관련되어 자주 나타나는 또 다른 증상들로는 [증상 리스트] 등이 있다. [행동 리스트] 행동들이 이 프로파일과 관련된다. 이 프로파일과 관련된 특징은 [특징 리스트]이다.

코드패턴: 67	설명/증상
척도 6이 가장 높고 T점수 65점 이상 척도 7이 두 번째로 높고 T점수 65점 이상	1. 긴장한 2. 지나치게 민감한 3. 비판을 두려워하는 4. 따지기 좋아하는 5. 분노 문제

이 프로파일은 드물게 나타난다. 이 프로파일은 긴장이나 과민성 및 비판과 실패를 두려워하는 증상을 동반하는 [경도/중등도/중도]의 혼란감을 시사한다. 이 프로파일과 관련되어 자

주 나타나는 또 다른 증상들로는 [증상 리스트] 등이 있다. [행동 리스트] 행동들이 이 프로파일과 관련된다. 이 프로파일과 관련된 특징은 [특징 리스트]이다.

코드패턴: 68	설명/증상
척도 6이 가장 높고 T점수 65점 이상 척도 8이 두 번째로 높고 T점수 65점 이상	1. 최소한의 심리적 적응 2. 극심한 열등감 및 불안정감 3. 의심 많은 4. 불안정한 5. 정신증 가능성

이 프로파일은 [경도/중등도/중도]의 장애를 시사한다. 전형적으로 이러한 사람들은 최소한의 심리적 적응을 보이며, 극심한 열등감과 불안정함을 품고 있고, 타인을 의심하며 믿지 못한다. 이들은 깊은 정서적 유대를 피하고 정서적으로 불안정하다. 이는 종종 정신증 프로파일을 나타낸다. 이 프로파일과 관련되어 자주 나타나는 또 다른 증상들로는 [증상 리스트] 등이 있다. [행동 리스트] 행동들이 이 프로파일과 관련된다. 이 프로파일과 관련된 특징은 [특징 리스트]이다.

코드패턴: 69	설명/증상
척도 6이 가장 높고 T점수 65점 이상 척도 9가 두 번째로 높고 T점수 65점 이상	1. 편집적인 2. 웅대한 3. 몹시 흥분하는 4. 폭발적인 5. 비판에 극도로 예민한

이 프로파일은 [경도/중등도/중도]의 혼란감을 시사한다. 일부 이 프로파일을 보이는 사람들은 편집적인 특징을 나타낼 수 있다. 종종 과대하며, 몹시 흥분하고, 비판에 극도로 예민하다. 이들은 분노와 관련된 문제를 보이는 경향이 있고, 자주 폭발적이며, 투사를 방어기제로 사용한다. 이 프로파일과 관련되어 자주 나타나는 또 다른 증상들로는 [증상 리스트] 등이 있다. [행동 리스트] 행동들이 이 프로파일과 관련된다. 이 프로파일과 관련된 특징은 [특징 리스트]이다.

코드패턴: 단독상승한 척도 7	설명/증상
척도 7이 가장 높고 T점수 65점 이상 다른 척도들은 65점을 넘지 않음	1. 긴장한 2. 걱정하는 3. 죄책감 4. 자기상이 부정적인 5. 불안한 6. 강박적인 7. 공포증의 가능성이 있는

이 프로파일은 불안하고, 긴장되어 있으며, 걱정을 하고, 죄책감이 있는 의존적인 사람이 보이는 [경도/중등도/중도]의 장애를 시사한다. 이러한 사람들 대부분은 강박행동을 보이고, 자기상이 부정적이다. 이 프로파일과 관련되어 자주 나타나는 또 다른 증상들로는 [증상 리스트] 등이 있다. [행동 리스트] 행동들이 이 프로파일과 관련된다. 이 프로파일과 관련된 특징은 [특징 리스트]이다.

코드패턴: 78	설명/증상
척도 7이 가장 높고 T점수 65점 이상 척도 8이 두 번째로 높고 T점수 65점 이상	1. 걱정하는 2. 낮은 자존감 3. 긴장한 4. 철수된 5. 초조해하는 6. 불안정한 7. 우유부단한

이 프로파일은 [경도/중등도/중도]의 장애를 시사한다. 전형적으로 이러한 사람들은 극단적으로 낮은 자존감을 보이고, 성마르고, 걱정이 많고, 불안정하며, 우유부단하다. 초조해하고, 강한 부적절감을 느끼며, 이인증을 많이 호소하고, 철수 및 무감동(apathy) 증상을 많이 나타낸다. 이 프로파일과 관련되어 자주 나타나는 또 다른 증상들로는 [증상 리스트] 등이 있다. [행동 리스트] 행동들이 이 프로파일과 관련된다. 이 프로파일과 관련된 특징은 [특징 리스트]이다.

코드패턴: 단독상승한 척도 9	설명/증상
척도 9가 가장 높고 T점수 65점 이상 다른 척도들은 65점을 넘지 않음	1. 경조증 2. 정서적으로 급변하는 3. 사고의 비약(flight of ideas) 4. 기분 좋은 희열감 5. 분노 폭발을 동반하는 성마름 6. 기분이 자주 변하는

이 프로파일은 [경도/중등도/중도]의 장애를 시사한다. 이 프로파일을 나타낸 사람들은 대부분 기분 좋은 희열감 이후 정서적인 급변과 성마름 및 너무 많은 일과 활동에 과도하게 몰입함 및 사고 비약을 보일 수 있다. 부인(denial)이 주요 방어인 경향이 있다. 일부는 조증으로 진단된다. 이 프로파일과 관련되어 자주 나타나는 또 다른 증상들로는 [증상 리스트] 등이 있다. [행동 리스트] 행동들이 이 프로파일과 관련된다. 이 프로파일과 관련된 특징은 [특징 리스트]이다.

코드패턴: 92	설명/증상
척도 9가 가장 높고 T점수 65점 이상 척도 2가 두 번째로 높고 T점수 65점 이상	1. 초조 우울증의 가능성 2. 불안정한 3. 성마르고 기분이 급변하는 4. 알코올중독의 가능성이 있는

이 프로파일은 [경도/중등도/중도]의 장애를 시사한다. 이 프로파일이 조울병(manic-depressive disorder)을 시사하는지 혹은 초조 우울증을 시사하는지 결정하는 것은 어렵다. 전형적으로 이러한 사람들은 기분이 급변하고 성마르며, 기분장애에 대한 약물치료를 하기도 한다. 이 프로파일과 관련되어 자주 나타나는 또 다른 증상들로는 [증상 리스트] 등이 있다. [행동 리스트] 행동들이 이 프로파일과 관련된다. 이 프로파일과 관련된 특징은 [특징 리스트]이다.

코드패턴: 98	설명/증상
척도 9가 가장 높고 T점수 65점 이상 척도 8이 두 번째로 높고 T점수 65점 이상	1. 혼란스러운(confused, disoriented) 2. 과활동적인 3. 정서적으로 급변하는 4. 낮은 성적 조절(poor sexual adjustment) 5. 사고 비약 6. 적대적인

이 프로파일은 혼란스럽고, 과활동적이며, 정서적으로 급변하는 사람들이 보이는 [경도/중등도/중도]의 장애를 시사한다. 전형적으로 이러한 사람들은 성적으로 잘 조절하지 못하고, 친밀감에 대한 두려움을 갖고 있다. 또한 종종 큰 목소리로 이야기하며, 적대적일 수 있다. 이 프로파일과 관련되어 자주 나타나는 또 다른 증상들로는 [증상 리스트] 등이 있다. [행동 리스트] 행동들이 이 프로파일과 관련된다. 이 프로파일과 관련된 특징은 [특징 리스트]이다.

코드패턴: 90	설명/증상
척도 9가 가장 높고 T점수 65점 이상 척도 0이 두 번째로 높고 T점수 65점 이상	1. 초조한 2. 내향적인 3. 긴장한 4. 불안정한

혼하지 않지만, 이 프로파일은 [경도/중등도/중도]의 혼란감을 시사한다. 이 프로파일을 보이는 사람은 긴장되고, 내향적이며, 철수된 경향이 있으면서도 초조하고, 경조증 성향을 보일 수도 있다. 이 프로파일과 관련되어 자주 나타나는 또 다른 증상들로는 [증상 리스트] 등이 있다. [행동 리스트] 행동들이 이 프로파일과 관련된다. 이 프로파일과 관련된 특징은 [특징 리스트]이다.

이제 당신은 프로파일의 타당성과 수검자의 수검태도에 대한 단락을 썼다. 그리고 당신은 코드패턴의 핵심을 요약한 개시 문장으로 보고서의 본문을 쓰기 시작하였다. 다음 설명으로는 주호소나 증상, 갈등 및 제6장에 있는 코드 같은 것들을 나열해야 한다. MMPI-2 자료는 "(예: 27 프로파일) 전형적으로 이러한 사람들은 우울하고 반추를 하며 불안하다." 혹은 "(예: 46 프로파일) 다른 사람들은 이러한 사람들에 대해 요구적이며 비판적이고 불합리한 반면, 자신들에게 부과되는 요구에 대해서는 매우 예민하다고 기술하는 경향이 있다."와 같이 객관적으로 보고하는 것이 관례이다. 정해진 것은 아니지만 통계적 자료도 이용할 수 있다. 예를 들면, "(예: 48 코드) 이러한 사람들의 대부분은 결혼을 하지 않거나, Marks와 Seeman의 보고에 따르면 약 70% 정도가 결혼 후 불화를 겪는 경향이 있다."라고 기술할 수 있다. MMPI-2 보고서를 쓸 때, 코드패턴 탐색표나 설명서로부터 얻은 경험통계적 자료, 의뢰 사유나 배경 및 과거력과 수검 시 수검자의 생활로부터 얻은 자료와 통합하는 것이 관례적인 것은 아니다. 이러한 통합은 일반적으로 검사 보고서의 논의 부분을 위해 남겨 둔다. 임상적 또는 과거력 자료를 포함하더라도 MMPI-2를 읽는 사람들이 보고서가 경험적이고 통계적 자료를 강조하는 방법으로 써졌다는 것을 이해하는 것이 중요하다.

증상과 행동, 방어 및 상승한 코드패턴과 관련된 또 다른 상관물을 일단 기술했다면, 형

태(configuration)에서 그다음으로 높은 척도의 상관물을 찾아봐야 한다. T점수가 65점 이상
인 모든 척도에 대해 높은 점수 순으로 이 과정을 반복한다. 이 작업이 끝나고 난 후에 T점수
가 50점 이하인 척도의 상관물이 제시된 것이 있다면 찾아본다(제5장 참조). 예를 들어, [그림
9-9]를 보자. 프로파일은 26/62 코드패턴이다. T점수 65점 이상의 26/62 코드패턴의 상관물
은 제6장에서 찾으면 된다. 그다음으로 높은 척도는 척도 7이고, 이는 26의 우울증 증상에 불
안, 자기회의, 죄책감 및 반추 등의 증상을 더한다. 그다음 높은 척도는 척도 0으로 내향성과

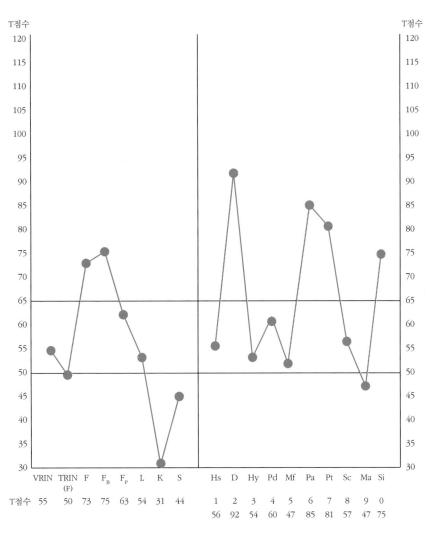

그림 9-9   26 코드패턴

출처: Butcher et al. (2001)에서 인용함.

사회적으로 불편감을 느끼는 것을 예측한다. 그 외에 T점수 65점 이상인 척도는 없으나, 척도 9가 T점수 50점 이하이다. 이는 낮은 에너지를 가리키고 우울증의 낮은 에너지를 심화시키지만 행동화 가능성은 줄인다.

보고서 조직화

보고서는 단락들이 논리적으로 잘 이어지도록 조직화되어야 한다. 처음 단락에 '타당성(Validity)'이나 '수검태도(Test-Taking Attitude)' 등과 같은 구분된 제목이 있을 수 있다. 보고서에 형식적인 제목 부분을 넣고자 할 수도 있고 아닐 수도 있다. 각각의 상황이 이러한 분리된 제목을 권장할 수도 있고 아닐 수도 있다. 타당성과 수검태도에 대해 짧은 설명을 쓰고 나면 구분된 단락으로 해석 부분을 시작하는데, 이 또한 구분된 제목이 있다. 당신은 아마도 보고서의 이 두 번째 부분에 '성격 프로파일(Personality Profile)'이나 '증상, 행동 및 성격특성(Symptoms, Behaviors, and Personality Traits)'이라는 제목을 붙일지도 모른다. 또한 당신은 세 번째 부분에 '생활방식 및 가족 배경(Lifestyle and Family Background)'(자동화된 Caldwell 보고서처럼)이나 '경험 배경(Background Experiences)' 같은 제목을 붙이기도 할 것이다. 대체로 네 번째 부분의 제목은 '진단적 인상(Diagnostic Impressions)'인데, 여기에는 프로파일과 관련되어 가능한 진단들을 나열한다. 다섯 번째 부분은 '치료적 제언(Treatment Recommendations)'이라고 이름을 붙일 수 있다. 이 부분에는 치료적인 제언들과 자살 가능성에 대한 경고 및 약물치료 제안 등이 포함될 수 있다. 마지막 부분은 '피드백(Feedback Statement)'으로 수검자에게 그들의 검사결과를 알리기 위한 말을 포함한다. 제12장에서는 독자들의 조직화 성향에 맞출 수 있는 다양한 형식의 전산화 보고서를 소개할 것이다.

표준적인 교과서에 나온 특정 프로파일과 관련된 증상, 행동 및 성격특성을 베껴 쓰는 것은 표절이 아니다. 이것들은 일반적으로 경험적으로 생성된 설명이다. MMPI-2 보고서를 쓰는 기술력은 모든 척도를 일관되게 보고서에 통합한 설명에서 흘러나온다. 그러나 전산화로 생성된 보고서의 말을 마치 심리학자 자신이 쓴 것처럼 베끼는 것은 표절이다. 다만 출처를 적절히 밝힌다면 보고서에서 인용하는 것은 괜찮다.

MMPI-2의 자료들을 조직화하는 또 다른 방법은 일련의 단락으로 나누는 것인데, 각각은 심리적 기능의 특정 측면을 다룬다. Graham(1990)과 Levak 등(2011)을 참고하여 보고서를 조직화하기 위한 가이드를 다음과 같이 나열하였다.

1. 증상, 호소 및 성격특성

2. 자기개념

3. 환경에 대한 지각

4. 대인관계

5. 행동

6. 정서조절 및 스트레스에 대한 반응

7. 심리적 자원

8. 역동 및 병의 원인

9. 진단적 인상

10. 치료적 함의

증상, 호소 및 성격특성

프로파일의 핵심을 정리하는 첫 부분을 쓴 후에 코드와 관련된 증상 및 호소와 그 외에 상승한 척도와 관련된 증상 및 호소를 나열한다. T점수 50점 이하의 척도들(예: 척도 4의 T점수가 30점인 것은 낮은 공격성과 순응성을 시사한다)에 대한 가설을 만든다. 이 부분의 설명을 만드는 과정 중 한 부분으로 보충척도 및 내용척도를 살펴보는 것뿐 아니라 다양한 Harris-Lingoes 소척도 및 모호-명백 소척도를 살펴본다. 예를 들어, 다른 척도가 정상범위 내에 있는 프로파일이면서 척도 2가 T점수 60점이라면, 임상가는 우울증 진단이 보장된 것은 아니라고 추측할 것이다. 그러나 DEP 척도가 T점수 65점 이상으로 상승해 있고, 우울증 증상과 주의집중 및 기억력 문제를 호소한다면 확신할 수 있다. 임상가가 주목하고 내담자가 주호소로 밝힌 증상들은 장애의 행동적 발현임을 기억하자. 이 단락에서는 또한 프로파일과 관련된 성격특징을 기술해야 한다. 예를 들어, 27 프로파일은 책임감이 지나치며, 쉽게 걱정을 하고, 사소한 위협에도 비상사태인 것처럼 반응한다.

자기개념

증상, 호소 및 성격특징을 기술하고 나면, 스스로를 어떻게 생각하는지에 대해 설명한다. 일부 사례에서는 장애의 특징이 주로 행동화된 행동이나 자각이 부족한 상태로 타인을 탓하는 투사(예: 49/94 프로파일)여서 자기개념이 자기중심적이고 과대한 경향이 있기에 한두 문장 정도면 충분하다. 그러나 또 다른 사례들은 주로 자기상과 자기혐오장애(예: 278/728, 86/68 및 89/98 프로파일)이기 때문에 이 단락이 특히 중요할 것이다. 이 단락은 "전형적으로 이러한 사람들은 자기 스스로를 결함이 있고, 손상되어 있으며, 비호감이라고 여긴다."(척도 8의 높은 점수)라고 시작할 수 있다. 또한 행동화를 보일 수 있는 프로파일(49/94 또는 46/64)에서 자기개념은 다음과 같이 시작할 수도 있다. "내담자는 현재 겪고 있는 어려움에 대해 스스로 책임이 있다고 여기지 못하는 경향이 있다. 그는 자신의 문제를 다른 사람이나 어려운 상황 및 나쁜 운 때문이라고 생각하면서 타인의 탓으로 투사하는 경향을 보일 것이다."

환경에 대한 지각

이 부분에서는 수검자가 외부 세계를 어떻게 보는지 묘사한다. 예를 들어, 68/86의 프로파일을 보이는 사람들은 세상을 적대적이고 위험하며 혼란스럽다고 볼 것이다. 척도 2와 척도 7 점수가 높은 사람에게 세상은 무서운 곳이기에 어떤 상황에서 마치 비상사태인 것처럼 과하게 반응하는 경향이 있다. 이들은 스스로 위협과 사회적 승인을 잃는 것에 취약하다고 여긴다. 48/84 프로파일을 보이는 사람들은 세상을 적대적이고 무정하다고 여기기 때문에 자기보호, 분노 및 방어적 성향을 유지한다. 이들은 타인에게 공감하고, 다른 사람들의 반응을 정확히 해석하는 데 어려움이 있다. 한편, 46/64 프로파일을 보이는 사람들은 요청되는 모든 요구에 대해서 상당히 경계하며, 종종 '삶에 속는다'는 기분을 느끼면서 자율성을 지키고 보호하려는 경향이 있다. 제6장에서 읽어 본 것처럼 각 단락에서 관련된 문장들을 가지런히 정리한다.

항상 이러한 개요로 단락들을 조직화할 필요는 없지만, 성격을 설명하는 데 가능한 한 많은 측면을 담았는지 확인하기 위해 개요를 사용하거나, 이 장에서 설명하고 제12장에서 실제 예시로 소개할 Nichols와 Greene의 구조적 요약표를 참고하는 것이 자료를 조직화하는 데 도움이 될 것이다.

대인관계

먼저, 자기와 타인에 대한 지각(perception)을 쓰고 나서 그것이 수검자의 대인관계에 어떠한 영향을 미치는지 서술한다. 대인관계를 서술할 때의 양은 코드패턴에 따라 다양하다. 일부 프로파일의 경우, 주요 문제영역이 대인관계(예: 49/94 또는 46/64 타입)이고, 또 다른 프로파일(예: 27/72)의 문제영역은 좀 더 개인 내적인 것이다. 이 단락은 "내담자의 대인관계는 고통스러운 오해(78/87 상승에서처럼), 애정에 대한 과도한 욕구(46/64 상승에서처럼) 또는 폭발적인 성마름과 자기애(49/94 상승에서처럼)가 특징인 경향이 있다."와 같은 문장으로 시작할 수 있다.

행동

사람들의 행동은 적어도 부분적으로는 자기개념과 환경에 대한 지각 및 대인관계의 결과이다. 어느 정도는 대인관계가 행동으로 나타나기 때문에 이미 이전 단락에서 이 부분의 일부를 썼을 수 있다. 이 부분을 위한 좋은 시작은 다음과 같을 것이다. "이 프로파일과 관련된 전형적인 행동은 [행동 리스트]이다." 예를 들어, 척도 2에서 높은 점수를 받고, 피로감과 주의집중, 죄책감, 불안 및 수면에서 어려움을 호소하는 사람은 행동적으로 무감동이나 각성과 욕구의 전반적인 상실 및 느린 속도 같은 것을 보일 것이다. 특정 상승도에 따라 기술한 행동들은 앞서 서술한 증상, 자기개념 및 환경에 대한 지각과 의미 있는 방향으로 연계되어야 한다. 따라서 척도 2가 상승한 사람은 대인관계에서의 느린 속도, 느린 발화 및 부족한 눈맞춤을 나타낼 수 있다. 이러한 사람은 또한 갈등에서 뒤로 물러나며, 대체로 주장적이고 결단력 있는 행동을 피할 것이다. 단독상승한 척도 4를 포함한 다른 예시를 들면, 척도 4 점수가 높은 사람들은 그다지 호소를 하지 않기 때문에 길지 않은 호소 목록을 적을 것이다(비록 다른 사람들이 그 사람에 대해 많이 호소하더라도). 이들은 종종 골치 아픈 문제나 부부간의 불화를 일으키는 충동적인 행동 때문에 치료를 받으러 온다. 이런 경우 행동에 대한 내용이 두드러지는데, 아마 다음과 같이 언급할 수 있을 것이다.

이들은 성적이거나 다른 행동화의 행동 문제로 곤경에 처하는 경향이 있다. 이들은 자기중심적인 사람들로 자신의 잘못에 대해 외부 환경이나 어려운 상황을 탓하며, 자신의 행동에 대해 책임을 지는 경우는 드물다. 전형적으로 그들은 소외되어 있는데, 청소년기에 반항적인 모습을 보이거나 사회적 규범이나 가치를 수용하지 않고 순응적이지 못한 모습을 보인다. 이들은 세상을 착취당하는 것을 피하기 위해 '우위'를 점해야 하는 '골육상쟁'이 일어나는 곳으로 여기기 때문에 충실한 모습을 보이는 경우가 드물다. 이들의 전형적인 행동으로는 거짓말, 충동성, 낮은 좌절 인내력 및 장기계획을 세우지 못하는 것이 있다. 일상과 구조화된 업무환경을 받아들이는 데 문제가 있는 것과 관련해서 부부간 불화가 시사된다.

정리하면, 일부 코드패턴은 호소보다 증상 목록이 더 길다. 다른 코드는 행동 묘사보다 증상과 호소 목록이 더 길다.

정서조절 및 스트레스에 대한 반응

사람들이 스트레스를 받을 때마다 전형적으로 방어적 행동이 늘어나고, 따라서 증상이 증가한다. 스트레스가 늘어날수록 성숙한 방어행동이 줄어든다. MMPI-2의 임상척도 및 타당도척도들은 방어행동을 반영한다. MMPI-2의 임상척도 및 타당도척도는 개인이 사용하는 방어의 종류뿐 아니라 대처기술수준과 전반적인 고통감 정도를 반영한다. 특히 임상척도가 상

〈표 9-1〉 코드패턴과 관련 스트레스 원인

코드패턴	스트레스 원인
27/72	누적된 책임감
28/82	지지해 주던 사람들이 정서적 지지를 철회했다고 지각함
43/34	거절 또는 무시당함
46/64	요구받을 때
49/94	자기 행동을 통제당함
93/39	인정받지 못했을 때 또는 통제당할 때

승했다면, K 척도와 Es 척도가 상승한 것은 이 척도들에서 낮은 점수를 받은 경우보다는 더 나은 대처능력을 지녔다는 것을 시사한다. 높은 F 척도 및 FB 척도 점수는 척도 6, 척도 8 및 BIZ 척도의 상승과 마찬가지로 고통감과 심리적 와해를 시사한다. 척도 0의 낮은 점수는 일반적으로 폭넓은 사회 및 대인관계뿐 아니라 안정되게 사회화되어 온 것을 가리킨다. 임상척도 형태들은 종종 다양한 정도의 정서조절 또는 스트레스에 대한 반응과 관련된다. 일부 코드 타입에서 상승된 스트레스는 위험한 행동을 초래한다. 예를 들어, 68/86 타입은 스트레스를 받으면 금세 전투적이 되고, 자살위험이 있는 24/42의 사람들은 실제로 시도할 수 있다. 척도 9 점수가 높은 사람들은 스트레스를 받으면 조증 증상이 늘어나거나 갑자기 우울해질 수 있다.

이 부분에서 어떤 종류의 스트레스가 가장 적응적 방어를 무너뜨리는 경향이 있는지 논의한다. 〈표 9-1〉에서 특정 코드패턴과 관련된 스트레스 원인에 대한 예를 제시하였는데, 이는 우리의 경험에서 도출된 것이다.

심리적 자원

이 부분의 일부는 앞부분과 겹칠 것이다. 이 부분을 위한 자료들은 기본적으로 코드패턴 및 타당도척도, Es 척도와 보충척도 및 내용척도 점수에서 얻어진다. Es 점수가 높으면 스트레스에 대처할 수 있는 심리적 자원이 적절함을 예견한다. 예를 들어, T점수가 75점인 48/84 프로파일에 T점수가 Es는 65점, K는 65점, LSE는 40점인 사람은 아마도 K 척도와 Es 척도에서 T점수가 50점 이하이고, LSE가 75점인 48/84 프로파일을 보인 사람보다는 삶에서 더 나은 대처를 보일 것이다. 후자의 경우 소외감이나 소원한 느낌은 충동적이고 심지어 기괴한 행동화로 나타날 수 있는 반면, 전자의 경우는 높은 K 및 Es 점수가 많은 영역에서 보상적 기능을 하여 소외감과 소원한 느낌을 좀 더 통제된 방향으로 행동화할 것이다. 그러나 둘 다 대인관계 갈등과 혼란 및 대인관계에서의 충분한 정서적 만족감의 부재를 겪을 것이다. K 및 Es 점수가 높으면서 상승된 48 코드패턴을 보이는 사람은 K와 Es 점수가 통제와 스트레스 대처능력을 예견하는 바, 정신증적이거나 충동적인 행동화를 보이는 경향은 적을 것이다. 더 통제된 48은 위험의 가능성이 더 높다(예: 느긋하고 편안한 매력으로 결국은 살해당한 피해자들을 유혹할 수 있었던 Jeffrey Dahmer). 또 다른 예로, 더 낮은 K 및 Es 점수와 함께 F 점수가 높을수록 임상 프로파일 상승에서 나타난 스트레스에 대처하기 위해 가용한 심리적 자원이 더 적다. 반대로, K와 Es 점수가 높을수록 가용할 수 있는 대처 자원이 더 많다.

K 척도의 상승도와 심리적 자원은 곡선형 관계를 이룬다. K점수가 낮을수록 자아 강도도 더 낮고 자기개념도 더 나쁘다. K 척도의 T점수가 59~64점인 중간 범위의 사람들은 적절한 정도로 스트레스에 대처하기 위한 심리적 자원을 지니고 있다. T점수가 65점 이상으로 상승하면, 좀 더 경직되고 정서에 접촉하지 않는 경향이 있기 때문에 덜 유연하고 심리적으로 자신을 탐구하는 것에 대한 참을성도 더 적다.

역동/병의 원인

보고서를 쓰는 일부 사람은 이 부분을 '역동/병의 원인'이라는 제목을 붙여서 나누기도 한다. 이 부분에서는 특정 코드패턴과 관련될 수 있는 가능한 모든 배경 및 아동기 경험을 논한다. Marks 등(1974)은 특정 코드타입과 관련하여 전형적인 배경을 기술하였다. 만약 이러한 특성이 가능하다면, 이 부분은 다음과 같은 말로 시작할 수 있다(48/84 코드패턴의 경우). "이 프로파일 패턴을 보이는 사람들은 종종 박탈이나 적대감 및 성적 학대의 경험이 있다." 경험적으로 관련된 배경이 있다면 그것들을 포함한다.

진단적 인상

MMPI-2가 진단적으로 깔끔하거나 효율적이지 않기 때문에 보고서를 쓸 때 이 부분이 가장 어려울 수 있다. 만약 하나의 척도가 다른 척도들에 비해 확실히 상승했다면, 대개는 그 척도가 진단적 모습을 결정하거나 특징짓는다. 그렇지만 한 척도가 다른 것들에 비해 독보적으로 더 많이 상승하는 경우는 드물다. 따라서 이런 접근을 사용하여 우울증, 편집증, 성격장애 등의 확정적 진단을 늘 내릴 수는 없다. 왜냐하면 몇몇 상승한 척도를 더 고려해야 하기 때문이다. 따라서 진단을 위한 지침을 다음과 같이 제공한다.

1. 하나의 척도가 매우 상승했을 때, 가장 높은 척도는 진단유형을 예견한다(척도 2=우울증, 척도 7=불안증, 척도 9=경조증 등).

2. 프로파일의 기울기는 진단이 신경증 영역일지 혹은 정신증 영역일지에 대해 시사한다. 신경증 경사(부적 경사)인가 혹은 정신증 경사(정적 경사)인가?

3. 2개 혹은 3개로 된 코드나 형태(예: 전환 V)에서 실제로 가장 빈번한 진단을 강하게 고려하라. 근거는 제6장의 코드패턴 부분에 각각 나열하였다.

4. Goldberg 지표를 계산하라. 정신증 성향인가 아니면 신경증 성향인가? Goldberg 지표는 〈표 9-2〉에서 논의하였고, 여기서는 Goldberg 규칙을 적절히 적용하는 방법을 설명하였다. 각 코드패턴과 관련된 전형적인 Goldberg 지표값은 〈표 9-3〉에 제시하였다.

5. MMPI-2 보고서를 쓸 때, 코드패턴과 관련된 수많은 가능한 진단을 떠올려라. MMPI-2는 일반적으로 여러 검사 조합(test battery)의 일부로 실시되기 때문에 임상가에게는 다른 추가적인 검사 자료들이 있을 것이며, 이는 정확한 진단을 내리는 데 도움이 될 것이다. 임상가가 종합검사, 과거력 및 현재 나타나는 문제를 기반으로 실제 진단을 쓸 때에는 제외될 수 있겠지만, 그럼에도 검사 조합 중 MMPI-2 부분을 쓸 때 코드패턴과 관련된 전형적인 진단명들을 언급하는 것이 허용된다. 예를 들어, 심리평가의 논의 부분에서 "비록 전형적으로 성격장애 진단과 관련된 MMPI-2 프로파일을 보였으나, 다른 검사 및 개인력과 임상적으로 나타난 자료들을 바탕으로 볼 때에는 성격장애 진단이 시사되지 않는다."라고 쓸 수 있다. 일반적으로 코드패턴은 진단적으로 확정적이거나 역사적이었던 것은 아니다. 행동과 다른 검사 자료들이 정확한 진단을 내리는 데 도움이 된다. 예를 들어, 청소년의 89/98 프로파일은 약물반응에 의한 공황을 가리킬 수 있으며, 또는 심각한 정체감 혼란을 나타내는 것일 수 있다. 조현병도 가능한 진단이지만, 내담자의 과거력에서 발견한 것을 알려라. 예를 들어, 89/98 청소년(예: 19세)의 MMPI-2 보고서의 진단 부분에 다음과 같은 내용을 포함할 수 있다.

> 원가족의 조현병 병력이 예후를 더 조심스럽게 만들 수 있다. 과거력에서 약물로 인한 장애나 최근 개인의 자존감에 충격을 받은 것이 시사되지 않는다면 이 프로파일은 조현병적 장애를 반영할 수 있다.

이러한 설명은 검사 조합의 MMPI-2의 진단 부분에 적절할 수 있지만, 일반적으로 좀 더 확정적 진단이 도움이 되는 최종 진단 부분에는 덜 적합할 수 있다.

〈표 9-2〉Goldberg 규칙의 임상적 사용을 위한 정보

Goldberg 규칙은 3개 직선 지표의 조합이며, 각각은 표시값(기준 점수)이 정해진 방정식에서 K-교정된 MMPI-2 T점수의 조합을 사용한다. Goldberg 규칙은 K-교정된 MMPI T점수값을 사용하여 개발되었다. MMPI에서 MMPI-2로 규준이 변했다 하더라도, Goldberg 규칙을 위한 기준 점수(cutting score)는 여전히 MMPI-2에도 적용됨이 밝혀졌다. 모든 Goldberg 규칙은 대규모 자료에 대한 회귀법을 사용하여 개발되었다. 규칙 I과 II는 Lanyon(1968)의 208명 집단 프로파일에서 도출되었고, 규칙 III(지표)은 7개의 정신과 센터[대체로 재향군인회(Veterans Affatirs: VA)와 대학병원의 입원환자들]에서 수집된 861명의 남성 프로파일을 분석하여 얻어졌다. 후자의 집단은 Meehl과 Dahlstrom(1960)의 정신증과 신경증 프로파일의 구분을 위한 형태 규칙의 연구에서도 사용되었다. 이 지표들의 바탕이 된 방법과 자료들은 임상 실무에서 바로 사용할 수 있을 정도의 함의를 지닌다. 다만 중요한 것은 Goldberg 규칙들이 개인 사례에 대한 의사결정에 곧바로 쓰이기에는 적합하지 않다는 것이다. 만약 이 세 규칙의 기준 점수가 똑같다면, 다양한 장면(예: 병원, 개인 진료소 및 대학 상담센터, VA 병원, 주립정신병원, 직업검사 및 교도소) 사이에서 발생하는 기저율 차이가 결정의 정확률에 큰 영향을 줄 것이다. 또 하나 유념할 것은 Goldberg 규칙이 2개 혹은 3개의 상승척도로 이루어진 프로파일 타입 각각의 값의 범위가 다르다는 것이다(〈표 9-3〉참조. 이는 Alex B. Caldwell에 의해 제시된 사례 예시들에 대한 지표값과 Marks와 Seeman(1963) 및 Gilberstadt와 Duker(1965)의 코드책의 프로파일에 대응되는 값을 보여 준다). 예를 들어, Goldberg 규칙 III을 보면, 코드패턴 138과 86은 둘 다 정신증의 높은 빈도와 관련되어 있는데, 규칙 III의 값의 범위는 거의 겹치지 않는다. 규칙 III에 대한 138 프로파일의 일반적인 값의 범위는 35~55점인 반면, 86 프로파일은 65~90점이다. 따라서 기준 점수 45점으로 오직 규칙 III만을 기반해서 결정하면 너무 많은 86 프로파일이 정신증으로 불리게 되는 반면, 138 프로파일에서는 너무 적은 수가 정신증으로 불리게 된다. 아마도 이러한 문제로 인해 Goldberg 규칙들은 한 개인의 프로파일을 분류하는 방법보다는 대규모 환자 그룹이나 프로파일을 분류하는 방법으로 고려된다.

각 규칙을 살펴보자.

규칙 I: 정상(normal) 대 이상(deviant) (Hs+2Pd-Ma) - K-교정된 T점수 사용

123.5점보다 높은 점수를 이상이라고 보고, 123.5점보다 낮은 점수를 정상으로 고려할 수 있다. 이 규칙은 아마도 일반 의료환자들과 대학 상담센터, 경찰 지원자 및 평화봉사단 지원자와 같이 높은 기저율(아마도 30%)을 보인 심리적으로 정상 집단 및 장면에서 가장 잘 적용될 것이다. 외래환자에게 적용할 때는 주의해야 하며, 정신과 입원환자에게는 적용하지 말아야 한다. 정신과 입원환자집단에서는, 특히 척도 9가 2개의 높은 척도 중 하나이거나 T점수가 65점 이상인 코드패턴을 보이는 환자들에서 부정 오류(환자가 정상군으로 잘못 분류됨)의 빈도가 높기 때문이다. 이 규칙은 정상 K+ 프로파일의 포함 규준을 충족시키지 않고, T점수 70점보다 높은 척도가 2개보다 많지 않으며, 척도 9가 세 번째로 높은 척도보다 크지 않을 때의 외래장면에서 더 잘 적용된다고 나타났다. 입원환자들에서는, 규칙 I이 조증과 다른 것을 구분하는 지표로 여겨질 수는 있을 것이다. 활동수준이 높은 환자이면서 일반적인 환자들에 비해 덜 양가적이고, 무관심하며, 우울하고, 부적절감/열등감도 보이지 않는 환자들이 123점 이하의 점수를 받는다(Lane & Lachar, 1979). 조증의 경우는 전형적으로 규칙 I의 점수가 123.5점 이하이고, 규칙 III의 점수는 45점 이상이다.

규칙 II: 정신질환(Psychiatric) 대 반사회성 성격장애(Sociopathic Personality Disordered, 2Pd-Hy-Sc) –
K-교정된 T점수 사용

11점 이상의 점수를 반사회성으로 고려할 수 있는 반면, 11점 이하는 정신질환으로 볼 수 있다. 이 규칙은 『정신장애의 진단 및 통계 편람 제4판(Diagnostic and Statistical Manual of Mental Disorder, 4th ed.)』(American Psychiatric Association, 1994)의 축 1(임상증후군)과 축 2(성격장애)를 대략 구분할 수 있다. 미국정신의학회의 명명과 통계위원회(Task Force on Nomenclature and Statistics)에서는 적절하고 동시에 유사한 분류를 권장한다는 분명한 목적에 따라, 이 두 종류의 질환을 구분된 축으로 배정하는 것을 결정하였다. 규칙 II의 실용적인 유용성을 위한 함의는 기준 점수 이상의 점수가 개별 환자를 분류하는 용도보다는 성격장애의 가능성을 임상가에게 알리기 위한 것이라는 것이다. 규칙 II는 반사회성 및 자기애성 성격장애처럼 과도한/과소한 통제의 연속성에서 불안정한 쪽의 끝에 있는 성격장애를 판별하는 데 상대적으로 더 민감하다. 반면에 의존성이나 강박성 성격장애처럼 이러한 연속선에서 더 제약된 쪽의 끝에 있는 장애에는 덜 민감하다.

교도소나 약물 및 알코올 치료나 재활 프로그램 등과 같이 기저율이 높은 기질적 병리(character pathology)를 위한 장면에서 이 규칙의 분류 정확도가 높다는 것은 의심의 여지가 없다. 병원이나 정신과 장면에서 신경증 및 특히 정신증적 상태에 대해 이 규칙은 감당하지 못할 정도로 부정 오류가 매우 높다. 문제는 척도 4의 T점수가 80점 가까이 상승하면 전체 형태와 상관없이 프로파일이 반사회성으로 분류된다는 것이다. 46/64 코드타입은 이 규칙의 두드러지는 오류이다. 그러나 48/84, 482/428, 274/742/472, 96/69 및 94도 성격장애로 자주 잘못 분류된다.

규칙 III: 신경증(Neurotic) 대 정신증(Psychotic) (L+Pa+Sc-Hy-Pt) – K-교정된 T점수 사용

45점 이상의 점수는 정신증으로, 45점 미만의 점수는 신경증으로 고려할 수 있다. 이 규칙은 흔히 Goldberg 지표로 언급된다. 이 규칙을 공식적인 정신과 장면 외부에서 적용할 때는 상당한 주의가 요구된다. 점수가 3개 척도의 합에서 2개 척도의 합을 뺀 결과이며, 정상군에서 각 척도의 평균 점수는 거의 T점수 50점에 가깝기 때문에, 선택된 집단에서가 아닌 경우 대부분은 Goldberg 지표에서 정신증 범위에 속하는 점수를 받을 수 있다. 따라서 일자리 지원자나 일반 의료환자 및 대학 내담자 등과 같은 정상집단에서 이 지표를 추정하기 위해 계산하는 것은 부적절하다. 규칙 III은 다른 사람들과 환자의 심리적 거리라는 측면에서 알기 쉬운 역동적 의미를 지니고 있다는 점에서 3개의 Goldberg 지표 중에서 가장 독특하다. 높은 값은 뚜렷하게 타인에 대한 불신과 대인관계의 단절, 분리 및 철수에 대한 강한 욕구를 반영하는 경향이 있다. 낮은 값은 의존과 매달리는 경향을 지닌 과도하게 애착하는 특징을 시사한다.

1960년 이전의 원판 자료 묶음의 모든 프로파일과 1955년 이전의 대부분이 수집되었기 때문에, 정서장애는 규준집단에서 확실히 나타나지는 않았다. 그 당시는 미국에서 조현병이 과도하게 진단되었던 때라, 주요우울증이 신경증 집단에서 확실히 과하게 나타났고 정신증 집단에서는 과소하게 나타났다. 그 결과, 규칙 III은 정서장애와 조현병에 대한 높은 민감도와 특이도를 거의 확실하게 보여 줄 것이다. 278, 29/92 및 78/87 프로파일 코드에서 분류 오류가 자주 일어난다. 278이 신경증으로 분류되는 것만큼이나 정신증으로 잘못 분류된 반면, 29/92는 지나치게 자주 신경증으로 분류되었고, 78/87은 너무 자주 정신증으로 분류되었다. L의 상승과 척도 8에 속한 10여 개의 신체 문항 중 대부분에 기입하면 일부 13/31 프로파일(특히 여성 환자들의 경우)을 정신증으로 잘못 분류하는 결과가 나타날 것이다. 미리 언급한 대로, 138 프로파일은 이 코드를 보이는 다수의 환자를 신경증으로 잘못 분류하는 규칙 III의 대표적인 오류이다.

주: Goldberg 규칙에 대한 이 정보는 David S. Nichols가 쓴 것이며, 그의 허락하에 게재하였다.

〈표 9-3〉 코드타입에 따른 평균 Goldberg(N-P) 지표값

코드타입	Caldwell 보고서 지표값[a]	Gilberstadt & Ducker (1965)[b]	Marks & Seeman (1963)[b]
123'[a]	34	18	
13' 또는 31'	32	24	40
231' 또는 213'	30	16[b]	30
26' 또는 62'	62		
27' 또는 72', 기본적으로 273'이며 274'나 278'이 아님	26	14	28
274', 순서에 상관없이	36	26	36
278', 순서에 상관없이	46	45	48
28' 또는 82'	58		58
29' 또는 92'	43		
321'	28		23
34' 또는 43'	40	33	
36' 또는 63'	53		
37', 73', 또는 137', 순서에 상관없이	25	19[c]	
38', 83', 또는 138', 순서에 상관없이	44	36	53
39' 또는 93'	37	34[d]	
4' 그리고 ('A-B)>10[e]	48	45	
46' 또는 64'	66		65[f]
48' 또는 84', 489[h]는 아님	58	56[g]	56
49' 또는 94', 489'는 아님	49	45	53
489', 순서에 상관없이	60		
68' 또는 86'	77	99[j]	92[j]
69' 또는 96'	70		78
78' 또는 87'	49	42	
89' 또는 98'	62	71	68
9', B<70, 2<50[j]	54	55	

a. Caldwell 보고서에 의해 진행된 성인 사례의 순차적인 표본 추출에서 도출되었다. 사례에는 외래 심리치료 환자들, 정신과 입원환자들, 산재 보상 및 다른 법정평가 사례, 아동 양육권 소송 중인 부모들, 경찰이나 다른 직업 지원자를 포함한 다양한 정상군이 포함되었다. 더 자세한 정보는 다음 연락처를 통해 얻을 수 있다. Alex B. Caldwell, Caldwell Report, 5839 Green Valley Circle, Suite 203, Culver City, CA 90230, 전화: (310) 670-2874.

b. Goldberg 지표값은 코드타입에 부합되는 성인 정신과 환자들의 평균 프로파일에서 도출하였다.

c. 준비된 코드를 사용하였다. 상승하지 않은 프로파일의 평균 N-P 지표값은 차이에 일관된 패턴이 없이 대체로 매우 비슷하다.

d. 1237'/2137' 코드타입

e. 137' 또는 13'7 코드타입

f. 139 코드타입, 1이나 3 혹은 9>T점수 70점

g. (A-B)>10인 것은 척도 4에서 나머지 8개의 임상척도 중 그다음으로 높은 척도를 뺀 것이 10점 이상이라는 것이다. Gilberstadt와 Duker는 4>T점수 70점이며, 다른 척도는 70점이 없는 것으로 명시하였다.

h. 65는 46/64 코드타입(평균 N-P 지표 78) + 462/642 코드타입(평균 지표 52)의 평균이다.

i. 824(7) 코드타입

j. 482/842/824 코드타입

높은 F 점수나 과도한 F 상승에 따라 조정한 N-P 지표를 배제하지 않았다. B<70이라는 것은 8개의 임상척도 중 두 번째로 높은 척도가 T점수 70점 이하이며, 척도 2가 반드시 T점수 50점 이하인 것이다.

치료적 함의

MMPI-2 사용자들은 MMPI-2 보고서의 이 마지막 부분을 쓰기 위해 자신들의 임상적 경험과 치료 문헌(제6장의 치료 부분 참조)을 사용해야만 한다. 기술된 증상과 호소들은 일정 종류의 치료방법을 요구할 것이다. 각기 다른 종류의 정신병리를 다룰 수 있으면서 경험적으로 지지되는 치료적 접근법이 상당히 많다. 예를 들어, 우울증에는 인지적 재구성, 자존감 세우기 및 약물치료 등이 모두 효과가 입증되었다(더 많은 치료 정보를 찾으려면 Levak et al., 2011 참조).

MMPI-2는 또한 내담자의 치료 가능성에 대해 일부 실마리를 제공할 수 있다. 가용한 자료가 있다면, 치료 과정에서 재기될 수 있는 전이나 방어양식과 같은 문제들과 더 효과적인 혹은 덜 효과적인 치료적 개입의 종류가 이 부분에 포함될 수 있다. K 척도는 일반적으로 치료 적합성에 긍정적 지표가 된다. 극히 낮은 K점수(T점수 40점 이하)는 낮은 자존감과 자아 강도(따라서 치료를 위한 심리적 접근 가능성)를 시사하지만, 종종 심리적 내적 자원의 부재로 인해 나쁜 예후가 되기도 한다. T점수 50에서 65점 범위는 대체로 좋은 치료적 결과를 예견하는 반면, 65점 이상은 정서적 경직성과 수축을 예측한다. 이 경우, 내담자가 개방하는 것을 어려워하기 때문에 치료 성과가 낮을 수 있다. TRT(부정적 치료 지표) 내용척도도 '대화치료(talk therapy)'의 효과에 대해 냉소적인 내담자인지 아닌지를 결정하는 데 유용하다.

몇몇 코드패턴은 다른 척도에 비해 치료를 더 잘 받아들이는 행동을 나타낸다. 예를 들어, 27/72 코드는 치료 순응성을 예측하는데, 이러한 사람들은 양심적이고 합리적이며 치료 제안을 잘 따르는 경향이 있기 때문이다. 반대로 척도 4의 상승은 약물치료이건 심리치료이건 치료에 느리게 반응하는 것을 예견한다. 단독상승한 척도 4, 48/84, 46/64, 43/34 및 49/94는 모두 상대적으로 변화가 어려운 지속적인 성격적 특성을 예측하는 형태이다. 다만 척도 4의 상

승이 이혼이나 실직과 같은 최근의 실망스러운 일이나 심리적 외상의 결과라면 예외이다. 이 경우, 촉발된 상황 이전에 잘 적응했는지가 치료에 대한 좋은 반응을 시사할 수 있다. 그러나 척도 4가 상승하기 전에 오랜 기간 삶에서 수동-공격적인 또는 행동화하는 행동들이 있었다면 치료에 느리게 반응함을 시사할 것이다. 임상적 경험이 많지 않은 MMPI-2 사용 초보자들은 성격과 정신병리에 대한 표준적인 참고서를 읽고, 그것들을 기본적인 형태의 코드패턴과 연관 지으면서 치료적 제안을 위한 자료들을 만들어 가려고 시도해야 한다(또한 치료적 제안을 위한 코드패턴 탐색표를 참조할 것).

'복잡한 프로파일'의 해석

일부 프로파일은 쉽게 눈에 띄는 코드패턴에 딱 맞지 않는다. 이 경우에는 처리할 수 있고, 알아볼 수 있을 정도로 프로파일을 나누고 난 후에 성격특성을 구성해야 할 필요가 있다. 모든 임상척도가 T점수 65점 이상으로 비슷하게 상승한 척도들로 된 다음의 복잡한 프로파일을 생각해 보자. 가장 높은 척도부터 낮은 척도 순서로 나열하였다. 척도 점수의 순서는 프로파일을 기본적인 구성 요소 부분으로 나누는 방법을 설명하기 위한 예로 사용하였다. A-B-C-D Caldwell(1998) 패러다임을 적용한 이 전략은 각 쌍에 대한 일련의 설명을 만들기 위해 프로파일을 높은 점수 쌍으로 나눈다. 첫째, 상승 순서에 따라 상승한 모든 척도를 적는다. 다음 예시에 도출된 순위 순서를 다음과 같이 적는다. 3162794580. 각 숫자 밑에 네 번째로 높은 척도까지 상응하는 알파벳을 쓴다.

3	1	6	2	7	9	4	5	8	0
A	B	C	D						

프로파일을 나누고 높은 점수 쌍을 다음과 같이 해석한다. 3-1인 A-B. 그리고 3-6인 A-C를 해석한다. 그리고 1-6인 B-C를 해석하고 3-2인 A-D를 해석한다. 그 이후에는 내림차순으로 각 척도에 해당하는 상관물을 적는다. 이 사례에서 해석의 기준(주요한 코드타입)은 3-1(즉, 13/31) 코드이다. 제6장에서 13/31 코드를 찾아보면 이러한 사람들은 신체화하고, 의존적이며, 심리적으로 순진하고 미성숙하며, 분노를 직접적으로 직면하는 걸 어려워하는 경향이 있다. 척도 3과 6의 상승에 대한 설명에 따르면(36/63 코드패턴 참조), 이 사람들은 비난에 예민하고, 쉽게 믿지 못하며, 때때로 의심하고, 신체증상이 있다. 1-6의 상관물을 찾아보면 이 사람들은 경직되어 있고, 불평이 많고, 고집스러우며, 비난에 예민하고, 금세 남 탓을 한다.

지금까지 프로파일에서 나타난 것은 과민하고, 신체화하며, 긴장하고, 의심이 많을 가능성이 있는 사람이었다. 다음으로, 척도 2부터 개별 척도에 대한 상관물을 추가한다. 이 정도로 상승한 T점수는 슬픔이나 무감정, 죄책감 및 우울증을 시사한다. 성격특징을 나타내는 2개 척도로 된 코드타입인 13/31 프로파일에 따르면, 우울증 증상이 히스테리적인 무덤덤함으로 뒤덮인 신체적 호소, 긴장 및 부정적 성향으로 나타날 것이다. 그다음으로 높은 척도 7의 상관물은 불안, 긴장 및 죄책감을 예측한다. 13/31이 배경이라는 것을 고려하면, 이 사람은 죄책감이나 불안을 자각하지는 못할 것 같고, 특히 책임이 누적되었을 때 오히려 이것을 긴장이나 신체증상으로 경험할 수 있다. 다음으로 높은 척도인 척도 4의 상관물은 초조함, 기분의 급격한 변화 및 충동성을 시사하지만, 3-1, 3-6 및 1-6 형태의 배경에 대비해 보면 극단적인 내적 긴장과 폭발이 시사된다. 이는 주요한 상승이 성격특징의 기반을 이루고, 다른 척도들은 그 기반을 수정하기 때문이다. 3-1 패턴은 공격성을 금지한다. 결과적으로 척도 4 및 척도 9와 관련된 행동화는 수동적 저항, 자기파괴적 행동 및 사람을 조종하는 의존성으로 수정되어 표현될 것이다.

통합 과정은 설명을 모두 적는 것부터 시작된다. 비슷한 설명을 서로 묶으려고 해 보라. 첫 번째 주요한 혹은 두 번째 코드 형태에 모순적인 모든 설명은 통합되어야 할 필요가 있다. 우리의 경험상 심리학자들은 모순적인 기질을 주요한 코드패턴의 배경에 통합하는 방법을 이해하려는 시도인 이 다음 단계로 잘 나아가지 않는다. 이것이 바로 심리학자의 기술이 포함된 지점인데, 대부분의 해석서가 4개, 5개 혹은 6개 척도로 된 코드패턴에 대한 설명은 제공하지 않기 때문이다. 구조적 요약표 형식이 이 과정에서 유용하게 쓰일 수 있다. 대부분 장면에서 오직 2개 혹은 3개의 척도로 이루어진 코드를 설명하는 보고서가 받아들여진다. 그러나 모순적인 자료를 통합하는 보고서를 쓰는 방법을 배우는 것은 성격평가에서의 기술력이다. 복잡한 프로파일에서 주요한 2개 혹은 3개 척도의 상승은 4개, 5개 혹은 모든 개별 임상척도(내용척도 및 보충척도를 포함하여)를 해석하는 맥락이 된다. 당신의 목적이 모순들을 이치에 맞게 만들고 서로를 확증하는 증상과 설명들을 첨가하는 것이면, 당신은 높은 확신을 가지고 보고서에 그것들을 사용할 수 있다.

척도 5

척도 5의 상승은 척도 해석을 수정할 것이다. 남성에서 척도 5가 상승한 것은 공격적인 행동화 행동을 완화시키고, 이러한 행동을 예측하는 다른 척도들을 수정할 것이다. 남성에서 이 척도의 높은 점수는 민감성, 지적인 흥미 및 비공격성과 관련되기 때문에 행동화 행동들을 억제하는 요인으로 작용한다. 예를 들어, 척도 4, 8, 9와 5가 상승된 남성의 프로파일은 카리스마가 있지만 자기중심적이고 분노하는 사람을 예견하는데, 이 사람의 행동화는 화이트칼라 범죄 종류나 특이한 성적 행동 같은 간접적인 반사회적 방법으로 나타날 것이다. 척도 5의 상관물은 교육과 지능이기 때문에 척도의 상승은 이러한 인구통계학적 변인들과 같은 방법으로 프로파일을 수정할 것이다.

여성에서 척도 5 점수가 낮은 것(T점수 40점 이하)은 강한 여성적 정체성 및 경쟁과 공격적인 가치의 거부를 시사한다. 이는 직접적인 분노를 시사할 수 있는 프로파일의 수동-공격성의 가능성을 증가시킨다. 예를 들어, 여성의 경우 49/94 프로파일에 척도 5의 낮은 점수가 더해지면 척도 5의 점수가 높은 49타입의 남성에게 작용하는 것처럼 반사회적 행동화보다는 성적인 행동화가 나타날 것이다.

척도 0

척도 0(Si)의 낮은 점수는 사회적 상호작용의 욕구 및 편안함을 예측하기에 프로파일 해석의 다른 측면들을 수정한다. 예를 들어, 일부 코드(예: 278)에서는 이러한 대인관계와 친밀감이 문제이다. 척도 0이 부가적으로 상승하면, 이러한 대인관계 문제들이 더욱 현저해진다. 다른 예에서 68/86 프로파일에 척도 0의 T점수가 50점 이하라면 모순적으로 나타나는데, 이 사람이 명백히 사회적 상호작용에 대한 욕구는 지니고 있지만 적대적이고 조심스러우며 의심이 많기 때문이다. 그것이 더 좋은 혹은 더 나쁜 예후를 시사할지는 알아내기 어렵다. 다른 예는 49/94 코드패턴에서이다. 척도 0이 상승하면 그 사람은 공격적인 양상으로 노골적으로 행동하는 경향이 덜하고, 뚱하게 비사교적인 경향이 더 많이 나타난다. 만약 척도 0이 낮으면 사회적으로 더욱 기술 좋은 방향으로 행동하는데, 이는 타인을 조종하는 데 더 효과적일 것이다.

활성제 및 억제제

몇몇 척도는 활성요인으로 작용하는 반면, 또 다른 척도들은 억제요인으로 작용한다. 활성요인은 특정 코드패턴의 특성을 행동적으로 발현하는 경향성을 증가시킨다. 예를 들어, 24/42 코드에서 척도 9가 세 번째로 높고 T점수 65점 이상으로 상승했다면, 충동적이고 자기파괴적이거나 자멸적 행동경향성을 증가시킬 것이다. 비슷하게, 척도 4와 척도 8이 상승하면 분노하고 소외된 혼란스러운 사람을 예측한다. 이에 척도 9가 세 번째로 그리고 T점수 65점 이상으로 상승하면 소외되며 분노가 Ma에 의해 활성화되기 때문에 충동적이고 반사회적이며 기괴한 행동화 행동을 예견할 것이다. 척도 4, 8 및 9는 활성제로 고려할 수 있다. 척도 4는 낮은 충동통제를 예측하기에 행동을 실제 충동적으로 행하는 경향성을 상승시킨다. 척도 8의 상승 또한 사고장애로 인한 낮은 충동통제를 예견한다.

억제요인들은 외적 행동으로 나타나는 특정 코드의 경향성을 억제한다. 척도 2, 5 및 0이 억제요인으로 작용한다. 예를 들어, 49/94 프로파일에서 척도 5와 척도 0이 세 번째와 네 번째로 각각 상승하고 T점수가 65점 이상이라면, 분노했으나 행동화는 하지 않는 사람을 예측할 것이다. 더 정확히 말하면, 척도 5와 척도 0은 내향적이면서 행동화 행동이 수동-공격적이거나 가족 내 갈등과 같이 좀 더 지적인 반항이나 좀 더 통제된 방향으로 나타나는 예민한 사람을 시사할 것이다.

🗣 내담자에게 제공하는 피드백

1996년에 제정된 미국의 「의료정보보호법(Health Insurance Portability and Accountability Act: HIPAA)」과 미국심리학회(American Psychological Association: APA)의 윤리 의무사항에 따라 내담자들은 그들의 심리 기록과 심리검사 결과에 접근할 수 있다. 따라서 보고서는 특수 전문용어가 아닌 비판단적 언어로 쓰여야 하며, 구체적인 제언들과 공감적이고 공동의(collaborative) 피드백을 담고 있어야 한다(Groth-Marnat, 2009). 이 이용 가능한 공동의 피드백은 평가 과정에 대한 내담자들의 우려를 최소화시킬 수 있고, 만약 그것이 잘 되었다면 치료적이어야 한다(Finn & Tonsager, 1992; Levak et al., 2011; Lewak et al., 1990; Pope, 1992). 따라서 대부분의 MMPI-2 교과서에 스며들어 있는 정신병리 용어들은 내담자를 솔직하게 대하거나 치료적 동맹을 맺는 데에 도움이 되지 않는다. 이는 검사라는 것을 내담자가 통찰하는 데 저항이 있고, 자신들의 심리적 특성을 이해하는 데 공동 작업을 할 수 없다고 여겨지는 시대에 정신병리를 확인하기 위해 고안된 임상적 도구로 여기기 때문이다. 대부분의 임상척도는 임상적 용어로 표현된 임상적 문제를 진단하기 위해 임상적 집단을 기반으로 구성되었다. 임상척도들은 성격 측정치가 아닌 병리 여부의 측정치로 개발되었다. 그것들은 정상이나 적응 및 바람직한 측면이 아니라 주로 이상, 부적응 혹은 성격의 바람직하지 못한 측면 및 행동적 기능을 평가하는 데 이용되고 있다. 비록 일부 임상가가 그런 용어들이 치료적 관계에 반대되며 때로 인신공격의 수준까지 이를 수 있다고 염려의 목소리를 내고 있지만(Erdberg, 1979; Finn & Tonsager, 1992; Levak et al., 2011), '적대적' '의존적' '2차적 이득' '요구적' '사람을 잘 조종하는' '행동화'와 같은 용어들은 MMPI-2 교과서 설명에서 흔하게 쓰인다. 치료적 동맹은 내담자가 좀 더 이해받는다고 느끼게 하며, 그들의 호소와 공포를 타당화할 가능성이 많다. 실제로, Finn과 Tonsager(1992)는 MMPI-2 결과에 대해 피드백 회기를 한 번이라도 가졌던 사람들이 피드백을 전혀 받지 못했던 사람들에 비해 증상의 호전을 보였음을 밝혔다. Finn과 Tonsager(1992)는 공동의 과정을 살펴보는 평가인 치료적인 평가라는 개념을 개발하였다. Levak 등(2011)은 치료적인 피드백이라는 개념을 개발했는데, 이는 경험적으로 MMPI-2 검사자료에서 만들어진 것을 기반으로 하는 피드백 접근법을 위한 언어와 구조적 틀을 제공한다. 이 책에서는 대부분의 코드타입을 설명하기 위해 제시된 피드백에 Levak 등의 패러다임을 사용하였다. 저자들은 이 내용이 연구자와 임상가들이 다양한 피드백 패러다임의 임상적이고 치료적인 유용성을 평가하는 데 영감을 주기를 희망한다.

Lewak 등(1990) 및 Levak 등(2011)에 의해 개발된 현상학적인, 치료적인 피드백 접근법은 성격이 유전적 요소와 환경적 요소의 상호작용을 반영한다고 본다. 부적응적 행동은 장애가 일어나는 성향의 특이체질(즉, 병의 소인이나 취약성의 집합)을 지닌 사람에게서 작동하는 스트레스의 산물(공포)로 본다. 그들의 관점에서 사람들은 가용한 심리적 방어의 목록을 지니고 있다고 가정하는데, 이는 유전적 및 환경적 요인 모두의 기능이다. 스트레스를 감소시키는 이 같은 방어들이 증가된 스트레스하에서 고착되고, 그들의 가치를 강화하는 것에 따라 유지된다. 이러한 모형에서 모든 특정한 방어는 기본적으로 그것을 초래하는 모든 스트레스의 맥락에서 이해될 수 있다. 스트레스와 방어기제의 관계에 흥미가 있는 독자들은 Ihilevich와 Gleser(1986, 1991)의 훌륭한 교과서를 읽어 보길 권한다.

척도 1(Hs)의 예를 들어 보면, 이 척도가 상승한 사람들은 전형적으로 미성숙하고 의존적이며, 심리적으로 순진하고, 신체적 염려에 몰입되어 있다고 묘사된다. Levak 등(2011)의 접근법에서 '미성숙한' '의존적인' '신체화하는' '심리적으로 순진한' 등과 같이 부적응을 묘사하는 판단적인 설명은 그것들을 유발하는 조건화된 경험의 맥락이 이해되면 적응적인 것으로 보인다. Levak 등은 내담자의 관점에서 지속적인 신체적 건강에의 몰입은 자신의 신체적 건강의 완벽성을 압도적으로 위협한다고 지각하는 것에 대한 적응적 반응이 될 수 있다고 제안하였다. 침대에 머물러 있고, 건강이 쇠퇴하는 것을 걱정하며, 의학적 건강관리의 가용성에 대해 몰입하는 것은 신체적 손상이나 죽음을 무서워하는 내담자의 관점에서 보면 이해가 된다. Levak 등은 Caldwell의 가설에 기반을 두어 피드백 접근법을 개발하였는데, 이 가설은 8개의 척도가 차별적인 공포 조건화(방어적) 회피행동을 반영한다는 것이다. 척도 5와 척도 0은 조건화된 공포회피반응보다 성격적 특성을 나타낸다. 임상척도들과 그와 관련된 공포 및 방어들이 〈표 9-4〉에 정리되어 있다. 예를 들어, 이 표에서처럼 척도 2에서 높은 점수를 받은 내담자들은 중요하고 돌이킬 수 없는 상실을 경험했을 수 있다. 이들은 더 이상의 상실을 피하기 위해 욕구나 원하는 것을 차단하는 것으로 반응할 수 있다. 비슷하게 이러한 관점에서 보

〈표 9-4〉 MMPI-2 척도와 관련된 공포 조건화된 방어반응

척도	공포	반응
1	죽음, 신체적 발작, 질병이나 통증	몸을 과도하게 보호함으로써 신체적 건강의 완벽성을 유지하는 것
2	돌이킬 수 없는 중요한 상실	더 이상의 상실을 피하기 위해서 원하거나 필요로 하는 것 자체를 차단함
3	정서적 고통	입력되는 것을 선택적으로 차단함으로써[즉, 부인(disavowal), 맹목, 무감각] 고통스러운 정서적 경험을 긍정화함
4	거절, 자신을 원하는 사람이 없거나 혹은 버림받는 것	'무감각해져 버리는(numbing out)' 정서적 반응, 실망을 피하기 위해서 자신을 정서적으로 관여되지 않도록 함
6	굴욕, 비난받는 것, 평가당하는 것	공격이나 비난에 대해 경계하는 것을 지속적으로 유지함
7	충격, 예상치 못한 사건	미리 생각하고, 충격적인 일이 발생할 것에 대해 예상하고 방어하려고 걱정함
8	적대감, 의지하는 사람들에게 미움을 받거나 경멸당하는 것	참을 수 없는 현실을 회피하기 위해 인지적 과정을 '폐쇄함'
9	보상의 박탈 혹은 실패	보상 스케줄을 유지하기 위해 활동수준을 증가시킴

출처: Alex B. Caldwell의 출간되지 않은 이론에 근거함.

면, 단독상승한 척도 7을 보이는 내담자들은 갑자기 충격을 받거나 깜짝 놀라는 것을 피하는 데 몰입되어 있다. 만약 이들이 괴롭힘이나 아동기의 과도한 책임감과 관련된 심각한 불안 등과 같은 예상치 못한 부정적 사건을 경험했다면 이는 적응적인 측면에서 이해가 된다.

이러한 접근법에 따르면, 척도가 상승하고 프로파일 내에 상승한 척도가 더 많을수록 내담자의 삶이 자기보호적 방어행동을 하는 데 더 몰두되어 있을 것이다. 주어진 상승척도는 내담자가 가장 쉽게 경험하는 스트레스의 종류를 결정하고, 개인의 성격적 자원들을 방어적 행동을 하는 데 어떻게 배분할 것인지를 예측한다. 예를 들어, 높게 상승한 278 프로파일을 보인 사람은 예상치 못한 굴욕적인 상실이 일어나는 것을 피하는 것에 계속 몰입한 것이다. 내담자의 과거력은 어떤 조건화 경험이 278 형태를 반영하는 적응적인 반응을 이끌었는지에 대해 밝혀 줄 것이다.

관찰된 방어의 종류는 그것들을 촉발시킨 사건들과의 관련선상에서 이해되어야 한다. 예를 들어, 척도 7이 높은 사람들은 예상치 못한 부정적 사건을 두려워한다. 일이 잘못됐을 때 강박적이고 지속적으로 미래를 예상하며(예: 걱정) 죄책감을 느끼는 방어들은 미래의 예상치 못한 사건들을 미연에 방지하는 적응적 반응으로 이해될 때 타당하다. 그렇다면 치료자는 '어떠한 사건들이 이러한 공포를 조건화시켰는가?'라는 질문에 대한 답을 찾아야 한다. 그것은

임상적 과거력을 통해 밝혀질 수 있는데, 특정한 이른 시기의 트라우마 경험이 일종의 심리적으로 '상처가 난 피부'의 형성을 만들었기 때문에 그러한 이른 시기 경험과 닿아 있는 현재 상황들이나 그러한 이른 시기의 경험과 관련된 재활성화된 기분들이 높은 방어행동으로 이어질 수 있다. 예를 들어, Marks 등(1974)은 31 코드타입을 보인 사람들의 60%가 어린 시절 부모님의 죽음을 경험했다고 보고하였다. 따라서 이러한 사람들은 이른 시기에 부모의 상실을 경험하지 않은 사람들에 비해 성인기의 상실에 대한 경험에도 더 취약할 수 있다. 이들은 또한 28 코드타입을 보이는 사람들의 60%가 원가족 내에서 중요한 붕괴(예: 부모님의 정신질환으로 인한)를 경험했다고 보고하였다. 아마도 어린 시절에 이미 겪었기 때문에 성인기의 중요한 붕괴가 더 쉽게 우울하고 희망이 없다고 느낄 수 있다. 물론 일부 사람은 다른 사람들보다 더 강한 대처기제를 발달시켜 탄력성을 기르고, 심지어 트라우마 이후에 더 성장하기도 한다 (Tedeschi & Calhoun, 1995; Tedeschi, Park, & Calhoun, 1998).

훈련된 치료자에 의해 이해받는 느낌을 받고 싶고, 또한 그것이 그 자체로 상당한 가치가 되기 때문에, 대부분의 내담자는 피드백을 원한다(Erdberg, 1979; Finn & Tonsager, 1992). 피드백을 주는 전체적인 방법은 공감적이어야 한다. 그리고 우리는 앞에서 대부분의 코드타입에 대해 제시할 만한 피드백 설명을 제공하였다.

피드백 제공을 위한 지침

우리는 내담자에게 주는 MMPI-2 프로파일에 대한 피드백에 대해 다음의 접근법을 제안한다.

1. 검사의 목적 및 검사결과가 이용되는 방법에 대한 개인의 염려를 다룰 때 치료적인 평가가 시작된다. 일반적으로 평가를 시작하기 전에 정신건강 전문가와 함께했던 과거의 부정적 경험들 및 특정한 부정적 평가경험 모두를 다루어야 한다. MMPI-2 검사를 통해 답을 찾고자 하는 가능한 질문들을 공동으로 논의하는 것 또한 치료적인 평가 과정을 시작하는 데 도움이 된다. 평가환경은 편안하고 개인적(private)이어야 하며, MMPI-2 검사 중 생기는 모든 질문에 대답할 수 있는 사람이 있어야 한다. 피드백을 위한 날짜 또한 정해야 한다.
2. 피드백 회기에서는 채점한 MMPI-2 프로파일을 다음의 말과 함께 내담자에게 제시한다.

당신은 많은 질문에 대해 응답하였습니다. 그중 일부는 이상하거나 당신에게 맞지 않았을 수도 있습니다. 왜냐하면 질문들은 매우 다양한 경험을 평가하기 위해 개발되었기 때문입니다. [치료적인 평가 패러다임은 내담자-평가자 상호작용의 모든 측면이 잠재적으로 치료적이라고 가정하기 때문에, 그런 맥락에서 MMPI-2 질문이나 과정에 대한 내담자의 경험에 대해 논의해야 한다.] 당신의 모든 응답을 채점하였고, 당신의 성격을 다음과 같은 10개의 영역으로 나누었습니다. 즉, …….

내담자는 임상가가 척도 1에서 0까지 세는 것을 본다. 이는 내담자가 그래프 모양을 살펴보게 한다.

3. 다음으로 내담자에게 말한다.

   여기 왼쪽에 [임상가는 타당도척도들을 가리킨다.] 있는 몇몇의 점수는 당신이 검사에 응답한 방법에 대해 보여 줍니다. 예를 들어, 당신이 자기비난적인지, 당신이 어떻게 느끼는지를 나에게 간절히 전달하고자 했는지 혹은 내색하지 않으려는 태도로 검사에 임하였는지, 당신이 자신의 감정을 쉽게 표현하는 사람인지, 혹은 좀 더 개인적인 사람인지(타당도척도에 대한 피드백 설명 참조)를 나타냅니다.

검사의 비밀을 유지하기 위해 타당도척도들이 어떻게 작동되는지에 대한 어떠한 정보도 말하지 않도록 주의한다.

4. 그리고 나서 내담자에게 각 임상척도가 어떤 성격적 측면을 나타내는지 설명한다. T점수 40점과 65점의 선은 각 척도의 평균 혹은 일반적인 범위를 정하는 통계적 경계를 나타낸다. 평가자는 척도가 상승할수록 그 영역에 해당하는 감정과 행동을 더 많이 경험할 수 있음을 설명할 수 있다. 약간 상승한 것은 또한 불편감, 고통 및 불쾌감을 드러내는 것이기에 병리나 이상(deviance)의 시사는 피한다. 상승한 프로파일을 보면서 일부 사람은 상승한 것을 확실한 이상이나 병리로 보인다고 해석하는 것으로 반응한다. 이는 내담자의 공포나 불안 및 자신들의 심리적 문제나 평가결과에 의해 판단당하는 것들에 대한 염려를 탐색할 수 있는 기회가 될 수 있다. MMPI-2는 위계적으로 해석하는 과정보다는 치료적인 탐색을 위한 지도로 간주해야 한다. 실제 프로파일 그래프를 항상 내담자와 공유할 필요는 없다.

5. 프로파일을 설명할 때 일상의 용어를 사용하라. 많은 내담자는 주의 깊고 방어적이며 판단하는 것을 걱정한다. 내담자의 저항은 피드백이 방어를 만들어 냈다는 점을 시사한다. 내담자가 피드백에 동의하지 않는다면 치료적인 대화에 참여할 기회로 여기라. 예

를 들어, 척도 9가 상승한 내담자는 에너지가 넘치고 야망이 있으며 의욕이 넘치지만, 지나치게 떠맡는 경향이 있다. 가설적 예시에서 척도 9가 높은 내담자는 저항하며 자신들이 지나치게 떠맡은 적이 없고, 그간 약속한 모든 일을 믿음직하게 완료한 명성이 있다고 말할 것이다. 심리학자는 방어적이 되는 것보다 "당신의 에너지 수준을 얘기해 주세요." 또는 "당신의 에너지 수준과 그것이 당신의 생산성에 어떠한 영향을 주는지 내가 이해할 수 있게 도와주세요."라고 반응할 수 있다. 치료자가 내담자의 피드백을 기반으로 말을 수정하고 향상시키거나 혹은 제외하기 위해 피드백 과정에서 공동의 대화가 필요하다. 피드백은 내담자가 수동적으로 임상가에게 정보를 받는다기보다는 대화에 엮어 들어가는 것이다. 일부 내담자는 응답하기 전에 모든 피드백 주제를 듣기 원하는데, 이는 검사가 얼마나 정확한지 혹은 그들이 '스스로를 방어하는 데 필요한 것'을 알기 위해서이다. 대화를 격려하라. 피드백은 사실에 대한 진술보다 질문을 통해 더 많이 제시하라. 프로파일을 적절한 질문을 하기 위한 '지도(road map)'로 사용하라(Levak et al., 2011).

6. 공감적이고 이해하려고 하라. 내담자들의 지난 삶과 과거 트라우마 및 현재 촉발된 어려움들에 비추어 그들의 부적응적 행동을 이해할 때, 그것들이 어떻게 의미가 통하게 되는지 내담자가 볼 수 있도록 도우라. 예를 들어, 척도 2 점수가 높은 사람은 대부분의 시간에 슬픔과 낙담을 경험하기 때문에 철수라는 적응적 반응을 촉발한 과거 및 현재의 상실에 대해 묻는 것이 적절할 것이다. 내담자가 '폐쇄'하거나 듣는 것을 멈출 때 또는 중단하고 주의나 대화를 다른 곳으로 돌릴 때를 기다리라. 피드백으로부터 '잠시 휴식을 취하도록' 하라. 왜냐하면 그들이 중단하거나 주의산만하다는 것은 그들이 처리할 준비가 된 만큼의 정보를 소화시켰거나, 피드백이 정확하지 않거나 또는 그것을 비난으로 경험하고 있다는 신호이기 때문이다. 처음의 몇 가지 기준이 되는 설명에 집중하여 피드백을 조직화하도록 노력하라. 그것들이 내담자가 그들 자신의 현재 경험을 타당화할 가능성이 있기 때문이다. 예를 들어, 모든 우울증 프로파일(예: 27, 247, 278 등)은 우울증 증상을 경험하는 내담자와 관련되어 있을 것이다. 다른 척도들이 상승한 것과 상관없이 어쨌든 2번 척도가 높은 대부분의 사람이 표기했을, 그들이 원했던 것보다 현재 얼마나 덜 행복하고 덜 긍정적인 기분을 느끼는지에 대해 논의하는 피드백을 하라. 그리고 난 뒤에 피드백 협동체는 각기 다른 우울증 종류 및 특정 코드타입을 나타낸 조건적 경험의 종류와 관련된 경험 요인들을 다룬다. 예를 들면, 척도 4에서 높은 점수를 보인 사람들에게는 종종 처음 피드백으로 "당신의 프로파일을 보면 당신은 생존자이고, 그래서 혹시 허탈해하고 실망할까 봐 정서적으로 관여하는 것에 조심스러워하는 것 같습니다."라고 반

응한다. 그리고 임상가는 "당신은 조심스러운가요? 왜요?"라고 물을 수 있다. 내담자가 이에 응답한 뒤 다른 피드백이 탐색될 수 있는데, 임상가는 이후 회기 내에서 논의된 다른 주제들이 관련된다면 기본적 주제로 다시 돌아갈 수 있다. 예를 들어, 척도 4가 높은 사람들의 경우, 이후 친밀감이나 타인을 신뢰하는 데 대한 그들의 어려움에 대해 논의할 수 있다.

7. 피드백 회기의 마지막에 내담자에게 "오늘 당신이 들은 것을 정리해 보시겠어요?"라고 묻는 것이 종종 유용하다. 이는 회기 종료 10분 전에 할 수 있는데, 그리하여 모든 오해가 분명해지고 또는 수정될 수 있다. 임상가는 MMPI-2 검사 목적에 따라 자신의 피드백을 수정할 수 있다. 일부 사례에서 이를 진단 및 치료계획 수립 과정의 일부로 사용한다. 또 다른 경우에는 치료 과정 중에 사용하기도 한다. 예를 들어, 치료 중에 두 번째 MMPI-2를 하면, 내담자는 처음 MMPI-2에서보다 좀 더 낙담하고 자기혐오적으로 느끼고 있는 것을 발견할 수 있다. 내담자와 공유하면서 '내담자가 치료로 인해 소생되고 환기된 과거 기억들에 대해 반응하고 있는 것인가?' 또는 '치료가 실제로는 역효과를 낳고 있는 것인가?'라는 질문을 터놓고 할 수 있다. 피드백을 근거로 하여 치료에 다시 집중하도록 자극하는 것으로 검사결과를 사용할 수 있다.

단기치료 접근법에서는 특정한 행동 교정 측정치가 현재의 고통감을 완화하는 데 적용될 수 있도록 하기 위해 내담자에게 MMPI-2의 피드백을 줄 수 있다. 예를 들어, 척도 2와 척도 7에서 높은 점수를 받은 내담자가 만약 더 이상의 심리적 개입을 바라지 않거나 혹은 가능하지 않으면, 심리적 개입 없이 불안을 낮추기 위해 특정 행동 요법을 내담자에게 제시할 수 있다.

피드백에 대한 피드백

몇몇 사례에서는 내담자의 코드타입에 해당하는 이 책의 제6장(혹은 Levak et al., 2011)에 설명된 피드백 단락들을 그대로 쓰는 것이 바람직할 수 있다. 내담자는 숙제로 각 피드백에 대해 응답을 할 수 있는데, 이는 개인의 기질을 더 탐색할 수 있는 견본이 된다. 피드백에 대한 내담자의 피드백은 공동의 치료적인 참여를 지속하며, 내담자들이 그들의 심리 기록과 심리검사 결과에 접근할 수 있는 권리를 가능하게 한다.

chapter
10

재구성 임상척도

🗣 도입

Tellegen 등(2003)은 재구성 임상척도(Restructured Clinical Scales, 이하 RC 척도)를 개발하여 MMPI-2를 전면적으로 쇄신하였다. RC 척도는 최신판 다면적 인성검사인 MMPI-2-RF의 핵심 척도이다. MMPI-2-RF에 대해서는 다음 장에서 언급하기로 하고, MMPI-2에도 포함되어 있는 RC 척도를 이 장에서 먼저 소개하겠다.

RC 척도는 MMPI(Hathaway & McKinley, 1940)와 MMPI-2(Butcher, Dahlstrom, Graham, Tellegen, Dahlstrom, & Kaemmer, 2001)가 지니고 있는 고질적인 문제, 즉 임상척도들 사이의 공변량이 지나치게 크기 때문에 각각의 임상척도를 차별적으로 해석하는 것이 어려워지는 문제를 해결하기 위해 개발되었다.

임상척도들 사이의 공변량이 지나치게 크면 여러 개의 임상척도가 동시에 상승하거나 하강하는 현상이 나타나는데, 그 원인 중의 하나는 Hathaway와 McKinley(1943)가 경험적 문항 선정방식을 채택했기 때문이다. 즉, 어떤 문항을 어떤 척도에 배치할지 결정하는 과정에서 그 문항이 다른 척도에도 포함되는지 여부는 고려하지 않은 것이다. 그 결과, 1개의 문항이 여러 임상척도에서 동시에 채점되는 문항 중복 문제가 발생하였다. 이것은 사소한 문제가 아니다. RC 척도로 변형된 임상척도 1, 2, 3, 4, 6, 7, 8, 9에 속하는 259개 문항 가운데 101개 문항

〈표 10-1〉 MMPI-2 임상척도 사이의 문항 중복

척도	1	2	3	4	6	7	8	9
1	32							
2	9	57						
3	20	13	60					
4	1	7	10	50				
6	1	2	4	8	40			
7	2	13	7	6	4	48		
8	4	9	8	10	13	17	78	
9	0	1	4	6	4	3	11	46

주: 대각선상의 수치는 해당 임상척도의 문항수임.

(39%)이 최소 1개 이상의 임상척도에서 중복으로 채점된다. 이 중에서 66개 문항은 2개의 임상척도, 29개 문항은 3개의 임상척도, 4개 문항은 4개의 임상척도, 2개 문항은 5개의 임상척도에 중복된다. 어떤 2개의 임상척도 사이에서 문항이 중복되는 경우를 모두 계산하면 197번에 달한다(〈표 10-1〉 참조).

문항이 중복되는 까닭은 여럿이겠지만 두 가지 이유에 주목할 필요가 있다.[1] 첫째, 각각의 임상척도가 측정하는 심리장애의 증상 자체가 중복되기 때문이고(Friedman, Gleser, Smeltzer, Wakefield, & Schwartz, 1983), 둘째, 모든 임상척도가 공유하는 공통요인이 존재하기 때문이다. 이에 대해 자세히 설명하겠다.

어떤 증상은 여러 심리장애에서 반복적으로 관찰된다. 증상이 중복되므로 문항도 중복되어야 하는데, 이 과정에서 임상척도의 민감도(sensitivity)가 증가한다. 그러나 같은 이유로 인해 임상척도의 특이도(specificity)는 감소한다. Nichols(2006)는 몇 가지 자료를 통해 이런 문제점을 지적했는데, 흔히 '신경증' 척도라고 불리는 임상척도 7과 흔히 '정신증' 척도라고 불리는 임상척도 8은 변량의 거의 75%를 공유한다. 임상척도 8에 포함된 문항 중에서 정신증적 증상을 측정하는 문항의 비중과 임상척도 7에 포함된 문항 중에서 같은 증상을 평가하는 문항의 비중이 거의 동등하므로 이것은 그렇게 놀랄 만한 현상이 아니다. 다른 맥락에서 Goldberg(1965)와 Dahlstrom(1969)은 문항 중복 때문에 동시에 상승한 임상척도들이 빚어내

---

1) 문항중복의 세 번째 이유는 오차(error) 때문이다. 어떤 문항은 선정기준과 반응 빈도 사이에서 겉으로만 그럴듯한 상관관계가 나타났기 때문에 특정한 척도에 포함되었을 수 있다. 그러나 이 장의 범위를 넘어서므로 자세한 논의는 생략하겠다.

는 패턴을 형태해석하면 예측과 분류의 정확성이 향상된다는 사실을 입증하였다. 그 결과, 임상척도를 개별적으로 해석하던 방식에서 벗어나서 동시에 상승한 임상척도쌍을 형태적으로 해석하는 코드타입 해석방식이 도입되었다. 코드타입 해석방식은 변별타당도를 충분히 확보하지 못한 임상척도의 제한점을 해소하기 위한 시도였던 것이다.

문항이 중복되는 두 번째 이유는 모든 임상척도가 공통요인을 공유하고 있기 때문이다. 공통요인은 원판 MMPI 및 개정판 MMPI-2의 임상척도들 사이에서 공변량이 발생하는 주요한 원인이다. 공통요인은 광범위한 영역에 걸쳐서 나타나는 전반적 부적응 혹은 주관적 불편감을 반영하며, 불안(Welsh, 1956) 혹은 의기소침(Tellegen et al., 2003) 등과 같은 명칭으로 명명된 바 있다. 공통요인은 원판 MMPI 및 개정판 MMPI-2의 여러 문항에 만연된 형태로 스며들어 있는데, 이로 인해 (전부는 아니더라도) 여러 임상척도 사이의 상관계수가 증가하고 변별타당도가 감소한다. 공통요인을 반영하는 문항들의 주된 내용은 불안감, 긴장감, 우울감, 걱정, 자신감 저하, 자존감 저하, 역경에 굴복하는 경향, 과민성, 성마름, 주의집중곤란, 기억력 문제, 주도성 부족 등이다.

이처럼 임상척도의 변별타당도에 근본적인 의문이 제기되는 상황에서, Tellegen 등(2003, p. 11)은 애초에 임상척도를 통해서 측정하고자 했던 "이론적으로 의미 있고 임상적으로 중요한 구성개념을 더 잘 반영하는" 새로운 척도를 제작했는데, 그것이 RC 척도이다.

재구성 임상척도의 제작 과정

RC 척도는 네 단계를 거쳐 제작되었다. 여기서는 각 단계를 간략하게 소개하기로 하고, 상세한 정보는 『재구성 임상척도 매뉴얼(RC scales manual)』(Tellegen et al., 2003)의 제3장을 참고하기 바란다.

1단계에서는 어떤 문항들이 공통요인을 신뢰롭게 측정하는지 파악하였고, 이를 바탕으로 '의기소침(demoralization)'이라고 명명한 새로운 척도를 제작하였다. Tellegen 등(2003)이 개발을 주도했는데, 이들은 Watson과 Tellegen(1985)이 발표한 긍정정서 및 부정정서 모형을 참고하였다. Tellegen(1985)은 원판 MMPI의 공통요인이 긍정정서 및 부정정서 모형의 유쾌정서-불쾌정서 차원과 상응한다고 밝힌 바 있다.

의기소침 척도를 제작하기 위한 첫 번째 과정으로, Tellegen 등(2003)은 임상척도 2(우울증)와 임상척도 7(강박증)에 포함되는 문항들을 통합하였다. 두 임상척도가 유쾌정서-불쾌정서 차원을 가장 잘 반영한다고 판단하였기 때문이다. 이어서 배리맥스 회전을 통한 주성분분석 방법을 사용하여 문항들을 2개의 요인으로 구분하였다. 독립적으로 구성한 4개의 자료를 이용하여 공통요인과 높은 요인부하량(절댓값 최소 .50 이상)을 가지는 문항들을 파악하였고, 이어서 동일한 자료를 이용하여 도출된 2개의 요인, 즉 긍정정서 요인 및 부정정서 요인과 높은 요인부하량을 가지는 문항들을 추출하였다. 이 과정에서 10개의 문항을 확보하였다. 임상척도 2와 임상척도 7에 포함되지 않는 문항들의 경우, 나머지 임상척도에 포함되는 문항들 중에서 긍정정서 요인 및 부정정서 요인과 밀접한 상관을 보이는 문항들을 중심으로 추가하였다. 결과적으로, 공통요인인 의기소침을 측정하는 23개 문항이 마련되었다.

2단계에서는 각 임상척도에서 공통요인(즉, 의기소침)의 영향을 받는 공변량을 제거하려고 시도하였다. 먼저, 각 임상척도에 포함되는 문항들에 공통요인을 측정하는 23개 문항을 덧붙인 뒤, 주성분분석방법을 사용하여 요인분석을 실시하였다. 추출된 요인의 개수는 임상척도별로 2~5개로 상이하였다. 요인분석 과정에서 유쾌정서-불쾌정서 차원과 밀접한 상관이 있는 것으로 밝혀진 문항들은 공통요인을 반영하는 문항으로 간주하고 각 임상척도에서 탈락시켰다. 반대로, 앞의 과정을 거치면서 잔류한 문항들은 각 임상척도의 '본질적 핵심(substantive core)'을 측정하는 문항으로 간주하였다. Tellegen 등(2003, p. 15)은 각 임상척도에서 잔류한 문항들이 "공통요인인 의기소침과 변별되고, 다른 임상척도의 본질적 핵심과도 구분되는" 문항이라고 판단하였다.

3단계에서는 '씨앗척도(seed scales)'를 제작하였다. Tellegen 등(2003)은 2단계에서 잔류한 문항들, 즉 각 임상척도를 다른 임상척도와 변별해 주는 본질적 핵심에 해당하는 문항들을 각 씨앗척도라고 명명하고, 158개 문항을 각 씨앗척도 후보로 선택하였다. 이어서 중복되는 문항을 삭제하고 내적 일치도를 증가시켜서 각 씨앗척도의 심리측정적 속성을 개선하였다. 각 임상척도에서 잔류한 문항들의 변별타당도를 향상시키기 위해 몇 개의 문항을 제거하고 몇 개의 문항을 추가한 것이다. 이 과정에서 마지막까지 잔류한 73개 문항이 최종적인 씨앗척도에 포함되었는데, 이것은 다시 RC1 척도 제작을 위한 씨앗척도부터 RC9 척도 제작을 위한 씨앗척도까지 변별적으로 분류되었다. RCd 척도 제작을 위한 씨앗척도는 1단계에서 추출한 공통요인을 측정하는 문항들 가운데 17개 문항을 사용하였다.

4단계에서는 MMPI-2 전체 문항군집을 활용하여 각 씨앗척도를 증강하였다. 간단히 설명하면, 만약 어떤 문항이 씨앗척도의 수렴타당도와 변별타당도를 동시에 향상시킨다고 판단되면 그 문항을 해당 씨앗척도에 포함시켰다. 반대로, 내적 일치도를 감소시키는 문항 혹은 외적 타당도지표와 적절한 상관을 보이지 않는 문항은 씨앗척도에서 탈락시켰다. 이러한 과정을 거쳐서 최종적으로 RC 척도를 완성하였다. 〈표 10-2〉에 RC 척도의 명칭 및 이에 상응하는 임상척도의 명칭을 제시하였다. 이어서 〈표 10-3〉에 임상척도, RC 척도, 씨앗척도에 포함된 문항의 개수와 내용 및 세부사항을 제시하였다.

임상척도 5와 임상척도 0에 상응하는 RC 척도는 제작하지 않았다. 두 임상척도는 정신병리를 직접적으로 측정하지 않는다고 판단했기 때문이다. 그러나 두 임상척도의 본질적 핵심을 측정하는 씨앗척도는 별도로 제작하였고, 임상척도 5는 남성성과 여성성을 평가하기 위해 두 벌의 씨앗척도를 제작하였다. 다만 두 임상척도에 상응하는 RC 척도는 추후에 개발하기로 결정하였다.

〈표 10-2〉 MMPI-2 재구성 임상척도(RC 척도) 및 이에 상응하는 임상척도

RC 척도	임상척도
RCd 의기소침	없음
RC1 신체증상 호소	척도 1 건강염려증
RC2 낮은 긍정정서	척도 2 우울증
RC3 냉소적 태도	척도 3 히스테리
RC4 반사회적 행동	척도 4 반사회성
RC6 피해의식	척도 6 편집증
RC7 역기능적 부정정서	척도 7 강박증
RC8 기태적 경험	척도 8 정신분열증
RC9 경조증적 상태	척도 9 경조증

〈표 10-3〉 임상척도, RC 척도, 씨앗척도의 문항수 및 문항 중복

문항수				문항 중복(%)	
척도	임상/RC	씨앗척도	임상척도	다른 척도	내용 기반 척도
RC1	32/27	15(56%)	20(74%)	7(26%)	HEA: 20(74%)
RC2	57/17	4(24%)	8(47%)	9(53%)	INTR: 9(53%), DEP: 2(12%)
RC3	60/15	5(33%)	5(33%)	10(67%)	CYN: 12(80%), HEA: 0(0%)
RC4	50/22	5(23%)	9(41%)	13(59%)	DISC: 8(36%), ASP: 6(31%), AAS: 7(32%)
RC6	40/17	6(37%)	13(76%)	4(24%)	BIZ: 10(59%), PSYC: 10(59%)
RC7	48/24	7(29%)	8(33%)	16(67%)	A: 10(42%), ANG: 4(17%), OBS: 3(13%), ANX: 2(8%)
RC8	78/18	6(33%)	10(56%)	8(44%)	BIZ: 12(67%), PSYC: 8(44%)
RC9	46/28	8(29%)	8(29%)	20(71%)	AGGR: 7(25%), ANG: 4(14%), TPA: 4(14%)
RCd	0/24	17(71%)	13(54%)	11(46%)	DEP: 11(46%), NEGE: 1(4%)

출처: Nichols (2006)에서 인용함.

재구성 임상척도의 심리측정적 속성

복수의 표본을 통해 확인한 결과, RC 척도는 우수한 내적 일치도를 지니는 것으로 밝혀졌다. Tellegen 등(2003)은 다양한 장면에서 산출된 내적 일치도를 보고했는데, 남성의 경우 .70~.95였고 여성의 경우 .71~.95였다. 쉽게 예상할 수 있듯이, RC 척도는 정신병리의 본질적 핵심을 측정하고 있으므로 규준집단의 내적 일치도보다 입원상태인 환자집단의 내적 일치도가 전반적으로 더 높았다.

Handel과 Archer(2008)는 정신과 입원환자의 알파계수를 보고했는데, 남성의 경우 .83~.94였고 여성의 경우 .82~.94였다. Simms 등(2005)이 보고한 알파계수의 평균은 심리상담센터 외래환자의 경우 .83(.76~.94), 전역 군인의 경우 .79(.73~.93)였다. Rouse, Greene, Butcher, Nichols와 Williams(2008)는 다양한 자료에서 알파계수의 평균을 추정했는데, 범위는 .70~.90이었다. Wygant, Boutacoff 등(2007)은 수술을 앞둔 비만 환자집단의 알파계수를 추정했는데, 범위는 .57(RC6)~.89(RCd)였다. 이와 유사하게, van der Heijden, Egger와 Derksen(2008)이 네덜란드 규준집단에서 추정한 알파계수의 범위는 .55(RC6)~.87(RCd)이었다. 그러나 네덜란드 임상집단에서 추정한 알파계수의 범위는 .71(RC6)~.91(RCd)로 약간 높았다. 마지막으로, Forbey와 Ben-Porath(2008)가 비임상 대학생집단에서 산출한 알파계수는 남성의 경우 .62(RC6)~.87(RCd)이었고, 여성의 경우 .59(RC6)~.89(RCd)였다.

검사-재검사 신뢰도는 거의 보고된 바 없다. 다만 Tellegen 등(2003)이 MMPI-2 규준집단을 대상으로 1주 간격의 검사-재검사 신뢰도를 산출한 결과, 남성의 경우 .76~.91이었고 여성의 경우 .54~.90이었다.

재구성 임상척도의 채점

RC 척도의 성별규준과 동형 T점수는 『MMPI-2 재표준화 자료』(Butcher et al., 2001)를 바탕으로 마련하였다. 전통적인 성별규준 이외의 전체규준 T점수는 다면적 인성검사 출판권자로부터 입수할 수 있고, Pearson Assessments사가 제공하는 Q 채점 프로그램을 통해 산출할 수 있다.

RC 척도의 채점방식은 임상척도의 채점방식과 동일하다. 표준적인 MMPI-2를 실시하고 컴퓨터로 채점하면 RC 척도의 T점수가 산출된다. 인사선발장면에서 활용하기에 적합한 수기식 채점방식 및 성별규준과 전체규준은 Pearson Assessments사에서 구입할 수 있다.

재구성 임상척도의 활용

이번에는 RC 척도를 하나씩 소개하면서 각각의 RC 척도가 측정하는 '핵심적 구성 요소'를 기술하겠다. 또한 각각의 RC 척도와 관련된 연구결과를 요약하고, RC 척도에서 높은 점수 및 낮은 점수가 관찰되었을 때 임상가가 고려할 수 있는 해석적 가설을 제시한다.

먼저, 임상척도와 RC 척도의 상승 패턴이 유사한지 혹은 상이한지 검토해야 한다. 두 척도의 상승 패턴이 유사할 때, 즉 임상척도 및 상응하는 RC 척도가 모두 상승한 경우 혹은 모두 하강한 경우 임상가는 더욱 강한 확신을 가지고 해석할 수 있다. 그러나 두 척도의 상승 패턴이 상이한 프로파일의 해석방법은 아직 명확하지 않다. Graham(2012)에 따르면, 임상척도는 상승했지만 상응하는 RC 척도가 상승하지 않은 경우에는 그 임상척도의 핵심적 구성개념에 대한 추론을 조심스럽게 해야 한다. 임상척도가 공통요인 때문에 상승했을 가능성이 있기 때문이다. Graham(2012)은 이런 경우에는 RCd 척도가 상승하는 경향이 있다고 언급하였다. 반대로, RC 척도는 상승했지만 상응하는 임상척도가 상승하지 않은 경우에는 그 임상척도의 핵심적 구성개념에 대한 추론을 더 믿을 만하게 할 수 있다. RC 척도가 핵심적 구성개념을 측정하고 있기 때문이고, 공통요인의 영향을 상대적으로 덜 받기 때문이다.

🗣 RCd(의기소침, Demoralization)

RCd 척도는 피검자가 경험하고 있는 전반적 고통 및 정서적 불편감(혼란감)을 측정한다. RCd 척도에는 24개 문항이 있는데, 그중에서 22개 문항이 '그렇다'라고 응답할 때 채점된다. 따라서 피검자가 모두 '그렇다' 혹은 모두 '아니다' 식으로 편향되게 반응하면 RCd 점수에 영향을 미칠 수 있다. 비록 집단 간 차이의 효과크기는 작았지만, 규준집단에서 남성의 RCd 원점수가 여성의 RCd 원점수보다 통계적으로 유의미하게 낮았다(〈표 10-4〉 참조).

〈표 10-4〉 MMPI-2 규준집단에서 RC척도 원점수의 성차

척도	성별	평균	표준편차	F	d
RCd	남성	4.23	4.41	29.69	.22
	여성	5.27	5.13		
RC1	남성	3.06	2.96	41.19	.25
	여성	3.90	3.56		
RC2	남성	4.09	2.73	1.61	.05
	여성	3.96	2.48		
RC3	남성	6.13	3.60	14.81	.15
	여성	5.59	3.51		
RC4	남성	5.41	3.62	138.39	.47
	여성	3.87	3.05		
RC6	남성	.92	1.44	10.99	.13
	여성	.74	1.32		
RC7	남성	5.56	4.12	61.15	.31
	여성	6.91	4.55		
RC8	남성	2.03	2.24	.00	.00
	여성	2.03	2.26		
RC9	남성	12.32	5.04	61.16	.31
	여성	10.86	4.46		

주: 남성 1,138명, 여성 1,462명. d=Cohen의 효과크기.

연구 자료

Handel과 Archer(2008)는 정신과 입원환자에게 '간편 정신과적 평정 척도(Brief Psychiatric Rating Scale: BPRS)'(Overall & Gorham, 1988)를 실시했는데, 상승한 RCd 점수는 자살시도, 우울감, 불안감, 죄책감, 둔마된 정서와 정적인 상관을 보였다. Arbisi, Sellbom과 Ben-Porath(2008)도 재향군인병원 남성 입원환자 및 지역병원 남녀 입원환자집단을 대상으로, 상승한 RCd 점수가 자살사고, 자살시도, 활력저하, 우울감, 불안감, 수면감소, 무망감과 정적인 상관이 있음을 확인하였다. Tellegen과 Ben-Porath(2011)는 남녀 입원환자집단에서 RCd 점수와 정적인 상관을 보이는 다음과 같은 문제들을 확인하였다. 코카인남용, 우울감, 잦은 눈물, 자살 가능성, 수면감소, 식욕감퇴, 활력감퇴, 죄책감, 무망감, 무가치감, 주의집중곤란, 홍

미 상실, 항우울제 복용이다.

약물치료 혹은 심리치료를 요청한 외래환자의 연구 자료도 존재한다. Sellbom, Graham과 Schenk(2006)는 RCd 점수와 우울감, 신체화, 편집증, 불안감, 조증 사이에 중간 이상의 강한 정적 상관이 있다고 보고하였다. Sellbom, Ben-Porath와 Graham(2006)은 RCd 점수와 '전반적 기능수준 평가점수(Global Assessment of Function Score)' 사이에 작지만 유의미한 부적 상관이 있으며, RCd 점수와 우울감, 대인관계 민감성, 불안정감 사이에는 작지만 유의미한 정적 상관이 있다고 보고하였다. Binford와 Liljequist(2008)는 RCd 점수와 우울감, 자살사고, 수면 문제 사이에서 정적 상관을 발견하였다. Simms 등(2005)은 '부적응적 성격 및 적응적 성격 척도(Schedule for Nonadaptive and Adaptive Personality: SNAP)'(Clark, 1993)로 재향군인 및 대학 상담센터 방문자를 평가했는데, 부정적 기질, 불신감, 자해행동과 RCd 점수 사이에서 정적 상관이 확인되었다. Tellegen과 Ben-Porath(2011)는 남성에 대한 부정적인 묘사(불안정한, 불안한, 비관적인, 우울한)와 RCd 점수 사이에 정적 상관이 있다고 보고하였다. 여성 외래환자는 우울하다고 묘사되었다. 비임상집단에서 수집한 자료를 분석한 결과, Forbey와 Ben-Porath(2008)는 RCd 점수와 우울감 및 불안감 측정치 사이에 중간 이상의 강한 정적 상관이 있음을 확인하였다. MMPI-2 내용척도 중에서는 DEP(우울) 점수가 RCd 점수와 .94의 매우 높은 상관을 보였고, 교정하지 않은 임상척도 7의 점수와도 .93의 매우 높은 상관을 보였다 (Greene, 2011).

해석

일반적으로 RCd 점수가 상승하지 않았다는 것은 피검자가 심각한 심리적 고통을 경험하지 않고 있다는 뜻이다. RCd 척도가 T점수 65점 이상으로 상승하면 피검자는 현재의 상황에 대해 자주 불만을 토로하며, 우울감과 불안감을 느끼고 있을 가능성이 있다. 이들은 지금의 처지가 앞으로 개선될 것이라고는 거의 생각하지 않는다.

RCd 척도가 T점수 75점 이상으로 상승한 사람은 현재의 상황에 대처할 방법이 없다고 느끼면서 당면한 문제에 압도되는 경향이 있다. 이들은 임상적인 수준의 심각한 심리적 고통과 혼란을 경험하고 있으며, 자신의 미래가 절망적이고 암울하다고 생각한다. 우울증을 겪고 있을 가능성이 높으므로 자살의 위험성을 철저하게 평가해야 한다.

🗣 RC1(신체증상 호소, Somatic Complaints)

Tellegen 등(2003, p. 54)은 "RC1 척도는 임상척도 1과 매우 비슷하다."라고 언급하였다. RC1 척도에는 27개 문항이 있는데, 그중에서 20개 문항이 임상척도 1과 중복된다. RC1 척도와 임상척도 1 사이의 상관은 .96이고, HEA(건강염려) 내용척도와의 상관은 .95이다(Greene, 2011). RC1 척도에 새롭게 포함된 7개 문항은 두통, 근육 이상, 보행 이상, 발성 문제, 목구멍이 덩어리로 꽉 막힌 듯한 증상을 측정한다. 11개 문항은 '그렇다'라고 응답할 때, 16개 문항은 '아니다'라고 응답할 때 채점된다. 따라서 RC1 척도는 편향반응에 거의 영향을 받지 않는다. 비록 집단 간 차이의 효과크기는 작았지만, 규준집단에서 여성의 RC1 척도 원점수가 남성의 RC1 척도 원점수보다 통계적으로 유의미하게 높았다(〈표 10-4〉 참조).

연구 자료

정신과 입원환자집단에서 RC1 척도의 점수는 만성통증 및 수면, 활력, 식욕의 감퇴와 정적 상관을 보였다(Arbisi et al., 2008). Handel과 Archer(2008)에 따르면, RC1 점수는 의학적 질병, 신체적 이상, 건강염려, 자살시도와 정적 상관이 있었다. Tellegen과 Ben-Porath(2011)는 입원 시점에 항우울제를 복용하고 있었던 여성 입원환자들의 자료를 분석하여 RC1 점수와 자살 가능성 및 우울증 사이에 정적 상관이 있음을 확인하였다. 그러나 남성 외래환자들은 그렇지 않았다. 지역병원에서 치료받고 있는 남성 외래환자들의 경우, RC1 점수는 수면, 식욕 및 활력의 감퇴와 정적 상관을 보였고, 재향군인병원에서 치료받고 있는 남성 외래환자들은 만성통증을 호소하였다. 지역병원에서 치료받고 있는 여성 외래환자들의 경우, RC1 점수와 우울감, 자살사고, 만성통증, 수면감소, 식욕감퇴, 활력감퇴 사이에서 정적 상관이 관찰되었다.

Sellbom과 동료들(Sellbom, Ben-Porath, & Graham, 2006; Sellbom, Graham, & Schenk, 2006)은 RC1 척도의 점수가 높은 외래환자들이 신체화, 우울감, 불안감을 호소한다고 보고하였다. Simms 등(2005)은 2개의 자료를 분석했는데, RC1 점수와 SNAP으로 측정한 부정적 기질 및 자해행동 사이에서 중간 정도의 정적 상관이 확인되었다. Tellegen과 Ben-Porath(2011)에 따르면, RC1 점수가 높은 남성 및 여성 외래환자들은 불안하고, 우울하고, 비관적이며, 신체증상을 호소하였다. Forbey와 Ben-Porath(2008)은 비임상 대학생집단의 자료를 분석하고, RC1 점수와 신체화경향 선별 도구 점수 사이에서 중간 정도의 정적 상관을 확인하였다.

해석

일반적으로 RC1 척도는 신체기능의 이상에 지나치게 집착하는 경향을 평가하며, 우울감 및 자살 가능성도 측정한다. 물론 피검자가 실제로 의학적 질병이나 신체적 문제를 지니고 있을 때도 RC1 척도가 상승할 것이다. 따라서 RC1 척도가 상승했을 때 기계적으로 신체증상장애(신체화장애 또는 건강염려증)를 가정해서는 안 된다.

RC1 척도가 상승했을 때는 신체증상을 호소한다고 해석하고, RC1 척도가 상승하지 않았을 때는 신체증상을 호소하지 않는다고 해석한다. RC1 척도가 상승한 사람은 소화기 계통의 증상 혹은 신경학적 증상을 자주 호소한다. 두통, 피로감, 활력감퇴를 호소하는 경우가 흔하며, 주관적 우울감도 토로한다. RC1 척도가 T점수 75점 이상으로 상승한 사람은 심리적으로 고통스러울 때 신체적으로 반응할 가능성이 크다. 이들은 의학적 설명을 요구하고 심리학적 설명을 거부하는 경향이 있는데, 특히 RC1 척도만 단독으로 상승한 경우에 그렇다. 이들은 실제로 신체적 문제를 지니고 있는 사람보다 신체기능의 이상에 더 집착하는 모습을 보인다.

🗣 RC2(낮은 긍정정서, Low Positive Emotions)

Watson과 Tellegen(1985)의 긍정정서 및 부정정서 모형을 고려할 때, RCd 척도는 부정적 정서성과 관련이 있고, RC2 척도는 긍정적 정서성과 관련이 있다. 구체적으로, RC2 척도는 긍정적 정서를 잘 느끼지 못하는 성향을 평가한다. 부정정서는 우울 및 불안 모두와 관련이 있는데, 우울의 차별적인 특징은 긍정정서가 결여되어 있다는 점이다(Watson, Clark, & Carey, 1988). 씨앗척도를 제작하면서 요인분석을 실시했을 때, 임상척도 2는 의기소침 차원과 낮은 긍정정서 차원으로 명료하게 구분되었다. 임상척도 2에 속하는 57개 문항 가운데 오직 8개 문항이 RC2 척도에서 중복으로 채점된다. 이것은 RC2 척도 문항 전체의 47%에 불과하다.

RC2 척도에는 17개 문항이 있고, 모두 '아니다'라고 응답할 때 채점된다. 따라서 이 척도는 '아니다' 쪽으로 치우친 편향반응에 영향을 받는다. 규준집단에서 남녀의 성차는 유의미하지 않았다(〈표 10-4〉 참조). RC2 척도는 PSY-5 척도인 INTR(내향성/낮은 긍정적 정서성)과 .88의 높은 상관을 보였다(Greene, 2011).

연구 자료

Handel과 Archer(2008)는 정신과 입원환자의 자료를 분석하여 RC2 척도와 자살시도, 우울감, 정신운동지체, 둔마된 정서, 정서적 위축 사이에 정적 상관이 있음을 확인하였다. Arbisi 등(2008)이 조사한 지역병원 입원환자의 경우, RC2 척도는 우울감 및 다양한 우울 관련 증상과 정적 상관을 보였다. 그러나 재향군인병원 정신과 남성 입원환자 자료에서는 오직 우울감과만 정적 상관이 있는 것으로 나타났다. Tellegen과 Ben-Porath(2011)에 따르면, 남녀 입원환자집단에서는 RC2 점수와 우울감, 자살 가능성, 항우울제 복용 사이에 정적 상관이 있었다. 지역병원 남녀 입원환자 중에서 RC2 점수가 높은 사람들은 수면감소, 흥미 상실, 무쾌감증, 활력감퇴, 주의집중곤란, 자살사고, 무력감, 무망감, 무가치감을 호소하였다. RC2 척도가 높은 남성은 자살을 시도한 적이 있다고 보고하였고, RC2 척도가 높은 여성은 자살을 시도한 적은 없지만 자살을 계획한 적은 있다고 보고하였다.

RC2 척도의 점수가 높은 외래환자들은 우울감을 호소하였다(Binford & Liljequist, 2008; Sellbom, Ben-Porath, & Graham, 2006; Sellbom, Graham, & Schenk, 2006). 또한 자살사고 및 수면 문제(Binford & Liljequist, 2008), 부정적 기질(Simms et al., 2005), 미래에 대한 걱정(Forbey & Ben-Porath, 2007), 의욕감퇴(Forbey & Ben-Porath, 2007; Sellbom, Graham, & Schenk, 2006), 내향성(Sellbom, Graham, & Schenk, 2006) 등이 RC2 척도와 정적 상관을 보였다. Tellegen과 Ben-Porath(2011)는 남녀 외래환자집단에서 RC2 척도와 관련된 다음과 같은 문제들을 확인하였다. RC2 점수가 높은 남성들은 불안감, 우울감, 슬픔, 자기회의, 자기비하, 자기처벌, 건강에 대한 집착, 다양한 신체증상, 피로감, 급성의 심리적 동요, 주의집중곤란, 인생의 중압감, 통제력 상실에 대한 두려움, 수면곤란, 외로움, 걱정, 비관주의, 무망감, 실패감, 부당한 대접을 받는다는 느낌 등을 보고하였다. RC2 점수가 높은 여성들은 슬픔, 잦은 눈물, 비관주의, 무망감, 자기회의, 자기비하, 자기처벌, 실패감, 인생의 중압감, 부자연스러운 대인관계, 불안정한 대인관계, 외로움, 수면곤란, 피로감 등을 호소하였다.

Ranson, Nichols, Rouse와 Harrington(2009)은 미국 중서부 지역의 대학생 1,202명에게서 두 종류의 자료를 수집하고 분석하였다. 그 결과, RC2 척도와 임상척도 0이 '위스콘신 신체적 및 사회적 무쾌감증 척도(Wisconsin Physical and Social Anhedonia Sclaes)'(Kwapil, Chapman, & Chapman, 1999)의 점수를 거의 동등하게 잘 예측하는 것으로 밝혀졌다. 그러나 RC2 척도나 임상척도 0보다 무쾌감증 점수를 더 잘 예측하는 척도는 INTR 내용척도였다.

해석

RC2 척도의 점수가 높은 사람은 긍정적 정서를 경험할 수 있는 활동에 참여하지 않고, 자신의 삶을 긍정적인 방향으로 이끌어 가려는 노력을 기울이지 않는다. 즉, RC2 척도가 본질적으로 측정하는 것은 긍정적 관여의 부족이다. RC2 점수가 낮은(T<39) 사람은 종종 자신감 있고, 정력적이며, 대인관계를 즐기고, 낙관적인 사람으로 묘사된다. RC2 점수가 높은(T>65) 사람은 우울증을 겪을 위험성이 크다. 이들은 일상생활 혹은 대인관계에서 거의 즐거움을 느끼지 못한다. 과거에 친하게 지냈던 사람들과도 어울리지 않으려 하고, 자신의 미래가 절망적이고 암울하다고 생각하며, 앞으로 처지가 나아질 것이라고 생각하지 않는다. 따라서 어떤 변화를 시도하려는 동기가 매우 부족해진다. RC2 점수가 높은 사람은 활력이 저하되어 있고 수면 문제를 지니고 있을 수 있다. 정신운동 속도가 현저하게 느릴 가능성도 있다. RC2 척도가 T점수 75점 이상으로 상승하면 주요우울장애를 겪고 있을 가능성과 자살사고를 품고 있을 가능성이 높아진다. 그러므로 자살과 관련된 영역을 주의 깊게 살펴야 한다.

🗣 RC3(냉소적 태도, Cynicism)

Tellegen 등(2003, p. 55)은 "RC3 척도는 임상척도 3의 독특한 특징 중 일부만을 제한적으로 반영한다."라고 언급하였다. RC3 척도에는 15개 문항이 있고, 모두 '그렇다'라고 응답할 때 채점된다. 따라서 이 척도는 '그렇다' 쪽으로 치우친 편향반응에 상당히 민감하게 영향을 받는다. RC3 척도와 임상척도 3에 중복되는 문항은 5개에 불과한데, 모두 Hy2(애정 욕구) 임상소척도에 속한 문항이다. RC3 척도는 CYN(냉소적 태도) 내용척도와 12개 문항을 공유한다. 이 중에서 11개 문항이 CYN1(염세적 신념) 내용소척도에 속한다. Tellegen과 Ben-Porath(2011)가 수집한 자료에서 RC3 척도와 CYN 내용척도의 상관계수는 .93~.95였다. RC3 척도는 Ho(적대감) 보충척도와 10개 문항을 공유하며, 두 척도의 상관계수는 .85였다(Greene, 2011). 또한 RC3 척도는 Pa3(순진성) 임상소척도와 4개 문항을 공유한다. RC3 척도는 임상척도 3과 반대 방향으로 채점된다는 점을 반드시 유의해야 한다. Tellegen 등(2003)은 RC3 점수가 상승하면 냉소적 태도가 강하다고 해석하도록 척도를 설계하였다. 따라서 RC3 척도와 임상척도 3은 부적 상관을 보인다. 비록 집단 간 차이의 효과크기는 작았지만, 규준집단에서 남성의 RC3 척도 원점수가 여성의 RC3 척도 원점수보다 통계적으로 유의미하게 높았다(〈표 10-4〉 참조).

연구 자료

입원환자집단에서는 RC3 척도와 중간 이상의 상관을 보이는 자료를 확인하지 못하였다 (Arbisi et al., 2008; Handel & Archer, 2008; Tellegen & Ben-Porath, 2011). 외래환자집단의 경우, RC3 척도는 불신감(Sellbom, Ben-Porath, & Bagby, 2008; Sellbom, Graham, & Schenk, 2006; Simms et al., 2005), 남성의 수면곤란(Tellegen & Ben-Porath, 2011), 분노감(Sellbom et al., 2008) 과 약한 정적 상관이 있었다. 또한 SNAP의 편집성, 분열형, 경계선 및 자기애성 성격장애 척도와 RC3 척도 사이에서 약한 정적 상관이 확인되었다(Simms et al., 2005). RC3 척도는 우호성 및 성취 욕구와 부적 상관을 보였다(Sellbom et al., 2008). 비임상집단의 자료를 분석한 결과, RC3 척도는 거부성향(Forbey & Ben-Porath, 2008; Sellbom & Ben-Porath, 2005), 권모술수 (Ingram, Kelso, & McCord, 2011), 소외감(Ingram et al., 2011; Sellbom & Ben-Porath, 2005)과 중간 수준의 정적 상관을 보였다. 아울러 RC3 점수는 긍정적 안녕감 점수와 부적 상관을 보였다(Sellbom & Ben-Porath, 2005).

Greene(2011)은 비록 충분한 자료가 있지는 않으나 RC3 척도에 포함된 문항들의 공통주제 중의 하나는 간헐적 분노라고 설명하였다. 뒤에서 소개할 RC6 척도와 달리 RC3 척도에 포함된 문항들은 스스로 자기를 평가하는 내용이 아니다.

해석

RC3 점수가 낮은(T<39) 사람은 타인을 믿을 만한 존재라고 여긴다. 이들은 지나치게 순진하고, 남에게 쉽게 속아 넘어가는 사람일 가능성이 있다. 반대로, RC3 점수가 높은(T>65) 사람은 타인을 믿을 만한 존재라고 신뢰하지 않으며 타인에게 적대감을 드러낸다. 타인을 신뢰하는 능력이 부족하기 때문에 대인관계에서 소외감을 경험하기 쉽고, 치료자와 긍정적인 치료동맹을 형성하는 것이 어렵다. 인간을 근본적으로 이기적인 존재로 간주하는 경향이 있어서, 자신도 타인을 기꺼이 이용하는 양상으로 행동할 수 있다.

🗣 RC4(반사회적 행동, Antisocial Behavior)

Tellegen 등(2003, p. 56)에 따르면, 임상척도 4에는 소외감과 의기소침을 측정하는 문항들이 상당수 포함되어 있었다. 그러나 임상척도 4에서 공통요인을 제거한 RC4 척도는 반사회적 성향을 분명하게 평가한다. RC4 척도에는 22개 문항이 있고, 그중에서 16개 문항이 '그렇다'라고 응답할 때 채점된다. RC4 척도는 임상척도 4와 9개 문항을 공유한다. RC4 척도는 PSY-5 척도인 DISC(통제결여)와 8개 문항을 공유하며, 이 중에서 4개 문항은 임상척도 4와도 중복된다. RC4 척도는 AAS(중독 인정) 보충척도와 7개 문항을 공유하며, 이 중에서 2개 문항이 임상척도 4와 중복된다. 두 척도의 상관계수는 .79였다(Greene, 2011). 규준집단에서 남성의 RC4 척도 원점수가 여성의 RC4 척도 원점수보다 통계적으로 유의미하게 높았고, 집단 간 차이의 효과크기는 중간 수준이었다(〈표 10-4〉 참조).

Greene(2011)에 따르면, RC4 척도는 다음 네 가지 범주와 관련되어 있다. ① 반사회적 태도 및 행동, ② 통제결여, ③ 약물남용, ④ 가정 불화이다. 그런데 Bolinskey와 Nichols(2011)는 RC4 척도에 약물남용을 측정하는 문항을 포함시킨 것에 우려를 표시하였다. 약물남용을 측정하는 문항이 들어가서 자칫 척도의 정체성이 모호해지면 씨앗척도의 본질적 핵심, 즉 반사회적 행동을 분명하게 평가하지 못하게 될까 봐 염려한 것이다. 그러므로 임상가는 반사회적 행동이 아닌 약물남용 때문에 RC4 척도가 상승하는 현상이 벌어질 수 있다는 점을 유의해야 한다. 실제로 Tellegen과 Ben-Porath(2011)는 남녀 입원환자 및 외래환자 집단의 자료를 분석하고, RC4 척도는 반사회성 성격장애 진단을 받았거나 법적인 문제에 연루되었던 과거력보다 물질관련장애 진단을 받았거나 약물을 남용했던 과거력과 더 강한 상관이 있음을 확인하였다. 그러나 Bolinskey, Trumbetta, Hanson과 Gottesman(2010)은 청소년기의 RC4 척도 점수와 성인기의 범죄행동 사이에 중간 수준의 정적 상관이 있다고 보고한 바 있다.

연구 자료

정신과 입원환자집단의 자료에서 RC4 점수와 약물 문제 사이의 정적 상관관계가 확인되었다(Arbisi et al., 2008; Ben-Porath & Tellegen, 2008; Handel & Archer, 2008). 또한 RC4 점수가 높은 사람들은 법적인 문제에 연루되었던 적이 있다는 점도 밝혀졌다(Arbisi et al., 2008; Ben-Porath & Tellegen, 2008; Handel & Archer, 2008). Handel과 Archer(2008)는 RC4 척도와 적대감 사이의 정적 상관을 확인하였고, Ben-Porath와 Tellegen(2011)은 남성의 학대행동과 RC4 점수 사이에 정적 상관이 있음을 확인하였다. 그러나 여성의 학대행동은 상관이 없었다. Tellegen과 Ben-Porath(2011)는 RC4 점수와 자살사고 사이에도 정적 상관이 있다고 보고하였다.

외래환자집단의 경우, RC4 척도는 주로 약물 문제(Binford & Liljequist, 2008; Sellbom, Ben-Porath, & Graham, 2006), 불신감 및 조종성향(Simms et al., 2005)과 밀접한 관련이 있었다.

Tellegen과 Ben-Porath(2011)는 RC4 점수가 높은 남성과 여성이 RC4 점수가 낮은 남녀보다 신체적 학대의 피해자였던 경험이 더 많다는 사실을 밝혔다. RC4 점수가 높은 여성은 성적 학대의 피해자였던 경험도 더 많았다. Tellegen과 Ben-Porath(2011)가 조사한 남성과 여성은 가정에서 사랑받지 못했다고 보고하기도 하였다.

해석

RC4 척도의 점수가 낮은(T<39) 사람은 반사회적 행동 및 약물남용 문제에 연루되었던 과거력을 평균 수준 이하로 보고한다. RC4 척도의 점수가 높은(T>65) 사람은 반사회적 행동 및 약물남용 문제에 연루되었던 과거력을 더 많이 보고한다. 이들은 사회적 규칙과 규범을 따르기 힘들어하고, 타인과의 관계에서 논쟁적이고 비판적이며 갈등적인 인물로 묘사된다. 따라서 대인관계가 빈약할 가능성이 높다. 이들의 가족관계는 껄끄러운 편이거나 혹은 거리감이 심한 편이다. 이들은 성취의 영역에서도 종종 부진한 수행을 보인 전력이 있다.

🗣 RC6(피해의식, Ideas of Persecution)

RC6 척도는 17개 문항으로 구성되어 있다. 이 중에서 16개 문항이 '그렇다'라고 응답할 때 채점되므로 '그렇다' 쪽으로 치우친 편향반응에 민감한 영향을 받는다. RC6 척도는 임상척도 6과 13개 문항을 공유하는데, 이 가운데 12개 문항이 Pa1(피해의식) 임상소척도에 속한다. Tellegen과 Ben-Porath(2011)의 자료에서 두 척도의 상관계수는 .83~.92였다. RC6 척도는 BIZ(기태적 정신상태) 내용척도와 10개 문항을 공유하며, 이 중에서 8개 문항은 임상척도 6과도 중복된다. RC6 척도는 PSY-5 척도인 PSYC(정신증)와 10개 문항을 공유하며, 이 중에서 9개 문항이 임상척도 6과 중복된다. 비록 집단 간 차이의 효과크기는 작았지만, 규준집단에서 남성의 RC6 척도 원점수가 여성의 RC6 척도 원점수보다 통계적으로 유의미하게 높았다(〈표 10-4〉 참조).

앞에서 소개한 RC3 척도와 달리 RC6 척도에 포함된 거의 모든 문항은 (1개 문항을 제외하고) 스스로 자기를 평가하는 내용이다. Tellegen 등(2003)에 따르면, RC6 척도는 임상척도 6과 달리 의기소침의 영향을 거의 받지 않는다. 따라서 임상척도 6은 상승했지만 RC6 척도가 상승하지 않았다면 명백한 피해의식에 사로잡혀 있다고 해석하기 어렵다. Greene(2011)은 RC6 척도가 정신증 성향 및 비전형적 반응을 평가하는 측정치들과 두루 관련되어 있다고 설명하였다.

연구 자료

정신과 입원환자집단의 자료에서 RC6 척도는 편집적인 수준의 의심, 망상, 환각과 밀접한 상관을 보였다(Arbisi, Sellbom, & Ben-Porath, 2008). Handel과 Archer(2008)는 RC6 점수가 높은 입원환자들이 개념형성의 혼란, 과도한 의심, 환각에 반응하는 행동을 드러낸다고 보고하였다. Tellegen과 Ben-Porath(2011)는 입원상태의 남성과 여성 모두 의심행동, 관계사고, 망상, 환각을 드러낸다고 보고하였다.

Sellbom, Graham과 Schenk(2006)에 따르면, 외래환자집단에서는 RC6 점수와 불신감 사이의 정적 상관이 확인되었다. Simms 등(2005)은 RC6 점수와 불신감 및 기이한 경험 사이에 정적 상관이 있음을 확인하였다. Sellbom, Ben-Porath와 Graham(2006)은 RC6 점수가 우울감, 전반적 정신병리, 대인관계 민감성, 불안감 및 불안정감과 중간 수준의 정적 상관을 보인다고 보고하였다. 흥미롭게도 이 연구에서는 의심행동과 RC6 척도의 유의미한 상관관계가 확인되지 않았다. Tellegen과 Ben-Porath(2011)는 남녀 외래환자집단에서 RC6 척도와 관련된 문제들을 다음과 같이 확인하였다. RC6 점수가 높은 남성들은 삶이 버겁다고 느끼고, 동료들과 어울리지 않고, 우울하며, 자기를 비하하고, 성취 욕구가 낮다고 보고하였다. RC6 점수가 높은 여성들은 포부수준과 성취 욕구가 낮고, 효율적인 의사소통이 어려우며, 호감도가 떨어지고, 흥미 있는 일이 별로 없고, 남에게 좋게 보이는 데 관심이 없다고 응답하였다.

비임상집단의 경우, Forbey와 Ben-Porath(2008)의 연구에서 신체화, 우울감, 마술적 사고가 RC6 척도와 중간 수준의 정적 상관을 지니는 것으로 밝혀졌다. Sellbom 등(2008)은 RC6 점수와 신뢰감 사이에 부적 상관이 있다고 보고하였다.

해석

RC6 척도의 낮은 점수는 해석하지 않는다. RC6 척도의 높은 점수는 타인이 자신에게 위해를 가한다는 믿음과 같은 피해의식을 반영한다. RC6 점수가 상승할수록 편집적인 수준의 망상을 지니고 있을 가능성이 높아지며, 다른 정신병적 증상을 동반하고 있을 가능성도 높아진다.

RC6 점수가 높은 사람은 타인의 행동과 동기를 의심하는 사람으로 종종 묘사된다. 이들은 타인의 언어와 행동에 숨어 있는 악의적인 의도를 읽어 내려고 애쓰며, 자신이 다른 사람들 때문에 곤경에 빠졌다면서 타인을 비난한다. 이러한 불신행동으로 인해 대인관계가 힘들어지고, 따라서 종종 다른 사람들로부터 소외되어 있다. RC6 척도가 T점수 80점 이상으로 상승하면, 편집적인 수준의 망상과 환각을 경험하고 있을 가능성을 면밀하게 평가해야 한다.

🗣 RC7(역기능적 부정정서, Dysfunctional Negative Emotions)

RC7 척도는 불안감, 분노감, 공포감과 같은 부정적 정서경험을 평가한다. 24개 문항 중에서 8개 문항을 임상척도 7과 공유하고, 10개 문항을 A 보충척도(불안)와 공유한다. 이 중에서 4개 문항은 임상척도 7과도 중복된다. Greene(2011)은 RC7 척도와 A 척도의 상관계수가 .90이라고 보고했는데, 이 외에 RC7 척도와 .80 이상의 높은 상관을 보이는 측정치는 전반적 불편감뿐이었다. 실제로 Bolinskey와 Nichols(2011)는 공통요인이 임상척도 7보다 RC7 척도에 더 많은 영향을 미치고 있을 가능성이 크다고 제안하면서, RC7 척도가 고유의 독특한 구성개념을 평가하지 못할까 봐 우려하였다. 그런데 이러한 현상은 이미 예견된 것이었다. 씨앗척도의 7개 문항 중에서 적어도 1개 문항, 많게는 6개 문항(평균 2.1개 문항)이 Nichols(2006)가 기술한 3개의 공통요인 지표와 중복되었기 때문이다.

RC7 척도에는 24개 문항이 있고, 모든 문항이 '그렇다'라고 응답할 때 채점된다. 따라서 다른 척도들과 마찬가지로 편향반응이 영향을 미쳤을 가능성을 주의 깊게 고려해야 한다. 비록 집단 간 차이의 효과크기는 작았지만, 규준집단에서 여성의 RC7 척도 원점수가 남성의 RC7 척도 원점수보다 통계적으로 유의미하게 높았다(〈표 10-4〉 참조).

연구 자료

Handel과 Archer(2008)는 정신과 입원환자의 자료를 분석하고 RC7 척도와 불안감, 신체적 불편감, 성적으로 학대당한 경험 사이에 정적 상관이 있음을 확인하였다. Arbisi, Sellbom과 Ben-Porath(2008)는 입원환자의 수면감소, 갑작스러운 회상, 자살사고, 항우울제 복용이 RC7 점수와 정적 상관관계를 보인다고 보고하였다. Tellegen과 Ben-Porath(2011)에 따르면, 남성 입원환자의 RC7 점수는 항우울제 복용과 정적 상관이 있었고, 여성 입원환자의 RC7 점수는 항우울제 복용, 우울감 및 자살사고와 정적 상관이 있었다.

Sellbom, Graham과 Schenk(2006)는 외래환자의 자료를 분석하여 RC7 척도와 불신감, 우울감, 불안감 및 신체화 사이의 정적 상관관계를 확인하였다. Simms 등(2005)은 SNAP으로 측정한 부정적 기질, 불신감, 조종성향, 공격성, 자해행동, 기이한 지각, 고립감이 외래환자의 RC7 점수와 밀접한 관련이 있다고 보고하였다. 또한 RC7 척도는 SNAP의 편집성, 분열형, 경계선, 자기애성, 회피성 및 의존성 성격장애 척도와 정적 상관을 보였다. Ben-Porath와 Graham(2006)은 전반적 정신병리, 우울감, 대인관계 민감성, 불안감, 불안정감이 외래환자의 RC7 점수와 중간 수준의 정적 상관을 보인다고 보고하였다. Tellegen과 Ben-Porath(2011)는 남녀 외래환자집단에서 RC7 척도와 관련된 다음과 같은 문제들을 확인하였다. RC7 점수가 높은 남성들은 급성의 심리적 동요, 불안감, 불안정감, 슬픔, 잦은 눈물, 감정 기복, 비관주의, 건강에 대한 집착, 주의집중곤란, 압도감, 외로움, 열등감, 실패감, 부당한 대접을 받는다는 느낌, 가족에게 사랑받지 못한다는 느낌, 가족에 대한 분노감, 대인관계에서의 거리감, 자기처벌, 자기비하 등의 문제를 호소하였다. 스트레스를 감내하지 못하는 경향도 RC7 점수와 밀접한 관련이 있었다. RC7 점수가 높은 여성들은 쉽게 포기하는 경향과 자살사고를 호소하였다. 또한 RC7 점수가 높은 여성들은 스트레스 감내력이 취약하고, 자기를 신뢰하지 않으며, 포부수준이 낮고, 흥미를 잘 느끼지 못한다고 보고하였다.

비임상집단의 경우, RC7 척도는 특성불안, 특성분노, 강박성향, 사회공포증과 정적 상관을 보였다(Forbey & Ben-Porath, 2008). Sellbom 등(2008)은 RC7 점수가 불안감, 분노감, 적대감, 자의식 및 취약성과 정적 상관을 지닌다고 보고하였다. 같은 자료에서 RC7 점수는 신뢰감, 성실성, 유능감과 부적 상관이 있는 것으로 밝혀졌다.

해석

Greene(2011)은 여러 공통요인 측정치와 RC7 척도가 높은 상관을 보이므로 이 중에서 오직 하나만 해석하는 것이 바람직하다고 제안하였다. 우리도 그의 관찰과 지적에 동의한다. 공통요인을 중복해서 측정하는 여러 척도가 동시에 상승했을 때, 이것을 상호 확증하는 증거로 받아들여서는 안 된다.

RC7 척도의 점수가 낮은(T<39) 사람은 전반적인 불편감을 거의 혹은 전혀 호소하지 않는다. 반면에 RC7 척도의 점수가 높은(T>65) 사람은 불안감, 공포감, 분노감과 같은 부정정서를 상당히 경험하고 있다고 호소한다. RC7 점수가 높은 사람은 슬픔과 불행감을 느낀다. 이들은 죄책감을 느끼고 자기를 비난하는 경향이 있다. 또한 지나친 걱정과 심한 불안정감에 사로잡힌다. 실제로는 타인에게 부정적인 평가를 받지 않는데도 타인에게 비판당할까 봐 두려워하곤 한다. 미래에 대해서 비관적이고, 이미 실패했거나 장차 실패할 것이라고 생각하며, 걱정을 많이 하고, 악몽을 꾸는 등의 수면 문제를 지니고 있다. 어떤 문제가 발생하면 압도되는 경향이 있고, 스스로 대처할 수 있는 능력이 부족하다고 생각한다. RC7 점수가 극단적으로 높은(T>80) 사람은 심각한 수준의 정서적 불편감과 무력감을 경험하고 있을 가능성이 크므로 약물치료의 필요성을 신중하게 검토해야 한다.

RC8(기태적 경험, Aberrant Experiences)

Tellegen 등(2003)은 RC8 척도가 광범위한 증상을 측정한다고 설명하였다. 여기에는 감각적, 지각적, 인지적, 행동적 장해가 모두 포함된다. RC8 척도는 임상척도 8에 비해 공통요인의 영향을 더 적게 받는다. 또한 BIZ(기태적 정신상태) 척도 혹은 PSYC(정신증) 척도와 달리 RC8 척도에는 편집성향을 측정하는 문항이 존재하지 않는다. 편집성향은 RC6 척도에서 독립적으로 측정한다. RC8 척도에는 18개 문항이 있고, 이 중에서 17개 문항이 '그렇다'라고 응답할 때 채점된다. 따라서 '그렇다' 쪽으로 치우친 묵종반응에 민감한 영향을 받는다. RC8 척도의 18개 문항 중에서 10개 문항이 임상척도 8과 중복되고, 8개 문항은 PSYC 척도와 중복되며, 12개 문항이 BIZ 내용척도와 중복된다. 이 중에서 4개 문항이 BIZ1(정신증적 증상), 6개 문항이 BIZ2(분열형 성격특성) 내용소척도에 속한다. 규준집단에서 남녀 간의 성차는 관찰되지 않았다(〈표 10-4〉 참조).

Nichols(2006)에 따르면, RC8 척도는 내용면에서 균형이 잘 잡혀 있는 척도이다. RC8 척도에는 지각적 이상경험(예: 비현실감, 환각)을 측정하는 문항들과 Schneider(1959)의 1급 증상(예: 사고전파)을 측정하는 문항들이 섞여 있다. Nichols(2006)는 MMPI-2의 어떤 척도도 RC8 척도만큼 전형적인 증상을 집중적으로 평가하지 못한다고 주장하였다. Greene(2011)이 계산한 RC8 척도와 BIZ 내용척도의 상관계수는 .91이었다. RC8 척도는 정신증적 행동, 정신증적 증상, 비전형적 반응, 전반적 불편감을 평가한다.

연구 자료

정신과 입원환자들의 자료를 분석한 Handel과 Archer(2008)는 RC8 척도와 개념형성의 혼란, 환각에 반응하는 행동, 기이한 생각 사이에 정적 상관이 있음을 확인하였다. 다른 연구에서도 RC8 척도가 상승한 남녀 입원환자들은 환각을 호소하는 것으로 밝혀졌다(Arbisi, Sellbom, & Ben-Porath, 2008).

Sellbom, Graham과 Schenk(2006)는 RC8 점수가 높은 외래환자들이 기태적 경험, 편집증,

공황발작, 불안감, 조증을 드러낸다고 보고하였다. Simms 등(2005)은 RC8 점수와 부정적 기질, 불신감, 기이한 지각 사이에서 정적 상관을 발견하였다. Tellegen과 Ben-Porath(2011)에 따르면, RC8 점수가 높은 남성 외래환자는 불안감, 우울감, 신체증상, 낮은 성취동기, 수면곤란, 피로감, 의사결정곤란 등의 문제를 지니고 있었다. RC8 점수가 높은 여성 외래환자는 자살을 시도한 적이 있고, 성적으로 학대당했으며, 환각을 경험했고, 지남력을 상실했고, 스트레스 대처능력이 빈약하다고 호소하였다.

Forbey와 Ben-Porath(2008)에 따르면, 비임상장면에서 RC8 척도의 점수가 높은 사람들은 마술적 사고(Eckblad & Chapman, 1983) 및 지각적 이상경험(Chapman, Chapman, & Raulin, 1978) 척도의 점수도 높았다. Sellbom 등(2008)은 RC8 점수가 높을수록 신뢰감 점수가 낮았다고 보고하였다.

해석

RC8 척도의 낮은 점수는 해석하지 않는다. RC8 척도가 중간 정도로 상승한(65<T<74) 사람은 분열형 성격특성을 지니고 있을 가능성이 있다. 이들은 평범하지 않은 지각경험과 사고과정을 보고하는데, 여기에는 망상과 환각도 포함될 수 있다. 이들은 현실검증력이 손상되었을 수 있다. 또한 불안감과 우울감을 경험하는 것처럼 보인다. 타인을 신뢰하는 데 어려움을 겪으며, 대인관계 및 직장생활을 제대로 수행하지 못할 가능성이 있다. RC8 척도의 T점수가 75점 이상으로 지나치게 상승하면, 정신분열증 혹은 기타 정신증적 장애를 앓고 있을 가능성이 높아진다. 사고장애와 지각 이상이 동반될 가능성도 당연히 높아진다. 그러므로 임상가는 약물치료, 입원치료, 집중치료 등이 필요한 상태가 아닌지 면밀하게 검토해야 한다.

🌳 RC9(경조증적 상태, Hypomanic Activation)

RC9 척도는 사고의 촉진, 활력의 증가, 확장된 기분, 고양된 자존감, 감각추구성향, 성마른 태도 등을 평가하는데, 이런 문제들은 모두 경조증적 상태와 밀접한 관련이 있다(Tellegen et al., 2003). RC9 척도에는 28개 문항이 있고, 1개를 제외한 모든 문항이 '그렇다'라고 응답할 때 채점된다. 그러므로 편향반응에 민감한 영향을 받는다. 임상척도 9와 중복되는 문항은 8개, PSY-5 척도인 AGGR(공격성)과 중복되는 문항은 7개이다. 이 중에서 1개 문항은 임상척도 9에도 중복된다. 비록 집단 간 차이의 효과크기는 작았지만, 규준집단에서 남성의 RC9 척도 원점수가 여성의 RC9 척도 원점수보다 통계적으로 유의미하게 높았다(〈표 10-4〉참조).

Greene(2011)에 따르면, RC9 척도는 반사회적 행동, 반사회적 태도, 경조증, 공격성 측정치와 가장 높은 상관을 보였다. Bolinskey와 Nichols(2011)는 RC9 척도의 핵심특징이 희석되었다는 점을 지적하였다. 재구성 임상척도의 제작 과정(4단계)에서 RC9 씨앗척도에 분노성향, 보복성향, 공격성향이 반영되면서 본래의 핵심특징이 흐려졌다는 것이다. 결과적으로, RC9 척도가 상승한 프로파일 중에는 경조증적 상태가 아닌 적대적인 성향 때문에 상승한 경우도 있다는 점을 유의해야 한다.

연구 자료

Tellegen과 Ben-Porath(2011)는 RC9 점수가 높은 정신과 남성 입원환자들이 코카인을 남용하고 폭력적으로 행동했던 전력이 있음을 확인하였다. RC9 점수가 높은 정신과 여성 입원환자들은 물질사용장애 혹은 물질의존장애로 진단되었고, 약물 및 코카인을 남용한 전력이 있다고 보고하였다. Handel과 Archer(2008)는 물질남용, 개념형성의 혼란, 고양된 흥분감과 RC9 점수 사이의 정적 상관관계를 정신과 입원환자의 자료를 토대로 확인하였다. Arbisi, Sellbom과 Ben-Porath(2008)는 RC9 점수와 코카인남용 사이에 정적 상관이 있다고 보고하였다.

외래환자집단의 자료를 분석한 Simms 등(2005)은 조종성향, 공격성향, 충동조절곤란이 RC9 척도와 밀접하게 연관되어 있다고 보고하였다. RC9 척도는 반사회성, 경계선, 연극성 및 자기애성 성격장애 척도와도 강한 정적 상관을 보였다. Sellbom, Ben-Porath와 Graham(2006)에 따르면, 주변 사람들은 RC9 척도가 상승한 사람을 반사회적이고 공격적인 사람이라고 묘사하였다. Sellbom, Graham과 Schenk(2006)는 RC9 척도와 불신감 및 조증 사이의 관련성을 확인하였다.

Forbey와 Ben-Porath(2008)에 따르면, 비임상장면에서 RC9 점수가 높은 사람들은 전반적 충동성, 행동적 충동성, 과잉활성화 측정치 점수도 높았다. Sellbom 등(2008)은 RC9 점수와 분노감, 적대감, 충동성, 흥분추구성향 사이의 정적 상관을 확인하였다. 또한 RC9 점수는 우호성, 신뢰성, 솔직성, 순응성, 겸손성, 심사숙고 측정치와 부적 상관을 보였다.

해석

RC9 척도에서 낮은(T<39) 점수를 보이는 사람은 적대적이지 않고, 활력수준이 낮으며, 어

떤 일에 매진하지 않는 경향이 있다. RC9 척도에서 높은(T>65) 점수를 보이는 사람은 성마르고 적대적이며, 활력이 넘치고, 사고의 비약을 드러낸다. 또한 감각추구성향이 강하고, 충동조절이 어려우며, 주변 사람들과 반목하고, 위험한 행동에 빠져드는 경향이 있다. 반사회적 행동을 범할 소지와 물질을 남용할 우려가 있다. RC9 척도의 T점수가 75점 이상으로 상승하면, 조증 삽화를 경험하고 있을 가능성이 증가한다. 따라서 약물치료가 필요한 상태인지 신중하게 평가해야 한다.

🗣 해석의 고려사항

MMPI-2와 코드타입 해석방식에 익숙한 임상가는 RC 척도를 해석할 때도 코드타입 해석방식을 적용할 수 있는지 궁금할 것이다. 현재 시점에서 RC 척도 및 MMPI-2-RF의 개발자들은 코드타입 해석방식을 권장하지 않고 있다. 임상척도와 RC 척도를 조합하여 해석하는 방법을 설명하는 자료가 부족하기 때문이다. 특히 임상척도 3과 RC3 척도는 반대방향으로 채점되므로 코드타입 해석방식을 아예 적용할 수 없다. 임상척도 3은 냉소적 태도를 부인하는 문항으로 구성되어 있지만, RC3 척도는 냉소적 태도를 인정하는 문항으로 구성되어 있다(그런데 RC3 씨앗척도 문항들은 모두 Hy2 임상소척도에서 추출되었다). 임상척도 3과 RC3 척도 사이의 불일치를 제외하더라도, Tellegen 등(2003)의 자료에 따르면 임상척도 1과 RC1 척도, 임상척도 2와 RC2 척도, 임상척도 4와 RC4 척도, 임상척도 6과 RC6 척도, 임상척도 7과 RC7 척도, 임상척도 8과 RC8 척도, 임상척도 9와 RC9 척도 사이의 상관계수 평균은 .76에 불과하다(범위는 RC6의 경우 .62부터 RC1의 경우 .91까지였다). 이것은 RC 척도가 임상척도 변량의 60% 정도만 설명하고 있다는 뜻이다. 결과적으로, RC 척도의 상승 패턴은 임상척도의 상승 패턴과 빈도 및 정도의 측면에서 상당히 다를 것이라고 예상해야 한다.

임상척도와 RC 척도가 불일치하는 프로파일을 어떻게 해석하라는 합의된 경험법칙은 아직 마련되지 않았다. 그런데 Rouse 등(2008)과 Greene(2011)은 측정하는 내용을 기반으로 제작된 여러 척도(예: 내용척도, 보충척도, PSY-5 척도)의 점수와 그에 상응하는 RC 척도의 점수를 비교하는 방식으로 프로파일을 해석하자고 제안하였다. 예컨대, RC1 척도와 HEA 내용척도는 유사한 구성개념을 측정하고 있으므로 RC1 척도의 점수와 HEA 내용척도의 점수를 비교하면 타당한 결론이 도출된다는 것이다. 이와 마찬가지로 RC2 척도와 INTR 척도, RC3 척도와 CYN1 내용소척도, RC4 척도와 AAS 보충척도, RC6 척도와 Pa1 임상소척도, RC7 척도와 NEGE 척도, RC8 척도와 BIZ 내용척도, RC9 척도와 AGGR 척도의 점수를 비교하는 방법으로 프로파일을 해석할 수 있다. Tellegen 등(2003)이 확보한 자료를 가지고 이러한 조합을 다시 분석했더니, 상관계수 평균이 .85로 향상되었다(범위는 RC9의 경우 .67부터 RC3의 경우 .94까지였다). 이것은 기존에 RC 척도가 임상척도를 설명했던 변량보다 약 11% 정도 설명력이 증가된 수치였다(RC3 척도는 분석에서 제외하였다). 상관계수 평균이 향상된 까닭은 어찌 보면 당연하다. RC 척도 역시 내용을 바탕으로 제작된 척도이기 때문이다.

요약하면, 현재까지 밝혀진 자료만을 근거로 임상척도와 RC 척도의 상승 패턴이 동일한지 혹은 상이한지를 논의하는 것은 바람직하지 않다. 먼저, 임상가는 RC 척도를 내용을 기반으로 새롭게 제작된 척도로 간주할 필요가 있다. 그런 다음, RC 척도와 임상척도 사이의 합치도를 따지는 것보다 RC 척도와 그 밖의 여러 다른 척도 사이의 합치도를 확인하려고 노력하는 것이 더 지혜롭다. 다시 말해, RC 척도의 합치도는 임상척도가 아닌 여러 다른 척도에서 확보해야 한다. 임상척도, 내용척도, RC 척도, PSY-5 척도 등이 서로 어떤 패턴으로 관련되어 있는지 세밀하게 탐색하는 과정에서 가장 적합한 조합을 발견할 수 있을 것이다. 아울러 임상가는 임상면접과 행동관찰을 꾸준히 실시하고, 내담자의 과거력을 조사하고, 정보의 출처를 다각화해서 이러한 조합의 정확성 여부를 판단할 수 있을 것이다.

재구성 임상척도에 대한 비판

RC 척도가 도입될 당시부터 적잖은 논쟁이 벌어졌다. 사실 이 책의 저자 가운데 2명(즉, Bolinskey와 Nichols)도 일부 RC 척도의 높은 점수를 해석할 때는 각별히 주의해야 한다는 논문을 발표한 바 있다. 심지어 MMPI-2 재표준화 작업을 주도한 James N. Butcher(2011)마저 RC 척도를 임상적 용도로 활용하지 말라고 권고하였다. 물론 상반되는 주장을 펼치는 연구자도 있다. MMPI-2 재표준화 작업에 깊숙이 관여한 Auke Tellegen과 Yosef S. Ben-Porath는 새롭게 제작된 척도의 임상적 유용성을 입증하는 논문을 훨씬 많이 발표하였다. RC 척도의 임상적 유용성 논쟁과 관련하여 지금까지 발표된 문헌을 모두 살펴보는 것은 이 장의 범위를 넘어서므로 여기서는 몇 가지 쟁점을 요약적으로 소개하겠다. 마지막에는 우리의 의견도 개진할 것이다.

경험적 전통의 문제

Butcher(2011)는 RC 척도를 제작한 방식에 근본적인 문제가 있다고 지적하였다. 비판의 요지는 지금까지 MMPI와 MMPI-2를 개발할 때 줄곧 사용했던 경험적 문항선정방식을 Tellegen 등(2003)이 포기했다는 것이다. Caldwell(2006)에 따르면, 요인분석적 문항선정방식으로 제작된 척도와 경험적 문항선정방식으로 제작된 척도는 성질이 다르다. 요인분석적 문항선정방식은 측정의 '극대화(maximal)'에 주목하므로 척도가 무언가를 얼마나 잘 측정하고 있는지 여부에 관심을 기울인다. 그러나 경험적 문항선정방식은 측정의 '의미화(meaningful)'에 주목하므로 척도가 도대체 무엇을 변별적으로 측정하고 있는지 여부에 관심을 기울인다. 당연하게도, 지금까지 MMPI와 MMPI-2는 후자의 문항선정방식을 채택해 왔다. 그러나 RC 척도의 개발자는 전자의 방식을 선택한 것이다.

이론적 기반의 문제

몇몇 연구자는 RC 척도를 제작하는 출발점으로 Watson과 Tellegen(1985)의 위계적 정서모형을 선택한 것이 과연 적절했느냐는 의문을 제기하였다. 그들의 정서모형이 경험적 연구를 통해 검증되지 못했다는 점을 지적한 것이다. 실제로 Ranson, Nichols, Rouse와 Harrington(2009)은 선행연구에 근거해서 후속연구를 거듭했는데, Watson과 Tellegen의 정서모형은 확실하게 입증되지 않았다. 또한 Russell(1980)의 원형모형(circumplex model)과 같은 경쟁모형과 비교할 때 상대적으로 어떤 장점이 있는지 확인하지 못하였다. 물론 일련의 단계에 따라서 RC 척도를 제작하는 과정은 논리적으로 적절했고 정연하였다. 그러나 공통요인이 애초에 Watson과 Tellegen의 정서모형 중 유쾌정서-불쾌정서 차원에서 도출되었다는 점을 감안하면 그리고 이 정서모형 자체에 어떤 결함이 있는지 불분명하다는 점을 고려하면 의문이 제기된다. 또한 유쾌정서-불쾌정서 차원이 공통요인으로 상정한 RCd(의기소침) 척도에 제대로 반영되어 있는지 여부도 불확실하다. RC 척도를 제작하는 2단계에서 반복검증 작업을 생략했기 때문이다. 그렇다면 최종적으로 제작된 RC 척도에 어떤 부정적 영향을 미쳤을 것이라고 우려할 수 있다.

측정 반복의 문제

RC 척도는 임상척도에서 공통요인을 탈락시킨 것이므로 RC 척도의 모태는 임상척도이다. 그런데 Rouse 등(2008)은 RC 척도가 모태인 임상척도보다 내용척도, 보충척도, PSY-5 척도와 오히려 더 높은 상관을 보인다는 사실을 지적하였다. 또한 RC 척도 중에서 절반 이상(즉, RCd, RC1, RC3, RC7, RC8, RC9 척도)은 기존의 MMPI-2 척도들이 이미 측정하던 구성개념을 반복해서 측정하고 있을 뿐이라고 비판하였다. 척도들 사이의 상관계수가 지나치게 높다는 것이 비판의 요지였다. 이러한 지적에 대해 Tellegen, Ben-Porath와 Sellbom(2009)은 RC 척도는 임상척도를 모방하기 위해 제작한 척도가 아니라는 논거로 첫 번째 비판을 반박하였다. RC 척도는 임상척도의 변별타당도가 불충분하다는 문제점과 중복되는 문항이 많다는 문제점을 개선하기 위해 제작한 것이기 때문에 임상척도와 RC 척도는 당연히 동등하지 않다는 것이다. 두 번째 비판에 대해 그들은 Rouse 등(2008)이 제안한 이른바 '대리 척도(proxy scales)'의 맹점을 지적하는 방식으로 논박하였다. Rouse 등(2008)은 RC 척도가 기존의 척도들과 중첩되는 측정 반복의 문제를 지닌다고 비판하면서 대리 척도를 활용하자고 제안했는데, Tellegen 등(2009)은 대리 척도의 상호변별성이 RC 척도의 상호변별성보다 오히려 더 낮다는 자료를 제시하며 응수한 것이다. 더 나아가서 Tellegen 등(2009)은 RC 척도가 대리 척도보다 임상척도의 변량을 더 많이 설명한다는 결과를 경험적으로 제시하였다. 이에 대해 Greene, Rouse, Butcher, Nichols와 Williams(2009)는 RC 척도와 MMPI-2 척도들 사이의 상관계수가 여전히 높다는 점을 다시 지적하였다. 『MMPI-2-RF 매뉴얼』(Tellegen & Ben-Porath, 2011)에도 Rouse 등(2008)이 언급한 지나치게 높은 상관관계가 드러나 있다.

개념적 표류의 문제

Nichols(2006)는 재구성 임상척도 개발 과정(4단계)에서 '개념적 표류(construct drift)'의 문제가 발생했을 가능성이 있다고 지적하였다. 4단계에서는 MMPI-2 문항군집을 활용하여 씨앗척도를 증강했는데, 각 씨앗척도와 높은 상관을 보이는 문항을 각 씨앗척도에 추가하는 방법으로 RC 척도를 완성한 것이다. 그런데 이렇게 추가된 문항이 씨앗척도의 본질적인 핵심을 희석시켰고, 결과적으로 RC 척도의 변량을 증가시켰다는 비판이 개념적 표류의 문제이다. 특히 RC3, RC4, RC7, RC9 척도에서 개념적 표류의 문제가 발생했을 가능성이 크다.

먼저, RC3 척도부터 살펴보자. Butcher(2011, p. 182)는 RC3 척도를 사용하면서 과거에 임상척도 3 및 이와 관련된 코드타입에서 추론할 수 있었던 풍성한 해석적 가설을 상실하게 되었다고 지적하였다. Thomas와 Youngjohn(2009)은 머리를 다친 외상환자집단의 자료를 수집했는데, RC3 척도는 머리를 다친 외상환자의 신체화경향을 탐지하는 데 별로 도움이 되지 않았다. 즉, RC3 척도는 기존에 임상척도 3이 측정하던 구성개념과 전혀 다른 구성개념을 측정하는 척도로 변질된 것이다. 오히려 RC3 척도는 CYN 내용척도 및 CYN1 내용소척도가 측정하는 내용을 반복해서 측정하고 있을 뿐이다.

이에 대한 반론을 들어 보자. Nichols(2006)도 인정했듯이, RC3 척도를 임상척도 3과 차별화한 것은 실수가 아닌 의도였다. Tellegen 등(2003)은 신체증상을 측정하는 문항을 의도적으로 RC1 척도에 배치했다고 밝힌 바 있다. RC3 척도에서 신체증상을 또 측정하면 RC1 척도와 구분되지 않을 것이기 때문이었다. 그 결과, RC3 척도는 기존의 임상척도 3이 측정하던 구성 개념의 극히 일부만을 측정하게 된 것이다. 또한 RC3 척도를 임상척도 3과 반대방향으로 채점하도록 설계한 까닭은 임상적 유용성을 향상시키기 위해서였다. 측정 반복의 문제와 관련하여, Tellegen 등(2006)은 문항 반복의 양면성을 고려해야 한다고 언급하였다. RC3 척도 문항의 80%가 CYN 내용척도 문항과 중복되지만, CYN 내용척도 문항은 52%만 RC3 척도 문항과 중복된다. RC3 척도에는 포함되지 않고 CYN 내용척도에만 포함되는 문항들은 스스로 자기를 평가하는 문항이 아니다. 이것은 스스로 자기를 평가하는 문항인 RC6 척도의 문항들과 변별된다. RC3 척도와 CYN 내용척도 사이의 문항 중복은 주로 CYN1 내용소척도에서 발생한다. 11개 문항이 RC3 척도에서 중복으로 채점된다.

RC4 척도의 경우, 약물남용과 높은 상관관계를 보인다는 점이 논란이 되었다. Caldwell (2006, p. 94)에 따르면, 애초에 임상척도 4는 반사회성 성격장애 중에서 비사교적이고 부도덕한 하위유형을 가려내기 위해 제작되었다. Nichols(2006, p. 135)는 RC4 척도가 임상척도 4보다 향상된 부분이 있다고 언급하면서도, 약물남용을 측정하는 문항의 비중이 크기 때문에 "오직 약물남용만을 근거로 피검자가 반사회적 성향과 행동을 보인다고 과도하게 추론할 위험성이 있다."라고 지적하였다. 이런 긍정 오류(false positive)의 위험성은 Bolinskey와 Nichols(2011)도 우려한 바 있다. 앞에서 언급했듯이, 실제로 RC4 척도는 범죄행동보다 약물남용과 일관적으로 더 높은 상관을 보였다(예: Tellegen et al., 2003).

이런 교착상태에서 벗어나는 방법은 의외로 단순하다. 임상척도 4와 RC4 척도가 각자 보유하고 있는 고유한 목적과 속성에 주목하면 된다. Caldwell(2006)이 설명했듯이, 임상척도 4는 성격장애 하위유형을 평가하기 위해 제작되었다. Nichols(2006, p. 123)에 따르면, "임상척도는 복합적 증후군(syndromal complexity)을 측정한다." 그러나 RC 척도가 측정하는 것은 복합적 증후군이 아니다. 오히려 Weed(2006)는 복잡한 증상을 두루 측정하는 임상척도를 계속 고수할 필요가 있느냐고 반문하였다. RC4 척도는 성격장애 하위유형이 아닌 과거와 현재의 반사회적 행동을 평가하기 위해 개발되었다. 일부 연구자는 약물남용이 반사회성 성격장애의 한 측면이라고 받아들인다. 그래서 Ben-Porath와 Tellegen(2008, 2011)은 과거와 현재의 반사회적 행동을 측정하는 RC4 척도가 약물남용과 밀접한 관련이 있다고 『MMPI-2-RF 매뉴얼』에 소개하고 있다. 반면에 약물남용을 반사회성 성격장애의 한 측면으로 인정하지 않는 연구자도 있다. 그래서 RC4 척도의 오류긍정 위험성을 심각하게 우려하는 것이다. 하지만 임상척도 4 역시 오류긍정 위험성으로부터 결코 자유롭지 않다. 공통요인인 의기소침 때문에 임상척도 4가 상승하는 경우가 상당히 많기 때문이다. 이유가 다를 뿐이다.

　RC7 척도에 대한 비판은 주로 측정 반복의 문제에 집중된다. RC7 척도에 공통요인이 많이 반영되어 있어서 공통요인을 측정하는 다른 척도들과 중첩된다는 문제점이 있고, 기존에 임상척도 7을 통해서 평가했던 본질적 핵심인 강박증(신경쇠약, psychasthenia)을 더 이상 측정하지 못하는 개념적 표류 현상이 발생했다는 지적이다. 그런데 최근에 Bolinskey와 Nichols(2011)는 개념적 표류 현상이 RC7 척도뿐만 아니라 임상척도 7을 개발하는 과정에서도 똑같이 발생했다고 주장하였다. 어찌 됐든 RC7 척도가 임상척도 7과 마찬가지로 공통요인의 영향을 지나치게 많이 받는다는 것은 사실이다. 이와 관련하여 중첩되는 척도들을 해석할 때는 주의가 요구된다고 제안한 Greene(2011)의 지침서를 참고하기 바란다.

　Nichols(2006; Bolinskey & Nichols, 2011)는 RC9 척도에 공격성향을 측정하는 문항이 포함되면서 본질적 핵심이 희석되었다고 지적했는데, 이런 지적의 타당성이 경험적 연구를 통해 확인되었다. 물론 RC9 척도가 경조증적 상태를 전혀 평가하지 못한다는 뜻은 아니다. 공격성향 때문에 RC9 척도가 상승했을 수도 있다는 점을 고려해야 한다는 뜻이다. Tellegen 등(2006)이 언급했듯이, 조증 진단기준에 포함되는 초조감과 성마름이 원판 MMPI를 제작하면서 Hathaway와 McKinley(1943)가 모집한 임상집단의 선별기준에는 빠졌다. RC9 척도를 해석할 때 유의하기 바란다.

민감도의 문제

　내용적으로 명백한 문항으로 구성된 동질적인 척도(예: RC 척도, 내용척도)는 증상적으로 복잡한 문항으로 구성된 이질적인 척도(예: 임상척도)보다 피검자의 축소보고 및 과장보고에 더 취약하다. 여러 자료를 분석한 결과, RC 척도는 쉽게 상승하지 않는다는 사실이 밝혀졌다. 이것은 RC 척도가 임상척도에 비해 덜 민감하다는 뜻일 수도 있고, RC 척도가 임상척도에 비해 부정 오류(false negative)에 더 취약하다는 뜻일 수도 있다(Binford & Liljequist, 2008; Cumella, Kally, & Butcher, 2009; Gordon, Stoffey, & Perkins, 2013; Gucker, Kreuch, & Butcher, 2009; Haas & Saborio, 2012; Megargee, 2006; Pizitz & McCullaugh, 2011; Rogers, Sewell, Harrison, & Jordan, 2006; Sellbom, Ben-Porath, McNulty, Arbisi, & Graham, 2006; Wallace & Liljequist, 2005; 그러나 Osberg, Haseley, & Kamas, 2008도 참조할 것). 특히 두 편의 연구에서 민감도의 문제가 심각하게 제기되었다. Megargee(2006)는 투옥 중인 중범죄자 집단의 자료를 대규모(2,000명 이상)로 수집했는데, 투옥 중인 중범죄자 집단의 RC 척도 평균 T점수가 MMPI-2 재표준화 규준집단의 RC 척도 평균 T점수보다 전반적으로 더 낮았다. 투옥 중인 중범죄자 집단의 RC 척도 평균 T점수는 56점 미만이었다. 투옥 중인 중범죄자 집단에서 유의미하게 상승할 것으로 기대되는 RC4 척도의 평균 T점수도 마찬가지였다. Pizitz와 McCullaugh(2011)는 유죄판결을 받은 남성 스토커 집단의 자료를 분석했는데, 5개 RC 척도(즉, RC2, RC3, RC7, RC8, RC9)의 평균 T점수가 50점 미만이었다. 이 집단에서 유의미하게 상승할 것으로 기대되는 RC4 척도의 평균 T점수는 51.7점에 불과하였다. 이것은 동일한 집단에서 산출된 임상척도 4의 평균 T점수보다 1표준편차 이상 작은 값이었다. MMPI-2 프로파일을 MMPI-2-RF 프로파일로 변환했더니 타당도척도를 제외한 42개 척도 중에서 오직 8개 척도의 평균 T점수만 50점 이상이었다. 평균 T점수가 가장 높은 것은 MEC(기계적-신체적 흥미; 제11장 참조) 척도였는데 57점이었다. 모두 남성이고 범죄자였음에도 불구하고 그러하였다.

RC 척도의 민감도가 저하된 까닭은 비교적 명확하다. MMPI-2 내용척도가 그렇듯이, RC 척도는 대부분 내용적으로 명백한 문항으로 구성되어 있기 때문에 피검자가 어렵지 않게 응답을 회피할 수 있다. 문항의 채점방향이 편향되어 있는 것도 민감도를 저하시킨 원인이다. 내용척도의 경우, 총 366개 문항 중에서 81%에 해당하는 297개 문항이 '그렇다'라고 응답할 때 채점된다. 척도당 평균 문항수는 21개이다. RC 척도 역시 마찬가지인데, 총 168개 문항 중에서 75%에 해당하는 126개 문항이 '그렇다'라고 응답할 때 채점된다. 이번에도 척도당 평균 문항수는 21개이다. 하지만 MMPI-2 임상척도는 그렇지 않다. 임상척도 5와 임상척도 0을 제외하고 정신병리를 측정하는 8개 척도만 고려할 때, 1개 이상의 임상척도에서 채점되는 총 411개 문항 중에서 55%에 해당하는 228개 문항만 '그렇다'라고 응답할 때 채점된다. 척도당 평균 문항수는 51개이다. 따라서 피검자가 본인이 겪고 있는 심리장애를 감추려고 시도하면 RC 척도 및 내용척도가 상승하지 않을 가능성이 크다. '그렇다'라는 응답만 회피하면 간단하게 목적을 달성할 수 있는 것이다. 이에 반해 '그렇다' 채점방향과 '아니다' 채점방향이 거의 균등한 임상척도에서는 동일한 회피 시도가 성공할 가능성이 상대적으로 낮다.

RC 척도가 상승하지 않은 이유가 오류부정 때문인지 여부는 전통적인 타당도척도 및 타당도지표를 참조하여 판단할 수 있다. 만약 오류부정 때문에 RC 척도가 상승하지 않았다면, 축소보고 및 방어성향을 시사하는 타당도척도(L, K, S 척도) 혹은 타당도지표(Mp, Sd 척도) 중에서 적어도 1개 이상이 상승하는 것이 일반적이다. 또는 F-K 지표가 −10에서 −20 사이의 음수로 산출될 수 있다. '그렇다' 응답과 '아니다' 응답의 비율을 살펴보는 것도 도움이 된다. '아니다' 응답의 비율이 60% 이상이면 편향반응일 가능성이 높아지고, 70% 이상이면 편향반응일 가능성은 더 높아진다. 이런 경우, 피검자가 정말로 정신병리를 지니고 있는데 감추고 있는지 여부를 믿을 만한 추가 자료를 수집하여 검토해야 할 것이다.

🗣 의견

Archer와 Newsom(2000)은 심리검사 분야에 상당한 기간 동안 변화가 없었다고 지적하였다. 임상가들이 우수한 심리검사를 선택해서 꾸준히 사용하고 있는 것이기도 하겠지만, 혹시 심리검사 분야가 정체되어 있는 것은 아닌지 성찰할 필요도 있겠다. 우리는 모두 습관의 동물이므로 온고지신(溫故知新)의 자세가 요구된다. Rogers와 Sewell(2006, pp. 177-178)은 "여전히 1940년대에 머물러 있어서는 안 된다."라고 경계하였다.

Archer(2006)에 따르면, 원판 MMPI와 개정판 MMPI-2가 크게 다르지 않은 까닭은 개발자들이 원판과 개정판의 연속성을 확보하려고 절제된 변화를 선택했기 때문이다. 물론 원판과 개정판이 너무 다르다고 불만을 토로하는 임상가도 있다(Adler, 1990). 임상척도의 본질적 핵심을 중심으로 RC 척도를 제작한 이유는 연속성을 확보하기 위해서였다. 그러나 MMPI-2로 개정되면서 이 부분만 달라진 것은 아니다. 연속성을 확보하려는 시도는 역풍을 불러일으키기도 하였다. 어떤 학자들(Rogers & Sewell, 2006)은 RC 척도를 제작할 때 어째서 8개 임상척도의 본질적 핵심에만 주목했냐고 비판하고, 다른 학자들(Butcher, 2011; Nichols, 2006; Rouse et al., 2008)은 RC 척도와 모태인 임상척도와의 상관계수가 지나치게 작다고 지적한다. 너무 비슷하다는 비판과 너무 다르다는 지적이 공존하는 상태이다.

Meehl(1959)은 심리검사의 초점이 정신과 의사가 어떤 말을 할지 예측하는 데 맞춰져서는 안 된다고 경계하였다. 심리검사의 목적은 진단이 아니라는 것이다. 같은 맥락에서 Tellegen 등(2003)이 언급하고 강조했듯이, RC 척도는 임상척도와 완벽하게 동등한 척도가 아니라는 점을 상기해야 한다. 부질없는 논란을 매듭 지을 때가 되었다. RC 척도는 서로 다르지만 서로 연관되는 구성개념을 측정하기 위해 개발되었다. 즉, 측정의 극대화에 주목한 것이다. 그렇다고 측정의 의미화에 실패한 것도 아니다. 우리는 RC 척도가 기존의 임상척도와 다르다는 점을 인정해야 하고, RC 척도가 기존의 임상척도가 제공하던 것과는 다른 정보를 제공한다는 점을 수용해야 한다. 마찬가지로 우리는 RC 척도가 불완전한 측정치라는 점도 인정해야 한다. 사실상 RC 척도는 애초의 의도와 달리 '복합적 증후군'을 측정하고 있다. RC4 척도와 RC9 척도가 특히 그렇다. 향후 연구의 목표는 RC 척도가 무엇을 측정하지 못하는지가 아니라 RC 척도가 무엇을 측정하는지에 맞춰져야 한다. 모든 심리검사가 그렇듯이 최종적인 책임은 임상가가 지는 것이다. 임상가는 심리검사를 사용하기 전에 그 심리검사의 공존타당도 및 예언타당도와 관련된 연구결과를 숙지해야 한다.

chapter
11

다면적 인성검사 II 재구성판

🗣 MMPI-2-RF

다면적 인성검사 II 재구성판(Restructured Form of the MMPI-2: MMPI-2-RF; Ben-Porath & Tellegen, 2011; Tellegen & Ben-Porath, 2011)은 338개 문항으로 이루어진 자기보고식 측정 도구로, 기초가 되었던 재구성 임상척도(Restructured Clinical scales, RC 척도)를 비롯하여 51개의 새롭거나 개정된 타당도척도 및 주요 척도로 구성되어 있다. MMPI-2-RF는 RC 척도가 발표된 후 MMPI-2 저작권을 지니고 있는 미네소타 대학교 출판사의 지원으로 개발되었다. MMPI-2-RF의 모든 문항은 MMPI-2의 567개 문항에 있는 것들이다. 따라서 기본적으로 수검자가 MMPI-2를 실시했다면, 『MMPI-2-RF의 실시, 채점 및 해석을 위한 매뉴얼(MMPI-2-RF Manual for Administration, Scoring, and Interpretation)』(Ben-Porath & Tellegen, 2011)에 있는 문항 변환표를 사용하여 두 형태로 모두 채점이 가능하다. 이 글을 쓰는 시점에서 MMPI-2-RF는 MMPI-2의 대체가 아닌 대안으로 제시되고 있다. MMPI-2는 출판사에 의해 완전하게 계속 지원되고 있다(Ben-Porath & Tellegen, 2011).

Tellegen 등(2003)은 그들의 RC 척도를 소개하면서 이러한 척도를 만드는 것이 임상척도에 의해 포착된 것 이상의 중요한 임상적 측면을 측정하고, 또한 의기소침 요소에 의해 혼합되지 않는 부가적 척도들을 만들기 위한 연구들을 촉발하게 할 것이라고 주장하였다. 이러한 연구들은 MMPI-2-RF의 출시로 완결되었다. Ben-Porath와 Tellegen(2011, p. 1)에 따르면, 이는 "측정 도구의 문항군집을 이용하여 임상적으로 관련된 요인들을 측정 가능한, 철저하고 효과적인 평가를 제공하기 위해 고안되었다."

앞서 언급한 대로, 9개의 RC 척도로 구성된 도구의 핵심은 제10장에서 소개하였다. MMPI-2-RF는 RC 척도들뿐 아니라 9개의 타당도척도, 3개의 상위차원척도, 23개의 특정 문제 척도, 2개의 흥미 척도 및 개정된 성격병리 5요인 척도(PSY-5-r)를 포함한다. MMPI-2-RF는 총 51개 척도로 구성된다. 이들 각각은 그 묶음들에 대한 일반 논의 부분에서 설명할 것이다.

MMPI-2와 비교하면, MMPI-2-RF는 길이와 수검시간의 축소에 더해 42개의 주요 척도(즉, 전체 척도에서 타당도/반응양식 척도 제외)가 있는데, 각 척도는 평균 14개 문항으로 구성되며, '그렇다'로 채점되는 평균 비율은 73%이다. 그에 비해 『MMPI-2 매뉴얼』의 최신판(Butcher et al., 2001)에 포함된 MMPI-2의 103개 주요 척도(타당도척도/반응양식 척도 제외)의 평균 길이는 22개 문항이며, '그렇다'로 채점되는 평균 비율은 63%이다. 정리하면, MMPI-2-RF의 척도 문항들은 MMPI-2 주요 척도 문항에 비해 문항수가 평균 36% 적고, '그렇다' 방향으로 채점되는 비율이 14% 더 높다.

이 글을 쓰는 시점(2013년 1분기)에서 Ben-Porath(2012)의 실질적인 해석적 지침이 있지만, MMPI-2-RF의 해석에 특별히 집중한 연구들은 여전히 적다. 별도로 언급된 것이 없으면, 이 도구를 위한 상관물과 해석적 제안은 앞의 자료 및 2개의 『MMPI-2-RF 매뉴얼』(Ben-Porath & Tellegen, 2011; Tellegen & Ben-Porath, 2011)에서 가져온 것이다. 상대적으로 새로운 이 도구에 대한 심리적 평가 문헌의 새로운 연구들을 잘 챙겨서 읽기 바란다.

실시

검사자 고려사항

MMPI-2-RF의 실시, 채점 및 해석을 위한 자격은 이 책의 제2장에 나와 있는 MMPI-2의 기준과 같다. 당신은 지금 MMPI-2의 실시와 채점에 대한 장을 다시 읽고 싶은 충동을 느낄 것이다. 또한 미국심리학회의 '심리학자의 윤리 규정과 행동 강령(Ethical Principles of Psychologists and Code of Conduct)', 특히 심리평가에 적용되는 9번 규정을 읽어 보기 바란다.

수검자 고려사항

MMPI-2-RF는 만 18세 이상의 성인용으로 만들어졌다. 만 18세보다 어린 사람들에게는 사용하지 않는 것이 좋고, 또 사용을 위해 지원하는 것도 없다.[1]

Ben-Porath와 Tellegen(2011)은 MMPI-2-RF의 수기용 또는 전산화된 평가를 완수하기 위해서는 수검자가 최소 6학년 수준의 읽기능력을 보유할 것을 권장한다. 만약 수검자의 문항 읽기 및 이해능력이 적절한지가 의심스럽다면, 검사 개발자들은 읽기능력에 대한 표준화된 검사를 실시하기를 권유한다. 만약 수검자가 적정한 읽기능력수준을 지니고 있지 않거나 읽기수준평가를 수행할 수 없다면, 검사 출판사에서 제공하는 오디오 CD나 전산화된 표준화검사 녹음 버전을 사용해서 평가하길 권장한다. 만약 그럼에도 불구하고 적절한 읽기능력이 없는 사람이 수기용으로 검사를 한다면, 검사 개발자들은 비일관성 척도들이 그 어려움을 탐지할 가능성이 있다고 언급하였다.

이용 가능한 형식

이 글을 쓰는 시점에서 MMPI-2-RF는 오직 영어로만 사용 가능하다.[2] 다른 언어로 번역된 것이 아직 없다. MMPI-2처럼 연필과 종이를 사용하여 실시하는 얇은 표지로 된 것과 링으로 묶인 작은 소책자로 된 것이 있다. 둘 다 분리된 답지가 있어서 다시 사용할 수 있다. 컴퓨터 기반으로 검사를 실시하는 사람들은 Pearson Assessments사를 통해 MMPI-2-RF의 실시 및 채점 소프트웨어를 받을 수 있다. 부가적으로, 검사를 위해 요구되는 최소 읽기능력수준을 맞추지 못한 사람들을 위한 오디오 CD도 있다.

채점

규준집단

MMPI-2-RF의 규준집단으로 1,138명의 남성과 1,462명의 여성으로 구성된 MMPI-2 재표준화집단 중 일부가 사용되었다. 저자들이 MMPI-2-RF에서 성별 차이가 없는(non-gender specific) T점수를 만들고자 했기 때문에, 대규모의 재표준화 여성집단을 무선 선택하여 1,138명으로 줄여서 MMPI-2-RF의 총 규준집단은 2,276명이었다. MMPI-2-RF 규준집단의

---

1) 역자 주: 2016년 미국에서 청소년 심리평가를 위해 MMPI-A-RF가 출판되었다.
2) 역자 주: MMPI-2-RF는 2011년에, MMPI-A-RF는 2018년에 한국어로 출판되었다.

인종, 교육 및 연령 분포는 MMPI-2 재표준화집단과 매우 유사하다. 규준집단에 대한 더 많은 설명은 『검사 매뉴얼』(Ben-Porath & Tellegen, 2011)을 참조하기 바란다.

T점수 변환

앞서 언급한 것처럼, MMPI-2-RF는 오직 성별 차이가 없는 규준을 포함한다. 성별 차이가 없는 규준의 사용은 고용 관행에서 성별을 고려하는 것을 금지하는 1991년의 「민권법(Civil Rights of Act)」의 조항을 준수하는 것이다. 일부 학자(예: Butcher & Williams, 2012; Nichols, 2011)는 성별 차이가 없는 규준을 비판하였다. MMPI-2 척도들의 성별 차이가 있는 규준과 없는 규준에 대한 Ben-Porath와 Forbey(2003)의 연구에서 대부분의 T점수 차이가 3점 이내에 있어 유의한 차이가 거의 없다는 것이 밝혀졌다.

다수의 MMPI-2-RF 척도에는 동형 T점수(제1장 참조)가 포함되어 있다. 유일한 예외는 타당도척도 및 흥미 척도이고, 선형 T점수가 포함된다.

프로토콜 채점

프로토콜은 수기 및 Pearson Assessments사에서 제공하는 비전매 특허의 Q Local 컴퓨터 소프트웨어를 사용하여 채점하거나 온라인으로 가능한 Q Global을 통해 채점하고 보고서를 받을 수 있다. 수기로 채점할 때는 검사 출판사에서 공식 채점 답지와 함께 제공하는 개인용 채점판을 이용하여 각 척도의 원점수를 제일 먼저 계산한다. 손으로 51개 척도를 계산할 때 걸리는 시간 때문에 임상가들이 전체 프로파일을 채점하지 않으려 할 수 있는데, Ben-Porath와 Tellegen(2011)은 이렇게 하지 말라고 경고한다. 각 척도별 원점수를 계산하고 나면, T점수로 변환할 수 있도록 프로파일 시트에 옮긴다.

전산화된 채점은 여러 형식으로 가능하다. 수검자가 Q Local 소프트웨어를 사용하여 검사를 했으면, 자동으로 채점되고 채점 보고서를 검사 실시 소프트웨어에서 바로 출력할 수 있다. 종이로 검사를 실시했다면, Q Local 소프트웨어에 손으로 입력하면 채점되어 나온다. 마지막으로, 응답지를 Q Local 소프트웨어에 스캔하여 적용하면 스캔된 응답지를 채점하여 결과가 나온다.

타당도척도

MMPI-2-RF의 타당도척도(〈표 11-1〉 참조)는 표준 MMPI-2의 해당 척도를 개정한 8개와 MMPI-2-RF를 위해 특별히 새로 만든 하나의 새로운 타당도척도로 구성된다. 이 척도들은 반응 일관성(response consistency)과 자기비우호적 보고(self-unfavorable reporting) 및 자기우호적 보고(self-favorable reporting) 측정치로 나뉠 수 있다. 다수의 척도(9개 중 8개)가 이전 MMPI-2와 유사하기 때문에, 이전 척도들에 대한 더 철저한 논의가 필요하면 독자들은 타당도척도와 해석이 있는 이전 장(제3장과 제4장)으로 돌아가면 된다. 이 장에서는 변화가 있는 개정된 척도들에 초점을 맞추고, MMPI-2-RF의 해석을 위한 지침을 제공할 것이다.

〈표 11-1〉 MMPI-2-RF의 타당도척도

약어	이름
VRIN-r	무선반응 비일관성(Variable Response Inconsistency)
TRIN-r	고정반응 비일관성(True Response Inconsistency)
F-r	비전형 반응(Infrequent Responses)
Fp-r	비전형 정신병리 반응(Infrequent Psychopathology Responses)
Fs	비전형 신체적 반응(Infrequent Somatic Responses)
FBS-r	증상타당도(Symptom Validity)
RBS	반응 편향 척도(Response Bias Scale)
L-r	흔치 않은 도덕적 반응(Uncommon Virtues)
K-r	적응타당도(Adjustment Validity)

문항 반응 누락

일반적으로 MMPI-2-RF를 완료하는 데 적절하게 준비된 수검자들은 아주 적은 수의 문항만 빠뜨린다. 그러나 Greene(2011)은 MMPI-2-RF의 척도에 상대적으로 적은 문항들이 있다는 점(척도당 평균 14개 문항이며 최소 4~5개로 이루어진 척도도 있다)을 고려하면, 응답하지 않은 누락된 문항이 소수라도 T점수에 중대한 영향을 미칠 수 있다고 지적한다. Ben-Porath와 Tellegen(2011)은 비록 몇몇 척도의 점수가 그 척도로 측정하는 영역과 문제들에 대해 과소측정되는 것을 감안하여 해석된다 해도, 누락된 것이 15개 이하면 몇몇의 짧은 척도는 타당하지 않을 수 있다고 주장한다. 15개 이상의 문항이 누락되었다면, 프로파일을 해석할 때 주의해야 한다. 어떤 척도의 문항 중 10% 이상 누락되었다면, 그 척도는 해석하면 안 된다.

반응 일관성

무선반응 비일관성(VRIN-r)과 고정반응 비일관성(TRIN-r) 척도는 MMPI-2-RF의 반응 일관성 측정치이다. 반응 일관성 척도의 문항을 선택하기 위해 엄격한 5개 기준의 방법론이 사용되었으며, 방법론에 대한 설명은 『MMPI-2-RF 기술 매뉴얼(MMPI-2-RF Technical Manual)』 (Tellegen & Gen-Porath, 2011)을 읽어 보길 바란다. VRIN-r과 TRIN-r의 문항을 선정하는 방법이 MMPI-2의 VRIN과 TRIN을 만드는 데 사용된 방법과 조금 다르긴 해도, 척도가 전반적으로 유사하기 때문에 그 척도들은 예전처럼 해석될 수 있다. 이러한 제안은 VRIN-r과 VRIN이 무선반응들에 유사하게 반응하고, TRIN-r과 TRIN이 고정반응 패턴에 유사하게 반응한다고 밝힌 제한적인 경험적 연구(Handel, Ben-Porath, Tellegen, & Archer, 2010)에 의해 지지된다.

무선반응 비일관성(Variable Response Inconsistency: VRIN-r)

MMPI-2의 VRIN 척도가 67개의 문항쌍으로 되어 있는 것과 달리 이 척도는 53개의 문항쌍으로 되어 있다. MMPI-2와 MMPI-2-RF 간에 오직 13개 문항쌍만이 일치한다. 지나치게 간단한 설명이지만, 일관된 의미로 선택된 문항쌍에 수검자가 특정 방식으로 비일관적이게 응답하면(한 문항은 '그렇다'로, 한 문항은 '아니다'로), 그 문항쌍이 채점된다. 오직 6개 문항에서만 채점과 관련 없는 특정 비일관성 방향(즉, 그렇다-아니다 대(vs) 아니다-그렇다)으로 채점된다는 사실로 인해 채점이 복잡해질 수 있다.

⊃ 해석

T점수 39점 이하는 보통 기대되는 것보다 더 낮은 비일관성을 의미하기에, 평가 과정에 매우 신중하게 접근하였다는 것을 의미한다. 점수가 이 범위에 있고, 다른 타당도척도들에서 비타당성(invalidity)이 시사되지 않으면 프로토콜은 해석 가능하다고 여겨진다. Greene(2011)은 이 범위의 T점수가 자기우호적 보고를 보이는 응답자를 가리킬 수도 있다고 제안한다.

VRIN-r의 T점수가 39~69점 사이에 있는 것은 보고가 일관된다는 의미이다. 이 점수는 평균 범위이다. 다른 타당도지표에서 비타당성이 시사되지 않으면 이 프로토콜은 타당하다.

VRIN-r의 T점수가 70~79점인 것은 보통보다는 다소 비일관적으로 응답했다는 것을 가리킨다. 이 범위 점수의 비일관성은 읽기나 언어의 문제, 반응 오류, 부주의함, 주의산만함이나 피로감을 포함하여 다양한 이유 때문일 수 있다. 검사자는 수검자가 검사를 완료하는 데 어떤 어려움이 있었는지 확인해야 한다.

VRIN-r의 T점수가 80점 이상인 것은 일반적으로 해당 항목들에 현저하게 비일관적으로 응답한 것을 나타낸다. 이 범위 점수의 프로파일은 타당하지 않다고 여겨진다. 만약 검사자가 비일관성 응답 패턴의 이유를 확인할 수 있고 이 상황을 수정할 수 있다면(예: 오디오테이프로 프로토콜을 실시한다), 재실시가 이루어져야 한다.

Greene(2011)은 임상집단의 18~19세 환자들이 VRIN-r의 평균 T점수보다 4점이 더 높다고 밝혔다. 이러한 효과는 다른 연령집단에서는 발견되지 않는다.

고정반응 비일관성(True Response Inconsistency: TRIN-r)

MMPI-2의 TRIN 척도가 33개의 문항쌍인 것과 달리 TRIN-r 척도는 26개의 문항쌍으로 이루어져 있다. 이 두 척도 간에 오직 5개 문항쌍만이 중복된다. VRIN-r이 유사 문항들에 대해서 유사하지 않게 응답한 경향성을 평가하는 것이라면, TRIN-r은 유사하지 않은 문항들에 대해 유사하게 반응한 경향성을 측정한다. 문항쌍은 기본적으로 내용이 반대인 것들이 선택되었다. 원점수는 모두 11점으로 시작한다. '그렇다-그렇다'로 응답한 문항쌍은 1점을 더하고, '아니다-아니다'로 응답한 문항쌍은 1점을 뺀다. 원점수가 11점 이상이라는 것은 '그렇다' 방향으로 응답했다는 것이며, 11점 이하라는 것은 '아니다' 방향으로 응답했다는 것이다. TRIN처럼, 50점 이하 점수는 더 높은 T점수를 가리키는 것을 '반영한다'는 경고와 함께 T점수는 선형 T점수로 계산된다(즉, 보통 T점수 40점 정도이거나 평균에서 1표준편차가 낮은 원점수가 T점수 60점 혹은 평균에서 1표준편차 이상으로 변환된다). 반응방향은 표준점수에 T(그렇다) 또는 F(아니다)로 추가하여 표시한다.

⤷ 해석

TRIN-r의 T점수가 ≥80F(원점수≤7)인 프로파일은 현저하게 '아니다' 편향반응의 근거이다. 이러한 프로파일들은 타당하지 않으며, 해석해서는 안 된다. 임상가가 타당하지 않은 이유를 확인하여 수정하고 나면 MMPI-2-RF를 다시 실시할 수 있다.

TRIN-r의 T점수가 70~79F(원점수=8)라면 유의미한 '아니다' 편향반응양상을 나타내며, 타당하지 않을 수 있다. 응답세트를 살펴봐야 하며, 수정이 되면 검사를 다시 실시할 수 있거나 검사장면에 따라 주의하면서 해석할 수 있다.

T점수가 50~59(원점수=9~13)라면 응답자는 고정된 방식으로 응답하지 않았다는 것을 시사한다. 만약 다른 타당도척도가 타당하다고 시사되면, 이 범위의 TRIN-r 점수는 그것을 확인하는 것이다.

TRIN-r의 T점수가 70~79T(원점수=14)라면 유의미한 '그렇다' 편향반응이며 타당하지 않다. 임상가는 앞에서 설명한 '아니다' 방향에서의 이 점수 범위의 방식과 유사하게 진행해야 한다.

TRIN-r의 T점수가 ≥80T(원점수≥15)인 프로파일은 현저한 '그렇다' 편향반응의 근거이며 타당하지 않다고 봐야 한다. 이 프로토콜은 해석해선 안 된다. '아니다' 방향의 이 점수 범위에서처럼 임상가는 타당하지 않은 이유를 확인하고 그에 대한 지침을 주어 수정하면 MMPI-2-RF를 다시 실시할 수 있다.

🗣 자기비우호적 보고

MMPI-2-RF에서 자기비우호적 보고(Self-Unfavorable Reporting)를 평가하는 척도에는 비전형 반응(F-r), 비전형 정신병리 반응(Fp-r), 비전형 신체적 반응(Fs-r) 및 증상타당도(FBS-r) 척도들이 포함되어 있다. 이 중 F-r, Fp-r 및 FBS-r은 확장된 MMPI-2 척도의 개정이고, Fs-r은 MMPI-2-RF에서 새롭게 만들어진 척도이다. 이 척도들의 일반적인 목적은 심리적 또는 다른 문제들에 대한 과대보고를 평가하는 것이다. 다음에서 각 척도를 차례로 설명할 것이다.

비전형 반응(Infrequent Responses: F-r)

F-r 척도는 규준집단에서 드물게 표기되는 문항들에 응답한 정도를 측정한다. F-r은 32개 문항으로 구성되어 있는 반면, MMPI-2의 유사 척도인 비전형(F) 척도는 60개 문항으로 되어 있다. F-r과 F 척도는 11개 문항을 공유하며, F(B)와는 10개 문항을 공유한다. 따라서 이는 대체로 MMPI-2의 이 척도들의 혼합물이다. 각각의 F-r 문항은 MMPI-2-RF의 규준집단에서 10% 이하로 응답된 것이다. 이 문항들은 광범위한 심리적, 신체적 그리고 인지적 증상을 나타낸다. F-r의 문항들은 9개의 RC 척도 중 8개 척도와 다양한 정도로 중복되는데, RCd와는 3개 문항, RC1과는 4개 문항, RC2와는 2개 문항, RC4와는 3개 문항, RC6과는 6개 문항, RC7과는 2개 문항, RC8과는 5개 문항 그리고 RC9와는 1개 문항이 중복된다.

일정 정도 상승하면, F-r 점수는 개인이 경험하고 있는 심리적 고통감 정도에 대한 대략의 지표로 볼 수 있다. 그러나 F와 비교해 볼 때 F-r의 문항 내용들은 비교적 명확하기에 사람들이 상대적으로 쉽게 증상을 부인하거나 문제를 과대보고할 수 있다. 다양한 범위의 점수에 대한 해석을 다음에 소개한다.

⊃ 해석

F-r의 낮은 점수(T≤44)는 정상에 비해 사회적으로 수용되지 않는 내용이나 이상한 경험들을 덜 보고한 사람들에게서 나타난다. Greene(2011)은 이러한 프로파일이 긍정적인 측면을 나타내려고 시도하는 사람들을 가리키거나 혹은 단순히 매우 관습적인 사람들을 나타낼 수 있다고 경고하였다. 낮은 F-r 점수의 의미를 확인하기 위해서 다른 타당도척도들을 조심스럽게 살펴봐야 한다.

F-r의 평균 점수(45~60T)는 평균 정도의 비일상적인 경험을 보고하는 사람들에게서 나타난다. 다른 타당도지표들이 타당하다고 시사되면 아무 문제 없이 프로파일을 해석할 수 있다.

F-r에서 다소 높은 점수(61~79T)는 비일상적 경험, 태도, 감정 및 행동들을 규준보다 약간 더 높은 빈도로 보고할 때 나타난다. 가끔 정신병리를 가지고 있으나, 자신의 만성적인 문제에 이미 적응해서 아주 크게 당면한 고통감이 없는 사람들이 이 범위의 점수를 보인다. 이 범위의 점수는 개인이 경험하는 임상적 고통감 정도의 지표로 볼 수 있다. Rogers, Gillard, Berry와 Granacher(2011)는 이 범위 혹은 그 이하의 점수가 정신장애인 척하는 사람들에게서는 극히 드물게 나타나는 것을 밝혔다.

F-r의 높은 점수(83~106T)는 특히 다른 타당도지표들이 비타당성을 시사하지 않을 때 종종 심각한 정신병리를 가리킨다. 반응 일관성과 '그렇다' 편향반응경향을 알아보기 위해 VRIN-r과 TRIN-r을 검증해야 한다. 특히 상승된 것이 진짜 장애를 나타내는 것인지 혹은 자신의 부정적 측면을 나타내려고 시도한 것인지를 결정하기 위해 Fp-r을 검증해야 한다. 만약 점수가 진짜 심리적 어려움을 반영하는 것이라면, 상승수준이 어느 정도는 장애의 심각도를 보여 줄 수 있다. 그러나 이 범위 상단의 점수는 반드시 타당하지 않은 프로파일은 아니고, 장애의 수준을 약간 과장한 것으로 볼 수 있다.

F-r의 매우 높은 점수(T≥111)는 일반적으로 해석 불가능한 프로파일과 연관된다. 비타당성의 근거를 위해 다른 타당도지표들(예: VRIN-r, TRIN-r, Fp-r)을 확인하라. 때때로 타당한 프로파일에서 이 범위의 낮은 부분에 있는 점수들(109~119T)이 나타난다. 급성 정신장애를 지닌 사람들의 경우 이 점수를 받을 가능성이 있다. 그러나 이런 사람들은 대체로 면담에서

확실히 확인될 수 있다. 일반적으로 결과 프로파일이 너무 불안정해서 그들의 현재 경험을 반영하는 것 외에는 해석적으로 의미가 없다. 임상가는 특히 법적 문제와 관련되어 있을 가능성이 조금이라도 있다면 이러한 프로파일을 해석하기로 결정하는 것을 극도로 조심해야 한다. T점수 119점보다 큰 점수는 타당하지 않다고 봐야 하며, 다른 타당도지표의 점수가 수용 가능한 범위 내에 있다고 할지라도 해석해서는 안 된다.

비전형 정신병리 반응(Infrequent Psychopathology Responses: Fp-r)

F-r이 규준집단에서 드물게 표기되는 문항들에 표기하는 경향을 측정하는 것—따라서 정신병리의 대략의 측정치로 기능할 수 있는 것—이라면, Fp-r은 심각한 정신병리를 지닌 사람들에서 드물게 표기되는 문항들에 표기하는 경향성을 측정한다. Fp-r은 제3장에서 설명된 MMPI-2 타당도척도인 F(p) 척도의 개정판이다. 독자들은 F(p)의 기원에 대한 설명과 그 사용을 둘러싼 관련 연구들의 리뷰에 대해 제3장을 참조하길 바란다.

F-r의 문항들이 몇몇 RC 척도와 중복되지만, Fp-r은 오직 RC6과만 5개 문항을 공유한다. F(p)가 27개 문항으로 된 반면, Fp-r은 21개 문항으로 구성되어 있다. 17개 문항이 두 척도에 공통으로 들어 있다. Tellegen과 Ben-Porath(2011)는 4개 문항이 탈락된 이유가 그 문항들이 MMPI-2의 L 척도에서도 같이 나타나기 때문이라고 하였다. 이는 최대로 구분하는 척도를 만들고자 하는 그들의 정해진 목표와 상충된다. 그리고 일부 F(p)가 높게 상승된 것은 오직 이 문항들에 표기하였기 때문일 수 있다고 설명하였다(또한 Gass & Luis, 2001 참조). 이와 비슷하게, 3개의 F(p) 문항이 다음에서 더 논의될 Fs-r 척도에 포함되기 때문에 Fp-r에서 제외되었다. 분석을 통해 2개 문항이 더 제외되었는데, 다른 문항들만큼 잘 기능하지 못한다는 점이 시사되었기 때문이다. 개정판에 3개의 새로운 문항이 포함되었고, 척도의 기능이 향상되었다. 전체적으로 Fp-r은 MMPI-2의 해당 척도에 비해 확실히 더 나아졌다고 나타난다.

몇몇의 최근 연구에서 Fp-r 척도의 효과성을 검증하였다. Marion, Sellbom과 Bagby(2011)에 따르면, MMPI-2-RF 과대보고 척도들 중 환자와 정신병리를 흉내 내라고 지시를 받은 사람들(정교한 흉내 집단을 포함한)을 구별하는 데 Fp-r이 가장 효과적이었다. Sellbom과 Bagby(2010)는 이와 유사하게 Fp-r이 정신과 입원환자집단과 정신병리를 가장하라고 지시받은 사람들의 프로파일을 구분하는 데 있어 가장 효과적인 타당도척도였다고 보고하였다. Rogers 등(2011)은 Fp-r의 T점수 90점 이상이 F-r에 비해 꾸미는 것에 의한 긍정 오류(false positive)를 줄여서, 정신장애를 흉내 내는 사람들과 정신병리를 가지고 있는 사람들을 구분하는 데 약간 더 효과적이었다고 보고하였다. Purdon, Purser와 Goddard(2011)에 따르면, Fp-r의 상승은 첫 정신중 삽화로 병원에 입원한 사람들의 양성증상에 대한 임상가 평정과 상관이 있다. 그러나 이것이 일부 환자의 과대보고를 나타내는 것인지 또는 임상적 증상의 영향이 그들의 점수에 나타나는 것인지에 대해서는 확실하지 않다. Greene(2011)은 Fp-r에서 T점수 81점 이상을 보이는 사람들은 심각한 정신병리를 가지고 있으나 치료를 너무 일찍 끝낼 가능성이 있음을 경고하였다. 그는 이 범위의 점수를 보이는 내담자들과 이 주제에 대해서 다루라고 제안한다.

⊃ 해석

Fp-r의 평균 점수(T≤59)는 기이하고 이상한 경험 내용 중 드물게 표기되는 문항들에 평균적인 수준으로 표기한 사람들에게서 나타난다. 그러나 Greene(2011)은 T점수가 44점 이하인 경우에는 자기우호적 보고의 경향성이 있을 것이라고 경고하였다. 이러한 경우인지 결정하기 위해서 다른 타당도지표들을 살펴봐야 한다. 만약 다른 타당도지표들이 타당하면 아무 문제 없이 프로파일을 해석할 수 있다.

Fp-r에서 다소 높게 상승한 점수(60~77T)는, 특히 이 범위의 하단 쪽으로 갈수록 이상한 경험과 태도, 감정 및 행동들에 대해 규준집단보다 약간 높은 정도로 표기한 사람들에게서 나타난다. 70점 이상은 수검자의 자기비우호적 태도경향뿐 아니라 임상적 고통감과 관련된다. 이 프로파일이 과대보고를 나타내는 것인지 명확하게 하는 데 내담자의 임상적 과거력과 함께 나타나는 문제들이 도움이 된다. 이 프로파일이 타당한지 결정하려면 다른 타당도척도들을 조사해야 한다. 만약 다른 척도들이 타당하다고 시사되면, 이 범위의 점수가 반드시 프로파일을 타당하지 않게 만드는 것은 아니다.

Fp-r에서 높은 점수(85~94T)는 종종 심각한 정신병리를 나타내는데, 특히 다른 타당도지표들이 비타당성을 시사하지 않을 때 그렇다. 반응 일관성과 '그렇다' 편향반응경향을 알아보기 위해 VRIN-r과 TRIN-r을 검증해야 한다. 점수가 정말 심리적 장애를 반영한다고 결정된다 하더라도 꼭 타당하지 않은 프로파일은 아니지만, 일정 정도는 심리적 장애의 정도를 과장하고 있을 가능성이 있다.

Fp-r에서 매우 높은 점수(T≥102)는 타당하지 않다고 봐야 하며, 다른 타당도지표들이 프로파일이 타당하다고 시사해도 이 프로파일은 해석하면 안 된다.

비전형 신체적 반응(Infrequent Somatic Responses: Fs-r)

Fs-r 척도는 신체적 증상 호소에 비전형적으로 표기하는 사람들을 찾아내는 데 도움을 주기 위해 Wygant와 동료들(Wygant, 2007; Wygant, Ben-Porath, & Arbisi, 2004)이 개발하였다. 척도는 16개 문항으로 되어 있고, 12개가 '그렇다'로 채점된다. 척도에 포함된 선택문항들은 몇몇 대규모 집단으로 구성된 의학적 환자집단에서 25% 이하로 표기된 문항들이다. Tellegen과 Ben-Porath(2011, p. 15)는 "일부 장면과 과제에서 Fs-r 척도와 FBS-r(다음에 설명된) 척도가 각각 다른 척도를 능가하는 것을 보면" 두 척도가 서로 보완하는 방식으로 작동한다고 제안하였다. Greene(2011)은 5개 집단(MMPI-2 재표준화집단, 임상집단, 통증집단 및 신체적 상해 소송 당사자 두 집단)의 모든 사람이 Fs-r에서 T점수 74점 이상을 받는 경우가 드물었다고 밝혔다. 따라서 이보다 높은 점수는 응답자가 일반적으로 알려진 의학적 문제로 치료받고 있는 사람들은 보고하지 않는 다수의 신체증상에 표기했다는 점을 고려해야 한다는 것일 수 있다. Schroeder 등(2012)은 신경심리학적 평가를 수행한 사람들 사이에서 증상을 과장하는 것과 관련하여 T≥83점이 긍정 오류의 위험을 최소화시키는 기준점으로 사용될 수 있다고 제안하였다. Sellbom, Wygant와 Bagby(2012)는 장애(disability)평가를 받는 중 신체적 건강 문제를 가장하도록 지시받은 사람들과 소송과는 연관되지 않은 의료환자들 및 신체형장애로 신중하게 진단된 사람들이 포함된 세 집단에서 MMPI-2-RF 과대보고 척도들 중 Fs-r이 신체적 꾀병에 가장 민감하다고 보고하였다. Wygant 등(2009)은 의료적 문제와 두부손상을 입은 척하는 두 집단의 사람들에서 과대보고를 찾아내는 데 Fs-r의 효과성을 밝혔다.

⊃ 해석

낮은 점수부터 약간 높은 점수(T<74)는 타당하지 않다는 어떠한 근거도 보여 주지 않는다. 다른 지표들이 타당하다고 시사되면 이 프로파일은 해석될 수 있다. 이 점수 범위의 상단(T>58)에 있는 사람들일수록 규준집단보다 더 많은 신체적 호소에 표기하지만, 이는 아마도 의학적 질병을 겪고 있는 사람들의 실제 신체적 문제를 반영하는 것일 수 있다.

높은 점수(74~99T)는 비일관적 반응(VRIN-r과 TRIN-r을 확인할 것)이나 신체적 호소에 대한 과대보고 또는 심각한 의학적 증상을 나타내는 것일 수 있다. 이 범위의 점수는 신체적 건강 문제와 관련된 과거력이나 건강 문제의 증거가 없는 사람들이 신체적 호소를 과장해서 보고하는 것을 반영할 가능성이 있다. 실제 의학적 문제가 있는 사람들일지라도 이 범위의 상단의 점수를 보인다면 약간은 과장하고 있는 것일 수 있다. 만약 임상가가 해석을 진행하려 한다면 신체적 척도들의 점수를 조심스럽게 해석해야 한다.

매우 높은 점수(T≥100)는 일반적으로 비일관적 반응이나 신체적 호소의 과대보고를 나타낸다. 비일관적 반응의 근거를 알아보기 위해 다른 타당도척도를 검증해야 한다. 만약 비일관된 반응의 근거가 없다면 해석할 수 있는데, 증상 과장의 경향성을 고려하여 신체적 척도들의 점수를 해석해야 한다.

증상타당도(Symptom Validity: FBS-r)

MMPI-2-RF의 FBS-r 척도는 2007년 표준 MMPI-2에 추가된 FBS 척도의 개정판이다. 이 척도는 원래 신체적 상해 소송에서 꾀병인지 판별하는 것을 돕기 위해 개발되었다. FBS-r은 30개 문항으로 구성되며, 43개 문항으로 된 MMPI-2의 FBS 척도문항과 모두 중복된다. 이 척도의 원래 버전은 MMPI-2의 타당도척도를 다룬 제3장에서 자세히 논하였으므로, 독자들은 FBS의 개발 및 사용과 사용을 둘러싼 논쟁에 대한 더 많은 정보를 얻기 위해서 제3장을 읽어 보길 바란다. MMPI-2의 원 척도와 비교하면, FBS-r은 Lees-Haley(1988)의 소송반응 증상(Litigation Response Syndrome)과 중복되는 19개 문항(FBS-r의 63%)을 포함하는데, 이는 원 척도(53%)에 비해 훨씬 높은 비율이다. 게다가 FBS-r 중 여성에게 정적인 1개 문항과 부적인 4개 문항인 GM과 GF 문항비율도 14%인 FBS와 비교하면 17%로 더 높기 때문에 RF 버전에서는 여성에 대한 성별 편향이 다소 증가한다. 정리하면, 꾀병에 대한 긍정 오류의 위험은 원 FBS 척도에서보다 개정된 FBS-r에서, 특히 여성들에서 더 나타나기에 그러한 해석은 피해야 한다.

반응 편향 척도(Response Bias Scale: RBS)

RBS는 Gervais, Ben-Porath, Wygant와 Greene(2007)이 법적 신경심리 및 장애평가 장면에서 증상의 과대보고 경향성을 탐지하기 위해 개발하였다. 척도는 28개 문항으로 구성되어 있으며 19개가 '그렇다'로 채점되는데, 2011년에 MMPI-2-RF에 추가되었다. F-r, FBS-r, RC1 및 인지적 증상 호소(COG)와 각각 4개 문항씩 중복되고 Fs와 2개 문항, 신경학적 증상 호소(NUC) 및 두통 호소(HPC)와 각각 1개 문항씩 중복된다.

Gervais 등(2007)은 법적 신경심리 및 장애평가 장면에서 응답 편향 및 꾀병 증상에 흔히 사용되는 신경심리적 증상타당도 검사에서 탐색에 실패한 사람들을 알아내는 데 RBS가 F, F(p) 및 FBS보다 일관적으로 더 잘 기능했다고 보고하였다. Gervais, Ben-Porath, Wygant와 Green(2008)은 두부손상이 아닌 장애 관련 평가에서 기록이 보관된 MMPI-2와 기억 문제 질문지(Memory Complaints Inventory: MCI; Green, 2004) 자료를 합하여 F, F(B), F(p) 혹은 FBS보다 RBS가 기억 문제 평균 점수에 대한 더 나은 예측치임을 발견하였다. Gervais, Ben-Porath, Wygant와 Sellbom(2010)은 기억문제평가에서 RBS의 증분타당도를 입증하였다. Wygant 등(2010)은 RBS가 장애수당 청구자와 형사 피고인으로 구성된 법정집단들에서 인지적 반응 편향을 탐지하는 데 효과적이었다고 보고하였다. 그들은 장애집단에서 전통적인 MMPI-2와 MMPI-2-RF의 과대보고 타당도보다 이 척도의 증분타당도의 근거를 제시하였다. Schroeder 등(2010)에 의하면, T≥92를 기준 점수로 했을 때 신경심리학적 사례의 증상 과장에 대해 특이도는 92%였고, 43%의 증상 과장에 민감하게 나타난 반면, Wygant 등(2011)은 보상평가를 받은 사람들에게서 T≥90점이었을 때 민감도는 70%, 특이도는 76%라고 보고하였다.

⊃ 해석

낮은 점수(T<50)는 일반적으로 기억이나 다른 인지적 증상에 대해 의도적인 과대보고가 없음을 나타낸다고 여겨진다. 만약 인지검사에서 결함이 나타났다면, 임상가는 수검자가 이를 부인(denial)하거나 상당히 긍정적으로 제시하는 것이라고 고려해야 한다. 만약 다른 타당도지표들이 타당하다고 시사되면, 임상가는 해석을 진행할 수 있다.

평균 점수(50~63T)는 인지검사 결과와 일치하는 경미한 기억 및 인지적 증상의 보고와 관련된다. 다른 타당도척도들에 의해 과장의 가능성이 시사되면 증상을 과장했을 가능성이 있다. 만약 다른 타당도지표들이 과장임을 시사하지 않고 인지검사 결과에도 문제가 나타나지 않는다면, 임상가는 기억 문제에 기여하는 정서적 요인(예: 우울증)의 가능성을 고려해야 한다.

다소 높은 점수(67~76T)는 상승된 기억 문제와 관련된다. 만약 다른 과대보고 타당도척도가 과장을 시사하지 않는다면, 이 문제는 정서적 요인과 관련되어 있을 가능성이 있다. 만약 다른 과대보고 타당도척도가 과장을 시사하면, 증상을 과장하기 위해 의도적으로 노력했을 가능성을 고려해야 한다.

높은 점수(80~97T)는 진짜 기억력 문제를 지닌 사람들이 정상적으로 기입하는 것보다 근거 없는 기억력 호소의 수준이 평균보다 더 높은 것을 반영한다. 이는 비일관적 반응, 중요한 의학적 증상 혹은 과대보고로 인한 것일 수 있다. 타당성을 평가하기 위해 다른 타당도지표들을 검증해야 한다. 만약 다른 지표들에서 프로파일이 타당하다고 나타나면 해석할 수 있다. 다만 검사 매뉴얼에서는 인지적 호소 척도들을 해석할 때 임상가가 과대보고 가능성을 주의해야 한다고 한다.

매우 높은 점수(T≥101)는 일반적으로 비일관적 반응 또는 기억 문제에 대한 과대보고를 둘다 반영한다고 여겨진다. 비일관적 반응 패턴이나 과대보고의 근거에 대해 다른 타당도지표들을 조사해야 한다. 만약 VRIN-r과 TRIN-r에서 비일관적 반응이 시사되지 않았고, 다른 타당도지표들에서도 과대보고가 시사되지 않았다고 하더라도 상당한 정서적 기능저하를 보이며 근거 있는 증상을 보고한 사람들 사이에서도 이 정도 수준의 증상 보고는 극히 드문 것임을 주의해야 한다. 만약 임상가가 이 프로파일을 해석하기로 했다면, 인지 척도들을 해석할 때 기억 증상에 대한 과대보고 가능성이 상당히 클 것임을 염두에 두어야 한다.

🐾 자기우호적 보고

MMPI-2-RF에서 자기우호적 보고(Self-Favorable Reporting)를 측정하는 척도는 흔치 않은 도덕적 반응(L-r)과 적응타당도(K-r) 척도가 있다. 각각의 척도가 일정 정도 확장된 MMPI-2 척도의 개정이라고 할지라도, Tellegen과 Ben-Porath(2011)는 이 척도들이 Wiggins(1959)의 사회적 바람직성 척도(Sd)와 마찬가지로 MMPI-2의 세 가지 자기우호적 척도(즉, L, K, S)의 요인분석을 통해 만들어졌으며, 문항 중복이 있는 2개의 주요 요인을 반영하는 척도들로 구성되었다고 언급한다. 이 척도들의 일반적인 목적은 심리적 또는 다른 문제들의 과소보고를 평가하기 위한 것이다. 다음에서 이 두 척도를 각각 소개하겠다.

흔치 않은 도덕적 반응(Uncommon Virtues: L-r)

L-r 척도는 14개 문항으로 구성되어 있으며, 이 중 11개 문항이 L과 공유되며 '아니다'로 채점되고, 3개 문항은 Sd와 공유되며 '그렇다'로 채점된다. 이 척도는 일반적인 결점조차 인정하지 않으려고 하는 정도의 긍정적인 자기제시 경향성을 평가하기 위해 고안되었다. 이 척도가 상승하는 것은 종종 수검자가 지나치게 도덕적이고, 문화적으로 보수적이며, 매우 양심적이고 도덕적인 비난의 여지조차 없어 보이기 위한 순진하거나 명백한 시도를 나타낸다.

⤷ 해석
낮은 점수(T≤42)는 대체로 솔직하며 흔한 결점을 기꺼이 인정하려는 것을 나타낸다고 여겨진다. 그러나 다른 타당도척도들이 정신병리의 과대보고 가능성을 시사한다면, 이 범위의 점수는 자신이 혼란스럽고 도덕적 자원이 없다고 나타내려는 시도의 일부일 수 있다.

평균 점수(47~57T)는 일반적인 결점에 대한 인정과 부인의 균형을 보여 주는 것과 관련된다. 이 범위의 상단에 있는 점수는 다소 신중하고 방어적이며 혹은 도덕적인 사람을 가리킬 수 있는데, 특히 수검자의 교육수준에 따라 상승하며, 심리적으로 세련되지 않은 사람들에게 드물지 않게 나타난다.

다소 높은 점수(62~66T)는 자기통제 및 도덕적 가치 문제에 대한 약간의 염려와 경직성을 시사할 뿐 아니라 순응적이고 관습적인 성향을 나타낸다. 이 범위의 점수를 보이는 사람들은 다른 사람들이 그들의 결점에 대해 알게 되면 자신을 거부하거나 가치가 없다고 여길 것이라고 두려워한다. 이 정도로 L-r 점수가 상승한 사람들에서는 심리적 통찰과 자기 자각이 부족한 경우가 많다. 교육수준이 높은 사람들이거나 양육권 소송 및 직업평가 장면에서라면, 이 범위의 점수는 최선을 다하는 모습을 보이고 수용되지 않는 인간의 충동들을 부인하려는 시도를 나타낼 수 있다.

높은 점수(71~76T)는 매우 드물다. 비일관적 반응을 측정하는 다른 타당도척도들을 살펴보라. 만약 비일관적 반응이 배제된다면, 이 점수는 일반적이고 명백한 인간의 실수들을 거의 대부분 부인하는 것과 관련된다. 이러한 사람들은 외적으로 좋은 면을 보여 주려는 강렬한 욕구를 지닌다. 이들은 전형적으로 독선적이며 단호하게 보이고, 사회적으로 인정받지 못하는 것에 예민하다. 일부는 심리적 문제를 도덕상 약점의 신호로 여기기도 한다. 이 범위의 점수는 문화적으로 제한된 환경의 사람들의 극히 순진한 측면을 반영할 수 있다. 또 다른 경우에 그것은 MMPI-2-RF 결과를 왜곡하려는 의식적인 시도의 반영이다.

매우 높은 점수(T≥81)는 일반적으로 타당하지 않다고 여겨진다. 비일관적 반응이 배제되어도 수검자가 긍정적인 인상관리에 이 정도로 관여했다면 주요 척도는 해석하지 않는 것이 좋다. 주요 척도가 상승했더라도 L-r에 의해 과소보고가 시사되면, 그 척도들이 수검자의 실제 증상수준을 상당히 과소추정한다는 의미일 수 있다.

적응타당도(Adjustment Validity: K-r)

K-r 척도는 14개 문항을 포함하는데, 12개가 '아니다'로 채점되며 이는 원래 K 척도에 있는 문항들이다. 이 중 5개 문항은 S에도 속한다. 1개의 문항(202번)은 K 척도에서 채점되는 것과 반대방향으로 채점된다. Tellegen과 Ben-Porath(2011)에 따르면, 이는 정신병리를 지닌 사람들이 K 척도에서 낮은 점수를 받은 것에 대한 고려로, 따라서 다른 척도들의 K-교정 점수를 낮추는 방법으로 원래 K 척도에 더해지는 교정문항이다. 기본적으로 K-r은 자기보고를 통한 수검자의 적응수준을 측정하는 것으로 점수가 높을수록 자기보고를 통한 적응수준이 높다는 것을 나타낸다.

⊃ **해석**

매우 낮은 점수(T<35)는 몇 가지 이유에 의해서 나타난다. 만약 정신과적 질병으로 진단 받는 것으로 2차적 이득이 있을 가능성이 있다면, 임상가는 프로파일이 의도적으로 과장되었을 가능성을 염두에 두어야 한다. 과장이나 과대보고의 근거를 위해 자기비우호적 타당도척도들을 확인하라. 임상척도들이 상승해 있는 타당한 프로파일에서 이 범위의 K-r 점수는 정서와 행동을 조절하는 능력이 부족한 심각한 장애를 시사할 수 있다.

낮은 점수(35~42T)는 수검자가 대처능력을 충분히 발휘하지 못하는 것을 의미한다. 이 범위의 점수를 보이는 사람들은 자기비판적인 경향이 있고, 자존감이 낮으며, 문제를 성공적으로 다루는 자신의 능력에 대한 확신이 없다. 만약 주요 척도가 상승했다면, 내담자는 프로파일과 관련된 증상 및 호소를 인정하는 것일 수 있다. Greene(2011)은 사회경제적 지위(SES)가 낮은 내담자들이 이 범위의 점수를 보이는 것은 중등도(moderate)의 장애를 나타내는 것이며, SES가 높은 내담자들의 경우에는 부족한 대처기술과 더 심각한 장애를 나타내는 것이라고 주장하였다. 만약 어떠한 주요 척도도 상승하지 않았다면, 이 범위의 점수는 솔직하고 개방적인 측면을 시사할 수 있다.

평균 점수(45~55T)를 보이는 사람들은 문화적으로 적절한 정서적 자제를 보이며, 대체로 정서를 조절하고 있다고 느낀다. 주요 척도가 상승하였다 하더라도, 이 범위의 점수는 특히 상단으로 갈수록 응답자가 대처기술을 유지하고 있다는 것을 시사한다. K-r이 이 범위에 있을 때 성공적인 치료적 개입으로 예후가 더 좋다. Greene(2011)은 이 범위가 높은 SES의 응답자들이 다소의 불쾌감을 겪고 있다는 증거가 될 수 있다고 제안하였다.

약간 높게 상승한 점수(59~62T)는 2개의 다른 해석과 관련된다. SES가 낮은 사람들에서 이 범위의 점수는 방어나 부인과 관련될 수 있다. 그러나 SES가 더 높은 경우에는 자신의 삶을 통제하고 있는 독립적이고 진취적이며 슬기로운 사람들로 설명할 수 있다.

임상집단에서 높은 점수(T>65)는 일반적으로 특히 방어적이며 자신의 심리적 문제에 대해 전혀 통찰이 없는 것과 관련된다. 자신의 어려움을 인식하려고 하지 않기 때문에 치료적인 예후가 나쁘다. 법정이나 인사평가 상황에서 이렇게 높은 범위의 K-r 점수를 받는 것은 상황상 다소 예상된 방어성을 반영할 수 있다. 그러나 그러한 프로파일은 정신병리를 과소평가할 가능성이 있다. 마지막으로, 일부 주로 SES가 높은 경우, K-r에서 T점수 65점 이상이며 상승하지 않은 프로파일을 보였다면 정신병리가 없다는 것을 나타낸다.

상위차원척도(Higher-Order Scales)

Tellegen과 Ben-Porath(2011)는 MMPI-2-RF 주요 척도의 개념을 통합하는 구조를 제공할 수 있는, 임상적으로 의미 있는 영역을 포착하기 위해 상위차원척도들을 개발하였다. MMPI 의 상위 차원 영역을 도출하려는 첫 번째 시도는 제8장에서 논의했던 Welsh(1956)가 만든 A(불안) 척도와 R(억압) 척도였다. 비록 Greene(2011, p. 267)은 이러한 개념화에 대해 의문을 가졌지만, Tellegen과 Ben-Porath는 A가 Eysenck의 신경증 차원과 유사한 개념이며, R 은 상호적 측정치인 외향성의 개념과 유사하다고 제안하였다. Tellegen과 Ben-Porath(2011)는 더 나아가 정신증적 경험을 측정하는 척도들(척도 6과 척도 8)이 원래 이질적이었기 때문에 MMPI의 요인 연구에서 빠졌던 정신증이라는 '제3의' 영역도 제안하였다. 이러한 영역은 기존의 몇몇 요인 연구에서 현저하게 나타났다(Costa et al., 1985; Eichman, 1961; Johnson et al., 1984; Waller, 1999; Welsh, 1952 참조).

Tellegen과 Ben-Porath(2011)는 3개의 서로 다른 임상집단에서 정서적/내재화, 사고, 외현화 문제를 나타내는 3개의 영역을 반복적으로 도출하였다. 3개의 각 영역에 가장 높은 요인 부하량을 보이는 RC 척도들은 정서적/내재화 문제 요인에 대해서는 RCd, RC2 및 RC7, 사고 문제 요인에 대해서는 RC6과 RC8 그리고 행동적/외현화 문제 요인에 대해서는 RC4와 RC9였다.

각 영역에 대한 척도들은 3요인 구조 및 3개의 임상집단에서 앞에 나열한 각 척도의 문항을 통합하여 얻은 요인점수를 통해 만들어졌다. 이러한 요인점수들과 MMPI-2 문항들의 567개 문항과 각각 상관을 구하였다. 이 상관표에서 중복되지 않는 문항세트(3개의 상위차원척도 중에서)를 각 세 영역의 문항들로 선택하였다. 이 문항들로 3개의 상위차원척도를 구성하였다. 임상가는 이 척도들이 폭넓은 영역수준의 기능을 나타낸다는 점을 기억해야 한다. 상위차원척도에서 상승한 것이 없다면 그 영역에 해당하는 특정한 장애의 가능성이 없는 것이다. 각 척도에 대해서 차례로 논의할 것이다.

정서적/내재화 문제(Emotional/Internalizing Dysfunction: EID)

EID 척도는 41개의 문항으로 구성되어 있으며, 그중 23개 문항이 '그렇다'로 채점된다. 32개 문항이 RCd, RC2 혹은 RC7에 속해 있으며, 나머지 9개 문항은 다른 척도에 있다. Tellegen과 Ben-Porath(2011)는 이 척도가 폭넓은 형태로 MMPI-2의 2-7 코드타입의 기본적 특성을 나타낸다고 주장한다. EID와 관련된 특정 문제들은 RCd, RC2, RC7, 개정된 부정적 정서성/신경증(NEGE-r), 개정된 내향성/낮은 긍정적 정서성(INTR-r) 및 MMPI-2-RF의 내재화 척도들에 대한 검증으로 평가할 수 있다.

Greene(2011)는 대규모 임상집단(161,239명)에서 EID와 RCd의 상관이 .95에 이르는 바, 중복된다고 언급하였다. Tellegen과 Ben-Porath(2011)도 EID와 RCd가 다양한 집단에서 .88에서 .95의 상관을 보인다고 하였다. RCd와의 높은 상관에 더해, 이 척도는 RC2(임상집단에서는 .61에서 .85까지의 더 높은 상관을 보인다), RC7(.73~.81), 자기회의(SFD; .72~.87), 효능감 결여(NFC; .60~.82), 스트레스/걱정(STW; .65~.75) 및 개정된 부정적 정서성/신경증(NEGE-r; .73~.81)과도 높은 정적 상관을 보인다. K-r과는 부적 상관(-.69~-.76)을 보인다.

Tellegen과 Ben-Porath는 규준집단의 하위 표본에서 일주일 간격으로 실시된 검사-재검사 상관이 .90이라고 보고하였다. 다양한 집단에서의 내적 합치도계수는 .86에서 .95였다.

⊃ 해석

낮은 점수(T≤45)는 특히 임상장면에서 일반적으로 보이는 것보다 주관적 고통감이 적다고 보고하는 집단에서 나타난다. Greene(2011)은 이 범위의 점수를 보이는 사람들은 외향적이거나 충동적일 것이라고 제안하였다.

평균 점수(45~57T)는 주관적 고통감과 정서적 불편감이 평균 정도로 있는 것과 관련된다.

약간 높은 점수(58~64T)는 주관적 고통감과 정서적 불편감을 평균보다 약간 더 많이 보고한 경우이다. 이 정도의 고통감은 수검자가 치료장면에 오도록 할 것이다.

높은 점수(65~79T)는 상당한 정서적 고통과 관련된다. 남녀 모두에서 이 범위의 점수들과 관련된 상관물로는 우울증, 수면장애, 무망감 및 비관주의가 있다. 여성의 경우 이 범위의 점수는 자살사고와 관련된다.

매우 높은 점수(T>80)는 증상의 과장과 관련될 수 있다. 만약 타당도지표들이 과대보고나 과장을 나타내지 않는다면, 이 범위의 점수는 위기에 대한 정서적 반응을 나타내는 것일 수 있다.

사고 문제(Thought Dysfunction: THD)

THD 척도는 8-6 코드타입과 관련된 사고장애영역의 측정치를 나타낸다. 이 척도는 26개 문항으로 구성되어 있으며, 이 중 24개 문항이 '그렇다'로 채점된다. 13개 문항은 RC6과, 13개 문항은 RC8과 중복된다. Tellegen과 Ben-Porath(2011)는 규준집단의 하위 표집에서 일주일 간격으로 실시된 검사-재검사 상관이 .71이라고 보고하였다. 다양한 집단에서의 내적 합치도는 .69에서 .95로 측정되었고, 임상집단에서 약간 더 높은 내적 합치도가 관찰되었다.

임상가는 또한 22개 문항이 26개 문항으로 구성된 PSY-5의 PSYC-r 척도(PSY-5 성격병리 5요인의 개정된 정신증 척도)와 중복된다는 점을 기억해야 한다. 이렇듯 THD와 PSYC-r의 과도한 중복문항비율 때문에, 무선응답에서조차 이 척도들의 점수는 높은 상관(r=.85)을 보인다.[3] Greene(2011)은 이 두 척도의 실제 상관이 .96이며, 대규모 임상집단에서 THD는 BIZ 및 PSYC와는 각각 .90과 .89의 상관을 보인다고 보고한다. Tellegen과 Ben-Porath(2011)는 다양한 치료장면과 규준집단의 남녀 모두에서 .95에서 .98까지의 상관이 있다고 보고하였다. 따라서 해석 정보는 기본적으로 동일하며, 2개의 척도를 모두 해석할 필요는 없다. THD와 관련된 특정 장애는 RC6과 RC8의 검증을 통해 평가될 수 있다.

⊃ 해석

평균 점수(T≤63)는 피해사고나 지각 문제를 전혀 보고하지 않는 사람들에게서 나타난다.

높은 점수(67~77T)는 사고 과정에 상당한 장애를 경험하는 사람들에게서 나타난다. 이러한 장애가 어떠한 식으로 나타나는지 부가적인 정보를 알기 위해 RC6과 RC8의 점수를 살펴봐야 한다. Greene(2011)은 이 범위의 T점수가 정신증의 초기에 해당하는 사람들뿐 아니라 자신의 장애에 적응한 만성 정신증 환자들에게서도 나타난다고 하였다.

매우 높은 점수(T≥81)는 타당도지표들이 과대보고나 과장을 나타내지 않는다면 심각한 사고장애와 관련되어 있다. 관계사고, 기이한 생각, 편집사고 및 환청이나 환시 등이 이 범위의 점수를 받은 사람들에게 나타날 수 있다. 임상가는 수검자가 정신장애나 관련 성격장애가 있는지 평가해야 한다.

행동적/외현화 문제(Behavioral/Externalizing Dysfunction: BXD)

BXD는 개인의 행동화 경향의 전반적인 기준을 제공하기 위해 개발되었으며, 4-9 코드타입 영역의 측정치를 나타낸다. BXD는 23개 문항으로 구성되어 있으며, 이 중 20개가 '그렇다'로 채점된다. 13개 문항은 RC4에, 9개는 RC9에 있다. PSY-5 척도들과 개정된 통제결여

---

3) 저자 주: 공통문항으로 인한 기저율 상관에 대한 Guilford(1936)의 공식을 사용하면, N_s=척도 A와 B의 공통문항수, A_u=척도 A의 고유문항수, B_u=척도 B의 고유문항수일 때 $r = \dfrac{N_s}{\sqrt{A_u + N_s} \cdot \sqrt{B_u + N_s}}$이다. 공통문항은 같은 방향으로 채점된 점수에서 반대방향으로 채점된 점수를 뺀 것과 같다. 각 척도별 고유문항은 채점방향과 상관없이 다른 척도에는 속하지 않는 문항의 수와 같다.

(DISC-r)와 15개 문항, 개정된 공격성(AGGR-r)과 4개 문항이 중복된다. Greene(2011)에 따르면, 대규모 임상집단에서 BXD와 DISC-r의 상관은 .91, BXD와 DISC의 상관은 .72이다. Tellegen과 Ben-Porath(2011)는 규준집단의 하위 표본에서 일주일 간격으로 실시된 검사-재검사 상관이 .71이라고 보고하였다. 다양한 집단에서의 내적 합치도인 Cronbach α계수는 .74에서 .84였다.

이 척도에서 높은 점수를 받은 사람들은 부족한 충동통제가 핵심인 광범위한 어려움을 나타낸다. 범죄행위의 과거력뿐 아니라 폭력 및 학대 행동이 상승한 점수와 관련된다. Mattson, Powers, Halfaker, Akeson과 Ben-Porath(2012)는 법원 명령에 의한 약물치료 프로그램을 중단할 위험이 있다고 판단된 사람들에게서 BXD와 관련 척도들의 상승한 점수들(특히 T>75일 경우)이 이러한 중단과 관련된다고 밝혔다. 상승된 BXD 점수와 관련된 구체적인 장애들은 RC4, RC9 및 외현화 척도들뿐 아니라 DISC-r과 AGGR-r의 조사를 통해 평가할 수 있다.

⊃ 해석

낮은 점수(T≤43)는 행동화 가능성이 명백히 거의 없는 사람들이 보이는 점수이다. 이러한 사람들은 종종 수동적이고 억제되어 있다고 묘사된다.

평균 점수(46~63T)는 평균적인 외현화 행동을 보고한 사람들에게서 나타난다. 이러한 사람들은 적절한 행동통제를 유지하고 있다고 설명될 수 있다.

높은 점수(65~78T)는 심각한 행동화 행동과 관련될 가능성이 있는 사람들이 보이는 점수이다. 이들은 행동의 결과로 초래된 영향을 받고 있을 것이다. 이 장애들이 어떻게 나타나는지에 대한 부가적인 정보는 RC4, RC9 및 외현화 척도들을 살펴봐야 한다.

매우 높은 점수(T≥81)는 상당한 행동화, 외현화 행동을 보고한 사람들에게서 나타난다. 이들은 자신의 행동으로 인해 곤경에 빠졌을 가능성이 매우 높다. 이 범위에서 점수가 높아질수록 물질남용이나 불법 혹은 범죄 행위들이 많이 나타난다. 임상가들은 이 범위의 점수를 보인 사람들에게서 반사회성, 경계선 혹은 자기애성 성향이 나타날 가능성을 주의해야 한다. 수검자의 약물남용 문제를 평가해야 한다.

재구성 임상척도[Restructured Clinical(RC) Scales]

RC 척도들은 제10장에서 설명하였다. 독자들은 이 척도들의 기원에 대한 정보뿐 아니라 해석에 대한 설명에 대해서는 제10장을 참조하기 바란다. 기본적으로 MMPI-2-RF의 RC 척도들은 하나만 제외하고 MMPI-2의 것과 똑같다. MMPI-2-RF에서는 성별 기반의 규준을 사용할 수 없다. MMPI-2-RF의 모든 규준은 성별 차이가 없는 규준이며, 하나의 T점수 변환세트가 포함되어 있다.

🗣 특정 문제 척도[Specific Problems(SP) Scales]

SP 척도들(〈표 11-2〉 참조)은 광범위한 RC 척도 중 하나에서 측정하는 문제군에 해당하는 중요한 개인적인 문제나 특징들(RC4 척도에 포함된 물질남용 같은)뿐 아니라 자살사고나 수줍음처럼 RC 척도들이 '직접적으로' 측정하지 않는, 임상적으로 관련된 문제들을 설명하기 위한 방법 중 하나로 만들어졌다.

Tellegen과 Ben-Porath는 흥미 척도와 결합해서 만든 SP 척도들을 추출해 내는 데 사용한 방법론을 완전히 설명하지는 않았다. RC 척도를 설명한 장에서 언급했듯이, 척도를 구성하는 핵심 요소가 정신병리를 반영한다고 판단되지 않아서 임상척도 5와 임상척도 0에 해당하는 RC 척도들이 만들어지지 않았어도 임상척도 5의 두 가지 핵심 요소 및 임상척도 0의 하나의 핵심 요소를 위한 씨앗척도는 만들어졌다. 이 요소들은 이후 3개의 SP 척도와 흥미 척도의 기반이 되었다.

〈표 11-2〉 MMPI-2-RF의 특정 문제 척도

	신체/인지 증상 척도(Somatic/Cognitive Scales)
MLS	신체적 불편감(Malaise)
GIC	소화기 증상 호소(Gastrointestinal Complaints)
HPC	두통 호소(Head Pain Complaints)
NUC	신경학적 증상 호소(Neurological Complaints)
COG	인지적 증상 호소(Cognitive Complaints)
	내재화 척도(Internalizing Scales)
SUI	자살/죽음사고(Suicidal/Death Ideation)
HLP	무력감/무망감(Helplessness/Hopelessness)
SFD	자기회의(Self-Doubt)
NFC	효능감 결여(Inefficacy)
STW	스트레스/걱정(Stress/Worry)

AXY	불안(Anxiety)
ANP	분노 경향성(Anger Proneness)
BRF	행동 제약 공포(Behavior-Restricting Fears)
MSF	다중 특정 공포(Multiple Specific Fears)
외현화 척도(Externalizing Scales)	
JCP	청소년기 품행 문제(Juvenile Conduct Problem)
SUB	약물남용(Substance Abuse)
AGG	공격성향(Aggression)
ACT	흥분성향(Activation)
대인관계 척도(Interpersonal Scales)	
FML	가족 문제(Family Problems)
IPP	대인관계 수동성(Interpersonal Passivity)
SAV	사회적 회피(Social Avoidance)
SHY	수줍음(Shyness)
DSF	관계 단절(Disaffiliativeness)

Tellegen과 Ben-Porath(2011, p. 18)에 따르면, "다른 MMPI-2 척도들의 체계적인 검증으로 척도 구성을 위한 상당한 수의 추가적인 목표가 산출되었다." 기본적으로 밝혀진 3개에 더해 14개의 추가적인 척도가 만들어졌다. 3개의 부가적인 척도가 기본적 피드백을 기반으로 추가되었고, 그 후 신원이 밝혀지지 않은 '전문가들'에 의해서 20개 척도가 검증되었다. 그 전문가들은 그들이 평가해야 한다고 느꼈던, 임상적으로 중요한 추가적 내용을 제안하였다. 결국 23개의 SP 척도와 2개의 흥미 척도로 구성된 총 25개의 새로운 척도가 만들어졌다. 이 척도들은 상위차원척도들이나 RC 척도 및 PSY-5 척도들과 중복되지만 25개 내의 다른 척도들과는 중복되지 않는다. 각 척도는 매우 짧은데, 각각 4에서 10개 문항, 평균 7.52개 문항으로 되어 있다. 따라서 일부 더 짧은 척도의 Cronbach α계수는 매우 낮다. 짧은 척도의 내적 합치도에 대한 더 적절한 측정치인 문항 간 상관의 평균(Clark & Watson, 1995)은 보고되지 않았다. 그러나 Tellegen과 Ben-Porath는 측정치에 대한 표준 오차가 수용 가능한 범위에 있다고 보고하였다.

SP 척도들은 신체, 내재화, 외현화, 대인관계의 4개의 문제영역으로 나뉜다. 각 척도에 대한 논의는 순서에 따라 제시할 것이다.

신체/인지 증상 척도(Somatic/Cognitive Scales)

신체적 척도는 건강기능, 신체적 증상 및 인지적 호소에의 몰입을 측정하는 5개의 개별 척도로 구성되어 있다. Graham(2012)에 따르면, 각 척도가 상당히 간결하고 문항 내용이 동질하기 때문에 기본적으로 모든 척도에서의 높은 점수는 척도의 이름과 일치하는 문항 내용들에 표기할 가능성을 나타낸다. Ben-Porath와 Tellegen(2011)은 비록 타당도척도에서 상승한 점수가 반드시 수검자가 의도적으로 증상을 과대보고한다는 것을 함축하지 않지만, 각 척도는 수검자의 Fs-r, FBS-r 및 RBS 점수를 고려해서 해석되어야 한다고 경고하였다. 그러나 그들은 이 타당도척도들 중 하나라도 T점수가 100점을 넘을 때는 임상가가 수검자의 주관적인 증상을 묘사할 때 내용 기반의 설명을 포함해야 하고, 경험적 상관물을 사용하는 것은 피해야 한다고 제안하였다.

신체적 불편감(Malaise: MLS)

MLS 척도는 좋지 않은 건강과 신체적 쇠약에 대한 전반적인 감각을 측정한다. 이 척도는 8개의 문항으로 구성되어 있으며, 모두 Hy3과 중복된다. 이 중 7개는 '아니다'로 채점된다. Tellegen과 Ben-Porath(2011)에 따르면, 일주일 간격으로 실시된 검사-재검사의 상관은 .82이다. 다양한 집단에서의 내적 합치도계수는 .59에서 .82였고, 임상집단들에서 약간 더 높았다. Youngjohn, Wershba, Stevenson, Sturgeon과 Thomas(2011)는 MLS가 모든 MMPI-2-RF 타당도척도 및 신체/인지 증상 척도 가운데, 보고된 외상적 뇌손상으로 인해 보상을 원하는 사람들의 인지능력검사의 실패에 대한 가장 좋은 예측치라고 밝혔다. 남녀 모두에서 상승한 점수는 건강 문제, 다양한 신체적 호소, 수면장애의 보고 및 우울증에 사로잡혀 있는 것과 관련된다.

⊃ 해석

낮은 점수(T-38)는 전반적으로 신체적으로 건강하다고 느끼는 것을 나타낸다. 상승한 점수(T≥65)는 좋지 않은 건강, 피로감과 관련된 느낌, 줄어든 에너지, 쇠약감에 대한 호소의 증가와 관련되어 있다. 상승한 점수는 수면 문제의 보고 및 성기능장애와도 관련된다. T점수가 80점 이상으로 상승하면, 좋지 않은 건강에 대한 보고가 더 현저하고 이에 더 사로잡히게 된다. 수검자는 어떤 심각한 신체적 질병으로 옴짝달싹 못하게 된 것 같다는 느낌을 보고하기도 한다. 만약 신체증상 호소에 대해 실제 신체적 원인이 배제되었다면, 임상가는 신체형장애 진단을 고려해야 한다. 이 척도의 점수가 상승한 사람들은 그들의 신체적 불편감으로 인해 치료를 받는 데 어려움을 보일 수 있다.

소화기 증상 호소(Gastrointestinal Complaints: GIC)

GIC 척도는 5개 문항으로 되어 있으며, 이 중 4개 문항이 '그렇다'로 채점된다. GIC는 HEA 와 4개 문항이 중복되며, 3개 문항이 HEA1에 있다. Tellegen과 Ben-Porath(2011)는 일주일 간격으로 실시된 검사-재검사에서의 상관을 .75로 보고하였다. 내적 합치도계수는 다양한 집단에 걸쳐 .64에서 .79로 나타났다.

GIC 문항들은 소화불량, 메스꺼움, 구토 및 식욕부진 등과 관련된 문제를 기술한다. 높은 점수는 남녀 모두에서 건강 문제 및 우울증에 사로잡혀 있는 것과 관련된다. 더불어 남성의 높은 점수는 수면장애, 무망감, 집중곤란의 호소와 연관되며, 여성의 높은 점수는 저조한 대처기술, 자살사고 및 다양한 신체적 호소와 관련된다.

➲ 해석

상승하지 않은 점수(T<65)는 해석하지 않는다. 상승한 점수(T≥65)는 소화기 증상을 평균보다 더 많이 호소하는 것과 관련된다. 점수가 상승한 사람은 종종 과거에 소화기 문제가 있었고, 자신의 건강에 몰입되어 있다. T점수가 90점 이상까지 상승하면 소화기 문제에 대한 보고도 올라간다. 이들은 다양한 신체적 질병을 호소하고, 앞으로 나아질 만한 희망이 거의 없다고 여길 수 있다. 만약 신체적 문제에 대해 실제 신체적 원인이 배제된다면, 임상가는 신체형장애로 진단할 것을 고려해야 한다.

두통 호소(Head Pain Complaints: HPC)

HPC 척도는 6개 문항으로 되어 있으며, '그렇다'와 '아니다'로 채점되는 문항수가 똑같다. HPC와 HEA는 5개 문항이 중복된다. Tellegen과 Ben-Porath(2011)는 일주일 간격으로 실시된 검사-재검사의 상관을 .78로 보고하였다. 다양한 집단에서의 내적 합치도계수는 .59에서 .77이었다.

HPC 문항들은 대략적으로 두통 및 목의 통증뿐 아니라 신경이 거슬리는 상황에서 두통이 생기는 경향성을 측정한다. 남녀 모두에서 상승한 점수는 자신의 신체적 건강에 대한 집착과 다양한 신체적 증상 호소를 나타내는 경향이 있다. 이들은 자주 무망감을 보고한다. 이에 더해 남성의 경우 높은 점수는 수면장애, 우울증 및 불안의 호소와 관련된다. 여성에서 높은 점수는 부족한 대처기술, 저하된 에너지 및 자살사고와 관련된다.

◔ 해석

상승하지 않은 점수(T<65)는 해석하지 않는다. 상승한 점수(T≥65)는 두통을 보고하는 것과 관련된다. T점수가 80점 이상으로 상승하면, 넓은 범위의 두통과 목의 통증 및 스트레스와 관련된 두통이 증가한다. 이들은 다수의 신체적 호소를 나타낼 수 있고, 신체적 기능에 집착할 수 있다. 이들은 대처기술이 부족하고 미래가 더 나아질 것이라고 여기지 않을 수 있다. 만약 증상 호소에 대한 신체적 원인이 배제된다면, 임상가는 신체형장애의 진단을 고려해야 한다.

신경학적 증상 호소(Neurological Complaints: NUC)

NUC 척도는 10개 문항으로 되어 있으며, 그중 7개 문항이 '아니다'로 채점된다. NUC는 Sc6과 7개 문항이 중복되며, HEA2와는 6개 문항이 중복된다. 이 척도는 특질적 수준의 염려보다는 상태적인 문제를 나타내기에 Tellegen과 Ben-Porath(2011)가 규준집단의 하위 표본을 대상으로 한 일주일 간격의 검사-재검사의 상관은 .54로 보고되었다. 다양한 집단에서의 Cronbach α계수는 .52에서 .75로 나타났으며, 내적 합치도는 임상집단들에서 약간 더 높았다.

문항들은 어지러움이나 무감각, 근육 쇠약, 마비 및 운동통제력 상실과 같은 광범위한 증상 호소를 나타낸다. 상승한 점수는 남녀 모두에서 다양한 신체증상 호소와 건강염려에의 몰입, 스트레스에 대한 반응으로 신체증상이 생기는 것과 피로감의 호소, 우울감의 보고 등과 관련된다. Locke 등(2010)은 심인성 비간질발작을 보이는 사람들의 약 91%가 T점수 65점 이상이지만, 실제 간질환자의 73%가 심인성 비간질발작이라고 잘못 구분되어 전체 정확도가 59%임을 발견하였다. 기준 점수를 T≥85로 올리면, 전체 정확도는 67%로 상승한다. 민감도는 53%로 내려가는 반면, 특이도는 81%로 올라간다.

◔ 해석

상승하지 않은 점수(T<65)는 해석하지 않는다. 상승한 점수(65~91T)는 신경학적 증상에 대한 모호한 보고와 관련된다. 점수가 상승한 사람들은 자신의 신체건강에 몰두되어 있는 경향이 있고, 다양한 신체증상을 나타낸다. 이들은 신체증상 호소를 통해 표현되는 약간의 심리적 스트레스를 경험하고 있을 수 있다. T점수가 92점 이상으로 상승하면,[4] 앞에서 언급한 신경학적 증상에 대한 보고도 늘어난다. 만약 증상 호소에 대한 신체적 원인이 배제된다면, 임상가는 신체형장애의 진단이나 신경학적/신경심리학적 의뢰를 고려해야 한다.

---

4) 역자 주: 한국판 MMPI-2-RF에서는 최대 T점수가 92점이다.

인지적 증상 호소(Cognitive Complaints: COG)

COG 척도는 10개 문항으로 되어 있고, 그중 8개 문항이 '그렇다'로 채점된다. COG는 Sc3과 6개 문항, D4와 3개 문항이 중복된다. 문항들은 기억 및 주의집중의 어려움, 혼란 및 지적 제한(intellectual limitation)을 포함한 광범위한 인지적 증상 호소를 나타낸다. Tellegen과 Ben-Porath(2011)가 보고한 일주일 간격의 검사-재검사 상관은 .74였다. 다양한 집단에서의 내적 합치도계수는 .64에서 .82로 나타났으며, 내적 합치도는 임상집단들에서 약간 더 높았다. 높은 점수는 집중곤란과 낮은 좌절 인내력, 기억력 문제, 건강염려에의 몰두, 스트레스 및 걱정과 연관된다.

Gervais, Ben-Porath와 Wygant(2009)는 COG의 높은 점수가 기억 문제나 다른 인지적 어려움에 대한 '호소'와 관련되어 있으나, 반드시 객관적으로 평가된 인지적 결함과 연관된 것은 아니라고 하였다. 그들은 COG 점수가 객관적으로 평가된 인지적 기능에 대한 효과적인 예측치가 아니며, T점수는 기본적으로 신경학적 증상보다는 정서적 고통감과 관련된 주관적인 증상 호소의 측정치로 해석해야 한다고 제안한다.

⊃ 해석

상승하지 않은 점수(T<65)는 해석하지 않는다. 상승한 점수(65~80T)는 인지적 증상 호소와 관련된다. 점수가 높은 사람들은 자신의 신체적 건강에 몰두하는 경향이 있고, 다양한 신체증상을 호소하기도 한다. T점수가 82점 이상으로 상승하면, 앞서 언급한 것과 같은 인지적 증상 호소들에 대한 보고가 증가한다. 임상가들은 높은 점수의 경우, 정식 신경심리학적 평가가 필요한 기억 및 다른 인지적 문제의 가능성에 대해 주의해야 한다.

내재화 척도(Internalizing Scales)

내재화 척도들은 상위차원척도의 EID뿐 아니라, RC 척도 중 RCd, RC2 및 RC7의 상승과 관련된 구체적 관심영역을 다루기 위해 개발되었다. 9개의 내재화 척도는 4개에서 9개의 문항으로 구성된다. Graham(2012)은 각 척도가 간결하고 문항 내용이 동질하기 때문에, 기본적으로 모든 척도에서의 높은 점수가 척도명과 일치하는 문항 내용들에 표기했을 가능성을 나타낸다고 언급하였다. Ben-Porath와 Tellegen(2011)은 척도들 사이의 상관이 매우 높지만, 독특한 경험적 상관물들이 존재하기 때문에 척도들이 다른 척도의 상승에 대한 보조적 해석보다는 그 자체로 주요 측정치로서 사용될 수 있다고 제안하였다.

자살/죽음사고(Suicidal/Death Ideation: SUI)

SUI는 5개 문항으로 구성되며, 모두 '그렇다'로 채점된다. Tellegen과 Ben-Poath(2011)가 규준집단의 하위 표본을 사용해 보고한 일주일 간격의 검사-재검사 상관은 .68이었다. 다양한 집단에 걸쳐 Cronbach α계수는 .41에서 .81로 나타났으며, 임상집단들에서 내적 합치도가 더 높게 나타났다.

이 척도의 5개 문항 중 4개는 DEP4에 함께 속하며, Greene과 Nichols(1995)의 MMPI-2의 구조적 요약표에서 우울한 사고와 태도의 지표로 쓰이는 5개의 특정한 MMPI-2 문항에도 속한다. 부가적으로 이 중 2개 문항은 Sepaher, Bongar와 Greene(1999)이 '진심인' 자살문항으로 여기는 문항이다. 남녀 모두에서 높은 점수는 자살사고, 우울증, 무망감 및 수면장애의 호소와 관련된다.

Ben-Porath와 Tellegen(2011)은 이 문항들이 규준집단에서는 거의 표기되지 않기 때문에, 이 중 한 문항에만 표기해도 점수가 상승하며 긴급한 자살위험평가가 필요한 것을 나타낸다고 하였다. 이러한 권고는 Sepaher 등(1999)에서도 유사하게 발견되었다. SUI 척도의 문항 내용은 결정적이라고 여겨진다. 따라서 Pearson Assessments사에서 제공되는 자동 채점 프로그램은 이 척도에서 표기된 문항을 출력한다. 수기로 채점하기로 한 임상가의 경우에는 이 척도에서 응답자가 표기한 모든 문항의 반응을 조심스럽게 살펴야 한다. 자동 채점 프로그램이건 수기 채점이건 간에 이 내용은 응답자의 자살위험성평가의 일부로 검토되어야 한다.

○ 해석

앞서 언급했듯이, 이 중 어떤 문항에라도 표기하면 점수가 상승(T≥65)하게 된다. 상승한 점수는 자살과 죽음에 몰입된 것과 관련된다.[5] SUI 점수가 높은 사람들은 최근에 자살을 시도했거나 또는 시도를 생각하고 있을 수 있다. 이들은 무력감과 무망감을 경험한다고 묘사된다. T점수가 100점 이상으로 상승하면, 현재의 자살사고와 함께 자살사고나 자살시도의 과거력을 보고하는 것일 수 있다. Ben-Porath와 Tellegen(2011)은 만약 충동통제를 잘 못하거나 약물남용의 근거[BXD, RC4, RC9, DISC-r 및 약물남용(SUB)]가 있다면, 자살위험이 상승할 것이라고 언급하였다. 임상가는 SUI의 점수가 상승했다면 즉각적이고 철저한 자살위험평가를 실시해야 한다.

---

5) 역자 주: 한국판 MMPI-2-RF의 경우에는 원점수가 3점 이상일 경우에 T점수가 65점 이상으로 상승한다.

무력감/무망감(Helplessness/Hopelessness: HLP)

HLP 척도의 문항들은 현재 어려움을 극복하고 목표를 성취하기 위해 자신의 삶에서 필요한 변화를 이룰 수 있는 능력이 없다는 믿음을 반영한다. HLP는 5개 문항으로 구성되며, 이 중 4개 문항이 '그렇다'로 채점된다. TRT와 4개 문항이 중복되며, TRT1에 3개 문항이 있다. 남녀 모두에서 상승한 점수는 우울감과 무망감 및 미래에 대한 비관주의와 관련된다. 이에 더해 남성의 경우 상승한 점수는 수면장애, 압도되고 실패자가 된 것 같은 느낌과 연관된다. 여성에서의 높은 점수는 낮은 성적 적응(sexual adjustment)과 낮은 에너지 및 자살사고와 관련된다.

Tellegen과 Ben-Porath(2011)는 일주일 간격의 검사-재검사 상관이 .65라고 보고하였다. 다양한 집단에서의 내적 합치도계수는 .39에서 .75로 나타났으며, 임상집단들에서 약간 더 높게 나타났다.

⊃ 해석

상승하지 않은 점수(T<65)는 해석하지 않는다. 상승한 점수(T≥65)는 미래가 즐겁지 않을 것이라는 신념을 보고하는 사람들에게서 나타난다. 이들은 현재 상황에 압도된 것같이 느끼며, 삶이 자신에게 불공평하다고 믿는다. T점수가 80점 이상으로 상승하면,[6] 사람들은 자신의 삶의 변화에 효과적으로 영향을 미치기에는 힘이 부족하다고 믿는다고 보고한다. 이들은 부정적인 결과들이 필연적이라고 여기는 경향이 있다. 무력감과 부정적 결과가 필연적이라고 믿는 경향으로 인해 이들은 종종 변화를 시도하기 위한 동기가 부족하다.

자기회의(Self-Doubt: SFD)

SFD 척도는 내재화 척도 중 가장 짧다. 총 4개 문항으로 되어 있으며, 모두 '그렇다'로 채점된다. 모든 문항이 LSE1과 중복되고, 2개는 DEP3과도 중복된다. 이 척도에서 최대 T점수는 76점이다. 3개 문항에 표기하면 T점수는 65점이 된다. Tellegen과 Ben-Porath(2011)는 일주일 간격의 검사-재검사 상관이 .81이라고 보고하였다. 다양한 집단에서의 Cronbach α계수는 .67에서 .84로 나타났다. SFD 문항의 주제는 자신감의 결여와 쓸모없는 느낌이다. 남녀 모두에서 상승한 점수는 자기비하뿐 아니라 우울감, 무망감, 자기회의 및 실패자라는 느낌과 관련된다.

---

6) 역자 주: 한국판 MMPI-2-RF의 경우에는 최대 T점수가 80점이다.

⊃ 해석

SFD에서 상승하지 않은 점수(T<65)는 해석하지 않는다. 상승한 점수(T≥65)는 불안정감과 열등감을 보고하는 사람들에게서 나타난다. 이들은 자신감이 결여된 경향이 있고, 자신의 결점에 대해 스스로를 탓하기도 한다. 또한 이들은 지각한(perceived) 결함에 대해 계속 반추하는 경향이 있다. T점수 76점은 그러한 염려들이 더 현저하다는 것을 나타낸다.

효능감 결여(Inefficacy: NFC)

NFC 척도는 크고 작은 위기에 효과적으로 대처하는 능력이 없다고 믿는 것을 반영한다. NFC는 9개 문항으로 구성되며, 모두 '그렇다'로 채점된다. 4개의 NFC 문항이 각각 Si, OBS 및 TRT와 중복되며, 3개 문항이 TRT와, 2개 문항이 TRT1과 중복된다. Tellegen과 Ben-Porath(2011)는 임상집단의 하위 표집에서 측정된 일주일 간격의 검사-재검사 상관이 .82이라고 보고하였다. 다양한 집단에서의 내적 합치계수는 .69에서 .83으로 나타났다.

내재화 척도 중 오직 3개의 척도만이 낮은 점수를 해석한다. 남녀 모두에서 높은 점수는 무망감, 저조한 에너지, 독립심(self-reliance)의 결여 및 수동성과 관련된다.

⊃ 해석

낮은 점수(36T)는 독립심 및 권력지향적인 측면과 관련된다. 평균 범위의 점수(43~64T)는 자신감과 자기회의적 태도 간의 비교적 건강한 균형을 나타낸다. 상승한 점수(T>65)는 수동적이라고 보고하는 사람들에게서 나타난다. 이들은 의사결정에 어려움이 있고 삶의 불쾌한 상황들에 효과적으로 대처하는 자신의 능력을 의심한다. 이들은 어려움에 직면할 때 쉽게 포기하는 경향이 있다. NFC가 T점수 80점에 이르면, 이러한 걱정들이 더 현저하다. 이 정도의 점수를 나타낸 사람들은 의사결정에 있어서 더 큰 어려움이 있으며, 작은 위기조차도 효과적으로 대응할 수 없다고 보고한다.

스트레스/걱정(Stress/Worry: STW)

STW 척도는 7개 문항으로 되어 있으며, 이 중 5개 문항은 '그렇다'로 채점된다. STW는 ANX와 5개 문항, NEGE와 4개 문항, TPA와 2개 문항이 중복된다. Tellegen과 Ben-Porath(2011)는 일주일 간격의 검사-재검사 상관이 .77이라고 보고하였다. 다양한 집단에서의 Cronbach α계수는 .52에서 .69로 나타났다.

STW의 문항 내용은 재정 문제에 대한 염려, 시간 압박에 대한 걱정 및 실망감에 사로잡힌 것을 포함한다. 남녀 모두에서 상승한 점수는 걱정, 불안, 우울증, 압도된 느낌과 관련된다.

남성에서 높은 점수는 또한 다양한 신체적 증상 호소 및 스트레스 반응으로 인해 생기는 신체 증상과 관련된다. 여성의 경우에는 높은 점수가 삶이 하나의 압박이라고 느끼는 것과 수면장애 호소 및 자살사고의 보고와 관련된다.

⊃ 해석

낮은 점수(36T)는 보통 보고되는 것보다 더 적은 스트레스 및 걱정과 관련된다. 평균 수준의 점수(43~57T)는 평범한 수준의 스트레스를 나타낸다. 상승한 점수(T>65)는 평균 이상의 스트레스와 걱정을 보고하는 사람들에게서 나타난다. 이러한 사람들은 불안하거나 긴장되어 있다고 묘사된다. 이들은 과제를 성취하는 데 있어 시간적인 압박이 있다고 느끼기도 하며, 재정적 문제에 대해 걱정하기도 한다. 이러한 사람들은 여러 상황을 염려하며, 자신의 걱정들을 계속 반추할 수도 있다. 이들은 심리적 스트레스에 대해 신체적 증상을 나타낸다. 만약 STW의 T점수가 81점이면, 이러한 염려들이 현저하며 다중의 스트레스 요인과 관련되는 것일 수 있다. 높은 점수를 받은 사람들에게는 자살사고에 대한 평가도 실시해야 한다.

불안(Anxiety: AXY)

AXY 척도는 5개 문항으로 되어 있고 모두 '그렇다'로 채점되는데, 이는 "불안에 대한 확실한 지표"이다(Ben-Porath & Tellegen, 2011, p. 52). AXY는 ANX와 3개 문항이 중복되며, FRS1 및 NEGE와는 각각 2개 문항씩 중복된다. Tellegen과 Ben-Porath(2011)는 일주일 간격의 검사-재검사 상관이 .71이라고 보고하였다. 다양한 집단에서의 내적 합치도계수는 .42에서 .71이었으며, 임상집단에서 약간 더 높게 나타났다.

척도의 각 문항은 규준집단에서는 흔히 표기되지 않는다. 따라서 2개 문항에만 표기해도 T점수가 상승하게 된다. AXY 척도의 문항 내용이 결정적이기 때문에 자동 채점 프로그램에서 이 척도에서 표기된 문항이 출력된다. 수기로 채점하기로 한 임상가의 경우에는 AXY 문항들에서 수검자가 표기한 모든 문항의 반응을 조심스럽게 살필 것이 권고된다. 자동 채점 프로그램이건 수기 채점이건 간에 이 내용은 수검자와 함께 검토되어야 한다.

상승한 점수는 트라우마 희생자의 외상 후 스트레스 장애와 관련되지만, 반드시 외상 후 스트레스 장애의 지표가 되는 것은 아니다. 남녀 모두에서 높은 점수는 자살사고, 수면장애의 호소, 악몽, 무망감, 걱정 및 우울증과 관련된다.

⊃ 해석

상승하지 않은 점수(T<65)는 해석하지 않는다. 상승한 점수(T≥65)는 걱정하는 것과 관련

된다. 상승된 점수를 보이는 사람들은 수면장애나 악몽을 경험하고 있을 수 있다. 이들은 스트레스에 잘 대처하지 못하고 매우 걱정한다고 보고할 뿐 아니라, 걱정과 관련된 문제들도 보고한다. 자살사고를 보고하는 것도 AXY 척도의 상승과 관련되어 있다. 이들은 침투적 사고를 경험할 수 있다. T점수가 100점에 이르면, 이러한 문제들에 대한 보고가 증대된다. 이 정도로 점수가 상승하면, 수검자는 거의 매 순간 불안하다고 묘사될 수 있다. 이들은 지독한 결과에 대한 불길한 예감을 보고하기도 한다. 이 정도의 높은 점수에서는 수면장애와 악몽이 흔하다.

분노 경향성(Anger Proneness: ANP)

ANP 척도의 문항들은 부정적 정서경험과 과민성, 분노 및 타인에 대한 참을성의 부족을 표출하는 것뿐 아니라 쉽게 마음이 상하고 화를 내는 경향성에 초점을 둔다. ANP는 7개 문항으로 구성되며, 5개가 '그렇다'로 채점된다. ANP는 NEGE와 4개 문항이, ANG와 3개 문항이, TPA1과 2개 문항이 중복된다. Tellegen과 Ben-Porath(2011)는 일주일 간격의 검사-재검사 상관이 .81이라고 보고하였다. 다양한 집단에서의 Cronbach α계수는 .71에서 .80이었다.

남성과 여성의 상관물은 꽤 다르다. 남성에서 상승한 점수는 수면장애, 분노발작, 낮은 좌절 인내력, 분노, 초조 및 분함뿐 아니라 스트레스에 대한 반응으로 신체적 증상이 생기는 것 및 신체에 대한 염려에 몰두된 것과 관련된다. 여성에서 높은 점수는 스트레스를 직면했을 때의 낮은 대처력과 관련된다.

⊃ 해석

상승하지 않은 점수(T<65)는 해석하지 않는다. 상승한 점수(T≥65)는 따지기 좋아하며 원한을 품고 있는 사람들과 관련된다. 이들은 종종 과민하며 좌절 인내력이 낮다고 묘사된다. 이들은 쉽게 화를 내는 경향이 있으며, 특히 남성의 경우 화가 날 때 분노발작을 보일 가능성이 있다. T점수가 80점 이상으로 상승하면 이러한 문제들이 더 확연해진다. 이 정도 점수를 받은 사람들은 자신의 분노에 압도당했다고 보고한다.

행동 제약 공포(Behavior-Restricting Fears: BRF)

BRF 척도는 9개 문항으로 구성되며, 이는 모두 FRS1 척도에 있는 것이다. 이 중 8개 문항이 '그렇다'로 채점된다. Tellegen과 Ben-Porath(2011)는 일주일 간격의 검사-재검사 상관이 .67이라고 보고하였다. 다양한 집단에서의 내적 합치도계수는 .44에서 .63이었다.

BRF의 문항 내용은 전반적으로 집 안팎 모두에서 활동을 제약하는 두려움을 나타낸다.

Ben-Porath와 Tellegen(2011)은 상승한 점수들이 광장공포증뿐 아니라 일반적인 두려움과 관련된다고 언급하였다. 남성에서의 높은 점수는 낮은 경쟁력, 낮은 성취 욕구 및 낮은 독립성과 관련된다. 여성에서의 높은 점수는 다양한 공포, 악몽, 긴장 및 자살사고와 관련된다.

➲ 해석

상승하지 않은 점수(T<65)는 해석하지 않는다. BRF의 상승한 점수(T≥65)는 자신의 행동을 제약할 정도의 두려움과 관련된다. 상승된 점수를 보이는 사람들은 일반화된 불안과 주관적 우울감을 보고할 것이다. 이들은 집에서 멀리 떠나면 불안감을 느낄 수 있다. 이들은 경쟁력이 없고 성취욕도 낮다. 이러한 사람들은 일반적으로 업무 중심적이지 않다. T점수가 90점 이상으로 상승하면 이러한 보고들이 더 광범위해진다. 이 범위의 점수를 받은 사람들은 이들의 일상생활을 방해하는 다양한 공포를 보고할 수도 있다.

다중 특정 공포(Multiple Specific Fears: MSF)

MSF는 총 9개의 문항을 포함하며, 이 중 5개 문항이 '아니다'로 채점된다. 모두 FRS와 중복되며, 8개는 FRS2에 속한다. Tellegen과 Ben-Porath(2011)는 일주일 간격의 검사-재검사 상관이 .85라고 보고하였다. 다양한 집단에서의 Cronbach α계수는 .69에서 .72였다. MSF 척도의 문항 내용들은 동물 및 홍수, 화재 같은 자연 현상과 피 등 서로 관련 없는 다양한 공포를 기술하며, 문항에 표기하는 것은 특정공포증에 대한 상승된 위험을 가리킬 수 있다. 남성의 경우에는 상승한 점수와 경험적 상관물이 발견되지 않았다. 따라서 우리는 남성에 대해서는 이들의 자기보고의 관점에서 상승된 것을 해석하길 권장한다. 여성에서의 높은 점수는 낮은 포부와 성취욕, 낮은 경쟁력, 전형적인 여성적 흥미 및 낮은 에너지와 관련된다.

➲ 해석

낮은 점수(T<39)는 특정 공포를 평균보다 적게 보고하는 사람들에게서 나타난다. 평균 범위의 점수(42~59T)는 평균 수준의 특정 공포를 나타내며, 일반적으로 해석하지 않는다. 상승한 점수(T≥65)는 위험회피적이라고 묘사될 수 있는 사람들에게서 나타난다. 이들은 다양한 동물과 천둥이나 자연재해 및 화재를 포함하는 자연의 형태와 관련된 다수의 두려움을 보고한다. 여성들은 수동적이고 위험회피적인 경향이 있을 수 있다.

외현화 척도(Externalizing Scales)

Ben-Porath와 Tellegen(2011)에 따르면, 외현화 척도들은 RC 척도들 중 RC4와 RC9의 구체적 측면을 설명하기 위해 만들어졌다. 두 척도인 청소년기 품행 문제(JCP)와 약물남용(SUB)은 특히 RC4의 2개의 폭넓은 내용영역을 설명한다. 유사하게, 공격성향(AGG)과 흥분성향(ACT)은 RC9에 의해 평가된 2개의 구체적 관심영역을 측정한다. 후자의 두 척도에서는 낮은 점수도 해석한다. 따라서 이 척도들은 RC4나 RC9의 문항 내용의 범위를 고려해 볼 때, 관심영역으로 시사되는 RC4나 RC9의 상승으로 발생하는 구체적 문제들을 밝히는 데 유용한 도움을 준다(Bolinskey & Nichols, 2011; Nichols, 2006 참조). Ben-Porath와 Tellegen은 RC4나 RC9가 상승하지 않아도 외현화 척도를 해석할 수 있다고 주장한다. 그러나 Graham(2012)은 외현화 척도들 간의 변별타당도가 그리 좋지는 않다고 하였다.

청소년기 품행 문제(Juvenile Conduct Problem: JCP)

JCP 척도의 문항들은 어린 시절의 법적인 문제 및 품행 문제의 과거력을 측정한다. JCP는 6개 문항으로 구성되며, 모두 '그렇다'로 채점된다. 5개 문항이 DISC와, 4개 문항이 각각 ASP2 및 MAC-R과, 3개 문항이 Pd(두 문항은 Pd2)와 중복된다. Tellegen과 Ben-Porath(2011)는 규준집단의 하위 표본에서 측정된 일주일 간격의 검사-재검사 상관이 .85라고 보고하였다. 다양한 집단에서의 내적 합치계수는 .56에서 .75였다.

남녀 모두에서 상승한 점수는 반사회성 행동, 원한을 품는 것 및 가정 내에서 애정이 결핍된 느낌과 관련된다. 남성에서 상승한 점수와 연관된 부가적 상관물은 신체적 학대, 분노 및 공격성과 분노발작, 격렬한 대인관계의 과거력이다. 여성에서 높은 점수는 신뢰 문제, 피상적 관계, 속이는 것 및 낮은 좌절 인내력과 관련된다.

↪ 해석

상승하지 않은 점수(T<65)는 해석하지 않는다. JCP의 상승한 점수(T≥65)는 학창 시절 품행 문제를 보고하는 것과 관련된다. 이들은 아마도 청소년기에 불법행위뿐 아니라 성인기에 더해진 법적 문제와 관련된 기록을 가지고 있을 수 있다. 이들은 일반적으로 권위자와 문제를 일으키는 경향이 있고, 특히 가족 구성원과의 갈등관계를 보고하기도 한다. 남성들에게는 타인에 대한 신체적 학대가 더 흔하게 나타난다. T점수가 80점 이상으로 상승하면, 이러한 보고들이 더 광범위해진다. 이 척도에서 가장 높은 T점수는 84점이다.

약물남용(Substance Abuse: SUB)

SUB 척도는 7개 문항으로 구성되며 모두 AAS와 중복되고, 이 중 6개 문항이 '그렇다'로 채점된다. Tellegen과 Ben-Porath(2011)는 일주일 간격의 검사-재검사 상관이 .87이라고 보고하였다. 다양한 집단에서의 내적 합치도계수는 .62에서 .77로 나타났다. 문항들은 심각한 약물남용―현재이건 또는 과거였건―을 폭넓게 의미하며, 알코올과 관련된 문항들이 두드러진다. SUB의 상승은 감각추구, 약물 사용 문제에 대한 위험성, 타인을 신뢰하기 어려워하는 것및 자기파괴적 행동과 관련된다.

검사 개발자들에 따르면, SUB 문항은 가능한 한 즉각적인 관심을 갖고 확인해야 한다. 이때문에 자동화된 채점 프로그램은 척도가 상승하면 채점한 방향의 반응 응답을 출력한다. 자동화된 채점 프로그램을 사용하지 않을 때는 척도가 상승하면 임상가가 표기한 문항들을 직접 검토하는 것이 필요하다. 이 문항들은 수검자와 함께 살펴보아야 한다.

⊃ 해석

상승하지 않은 점수(T<65)는 해석하지 않는다. SUB의 상승한 점수(T≥65)는 과거 및 현재의 약물남용을 솔직히 인정하는 것과 관련된다. T점수가 80점 이상으로 상승하면, 현재 약물남용의 가능성이 더 크다. 이러한 사람들은 더 잦은 약물남용을 보고하며, 약물을 사용하지않고 편안해지는 것이 어려울지도 모른다. 따라서 이들은 대인관계에서 더 많은 어려움을 경험한다. 이들은 아마도 따지기 좋아한다고 묘사될 수 있으며, 특히 수검자가 남성이라면 타인을 신체적으로 학대할 수도 있다.

공격성향(Aggression: AGG)

AGG 척도에 속하는 9개의 문항은 신체적으로 공격적인 행동을 의미하며, 모두 '그렇다'로채점된다. AGG 문항 중 6개는 AGGR 및 ANG와 중복되며, 5개는 ANG1에 있다. Tellegen과 Ben-Porath(2011)는 일주일 간격의 검사-재검사 상관이 .78이라고 보고하였다. 다양한 집단에서의 Cronbach α계수는 .58에서 .76으로 나타났다.

남녀 모두에서 높은 점수는 분노발작과 관련된다. 이에 더해 남성에서 높은 점수는 원한을품는 것, 분함, 격렬한 대인관계 및 타인에 대한 신체적 학대와 관련된다. 여성의 경우 상승한점수는 신뢰의 어려움, 불평, 냉소주의와 관련된다. 점수의 상승은 폭력 및 학대 행동의 과거력과 관련되기 때문에, 이 척도는 결정적 내용을 담고 있다고 여겨진다. 따라서 만약 이 척도가 상승한다면 자동화된 채점 프로그램에서 표기한 문항을 출력해 줄 것이다. 임상가가 수기로 채점한다면 표기한 문항 내용들을 직접 살펴보기를 권장한다. 이 척도는 낮은 점수를 해석하는 외현화 척도 중 하나이다.

⊃ 해석

낮은 점수(T<39)는 자기우호적인 타당도척도들(L-r, K-r)이 과소보고 문제 경향성을 시사하지 않는 한 평균보다 낮은 공격적 행동과 관련된다. 평균적인 상승 점수(45~61T)는 해석하지 않는다. 상승한 점수(T≥65)는 타인에게 공격적으로 행동하는 것을 보고한 사람들에게서 나타난다. 이들은 아마 신체적으로 공격적이고 폭력적일 수 있다. 이들은 법적 문제뿐 아니라 학창 시절에 행동 문제를 보였을 수 있다. T점수가 80점 이상으로 상승하면, 이러한 행동들이 더 현저해진다. 이 같은 사람들은 타인을 겁주거나 자신을 두려워하게 만드는 것을 즐기기도 한다.

흥분성향(Activation: ACT)

ACT 척도는 8개 문항으로 이루어져 있으며, 모두 '그렇다'로 채점된다. ACT는 Pt, Ma(2개 문항은 Ma2) 및 APS와 각각 3개 문항씩 중복된다. Sc5와는 2개 문항이 중복된다. Tellegen과 Ben-Porath(2011)는 규준집단의 하위 표본에서 측정한 일주일 간격의 검사-재검사 상관이 .77이라고 보고하였다. 다양한 집단에서의 내적 합치도계수는 .59에서 .75으로 나타났다.

문항들은 수면 욕구의 감소, 기분 변화 및 높아진 흥분이나 에너지를 포함하는 경조증적 행동과 관련된 폭넓은 측면을 다룬다. Tellegen과 Ben-Porath(2011)는 이 척도의 상승이 물질로 유발된 문제일 가능성을 반영하는지 임상가가 평가해야 한다고 경고하였다. 따라서 임상가는 이 척도의 상승을 해석하는 데 SUB의 점수를 고려하는 것이 유용하다는 것을 발견할 수 있을 것이다. Tellegen과 Ben-Porath는 ACT의 상승과 .20 이상의 상관이 있는 경험적 상관물을 발견하지 못했다고 밝혔다. 따라서 이 척도가 상승하면 반드시 수검자의 자기보고에서 나타난 것이 있을 때에만 해석하여야 한다.

⊃ 해석

낮은 점수(T<39)는 증가된 에너지나 흥분을 나타내는 문항에 수검자가 평균보다 낮게 표기했다는 것을 의미한다. 임상가는 우울증 가능성을 평가하는 RCd, RC2 및 내재화 척도의 점수를 고려해야 한다. 평균적인 상승 점수(45~61T)는 해석하지 않는다. 이 점수들은 증가된 에너지나 흥분을 나타내는 문항들에 평균적으로 표기한 것을 반영한다. 상승한 점수(T≥65)는 수검자가 상승된 에너지나 흥분을 나타내는 문항에 표기한 것을 반영한다. 이들은 수면 욕구의 감소를 보고할지도 모른다. T점수가 80점 이상으로 상승하면, 이러한 행동들이 더 현저

해진다. 점수가 이 정도 수준으로 상승하면, 수검자가 스스로 통제할 수 없는 기분 변화를 경험하고 있다는 것을 가리키기도 한다. 이들은 증가된 에너지 수준, 줄어든 수면 욕구를 보고하기 때문에 임상가는 언어 압박이나 사고의 비약, 팽창감이나 쾌락적 활동에의 몰두가 증가했는지 등 다른 조증 혹은 경조증 징후가 있는지 신중하게 평가해야 한다.

대인관계 척도(Interpersonal Scales)

대인관계 척도는 대인관계 기능에 주요한 초점을 두고 있는 5개의 척도로 구성된다. 그 척도들은 가족 문제(FML), 대인관계 수동성(IPP), 사회적 회피(SAV), 수줍음(SHY) 및 관계 단절(DSF)이다. Tellegen과 Ben-Porath(2011)는 규준집단에서 이 척도들 간에 낮은 수준에서 중간 수준 정도의 상관이 나타났다고 보고하였다.

가족 문제(Family Problem: FML)

FML 척도는 10개 문항으로 구성되며, 7개가 '그렇다'로 채점된다. 이 중 9개 문항은 FAM (5개는 FAM1, 2개는 FAM2)과 중복되며, Mf, Pd1 및 Sc1과 각각 2개 문항씩 공유한다. Tellegen과 Ben-Porath(2011)는 일주일 간격의 검사-재검사 상관이 .78이라고 보고하였다. 다양한 집단에서의 Cronbach α계수는 .64에서 .78로 나타났다.

이 문항들은 가족 구성원을 싫어하는 것, 가족에 의해 인정받지 못하는 느낌 및 가족을 믿지 못할 것 같은 느낌 같은 다양한 가족 문제를 나타낸다. 남녀 모두에서 높은 점수는 가족 간의 불화, 가족에 대한 분함, 개인의 어려움을 가족 탓으로 돌리는 것 및 가족 내에 애정이 없는 것처럼 느껴지는 것과 관련된다.

⊃ 해석

낮은 점수(T<39)는 과거 및 현재에 가족과 관련된 갈등이 비교적 없다고 보고하는 사람들에게서 나타난다. 이 범위의 점수를 나타내는 사람들은 이들이 경험하는 어떤 어려움에 대해서도 가족 탓을 하는 경향이 없다. 평균 점수(40~63T)는 해석하지 않는다. 이러한 사람들은 보통 정도의 가족 갈등을 보고한다. 상승한 점수(T≥65)는 가족 내 불화를 보고하는 것과 관련된다. 이러한 사람들은 가족이 자신이 마땅히 받을 만한 지원이나 이해를 해 주지 않는다고 느끼는 경향이 있다. 이들은 현재와 과거의 어려움에 대해 가족을 탓하기도 한다. T점수가 80점 이상으로 상승하면, 가족 내에서의 불화의 정도뿐 아니라 분함 및 부분적으로 수검자를 탓하는 것이 늘어날 가능성이 있다.

대인관계 수동성(Interpersonal Passivity: IPP)

IPP 척도는 넓게 보면 대인관계에서 주장적이지 못하거나 복종적인 행동을 하는 것과 관련된 문항들로 구성되어 있다. 10개 문항으로 구성되며, 9개가 '아니다'로 채점된다. R과 4개 문항이, Si와 2개 문항이 중복된다. Tellegen과 Ben-Porath(2011)는 일주일 간격의 검사-재검사 상관이 .78이라고 보고하였다. 다양한 집단에서의 내적 합치도계수는 .68에서 .77로 나타났다.

높은 점수는 남녀 모두에서 수동성과 관련되어 있고, 외향성과 부적으로 관련된다. 남성의 경우 상승한 IPP 점수는 낮은 성적 적응, 낮은 성적 욕구, 자기회의, 완벽주의 및 비관주의와 관련된다. 여성의 경우에는 높은 점수와 내향성, 사회적인 어색함 및 복종성과 관련된다.

⊃ 해석

낮은 점수(T<39)는 자신이 주장적이라고 표현하며 자립적인 사람들에게서 나타난다. 다른 사람들이 보기에는 지배하려고 하거나 자기중심적으로 보이기도 하지만, 이들 스스로는 자신들을 종종 리더로 여긴다. 평균 점수(43~62T)는 해석하지 않는다. 이 범위의 점수를 나타낸 사람들은 균형 잡힌 주장성과 수동성을 평균 수준으로 보고한다. IPP에서 상승한 점수(T≥65)는 스스로 주장적이지 않다고 묘사하는 사람들과 관련된다. 이들은 자신감이 없고 지도자 역할을 하는 것을 싫어한다고 보고한다. T점수가 80점 이상으로 상승하면, 이러한 비주장성이 더 확실해진다. 이 범위의 점수를 보인 사람들은 사회적 상황에 있는 것을 좋아하지 않고, 다른 사람들에게는 어색해하거나 수줍어한다고 보일지도 모른다. 이들은 종종 대인관계에서 복종적인 모습을 보인다.

사회적 회피(Social Avoidance: SAV)

SAV 척도는 10개 문항으로 구성되며, 9개가 '아니다'로 채점된다. 모든 문항이 Si(7개 문항은 Si1, 3개 문항은 Si2) 및 SOD(9개 문항은 SOD1, 1개 문항은 SOD2)와 중복되고, INTR과는 6개 문항이 중복된다. Tellegen과 Ben-Porath(2011)는 일주일 간격의 검사-재검사 상관이 .84라고 보고하였다. 다양한 집단에서의 내적 합치도계수는 .77에서 .86으로 나타났다.

SAV 문항의 내용들은 사회적 상호작용을 즐기지 않고 적극적으로 회피하는 수검자의 보고를 반영한다. 남녀 모두에서 높은 점수는 내향성뿐 아니라 무망감, 슬픔 및 우울감과 관련된다. 남성에서 상승한 점수는 수면장애, 실패자 같은 느낌, 자기회의 및 삶이 압박으로 느껴지는 것과 관련된다. 여성의 경우에는 낮은 에너지와 포부, 수줍음 및 사회적으로 어색해하는 것과 관련된다. Ben-Porath와 Tellegen(2011)에 따르면, 수줍음(SHY)이 상승하지 않은 상태

에서 SAV가 상승한 것, 특히 자기회의(SFD)와 효능감 결여(NFC)가 상승했다면 사회불안보다
는 회피성 성격장애를 시사할 수 있다.

⊃ 해석

낮은 점수(T<39)는 자신이 사회적 상호작용을 즐긴다고 말하는 사람들에게서 나타난다.
이들은 다양한 사교 모임에 참여하고 있을지도 모른다. 평균 점수(44~59T)는 해석하지 않는
다. SAV의 상승한 점수(T≥65)는 사회적 활동이나 상호작용을 즐기지 않는다고 말하는 사람
들과 관련된다. 이들은 내향적이라고 설명될 수 있다. IPP에서 높은 점수를 받았다면, 이들은
자신감이 없어 고통스러워하며 리더의 자리를 회피할지도 모른다. 이들은 종종 대인관계에
서 수동적인 모습을 보인다. T점수가 80점 이상으로 상승하면, 이들의 어려움은 매우 커진다.
아마도 슬픔이나 우울증을 보고할 수도 있다. 이들은 희망이 없거나 긍정적 변화에 영향을 미
칠 수 있는 힘이 거의 없다고 느낄 수도 있다.

수줍음(Shyness: SHY)

SHY 척도의 문항들은 사회적 상황에서의 난처함이나 불편감과 같이 다양한 방향으로 나
타나는 사회불안을 의미한다. 척도에는 7개 문항이 속해 있으며, 이 중 6개 문항이 '그렇다'
로 채점된다. 모든 문항이 Si1과 중복되고, SOD와는 5개 문항(4개 문항은 SOD2, 1개 문항은
SOD1), 3개 문항은 Pt와 중복된다. Tellegen과 Ben-Porath(2011)는 일주일 간격의 검사-재검
사 상관이 .88이라고 보고하였다. 다양한 집단에서의 내적 합치도계수는 .74에서 .80으로 나
타났다.

남성에서 높은 점수는 불안함, 우울증, 걱정, 수면장애의 보고, 수동성, 압도되는 느낌, 자
기회의 및 여성과 함께 있을 때의 불편함과 관련된다. 여성의 경우 높은 점수는 내향성, 낮은
에너지, 수동성, 수줍음, 낮은 성적 적응 및 사회적 어색함과 관련된다. 이 척도에서는 T점수
75점이 가장 높은 점수이다.

⊃ 해석

낮은 점수(T<39)는 사회불안이 거의 없거나 없다고 보고한 것과 관련된다. 이들은 사회적
상황에서 편안함을 느낀다고 묘사되기도 한다. 평균 점수(44~57T)는 해석하지 않는다. 이 범
위 점수의 사람들은 사회적 상황에서 편안함과 불안감에 대한 보통의 균형적 상태를 보고한
다. 상승한 점수(T≥65)는 수줍음의 보고와 관련된다. 이러한 사람들은 사회적 상황에서, 특
히 이성과 함께 있을 때 타인과 함께 있는 것을 불편해한다. 이들은 사회적으로 어색하거나

내향적이라고 묘사될 수 있다.

관계 단절(Disaffiliativeness: DSF)

DSF 척도는 단 6개의 문항으로 구성되며, 5개가 '그렇다'로 채점된다. 이 척도의 가장 낮은 T점수는 44점이다. DSF는 SOD1과 3개 문항이, FB 및 Sc1과는 2개 문항이 각각 중복된다. Tellegen과 Ben-Porath(2011)는 규준집단의 하위 표본에서 일주일 간격의 검사-재검사 상관이 .60이라고 보고하였는데, 이는 이 척도로 측정하는 것이 질적으로 상태적일 수 있음을 시사하거나 혹은 문항수가 너무 적어서 인공적 오류일 수 있음을 의미한다. 다양한 집단에서의 내적 합치도계수는 .43에서 .65로 나타났는데, 마찬가지로 이는 적은 문항수를 반영하는 것일지도 모른다.

DSF 문항들은 사람들을 싫어하고, 한 번도 친밀한 관계를 맺어 본 적이 없으며, 혼자 있는 것을 선호하는 것을 나타낸다. 상승한 점수는 비사교적인 사람임을 반영하며, 극단적으로 높은 점수는 조현성 성격과 관련될 수도 있다. 남성에서 높은 점수는 악몽을 포함한 수면장애의 호소, 실패자가 된 느낌, 무망감, 우울증 및 건강 문제에 몰두되어 있는 것과 관련된다. 여성의 경우에는 경험적 상관물이 없다고 보고되었다. 따라서 여성의 경우 점수가 상승하면 오직 자기보고의 맥락에서 해석할 것을 권장한다.

⊃ 해석

평균 점수(44~58T)는 해석하지 않는다. 이 범위 점수의 사람들은 혼자 있는 것을 선호하지도 않고 타인을 싫어하지도 않는다고 보고한다. 상승한 점수(T≥65)는 주변에 사람들이 있는 것을 싫어한다고 보고한 사람들에게서 나타난다. T점수가 상승하면 사회적 상황에 대한 혐오가 더 뚜렷해지고 혼자인 것을 선호하는 경향이 있다. 남성은 수면장애나 무망감을 포함하여 우울증 증상을 경험하고 있을지도 모른다. 극단적으로 상승한 점수(T>100)는 단 한 번도 친밀한 관계를 맺어 본 적이 없는 사람들과 관련될 수 있다. T점수가 이 정도로 상승하면, 임상가는 조현성 성격장애를 판단하기 위한 평가를 고려해야 한다.

🗣 흥미 척도(Interest Scales)

앞의 RC 척도 부분에서 설명했듯이, RC 척도들의 도출 과정에서 이 두 척도에 대한 씨앗문항들이 임상척도 5(남성성-여성성)로부터 추출되었다. 이 씨앗문항들은 심미적-문학적 흥미

(AES)와 기계적-신체적 흥미(MEC)로 구성된 흥미 척도들의 기반이 되었다. 이 척도들은 기본적으로 다른 척도와 상관이 없는데, 이는 한 사람이 양 척도에서 모두 높은 점수를 받을 수도 있고 모두 낮은 점수를 받을 수도 있으며 혹은 한쪽에서는 높은 점수를 받고 다른 한쪽에서는 낮은 점수를 받을 수도 있다는 의미가 된다. Ben-Porath와 Tellegen(2011)은 두 척도에서 모두 낮은 점수를 받은 것이 외적 흥미(outside interests)의 결여를 반영할 수 있다고 제안하였다. 일부 경우에는 두 척도에서 모두 낮은 점수를 받은 것이 환경으로부터의 심리적 철회를 나타내는 것일 수 있다.

심미적-문학적 흥미(Aesthetic-Literary Interests: AES)

AES 척도는 7개 문항으로 구성되며, 모두 '그렇다'로 채점된다. 모두 Mf와 중복되는데 5개 문항은 Mf4에, 2개 문항은 Mf3에 있다. Tellegen과 Ben-Porath(2011)는 규준집단의 하위 표집에서 실시한 일주일 간격의 검사-재검사 상관이 .86이라고 보고하였다. 다양한 집단에서의 Cronbach α계수는 .49에서 .66으로 나타났다.

AES의 문항들은 도서관이나 꽃집에서 일하는 것과 같이 심미적이거나 문학적인 직업 및 활동에 흥미를 지니고 있는 것을 나타낸다. 남성에서 상승한 점수는 전형적인 여성적 행동이나 전통적인 성역할의 거부와 관련된다. 여성에서 높은 점수와 관련된 경험적 상관물은 보고되지 않았다. 이러한 이유로, 여성들의 경우 높은 점수는 문항 내용과 관련한 자기보고의 관점에서만 해석한다.

⊃ 해석

낮은 점수(T<39)는 예술적이나 심미적인 직업 또는 활동에 관심이 없는 것을 의미한다. 평균 점수(39~62T)는 해석하지 않는다. 상승한 점수(T≥65)는 심미적이거나 문학적인 활동과 직업에 흥미가 있다고 보고한 것과 관련된다. 이 범위의 점수를 받은 사람들은 종종 공감적이라고 기술된다. 남성들은 성별에 해당하는 전형적인 흥미가 없다고 묘사되기도 한다. 이 척도에서 가장 높은 T점수는 73점이다.

기계적-신체적 흥미(Mechanical-Physical Interests: MEC)

MEC 척도의 문항들은 기계적 및 신체적인 활동과 직업에 대한 넓은 관심을 나타낸다. 이러한 활동에는 무언가를 만드는 것, 스포츠 및 다른 야외 활동이 포함된다. 남성의 경우 MEC

에서의 높은 점수는 전형적인 남성적 흥미, 동성애에 대한 적은 관심, 낮은 자기회의 및 의사결정을 할 때 거의 어려움이 없는 것과 관련된다. AES처럼 여성들의 경우 높은 점수의 경험적 상관물은 밝혀지지 않았다. 따라서 여성에서 높은 점수가 나타났을 때는 오직 문항 내용에 대한 자기보고의 측면에서 해석해야 한다.

MEC에는 9개 문항이 속해 있으며, 모두 '그렇다'로 채점된다. 모두 Mf1과 중복되며, 2개 문항은 MAC-R 및 DISC와 중복된다. Tellegen과 Ben-Porath(2011)는 일주일 간격의 검사-재검사 상관이 .92이라고 보고하였다. 다양한 집단에서의 내적 합치도계수는 .55에서 .64로 나타났다.

⊃ 해석

낮은 점수(T<39)는 기계적인 혹은 신체적인 직업이나 활동에 관심이 없는 것과 관련된다. 평균 점수(39~62T)는 해석하지 않는다. 상승한 점수(T≥65)는 신체적이나 기계적인 활동과 직업에 평균 이상의 흥미가 있다고 보고한 것과 관련된다. 이 범위 점수의 사람들은 전형적으로 남성적인 흥미를 지니고 있다고 묘사되기도 한다. 이들은 감각추구 및 모험성향이 높을 수도 있다.

▲ 성격병리 5요인 척도[Personality Psychopathology Five(PSY-5) Scales]

MMPI-2의 PSY-5 척도(Harkness, McNulty, & Ben-Porath, 1995)는 특히 성격병리에 적용하기 위해 개발된 차원적인 5요인 특질 모델을 나타낸다. PSY-5의 구성 요소는 원래 Harkness와 McNulty(1994)가 『정신장애의 진단 및 통계 편람 제3판(Diagnostic and Statistical Manual of Mental Disorders III-Revised: DSM-III-R)』(American Psychiatric Association, 1987)의 정상 성격의 용어와 이상 성격의 설명들로부터 만들었는데, 정상 성격의 설명을 돕고 성격장애 진단의 차원적 요소를 제공하기 위한 것이었다. MMPI-2 척도들은 각 PSY-5의 구성 요소를 측정하는 MMPI-2 문항들을 선택하기 위하여 '반복적인 합리적 선택(replicated rational selection)'이라고 불리는 합리적이고 통계적인 과정의 조합을 사용하여 만들어졌다. 그에 따라 MMPI-2의 PSY-5 척도들은 공격성(AGGR), 정신증(PSYC), 통제결여(DISC), 부정적 정서성/신경증(NEGE) 및 내향성/낮은 긍정적 정서성(INTR)으로 명명되었다. 독자들은 Harkness, Finn, McNulty와 Shields(2012)가 쓴 이 척도들의 최근 리뷰를 읽어 보길 바란다.

비록 NEO-PI-R(Costa & McCrae, 1992a) 같은 도구로 측정하는 5요인 모델(Five-Factor Model: FFM)의 구성 요소와 PSY-5 척도 간에는 다소 유사한 면이 있지만, 중요한 차이점도 있으며, 이러한 차이점은 심리평가에서 중요한 함의를 지닌다. 예를 들어, PSY-5 척도들이 장애가 있는 성격영역을 측정하기 위한 것이라면, PSYC와 일부 척도는 NEO-PI-R 척도들에서 직접적으로 대응되는 것은 없는데, 이는 NEO-PI-R의 개방성(Openness) 척도가 PSY-5에 직접적으로 대응되는 척도가 없는 것과 마찬가지이다. 이 두 도구의 나머지 영역 간은 약간 중복되기도 하지만, 중요한 것은 PSY-5 척도들에서도 FFM 구성 요소와 개념적 및 경험적인 중복이 나타나며, PSY-5 척도들에는 성격특성의 부적응적 수준을 위한 더 높은 '천장'이 있다는 점이다. PSY-5에 정신증 요소가 포함된 것에 대해 특별하게 언급한 Krueger 등(2011, p. 182)에 따르면, "……PSY-5는 이러한 점에서 매우 선견지명이 있는 모델이며, DSM-5에 적합한 모델에 가깝게 맞춰져 있다."

독자들은 앞서 설명한 MMPI-2의 PSY-5 척도들의 개발 및 임상적인 유용성에 관한 부가적인 정보를 주는 임상적 상관물에 대해 살펴보기 바란다. 이 부분에서는 MMPI-2-RF의 PSY-5 척도 개정판의 생성에 더 초점을 맞출 것이다.

MMPI-2의 PSY-5 척도들을 개정하기 위해 Harkness와 McNulty(2007)는 먼저 338개의 MMPI-2-RF 문항군집에 남아 있는 (원래 MMPI-2 PSY-5 척도의 138개 문항 중) 96개 문항으로 시작하였다. Harkness와 McNulty는 문항-척도(item-scale)와 문항-기준(item-criterion) 분석의 이중방법을 통합하여 개정된 척도에서 남은 문항 중 22개 문항을 탈락시켰고, (MMPI-2 문항군집에 있었으나) PSY-5 척도 중 어느 척도에도 없었던 30개 문항을 다시 포함시켰다. 그 결과, 척도는 104개 문항으로 만들어졌다. 다른 MMPI-2-RF 척도들과 상당히 중복되지만, 개정된 PSY-5 척도들 간에는 중복문항이 하나도 없다. 개정된 척도들은 개정된 공격성(AGGR-r), 개정된 정신증(PSYC-r), 개정된 통제결여(DISC-r), 개정된 부정적 정서성/신경증(NEGE-r) 및 개정된 내향성/낮은 긍정적 정서성(INTR-r)으로 알려졌다. 각각에 대해 설명할 것이다.

공격성(Aggressiveness-Revised: AGGR-r)

AGGR-r 척도는 '공격적인 주장적 행동(aggressively assertive behavior)'을 의미하는 18개 문항으로 구성되며(Ben-Porath & Tellegen, 2011), 16개 문항이 '그렇다'로 채점된다. 14개 문항이 MMPI-2의 AGGR 척도와 공통되며, 4개 문항이 AGGR-r의 고유문항이다. AGGR에 있으나 AGGR-r에는 없는 4개 문항 중 2개는 MMPI-2-RF 문항군집에서 탈락된 것이며, 2개는 척도를 개정할 때 탈락되었다.

Tellegen과 Ben-Porath(2011)는 다양한 치료장면과 규준집단에서 AGGR-r과 IPP의 상관을 살펴보고, 남녀 모두에서 −.87~−.89의 매우 강한 부적 상관이 나타남을 보고하였다. RC9와는 .56~.68 정도로 중간 정도의 정적 상관이 있었다. 이 집단에서의 내적 합치도계수는 .71~.75였다. 규준집단의 하위 표본에서 측정된 검사-재검사 신뢰도는 .84였다.

높은 점수는 반사회성 행동, 공격성, 외향성 및 자기주장성 등과 관련된다. 낮은 점수는 수동성, 복종성 및 쉽게 죄책감을 느끼는 경향과 관련된다.

➲ 해석

낮은 점수(T<39)는 자기주장성의 결여와 관련된다. 이러한 사람들은 대인관계에서 복종적이라고 기술될 수 있다. 이들은 되도록 다른 사람들이 이끌도록 하며 스스로 나서는 일이 거의 없다. 이들은 자신의 결점에 대해 스스로를 탓하는 경향이 있다.

평균 점수(41~60T)는 해석하지 않는다. 이 범위의 점수를 받은 사람들은 수동성과 자기주장성 간의 균형을 보고한다.

상승한 점수(T≥65)의 범위 중 하단의 점수는 자기주장성이나 자신감 등을 반영한다. 이들은 외향적일 수 있고 스스로 리더의 자질이 있다고 여기기도 한다. 그러나 T점수가 70점 이상으로 상승하면, 공격적이고 지배하려고 하는 행동경향이 증가한다. 이러한 사람들은 신체적혹은 도구적 공격성의 과거력이 있을 수 있고, 공격적인 위협으로 타인을 겁주려고 할지도 모른다. 이 정도 점수 범위 내이지만 낮은 상승을 보이는 경우의 긍정적인 자기인상은 자기애성특성을 띤다. 높은 점수는 죄책감이나 후회의 감정이 없는 것과 관련된다.

정신증(Psychoticism-Revised: PSYC-r)

26개 문항으로 된 PSYC-r 척도는 사고장애와 관련된 경험을 나타낸다. 이 중 25개 문항이 '그렇다'로 채점된다. PSYC-r은 25개 문항으로 이루어진 MMPI-2의 PSYC 척도와 17개 문항을 공유하며, PSYC-r에 있는 나머지 9개 문항은 PSYC에는 속하지 않는다. PSYC의 8개 문항이 PSYC-r 척도에는 나타나지 않는데, 이 중 5개 문항이 MMPI-2-RF 문항군집에 속하지 않고, 3개 문항은 척도를 개정할 때 제외되었다. 상위차원척도 부분에서 언급했듯이, PSYC-r은 THD와 22개 문항을 공유하기 때문에 기본적으로 기반이 된 척도보다 MMPI-2-RF에 있는 다른 척도와 더 유사하게 되었다. 문항 중복을 기반으로 할 때, PSYC-r과 THD의 상관은 .85인 반면, PSYC-r과 PSYC의 상관은 .67에 불과하다. 이런 이유로 우리는 앞서 언급했던

PSYC-r과 THD가 중복된다는 경고를 반복한다. 따라서 임상가는 이 척도들 중 오직 하나만 해석해야 하며, 다른 척도에서 상승한 점수로 시사되는 특성이나 증상의 근거를 위해 다른 하나의 상승한 점수를 독립적으로 사용해선 안 된다.

THD 부분에서 언급했듯이, Tellegen과 Ben-Porath(2011)는 다양한 치료장면과 규준집단에서 PSYC-r과 THD의 상관을 살펴본 결과, 남녀 모두에서 .95~.98의 매우 강한 정적 상관이 나타남을 보고하였다. 이에 더해 같은 집단들에서 PSYC-r과 RC8은 상관계수가 .87~.90으로 매우 높은 상관을 보였다. 이 집단에서의 Cronbach α계수는 .69~.88이었고, 환자가 아닌 집단보다 정신과 환자집단에서 약간 더 높았다. 규준집단의 하위 표본에서 측정된 검사-재검사 신뢰도는 .76이었다.

높은 점수는 타인으로부터의 소외감과 함께 다양한 이상한 사고 및 지각경험과 관련된다. 낮은 점수는 이러한 경험 및 느낌들이 없는 것과 관련된다.

⊃ 해석

낮은 점수(T<39)는 모든 형태의 지각적 혼란, 이상한 사고 및 소외감의 부인(denial)과 관련된다.

평균 점수(47~63T)는 해석하지 않는다. 이 범위의 점수를 받은 사람들은 평범한 정도의 이상한 지각경험과 사고들을 보고한다.

상승한 점수(T≥65)는 비현실적 사고와 관련된다. 이러한 사람들은 약간의 이상한 사고 및 지각적 혼란들을 보고한다. 이들은 삶이 압박이라고 느낄 수 있고, 일상의 요구에 대응하는 데 어려움을 겪을 수 있다. T점수가 75점 이상으로 상승하면 장애의 정도가 상승한다. 이들은 망상적 사고나 환각과 같은 상당한 정신증적 증상의 가능성을 보고한다. 이들은 현실검증력에서 손상을 나타낼지도 모른다. 이들은 종종 불안하며 우울하다고 묘사되고, 대인관계 기능에서 어려움이 있을 가능성이 있다. 임상가는 정신증적 장애나 관련된 성격장애의 평가를 실시해야 한다.

통제결여(Disconstraint-Revised: DISC-r)

DISC-r 척도는 20개 문항으로 이루어져 있으며, 그중 17개 문항이 '그렇다'로 채점된다. 문항들은 충동성과 위험 감수의 내용을 폭넓게 나타낸다. DISC-r의 20개 문항 중 13개 문항이 29개 문항으로 된 MMPI-2의 DISC 척도와 공유되며, 7개 문항은 DISC-r의 고유문항이다. DISC에 있으나 DISC-r에는 없는 16개 문항 중 11개 문항은 MMPI-2-RF 문항군집에 없는 것들이며, 5개는 척도를 개정할 때 제외되었다. 상위차원척도의 논의 부분에서 언급했듯이, DISC-r과 BXD는 15개 문항을 공유하는데, 이는 이름이 같은 MMPI-2 척도보다 다른 MMPI-2-RF 척도와 더 많이 중복된다는 것을 의미한다. 문항 중복만을 기반으로 해서도 DISC-r과 BXD 간에 .70이라는 상관을 보일 것으로 기대할 수 있다. 이와 달리 DISC-r과 DISC 간의 상관은 .54 정도이다.

많은 문항이 중복된 것을 고려하면, 예상처럼 Tellegen과 Ben-Porath(2011)는 다양한 치료장면과 규준집단에서 DISC-r과 BXD의 상관이 남녀 모두에서 .89~.92라고 보고하였다. 이에 더해 DISC-r과 RC4는 오직 3개 문항만을 공유하는데도 같은 집단들에서 상관계수가 .76~.83으로 보고되었다. 5개 문항을 공유하는 DISC-r과 RC9 척도의 상관은 .57~.62로, 중간 정도의 정적 상관을 보였다. DISC-r과 AGGR-r도 .22~.50으로 정적 상관이 나타났다. 이 집단에서의 Cronbach α계수는 .69~.75였다. 규준집단의 하위 표본에서 측정된 검사-재검사 신뢰도는 .93이었다. DISC-r과 BXD의 많은 문항 중복과 높은 상관을 고려하면, 2개 척도를 모두 해석할 필요는 없다. DISC-r의 높은 점수는 반사회성 행동, 충동통제결여, 자기애, 속이는 것 및 피상적인 대인관계와 관련된다.

⊃ 해석

DISC-r에서의 낮은 점수(T<39)는 과도하게 통제된 행동을 보고하는 것과 관련된다. 이러한 사람들은 억제되어 있으며 지나치게 관습적이라고 표현될 수 있다.

평균 점수(41~63T)는 해석하지 않는다. 이 범위의 점수를 받은 사람들은 행동적인 통제와 통제하지 않음 사이에서 평범한 정도의 균형을 보고한다.

상승한 점수(T≥65)는 행동적으로 통제되지 않는 것과 관련된다. 이 점수 범위의 하단에 있는 사람들은 충동적이고 일반적 관행을 따르지 않거나 감각추구적이라고 기술될 수 있다. 그러나 T점수가 75점 이상으로 상승하면, 이러한 행동통제의 결여가 더 심각해져서 그것과 관련된 문제와 파생된 결과들도 심각해진다. 또한 좋은 판단력을 사용하는 능력이 줄어든다. 이들은 종종 규칙 파괴자라고 묘사되며, 법적인 문제나 학창 시절에 행동 문제를 보였던 중요한 과거력이 있을 것이다. 이들은 자기애적 성향을 지니며, 자신이 원하는 것을 얻기 위해 남을 조종하거나 속이기도 한다. 임상가는 자기애성 혹은 반사회성 성격장애의 평가를 실시해야 한다. 점수가 상승한 사람들은 치료에 참여하지 않으려 하는 경우가 많고, 자발적으로 치료를 시작할 가능성도 적다. 치료에 참여하게 되면, 이들은 순응적이지 않고 일찍 치료가 중단되는 경향이 있다.

부정적 정서성/신경증(Negative Emotionality/Neuroticism-Revised: NEGE-r)

NEGE-r 척도는 다양한 부정적 정서경험을 반영하며, 성격의 5요인 모델의 신경증 차원과 관련된다. NEGE-r은 20개 문항으로 구성되며, 15개가 '그렇다'로 채점된다. NEGE-r은 33개 문항으로 된 MMPI-2의 NEGE 척도와 14개 문항을 공유한다. NEGE-r에 있는 6개 문항이 NEGE에는 속해 있지 않다. NEGE에 있는 19개 문항이 NEGE-r에는 없는데, 이 중 11개는 MMPI-2-RF 문항군집에 없는 것이고, 8개는 척도 개정 과정에서 제외되었다. NEGE-r은 EID 상위차원척도와 5개 문항을, RC7과 6개 문항을 공유한다.

Tellegen과 Ben-Porath는 공유문항이 적어도, 다양한 집단의 남녀 모두에서 NEGE-r과 EID 및 RC7 두 척도 사이에 각각 .73~.81 및 .82~.87의 높은 정적 상관이 있다고 밝혔다. 이 집단에서 Cronbach α계수는 .76~.84였다. 규준집단의 하위 표본에서 검사-재검사 신뢰도는 .85였다.

높은 점수는 불안, 우울, 불안정성 및 걱정과 관련된다. 또한 높은 점수는 희망이 없는 느낌, 가족 내에 애정이 없는 느낌 및 스트레스에 대해 신체적 반응을 보이는 경향성 등과 관련된다. 낮은 점수는 부정적 정서가 없는 것뿐 아니라 활기찬 느낌과 관련된다.

⊃ 해석

낮은 점수(T<39)는 부정적 정서성이 없는 것을 나타낸다. 이 범위 점수의 사람들은 기본적으로 걱정이 없다고 묘사된다. 이들은 좋은 에너지가 있으며 삶에 대해 긍정적 전망을 지니고 있다고 보고한다. 이들은 스트레스에 대처할 수 있는 역량도 잘 갖추고 있다고 보고한다.

평균 점수(40~62T)는 해석하지 않는다. 이 범위의 점수를 받은 사람들은 평범한 수준의 부정적 정서경험을 보고한다.

상승한 점수(T≥65)는 정서적 고통감의 보고와 관련된다. 이러한 사람들은 아마도 '걱정쟁이'라고 묘사될 수 있다. 이들은 최악을 기대하는 경향이 있고, 그것이 발생한다면 스스로를 탓할지도 모른다. T점수가 75점 이상으로 상승하면, 이러한 걱정은 더 두드러진다. 이 범위의 점수를 받은 사람들은 부정적 결과가 나올 수 있다는 과도한 걱정을 하기 때문에 스스로를 행동적으로 억제한다. 이들은 스트레스 요인에 대한 반응으로 신체적인 증상을 나타낼지도 모른다. 따라서 임상가는 RC1과 신체적 척도들의 상승 여부를 살펴봐야 한다.

내향성/낮은 긍정적 정서성(Introversion/Low Positive Emotionality-Revised: INTR-r)

INTR-r 척도는 20개 문항으로 구성되며, 모두 '아니다'로 채점된다. 문항들은 긍정적 정서 경험의 부족뿐 아니라 사회적 상호작용의 회피를 폭넓게 반영한다. INTR-r은 34개 문항으로 되어 있는 MMPI-2의 INTR 척도와 16개 문항을 공유한다. 4개 문항이 INTR-r에는 있으나 INTR에는 없다. INTR에는 있으나 INTR-r에는 없는 문항은 18개인데, 이 중 13개는 MMPI-2-RF 문항군집에 없는 것이고, 5개는 척도 개정 시 제외되었다. INTR-r은 RC2와 10개 문항을, EID와 8개 문항을, RC9와 5개 문항(역채점)을 공유한다.

INTR-r과 앞에 언급한 척도들의 공유문항 개수를 고려해 보면, 유의미한 관계가 있으리라 예상할 수 있다. Tellegen과 Ben-Porath가 보고한 관계 패턴이 흥미로운데, 이는 검토할 만하다. 비임상 규준집단에서 RC9와 중간 정도의 상관을 보였는데, 남성의 경우 -.52, 여성의 경우는 -.46으로 보고되었다. 그러나 임상집단에서 이 상관은 조금 줄어들어, -.35에서 -.38 정도로 나타났다. 한편, EID와 INTR-r의 관계에서는 반대 패턴이 관찰된다. 규준집단에서 EID와 INTR-r의 상관이 남성은 .34, 여성은 .37 정도의 상관이 있었다. 그러나 임상집단에서는 .63에서 .65 정도로 확실히 커졌다. RC2에 대해서도 그렇게 극적이지는 않으나 유사한 효과가 있는데, 규준집단의 남성들은 .74, 여성들은 .69의 상관을 보였으나, 임상집단에서는 .84에서 .86 정도로 커졌다. 유사성이 임상적 고통감의 함수에 따라 증가한다는 것은 그리 놀라운 일이 아니다. 특히 EID와 INTR-r은 같은 구성개념의 분리된 측면을 측정한다는 것을 의미할지도 모른다.

INTR-r의 높은 점수는 우울감, 불안감, 무망감 및 실패자 같은 느낌과 관련된다. 낮은 점수는 낙관주의, 외향성 및 활기찬 기분과 관련된다.

⊃ 해석

낮은 점수(T<39)는 평균보다 더 많은 긍정적 정서경험을 보고한 사람들과 관련된다. 이 범위 점수의 사람들은 자신이 원하는 것을 알고 있으며 그것을 추구할 만한 에너지를 가지고 있다고 묘사된다. 이들은 사회적 상호작용을 즐기고, 자신의 사회적 기술에 자신감이 있으며, 스트레스에 대한 대처력이 좋다고 보고한다.

평균 점수(40~62T)는 일반적으로 해석하지 않는다. 이 점수는 평범한 수준의 긍정적 정서경험을 보고한 사람들에게서 나타난다.

상승한 점수(T≥65)는 평균보다 적은 긍정적 정서경험을 보고한 사람들과 관련된다. 이들은 사회적으로 어색하게 보이거나 내향적으로 보이는 경향이 있다. 이들은 자신의 사회적 기술에 대해 자신감이 부족하다. T점수가 75점까지 상승하면, 긍정적 정서경험의 부재가 더 두드러진다. 이러한 사람들은 쾌감이 상실된 것(anhedonic)처럼 보이고, 에너지가 없다. 이들은 심각한 우울증과 걱정을 경험할지도 모른다. 이러한 사람들은 이들이 직면한 어려움에 압도당하는 것 같은 느낌을 가질 수 있다. 이들은 실패자처럼 느끼고 삶에서 긍정적 변화를 일으키는 자신의 능력에 대한 믿음도 부족하다. 이들의 비관주의나 부정적 자기개념을 고려하면, 심리치료에 참여하는 것이 어려울 수 있다.

🗣 전망

앞서 언급했듯이 『MMPI-2-RF 매뉴얼』에서 이 검사 도구가 MMPI-2를 대체하는 것이 아니며 대안적인 형태로 볼 수 있다고 했으나(Ben-Porath & Tellegen, 2011), 개발자들은 이전 판에 비해 심리측정적으로 우월하다고 알려진 점을 내세우고 있다. 특히 타당도척도와 RC 척도들을 고려하면 MMPI-2-RF는 이전 판과 몇 가지 유사한 것을 공유하지만, 향상된 심리측정적 특성들 및 내용영역에서 비중복 척도들의 생성 등 저자들의 특정 목표를 반영하는 고유한 특성도 많이 있다.

MMPI-2와 그 전신인 MMPI가 압도적이고 지속적인 사용자들이 있다는 점을 고려하면, MMPI-2-RF에 대한 소개는 그 가치를 폄하하는 일군의 사람들을 맞닥뜨려 왔을 것이다. 실제로 Greene(2011, p. 22)은 "MMPI-2-RF는 MMPI-2의 개정된 혹은 재구성된 형태로 개념화해선 **안 되며**, MMPI-2의 문항군집의 문항들을 선택하고 그 규준집단을 사용하여 선발된 **새로운** 자기보고식 질문지로 봐야 한다."라고 주장하였다. 이 제11장은 MMPI-2-RF에 대한 모든 비판과 방어를 다루는 곳은 아니다. 독자들은 Butcher와 Williams(2012)의 비판뿐 아니라 Ben-Porath와 Flens(2012)의 답변을 읽어 보기 바란다.

우리는 대단한 강점이 또한 약점이 될 수 있는 것을 많이 보아 왔다. MMPI-2-RF의 장점들 중 하나는 표준 MMPI-2(567개 문항)에 비해 상당히 길이가 짧다(338개 문항)는 점이다. Graham(2012)이 언급한 것처럼, 특히 수검자들이 여러 검사로 이루어진 종합평가를 해야 한다면, 많은 수검자가 좀 더 감당하기 쉬운 축약된 길이를 찾을지도 모른다. MMPI-2-RF의 개발자들이 MMPI-2 문항군집의 주요 내용영역을 모두 적절히 다루었다고 주장하지만, 길이가 줄어들면 범위도 줄어든다.

MMPI-2-RF의 또 다른 장점은 상위차원척도와 특정 문제 척도들을 이용하여 다소간의 하향식(top-down) 접근법으로 전개되었다는 점이다. Graham(2012)과 Greene(2011)이 모두 언급했듯이, 이러한 방식은 MMPI-2에 비해 더 간편하고, 더 짧은 시간에 해석을 가능하게 한다. 또한 학생들의 학습곡선을 상당히 낮춰 준다.

우리의 경험상 한 가지 문제는 흔히 MMPI-2-RF의 척도들이 모두 서로 중복되지 않는다고 오해하는 것이다. Tellegen과 Ben-Porath(2011)가 이 문제에 대해 상당히 명확히 밝혀 왔다는 점을 밝혀야 할 것 같다. 이러한 오해의 책임은 그들에게 있지 않다. 각 영역 내의 척도들(예: 상위차원척도, RC 척도, 특정 문제 척도, PSY-5 척도들)이 서로 공유하는 문항이 없다고 할지라도 '주요' 문항은 영역들에 걸쳐 중복된다. 앞서 밝혔듯이, PSYC-r PSY-5 척도는 MMPI-2에 있는 원판 PSYC 척도에 비해 MMPI-2-RF의 상위차원척도인 THD와 더 많은 문항을 공유한다. 물론 이것이 MMPI-2-RF만의 고유한 문제는 아니다. MMPI-2 척도들도 상당히 중복되어 있다. 그러나 PSYC-r과 THD만큼 중복되는 척도는 얼마 없다. 임상가는 MMPI-2-RF를 해석할 때 문항 중복과 척도의 중복성에 대한 문제를 염두에 둘 책임이 있다.

MMPI-2-RF를 사용함에 있어 가장 중요하게 고려할 것 중 하나는 MMPI-2의 사용을 위해 제공되는 경험적 근거들에 비해 상대적으로 적은 경험적 근거들이다(Graham, 2012). MMPI-2-RF는 2008년에 소개되었고, 2011년에 약간 수정되었다. RF의 핵심 구성 요소인 RC 척도들은 2003년에 소개되었다. MMPI/MMPI-2와 비교하여 RC 척도 및 RF의 상대적으로 짧은 시간을 고려하면, 앞선 MMPI들에서 향유되어 온 만큼 사용의 근거가 되는 경험적 논문들의 양이 많지 않다는 것은 놀랍지 않다. 2013년 9월 15일자로 PsycINFO를 통해 검색하면, 'MMPI-2'와 'RC'의 검색어에 해당하는 것은 122개이고, 'MMPI-2'와 'RF'는 101개, 'MMPI-2'와 '재구성(Restructured)'은 176개인데, 이 결과들이 서로 어느 정도는 중복된다는 것은 의심의 여지가 없다. 이와 비교하여 'MMPI-2'를 검색하면 2,503개가 나온다. 다시 한번 말하면, 이전의 검색들이 서로 어느 정도 중복된다는 것은 의심의 여지가 없다. 그럼에도 불구하고 MMPI-2-RF보다 표준 MMPI-2에 대한 경험적 근거들이 훨씬 더 많다는 것은 확실하다.

시간이 지남에 따라 MMPI-2-RF 척도들의 경험적 상관물에 대한 연구 기반이 늘어날 것이라는 점은 확실하다. 그러나 지금으로서는 『기술 매뉴얼』(Tellegen & Ben-Porath, 2011)에서조차 몇몇 MMPI-2-RF 척도의 특수한 경험적 내용들이 제한적인 실정이다. 이 현상의 한 예는 거의 모든 척도의 상관물이 다양한 신체증상의 호소 및 신체적 증상에 대한 몰두인 신체/인지 증상 척도들에서 나타난다는 것이다. 비록 척도의 문항 내용들이 다른 현상들을 다룰지는 모르겠지만, 각 척도의 상관물이 사실상 유사하고 특별히 임상적으로 유익하지 않다. 따라서 이러한 척도들은 수검자의 자기보고에 따라서만 해석하는 것이 최선이 될 수 있다. 비슷한 현상이 경험적 상관물이 보고되지 않는 ACT 척도뿐 아니라 여성에 대한 경험적 상관물이 없는

DSF, AES 및 MEC 척도에서도 관찰된다. 경험적으로 지지되는 상관물에 대한 연구들이 더 많이 나올 때까지 이 척도들을 해석할 때 이러한 사실을 유념해야 한다.

MMPI-2 RC 척도의 저자 중 한 사람이면서 이 척도들이 MMPI-2-RF에 포함된 것을 뿌듯해하는 Graham(2012, p. 415)은 MMPI-2에 기반한 해석들이 MMPI-2-RF에 기반한 해석에 비해 "성격과 정신병리에서 더 깊은 분석을 제공할 수 있다."라고 제안된 점에 주목해야 한다고 하였다. 그는 간결성이 제일 중요한 고려점일 때 혹은 선별 도구가 필요할 때에는 MMPI-2-RF가 더 선호된다고 주장하였다. 현재로서 본 저자들은 이에 부분적으로 동의한다. 즉, 우리는 MMPI-2-RF가 선별 도구로서 또는 567개 문항의 MMPI-2의 실시가 불가능할 때에 한해서만 가장 잘 구현된다는 점에 동의한다. 그러나 우리는 MMPI-2-RF가 MMPI-2의 370개 문항판에 비해 겨우 32개 문항만이 적을 뿐이고, 그에 비해 후자는 광범위하게 연구된 임상척도 및 코드타입의 임상적 해석에 대한 연구들의 이점을 누릴 수 있다는 점에 주목한다.

우리는 Alexander Pope가 1711년에 쓴 『비평론(An Essay on Criticism)』의 한 구절을 기억한다. "새로운 것을 시도하는 가장 처음 사람이 되지 말며, 오래된 것을 간직해 두는 가장 마지막 사람도 되지 말라(Be not the first by whom the new are tried, nor yet the last to lay the old aside)." 여하간, 우리는 당분간 임상가들이 전체 MMPI-2 문항군집을 실시할 것을 권유한다. 그렇게 해야 MMPI-2와 MMPI-2-RF 모두를 채점할 수 있다. Tellegen과 Ben-Porath(2011)뿐만 아니라 van der Heijden, Egger와 Derksen(2010)은 MMPI-2 실시를 통해 얻은 MMPI-2-RF 척도 점수들과 MMPI-2-RF 검사지를 통해 얻은 점수를 비교해 왔다. 두 형태로 채점하면, MMPI-2-RF 척도에 기반하여 해석하기로 했지만 MMPI-2-RF 프로파일을 해석하는 데 있어 가용한 경험적 근거가 적은 척도들이 상승했다면, 임상가는 MMPI-2 프로파일을 사용할 수 있다. 게다가 MMPI-2 점수 및 프로파일의 가용성은 종종 임상가가 주목할 만한 MMPI-2-RF 점수들을 더 폭넓게, 잠재적으로 더 유용한 맥락에 놓는다. 이러한 방식으로 얻어진 MMPI-2-RF 점수들의 비교 가능성을 고려하면, MMPI-2에 대한 풍부한 경험적 지식을 제공하는 확장된 데이터베이스에서 MMPI-2-RF 척도들의 추가적인 상관물들을 얻을 수 있다.

표준 MMPI-2와 MMPI-2-RF판 모두에 MMPI-2의 이름이 사용되지만, 원판 MMPI에서 변화된 것처럼 RF판은 MMPI-2의 단순한 개정판이나 업데이트와는 달리 본질적으로 새로운 도구로 봐야 한다. 확실히 RF는 MMPI-2 문항군집과 MMPI-2를 위한 1989의 규준들, 유사한(그리고 적어도 하나는 향상된; Fp-r 참조) 타당도척도들 그리고 MMPI-2의 PSY-5 척도 개정판에 그 뿌리가 있다. 그러나 RC 척도 같은 RF의 주요 척도세트 구성에 있어서 경험적인 방법을 대체한 이론적인 방법론이 MMPI/MMPI-2 전통으로부터의 핵심적인 출발점이 되었고, 결과적으로 지난 70여 년간 축적되어 온 MMPI/MMPI-2에 관한 방대한 연구 자료들을 RF판에 적용하는 데 있어 중대한 장애물이 되었다. 요컨대, MMPI-2-RF는 새로운 심리측정적 도구이며 아직 경험적 근거나 MMPI-2에 의해 향유되어 온 것 같은 해석적 자료들은 충분히 쌓이지 않았다. 시간이 흐르면서 우리는 확실히 MMPI-2-RF의 완벽한 이해를 발달시킬 수 있을 것이다. 그러나 지금은 향후 이루어져야 하는 연구를 통해 명료해져야 하는 강점과 약점 및 그 패턴들이 아직 상당히 남아 있다.

chapter

12

MMPI-2 및 MMPI-2-RF의 자동해석

컴퓨터 자동해석 시스템

20세기 후반부터 심리검사에 컴퓨터가 본격적으로 도입되었다(Bartram & Hambleton, 2006). 초기에는 주로 학습능력검사와 성취도검사를 채점할 때 컴퓨터를 사용했지만, 최근에는 더 복잡한 심리검사에도 컴퓨터를 활용하고 있다. 사람보다 컴퓨터를 더 신뢰할 수 있는 부분이 있고, 비용의 측면에서 효율적이기 때문이다. Butcher(2009)는 다음과 같이 언급하였다.

> 1960년대부터 컴퓨터를 활용해서 검사 자료를 해석하기 시작하였다. 특정한 형태로 제작된 답안지를 스캐너로 판독하여 검사 자료를 입력하면 컴퓨터가 자동으로 점수를 분석하고 결과를 산출하는데, 그 내용이 임상적으로 유의미하다(Fowler, 1967). 요즘은 온라인에서 심리검사를 실시하기 때문에 채점이 더 수월해졌고, 심리검사를 실시하자마자 결과를 확인할 수 있다(Baker, 2007).

현재 시점에서는 여러 유명한 심리검사를 컴퓨터로 실시할 수 있다. MMPI-2와 MMPI-2-RF를 비롯하여, 16PF, PAI, MCMI-III, EQ-i, M-PULSE 등을 컴퓨터로 실시한다. 초반에는 반발도 있었지만, 심리학 및 정신의학 분야에서 컴퓨터로 심리검사를 실시하고 해석하는 방식은 보편화되었다. 1969년의 조사에서는 미국의 저명한 심리학자와 정신과 의사 중에서 1/4가량이 심리검사에 컴퓨터를 사용한다고 응답했는데(Fowler, 1969), 그 이후로 컴퓨터를 사용하는 임상가의 비중은 꾸준히 증가하였다(Butcher, 2009; Spielberger & Piotrowski, 1990). 컴퓨터로 심리검사를 실시하고 해석하는 방식을 전문가집단이 수용하고 있는 것이다(Atlis, Hahn, & Butcher, 2006; Ben-Porath & Butcher, 1986; Butcher, 1994a, 2013; Butcher, Perry, & Atlis, 2000; Butcher, Perry, & Dean, 2009; Carr & Ghosh, 1983; Fowler, 1985; Greist, Klein, Erdman, & Jefferson, 1983; Spinhoven, Labbe, & Rombouts, 1993; Williams & Weed, 2004).

하지만 모든 전문가가 컴퓨터로 심리검사를 실시하고 해석하는 방식에 동의하는 것은 아니다. 몇 가지의 중요한 논쟁이 있다.

1. 컴퓨터로 실시한 심리검사의 결과와 질문지로 실시한 심리검사의 결과가 다를 수 있다. 그러나 Watson 등(1990), Watson, Manifold 등(1992), Schuldberg(1990), Butcher(2009)에 따르면, 어떤 방식으로 검사를 실시해도 결과는 동등하였고 차이는 미미하였다.
2. 컴퓨터로 실시한 심리검사의 타당도를 경험적으로 확인할 필요가 있다(Matarazzo, 1986; Moreland, 1985, 1990).
3. 컴퓨터로 실시한 심리검사가 심리평가 과정에 부적절한 영향을 미칠 수 있다(Tallent, 1987).

Butcher 등(2009)은 컴퓨터로 심리검사를 실시하고 해석하는 방식의 적절성에 의문을 제기하는 다음과 같은 비판적 견해를 검토하였다. 컴퓨터를 활용하는 심리검사의 타당도가 경험적 연구 자료와 부합하는가? 컴퓨터를 활용하는 심리검사의 특징과 구조를 소개하는 지침서가 출판되었는가? 컴퓨터 자동해석 보고서에 광범하게 검증된 측정치가 포함되었는가? 컴퓨터 자동해석 시스템을 주기적으로 갱신하여 새로운 연구결과를 반영하였는가? 컴퓨터 자동해석 시스템이 기존의 경험적 연구결과를 적절하게 통합하였는가? 임상가는 컴퓨터 자동해석 시스템을 선택할 때 이러한 비판적 견해를 모두 검토해야 한다.

컴퓨터 자동해석 시스템의 타당도를 향상시키려면 통계적으로 입증된 자료만 엄격하게 제시해야 한다. 앞서 언급했듯이, 여러 연구에서 통계적 해석과 임상적 해석이 거의 동등한 것으로 확인되었다. 하지만 컴퓨터 자동해석 시스템의 모든 요소가 통계적으로 입증된 자료를 바탕으로 제작되어 있는 것은 아니다. 대부분의 컴퓨터 자동해석 시스템은 통계적으로 입증된 자료를 부분적으로 제시하고 있으며, 통계적으로 입증되지 않은 자료의 정확성 여부는 그 시스템을 설계한 사람의 임상적 역량과 결부되어 있다.

아울러 컴퓨터 자동해석 시스템에 탑재되어 있는 통계적 자료는 오직 그 시스템의 알고리즘에 반영되어 있는 경험적 자료에 국한된다. 컴퓨터는 입력된 자료만 출력할 수 있기 때문이다. 그러나 임상적 의사결정은 그것보다 훨씬 복잡하다. 컴퓨터 자동해석 시스템은 모든 경우의 수를 고려하지 못한다. 현존하는 MMPI-2 및 MMPI-2-RF 자동해석 시스템 중에서 피검자의 개인적 및 상황적 요인을 모두 혹은 거의 모두 고려하는 시스템은 존재하지 않는다. 따라서 Rodgers(1972, p. 245)는 "나는 그것이 기본적으로 위험하다고 생각한다. 자동해석 시스템은 MMPI에 정통한 전문가만 사용해야 한다. 단순히 자동해석 보고서를 인쇄해서 전달하는 수준에 머물러서는 곤란하다."라고 우려하였다. Eichman(1972)과 Tallent(1987)도 심리측정 및 심리평가에 대한 지식이 부족한 전문가가 컴퓨터 자동해석 시스템을 오용할 가능성을 경계하였다. 컴퓨터 자동해석 시스템은 임상적 판단을 보완하기 위한 수단이지, 임상적 판단을 대체하기 위한 수단이 아니다. Fowler와 Butcher(1986, p. 95)가 언급했듯이, "컴퓨터와 내담자 사이에 반드시 임상가가 있어야 한다."

이러한 우려에도 불구하고, 컴퓨터 자동해석 시스템을 사용하는 전문가들은 만족감을 표시하였다(Webb, 1970b; Webb, Miller, & Fowler, 1969; Webb et al., 1970). 후속연구에서도, 비록 평정자 간 일치도가 낮아서 타당도가 빈약하다는 비판이 있기는 했지만 컴퓨터 자동해석 보고서의 정확성이 지지되었다(Moreland, 1985; Williams & Weed, 2004). 현재 임상가는 여러 종류의 컴퓨터 자동해석 시스템을 선택할 수 있다. 그래서 엄격한 비교연구를 수행하기가 오히려 어렵다. 어떤 시스템은 통계적 자료를 중심으로 설계되어 있고, 다른 시스템은 임상적 경험을 기반으로 설계되어 있기 때문이다. 자동해석 보고서에서 주목하는 척도가 시스템마다 다르고, 시스템의 복잡성과 적용 범위도 제각각 다르다. 심지어 진단적 인상을 제공하지 않는 자동해석 시스템도 존재한다.

Williams와 Weed(2004)는 여덟 가지 종류의 MMPI-2 자동해석 보고서를 비교하여 방법론적 한계점을 개관하였다. 여러 임상가에게 자동해석 보고서의 임상적 유용성, 해석적 정확성, 진단적 적절성을 평정해 달라고 요청한 결과, 실용적인 정보가 확인되었다. 또한 실제적 MMPI-2 프로파일의 자동해석 보고서와 가상적 MMPI-2 프로파일의 자동해석 보고서를 비교한 결과, 여덟 가지 자동해석 시스템 모두에서 실제적 프로파일의 자동해석이 가상적 프로파일의 자동해석보다 정확하고 유용한 것으로 밝혀졌다. 그리고 여덟 가지 자동해석 시스템은 서로 상당한 차이를 보였다. 더 자세한 내용은 연구논문을 참고하기 바란다.

컴퓨터 자동해석 시스템의 장점 및 단점

MMPI-2를 컴퓨터로 실시하고 채점하는 임상가는 앞으로 더 많아질 것이다. 컴퓨터 자동해석 시스템의 장점은 다음과 같다(Butcher, 1987a, 1994b; Spielberger & Piotrowski, 1990).

1. **신뢰도**. 컴퓨터는 사람보다 안정적이다. 동일한 자료를 입력하면 항상 동일한 결과가 출력된다.
2. **기억력**. 상세한 정보를 정확하게 기억하고 신속하게 회상하는 능력은 컴퓨터가 사람보다 우월하다. 컴퓨터를 사용하면 도서관에 방문하지 않아도 된다.
3. **객관성**. 컴퓨터를 사용하면 해석자의 편향이 감소된다. 컴퓨터는 알고리즘에 근거해서 자동적으로 그리고 일관적으로 자료를 해석하므로 가외변인의 영향을 받지 않는다.
4. **신속성**. 방대한 자료를 신속하게 처리하고 분석하는 능력은 컴퓨터가 사람보다 월등하다. 컴퓨터는 하루에 수천 건의 자료를 채점하고 해석하고 출력하며, 순식간에 한 건의 자료를 처리한다. 따라서 임상가의 시간을 절약할 수 있다.
5. **효율성**. 컴퓨터를 사용하면 비용의 측면에서 효율적이므로 자동해석 시스템을 사용하는 임상가가 더 많아질 것이다.

하지만 컴퓨터 자동해석 시스템은 다음과 같은 단점을 지니고 있다(Butcher, 1987a, 1987b, 2009; Butcher et al. , 2009; Matarazzo, 1986; Spielberger & Piotrowski, 1990).

1. **전형성**. 컴퓨터는 피검자의 개별적인 특성을 고려하지 않고 전형적인 해석을 제시한다(Matarazzo, 1986). 제9장에서 언급했듯이 컴퓨터의 통계적 해석이 임상가의 임상적 해석을 능가하는 추세이기는 하지만, 대부분의 자동해석 시스템은 숙련된 임상가가 고려하는 중요한 변수(예: 생활수준, 교육수준, 취업상태)를 감안하여 해석 결과를 조정하지 않는다.
2. **제한성**. 컴퓨터의 객관성과 정확성은 알고리즘을 개발한 전문가의 객관성과 정확성에 국한된다. 즉, 전문가의 능력이 컴퓨터의 능력을 제한한다.
3. **비밀성**. 자동해석 시스템에 상업적인 소유권이 있으므로 시스템의 소유자 외에는 알고리즘에 접근할 수 없다. 대개의 경우 자체적으로 자문단을 구성해서 비밀스럽게 알고리즘을 검토하고 시스템이 타당하다고 발표한다.
4. **의존성**. 자동해석 시스템의 편리성과 신뢰성 때문에 자칫하면 컴퓨터의 자동해석에 지

나치게 의존할 가능성이 있다. 특히 충분한 자격을 갖추지 못한 사용자가 피검자의 자료에 접근해서 오용할 우려가 있다.

5. **상업성**. 자동해석 시스템의 옥석을 가리기가 어렵다. 공익적인 목적으로 개발된 시스템과 달리 상업적인 목적으로 개발된 시스템은 채점과 해석의 알고리즘을 공개하지 않고 전문가의 조사와 검토를 허용하지 않기 때문에 선택하기가 더 어렵다.

임상가는 미국심리학회(1986)가 제정한 「컴퓨터형 심리검사의 실시 및 해석 지침(Guidelines for Users of Computer-Based Tests and Interpretations)」을 준수해야 한다. 이 지침에 따르면, 컴퓨터 자동해석 시스템을 사용하는 임상가는 컴퓨터의 도움을 받지 않고도 검사결과를 해석할 수 있는 전문성과 책임감을 보유해야 한다.

정신병리의 기저율은 기준집단마다 서로 다르다. 현재 기준집단의 기저율을 고려하여 검사결과를 보정하는 MMPI-2 및 MMPI-2-RF 자동해석 시스템이 일부 존재한다. 임상가는 피검자의 특성을 반영하는 기준집단(예: 정신건강센터 외래환자, 정신과 외래환자, 일반병원 외래환자, 법정장면 의뢰자, 경찰관 임용대상자, 소방관 임용대상자, 항공기 조종사 취업지원자)을 선택할 수 있다. MMPI-2 및 MMPI-2-RF 규준집단의 기저율과 특수한 기준집단의 기저율이 현저하게 다르다는 사실이 계속해서 확인되면, 다양한 기준집단의 기저율을 정확하게 반영하는 자동해석 시스템이 구축될 것이다.

제2장에서 언급했듯이, 최근에 컴퓨터 조응형 검사라는 혁신적인 방법이 도입되어 제한적인 성과를 거두었다. 컴퓨터 조응형 검사를 실시하면, 임상적 의사결정에 필요한 문항만 선택적으로 제시할 수 있으므로 검사시간이 단축된다. 대표적으로, 두 종류의 '카운트다운 방법'을 사용한다. 첫째, 단순분류방식(Butcher, Keller, & Bacon, 1985)의 경우, 컴퓨터가 피검자의 응답을 실시간으로 분석하다가 일정한 수준에 도달하면 검사를 중단한다. 예컨대, 채점되는 쪽으로 응답한 문항수가 많은 척도는 상승할 것으로 예측되므로 검사를 중단하고, 채점되는 쪽으로 응답한 문항수가 적은 척도는 하강할 것으로 예측되므로 검사를 중단한다. 즉, 척도의 상승 혹은 하강 여부에 초점을 맞추는 방식이다. 둘째, 총점산출방식(Ben-Porath, Slutske, & Butcher, 1989)의 경우, 하강할 것으로 예측되는 척도는 중간에 검사를 중단하고, 상승할 것으로 예측되는 척도는 끝까지 검사를 실시하여 총점을 산출한다. 즉, 척도의 상승 여부뿐만 아니라 상승 수준까지 파악하는 방식이다. 제한적인 성과가 보고되기는 했지만(Forbey & Ben-Porath, 2007), 컴퓨터 조응형 검사를 실시하면 시간적 효율성과 검사의 타당도를 맞바꾸는 결과가 초래될 수 있다. 특히 이질적인 문항으로 구성된 MMPI-2의 임상척도는 컴퓨터 조응형 검사에 적합하지 않다. 하지만 동질적인 문항으로 구성된 MMPI-2의 내용척도, PSY-5 척도,

RC 척도는 컴퓨터 조응형 검사에 적합하다. 또한 척도의 문항수가 적을수록 신뢰도가 훼손될 가능성이 높다는 사실을 유념해야 한다. 문항수가 10개 이하인 MMPI-2의 임상소척도와 MMPI-2-RF의 상당수 척도는, 비록 동질적인 문항으로 구성되어 있더라도 컴퓨터 조응형 검사에 적합하지 않다.

최초의 MMPI 자동해석 시스템은 메이요 클리닉이 개발하였다(Rome et al., 1962; Swenson & Pearson, 1964). 초기의 자동해석 시스템은 임상척도를 단순하게 조합하는 방식으로 구축되었고, 피검자를 선별하는 목적으로 사용되었다. 이어서, 정신과적 진단에 활용할 수 있는 자동해석 보고서를 제공하는 시스템으로 발전되었다(Butcher et al., 2009). Fowler(1967, 1969)는 임상척도의 형태, 특수척도의 수준, 수검태도의 특징을 고려하는 자동해석 시스템을 개발하여 상당한 주목을 받았다. 그 밖에도 Caldwell(1971), Greene과 Brown(1990), Lachar(1974)가 자동해석 시스템을 구축하였다. MMPI 자동해석 시스템의 한계에 관심이 있는 독자는 Butcher(1987b)를 참고하기 바란다. 현재 시점에서 가장 많은 임상가가 선택하고 있는 '미네소타 보고서'는 1982년에 National Computer Systems사가 개발하였고, Pearson Assessments사가 소유하고 있다. 미네소타 보고서에는 타당도척도, 임상척도, 내용척도, 보충척도가 제시된다. 간단한 채점결과만 산출할 수도 있고, 다양한 해석 자료를 구입할 수도 있다(예: 인사선발 자동해석 보고서, 임상장면 자동해석 보고서).

🗣 컴퓨터 자동해석 보고서: 사례

컴퓨터 자동해석 시스템의 채점과 해석을 서로 비교하기 위해서, 우리는 제일 많은 임상가가 선택하는 2개의 업체에 MMPI-2 및 MMPI-2-RF의 자동해석을 의뢰하였다. 2개의 자동해석 시스템이 동일한 답안지와 동일한 임상 정보를 어떻게 분석했는지 비교해 보자.

임상 정보

신상 정보

성명: Roseanne Valenda

성별: 여성

연령: 23세

일시: 2011년 2월 22일~3월 1일

의뢰: 자발적 방문

의뢰 사유

Valenda는 미드웨스턴대학교 학생상담센터에 자발적으로 방문하였다. 그녀는 자신이 주의력결핍과잉행동장애(ADHD)를 지니고 있는 것 같다고 호소하면서 심리평가를 요청하였다.

배경 정보

Valenda는 석사학위 논문심사를 앞두고 있는 대학원생이다. 그녀는 2년간 준비했던 연구주제를 포기하고 새로운 연구주제로 변경하였다. 검사 당시, 그녀는 주의를 집중하기가 어려우므로 논문심사 일정을 늦춰 달라고 요청한 상태였다. 그녀는 일상적인 과제수행이 힘들 정도로 주의가 산만하다고 호소하였다. 예컨대, 운동화 끈을 묶는 데 30분이 걸린다고 보고하였다.

임상면접 결과, Valenda는 상당히 경직되고 구체적인 사고방식을 지니고 있었다. 예컨대, 논문심사에서 탈락할 수도 있다는 사실을 수용하지 못했고, 학위취득은 필수가 아닌 선택이라는 견해를 인정하지 않았다. 오히려 분노감과 괴로움을 토로하였다. 호소 문제를 탐색하자, 그녀는 주의를 집중하기가 힘들고 주의가 쉽게 분산된다는 애매한 이야기를 반복하였다. 그녀는 수면곤란과 반추사고를 보고하였고, 특히 논문심사 때문에 스트레스를 받는다고 언급하였다.

주의집중곤란 때문에 학업수행이 어려웠던 적이 있는지 질문하자, 그녀는 과거에 딱 한 번 그런 적이 있다고 대답하였다. 고등학교 시절 어떤 과목에서 C학점을 받았는데, 교사로부터 노력이 부족하다는 평가를 들었다고 회상하였다. 품행 문제, 학업 문제, 질병 문제는 전혀 언급하지 않았다.

Valenda에게 동의를 구하고 그녀의 어머니를 면접하였다. 어머니는 상당히 다른 이야기를 들려주었다. 그녀가 학창 시절에 품행 문제와 학업 문제를 보였고, 특히 의학적으로 심각한 질병을 앓았다는 것이다. Valenda는 약 3세경부터 편두통으로 의심되는 두통을 자주 호소했는데, 초등학교에 입학하면서 두통의 빈도와 강도가 악화되었다. 어느 날 그녀는 심한 두통을 느끼고 교실에서 소리를 질렀다. 교사는 이것을 품행 문제로 인식하였고, 또래들은 그녀를 따돌리기 시작하였다. 어머니는 Valenda가 학교에서 따돌림을 당했기 때문에 지금도 대인관계에서 조심스러운 태도를 보이는 것 같다고 언급하였다.

사춘기에 접어들면서 Valenda의 두통은 더 악화되었다. 두통의 원인을 밝히려고 신경과 통증 클리닉에 방문하고 심지어 치아교정도 했지만 두통은 사라지지 않았다. 마침내 내분비과 의사가 10mm 크기의 뇌종양을 발견하였다. 약물을 투여하자 뇌종양의 크기가 1mm 정도 줄어들었지만 더 이상은 호전되지 않았다. 내분비과 의사는 종양절제수술을 제안하였다. 그러나 Valenda는 적극적인 처치를 원하지 않았다.

성격특성 및 대인관계와 관련하여, 어머니는 Valenda가 학창 시절에 따돌림을 당했던 경험 때문에 자신의 질병 문제를 숨기는데, 그래서 임상가에게도 공개하지 않은 것 같다고 이야기하였다. 어머니는 Valenda가 타인을 신뢰하지 않는다고 보고하였다.

행동관찰

검사 당시 Valenda의 건강상태는 양호하였다. 그녀는 심리평가의 목적을 알고 있었고, 수월하게 라포를 형성하였다. 그녀의 언어 표현은 적절하였고, 정신증을 의심할 만한 병리적 사고는 관찰되지 않았다. 약속시간을 지켰고, 검사자 및 검사 상황을 편안하게 받아들였다. 카키색 셔츠를 입었고, 안경은 착용하지 않았다.

Valenda는 지능검사에 열심히 참여하였고, 각 소검사가 무엇을 측정하는지 질문하였다. 임상가는 모든 검사를 마친 뒤에 설명해 주겠다고 약속하였고, 그녀는 만족스러워하였다.

피로감을 줄이기 위해서 두 차례로 나누어 심리검사를 실시하였다. 그녀는 인내심을 발휘하였고, 충동적으로 행동하지 않았다. 그녀의 전반적인 활력수준은 성별과 상황을 고려할 때 무난하였고, 과제수행에 실패하더라도 적절하게 반응하였다. 이런 맥락에서 심리검사 결과의 타당성은 의심되지 않았다.

검사결과

2개의 업체에 MMPI-2의 자동채점과 자동해석을 의뢰하여 '미네소타 보고서(The Minnesota Report)'와 'Caldwell 보고서(Caldwell Report)'를 각각 입수하였다. 아울러 MMPI-2-RF 프로파일과 '해석 보고서: 임상용(Interpretive Report: Clinical Settings)'을 추가로 입수하였다. 결과적으로, 모두 3종의 자동해석 보고서를 확보하였다.

3종의 자동해석 보고서가 주목하는 검사 자료가 서로 중복되고 각각의 자동해석 보고서에는 구체적인 척도의 점수가 제공되지 않는 경우가 많으므로, 피검자의 MMPI-2 및 MMPI-2-RF 프로파일을 먼저 제시하겠다. 우선 [그림 12-1]에 피검자의 MMPI-2 프로파일을 제시하였고, [그림 12-2]에 MMPI-2-RF의 타당도척도 프로파일을 제시하였으며, [그림 12-3]에 MMPI-2-RF의 상위차원척도와 재구성 임상척도 프로파일을 제시하였다.

3종의 자동해석 보고서를 살펴보기 전에, 피검자의 MMPI-2 및 MMPI-2-RF 프로파일을 신중하게 검토하여 그녀의 반응양상, 증상 패턴, 성격특성, 주요 진단 등에 대한 나름의 가설을 수립해 보기 바란다. 그런 다음에 3종의 자동해석 보고서와 비교해 보면 좋겠다.

MMPI-2 프로파일

Valenda의 MMPI-2 프로파일은 다음과 같다. 먼저, [그림 12-1]에 타당도척도와 임상척도를 제시하였다.

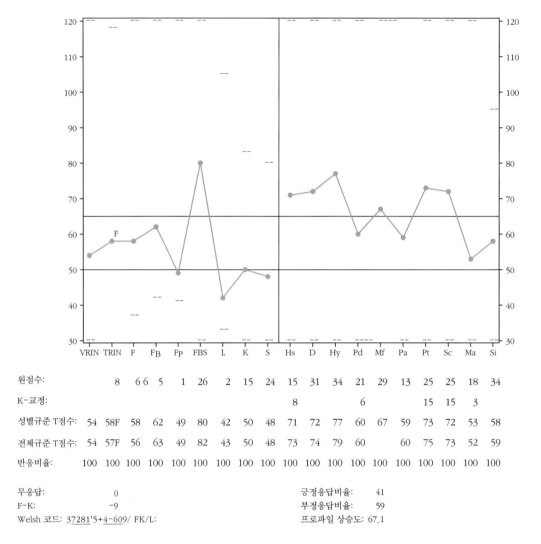

원점수:		8	6 6	5	1	26	2	15	24	15	31	34	21	29	13	25	25	18	34
K-교정:										8			6			15	15	3	
성별규준 T점수:	54	58F	58	62	49	80	42	50	48	71	72	77	60	67	59	73	72	53	58
전체규준 T점수:	54	57F	56	63	49	82	43	50	48	73	74	79	60		60	75	73	52	59
반응비율:	100	100	100	100	100	100	100	100	100	100	100	100	100	100	100	100	100	100	100

무응답: 0   긍정응답비율: 41

F-K: -9   부정응답비율: 59

Welsh 코드: 37281'5+4-609/ FK/L: 프로파일 상승도: 67.1

* "--"는 각 척도의 상한선과 하한선임.
* FBS 척도에 관한 정보는 Ben-Porath와 Tellegen(2006)을 참조할 것.

> 그림 12-1   **MMPI-2의 타당도척도 및 임상척도**

Valenda의 프로파일에서 MMPI-2 임상소척도의 원점수와 T점수는 다음과 같다.

임상소척도	원점수	T점수	임상소척도	원점수	T점수	임상소척도	원점수	T점수
D1	15	67	Pd4	5	54	Sc1	4	53
D2	9	68	Pd5	7	68	Sc2	2	58
D3	5	63	Mf1	5	34	Sc3	7	86
D4	8	75	Mf2	4	42	Sc4	8	80
D5	4	58	Mf3	1	35	Sc5	3	59
Hy1	4	51	Mf4	4	47	Sc6	8	77
Hy2	7	50	Mf5	0	31	Ma1	0	37
Hy3	11	83	Mf6	4	46	Ma2	5	50
Hy4	6	61	Mf7	5	55	Ma3	4	56
Hy5	4	54	Mf10	9	25	Ma4	3	49
Pd1	3	56	Pa1	3	57	Si1	6	52
Pd2	2	46	Pa2	3	53	Si2	7	69
Pd3	4	52	Pa3	4	45	Si3	8	58

Valenda의 프로파일에서 MMPI-2 내용척도 및 내용소척도의 원점수와 T점수는 다음과 같다.

내용척도	원점수	T점수	내용소척도	원점수	T점수	내용소척도	원점수	T점수
ANX	10	56	FRS1	1	48	ASP1	7	55
FRS	2	38	FRS2	1	33	ASP2	0	42
OBS	10	63	DEP1	3	55	TPA1	1	40
DEP	8	55	DEP2	2	53	TPA2	1	40
HEA	14	66	DEP3	3	61	LSE1	4	57
BIZ	7	67	DEP4	0	45	LSE2	0	39
ANG	7	53	HEA1	1	54	SOD1	13	76
CYN	11	53	HEA2	6	72	SOD2	3	50
ASP	7	52	HEA3	3	64	FAM1	3	47
TPA	5	43	BIZ1	2	65	FAM2	2	59
LSE	6	52	BIZ2	4	66	TRT1	1	46
SOD	16	68	ANG1	3	61	TRT2	0	38
FAM	6	50	ANG2	3	49			
WRK	10	52	CYN1	8	56			
TRT	4	49	CYN2	3	49			

Valenda의 프로파일에서 MMPI-2의 RC 척도, PSY-5 척도, 보충척도, 타당도지표 및 특수 척도의 원점수와 T점수는 다음과 같다.

RC 척도	원점수	T점수	보충척도	원점수	T점수	타당도지표	원점수	T점수
RCd	11	60	A	16	56	Ds	13	54
RC1	10	66	R	19	57	Mp	7	46
RC2	7	62	Es	25	31	Sd	11	47
RC3	6	50	Do	16	49	Ss	47	35
RC4	3	48	Re	24	59			
RC6	3	67	Mt	28	72	특수 척도	원점수	T점수
RC7	5	47	PK	23	72	Dr1	10	68
RC8	7	69	MDS	5	59	Dr2	7	47
RC9	10	48	Ho	16	49	Dr3	5	62
			O-H	13	48	Dr4	5	75
PSY-5 척도	원점수	T점수	MAC-R	16	42	Dr5	2	48
AGGR	8	53	AAS	0	39	Hp	0	43
PSYC	8	66	APS	25	55	Pf1	0	45
DISC	8	44	GM	39	66	Pf2	2	57
NEGE	10	48	GF	35	43	Pf3	0	47
INTR	18	68				Pf4	2	69
						CogPro	11	86
						DisOrg	4	69

MMPI-2-RF 프로파일

Valenda의 MMPI-2-RF 프로파일은 다음과 같다. [그림 12-2]에 타당도척도, [그림 12-3]에 상위차원척도와 재구성 임상척도를 제시하였다.

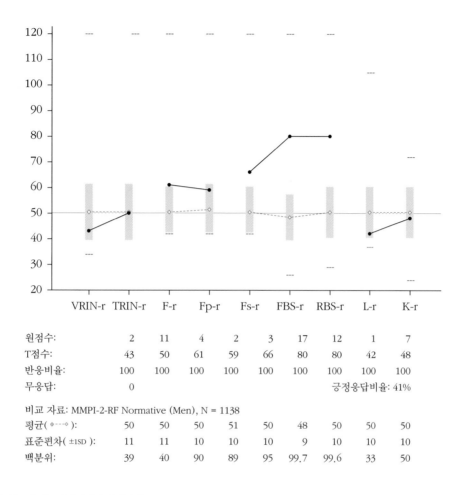

원점수, T점수, 반응-비율, 무응답, 비교 자료 표:

	VRIN-r	TRIN-r	F-r	Fp-r	Fs-r	FBS-r	RBS-r	L-r	K-r
원점수:	2	11	4	2	3	17	12	1	7
T점수:	43	50	61	59	66	80	80	42	48
반응-비율:	100	100	100	100	100	100	100	100	100
무응답:	0						긍정응답비율: 41%		

비교 자료: MMPI-2-RF Normative (Men), N = 1138

	VRIN-r	TRIN-r	F-r	Fp-r	Fs-r	FBS-r	RBS-r	L-r	K-r
평균(◦---◦):	50	50	50	51	50	48	50	50	50
표준편차(±1SD):	11	11	10	10	10	9	10	10	10
백분위:	39	40	90	89	95	99.7	99.6	33	50

* "---"는 각 척도의 상한선과 하한선임.

VRIN-r	무선반응 비일관성		Fs	비전형 신체적 반응	L-r	혼치 않은 도덕적 반응
TRIN-r	고정반응 비일관성		FBS-r	증상타당도	K-r	적응타당도
F-r	비전형 반응		RBS	반응 편향 척도		
Fp-r	비전형 정신병리 반응					

그림 12-2   **MMPI-2-RF 해석 보고서: 타당도척도**

출처: Ben-Porath & Tellegen (2001)에서 발췌함.

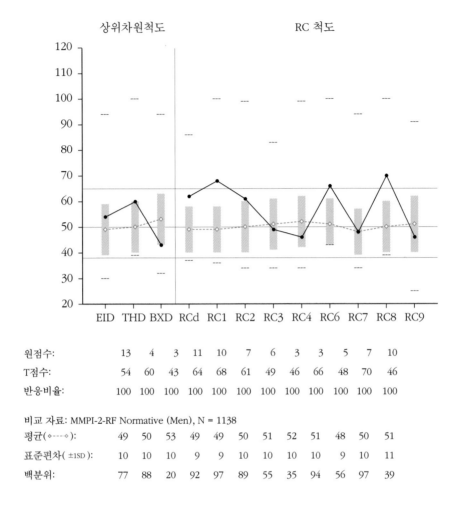

	EID	THD	BXD	RCd	RC1	RC2	RC3	RC4	RC6	RC7	RC8	RC9
원점수:	13	4	3	11	10	7	6	3	3	5	7	10
T점수:	54	60	43	64	68	61	49	46	66	48	70	46
반응비율:	100	100	100	100	100	100	100	100	100	100	100	100

비교 자료: MMPI-2-RF Normative (Men), N = 1138

평균(◇---◇):	49	50	53	49	49	50	51	52	51	48	50	51
표준편차(±1SD):	10	10	10	9	9	10	10	10	10	9	10	11
백분위:	77	88	20	92	97	89	55	35	94	56	97	39

* "---"는 각 척도의 상한선과 하한선임.

EID	정서적/내재화 문제		RCd	의기소침	RC6	피해의식
THD	사고 문제		RC1	신체증상 호소	RC7	역기능적 부정정서
BXD	행동적/외현화 문제		RC2	낮은 긍정정서	RC8	기태적 경험
			RC3	냉소적 태도	RC9	경조증적 상태

그림 12-3 MMPI-2-RF 해석 보고서: 타당도척도 및 RC 척도

출처: Ben-Porath & Tellegen (2001)에서 발췌함.

Valenda의 프로파일에서 MMPI-2-RF 특정 문제 척도의 문항수, 원점수와 T점수는 다음과 같다.

특정 문제 척도	문항수	원점수	T점수	특정 문제 척도	문항수	원점수	T점수
신체/인지 증상 척도				**외현화 척도**			
MLS	8	6	75	JCP	6	0	40
GIC	5	2	72	SUB	7	0	41
HPC	6	4	72	AGG	9	4	61
NUC	10	2	59	ACT	8	7	75
COG	10	6	75	**대인관계 척도**			
내재화 척도				FML	10	2	49
SUI	5	0	40	IPP	10	2	43
HLP	5	0	40	SAV	10	8	70
SFD	4	2	56	SHY	7	3	50
NFC	9	5	58	DSF	6	3	78
STW	7	1	43	**흥미 척도**			
AXY	5	1	59	AES	7	0	33
ANP	7	0	39	MEC	9	3	52
BRF	9	0	43				
MSF	9	0	36				

자동해석 보고서(1): 미네소타 보고서

미네소타 보고서

프로파일 타당성

피검자는 개방적이고 협조적으로 MMPI-2에 응답하였다. 임상척도 및 내용척도의 프로파일은 타당하며, 피검자의 현재의 기능수준을 정확하게 반영한다. 따라서 심리검사 결과를 적절하게 해석해도 무방하다.

피검자가 최종학력을 기입하지 않았기 때문에 고등학교 졸업자를 기준으로 미네소타 보고서를 작성하였다. 만약 최종학력이 고졸이 아니라면 미네소타 보고서를 신중하게 해석해야 하고, 적절하게 수정해야 한다. 특히 교육수준과 밀접한 관련이 있는 정보(예: 척도 5)를 해석할 때 주의해야 한다.

피검자가 결혼상태를 기입하지 않았기 때문에 미혼자를 기준으로 미네소타 보고서를 작성하였다. 만약 결혼상태가 미혼이 아니라면 미네소타 보고서를 적절하게 수정해야 한다.

피검자가 어떤 장면에서 MMPI-2를 실시했는지 명시되지 않았기 때문에 정신건강기관 외래환자를 기준으로 미네소타 보고서를 작성하였다. 만약 실시장면이 다르다면, 해석 내용이 정확하지 않을 수 있다.

증상 패턴

임상척도에서 주목되는 것은 척도 3과 척도 7의 상승이다. 그러나 척도 2와 척도 8도 비슷한 수준으로 상승했다는 사실을 간과하면 안 된다. 피검자는 상당히 복잡한 심리적 문제를 지니고 있는 것 같다. 피검자의 프로파일은 정신건강기관 외래환자에게서는 거의 관찰되지 않는 것인데, 이것은 평범하지 않은 증상 패턴을 시사한다. 그녀는 신체적 문제와 관련된 불안감을 강하게 경험하고 있으나, 그것을 부인하고 억압한다. 그녀는 경직되어 있고, 완벽주의적이고, 다분히 도덕주의적이며, 자신의 심리적 문제 혹은 취약성을 부인하려고 시도한다. 그러나 이와 동시에 그녀는 상당한 수준의 심리적 스트레스를 경험하고 있으며, 자신의 문제를 스스로 감당할 수 없다고 인식한다. 그녀는 갑자기 치명적인 질병에 걸릴까 봐 염려하고, 죽음과 질병에 대한 막연한 걱정을 계속하며, 이러한 공포 때문에 반복적으로 안심을 추구하기도 한다.

피검자는 전통적인 여성적 관심사의 범위를 넘어서는 다양한 관심사를 지니고 있다. 척도 5가 상승한 여성은 일반적인 여성과 사뭇 다른 모습을 보이는데, 흔히 남성적 관심사로 대표되는 문항들에 응답했기 때문이다.

내용척도에서는 다음과 같은 가설이 도출된다. 그녀는 일상적인 과제를 해결하는 것조차 어려위하고, 기억력의 문제, 집중력의 문제, 의사결정의 곤란이 시사된다. 대인관계가 위축되어 있고, 활력이 저하되어 있으며, 일상생활을 영위하는 데 필요한 에너지가 고갈되어 있다. 또한 특이한 생각 및 기태적 믿음과 같은 사고의 문제도 시사된다.

피검자가 현재 호소하고 있는 문제는 주로 애매모호한 신체적 불편감이지만, PSY-5 척도를 살펴보면 장기간 지속되고 있는 성격특성이 현재의 부적응에 영향을 미치고 있는 것으로 사료된다. 그녀는 삶의 즐거움을 잘 느끼지 못하는 경향이 있다. INTR 척도가 상승한 사람은 비관주의적이다. 적어도 부분적으로, 그녀의 신체적 문제는 성격적 결함에서 비롯된 것이다. 더 나아가 그녀는 때때로 현실과 단절되는 것 같다는 특이한 믿음을 지니고 있다. 따라서 그녀의 신체적 불편감이 망상에서 기인한 것인지 여부를 면밀하게 탐색할 필요가 있겠다. PSYC 척도가 상승한 사람은 대인관계에서 소외감을 느끼며, 망상적 믿음, 우원적 사고, 탈선적 사고, 연상의 이완과 같은 기이한 증상을 경험하고 있을 가능성이 있기 때문이다.

프로파일 빈도

특정한 프로파일이 다양한 기준집단에서 얼마나 자주 관찰되는지 여부, 즉 프로파일의 상대적 빈도를 파악하면 해석에 도움이 된다. MMPI-2 여성 규준집단에서 피검자처럼 척도 3의 T점수가 가장 높은 경우는 10.5%이다. 그러나 척도 3의 T점수가 65점 혹은 그 이상으로 가장 높은 경우는 3.7%에 불과하고, 두 번째로 높은 임상척도와 5점 이상의 차이를 보이는 경우는 2.1%에 불과하다. 37/73 코드타입은 정상집단에서 매우 드물게 관찰되며, MMPI-2 여성 규준집단에서는 1% 미만으로 관찰된다.

Pearson사의 여성 외래환자 자료에 따르면, MMPI-2에서 두 번째로 빈번하게 상승하는 임상척도는 척도 3이다. 여성의 경우, 척도 3이 가장 높이 상승하는 프로파일의 비율은 17.2%에 달한다. 여성 외래환자의 경우, 척도 3이 T점수 65점 이상 단독으로 상승하는 프로파일의 비율은 13.3%이며, 두 번째로 높은 임상척도와 5점 이상의 차이를 보이는 경우는 7.5%이다. 37/73 코드타입은 여성 외래환자에서 드물게 관찰되는데, Pearson사의 자료에서는 1.3%만 이런 코드타입이 관찰되었다.

프로파일 안정성

피검자의 경우, 여러 개의 임상척도가 동시에 상승하였다. 척도 3과 척도 7뿐만 아니라 다른 임상척도도 동시에 상승하였고, T점수 5점 이상의 차이를 보이지 않았다. 만약 재검사를 실시한다면, 가장 주목되는 임상척도와 코드타입이 변경될 가능성이 있다. 척도 3과 척도 7 다음으로 상승한 임상척도와 T점수 1점밖에 차이가 나지 않기 때문이다. 예컨대, 만약 재검사를 실시한다면 척도 2가 가장 높이 상승할 가능성도 있다. 그렇다면 우울한 기분과 저조한 의욕에 더 주목하여 해석할 필요가 있겠다.

대인관계

피검자는 대인관계에서 다소의 경직성과 의존성을 드러내고 있다. 피검자와 같은 프로파일을 지니고 있는 여성은 성적인 관계의 형성에 어려움을 겪는다. 건강에 대해서 지나치게 걱정하고, 신체적 문제에 과도하게 집착하기 때문이다.

진단적 고려사항

다음과 같은 임상적 진단을 고려할 수 있다, 신체형장애, 불안장애, 외상 후 스트레스 장애(명백한 촉발사건이 확인되는 경우)이다. 이런 프로파일을 보이는 사람은 성격장애(예: 연극성 혹은 강박성)를 지니고 있을 수도 있다. 내용척도의 반응양상을 감안할 때, 어떤 임상적 진단을 하더라도 특이한 사고 및 기태적 사고의 가능성을 함께 고려해야 한다.

치료적 고려사항

전형적인 방어성향을 고려할 때, 처음부터 언어적 및 통찰지향적 심리치료를 시도하기는 어려울 것이다. 현재 시점에서 피검자는 신체적 불편감에 대한 의학적 치료에 더 관심을 보일 것이다. 또한 그녀는 안심시키기 및 행동적 개입(예: 이완법, 둔감화, 스트레스 관리)에 반응을 보일 것이다.

자동해석 보고서(2): Caldwell 보고서

Caldwell 보고서

수검태도

주의력 및 이해력. VRIN 척도가 상승하지 않았음을 고려할 때, 피검자는 검사문항에 일관적으로 응답하였다. 피검자의 독해력과 이해력은 양호하다. 피검자는 주의력을 발휘하여 응답하였고, 검사지와 답안지의 문항번호를 일치시키는 데 어려움을 겪지 않았다. 피검자는 문항을 이해하고 응답하는 과정에서 어떠한 어려움도 겪지 않았다.

태도 및 응답. L 척도, F 척도, K 척도를 고려할 때, 피검자는 검사문항에 솔직하게 응답하였다. 긍정왜곡 및 부정왜곡은 의심되지 않는다. 따라서 타당한 프로파일로 간주된다. F(B) 척도를 고려할 때, 피검자는 검사의 후반부에서 전형적인 방향으로 응답하였다. F 척도를 고려할 때, 피검자는 검사의 전반부에서 대체로 적절한 방향으로 응답하였다. 따라서 비전형적인 응답의 가능성은 의심되지 않는다.

사회문화적 영향 및 고의적 왜곡. 피검자가 획득한 사회경제적 지위를 측정하는 Ss 척도의 T점수가 평균 이하임을 고려할 때, 그녀는 자신의 사회경제적 지위가 낮다고 응답하였다. 피검자는 고의적으로 방어하지 않았다. Ss 척도에 비추어 볼 때 K 척도의 점수가 예상보다 다소 높은 편이다. 사회경제적 지위가 낮다고 응답하는 사람은 현학적인 방어성향도 낮은 경향이 있다.

증상 및 성격특성

자신에게 주어진 책임을 다하지 못할까 봐 염려하는 중간 수준의 불안, 긴장, 걱정이 시사된다. 특히 의사결정을 내릴 때, 수행에 대한 요구가 있을 때, 시간적인 압박을 받을 때 증상이 악화된다. 이런 상황에서 불안해지는 것은 일반적인 현상이지만, 피검자는 대부분의 사람이 반응하는 것보다 과도하게 반응한다. 피검자의 증상은 히스테리적이고 연극적이며, 특정한 대상에 대한 두려움 혹은 공포증이 시사된다. 급성의 신체적 불안증상을 보이며, 위기 상황에서 반복적으로 불안증상을 드러낸다. 불안증상은 막연한 불안 혹은 공황발작의 형태로 표출될 수도 있다. 급성의 정서적 충격과 같은 외상경험이 신체적 및 심리적 증상에 영향을 미치고 있는 것 같다. 일상생활에 대처하는 능력 및 다양한 문제에 즉각적으로 대응하는 능력이 상당히 불안정하며, 부분적으로는 와해되어 있을 수 있다.

피검자는 분노 감정과 성적 욕망을 전반적으로 억압하고 선제적으로 회피한다. 그녀는 정서적으로 억제되어 있고, 여러 영역에서 통찰이 결여되어 있다. 때때로 심술을 부리고 자기중심적으로 행동하는데, 그것을 합리화하며 자기상 안으로 적절히 통합하지 못한다. 성적으로도 수동적이며 억제되어 있다. 그녀의 태도와 관심사는 다분히 남성적이다. 미적인 감수성이 빈약하고, 추상적 혹은 언어적 자극에 무관심하다. 소심하거나 비굴하지는 않더라도, 수줍음과 내향성향 및 억제성향으로 인해 겸손해 보인다.

내면화된 자기비하를 특징적으로 드러내는 우울한 사람들과 달리, 피검자의 막연한 불안은 다소 자아이질적이다. 그러나 피검자는 2차적 우울성향도 지니고 있으며, 우유부단, 양가감정, 자기회의 그리고 주기적 우울삽화를 경험한다. 그녀는 걱정을 많이 하고, 불행감을 느끼며, 긴장성 불면증으로 고통받고 있다. 이러한 우울성향은 식욕저하, 체중감소, 수면곤란으로 드러나기도 한다.

이런 특징을 보이는 피검자는 신체감각에 대한 강렬한 두려움을 경험하며, 갑작스럽게 정신을 잃거나 혹은 발작을 경험하기도 한다. 과도하게 억제하던 시기가 끝난 뒤 혹은 불안감과 죄책감을 전환시켜서 충동적으로 행동하거나 자기중심적으로 만족을 추구하는 모습을 보이기도 한다. 이런 프로파일을 보이는 사람은 명백한 심리적 문제(예: 두려움에 의해 유발된)와 관련된 소수의 신체적 불편감을 호소하며, 적어도 부분적으로는 히스테리 성향에서 비롯된 신체증상과 극적인 전환증상을 나타내기도 한다. 소화기 증상과 두통을 전형적으로 호소하며, 통증, 어지러움, 허약감, 피로감을 보고한다. 피검자는 신체적 질병에 대한 염려를 지니고 있으며, 신체적 장애를 갖게 될까 봐 두려워한다. 이런 프로파일을 보이는 노인들은 심혈관장애의 유병률이 높고, 특히 스트레스 상황에서 몸으로 반응하는 경향이 있다.

가정 불화 및 억압된 분노는 여러 가지 방식으로 정당화되고 합리화된다. 피검자의 의존 욕구는 자기중심성을 침해하고, 가족 구성원에 대한 반복적인 분노 폭발로 이어진다. 피검자는 오직 피상적인 수준에서만 만족감을 제공하는 가족관계에서 쉽게 좌절감을 경험하며, 반복되는 신체증상을 통해서 가족 구성원을 조종한다. 피검자는 때때로 돌발적으로 퇴행하기도 하고, 친구 혹은 가족에게 의존하기도 한다. 이를 통해 도움, 배려, 돌봄 혹은 그 대체물을 이끌어 낸다. 그녀는 매력적이고 적절한 남성에게 매혹되기도 한다. 하지만 정반대로 이것을 부인하는데, 특히 초기 면접에서 이것은 의존성향을 보상하려는 시도일 수 있다.

분리불안 및 심리적 지지 체계의 상실에 대한 조건화된 공포가 피검자의 삶을 설명하는 가장 중심적인 요소인 것 같다. 피검자는 어린 시절에 거절, 유기, 적대적 비판을 당했을 가능성이 크고, 사랑하는 사람으로부터 강렬한 정서적 고통을 받았을 개연성이 높다. 신체적 훼손 및 장애를 두려워했을 가능성도 크다. 만약 그녀가 과거에 예상치 못한 신체적 격변과 곤경을 겪었다면, 또다시 유사한 위기와 위협의 먹구름이 엄습할지 모른다고 걱정할 것이다. 그녀는 다른 사람들이 자기를 좋아하지 않는다고 생각하며 자신을 심리적으로 결함이 있거나 비효율적인 존재라고 여기는데, 이로 인해 자존감이 실추된다. 많은 경우, 부모의 과잉보호 때문에 촉발된 주의, 애정, 지지에 대한 욕구가 유아적인 신체증상과 의존성향을 강화한다. 어린 시절에 말썽 부리지 않는 순한 아이였고, 어른을 기쁘게 하려고 노력했고, 어른 및 또래에게 환영받고 수용되기를 간절히 원했을 것이다. 이런 프로파일을 보이는 사람은 비록 자신을 성실한 일꾼이라고 여기지는 않지만, 직업과 가족에 대한 책임감 때문에 상당히 심란해할 가능성이 있다. 또한 권위적인 인물로부터 무언가를 잘 얻어 내는데, 상대에게 매달리는 방식으로 돈을 빌리거나 혹은 특별한 배려를 이끌어 낸다. 어떤 사람은 직장생활에 효과적으로 적응하지만, 고용상태를 꾸준히 유지하기보다는 실질적인 가치나 수입과는 거리가 먼 유치한 취미에 몰두하기도 한다. 승진, 이직, 이사 등을 스트레스로 인식하는 경향이 있고, 이러한 삶의 변화가 현재의 심리적 고통을 유발했을 수 있다. 만약 최근에 급성의 심각한 외상을 경험했다면, 앞서 언급한 발달적 요인은 뚜렷하지 않거나 혹은 거의 보고되지 않을 수도 있다. 하지만 과거의 경험이 최근의 외상에 중첩되어 더 강력한 영향을 미쳤을 수도 있다.

진단적 인상

이런 프로파일을 보이는 사람은 흔히 범불안장애, 강박장애 진단을 받는다. 전환장애의 가능성도 배제할 수 없다. 우울장애 및 해리장애의 가능성도 있다. 피검자의 프로파일은 상대적으로 복잡하고 여러 요소가 혼재되어 있다.

치료적 고려사항

초기면접에서 확인되지 않았다면, 피검자가 '사람들이 나에 관해 모욕적이고 상스러운 말을 한다.'라는 문항에 '그렇다'라고 응답했다는 사실을 유념해야 한다.

피검자는 자신이 의학적 질병에 취약한 존재라고 주장하고 있다. 필요하다면 적절한 의학적 검사 혹은 수술적 처치를 고려해야 하겠지만, 검사와 처치가 피검자의 질병에 대한 취약성을 가중시킬 수도 있다. 만약 수술적 처치를 하더라도 피검자의 질병은 그녀의 주장과 달리 음성일 것이고, 회복의 과정은 복잡하고, 지연되고, 불만족스러울 것이다. 피검자를 정상적인 기능수준으로 복귀시키기 위해서는 집중적인 노력이 필요할 것이다. 피검자는 만성의 통증을 호소할 가능성이 크다. 현재의 와해 및 손상 수준을 고려할 때 장애수당을 지급하는 것이 부당하다고 말하기는 어렵지만, 만약 장애수당을 받는다면 '환자 역할'에 몰입할 혹은 집착할 가능성이 크다. 신체증상으로 인해 직장생활을 중단하면 스트레스가 감소하겠지만, 그것도 환자 역할에 몰입할 유인가를 제공한다는 점을 유의해야 한다.

피검자가 구사하는 히스테리적 억압과 부인은 심리치료를 방해할 것이다. 그녀는 심리적 마인드가 부족하며, 남성적 태도 및 행동화 경향 때문에 자신의 내면을 성찰하거나 감정에 대해서 이야기하는 것을 불편하게 여긴다. 심각한 스트레스를 경험하고 있지만, 장기적인 심리치료의 과정은 평탄하지 않을 것이다. 그녀는 증상을 즉각적으로 완화시키는 처방을 소망하며, 내부적인 문제보다 외부적인 상황에 주목하기를 원하는데, 내면의 갈등 및 불편한 감정과 직면하기를 주저하기 때문이다. 증상이 완화되면 갑자기 심리치료를 종결할 것이고, 증상이 재발하면 심리치료를 재개할 것이다. 종결과 재개의 악순환은 여러 차례 반복될 것이고, 치료과정에서 상당한 기복을 나타낼 것이다. 모든 과정은 증상의 기복과 연동될 것이다. 비록 호의적인 미소와 협조적인 태도를 드러내지만, 바람직한 치료관계를 형성하는 데 상당한 시간이 필요할 것이다.

이런 프로파일을 보이는 사람은 가정과 가족에 집착한다. 따라서 가족 구성원에게 강렬한 부정적인 감정을 느끼지만 그것을 솔직하게 직면하지 않으려고 저항한다. 또한 불행했던 유년기, 괴로웠던 가족사, 가족 구성원의 사망과 관련된 미해결된 슬픔, 예기치 못한 상실과 관련된 고통을 덮어두려고 노력한다. 몇몇 사례에서 공포증 치료절차를 통해서 피검자가 반복적으로 회피했던 상황에 직면시켰더니 효과가 있었다. 그녀의 부인성향을 감안할 때, 가족 구성원을 면담하면 증상의 심각성을 파악하고 피검자가 회피하는 문제영역을 탐색하는 데 도움이 될 것이다.

피검자의 경우, 증상에 초점을 맞춘 단기적인 치료 개입이 효과적이다. 증상은 해소될 수도 있고 지속될 수도 있다. 피검자에게는 가족과 관련된 좌절 및 슬픔을 정서적으로 토로하고 정화하는 치료가 도움이 될 것이다. 또한 다른 사람들도 그녀와 유사한 성적인 충동, 공격적인 소망, 자기중심적인 갈망을 지니고 있다며 안심시켜 주는 것이 유익할 것이다. 그녀는 치료자에게 간접적 및 수동적 저항을 드러낼 것이다. 가급적 심리치료의 초기에 부정적인 전이감정을 적극적으로 다룰 필요가 있다. 억압된 감정과 억제된 공포를 훈습하는 과정에서 부정적인 정서반응을 이전보다 덜 회피하게 될 것이고, 주장적인 자기표현을 과거보다 더 시도하게 될 것이다. 치료 과정은 다분히 점진적일 것이고 장기적일 것이다.

귀하의 의뢰에 감사드린다.

Alex B. Caldwell, Ph.D.

Diplomate in Clinical Psychology

이 보고서는 통계적 및 확률적 관점에서 작성되었다. 이 보고서에 기술된 증상 및 성격특성은 MMPI-2에서 유사한 점수 및 패턴을 보이는 사람들의 특징이다. 따라서 임상면접, 과거력 조사, 다른 심리검사, 기타 적절한 자료 및 가용한 정보를 통합하여 피검자의 고유한 특징을 파악할 필요가 있다.

이 보고서는 주로 접수면접, 감별진단, 치료계획, 성격평가에 주목하여 작성되었다. 이 보고서의 목적은 다양한 임상적 가설을 제시하여 임상가의 판단을 조력하는 것이며, 대부분의 자료는 전통적인 정신과 장면에서 수집된 것이다. 만약 심리치료장면에서 사용하지 않는다면, 임상가는 이 보고서에 언급된 가설을 피검자의 고유한 정보 및 특수한 맥락에 맞추어 가공해야 할 것이다.

이 보고서는 전문가를 위해 제공되었다. 이 보고서는 비밀 자료에 속하며 법적으로 보호된다. 이 보고서를 사용하는 전문가는 법적인 책임을 유념해야 한다.

적응 및 애착에 대한 가설의 보충

이 코드타입과 관련된 문제행동을 유발하는 것으로 추정되는 병인론적 및 발달적 요인을 추가로 설명하겠다. 이 설명은 매우 심각하지는 않지만 상당한 수준으로 심각한 장해에 적용된다. 전형적으로, 매우 심각하지는 않지만 상당한 수준으로 상승한 프로파일은 중등도의 예민성을 반영한다. 즉, 피검자는 혐오적으로 조성된 경험에 대해서 예민하게 반응하는데, 그 수준은 모든 주의 자원을 압도할 정도로 강력한 것은 아니지만 일상생활에 적잖은 지장을 초래할 정도로 강력한 것이다. 이러한 수준에 맞춘 설명이므로, 이것을 수정하거나 조정해서는 안 된다. 혹은 이것을 변형해서도 안 된다. 이 설명은 이 코드타입을 보이는 사람의 전형적인 병인론에 관한 것이며, 피검자가 지금처럼 살고 있는 이유를 가설적으로 제시한다. 이 코드타입을 보이는 사람에게는 항상 동일한 설명이 제공된다. 적어도 이 보고서의 3/4이 그러하다. 드물게 관찰되는 코드타입이기 때문에 구체적인 자료가 부족하여 나머지 1/4은 제공하지 못한다.

나는 모든 행동이 적응이라고 믿는 사람이다. 피검자의 생물학적/기질적 성향과 그간의 생활경험을 고려할 때, 피검자가 보이는 모든 행동은 적응적이다. 행동의 적응적 이점을 파악하면, (1) 현재 행동의 기원 및 자기보호 기능을 이해하는 데, (2) 판사 혹은 관련자에게 행동의 의미를 설명하거나 혹은 피검자에게 검사결과를 전달하는 데 그리고 (3) 심리치료의 개입방향을 결정하는 데 도움이 될 것이다. 이 보고서에 제시된 귀납적 가설은 피검자와 유사한 프로파일을 보이는 여러 사례를 종합적으로 검토하여 도출된 것이다. 일부 가설은 출판된 자료에서 인용하였고(예: Gilberstadt & Duker, 1965; Hathaway & Meehl, 1951; Marks & Seeman, 1963), 일부 가설은 임상적 경험에서 차용하였다. 전문가인 당신이 (1) 이 피검자와 전혀 부합하지 않는 내용, (2) 더 정확한 용어, 문장 그리고 특히 이 피검자가 직접 구사한 결정적인 표현, (3) 이 보고서에는 누락되었으나 이 코드타입의 일반적인 특징으로 간주되는 행동특성에 대해서 피드백을 준다면 감사하겠다. 주저하지 말고 연락 주기 바란다.

제시된 진단. 심각하고 예상치 못한 분리 및 정서적 지지의 상실에 대한 적응적인 불안반응(막연하고 신체에 집중되어 있다).

전통적 진단. 범불안장애(범불안장애는 상당히 이질적인데, 이 사례는 잘 부합한다).

전형적 특징. 막연한 불안과 걱정의 삽화 혹은 발작(예기불안 때문에 외출하지 못하는 공황발작과 비교할 때, 1개 혹은 그 이상의 생리적 요인이 중복되지만 감별 가능하다. 공황발작은 23 코드타입과 더 깊은 관련이 있다). 다른 사람이 보기에 피검자의 걱정은 현실적 좌절이나 대인관계의 문제와 무관해 보이며, 별로 중요하지도 않고 적절하지도 않다. 또한 피검자의 불안은 상황에 비해 과도하게 여겨진다. 예컨대, 어떤 내과 의사가 분만실에서 갓난아이를 떨어뜨릴 뻔했다. 그는 불안에 휩싸여서 시술을 중단하였다. 지능검사의 토막짜기 과제를 실시할 때, 그는 손을 떨었다. 임상가가

"긴장돼 보이네요."라고 말하자, 그는 "당신의 손이 이렇게 떨린다면 긴장되지 않겠습니까?"라고 반문하였다. 이것이 불안에 대한 불안이다. 예상치 못한 위기가 닥칠까 봐 막연하고 모호하게 염려하는 것이다. 그러나 불안의 근원이 자신의 내부에 있다는 사실을 거의 인식하지 못한다. 타인이 정서적으로 지지해 주기를 염원하며, 그것을 얻어 내기 위해서 타인에게 매달리고 안심시켜 주기를 간청한다. 혹은 안심을 필사적으로 추구한다. 안심에 대한 욕구와 금전관리의 소홀이 합쳐져서 타인에게 상당한 빚을 지기도 한다. 백일몽처럼 현실성이 떨어지는 취미에 매료되기도 한다(예: 성인용 기차 놀이 세트의 조립). 기혼자의 경우(대부분 기혼자인데), 배우자는 상반된 특징(예: 유능성, 관계성)을 보인다.

병인론적 과거력. 유년기 경험은 피검자마다 크게 다르다. 어떤 사람은 적절한 양육과 보살핌을 받았고, 어떤 사람은 심하게 거절당하였다. 특히 처벌적이고, 폭력적이고, 알코올중독적인 부친에게 거절당한 경험이 있다. 아동의 입장에서 주변 사람에게 예상치 못한 거절과 처벌을 당했고, 가족은 아동에게 불편과 분노를 억제하라고 강력하게 요구하였다. 불안정한 생리적 반응과 연합된 긴장감(척도 1의 얼어붙는 반응), 특히 불안정한 심혈관계 반응과 연합된 긴장감(놀랐을 때 나타나는 강렬한 각성)이 신체적 및 건강상 문제를 유발하였다. 예상하지 못했던 문제가 발생하자 신체적 질병을 두려워하기 시작하였다. 피검자가 경험했던 공포는 비록 합리적이지만 막연하다(예: 걱정에 대한 걱정, 척도 7의 놀람과 회피 반응, 척도 3의 고통에 대한 직면 및 재경험의 회피). 놀람 혹은 공황을 유발하는 상황에 직면하면 자신의 신체적 시스템이 도저히 감당할 수 없을 것이라고 생각한다. 공동묘지에서 휘파람을 불면 마치 귀신이 나타나는 것만 같을 것이다. 때때로 모친도 아동이 상해를 당할까 봐 지나치게 두려워한다. 그리고 아동을 과잉보호한다. 137 코드타입을 보이는 사람이 어른이 되면 배우자 혹은 권위자에게 지나치게 의존한다. 특히 변화의 시기에 그렇다. 이사와 이직은 강렬한 불안 삽화 혹은 적어도 일시적으로 불안에 압도되는 경험을 촉발한다. 즉, 보호받지 못하거나 혹은 지지받지 못한다는 신호가 나타나면 불안의 역치가 낮아지면서 다방면에서 압도되기 시작한다. 생존과 직결된 문제이기 때문이다. 생존은 권위자와의 관계, 권위자를 만족시키는 방식, 권위자의 돌봄을 유발하는 노력, 권위자가 자신에게 등을 돌리지 못하게 하려는 시도와 관련된다.

이것은 상대적으로 드물게 관찰되는 패턴이다. 내가 경험한 사례는 한결같이 장기간 지속된 불안과 관련이 있었다. 생애 초기의 불안경험이 보고되지 않는, 성인기에 발병한 사례는 알지 못한다. 만약 불안의 역치가 낮은 성인이라면, 과거에 불안경험이 없더라도 자신이 미처 겪어 본 적이 없는 건강 문제와 재정 문제가 혼합된 곤경에 처할 때 이런 문제에 봉착할 가능성이 있다고 생각한다.

처방전. 앞서 소개한 내과 의사는 고용보험에서 장애수당을 지급받았다. 신체에 집중된 공포 패턴과 관련하여, 피검자가 호소하는 공포의 강도는 장애 혹은 문제를 촉발시킨 사건의 강도와는 무관할 수 있다. 공포를 촉발하는 사건은 부적절하지만 강렬한 반응을 불러일으킬 수 있고, 기질적으로 불안의 역치가 낮은 성향이 중첩되면서 고통에 대한 취약성 및 고통의 지속에 대한 취약성을 초래할 수 있다. 따라서 사건과 고통 사이의 관계를 주의 깊게 살펴야 한다. 만약 척도 1이 상승한다면, FBS 척도 역시 상승할 가능성이 있다. 그러므로 FBS 척도는 조심스럽게 해석해야 한다. 이 척도는 다른 척도만큼 결정적인 척도가 아니기 때문이다. 법정장면의 경우, 타인으로부터 지지받지 못하는 것은 매우 위협적일 수 있다. 의식적인 불안이 더 협소한 주제 혹은 걱정의 지점에 맞춰져 있더라도 그렇다. 배우자는 자신이 수행하고 있는 부모의 대체물 역할에 지쳐 있을 수 있기 때문이다. 재정적 및 기타의 책임감뿐만 아니라 양육자 역할을 대신하는 것도 상당한 부담일 것이다.

코드타입의 해석은 Gilberstadt와 Duker(1965)를 참조하기 바란다.

자동해석 보고서(3): MMPI-2-RF 해석 보고서

MMPI-2-RF 해석보고서: 임상용

이 보고서는 MMPI-2-RF를 해석할 수 있는 전문적 자격을 갖춘 사람이 활용해야 한다. 이 보고서의 내용은 피검자의 개인 정보, 평가 상황, 기타 가용한 자료와 통합하여 활용되어야 한다.

개요

타당도척도에서 과대보고(특히 신체증상 및 인지증상)의 가능성이 시사되어 프로파일의 타당성이 의심된다. 여러 척도에서 신체증상 및 인지증상, 사고와 행동 및 대인관계의 역기능이 시사된다. 신체증상에는 건강에 대한 집착, 신체적 불편감, 두통 및 소화기 증상이 포함된다. 인지증상에는 기억력 및 집중력의 문제가 포함된다. 사고의 역기능에는 피해사고, 기이한 지각 및 기이한 사고가 포함된다. 행동적 역기능에는 과도한 흥분성향이 포함된다. 대인관계 역기능에는 사회적 회피 및 관계의 단절이 포함된다.

프로파일 타당도

무응답. 무응답이 존재하지 않는다. 피검자는 문항에 적절히 반응하였다.

과대보고. 피검자는 신뢰하기 힘든 신체증상과 인지증상을 호소하였다. 이런 반응양상은 의학적 문제를 지니고 있는 환자에게서 나타날 수도 있고, 과장된 반응일 수도 있다. 또한 그녀는 신뢰하기 힘든 기억력 문제를 호소하였다. 이런 반응양상은 심각한 정서적 문제를 지니고 있는 사람에게서 나타날 수도 있고, 과장된 반응일 수도 있다. 신체증상을 반영하는 척도(RC1, MLS, GIC, HPC, NUC)와 인지증상을 반영하는 척도(COG)를 해석할 때 주의해야 한다.

과소보고. 과소보고 가능성은 의심되지 않는다.

척도 해석

피검자의 임상적 증상, 성격적 특징, 행동적 경향을 경험적 자료에 근거하여 제시하였다. 피검자가 MMPI-2-RF에 직접 응답한 내용을 기술할 때는 '호소/보고하였다'라고 묘사했고, 경험적 자료에 근거한 내용을 기술할 때는 '가능성이 있다'라고 묘사하였다. 이 보고서에 기술된 내용의 구체적 출처는 주석을 참고하기 바란다.

이 보고서를 해석할 때, 피검자가 과대보고를 시도했을 가능성을 유념해야 한다.

신체적 및 인지적 역기능. 피검자는 다양한 신체적 불편감[4]을 호소하였다. 두통[5]과 소화기 증상[6]을 호소하였다. 소화기장애[7]는 실제로 존재했을 가능성이 있다. 피검자는 스트레스 상황에서 신체중상[8]을 드러낼 가능성이 있다. 또한 피검자는 건강하지 못하고, 허약하고, 지쳤다고[9] 호소하였다. 피검자는 건강 문제[10]에 집착할 가능성이 있고, 수면곤란[11], 피로감[12], 성기능장애[11]를 보고할 가능성이 있다. 피검자는 막연한 양상의 인지적 곤란[13]을 호소하였다. 피검자는 기억력 문제,[14] 좌절에 대한 인내력 부족,[15] 스트레스에 대한 대처능력 부족,[15] 주의력 문제[16]를 보고할 가능성이 있다.

정서적 역기능. 정서적 역기능 및 내재화 장애의 가능성은 시사되지 않는다. 다중 특정공포[17] 척도의 점수는 평균보다 낮다.

사고의 역기능. 피검자는 기이한 사고[18]를 호소하였다. 사고 과정이 와해[19]되었을 수 있고, 비현실적 사고[20]에 빠져들 수 있고, 자신에게 특별한 감각적-지각적 능력[21]이 있다고 생각할 가능성이 있다. 기이한 경험에는 신체망상[22]이 포함될 가능성이 있다. 피검자는 타인이 자신을 해치려고 한다는 피해사고[23]를 호소하였다. 타인을 의심하거나 타인에게 소외감[24]을 느낄 가능성이 있고, 의심성향 때문에 대인관계가 곤란[25]할 가능성이 있고, 이에 대한 통찰이 결여[25]되었을 가능성이 있다.

행동적 역기능. 피검자는 활동수준과 활력수준의 항진과 같은 과도한 활동성향[26]을 보고하였다. 과거에 조증 혹은 경조증 삽화[27]와 관련된 증상을 경험했을 가능성이 있다.

대인관계 역기능. 피검자는 사회적 활동을 즐기지 않고 사회적 상황을 회피[28]한다고 보고하였다. 내향적인 사람[29]일 수 있고, 친밀한 대인관계를 형성하지 못할[30] 수 있고, 정서적으로 위축[31]되어 있을 가능성이 있다. 또한 피검자는 사람을 싫어하고 사람들과 어울리는 것도 싫어한다[32]고 보고하였다. 피검자는 비사교적인 사람[33]일 가능성이 있다.

흥미 척도. 피검자는 평균 수준의 기계적-신체적 흥미[34](예: 물건의 수리 및 제작, 야외 활동, 운동)를 보고하였다. 피검자는 심미적-문학적 흥미[35](예: 작문, 음악, 영화)가 거의 없다고 보고하였다.

진단적 고려사항

피검자의 MMPI-2-RF 프로파일에 근거하여 다음과 같은 진단을 고려할 것을 권고한다.

정서적-내재화 장애

- 신체형장애[36](신체망상[37]을 동반할 가능성도 있다)
- 의학적 소견이 관찰되지 않는데도 신체적 불편감,[38] 두통,[39] 소화기 증상[40]을 호소한다면 신체형장애
- 순환성 기분장애[41]

사고장애

- 정신증적 증상[42]과 관련된 장애

- 기이한 사고와 지각[43]을 포함한 성격장애

- 피해사고[44]와 관련된 장애

행동적-외현화 장애

- 조증 혹은 경조증 삽화, 또는 과도한 흥분성향[45]과 관련된 상태

대인관계장애

- 회피성 성격장애[46]와 같은 사회적 회피와 관련된 장애

치료적 고려사항

피검자의 MMPI-2-RF 프로파일에 근거하여 다음과 같은 치료적 고려사항을 제안한다.

◉ 추가로 평가할 영역

- 약물치료의 필요성[47]

- RC1 척도[48]를 상승시킨 신체증상 및 건강 문제의 심각성

- 두통[39]의 원인

- 소화기 증상[49]의 원인

- 신체적 불편감[50]의 원인

- 인지증상[51]의 원인 및 과대보고의 가능성에 유념한 신경심리평가의 필요성

◉ 치료과정과 관련된 문제

- 신체증상에 대한 심리학적 해석을 거부할 가능성이 있음[48]

- 신체적 불편감 때문에 심리치료에 참여할 의지와 능력이 부족할 수 있음[50]

- 사고의 역기능 때문에 심리치료가 어려울 수 있음[53]

- 피해사고 때문에 치료관계 및 치료 순응이 어려울 수 있음[54]

- 과도한 흥분성향 때문에 심리치료가 어려울 수 있음[47]

- 친밀한 대인관계에 대한 거부감 때문에 치료동맹 및 치료효과가 훼손될 수 있음[55]

◉ 가능한 치료목표

- 두통의 호소와 관련된 통증 관리[39]

　　－ 스트레스성 소화기 증상과 관련된 스트레스 감소[49]

　　－ 피해사고[54]

　　－ 사회적 회피와 관련된 곤란[56]

　　문항분석

　　채점 불가 문항. 피검자는 모든 문항에 응답하였고, 채점되었다.

　　결정적 문항. 7개의 MMPI-2-RF 척도(SUI, HLP, AXY, RC6, RC8, SUB, AGG)에 결정적 문항이 포함되어 있다. 피검자가 결정적 문항에 채점되는 방향으로 응답하면, 임상가는 각별한 주의와 관심을 기울여야 한다. 해당 척도의 T점수가 65점 이상인 경우에 한해, 피검자가 채점되는 방향으로 응답한 결정적 문항을 아래에 제시하였다. 또한 MMPI-2-RF의 규준집단과 남성 통제집단에서 결정적 문항에 채점되는 방향으로 응답한 비율도 함께 제시하였다.

　　피해사고(RC6, T점수 66)

　　－ 34번.(문항내용은 의도적으로 삭제함)(규준집단 10.6%, 통제집단 12.3%)

　　－ 194번.(문항내용은 의도적으로 삭제함)(규준집단 17.1%, 통제집단 18.4%)

　　－ 233번.(문항내용은 의도적으로 삭제함)(규준집단 5.5%, 통제집단 6.2%)

　　기태적 경험(RC8, T점수 70)

　　－ 32번.(문항내용은 의도적으로 삭제함)(규준집단 21.1%, 통제집단 23.7%)

　　－ 46번.(문항내용은 의도적으로 삭제함)(규준집단 2.2%, 통제집단 2.5%)

　　－ 106번.(문항내용은 의도적으로 삭제함)(규준집단 8.7%, 통제집단 9.2%)

　　－ 179번.(문항내용은 의도적으로 삭제함)(규준집단 12.6%, 통제집단 11.2%)

🎤 자동해석 보고서에 대한 논평

　　동일한 검사 자료를 바탕으로 산출된 3종의 자동해석 보고서를 비교하고 분석하기 전에 피검자의 기본정보를 다시 검토하면 이미 알고 있는 사실을 확인할 수 있고, MMPI-2와 MMPI-2-RF의 결과를 논리적으로 예측할 수 있다. 물론 이는 피검자의 검사결과를 합리적으로 추론하기 위한 것이지 검사결과를 자의적으로 속단하거나 선험적으로 예단하려는 것은 아니다. 만약 당신이 미국의 중서부에 살고 있는데 풀숲에서 말발굽 소리가 들린다면, 그것은 얼룩말이 아니라 그냥 말이 내는 소리일 것이다.

피검자는 23세의 미혼 여성이고 대학원생이다. 그녀는 자발적으로 방문하였고, 주의력결핍과잉행동장애를 지니고 있는 것 같다고 호소하면서 심리평가를 요청하였다. 주의력과 집중력의 문제, 주의산만성과 주의분산성의 문제로 과거 및 현재 시점에서 과제수행이 힘들다는 점을 감안할 때, 주의력결핍과잉행동장애 진단은 설득력이 있다. 또한 그녀는 수면곤란과 반추사고를 보고하였고, 삶이 순조롭지 않다고 호소하였다. 또한 행동관찰을 실시한 임상가는 그녀의 경직성, 구체성, 분노감, 괴로움을 지적하였다.

이러한 면접 내용은 피검자의 어머니를 통해 재확인되었다. 어머니는 피검자가 미처 보고하지 않은 이야기까지 들려주었다. 여기서 가장 주목되는 내용은 약 3세경부터 시작되어 사춘기까지 지속된 '편두통으로 의심되는 빈번하고 심각한 두통'이다. 결국 피검자는 뇌종양 진단을 받았다. 두통과 관련된 2차적 문제로 품행 문제와 학업 문제가 거론되었다. 피검자가 두통 때문에 교실에서 소리를 지르자 교사 및 또래와의 관계가 악화되었다. 어머니에 따르면, 피검자는 또래에게 따돌림을 당했고 학교생활에 적응하지 못하는 이상한 아이로 취급받았다. 이로 인해 지금도 대인관계에서 조심스러운 태도를 보이고, 다른 사람을 신뢰하지 못하며, 자신의 의학적 질병을 공개하는 것을 몹시 주저하고 있다.

이상의 기본정보를 종합할 때, 임상가는 MMPI-2와 MMPI-2-RF에서 다음과 같은 프로파일이 관찰될 것이라고 예상할 수 있다.

첫째, 교육수준을 고려할 때, 피검자는 MMPI-2와 MMPI-2-RF의 모든 문항을 독해할 수 있을 것이다. 따라서 VRIN, TRIN, VRIN-r, TRIN-r 척도의 점수가 모두 적절한 범위에 해당할 것으로 기대되며, 검사결과를 타당하게 해석할 수 있을 것으로 예상된다.

둘째, 피검자가 주의력 문제, 기억력 문제, 집중력 문제, 주의산만성, 주의불안정, 반추사고, 의사결정곤란 등을 호소하고 있음을 고려할 때, MMPI-2에서 FBS, D4, Sc3, CogProb, OBS 척도가 상승할 것으로 예상되고, MMPI-2-RF에서 FBS-r, RBS, COG 척도가 상승할 것으로 예상된다.

셋째, 피검자가 장기간 두통을 앓아 왔고 이와 관련된 고통과 불편감을 호소하고 있음을 고려할 때, MMPI-2에서 FBS, Hs, Hy4, HEA, RC1 척도가 상승할 것으로 예상되고, MMPI-2-RF에서 FBS-r, RBS, RC1, HPC 척도가 상승할 것으로 예상된다.

넷째, 피검자가 수면곤란 및 허약감, 피로감, 피곤함 등을 호소하고 있음을 고려할 때, 적어도 MMPI-2에서 D3 척도와 Pt 척도가 상승하고, MMPI-2-RF에서 EID 척도와 RC2 척도가 상승할 것으로 예상된다. 또한 MMPI-2의 Hy3 척도와 MMPI-2-RF의 MLS 척도가 상승할 것이 분명하다.

마지막으로, 행동관찰에서 드러난 경직성, 구체성, 분노감, 괴로움 및 피검자의 어머니가 보고한 경계심, 불신감, 따돌림 당한 경험을 고려할 때, 현재 시점에서 정서적 고통과 동요, 냉소적 태도, 전반적인 대인관계와 사회생활의 불편감, 사회적 회피가 시사된다. 따라서 MMPI-2에서 Pt, Sc, Si, ANX, DEP, ANG, CYN, SOD, WRK, TRT, A, Mt, PK, NEGE, INTR, RCd, RC2, RC3, RC7 척도가 상승할 것으로 예상되고, MMPI-2-RF에서 RCd, RC2, RC3, RC7, EID, STW, AXY, ANP, SAV, SHY, DSF, NEGE-r, INTR-r 척도가 상승할 것으로 예상된다.

이번에는 어떤 검사결과가 예상되지 않는지도 생각해 보자. 비록 피검자의 연령이 23세여서 정신분열증(예: Sham, MacLean, & Kendler, 1994)과 양극성장애(예: Leboyer, Henry, Paillere-Martinot, & Bellivier, 2005)의 평균 발병연령에 해당하지만, 대학원생의 발병 빈도는 매우 낮다(예: Benton, Roberston, Tseng, Newton, & Benton, 2003). 따라서 정신증의 가능성을 시사하는 검사결과는 진실긍정보다 오류긍정에 더 가까울 것이다.

이제 자동해석 보고서로 돌아가서 3종의 자동해석 보고서가 우리의 예측을 얼마나 잘 확인하고, 증강하고, 혹은 반박하는지 살펴보자. 먼저, 3종의 자동해석 보고서 모두 첫 번째 예측을 지지하였다. 피검자는 검사문항에 일관되게 반응하였고, 검사결과를 타당하게 해석할 수 있었다.

미네소타 보고서와 Caldwell 보고서에 따르면, 피검자는 솔직하고 성실하게 응답하였고 정신병리를 과장 혹은 축소하지 않았다. 그러나 MMPI-2-RF 해석 보고서에 따르면, 축소보고의 가능성은 없지만 과대보고의 가능성이 의심되었다. FBS-r 척도와 RBS 척도가 상승하여 신뢰하기 힘든 신체증상과 인지증상, 신뢰하기 힘든 기억력 문제가 제기된 것이다. 이 척도들에는 주의력 문제, 집중력 문제, 두통을 측정하는 문항이 상당수 포함되어 있다.

예상할 수 있듯이, 피검자는 MMPI-2의 D4, Sc3, CogProb(12개 문항 중 11개 문항), OBS 척도와 MMPI-2-RF의 COG 척도에서 동일한 증상을 일관적으로 호소하였다. 그런데 3종의 자동해석 보고서가 피검자의 호소 문제를 대하는 태도는 미묘하게 달랐다. 미네소타 보고서와 MMPI-2-RF 해석 보고서는 기억력 문제와 집중력 문제를 명시적으로 언급했지만, Caldwell 보고서는 그렇지 않았다. 또한 미네소타 보고서와 Caldwell 보고서는 의사결정곤란을 언급했지만, MMPI-2-RF 해석보고서는 그것을 명시적으로 언급하지 않았다.

역시 예상할 수 있듯이, 피검자가 두통과 신체적 불편감을 호소했기 때문에 MMPI-2에서 Hs, Hy4, HEA, RC1 척도가 상승하였고, MMPI-2-RF에서 FBS-r, RBS, RC1, HPC 척도가 상승하였다. 두통과 신체적 불편감은 Caldwell 보고서와 MMPI-2-RF 해석 보고서에 모두 언급되어 있지만, 후자가 더 강조하였다. 그러나 미네소타 보고서는 그것을 명시적으로 언급하지 않았다.

마찬가지로 예상할 수 있듯이, 피검자가 수면곤란을 호소했기 때문에 MMPI-2에서 D3, Pt 그리고 특히 Hy3 척도가 상승하였고, MMPI-2-RF에서 MLS 척도가 상승하였다. 이와 관련된 내용은 Caldwell 보고서와 MMPI-2-RF 해석 보고서에 반영되어 있다. 그러나 후자가 더 강조하였고, 미네소타 보고서는 명시적으로 언급하지 않았다.

마지막으로, 3종의 자동해석 보고서에서 피검자의 정서적 고통과 동요 및 대인관계 문제를 시사하는 검사결과는 서로 상당한 차이를 보였다. MMPI-2의 여러 척도가 제1요인의 영향을 강하게 받는다는 점을 감안할 때, Pt, Mt, PK 척도의 T점수 평균이 72점인 데 비해 ANX, DEP, WRK, TRT, RCd, RC7, A, NEGE 척도의 T점수 평균은 53점에 불과하다는 점이 흥미롭다. 피검자가 채점되는 방향으로 응답한 문항들을 분석해 보면, Pt 척도와 Mt 척도는 14개의 문항을 공유하고, Pt 척도와 PK 척도는 16개의 문항을 공유하며, Mt 척도와 PK 척도는 9개의 문항을 공유한다. 모두 39개의 중복문항 중에서 25개의 문항이 명백문항인데, 피검자는 그중에서 2/3에 해당하는 16개 문항에 채점되는 방향으로 응답하였다(그렇다: 16, 23, 31, 38, 56, 130, 196, 218, 273, 316, 325, 328번 문항; 아니다: 3, 9, 95, 140번 문항). 이들 16개 문항 중에서 9개 문항이 Sc 척도와 중복되고, Sc3(3개 문항), Sc4(4개 문항), D(7개 문항), D4(3개 문항), DEP(6개 문항) 척도와도 중복된다. DEP 척도와 중복되는 6개 문항 중에서 다시 3개 문항이 DEP1 척도와, 5개 문항이 Hy 척도와, 모든 문항이 Hy3 척도와, 4개 문항이 ANX 척도와 중복된다. 16개 문항 중에서 절반가량이 인지적 통제곤란 및 비효율성의 문제를 시사 혹은 암시하는 문항이며, 이로 인해 D4, Sc3, Sc4 척도가 상승한 것으로 보인다. 따라서 피검자는 정서적 불편감보다 인지적 불편감을 더 강하게 경험하고 있는 것으로 판단된다.

MMPI-2-RF에서는 이런 양상이 더 분명하게 드러난다. EID, RCd, RC7, STW, NEGE-r 척도의 T점수 평균은 50점에 불과한 데 비해 MLS 척도와 COG 척도는 모두 T점수 75점까지 상승하였다. 3종의 자동해석 보고서는 모두 이러한 불편감의 수준과 특징을 기술하였고, 그것이 일상생활에 미치는 영향도 제시하였다.

피검자의 대인관계 및 사회 기능과 관련하여 MMPI-2에서 분노감, 성마름, 냉소적 태도 등을 측정하는 척도들의 점수는 모두 정상범위에 머물렀다. 아울러 Si2, SOD, SOD1 척도는 유의미하게 상승했지만 Si1 척도와 SOD2 척도는 상대적으로 상승하지 않았다. 이와 유사하게, MMPI-2-RF에서는 SAV 척도와 DSF 척도가 상승했지만 SHY 척도는 상승하지 않았다. 즉, 피검자는 수줍음과 자의식은 대체로 부인하였고, 집단 활동과 상호작용에 대한 거부감 및 대인관계를 회피하는 성향을 강하게 표출하였다. 이런 내용은 3종의 자동해석 보고서에 모두 반영되어 있다. 다만 MMPI-2 보고서는 다소 포괄적으로 언급하였고, MMPI-2-RF 보고서는 다소 구체적으로 언급했다는 차이가 있다.

이번에는 임상면접과 행동관찰을 통해서 미처 예상하지 못했던 검사결과를 살펴보자. 첫째, MMPI-2에서 Mf 척도와 Mf1, Mf3, Mf5, Mf6, Mf10 소척도가 상승하였고, MMPI-2-RF에서 AES 척도가 하강하였고, MEC 척도는 중간이었다. 이것은 피검자가 전통적인 여성적 성역할에 상당히 무관심하다는 것을 의미한다. MMPI-2의 GM 척도와 GF 척도의 형태도 척도 5의 상승과 일치한다. 그녀는 남성적 성역할에 대한 선호 혹은 여성적 성역할에 대한 거부를 표현하였다. 3종의 자동해석 보고서에 이런 성향이 모두 언급되어 있다.

특이하게도, 척도의 명칭만 고려한다면 주요한 정신병리를 의심할 수밖에 없는 척도들이 다수 상승하였다. 예컨대, MMPI-2에서 Sc, Pf4, DisOrg, RC6, RC8, BIZ, BIZ1, BIZ2, PSYC 척도가 상승하였고, MMPI-2-RF에서 RC6, RC8, PSYC-r 척도가 상승하였다. 이런 척도들이 전반적으로 상승하는 경우는 드문데, MMPI-2에서 T점수 평균 68점, MMPI-2-RF에서도 T점수 평균 68점으로 상승한 것이다. 그럼에도 불구하고 3종의 자동해석 보고서 모두 피검자가 정신증적 증상을 지니고 있을 가능성은 최소한으로만 언급하였다. MMPI-2-RF 해석 보고서가 상대적으로 더 강하게 언급하였다. 이와 관련하여 미네소타 보고서는 기태적 믿음, 현실과의 단절, 신체적 불편감과 망상의 관계, 망상적 믿음, 우원적 사고, 탈선적 사고, 연상의 이완 가능성을 거론하였다. MMPI-2-RF 해석 보고서는 사고의 역기능, 피해사고, 기이한 지각 및 사고, 사고 과정의 와해, 비현실적 사고, 자산에게 특별한 감각적-지각적 능력이 있다는 믿음, 신체망상의 가능성을 지적하였다. 그러나 이와 대조적으로 Caldwell 보고서는 정신증적 증상을 언급하지 않았다. 아마도 MMPI-2의 척도와 지표에서 근거가 충분하지 않다고 판단한 것 같다.

무엇이 이런 차이를 만들어 냈을까? 먼저, 피검자 및 보호자가 임상면접에서 보고하지 않았다는 이유만으로 정신증적 증상을 배제하는 것은 곤란하다. 역으로, 피검자 및 보호자가 보고하지 않았으므로 정신증적 증상이 존재한다고 단정하는 것도 곤란하다. 피검자의 기본정보를 감안할 때, 대학원생의 경우에는 정신증적 증상의 기저율이 이례적으로 낮다는 점에 주목해야 한다. 앞서 언급했듯이, 관련된 척도들의 T점수 평균이 정상범위에서 약간 벗어나 있지만, 이런 척도들이 상승한 까닭은 상대적으로 희귀한 문항에 채점되는 방향으로 응답했기 때문일 가능성이 크다. 예컨대, 피검자는 259번 문항과 333번 문항에 채점되는 방향으로 응답하였다. 259번 문항은 Pd, Pa, Pa1, Pf4, BIZ2, Ho, PSYC 척도에서 채점되고, 333번 문항은 F(B), Pa, Pa1, Pf4, Sc, BIZ2 척도에서 채점된다. 두 문항 모두 RC6 척도에서도 채점된다. 두 문항이 측정하는 내용은 누군가가 자신에 대해서 수군거리는 것 같다는 생각, 사람들이 자신에 대해서 모욕적이고 상스러운 말을 하는 것 같다는 생각이다. 이를 감안할 때, 두 문항은 피해사고 혹은 피해망상이 아닌 관계사고를 측정한다고 판단된다. 또한 MMPI-2에서 Si2,

SOD, SOD1 척도가 상승하고 MMPI-2-RF에서 SAV 척도와 DSF 척도가 상승했음을 고려할 때, 피검자가 259번 문항과 333번 문항에 채점되는 방향으로 응답한 까닭은 스스로를 소외시키면서 타인의 눈에 띌까 봐 염려하는 사회적 소외감, 사회적 취약성, 사회적 불편감 때문으로 해석하는 것이 자연스럽다. 이런 맥락에서 피검자의 반응을 편집증과 피해의식으로 해석하는 것은 다분히 자의적이다. Goldberg가 개발한 신경증-정신증 지표가 23점에 불과하다는 점도 이를 뒷받침한다. 37/73 코드타입을 보이는 사람의 신경증-정신증 지표의 평균이 25.1점인데, 피검자의 점수는 그보다 낮다(Greene, 2011, p. 549).

이러한 논의를 MMPI-2 및 MMPI-2-RF 자동해석 보고서에 대한 비판으로 받아들이지 않기를 바란다. 3종의 자동해석 보고서는 모두 임상장면을 가정하고 작성된 것이며(MMPI-2 보고서는 정신건강기관 외래환자), 임상장면의 정신증적 증상 기저율은 대학상담센터의 기저율보다 훨씬 높다. 실제로, 미네소타 보고서에는 "만약 실시장면이 다르다면, 해석 내용이 정확하지 않을 수 있다."라고 명시되어 있다. 그러나 다른 한편으로 이것은 자동해석 보고서의 한계를 부분적으로 드러낸다. 자동해석 보고서는 여러 사례에 적용되는 범용의 견해이므로 소수의 문항을 근거로 추론적 가설을 제시하면 해석의 오류를 범할 우려가 있다. 문항의 내용과 상관없이 그러하다. 정신증적 증상의 기저율이 매우 낮은 집단의 경우, 피검자는 한 개 혹은 몇 개의 병리적인 문항에 채점되는 방향으로 응답할 수 있을 것이다. 그러나 그 까닭은 문항의 본질 때문이 아니라 순간적 실수, 표기의 오류, 잘못된 이해 때문일 수 있을 것이다. 웩슬러 지능검사에도 나와 있듯이, 제비 한 마리가 왔다고 여름이 온 것은 아니다.

정신증적 증상의 해석과 관련하여, MMPI-2 미네소타 보고서가 MMPI-2-RF 해석 보고서에 비해 다소 조심스러운 것 같다. MMPI-2-RF 해석 보고서가 정신증적 증상의 가능성을 더 강조하고 있다(예: 치료 과정과 관련된 문제, 가능한 치료목표의 기술에서).

마지막으로, 이 사례에서 확보된 3종의 자동해석 보고서에 대해서 간단히 논평하겠다. 미네소타 보고서와 MMPI-2-RF 해석 보고서는 피검자의 문제를 식별하고 성향을 파악하는 데 유익한 것 같다. 두 보고서가 제공하는 문장, 진단, 제언은 상당히 구체적이며, 각자의 문항군집을 적절히 포괄하고 있다. 미네소타 보고서는 단순히 코드타입에 의존해서 가설을 추론하는 것이 아니라 여러 척도의 상호관계를 더 예민하게 고려해서 가설을 도출하는 것 같다. 이에 비해 MMPI-2-RF 해석 보고서는 문항군집이 상대적으로 작음에도 불구하고 매우 구체적인 가설을 제공한다. 비교적 명백한 문항들로 척도가 구성되어 있기 때문일 것이다. 전반적으로, MMPI-2는 치료 초기에 문제의 식별을 목적으로 유용하게 활용할 수 있고, 특이도보다 민감도가 더 우수하다. MMPI-2에 이어서 MMPI-2-RF를 실시하면 추가적인 정보를 확보할 수 있다. 특히 MMPI-2의 민감도에 MMPI-2-RF의 특이도가 더해지면 의학적 장면에서 유익하게 활용할 수 있다(예: 에이즈 환자의 평가).

　Caldwell 보고서의 문장과 제언은 더 탐색적이고 더 사변적이다. Caldwell 보고서는 특히 병인론적 관점에서 더 풍성한 해석적 추론을 제공한다. 미네소타 보고서의 특징이 민감도와 포괄성이라면, Caldwell 보고서는 단순히 문제를 식별하는 수준을 넘어서서 이미 형성된 치료관계에서 활용할 수 있는 정보를 제공한다. 임상가는 이 보고서를 통해서 치료적 고려사항을 확인할 수 있을 것이다.

참고문헌

Aamondt, M. G. (2004). Special issue on using MMPI-2 scale configuration in law enforcement selection: Introduction and meta-analysis. *Applied H. R. M. Research, 9*, 41-52.

Aaronson, A. L. (1958). Age and sex influence on MMPI profile peak distributions in an abnormal population. *Journal of Consulting Psychology, 22*, 203-206.

Aaronson, A. L., Dent, O. B., Webb, J. T., & Kline, C. D. (1996). Graying of the critical items: Effects of aging on responding to MMPI-2 critical items. *Journal of Personality Assessment, 66*, 169-176.

Adams, D. K., & Horn, J. L. (1965). Nonoverlapping keys for the MMPI scales. *Journal of Consulting Psychology, 29*, 284.

Adler, T. (1990). Does the "new" MMPI beat the classic? *The APA Monitor, 21*(4), 18-19.

Alexander, A. A., Roessler, R., & Greenfield, N. S. (1963). Ego strength and physiological responsivity: HI. The relationship between the Barron Ego Strength scale to spontaneous periodical activity in skin resistance, finger blood volume, heart rate, and muscle potential. *Archives of General Psychiatry, 9*, 58-61.

Alker, H. A. (1978). Minnesota Multiphasic Personality Inventory. In O. K. Buros (Ed.), *Eighth mental measurements yearbook* (pp. 931-935). Highland Park, NJ: Gryphon Press.

Allen, J. P. (1991). Personality correlates of the MacAndrew alcoholism scale: A review of the literature. *Psychology of Addictive Behaviors, 5*, 59-65.

Allen, J. P., Faden, V. B., Rawlings, R. R., & Miller, A. (1991). Personality differences associated with MacAndrew scores. *Psychological Reports, 66*, 691-698.

Almada, S. J., Zonderman, A. B., Shekelle, R. B., Dyer, A. R., Daviglus, M. L., Costa, P. T., & Stamler, J. (1991). Neuroticism and cynicism and risk of death in middle-aged men: The Western Electric Study. *Psychosomatic Medicine, 53*, 165-175.

Almagor, M., & Koren, D. (2001). The adequacy of the MMPI-2 Harris-Lingoes subscales: A crosscultural factor analytic study of Scales D, Hy, Pd, Sc, and Ma. *Psychological Assessment, 13*(2), 199-215.

American Educational Research Association. (1999). *Standards for educational and psychological testing.* Washington, DC: Author.

American Psychiatric Association. (1968). *Diagnostic and*

statistical manual of mental disorders (2nd ed.). Washington, DC: Author.

American Psychiatric Association. (1980). *Diagnostic and statistical manual of mental disorders* (3rd ed.). Washington, DC: Author.

American Psychiatric Association. (1987). *Diagnostic and statistical manual of mental disorders III—Revised*. Washington, DC: Author.

American Psychiatric Association. (1994). *Diagnostic and statistical manual of mental disorders* (4th ed.). Washington, DC: Author.

American Psychiatric Association. (2013). *Diagnostic and statistical manual of mental disorders* (5th ed.). Washington: Author.

American Psychological Association. (1977). *Standards for providers of psychological services*. Washington, DC: Author

American Psychological Association. (1986). *Guidelines for users of computer-based tests and interpretations*. Washington, DC: Author.

American Psychological Association. (1993). Guidelines for providers of psychological services to ethnic, linguistic, and culturally diverse populations. *American Psychologist, 48*, 45-48.

American Psychological Association. (2002). Ethical principles of psychologists and code of conduct. *American Psychologist, 57*, 1060-1073.

Anastasi, A. (1982). *Psychological testing* (5th ed.). New York: Macmillan.

Anderson v. E & S International Enterprises, Inc., Case No. RG05 211076, Alameda County, 7/29/08.

Anderson, H. E., & Bashaw, W. L. (1966). Further comments on the internal structure of the MMPI. *Psychological Bulletin, 66*, 211-213.

Anderson, W. (1956). The MMPI: Low Pa scores. *Journal of Counseling Psychology, 3*, 226-228.

Anderson, W. P., & Kunce, J. T. (1984). Diagnostic implication of markedly elevated MMPI Sc scale scores for non-hospitalized clients. *Journal of Clinical Psychology, 40*, 925-930.

Anthony, N. (1971). Comparison of clients' standard, exaggerated and matching MMPI profiles. *Journal of Consulting and Clinical Psychology, 36*, 100-103.

Apfeldorf, M. (1978). Alcoholism scales of the MMPI: Contributions and future directions. *International Journal of the Addictions, 13*, 17-55.

Arbisi, P. A., & Ben-Porath, Y. S. (1995a, March). *Identifying changes in infrequent responding to the MMPI-2*. Paper presented at the 30th Annual Symposium on Recent Developments in the Use of the MMPI-2, St. Petersburg, FL.

Arbisi, P. A., & Ben-Porath, Y. S. (1995b). An MMPI-2 infrequent response scale for use with psychopathological populations. The Infrequency-Psychopathology scale, *F(p)*. *Psychological Assessment: A Journal of Consulting and Clinical Psychology, 7*, 424-431.

Arbisi, P. A., & Ben-Porath, Y. S. (1997). Characteristics of the MMPI-2 *F(p)* scale as a function of diagnosis in an inpatient sample of veterans. *Psychological Assessment: A Journal of Consulting and Clinical Psychology, 9*, 102-105.

Arbisi, P. A., & Butcher, J. N. (2004). Failure of the FBS to predict malingering of somatic symptoms: Response to critiques by Greve and Bianchini and Lees Haley and Fox. *Archives of Clinical Neuropsychology, 19*, 341-345.

Arbisi, P. A., Ben-Porath, Y. S., & McNulty, J. L. (2003). Empirical correlates of common MMPI-2 two-point codes in male psychiatric patients. *Assessment, 10*, 237-247.

Arbisi, P. A., McNulty, J. L., Ben-Porath, Y. S., & Boyd, J. (1999, April). *Detection of partial fake bad responding on the MMPI-2*. Paper presented at the 34th Annual Symposium on Recent Developments in the Use of the MMPI-2 and MMPI-A, Huntington Beach, CA.

Arbisi, P. A., Sellbom, M., & Ben-Porath, Y. S. (2008). Empirical correlates of the MMPI-2 Restructured

Clinical (RC) scales in psychiatric inpatients. *Journal of Personality Assessment, 90*, 122-128.

Archer, R. P. (1984). Use of the MMPI with adolescents: A review of salient issues. *Clinical Psychology Review, 4*, 241-251.

Archer, R. P. (1987). *Using the MMPI with adolescents.* Hillsdale, NJ: Lawrence Erlbaum Associates.

Archer, R. P. (1988). Using the MMPI with adolescents. In C. D. Spielberger & J. N. Butcher (Eds.), *Advances in personality assessment* (Vol. 7, pp. 103-126). Hillsdale, NJ: Lawrence Erlbaum Associates.

Archer, R. P. (1992). *The MMPI-A: Assessing adolescent psychopathology.* Hillsdale, NJ: Lawrence Erlbaum Associates.

Archer, R. P. (1997). *MMPI-A: Assessing adolescent psychopathology* (2nd ed.). Mahwah, NJ: Lawrence Erlbaum Associates.

Archer, R. P. (2005). *The MMPI-A: Assessing adolescent psychopathology* (3rd ed.). New York: Routledge.

Archer, R. P. (2006). A perspective on the Restructured Clinical (RC) Scale Project. *Journal of Personality Assessment, 87*, 179-185.

Archer, R. P., Buffington-Vollum, J. K., Stredny, R. V., & Handel, R. W. (2006). A survey of psychological test use patterns among forensic psychologists. *Journal of Personality Assessment, 87*, 84-94.

Archer, R. P., Fontaine, J., & McCrae, R. R. (1998). Effects of two MMPI-2 validity scales on basic scale relations to external criteria. *Journal of Personality Assessment, 70*, 87-102.

Archer, R. P., & Gordon, R. A. (1991). [Correlational analysis of the MMPI-A normative data set]. Unpublished raw data.

Archer, R. P., Gordon, R. A., & Klinefelter, D. (1991). [Analyses of the frequency of MMPI and MMPI-A profile assignments for 1762 adolescent patients]. Unpublished raw data.

Archer, R. P., Griffin, R., & Aiduk, R. (1995). MMPI-2 clinical correlates for ten common codes. *Journal of Personality Assessment, 65*, 391-407.

Archer, R. P., & Klinefelter, D. (1992). Relationships between MMPI codetypes and MAC scale elevations in adolescent psychiatric samples. *Journal of Personality Assessment, 58*, 149-159.

Archer, R. P., & Newsom, C. (2000). Psychological test usage with adolescent clients: Survey update. *Assessment, 7*, 227-235.

Armstrong, D. (2008, March 5). Personality check: Malingerer test roils personal-injury law. *Wall Street Journal*, p. 1.

Arnau, R. C., Handel, R. W., & Archer, R. P. (2005). Principal components analysis of the PSY-scales: Identification of facet scales. *Assessment, 12*, 186-198.

Astin, A. W. (1959). A factor study of the MMPI Psychopathic Deviate scale. *Journal of Consulting Psychology, 23*, 550-554.

Astin, A. W. (1961). A note on the MMPI Psychopathic Deviate scale. *Educational and Psychological Measurement, 21*, 895-897.

Atlis, M. M., Hahn, J., & Butcher, J. N. (2006). Computer-based assessment with the MMPI-2. In J. N. Butcher (Ed.), *MMPI-2: The practitioner's handbook* (pp. 445-476). Washington, DC: American Psychological Association.

Baer, R. A., & Miller, J. (2002). Underreporting of psychopathology on the MMPI-2: A meta-analytic review. *Psychological Assessment, 14*, 16-26.

Baer, R. A., Wetter, M. W., & Berry, D. T. R. (1992). Detection of underreporting of psychopathology on the MMPI: A meta-analysis. *Clinical Psychology Review, 12*, 509-525.

Baer, R. A., Wetter, M. W., & Berry, D. T. R. (1995). Effects of information about validity scales on underreporting of symptoms on the MMPI-2: An analogue investigation. *Assessment, 2*, 189-200.

Baer, R. A., Wetter, M. W., Nichols, D. S., Greene, R. L., & Berry, D. T. R. (1995). Sensitivity of MMPI-2 validity scales to underreporting of symptoms. *Psychological Assessment: A Journal of Consulting* and Clinical Psychology, 7, 419-423.

Bagby, R. M., Marshall, M. B., Basso, M. R., Nicholson, R. A., Bacchiochi, J., & Miller, L. S. (2005). Distinguishing bipolar depression, major depression, and schizophrenia with the MMPI-2 Clinical and Content scales. *Journal of Personality Assessment, 84,* 89-95.

Bagby, R. M., Nicholson, R. A., Buis, T., Radovanovic, H., & Fidler, B. J. (1999). Defensive responding on the MMPI-2 in family custody and access evaluations. *Psychological Assessment: A Journal of Consulting and Clinical Psychology, 11,* 24-28.

Bagby, R. M., Rogers, R., & Buis, T. (1994). Detecting malingered and defensive responding on the MMPI-2 in a forensic inpatient sample. *Journal of Personality Assessment, 62,* 191-203.

Bagby, R. M., Rogers, R., Buis, T., & Kalemba, V. (1994). Malingered and defensive response styles on the MMPI-2: An examination of validity scales. *Assessment, 1,* 31-38

Bagby, R. M., Rogers, R., Buis, T., Nicholson, R. A., Cameron, S. L., Rector, N. A., Schuller, D. R., & Seeman, M. V. (1997a). Detecting feigned depression and schizophrenia on the MMPI-2. *Journal of Personality Assessment, 68,* 650-664.

Bagby, R. M., Rogers, R., Nicholson, R. A., Buis, T., Seeman, M. V., & Rector, N. A. (1997b). Effectiveness of the MMPI-2 validity indicators in the detection of defensive responding in clinical and nonclinical samples. *Psychological Assessment: A Journal of Consulting and Clinical Psychology, 9,* 406-413.

Bagby, R. M., Sellbom, M., Costa, P. T., Jr., & Widiger, T. A. (2008). Predicting Diagnostic and Statistical Manual of Mental Disorders-IV personality disorders with the five-factor model of personality and the personality psychopathology five. *Personality and Mental Health, 2,* 55-69.

Baker, J. D. (2007). Queendom Online Test Respository. In R. A. Reynolds, R. Woods, & J. D. Baker (Eds.), *Handbook of research on electronic surveys and measurements* (pp. 352-354). Hershey, PA: Iea group reference/IGI Global.

Ball, J. C., & Carroll, D. (1960). Analysis of MMPI Cannot Say score in an adolescent population. *Journal of Clinical Psychology, 16,* 30-31.

Barefoot, J. C., Dahlstrom, W. G., & Williams, R. B. (1983). Hostility, CHD incidence, and total mortality: A 25-yr follow-up study of 255 physicians. *Psychosomatic Medicine, 45,* 59-63.

Barefoot, J. C., Dodge, K. A., Peterson, B. L., Dahlstrom, W. G., & Williams, R. B. (1989). The Cook-Medley Hostility scale: Item content and ability to predict survival. *Psychosomatic Medicine, 51,* 46-57.

Barefoot, J. C., Peterson, B. L., Dahlstrom, W. G., Siegler, I. C., Anderson, N. B., & Williams, R. B., Jr. (1991). Hostility patterns and health implications: Correlates of Cook-Medley Hostility Scale scores in a national survey. *Health Psychology, 10,* 18-24.

Barron, F. (1953). An ego-strength scale which predicts response to psychotherapy. *Journal of Consulting Psychology, 17,* 327-333.

Barthlow, D. L., Graham, J. R., Ben-Porath, Y. S., & McNulty, J. L. (1999). Incremental validity of the MMPI-2 content scales in an outpatient mental health setting. *Psychological Assessment: A Journal of Consulting and Clinical Psychology, 11,* 39-47.

Bartol, C. R. (1991). Predictive validation of the MMPI for small-town police officers who fail. *Professional Psychology: Research and Practice, 22,* 127-132.

Bartram, D., & Hambleton, R. K. (2006). *Computer-based testing and the internet.* New York: John Wiley & Sons.

Bathurst, K., Gottfried, A. W., & Gottfried, A. E. (1997). Normative data for the MMPI-2 in child custody litigation. *Psychological Assessment: A Journal of Consulting and Clinical Psychology, 9,* 205-211.

Bell, H. M. (1934). *Adjustment inventory.* Stanford, CA: Stanford University Press.

Bem, S. L. (1974). The measurement of psychological

androgyny. *Journal of Consulting and Clinical Psychology, 42*, 152–162.

Ben-Porath, Y. S. (1993, June). MMPI-2 items. *MMPI-2 and MMPI-A: News and Profiles, 4*, 7.

Ben-Porath, Y. S. (2012). *Interpreting the MMPI-2-RF*. Minneapolis, MN: University of Minnesota Press.

Ben-Porath, Y. S., & Butcher, J. N. (1986). Computers in personality assessment: A brief past, an ebullient present, and an expanding future. *Computers in Human Behavior, 2*, 167–182.

Ben-Porath, Y. S., & Butcher, J. N. (1989). Psychometric stability of rewritten MMPI items. *Journal of Personality Assessment, 53*, 645–653.

Ben-Porath, Y. S., Butcher, J. N., & Graham, J. R. (1991). Contribution of the MMPI-2 content scales to the differential diagnosis of schizophrenia and major depression. *Psychological Assessment: A Journal of Consulting and Clinical Psychology, 3*, 634–640.

Ben-Porath, Y. S., & Flens, J. R. (2012). Butcher and Williams's (this issue) critique of the MMPI-2-RF is slanted and misleading. *Journal of Child Custody: Research, Issues, and Practices, 9*(4), 223–232.

Ben-Porath, Y. S., & Forbey, J. D. (2003). *Non-gendered norms for the MMPI-2*. Minneapolis, MN: University of Minnesota Press.

Ben-Porath, Y. S., Graham, J. R., & Tellegen, A. (2009). *The MMPI-2 Symptom Validity (FBS) scale: Development, research findings, and interpretive recommendations*. Minneapolis, MN: University of Minnesota Press.

Ben-Porath, Y. S., Greve, K. W., Bianchini, K. J., & Kaufmann, P. M. (2009). The MMPI-2 symptom validity scale (FBS) is an empirically validated measure of over-reporting in personal injury litigants and claimants: Reply to Butcher et al. (2008). *Psychological Injury and Law, 2*, 62–85.

Ben-Porath, Y. S., Hostetler, K., Butcher, J. N., & Graham, J. R. (1989). New subscales for the MMPI-2 Social Introversion scale. *Psychological Assessment: A Journal of Consulting and Clinical Psychology, 1*, 169–174.

Ben-Porath, Y. S., McCully, E., & Almagor, M. (1993). Incremental validity of the MMPI-2 content scales in the assessment of personality and psychopathology by self-report. *Journal of Personality Assessment, 61*, 557–575.

Ben-Porath, Y. S., & Sherwood, N. E. (1993). *The MMPI-2 content component scales: Development, psychometric characteristics and clinical application*. Minneapolis, MN: University of Minnesota Press.

Ben-Porath, Y. S., Slutske, W. S., & Butcher, J. N. (1989). A real-data simulation of computerized adaptive administration of the MMPI. *Psychological Assessment: A Journal of Consulting and Clinical Psychology, 1*, 18–22.

Ben-Porath, Y. S., & Stafford, K. P. (1993, August). *Empirical correlates of MMPI-2 scales in a forensic diagnostic sample: An interim report*. Paper presented at the 101st Annual Convention of the American Psychological Association, Toronto, Ontario, Canada.

Ben-Porath, Y. S., & Tellegen, A. (2008). *MMPI-2 Restructured Form: Manual for administration, scoring, and interpretation*. Minneapolis, MN: University of Minnesota Press.

Ben-Porath, Y. S., & Tellegen, A. (2011). *Minnesota Multiphasic Personality Inventory-2 Restructured Form: Manual for administration, scoring, and interpretation*. Minneapolis, MN: University of Minnesota Press.

Benton, S. A., Robertson, J. M., Tseng, W. C., Newton, F. B., & Benton, S. L. (2003). Changes in counseling center client problems across 13 years. *Professional Psychology: Research and Practice, 34*, 66–72.

Bernreuter, R. G. (1933). The theory and construction of the Personality Inventory. *Journal of Social Psychology, 4*, 387–404.

Berrios, G. E. (1985). Obsessional disorders during the nineteenth century: Terminological and classificatory issues. In W. F. Brynum, R. Porter, & M. Shepherd (Eds.), *The anatomy of madness: Essays in the history of psychiatry: Vol. 1. People and Ideas* (pp. 166-187). London, England: Tavistock.

Berry, D. T. R., Baer, R. A., & Harris, M. J. (1991). Detection of malingering on the MMPI: A meta-analysis. *Clinical Psychology Review, 11*, 585-598.

Berry, D. T. R., & Schipper, L. J. (2007). Detection of feigned psychiatric symptoms during forensic neuropsychological examinations. In G. J. Larrabee (Ed.), *Assessment of malingered neuropsychological deficits* (pp. 226-263). New York: Oxford University Press.

Berry, D. T. R., Wetter, M. W., Baer, R. A., Gass, C. S., Franzen, M. D., Youngjohn, J. R., Lomb, D. G., MacInnes, W. D., & Buchholz, D. (1995). Overreporting of closed-head injury symptoms on the MMPI-2. *Psychological Assessment: A Journal of Consulting and Clinical Psychology, 7*, 517-523.

Berry, D., Wetter, M., Baer, R., Larsen, L., Clark, C., & Monroe, K. (1992). MMPI-2 random responding indices: Validation using a self-report methodology. *Psychological Assessment: A Journal of Consulting and Clinical Psychology, 4*, 340-345.

Berry, D. T. R., Wetter, M. W., Baer, R. A., Widiger, T. A., Sumpter, J. C., Reynolds, S. K., & Hallam, R. A. (1991). Detection of random responding on the MMPI-2: Utility of F, back F, and VRIN scales. *Psychological Assessment: A Journal of Consulting and Clinical Psychology, 3*, 418-423.

Bersoff, D. N., & Hofer, P. J. (1995). Legal issues in computerized psychological testing. In D. N. Bersoff (Ed.), *Ethical conflicts in psychology* (pp. 291-294). Washington, DC: American Psychological Association.

Binford, A., & Liljequist, L. (2008). Behavioral correlates of selected MMPI-2 Clinical, Content, and Restructured Clinical scales. *Journal of Personality Assessment, 90*, 608-614.

Blake, D. D., Penk, W. E., Mori, D. L., Kleespies, P. M.,

Walsh, S. S., & Keane, T. M. (1992). Validity and clinical scale comparison between the MMPI and MMPI-2 with psychiatric inpatients. *Psychological Reports, 70*, 323-332.

Blanchard, J. S. (1981). Readability of the MMPI. *Perceptual and Motor Skills, 52*, 985-986.

Bleuler, E. (1950). *Dementia praecox; or the group of schizophrenias.* New York: International Universities Press.

Block, J. (1965). *The challenge of response sets: Unconfounding meaning, acquiescence, and social desirability in the MMPI.* New York: Appleton-Century-Crofts.

Boerger, A. R., Graham, J. R., & Lilly, R. S. (1974). Behavioral correlates of single-scale MMPI-codetypes. *Journal of Consulting and Clinical Psychology, 42*, 398-402.

Bolinskey, P. K., & Nichols, D. S. (2011). Construct drift in the MMPI-2 Restructured Clinical (RC) scales: Further evidence and a possible historic example. *Journal of Clinical Psychology, 67*(9), 907-917.

Bolinskey, P. K., Trumbetta, S. L., Hanson, D. R., & Gottesman, I. I. (2010). Predicting adult psychopathology from adolescent MMPIs: Some victories. *Personality and Individual Differences, 49*, 324-330.

Bond, J. A. (1986). Inconsistent responding to repeated MMPI items: Is its major cause really carelessness? *Journal of Personality Assessment, 50*, 50-64.

Bond, J. A. (1987). The process of responding to personality items: Inconsistent responses to repeated presentation of identical items. *Personality and Individual Differences, 8*, 409-417.

Bosquet, M., & Egeland, B. (2000). Predicting parenting behaviors from Antisocial Practices content scale scores of the MMPI-2 administered during pregnancy. *Journal of Personality Assessment, 74*, 146-162.

Box, G. E. P., & Cox, D. R. (1964). An analysis of transformations. *Journal of the Royal Statistical*

Society, 59, 211-243.

Brauer, B. A. (1988). Substudies developed during the psychological instruments translation study. In R. C. Johnson, D. L. Smith, & S. Davies (Eds.), *A tradition of discovery.* Washington, DC: Gallaudet University, Gallaudet Research Institute.

Brauer, B. A. (1992). The signer effect on MMPI performance of deaf respondents. *Journal of Personality Assessment, 58,* 380-388.

Brauer, B. A. (1993). Adequacy of a translation of the MMPI into American Sign Language for use with deaf individuals: Linguistic equivalency issues. *Rehabilitation Psychology, 38*(4), 247-260.

Brozek, J. (1955). Personality changes with age: An item analysis of the MMPI. *Journal of Gerontology, 10,* 194-206.

Buechley, R., & Ball, H. (1952). A new test of "validity" for the group MMPI. *Journal of Consulting Psychology, 16,* 299-301.

Burandt, C. A. (2006). Detecting incomplete effort on the MMPI-2: An examination of the Fake-Bad Scale in electrical injury. *Dissertation Abstracts International: Section B: The Sciences and Engineering, 67*(4-B), 2216.

Burkhart, B. R., Christian, W. L., & Gynther, M. D. (1978). Item subtlety and faking on the MMPI: A paradoxical relationship. *Journal of Personality Assessment, 42,* 76-80.

Bush, S. S., Ruff, R. M., Troster, A. I., Barth, J. T., Koffler, S. P., Pliskin, N. H., Reynolds, C. R., & Silver, C. H. (2005). NAN position paper: Symptom validity assessment: Practice issues and medical necessity. *Archives of Clinical Neuropsychology, 20,* 419-426.

Buss, A. H., & Perry, M. (1992). The aggression questionnaire. *Journal of Personality and Social Psychology, 63,* 452-459.

Butcher, J. N. (1987a). Computerized clinical and personality assessment using the MMPI. In J. N. Butcher (Ed.), *Computerized psychological assessment: A practitioner's guide* (pp. 161-197). New York: Basic Books.

Butcher, J. N. (Ed.). (1987b). *Computerized psychological assessment: A practitioner's guide.* New York: Basic Books.

Butcher, J. N. (1990a, August). Education level and MMPI-2 measured psychopathology: A case of negligible influence. *MMPI-2: News and Profiles, 1,* 2.

Butcher, J. N. (1990b). *Use of the MMPI-2 in treatment planning.* New York: Oxford University Press.

Butcher, J. N. (1992, October). International developments with the MMPI-2. *MMPI-2: News and Profiles, 3,* 4-5.

Butcher, J. N. (1993). *The Minnesota report: Adult clinical system—revised user's guide.* Minneapolis, MN: National Computer Systems.

Butcher, J. N. (1994a). Psychological assessment by computer: Potential gains and problems to avoid. *Psychiatric Annals, 20,* 20-24.

Butcher, J. N. (1994b). Important considerations in the use of automated MMPI-2 reports. In J. N. Butcher & J. R. Graham (Eds.), *Topics in MMPI-2 and MMPI-A interpretation.* Minneapolis, MN: University of Minnesota, Department of Psychology.

Butcher, J. N. (1994c). Psychological assessment of airline pilot applicants with the MMPI-2. *Journal of Personality Assessment, 62,* 31-44.

Butcher, J. N. (Ed.). (1996). *International adaptations of the MMPI-2.* Minneapolis, MN: University of Minnesota Press.

Butcher, J. N. (Ed.). (2000). *Basic sources on the MMPI-2.* Minneapolis, MN: University of Minnesota Press.

Butcher, J. N. (2002, March/June). Assessing pilots with the "wrong stuff": A call for research on emotional health factors in commercial aviators. *International Journal of Selection and Assessment, 10*(1/2), 168.

Butcher, J. N. (2004). Personality assessment without borders: Adaptation of the MMPI-2 across cultures. *Journal of Personality Assessment, 83*(2), 90-104.

Butcher, J. N. (2009). How to use computer-based reports. In J. N. Butcher (Ed.), *Oxford handbook of personality assessment* (pp. 693-706). New York: Oxford University Press.

Butcher, J. N. (2010). Personality assessment from the nineteenth to the early twenty-first century: Past achievements and contemporary challenges. *Annual Review of Clinical Psychology, 6,* 1-20.

Butcher, J. N. (2011). *A beginner's guide to the MMPI-2* (3rd ed.). Washington, DC: American Psychological Association Press.

Butcher, J. N. (2013). Computerized psychological assessment. In J. R. Graham, & J. Naglieri (Eds.), *Handbook of psychology* (pp. 165-191). New York: Wiley Press.

Butcher, J. N., Arbisi, P. A., Atlis, M. M., & McNulty, J. L. (2003). The construct validity of the Lees-Haley Fake Bad Scale: Does this measure somatic malingering and feigned emotional distress? *Archives of Clinical Neuropsychology, 18,* 473-485.

Butcher, J. N., Cheung, F. M., & Lim, J. (2003). Use of the MMPI-2 with Asian populations. *Psychological Assessment, 15*(3), 248-256.

Butcher, J. N., Dahlstrom, W. G., Graham, J. R., Tellegen, A., & Kaemmer, B. (1989). *Minnesota Multiphasic Personality Inventory-2 (MMPI-2): Manual for administration and scoring.* Minneapolis, MN: University of Minnesota Press.

Butcher, J., Derksen, J., Sloore, H., & Sirigatti, S. (2003). Objective personality assessment of people in diverse cultures: European adaptations of the MMPI-2. *Behaviour Research and Therapy, 41*(7), 819-840.

Butcher, J. N., Gass, C. S., Cumella, E., Kally, Z., & Williams, C. L. (2008). Potential for bias in MMPI-2 assessments using the Fake Bad Scale (FBS). *Psychological Injury and Law, 1,* 191-209.

Butcher, J. N., & Graham, J. R. (1989). *Topics in MMPI-2 interpretation.* Minneapolis, MN: University of Minnesota, Department of Psychology.

Butcher, J. N., Graham, J. R., Ben-Porath, Y. S., Tellegen, A., Dahlstrom, W. G., & Kaemmer, B. (2001). *MMPI-2: Manual for administration, scoring, and interpretation* (Revised ed.). Minneapolis, MN: University of Minnesota Press.

Butcher, J. N., Graham, J. R., Williams, C. L., & Ben-Porath, Y. S. (1990). *Development and use of the MMPI-2 content scales.* Minneapolis, MN: University of Minnesota Press.

Butcher, J. N., Hamilton, C. K., Rouse, S. V., & Cumella, E. J. (2006). The deconstruction of the Hy Scale of MMPI-2: Failure of RC3 in measuring somatic symptom expression. *Journal of Personality Assessment, 87,* 186-192.

Butcher, J. N., & Han, K. (1995). Development of an MMPI-2 scale to assess the presentation of self in a superlative manner: The S scale. In J. N. Butcher & C. D. Spielberger (Eds.), *Advances in personality assessment* (pp. 25-50). Hillsdale, NJ: Lawrence Erlbaum Associates.

Butcher, J. N., & Hostetler, K. (1990). Abbreviating MMPI item administration: What can be learned from the MMPI for the MMPI-2? *Psychological Assessment: A Journal of Consulting and Clinical Psychology, 2,* 12-21.

Butcher, J. N., Keller, L. S., & Bacon, S. F. (1985). Current developments and future directions in computerized personality assessment. *Journal of Consulting and Clinical Psychology, 53,* 803-815.

Butcher, J. N., Morfitt, R. C., Rouse, S. V., & Holden, R. R. (1997). Reducing MMPI-2 defensiveness: The effect of specialized instructions on retest validity on a job applicant sample. *Journal of Personality Assessment, 68,* 385-401.

Butcher, J. N., Ones, D. S., & Cullen, M. (2006). Personnel screening with the MMPI-2. In J. N. Butcher (Ed.), *MMPI-2: The practitioner's handbook* (pp. 381-406). Washington, DC: American Psychological Association.

Butcher, J. N., & Pancheri, P. (1976). *A handbook of cross-national MMPI research.* Minneapolis, MN: University of Minnesota Press.

Butcher, J. N., Perry, J. N., & Atlis, M. (2000). Validity and utility of computer-based test interpretation. *Psychological Assessment, 12*(1), 6–18.

Butcher, J. N., Perry, J., & Dean, B. L. (2009). Computer-based assessment with the MMPI-2. In J. N. Butcher (Ed.), *Oxford handbook of personality assessment* (pp. 163–182). New York: Oxford University Press.

Butcher, J. N., Perry, J., & Hahn, J. (2004). Computers in clinical assessment: Historical developments, present status, and future challenges. *Journal of Clinical Psychology, 60*, 331–346.

Butcher, J. N., & Williams, C. L. (1992). *Essentials of MMPI-2 and MMPI-A interpretation.* Minneapolis, MN: University of Minnesota Press.

Butcher, J. N., & Williams, C. L. (2000). *Essentials of MMPI-2 and MMPI-A interpretation* (2nd ed.). Minneapolis, MN: University of Minnesota Press.

Butcher, J. N., & Williams, C. L. (2012). Problems with using the MMPI-2-RF in forensic evaluations: A clarification to Ellis. *Journal of Child Custody: Research, Issues, and Practices, 9*(4), 217–222.

Butcher, J. N., Williams, C. L., Graham, J. R., Archer, R. P., Tellegen, A., Ben-Porath, Y. S., & Kaemmer, B. (1992). *MMPI-A (Minnesota Multiphasic Personality Inventory—Adolescent): Manual for administration, scoring, and interpretation.* Minneapolis, MN: University of Minnesota Press.

Caldwell, A. B. (1969). *MMPI critical items.* Los Angeles, CA: Author.

Caldwell, A. B. (1971, April). *Recent advances in automated interpretation of the MMPI.* Paper presented at the 6th Annual MMPI Symposium, Minneapolis, MN.

Caldwell, A. B. (1974, February). *Characteristics of MMPI pattern types.* Paper presented at the Ninth Annual Symposium on the MMPI, Los Angeles, CA.

Caldwell, A. B. (1977). *Questions people ask when taking the MMPI* (Special Bulletin No. 3). Available from Caldwell Report, 1545 Sawtelle Boulevard, Suite 14, Los Angeles, CA 90025.

Caldwell, A. B. (1984, April). *Clinical decision making with the MMPI.* Workshop sponsored by the Advanced Psychological Studies Institute and Northwestern University, Chicago, IL.

Caldwell, A. B. (1988). *MMPI supplemental scale manual.* Los Angeles, CA: Caldwell Report.

Caldwell, A. B. (1991). Commentary on the Minnesota Multiphasic Personality Inventory-2: A review. *Journal of Counseling and Development, 69*, 568–569.

Caldwell, A. B. (1997). *Forensic questions and answers on the MMPI/MMPI-2.* Los Angeles, CA: Caldwell Report.

Caldwell, A. B. (1998). Advanced MMPI/MMPI-2 theory and interpretation seminar. Unpublished materials.

Caldwell, A. B. (1999). Personal communication (D. S. Nichols, June 25, 1999).

Caldwell, A. B. (2003). How can the MMPI-2 help child custody examiners? *Journal of Child Custody, 2*(1/2), 88–117.

Caldwell, A. B. (2006). Maximal measurement or meaningful measurement: The interpretive challenges of the MMPI-2 Restructured Clinical (RC) scales. *Journal of Personality Assessment, 87*, 193–201.

Caldwell, A. B. (2007a). [MMPI-2 data research file for child custody litigants.] Unpublished raw data.

Caldwell, A. B. (2007b). [MMPI-2 data research file for clinical clients.] Unpublished raw data.

Caldwell, A. B. (2007c). [MMPI-2 data research file for pain patients.] Unpublished raw data.

Caldwell, A. B. (2007d). [MMPI-2 data research file for personnel applicants.] Unpublished raw data.

Calvin, J. (1975). *A replicated study of the concurrent validity of the Harris subscales for the MMPI.* Unpublished doctoral dissertation, Kent State University, Kent, OH.

Carkhuff, R. R., Barnett, L., & McCall, J. N. (1965). *The counselor's handbook: Scale and profile interpretations of the MMPI.* Urbana, IL: R. W. Parkinson.

Carr, A. C., & Ghosh, A. (1983). Response of phobic patients to direct computer assessment. *British Journal of Psychiatry, 142*, 60-65.

Carr, G. D., Moretti, M. M., & Cue, B. J. H. (2005). Evaluating parenting capacity: Validity problems with the MMPI-2, PAI, CAPI, and ratings of child adjustment. *Professional Psychology: Research and Practice, 36*(2), 188-196.

Carson, R. C. (1969). Interpretive manual to the MMPI. In J. N. Butcher (Ed.), *MMPI: Research developments and clinical applications* (pp. 279-296). New York: McGraw-Hill.

Castlebury, F. D., & Durham, T. W. (1997). The MMPI-2 GM and GF scales as measures of psychological well-being. *Journal of Clinical Psychology, 53*, 879-893.

Caviaola, A. A., Strohmetz, D. B., Wolf, J. M., & Lavender, N. J. (2003). Comparison of DWI offenders with non-DWI individuals on the MMPI-2 and the Michigan Alcoholism Screening Test. *Addictive Behaviors, 28*, 971-977.

Chang, A. F., Caldwell, A. B., & Moss, T. (1973). Stability of personality traits in alcoholics during and after treatment as measured by the MMPI: A one-year follow-up study. *Proceedings of the American Psychological Association, 8*, 387-388.

Chapman, L. J., Chapman, J. P., & Raulin, M. L. (1978). Body-image aberration in schizophrenia. *Journal of Abnormal Psychology, 87*, 399-407.

Childs, R. A., Dahlstrom, W. G., Kemp, S. M., & Panter, A. T. (1992). *Item response theory in personality assessment: The MMPI-2 Depression scale* (Research Report No. 92-1). Chapel Hill, NC: University of North Carolina, C. C. Thurstone Psychometric Laboratory.

Chisholm, S. M., Crowther, J. H., & Ben-Porath, Y. S. (1997). Selected MMPI-2 scales' ability to predict premature termination and outcome from psychotherapy. *Journal of Personality Assessment, 69*, 127-144.

Chojnacki, J. T., & Walsh, W. B. (1994). The consistency between scores of the Harris-Lingoes subscales of the MMPI and MMPI-2. *Journal of Personality Assessment, 62*, 157-165.

Christian, W. L., Burkhart, B. R., & Gynther, M. D. (1978). Subtle-obvious ratings of MMPI items: New interest in an old concept. *Journal of Consulting and Clinical Psychology, 46*, 1178-1186.

Clark, L. A. (1993). *The schedule for nonadaptive and adaptive personality (SNAP)*. Minneapolis, MN: University of Minnesota Press.

Clark, L. A., & Watson, D. (1995). Constructing validity: Basic issues in objective scale development. *Psychological Assessment, 7*, 309-319.

Clark, M. E. (1994). Interpretive limitations of the MMPI-2 Anger and Cynicism content scales. *Journal of Personality Assessment, 63*, 89-96.

Clark, M. E. (1996). MMPI-2 Negative Treatment Indicators Content and Content Component Scales: Clinical correlates and outcome prediction for men with chronic pain. *Psychological Assessment, 8*, 32-38.

Clavelle, P. R., & Butcher, J. N. (1977). An adaptive typological approach to psychiatric screening. *Journal of Consulting and Clinical Psychology, 45*, 851-859.

Clayton, S. (2011). Malingering detection among accommodation-seeking university students. *Dissertation Abstracts International: Section B: The Sciences and Engineering, 71*(12-B), 7719.

Clements, R., & Heintz, J. M. (2002). Diagnostic accuracy and factor structure of the AAS and APS scales of the MMPI-2. *Journal of Personality Assessment, 79*, 564-582.

Clopton, J. R. (1979). The MMPI and suicide. In C. S. Newmark (Ed.), *MMPI: Clinical and research trends* (pp. 149-166). New York: Praeger.

Clopton, J. R., & Neuringer, C. (1977). MMPI Cannot Say scores: Normative data and degree of profile distortion. *Journal of Personality Assessment, 41*, 511-513.

Cofer, C. N., Chance, J. E., & Judson, A. J. (1949). A study of malingering on the MMPI. *Journal of Psychology*, *27*, 491-499.

Coffield, S. B. (2007). Prediction of treatment-related variables using the MMPI-2 (Doctoral dissertation, Kent State University). *Dissertation Abstracts International*, *67*(7-B), 4099.

Colby, F. (1989). Usefulness of the K correction in MMPI profiles of patients and non-patients. *Psychological Assessment: A Journal of Consulting and Clinical Psychology*, *1*, 142-145.

Colligan, R. C., & Offord, K. P. (1987a). The MacAndrew Alcoholism scale applied to a contemporary normative sample. *Journal of Clinical Psychology*, *43*, 291-293.

Colligan, R. C., & Offord, K. P. (1987b). Resiliency reconsidered: Contemporary MMPI normative data for Barron's Ego Strength scale. *Journal of Clinical Psychology*, *43*, 467-472.

Colligan, R. C., & Offord, K. P. (1988a). The risky use of the MMPI Hostility Scale in assessing risk for coronary heart disease. *Psychosomatics: Journal of Consultation Liaison Psychiatry*, *29*, 188-196.

Colligan, R. C., & Offord, K. P. (1988b). Contemporary norms for the Wiggins content scales: A 45-year update. *Journal of Clinical Psychology*, *44*, 23-32.

Colligan, R. C., & Offord, K. P. (1991). Adolescents, the MMPI, and the issue of K correction: A contemporary normative study. *Journal of Clinical Psychology*, *47*, 607-631.

Colligan, R. C., & Offord, K. P. (1992). Age, stage, and the MMPI: Changes in response patterns over an 85-year age span. *Journal of Clinical Psychology*, *48*, 476-493.

Colligan, R. C., Osborne, D., & Offord, K. P. (1980). Linear transformation and the interpretation of MMPI T scores. *Journal of Clinical Psychology*, *36*, 162-165.

Colligan, R. C., Osborne, D., Swenson, W. M., & Offord, K. P. (1983). *The MMPI: A contemporary normative sample*. New York: Praeger.

Colligan, R. C., Osborne, D., Swenson, W. M., & Offord, K. P. (1984). The MMPI: Development of contemporary norms. *Journal of Clinical Psychology*, *40*, 100-107.

Colligan, R. C., Osborne, D., Swenson, W. M., & Offord, K. P. (1989). *The MMPI: A contemporary normative study of adults* (2nd ed.). Odessa, FL: Psychological Assessment Resources.

Colligan, R. C., Rasmussen, N. H., Agerter, D. C., Offord, K. P., Malinchoc, M., O'Byrne, M. M., & Benson, J. T. (2008). The MMPI-2: A contemporary normative study of Midwestern family medicine outpatients. *Journal of Clinical Psychology in Medical Settings*, *15*, 98-119.

Collins, L. J. (1999). Select MMPI-2 scales and consistency of physical effort during trunk extension exercise as predictors of treatment outcome for functional restoration rehabilitation in chronic back pain patients (Doctoral dissertation, University of Detroit Mercy). *Dissertation Abstracts International*, 5573.

Comrey, A. L. (1958). A factor analysis of items on the MMPI Psychasthenia scale. *Educational and Psychological Measurement*, *18*, 293-300.

Constantinople, A. (1973). Masculinity-femininity: An exception to a famous dictum? *Psychological Bulletin*, *80*, 389-407.

Cook, W. W., Leeds, C. H., & Callis, R. (1951). *Minnesota teacher attitude inventory*. New York: The Psychological Corporation.

Cook, W. W., & Medley, D. M. (1954). Proposed hostility and Pharisaic-Virtue scales for the MMPI. *Journal of Applied Psychology*, *38*, 414-418.

Cooke, G. C. (2010). MMPI-2 defensiveness in child custody evaluations: The role of education and socioeconomic level. *American Journal of Forensic Psychology*, *28*(2), 5-16.

Costa, P. T., Jr., & McCrae, R. R. (1992a). *NEO PI-R: Professional manual*. Odessa, FL: Psychological Assessment Resources.

Costa, P. T., Jr., & McCrae, R. R. (1992b). Normal personality assessment in clinical practice: The NEO Personality Inventory. *Psychological Assessment: A Journal of Consulting and Clinical Psychology, 4,* 5-13.

Costa, P. T., Jr., & McCrae, R. R. (1992c). Reply to Ben-Porath and Waller. *Psychological Assessment: A Journal of Consulting and Clinical Psychology, 4,* 20-22.

Costa, P. T., Jr., & McCrae, R. R. (1992d). *Revised NEO Personality Inventory (NEO-I-R) and NEO Five-Factor Inventory (NEO-FI): Professional manual.* Odessa, FL: Psychological Assessment Resources.

Costa, P. T., Zonderman, A. B., McCrae, R. R., & Williams, R. B. (1985). Content and comprehensiveness in the MMPI: An item factor analysis in a normal adult sample. *Journal of Personality and Social Psychology, 48*(4), 925-933.

Costa, P. T., Zonderman, A. B., McCrae, R. R., & Williams, R. B. (1986). Cynicism and paranoid alienation in the Cook and Medley HO Scale. *Psychosomatic Medicine, 48,* 283-285.

Cox, A. C., Weed, N. C., & Butcher, J. N. (2009). The MMPI-2: History, interpretation, and clinical issues. In J. N. Butcher (Ed.), *Oxford handbook of personality assessment.* New York: Oxford University Press.

Coyle, F A., Jr., & Heap, R. F. (1965). Interpreting the MMPI L scale. *Psychological Reports, 17,* 722.

Craig, R. J. (1984a). A comparison of MMPI profiles of heroin addicts based on multiple methods of classification. *Journal of Personality Assessment, 48,* 115-120.

Craig, R. J. (1984b). MMPI substance abuse scales on drug addicts with and without concurrent alcoholism. *Journal of Personality Assessment, 48,* 495-499.

Craig, R. J. (1984c). Personality dimensions related to premature termination from an inpatient drug abuse treatment program. *Journal of Clinical Psychology, 40,* 351-355.

Craig, R. J. (1988). Psychological functioning of cocaine free-basers derived from objective psychological tests. *Journal of Clinical Psychology, 44,* 599-606.

Craig, R. J. (2005). Assessing contemporary substance abusers with the MMPI MacAndrews Alcoholism Scale: A review. *Substance Use & Misuse, 40,* 427-450.

Craig, R. J., & Olson, R. E. (2004). Predicting methadone maintenance treatment outcomes using the Addiction Severity Index and the MMPI-2 Content Scales (Negative Treatment Indicators and Cynism Scales). *The American Journal of Drug and Alcohol Abuse, 30,* 823-839.

Cramer, K. M. (1995). Comparing three new MMPI-2 randomness indices in a novel procedure for random profile derivation. *Journal of Personality Assessment, 65,* 514-520.

Cronbach, L. J. (1951). Coefficient alpha and the internal structure of tests. *Psychometrika, 16,* 297-334.

Cross, O. H. (1945). Braille edition of the MMPI for use with the blind. *Journal of Applied Psychology, 31,* 341-353.

CTB McGraw-Hill. (2000). *California Achievement Test—sixth edition survey.* Monterey, CA: CTB McGraw-Hill.

Cuadra, C. (1956). A scale for control in psychological adjustment (Cn). In G. S. Welsh & W. G. Dahlstrom (Eds.), *Basic readings on the MMPI in psychology and medicine* (pp. 235-254). Minneapolis, MN: University of Minnesota Press.

Cumella, E., Kally, Z., & Butcher, J. N. (2009, March). *MMPI-2 restructured (RC) scales with eating disorder patients.* Chicago, IL: Society for Personality Assessment.

Dahlstrom, W. G. (1969). Recurrent issues in the development of the MMPI. In J. N. Butcher (Ed.), *MMPI: Research developments and clinical applications* (pp. 1-40). New York: McGraw-Hill.

Dahlstrom, W. G. (1991). *Subtle-Obvious subscale correlates derived from partner ratings used in the MMPI-2 restandardization*. Unpublished manuscript. University of North Carolina, Chapel Hill, NC.

Dahlstrom, W. G. (1992a). Comparability of two-point high-point code patterns from original MMPI norms to MMPI-2 norms for the restandardization sample. *Journal of Personality Assessment, 59*, 153-164.

Dahlstrom, W. G. (1992b). The growth in acceptance of the MMPI. *Professional Psychology: Research and Practice, 23*, 1-4.

Dahlstrom, W. G. (1994). *Manual supplement: Corrected Graphs for the items in the MMPI-2. Alterations in the wording, patterns of interrelationship and changes in endorsements*. Minneapolis, MN: University of Minnesota Press.

Dahlstrom, W. G., & Archer, R. P. (2000). A shortened version of the MMPI-2. *Assessment, 7*, 131-137.

Dahlstrom, W. G., Archer, R. P., Hopkins, D. G., Jackson, E., & Dahlstrom, L. E. (1994). *Assessing the readability of the Minnesota Multiphasic Personality Inventory instruments—The MMPI, MMPI-2, MMPI-A* (MMPI-2/MMPI-A Test Report No. 2). Minneapolis, MN: University of Minnesota Press.

Dahlstrom, W. G., & Dahlstrom, L. E. (Eds.). (1980). *Basic readings on the MMPI: A new selection on personality measurement*. Minneapolis, MN: University Minnesota Press.

Dahlstrom, W. G., Lachar, D., & Dahlstrom, L. E. (1986). *MMPI patterns of American minorities*. Minneapolis, MN: University of Minnesota Press.

Dahlstrom, W. G., & Moreland, K. L. (1983). Teaching the MMPI: APA-approved clinical internships. *Professional Psychology: Research and Practice, 14*, 563-569.

Dahlstrom, W. G., & Tellegen, A. (1993). *Manual supplement: Socioeconomic status and the MMPI-2. The relation of MMPI-2 patterns to levels of education and occupation*. Minneapolis, MN: University of Minnesota Press.

Dahlstrom, W. G., & Welsh, G. S. (1960). *An MMPI handbook: A guide to use in clinical practice and research*. Minneapolis, MN: University of Minnesota Press.

Dahlstrom, W. G., Welsh, G. S., & Dahlstrom, L. E. (1972). *An MMPI handbook: Vol I. Clinical interpretation* (Rev. ed.). Minneapolis, MN: University of Minnesota Press.

Dahlstrom, W. G., Welsh, G. S., & Dahlstrom, L. E. (1975). *An MMPI handbook: Vol. II. Research applications* (Rev. ed.). Minneapolis, MN: University of Minnesota Press.

Damarin, R., & Messick, S. (1965). *Response styles as personality variables: A theoretical integration* (Technical Report No. ETS RB 65-10). Princeton, NJ: Educational Testing Service.

Davis, K. R. (1971). The actuarial development of a female 4'3 MMPI profile (Doctoral dissertation, Saint Louis University). *Dissertation Abstracts International, 32*, 1207B.

Davis, K. R., & Sines, J. (1971). An antisocial behavior pattern associated with a specific MMPI profile. *Journal of Consulting and Clinical Psychology, 36*, 229-234.

Davis, R. D., & Rostow, C. D. (2004). Using MMPI special scale configurations to predict law enforcement officers fired for cause. *Applied H. R. M. Research, 9*(2), 57-58.

Davis, R. D., Rostow, C. D., Pinkston, J. B., Combs, D. R., & Dixon, D. R. (2004). A re-examination of the MMPI-2 Aggressiveness and Immaturity Indices in law enforcement screening. *Journal of Police and Criminal Psychology, 19*, 17-26.

Davis v. Bellsouth Short Term Disability Plan for Non-Salaried Employees, 2012 U.S.Dist.LEXIS 33395 (M.D.N.C. March 12, 2012).

Davidson v. Strawberry Petroleum et al., Case No. 05-4320 (Hillsborough County, Fla. 2007).

Dean, A. C., Boone, K. R., Kim, M. S., Curiel, A. R., Martin, D. J., Victor, T. L., Zeller, M. A., & Lang, Y. K. (2008). Examination of the impact of ethnicity on the Minnesota Multiphasic Personality Inventory-2 (MMPI-2) Fake Bad Scale. *The Clinical Neuropsychologist, 1*, 1-7.

Deiker, T. E. (1974). A cross-validation of MMPI scales of aggression on male criminal criterion groups. *Journal of Consulting and Clinical Psychology, 42*, 196-202.

Demir, B., Uluğ B., Batur, S., & Mercan, S. (2002). Alkol bağmlilarinda MMPI-2 bağmlilik alt ölçeklerinin psikometrik özellikleri [The psychometric properties of MMPI-2 Addiction Related Supplementary Scales on alcoholic patients]. *Türk Psikiyatri Dergisi, 13*, 265-272.

Derogatis, L. R. (1983). *SCL-90-R: Administration scoring and procedures manual.* Baltimore, MD: Clinical Psychometric Research.

Detrick, P., & Chibnall, J. T. (2008). Positive response distortion by police officer applicants: Association of Paulhus Deception Scales with MMPI-2 and Inwald Personality Inventory Validity Scales. *Assessment*, March, *15*(1), 87-96. doi: 10.1177/107319110730608.

DeViva, J. C., & Bloem, W. D. (2003). Symptom exaggeration and compensation seeking among combat veterans with posttraumatic stress disorder. *Journal of Traumatic Stress, 16*, 503-507.

Devlin, K. S. (1998). The MMPI-2's Addiction Potential Scale and Addiction Acknowledgement Scale: Discriminating between women with substance dependence diagnosis and those without (Doctoral dissertation, Wisconsin School of Professional Psychology, Inc.). *Dissertation Abstracts International, 58*(9-B), 5112.

DiLalla, D. L., Carey, G., Gottesman, I. I., & Bouchard, T. J., Jr. (1996). Heritability of MMPI personality indicators of psychopathology in twins reared apart. *Journal of Abnormal Psychology, 105*, 491-499.

DiLalla, D. L., Gottesman, I. I., Carey, G., & Bouchard, T. J., Jr. (1999). Heritability of MMPI Harris-Lingoes and Subtle-Obvious subscales in twins reared apart.

Assessment, 6(4), 353-364.

Drake, L. E. (1946). A social I. E. scale for the Minnesota Multiphasic Personality Inventory. *Journal of Applied Psychology, 30*, 51-54.

Drake, L. E., & Oetting, E. R. (1959). *An MMPI codebook for counselors.* Minneapolis, MN: University of Minnesota Press.

Drake, L. E., & Thiede, W. B. (1948). Further validation of the Social I. E. scale for the Minnesota Multiphasic Personality Inventory. *Journal of Educational Research, 41*, 51-56.

Dubinsky, S., Gamble, D. J., & Rogers, M. L. (1985). A literature review of subtle-obvious items on the MMPI. *Journal of Personality Assessment, 49*, 62-68.

Duckworth, J. C. (1979). *MMPI interpretation manual for counselors and clinicians.* Muncie, IN: Accelerated Development.

Duckworth, J. C. (1991a). The Minnesota Multiphasic Personality Inventory-2: A review. *Journal of Counseling and Development, 69*, 564-567.

Duckworth, J. C. (1991b). Response to Caldwell and Graham. *Journal of Counseling and Development, 69*, 572-573.

Duckworth, J. C., & Anderson, W. (1986). *MMPI interpretation manual for counselors and clinicians* (3rd ed.). Muncie, IN: Accelerated Development.

Duckworth, J. C., & Anderson, W. (1995). *MMPI interpretation manual for counselors and clinicians* (4th ed.). Muncie, IN: Accelerated Development.

Duckworth, J. C., & Barley, W. D. (1988). Within-normal-limit profiles. In R. L. Greene (Ed.), *The MMPI: Use with specific populations* (pp. 278-315). Philadelphia, PA: Grune & Stratten.

Dwyer, S. A. (1996). The validity of the Addiction Potential and Addiction Acknowledgement Scales of the MMPI-2 in a dual diagnosis population: An improvement over the MAC-R? (Doctoral dissertation, Kent State University). *Dissertation Abstracts International, 56*(12–B), 7088.

Earleywine, M., & Finn, P. R. (1991). Sensation seeking explains the relation between behavioral disinhibition and alcohol consumption. *Addictive Behaviors, 16*, 123–128.

Eckblad, M. B., & Chapman, L. J. (1983). Magical ideation as an indicator of schizotypy. *Journal of Consulting and Clinical Psychology, 51*, 215–225.

Edwards, A. L. (1957). *The social desirability variable in personality assessment and research.* New York: Dryden Press.

Edwards, A. L., Diers, C. J., & Walker, J. N. (1962). Response sets and factor loadings on sixty–one personality scales. *Journal of Applied Psychology, 46*, 220–225.

Edwards, D. W., Morrison, T. L., & Weissman, H. N. (1993). Uniform versus linear T scores on the MMPI–2/MMPI in an outpatient psychiatric sample: Differential contributions. *Psychological Assessment: A Journal of Consulting and Clinical Psychology, 5*, 499–500.

Edwards, D. W., Weissman, H. N., & Morrison, T. L. (1993). *Forensic case studies with additional data to resolve critical MMP1–2/MMPI differences.* Paper presented at the 101st Annual Convention of the American Psychological Association, Toronto, Ontario, Canada.

Edwards, E. L., Holmes, C. B., & Carvajal, H. H. (1998). Oral and booklet presentation of the MMPI–2. *Journal of Clinical Psychology, 54*, 593–596.

Egger, J. I. M., Delsing, P. A. M., & De Mey, H. R. A. (2003). Differential diagnosis using the MMPI–2: Goldberg's index revisited. *European Psychiatry, 18*, 409–411.

Egger, J. I. M., De Mey, H. R. A., Derksen, J. J. L., & van der Staak, C. P. F. (2003). Cross–cultural replication of the five–factor model and comparison of the NEO–PI–R and MMPI–2 PSY–scales in a Dutch psychiatric sample. *Psychological Assessment, 15*, 81–88.

Ehrenworth, N. V., & Archer, R. P. (1985). A comparison of clinical accuracy ratings of interpretative approaches for adolescent MMPI responses. *Journal of Personality Assessment, 49*, 413–421.

Eichman, W. J. (1961). Replicated factors on the MMPI with female NP patients. *Journal of Consulting Psychology, 25*(1), 55–60.

Eichman, W. J. (1972). Minnesota Multiphasic Personality Inventory: Computerized scoring and interpreting services. In O. K. Buros (Ed.), *Seventh mental measurement yearbook* (pp. 253–255). Highland Park, NJ: Gryphon Press.

Einhorn, J. H., & Hogarth, R. M. (1978). Confidence in judgment: Persistence of the illusion of validity. *Psychological Review, 85*, 395–416.

Elhai, J. D., Ruggiero, K. J., Frueh, B. C., Beckham, J. C., & Gold, P. B. (2002). The Infrequency–Posttraumatic Stress Disorder Scale (Fptsd) for the MMPI–2: Development and initial validation with veterans presenting with combat–related PTSD. *Journal of Personality Assessment, 79*, 531–549.

Elhai, J. D., Naifeh, J. A., Zucker, I. S., Gold, S. N., Deitsch, S. E., & Frueh, B. C. (2004a). Discriminating malingered from genuine civilian posttraumatic stress disorder: A validation of three MMPI–2 infrequency scales (F, Fp, and Fptsd). *Assessment, 11*(2), 139–144.

Elhai, J. D., Naifeh, J. A., Zucker, I. S., Gold, S. N., Deitsch, S. E., & Frueh, B. C. (2004b). Discriminating malingered from genuine civilian posttraumatic stress disorder: A validation of three MMPI–2 infrequency scales (F, Fp, and Fptsd): Erratum. *Assessment, 11*(3), 271.

Emons, W. H. M., Sijtsma, K., & Meijer, R. R. (2007). On the consistency of individual classification using short scales. *Psychological Methods, 12*, 105–120.

Endicott, N. A., Jortner, S., & Abramoff, E. (1969). Objective measures of suspiciousness. *Journal of Abnormal Psychology, 74*, 26–32.

Erdberg, P. (1979) A systematic approach to providing

feedback from the MMPI. In C. S. Newmark (Ed.), *MMPI clinical and research trends* (pp. 238-342). New York: Praeger.

Estes, W. K. (1976). The cognitive side of probability learning. *Psychological Review, 83*, 37-64.

Evans, C., & McConnell, T. R. (1941). A new measure of introversion-extroversion. *Journal of Psychology, 12*, 111-124.

Evans, R. G. (1984). Normative data for two MMPI critical item sets. *Journal of Clinical Psychology, 40*, 512-515.

Eysenck, H. J. (1967). *The biological basis of personality.* Springfield, IL: Thomas.

Eysenck, H. J., & Eysenck, M. W. (1985). *Personality and individual differences.* New York: Plenum.

Eysenck, H. J., & Eysenck, S. B. G. (1975). *Manual: Eysenck Personality Questionnaire* (junior and adult). San Diego, CA: Edits.

Eysenck, H. J., Wakefield, J. A., & Friedman, A. F. (1983). Diagnosis and clinical assessment: The DSM-II. *Annual Review of Psychology, 34*, 167-193.

Fine, H. K. (1973). Studying schizophrenia outside the psychiatric setting. *Journal of Youth and Adolescence, 2*, 291-301.

Finn, S. E. (1996). *Manual for using the MMPI-2 as a therapeutic intervention.* Minneapolis, MN: University of Minnesota Press.

Finn, S. E., & Tonsager, M. E. (1992). Therapeutic effects of providing MMPI-2 test feedback to college students awaiting therapy. *Psychological Assessment: A Journal of Consulting and Clinical Psychology, 4*, 278-287.

Finney, J. C., Smith, D. F., Skeeters, D. E., & Auvenshine, C. D. (1971). MMPI alcoholism scales: Factor structure and content analysis. *Quarterly Journal of Studies on Alcohol, 32*, 1055-1060.

Fjordbak, T. (1985). Clinical correlates of high Lie scale elevations among forensic patients. *Journal of Personality Assessment, 49*, 252-255.

Foerstner, S. B. (1986). *The factor structure and stability of selected Minnesota Multiphasic Personality Inventory (MMPI) subscales: Harris and Lingoes subscales, Wiggins content scales, Wiener subscales, and Serkownek subscales.* Unpublished doctoral dissertation. University of Akron, Akron, OH.

Forbey, J. D., & Ben-Porath, Y. S. (2007a). Computerized Adaptive Personality Testing: A review and illustration with the MMPI-2 computerized adaptive version. *Psychological Assessment, 19*(1), 14-24.

Forbey, J. D., & Ben-Porath, Y. S. (2007b). A comparison of the MMPI-2 restructured clinical (RC) and clinical scales in a substance abuse treatment sample. *Psychological Services, 4*, 46-58.

Forbey, J. D., & Ben-Porath, Y. S. (2008). Empirical correlates of the MMPI-2 Restructures Clinical (RC) scales in a nonclinical setting. *Journal of Personality Assessment, 90*, 136-141.

Forbey, J. D., Ben-Porath, Y. S., & Gartland, D. (2009). Validation of the MMPI-2 Computerized Adaptive Version (MMPI-2-CA) in a correctional intake facility. *Psychological Services, 6*, 279-292. doi: 10.1037/a0016195.

Fowler, R. D. (1966). *The MMPI notebook: A guide to the clinical use of the automated MMPI.* Nutley, NJ: Roche Psychiatric Service Institute.

Fowler, R. D. (1967). Computer interpretation of personality tests: The automated psychologist. *Comprehensive Psychiatry, 8*, 455-467.

Fowler, R. D. (1969). Automated interpretation of personality test data. In J. N. Butcher (Ed.), *MMPI: Research developments and clinical applications* (pp. 105-126). New York: McGraw-Hill.

Fowler, R. D. (1975). *A method for the evaluation of the abuse prone patient.* Paper presented at the meeting of the American Academy of Family Physicians, Chicago, IL.

Fowler, R. D. (1985). Landmarks in computer-assisted psychological assessment. *Journal of Consulting and Clinical Psychology, 53*, 748-759.

Fowler, R. D., & Butcher, J. N. (1986). Critique of Matarazzo's views on computerized testing: All signs and no meaning. *American Psychologist, 41*, 94–96.

Franklin, C. L., Repasky, S., Thompson, K. E., Shelton, S. A., & Uddo, M. (2003). Assessment of response style in combat veterans seeking compensation for posttraumatic stress disorder. *Journal of Traumatic Stress, 16*, 251–255.

Friedman, A. F. (1982). Review of extraversion and introversion: An interactional perspective by Larry W. Morris. *Journal of Personality Assessment, 46*, 185–187.

Friedman, A. F. (1990, March). MMPI-2 concerns. *The APA Monitor*, 2.

Friedman, A. F. (2008). Basic principles and concepts in threat assessment evaluations. In Mark A. Lies, II (Ed.), *Preventing and managing workplace violence: Legal and strategic guidelines*. Chicago, IL: American Bar Association.

Friedman, A. F., Archer, R. P., & Handel, R. W. (2005). Minnesota Multiphasic Personality Inventories (MMPI/MMPI-2, MMPI-A) and suicide. In R. Yufit & D. Lester (Eds.), *Assessment, treatment, and prevention of suicidal behavior*. Hoboken, NJ: John Wiley & Sons, Inc.

Friedman, A. F., Gleser, G. C., Smeltzer, D. J., Wakefield, J. A., Jr., & Schwartz, M. S. (1983). MMPI overlap item scales for differentiating psychotics, neurotics, and nonpsychiatric groups. *Journal of Consulting and Clinical Psychology, 51*, 629–631.

Friedman, A. F., & Jaffe, A. M. (1993). *Disability applicants' scores on the MMPI-2 converted to MMPI linear T-scores*. Unpublished manuscript.

Friedman, A. F., Lewack, R., Nichols, D. S., & Webb, J. T. (2001). *Psychological assessment with the MMPI-2*. Mahwah, NJ: Lawrence Erlbaum.

Friedman, A. F., Sasek, J., & Wakefield, J. A., Jr. (1976). Subjective ratings of Cattell's 16 personality factors. *Journal of Personality Assessment, 40*, 302–305.

Friedman, A. F., Wakefield, J. A., Jr., Boblitt, W. E., &

Surman, G. (1976). Validity of psychoticism scale of the EPQ. *Psychological Reports, 39*, 1309–1310.

Friedman, A. F., Webb, J. T., & Lewak, R. (1989). *Psychological assessment with the MMPI*. Hillsdale, NJ: Lawrence Erlbaum Associates.

Friedman, A. F., Webb, J. T., Smeltzer, D. J., & Lewak, R. (1989). *Workbook for psychological assessment with the MMPI*. Hillsdale, NJ: Lawrence Erlbaum Associates.

Friedman, H. S., & Booth-Kewley, S. (1987). Personality, Type A behavior, and coronary heart disease: The role of emotional expression. *Journal of Personality and Social Psychology, 53*, 783–792.

Frueh, B. C., Gold, P. B., & de Arellano, M. A. (1997). Symptom overreporting in combat veterans evaluated for PTSD: Differentiation on the basis of compensation seeking status. *Journal of Personality Assessment, 68*, 369–384.

Frueh, B. C., Smith, D. W., & Barker, S. E. (1996). Compensation seeking status and psychometric assessment of combat veterans seeking treatment for PTSD. *Journal of Traumatic Stress, 9*, 427–440.

Frye v. United States. 293 F. 1013 (D.C. Cir. 1923).

Fulkerson, S. C., & Willage, D. E. (1980). Decisional ambiguity as a source of "cannot say" responses on personality questionnaires. *Journal of Personality Assessment, 44*, 381–386.

Gallagher, B. J., & Jones, D. J. (1987). The attitudes of psychiatrists toward etiological theories of schizophrenia: 1975-1985. *Journal of Clinical Psychology, 43*, 438–443.

Gallucci, N. T. (1986). General and specific objections to the MMPI. *Educational and Psychological Measurement, 46*, 985–988.

Gallucci, N. T., Kay, D. C., & Thornby, J. I. (1989). The sensitivity of 11 substance abuse scales from the MMPI to change in clinical status. *Psychology of Addictive Behaviors, 3*, 29–33.

Garcia, H. A., Kelley, L. P., Rentz, T. O., & Lee, S. (2011). Pretreatment predictors of dropout from cognitive behavioral therapy for PTSD in Iraq and Afghanistan war veterans. *Psychological Services, 8,* 1-11.

Gass, C. S., & Gonzalez, C. (2003). MMPI-2 short-form proposal: CAUTION. *Archives of Clinical Neuropsychology, 18,* 521-527.

Gass, C. S., & Luis, C. A. (2001). MMPI-2 Scale F(p) and symptom feigning: Scale refinement. *Assessment, 8,* 425-429.

Gass, C. S., Williams, C. L., Cumella, E., Butcher, J. N., & Kally, Z. (2010). Ambiguous measures of unknown constructs: The MMPI-2 Fake Bad Scale (aka Symptom Validity Scale, FBS, FBS-r). *Psychological Injury and Law, 3,* 81-85.

Gearing, M. L. (1979). The MMPI as a primary differentiator and predictor of behavior in prison: A methodological critique and review of the recent literature. *Psychological Bulletin, 86,* 929-963.

Gentry, T. A., Wakefield, J. A., Jr., & Friedman, A. F. (1985). MMPI scales for measuring Eysenck's personality factors. *Journal of Personality Assessment, 49,* 146-149.

Gervais, R. O., Ben-Porath, Y. S., & Wygant, D. B. (2009). Empirical correlates and interpretation of the MMPI-2-RF Cognitive Complaints (COG) scale. *The Clinical Neuropsychologist, 23*(6), 996-1015.

Gervais, R. O., Ben-Porath, Y. S., Wygant, D. B., & Green, P. (2007). Development and validation of a Response Bias Scale (RBS) for the MMPI-2. *Assessment, 14*(2), 196-208.

Gervais, R. O., Ben-Porath, Y. S., Wygant, D. B., & Green, P. (2008). Differential sensitivity of the RBS and MMPI-2 validity scales to memory complaints. *The Clinical Neuropsychologist, 22,* 1061-1079.

Gervais, R. O., Ben-Porath, Y. S., Wygant, D. B., & Sellbom, M. (2010). Incremental validity of the MMPI-2-RF over-reporting scales and RBS in assessing the veracity of memory complaints. *Archives of Clinical Neuropsychology, 25*(4), 274-284.

Gilberstadt, H., & Duker, J. (1965). *A handbook for clinical and actuarial MMPI interpretation.* Philadelphia, PA: W. B. Saunders.

Gilmore, J. D., Lash, S. J., Foster, M. A., & Blosser, S. L. (2001). Adherence to substance abuse treatment: Clinical utility of two MMPI-2 scales. *Journal of Personality Assessment, 77,* 524-540.

Glaros, A. G., & Kline, R. B. (1988). Understanding the accuracy of tests with cutting scores: The sensitivity, specificity, and predictive value model. *Journal of Clinical Psychology, 44,* 1013-1023.

Glassmire, D. M., Stolberg, R. A., Greene, R. L., & Bongar, B. (2001). The utility of MMPI-2 suicide items for assessing suicidal potential: Development of a suicidal potential scale. *Assessment, 8,* 281-290.

Gold, P. B., & Frueh, C. B. (1999). Compensation-seeking and extreme exaggeration of psychopathology among combat veterans evaluated for posttraumatic stress disorder. *Journal of Nervous and Mental Disease, 187,* 680-684.

Goldberg, L. R. (1965). Diagnosticians vs. diagnostic signs: The diagnosis of psychosis vs. neurosis from the MMPI. *Psychological Monographs: General & Applied, 79,* 29.

Goldberg, L. R., & Slovic, P. (1967). The importance of test item content: An analysis of a corollary of the deviation hypothesis. *Journal of Counseling Psychology, 14,* 462-472.

Gordon, R., Stoffey, R., & Perkins, B. (2013). Comparing the sensitivity of the MMPI-2 clinical scales and the MMPI-RC scales to clients rated as psychotic, borderline or neurotic on the psychodiagnostic chart. *Psychology, 4,* 12-16.

Gosling, F. G. (1987). *Before Freud: Neurasthenia and the American medical community, 1870-1910.* Urbana, IL: University of Illinois Press.

Gottesman, I. I., & Prescott, C. A. (1989). Abuses of the MacAndrew MMPI Alcoholism scale: A critical review. *Clinical Psychology Review, 9,* 223-242.

Gotts, E. E., & Knudsen, T. E. (2005). *The clinical interpretation of the MMPI-2: A content cluster approach.* Mahwah, NJ: Erlbaum.

Gough, H. G. (1948a). A new dimension of status: I. Development of a personality scale. *American Sociological Review, 13,* 401-409.

Gough, H. G. (1948b). A new dimension of status: II. Relationship of the St scale to other variables. *American Sociological Review, 13,* 534-537.

Gough, H. G. (1950). The F minus K dissimulation index for the Minnesota Multiphasic Personality Inventory. *Journal of Consulting Psychology, 14,* 408-413.

Gough, H. G. (1951). Studies of social intolerance: III. Relationship of the Pr scale to other variables. *Journal of Social Psychology, 33,* 257-262.

Gough, H. G. (1954). Some common misconceptions about neuroticism. *Journal of Consulting Psychology, 18,* 287-292.

Gough, H. G. (1957). *Manual for the California Psychological Inventory.* Palo Alto, CA: Consulting Psychologists Press.

Gough, H. G., & Heilbrun, A. B. (1983). *The adjective check list manual.* Palo Alto, CA: Consulting Psychologists Press.

Gough, H. G., McClosky, H., & Meehl, P. E. (1951). A personality scale for dominance. *Journal of Abnormal and Social Psychology, 46,* 360-366.

Gough, H. G., McClosky, H., & Meehl, P. E. (1952). A personality scale for social responsibility. *Journal of Abnormal and Social Psychology, 47,* 73-80.

Gough, H. G., McKee, M. G., & Yandell, R. J. (1955). *Adjective check list analyses of a number of selected psychometric and assessment variables,* Officer Education Research Laboratory (Technical Memorandum No. OERL-TM-55-10).

Graham, J. R. (1978, March). *MMPI characteristics of alcoholics, drug abusers, and pathological gamblers.* Paper presented at the 13th Annual Symposium on Recent Developments in the Use of the MMPI, Puebla, Mexico.

Graham, J. R. (1987). *The MMPI: A practical guide.* New York: Oxford University Press.

Graham, J. R. (1990). *MMPI-2: Assessing personality and psychopathology.* New York: Oxford University Press.

Graham, J. R. (1993). *MMPI-2: Assessing personality and psychopathology* (2nd ed.). New York: Oxford University Press.

Graham, J. R. (2011). *MMPI-2: Assessing personality and psychopathology* (5th ed.). New York: Oxford University Press.

Graham, J. R., Ben-Porath, Y. S., & McNulty, J. L. (1997). Empirical correlates of low scores on MMPI-2 scales in an outpatient mental health setting. *Psychological Assessment: A Journal of Consulting and Clinical Psychology, 9,* 386-391.

Graham, J. R., Ben-Porath, Y. S., & McNulty, J. L. (1999). *MMPI-2 correlates for outpatient community mental health settings.* Minneapolis, MN: University of Minnesota Press.

Graham, J. R., & Butcher, J. N. (1988, March). *Differentiating schizophrenic and major affective disorders with the revised form of the MMPI.* Paper presented at the 23rd Annual Symposium on Recent Developments in the Use of the MMPI, St. Petersburg, FL.

Graham, J. R., & McCord, G. (1985). Interpretation of moderately elevated MMPI scores for normal subjects. *Journal of Personality Assessment, 49,* 477-484.

Graham, J. R., Schroeder, H. E., & Lilly, R. S. (1971). Factor analysis of items on the Social Introversion and Masculinity-Femininity scales of the MMPI. *Journal of Clinical Psychology, 27,* 367-370.

Graham, J. R., & Strenger, V. E. (1988). MMPI characteristics of alcoholics: A review. *Journal of Consulting and Clinical Psychology, 56,* 197-205.

Graham, J. R., Timbrook, R. E., Ben-Porath, Y. S., & Butcher, J. N. (1991). Code-type congruence between MMPI and MMPI-2: Separating fact from artifact. *Journal of Personality Assessment, 57,* 205-215.

Graham, J. R., & Tisdale, M. J. (1983, April). *Interpretation of low 5 scores for women of high educational levels.* Paper presented at the 18th Annual Symposium on Recent Developments in the Use of the MMPI, Minneapolis, MN.

Graham, J. R., Watts, D., & Timbrook, R. E. (1991). Detecting fake-good and fake-bad MMPI-2 profiles. *Journal of Personality Assessment, 57,* 264-277.

Gravitz, M. A. (1968). Normative findings for the frequency of MMPI critical items. *Journal of Clinical Psychology, 24,* 220.

Grayson, H. M. (1951). *A psychological admissions testing program and manual.* Los Angeles, CA: Veterans Administration Center, Neuropsychiatric Hospital.

Grayson, H. M., & Olinger, L. B. (1957). Simulation of "normalcy" by psychiatric patients on the MMPI. *Journal of Consulting Psychology, 21,* 73-77.

Green, B. A., Handel, R. W., & Archer, R. P. (2006). External correlates of the MMPI-2 Content Component Scales in mental health inpatients. *Assessment, 13,* 80-97.

Green, P. (2004). *Memory complaints inventory.* Edmonton, Canada: Green's Publishing.

Greenblatt, R. L., & Davis, W. E. (1999). Differential diagnosis of PTSD, schizophrenia, and depression with the MMPI-2. *Journal of Clinical Psychology, 55,* 217-223.

Greene, R. L. (1978). An empirically derived MMPI Carelessness scale. *Journal of Clinical Psychology, 34,* 407-410.

Greene, R. L. (1980). *The MMPI: An interpretive manual.* New York: Grune & Stratton.

Greene, R. L. (1982). Some reflections on "MMPI Short Forms: A Review." *Journal of Personality Assessment, 46,* 486-487.

Greene, R. L. (1985). New norms, old norms: What norms for the MMPI? [Review of the book The MMPI: A Contemporary Normative Sample]. *Journal of Personality Assessment, 49,* 108-110.

Greene, R. L. (1987). Ethnicity and MMPI performance:

A review. *Journal of Consulting and Clinical Psychology, 55,* 497-512.

Greene R. L. (1988a). The relative efficacy of F-K and the obvious and subtle scales to detect overreporting of psychopathology on the MMPI. *Journal of Clinical Psychology, 44,* 152-159.

Greene, R. L. (1988b). Summary. In R. L. Greene (Ed.), *The MMPI: Use with specific populations* (pp. 316-321). Philadelphia, PA: Grune & Stratton.

Greene, R. L. (1990a, March). *The effects of age, education, gender, and specific MMPI codetypes on the MacAndrew Alcoholism scale.* Paper presented at the annual meeting of the Society for Personality Assessment, San Diego, CA.

Greene, R. L. (1990b). Stability of MMPI scales scores across four codetypes over four decades. *Journal of Personality Assessment, 55,* 1-6.

Greene, R. L. (1991a). *The MMPI/MMPI-2: An interpretive manual.* Boston, MA: Allyn & Bacon.

Greene, R. L. (1991b, July). *Some issues in assessing consistency of item endorsement on the MMPI-2.* Paper presented at the MMPI-2 Summer Institute, Colorado Springs, CO.

Greene, R. L. (1994). Relationships among MMPI codetype, gender, and setting and the MacAndrew Alcoholism scale. *Assessment, 1,* 39-46.

Greene, R. L. (2000). *The MMPI-2: An interpretive manual* (2nd ed.). Boston, MA: Allyn & Bacon.

Greene, R. L. (2011). *The MMPI-2/MMPI-2-RF: An interpretive manual* (3rd ed.). Boston, MA: Allyn & Bacon.

Greene, R. L., & Brown, R., Jr. (1990). MMPI-2 adult interpretive program [Computer Software] Lutz, FL: Psychological Assessment Resources.

Greene, R. L., & Garvin, R. D. (1988). Substance abuse/dependence. In R. L. Greene (Ed.), *The MMPI: Use with specific populations* (pp. 159-197). San Antonio, TX: Grune & Stratton.

Greene R. L., Gwin, R., & Staal, M. (1997). Current status of MMPI-2 research: A methodologic overview.

Journal of Personality Assessment, 68, 20-36.

Greene, R. L., & Nichols, D. S. (1995). *MMPI-2 structural summary interpretive manual.* Odessa, FL: Psychological Assessment Resources.

Greene, R. L., Rouse, S. V., Butcher, J. N., Nichols, D. S., & Williams, C. L. (2009). The MMPI-2 Restructured Clinical (RC) Scales and redundancy: Response to Tellegen, Ben-Porath, and Sellbom. *Journal of Personality Assessment, 91,* 222-226.

Greene, R. L., Weed, N. C., Butcher, J. N., Arredondo, R., & Davis, H. G. (1992). A cross-validation of MMPI-2 substance abuse scales. *Journal of Personality Assessment, 58,* 405-410.

Greenfield, N. S., Alexander, A. A., & Roessler, R. (1963). Ego strength and physiological responsivity: II. The relationship between the Barron Ego Strength scale to the temporal and recovery characteristics of skin resistance, finger blood volume, heart rate, and muscle potential responses to sound. *Archives of General Psychiatry, 9,* 129-141.

Greenfield, N. S., Roessler, R., & Crosley, A. P. (1959). Ego strength and length of recovery from infectious mononucleosis. *The Journal of Nervous and Mental Disease, 128,* 125-128.

Greiffenstein, M. F., Fox, D., & Lees-Haley, P. R. (2007). The MMPI-2 Fake Bad Scale in detection of noncredible brain injury claims. In K. B. Boone (Ed.), *Assessment of feigned cognitive impairment: A neuropsychological perspective* (pp. 210-235). New York: Guilford Press.

Greist, J. H., Klein, M. H., Erdman, H. P., & Jefferson, J. W. (1983). Computers and psychiatric diagnosis. *Psychiatric Annals, 13,* 785-792.

Greve, K. W., & Bianchini, K. J. (2004). Response to Butcher et al., The construct validity of the Lees-Haley Fake-Bad Scale. *Archives of Clinical Neuropsychology, 19,* 337-339.

Gripshover, D. L., & Dacey, C. M. (1994). Discriminative validity of the MacAndrew Scale in settings with a high base rate of substance abuse. *Journal of Studies on Alcohol, 55,* 303-308.

Gross, K. (2002). The incremental validity of the MMPI-2 and demographic variables in assessing major depression (Doctoral dissertation, Pacific Graduate School of Psychology). *Dissertation Abstracts International, 62*(12-B), 5963.

Gross, K., Keyes, M. D., & Greene, R. L. (2000). Assessing depression with the MMPI and MMPI-2. *Journal of Personality Assessment, 75,* 464-477.

Groth-Marnat, G. (2009). *Handbook of psychological assessment* (5th ed.). Hoboken, NJ: John Wiley & Sons, Inc.

Grove, W. M., & Meehl, P. E. (1996). Comparative efficiency of informal (subjective, impressionistic) and formal (mechanical, algorithmic) prediction procedures: The clinical statistical controversy. *Psychology, Public Policy and Law, 2,* 293-323.

Grove, W. M., Zald, D. H., Lebow, B. S., Snitz, B. E., & Nelson, C. (2000). Clinical versus mechanical prediction: A meta-analysis. *Psychological Assessment, 12*(1), 19-30.

Grubaugh, A. L., Elhai, J. D., Monnier, J., & Frueh, B. C. (2004). Service utilization among compensation-seeking veterans. *Psychiatric Quarterly, 75,* 333-341.

Guastello, S. J., & Rieke, M. L. (1990). The Barnum effect and validity of computer-based test interpretations: The human resource development report. *Psychological Assessment: A Journal of Consulting and Clinical Psychology, 2,* 186-190.

Gucker, D. K., Kreuch, T., & Butcher, J. N. (2009, March). *Insensitivity of the MMPI-2 Restructured Clinical (RC) scales.* Chicago, IL: Society for Personality Assessment.

Guéz, M., Brännström, R., Nyberg, L., Toolanen, G., & Hildingsson, C. (2005). Neuropsychological Functioning and MMPI-2 profiles in chronic neck pain: A comparison of whiplash and nontraumatic groups. *Journal of Clinical and Experimental Neuropsychology, 27,* 151-163.

Guilford, J. P. (1936). *Psychometric methods*. New York: McGraw-Hill.

Gulas, I. (1973). MMPI-2 point codes for a "normal" college population: A replication study. *Journal of Psychology, 84*, 319-322.

Gynther, M. D. (1979). Aging and personality: An update. In J. N. Butcher (Ed.), *New developments in the use of the MMPI* (pp. 39-68). Minneapolis, MN: University of Minnesota Press.

Haas, G., & Saborio, C. (2012, March). *The psychological functioning of sexually assaulted women through the MMPI-2 and Restructured Clinical Scales*. Chicago, IL: Society for Personality Assessment.

Hall, G., Bansal, A., & Lopez, I. R. (1999). Ethnicity and psychopathology: A meta-analytic review of 31 years of comparative MMPI/MMPI-2 research. *Psychological Assessment, 11*(2), 186-197.

Halligan, P. W., Bass, C., Marshall, J. C. (2001). *Contemporary approaches to the study of hysteria: Clinical and theoretical perspectives*. New York: Oxford University Press.

Hampton, P. J. (1951). A psychometric study of drinkers. *Journal of Psychology, 15*, 501-504.

Han, K., Weed, N. C., Calhoun, R. F., & Butcher, J. N. (1995). Psychometric characteristics of the MMPI-2 Cook-Medley Hostility Scale. *Journal of Personality Assessment, 65*, 567-585.

Handel, R. W., & Archer, R. P. (2008). An investigation of the psychometric properties of the MMPI-2 Restructured Clinical (RC) Scales with mental health inpatients. *Journal of Personality Assessment, 90*, 239-249.

Handel, R. W., Ben-Porath, Y. S., Tellegen, A., & Archer, R. P. (2010). Psychometric functioning of the MMPI-2-RF VRIN-r and TRIN-r scales with varying degrees of randomness, acquiescence, and counter-acquiescence. *Psychological Assessment, 22*(1), 87-95.

Hanvik, L. (1949). *Some psychological dimensions of low back pain*. Unpublished doctoral dissertation, University of Minnesota, Minneapolis.

Hare, R. (1991). *Manual for the revised psychopathy checklist*. Toronto, Canada: Multi-Health Systems.

Harkness, A. R. (1990). Phenotypic dimensions of the personality disorders (Doctoral dissertation, University of Minnesota, 1989). *Dissertation Abstracts International, 50*(12B), 5880B.

Harkness, A. R., Finn, J. A., McNulty, J. L., & Shields, S. M. (2012). The Personality Psychopathology-Five (PSY-5): Recent constructive replication and assessment literature review. *Psychological Assessment, 24*(2), 432-443.

Harkness, A. R., Levenson, M. R., Butcher, J. N., Spiro, A., Ben-Porath, Y. S., & Crumpler, C. A. (1995, March). *Drinking and personality: MMPI-2 PSY-5 scales in the Boston VA's Normative Aging Study*. Paper presented at the 30th Annual MMPI-2 and MMPI-A Symposia, St. Petersburg, FL.

Harkness, A. R., & McNulty, J. L. (1994). The Personality Psychopathology Five (PSY-5): Issue from the pages of a diagnostic manual instead of a dictionary. In S. Strack & M. Lorr (Eds.), *Differentiating normal and abnormal personality* (pp. 291-315). New York: Springer.

Harkness, A. R., & McNulty, J. L. (2007, August). *Restructured version of the MMPI-2 Personality Psychopathology Five (PSY-5) Scale*. Paper presented at the meeting of the American Psychological Association, San Francisco, CA.

Harkness, A. R., McNulty, J. L., & Ben-Porath, Y. S. (1995). The Personality Psychopathology Five (PSY-5): Constructs and MMPI-2 scales. *Psychological Assessment: A Journal of Consulting and Clinical Psychology, 7*, 104-114.

Harkness, A. R., Spiro, A., Butcher, J. N., & Ben-Porath, Y. S. (1995). *Personality Psychopathology Five (PSY-5) in the Boston VA Normative Aging Study*. Paper presented at the 103rd Annual Convention of the American Psychological Association, New York, NY.

Harrell, T H., Honaker, L. M., & Parnell, T. (1992).

Equivalence of the MMPI-2 with the MMPI in psychiatric patients. *Psychological Assessment: A Journal of Consulting and Clinical Psychology, 4,* 460-465.

Harris, R. E., & Lingoes, J. C. (1955). *Subscales for the Minnesota Multiphasic Personality Inventory: An aid to profile interpretation.* (Mimeographed materials.) San Francisco, CA: University of California, Langley Porter Neuropsychiatric Institute.

Harris, R. E., & Lingoes, J. C. (1968). *Subscales for the Minnesota Multiphasic Personality Inventory: An aid to profile interpretation* (Rev. ed.). (Mimeographed materials.) San Francisco, CA: University of California, Langley Porter Neuropsychiatric Institute.

Hartshorne, H., & May, M. A. (1928). *Studies in deceit.* New York: Macmillan.

Hase, H. D., & Goldberg, L. R. (1967). Comparative validity of different strategies of constructing personality inventory scales. *Psychological Bulletin, 67,* 231-248.

Hathaway, S. R. (1939). The personality inventory as an aid in the diagnosis of psychopathic inferiors. *Journal of Consulting Psychology, 3,* 112-117.

Hathaway, S. R. (1947). A coding system for MMPI profiles. *Journal of Consulting Psychology, 11,* 334-337.

Hathaway, S. R. (1956). Scales 5 (masculinity-femininity), 6 (paranoia), and 8 (schizophrenia). In G. S. Welsh & W. G. Dahlstrom (Eds.), *Basic readings on the MMPI in psychology and medicine* (pp. 104-111). Minneapolis, MN: University of Minnesota Press.

Hathaway, S. R. (1964). MMPI: Professional use by professional people. *American Psychologist, 19,* 204-210.

Hathaway, S. R. (1965). Personality inventories. In B. B. Wolman (Ed.), *Handbook of clinical psychology* (pp. 451-476). New York: McGraw-Hill.

Hathaway, S. R. (1980). Scales 5 (Masculinity-Femininity), 6 (Paranoia), and 8 (Schizophrenia). In W. G. Dahlstrom & L. Dahlstrom (Eds.), *Basic readings on the MMPI: A new selection on personality measurement* (pp. 65-75). Minneapolis, MN: University of Minnesota Press. (Original work published 1956.)

Hathaway, S. R., & Briggs, P. F. (1957). Some normative data on new MMPI scales. *Journal of Clinical Psychology, 131,* 364-368.

Hathaway, S. R., & McKinley, J. C. (1940). A multiphasic personality schedule (Minnesota): I. Construction of the schedule. *Journal of Psychology, 10,* 249-254.

Hathaway, S. R., & McKinley, J. C. (1942). A multiphasic personality schedule (Minnesota): III. The measurement of symptomatic depression. *Journal of Psychology, 14,* 73-84.

Hathaway, S. R., & McKinley, J. C. (1943). *The Minnesota Multiphasic Personality Inventory Manual.* Minneapolis, MN: University of Minnesota Press.

Hathaway, S. R., & McKinley, J. C. (1983). *The Minnesota Multiphasic Personality Inventory Manual* (Rev. ed.). New York: Psychological Corporation.

Hathaway, S. R., & Meehl, P. E. (1944). An atlas for the clinical use of the MMPI. Minneapolis, University of Minnesota Press. *Journal of Applied Psychology, 28,* 153-174.

Hathaway, S. R., & Meehl, P. E. (1951). *An atlas for the clinical use of the MMPI.* Minneapolis, MN: University of Minnesota Press.

Hathaway, S. R., & Meehl, P. E. (1952). Adjective check list correlates of MMPI scores. Unpublished materials.

Health Insurance Portability and Accountability Act of 1996, 42 U.S.C. § 1320d-9 (2010).

Hearn, M. D., Murray, D. M., & Luepker, R. V. (1989). Hostility, coronary heart disease, and total mortality: A 33-year follow-up study of university students. *Journal of Behavioral Medicine, 12,* 105-121.

Heaton, R., Grant, L., & Matthews, C. (1991). *Comprehensive norms for an expanded Halstead-Reitan Battery.* Odessa, FL: Psychological Assessment Resources.

Hedlund, J. L. (1977). MMPI clinical scale correlates.

Journal of Consulting and Clinical Psychology, *45*, 739-750.

Hedlund, J. L., & Won Cho, D. (1979). [MMPI data research tape for Missouri Department of Mental Health Patients.] Unpublished raw data.

Helmes, E., & Reddon, J. R. (1993). A perspective on developments in assessing psychopathology: A critical review of the MMPI and MMPI-2. *Psychological Bulletin, 113*, 453-471.

Hjemboe, S., Butcher, J. N., & Almagor, M. (1992). Empirical assessment of marital distress: The Marital Distress scale (MDS) for the MMPI-2. In C. D. Spielberger & J. N. Butcher (Eds.), *Advances in personality assessment* (Vol. 9, pp. 141-152). Hillsdale, NJ: Lawrence Erlbaum Associates.

Hoffman, G. A., & Pietrzak, D. R. (2012). Nonclinical correlates of the MMPI-2 Supplementary Scales using the Adjective Check List. *The International Journal of Educational and Psychological Assessment, 11*, 77-107.

Hoffmann, H., Loper, R. G., & Kammeier, M. L. (1974). Identifying future alcoholics with MMPI alcoholism scales. *Quarterly Journal of Studies on Alcohol, 35*, 490-498.

Hollrah, J. L., Schlottmann, R. S., Scott, A. B., & Brunetti, D. G. (1995). Validity of the MMPI subtle items. *Journal of Personality Assessment, 65*, 278-299.

Holmes, T. H., & Rahe, R. H. (1967). The Social Readjustment Rating Scale. *Journal of Psychosomatic Research, 77*, 213-218.

Holmes, W. O. (1953). *The development of an empirical MMPI scale for addiction.* Unpublished manuscript, San Jose State College, San Jose, CA.

Holroyd, R. G. (1964). Prediction of defensive paranoid schizophrenics using the MMPI (Doctoral dissertation, University of Minnesota). *Dissertation Abstracts, 25*, 2048.

Hovey, H. B., & Lewis, E. G. (1967). Semiautomatic interpretation of the MMPI. *Journal of Clinical Psychology, 23*, 123-134.

Hoyt, D. P., & Sedlacek, G. M. (1958). Differentiating alcoholics from normals and abnormals with the MMPI. *Journal of Clinical Psychology, 14*, 69-74.

Huber, N. A., & Danahy, S. (1975). Use of the MMPI in predicting completion and evaluating changes in a long-term alcoholism treatment program. *Journal of Studies on Alcohol, 36*, 1230-1237.

Humm, D. G., & Wadsworth, G. W., Jr. (1935). The Humm-Wadsworth Temperament Survey. *American Journal of Psychiatry, 92*, 163-200.

Humphrey, D. H., & Dahlstrom, W. G. (1995). The impact of changing from the MMPI to the MMPI-2 of profile configurations. *Journal of Personality Assessment, 64*, 428-439.

Humphrey, M. D. (1999). A structural analysis of personality factors and their causal relationships with drinking problems (Kent State University). *Dissertation Abstracts International, 59*(7-B), 3754.

Hungerford, L. (2004). Clinical correlates of high scale 2 (D) and low scale 9 (Ma) on the MMPI-2 (Doctoral dissertation, Pacific Graduate School of Psychology). *Dissertation Abstracts International, 65*(4-B), 2095.

Hunsley, J., Hanson, R. K., & Parker, C. H. K. (1988). A summary of the reliability and stability of MMPI scales. *Journal of Clinical Psychology, 44*, 44-46.

Hunt, H. (1948). The effect of deliberate deception on MMPI performance. *Journal of Consulting Psychology, 12*, 396-402.

Hutton, H. E., Miner, M. H., Blades, J. R., & Langfeldt, V. C. (1992). Ethnic differences on the MMPI Overcontrolled-Hostility Scale. *Journal of Personality Assessment, 58*, 260-268.

Ihilevich, D., & Gleser, G. C. (1986). *Defense mechanisms: Their classification, correlates, and measurement with the Defense Mechanism Inventory.* Owasso, MI: DMI.

Ihilevich, D., & Gleser, G. C. (1991). *Defenses in psychotherapy: The clinical application of the Defense Mechanism Inventory.* Owosso, MI: DMI.

Ingram, P. B., Kelso, K. M., & McCord, D. M. (2011). Empirical correlates and expanded interpretation of the MMPI-2-RF Restructured Clinical Scale 3 (Cynicism). *Assessment, 18*, 95-101.

Iverson, G. L., & Barton, E. (1999). Interscorer reliability of the MMPI-2: Should TRIN and VRIN be computer scored? *Journal of Clinical Psychology, 55*, 65-69.

Iverson, G., Franzen, M., & Hammond, J. (1993, August). *Examination of inmates' ability to malinger on the MMPI-2*. Poster session presented at the 101st Annual Convention of the American Psychological Association, Toronto, Ontario, Canada.

Iverson, G. L., Henrichs, T. F., Barton, E. A., & Allen, S. (2002). Specificity of the MMPI-2 Fake Bad Scale as a marker for personal injury malingering. *Psychological Reports, 90*, 131-136.

Jackson, D. N. (1971). The dynamics of personality tests. *Psychological Review, 78*, 239-248.

Jaffe, A. M. (1992). Psychoanalytic approach to addictive disorders. In C. E. Stout, J. C. Levitt, & D. H. Ruben (Eds.), *Handbook for assessing and treating addictive disorders* (pp. 41-57). Westport, CT: Greenwood.

Jaffe, A. M., & Jaffe, K. L. (1992). Countertransference in the treatment of addictive disorders. In C. E. Stout, J. L. Levitt, & D. H. Ruben (Eds.), *Handbook for assessing and treating addictive disorders* (pp. 301-311). Westport, CT: Greenwood.

Jenkins, C. D., Rosenman, R. H., & Friedman, M. (1967). Development of an objective psychological test for the determination of the coronary-prone behavior pattern in employed men. *Journal of Chronic Disease, 20*, 371-379.

Jenkins, W. L. (1952). The MMPI applied to the problem of prognosis in schizophrenia (Doctoral dissertation, University of Minnesota). *Dissertation Abstracts, 72*, 381.

Jensen, S. (2004). Descriptive and developmental characteristics of chronically overcontrolled hostile women offenders (The Florida State University). *Dissertation Abstracts International, 64*(10-B), 5220.

Johnson, J. H., Butcher, J. N., Null, C., & Johnson, K. N. (1984). Replicated item level factor analysis of the full MMPI. *Journal of Personality and Social Psychology, 47*(1), 105-114.

Johnson, M. E., Jones, G., & Brems, C. (1996). Concurrent validity of the MMPI-2 feminine gender role (GF) and masculine gender role (GM) scales. *Journal of Personality Assessment, 66*, 153-168.

Jones, A., Ingram, M. V., & Ben-Porath, Y. S. (2012). Scores on the MMPI-2-RF Scales as a function of increasing levels of failure on cognitive symptom validity tests in a military sample. *The Clinical Neuropsychologist, 26*, 790-815.

Kahneman, D., & Tversky, A. (1973). On the psychology of prediction. *Psychological Review, 80*, 237-251.

Katz, M. M. (1968). A phenomenological typology of schizophrenia. In M. M. Katz, J. O. Cole, & W. E. Barton (Eds.), *The role and methodology of classification in psychiatry and psychopathology* (PHS Publication No. 1584, pp. 300-320). Washington, DC: U.S. Government Printing Office.

Kawachi, I., Sparrow, D., Kubzansky, L. D., Spiro, A., Vokonas, P. S., & Weiss, S. T. (1998). Prospective study of a self-report Type A scale and risk of coronary heart disease: Test of the MMPI-2 Type A scale. *Circulation, 98*, 405-412.

Kawachi, I., Sparrow, D., Spiro, A., Vokonas, P. S., & Weiss, S. T. (1996). A prospective study of anger and coronary heart disease: The Normative Aging Study. *Circulation, 94*, 2090-2095.

Keane, S. P., & Gibbs, M. (1980). Construct validation of the Sc scale of the MMPI. *Journal of Clinical Psychology, 36*, 152-158.

Keane, T. M., Malloy, P. F., & Fairbank, J. A. (1984). Empirical development of an MMPI subscale for the assessment of combat-related posttraumatic stress disorder. *Journal of Consulting and Clinical Psychology, 52*, 888-891.

Keiller, S. W., & Graham, J. R. (1993). The meaning of low scores on MMPI-2 clinical scales of normal subjects. *Journal of Personality Assessment, 61*, 211-223.

Kendrick, S., & Hatzenbuehler, L. (1982). The effect of oral administration by a live examiner on the MMPI: A split-half design. *Journal of Clinical Psychology, 38*, 788-792.

Kimlicka, T. M., Sheppard, P. L., Wakefield, J. A., & Cross, H. J. (1987). Relationship between psychological androgyny and self-actualization tendencies. *Psychological Reports, 61*, 443-446.

Kimlicka, T. M., Wakefield, J. A., & Friedman, A. F. (1980). Comparison of factors from the Bem Sex-Role Inventory for male and female college students. *Psychological Reports, 46*, 1011-1017.

Kimlicka, T. M., Wakefield, J. A., & Goad, N. A. (1982). Sex-roles of ideal opposite sexed persons for college males and females. *Journal of Personality Assessment, 46*, 519-521.

Kleinmuntz, B. (1960). Identification of maladjusted college students. *Journal of Counseling Psychology, 7*, 209-211.

Kleinmuntz, B. (1961a). The College Maladjustment scale (Mt): Norms and predictive validity. *Educational and Psychological Measurement, 21*, 1029-1033.

Kleinmuntz, B. (1961b). Screening: Identification or prediction? *Journal of Counseling Psychology, 8*, 279-280.

Knowles, E. E., & Schroeder, D. A. (1990). Concurrent validation of the MacAndrew Alcoholism scale. *Journal of Studies on Alcohol, 51*, 257-262.

Kohvtek, K. J. (1992a). The location of items of the Wiggins content scales on the MMPI-2. *Journal of Clinical Psychology, 48*, 617-620.

Kohvtek, K. J. (1992b). Wiggins content scales and the MMPI-2. *Journal of Clinical Psychology, 48*, 215-218.

Koss, M. P. (1979). MMPI item content: Recurring issues. In J. N. Butcher (Ed.), *New development in the use of the MMPI* (pp. 3-38). Minneapolis, MN: University of Minnesota Press.

Koss, M. P., & Butcher, J. N. (1973). A comparison of psychiatric patients' self-report with other sources of clinical information. *Journal of Research in Personality, 7*, 225-236.

Koss, M. P., Butcher, J. N., & Hoffmann, N. (1976). The MMPI critical items: How well do they work? *Journal of Consulting and Clinical Psychology, 44*, 921-928.

Kotjahasan, Y. (2005). The TRT as a predictor of attrition from therapeutic services at a youth program (Doctoral dissertation, Carlos Albizu University). *Dissertation Abstracts International, 65*(10-B), 5407.

Kraepelin, E. (1893). *Psychiatrie* (4th ed.). Leipzig, Germany: Abel.

Kraepelin, E. (1919). *Dementia praecox and paraphrenia*. Edinburg, NY: Churchill Livingstone.

Kranitz, L. (1972). Alcoholics, heroin addicts and nonaddicts: Comparisons on the MacAndrew Alcoholism scale of the MMPI. *Quarterly Journal of Studies on Alcohol, 33*, 807-809.

Krishnamurthy, R., Archer, R. P., & Huddleston, E. N. (1995). Clinical research note on psychometric limitations of two Harris-Lingoes subscales for the MMPI-2. *Assessment, 2*, 301-304.

Krueger, R. F., Eaton, N. R., Clark, L. A., Watson, D., Markon, K. E., Derringer, J., Skodol, A., & Livesley, W. J. (2011). Deriving an empirical structure of personality pathology for DSM-5. *Journal of Personality Disorders, 25*, 170-191.

Kruyen, P. M., Emons, W. H. M., & Sijtsma, K. (2012). Test length and decision quality in personnel selection: When is short too short? *International Journal of Testing, 12*, 321-344.

Kunce, J., & Anderson, W. (1976). Normalizing the MMPI. *Journal of Clinical Psychology, 32*, 776-780.

Kunce, J., & Anderson, W. (1984). Perspectives on uses of the MMPI in nonpsychiatric settings. In P. McReynolds & G. J. Chelvne (Eds.), *Advances in* psychological assessment (Vol. 6, pp. 41-76). San Francisco, CA: Jossey-Bass.

Kwapil, T. R., Chapman, L. J., & Chapman, J. (1999). Validity and usefulness of the Wisconsin Manual for assessing psychotic-like experiences. Schizophrenia Bulletin, 25, 363-375.

Lachar, D. (1974). The MMPI: Clinical assessment and automated interpretation. Los Angeles, CA: Western Psychological Services.

Lachar, D., & Alexander, R. S. (1978). Veridicality of self-report: Replicated correlates of the Wiggins MMPI content scales. Journal of Consulting and Clinical Psychology, 46, 1349-1356.

Lachar, D., Berman, W., Grisell, J. L., & Schoof, K. (1976). The MacAndrew Alcoholism scale as a general measure of substance abuse. Journal of Studies on Alcohol, 37, 1609-1615.

Lachar, D., Dahlstrom, W. G., & Moreland, K. L. (1986). Relationship of ethnic background and other demographic characteristics to MMPI patterns in psychiatric samples. In W. G. Dahlstrom, D. Lachar, & L. E. Dahlstrom (Eds.), MMPI patterns of American minorities (pp. 139-187). Minneapolis, MN: University of Minnesota Press.

Lachar, D., & Wrobel, T. A. (1979). Validating clinicians' hunches: Construction of a new MMPI critical item set. Journal of Consulting and Clinical Psychology, 47, 1349-1356.

Ladd, J. S. (1998). The F(p) Infrequency-Psychopathology scale with chemically dependent inpatients. Journal of Clinical Psychology, 54, 665-671.

Lamb, D. G., Berry, D. T. R., Wetter, M. W., & Baer, R. A. (1994). Effects of two types of information on malingering of closed head injury on the MMPI-2: An analog investigation. Psychological Assessment: A Journal of Consulting and Clinical Psychology, 6, 8-13.

Landis, C., & Katz, S. E. (1934). The validity of certain questions which purport to measure neurotic tendencies. Journal of Applied Psychology, 8, 343-356.

Landis, C., Zubin, J., & Katz, S. E. (1935). Empirical evaluation of three personality adjustment inventories. Journal of Educational Psychology, 26, 321-330.

Lane, J. B., & Lachar, D. (1979). Correlates of broad MMPI categories. Journal of Clinical Psychology, 35, 560-566.

Lane, P. J., & Kling, J. S. (1979). Construct validation of the Overcontrolled Hostility scale of the MMPI. Journal of Consulting and Clinical Psychology, 47, 781-782.

Lanyon, R. I. (1968). A handbook of MMPI group profiles. Minneapolis, MN: University of Minnesota Press.

Lanyon, R. I., Dannebaum, S. E., Wolf, L. I., & Brown, A. (1989). Dimensions of deceptive responding in criminal offenders. Psychological Assessment: A Journal of Consulting and Clinical Psychology, 1, 300-304.

Larrabee, G. (1998). Somatic malingering on the MMPI and MMPI-2 in personal injury litigants. The Clinical Neuropsychologist, 12, 179-188.

Larrabee, G. J. (2003). Detection of symptom exaggeration with the MMPI-2 in litigants with malingered neurocognitive dysfunction. The Clinical Neuropsychologist, 17(1), 54-68.

Lawton, M. P., & Kleban, M. H. (1965). Prisoners' faking on the MMPI. Journal of Clinical Psychology, 27, 269-271.

Leary, T. (1956). Multilevel measurement of interpersonal behavior. Berkeley, CA: Psychological Consultation Service.

Leary, T. (1957). Interpersonal diagnosis of personality. New York: Ronald Press.

Leboyer, M., Henry, C., Paillere-Martinot, M. L., & Bellivier, F. (2005). Age at onset in bipolar affective disorders: A review. Bipolar Disorders, 7, 111-118.

Lee, T. T. C., Graham, J. R., Sellbom, M., & Gervais, R. O. (2012). Examining the potential for gender bias in the prediction of non-credible responding by

MMPI-2 Symptom Validity (FBS) Scale Scores. *Psychological Assessment, 24*, 618-627.

Lee v. Northwestern University: Case No. 10 C 1157, 2012, WL 1899329 (N. D. ILL May 24, 2012).

Lees-Haley, P. R. (1988). Litigation Response Syndrome. *American Journal of Forensic Psychology, 6*, 3-12.

Lees-Haley, P. R. (1992). Efficacy of MMPI-2 validity scales and MCMI-II modifier scales for detecting spurious PTSD claims: F, F-K, Fake Bad scale, Ego Strength, Subtle-Obvious subscales, DIS, and DEB. *Journal of Clinical Psychology, 48*, 681-689.

Lees-Haley, P. R., English L. T., & Glenn, W. J. (1991). A Fake Bad Scale on the MMPI-2 for personal injury claimants. *Psychological Reports, 68*, 203-210.

Leiker, M., & Hailey, B. J. (1988). A link between hostility and disease: Poor health habits? *Behavioral Medicine, 14*, 129-133.

Leon, G. R., Finn, S. E., Murray, D., & Bailey, J. M. (1988). Inability to predict cardiovascular disease from hostility scores or MMPI items related to Type A behavior. *Journal of Consulting and Clinical Psychology, 56*, 597-600.

Leon, G. R., Finn, S. E., Murray, D., & Bailey, J. M. (1990). "Inability to predict cardiovascular disease from hostility scores or MMPI items related to Type A behavior": Correction to Leon et al. *Journal of Consulting and Clinical Psychology, 58*, 553.

Leonard, C. V. (1977). The MMPI as a suicide predictor. *Journal of Consulting and Clinical Psychology, 45*, 367-377.

Levak, R. W., Siegel, L., Nichols, D. S., & Stolberg, R. A. (2011). *Therapeutic feedback with the MMPI-2: A positive psychology approach*. New York: Routledge.

Levinson, M. R., Aldwin, C. M., Butcher, J. N., de Labry, L., Workman-Daniels, K., & Bosse, R. (1990). The MAC scale in a normal population: The meaning of "false positives." *Journal of Studies on Alcohol, 51*, 457-462.

Levitt, E. E. (1989). *The clinical application of MMPI special scales*. Hillsdale, NJ: Lawrence Erlbaum Associates.

Levitt, E. E. (1990). A structural analysis of the impact of MMPI-2 on MMPI-1. *Journal of Personality Assessment, 55*, 562-577.

Lewak, R. (1993, March). *Low scores on Scale 6: A case history*. Paper presented at the annual convention of the Society of Personality Assessment, San Francisco, CA.

Lewak, R. W., Marks, P. A., & Nelson, G. E. (1990). *Therapist guide to the MMPI and MMPI-2: Providing feedback and treatment*. Muncie, IN: Accelerated Development.

Lewis, J. L., Simcox, A. M., & Berry, D. T. R. (2002). Screening for feigned psychiatric symptoms in a forensic sample by using the MMPI-2 and the structured inventory of malingered symptomatology. *Psychological Assessment, 14*(2), 170-176.

Lilienfeld, S. O. (1996). The MMPI-2 Antisocial Practices Content Scale: Construct validity and comparison with the Psychopathic Deviate Scale. *Psychological Assessment, 8*, 281-293.

Lilienfeld, S. O. (1999). The relation of the MMPI-2 Pd Harris-Lingoes subscales to psychopathy, psychopathy facets, and antisocial behavior: Implications for clinical practice. *Journal of Clinical Psychology, 55*, 241-255.

Limbaugh-Kirker v. Dicosta, Case No. Ca 000706, 2/10/09, Transcript Ft. Meyers, FL.

Little, J. W. (1949). *An analysis of the MMPI*. Unpublished master's thesis, University of North Carolina, Chapel Hill, NC.

Little, K. B., & Fisher, J. (1958). Two new experimental scales of the MMPI. *Journal of Consulting Psychology, 22*, 305-306.

Litz, B. T., Orsillo, S. M., Friedman, M., Ehlich, P., & Batres, A. (1997). Posttraumatic stress disorder associated with peacekeeping duty in Somalia for U.S. military personnel. *American Journal of Psychiatry, 154*,

178–184.

Locke, D. C., Kirlin, K. A., Thomas, M. L., Osborne, D., Hurst, D. F., Drazkowski, J. F., Sirven, J. I., & Noe, K. H. (2010). The Minnesota Multiphasic Personality Inventory-2-Restructured Form in the epilepsy monitoring unit. *Epilepsy & Behavior, 17*(2), 252–258.

Long, K. A., & Graham, J. R. (1991). The Masculinity-Femininity scale of MMPI-2: Is it useful with normal men? *Journal of Personality Assessment, 57*, 46–51.

Lubin, B., Larsen, R. M., & Matarazzo, J. (1984). Patterns of psychological test usage in the United States 1935–1982. *American Psychologist, 39*, 451–454.

Lubin, B., Larsen, R. M., Matarazzo, J. D., & Seever, M. F. (1985). Psychological test usage patterns in five professional settings. *American Psychologist, 40*, 857–861.

Lucio, E., & Reyes-Lagunes, I. (1994). MMPI-2 for Mexico: Translation and adaptation. *Journal of Personality Assessment, 63*, 105–116.

MacAndrew, C. (1965). The differentiation of male alcoholic outpatients from nonalcoholic psychiatric patients by means of the MMPI. *Quarterly Journal of Studies on Alcohol, 26*, 238–246.

MacAndrew, C. (1981). What the MAC scale tells us about men alcoholics: An interpretive review. *Journal of Studies on Alcohol, 42*, 604–625.

Maiello, L., Salviati, M., De'Fornari, M. A. C., Del Casale, A., Rreli, A., Rusconi, A. C., & Piccione, M. (2007). Psicoterapia Breve: Valutazione con test MMPI-2 e scala VGF di esperienze individuali e di gruppo [Brief psychotherapy: Evaluation of individual and group experiences with the MMPI-2 test and GAF scale]. *Rivista di Psichiatria, 42*, 247–254.

Maloney, M. P., & Ward, M. P. (1976). *Psychological assessment: A conceptual approach*. New York: Oxford University Press.

Marion, B. E., Sellbom, M., & Bagby, R. (2011). The detection of feigned psychiatric disorders using the MMPI-2-RF over-reporting validity scales: An analog investigation. *Psychological Injury and Law, 4*(1), 1–12.

Marks, P. A., & Seeman, W. (1963). *The actuarial description of abnormal personality: An atlas for use with the MMPI*. Baltimore, MD: Williams & Wilkins.

Marks, P. A., Seeman, W., & Haller, D. (1974). *The actuarial use of the MMPI with adolescents and adults*. Baltimore, MD: Williams & Wilkins.

Marshall, M. B., & Bagby, R. M. (2006). The incremental validity and clinical utility of the MMPI-2 Infrequency Posttraumatic Stress Disorder Scale. *Assessment, 13*, 417–429.

Martin, E. H. (1993). *Masculinity-femininity and the MMPI-2*. Unpublished doctoral dissertation, University of Texas, Austin.

Martin, E. H., & Finn, S. E. (1992). *Masculinity-femininity and the MMPI-2*. Unpublished manuscript.

Martin, H., & Finn, S. E. (2010). *Masculinity and femininity in the MMPI-2 and MMPI-A*. Minneapolis, MN: University of Minnesota Press.

Matarazzo, J. D. (1955). MMPI validity scores as a function of increasing levels of anxiety. *Journal of Consulting Psychology, 19*, 213–217.

Matarazzo, J. D. (1986). Computerized psychological test interpretations: Unvalidated plus all mean and no sigma. *American Psychologist, 41*, 14–24.

Mattson, C., Powers, B., Halfaker, D., Akeson, S., & Ben-Porath, Y. (2012). Predicting drug court treatment completion using the MMPI-2-RF. *Psychological Assessment, 24*(4), 937–943.

Matz, P. A., Altepeter, T. S., & Perlman, B. (1992). MMPI-2: Reliability with college students. *Journal of Clinical Psychology, 48*, 330–334.

McCrae, R. R., Costa, P. T., Dahlstrom, W. G., Barefoot, J. C., Siegler, I. C., & Williams, R. B. (1989). A caution on the use of the MMPI K-correction in research on psychosomatic medicine. *Psychosomatic Medicine, 51*, 58–65.

McCranie, E. W., Watkins, L. O., Brandsma, J. M., & Sisson, B. D. (1986). Hostility, coronary heart disease (CHD) incidence, and total mortality: Lack of association in a 25-year follow-up study of 478 physicians. *Journal of Behavioral Medicine, 9*, 119-125.

McGrath, R. E., Powis, D., & Pogge, D. L. (1998). Code type-specific tables for interpretation of MMPI-2 Harris and Lingoes subscales: Consideration of gender and code type definition. *Journal of Clinical Psychology, 54*, 655-664.

McGrath, R. E., Rashid, T., Hayman, J., & Pogge, D. L. (2002). A comparison of MMPI-2 highpoint coding strategies. *Journal of Personality Assessment, 79*(2), 243-246.

McGrath, R. E., Terranova, R., Pogge, D. L., & Kravic, C. (2003). Development of a short form for the MMPI-2 based on scale elevation congruence. *Assessment, 10*(1), 13-28.

McKenna, T., & Butcher, J. N. (1987, May). *Continuity of the MMPI with alcoholics.* Paper presented at the 22rd Annual Symposium on Recent Developments in the Use of the MMPI, Seattle, WA.

McKinley, J. C. (Ed.). (1944). *An outline of neuropsychiatry.* St. Louis, MO: John S. Swift.

McKinley, J. C., & Hathaway, S. R. (1940). A multiphasic personality schedule (Minnesota): II. A differential study of hypochondriasis. *Journal of Psychology, 10*, 255-268.

McKinley, J. C., & Hathaway, S. R. (1942). A multiphasic personality schedule (Minnesota): IV. Psychasthenia. *Journal of Applied Psychology, 26*, 614-624.

McKinley, J. C., & Hathaway, S. R. (1943). The identification and measurement of the psychoneuroses in medical practice. *Journal of the American Medical Association, 122*, 161-167.

McKinley, J. C., & Hathaway, S. R. (1944). The MMPI: V. Hysteria, hypomania, and psychopathic deviate. *Journal of Applied Psychology, 28*, 153-174.

McKinley, J. C., & Hathaway, S. R. (2000). The MMPI V. Hysteria, hypomania, and psychopathic deviate. In J. N. Butcher (Ed.), *Basic sources on the MMPI-2* (pp. 31-48). Minneapolis, MN: University of Minnesota Press.

McKinley, J. C., Hathaway, S. R., & Meehl, P. E. (1948). The MMPI: VI. The K scale. *Journal of Consulting Psychology, 12*, 20-31.

McLaughlin, J. F., Helmes, E., & Howe, M. G. (1983). Note on the reliability of three MMPI short forms. *Journal of Personality Assessment, 47*, 357-358.

McNulty, J. L., Ben-Porath, Y. S., & Graham, J. R. (1998). An empirical examination of the correlates of well-defined and not defined MMPI-2 code types. *Journal of Personality Assessment, 71*, 393-410.

Meehl, P. E. (1945a). The dynamics of "structured" personality tests. *Journal of Clinical Psychology, 1*, 296-304.

Meehl, P. E. (1945b). An investigation of a general normality or control factor in personality testing. *Psychological Monographs, 59*(4, Whole No. 274).

Meehl, P. E. (1954). *Clinical versus statistical prediction: A theoretical analysis and a review of the evidence.* Minneapolis, MN: University of Minnesota Press.

Meehl, P. E. (1956). Wanted—A good cookbook. *American Psychologist, 11*, 262-272.

Meehl, P. E. (1959). Some ruminations on the validation of clinical procedures. *Canadian Journal of Psychology/Revue Canadienne De Psychologie, 13*, 102-128.

Meehl, P. E. (1962). Schizotaxia, schizotypy, schizophrenia. *American Psychologist, 17*, 827-838.

Meehl, P. E. (1970). Psychology and criminal law. *University of Richmond Law Review, 5*, 1-30.

Meehl, P. E. (1971). Prefatory comment. In L. D. Goodstein & R. I. Lanyon (Eds.), *Readings in personality assessment* (pp. 245-246). New York: Wiley.

Meehl, P. E. (1972). Reactions, reflections, projections. In J. N. Butcher (Ed.), *Objective personality assessment* (pp. 131-189). New York: Academic Press.

Meehl, P. E. (1973). Why I do not attend case conferences. In P. E. Meehl (Ed.), *Psychodiagnosis: Selected papers* (pp. 225–302). Minneapolis, MN: University of Minnesota Press.

Meehl, P. E. (1975). Hedonic capacity: Some conjectures. *Bulletin of the Menninger Clinic, 39*, 295–307.

Meehl, P. E. (1987). "Hedonic capacity" ten years later: Some clarifications. In D. C. Clark & J. Fawcett (Eds.), *Anhedonia and affect deficit states* (pp. 47–50). New York: PMA.

Meehl, P. E. (1989). Paul E. Meehl. In G. Linzey (Ed.), *A history of psychology in autobiography* (Vol. 3, pp. 337–389). Stanford, CA: Stanford University Press.

Meehl, P. E. (1997). Credentialed persons, credential knowledge. *Clinical Psychology: Science and Practice, 4*(2), 91–98.

Meehl, P. E., & Dahlstrom, W. G. (1960). Objective configural rules for discriminating psychotic from neurotic MMPI profiles. *Journal of Consulting Psychology, 24*, 375–387.

Meehl, P. E., & Hathaway, S. R. (1946). The K factor as a suppressor variable in the MMPI. *Journal of Applied Psychology, 30*, 525–564.

Megargee, E. I. (1972). *The California Psychological Inventory handbook.* San Francisco, CA: Jossey-Bass.

Megargee, E. I. (1985). Assessing alcoholism and drug abuse with the MMPI: Implications for screening. In C. D. Spielberger & J. N. Butcher (Eds.), *Advances in personality assessment* (Vol. 5, pp. 1–39). Hillsdale, NJ: Lawrence Erlbaum Associates.

Megargee, E. I. (2006). *Use of the MMPI-2 in criminal justice and correctional settings.* Minneapolis, MN: University of Minnesota Press.

Megargee, E. I., & Cook, P. E. (1975). Negative response bias and the MMPI Overcontrolled-Hostility scale: A response to Deiker. *Journal of Consulting and Clinical Psychology, 43*, 725–729.

Megargee, E. I., Cook, P. E., & Mendelsohn, G. A. (1967). Development and validation of an MMPI scale of assaultiveness in overcontrolled individuals. *Journal of Abnormal Psychology, 72*, 519–528.

Megargee, E. I., & Mendelsohn, G. A. (1962). A cross-validation of twelve MMPI indices of hostility and control. *Journal of Abnormal and Social Psychology, 65*, 431–438.

Meloy, J. R., & Gacono, C. (1995). Assessing the psychopathic personality. In J. Butcher (Ed.), *Clinical personality assessment: Practical approaches* (pp. 410–422). New York: Oxford University Press.

Merskey, H. (1995). *The analysis of hysteria: Understanding conversion and dissociation* (2nd ed.). London, England: Gaskell/Royal College of Psychiatrists.

Meyer, R. G. (1983). *The clinician's handbook: The psychopathology of adulthood and late adolescence.* Boston, MA: Allyn & Bacon.

Miller, H. R., Goldberg, J. O., & Streiner, D. L. (1995). What's in a name? The MMPI-2 PTSD scales. *Journal of Clinical Psychology, 51*, 626–631.

Miller, H .R., & Streiner, D. L. (1985). The Harris-Lingoes subscales: Fact or fiction? *Journal of Clinical Psychology, 41*, 45–51.

Miller, H. R., & Streiner, D. L. (1986). Differences in MMPI profiles with the norms of Colligan et al. *Journal of Consulting and Clinical Psychology, 54*, 843–845.

Minnix, J. A., Reitzel, L. R., Repper, K. A., Burns, A. B., Williams, F., Lima, E. N., Cukrowicz, K. C., Kirsch, L., & Joiner, T. E., Jr. (2005). Total number of MMPI-2 clinical scale elevations predicts premature termination after controlling for intake symptom severity and personality disorder diagnosis. *Personality and Individual Differences, 38*, 1745–1755.

Mittag, O., & Maurischat, C. (2004). Die Cook-Medley Hostility Scale (Ho-Skala) im Vergleich zu den Inhaltsskalen "Zynismus", "Ärger" sowie "Type A" aus dem MMPI-2: Zur zukünftigen Operationalisierung von Feindseligkeit [A comparison of the Cook-Medley Hostility Scale (Ho-scale) and the content scales "cynicism", "anger", and "type A" out of the

MMPI-2: On the future assessment of hostility]. *Zeitschrift für Medizinische Psychologie, 13,* 7-12.

Moreland, K. L. (1985). Validation of computer-based test interpretations: Problems and prospects. *Journal of Consulting and Clinical Psychology, 53,* 816-825.

Moreland, K. L. (1990). Some observations on computer-assisted psychological testing. *Journal of Personality Assessment, 55,* 820-823.

Moreland, K. L., & Dahlstrom, W. G. (1983). Professional training with and use of the MMPI. *Professional Psychology: Research and Practice, 14,* 218-223.

Morey, L. C., & Smith, M. R. (1988). Personality disorders. In R. L. Greene (Ed.), *The MMPI: Use with specific populations* (pp. 110-158). Philadelphia, PA: Grune & Stratton.

Morey, L. C., Waugh, M. H., & Blashfield, R. K. (1985). MMPI scales for DSM-III personality disorders: Their derivation and correlates. *Journal of Personality Assessment, 49,* 245-251.

Muench, J. L. (1996). Negative indicators in psychotherapy: The assessment of client difficulty and its relationship to therapist behavior and the working alliance (Doctoral dissertation, Kent State University). *Dissertation Abstracts International, 57*(5-B), 3417.

Munley, P. H. (2002). Compatibility of MMPI-2 scales and profiles over time. *Journal of Personality Assessment, 78*(1), 145-160.

Munley, P. H., Busby, R. M., & Jaynes, G. (1997). MMPI-2 findings in schizophrenia and depression. *Psychological Assessment, 9,* 508-511.

Munley, P. H., Germain, J. M., Tovar-Murray, D., & Borgman, A. L. (2004). MMPI-2 profile codetypes and measurement error. *Journal of Personality Assessment, 82*(2), 179-188.

Nason v. Shafranski, 33 So. 3d 117 (Fla. 4th DCA 2010).

Navran, L. (1954). A rationally derived MMPI scale for dependence. *Journal of Consulting Psychology, 18,* 192.

Nelson, L. D. (1987). Measuring depression in a clinical population using the MMPI. *Journal of Consulting and Clinical Psychology, 55,* 788-790.

Nelson, L. D., & Cicchetti, D. (1991). Validity of the MMPI Depression scale for outpatients. *Psychological Assessment: A Journal of Consulting and Clinical Psychology, 3,* 55-59.

Nelson, N. W., Hoelzle, J. B., Sweet, J. J., Arbisi, P. A., & Demakis, G. J. (2010). Updated meta-analysis of the MMPI-2 Symptom Validity Scale (FBS): Verified utility in forensic practice. *The Clinical Neuropsychologist, 24*(4), 701-724.

Nelson, N. W., Sweet, J. J., Berry, D. T. R., Bryant, F. B., & Granacher, R. P. (2007). Response validity in forensic neuropsychology: Exploratory factor analytic evidence of distinct cognitive and psychological constructs. *Journal of the International Neuropsychological Society, 13,* 440-449.

Nelson, N. W., Sweet, J. J., & Demakis, G. J. (2006). Meta-analysis of the MMPI-2 Fake Bad Scale: Utility in forensic practice. *The Clinical Neuropsychologist, 20*(1), 39-58.

Nelson, S. E. (1952). The development of an indirect, objective measure of social status and its relationship to certain psychiatric syndromes (Doctoral dissertation, University of Minnesota). *Dissertation Abstracts, 12,* 782.

Newmark, C. S., Chassin, P., Evans, D., & Gentry, L. (1984). "Floating" MMPI profiles revisited. *Journal of Clinical Psychology, 40,* 199-201.

Nichols, D. S. (1988). Mood disorders. In R. L. Greene (Ed.), *The MMPI: Use with specific populations* (pp. 74-109). Philadelphia, PA: Grune & Stratton.

Nichols, D. S. (1992a). Development and use of the MMPI-2: Content scales [Review of the book]. *Journal of Personality Assessment, 58,* 434-437

Nichols, D. S. (1992b). Review of the Minnesota Multiphasic Personality Inventory-2. In J. J. Kramer & J. C. Conoley (Eds.), *The eleventh mental measurements yearbook* (pp. 562-565). Lincoln, NE: University of

Nebraska, Buros Institute of Mental Measurements.

Nichols, D. S. (1994). *A digest of the MMPI-2 PSY-5: Harkness, McNulty, and Ben-Porath's Personality Psychopathology Five (PSY-5)*. Unpublished manuscript.

Nichols, D. S. (2006). The trials of separating bath water from baby: A review and critique of the MMPI-2 Restructured Clinical scales. *Journal of Personality Assessment, 87*(2), 121-138.

Nichols, D. S. (2008). *Differentiating normal-range cognitive difficulty from psychotic disruption with the MMPI-2: The cognitive problems and disorganization scales*. Unpublished manuscript.

Nichols, D. S. (2009). *Construction of more inclusive and less overlapping subscales for Scale 2 (Depression)*. Unpublished manuscript.

Nichols, D. S. (2010). *A potential predictor of suicide risk: An MMPI-2 Hopelessness Scale*. Unpublished manuscript.

Nichols, D. S. (2011). *Essentials of MMPI-2 assessment* (2nd ed.). Hoboken, NJ: John Wiley & Sons, Inc.

Nichols, D. S., & Crowhurst, B. (2006). The use of the MMPI-2 in inpatient metal health settings. In J. N. Butcher (Ed.), *MMPI-2: A practitioner's guide* (pp. 195-252). Washington, DC: APA Press.

Nichols, D. S., & Greene, R. L. (1988, March). *Adaptive or defensive: An evaluation of Paulhus' two-factor model of social desirability responding in the MMPI with non-college samples*. Paper presented at the 23rd Annual Symposium on Recent Developments in the Use of the MMPI, St. Petersburg, FL.

Nichols, D. S., & Greene, R. L. (1991, March). *New measures for dissimulation on the MMPI/MMPI-2*. Paper presented at the 26th Annual Symposium on Recent Developments in the Use of the MMPI (MMPI-2/MMPI-A), St. Petersburg Beach, FL.

Nichols, D. S., & Greene, R. L. (1995). *MMPI-2 structural summary: Interpretive manual*. Odessa, FL: Psychological Assessment Resources.

Nichols, D. S., & Greene, R. L. (1997). Dimensions of deception in personality assessment: The example of the MMPI-2. *Journal of Personality Assessment, 68*, 251-266.

Nicholson, R. A., Mouton, G. J., Bagby, R. M., Buis, T., Peterson, S. A., & Buigas, R. A. (1997). Utility of MMPI-2 indicators of response distortion: Receiver operating characteristic analysis. *Psychological Assessment: A Journal of Consulting and Clinical Psychology, 9*, 471-479.

Osberg, T. M., Haseley, E. N., & Kamas, M. M. (2008). The MMPI-2 Clinical Scales and Restructured Clinical (RC) Scales: Comparative psychometric properties and relative diagnostic efficiency in young adults. *Journal of Personality Assessment, 90*, 81-92.

Osberg, T. M., & Poland, D. L. (2001). Validity of the MMPI-2 Basic and Harris-Lingoes Subscales in a forensic sample. *Journal of Clinical Psychology, 57*(12), 1369-1380.

Osborne, D. (1979). Use of the MMPI with medical patients. In J. N. Butcher (Ed.), *New developments in the use of MMPI* (pp. 141-163). Minneapolis, MN: University of Minnesota Press.

Osborne, D., Colligan, R., & Offord, K. (1986). Normative tables for the *F-K* index of the MMPI based on a contemporary normal sample. *Journal of Clinical Psychology, 42*, 593-595.

Otto, R. K., Lang, A. R., Megargee, E. I., & Rosenblatt, A. I. (1988). Ability of alcoholics to escape detection by the MMPI. *Journal of Consulting and Clinical Psychology, 56*, 452-457.

Overall, J. E., & Gorham, D. R. (1988). Introduction: The Brief Psychiatric Rating Scale (BPRS): Recent developments in ascertainment and scaling. *Psychopharmacology Bulletin, 24*, 97-98.

Ownby, R. L. (1987). *Psychological reports: A guide to report writing in professional psychology*. Brandon, VT: Clinical Psychology.

Page, J., Landis, C., & Katz, S. E. (1934). Schizophrenic traits in the functional psychoses and in normal individuals. *American Journal of Psychiatry, 13,* 1213-1225.

Pancoast, D. L., & Archer, R. P. (1988). MMPI adolescent norms: Patterns and trends across 4 decades. *Journal of Personality Assessment, 52,* 691-706.

Pancoast, D. L., & Archer, R. P. (1989). Original adult MMPI norms in normal samples: A review with implications for future developments. *Journal of Personality Assessment, 53,* 376-395.

Pancoast, D. L., Archer, R. P., & Gordon, R. A. (1988). The MMPI and clinical diagnosis: A comparison of classification system outcomes with discharge diagnoses. *Journal of Personality Assessment, 52,* 81-90.

Paolo, A. M., Ryan, J. J., & Smith, A. J. (1991). Reading difficulty of MMPI-2 subscales. *Journal of Clinical Psychology, 47,* 529-532.

Patton, D., Barnes, G. E., & Murray, R. P. (1993). Personality characteristics of smokers and exsmokers. *Personality and Individual Differences, 15,* 653-664.

Paulhus, D. L. (1984). Two-component models of socially desirable responding. *Journal of Personality and Social Psychology, 46,* 598-609.

Paulhus, D. L. (1986). Self-deception and impression management in test responses. In A. Angleitner & J. S. Wiggins (Eds.), *Personality assessment via questionnaires: Current issues in theory and measurement* (pp. 143-165). Berlin: Springer-Verlag.

Payne, F. D., & Wiggins, J. S. (1972). MMPI profile types and the self-report of psychiatric patients. *Journal of Abnormal Psychology, 79,* 1-8.

Persons, R., & Marks, P. (1971). The violent 4-3 MMPI personality type. *Journal of Consulting and Clinical Psychology, 36,* 189-196.

Peterson, C. D. (1991). *Masculinity and femininity as independent dimensions on the MMPI.* Unpublished doctoral dissertation, University of North Carolina, Chapel Hill, NC.

Peterson, C. D., & Dahlstrom, W. G. (1992). The derivation of gender-role scales GM and GF for the MMPI-2 and their relationship to Scale 5 (Mf). *Journal of Personality Assessment, 59,* 486-499.

Pizitz, T., & McCullaugh, J. (2011). An overview of male stalkers' personality profiles using the MMPI-2. *American Journal of Forensic Psychiatry, 32,* 31-46.

Plante, T. G., Manuel, G., & Bryant, C. (1996). Personality and cognitive functioning among hospitalized sexual offending Roman Catholic priests. *Pastoral Psychology, 45,* 129-139.

Pope, H. G., & Lipinski, J. F. (1978). Diagnosis in schizophrenia and manic-depressive illness: A reassessment of the specificity of schizophrenic symptoms in the light of current research. *Archives of General Psychiatry, 35,* 811-828.

Pope, K. S. (1992). Responsibilities in providing psychological test feedback to clients. *Psychological Assessment: A Journal of Consulting and Clinical Psychology, 4,* 268-271.

Pope, K. S., Butcher, J. N., & Seelen, J. (2006). *The MMPI, MMPI-2, and MMPI-A in court.* Washington, DC: American Psychological Association.

Pope, M. K., Smith, T. W., & Rhodewalt, F. (1990). Cognitive, behavioral, and affective correlates of the Cook and Medley Hostility Scale. *Journal of Personality Assessment, 54,* 501-514.

Prokop, C. K. (1986). Hysteria scale elevations in low back pain patients: A risk factor for misdiagnosis? *Journal of Consulting and Clinical Psychology, 54,* 558-562.

Prokop, C. K. (1988). Chronic pain. In R. C. Greene (Ed.), *The MMPI: Use with specific populations* (pp. 22-49). Philadelphia, PA: Grune & Stratton.

Purdon, S. E., Purser, S. M., & Goddard, K. M. (2011). MMPI-2 Restructured Form over-reporting scales in first-episode psychosis. *The Clinical Neuropsychologist, 25*(5), 829-842.

Putnam, S. H., Kurtz, J. E., & Houts, D. C. (1996). Four-month test-retest reliability of the MMPI-2 with normal male clergy. *Journal of Personality Assessment, 67,* 341-353.

Putzke, J. D., Williams, M. A., Daniel, F. J., & Boll, T. J. (1999). The utility of K-correction to adjust for a defensive response set on the MMPI. *Psychological Assessment, 6,* 61-70.

Quilty, L. C., & Bagby, R. M. (2007). Psychometric and structural analysis of the MMPI-2 Personality Psychopathology Five (PSY-5) facet subscales. *Assessment, 14,* 375-384.

Quinsey, V. L., Harris, G. T., Rice, M. E., & Cormier, C. A. (1998). *Violent offenders: Appraising and managing risk.* Washington, DC: American Psychological Association.

Quinsey, V. L., Maguire, A., & Varney, G. W. (1983). Assertion and overcontrolled hostility among mentally disordered offenders. *Journal of Consulting and Clinical Psychology, 51,* 550-556.

Ranson, M. B., Nichols, D. S., Rouse, S. V., & Harrington, J. L. (2009). Changing or replacing an established psychological assessment standard: Issues, goals, and problems with special reference to recent developments in the MMPI-2. In J. N. Butcher (Ed.), *Oxford library of psychology. Oxford handbook of personality assessment* (pp. 112-139). New York: Oxford University Press.

Rapport, L. J., Todd, R. M., Lumley, M. A., & Fisicaro, S. A. (1998). The diagnostic meaning of "nervous breakdown" among lay populations. *Journal of Personality Assessment, 71,* 242-252.

Raskin, R., & Novacek, J. (1989). An MMPI description of the narcissistic personality. *Journal of Personality Assessment, 53,* 66-80.

Rathvon, N., & Holmstrom, R. W. (1996). An MMPI-2 portrait of narcissism. *Journal of Personality Assessment, 66,* 1-19.

Reise, S. P., & Haviland, M. G. (2005). Item response theory and the measurement of clinical change. *Journal of Personality Assessment, 84,* 228-238.

Rhodes, R. J., & Chang, A. F. (1978). A further look at the Institutionalized Chronic Alcoholic scale. *Journal of Clinical Psychology, 34,* 779-780.

Robin, R. W., Greene, R. L., Albaugh, B., Caldwell, A., & Goldman, D. (2003). Use of the MMPI-2 in American Indians: I. Comparability of the MMPI-2 between two tribes and with the MMPI-2 normative group. *Psychological Assessment, 15*(3), 351-359.

Rodgers, D. A. (1972). Review of the MMPI. In O. K. Buros (Ed.), *Seventh mental measurements yearbook* (pp. 243-250). Highland Park, NJ: Gryphon Press.

Roessler, R., Alexander, A. A., & Greenfield, N. S. (1963). Ego strength and physiological responsivity: I. The relationship of the Barron *Es* scale to skin resistance. *Archives of General Psychiatry, 8,* 142-154.

Roessler, R., Burch, N. R., & Childers, H. E. (1966). Personality and arousal correlates of specific galvanic skin responses. *Psychophysiology, 3,* 115-130.

Roessler, R., Burch, N. R., & Mefford, R. B. (1967). Personality correlates of catecholamine excretion under stress. *Journal of Psychosomatic Research, 11,* 181-185.

Roessler, R., & Collins, F. (1970). Personality correlates of physiological responses to motion pictures. *Psychophysiology, 6,* 732-739.

Roessler, R., Greenfield, N. S., & Alexander, A. A. (1964). Ego strength and response stereotypy. *Psychophysiology, 1,* 142-150.

Rogers, R., Bagby, R. M., & Chakraborty, D. (1993). Feigning schizophrenia disorders on the MMPI-2: Detection of coached simulators. *Journal of Personality Assessment, 60,* 215-226.

Rogers, R., Gillard, N. D., Berry, D. R., & Granacher, R. P., Jr. (2011). Effectiveness of the MMPI-2-RF validity scales for feigned mental disorders and cognitive impairment: A known-groups study. *Journal of Psychopathology and Behavioral Assessment, 33*(3), 355-367.

Rogers, R., & Sewell, K. W. (2006). MMPI-2 at the

crossroads: Aging technology or radical retrofitting? *Journal of Personality Assessment, 87*, 175-178.

Rogers, R., Sewell, K. W., Harrison, K. S., & Jordan, M. J. (2006). The MMPI-2 Restructured Clinical Scales: A paradigmatic shift in scale development. *Journal of Personality Assessment, 87*, 139-147.

Rogers, R., Sewell, K. W., Martin, M. A., & Vitacco, M. J. (2003). Detection of feigned mental disorders: A meta-analysis of the MMPI-2 and malingering. *Assessment, 10*, 160-177.

Rogers, R., Sewell, K. W., & Salekin, R. T. (1994). A meta-analysis of malingering on the MMPI-2. *Assessment, 1*, 227-237.

Rohan, W. P. (1972). MMPI changes in hospitalized alcoholics: A second study. *Quarterly Journal of Studies on Alcohol, 33*, 65-76.

Rohan, W. P., Tatro, R. L., & Rotman, S. R. (1969). MMPI changes in alcoholics during hospitalization. *Quarterly Journal of Studies on Alcohol, 30*, 389-400.

Rome, H. P., Swenson, W. M., Mataya, P., McCarthy, C. E., Pearson, J. S., Keating, F. R., & Hathaway, S. T. (1962). Symposium on automation procedures in personality assessment. *Proceedings of the Staff Meetings of the Mayo Clinic, 37*, 61-82.

Romney, D. M., & Bynner, J. M. (1992). A simplex model of five DSM-III personality disorders. *Journal of Personality Disorders, 6*, 34-39.

Roper, B. L., Ben-Porath, Y. S., & Butcher, J. N. (1991). Comparability of computerized adaptive and conventional testing with the MMPI-2. *Journal of Personality Assessment, 65*, 358-371.

Rosen, A. (1962). Development of MMPI scales based on a reference group of psychiatric patients. *Psychological Monographs, 76*(8, Whole No. 527).

Rosik, C. H., & Borisov, N. I. (2010). Can specific MMPI-2 scales predict treatment response among missionaries? *Journal of Psychology and Theology, 38*, 195-204.

Rostami, R., Nosratabadi, M., & Mohammadi, F. (2007).

Primary evaluation of the diagnostic accuracy of the AAS, MAC-R, and APS. *Psychological Research, 10*, 11-28.

Rothke, S. E., & Friedman, A. F. (1994). Response to Fox: Comment and clarification. *Assessment, 1*, 421-422.

Rothke, S. E., Friedman, A. F., Dahlstrom, W. G., Greene, R. L., Arrendondo, R., & Mann, A. W. (1994). MMPI-2 normative data for the *F-K* index: Implications for clinical, neuropsychological, and forensic practice. *Assessment, 1*, 1-15.

Rothke, S. E., Friedman, A. F., Jaffe, A. M., Greene, R. G., Wetter, M. W., Cole, P., & Baker, K. (2000). Normative data for the *F(p)* Scale of the MMPI-2: Implications for clinical and forensic assessment of malingering. *Psychological Assessment, 12*(3), 355-340.

Rouse, S. L., Butcher, J. N., & Miller, K. B. (1999). Assessment of substance abuse in psychotherapy clients: The effectiveness of the MMPI-2 substance abuse scales. *Psychological Assessment: A Journal of Consulting and Clinical Psychology, 11*, 101-107.

Rouse, S. V., Greene, R. L., Butcher, J. N., Nichols, D. S., & Williams, C. L. (2008). What do the MMPI-2 Restructured Clinical scales reliably measure? Answers from multiple research settings. *Journal of Personality Assessment, 90*, 435-442.

Russell, J. A. (1980). A circumplex model of affect. *Journal of Personality and Asocial Psychology, 39*, 1161-1178.

Sawrie, S. M., Kabat, M. H., Dietz, C. B., Greene, R. L., Arredondo, R., & Mann, A. W. (1996). Internal structure of the MMPI-2 Addiction Potential Scale in alcoholic and psychiatric inpatients. *Journal of Personality Assessment, 66*, 177-193.

Sawyer, J. (1966). Measurement and prediction, clinical and statistical. *Psychological Bulletin, 66*, 178-200.

Scarr, S. (1969). Social introversion-extraversion as a heritable response. *Child Development, 40*(3), 823-832.

Schill, T., & Wang, S. (1990). Correlates of the MMPI-2 Anger content scale. *Psychological Reports*, *67*, 800-802.

Schinka, J. A., & Borum, R. (1993). Readability of adult psychopathology inventories. *Psychological Assessment: A Journal of Consulting and Clinical Psychology*, *5*, 384-386.

Schinka, J. A., & LaLone, L. (1997). MMPI-2 norms: Comparisons with a census-matched subsample. *Psychology Assessment*, *9*(3), 307-311.

Schlenger, W. E., & Kulka, R. A. (1987, August-September). *Performance of the Keane-Fairbank MMPI scale and other self-report measures in identifying post-traumatic stress disorder.* Paper presented at the 95th Annual Convention of the American Psychological Association, New York.

Schlenger, W. E., Kulka, R. A., Fairbank, J. A., Hough, R. L., Jordan, B. K., Marmar, C. R., & Weiss, D. S. (1989). *The prevalence of post-traumatic stress disorder in the Vietnam generation: Findings from the National Vietnam Veterans Readjustment Study.* Research Triangle Park, NC: Research Triangle Institute.

Schmalz, B. J., Fehr, R. C., & Dalby, J. T. (1989). Distinguishing forensic, psychiatric and inmate groups with the MMPI. *American Journal of Forensic Psychology*, *7*, 37-47.

Schneider, K. (1959). *Clinical psychopathology.* New York: Grune and Stratton.

Schroeder, R. W., Baade, L. E., Peck, C. P., VonDran, E. J., Brockman, C. J., Webster, B. K., & Heinrichs, R. J. (2012). Validation of MMPI-2-RF Validity Scales in criterion group neuropsychological samples. *The Clinical Neuropsychologist*, *26*(1), 129-146.

Schuldberg, D. (1990). Varieties of inconsistency across test occasions: Effects of computerized test administration and repeated testing. *Journal of Personality Assessment*, *55*, 168-182.

Schwartz, M. R., & Graham, J. R. (1979). Construct validity of the MacAndrew Alcoholism scale. *Journal of Consulting and Clinical Psychology*, *47*, 1090-1095.

Seligman, M. E. P. (1990). *Learned optimism: How to change your mind and your life.* New York: Knopf.

Sellbom, M., & Bagby, R. (2010). Detection of over-reported psychopathology with the MMPI-2-RF form validity scales. *Psychological Assessment*, *22*(4), 757-767.

Sellbom, M., Ben-Porath, Y. S., & Bagby, R. (2008). Personality and psychopathology: Mapping the MMPI-2 Restructured Clinical (RC) Scales onto the Five Factor Model of Personality. *Journal of Personality Disorders*, *22*, 291-312.

Sellbom, M., Ben-Porath, Y. S., & Graham, J. R. (2006). Correlates of the MMPI-2 restructured clinical (RC) scales in a college counseling setting. *Journal of Personality Assessment*, *86*, 89-99.

Sellbom, M., & Ben-Porath, Y. S. (2005). Mapping the MMPI-2 Restructured Clinical scales onto normal personality traits: Evidence of construct validity. *Journal of Personality Assessment*, *85*, 179-187.

Sellbom, M., Ben-Porath, Y. S., McNulty, J. L., Arbisi, P. A., & Graham, J. R. (2006). Elevation differences between MMPI-2 Clinical and Restructured Clinical (RC) Scales: Frequency, origins, and interpretative implications. *Assessment*, *13*, 430-441.

Sellbom, M., Graham, J. R., & Schenk, P. W. (2005). Symptom correlates of MMPI-2 scales and code types in a private-practice setting. *Journal of Personality Assessment*, *84*, 163-171.

Sellbom, M., Graham, J. R., & Schenk, P. W. (2006). Incremental validity of the MMPI-2 restructured clinical (RC) scales in a private practice sample. *Journal of Personality Assessment*, *86*, 196-205.

Sellbom, M., Wygant, D., & Bagby, M. (2012). Utility of the MMPI-2-RF in detecting non-credible somatic complaints. *Psychiatry Research*, *197*(3), 295-301.

Sepaher, I., Bongar, B., & Greene, R. L. (1999). Codetype base rates for the "I Mean Business" suicide items on the MMPI-2. *Journal of Clinical Psychology, 55*(9), 1167-1173.

Serkownek, K. (1975). *Subscales for Scales 5 and 0 of the MMPI.* Unpublished manuscript.

Sham, P. C., MacLean, C. J., & Kendler, K. S. (1994). A typological model of schizophrenia based on age at onset, sex and familial morbidity. *Acta Psychiatrica Scandinavica, 89,* 35-41.

Shapiro, D. (1965). *Neurotic styles.* New York: Basic Books.

Sharland, M. J., & Gfeller, J. D. (2007). A survey of neuropsychologists' beliefs and practices with respect to the assessment of effort. *Archives of Clinical Neuropsychology, 22,* 213-223.

Sharpe, J. P., & Desai, S. (2001). The revised NEO Personality Inventory and the MMPI-2 Psychopathology Five in the prediction of aggression. *Personality and Individual Differences, 31,* 505-518.

Shea, C. (2006). A comparison of performance on malingering assessments between neuropsychological patients involved in litigation and non-litigious neuropsychological patients. *Dissertation Abstracts International: Section B: The Sciences and Engineering, 67*(1-B), 560.

Shekelle, R. B., Gale, M., Ostfeld, A. M., & Paul, O. (1983). Hostility, risk of coronary heart disease, and mortality. *Psychosomatic Medicine, 45,* 109-114.

Sherwood, N. E., & Ben-Porath, Y. S. (1991). The MMPI-2 content component scales. *MMPI-2 News and Profiles, 2,* 9-11.

Shondrick, D. D., Ben-Porath, Y S., & Stafford, K. P. (1992, May). *Forensic applications of the MMPI-2.* Paper presented at the 27th Annual Symposium on Recent Developments in the Use of the MMPI (MMPI-2 and MMPI-A), Minneapolis, MN.

Sieber, K. O., & Meyers, L. S. (1992). Validation of the MMPI-2 Social-Introversion subscales. *Psychological Assessment: A Journal of Consulting and Clinical Psychology, 4,* 185-189.

Simms, L. J., Casillas, A., Clark, L., Watson, D., &

Doebbeling, B. N. (2005). Psychometric evaluation of the restructured clinical scales of the MMPI-2. *Psychological Assessment, 17,* 345-358.

Sines, J. O. (1977). M-F: Bipolar and probably multidimensional. *Journal of Clinical Psychology, 33,* 1038-1041.

Sivec, H. J., Lynn, S. J., & Garske, J. P. (1994). The effect of somatoform disorder and paranoid psychotic role-related dissimulations as a response set on the MMPI-2. *Assessment, 1,* 69-81.

Smith, S. R., & Hilsenroth, M. J. (2001). Discriminative validity of the MacAndrew Alcoholism Scale with Cluster B personality disorders. *Journal of Clinical Psychology, 57,* 801-813.

Smith, S. R., Hilsenroth, M. J., Castlebury, F. D., & Durham, T. W. (1999). The clinical utility of the MMPI-2 Antisocial Practices Content Scale. *Journal of Personality Disorders, 13,* 385-393.

Smith, T. W., & Frohm, K. D. (1985). What's so unhealthy about hostility? Construct validity and psychosocial correlates of the Cook and Medley Ho scale. *Health Psychology, 4,* 503-520.

Solomon & Solomon v. T. K. Power & Goodwin (2008). Case No. 06-CA-00388, Florida 4th Circuit, in and for Duval County, Fla.

Southwick, S. M., Morgan, C. A., III, Nicolaou, A. C., & Charney, D. S. (1997). Consistency of memory for combat-related traumatic events in veterans of Operation Desert Storm. *American Journal of Psychiatry, 154,* 173-177.

Spanier, G. B. (1976). Measuring dyadic adjustment: New scales for assessing the quality of marriage and similar dyads. *Journal of Marriage and the Family, 38,* 15-28.

Spielberger, C. D., & Piotrowski, C. (1990). Clinician's attitudes toward computer-based testing. *The Clinical Psychologist, 43,* 60-63.

Spinhoven, P., Labbe, M. R., & Rombouts, R. (1993). Feasibility of computerized psychological testing with psychiatric outpatients. *Journal of Clinical*

Psychology, 49, 440-447.

Staal, M. A., & Greene, R. L. (1998). Classification accuracy in the measurement of MMPI/MMPI-2: Profile similarity. *Journal of Personality Assessment, 71*, 70-83.

Stanley, J. C. (1971). Reliability. In R. L. Thorndike (Ed.), *Educational measurement* (2nd ed., pp. 356-442). Washington, DC: American Council on Education.

Steffan, J. S., Morgan, R. D., Lee, J., & Sellbom, M. (2010). A comparative analysis of MMPI-2 malingering detection models among inmates. *Assessment, 17*(2), 185-196.

Stein, K. B. (1968). The TSC scales: The outcome of a cluster analysis of the 550 MMPI items. In P. McReynolds (Ed.), *Advances in Psychological Assessment* (Vol. 1, pp. 80-104). Palo Alto, CA: Science and Behavior Books.

Stein, L. A. R., Graham, J. R., Ben-Porath, Y. S., & McNulty, J. L. (1999). Using the MMPI-2 to detect substance abuse in an outpatient mental health setting. *Psychological Assessment: A Journal of Consulting and Clinical Psychology, 11*, 94-100.

Stith v. State Farm Mutual Insurance, Case No. 50-2003 CA 010945AG, Palm Beach County, Fla. 2008.

Strassberg, D. S. (1991). Interpretive dilemmas created by the Minnesota Multiphasic Personality Inventory-2 (MMPI-2). *Journal of Psychopathology and Behavioral Assessment, 13*, 53-59.

Streiner, D. L., & Miller, H. R. (1986). Can a short form of the MMPI ever be developed? *Journal of Clinical Psychology, 42*, 109-113.

Strong, D. R., Glassmire, D. M., Frederick, R. I., & Greene, R. L. (2006). Evaluating the latent structure of the MMPI-2 F(p) scale in a forensic sample: A taxometric analysis. *Psychological Assessment, 18*(3), 250-261.

Sutker, P. B., Archer, R. P., Brantley, P. J., & Kilpatrick, D. G. (1979). Alcoholics and opiate addicts: Comparison of personality characteristics. *Journal of Studies on Alcohol, 40*, 635-644.

Svanum, S., & Ehrmann, L. C. (1992). Alcoholic subtypes and the MacAndrew Alcoholism Scale. *Journal of Personality Assessment, 58*(2), 411-422.

Svanum, S., & Ehrmann, L. C. (1993). The validity of the MMPI in identifying alcoholics in a university setting. *Journal of Studies on Alcohol, 54*, 722-729.

Svanum, S., McGrew, J., & Ehrmann, L. (1994). Validity of the substance abuse scales of the MMPI-2 in a college student sample. *Journal of Personality Assessment, 62*, 427-439.

Sweet, J. J., Malina, A., & Ecklund-Johnson, E. (2006). Application of the new MMPI-2 Malingered Depression Scale to individuals undergoing neuropsychological evaluation: Relative lack of relationship to secondary gain and failure on validity indices. *The Clinical Neuropsychologist, 20*, 541-551.

Swenson, W. M., & Pearson, J. S. (1964). Automation techniques in personality assessment: A frontier in behavioral science and medicine. *Methods of Information in Medicine, 3*(1), 34-36.

Swenson, W. M., Pearson, J. S., & Osborne, D. (1973). *An MMPI source book: Basic item, scale and pattern data on 50,000 medical patients.* Minneapolis, MN: University of Minnesota.

Tallent, N. (1983). *Psychological report writing* (2nd ed.). Englewood Cliffs, NJ: Prentice-Hall.

Tallent, N. (1987). Computer-generated psychological reports: A look at the modern psychometric machine. *Journal of Personality Assessment, 51*, 95-108.

Tanner, B. A. (1990). Composite descriptions associated with rare MMPI two-point codetypes: Codes that involve Scale 5. *Journal of Clinical Psychology, 46*, 425-431.

Tarter, R. E., McBride, H., Buonpane, N., & Schneider, D. U. (1978). Differentiation of alcoholics: Childhood history of minimal brain dysfunction, family history, and drinking pattern. *Archives of General Psychiatry, 34*, 761-768.

Tarter, R. E., & Perley, R. N. (1975). Clinical and perceptual characteristics of paranoids and paranoid schizophrenics. *Journal of Clinical Psychology, 31,* 42-44.

Taylor, J. A. (1953). A personality scale of manifest anxiety. *Journal of Abnormal and Social Psychology, 48,* 285-290.

Taylor, S. E., & Brown, J. D. (1988). Illusion and well-being: A social psychological perspective on mental health. *Psychological Bulletin, 103,* 193-210.

Tedeschi, R. G., & Calhoun, L. G. (1995). *Trauma and transformation.* Thousand Oaks, CA: Sage.

Tedeschi, R. G., Park, C. L., & Calhoun, L. G. (Eds.). (1998). *Posttraumatic growth: Positive changes in the aftermath of crisis.* Mahwah, NJ: Lawrence Erlbaum Associates.

Tellegen, A. (1985). Structures of mood and personality and their relevance to assessing anxiety, with an emphasis on self-report. In A. Tuma & J. D. Maser (Eds.), *Anxiety and the anxiety disorders* (pp. 681-706). Hillsdale, NJ: Lawrence Erlbaum Associates, Inc.

Tellegen, A., & Ben-Porath, Y. S. (1992). The new uniform T scores for the MMPI-2: Rationale, derivation, and appraisal. *Psychological Assessment: A Journal of Consulting and Clinical Psychology, 4,* 145-155.

Tellegen, A., & Ben-Porath, Y. S. (1993). Code type comparability of the MMPI and MMPI-2: Analysis of recent findings and criticisms. *Journal of Personality Assessment, 61,* 489-500.

Tellegen, A., & Ben-Porath, Y. S. (1996). Evaluating the similarity of MMPI-2 and MMPI profiles: Reply to Dahlstrom and Humphrey. *Journal of Personality Assessment, 66,* 640-644.

Tellegen, A., & Ben-Porath, Y. S. (2011). *Minnesota Multiphasic Personality Inventory-2 Restructured Form: Technical manual.* Minneapolis, MN: University of Minnesota Press.

Tellegen, A., Ben-Porath, Y. S., McNulty, J., Arbisi, P., Graham, J. R., & Kaemmer, B. (2003). *MMPI-2: Restructured Clinical (RC) Scales: Development, validation, and interpretation.* Minneapolis, MN: University of Minnesota Press.

Tellegen, A., Ben-Porath, Y. S., & Sellbom, M. (2009). Construct validity of the MMPI-2 Restructured Clinical (RC) Scales: Reply to Rouse, Greene, Butcher, Nichols, and Williams. *Journal of Personality Assessment, 91,* 211-221.

Tellegen, A., Ben-Porath, Y. S., Sellbom, M., Arbisi, P. A., McNulty, J. L., & Graham, J. R. (2006). Further evidence on the validity of the MMPI-2 Restructured Clinical (RC) Scales: Addressing questions raised by Rogers, Sewell, Harrison, and Jordan and Nichols. *Journal of Personality Assessment, 87,* 148-171.

Terman, L. M., & Miles, C. C. (1936). *Sex and personality: Studies in masculinity and femininity.* New York: McGraw-Hill.

Thomas, M. L., & Youngjohn, J. R. (2009). Let's not get hysterical: Comparing the MMPI-2 validity, clinical, and RC scales in TBI litigants tested for effort. *The Clinical Neuropsychologist, 23,* 1067-1084.

Tolin, D. F., Maltby, N., Weathers, F. W., Litz, B. T., Knight, J., & Keane, T. M. (2004). The use of the MMPI-2 infrequency-psychopathology scale in the assessment of posttraumatic stress disorder in male veterans. *Journal of Psychopathology and Behavioral Assessment, 26,* 23-29.

Tolin, D. F., Steenkamp, M. M., Marx, B. P., & Litz, B. T. (2010). Detecting symptom exaggeration in combat veterans using the MMPI-2 symptom validity scales: A mixed group validation. *Psychological Assessment, 22,* 729-736.

Trull, T. J., Useda, J. D., Costa, P. T., & McCrae, R. R. (1995). Comparison of the MMPI-2 Personality Psychopathology Five (PSY-5), the NEO-PI, and the NEO-PI (R). *Psychological Assessment: A Journal of Consulting and Clinical Psychology, 7,* 508-516.

Truscott, D. (1990). Assessment of overcontrolled hostility in adolescence. *Psychological Assessment: A Journal* of Consulting and Clinical Psychology, 2, 145-148.

Tsai, D. C., & Pike, P. L. (2000). Effects of acculturation on the MMPI-2 scores of Asian American students. Journal of Personality Assessment, 74(2), 216-230.

Tsushima, W. T., & Tsushima, V. G. (2001). Comparison of the Fake Bad Scale and other MMPI-2 validity scales with personal injury litigants. Assessment, 8, 205-212.

Tydlaska, M., & Mengel, R. (1953). A scale for measuring work attitude for the MMPI. Journal of Applied Psychology, 37, 474-477.

Upchurch v. School Board of Broward Co. (2009). OJCC Case No. 98-024122KSP, Florida Division of Administrative Hearings, Judges of Compensation Claims, Broward District.

Van Atta, R. E. (1999). Psychology: A study of the validity of the MMPI post-traumatic stress disorder scale: Implications for forensic clinicians. The Forensic Examiner, 8, 20-23.

Van de Riet, V. W., & Wolking, W. D. (1969). Interpretive hypotheses for the MMPI [Mimeograph]. Gainesville, FL: University of Florida.

Vandergracht v. Progressive Express et al., Case No. 02-04552 (Fla. 2005).

Van der Heijden, P. T., Egger, J. I. M., & Derksen, J. J. L. (2008). Psychometric evaluation of the MMPI-2 Restructured Clinical scales in two Dutch samples. Journal of Personality Assessment, 90, 456-464.

Van der Heijden, P. T., Egger, J. I. M., & Derksen, J. J. L. (2010). Comparability of scores on the MMPI-2-RF scales generated with the MMPI-2 and MMPI-2-RF booklets. Journal of Personality Assessment, 92(3), 254-259.

Venn, J. (1988). Low scores on MMPI Scales 2 and 0 as indicators of character pathology in men. Psychological Reports, 62, 651-657.

Vestre, N. D., & Watson, C. G. (1972). Behavioral correlates of the MMPI Paranoia scale. Psychological Reports, 31, 851-854.

Voelker, T. L., & Nichols, D. S. (1999, March). Can the MMPI-2 predict Psychopathology Checklist-Revised (PCL-R) scores? New Orleans, LA: Society for Personality Assessment.

Wakefield, J. A., Jr., Bradley, P. E., Doughtie, E. B., & Kraft, I. A. (1975). Influence of overlapping and nonoverlapping items on the theoretical interrelationships of MMPI scales. Journal of Consulting and Clinical Psychology, 43, 851-856.

Wakefield, J. A., Sasek, J., Friedman, A. F., & Bowden, J. D. (1976). Androgyny and other measures of masculinity-femininity. Journal of Consulting and Clinical Psychology, 44, 766-770.

Wakefield, J. A., Wood, K. A., Wallace, R. F., & Friedman, A. F. (1978). A curvilinear relationship between extraversion and performance for adult retardates. Psychological Reports, 43, 387-392.

Wales, B., & Seeman, W. (1968). A new method for detecting the fake good response set on the MMPI. Journal of Clinical Psychology, 24, 211-216.

Wallace, A., & Liljequist, L. (2005). A comparison of the correlational structures and elevation patterns of the MMPI-2 Restructured Clinical (RC) and Clinical Scales. Assessment, 12, 290-294.

Waller, N. G. (1999). Searching for structure in the MMPI. In S. E. Embretson & S. L. Hershberger (Eds.), The new rules of measurement: What every psychologist and educator should know (pp. 185-217). Mahwah, NJ: Lawrence Erlbaum Associates.

Walters, G. D. (1984). Identifying schizophrenia by means of Scale 8 (Sc) of the MMPI. Journal of Personality Assessment, 48, 390-391.

Walters, G. D. (1988). Schizophrenia. In R. L. Greene (Ed.), The MMPI: Use in specific populations (pp. 50-73). Philadelphia, PA: Grune & Stratton.

Walters, G. D., & Greene, R. L. (1983). Factor structure of the Overcontrolled-Hostility scale of the MMPI. Journal of Clinical Psychology, 39, 560-562.

Walters, G. D., Greene, R. L., & Solomon, G. S. (1982). Empirical correlates of the Overcontrolled-Hostility scale and the MMPI 4–3 high–point pair. *Journal of Consulting and Clinical Psychology, 50*, 213–218.

Walters, G. D., Solomon, G. S., & Greene, R. L. (1982). The relationship between the Overcontrolled–Hostility scale and the MMPI 4–3 high–point pair. *Journal of Clinical Psychology, 38*, 613–615.

Walters, G. D., White, T. W., & Greene, R. L. (1988). Use of the MMPI to identify malingering and exaggeration of psychiatric symptomatology in male prison inmates. *Journal of Consulting and Clinical Psychology, 56*, 111–117.

Wang, L., Zhang, J., Shi, Z., Zhou, M., & Li, Z. (2010). Internal consistencies and structural analysis of the MMPI–2 PSY–5 facet subscales in Chinese population. *Journal of Psychopathology and Behavioral Assessment, 32*, 150–155.

Ward, L. C. (1991). A comparison of T scores from the MMPI and the MMPI–2. *Psychological Assessment: A Journal of Consulting and Clinical Psychology, 3*, 688–690.

Ward, L. C. (1994). MMPI–2 assessment of positive attributes: A methodological note. *Journal of Personality Assessment, 62*, 559–561.

Ward, L. C., & Dillon, E. A. (1990). Psychiatric symptoms of the Minnesota Multiphasic Personality Inventory (MMPI) Masculinity–Femininity scale. *Psychological Assessment: A Journal of Consulting and Clinical Psychology, 2*, 286–288.

Ward, L. C., & Jackson, D. B. (1990). A comparison of primary alcoholics, secondary alcoholics, and nonalcoholic psychiatric patients on the MacAndrew Alcoholism scale. *Journal of Personality Assessment, 54*, 729–735.

Ward, L. C., Kersh, B. C., & Waxmonsky, J. A. (1998). Factor structure of the Paranoia scale of the MMPI–2 in relation to the Harris–Lingoes subscales and Comrey factor analysis. *Psychological Assessment: A Journal of Consulting and Clinical Psychology, 10*, 292–296.

Ward, L. C., & Perry, M. S. (1998). Measurement of social

introversion by the MMPI–2. *Journal of Personality Assessment, 70*, 171–182.

Ward, L. C., & Ward, J. W. (1980). MMPI readability reconsidered. *Journal of Personality Assessment, 44*, 387–389.

Watkins, C. E., Jr. (1991). What have surveys taught us about the teaching and practice of psychological assessment? *Journal of Personality Assessment, 56*, 426–437.

Watkins, C. E., Jr., Campbell, V. L., Nieberding, R., & Hallmark, R. (1995). Contemporary practice of psychological assessment by clinical psychologists. *Professional Psychology: Research and Practice, 26*, 54–60.

Watson, C. G., Juba, M., Anderson, P. E. D., & Manifold, V. (1990). What does the Keane et al. PTSD scale for the MMPI measure? *Journal of Clinical Psychology, 46*, 600–606.

Watson, C. G., Thomas, D., & Anderson, P. (1992). Do computer–administered Minnesota Multiphasic Personality Inventories underestimate booklet–based scores? *Journal of Clinical Psychology, 48*, 744–748.

Watson, D., Clark, L. A., & Carey, G. (1988). Positive and negative affectivity and their relation to anxiety and depressive disorders. *Journal of Abnormal Psychology, 97*, 346–353.

Watson, D., & Tellegen, A. (1985). Toward a consensual structure of mood. *Psychological Bulletin, 98*, 219–235.

Webb, J. T. (1970a, April). *The relation of MMPI two–point codes to age, sex and education in a representative nationwide sample of psychiatric outpatients.* Paper presented at the convention of the Southeastern Psychological Association, Louisville, KY.

Webb, J. T. (1970b). Validity and utility of computer–produced MMPI reports with Veterans Administration psychiatric populations. *Proceedings of the 78th Annual Convention of the American Psychological*

Association, 5, 541-542.

Webb, J. T. (1971). Regional and sex differences in MMPI scale high-point frequencies of psychiatric patients. *Journal of Clinical Psychology, 27*, 483-486.

Webb, J. T., Fowler, R. D., & Miller, M. L. (1971, May). *Frequency of critical items by sex, age and education in psychiatric patients.* Paper presented at the meeting of the Midwestern Psychological Association, Detroit, MI.

Webb, J. T., Levitt, E. E., & Rojdev, R. S. (1993, March). *A comparison of the clinical use of MMPI-1 and MMPI-2.* Paper presented at the meeting for the Society of Personality Assessment, San Francisco, CA.

Webb, J. T., McNamara, K. M., & Rodgers, D. A. (1986). *Configural interpretations of the MMPI and CP1.* Columbus, OH: Ohio Psychology Publishing. (Original work published 1981.)

Webb, J. T., Miller, M. L., & Fowler, R. D. (1969). Validation of a computerized MMPI interpretation system. *Proceedings of the 77th Annual Convention of the American Psychological Association, 4*, 523-524.

Webb, J. T., Miller, M. L., & Fowler, R. D. (1970). Extending professional time: A computerized MMPI interpretation service. *Journal of Clinical Psychology, 26*, 210-214.

Wechsler, D. (2009). *Wechsler Individual Achievement Test* (3rd ed.). San Antonio, TX: Pearson.

Weed, N. C. (2006). Syndromal complexity, paradigm shifts, and the future of validation research: Comments on Nichols and Rogers, Sewell, Harrison, and Jordan. *Journal Of Personality Assessment, 87*, 217-222.

Weed, N. C., Ben-Porath, Y. S., & Butcher, J. N. (1990). Failure of Weiner and Harmon Minnesota Multiphasic Personality Inventory (MMPI) Subtle scales as personality descriptors and as validity indicators. *Psychological Assessment: A Journal of Consulting and Clinical Psychology, 2*, 281-285.

Weed, N. C., Butcher, J. N., & Ben-Porath, Y. S. (1995). MMPI-2 measures of substance abuse. In J. N. Butcher & C. D. Spielberger (Eds.), *Advances in personality assessment* (Vol. 10, pp. 121-145). Hillsdale, NJ, England: Lawrence Erlbaum Associates.

Weed, N. C., Butcher, J. N., McKenna, T., & Ben-Porath, Y. S. (1992). New measures for assessing alcohol and drug abuse with the MMPI-2: The APS and AAS. *Journal of Personality Assessment, 58*, 389-404.

Weisenburger, S. M., Harkness, A. R., McNulty, J. L., Graham, J. R., & Ben-Porath, Y. S. (2008). Interpreting low Personality Psychopathology-Five Aggressiveness scores on the MMPI-2: Graphical, robust, and resistant data analysis. *Psychological Assessment, 20*, 403-408.

Weiss, P. A., Vivian, J. E., Weiss, W. V., Davis, R. D., & Rostow, C. D. (2013). The MMPI-2 L Scale, reporting uncommon virtue and predicting police performance. *Psychological Services, 10*(1), 123-130. Doi: 10.1037/a0029062.

Weiss, W. V., Davis, R., Rostow, C., & Kinsman, S. (2003). The MMPI-2 L Scale as a tool in police selection. *Journal of Police and Criminal Psychology, 18*(1), 57-60.

Weissman, H. N. (1990). Distortions and deceptions in self-presentation: Effects of protracted litigation in personal injury cases. *Behavioral Sciences and the Law, 8*, 67-74.

Welsh, G. S. (1948). An extension of Hathaway's MMPI profile coding system. *Journal of Consulting Psychology, 12*, 343-344.

Welsh, G. S. (1952). An anxiety index and an internalization ratio for the MMPI. *Journal of Consulting Psychology, 16*(1), 65-72.

Welsh, G. S. (1956). Factor dimensions A and R. In G. S. Welsh & W. G. Dahlstrom (Eds.), *Basic readings on the MMPI in psychology and medicine* (pp. 264-281). Minneapolis, MN: University of Minnesota Press.

Welsh, G. S., & Dahlstrom, W. G. (Eds.). (1956). *Basic readings on the MMPI in psychology and medicine.* Minneapolis, MN: University of Minnesota

Press.

Werner, P. D., Becker, J. M., & Yesavage, J. A. (1983). Concurrent validity of the Overcontrolled Hostility scale for psychotics. *Psychological Reports, 52*, 93-94.

Wetter, M. W., Baer, R. A., Berry, D. T. R., Robison, L. H., & Sumpter, J. (1993). MMPI-2 profiles of motivated fakers given specific symptom information: A comparison to matched patients. *Psychological Assessment: A Journal of Consulting and Clinical Psychology, 5*, 317-323.

Wetter, M. W., Baer, R. A., Berry, D., Smith, G. T., & Larsen, L. H. (1992). Sensitivity of MMPI-2 validity scales to random responding and malingering. *Psychological Assessment: A Journal of Consulting and Clinical Psychology, 4*, 369-374.

Wetzler, S., Khadivi, A., & Moser, R. K. (1998). The use of the MMPI-2 for the assessment of depressive and psychotic disorders. *Assessment, 5*, 249-261.

White, A. J., & Heilbrun, K. (1995). The classification of overcontrolled hostility: Comparison of two diagnostic methods. *Criminal Behaviour and Mental Health, 5*, 106-123.

White, W. C. (1975). Validity of the Overcontrolled-Hostility (0-H) scale: A brief report. *Journal of Personality Assessment, 39*, 587-590.

White, W. C., McAdoo, W. G., & Megargee, E. I. (1973). Personality factors associated with overand under-controlled offenders. *Journal of Personality Assessment, 37*, 473-478.

Whitworth, R. H., & McBlaine, D. D. (1993). Comparison of the MMPI and MMPI-2 administered to Anglo and Hispanic-American university students. *Journal of Personality Assessment, 61*, 19-27.

Wiederholt, J. L., & Bryant, B. R. (1986). *Gray oral reading test* (Rev. ed.). Austin, TX: PRO-ED.

Wiederstein, M. (1986). *Construct validity for measuring Eysenck's dimensions of psychoticism and neuroticism with the MMPI*. Unpublished doctoral dissertation, California School of Professional Psychology, Fresno.

Wiener, D. N. (1948). Subtle and obvious keys for the MMPI. *Journal of Consulting Psychology, 12*, 164-170.

Wiener, D. N. (1956). Subtle and obvious keys for the MMPI. In G. S. Welsh & W. G. Dahlstrom (Eds.), *Basic readings on the MMPI in psychology and medicine* (pp. 195-204). Minneapolis, MN: University of Minnesota Press.

Wiener, D. N., & Harmon, L. R. (1946). *Subtle and obvious keys for the MMPI: Their development* (VA Advisement Bulletin No. 16.). Minneapolis, MN: Regional Veterans Administration Office.

Wiggins, J. S. (1959). Interrelationships among MMPI measures of dissimulation under standard and social desirability instructions. *Journal of Consulting Psychology, 23*, 419-427.

Wiggins, J. S. (1964). Convergences among stylistic response measures from objective personality tests. *Educational and Psychological Measurement, 24*, 551-562.

Wiggins, J. S. (1966). Substantive dimensions of self-report in the MMPI item pool. *Psychological Monographs, 80*(22, Whole No. 630).

Wiggins, J. S. (1969). Content dimensions in the MMPI. In J. N. Butcher (Ed.), *MMPI: Research developments and clinical applications* (pp. 127-180). New York: McGraw-Hill.

Wiggins, J. S. (1973). *Personality and prediction: Principles of personality assessment*. Don Mills, Ontario, Canada: Addison-Wesley.

Wiggins, J. S., Goldberg, L. R., & Applebaum, M. (1971). MMPI content scales: Interpretive norms and correlations with other scales. *Journal of Consulting and Clinical Psychology, 37*, 403-410.

Williams v. CSX Transportation, Inc. Case No. 04-CA-008892 (13th Cir. 2007).

Williams, C. L. (1983). Further investigation of the Si scale of the MMPI: Reliabilities, correlates, and subscale utility. *Journal of Clinical Psychology, 39*, 951-

957.

Williams, C. L., Butcher, J. N., Gass, C. S., Cumella, E., & Kally, Z. (2009). Inaccuracies about the MMPI-2 Fake Bad Scale in the reply by Ben-Porath, Greve, Bianchini, and Kaufman (2009). *Psychological Injury and Law, 2*(2), 182-197.

Williams, H. L. (1952). The development of a caudality scale for the MMPI. *Journal of Clinical Psychology, 8*, 293-297.

Williams, J. E., & Weed, N. C. (2004). Relative user ratings of MMPI-2 computer-based test interpretations. *Assessment, 11*(4), 316-329.

Williams, J. S. (2002). Psychopathy in instrumental and reactive violent offenders using MMPI-2 scales as predictors (Doctoral dissertation, Spalding University). *Dissertation Abstracts International, 62*(9-B), 4243.

Williams, R. B., Haney, T. L., Lee, K. L., Kong, Y.-H., Blumenthal, J. A., & Whalen, R. E. (1980). Type A behavior, hostility, and coronary atherosclerosis. *Psychosomatic Medicine, 42*, 539-549.

Wong, M. R. (1984). MMPI Scale 5: Its meanings or lack thereof. *Journal of Personality Assessment, 48*, 279-284.

Woo, M., & Oei, T. P. S. (2008). Empirical investigations of the MMPI-2 Gender-Masculine and Gender-Feminine scales. *Journal of Individual Differences, 29*, 1-10.

Wood, H. L. (2008). Cultural validity of the MMPI-2 substance abuse scales with American Indians (Pacific Graduate School of Psychology). *Dissertation Abstracts International, 68*(7-B), 4852.

Woodcock, R. W., McGrew, K. S., & Mather, N. (2001). *Woodcock-Johnson III Test of Achievement Examiners Manual (Standard and Extended Batteries)*. Itasco, IL: Riverside Publishing.

Woodworth, R. S. (1920). *Personal data sheet*. Chicago, IL: Stoelting.

Wrobel, T. A. (1992). Validity of Harris and Lingoes MMPI subscale descriptions in an outpatient sample. *Journal of Personality Assessment, 59*, 14-21.

Wrobel, T. A., & Lachar, D. (1982). Validity of the Weiner subtle and obvious scales for the MMPI: Another example of the importance of inventory-item content. *Journal of Consulting and Clinical Psychology, 50*, 469-470.

Wygant, D. B. (2007). *Validation of the MMPI-2 infrequent somatic complaints (Fs) scale*. Unpublished doctoral dissertation, Kent State University, Kent, OH.

Wygant, D. B. (2008). Validation of the MMPI-2 infrequent somatic complaints (Fs) scale. *Dissertation Abstracts International: Section B: The Sciences and Engineering, 687*(10-B), 6989.

Wygant, D. B., Anderson, J. L., Sellbom, M., Rapier, J. L., Allgeier, L. M., & Granacher, R. P. (2011). Association of the MMPI-2 restructured form (MMPI-2-RF) validity scales with structured malingering criteria. *Psychological Injury and Law, 4*(1), 13-23.

Wygant, D. B., Ben-Porath, Y. S., & Arbisi, P. A. (2004, May). *Development and initial validation of a scale to detect somatic over-reporting*. Paper presented at the 39th Annual Symposium on Recent Developments in the Use of the MMPI-2 and MMPI-A, Minneapolis, MN.

Wygant, D. B., Ben-Porath, Y. S., Arbisi, P. A., Berry, D. T. R., Freeman, D. B., & Heilbronner, R. L. (2009). Examination of the MMPI-2 Restructured Form (MMPI-2-RF) validity scales in civil forensic settings: Findings from simulation and known group samples. *Archives of Clinical Neuropsychology, 24*, 671-680.

Wygant, D. B., Boutacoff, L. I., Arbisi, P. A., Ben-Porath, Y. S., Kelly, P. H., & Rupp, W. M. (2007). Examination of the MMPI-2 Restructured Clinical (RC) scales in a sample of bariatric surgery candidates. *Journal of Clinical Psychology in Medical Settings, 14*, 197-205.

Wygant, D. B., & Sellbom, M. (2012). Viewing psychopathy from the perspective of the personality psychopathology five model: Implications for DSM-5. *Journal of Personality Disorders, 26*, 717–726.

Wygant, D. B., Sellbom, M., Ben-Porath, Y. S., Stafford, K. P., Freeman, D. B., & Heilbronner, R. L. (2007). The relation between symptom validity testing and MMPI-2 scores as a function of forensic evaluation context. *Archives of Clinical Neuropsychology, 22*, 489–499.

Wygant, D. B., Sellbom, M., Gervais, R. O., Ben-Porath, Y. S., Stafford, K. P., Freeman, D. B., & Heilbronner, R. L. (2010). Further validation of the MMPI-2 and MMPI-2-RF Response Bias Scale: Findings from disability and criminal forensic settings. *Psychological Assessment, 22*(4), 745–756.

Yehuda, R., & McFarlane, A. C. (1995). Conflict between current knowledge about posttraumatic stress disorder and its original conceptual basis. *American Journal of Psychiatry, 152*, 1705–1713.

Young, A. (1995). *The harmony of illusions: Inventing post-traumatic stress disorder*. Princeton, NJ: Princeton University Press.

Young, K. R., & Weed, N. C. (2006). Assessing alcohol- and drug-abusing clients with the MMPI-2. In J. N. Butcher (Ed.), *MMPI-2: A practitioner's guide* (pp. 361–379). Washington, DC: American Psychological Association.

Youngjohn, J. R., Wershba, R., Stevenson, M., Sturgeon, J., & Thomas, M. L. (2011). Independent validation of the MMPI-2-RF somatic/cognitive and validity scales in TBI litigants tested for effort. *The Clinical Neuropsychologist, 25*(3), 463–476.

찾아보기

내용

저자 소개

Alan F. Friedman 박사는 시카고에서 전임으로 임상업무를 하고 있는 개업 임상심리전문가이자 노스웨스턴 대학교 파인버그 의과대학의 정신과학 및 행동과학 임상 부교수로서 1983년부터 MMPI/MMPI-2 해석 과목을 가르치고 있다. Friedman 박사는 소송 자문과 법정평가(forensic assessment) 부문의 전문가이다. 또한 위기 개입 및 위기 상황의 관리 전략에 관심 있는 정신건강 전문가, 보안 전문가, 인사 전문가, 관리자, 경영진 및 변호사들에게 자문을 제공한다. 그는 정기적으로 법 집행 기관, 소규모 조직 및 대규모 다국적 기업의 근무자를 대상으로 직무적합성과 위협평가(threat assessments)를 실시하며, 직장 내 폭력방지 프로그램을 개발한다. Friedman 박사는 잠재적으로 위험한 고용인들의 위협평가에 선두적인 전문가로 알려져 있고, 각 기관과 회사에 정기적으로 위기관리 전략을 조언한다. Friedman 박사는 경찰과 사격진지(fire position) 선발 심사에 MMPI-2의 MATRIX 프로토콜을 활용한 완벽한 경험통계적(actuarial) 접근법만을 사용한다. 그는 성격평가협회(Society for Personality Assessment)와 일리노이 심리학회의 회원이다. 또한 『Assessment』와 『Journal of Personality Assessment』의 고문 편집자(consulting editor)로 활동해 왔다. 그는 고용, 범죄, 신체적 상해 및 장애 문제, 아동 양육권 분쟁 소송의 자문이며 전문 감정인(expert witness)으로 활동하고 있다. Friedman 박사에게 문의하려면 30 N. Michigan Avenue, Suite 1206, Chicago, IL 60602; (312)-368-4515; draf48@aol.com으로 연락하면 된다.

P. Kevin Bolinskey 박사는 인디애나주 테러호트의 인디애나 주립대학교(Indiana State University: ISU) 심리학과 부교수로, 박사과정 학생들에게 객관적 성격평가, 성격이론, 고급 평가 및 치료와 통계를 가르친다. 그의 연구 관심은 정신증에 걸리기 쉬운 경우의 병전 지표와 성격평가 분야에 있으며, ISU의 연구실에서 활동적인 연구를 지속하면서 이러한 주제에 대한 방대한 양의 논문과 수차례의 프레젠테이션을 발표해 오고 있다. 학문적 업적에 더

해 Bolinskey 박사는 심리평가와 심리치료에서도 적극적으로 임상업무를 지속하고 있다. Bolinskey 박사는 MMPI에 대한 그의 관심을 David S. Nichols와 Robert P. Archer의 돌봄과 격려 덕분이라고 말한다. 그의 연락처는 Kevin.Bolinskey@indstate.edu이다.

    Richard W. Levak(또는 Lewak) 박사는 캘리포니아주 델 마에서 임상업무를 하고 있는 임상심리전문가로 전문 분야는 성격평가이다. 그는 1990년에 Philip Marks와 함께 저술한 MMPI 피드백과 치료 가이드 저서를 포함하여, 성격평가 주제에 관한 5개 저서의 공저자이다. 그의 가장 최근 저서는 긍정심리학적 접근을 활용한 치료적 개입으로서의 피드백에 대한 것으로 『Therapeutic Feedback with the MMPI-2: A Positive Psychology Approach』(Routledge, 2011)[1]이다. 성격평가 전문가로서 그는 〈Survivor〉〈The Amazing Race〉〈The Apprentice〉〈The Contender〉〈Big Brother〉 등의 TV 리얼리티 프로그램에서 초창기부터 자문으로 활약해 왔다. 그는 이 프로그램들에서 성격평가에 기반하여 참가자들의 행동을 예견하였다. 또한 〈Larry King Live〉〈Anderson Cooper〉〈20/20〉이나 〈Nightline〉과 같은 TV 프로그램에 출연해 왔으며, 샌디에이고 폭스 뉴스의 주간 코너로서 일반인에게 성격에 대한 심리학을 교육하는 〈Mind Matters〉에도 출연하였다. Levak 박사는 또한 경영진의 고용 결정, 경영자 교육 및 팀 빌딩 분야에서 기업들을 돕고 있다. 그는 샌디에이고 심리학회와 성격평가협회의 회원이자 미국평가심리학회 자격증을 취득한 전문가이다. 그의 연락처는 drlevak@drlevak.com, (858) 755-8717이다.

---

1) 역자 주: 국내에서는 『MMPI-2 해석상담, 어떻게 할 것인가: 긍정심리학적 접근』(마음사랑, 2015)이라는 제목으로 출간되었다.

David S. Nichols 박사는 27년간 오리건주 병원에서 임상심리학자로 근무하다가 1999년에 은퇴하였다. 포레스트 그로브의 퍼시픽 대학교 심리전문대학의 겸임교수로도 재직하였다. 그는 미국평가심리학회의 자격을 취득한 전문가이며, 성격평가협회의 회원으로서 8년간 이사회의 멤버였다. 또한 『Journal of Personality Assessment』의 고문 편집자이자 부편집장이며, 『Assessment』의 고문 편집자이다. 그는 스스로를 MMPI/MMPI-2에 열정적인 취미를 가진 사람으로 묘사하는데, 이 검사에 대한 그의 관심은 거의 40년이 넘어간다. 이 기간 동안 연구하고 작성한 글, 문헌, 논문, 책의 일부 장 및 저서가 45개 이상이고, 미국 내에서는 물론 전 세계적으로 강연과 워크숍을 해 오고 있다. 그의 대표적 저술로는 Roger L. Greene과 공저인 『MMPI-2 Structural Summary』(PAR, 1995), Alan F. Friedman, Richard Lewak, James T. Webb과 공저인 『Psychological Assessment with the MMPI-2』(Lawrence Erlbaum, 2001), Richard Levak, Liza Siegel과 공저인 『Therapeutic Feedback with the MMPI-2』(Routledge, 2011)가 있다. 최근에는 『Essentials on MMPI-2 Interpretation』(Wiley, 2011)의 두 번째 개정판을 완료하였다. 그의 연락처는 Davemult@aol.com이다.

역자 소개

유성진(Yoo Seongjin)
서울대학교 심리학과 학사, 석사, 박사(임상ㆍ상담심리학 전공)
서울대학교병원 신경정신과 임상심리레지던트 수련
한국심리학회 김재일소장학자논문상 수상(2010)

현 한양사이버대학교 상담심리학과 교수
  심리상담연구소 사람과사람 자문교수
  임상심리전문가(한국임상심리학회)
  정신보건임상심리사 1급(보건복지부)
  인지행동치료전문가(한국인지행동치료학회)

안도연(An Doyoun)
서울대학교 심리학과 학사, 석사, 박사(임상ㆍ상담심리학 전공)
삼성서울병원 정신건강의학과 임상심리레지던트 수련
한국심리학회 신진연구자상 수상(2016)

현 한별정신건강병원 임상심리 수련감독자
  우리심리연구소 소장
  임상심리전문가(한국임상심리학회)
  정신건강임상심리사 1급(보건복지부)
  상담심리사 1급(한국상담심리학회)